北京朝阳年鉴

BEIJING CHAOYANG YEARBOOK

2022

北京市朝阳区地方志编纂委员会 编

方志出版社
Publishing House of Local Records

图书在版编目（CIP）数据

北京朝阳年鉴．2022 / 北京市朝阳区地方志编纂委员会编．—北京：方志出版社，2022.12
ISBN 978-7-5144-5658-5

Ⅰ．①北… Ⅱ．①北… Ⅲ．①朝阳区－2022－年鉴 Ⅳ．① Z521.3

中国版本图书馆 CIP 数据核字（2022）第 253518 号

责任编辑：丛珺
责任校对：刘玉霞
责任印制：梅中英
出 版 者：方志出版社
地　　址：北京市朝阳区潘家园东里 9 号（国家方志馆 4 层）
邮　　编：100021
网　　址：http://www.zgfzcb.cn
发　　行：方志出版社图书营销中心（010-67110500）
印　　刷：北京建宏印刷有限公司
开　　本：889 毫米 ×1194 毫米　1/16
印　　张：32.5
字　　数：1034 千字
版　　次：2022 年 12 月第 1 版
印　　次：2022 年 12 月第 1 次印刷
定　　价：330.00 元

北京市朝阳区地方志编纂委员会

顾　　　问：文　献

主　　　任：吴小杰

常务副主任：杨蓓蓓

副　主　任：黄晓伟　赵立军　许嘉宁　李　靓

委　　　员：区委办公室、区人大常委会办公室、区政府办公室、区政协办公室、区纪委区监委、区委组织部、区委宣传部、区委统战部、区委区政府研究室、区直机关工委、区委社会工委（区民政局）、区委农工委（区农业农村局）、区委政法委、区委教育工委（区教委）、区国资委、区发展改革委、区住房城乡建设委、区城市管理委、区交通委、区卫生健康委、区委编办、区委党史办、区金融办、区志办、区人武部、区财政局、区人力资源社会保障局、区商务局、区文化和旅游局、市规划自然资源委朝阳分局、区市场监管局、区应急局、区生态环境局、区统计局、区园林绿化局、区税务局、区科信局、区总工会、团区委、区妇联主要负责同志（区领导兼任的，则为分管日常工作的同志）

《北京朝阳年鉴》编辑部

主　　编：赵瑞博　叶建宁

副 主 编：王维成　关　捷　洪　华　刘　卉　黄海舰

执行主编：王　源

统　　稿：姜　原　李　静

编　　辑：王　源　姜　原　李　静　周　娟　韩京江　朱　海　赵万顺
王爱君　薛志文　任　彧　郝洪春　高丽萍　王　欣

编辑说明

一、《北京朝阳年鉴》是在中共北京市朝阳区委、北京市朝阳区人民政府的领导下，由北京市朝阳区地方志编纂委员会主持编纂，北京市朝阳区地方志编纂委员会办公室承编的地方综合年鉴。自2005年开始逐年编纂并公开出版，一年一卷，《北京朝阳年鉴（2022）》为第18卷。

二、《北京朝阳年鉴（2022）》坚持以马克思列宁主义、毛泽东思想、邓小平理论、“三个代表”重要思想、科学发展观、习近平新时代中国特色社会主义思想为指导，坚持辩证唯物主义和历史唯物主义的立场、观点和方法，求真务实，全面、客观、系统地记述区域发展情况。

三、《北京朝阳年鉴（2022）》全面记述朝阳区2021年政治、经济、文化和社会发展的基本情况。凡在文中直书月、日的，均指2021年内的日期，文中“年内”指2021年内。书中涉及其他年份的时间均标明年份。

四、本卷年鉴设有特载、专文、大事记、区情概览、中国共产党朝阳区委员会、朝阳区人民代表大会、朝阳区人民政府、政协朝阳区委员会、中国共产党朝阳区纪律检查委员会　朝阳区监察委员会、民主党派、人民团体、法治、军事、功能区建设、经济管理、农业与农村经济、工业　商贸服务业、金融、旅游业、城乡规划与建设、城乡管理、生态建设、科技、教育、文化、卫生健康、体育、社会生活、街道　地区（乡）、人物　荣誉、统计资料和附录。除特载、专文、大事记、人物　荣誉、统计资料及附录外，其余均为条目体。全书用规范的语体文、记述体，直陈其事，文字力求简洁、朴实。

五、文中除“民主党派”部分外，未标明党派的“市委”均指“中共北京市委”，“区委”均指“中共北京市朝阳区委”，“党员”均指“中共党员”，“党建”工作均指“中国共产党建设”工作。

六、为方便读者使用，本卷年鉴类目“街道　地区（乡）”内容，按照各街道、地区（乡）名称第一个字的汉语拼音首字母排序，第一个字相同的，按第二个字排列，以此类推。

七、入鉴的资料、图片均由各撰稿单位确定专人撰写或提供，并经主要负责人审核。部分资料由编辑部收集。主要数据和统计资料由朝阳区统计局提供，部分数据由各相关部门提供。由于统计口径等原因，相关部门的个别数据与统计资料不一致的，以统计资料为准。

八、数字用法、标点符号用法分别采用国家标准《出版物上数字用法》(GB/T 15835—2011)、《标点符号用法》(GB/T 15834—2011)，计量单位采用国家技术监督局1993年12月发布的《量和单位》系列国家标准。考虑到社会使用习惯，全书中亩不统一换算。

九、《北京朝阳年鉴（2022）》配有双重检索系统：正文前有目录，后有索引。

数字朝阳

辖区面积	470.8 平方千米	居民人均消费支出	48922 元
年末户籍人口	216.2 万人	专利授权量	32915 项
年末常住人口	344.9 万人	技术合同成交额	1402.4 亿元
地区生产总值	7617.8 亿元	幼儿园	309 所
第一产业增加值	2.8 亿元	小学	74 所
第二产业增加值	522.5 亿元	中学	96 所
第三产业增加值	7092.5 亿元	职业高中	5 所
规模以上现价工业总产值	770.5 亿元	医疗卫生机构	1808 个
一般公共预算收入	543.4 亿元	医院床位	2.5 万张
一般公共预算支出	557.3 亿元	房屋施工面积	2257.3 万平方米
社会消费品零售总额	3554.2 亿元	房屋竣工面积	261.3 万平方米
进出口总额	2249.4 亿美元	商品房销售面积	64.6 万平方米
银行人民币存款	31727.3 亿元	体育场地	968 个
银行人民币贷款	12545.1 亿元	全民健身工程面积	199.5 万平方米
银行储蓄存款	7357.2 亿元	博物馆	35 个
居民人均可支配收入	84770 元	文物保护单位	17 个

数据来源：《北京市朝阳区统计年鉴（2022）》

2021 年地区生产总值

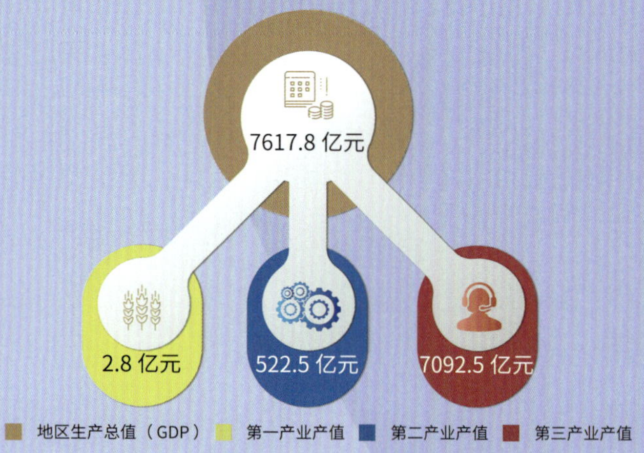

2021 年全区居民家庭人均可支配收入构成

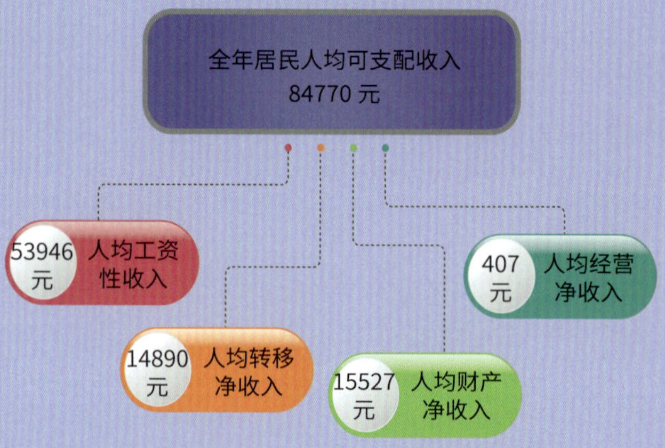

2021 年全区居民家庭人均消费支出构成

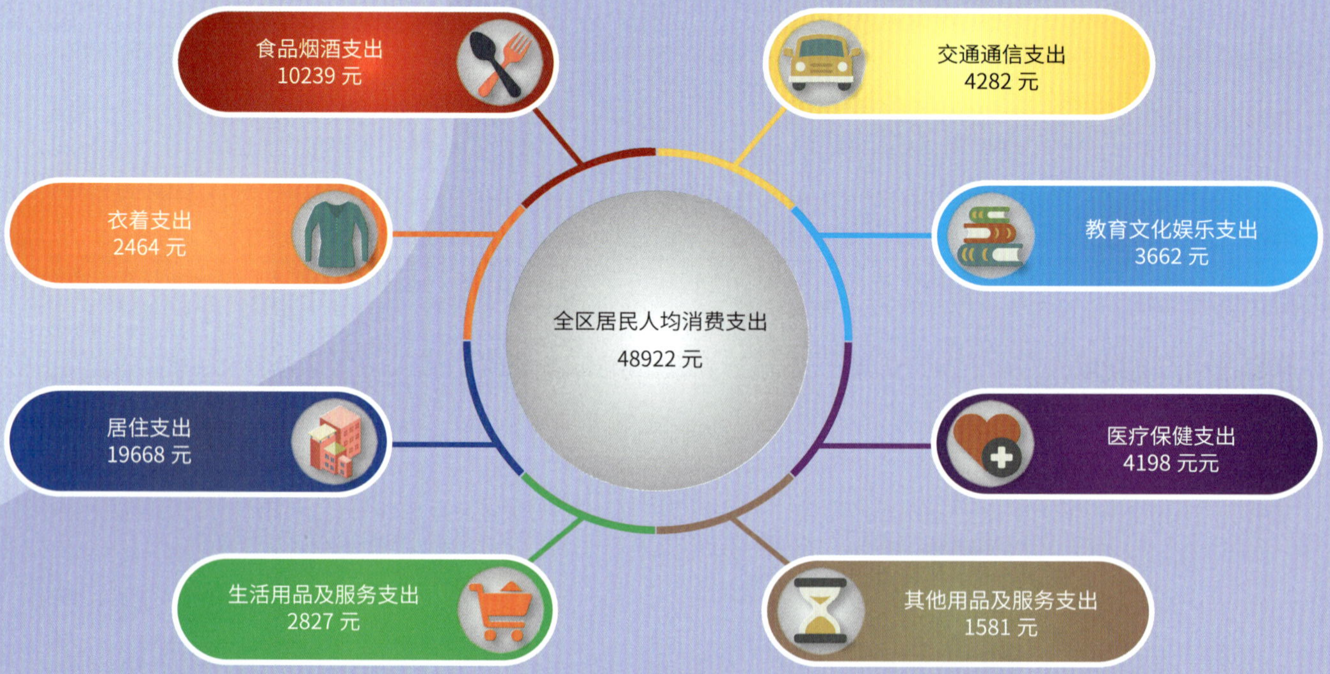

2021 年朝阳区地方财政收支

全年一般公共预算收入
543.4 亿元

全年一般公共预算支出
557.3 亿元

2012—2021 年地区生产总值

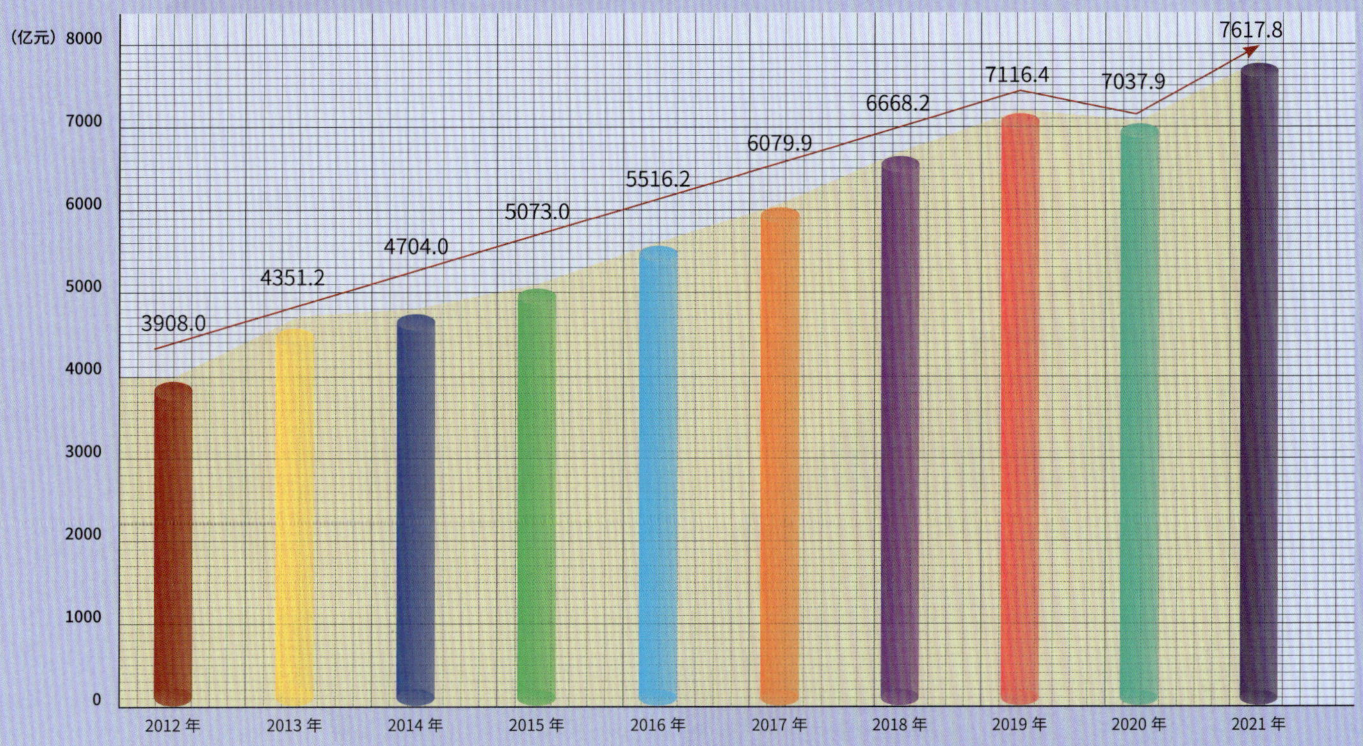

2021 年全区居民家庭每百户主要耐用消费品拥有量

家用汽车 62 辆
摩托车 3 辆
助力车 13 辆
洗衣机 100 台
电冰箱（柜） 103 台
微波炉 82 台
彩色电视机 123 台
空调 189 台
热水器 100 台
洗碗机 3 台
排油烟机 95 台
固定电话 35 部
移动电话 227 部
计算机 91 台
照相机 43 台
中高档乐器 15 件
健身器材 10 件
空气净化器（含新风系统） 46 台
吸尘器 39 台

2012—2021 年常住人口和外来常住人口

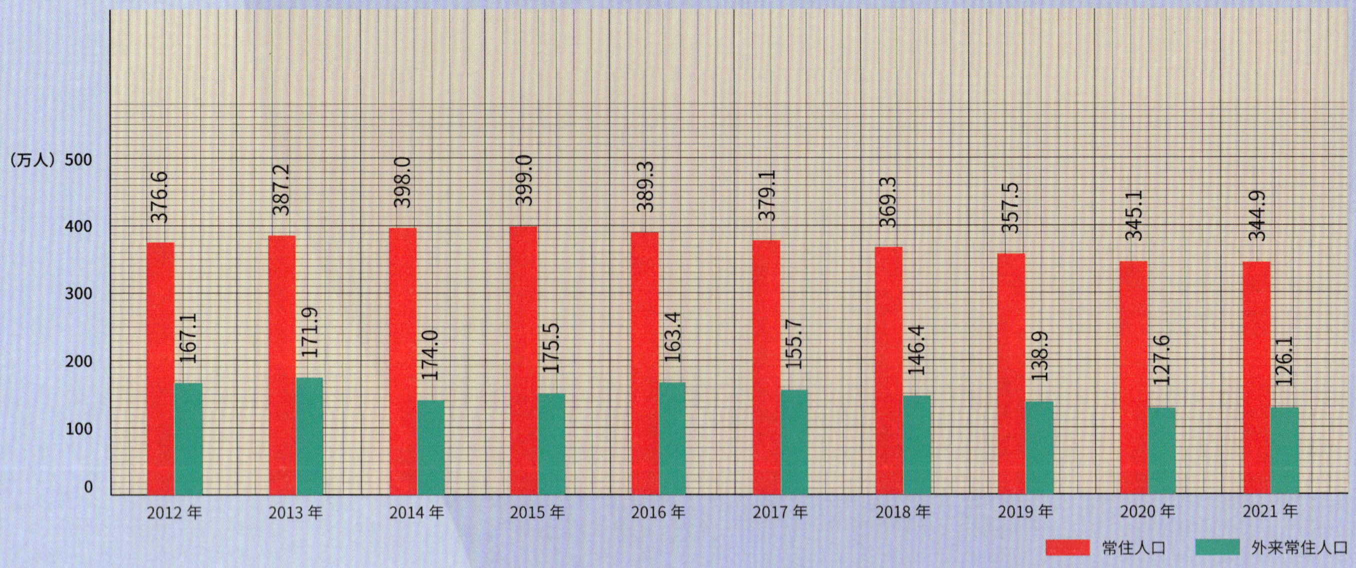

2021 年商品房屋建设

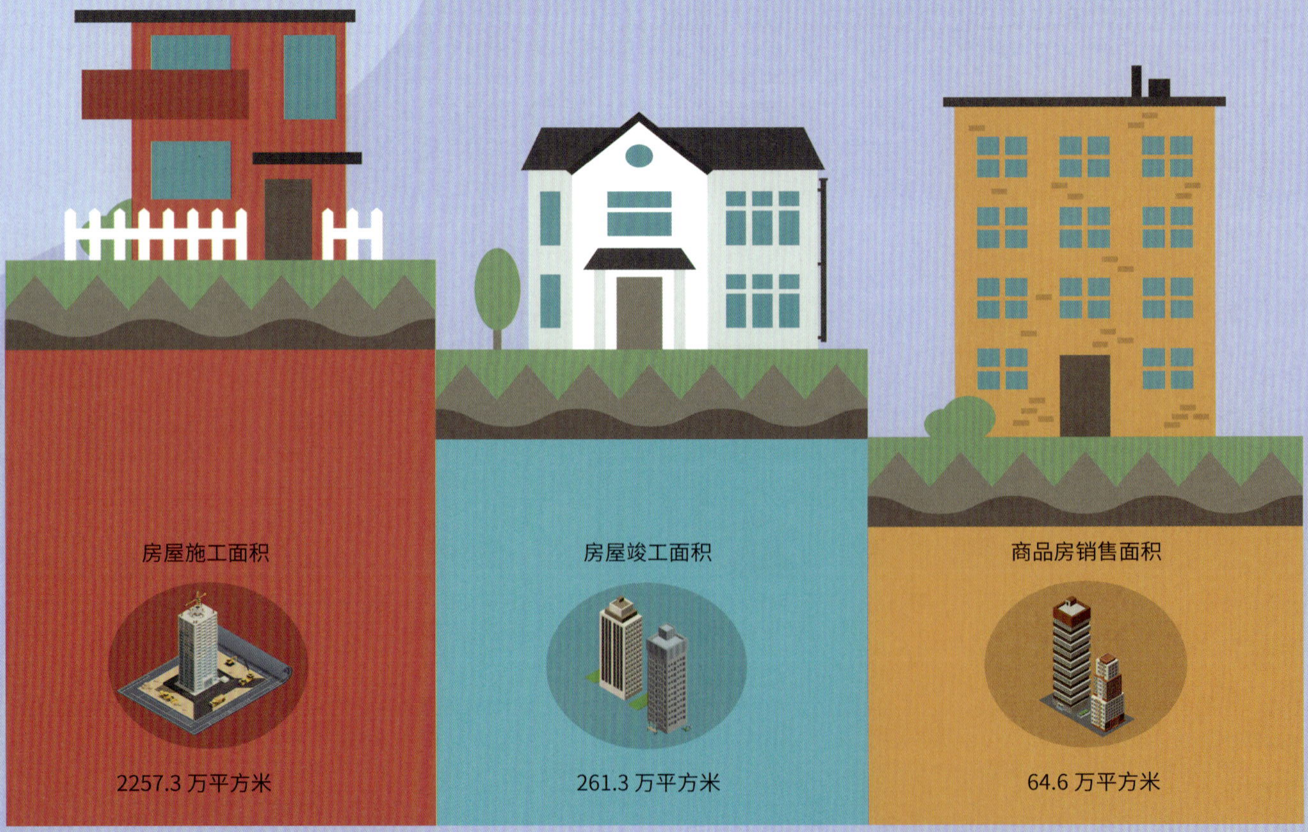

▲ 5月29日，朝阳区在东坝地区（乡）坝鑫体育公园开展以“红心向党庆百年，全民健身迎冬奥”为主题的2021年朝阳农村地区中部片区空竹展示赛　（张宇晨　摄）

▲ 5月31日，平房地区（乡）举办庆祝中国共产党成立100周年暨第三届文化节文艺汇演活动　（李　岩　摄）

▲ 6月，为庆祝中国共产党成立100周年，区国资委党委组织“传唱红色歌曲　礼赞百年华诞”红歌传唱活动　（弓　磊　摄）

▲ 6月13日，麦子店街道霞光里社区开展庆祝中国共产党成立100周年主题教育活动　（麦子店街道　供图）

▲ 6月23日，高碑店地区（乡）在东亿传媒产业园演播大厅举办庆祝中国共产党成立100周年主题活动　[高碑店地区（乡）　供图]

▲ 6 月 25 日，豆各庄地区（乡）举办庆祝建党 100 周年暨“七一”表彰活动　　[豆各庄地区（乡）　供图]

▶ 6 月 25 日，管庄地区（乡）举行庆祝中国共产党成立 100 周年党员志愿者之星表彰大会　（史　蕾　摄）

◀ 6 月 25 日，金盏地区（乡）召开“百年奋进‘盏’新时代”庆祝中国共产党成立 100 周年大会，为老党员颁发“光荣在党 50 年”纪念章　（邓治远　摄）

▲ 6 月 25 日，王四营地区（乡）为老党员颁发“光荣在党 50 年”纪念章 （杨 琦 摄）

▲ 6 月 26 日，望京街道 10 位老党员代表，上台领取为老党员颁发的“光荣在党 50 年”纪念章 （崔晓松 摄）

◀ 6 月 29 日，朝阳区国资系统党员在庆祝中国共产党成立 100 周年暨“两优一先”表彰大会上重温入党誓词 （区国资委 供图）

▶ 6 月 29 日，区退役军人事务局组织“永不褪色的军装 永不忘却的誓言”庆祝中国共产党成立 100 周年专题文艺演出 （赵倩彤 摄）

▲ 7月1日，北京工业大学学生完成庆祝中国共产党成立 100 周年服务保障工作　　（北京工业大学　供图）

▲ 7月1日，区检察院举行庆祝中国共产党成立 100 周年活动，共产党员高唱《唱支山歌给党听》　　（区检察院　供图）

▲ 7月9日，大屯街道举办“不忘初心　与爱同行　点亮梦想”残联庆祝中国共产党成立 100 周年主题活动　　（赵丛聪　摄）

▲ 8月2日，区烟草局举办“传承红色基因　重温红色经典”献礼中国共产党成立 100 周年诵读活动　　（区烟草局　供图）

▲ 10月28日，区文联举办庆祝中国共产党成立 100 周年“喜迎冬奥 欢乐朝阳”曲艺原创作品比赛　　（区文联　供图）

◀ 3月23日，北京CBD管委会发放党史学习图书
（班艳芳　摄）

▶ 4月2日，崔各庄地区（乡）召开党史学习教育动员大会
［崔各庄地区（乡）　供图］

◀ 4月8日，区环卫中心召开党史学习教育动员会
（区环卫中心　供图）

▲ 4 月 24 日，区青少年活动中心举办“永远跟党走”学党史 · 知国情 · 立志向学生主题教育活动启动仪式　　（区教委　供图）

▲ 5 月 21 日，首都机场街道举办“学百年党史　建四型国门”庆祝中国共产党成立 100 周年暨森林演出季活动　（张希跃　摄）

▲ 5 月 26 日，京客隆集团开展"学党史　促安全"综合竞赛活动

（京客隆集团　供图）

▲ 6 月 10 日，公安朝阳分局举行"不忘初心、牢记使命"主题党日活动

（公安朝阳分局　供图）

▲ 6 月 19 日，由全国妇联指导，北京市妇联主办，区妇联、区委党校承办的"颂党恩 · 传家风"红色家风故事接力宣讲活动在马骏烈士纪念馆旁举行

（区妇联　供图）

▲ 6 月 18 日，坐落在朝阳区的中国共产党历史展览馆开馆

（张雪恩　摄）

▲ 6 月 23 日，区残联举办“光荣在党 50 年”纪念章颁发仪式暨老党员讲专题党课活动　（许瑞婷　摄）

▲ 6 月 25 日，区医保局联合房山区、昌平区医保局开展党史知识竞赛　（吴建清　摄）

◀ 7 月 16 日，大屯街道举办党史学习教育工委书记专题党课活动　（赵丛聪　摄）

▶ 7 月 20 日，奥管委组织党员干部参观中国共产党历史展览馆　（张雪恩　摄）

◀ 8 月 19 日，区房管局机关第一党支部办公室党小组召开党史学习教育专题组织生活会　（茹建宇　摄）

◀ 1月，区司法局会同区政府法律顾问，编写《新冠疫苗接种工作相关法律事项指导手册》 （区司法局　供图）

▲ 1月6日，区工商联、区红十字会、区城管执法局等单位在朝阳区规划艺术馆举行防疫物资捐赠仪式 （区工商联　供图）

▲ 1月16日，区市场监管局开展新冠疫苗专项检查 （肖　洁　摄）

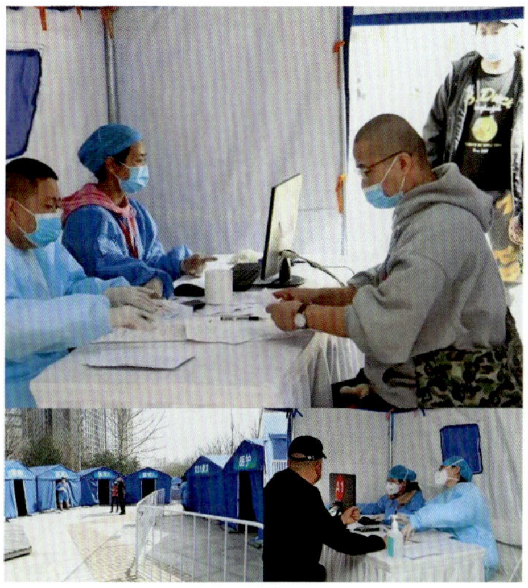

▲ 3月3日，八里庄街道开展“送苗上门”服务，在商务楼宇设置机动接种点为企业提供专项服务 （八里庄街道　供图）

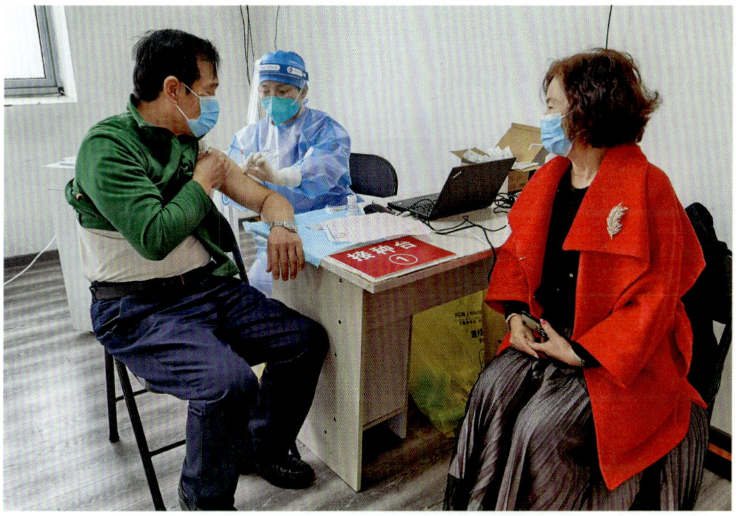

▲ 3月9日，管庄地区（乡）为60岁以上老年人接种新冠疫苗 （史　蕾　摄）

▲ 3 月 22 日，中国传媒大学疫苗临时接种点投入使用
［三间房地区（乡） 供图］

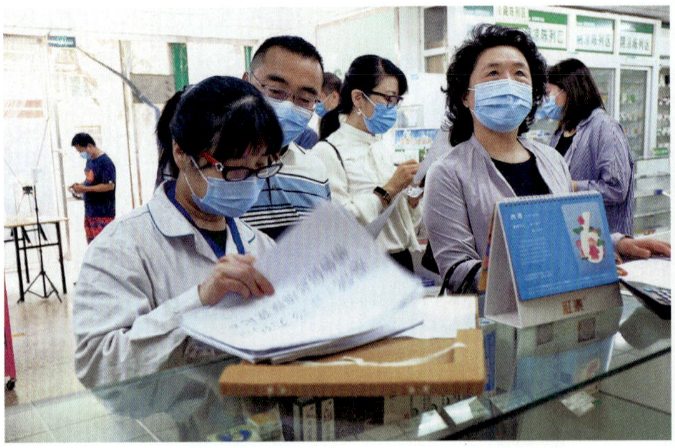

▲ 5 月 25 日，区人大代表到呼家楼街道调研新冠疫情防控工作
（胡波涛 摄）

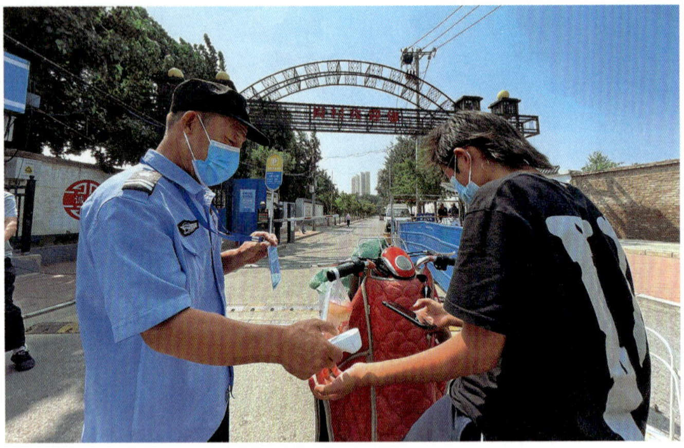

▲ 6 月 3 日，小红门地区（乡）做好疫情常态化防控工作，在肖村村口进行扫码测温
（李艺萌 摄）

▲ 9 月 18 日，区市场监管局落实疫情防控工作责任，对农贸市场进行检查
（邹 玥 摄）

▲ 10 月，区司法局编写《新冠疫情防控四方责任》社会单位篇和个人篇两个宣传手册，并向全区各街乡发放
（区司法局 供图）

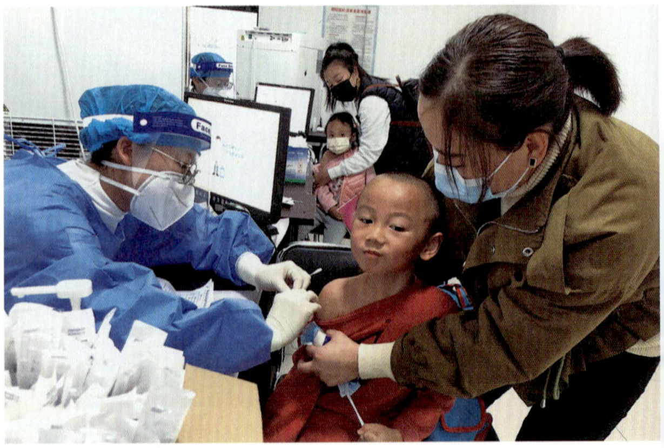

▲ 11 月 6 日，高碑店地区（乡）高东社区临时接种点为 3 岁至 11 岁儿童接种疫苗
［高碑店地（乡） 供图］

▲ 4 月 24 日，常营地区（乡）畅心阳光社区进行居委会换届选举 ［常营地区（乡） 供图］

▲ 4 月 24 日，呼家楼街道北社区进行居委会换届选举 （胡波涛 摄）

▲ 4 月 24 日，花家地西里社区新当选居委会成员与居民见面 （崔晓松 摄）

▲ 9 月 7 日至 9 日，团结湖街道开展人大换届选举知识展板巡回展示宣传活动 （杨维鑫 摄）

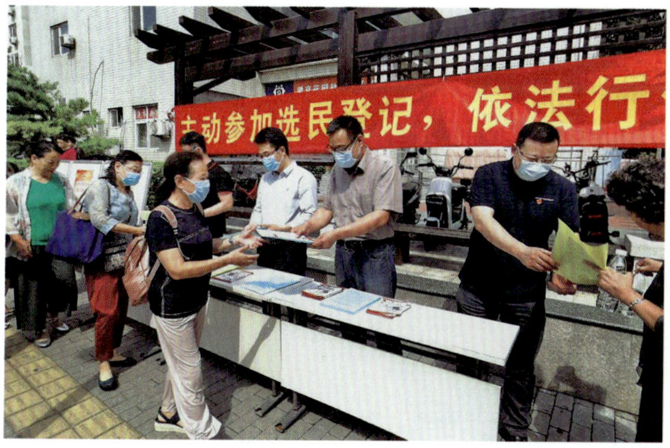

▲ 9 月 8 日，东湖街道开展人大换届选举宣传活动（李浩楠 摄）

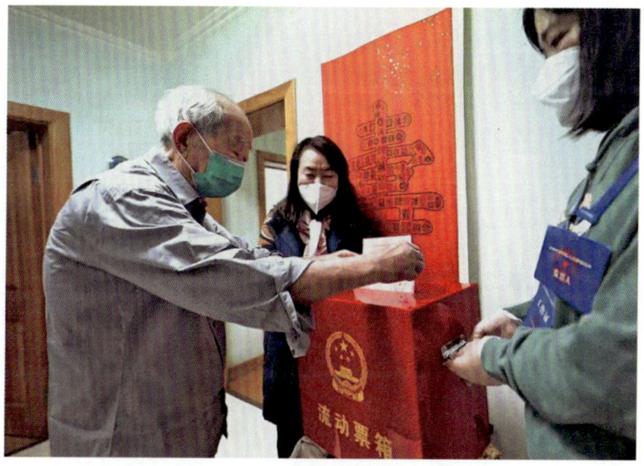

▲ 11 月 5 日，安贞街道涌溪社区 102 岁选民为人大换届选举投下庄严一票 （安贞街道 供图）

▶ 11月5日，区、乡人大代表换届选举中，管庄地区（乡）刨花板市场选区在清点选票 （史　蕾　摄）

▲ 11月25日，孙河乡召开第十八届人民代表大会第一次会议，选举产生新一届乡人大主席和乡政府领导班子。图为新班子成员举行宪法宣誓仪式 （康　文　摄）

◀ 12月22日，南磨房地区（乡）社区（村）党组织换届，双龙南里社区召开党员大会，投票选举社区党委班子 （侯　翔　摄）

▲ 4 月 2 日，国家速滑馆（冰丝带）首次点亮　（张雪恩　摄）

▲ 4 月 2 日，“相约北京”系列冬季体育赛事测试活动冰壶比赛在水立方举办　（张雪恩　摄）

▲ 4 月 5 日，区体校冰壶队在鸟巢参加冬奥测试活动　（彭　艳　摄）

▲ 4 月 7 日，国家速滑馆内举办测试赛　（张雪恩　摄）

▲ 5 月 12 日，区残联举办“助力冰雪运动　我参与我快乐”全国助残日冬奥知识培训　（邓玉红　摄）

▲ 6月，北京冬奥村竣工。图为北京冬奥村局部　（张雪恩　摄）

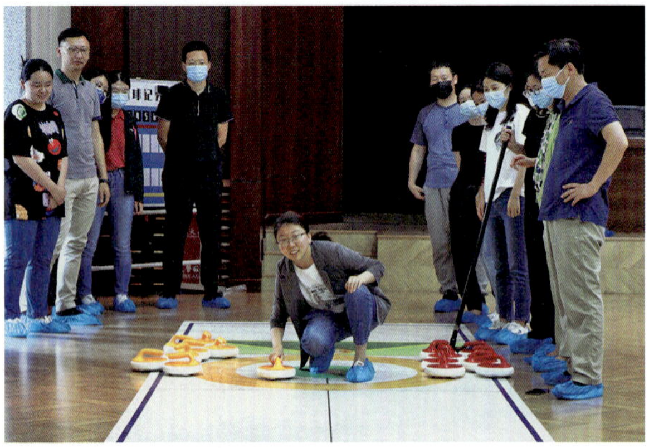

▲ 9月9日，区财政局工会组织旱地冰壶活动　（霍宗达　摄）

▲ 10月8日，国家速滑馆内正在进行浇冰作业　（张雪恩　摄）

◀ 10月14日，区体育局冰雪进社区活动暨东坝地区冰雪嘉年华活动正式拉开帷幕。图为模拟冰球活动现场　（张宇晨　摄）

▲ 10 月 15 日，区残联举办以“超越自我·为冬奥喝彩”为主题的朝阳区第六届残疾人运动会　（区残联　供图）

▲ 10 月 23 日，“相约北京”系列冬季体育赛事测试活动期间，国家游泳中心正在测试无障碍设施　（张雪恩　摄）

◀ 11 月 23 日，三里屯街道将《喜迎冬奥、共享未来》献礼画作捐赠给区残联

（三里屯街道　供图）

▲ 11 月 24 日，北京 2022 年冬残奥会倒计时 100 天主题活动在国家游泳中心举行（张雪恩　摄）

▲ 11 月 24 日，北京 2022 年冬残奥会金银纪念币发行展示活动举办（张雪恩　摄）

▲ 11 月 28 日，北京冬奥组委在北京奥林匹克公园公共区团队运行指挥中心进行北京冬奥会“赛时一天”综合演练

（张雪恩　摄）

◀ 12 月 3 日，区妇联举行“冬奥一起来　志愿有我家”朝阳区志愿家庭服务队成立仪式　　（区妇联　供图）

▶ 12 月 11 日，朝阳区第三届中小学生冬季运动会在华星国际冰上运动中心举行　　（区教委　供图）

◀ 12 月 28 日，奥运村街道举办陆地冰壶球体验赛　　（王　超　摄）

▲ 1 月 9 日，区政府和北京服装学院签订战略合作协议　（区文化和旅游局　供图）

▲ 4 月，区税务局干部在全国第 30 个税收宣传月期间为纳税人讲解税收优惠政策　（区税务局　供图）

▲ 4 月，酒仙桥街道举办“就业大集”大型招聘会 （宋 扬 摄）

▲ 5 月 24 日，中关村朝阳园管委会、清华大学学生职业发展指导中心联合主办“创新 100·人才引擎朝阳园优质企业走进清华”招聘活动 （朝阳园管委会 供图）

▲ 9 月 17 日，2021 北京 CBD 论坛举行 （白宇辰 摄）

▲ 9 月 24 日，北京工业大学与北京经济技术开发区签署全面战略合作协议 （北京工业大学 供图）

▲ 10 月 15 日，区文化和旅游局参加 2021 第九届北京国际旅游商品及旅游装备博览会　　（区文化和旅游局　供图）

▲ 12 月 28 日，“汇聚全球创投青年　探索未来数字朝阳”朝阳国际创投青年人才会客厅揭幕仪式暨朝阳国际青年创投联盟成立大会在昆泰·嘉瑞文化中心举办　　（王　乐　摄）

▲ 12 月 28 日，北京 CBD 全球招商联络站中国香港分站成立　　(CBD 管委会　供图）

▲ 12 月 30 日，区政府与中国卫星网络集团有限公司正式签署战略合作协议，中国星网“两院”落地朝阳区
（朝阳园管委会　供图）

2 月 4 日，区青联委员慰问青年群体　（武　爽　摄）

▲ 2 月 10 日，安贞街道开展“热干面炸酱面海鲜面　三地线上面对面”京深汉伙伴社区“故乡再造”活动，三地社区连线拜年　（安贞街道　供图）

▲ 3 月 5 日，团区委举办“美团 美好朝阳骑士”项目启动仪式　（陈　烨　摄）

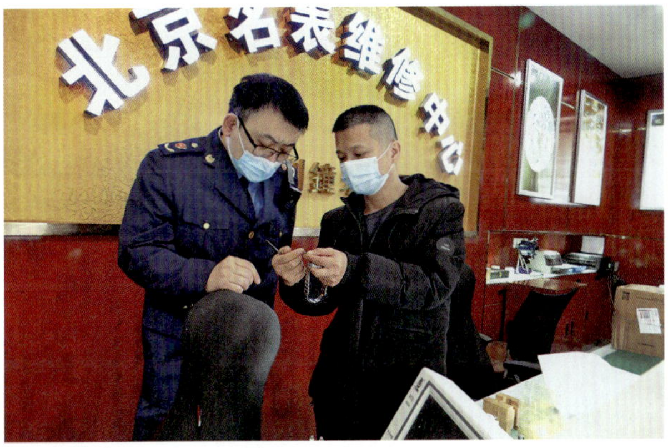

▲ 3 月 15 日，区市场监管局查处央视“3·15”晚会曝光的名表维修案　（邹　玥　摄）

▲ 3 月 29 日，团结湖街道一二条社区戎春林板报社成员在社区绘制廉政板报，打造团结湖廉政文化一条街　（杨维鑫　摄）

◀ 4 月 2 日，朝阳区残疾儿童康复园和北京睿智全纳教育康复中心共同举办“我们做朋友吧”主题活动　（崔　影　摄）

▲ 5 月 12 日，区总工会与北京银行城市副中心分行举办共建日活动暨“八大员”专场职工沟通会启动仪式　（区总工会　供图）

▶ 5 月 13 日，太阳宫地区（乡）西坝河北里社区为老服务项目启动　（王广军　摄）

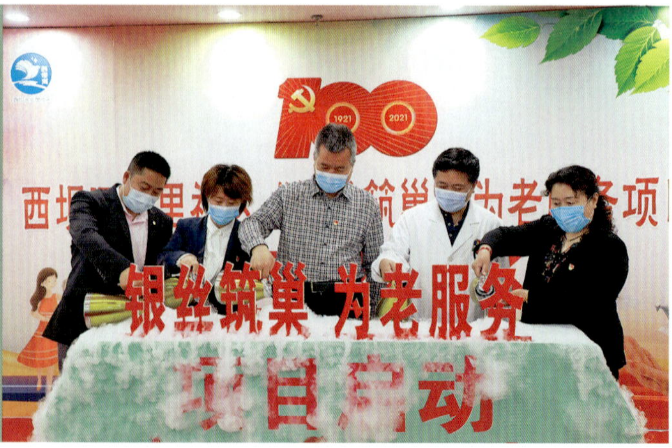

▲ 5月27日，东湖街道开展“国粹进校园”庆“六一”主题活动　　（腾　飞　摄）

▲ 6月，区消防救援支队举办小型消防站集中揭牌仪式　　（区消防救援支队　供图）

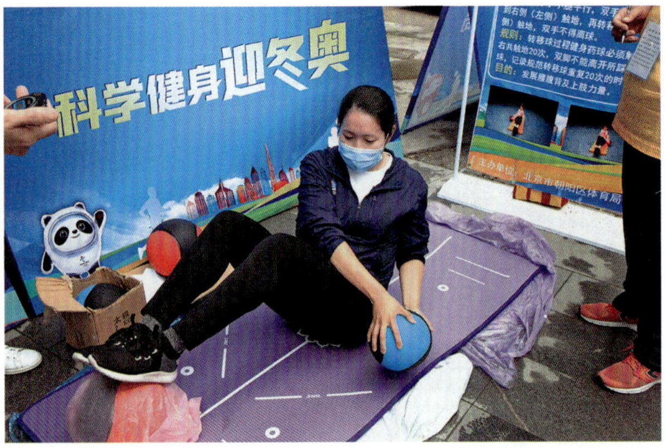

▲ 6 月 1 日，呼家楼街道开展朝阳区体质促进项目推广活动（郭　鹏　摄）

▲ 6 月 12 日，朝阳公园举办“爱绿一起”走进农耕文化活动，小朋友展示制作的扎染背心（陈　曦　摄）

▲ 6 月 21 日，区人防办在左家庄街道开展社区人防志愿者训练活动（任思捷　摄）

▲ 7 月 16 日，和平街街道社会工作服务中心举办小区居民骨干能力专业知识竞赛活动（李颖娜　摄）

▲ 7 月 19 日，区法院组织《新京报》小记者参与法院开放日活动（曹　璐　摄）

▲ 7 月 29 日，太阳宫地区（乡）慰问共建部队（王广军　摄）

▲ 9月，双井街道在主要路口增设文明引导员，保障居民畅通出行（许　楠　摄）

▲ 10 月 16 日，朝阳区在建外街道外交公寓举办以“同心向党，和睦邻里；喜迎冬奥，和谐社区”为主题的第三届“社区邻里节”启动仪式（建外街道　供图）

▲ 10 月 19 日，呼家楼街道与内蒙古自治区乌兰察布市卓资县红召乡、复兴乡结对协作座谈会举行（郭　宣　摄）

▲ 11 月 3 日，朝阳区人口抽样调查工作调查员开展入户登记工作（李佳倪　摄）

▲ 11 月 7 日，区环卫中心职工在朝阳路进行扫雪铲冰作业（刘宏伟　摄）

▲ 11 月 8 日，京客隆民生商品农科院供应点开业（京客隆集团　供图）

▲ 12 月 5 日，区城管执法局奥园执法大队开展国家宪法日宪法宣传周系列活动 （沈　汀　摄）

▲ 12 月 6 日，区文联开展“一起向未来”广场舞普及展演活动 （区文联　供图）

◀ 12 月 16 日，孙河地区（乡）康营家园一社区红十字志愿者在博爱家园为居民量血压、测血糖 （娄大伟　摄）

▲ 12 月 23 日，位于东坝地区（乡）的北京安贞东方医院建设项目主体完工 （张宇晨　摄）

▲ 4 月，朝开公司完成豆各庄路道路面层铺设（张元元 摄）

▲ 5 月 28 日，外交友谊林落户金盏森林公园（邓治远 摄）

▲ 7 月 2 日，北京 CBD 核心区 Z2A 阳光项目（阳光金融中心）竣工　　（CBD 管委会　供图）

▶ 8月28日，区循环经济产业园对填埋场堆体进行绿化提升。图为填埋场堆体东坡　　　　　　（李佐娟　摄）

◀ 年内，亮马河国际风情水岸景观提升工程基本完工。图为改造后的亮马河滨河路　　　　（区城市管理委　供图）

▲ 年内，亮马河国际风情水岸景观提升工程基本完工。图为改造后的亮马河夜景　　　　（麦子店街道　供图）

▲ 9月，大望京区域服贸会灯光秀　　（区城市管理委　供图）

◀ 10月29日，平房地区（乡）黄渠新村四期安置房施工现场（卢思颖　摄）

▲ 11月1日，广和里西路完工　　（顾明明　摄）

▲ 12月27日，CBD核心区地下空间项目西南段结构施工现场（侯立军　摄）

目 录

卷首专题图片

特 载

专 文

大事记

区情概览

基本地情

2021 年国民经济和社会发展情况

领导干部名录

中国共产党朝阳区委员会

综　述

重大决策

重要会议

重大活动

组织工作

人才工作

宣传工作

统一战线

机构编制管理

政策研究

区直机关党建

老干部工作

保密管理

党校教育

党史编研

朝阳区人民代表大会

综　述

重要会议

人事任免

议案办理和信访受理

代表活动

专门委员会

朝阳区人民政府

综　述

重要会议

重大活动

综合政务管理

政府信息公开

应急管理

信息化建设与管理

外事及港澳事务

政务服务

信　访

机关后勤服务与管理

政协朝阳区委员会

综　述

重要会议

协商议政

提案工作

调研与视察

专门委员会

中国共产党
朝阳区纪律检查委员会
朝阳区监察委员会

综　述

重要会议

纪检监察体制改革

党风政风监督

巡视巡察

信访举报

纪律检查和案件审理

反腐倡廉宣传教育

民主党派

民革朝阳区委

民盟朝阳区委

民建朝阳区委

民进朝阳区委

农工党朝阳区委

致公党朝阳区委

九三学社朝阳区委

台盟朝阳区工委

人民团体

朝阳区总工会

共青团朝阳区委

朝阳区妇女联合会

朝阳区科学技术协会

朝阳区归国华侨联合会

朝阳区青年联合会

朝阳区工商业联合会

法 治

政法委及综治

法治政府建设

公 安

检 察

法 院

司法行政

仲　裁

军　事

区人武部

人民防空

退役军人事务

功能区建设

北京商务中心区

北京奥林匹克公园

中关村朝阳园管委会

温榆河生态走廊

金盏国际合作服务区

国家文化产业创新实验区

经济管理

经济社会发展与经济调控

财　政

税　务

审　计

统　计

市场监督管理

质量技术监督

食品药品监督管理

消费者权益保护

价格管理

安全生产监督管理

国有资产监督管理

烟草专卖与管理

农业与农村经济

乡村振兴

农村经济管理

农业农村综合服务

农业综合执法

工业 商贸服务业

工业产业发展

高新技术产业

商贸服务业

朝富公司

蓝岛大厦

京客隆集团

投资促进

金　融

旅游业

综 述

景区景点建设

旅游节庆活动

旅游监督管理

旅游合作与交流

城乡规划与建设

城乡规划

自然资源管理

建设工程

北京宝嘉恒基础设施投资有限公司

北京昆泰控股集团有限公司

北京国际商务中心区开发建设集团有限公司

北京市朝阳城市建设综合开发有限责任公司

田华建筑集团公司

房屋管理

公用事业

供　电

供　水

邮政通信

城乡管理

城市综合管理

城管综合执法

数字化城市管理

交通运输管理

水　务

防　汛

节　水

消 防

生态建设

生态环境保护

水环境治理

市容环境管理

环境卫生

循环经济产业

节能减排

园林绿化

朝园弘园林绿化有限责任公司

园林绿化管理服务中心

公园和绿化建设管理中心

绿化一队

绿化二队

大黄庄绿化队

北花园绿化队

北京市朝阳区园林绿化综合执法队

奥林匹克森林公园

朝阳公园

北京中华民族园

日坛公园

团结湖公园

红领巾公园

元大都城垣遗址公园

教　育

综　述

教育管理

师资队伍

素质教育

学前教育

基础教育

特殊教育

职业教育

高等教育

北京中医药大学

北京工业大学

北京信息职业技术学院

北京化工大学

北京劳动保障职业学院

北京第二外国语学院

北京经济管理职业学院

北京联合大学

北京青年政治学院

继续教育

民办教育

教育督导

文　化

综　述

公共文化

群众文化

文化遗产保护

文化市场管理

文化创意产业

798 艺术区

北京潘家园国际民间文化发展有限公司

朝阳规划艺术馆

新闻传播

档　案

地方志

文联活动

卫生健康

综　述

公共卫生

医疗卫生

朝阳区区属医院

体　育

综　述

群众体育

竞技体育

体育产业

北京冬奥会筹备

社会生活

居民收支

就 业

社会保障

民 政

社会建设管理

人力资源管理

民族　宗教

老龄事业

残疾人事业

慈善事业

红十字事业

精神文明建设

街道　地区（乡）

安贞街道

奥运村街道

八里庄街道

朝外街道

大屯街道

东湖街道

垡头街道

和平街街道

呼家楼街道

建外街道

劲松街道

酒仙桥街道

六里屯街道

麦子店街道

潘家园街道

三里屯街道

首都机场街道

双井街道

团结湖街道

望京街道

香河园街道

小关街道

亚运村街道

左家庄街道

常营地区（回族乡）

崔各庄地区（乡）

东坝地区（乡）

东风地区（乡）

豆各庄地区（乡）

高碑店地区（乡）

管庄地区（乡）

黑庄户地区（乡）

将台地区（乡）

金盏地区（乡）

来广营地区（乡）

南磨房地区（乡）

平房地区（乡）

三间房地区（乡）

十八里店地区（乡）

孙河地区（乡）

太阳宫地区（乡）

王四营地区（乡）

小红门地区（乡）

人物　荣誉

先进集体

先进个人

逝世人物

统计资料

附　录

文件目录

勘　误

索　引

CONTENTS

Thematic Activities at the beginning of the Volume

Special Records

Feature

Chronicle of Major Events

Overview of District Conditions

Beijing Chaoyang District Committee of Communist Party of China

Chaoyang District People's Congress

Chaoyang District People's Government

CPPCC Chaoyang District Committee

Chaoyang District Commission for Discipline Inspection of the CPC and Chaoyang District Commission of Supervision

Democratic Parties

People's Organizations

Rule of Law

Military Affairs

Construction of Functional Areas

Economic Management

Agriculture and Rural Economy

Industry and Trade Services

Finance

Tourist Industry

Urban and Rural Planning and Construction

Urban and Rural Management

Ecological Construction

Science and Technology

Education

Cultural

Health

Sports

Social Life

Sub-Districts and Areas (Townships)

Characters and Honor

Statistical Data

Appendices

Erratum

Indexes

坚持首善 建设“四区”
精彩谱写率先基本实现社会主义现代化的朝阳篇章

——在中国共产党北京市朝阳区第十三次代表大会上的工作报告

中共朝阳区委书记 王 灏

（2021 年 12 月 6 日）

区第十三次党代会是在我们胜利实现第一个百年奋斗目标、率先全面建成小康社会，向着第二个百年奋斗目标迈进、加快建设具有国际影响力和竞争力的和谐宜居国际化城区的新时期，召开的一次十分重要的大会。这次大会的主题是：坚持首善，建设“四区”，精彩谱写率先基本实现社会主义现代化的朝阳篇章。大会的主要任务是：坚持以习近平新时代中国特色社会主义思想为指导，深入落实党中央精神、市委部署，全面总结区第十二次党代会以来的工作，研究确定今后五年的奋斗目标和主要任务，选举产生中共北京市朝阳区第十三届委员会和纪律检查委员会，团结带领全区广大党员干部群众埋头苦干、勇毅前行，推动朝阳率先基本实现社会主义现代化，让人民群众拥有更加美好的幸福生活。

忠诚担当、克难攻坚，取得历史性发展成就的五年

过去的五年极为特殊、极不平凡，在朝阳发展史上具有重要里程碑意义。五年来，外部环境发生深刻变化，我们承接的任务之重前所未有，面对的困难之多前所未有，遇到的挑战之大也前所未有。在党中央和市委的坚强领导下，区委团结带领全区人民，坚持以习近平新时代中国特色社会主义思想为指导，认真贯彻党的十九大和十九届二中、三中、四中、五中、六中全会精神，深入落实市委部署要求，坚持新发展理念，围绕“建设‘三区’、建成小康”发展目标，突出文化、国际化、大尺度绿化主攻方向，持续提升区域发展品质、环境品质、治理品质和服务品质，不断把全面从严治党引向深入，胜利完成区第十二次党代会确定的主要任务，一个高端集约、环境优美、开放包容、宜居和谐的魅力朝阳清晰展现在世人面前。

1. 习近平总书记对北京重要讲话精神在朝阳落地生根、形成生动实践。党的十八大以来，习近平总书记 9 次视察北京、16 次对北京发表重要讲话，深刻阐述了“建设一个什么样的首都、怎样建设首都”这个重大时代课题，为做好新时代首都工作指明了前进方向。我们坚持把习近平总书记对北京重要讲话精神作为根本遵循，始终从党和国家事业发展大局、首都工作全局的高度来想问题、作决策、办事情。在落实首都城市战略定位、疏解非首都功能、建设生态文明、促进协同发展等全局性、战略性问题上，提高了思想认识，增强了行动自觉。紧密对标对表，细化措施、强化责任，以上率下、步步深入，切实把讲话精神转化为政治定力、实际行动和发展成果。习近平总书记 3 次到朝阳参加首都义务植树活动，在疫情防控紧要关头来朝阳调研指导工作，充分体现了人民至上的领袖情怀和对基层一线的深情厚爱，让我们倍感温暖、深受鼓舞，更加坚定了战胜疫情的信心和决心。

2. 在大战大考中交出满意答卷。强化上下贯通、执行有力，不折不扣落实党中央、市委重大决策部署。圆满完成两届“一带一路”国际合作高峰论坛、中非合作论坛北京峰会、亚洲文明对话大会、新中国成立 70 周年庆祝活动、中国共产党成立 100 周年庆祝活动等重大活动服务保障任

务，全面展现了朝阳干部的能力、朝阳行动的效率和朝阳工作的水平。积极融入京津冀协同发展大局，支持8000余家朝阳企业投资和落户通州，助力密云区建设，推动与津冀地区产业合作、互联互通。举全区之力做好北京冬奥会和冬残奥会筹办工作，圆满完成“相约北京”测试活动和测试赛保障，检验了体系，锻炼了队伍，完善了机制，提升了能力，为迎接冬奥会正式比赛打下了坚实基础。坚决打好三大攻坚战，生态环境质量持续好转，$PM_{2.5}$年均浓度较2016年下降48%，国考、市考断面水质稳定达标，全域消除黑臭水体；对口帮扶6个受援地区全部脱贫摘帽，扶贫协作考核连续三年排名全市前列；创新金融风险防控工作模式，P2P在营平台清零，实现了“五个显著下降”。面对突如其来的新冠肺炎疫情，我们坚持人民至上、生命至上，稳扎稳打、精准施策，依靠群众，联防联控。各条战线不惧风险、坚守岗位、任劳任怨，党旗在抗疫一线高高飘扬，迅速有效遏制了疫情蔓延，展现了众志成城的朝阳力量。“双楼长制”、“一米线”行动等经验在全市推广，战“疫”地图、安华里社区“六个一”工作法得到习近平总书记充分肯定。及时出台两个“18条措施”和“稳就业19条措施”，同舟共济帮助企业渡过难关，推动区域发展迅速提振回升。

3. 区域功能显著优化提升。紧紧围绕加强首都“四个中心”功能建设，提高“四个服务”水平。深入落实新版城市总规，实施朝阳分区规划，优化区域功能和空间布局。完善服务保障机制，营造安全、整洁、有序的政务环境，高效保障中央政务运行。坚持文化引领，发挥全国文明城区、国家公共文化服务体系示范区和国家文化产业创新实验区“三区”叠加优势，争当首都全国文化中心核心区。强化首都国际交往重要窗口作用，提升外交外事承载能力，增强奥林匹克中心区国际交往功能，打造第四使馆区国际交往中心新亮点；实施CBD国际化提升三年行动计划，推进“两区”建设，引领开放发展，提高全球化资源要素配置效率；建设望京国际人才社区，“三国际一未来”项目取得突破，国际教育、国际医疗等生活配套更加齐全，国际化成为朝阳最丰厚的资源、最明显的特色和最靓丽的名片。打造国际研发创新高地，朝阳在首都国际科技创新中心建设中的作用进一步强化。紧抓城市副中心建设契机，实施“一廊”地区“五大提升工程”，东部、东南部地区发展水平明显提高。

4. 转型发展的总体架构基本形成。紧抓非首都功能疏解机遇，坚持先舍后得、破立并举，纵深治理“大城市病”，以“腾笼换鸟”换来“瘦身健体”，以“壮士断腕”实现“凤凰涅槃”。叠图连片落实疏解整治促提升专项行动，累计拆除违法建设3211万平方米，完成33平方千米城乡建设用地净减量任务，疏解升级商品交易市场154家，新建改造便民服务网点577个，全区常住人口由顶峰时的395.5万人调减至345.1万人，大体量疏解经验获得市委、市政府高度肯定并推广。在啃下一个个“硬骨头”的同时，闯出了一条发展新路，实现了从聚集资源求增长向疏解功能谋发展的重大转变。

5. 经济在深刻转型中实现提质增效升级。坚持发展是第一要务，认真落实“六稳”“六保”，聚焦“高精尖”，做好“白菜心”。打造中关村朝阳国际创投集聚区，建设数字经济示范区，金融业、科技服务业和信息服务业增长强劲。紧抓“两区”建设机遇，构建对外开放政策体系，推动服务业扩大开放试点12项新机制、17大新兴业态落地，探索出多个全国领先、北京首创的开放模式，跨国公司地区总部达138家，“放宽服务业准入、助推区域高水平开放”被列入国务院第五次大督查发现的典型经验做法。CBD在世界商务中心区吸引力指数总排名跃居全球第七、亚洲第二，保持全国第一，中关村朝阳园创新绩效位居中关村“一区十六园”首位。全区地区生产总值跃上7000亿元大台阶，地方级和区级一般公共预算收入保持全市首位，居民人均可支配收入达到7.9万元，实现了强区富民的夙愿。

6. 重点领域改革取得重大突破。始终把改革作为关键一招，推出一批具有朝阳特点、务实管用的创新举措，基本形成改革的“四梁八柱”。深化“放管服”改革，推动政务服务审批流程革命性再造，区级政务服务事项全面实现“一门办理、一窗受理、一网通办”，新企业开办、不动产登记的朝阳“极速模式”在全市推广，量身定制“服务包”“成长包”精准支持企业，营商环境考评成绩连续四年居全市第一。全面完成区级党政机构和街乡机构改革，实现基层管理体系扁平化运行。完成区属国企重组和资源整合，提高国资监管效能，国有企业在全区各项建设中发挥了积极作用。深化教育综合改革，公立医院综合改革工作获得国务院办公厅通报表扬。乡、村两级产权制度改革持续推进，形成“村地区管”制度体系。

7. 城乡发展实现融合互促。深入落实乡村振兴战略，实施城乡发展“六个一百”工程，在全区层面推进功能重组、布局重整、资源重配、管理重构、力量重置，全面加快农村城市化进程，建设高水平城市化综合改革先行区。积极探索有朝阳特色的城市化实施路径，完成33个村整体拆迁腾退，连续四批推进“一绿”城市化建设试点，基本完成第一批6个乡试点任务，孙河乡在“二绿”地区率先完成城市化，王四营乡减量发展经验在全市推广。农村地区疏解转型、环境建设、产业升级、治理优化齐头并进，城市化空间形态持续完善，人居环境整治三年行动和第一批美丽乡村建设分别排名中心城区第一和全市第一。城乡发展更趋协调，持续走在全市农村城市化工作前列。

8. 宜居环境建设成果丰硕。坚定不移走生态优先、绿色发展道路，提升城市精细化管理水平。新建改造绿化面积3476公顷，建设提升公园102个，全区绿化覆盖率达到48%，全市一道绿隔在朝阳版图上率先贯通闭环，温榆河公园朝阳示范区成为首都生态环境建设“金名片”，得到市委“大尺度绿化看朝阳”的充分肯定。新改扩建道路107条，完成100项疏堵工程，CBD区域交通综合治理经验在全市推广。建成环境优美大街110条，整治提升背街小巷716条，形成三里屯“脏街”治理样板。开展围栏护栏改造、违规广告牌匾规范提质、架空线入地等专项治理，大幅提升长安街及其延长线、广渠路等道路环境品质，亮马河国际风情水岸、萧太后河、望京小街、丽都商圈等新地标惊艳亮相。实现全域无煤化，综合整治老旧小区97万平方米，改造存量旱厕866座，百姓生活空间更加舒适。率先在国内建成现场建筑垃圾资源化处置生产线，生活垃圾分类示范片区实现街乡全覆盖。启动“城市智慧大脑”建设，城市治理迈向现代智能。

9. 文化文明优势充分显现。优化文化供给，厚植文化底蕴，努力在全国文化中心建设上求突破、树标杆、作示范。实施精神文明建设“七项工程”，培育和践行社会主义核心价值观，朝阳成为全国新时代文明实践中心建设试点，连续4届荣膺全国文明城区称号，朝阳群众、朝阳女民兵、朝阳志愿者向全世界展示了朝阳人的风采。健全“3+1”四级公共文化服务体系，创新供给模式，街乡文化中心和社区（村）文化室实现全覆盖，城市书屋建设经验入选中宣部创新案例。保护传承利用运河文化，树立区域文化标识。构建现代文化产业促进体系，文化企业数量位居全市之首，102家文化产业园区成为时尚文化消费新场地和城市文化服务新场景，被认定为国家文化出口基地，文创实验区引领全国文化产业创新发展的作用进一步提升。

10. 民生事业更有温度。坚持把改善民生作为最大政治，聚焦“七有”“五性”，用心用情办好民生实事。落实就业优先政策，建成城乡统一、覆盖全民的社会保障体系。学前教育普惠率达到83%，义务教育优质资源实现全覆盖，各类教育发展质量显著提高。优化医疗资源布局，提高公共卫生服务水平和基层医疗机构服务能力，成功创建国家卫生区和全国健康促进区。推进医养结合，基本实现养老设施街乡全覆盖，成为全国养老服务业综合改革试点区，被确定为全国居家和社区养老服务改革试点区。全民健身场地设施指标居全市之首，竞技体育取得市第十五届运动会金牌榜、奖牌榜双第一。整改无障碍环境设施点位1.7万个。建设筹集政策性住房5.3万套，竣工6.6万套。老旧小区加装电梯启动数、完成数均为全市第一。

11. 共建共治共享的社会治理新格局初步形成。创新党建引领基层治理体制机制，开展“吹哨报到”改革，实施“基层建设年”三年行动，推动基层改革创新“年度三件事”，构建“两全”治理格局，市域社会治理现代化建设试点取得明显成效。加强新时代街道工作，建设文明街道、活力街道、宜居街道、平安街道，朝阳作为全国第二批街道服务管理创新实验区通过结项验收。推进社区体制改革，形成“五化协同”社区治理体系，社区居民议事厅实现全覆盖。建成三级社会动员平台体系，全面推广社区成长伙伴计划。打造全要素小区129个、全景楼院515个，双井街道入选全国首个联合国人居署可持续发展试点社区。多领域创新政企合作方式，老旧小区改造“劲松模式”得到国家层面肯定并在全市推广。尽心竭力接诉即办，推动解决群众关心的预付式消费、房产证办理等难题，市民诉求办理解决率、满意率持续提升。

12. 民主法治建设扎实推进。坚持总揽全局、协调各方，支持区人大及其常委会加强“四个机关”建设，构建格局、完善机制、提供支撑，依法履行宪法和法律赋予的职权，卓有成效推动区域发展和民主法治建设；支持区政府加快职能转变、提升工作效能、抓好各项建设，为人民群众提供优质高效服务；支持人民政协发挥专门协商机构作用，形成建言资政和凝聚共识双向发力的良好格局，当好党和政府联系群众的重要桥梁和纽带，围绕全区中心工作建睿智之言、出务实之力。巩固拓展大统战格局，民主党派、无党派、工商联、民族宗教、新的社会阶层人士、港澳台侨海外统战等各领域工作不断加强，工会、共青团、妇联等群团组织桥梁纽带作用进一步发挥。坚持党管武装，深化军民融合，实现全国双拥模范城“七连冠”。统筹全面依法治区工作，深化司法体制改革，成为首批全国法治政府建设示范地区。夯实平安朝阳建设基础，扫黑除恶专项斗争圆满收官，安全生产保持良好态势，社会大局和谐稳定，群众安全感达到历史最好水平。

13. 党的领导全面加强。坚持把抓好党建作为最大政绩，严格落实管党治党政治责任，推动全区党的建设高质量发展。

始终把党的政治建设摆在首位。组建调整36个区委议事协调机构，建立健全区委对重大工作统一领导的体制机制。牢记“看北京首先要从政治上看”，教育引导全区党员干部把增强“四个意识”、坚定“四个自信”、做到“两个维护”体现到具体行动上，坚决落实市委“三个一”“四个决不允许”要求。严守政治纪律和政治规矩，坚决肃清流毒影响。以高度的政治责任感做好巡视“后半篇文章”，中央环保督察、国家监委监察建议、市委巡视、规自领域专项巡视、违建别墅和大棚房整治等反馈问题得到坚决有力整改。

思想理论建设深入推进。坚持学做结合，推进“两学一做”学习教育常态化制度化。深入开展“不忘初心、牢记使命”主题教育，推动不忘初心、牢记使命的制度落实落地。扎实开展党史学习教育，引导全区党员干部学党史、悟思想、办实事、开新局。深化区委理论学习中心组“学习日”机制，把学习习近平新时代中国特色社会主义思想作为干部教育培训首课主课必修课，带领全区持续学懂弄通做实，不断提高政治判断力、政治领悟力、政治执行力。发挥“两中心一平台”阵地作用，整合各类资源载体，构建线上线下相结合、理论宣讲与百姓宣讲相贯通的工作体系，分层分众开展宣讲1.1万余场，推动党的创新理论“飞入寻常百姓家”。创新制定“两清单一台账”，严格落实意识形态和网络意识形态工作责任制，强化阵地管理，区域意识形态工作发展态势进一步向上向好。推进媒体深度融合发展，完善多层多点架构，中央市属媒体和区级媒体平台刊发报道17万余篇次，营造出团结昂扬的浓厚舆论氛围。

干部人才队伍建设不断深化。坚持新时期好干部标准，以正确用人导向引领干部干事创业。加强领导班子考核建设和梯队建设，率先实施班子队伍年龄结构基准线管理，向基层配备“三懂”干部，储备优秀年轻干部，优先选任“急先锋”“老黄牛”“诸葛亮”式干部，有效激励了干部干事创业。常委会讨论决定干部任免2542人次，全区干部队伍结构更加合理。健全人才工作体系，加速人才资源聚集，人才发展环境进一步优化。

基层党建水平持续提升。深耕“一轴四网”区域化党建体系建设，创新构建党建工作协调委员会“一会五委”组织架构，完善区、街乡和社区（村）党建协调委员会、专委会运行模式，强化了党建引领基层治理的作用。用好“双报到”机制，开展“1+1手拉手”行动，带动全体党员在落实重点任务中发挥先锋模范作用。统筹抓好机关、国企、中小学校、公立医院、“两新”组织等各领域党建，探索“两新”党建管理体制改革，推进“党建入章”，推动新就业群体融入基层党建格局。整顿提升11个软弱涣散村、10个后进社区，夯实基层组织基础，党组织带头人队伍实现整体优化提升。

管党治党螺丝越拧越紧。构建全面从严治党责任落实体系，出台《区委常委会带头落实全面从严治党主体责任实施意见》等制度60余项，层层压实“一岗双责”。发挥巡察政治体检功能，对全区二级单位实现巡察全覆盖。建立政治生态考核评价体系，动态更新领导干部廉政档案。精准运用“四种形态”，“第一种形态”运用比率提高至92%。深入开展警示教育，筑牢“不想腐”的思想堤坝。构建“横到边、纵到底”的监督体系，社区纪委书记专职化率达到97%以上。靶向纠治侵害群众利益的腐败和作风问题，查处违反中央八项规定精神问题254人，坚决纠“四风”树新风，整治形式主义、官僚主义。开展政法队伍教育整顿等专项整治，加大惩治腐败力度，共处置问题线索5034件、处分1229人，严肃查处了一系列影响恶劣的重点案件，形成强大震慑，反腐败斗争取得压倒性胜利并得到巩固发展，全区政治生态更加清明。

五年来，拼搏的路上披荆斩棘，奋进的成就来之不易。我们深刻认识到，要闯出发展新天地、开拓发展新境界，必须坚持政治引领，坚定不移同以习近平同志为核心的党中央保持高度一致，把稳方向、保持定力，这是我们做好工作的关键所在，任何时候都不能偏离！必须强化理论武装，用党的创新理论最新成果武装头脑、指导实践、推动工作，把学习成果不断转化为实践智慧，这是我们复兴伟业的思想旗帜和行动指南，任何时候都不能背离！必须牢记初心使命，始终把人民放在心中最高位置，用群众的视角看待问题，用群众的感受衡量工作，用群众的利益计算得失，切切实实把群众的事当成事业干，把百姓的事干成事业，这是我们开展工作的出发点和落脚点，任何时候都不能忘记！必须夯实基层基础，牢固树立大抓基层的鲜明导向，建设坚强战斗堡垒，充分发挥各级党组织的组织力、凝聚力、战斗力，这是我们事业成功的前提和基础，任何时候都不能动摇！必须弘扬实干作风，强化向前一步才能海阔天空的工作理念，以咬定青山不放松的韧劲和一抓到底钉钉子的精神，推动各项工作不断迈上新台阶，这是我们实现目标的重要保障，任何时候都不能松懈！

五年的历程波澜壮阔，有许多成就值得我们自豪喜悦，有许多战斗值得我们铭记在心，有许多情景值得我们感触回味，有许多精神值得我们赓续传承。我们忘不了在重大活动服务保障中，同志们全力以赴、全情投入的辛劳汗水；我们忘不了在疫情防控中，同志们抛家舍业、临危不惧的无悔坚守；我们忘不了在功能疏解中，同志们顾全大局、迎难而上的魄力勇气；我们忘不了在接诉即办、为民解忧中，同志们费尽脑、磨破嘴、跑断腿的执着付出。五年的努力，让城乡越来越美、发展越来越好、群众生活质量越来越高、前进的道路越走越宽阔。这些成绩的取得，是习近平新时代中国特色社会主义思想定向领航的结果，是市委正确领导的结果，是在历届区委打下的工作基础之上接续奋斗的结果，是全区广大党员干部群众辛勤耕耘的结果，是各民主党派、工商联、人民团体和各界人士勠力同心的结果，是驻区中央、市属单位、人民解放军和武警部队大力支持的结果。在这里，我代表中共北京市朝阳区第十二届委员会，向为朝阳发展付出心血智慧、做出积极贡献的同志们、朋友们表示衷心的感谢，并致以崇高的敬意！

踏上率先基本实现社会主义现代化的新征程

当今世界正经历百年未有之大变局，我国开启全面建设社会主义现代化国家、向第二个百年奋斗目标进军的新征程，首都北京与党和国家的历史使命联系更加紧密，时代地位更加彰显。全区上下要胸怀“两个大局”，牢记“国之大者”，常怀远虑、居安思危，深刻把握和积极适应发展之变。

一要适应发展阶段之变。我国已经进入新发展阶段，北京正持续深入学习贯彻习近平总书记对北京重要讲话和重要指示批示精神，加快建设伟大社会主义祖国的首都、迈向中华民族伟大复兴的大国首都、国际一流的和谐宜居之都。今后五年，是率先基本实现社会主义现代化的关键时期，朝阳进入了推动高质量发展、推进高效能治理、创造高品质生活、锻造高质量党建的新阶段。面向“十四五”，我区确定了建设首都高质量发展示范区、文化创新引领区、国际交往中心区、绿色宜居标杆区的“四区”发展目标，提出了到2035年“率先基本实现社会主义现代化，始终走在全市发展前列”的奋斗目标。朝阳发展仍处于重要战略机遇期，但机遇和挑战都有新的发展变化。我们要正确认识事业所处的历史方位，把握未来发展的路线图和时间表，继续谦虚谨慎、艰苦奋斗，锲而不舍实现既定目标。

二要适应发展格局之变。从国家层面看，新发展格局明确了我国经济现代化的路径选择，以更高层次、更宽领域、更有力度的对外开放促进国内国际双循环。从首都层面看，京津冀协同发展更加深入，新版城市总规对首都城市空间格局作出深刻调整，要求我们深入落实区域功能定位，加快优化布局，提升国际化能级，发挥国际国内资源要素链接作用，打造双循环交汇点，不断厚植新优势，构筑发展制高点。

三要适应发展态势之变。当前，世界变局加速演变，新冠肺炎疫情在全球蔓延，大国博弈、地缘政治、气候变化等因素深刻影响，给发展带来更多不稳定性和不确定性。前进路上，各种可以预见和难以预见的新情况新问题将越来越多，历史遗留问题与现实新生矛盾复杂交织。这要求我们必须把统筹安全和发展摆在更加突出位置，时刻保持如履薄冰的谨慎、见叶知秋的敏锐，更加注重堵漏洞、强弱项，妥善防范化解各类风险隐患，有效应对外部环境变化带来的冲击挑战。

四要适应发展动力之变。随着新一轮科技革命和产业变革深入发展，创新在现代化建设全局中的核心地位更加凸显。相比较而言，我区在深化创新驱动方面的速度不够快，水平还不够高。突出体现在，数字经济不够发达，信息服务业、科技服务业占比偏少，文化产业引领性不够强，传统优势行业升级较慢，一些领域改革实效不突出，实现集约高效发展任重道远。这要求我们牢记创新是引领发展的第一动力，加速科技突破、产业升级、改革赋能，塑造依靠创新驱动、发挥先发优势的引领型发展。

五要适应群众需求之变。进入新时代，群众需求的内容、层次、标准等发生了重大变化，人口结构多元化、社会层级复杂化和利益诉求多样化体现得更加明显。全区人民期盼早日实现高质量发展下的共同富裕，期望获得合宜的就业、教育、医疗、养老等公共产品，期待享受安全稳定的社会环境、和谐宜居的城市环境。群众对丰富精神文化产品供给的愿望日益强烈，对民主、法治、公平、正义等的追求日益上升，高层次需求日益突出。与之相比，我们对首都超大城市治理规律的理解把握不够深刻，科学专业开展城市管理、公共服务和基层治理的能力还不够强。这要求我们准确把握群众需求的新变化、新特点，因地制宜探索有效路径，使发展建设管理更加符合人民需要。

要适应新形势，再创新佳绩，必须坚持党的领导，发挥好党的建设根本保证作用。在“两个一百年”奋斗目标交汇的重大历史关头，党的十九届六中全会全面总结了党的百年奋斗重大成就和历史经验，为我们以史为鉴、开创未来提供了行动纲领，也对新征程党的领导和党的建设提出了更高的标准和要求。对标六中全会精神，全区党建工作还存在不少短板，有的基层党组织软弱涣散，管党治党不力、党的领导弱化的问题依然存在，党建引领作用发挥不足。一些党员干部思想不够解放，破解难题思路不宽、办法不多，不同程度地存在精神不振、担当不足、锐气不够、本领恐慌、脱离群众的问题。一些重点领域和关键环节腐败问题易发多发，形式主义、官僚主义顽疾还未根治，反腐败斗争形势依然严峻复杂。对于这些问题，全区各级党组织和党员干部要保持思想上的清醒，坚定政治上的自觉，增强行动上的勇毅，始终坚持打铁必须自身硬，自我革新、实干笃行，不断提高领导发展的能力和水平。

作为首都大区，市委对朝阳的发展寄予了厚望，要求我们突出“三化”，打造北京对外开放高地，争当首都高质量发展排头兵。我们要牢固树立首都意识，坚定发展信心，保持热火朝天干事业的精神风貌，坚决履行大区责任、扛起朝阳担当，以首善高标准推动首都大发展。要促进发展提质，将改革进行到底，把开放引向深入，以科技创新为核心，构建更具国际市场竞争力和影响力的经济结构。要推动城市善治，下足绣花功夫，做好精细文章，既有光鲜靓丽的“面子”，更有整洁舒适的“里子”，为区域发展营造良好环境。要实现民生优质，坚持全心全意为人民服务的宗旨，推动共同富裕取得更为明显的实质性进展，让人民群众的获得感成色更足、幸福感更可持续、安全感更有保障。要做到崇尚法治，善于运用法治思维和法治方式深化改革、推动发展、化解矛盾、维护稳定，推动全社会尊法学法守法用法，更好发挥法治的引领规范保障作用。

未来五年工作的指导思想是：坚持以习近平新时代中国特色社会主义思想为指导，深入贯彻党的十九大和十九届二中、三中、四中、五中、六中全会精神，立足新发展阶段，贯彻新发展理念，融入新发展格局，坚持以首都发展为统领，坚持稳中求进工作总基调，深入落实人文北京、科技北京、绿色北京战略，突出文化、国际化、大尺度绿化主攻方向，实施高质量发展“五大提升工程”和高品质生活“五大示范工程”，努力把朝阳打造成为首都高质量发展示范区、文化创新引领区、国际交往中心区、绿色宜居标杆区，推进全面从严治党向纵深发展，精彩谱写率先基本实现社会主义现代化的朝阳篇章。

未来五年的奋斗目标是：率先探索构建新发展格局的有效路径，率先建设高质量高效益的现代化经济体系，率先形成超大城市中心城区现代化治理体系，和谐宜居国际化城区建设取得重大进展，城市发展质量、人居环境质量、人民生活品质和城市竞争力明显提高。

——**管党治党水平显著提升。**党的执政能力和领导水平不断提高，基层党建更加进步过硬，党员干部能力作风明显提升，风清气正的政治生态更加巩固。

——**经济发展质量显著提升。**经济结构更加优化，主要经济指标平衡协调，战略性新兴产业、未来产业持续壮大，产业核心竞争力明显增强。

——**创新引领作用显著提升。**创新核心地位不断强化，制度、政策、服务、监管各方面创新进一步加强，重要领域和关键环节改革取得更大突破，发展动能持续激发。

——**区域城市功能显著提升。**疏解非首都功能取得更大成效，政务保障能力明显增强，基本建成活力多元包容开放的社会主义文化强区，国际化优势更加鲜明，创新之城建设取得重大进展，基本实现农村城市化。

——**生态文明水平显著提升。**基本消除重污染天气，建成国家森林城市，骨干水系全面连通，生产生活方式绿色转型进一步加快。

——**居民生活品质显著提升。**实现更加充分更高质量就业，居民收入增长和经济增长速度基本同步，基本公共服务均等化达到更高水平。

——**城市治理效能显著提升。**治理体系更加完善，基层治理水平大幅提升。人民民主更加健全，法治建设持续推进。社会主义核心价值观深入人心，市民素质和区域文明程度得到新提高。防范化解重大风险体制机制不断健全，突发公共事件应急能力全面增强。

夺取未来五年经济社会发展新胜利

奋斗，是夺取漫漫征途胜利的唯一路径！未来五年，我们要建设“四区”，让全区人民过上更好的生活，必须明确重点任务，抓住关键环节，推动各方面工作实现新突破。

（一）注重融入全局，优化提升区域功能

牢牢把握首都城市战略定位，进一步释放“四个中心”“四个服务”能量，提升发展比较优势。

精益求精做好服务保障。坚持“四个办奥”理念，高标准做好冬奥会和冬残奥会服务保障，细致做好赛会服务、场馆外围及城市运行综合保障，为世界奉献一届“简约、安全、精彩”的奥运盛会。深入实施《北京2022遗产战略计划》和场馆赛后利用计划，打造值得传承、造福人民的冬奥遗产。完善功能设施体系，加强空间、安全和环境保障，提高为中央党政军领导机关工作服务水平。总结历次重大活动服务保障经验，固化成果、形成长效，迎接党的二十大胜利召开。

加强统筹推动规划落地。始终将“都”摆在首要位置，紧紧围绕首都功能谋划朝阳发展。高质量落实城市总规，科学实施分区规划，开展好城市体检，强化规划刚性约束。坚持多规合一，滚动实施“双五”工程。更深层次融入京津冀协同发展大局，拓展合作发展共享平台，支持城市副中心建设，助力打造世界级城市群。持续做好东西部协作和对口支援，巩固脱贫攻坚成果。

有序推进城市有机更新。实施城市更新行动，抓好城市设计，一体推进功能疏解、综合治理和优化升级。紧紧扭住非首都功能疏解“牛鼻子”，倒逼集约高效发展，用三年时间拆除存量违建，完成基本无违法建设区创建。健全疏解腾退空间统筹利用机制，补齐公共服务短板，完善便民服务网点。加强城市修补和生态修复，重塑街区生态。改造利用工业遗存，升级低效商务楼宇，提升传统商圈，推进酒仙桥、化石营等旧城区改建项目取得实质进展，力争基本完成2000年底前建成的老旧小区改造任务。

准确把握首都发展的全部要义，必须牢固树立“一盘棋”的认识，把朝阳工作放在全市大局中去定位、谋划和推动，尽心尽力为首都担当、促首都发展。

（二）注重创新驱动，抢抓机遇再造优势

坚持高端商务引领和科技创新驱动“两条腿走路”，推进供给侧结构性改革，推动经济发展实现更大跃升。

高起点转型升级。健全产业促进机制，落好“五子”，加速产业升级优化。抓住中关村新一轮先行先试改革机遇，以商务、金融产业为新引擎，以数字产业集群为新支柱，大力发展未来产业，增强传统产业活力，建设数字经济核心区。优化产业空间布局，构筑CBD总部经济、中关村朝阳园数字经济、金盏国际合作服务区开放经济三大增长极，打造南部科技商务、东部文化科技两个产业集聚新高地。壮大服务消费，引领新型消费，建设国际消费中心城市主承载区。

全方位扩大开放。依托“两区”建设，打造高水平对外开放门户。创新引领规则制度开放，打通政策落地的关键环节和行业路径，形成全球一流的商务服务体系。拓展国际贸易合作，构筑国际产业链重要节点。高标准建设第四使馆区，完善国际交往重要设施，提高国际化公共服务能力，建好国际化社区，增进与国际友城的交流合作，广聚天下之才，在更高能级推进国际化发展。

深层次改革攻坚。坚持依靠改革破除发展瓶颈，增强内生动力。推进财税投融资机制改革，引导社会资本进入公用事业、城市更新、基层治理等领域，推动有效市场与有为政府更加紧密结合。持续深化营商环境改革，构建亲清政商关系，形成高效便捷的政务服务体系；打造高标准市场体系，创新投资贸易自由化、便利化体制机制，优化公平竞争、知识产权保护等企业发展制度环境；实施“凤鸣计划”，精准支持中小微企业发展。健全国资监管体系，优化国有资本布局，完成区属国企公司制改制，提高国有企业融入朝阳经济的广度、深度和可持续发展能力，做强做优做大区属国企。推进乡级产改，做好村级产改扫尾。鼓励基层“微改革”“微创新”实践，以“小切口”推动“大变局”。

旧路径转换需要“断臂之勇”，新动能引入需要“接骨之能”。要强化思想再解放、改革再深入、工作再落实，加快经济发展质量变革、效率变革、动力变革，推动经济高质量发展。

（三）注重民主法治，凝聚强大发展合力

坚持党的领导、人民当家作主和依法治国有机统一，发展社会主义民主政治，把朝阳建成首都法治环境最好的城区之一。

发展全过程人民民主。充分发挥人民代表大会制度在实现全过程人民民主中的重要制度载体作用，密切人大代表同人民群众的联系，确保在决策、执行、监督各环节都充分体现人民意愿；加强对“一府一委两院”的监督，切实发挥好地方国家权力机关作用。紧扣经济社会发展认真履职尽责，紧盯社会关切加强思想政治引领，紧抓专门协商机构建设增强效能，推动人民政协更好成为坚持和加强党对各项工作领导的重要阵地、用党的创新理论团结教育引导各族各界代表人士的重要平台、在共同思想政治基础上化解矛盾和凝聚共识的重要渠道。加强政党协商，深化与民主党派的团结合作，探索专项民主监督，共同把朝阳的事办好。健全基层群众自治制度，推进企事业单位民主管理，提高社区协商等基层协商工作水平。积极发挥工会、共青团、妇联等群团组织作用，深化群团改革，引领广大人民群众坚定不移听党话、跟党走。

推动法治建设向纵深发展。全面提高依法治区能力，服务好法治中国首善之区建设。加强法治政府建设，加快政府职能转变，严格落实重大行政决策法定程序，推进基层政务决策、执行、管理、服务和结果公开，建设人民满意的服务型政府。完善街乡综合执法体制机制，严格规范公正文明执法。推进司法体制综合配套改革，强化执法司法制约监督，深化诉源治理，实现人民调解、司法调解、行政调解“三调”联动。基本建成公共法律服务体系，建设高素质律师队伍，促进法律服务业发展。加强对法治工作的监督，形成监督合力。抓好“八五”普法，提升全民法治意识。

发挥统一战线更大优势。坚持大团结大联合，进一步凝聚起团结奋斗的强大力量。完善大统战工作格局，做好统战各领域工作，促进政党、民族、宗教、阶层、海内外同胞五大关系和谐。紧密团结各民主党派、无党派人士、党外知识分子、非公有制经济人士、新的社会阶层人士、港澳台同胞、海外侨胞等，发挥优势、助力发展。健全统战工作三级网络，打造高校、医院、科研院所统战联盟。加强党外代表人士队伍建设，做好人才发现储备和培养管理。探索新的社会阶层人士工作新模式，扩大统战工作覆盖面、影响力。

建设朝阳是全区人民共同的事业。必须坚持人民主体地位，让人民监督权力，为各项事业发展提供最广泛最可靠最牢固的群众基础和力量源泉。

（四）注重文化繁荣，展现文明和谐风貌

把文化文明建设放在全局工作的突出位置，高标准实施“十四五”时期全国文化中心建设系列规划，全面提升文化软实力。

筑牢社会主义意识形态高地。坚持党管宣传、党管意识形态、党管媒体，自觉担当举旗帜、聚民心、育新人、兴文化、展形象的使命任务，建设具有强大凝聚力和引领力的社会主义意识形态。健全落实意识形态工作责任制，加强阵地建设和管理。整合宣教资源，推进媒体深度融合，打造北京朝阳新闻发布厅，构建全媒体传播体系。完善舆论引导工作机制，加强网络内容建设，推动网络空间协同共治。增进对外文化交流，拓展国际传播渠道，生动讲好朝阳故事。

加强精神文明建设。落细落小落实社会主义核心价值观，引领培养时代新人。加强和改进思想政治工作，推进理念、手段和基层工作创新。健全爱国主义教育基地管理体系，用好红色文化资源。构建新时代文明实践基地、街区、楼宇、岗（点）特色工作体系，推进“三个中心”融合贯通。紧扣“六项实践内容”，广泛开展志愿服务。持续深化群众性精神文明创建活动，常态长效建好全国文明城区。实施“朝阳榜样”品牌引领行动，推进新时代公民道德建设，抓实抓好青少年思想道德建设。加强国防教育、科普教育，提升全社会网络文明素养。

推进文化事业和文化产业高品质发展。坚持把社会效益放在首位，实现社会效益和经济效益相统一，进一步激活文化元素、做足文化文章。深化国家公共文化服务体系示范区建设，提升“文化三里屯”品质，打造博物馆之城、阅读之城、艺术之城、双奥之城、时尚之城。强化四级公共文化服务设施网络协同联动，织密实体书店、影剧院等设施网络，推进公共文化服务数字化。实施永通桥、平津闸保护修缮等运河文化保护重点项目，建好大运河文化带朝阳段。完善现代文化产业体系，建设全国数字文化产业发展示范区、全国文化金融融合发展引领区，创建国家文化和旅游消费示范城市。推动国家文创实验区全域化发展，实施好文化产业“双百行动”，提升园区发展质量，提高文化产业核心竞争力。有序将公共文化服务资源注入文化产业园区、社会化文化空间，推动文化事业产业贯通。

社会主义现代化是物质文明和精神文明协调发展的现代化。要坚持绵绵用力、久久为功，使文化成为提升城市能级和核心竞争力的重要支撑，使文明成为城市最美的风景。

（五）注重宜居建设，打造优美城市环境

牢固树立绿水青山就是金山银山的理念，构筑生产生活生态优质空间，建设和谐宜居大美朝阳。

以良好生态增添城市魅力。天蓝、水清、土净、地绿、低碳的优美生态是城市最亮的底色。要健全生态文明制度体系，严格执行河长制、湖长制、林长制、田长制。深化“一微克”行动，持续改善空气质量。消除劣Ⅴ类水体，构建水脉、文脉、绿脉合一的蓝网水系。严守耕地保护红线，分类防治土壤污染。创建国家森林城市，完善绿色空间结构，构建大中小微公园体系，建好温榆河公园朝阳段，力争建成绿道网络，增强生物多样性，建设“公园里的城区”。加强碳达峰、碳中和工作顶层设计，深挖重点领域减排潜力，推进建筑节能改造，倡导自然、环保、健康的生活理念，提高绿色低碳循环发展水平。

以精耕细作彰显城市内涵。坚持以“绣花功夫”促精细，以“工匠精神”抓管理，绘好城市建设管理“工笔画”。完善市政基础设施网络，健全多层次交通体系，实现建成区公交站点500米覆盖率超过90%，系统治理重点区域交通。综合提升城乡环境，推动街巷环境整治向街区更新转变、向城市治理多维度拓展。建立垃圾分类长效机制，提高环卫作业水平。健全党管数据体制机制，加强数据安全监管。建成“城市智慧大脑”运行体系，开展大数据示范应用，推动数字技术在城市运行与管理中发挥创新性作用。

以城乡统筹升级城市品质。农村地区是朝阳发展的潜力和空间所在，也最有条件提升宜居品质。要坚持城乡一体化发展，突出功能导向，分类推进城市化建设，推动南部崛起、东部跨越和北部提升。用好安置房、集体产业发展和平衡资金“三块地”，推进城乡基础设施、公共服务和社会保障一体化，探索城乡融合发展新路径。完成农民回迁安置房建设，实现8.4万农业人口整建制转居。构建产业协同发展格局，提升产业现代化水平，推动乡村集体主要收入由土地租赁收益向资产经营转变。扩大优质公共服务资源覆盖，提高农村地区专业管理水平。建设一批朝阳特色美丽乡村名片。

城市承载着人民对美好生活的向往。要坚持人民城市人民建、人民城市为人民，建设生态宜居家园，促进城乡共同繁荣，让百姓安居朝阳、乐享生活。

（六）注重民生事业，共享改革发展成果

真抓实干践行以人民为中心的发展思想，围绕“七有”“五性”，把实事办到群众心坎上，推进基层社会治理现代化。

让共同富裕目标更可期可感。推动经济社会发展，归根结底是要实现共同富裕。健全公共就业服务和终身职业技能培训制度体系，精准扶持重点群体就业，保持就业形势总体稳定，扩大中等收入群体比重。健全劳动关系协调机制和劳动者维权机制，营造公平就业制度环境。落实好国家收入分配制度改革政策，支持各方力量参与社会福利和慈善事业，引导全社会携手担起促进共同富裕的道义和责任。

让公共服务供给更普惠优质。公共服务是群众获得感的重要源泉。要落实立德树人根本任务，完善教育治理体系，建立“双减”工作长效机制，发展普惠安全的学前教育、优质均衡的义务教育、多样化高品质的高中教育、特色联动的职业教育，形成一批集团化办学品牌，建设现代化教育强区。科学精准抓好常态化疫情防控，加强公共卫生体系建设，优化卫生资源配置，建设优质的基层卫生网底，健全卫生健康服务体系，发展中医药事业，巩固提升创卫成果，全方位全周期保障人民健康。用好“双奥”资源，完善全民健身服务体系。扩大政策性住房供给，健全租购并举的住房保障体系，推动住有所居。

让各类群体生活更舒心暖心。加强人口服务管理，推动人口长期均衡发展。全面落实计划生育各项政策，发展婴幼儿照护服务。积极应对人口老龄化，构建精准化养老服务体系，建设老年友好型社区。健全妇女、职工、青少年等困难群众帮扶工作机制，维护弱势群体合法权益。完善无障碍环境建设长效机制，筑牢残疾人社会保障网，让残疾人生活得更有尊严。促进“新朝阳人”顺利融入，增强对朝阳的归属感。

让基层社会治理更现代高效。积极探索服务首都超大城市治理、推进国际化城区治理、创新基层治理有效经验，为首都治理现代化贡献更多朝阳亮点。深化基层治理体制机制改革，稳妥推进地区办事处向街道办事处转制，促进城乡基层自治、法治、德治相融合。坚持党建引领、简约高效，深化“吹哨报到”改革，优化政府行权方式，深入破解基层“六无”问题，打通服务群众“最后一公里”。坚持闻风而动、接诉即办，深化主动治理、未诉先办，以市民诉求驱动基层治理改革。建设“五个物业”，提升物业服务和管理水平。完善社会动员机制，构建综合性应急动员体系。发挥“枢纽型”社会组织作用，推动社会组织与社区长效合作。

让平安朝阳建设更深入可及。全面贯彻落实总体国家安全观，扎实推进市域社会治理现代化试点，维护社会大局稳定，保障群众安居乐业。构建社会安全稳定防控体系，防范化解重大风险。筑牢国家安全人民防线，维护首都政治安全。建设立体化智能化社会治安防控体系，专群结合织密防控安全网。常态化开展扫黑除恶，净化社会风气。畅通和规范群众诉求表达、利益协调和权益保障通道，推进信访工作法治化、信息化、科学化。优化应急管理工作体系，强化全周期风险防控和全链条安全管理，提升风险预控、快速响应、应急救援能力。严格落实安全生产责任制，全力保障生产安全、消防安全、食品药品安全、农产品安全，促进安全生产形势持续好转。

改善民生、创新治理只有进行时，没有完成时。要从小处着眼、细处着手、实处着力造福群众，让群众看得见、摸得着、感受得到，拥有更多获得感。

继续推进新时代党的建设新的伟大工程

回望来时路，正是有了党的坚强领导，我们才创造了强区富民的历史成就。眺望新征程，建设“四区”，率先基本实现社会主义现代化，任重道远、关键在党。奋进新时代，我们必须始终坚持党的全面领导，落实新时代党的建设总要求，持之以恒全面从严治党，以高质量党建引领朝阳高质量发展。

一要旗帜鲜明，坚定政治方向。坚持在政治上有更高标准、更严要求，加强政治能力建设，进一步提升“两个维护”的思想自觉、政治自觉、行动自觉，始终同以习近平同志为核心的党中央保持高度一致。严明党的政治纪律和政治规矩，发扬斗争精神，增强斗争本领。严格履行政治责任，确保中央政令、市委部署在朝阳畅通。强化区委对重大工作领导的体制，健全各级党委工作制度，把党的领导落实到全区各领域各方面各环节。发展积极健康的党内政治文化，涵养风清气正的政治生态。坚持党管武装，加强国防动员和后备力量、人防建设，做好退役军人服务保障，推动军民融合发展。

二要深学笃行，强化理论武装。把学习宣传贯彻习近平新时代中国特色社会主义思想作为重中之重，以理论上的清醒成熟支撑政治上的正确坚定。深化各级党委理论学习中心组学习机制，以关键少数带动绝大多数，进一步提高学习质量和水平。巩固深化“不忘初心、牢记使命”主题教育和党史学习教育成果，推动理想信念教育常态化制度化。构建理论宣传工作体系，持续扩大“朝阳群众”宣讲品牌影响力，推动党的创新理论深入群众、深入人心。

三要选贤任能，建强干部队伍。认真贯彻落实新时代党的组织路线，建设高素质干部队伍。加强换届后领导班子建设，增强班子整体功能。全面实施干部政治素质考察，建立领导干部政治素质档案，实施“一把手”政治能力提升计划，加强领导干部能力训练和实践历练。推进干部培养与事业需要深度融合，注重从基层一线培养选拔干部，让埋头苦干、实绩突出的干部有更大前途，让植根基层、群众认可的干部有更多通道，让敢于担当、甘于奉献的干部有更宽舞台，让朝气蓬勃、锐意进取的干部有更高平台。加强年轻干部队伍建设，深化实施选培、培优计划，把好苗子放到基层一线、艰苦环境、吃劲岗位“墩苗壮骨”、经受历练。创新干部人才资源引进模式，优化专业人才结构。将教育培训贯穿干部成长全过程，提升精准培训质量。聚焦党建引领基层治理和乡村振兴，开展新时代基层干部全员轮训。健全制度体系，深化干部综合考核。加强干部管理监督，健全干部担当作为的激励和保护机制。实施人才工作“三大战略”“五大行动”“五大工程”，优化人才创新创业环境。

四要固本强基，夯实基层基础。坚持大抓基层鲜明导向，构建纵向到底、横向到边的严密组织架构。深入探索党建引领基层治理有效机制，完善“一轴四网”区域化党建体系，做实各级党建工作协调委员会，深化网格党建。统筹机关、国企、事业单位等各领域党建工作，推进“两新”组织“两个覆盖”提质增效，探索“总部党建”“商圈党建”等工作模式。抓住党建工作责任制落实这个关键，加强基层党组织带头人队伍建设，深化党支部规范化建设，常态化整顿软弱涣散基层党组织。持续做好党员发展和教育管理，健全“双报到”机制，把党员的担当底色擦得更亮。

五要标本兼治，正风肃纪反腐。始终坚持严的主基调，压紧压实全面从严治党主体责任。深化纪检监察体制改革，推进纪律、监察、派驻、巡察“四个监督”有效衔接，完善基层监督体系，打造全方位、立体化的监督网络。贯通运用监督执纪“四种形态”，抓早抓小、防微杜渐。发挥巡察利剑作用，持续推进政治巡察，统筹开展常规巡察、专项巡察、巡察“回头看”，推动巡察向基层延伸。严格落实中央八项规定精神不放松，驰而不息加强作风建设，打好纠治形式主义、官僚主义“组合拳”，推进“四风”综合施策、一体纠治。深入整治民生领域“啃食”群众利益现象，集中解决好基层“微腐败”“保护伞”“绊脚石”问题。一体推进不敢腐、不能腐、不想腐，强化反腐高压震慑，深化以案促改、以案促建、以案促治，厚植廉洁文化内涵，为全区发展提供坚强的政治保障和纪律保障。

事业无止境，“赶考”无穷期。我们要牢记初心使命，牢记中国共产党是什么、要干什么这个根本问题，赓续伟大建党精神，以永远在路上的坚定和执着，奋力走好新时代“赶考”路。

名词解释

1. 建设“四区”：朝阳区“十四五”时期发展的总体目标，即建设首都高质量发展示范区、文化创新引领区、国际交往中心区、绿色宜居标杆区。

2.“建设‘三区’、建成小康”：朝阳区“十三五”规划提出的“建设‘三区’、建成小康”的发展目标，即高水平建设国际商务中心区、文化创新实验区、和谐宜居模范区，率先全面建成小康社会。

3.“五个显著下降”：网贷机构数量、投资人数、借贷余额、异地私募机构数、涉非案件数五个指标显著下降。

4.“六个一”工作法：构建一套防控体系、建立一张排查网、发放一张出入卡、张贴一封温馨信、响起一个大喇叭、扫描一个二维码。

5.“三国际一未来”：国际人才公寓、国际医院、国际学校、未来论坛永久会址。

6.“五大提升工程”：在“一廊”地区实施基础设施、环境建设、产业发展、公共服务、社会治理等“五大提升工程”。

7. 城乡发展“六个一百”工程：朝阳区“十三五”规划提出，新建及改扩建百条主次干路、支路和断堵头路；建设提升百条环境优美大街；新建和改造百个大中微型公园；新升级百个“高精尖”功能性产业项目；打造百个绿色智慧平安社区；创建百个基层文化品牌。

8. 精神文明建设“七项工程”：理想信念提升、思想道德建设、群众性精神文明创建、文明城区建设深化、社会风尚引领、网络文明引导、未成年人素质培育七项工程。

9.“3+1”四级公共文化服务体系：区级文化设施—地区级综合文化中心—街乡级文化中心—社区（村）级文化活动室的“3+1”四级公共文化服务体系。

10.“基层建设年”三年行动计划：朝阳区提出基层建设年三年行动计划（2019—2021），分别是强基保障年、深化提升年、总结巩固年。

11. 基层改革创新“年度三件事”：聚焦治理体系和治理能力现代化、解决民生实事难事、推动基层改革创新，各单位每年自主谋划落实三项创新举措。

12.“两全”治理格局：依托区、街乡、社区（村）三级党组织和相应的党建工作协调委员会，有效组织各类行政力量和社会力量，构建全区域统筹、全领域协同的“两全”治理格局。

13.“五化协同”社区治理体系：“五化”即党建区域化、自治单元化、动员社会化、服务精准化、管理精细化。

14. 三级社会动员平台体系：“一中心、多基地、广空间”的区—街乡—社区三级社会动员平台体系。区级层面建成社会动员中心（创享空间），街乡层面43个街乡建成社会动员中心，社区层面建设社区公益空间。

15. 社区成长伙伴计划：引入专业团队一对一、多对一，对社区进行难题会诊，为社区出谋划策，带动社区共同研究综合解决方案，在面对面指导中提升社区治理能力和服务水平。

16. 全要素小区：从设施与功能、空间与交往、生活与生态等多角度、全方位满足居民和谐宜居需要的小区。

17. 全景楼院：在社区治理中，推进安全隐患排查清理、生态生活环境优化，360度全景体现楼院人文内涵、安全管理和特色风貌，是“安全、美丽、宜居、幸福”新楼院的代名词。

18. 人大“四个机关”建设：自觉坚持中国共产党领导的政治机关、保证人民当家作主的国家权力机关、全面担负宪法法律赋予的各项职责的工作机关、始终同人民群众保持密切联系的代表机关。

19. 市委“三个一”“四个决不允许”要求：“三个一”指坚决做到听从一个号令，即一切听从以习近平同志为核心的党中央指挥；带出一支队伍，即带出一支对党绝对忠诚，让党中央充分信赖放心的干部队伍，为党中央站好岗、放好哨；干好一件事情，即推动习近平新时代中国特色社会主义思想在京华大地落地生根、开花结果，进一步形成生动实践。“四个决不允许”指带头守政治纪律和政治规矩，决不允许妄议中央、说三道四；决不允许阳奉阴违、搞两面派、做两面人；决不允许见怪不怪、纵容附和社会上错误思潮；决不允许搞团团伙伙，搞山头主义、圈子文化、码头文化。

20.“两中心一平台”：新时代文明实践中心、融媒体中心、“学习强国”学习平台。

21.“三懂”干部：懂党建、懂经济、懂现代城市管理和治理的干部。

22.“一轴四网”区域化党建体系：“一轴”，即强化区委—街道（地区）工委—社区（村）党组织—片区（网格）党组织四级区域性党组织领导核心作用。“四网”，即在区—街道（地区）—社区（村）—片区（网格）四个层面，分别构建由组织体系、工作体系、服务体系和保障体系构成的党建网络。

23.“一会五委”组织架构：“一会”即党建协调委员会，“五委”即经济发展、平安建设、文化文明、社会民生、城市治理五大专委会。

24.“1+1手拉手”行动：建立区级领导党建工作联系点，组织机关系统党组织与街乡、社区（村）党组织开展“1+1手拉手”行动，到一线解决问题，到基层服务群众。

25.“四个办奥”：绿色办奥、共享办奥、开放办奥、廉洁办奥。

26.“双五”工程：高质量发展五大提升工程，即“国际化能级提升工程、数字经济发展提升工程、文化活力提升工程、消费潜能提升工程、服务效能提升工程”；高品质生活五大示范工程，即“大尺度绿化示范工程、现代教育示范工程、卫生健康示范工程、城市更新示范工程、智慧治理示范工程”。

27. 落好“五子”：建设国际科技创新中心、“两区”建设、数字经济、以供给侧结构性改革引领和创造新需求、深入推动以疏解北京非首都功能为“牛鼻子”的京津冀协同发展。

28.“凤鸣计划”：为培育区域经济发展新动能，扶持一批优质中小企业做大做强的高成长企业培育计划。

29.“三个中心”：新时代文明实践中心、融媒体中心、政务服务中心。

30.“六项实践内容”：传播科学理论、宣传党的政策、弘扬主流价值、培育文明习惯、共享文化成果、倡导文明新风。

31. 文化产业“双百行动”：开展“百园品质提升行动”，引导文化产业园区规范发展，提升园区品牌化、特色化、智慧化、国际化水平。开展“百亿企业培育行动”，重点引进和培育年收入过百亿的旗舰文化企业，培育一批高成长性的隐形冠军和独角兽企业，鼓励支持中小文化企业创新发展。

32. 基层“六无”问题：管理无人、履责无权、治理无职、协调无力、运行无效、解决无策。

33.“五个物业”：法治物业、规范物业、智慧物业、品牌物业、安全物业。

34. 人才工作“三大战略”“五大行动”“五大工程”：“三大战略”即人才引领发展战略、国际人才集聚战略、人才治理协同战略。“五大行动”即“两区”建设助力行动、平台效能升级行动、数字转型加速行动、人才服务提质行动、发展生态优化行动。“五大工程”即科技创新人才引擎工程、产业人才汇聚工程、民生领域人才涵养工程、社会治理人才筑基工程、青年英才储备工程。

政府工作报告

——在朝阳区第十七届人民代表大会第一次会议上

朝阳区人民政府区长 文 献

2021 年 12 月 16 日

一、过去五年工作回顾

区十六届人大一次会议以来的五年，是极不平凡、极为不易、极其难忘的五年，是朝阳发展史上具有里程碑意义的五年。面对错综复杂的外部形势、转型发展的多重挑战、新冠疫情的严重冲击，我们坚持以习近平新时代中国特色社会主义思想为指导，认真贯彻党的十九大和十九届二中、三中、四中、五中、六中全会精神，在市委、市政府和区委的坚强领导下，在区人大、区政协的监督支持下，奋发有为推动各项事业发展，全面完成“建设‘三区’、建成小康”目标，实现“十三五”圆满收官、“十四五”良好开局，走出了一条具有朝阳特色的高质量发展新路。

党的十八大以来，习近平总书记 9 次视察北京、16 次对北京发表重要讲话，作出一系列重要指示批示，为推动新时代首都发展提供了根本遵循。习近平总书记 3 次到朝阳参加首都义务植树活动，在疫情防控的关键时刻到朝阳安华里社区、疾病预防控制中心调研，让全区广大干部群众倍受鼓舞、倍感振奋、倍增干劲，增强了应对挑战、攻克难关的坚定信心和必胜决心。五年来，我们奋力推动习近平总书记对北京重要讲话精神在朝阳落地生根、形成生动实践，深入践行“建设一个什么样的首都，怎样建设首都”这个重大时代课题，紧密围绕加强“四个中心”功能建设、提高“四个服务”水平来谋划和推动各项工作，在首都发展中贡献了朝阳力量、提供了朝阳经验、展现了朝阳担当。

五年来，我们坚持精精益求精、万万无一失，常态化做好重大国事活动服务保障、重大国家项目落地运行、重大赛事活动筹备筹办，服务能力跃上新台阶。前瞻性完善功能设施体系，圆满完成两届“一带一路”国际合作高峰论坛、中非合作论坛北京峰会、亚洲文明对话大会、新中国成立 70 周年庆祝活动、中国共产党成立 100 周年庆祝活动等重大活动服务保障任务，奥林匹克公园等重点区域、长安街延长线等主要道路景观环境明显提升，中国共产党历史展览馆成为首都红色新地标。全力以赴做好冬奥会、冬残奥会筹办工作，国家速滑馆等 3 个竞赛场馆、8 个非竞赛场馆设施全面就绪，“相约北京”系列测试赛顺利举办，双奥朝阳的国际知名度、美誉度持续提升。

五年来，我们坚持主动融入京津冀协同发展大局，攻坚克难推进减量提质，功能品质跃上新台阶。编制实施分区规划，以钉钉子精神推进新版北京城市总规落实落细。实施大体量疏解、大尺度绿化、大范围提升，拆除腾退 3211 万平方米、约占中心城区的 65%，常住人口持续下降、减至 345.1 万人，建设用地净减 33 平方千米、占中心城区减量任务的 62%，实现了从聚集资源求增长到疏解功能谋发展的历史性转变。实施“一廊”地区“五大提升工程”和城乡发展“六个一百”工程，区域发展更加协调。深入走访调研全区 19 个乡，系统梳理、解决农村城市化工作中遇到的困难问题，全区 33 个村完成整体拆迁腾退，1.6 万名农民实现转居，3.3 万人搬迁上楼，管庄郭家场和咸宁侯村腾退工作得到市级充分肯定，孙河在“二绿”地区率先实现城市化，王四营模式在全市推广，农村地区在疏解转型中加速蜕变、迈向新生。全力支持城市副中心建设，开展与密云的结对协作，加强与津冀地区的产业合作、互联互通。扶贫协作考核连续三年排名全市前列，累计财政投入居各区之首，助力 6 个对口帮扶地区 28.2 万贫困人口全部脱贫摘帽。

五年来，我们坚持以开放促改革、促创新，深层次推进经济转型，发展质量跃上新台阶。GDP 跨过 7000 亿元大关，预计年均增长 5% 左右。一般公共预算收入保持全市第一，率先突破 500 亿元。消费总量稳居全市首位，“夜京城”地标、商圈、新增首店占全市一半以上。金融业成为第一支柱产业，数字经济加速崛起，信息服务业、科技服务业增势强劲。亚投行总部大楼、中信大厦等一批地标性楼宇落成，世界三大评级机构、北京国际大数据交易所等一批标志性项目落户，跨国公司地区总部达到 138 家，56 家企业在境内外上市。“放宽服务业准入、助推区域高水平开放”被列入国务院第五次大督查发现的典型经验做法。CBD、金盏国际合作服务区共 7.92 平方千米被纳入中国（北京）自由贸易试验区的政策范围，42 个在全国、全市具有示范性的创新突破性政策、项目落地。新设外资企业数量居全市首位，进出口总额占全市 48%。CBD 吸引力指数保持全国第一、跃居亚洲第二和全球第七。第四使馆区范围内拆迁全部完成，规划建设全面提速。中关村朝阳园创新绩效指标连续三年居各分园首位，国际创投集聚区一期建设完成。国家文化产业创新实验区引领作用显著增强，“百园工程”全面完成。营商环境考评成绩连续四年位列全市首位，区级政务服务事项实现“一门办理、一窗受理、一网通办”，“服务包”、新开办企业及不动产登记“极速模式”等创新经验在全市推广。

五年来，我们坚持以绣花功夫推进建设管理，一体化改善城乡面貌，环境优势跃上新台阶。以超常规的力度治理大气污染，全域基本实现无煤化，$PM_{2.5}$ 年均浓度下降 48%、进入“3 时代”。全面消除黑臭水体，率先完成小微水体治理，国考、市考断面水质全部达标提质。水绿相融、游船巡弋的亮马河国际风情水岸惊艳亮相，获评首批国家级夜间文化和旅游消费集聚区。新增改造 102 个大中小微型公园，一道绿隔在朝阳版图上率先贯通，萧太后河滨水绿色文化休闲廊道、温榆河公园朝阳示范区成为生态新名片。政府主导、引入社会资本开展望京小街更新及运营，工作经验在全市推广，入选亚太城市可持续发展目标优秀项目库。全力保障京沈客专全线开通，推动始发站“星火站”更名为“北京朝阳站”并如期建成投用，站城一体规划建设有序展开。100 余条主次干路、支路竣工通车，朝阳绿道 10 千米示范段建成通行，SKP、合生汇等商圈交通环境大幅提升，CBD 交通优化工程成为全市典范。城市智慧大脑一期建成，5G 基站数量居全市首位。群众关注的公共设施短板和秩序薄弱环节整治成效明显，建成 110 条环境优美大街、20 个美丽乡村，成功创建国家卫生区。紧抓两个“关键小事”，垃圾分类投放、收集、运输和处理体系基本建成，业委会（物管会）组建率、物业服务覆盖率、党的组织覆盖率大幅提升。

五年来，我们坚持用心用情用力服务民生，围绕“七有”“五性”需求加大投入，群众福祉跃上新台阶。就业形势总体稳定，居民人均可支配收入年均增长 7.1%。为全部特困人员购买北京普惠健康保，社会保险和社会救助进一步扩面。普惠性幼儿园覆盖率从 45% 提升至 83%，中小学优质教育资源实现全覆盖，我区成为基础教育国家级优秀教学成果推广应用示范区。朝阳医院常营院区、安贞东方医院主体完工，垂杨柳医院新址全面开诊，东南部三级医院短缺问题得到有效缓解。公立医院综合改革获国务院通报表扬，我区获评全国健康促进区。试点开展全国居家和社区养老服务改革，养老机构、驿站、床位数均居全市首位。中国历史研究院、中国工艺美术馆等一批文化地标相继落成，大运河文化带保护利用成果丰硕。我区成为全国新时代文明实践中心建设试点，连续四届荣获全国文明城区称号。群众居住品质明显提升，建设筹集政策性住房 5.3 万套，完成棚户区改造 1.9 万户、老旧小区综合整治 97 万平方米，加装电梯数量占全市 42%，解决 10 万余套房屋产权证办理难题，自备井置换和管网改造惠及群众 100 余万人。实施“吹哨报到”改革，依托 12345 市民服务热线，主动治理、未诉先办，服务群众“最后一公里”有效打通。大力推进赋权下沉、减负增效，形成“双井 13 社区”、劲松模式等基层治理创新经验，我区成为全国街道服务管理创新实验区。

五年来，我们坚持人民至上、生命至上，坚决守护群众生命安全，城市韧性跃上新台阶。面对疫情，全面落实“坚定信心、同舟共济、科学防治、精准施策”的总要求，坚决打赢首都中心城区、国际化窗口区、人口大区疫情防控的人民战争、总体战、阻击战，用 3 个月左右时间，取得了抗疫斗争明显成效。在此基础上，全力抓好“外防输入、内防反弹”常态化防控，首创“双楼长制”，首倡“一米”行动，率先探索出疫苗接种标准化模块、应急核酸检测工作指引、突发疫情处置“七步”流程，全区未发生公共场所聚集性感染事件，疫苗接种总剂次突破 980 万剂。扎实做好“六稳”“六保”工作，第一时间出台纾困惠企政策，经济持续恢复向好，社会民生保障有力。坚持预防为主、关口前移，全面筑牢安全屏障，安全生产事故起数和死亡人数、火灾事故起数连续四年下降，在营网贷机构实现清零，扫黑除恶专项斗争圆满收官，市域社会治理现代化试点成效明显，“朝阳群众”品牌进一步擦亮，群众安全感达到历史最好水平。与此同时，双拥共建、妇女儿童、残疾人事业取得新发展，人防地震、民族宗教、侨务对台、外事旅游、档案方志等各项工作全面进步。

各位代表，这五年，区政府坚决贯彻全面从严治党要求，认真开展“两学一做”学习教育、“不忘初心、牢记使命”主题教育、党史学习教育，着力打造学习型政府、创新型政府、实干型政府。认真执行区人大及其常委会的决议和决定，自觉接受人大法律监督、工作监督和政协民主监督，办理区人大代表议案 5 件、建议 944 件，办理区政协提案 1259 件。我区获评全国首批法治政府建设示范区。完成区级机构改革、街乡管理体制改革，深化国资国企改革、事业单位改革。坚决落实国家监委监察建议、中央对北京巡视反馈意见、市委两轮巡视反馈意见的整改工作。牢固树立过“紧日子”的意识，大力压减一般性支出，财政运行综合绩效评价居全市首位。扎实推进审计全覆盖，做好常态化“经济体检”。持续深入转变作风，力戒形式主义、官僚主义。建立健全“督考合一”工作机制，我区在全市绩效考评中的综合排名、公众对我区的满意度持续提升。

五年栉风沐雨，五年逐梦前行。五年来，我们主动从党和国家事业发展大局、首都发展全局的高度来想问题、作决策、办事情，始终保持热火朝天干事业的精神风貌，勇挑最重的担子、啃最硬的骨头，敢与最优者对标、与最强者比拼，在经济发展、大事难事、创新亮点上为全市提供了有力支撑，在大战大考中交出了一份沉甸甸的答卷。

看似寻常最奇崛，成如容易却艰辛。这些成绩的取得，得益于市委、市政府和区委的坚强领导，得益于区人大、区政协的监督支持，得益于广大干部群众的无私付出、辛勤奉献。特别是全区人民在抗疫斗争中展现出的家国情怀、昂扬斗志、担当精神，是我们战胜艰难险阻的力量和源泉。在此，我代表区政府，向奋斗在各条战线上的全区人民，向人大代表、政协委员、各民主党派、人民团体、社会各界人士，向大力支持我们工作的驻区中央、市属单位和解放军、武警部队，致以崇高的敬意和衷心的感谢！

肯定成绩的同时，我们也清醒地认识到，区域发展还面临许多难题。一是推动经济持续恢复还需付出更多努力。外部环境存在诸多不确定性，疫情冲击导致的衍生风险不容忽视，科技创新生态有待进一步优化，产业空间效益亟待提升，经济新动能还需增强。二是非首都功能疏解背景下的城市化路径有待创新。城乡间、区域间发展联动还不够，全面解决农村地区遗留问题还需持续用力。三是城市治理的体系和机制还不完善。新理念、新技术、新产品的应用不够广泛，法治化、精细化、规范化、智能化水平还需提升，治理“大城市病”任重道远。四是优质公共服务供给仍需持续增加。民生保障、安全管理等领域尚存在不少短板，群众多元需求没有得到充分满足。面对新形势、新任务，政府职能转变还不到位，干部队伍的格局视野、专业素质和协调落实能力有待进一步提高。我们一定直面问题，采取有效措施，切实加以解决，决不辜负人民的期待！

二、今后五年主要任务

当前，我国已开启全面建设社会主义现代化国家新征程，向第二个百年奋斗目标进军，首都北京与党和国家的历史使命联系更加紧密。围绕首都发展的新目标、新要求，朝阳发展进入建设具有广泛国际影响力和竞争力的和谐宜居国际化城区的重要时期，面临的机遇和挑战都有新的发展和变化。新版北京城市总规深入实施，“四个中心”“四个服务”能量加速释放，“五子”在紧要处落地，为我区新发展提供了强大支撑。新一轮科技革命和产业变革深入发展，新业态、新模式、新需求催生勃发，为我区推动科技、金融、文化融合发展，重构新动能、新优势，带来了重要机遇。我们将汲取历史智慧、把握发展大势，胸怀“两个大局”、牢记“国之大者”，科学研判“后疫情”形势、提前谋划“后冬奥”布局，在危机中育先机、于变局中开新局，以奋进新百年的基本遵循，走好新时代赶考之路。

区第十三次党代会提出，全区上下要深刻把握和积极适应发展之变，促进发展提质，推动城市善治，实现民生优质，做到崇尚法治。未来五年工作的指导思想是：坚持以习近平新时代中国特色社会主义思想为指导，深入贯彻党的十九大和十九届二中、三中、四中、五中、六中全会精神，立足新发展阶段，贯彻新发展理念，融入新发展格局，坚持以首都发展为统领，坚持稳中求进工作总基调，深入落实人文北京、科技北京、绿色北京战略，突出文化、国际化、大尺度绿化主攻方向，实施高质量发展“五大提升工程”和高品质生活“五大示范工程”，努力把朝阳打造成为首都高质量发展示范区、文化创新引领区、国际交往中心区、绿色宜居标杆区，推进全面从严治党向纵深发展，精彩谱写率先基本实现社会主义现代化的朝阳篇章。

区政府将始终坚持党的全面领导，坚持以人民为中心，坚持改革创新驱动，坚持系统观念和底线思维，率先探索构建新发展格局的有效路径，率先建设高质量高效益的现代化经济体系，率先形成超大城市中心城区现代化治理体系，在发展起点高、工作标准高的基础上实现治理效能高，推动朝阳发展更有动力、更富活力、更具魅力。未来五年的工作是：完成“十四五”规划任务，经济社会发展各项指标始终保持全市前列，地区生产总值年均增长5%左右，人均、地均产出持续提高，居民收入增长与经济增长速度基本同步，城镇登记失业率控制在4.5%以内，在更高水平上推进幼有善育、学有优教、劳有厚得、病有良医、老有颐养、住有宜居、弱有众扶，建设更加开放、创新、人文、生态、善治、宜居的国际化城区。

（一）全力服务大国主场外交，实现国际影响力显著提升。国际化是朝阳的特色优势所在，与首都功能高度契合。我们将全面做好空间、安全和环境保障，高效服务中央政务运行。高质量完成冬奥会、冬残奥会服务保障任务，将奥运区域打造成双奥旅游目的地、国际交往会客厅、总部经济集聚区。强化国家服务业扩大开放综合示范区、中国（北京）自由贸易试验区政策联动，集成一批制度创新成果，落地一批标志性、引领性项目。完成CBD核心区文化设施和地下公共空间建设，实现南区全面开工，拉开金盏国际合作服务区建设框架，推动国际金融开放前沿区、数字贸易试验区建设取得重大进展。全面构建地铁14号线朝阳段商圈带，加快形成千亿规模世界级商圈，新建改造一批体验式商业综合体、特色街区，举办系列国际美食节、咖啡文化节，打造全球新品首发地、新型消费策源地，基本建成国际消费中心城市主承载区。牢固树立“人人都是营商环境、个个都是开放形象”的意识，深化“放管服”改革，实现“数据在云上、办理在网上、服务全时段”，开展全球化、市场化招商，打造国际知识产权保护运用高地、国际人才交流合作枢纽。通过五年努力，实现全球资源配置功能明显增强，涉外服务水平全面提升，将朝阳打造成国际国内双循环的交汇点、国际贸易往来的新高地。

（二）全力激发创新创造活力，实现核心竞争力显著提升。坚持创新核心地位，发展更高能级的总部经济，提升数字产业支撑作用，适度发展智能制造，形成梯次化产业体系。积极承接国家战略科技力量布局，大力发展新型研发机构，与中科院等科研院所共建前沿科技创新中心与成果转化基地。推动产业链、创新链融合布局，打造人工智能、集成电路、工业互联网、网络与信息安全、空间地理信息等产业集群，实现数字经济增加值占 GDP 比重大幅提升。完善中关村朝阳园创新生态，加快北区规划建设，基本建成国际创投集聚区二期，打造国际化科技园区和科创文化街区，形成全球创新要素链接配置中心。通过五年努力，推动数字经济核心区建设取得明显成效，实现经济更高质量、更有效率、更加公平、更可持续、更为安全的发展。

（三）全力建设美好精神家园，实现文化引领力显著提升。积极培育和践行社会主义核心价值观，深化新时代文明实践中心建设，创建更高水平的全国文明城区。争取国家、市级重大文化项目落地，布局一批城市书屋、流动美术馆、非遗传习所等特色文化空间及数字化设施，加强大运河文化带保护利用，讲好奥运故事，打造更高品质的国家公共文化服务体系示范区。深化与驻区高校的战略合作，实施“文化+”发展战略，引导一批文创园区向公众开放，打造一批文化产业示范园区、文化科技融合创新园区、文化消费特色园区，引进培育一批百亿级、隐形冠军、独角兽企业，建设更高质量的国家文化产业创新实验区。通过五年努力，基本建成以博物馆之城、阅读之城、艺术之城、双奥之城、时尚之城为基本元素的文化强区，让朝阳发展更富内涵、生活丰富多彩、人民精神富足。

（四）全力推进绿色低碳发展，实现生态获得感显著提升。深入贯彻落实习近平生态文明思想，坚持山水林田湖草沙一体化保护和系统治理，提升生态系统质量和稳定性。精心打造公园城区，创建国家森林城市，完善“两环六楔、五河十园、多廊交织”的绿化布局，加强生物多样性保护，形成“一园一品一特色”，让群众“推窗见绿、出门见园、行路见荫”。加强 $PM_{2.5}$、臭氧、温室气体协同治理，基本消除重污染天气。构建水脉、文脉、绿脉合一的蓝网水系，实现骨干水系全面连通，建设多条滨河景观带，形成更多亲水空间，以河道复兴带动城市更新。加强节水精细化管理，推进全域自备井置换。强化能耗总量和强度双控，实现碳排放稳中有降、碳中和迈出坚实步伐。在城市更新中探索低碳社区建设，创新政策机制引导“双碳”工作高质量推进。推动垃圾减量化、资源化、无害化，让垃圾分类成为自觉行动。通过五年努力，广泛形成绿色生产生活方式，让朝阳美丽成为常态、四季生机盎然。

（五）全力深化城乡综合治理，实现发展协同性显著提升。高效配置生产生活生态空间，构建“两轴两带三区”的空间布局，促进人口长期均衡发展。坚持以城带乡、城乡融合，聚焦“三个片区”“三块地”“三个一体化”，推进南部崛起、东部跨越、北部提升，实现剩余农民整建制转居转工，基本完成全域城市化，全面建成高水平城市化综合改革先行区。深入实施乡村振兴战略，打造数字农业先行区、农业多功能示范区、新农村建设综合样板区。更深层次融入京津冀协同发展大局，主动支持城市副中心、雄安新区建设。坚持内部功能重组与向外疏解转移双向发力，以提促疏、以提促治，完成基本无违法建设区创建工作。更加注重城市更新，积极吸引社会资本，基本完成 2000 年底前建成的老旧小区更新改造，基本实现在施棚户区改造项目销账，推动重点商务楼宇、产业园区改造升级取得明显成效。以数字化推动城市治理现代化，建成城市智慧大脑，实现“一网统观、一网统管”。提升重点区域环境水平，注重街区生态重塑，增强人文底蕴。织密轨道交通和城乡路网，构建慢行绿道体系，打造交通综合治理的典范。全力确保生产安全、城市运行安全、食品药品安全、金融安全，打造韧性城市。通过五年努力，实现朝阳城乡融合互促，全域发展更加平衡，长治长效基础夯实，让城市更智慧、乡村更美丽、环境更怡人。

（六）全力提高民生保障水平，实现群众幸福感显著提升。坚持在高质量发展中促进共同富裕，不断满足群众对美好生活的需要。优化提升 12345 市民服务热线功能，围绕物业、停车等领域共性诉求主动治理，解决好群众急难愁盼问题。推动实现更充分更高质量就业，稳步提高社会保障水平。实施现代化教育强区战略，增加学前教育供给，深化义务教育集团化办学、学区制治理，推进教育均衡优质发展。增强公共卫生应急保障能力，提升分级诊疗水平，打造中医药服务品牌，建成高水平、特色化、全周期的医疗服务体系。坚持多主体供给、多渠道保障、租购并举，加强 CBD、望京等重点功能区半小时通勤圈住房供应，满足不同群体居住需求。构建居家社区机构相协调、医养康养相结合的养老服务体系。加强无障碍环境建设，保障残疾人权益。织牢织密社会救助网，让每个身处困境者都能得到关爱和温暖。深化党政群共商共治，健全居委会、业委会（物管会）、物业服务企业的协调运行机制。统筹开展撤村建居和社区调整，推动重心下移、力量下沉，丰富社区服务功能。牢固树立法治思维，为人民服务、对人民负责、受人民监督，建设人民满意的服务型政府。通过五年努力，实现公共服务更加优质均衡，基层管理更加简约高效，社会安定和谐、人民安居乐业。

三、2022 年重点任务

2022 年是新一届政府的届首之年，也是加快落实“十四五”规划的关键之年。我们必须牢固树立首都意识，坚决落实市委、市政府和区委工作部署，提高政治站位，强化系统观念，再接再厉、乘势而上，推动经济社会发展再上新台阶、再创新佳绩。计划地区生产总值增长 5.5% 左右，居民人均可支配收入稳步增长，城镇登记失业率控制在 4% 以内，一般公共预算收入增长 3% 左右。

重点做好以下几个方面工作：

一是以首善标准完成冬奥会、冬残奥会服务保障任务。今天距离冬奥开幕只有50天，各项工作都到了最关键的时候。决战在即、时不我待，我们将全面落实绿色、共享、开放、廉洁的办奥理念，牢牢把握简约、安全、精彩的办赛要求，鼓足干劲、奋力冲刺，确保冬奥会、冬残奥会如期安全顺利举办。完善区级指挥体系，压紧压实各方责任，实现赛时运转内外联动、高效顺畅。坚持远端管控、近端闭环管理，“一场一策”“一馆一策”抓好疫情防控，确保流线不交叉、分区不重叠。坚持从细节入手，围绕住宿、餐饮、医疗、交通等提供周到暖心服务，做好公共区和外围安全保卫、应急管理，确保赛事保障和城市运行有效衔接、一体推进。精心做好火种展示和火炬接力服务保障，开展冬奥文化广场宣传和体验活动，营造浓厚热烈的赛事氛围。做好奥运遗产综合保护和开发利用，积极承接、稳妥举办具有影响力的会议、会展、演出和赛事活动，实施旅游服务国际化提升工程，打造双奥旅游“金名片”。

二是推动“两区”建设取得更大成效。加快新一轮政策落地，更深层次推进对外开放和制度创新。加快CBD核心区重点项目建设，实现地下公共空间结构封顶，开工建设500千伏变电站，启动化石营项目征收。织密CBD全球招商网络，力促标志性企业和项目入驻。推动金盏国际合作服务区基础设施和公共服务同步提升，加快中区一级开发，建成政务服务大厅。启动第四使馆区建设，加快天苇路、东苇路等周边道路前期工作。推动消费向体验化、品质化、数字化方向升级，拓展国内国际市场，促进线上线下融合，引进一批首店、创新店、旗舰店，孵化培育一批本土新消费品牌。优化大三里屯商圈业态和品质，丰富文化内涵，改善交通环境，推进三里屯路与亮马河慢行系统连通，打造慢行友好街区。落实市级营商环境改革5.0版措施，深入推进“证照分离”、告知承诺制和全程网办，提升社区（村）政务服务站规范化水平。注重人才引进与培育，打造国家级人力资源产业园。

三是以数字化引领产业升级。推动北京数字经济算力中心建设，打造空间地理信息产业创新中心和光子产业示范园区，依托北京国际大数据交易所推动数据开放流通。深入实施“凤鸣计划”“独角兽企业加速计划”，筹建朝阳资本市场服务基地，支持专精特新企业在北交所上市。加快中关村朝阳园北区阿里巴巴北京总部等项目建设，打造未来产业园。推进国际创投集聚区二期建设，实施空间扩围，打造国际创新创业首选地。在有效防范风险的前提下推动金融创新，建成数字资产金融综合服务平台一期，推广数字货币应用，更好支持实体经济发展。推进数字文化、创意设计、文化贸易等产业发展，提升文创园区的经济和社会效益。

四是实施城市更新行动。一体化推进功能疏解、系统治理和优化提升。严厉打击新生违建，拆违面积不少于252万平方米、腾退土地不少于260公顷，留白增绿60公顷。抓好重点项目征拆收尾、代征代建道路移交，加强桥下空间、施工围挡、背街小巷精细化管理。总结推广望京小街经验，推进朝外大街、六佰本改造工程取得阶段性成果。实现光华里5、6号楼重建项目入住。建设筹集政策性住房3000套。完成15个老旧小区综合整治，加装电梯开工130部、完工170部。

五是加快农村城市化步伐。实施城乡融合发展三年行动计划，深化拓展农村地区调研成果，对照140余项重点任务清单逐一销账，在系统解决瓶颈问题上取得新突破。加快绿隔地区城市化建设，统筹研究东三乡规划，力争完成平房、东风拆迁腾退。加快手续办理，倒排工期、集中攻坚，推进常营东方和瑞等产业项目建设，力争崔各庄奶西等3个棚改地块达到供地条件，实现南磨房石门综合体、东风六里屯等安置房项目开工，确保王四营孛罗营一期、孙河康营四期安置房顺利回迁。深化“村地区管”工作机制，启动高碑店半壁店村集租房项目建设。加强农村集体资产监管，清理和规范集体企业，完成将台乡级产权制度改革试点工作。高质量完成国家数字农业创新应用基地建设。开展安置房示范社区创建，打造兼具城市功能和乡村风情的现代新型社区。巩固人居环境整治和美丽乡村建设成果，打造乡村振兴新名片。

六是持续提升生态环境质量。推进挥发性有机物、氮氧化物专项治理，强化扬尘全域全过程管控，尽最大努力巩固空气质量改善成效。建成坝河滨水空间一期（第四使馆区东区段），推进北小河滨水空间建设、通惠灌渠治理，完成10个单位（小区）自备井置换。实施亮马河游线延伸工程，实现东三环至红领巾湖6千米通船，打造古都京韵国际风情水岸。进一步扩大绿色空间，实现温榆河公园朝阳段一期全面完工、东风迎宾公园开园，推进公园开放式管理，新增改造绿化面积100公顷。深化生活垃圾分类和减量，确保垃圾分类设施达标率达到100%、厨余垃圾分出率稳定在18%以上。扎实推进节能降碳，开展建筑等重点行业绿色化改造，促进新能源和可再生能源开发利用。

七是纵深推进城市精细化管理。全面推动智慧城市建设，基本实现室外5G信号连续覆盖和重点场景精准覆盖，落地一批示范应用场景。持续提升长安街延长线、广渠路等重要联络线景观风貌。推进京哈高速加宽改造和通马路、京密快速路建设，实现亮马河北路、大羊坊路、王化路开工，建成驹子房路等10条主次干路、支路，新增停车位3000个。实施望京地区、亚奥地区交通综合治理，推进望京环线、望京至朝阳公园绿道建设，力争100千米慢行系统基本连通。统筹推进北京朝阳站周边规划建设和环境提升，建成姚家园北街景观大道。抓好“门前三包”责任制落实，巩固国家卫生区创建成果。开展物业服务企业信用评价，提升“三率”实效。加强源头治理和矛盾纠纷排查，持续化解信访积案。完成安全生产整治三年行动，抓好瓶装液化石油气隐患治理、电动自行车充电规范管理，加强食品全过程监管、药品经营使用监管，完善社会治安防控体系，坚决遏制重特大安全事故。

八是紧扣需求提高群众生活品质。从严从紧抓好常态化疫情防控，加强涉疫应急处置，稳妥有序做好疫苗接种。完成公共卫生应急管理体系建设三年行动计划，实现街乡急救站点全覆盖。启动安贞东方医院内部装修，完成北京中医医院新院区选址，加强三级医院学科建设，推进中医药服务进社区。深化教育领域综合改革，扎实做好义务教育“双减”工作，新增学前教育学位2780个、中小学学位2200个。成立北京中学教育集团，加快东坝北校区建设。引入北京市十一学校。新增500张养老家庭照护床位，支持养老机构品牌化、连锁化发展。深化文明城区创建三年行动，完善公共文化服务体系，建成区档案馆新馆，完成永通桥修缮工程，创建国家文化和旅游消费示范城市。实施全民健身计划，打造更多全龄友好型公园。完成工人体育场改造复建工程。推动社区治理向楼门院延伸，深化社区成长伙伴计划，示范打造2个“众享生活圈”。深入推进“吹哨报到”改革，强化首接负责，完善考核体系，打造接诉即办教育示范服务基地，增强12345市民服务热线诉求办理能力。持续巩固支援合作和结对协作成果。

九是持之以恒加强政府自身建设。强化政治引领，增强“四个意识”，坚定“四个自信”，做到“两个维护”，牢记“国之大者”。严格依法行政，坚决执行区人大及其常委会的决议和决定，认真听取区政协、民主党派和人民团体意见，认真办理人大代表议案、建议和政协提案。严格公正文明执法，做好“八五”普法工作。引导激励干部想干事、能干事、干成事，提高解决实际问题的能力。坚持政府过“紧日子”，积极压减一般性支出。深化落实全面从严治党主体责任，拓展审计监督的广度和深度，营造风清气正的政治生态。

做好政府各项工作，关键在于一个“实”字。我们将不断提高政治判断力、政治领悟力、政治执行力，切实将党中央国务院、市委市政府和区委的决策部署一项一项落到实处。我们将始终保持“归零”心态、“赶考”状态，心怀远方、实干笃行，久久为功、勇立潮头，在更多领域创造可复制、可推广的朝阳经验。我们将自觉同人民想在一起、干在一起，以拼搏为美、向行动致敬，拿成果说话、以实绩交卷，努力让朝阳实现更高质量的发展、让朝阳人民过上更有品质的生活。

各位代表，奋斗征程上的每一次抵达，都是新起点上的再一次出发。让我们更加紧密团结在以习近平同志为核心的党中央周围，在市委、市政府和区委的坚强领导下，勿忘昨天，无愧今天，不负明天，更加坚定、更加自觉地践行初心使命，继续奋斗，风雨无阻，坚毅前行，奋力开创各项事业高质量发展新局面，精彩描绘朝阳率先基本实现社会主义现代化的壮美画卷，以优异成绩迎接党的二十大胜利召开！

专文

在全区党史学习教育总结会议上的讲话（节选）

区委书记、区委党史学习教育领导小组组长　王　灏

（2022 年 1 月 25 日）

在全党开展党史学习教育，是以习近平同志为核心的党中央立足党的百年历史新起点、统筹中华民族伟大复兴战略全局和世界百年未有之大变局、为动员全党全国满怀信心投身全面建设社会主义现代化国家而作出的重大决策。习近平总书记高度重视，将开展党史学习教育同庆祝建党百年、召开党的十九届六中全会统筹考虑、一体推进，亲自谋划部署，全程精心指导，先后发表一系列重要讲话，作出一系列重要指示，有力指引和推动了党史学习教育深入开展。今天，我们召开全区党史学习教育总结会议，主要任务是深入学习贯彻习近平总书记重要指示和中央、全市党史学习教育总结会议精神，全面总结我区党史学习教育成果和经验，推动党史学习教育持续不断向纵深发展、取得更大成效。

下面，就总结好、巩固好、拓展好党史学习教育成果，我再讲三方面意见。

一、用心用情再领悟，深刻领会习近平总书记关于党史学习教育的一系列重要论述

我们党的一百年，是矢志践行初心使命的一百年，是筚路蓝缕奠基立业的一百年，也是创造辉煌开辟未来的一百年。党的十八大以来，习近平总书记在多个重要场合对学习党史提出了明确要求，反映了我们党对党史的一贯立场和态度，体现了我们党对学习运用党史的重要性和必要性的深刻认识。习近平总书记围绕党史学习教育作出的一系列重要论述，贯通历史、现实、未来，贯穿信仰、信念、信心，把我们对党史的认识提升到新高度，为我们在新的征程上以史为鉴、开创未来提供了根本遵循和行动指南。

全区上下要对习近平总书记关于党史学习教育的重要论述进行再学习、再对标，深刻领悟总书记关于党百年奋斗历史价值、学习党史根本目的、基本要求、着力点、科学态度的重要论述，深刻领悟中国共产党为什么能、马克思主义为什么行、中国特色社会主义为什么好，更加自觉地用党的百年奋斗重大成就和历史经验增长智慧、增进团结、增加信心、增强斗志。进一步感悟思想伟力，强化创新理论武装，准确把握党史发展的主题主线、主流本质，不断弘扬伟大建党精神。把学习党史作为共产党人一生的必修课，更加坚定历史自信，增强政治自觉，勇于自我革命，增强斗争精神，向历史寻经验、向历史求规律、向历史探未来，以强烈的历史主动精神奋进新征程、建功新时代。

二、培根铸魂担使命，全区党史学习教育成效显著

去年 3 月以来，在市委的坚强领导下，在市委第一指导组的精心指导下，我们坚持把开展党史学习教育作为一次全面的精神洗礼、一场深刻的自我革命，以高度的政治自觉、思想自觉和行动自觉精心组织实施，有力有序推进，高质量完成各项任务，“学党史”走深走实、“悟思想”入脑入心、“办实事”用心用情、“开新局”有力有为，在学史明理、学史增信、学史崇德、学史力行上取得了显著成效，呈现出五方面特点：

一是以史为鉴、开创未来的理想信念不断强化。我们把革命历史作为最好的营养剂，坚持不懈用党的光荣传统、光荣历史凝心聚魂，用科学理论武装头脑，筑牢信仰之基、补足精神之钙、把稳思想之舵。区四套班子率先垂范，带头读原著、学原文、悟原理，深入研习领会习近平总书记在党史学习教育动员大会上的重要讲话精神、七一重要讲话精神和党的十九届六中全会精神，带头集中学习研讨、讲专题党课。区

委理论学习中心组开展党史专题学习30次，全区140余家二级班子开展理论学习中心组学习2800余次，各级党组织开展学习活动4.3万余次，持续在全区掀起学习贯彻的热潮。依托红色资源提供生动教材，创新推出“八个一”党史学习资料包，深挖4处革命遗址旧址内涵，完成马骏烈士墓和纪念馆修缮及展陈更新，打造“党史中的朝阳故事”系列课程。突出以赛促学，组织发动6万余人参加北京市“永远跟党走”党史知识竞赛，“朝阳群众”代表队荣获全市第一、全国第八。通过重温来时路、展望新征程，全区各级党员干部群众理想信念得到新加强、理论素养得到新升华、党性修养得到新洗礼。

二是拥护核心、紧跟核心的政治忠诚愈加坚定。我们将政治引领贯穿始终，引导党员干部在深化党史学习中深刻感悟“两个确立”的决定性意义、增强“四个意识”、坚定“四个自信”、做到“两个维护”。组建党史学习教育区委宣讲团、学习贯彻党的十九届六中全会精神宣讲团、“永远跟党走”朝阳群众宣讲团，赴各系统、各部门开展分众化、互动式宣讲5800余场次，覆盖103.5万余人。把建党百年庆祝活动服务保障作为重大政治任务和最生动、最实际的党史学习教育，高标准完成广场布置要素存放、拆装演练和文艺演出等任务，得到市级高度肯定。胸怀“国之大者”，举全区之力做好北京冬奥会和冬残奥会筹办工作，圆满完成“相约北京”测试活动和测试赛服务保障任务，成功保障小闭环期间顺利运行，双奥朝阳的国际知名度、美誉度持续提升。扎实做好中央、市委巡视反馈问题和规自领域问题整改，用49天全部收回马泉营2047套公租房，用19天全部拆除上东十号36套违建别墅，在攻坚克难中经受了政治考验。全区党员干部忠诚核心、信赖核心、维护核心的政治根基进一步夯实，对“看北京首先要从政治上看”的理解认识更加透彻，政治判断力、政治领悟力、政治执行力不断提高。

三是知史爱党、知史爱国的社会氛围更加浓厚。我们精心组织安排、创新活动形式，持续在氛围营造和舆论引导上下功夫，推动党史学习教育深入群众、深入基层、深入人心。成立8个区委指导组和2个系统工委指导组，开展调研指导2800余次，收集汇总各单位相关信息1万余篇，全过程全环节全面指导推进。充分发挥新时代文明实践中心、所、站阵地作用，面向社会广泛开展“四史”宣传教育，75家区融媒体分中心同频共振，推送相关内容8500余条。加强选题策划，在中央市属媒体和区属各媒体平台累计发布相关报道信息1.4万余条次，党史学习教育信息被《北京市党史学习教育简报》刊登数量位居全市第一。广泛开展青少年群体特色教育活动，将“两新”组织纳入党史学习教育范畴，进一步拓宽了学习教育覆盖面。严格落实意识形态工作责任制，旗帜鲜明反对历史虚无主义，加强宣传阵地建设和管理，消除错误思想观点传播渠道。通过多层次、全方位宣传动员，党史学习教育覆盖到了全区各个单位、各个群体、各个角落，学习热潮层层叠加，爱党爱国爱社会主义的情感进一步厚植和增强。

四是忧民爱民、为民惠民的宗旨意识更加稳固。我们始终坚持人民立场、人民至上，深入践行以人民为中心的发展思想，用服务群众的成效来检验学习教育成色。扎实开展“我为群众办实事”实践活动，推进339项改革创新“年度三件事”，推动“朝我说”，以接诉即办为主抓手，开展“办好每一件、集中解难题、共治心连心”三大行动，形成“27+4”重点民生诉求清单，统筹办好8方面30件民生实事，全年受理市民热线诉求76.6万件。聚焦群众关注的痛点难点问题，推出“朝阳预存宝”“预付管家”开展预付费资金监管，不动产办证项目解决数量、涉及房屋套数居全市第一，一大批群众身边的操心事烦心事揪心事得到解决，荣膺“平安中国建设示范区”称号。通过为民服务，全区党员干部践行初心使命的热情进一步高涨，群众切身感受到党史学习教育带来的新气象、新变化，党群关系进一步密切，党的最大政治优势不断巩固。

五是坚持首善、建设“四区”的强大合力持续汇聚。我们把开展党史学习教育和“四区”建设、“五子”联动紧密结合，把学习成果转化为推动高质量发展的不竭动力。叠图连片推进疏整促专项行动，拆除并实现“场清地净”226万平方米，5项任务完成量全市第一。打好污染防治攻坚战，$PM_{2.5}$年均浓度34微克/立方米，空气质量首次全面达标，达到近年来最好水平。深入推进“两区”建设，高标准打造数字经济核心区、国际化创新城区，加快国际消费中心城市主承载区建设，营商环境考评连续四年全市第一，2021年GDP突破7500亿元大关，地方级、区级财政收入保持全市第一。深入探索有效市场和有为政府的结合路径，形成危旧楼房就地拆除改建的“建外模式”、以河道复兴带动城市更新的“亮马河模式”，传统商业街区改造提升的“望京小街模式”，治理体系和治理能力现代化水平持续提升。全区广大党员干部更加深刻领悟到伟大建党精神的丰富内涵和时代意义，做好改革发展稳定各项工作的劲头更足、思路更清、措施更实，砥砺奋进、攻坚克难的信心决心进一步坚定，热火朝天干事业的精气神得到充分展现。

经过全区上下齐心努力，我区党史学习教育取得了明显成效，达到了预期目的。在这个过程中，我们得到了中央第一指导组、市委第一指导组的大力支持和指导帮助。特别是在守元组长的带领下，市委第一指导组始终坚持高标准、严要求，深入基层一线，敏锐发现问题，精准指导改进，全程兢兢业业、不辞辛苦，从各方面给予了我们周到细致的关怀帮助和悉心指导。指导组的领导和同志们高度的政治担当、饱满的精神状态、严谨的工作作风，为我们树立了榜样和标杆，我们深感钦佩、深受感动。在这里，我代表朝阳区委，向市委第一指导组表示衷心的感谢！

在肯定成绩的同时，我们也要清醒认识到，党史学习教育常态化体制机制还不够健全，一些领域、单位、系统推进不平衡，党史学习教育成果转化运用还不够深入。对这些问题，我们要高度重视、深刻反思、改进提升，推动党史学习教育融入日常、抓在经常。

三、初心如磐向未来，持续巩固拓展党史学习教育成果

党史学习教育只有进行时没有完成时。要认真总结党史学习教育经验，建立常态化、长效化制度机制，以学习贯彻党的十九届六中全会精神为重点，持续学习党史、深入感悟党史、更好运用党史，推动学党史、悟思想、办实事、开新局不断取得新的更大成效，切实当好首都高质量发展排头兵。

一要以旗帜鲜明的政治立场，坚定理想信念。牢记“看北京首先要从政治上看”的要求，发自内心拥戴核心、毫不动摇信赖核心、始终不渝忠诚核心、坚定不移维护核心，更加坚定捍卫“两个确立”、坚决做到“两个维护”，不折不扣贯彻落实党中央、市委决策部署。不断提高政治判断力、政治领悟力、政治执行力，始终在政治立场、政治方向、政治原则、政治道路上同党中央保持高度一致，真正做到忠诚于党和人民，忠诚于党的理想信念，忠诚于党的初心使命，忠诚于党的组织，忠诚于党的理论和路线方针政策。要严守政治纪律和政治规矩，坚决肃清流毒影响，营造风清气正的政治生态。

二要以常抓不懈的理论武装，凝聚思想伟力。坚持把习近平新时代中国特色社会主义思想作为首修课、必修课、终身课，做到至信而深厚、融通而致用、执着而笃行。持续深入学习宣传贯彻党的十九届六中全会精神，强化交流研讨学、调研深化学、联系实际学，引导广大党员干部群众统一思想、凝聚共识、坚定信心、增强斗志。要抓好各级党（工）委（党组）理论学习中心组学习，深化“学习日”机制，各级领导班子、领导干部要发挥好带学促学作用，把学习延伸拓展到最基层、第一线，覆盖到每一名党员干部。要充分发挥党校和党校分校、党群服务中心站、融媒体矩阵、新时代文明实践中心所站等阵地作用，用好爱国主义教育基地，深化“1+9+43+T”宣讲模式，扩大“朝阳群众”品牌影响力，推动党的创新理论走向基层、走进群众、入心入脑。这段时间，各级班子正在陆续召开党史学习教育专题民主生活会。要统筹兼顾、妥善安排，把党史学习教育的成果、把自我革命的要求充分体现到专题民主生活会上来，开出高水平、好效果。对查摆出来的问题，要认真整改，举一反三、标本兼治。

三要以始终如一的为民情怀，增进群众福祉。牢固树立以人民为中心的发展思想，站稳群众立场，走好群众路线，坚持人民主体地位，尊重群众首创精神，更好满足人民群众对美好生活向往。要坚持民有所呼、我有所应，紧扣“七有”要求“五性”需求，聚焦接诉即办和物业管理、垃圾分类“关键小事”，用心用情用力解决群众关心的民生保障、生态环境、文化文明、平安建设、法治正义等实际问题。要深化“我为群众办实事”实践活动，突出主动治理、补齐短板，结合改革创新“年度三件事”等工作，把民生实事办到群众心坎上，让人民群众获得感成色更足、幸福感更可持续、安全感更有保障。

四要以坚定有力的责任担当，进行伟大斗争。牢牢把握新的伟大斗争的历史特点，发扬斗争精神、把准斗争方向、坚定斗争意志、掌握斗争规律、增强斗争本领，有效应对重大挑战、抵御重大风险、克服重大阻力、解决重大矛盾，在真刀真枪的实干中成就一番事业。坚持稳字当头、稳中求进，以首都发展为统领，大力加强“四个中心”功能建设，提高“四个服务”水平，突出“三化”主攻方向，紧扣“四区”建设，推进“双五”工程，系统落好“五子”，提升发展质效。要统筹发展和安全，坚持底线思维、增强忧患意识，下好先手棋、打好主动仗，既防“灰犀牛”，又防“黑天鹅”，以大概率思维应对小概率事件。当前疫情防控形势严峻复杂，必须快速处置、精准施策，坚决阻断病毒传播链，确保群众安全、首都安全、奥运安全，力争在一个潜伏期内圈住封死捞干扑灭疫情。再有10天，北京冬奥会、冬残奥会就要开幕了，我们要以首善标准做好冲刺阶段的冬奥筹办工作，一体推进冬奥防疫和城市防疫，全力保障办成一届简约、安全、精彩的奥运盛会，以实际行动为“双奥之区”增光添彩。

五要以清醒果敢的自我革命，从严管党治党。始终保持全面从严治党永远在路上的清醒和坚定，全面贯彻落实新时代党的建设总要求，传承党的百年奋斗历史经验，特别是自我革命的重要经验，通过自我净化、自我完善、自我革新、自我提高，始终在政治上、思想上、组织上、作风上保持先进性和纯洁性。要坚持严的主基调，紧抓“关键少数”，发挥“头雁”作用，压紧压实全面从严治党主体责任。深化纪检监察体制改革，推进纪律、监察、派驻、巡察“四个监督”有效衔接，完善基层监督体系，贯通运用监督执纪“四种形态”，严管厚爱结合、激励约束并重，抓早抓小、防微杜渐。持续推进政治巡察，统筹开展常规巡察、专项巡察、巡察“回头看”，推动巡察向基层延伸。锲而不舍落实中央八项规定及其实施细则精神，持之以恒纠“四风”树新风，坚决革除一切侵蚀党的肌体的毒瘤，坚决铲除滋生不良政治生态的污染源，一体推进不敢腐、不能腐、不想腐，为全区发展提供坚强的政治保障和纪律保障。

党史学习没有休止符。我们要更加紧密团结在以习近平同志为核心的党中央周围，不断从党的百年奋斗重大成就和历史经验中汲取智慧和力量，满怀自豪感、振奋精气神，履行新使命、谱写新篇章，为推动新时代首都发展作出更大贡献，以优异成绩迎接党的二十大胜利召开。

大 事 记

1月

2日 中国工商银行股份有限公司北京自贸试验区国际商务服务片区支行、中国银行股份有限公司北京自贸试验区国际商务服务片区支行在朝阳区揭牌成立。

11日至13日 中国人民政治协商会议北京市朝阳区第十三届委员会第五次会议召开。张士华、赵年生当选政协北京市朝阳区第十三届委员会副主席。

12日至14日 朝阳区第十六届人民代表大会第七次会议召开。赵红伟当选北京市朝阳区第十六届人民代表大会常务委员会副主任。

14日 全国爱国卫生运动委员会发文《全国爱卫会关于命名2018—2020周期国家卫生城市（区）的决定》，命名朝阳区为国家卫生区。

15日 区委宣传部会同国务院新闻办、外交部新闻司、市政府新闻办、市卫生健康委，联合开展“北京市有序开展新冠病毒疫苗接种工作”境外媒体集体采访，邀请路透社、法新社、美国全国广播公司、俄罗斯全国广播电视公司等32家境外媒体46名记者到朝阳规划艺术馆接种点，采访北京市新冠病毒疫苗接种情况，对外宣介市、区疫情防控举措，展示朝阳区有序开展新冠病毒疫苗接种工作。这是自开展新冠病毒疫苗接种以来，全国首次邀请境外媒体到疫苗接种点近距离采访。

22日 京哈高铁北京至承德段开通运营，京哈高铁实现全线贯通，北京至沈阳、哈尔滨最快2小时44分、4小时52分可达。此前，北京朝阳站周边配套的6条道路全部完工，其中，将台洼西路、驼房营路、姚家园北街3条道路于1月20日下午5点先行开通，剩余3条道路随着北京朝阳站的通车同时开通。

2月

1日 2021年度“共建两区共赢未来”金盏国际合作服务区招商推介系列活动启动。金盏国际合作服务区总占地12平方千米，建筑规模约1000万平方米，金盏国际合作服务区入驻项目规模约120万平方米，建成、在建、拟建项目14个，楼宇招商项目4个。

2日 朝阳区安华里社区党委、武汉市东湖生态旅游风景区东湖新城社区党委与深圳市龙华区北站社区党委联合举办京深汉“社区成长伙伴”计划倡议发布暨线上共学活动，通过视频连线，3个社区宣布结成伙伴社区，并联合向全国社区发出“故乡再造倡议”，倡导社区做好就地过年氛围营造，为就地过年的居民提供便利。

4日 区政府与国网北京市电力公司就加强智慧电网建设签订战略合作协议。

5日 全国人大常委会副委员长、民盟中央主席丁仲礼率领盟员书法家到安贞街道安华里社区开展“迎春送福进社区”活动，向社区工作者代表、社区居民代表赠送春联、福字，并致以新春的祝福。安华里社区是民盟北京市委在中心城区建立的第一个社区民盟“盟员之家”。

9日 朝阳区委书记王灏，区委副书记、区长文献等领导走访驻区中央部委，就发挥属地功能做好服务保障，配合中央部委开展好各项工作进行交流。

10日 中共北京市朝阳区第十二届纪律检查委员会第六次全体会议召开。会议传达十九届中央纪委五次全会、市纪委十二届六次全会精神，对推进全面从严治党和纪检监察工作高质量发展进行部署。全会以视频会议形式召开。

同日 区领导王灏、王旭等走访农业农村部，就发挥属地作用，做好服务保障工作进行交流。农业农村部党组书记、部长唐仁健对朝阳区科学统筹疫情防控和经济社会发展取得的成绩表示祝贺，希望朝阳区继续全力做好“三农”工作，全面推进乡村振兴。

11日 即日起，朝阳公园向公众免费开放。

11日至17日 春节期间，朝阳区疫情处置平稳有序开展，全区累计新增确诊病例0例、无症状感染者0例、疑似病例0例，无异常情况。全区消费市场运行平稳，货源充足。全区旅游秩序安全平稳有序，20家主要旅游景区（点）共接待游客75.36万人次，与上年同期相比增长771.21%，实现旅游综合收入3197.09万元。

23日 区政府与中国人民财产保险股份有限公司北京市分公司签订战略合作协议，双方将在保险项目、前沿课题研究、信息化建设等方面开展战略合作。

同日 2021年朝阳区委政法工作会议暨平安朝阳建设领导小组（扩大）会议召开。会议贯彻落实中央、市委有关会议精神，总结2020年工作，部署2021年任务。

25日 朝阳区687个村和社区党组织完成党组织换届工作。选举产生委员3499名，其中书记687名、副书记749名，连选连任占52.1%、新提名占47.9%，妇女比例与上届相比提高约3%，各项指标均符合市委要求。学历结构上，大专及以上学历与上届相比提高约4%。

3月

8日 王灏、文献慰问朝阳区荣获国家级先进个人和集体、市级三八红旗奖章等荣誉称号的妇女代表（高素梅获“全国巾帼建功标兵”称号；朝阳区委党校获“全国三八红旗集体”称号；朝阳区妇女儿童公益慈善促进会、北京京客隆商业集团股份有限公司三里屯店获“全国巾帼文明岗”称号；南磨房乡妇联获“全国家庭工作先进集体”称号）。

10日 王灏、文献带领朝阳区党政代表团围绕“学习贯彻习近平总书记给建设和守护密云水库乡亲们的重要回信精神”到密云区对接结对协作工作。

13日 北京市委书记蔡奇围绕“两区”建设到朝阳区调查研究，并在金盏乡召开市“两区”工作领导小组全体会议，部署2021年任务。

16日 全区党史学习教育动员会召开。会议传达习近平总书记在党史学习教育动员大会上的重要讲话精神，以及市委书记蔡奇在全市党史学习教育动员会上的讲话精神，并对全区党史学习教育进行部署。根据《朝阳区关于开展党史学习教育的工作方案》，此次党史学习教育贯穿2021年全年，采取集中学习和自主学习相结合，规定动作和自选动作相结合的方式，面向全区全体党员开展学习教育实践。

17日 朝阳区政法队伍教育整顿动员部署会召开，学习贯彻习近平法治思想、习近平总书记关于加强政法队伍建设的重要指示和训词精神，按照党中央、市委的部署要求，对全区政法队伍教育整顿工作进行全面动员部署。

24日 区2021年党建工作视频会议召开，总结2020年全区党建工作，部署2021年重点任务。会议部署2021年组织、宣传、统战、群团工作和《中共朝阳区委贯彻〈党委（党组）落实全面从严治党主体责任规定〉的分工方案》。

24日至26日 文献率朝阳区代表团围绕“两区”建设、高质量发展、城市有机更新、国际化建设等方面，到江苏省南京市和上海市考察交流。

25日 北京CBD全球招商联络站中国上海分站揭牌，联络站将发挥专业招商平台作用，面向全球企业开展招商引资工作，助力北京自贸试验区国际商务服务片区建设。

27日 由中国服装设计师协会、中共北京市朝阳区委员会、朝阳区人民政府、北京服装学院联合主办的“2021朝阳时尚峰会”在凤凰中心举办。会上，朝阳区联合中国纺织工业联合会、北京服务学院共同发布《“时尚赋能高质量发展”朝阳共识》。

29日 蔡奇到区调研检查林长制和温榆河公园规划建设工作。

同日 朝阳建成首个新消费品牌孵化基地，北京老鼎丰食品公司、BCA区域链艺术中心等新消费品牌企业签约入驻首创郎园Station。

31日 由北京金融控股集团有限公司牵头发起，京东数字科技控股股份有限公司、华控清交信息科技（北京）有限公司、北京微芯感知科技有限公司等共同参与的北京国际大数据交易所在朝阳区成立。

是月 《北京市朝阳区抗击新冠肺炎疫情志》编纂工作启动。

4月

1日 党史学习教育朝阳区委宣讲团成立，13名宣讲团成员到全区各系统各单位开展集中宣讲，推动党史学习教育在全区开展。

同日 朝阳区出台《关于促进中国（北京）自由贸易试验区国际商务服务片区朝阳组团产业发展的若干支持政策》，聚焦商务服务、金融、人才、文化产业等重点领域，包括8类28项支持政策，推进“两区”建设。

2日 中共中央总书记、国家主席、中央军委主席习近平及李克强、栗战书、汪洋、王沪宁、赵乐际、韩正、王岐山等党和国家领导人同首都群众一起到朝阳区温榆河公园植树点参加义务植树活动。

8日 占地1200平方米、藏书约3万册的北京首家晓书馆在望京小街开馆，为群众提供新的阅读体验。

9日 《北京商务中心区年鉴》编委会暨2021创刊启动会召开。

14日 朝阳区在国家速滑馆西门广场举办以“践行总体国家安全观，统筹发展和安全，统筹传统安全和非传统安全，营造庆祝中国共产党成立100周年良好氛围”为主题的全民国家安全教育日活动。

18日 区政府和国家体育总局网球运动管理中心在朝阳体育中心举行共建“网球特色区”项目启动仪式。

19日 王灏与英国保柏保险集团中国区执行总裁秦嗣元一行围绕金融领域合作座谈交流。

20日　全国政法队伍教育整顿中央第一督导组北京小组第二下沉组下沉朝阳区督导教育整顿工作。

22日　2021年朝阳区“基层建设年”暨社会建设、民生保障和农村城市化工作会召开。会议总结朝阳区基层建设三年行动计划“深化提升年”工作，对“总结巩固年”相关工作进行部署；部署2021年朝阳区社会建设和民生保障工作和2021年朝阳区农村城市化工作。

29日　朝阳区2021年庆祝五一国际劳动节暨表彰先进集体和个人座谈会召开，对获2021年度全国和首都劳动奖状、奖章、工人先锋号的先进集体和个人进行表彰。

30日　2021年朝阳区文明委全委（扩大）会暨深化全国文明城区创建工作会议召开。会议传达全国精神文明建设表彰大会、首都文明委全委会暨深化文明城区创建工作会和首都精神文明建设工作会暨背街小巷环境精细化整治提升动员部署大会会议精神，听取朝阳区精神文明建设工作报告并部署朝阳区深化全国文明城区创建的三年行动计划、2021年朝阳区背街小巷环境精细化整治提升及垃圾分类工作。亚运村街道、黑庄户乡、铜牛电影产业园相关负责人和机场街道学校路街巷长分别作交流发言。

同日　位于北京奥林匹克中心区文化综合区最北端的国家科技传播中心项目主体结构封顶。该项目是中央在京重点项目和北京市重点工程。建筑面积62640平方米，具备展览教育、业务研究、公共服务等功能，包含高端发布大厅、报告厅、创客及研发中心、演播厅等。

5月

7日　全市首家自贸试验区专营证券机构——中泰证券股份有限公司北京分公司设立的北京自贸试验区证券营业部落户朝阳。

9日　北京市2021年全国城市节约用水宣传周在亮马河燕莎段启动。

10日至11日　王灏率朝阳区党政代表团到湖南省长沙市围绕智能制造业、科技文化创新产业、城市更新、夜间经济、网红经济等主题进行考察，两地签署《北京市朝阳区人民政府湖南省长沙市人民政府战略合作框架协议》及12个领域专项合作协议。

12日至13日　王灏率朝阳区党政代表团，围绕高精尖产业发展、城市规划、数字经济发展、人才建设、绿道建设、城市更新等方面，到广东省深圳市考察交流，学习借鉴改革开放创新和经济社会发展先进经验。

13日　朝阳区与深圳证券交易所签署战略合作框架协议。根据协议，双方将围绕信息交流、上市后备企业培育、提高上市公司质量、固定收益产品发展、人才培养和联络交流等方面深化战略合作，促进区域经济实现更高质量发展。

19日　朝阳区争创双拥模范城誓师大会暨2021年双拥工作领导小组会召开。会议播放《军地携手　再创辉煌》双拥宣传片，通报2020年朝阳区双拥工作情况，并对2021年全区双拥工作进行部署。

20日　2021年朝阳区疏功能、调结构、稳增长暨生态文明、城乡环境建设、应急管理工作大会召开。

21日　湖南省委常委、长沙市委书记吴桂英率长沙市党政代表团到区考察学习。考察期间，双方领导围绕进一步深化两地合作进行座谈交流。

26日　北京CBD二期交通优化工程全面完工。工程改造27千米慢行系统，新增6000余平方米绿地和6处“口袋公园”，通过完善林荫行道树，慢行系统林荫率由65%提升至85%。

27日　北京市“培植中外友谊林，感知北京新发展”活动举行，140余家驻华使团近150名外交官到朝阳区金盏森林公园共植友谊林，到金盏乡东村、温榆河公园朝阳示范区考察美丽乡村建设和大尺度绿化工作。

28日　蔡奇到朝阳区望京街道接访。

6月

1日　中共中央政治局委员、国务院副总理孙春兰到北京市陈经纶中学考点、朝阳区招生考试中心检查高考准备工作。实地察看考生入场体温检测和身份识别、考场布置和隔离考场设置、试卷运输保管和分发等工作，了解考务指挥、考试综合管理平台运行情况，并主持召开专题会议，听取有关部门高考组织准备工作情况汇报。

同日　区委组织部在全区党员干部中组织开展“朝我说”专项行动，全力为群众办实事，解难题，提升党史学习教育成效。

4日　区政府与北京首都开发控股（集团）有限公司签署战略合作框架协议，双方将在物业管理、城市有机更新、老旧小区综合整治、围绕“七有五性”提供便民服务等领域开展深度合作。

5日　台湾民主自治同盟北京市朝阳区第六次盟员大会召开。会议宣布台盟北京市朝阳区第六届工委领导机构的任命决定，任命王慧为台盟北京市朝阳区第六届工作委员会主任委员。

8日　九三学社北京市朝阳区第六次代表大会召开。大会听取并审议九三学社朝阳区第五届委员会作题为《牢记使命勇担当创新实干谱新篇》的工作报告，审议通过工作报告决议和大会决议，选举产生由21名委员组成的新一届委员会。在九三学社朝阳区第六届委员会第一次全体会议上选举产生新一届领导班子，王强当选主任委员。

9日　中国国民党革命委员会北京市朝阳区第五次代表大会召开。会议听取并通过民革朝阳区第四届委员会所作的《议政聚力协商同心认真做好民革朝阳区委工作》工作报告；选举产生由21名委员组成的民革朝阳区第五届委员会，通过大会决议。在民革朝阳区第五届委员会第一次会议上，选举产生新一届领导班子，梁鑫华当选主任委员。

10日　中国农工民主党北京市朝阳区第五次代表大会召开。会议听取并审议农工党朝阳区第四届委员会所作的工作报告；通过关于工作报告的决议和关于代表大会的决议；选举产生由21名委员组成的农工党朝阳区第五届委员会，刘存志当选主任委员。

同日　位于豆各庄地区的朝阳区非物质文化遗产保护传承中心对外开放。中心以10个单元万余件展品和丰富多样的体验交流空间，成为朝阳区又一处文化地标。

11日　中国人民财产保险股份有限公司北京市自贸试验区支公司在北京CBD设立，成为北京自贸试验区挂牌以来，全市首家设立的自贸试验区专营保险机构。

12日　中国民主建国会北京市朝阳区第六次代表大会召开。大会听取并审议民建朝阳区第五届委员会所作的工作报告；通过工作报告决议和大会决议，选举产生由19名委员组成的民建朝阳区第六届委员会，刘琳当选主任委员。

15日　中国民主同盟北京市朝阳区第六次代表大会召开。会议听取并审议民盟朝阳区第五届委员会所作的工作报告；通过关于工作报告的决议和关于代表大会的决议；选举产生由20名委员组成的民盟朝阳区第六届委员会委员。在民盟朝阳区第六届委员会第一次全体会议上，选举产生新一届领导班子，王冬岩当选主任委员。

16日　市委副书记、市长陈吉宁到望京小街调研新消费品牌孵化基地及品牌生态圈建设工作。

17日　全国政法队伍教育整顿中央第一督导组北京小组副组长、第二下沉组组长谢海洋带队到区人民检察院，对朝阳区政法队伍教育整顿查纠整改环节评估情况开展督导。

20日　区庆祝中国共产党成立100周年座谈会召开。座谈会上，全国优秀党务工作者殷金凤、北京市先进基层党组织负责人李晓清、朝阳区优秀共产党员薛有为等“两优一先”及老党员代表结合工作实际，就夯实基层党建、忠实履行使命、全心全意为人民服务等内容进行交流发言。

同日　中国民主促进会北京市朝阳区第六次代表大会召开。大会听取并审议民进朝阳区第五届委员会所作的工作报告，通过工作报告决议和大会决议，选举产生由21名委员组成的民进朝阳区第六届委员会。韦小萍当选主任委员。

24日　区“两优一先”表彰大会召开，表彰优秀共产党员、优秀党务工作者和先进基层党组织。区领导为受表彰代表颁奖，为老党员代表颁发“光荣在党50年”纪念章。

同日　区第十六届人大常委会举行第三十八次会议，会议接受张雪涛辞去朝阳区人民政府副区长职务的请求。

7月

1日　2021年朝阳区“共产党员献爱心”捐献活动启动。区直机关工委向机关全体党员干部发出倡议，号召大家传承百年红色基因，助力慈善为民办实事，共同伸出援助之手，参与“共产党员献爱心”活动。

8日　区相约北京系列冬季体育赛事北京赛区（朝阳）组委会工作会暨2022年冬奥会和冬残奥会朝阳区运行保障指挥部工作会召开。会议部署相约北京系列冬季体育赛事北京赛区（朝阳）测试赛服务保障工作。

20日　全国政法队伍教育整顿中央第　督导组北京小组组长房凌春带领督导小分队到公安朝阳分局刑侦支队，对朝阳区政法队伍教育整顿“补课”和“回头看”工作进行“点穴”式督导。

23日　区党建工作协调委员会平安建设领域专业委员会成立。专委会由辖区中央、市属、区属单位，驻区高校、医院以及非公经济组织和社会组织代表组成。

29日　中共北京市朝阳区委十二届十四次全体会议召开。会议传达学习市委十二届十七次全会精神，总结上半年工作，部署下半年工作任务。全会表决通过《关于召开中国共产党北京市朝阳区第十三次代表大会的决议》和《中共北京市朝阳区委十二届十四次全体会议决议》。全会以视频形式召开。

8月

3日　朝阳区发布《支持数字经济产业创新发展的若干措施》，未来5年将至少投入50亿元用于发展数字经济。

5日　党史学习教育市委第一指导组在朝阳区委党校组织召开党史学习教育专题交流研讨会。

10日　区政协召开年度协商议政会议。议政会上，各民主党派、工商联负责人围绕换届工作和下一步重点工作发言，就做好疫情防控、“两区”建设、接诉即办、“七有”“五性”民生保障等工作提出调研思路和研究方向。

11日　区选举委员会第一次会议召开，依照《中华人民共和国选举法》有关规定和选委会工作职责，审议通过有关决议草案。会议决定，选举朝阳区新一届人民代表大会代表的投票日期为2021年11月5日。

31日　区慈善协会第四届第一次会员大会召开。会议选举产生朝阳区慈善协会第四届理事会和监事会，陈涛当选朝阳区慈善协会第四届会长。

同日 朝阳区与内蒙古自治区乌兰察布市察哈尔右翼后旗和卓资县2021年东西部协作视频会议举行。

31日至9月2日 文献率朝阳区代表团到内蒙古自治区通辽市科尔沁左翼后旗考察对接东西部协作工作。

9月

1日 中国科协公布2021—2025年度第一批全国科普示范县（市、区）名单，朝阳区被评为全国科普示范区，示范期为5年。

3日 朝阳区数字增信文旅产融模式创新案例获全国创新案例奖，预付费资金监管模式创新案例获全市创新案例奖。

同日 2021年中国国际服务贸易交易会“北京主题日”活动举行。活动中，朝阳区分别与北京嘉会国际医院、北京群鲜荟萃科技有限公司进行现场签约，签约金额143亿元人民币。

4日 陈吉宁到东湖街道主持召开座谈会，就接诉即办工作条例草案征求基层意见建议。座谈会上，6位来自朝阳区的市、区、乡人大代表和市民群众代表，结合各自工作情况，从加强宣传引导、强化跨部门协同、激励社会力量参与等方面，对条例草案提出意见、建议。

6日至8日 王灏率朝阳区代表团到内蒙古自治区乌兰察布市卓资县和察哈尔右翼后旗就东西部协作工作进行对接。代表团到产业帮扶项目现场、特色农产品产业生产车间、学校、脱贫户家庭，看望慰问挂职干部和支教教师代表。

16日 区委第十四轮巡察工作动员部署会召开，对巡察工作进行动员部署。此轮巡察派出9个巡察组，对区委农工委、区农业农村局等11家单位党组织开展常规巡察，对区住建委党组、十八里店乡党委（地区工委）、团结湖街道工委等3家单位开展巡察“回头看”。按照市委巡视办部署，此轮对涉粮问题（区商务局）开展专项巡察。

18日 蔡奇到区调查研究，察看朝阳区“国家文化出口基地”的重要园区——北京懋隆文化产业创意园总体发展和入驻企业运营情况。主持召开市“两区”工作领导小组全体会议，总结盘点一年来的工作，部署下一阶段任务。

24日 2021北京朝阳国际文化旅游节开幕式暨首届“京潮·京品”朝阳礼物征选活动品牌举办。2021北京朝阳国际文化旅游节持续至10月底，采用“1+N”的方式，由1场开幕式和N个特色文旅活动组成，设立潘家园旧货市场、郎园Vintage、郎园Station、798艺术区、751D·Park、酷车小镇、朝阳大悦城、亮马河国际风情水岸、丽都商圈等9个分会场。

25日 “绿色朝阳·创森有我”2021全国科普日朝阳区主场活动举办。通过森林嘉年华科技互动展、森林奇妙游等科普实践体验活动，为朝阳居民带来一场寓教于乐的“创森”科普之旅。

27日 区委常委会召开扩大会议，宣布市委关于朝阳区区级领导职务变动的决定。市委决定，狄涛任中共北京市朝阳区委员会委员、常委、副书记；赵立军任中共北京市朝阳区委员会委员、常委；免去迟行刚中共北京市朝阳区委员会常委、委员职务，调中共北京市委组织部工作；免去席成坡中共北京市朝阳区委员会常委、委员、中共北京市朝阳区纪律检查委员会书记职务，调北京市密云区工作；建议免去席成坡北京市朝阳区监察委员会主任职务。市委同意，提名杨蓓蓓、孟锐、舒毕磊为北京市朝阳区人民政府副区长人选。建议免去杨建海北京市朝阳区人民政府副区长职务，调北京市门头沟区工作；免去岳立北京市朝阳区人民政府副区长职务，调北京市海淀区工作。市委建议，免去张朝霞北京市朝阳区人民检察院检察长职务，调北京市人民检察院工作。同意提名马天博为北京市朝阳区人民检察院检察长人选。按照有关法律规定办理，结果报市委备案。

28日 区第十六届人大常委会举行第四十次会议。会议决定人事任免事项。会议接受杨建海、岳立辞去北京市朝阳区人民政府副区长职务，席成坡辞去北京市朝阳区监察委员会主任职务，张朝霞辞去北京市朝阳区人民检察院检察长、检察委员会委员、检察员职务，并报北京市朝阳区第十六届人民代表大会备案。会议任命杨蓓蓓、孟锐、舒毕磊为北京市朝阳区人民政府副区长，马天博为北京市朝阳区人民检察院副检察长，决定其代理检察长职务。

同日 王灏、文献与河北省张家口市康保县委书记李军一行就巩固拓展脱贫攻坚成果，加强双方交流合作进行座谈。

10月

11日 市国家网络安全宣传周在朝阳规划艺术馆开幕。宣传周期间，朝阳区开展进机关、进社区、进农村等“十进”活动，以及线上知识问答、线下主题展览，提升市民网络安全意识。

13日 区委外事委员会专题会暨区推进国际交往中心功能建设领导小组第一次会议召开。会议传达《北京推进国际交往中心功能建设领导小组关于印发蔡奇同志在领导小组第四次全体会议上讲话的通知》文件精神；审议通过朝阳区推进国际交往中心功能建设领导小组工作规则及重点任务清单和区委外事委员会工作要点等事项；听取关于朝阳区国际交往中心功能建设领导小组工作情况的汇报，以及CBD管委会、朝阳园管委会、金盏国际合作服务区管委会推进国际交往中心功能建设重点任务进展情况的汇报。

14日 蔡奇到区就温榆河公园规划建设调研检查。

同日 区委常委会召开扩大会议，宣布市委关于朝阳区区级领导干部任命的决定。市委决定，范永红任中共北京市朝阳区委员会委员、常委、中共北京市朝阳区纪律检查委员会书记，同意提名范永红为北京市朝阳区监察委员会主任人选。相关手续按照有关法律规定办理，结果报市委备案。

同日 朝阳区首个依托消防救援站而建的消防主题花园建成并对外开放。主题花园位于太阳宫消防救援站内，每周六上午向公众开放，由消防部门举办各类宣传教育活动，提升公众的消防安全意识。

16日至17日 内蒙古自治区通辽市科左后旗旗委书记解春贺率代表团到朝阳区考察交流。考察期间，朝阳区与科左后旗召开东西部协作交流对接会，探讨消费帮扶、旅游发展等方面工作。

17日 朝阳区支援合作企业发展共同体成立。

19日 内蒙古自治区乌兰察布市卓资县委书记王大河，县委副书记、代县长刘宝成率代表团到区考察交流，对接东西部协作工作。考察期间，卓资县教体局、各乡镇负责人分别到朝阳区教委、呼家楼街道、麦子店街道、三里屯街道围绕共同推进素质教育与职业教育、东西部协作工作进行交流。

20日 内蒙古自治区乌兰察布市委书记隋维钧率党政代表团一行到朝阳区，围绕进一步推进京蒙协作进行考察。王灏与乌兰察布市党政代表团就深化两地交流合作进行座谈交流。考察期间，乌兰察布市党政代表团到CBD，察看CBD招商服务大厅，了解CBD区域规划建设和商务中心区建设情况；到日坛中学，考察教育教学、师生管理、文化建设等情况，了解该校与卓资县北京朝阳学校结对帮扶工作开展情况。

31日 朝阳区乡党委、纪委换届选举工作全面完成。全区农村系统2060个基层党组织、64509名党员共选举产生乡党代表2046名，产生新一届乡党委、纪委班子，其中党委委员209名、纪委委员74名，同步选举出席区第十三次党代会代表77名。

11月

5日 为区、乡人大代表选举投票日。朝阳区共划分选举区人大代表选区230个，登记选民134.4万人，产生新一届区人大代表450名。19个乡划分选举乡级人大代表选区468个，登记选民26.1万人，产生新一届乡人大代表1178名。全区设投票站2354个。

17日 中共北京市朝阳区委十二届十五次全体会议召开。全会以视频形式召开，审议通过《中国共产党北京市朝阳区第十三次代表大会议程（草案）》，大会主席团、主席团常务委员会、秘书长、副秘书长、代表资格审查委员会成员建议名单，《大会选举办法（草案）》；书面审议《2021年区委常委会抓党建工作情况报告》；表决通过《中国共产党北京市朝阳区委十二届十五次全体会议决议》。

25日 区委统一战线工作领导小组暨对台工作领导小组全体会议召开。会议传达中央民族工作会议精神、中央和市委对台工作有关会议精神，审议通过《关于贯彻落实〈中国共产党统一战线工作条例〉重点任务的分工方案》。

同日 区第十六届人大常委会举行第四十三次会议。会议听取区人大常委会代表资格审查委员会关于朝阳区第十七届人民代表大会代表资格的审查报告。此次常委会会议依法确认朝阳区第十七届人民代表大会的450名代表的代表资格全部有效，完成新一届代表正式履职前的法定程序。会议决定区十七届人大一次会议筹备有关事项，决定朝阳区第十七届人民代表大会第一次会议于2021年12月16日至18日召开。

26日 区政协十三届常委会三十一次会议召开。会议审议通过关于政协北京市朝阳区第十四届委员会委员的决定。会议协商讨论《中共朝阳区委、朝阳区各民主党派、无党派人士和各人民团体关于政协北京市朝阳区第十四届委员会委员人选的联合建议书》，同意联合建议书提出的429人为政协北京市朝阳区第十四届委员会委员。会议审议通过区政协第十四届委员会第一次会议主席团成员、秘书长人选的建议；区政协第十四届委员会第一次会议决议起草委员会委员建议名单；区政协第十四届委员会第一次会议提案审查委员会委员建议名单；区政协第十四届委员会第一次会议决议起草小组成员名单；区政协第十四届委员会第一次会议建议议程和建议日程。审议通过关于召开政协北京市朝阳区第十四届委员会第一次会议的决定，政协北京市朝阳区第十四届委员会第一次会议定于2021年12月15日召开。

同日 奥林匹克公园被国家体育总局、文化和旅游部认定为“国家体育旅游示范基地”，成为北京两个入选园区（景区）之一。

29日 定福庄西路南延道路通车，通惠河上新建一座跨河桥——“惠福桥”，解决2.5万名居民的过河难题。

12月

2日 区学习贯彻党的十九届六中全会精神宣讲工作动员部署会召开，成立“朝阳区学习贯彻党的十九届六中全会精神宣讲团”。

6 日　中国共产党北京市朝阳区第十三次代表大会开幕。王灏代表中国共产党北京市朝阳区第十二届委员会向大会作题为《坚持首善建设“四区”精彩谱写率先基本实现社会主义现代化的朝阳篇章》的工作报告。中国共产党北京市朝阳区第十二届纪律检查委员会向区第十三次党代会作书面工作报告。

9 日　中国共产党北京市朝阳区第十三届委员会召开第一次全体会议。会议选举产生中国共产党北京市朝阳区第十三届委员会常务委员会委员和区委书记、副书记；通过中国共产党北京市朝阳区第十三届纪律检查委员会第一次全体会议选举结果的报告。王灏、文献、狄涛、綦剑、黄晓伟（女）、范永红、崔小浩、李国红（女）、赵立军、王维民、朱晟当选中国共产党北京市朝阳区第十三届委员会常务委员会委员。王灏当选中国共产党北京市朝阳区第十三届委员会书记，文献、狄涛当选中国共产党北京市朝阳区第十三届委员会副书记。

同日　中国共产党北京市朝阳区第十三届纪律检查委员会第一次全体会议举行，选举产生常务委员会委员 9 名、书记 1 名、副书记 3 名，范永红当选区纪委书记。选举结果经中国共产党北京市朝阳区第十三届委员会第一次全体会议通过。

同日　中国共产党北京市朝阳区第十三次代表大会闭幕。闭幕会上，与会代表以举手表决的方式，一致通过《中国共产党北京市朝阳区第十三次代表大会关于中共北京市朝阳区第十二届委员会工作报告的决议》和《中国共产党北京市朝阳区第十三次代表大会关于中共北京市朝阳区第十二届纪律检查委员会工作报告的决议》。

15 日　朝阳区在平安中国建设表彰大会上被评为 2017 至 2020 年度“平安中国建设示范区”。

15 日至 17 日　中国人民政治协商会议北京市朝阳区第十四届委员会第一次会议召开。会议选举王旭为政协北京市朝阳区第十四届委员会主席，赵年生、张岩、李靓（女）、连玉明、王冬岩、王强为政协北京市朝阳区第十四届委员会副主席，董会生为政协北京市朝阳区第十四届委员会秘书长，于晓军等 72 人为政协北京市朝阳区第十四届委员会常务委员。

16 日至 18 日　北京市朝阳区第十七届人民代表大会第一次会议召开。会议选举陈宏志为北京市朝阳区第十七届人民代表大会常务委员会主任，张克斌、赵红伟、宝月凤（女）、许嘉宁、叶青为北京市朝阳区第十七届人民代表大会常务委员会副主任，王左敏等 39 人为北京市朝阳区第十七届人民代表大会常务委员会委员；选举文献为北京市朝阳区人民政府区长，崔小浩、朱晟、杨蓓蓓（女）、王冬斌、孟锐、舒毕磊、李欣为北京市朝阳区人民政府副区长；选举范永红为北京市朝阳区监察委员会主任，龚浩鸣为北京市朝阳区人民法院院长，马天博为北京市朝阳区人民检察院检察长。

28 日　北京市朝阳区工商业联合会（商会）第十二次代表大会召开。大会听取并审议通过朝阳区工商业联合会第十一届执行委员会所作的工作报告；通过北京市朝阳区工商业联合会（商会）第十二次代表大会决议；选举产生北京市朝阳区工商业联合会第十二届执行委员会，叶青、于晓军分别当选北京市朝阳区工商业联合会第十二届执行委员会主席、常务副主席。

29 日　全国人大常委会法工委朝阳区人大常委会基层立法联系点启动运行并举行座谈会。座谈会上，宣读《全国人大常委会法制工作委员会关于确定北京市朝阳区人大常委会为全国人大常委会法工委基层立法联系点的通知》，举行全国人大常委会法工委基层立法联系点授牌仪式。全国人大常委会法工委于 2021 年 7 月将朝阳区人大常委会确定为基层立法联系点，是北京市首个“国字号”基层立法联系点。

同日　北京市朝阳区第八次归侨侨眷代表大会召开。大会审议并通过区侨联主席黄文娟代表区侨联第七届委员会所作的工作报告，选举产生由 41 人组成的朝阳区侨联第八届委员会。黄文娟当选新一届朝阳区侨联主席。

30 日　北京市朝阳区第十四次妇女代表大会召开。大会听取并审议通过朝阳区妇女联合会第十三届执行委员会所作的工作报告。选举产生朝阳区妇联第十四届执行委员会和区妇联新一届领导班子，苏静当选北京市朝阳区妇女联合会第十四届主席，潘小俪、姬连娣当选北京市朝阳区妇女联合会第十四届专职副主席。

区情概览

基本地情

【概况】 朝阳区是北京市城六区之一，因位于朝阳门外而得名。地处北京市中南部，位于北纬 39° 49' 至 40° 5'，东经 116° 21' 至 116° 38'。北接顺义区、昌平区，东与通州区接壤，南连丰台区、大兴区，西同海淀区、东城区、西城区毗邻。元代开凿的通惠河流经辖区内，在元、明、清三朝曾是漕运的重要河道。境内有温榆河、清河、坝河、亮马河、萧太后河、凉水河、北小河等河流。根据《北京城市总体规划（2016 年—2035 年）》，朝阳区属于北京中心城区，功能定位是：东部、北部地区建设成为国际一流的商务中心区、国际科技文化体育交流区、各类国际化社区的承载地、创新引领的首都文化窗口区、大尺度生态环境建设示范区、高水平城市化综合改革先行区；南部地区将传统工业区改造为文化创意与科技创新融合发展区。

【地质地貌】 全区面积 470.8 平方千米。辖域地质基底构造受新华夏系北东向构造所控制，西部属北京凹陷东北侧，东南部属大兴隆起北段。地貌平坦，地势从西北向东南缓缓倾斜，倾斜坡度在 1/1000 至 1/2500 之间。地质无岩石露头。地貌类型多样，包括山地、丘陵、台地、平原四大类型。平均海拔 34 米，最高处海拔 86.5 米，最低处海拔 20 米。轮廓南北长，最长约 28 千米；东西窄，最宽约 17 千米。

【自然资源】 朝阳区矿产资源主要有地热和矿泉水等。土壤类型主要有碳酸盐褐土、潮褐土、褐潮土、潮土、湿潮土、礓石、黏土、沙砾，土地开发程度大、利用率高。地表水有温榆河、清河、坝河、亮马河、萧太后河、凉水河、北小河、通惠河等主要河流。地下水除来广营、金盏一带是弱富水区（流量为 1000 米^3 / 日）外，其他大部分地区是较富水区（流量为 1000 ~ 2000 米^3 / 日）。

【气候】 朝阳区处于北半球中纬度地区，属暖温带半湿润大陆性季风气候区，高空大气环流属盛行西风带，四季分明，降水集中，风向有明显季节变化。春季干燥多风，昼夜温差较大；夏季炎热多雨；秋季晴朗少雨；冬季寒冷干燥，多风少雪。年内，朝阳区平均气温为 13.9℃，比历年平均值 12.9℃偏高 1.0℃。本年度冬、春、夏、秋季平均气温分别为 −0.3℃、15.3℃、26.0℃、13.7℃，与历年同期平均值 −1.3℃、14.5℃、25.8℃、12.8℃相比，分别偏高 1.0℃、0.8℃、0.2℃、0.9℃。极端最高气温为 36.5℃，出现在 6 月 20 日，极端最低气温为 −19.2℃，出现在 1 月 7 日。降水量为 883.8 毫米，比常年降水量 582.0 毫米偏多 301.8 毫米。冬、春、夏、秋季降水量分别为 7.7 毫米、60.5 毫米、599.0 毫米、214.5 毫米，与历年同期平均值 9.5 毫米、66.6 毫米、403.3 毫米、102.6 毫米相比，冬、春分别偏少近 2 成、近 1 成，夏、秋季分别偏多近 5 成、1 倍。1 日最大降水量为 141.6 毫米，出现在 7 月 12 日；最长连续降水日数为 6 天，降水量为 36.6 毫米，出现在 10 月 2 日至 7 日；最长连续无降水日数为 36 天，出现在 2020 年 12 月 14 日至 2021 年 1 月 18 日。日照时数为 2252.8 小时，比常年平均值 2395.2 小时偏少不足 1 成。冬、春、夏、秋季日照时数分别为 610.5 小时、620.1 小时、512.7 小时、510.4 小时，与历年同期平均值 523.5 小时、723.5 小时、594.8 小时、553.4 小时比，冬季偏多 1.6 成，春、夏、秋季分别偏少 1.4 成、1.3 成、不足 1 成。

【建置沿革】 夏、商、周时，朝阳区境属冀州地、幽州地。秦汉至隋唐五代，朝阳区辖境大部分为蓟县和潞县地。辽代，为析津府析津县地和潞县地。金代，为大兴府大兴县和通州潞县地。元、明、清时，分属大都路（中都路改）大兴府大兴县、宛平县和通州潞县、漷阴县等。1912 年至 1928 年，北洋政府统治时，分属京北和京北所属之大兴县、通县等。1925 年 1 月，北平特别市设东郊区警察署，为朝阳设区之始。1929 年 1 月，东郊区被定为北平市 4 个行政区之一。1949 年 2 月，北平市政府临时划定全市为 32 个区，辖域分属第十三区、第十四区、第十五区、第十九区、第二十区和河北省顺义县、通县。1950 年 8 月，北京近郊 7 个区顺序改为第十区至第十六区后，辖域分属第十区、第十一区、第十四区和河北省顺义县、通县。1952 年 9 月，撤销北郊第十四区，第十区更名东郊区，第十一区更名南苑区，辖域分属北京市东郊区、南苑区和河北省顺义县、通县。1955年8月，朝阳门关厢、东便门关厢、广渠门关厢区划调整，辖域分属北京市东郊区、东单区、东四区、南苑区和河北省顺义县、通县。1958年5月，东郊区更名朝阳区。1959年，辖域全部隶属朝阳区。1959年，顺义区境的首都机场地区划入朝阳区管辖。1987年，市政府将安贞里街道、安华里街道辖域内0.6平方千米及裕民路以南的裕中东里、裕中西里以及西黄寺西地区划归西城区管辖。1988年4月，将农场局家委会等6个居（家）委会移交西城区德外办事处。其后辖域无变化。年内，朝阳区辖24个街道、19个地区，设570个社区、144个建制村。

【历史文化】 朝阳区历史文化资源丰富。有北京东岳庙，日坛，清净化城塔院，元大都城墙遗址（朝阳段），大运河大通闸遗址、庆丰闸、平津闸、永通桥、千斯坝遗址、政村坝遗址、坝河故道，四九一电台旧址6个国家级重点文物保护单位；有十方诸佛宝塔、北顶娘娘庙、顺承郡王府、马骏烈士墓4个市级文物保护单位。有“聚元号”弓箭制作技艺、小红门地秧歌、北京东岳庙庙会、罗氏正骨法、北京灯彩、傅氏幻术、北京兔儿爷、古琴艺术（九嶷派古琴艺术）、高跷秧歌、相声、老北京跤艺、“张三”功夫、八极拳、杨式太极拳、古彩戏法、北京宫廷补绣、京绣、内画鼻烟壶、北京点翠、京作硬木家具制作技艺、北刘动物标本制作技艺、孔伯华中医世家医术、同春堂皮肤病诊疗方法、蝴蝶手指穴疗法、东岳庙行业祖师信仰习俗、幡鼓齐动十三档、奶子房庙会27项市级以上非物质文化遗产。有文字记载的历代名人墓、清代王爷坟、清代公主坟100余座。

中华人民共和国成立后，特别是中共十一届三中全会以后，朝阳区日益成为资源丰厚的文化强区。驻区单位有：中国文联、中国作协、现代文学馆等国家级文化机构；中央美术学院、中国音乐学院、中国传媒大学等20余家文化艺术类院校；中国交响乐团、东方歌舞团、北京交响乐团、北京歌剧舞剧院等40余家专业文艺团体；人民日报社、中国日报社、农民日报社、中央电视台、北京电视台等20余家主流媒体；中国农业展览馆、中国电影博物馆等观展型公共建筑。北京奥运会的成功举办为朝阳区留下宝贵财富，直接提升了文化发展的吸引力和影响力，奥运文化成为朝阳区重要的、持久的软实力资源。近年，开展国际商务节、国际风情节、国际旅游节等大型时尚文化品牌活动，培育798艺术区、新三里屯、朝阳公园等特色文化园区。

【人口】 年末，全区常住人口344.9万人，比上年下降0.06%。其中，常住外来人口126.1万人，比上年下降1.18%。常住人口中：全年出生人数20035人，出生率为5.81‰；死亡人数16104人，死亡率为4.67‰；自然增长率为1.14‰。全区户籍人口216.2万人，比上年末增加1.3万人，比上年增长0.6%。

【民族宗教】 全区有55个少数民族，少数民族人口近20万人，是全市少数民族人口最多的一个区。常住少数民族人口中，5000人以上的有4个民族，分别为满族6.3万人、回族5.5万人、蒙古族1.3万人、朝鲜族5500人。朝阳区有佛教、道教、伊斯兰教、天主教、基督教五大宗教信徒5.7万余人，外国信徒5700余人。有宗教团体3个，即朝阳区伊斯兰教协会、朝阳区天主教爱国会和朝阳区基督教三自爱国运动委员会。有教职人员49人，其中道教9人、伊斯兰教27人、天主教3人、基督教10人。有依法登记的宗教活动场所21处，包括道教庙宇1座、伊斯兰教清真寺10座、天主教教堂1座、基督教教堂1座、依法批准的基督教固定活动处所6处、涉外宗教临时活动地点2处。

【区情特色】 朝阳区是北京市对外交往的重要窗口。聚集了近100%的外国驻华使馆，全市45%的外籍人口、65%以上的外资金融机构、70%以上的国际投资性公司和地区总部、80%的国际组织和国际商会、90%的国际传媒机构。辖区还拥有长城饭店、昆仑饭店、京广中心、中国大饭店等几十家涉外饭店，以及国际会议中心、国际贸易中心、国际展览中心、中日友好交流中心、燕莎购物中心、友谊商店等涉外机构（场所），是首都重要的外事活动区。朝阳区外籍人士集中，望京、麦子店、亚运村、三里屯、建外等街道均拥有国际化社区。

朝阳区是北京市的经济强区，具备以金融业、租赁业和商务服务业占主导，高新技术产业支撑、文化创意产业集群发展的多元化产业格局。北京商务中心区、奥运功能区、中关村朝阳园三大功能区聚集在朝阳。汇聚中央电视台、中国国际贸易中心等一批标志性建筑，以及北京财富中心、北京电视中心、银泰中心等商务楼宇，成为北京地标性建筑展示区。拥有国贸、华贸、环球三大金融中心，秀水服装市场、雅宝路服装市场、三里屯酒吧街、潘家园旧货市场等一批特色街市，以及世贸天阶、三里屯太古里、蓝色港湾、赛特奥特莱斯等一批时尚消费聚集区。

朝阳区是北京市的国际科技文化体育交流区。朝阳区聚集了众多国内外知名的传媒资源、文化艺术高等教育资源、文化演艺场馆，拥有全国首个也是唯一的国家文化产业创新实验区。中关村朝阳园作为国家级高新技术园区，大力发展移动通信和信息服务、新能源、先进装备、生物医药等高端产业，是国际研发创新聚集地、战略性新兴产业增长极。工人体育场、奥林匹克体育中心、首都图书馆等一大批国家级体育文化设施，使朝阳区拥有丰厚的文化和体育资源。中国国际展览中心、中国国际贸易中心、全国农业展览馆等场馆每年举办的各种展览，使朝阳区成为全国会展文化的焦点。

2021年国民经济和社会发展情况

【新冠肺炎疫情防控】 年内，调整完善区级“1办+15组+1指挥部”工作架构，密切跟踪疫情走势，坚持“外防输入、内防反弹”，压实“四方责任”，处置国风上观小区以及涉昌平、中石油等突发疫情，应对江苏省南京市、西北等地输入性疫情。开展流调、预流调，加强重点人群隔离和防疫管理，强化中高风险地区及境外进京人员闭环管理，排查中高风险人员近60万人，启用26个集中隔离点，接收人员1.6万余人，全区日核酸检测能力提升至33.5万个样本。做好社会面防控，严格冷链食品检查，严控聚集性活动，掌握2485个小区状况，社区防控实现数据上报、汇总、核查整体流程全闭环。

推进疫苗接种工作，疫苗日接种能力达12万人，探索出以日接种量1000人为单元的标准化模块，累计接种疫苗1019.6万剂（其中加强针194.5万剂），接种406.5万人。组建农村防控组，落实“一村一室”要求，新建5个社区卫生服务站。精准保障医疗救治，新增5个发热筛查哨点、7间负压病房，实现院内感染“零发生”。全区未发生公共场所聚集性感染事件。

筑牢市场防控线，摸排风险地区周边生产经营场所，落实测温、验码等常态化防控措施。完善商务楼宇等8个防控指引，为楼宇提供上门接种疫苗服务。推动服务型企业疫情防控保险落地，对超550名停工停产企业员工进行理赔。帮助1572名高管等人员提交返京申请，加强企业外籍员工返京复工复产服务保障。

【冬奥会筹办】 年内，组建“1+12”运行保障指挥体系，从安保等12个方面统筹保障冬奥会顺利筹办。制定测试活动指挥运行方案，搭建赛时指挥体系，保障赛事组织和场馆运行。落实安保等外围服务保障，探索完善常态化疫情防控办赛模式，完成相约北京冬季体育系列赛事朝阳赛区测试活动、相约北京速度滑冰中国公开赛、2021年世界轮椅冰壶锦标赛等服务保障。国家游泳中心、国家体育馆、国家速滑馆3个竞赛场馆和北京冬奥村、国家会议中心二期主媒体中心等8个非竞赛场馆设施、4个交通场站、100余处住宿点全面就绪，涉奥区域范围无障碍环境建设实现点位“应建必建、应改必改”。“一馆一策”“一店一策”细化场馆酒店防疫方案，实现全流程“闭环管理”。推进环境整治提升工作，清洗粉饰和改造建筑立面15万平方米，绿化2.2万平方米。

【经济建设】 年内，贯彻新发展理念，强化“五子”联动，培育发展新动能。打造数字经济核心区、国际化创新城区，引入北京国际大数据交易所、北京数字经济算力中心等重大项目，建设中关村朝阳国际创投集聚区。紧抓“两区”建设契机，建立全球招商体系，落地137个项目，其中外资项目61个，实际利用外资、进出口总额约占全市30%、50%，跨国公司地区总部达138家。北京市首家跨境贸易综合服务平台等42个在全国、全市具有示范性的创新突破性政策、项目落地朝阳区。聚焦人工智能等重点领域，落地国家工业互联网大数据中心等17个重点项目。北京国际大数据交易所落户朝阳区，并推动上线交易基础系统，探索新型数据交易模式。

加快国际消费中心城市主承载区建设，发展商圈经济、夜间经济、体验经济，吸引364家首店入驻，占全市比重超过50%。开展2021年“潮朝阳 新消费”活动，提升朝阳消费品牌影响力。对标国际顶级商圈，构建“一核两带五片区”（“一核”即以CBD、三里屯等区域为主体的国际都市商业核心区，“两带”即国际风情带和古韵文化带，“五片区”即CBD商圈片区、大三里屯商圈片区、蓝色港湾商圈片区、奥运商圈片区、第二个三里屯商圈片区）商业格局，太古里西区商圈完成改造升级，太古里北扩项目签署战略合作框架协议，完成SKP、合生汇周边交通综合治理工程，提升商圈综合品质。推动建立高端跨境消费中心，完善免税消费、预办登机一体化试点的规划设计，促进境外消费回流。消费业态升级与城市更新有机结合，探索出政府引导社会资本参与传统商圈转型的“望京小街模式”，工作经验在全市推广，入选亚太城市可持续发展目标优秀项目库。郎园Station培育孵化31个品牌，望京小街、三里屯#024建设第二批新消费品牌孵化基地。

引入巴基斯坦哈比银行等54家金融机构。加大直接融资扶持力度，推动青云科技等15家企业上市。商务服务业优化升级。新增6家跨国公司地区总部，总数达138家，占全市70%。国家级人力资源服务产业园试运营，带动行业迭代升级。培育数字文化产业，扶持央视频等重点文化科技企业发展，打造文化科技特色园区，支持懋隆等园区建设特色直播电商文化园区。优质文化企业不断集聚，新增注册资金1亿元以上文化企业39家，认定第四批“蜂鸟企业”97家。创新“双楼长”机制助力楼宇经济发展，配备双楼长1668人，摸排建筑面积超1000平方米的产业空间情况，规范企业经营行为。全区税收过亿楼宇共152座，较上年增加15座，其中过十亿楼宇19座，较上年增加2座。

深化“放管服”改革，营商环境考评连续四年全市第一。优化中小微企业金融综合服务平台功能，累计放款超190亿元。出台首贷贴息政策，降低中小微企业贷款融资成本。实施“证照联办”，优化企业开办注销流程，营业执照变更、注销最快仅需2小时即可完成。深化府院联合惩戒机制，进一步维护区域市场经济秩序。推动协同发展，创新成立朝阳区支援合作企业发展共同体，引导45家成员单位对5个结对地区开展精准帮扶。

【农村城市化建设】 年内，开发建设农村地区，王四营土储一期等5个项目完成入市前手续办理。推进“一绿”剩余三批城市化建设试点，管庄乡剩余345户宅基地腾退任务全部完成，加快实施东坝乡农民整建制转居转工。平房姚家园三期等10个安置房项目开工。农民安置房办证路径疏通，豆各庄朝丰一期等4个项目房产证办理完毕。小红门等7个乡43个村村级产权制度改革基本完成，将台乡级改革方案基本成型。推进“村地区管”，抓好高碑店集租房试点，国家数字农业创新项目落地朝阳并启动建设。出台“田长制”实施方案，完成1.55万亩耕地保有量划定，实现1.13万亩耕地种植。建成第二批10个美丽乡村，47个现状村全部实现物业化管理。将台国际文化硅谷等3个项目开展招商引资，崔各庄奶东村升级改造项目主体结构封顶。

【城乡建设与管理】 年内，组织落实新版城市总规，编制区“十四五”规划纲要和30个专项规划，推进朝阳分区规划实施和详规编制。叠图连片推进疏整促专项行动，“场清地净”226万平方米，腾退土地250.16万平方米，第一批基本无违法建设街乡创建完成率达到51.5%。整治28个人口倒挂重点村安全隐患2382起。抓好中央巡视、规自领域专项巡视反馈问题整改，用49天将马泉营2047套公租房全部收回，用19天完成上东十号全部36套违建别墅司法强制执行程序，并全部拆除完毕。开墙打洞等违法违规行为保持“动态清零”。建设便民服务网点55个、老年餐桌170个，完成146条背街小巷环境精细化整治提升，实施“留白增绿”47.01公顷。

推广“劲松模式”，垂杨柳南里改造引入社会资本共同参与，建外光华里5、6号楼危旧楼房改建试点项目实现主体结构封顶。电子城·IC设计产业园完成一期改造，引进集成电路企业及相关服务机构30余家。优化升级城市公共空间，惠新西街公共空间改造项目完工，工体复建项目进入地上主体结构施工阶段，安贞街道综合整治项目基本完工。“城市智慧大脑”一期建成，支撑朝阳区入选国家城市管理特色基地。建成10条主次支路，亮马河北路形成设计方案，“北京朝阳站”周边6条配套道路完工。芍药居北里等17个小区供热管网改造项目获得立项批复。完成代征代建道路移交204条，维修道路3.7万余平方米。完成5项疏堵工程和30千米慢行系统整治，新建5处立体停车场，新增路侧停车位1800个、居住区停车位2200个。用好街巷长、小巷管家、第三方巡查队伍，检查市容景观等点位9752个，治理乱点1127个。推进垃圾分类，建成292座垃圾分类驿站，垃圾分类设施达标率基本实现100%。

【生态环境保护】 年内，编制全面推进“双碳”工作实施方案，筹备组建朝阳区绿色发展促进会，连续4年全市节能目标责任考评结果为优秀。创建国家森林城市，新建改造绿化面积500公顷，建成10千米绿道示范段。推进2021年新一轮百万亩造林绿化项目，新建改造绿化面积500公顷。温榆河公园一期主体工程建设完成80%，金盏森林公园二期和东风迎宾公园绿化主体完工。打好污染防治攻坚战，$PM_{2.5}$累计平均浓度34微克/立方米，比上年下降12.8%。8个国考、市考断面水质稳定达标，雨污混接整治工程整改排污单位174家，水系连通工程完成清河调水，北小河实现清水贯通。完成双桥电镀厂土壤修复，污染地块安全利用率达100%，未发现受污染耕地。

【科技与教育】 年内，建设完成国际创投集聚区一期，吸引24个创投项目及3个专业服务机构入驻，促进科技成果转化和科技企业培育。用好科技创新创业引导基金，润信新材智等4只子基金进入实质性运作阶段。推进重大功能型基础设施项目，北京数字经济算力中心落户朝阳区。累计建成5G基站4521站。

优化教育资源布局，备案社区办园点26所、公办幼儿园2所，新建、扩建6所中小学，新增学位1.5万个。普惠性幼儿园覆盖率达83%。落实“双减”工作要求，深化校外培训机构治理，不断完善校内外协同育人格局。实施“双名工程”，特级校长达21人，占全市15.3%。

【文卫体育】 年内，推进国家功能性设施建设，中国工艺美术馆落成，国家科技传播中心主体完工。发展沉浸式体验型文旅消费业态，亮马河燕莎桥至朝阳公园段通航，亮马河国际风情水岸入选文旅部首批国家级夜间文化和旅游消费集聚区。“朝阳文旅云”场景落地，开展线上文化活动690场。

融合传统文化与公共文化服务，编制优秀传统文化保护与传承行动计划，启动永通桥修缮，上线朝阳区大运河数字博物馆，开展“5·18”国际博物馆日等文体活动4900余场次。引导实体书店参与公共文化服务，打造朝阳特藏型“店中馆”城市书屋。

优化医疗资源配置。补齐东南部三级医院短板，垂杨柳医院新址全面开诊，朝阳医院常营院区、安贞东方医院主体完工，东南部三级医院短缺问题得到缓解。推进医联体建设，提升全科医师慢病诊疗服务能力。完善15分钟社区卫生服务圈，完成农村地区“一村一站（室）”。

推动全民共享奥运成果，打造“全民健身 助力冬奥”系列活动，全年全区群众直接参与冰雪活动超100万人次。推进呼家楼、八里庄等6个北京市全民健身示范街道和东风、三间房2个北京市体育特色乡镇创建工作。新建室内外体育健身活动场所81处，新增各类体育健身场地设施器材2164件，新增全民健身体育场地面积32960平方米。

【社会服务管理和社会保障】 年内，推进“吹哨报到”改革，围绕“总结巩固年”主题推进基层建设年。升级打造“朝阳社区服务圈2.0版”，推广“社区成长伙伴计划”，社区议事厅实现全覆盖。成立接诉即办改革专项小组，推动破解消费退费纠纷等31项重点难点问题。夯实基层治理基础，建成16个市级城乡社区协商议事厅和47个市级城乡社区楼门院治理示范点，实现社区议事厅全覆盖。拆分调整28个大型社区，完成10个市级国际化社区试点建设。社区服务便利化提升。完成18个社区服务站开放式服务试点和3个市级“社区之家”试点建设，升级打造“朝阳社区服务圈2.0版”，让居民享受更便利服务。

推动落实促就业稳就业工作实施意见，制定6项政策细则。兜底保障重点群体就业，做好“双减”群体就业服务，针对性储备岗位9100余个。开展线上线下招聘活动协助高校毕业生就业，就业率达94%。加强就业困难群体帮扶，促进2.2万名就业困难人员实现就业。加强就业服务，全区城镇登记失业人员就业率达66.5%，完成职业技能提升三年行动计划，开展“春风行动”等招聘活动256场，开发就业岗位9.2万个。

城乡居民医疗保险参保率保持100%，为超转人员发放生活补助费7.84亿元。开展慈善活动，募集善款2118.3万元，惠及困难群众6131人次。抓好养老联合体等改革试点，创建全国示范性老年友好型社区。新增备案养老机构3家、养老服务驿站2家，新增床位1000张、养老护理员1000人以上。

建设各类政策性住房9444套、竣工5168套。开展无障碍环境建设专项行动，打造精品示范工程。完成老旧小区综合整治项目11个，加装电梯开工建设110部，竣工167部。棚户区改造完成472户，新建安置房4046套。

【精神文明建设】 年内，优化公共文化服务设施网络，蝉联全国文明城区。制订实施文明城区创建三年行动计划，调动社会各界积极参与，提升市民文明素质和区域文明程度。围绕庆祝中国共产党成立100周年主题主线，面向社会开展“四史”宣传教育，开展“文明实践齐参与 志愿服务暖人心”“永远跟党走”等12个新时代文明实践推动日主题活动。举办全面学习宣传贯彻党的十九届六中全会精神——“永远跟党走”“朝阳群众”百姓宣讲汇讲活动。

【民主法治建设】 年内，区政府推进依法行政，执行区人大及其常委会的决议和决定，接受人大法律监督、工作监督和政协民主监督，全年办复市区人大代表建议、政协提案490件。加强法治政府建设，编制《朝阳区法治政府建设白皮书（2020）》。开展政法队伍教育整顿等专项整治，加大对规自领域、涉黑涉恶、民生领域等腐败问题的查处力度，处置问题线索1005件，立案146件，处分162人，留置7人，移送职务犯罪案件32件。

统筹发展和安全，健全安全保障和维稳工作机制，发动12.5万余群防群治力量，确保社会面稳定。开展“人地物事组织”全覆盖摸底排查和不间断安全检查，完成“建党100周年”文艺演出、庆祝大会等活动的安全保障任务。创新开发“预付管家”“楼长助手”“朝阳预警通”等平台，推动预付费全行业监管，累计追回欠款136亿元。开展“治理重复信访、化解信访积案”专项攻坚战，到区信访件次比上年下降19.7%。推进市域社会治理现代化试点工作，深化“雪亮工程”和智慧平安小区建设，朝阳区获“平安中国建设示范区”称号。

领导干部名录

中共北京市朝阳区第十三届委员会

书　　记　王　灏

副 书 记　文　献　狄　涛

常　　委　王　灏　文　献　狄　涛　暴　剑
黄晓伟（女）　范永红　崔小浩　李国红（女）
赵立军　王维民　朱　晟

委　　员　（按姓氏笔画排列）
于良佐　马天博　马海鹰　王　旭　王　灏
王冬斌　王维民　文　献　田志刚　毕重伟
朱　晟　刘晓玲（女）　孙博洋　苏　静（女）
李　华　李　欣　李　钧（满族）　李国红（女）
杨丙章　杨洪福　时春岗　吴　冰　狄　涛
宋少伟　张　奎　张中华　陈庆华（女、土家族）
陈宏志　范永红　欧晓勋（女）　孟　锐
赵立军　聂宏伟　贾恩松　郭　君　郭　勋
黄宏春　黄晓伟（女）　龚浩鸣　崔小浩
麻晓晖　董　健　蒋东燕（女）　舒毕磊
暴　剑

候补委员　王　佼（女）　韦　平　牛海龙　邢　伟（女）
李泽林　杨晓昇　张晓宁（女）　孟凡森
顾洪涛

中共北京市朝阳区委工作机构负责人

办公室（党建办）主任　许嘉宁（12月免）
郭　君（12月任）

巡察办主任　孙玉辉

区委区政府研究室主任　李淑环（女，10月免）
叶建宁（10月任）

组织部部长　迟行刚（9月免）
赵立军（9月任）

组织部分管日常工作的副部长　张中华（12月免）

宣传部部长　黄晓伟（女）

宣传部分管日常工作的副部长　毕重伟（12月免）
丰春秋（12月任）

网络安全和信息化委员会办公室（互联网信息办公室）主任　于良佐

统一战线工作部部长　李国红（女）

统一战线工作部分管日常工作的副部长
宝月凤（女，满族，5月免）
陈　伟（5月任）

直属机关工作委员会书记　李国红（女，12月免）
狄　涛（12月任）

直属机关工作委员会常务副书记　邵水平（4月免）
　胡建东（4月任）
社会工作委员会书记　赵年生（5月免）
　宝月凤（女，满族，5月任，12月免）
　杨丙章（12月任）
农村工作委员会副书记　连文胜
政法委员会书记　王　旭(2月任,12月免）
　暴　剑（12月任）
政法委员会分管日常工作的副书记
　赵红伟（5月免）
　马海鹰（5月任）
教育工作委员会书记　周　炜（12月免）
　董　健（12月任）
老干部局局长　周建立（7月免）
　高敬茹（女，7月任）
机构编制委员会办公室主任　李　云
党史工作办公室主任　邓献云（11月免）
党校校长　王　旭（12月免）
　狄　涛（12月任）
党校党委书记、常务副校长　李燕梅（女）
北京商务中心区工作委员会书记　崔小浩
北京商务中心区工作委员会常务副书记
　张志国（4月免）
　唐涌涛（4月任）
中关村科技园区朝阳园工作委员会书记
　暴　剑（12月免）
　舒毕磊（12月任）
中关村科技园区朝阳园工作委员会常务副书记
　冯守华

北京市朝阳区政府部门、人民团体党政分设工作机构的党组织书记

科学技术和信息化局党组书记　杨　旭
文学艺术界联合会党组书记　高春利
退役军人事务局党组书记　崔松青
审计局党组书记　杨兆生
统计局党组书记　施咸超
信访办公室党组书记　胡铁闽
工商业联合会党组书记　王素荣（女，6月免）
　于晓军（6月任）
城市管理监督指挥中心党组书记　杨汉安（7月免）
　常敬武（7月任）
政务服务管理局党组书记　李晓静（女，6月免）
　王庆丰（6月任）

中共北京市朝阳区第十三届纪律检查委员会

书　记　范永红
副书记　于良佐　张颖辉（女）　马立众
常　委　范永红　于良佐　张颖辉（女）　马立众
　李英辉（女）　宇　凤（女）　曹　冲
　李　响　李　聿（女）

北京市朝阳区监察委员会

主　任　范永红
副主任　于良佐　张颖辉（女）　马立众
委　员　李英辉（女）　周　滢（女）　宇　凤（女）
　曹　冲　李　响

朝阳区第十七届人民代表大会常务委员会

主　任　陈宏志
副主任　张克斌　赵红伟　宝月凤（女，满族）　许嘉宁
　叶　青
委　员　（按姓氏笔画排列）
　王左敏（女）　王东胜（女）　王　宁（女）
　王志华（女）　王利如（女）　王　忠　文晓辉（女）
　石延刚（回族）　田树林（女，满族）　付小贺
　冯　静（女）　邢志新（女）　任敬东　刘广宇
　刘亚晖　刘　勇　米　岩　安存虎(回族）　李　洋
　余作泽　冷春华（女）　汪　涛　张　京（女）
　陈巴黎（女）　陈　岚　陈春玖　林　海
　郑　晶（女）　郝云峰　柳学信　侯湘君（女）
　高一轩　唐　蕾（女）　姬连娣（女）　曹信红（女）
　韩　冰（女）　韩　峰　解　卫　谭水华

朝阳区人大工作机构、专门委员会负责人

办公室主任　石延刚（回族）
监察和司法委员会主任　刘　勇
财政经济工作委员会主任　唐　蕾（女）
城建环保工作委员会主任　冷春华（女）
教科文卫工作委员会主任　李　洋
农村工作委员会主任　付小贺
社会建设委员会主任　侯湘君（女）
代表联络室主任　王　宁（女）
研究室主任　刘亚辉

北京市朝阳区人民政府

区　　长　文　献
常务副区长　崔小浩
副 区 长　暴　剑（12月免）　王志勉（12月免）

杨建海（9月免）　杨蓓蓓（女，9月任）
王冬斌　朱　晟　岳　立（9月免）
孟　锐（9月任）　舒毕磊（9月任）
李　欣（12月任）

北京市朝阳区人民政府工作机构负责人

办公室主任	郭　勋
发展和改革委员会主任	李　欣（12月免）
	魏思源（12月任）
教育委员会主任	肖　汶
教育督导室主任	肖　汶
科学技术和信息化局局长	李容珍（10月免）
	刘　佳（女，10月任）
民政局局长	赵年生（5月免）
	宝月凤（女，满族）
	（5月任，12月免）
	杨丙章（12月任）
司法局局长	倪东新
财政局局长	欧晓勋（女）
人力资源和社会保障局局长	张　岩（12月免）
	毕重伟（12月任）
生态环境局局长	李泽林
住房和城乡建设委员会主任	张士华（4月免）
	张　奎（4月任）
房屋管理局局长	吴熙盛
城市管理委员会主任	刘炳起
交通委员会主任	刘炳起（4月免）
	吴选辉（4月任）
水务局局长	路　军
农业农村局副局长	连文胜
商务局局长	陈庆华（女，土家族）
文化和旅游局局长	高春利
退役军人事务局局长	田志刚
应急管理局局长	马海鹰（5月免）
	聂宏伟（5月任）
市场监督管理局局长	刘立新
卫生健康委员会主任	李　靓（女，11月免）
	张　瑞（女，11月任）
审计局局长	战春燕（女，满族）
外事办公室主任	谭林坤（4月免）
	陶黎黎（女9月任）
国有资产监督管理委员会主任	黄宏春
体育局局长	吴晓军
统计局局长	韦小萍（女10月免）
	李淑环（女10月任）
园林绿化局局长	王春增
金融服务办公室主任	牛海龙（9月免）
	陈　峰（9月任）
政务服务管理局局长	刘　琳（女，10月免）
	王庆丰（10月任）
人民防空办公室主任	吴　冰
信访办公室主任	于建国（10月免）
	易湘林（10月任）
医疗保障局局长	商建英

政协北京市朝阳区第十四届委员会

主　　席　王　旭
副 主 席　赵年生　张　岩　李　靓（女）　连玉明　王冬岩　王　强
秘 书 长　董会生
常务委员　（按姓氏笔画排列）
于晓军　于海鹏（女）　马舍尔巴（回族）
马泽丹（藏族）　马晓峰（回族）　马海军（回族）
丰春秋　王　铮　王　强（科技界）　王　慧
王乃锋（蒙古族）　王昊男（蒙古族）
王晓琳（女）　邓献云　玉　红（女，蒙古族）
叶　昊　冯　涛　朱　桉　任　哲　邬文玲（女）
刘存志　苏海佳（女）　李　卓　李　明
李兴华（女）　李秋雪（女）　李彦斌　李贺清
李莱蒙（女）　李淑环（女）　李超峰
李瞻宇（女）　李瀚宇（女，满族）　杨庆丽（女）
杨征军　肖　汶　闵　涛　宋关福　张　纯
张　瑞（女）　张小锋　张宏家　张秋玲（女）
张洪源　陈　伟　陈　霞（女）　陈忠洲
金晓萍（女，回族）　郝文革（蒙古族）
钟光珍（女）　侯　毅　姜永海　姜维权
钱晓瑾（女）　高　黎（女）　郭天光
郭晓静（女）　唐子人（回族）　唐志辉（侗族）
黄　璞　黄文娟（女）　戚依南　崔少飞
梁雪青（女）　梁鑫华　葛友山　董　健（女）
管文东　阚敬侠（女）　潘小俪（女）
霍　超（女）　穆军升

朝阳区政协工作机构负责人

办公室主任	董　健（女）
研究室主任	李彦斌
专委会工作一室主任	邓献云
专委会工作二室主任	陈　霞（女）
专委会工作三室主任	崔少飞
专委会工作四室主任	李贺清
专委会工作五室主任	王乃锋
专委会工作六室主任	张小锋

朝阳区政协专门委员会负责人

提案委员会主任　邓献云
学习委员会主任　王乃锋
教育卫生与体育委员会主任　陈　霞（女）
文化文史委员会主任　徐　伟
经济科技委员会主任　崔少飞
人口资源环境和建设委员会主任　李贺清
社会法制与民族宗教委员会主任　梅诗曙
农业和农村委员会主任　张小锋
港澳台侨委员会主任　曾　旭（女）

北京市朝阳区政法、军事机构负责人

市公安局朝阳分局局长　王冬斌
人民检察院党组书记、检察长　张朝霞（女，9月免）
马天博（12月任）
人民法院党组书记、院长　龚浩鸣
市国家安全局朝阳分局局长　安永春
人民武装部部长　王维民（6月任）
人民武装部政委　史连雪（6月免）
交通支队队长　陈义成（11月免）
严　飞（11月任）

朝阳区各民主党派负责人

民革朝阳区委主委　梁鑫华
民盟朝阳区委主委　王冬岩
民建朝阳区委主委　刘　琳（女）
民进朝阳区委主委　韦小萍（女）
农工党朝阳区委主委　刘存志
致公党朝阳区委主委　曹信红（女）
九三学社朝阳区委主委　王　强
台盟朝阳区工委主委　王　慧

北京市朝阳区各团体负责人

总工会主席　张永新
共青团朝阳区委书记　孙博洋
妇女联合会主席　苏　静（女）
科学技术协会主席　齐建宗
残疾人联合会理事长　王玉华（女，2月免）
陈开红（2月任）
归国华侨联合会主席　曾　旭（女，4月免）
黄文娟（女，4月任）
工商业联合会主席　叶　青
红十字会常务副会长　赵宁江（6月免）
刘秀芹（女，6月任）
文学艺术界联合会秘书长　金　童（女，满族）

其他单位负责人

北京商务中心区管理委员会主任　崔小浩（兼）（7月任）
北京商务中心区管理委员会常务副主任
郭　亮（9月免）
牛海龙（9月任）
北京奥林匹克公园管理委员会常务副主任
杨洪福
北京朝阳国家文化产业创新实验区管理委员会主任
丰春秋（12月免）
中关村科技园区朝阳园管理委员会主任
暴　剑（兼）（12月免）
舒毕磊（兼）（12月任）
中关村科技园区朝阳园管理委员会常务副主任
苏向东
金盏国际合作服务区管理委员会主任
刘　伟
温榆河生态走廊建设管理委员会主任
兰学军
城市管理综合行政执法局局长　聂宏伟
城市管理监督指挥中心主任　常敬武（7月免）
王冬岩（7月任）
北京798艺术区管理委员会主任　贾恩松
市规划和国土资源管理委员会朝阳分局局长
任　超
国家统计局朝阳调查队队长　王　维
国家税务总局北京市朝阳区税务局局长
谢明江（1月任）
烟草局局长　郑思贤（12月免）
史红军（12月任）
气象局局长　张沛刚
农村合作经济经营管理站站长　何文东
档案馆（区志办）馆长（主任）　杨立亭（7月免）
赵瑞博（9月任）
高层次人才服务中心　刘　静（女）
农业农村综合服务中心主任　辛　莉（女）
融媒体中心主任　孙　帅
投资促进局局长　马英晖
循环经济产业园管理中心主任　皮　猛（达斡尔族）
环境卫生服务中心主任　李　罡
农业综合执法大队队长　李杰民

北京市朝阳区街道工委、办事处负责人

八里庄街道

工委书记　张福来（7月免）
闫培文（7月任）
办事处主任　李　伟

左家庄街道	
工委书记	麻晓晖
办事处主任	闫立春（女，6月任）
和平街街道	
工委书记	秦　涛
办事处主任	吴勇刚（4月免） 关进国（4月任）
双井街道	
工委书记	陈伟航（9月免） 李容珍（10月任）
办事处主任	闫培文（7月免） 张久红（9月任）
酒仙桥街道	
工委书记	崔少飞（11月免） 徐宏桢（11月任）
办事处主任	徐宏桢（11月免） 王　亮（11月任）
呼家楼街道	
工委书记	良　彪（满族）
办事处主任	陶黎黎（女，4月免） 吴勇刚（4月任）
朝外街道	
工委书记	董会生（7月免） 孟凡森（7月任）
办事处主任	黄海燕（2月任）
劲松街道	
工委书记	杨丙章（12月免） 刘　胜（12月任）
办事处主任	刘　胜（12月免）
安贞街道	
工委书记	董　健（12月免）
办事处主任	陆黎丽（女，壮族）
三里屯街道	
工委书记	唐涌涛（4月免） 孙曙光（4月任）
办事处主任	马程浩（2月任）
建外街道	
工委书记	田　华（女，7月免） 周建立（7月任）
办事处主任	林　琳（12月免）
团结湖街道	
工委书记	陈　伟（5月免） 李亚珉（5月任）
办事处主任	李亚珉（5月免） 郑欣宇（5月任）
潘家园街道	
工委书记	张贵林（6月免） 邢　伟（6月任）
办事处主任	李永纲
香河园街道	
工委书记	董云增
办事处主任	刘秀芹（女，6月免） 吴晓曼（女，6月任）
六里屯街道	
工委书记	谭国忠（满族，7月免） 时春岗（7月任）
办事处主任	倪遥远（土家族）
亚运村街道	
工委书记	孙　扬（10月免） 历广权（10月任）
办事处主任	历广权（10月免） 付　博（10月任）
小关街道	
工委书记	洪广欣
办事处主任	邢　伟（女，6月免） 曾　林（女，6月任）
垡头街道	
工委书记	石延刚（回族，7月免） 杨立亭（7月任）
办事处主任	关进国（4月免） 张立云（女，4月任）
麦子店街道	
工委书记	刘晓玲（女）
办事处主任	李　霄
机场街道	
工委书记	时春岗（7月免） 袁自斌（7月任）
办事处主任	袁自斌（7月免） 赵建峰（7月任）
望京街道	
工委书记	胡建东（4月免） 杨晓昇（4月任）
办事处主任	杨晓昇（4月免） 陈　栋（4月任）
大屯街道	
工委书记	吉旭初（4月免） 徐继锋（满族，4月任）

办事处主任　徐继锋（满族，4月免）
　田远新（4月任）

奥运村街道
工委书记　于晓军（6月免）
　韩　军（6月任）
办事处主任　韩　军（6月免）
　张继明（6月任）

东湖街道
工委书记　王智勇（满族，10月免）
　谷　雨（10月任）
办事处主任　谷　雨（10月免）
　武　宁（10月任）

北京市朝阳区地区工委（乡党委）、办事处（乡）负责人

南磨房地区（乡）
工委（党委）书记　易湘林（10月免）
　于建国（10月任）
办事处主任（乡长）　张金鑫

高碑店地区（乡）
工委（党委）书记　顾洪涛
办事处主任（乡长）　杜　磊

将台地区（乡）
工委（党委）书记　宋少伟
办事处主任（乡长）　李　勃

太阳宫地区（乡）
工委（党委）书记　李　华
办事处主任（乡长）　郝宝刚（4月免）
　陈　鹏（4月任）

十八里店地区（乡）
工委（党委）书记　张宏明（4月免）
　刘　涛（4月任）
办事处主任（乡长）　刘　涛（4月免）
　马康伟（4月任）

小红门地区（乡）
工委（党委）书记　王小红（女）
办事处主任（乡长）　闫　博

王四营地区（乡）
工委（党委）书记　张　奎（4月免）
　郝宝刚（4月任）
办事处主任（乡长）　苏云华

平房地区（乡）
工委（党委）书记　蒋东燕（女）
办事处主任（乡长）　张　昕

东坝地区（乡）
工委（党委）书记　李　钧（满族）
办事处主任（乡长）　于淑杰（女）

金盏地区（乡）
工委（党委）书记　陈　杰
办事处主任（乡长）　陆闻宇（6月免）
　卢　爽（女，6月任）

来广营地区（乡）
工委（党委）书记　王　刚
办事处主任（乡长）　张继明（6月免）
　兰　澎（6月任）

东风地区（乡）
工委（党委）书记　郭　君（12月免）
办事处主任（乡长）　谷昆鹏

孙河地区（乡）
工委（党委）书记　张晓宁（女）
办事处主任（乡长）　李兴泉（9月免）
　常　放（9月任）

崔各庄地区（乡）
工委（党委）书记　吴选辉（4月免）
　贾恩松（4月任）
办事处主任（乡长）　殷伟涛

三间房地区（乡）
工委（党委）书记　王立新
办事处主任（乡长）　袁裕中

常营地区（乡）
工委（党委）书记　方　泽（回族，9月免）
　李兴泉（9月任）
办事处主任（乡长）　马洪松（满族，5月任）

豆各庄地区（乡）
工委（党委）书记　张军茹（女）
办事处主任（乡长）　戴昌军（1月任）

黑庄户地区（乡）
工委（党委）书记　秦　涛（10月免）
　赵歌帆（10月任）
办事处主任（乡长）　赵歌帆（10月免）
　韩西晨（10月任）

管庄地区（乡）
工委（党委）书记　万小兵
办事处主任（乡长）　汪宝成

中国共产党朝阳区委员会

综　述

【概况】 2021年，区委坚持以习近平新时代中国特色社会主义思想为指导，坚决贯彻落实中央决策、市委部署，团结带领全区各级党组织和广大党员干部群众，以新时代首都发展为统领，围绕朝阳高质量发展示范区、文化创新引领区、国际交往中心区和绿色宜居标杆区“四区”建设目标，突出文化、国际化、大尺度绿化“三化”主攻方向，推进高质量发展“五大提升工程”（数字经济发展提升工程、文化活力提升工程、消费潜能提升工程、国际化能级提升工程、服务效能提升工程）和高品质生活“五大示范工程”（现代教育示范工程、卫生健康示范工程、城市更新示范工程、大尺度绿化示范工程、智慧治理示范工程）“双五”工程，深入落好“五子”（建设国际科技创新中心、“两区”建设、数字经济、以供给侧结构性改革引领和创造新需求、深入推动以疏解北京非首都功能为“牛鼻子”的京津冀协同发展），扛起新担当，展现新作为。组织落实新版城市总规，编制区“十四五”规划纲要和30个专项规划，推进朝阳分区规划实施和详规编制。深入贯彻新发展理念，加快培育发展新动能，全年实现地区生产总值7617.8亿元，完成区级财政收入543.4亿元。

【产业发展升级】 年内，朝阳区加快打造数字经济核心区、国际化创新城区，引入北京国际大数据交易所、北京数字经济算力中心等重大项目，建设中关村朝阳国际创投集聚区。紧抓国家服务业扩大开放综合示范区和中国（北京）自由贸易试验区“两区”建设契机，建立全球招商体系，落地137个项目，实际利用外资、进出口总额分别约占全市30%、50%，跨国公司地区总部达138家。加快国际消费中心城市主承载区建设，发展商圈经济、夜间经济、体验经济，吸引364家首店入驻。深化简政放权、放管结合、优化服务“放管服”改革，营商环境考评连续四年排名全市第一。

【社会民生提质创新】 年内，区委总结推广王四营减量发展模式经验，推进“一绿”（第一道绿化隔离地区）剩余三批城市化建设试点，管庄乡剩余宅基地腾退任务全部完成。小红门等7个乡43个村村级产权制度改革基本完成，将台乡级改革方案基本成型。创新政企合作方式，推动城市更新，探索创新“劲松模式”“建外模式”“亮马河模式”，“望京小街”经验在全市推广。建成292座垃圾分类驿站，垃圾分类设施达标率基本实现100%。全面创建国家森林城市，新建改造绿化面积500公顷，建成10千米绿道示范段。优化教育资源布局，新建、扩建6所中小学，普惠性幼儿园覆盖率达83%。落实“双减”（有效减轻义务教育阶段学生过重作业负担和校外培训负担）工作要求，完善校内外协同育人格局。加快补齐东南部三级医院短板，垂杨柳医院新址全面开诊，朝阳医院常营院区、安贞东方医院主体完工。优化公共文化服务设施网络，蝉联全国文明城区。建设各类政策性住房9444套、竣工5168套。完成老旧小区加装电梯167部。推进市域社会治理现代化试点工作，朝阳区获评“平安中国建设示范区”。坚持“外防输入、内防反弹”，压实“四方责任”（属地责任、部门责任、单位责任、个人责任），高效稳妥处置新冠肺炎疫情。全区累计接种疫苗1019.6万剂，接种406.5万人。

【强基固本强党建】 年内，区委深入学习贯彻习近平总书记在庆祝中国共产党成立100周年大会上的重要讲话精神和党的十九届六中全会精神，组织各级中心组专题学习2700余次，开展各级各类宣讲5800余场次。开展“我为群众办实事”实践活动，开展“办好每一件、集中解难题、共治心连心”三大行动。压紧压实意识形态工作责任制，加强阵地管理，意识形态领域平稳有序。围绕换届之年班子干部队伍建设需要，区委常委会讨论决定处级干部任免881人次。推进9032个基层党支部标准化规范化建设，选树培育优秀党支部工作法，提升转化4个软弱涣散基层党组织。锲而不舍纠“四风”（形式主义、官僚主义、享乐主义、奢靡之风），查处违反中央八项规定精神案件12例，曝光17起典型问题。运用“四种形态”（党内关系要正常化，批评和自我批评要经常开展，让咬耳扯袖、红脸出汗成为常态；党纪轻处分和组织处理要成为大多数；对严重违纪的重处分、作出重大职务调整应当是少数；而严重违纪涉嫌违法立案审查的只能是极极少数）2736人次。开展政法队伍教育整顿等专项整治，加大对规划和自然资源领域、涉黑涉恶、民生领域等腐败问题的查处力度，处置问题线索1005件，立案146件，处分162人，留置7人，移送职务犯罪案件32件。

【服务保障】 年内，朝阳区完成相约北京冬季体育系列赛事朝阳赛区测试活动、相约北京速度滑冰中国公开赛、2021年世界轮椅冰壶锦标赛等服务保障。3个竞赛场馆、8个非竞赛场馆设施、4个交通场站、100余处住宿点全面就绪。组织完成中央领导和军委首长植树活动服务保障。完成中国共产党成立100周年庆祝活动广场布置要素存放、拆装演练和文艺演出等任务，保障2838人及时入住并实现封闭管理，累计供应74.9万余人次用餐用水，安全准时转运4.2万余人次，健康监测14万余人次，组织1841名人员参加庆祝大会，完成13个远端集结点2.7万余人次集结的服务保障任务。（武国鑫）

重大决策

【“十四五”规划建议】 1月6日，区委印发《中共北京市朝阳区委关于制定朝阳区国民经济和社会发展第十四个五年规划和二〇三五年远景目标的建议》，确立到2035年率先基本实现社会主义现代化的远景目标。“十四五”时期，朝阳区将继续以文化、国际化、大尺度绿化作为主攻方向，围绕服务首都政治中心、文化中心、国际交往中心、科技创新中心“四个中心”建设，立足朝阳发展实际，实施高质量发展“五大提升工程”和高品质生活“五大示范工程”，努力把朝阳打造成为高质量发展示范区、文化创新引领区、国际交往中心区和绿色宜居标杆区。

【知识产权保护方案实施】 2月1日，区委办公室、区政府办公室印发《朝阳区强化知识产权保护工作方案》，强调加强法治建设，明确鲜明知识产权严保护导向；加强社会共治，构建全面知识产权大保护格局；加强协调衔接，形成高效知识产权快保护态势；加强涉外沟通，营造公平知识产权同保护环境；加强基础建设，有力支撑知识产权保护工作；加强组织实施，确保工作任务落实。

【“双五”工程方案实施】 5月28日，区委办公室、区政府办公室印发《朝阳区“十四五”时期推进“双五”工程实施方案》，明确“十四五”时期高质量发展“五大提升工程”和高品质生活“五大示范工程”工作任务，确定牵头领导、主责单位和协办单位，部署加强区级统筹、强化资金保障、加大宣传力度、强化纪法监督保障等要求。

【“不忘初心、牢记使命”主题教育成果巩固深化】 8月19日，区委办公室印发《关于巩固深化“不忘初心、牢记使命”主题教育成果的工作措施》，部署坚持用习近平新时代中国特色社会主义思想武装头脑，强化理想信念教育和党性教育，开展经常性政治体检，推动党员干部履职尽责、担当作为，聚焦破解重点难点问题加强调查研究，坚持不懈为群众办实事做好事解难事，坚决反对形式主义、官僚主义，开展常态化专项整治，督促党员干部遵规守纪、廉洁从政等措施。

【新时代爱国主义教育方案实施】 9月7日，区委、区政府印发《朝阳区新时代爱国主义教育实施方案》，明确坚持用党的创新理论武装全党、教育人民；开展中国特色社会主义和中国梦教育；强化国情市情区情和形势政策教育；大力弘扬民族精神和时代精神；开展党史、新中国史、改革开放史、社会主义发展史教育；传承和弘扬中华优秀传统文化；强化祖国统一和民族团结进步教育；加强国家安全教育和国防教育等8方面任务。建立加强引领，发挥党员干部示范带动作用；聚焦青少年，厚植爱国主义情怀；面向全体，凝聚最广泛爱国共识；丰富载体，强化爱国主义实践养成；融合融入，用文化浸润爱国初心；广泛宣传，营造浓厚爱国氛围；培育品牌，展示朝阳群众爱国风尚等7方面措施。

【新时代学校体育工作方案实施】 9月15日，区委办公室、区政府办公室印发《关于全面加强和改进新时代学校体育工作的实施方案》，规定朝阳区全面加强和改进新时代学校体育工作的基本原则，确定到2022年和2025年的工作目标，部署构建具有朝阳特色体育与健康课程体系；增加学生体育锻炼时间，提升锻炼实效；健全体育竞赛体系，深化体教融合；加强体育教师队伍建设；培育特色体育项目，形成区域品牌；推进学校、家庭与社会体育融合发展等6方面任务。建立加强组织领导和经费保障、优化资源配置、健全学校体育专项督导评价体系、营造全民健身社会氛围等4方面措施。

【打造国际消费中心城市主承载区】 10月27日，区委办公室、区政府办公室印发《朝阳区打造国际消费中心城市主承载区行动计划（2021—2025年）》，提出到2025年，基本建成具有大国首都特色的国际消费中心城市主承载区。创新构建“一核两带五片区”消费空间版图。其中，“一核”即以CBD、三里屯等区域为主体，打造高端商务、时尚前沿为主题的国际都市商业核心区。“两带”即国际风情带和古韵文化带，国际风情带以三里屯为起点，沿亮马河—坝河直至“第二个三里屯”，连接各使馆区，覆盖蓝色港湾、颐堤港等商圈；古韵文化带以潘家园为起点，向东延伸到北京环球影城主题公园附近，覆盖一系列文化主题公园和各类特色园区。“五片区”即CBD商圈片区、大三里屯商圈片区、蓝色港湾商圈片区、奥运商圈片区、第二个三里屯商圈片区。

【冬奥会和冬残奥会朝阳区运行保障指挥部工作方案】 12月25日，区委、区政府印发《2022年冬奥会和冬残奥会朝阳区运行保障指挥部工作方案》，设立2022年冬奥会和冬残奥会朝阳区运行保障指挥部，由区四套班子主要领导任指挥长。指挥部下设办公室（指挥调度中心）、开闭幕式服务保障工作组、冬奥村保障工作组、赛事综合保障组、新闻宣传及文化活动工作组、礼宾及机场协调保障组、安全保卫工作组（北京安保指挥中心朝阳区安保指挥部）、交通运行保障组、人力资源与志愿者工作组、城市运行及环境保障组、医疗防疫工作组、火炬接力服务保障工作组、票务和观众组织工作组、物流安检场地服务保障工作组、应急保障工作组、监督组等“1+15”工作机构。确定有序推进、突出重点；条块配合、对标对表；节约节俭、廉洁高效等3项工作原则，建立会商议事、沟通协调、应急响应等3项工作机制。（武国鑫）

重要会议

【区委全委会】 7月29日，中共北京市朝阳区委十二届十四次全体会议召开。区委副书记、区长文献传达市委十二届十七次全会精神，区委书记王灏代表区委常委会向全会作工作报告。表决通过《关于召开中国共产党北京市朝阳区第十三次代表大会的决议》和《中共北京市朝阳区委十二届十四次全体会议决议》。全会强调，要大力弘扬伟大建党精神，把建党百年庆祝活动激发出来的巨大热情迅速转化为干事创业的强大力量，转化为建设“四区”的生动实践，锐意进取、创新实干，切实抓好下半年重点任务落实，更加奋发有为推动朝阳新发展。11月17日，中共北京市朝阳区委十二届十五次全体会议召开。全会深入学习贯彻党的十九届六中全会精神，审议区第十三次党代会有关事项。审议通过中国共产党北京市朝阳区第十三次代表大会议程（草案），大会主席团、主席团常务委员会、秘书长、副秘书长、代表资格审查委员会成员建议名单，大会选举办法（草案）；书面审议2021年区委常委会抓党建工作情况报告；表决通过《中国共产党北京市朝阳区委十二届十五次全体会议决议》。全会以视频形式召开，区委书记王灏主持会议并讲话。区委副书记、区长文献，区人大常委会主任陈宏志，区政协主席陈涛等区四套班子领导出席会议。

【区委党代会】 12月6日至9日，中国共产党北京市朝阳区第十三次代表大会召开。总结朝阳区第十二次党代会以来工作，研究确定今后五年的奋斗目标和主要任务，选举产生中国共产党北京市朝阳区第十三届委员会和纪律检查委员会。区委书记王灏代表中国共产党北京市朝阳区第十二届委员会向大会作题为《坚持首善 建设“四区” 精彩谱写率先基本实现社会主义现代化的朝阳篇章》的工作报告。表决通过《中国共产党北京市朝阳区第十三次代表大会关于中共北京市朝阳区第十二届委员会工作报告的决议》和《中国共产党北京市朝阳区第十三次代表大会关于中共北京市朝阳区第十二届纪律检查委员会工作报告的决议》。区委副书记、区长文献主持大会，王灏、文献、陈宏志、陈涛、王旭、狄涛、暴剑、黄晓伟、范永红、李国红、赵立军、王维民和大会主席团其他成员在主席台就座。

【区委常委会会议】 年内，区委常委会会议召开45次，研究议题305个（含会前学法4个）。研究党的建设类议题（含纪检工作）152个，占50.5%；经济发展类议题26个，占8.6%；社会建设和民生工作类议题24个，占8%；农村城市化类议题12个，占4%；安全稳定类议题24个，占8%；重大活动服务保障及疫情防控类议题10个，占3.3%；干部工作议题21个，占7%。议题涉及全区经济建设、政治建设、文化建设、社会建设、生态文明建设和党的建设等各方面工作。

【区委议事协调机构会议】 年内，区委召开议事协调机构会议。3月23日，区委财经委员会第四次会议召开，研究讨论《关于朝阳区一季度经济“开门红”工作情况的汇报》《关于朝阳区“十四五”时期推进“双五”工程和2021年重点任务有关考虑的汇报》。3月23日，区委审计委员会第五次会议召开，传达全国审计工作会和市委审计委第八次会议精神，审议《区委审计委2021年工作要点》《区委审计委办公室、区审计局2021年度审计项目计划（草案）》《区党政处级主要领导干部和国有企业领导人员离任交接工作制度》《2019年区级预算执行和其他财政支出情况审计查出问题整改落实情况的报告》。4月8日，区委党的建设工作领导小组第一次会议召开，听取领导小组2020年工作要点完成和2021年工作要点起草情况、领导小组部分成员调整建议情况、农村系统全面从严治党问题整改落实工作情况以及全区新经济组织和新社会组织“两新”党建工作有关情况汇报。6月4日，区委财经委员会第五次会议召开。研究讨论《关于朝阳区就业形势分析及稳就业措施的汇报》《朝阳区“两区”建设进展及下一步重点工作的汇报》，审议《朝阳区委财经委员会2021年工作要点》。7月14日，区委农村工作领导小组第一次（扩大）会议召开，审议通过《朝阳区关于全面推进“田长制”的实施方案》《2021年朝阳区农业现代化实施方案》《关于加强农村系统党风廉政建设专项行动方案》《关于2020年北京市朝阳区乡级党政领导班子和领导干部推进乡村振兴战略实绩考核情况及2021年度考核安排的说明》《关于加强农经队伍建设，充分履行管理职能的意见》《关于朝阳区耕地保有量划定工作情况的说明》《2021年朝阳区“三农”工作重点任务分工方案》。8月12日，区委教育工作领导小组第一次会议召开，传达中央教育工作领导小组会议精神及市委教育工作领导小组会议精神，听取全区深入推进“双减”工作实施方案主要内容，当前工作进展，全区校外培训机构治理，区委网信办、区金融办、区人力资源社会保障局、公安朝阳分局落实“双减”工作等有关情况汇报。8月13日，区委城市工作领导小组第一次会议召开，听取《中共北京市朝阳区委城市工作委员会2021年工作要点》起草情况、《朝阳区城市更新行动组织方案（试行）》及城市更新项目动态清单情况、朝阳区老旧小区综合整治工作情况报告、关于十二届市委规划自然资源领域专项巡视巡察发现违法用地违法建设相关问题整改进展情况汇报，审议通过《关于中共北京市朝阳区委城市工作委员会成员名单的调整建议》《中共北京市朝阳区委城市工作委员会2020年度工作总结》。9月2日，区委教育工作领导小组专题会召开，传达市委教育工作领导小组专题会议精神，听取“双减”工作整体推进情况和“双减”风险防范化解推进情况汇报。10月13日，区委外事委员会专题会暨区推进国际交往中心功能建设领导小组第一次会议召开，传达北京推进国际交往中心功能建设领导小组第四次全体会议精神；审议通过《朝阳区推进国际交往中心功能建设领导小组工作规则及重点任务清单》《区委外事委员会工作要点》；听取关于朝阳区国际交往中心功能建设领导小组工作情况汇报，以及CBD管委会、朝阳园管委会、金盏国际合作服务区管委会推进国际交往中心功能建设重点任务进展情况汇报。10月21日，区委财经委员会第六次会议召开，听取朝阳区数字经济示范区建设进展及下一步重点工作和朝阳区依托北京国际科技创新中心建设，以科技创新驱动高质量发展有关情况汇报。10月21日，区委审计委员会第六次会议召开，传达学习北京市委审计委员会精神，审议通过《“十四五”朝阳审计发展工作规划》《朝阳区2020年区级预算执行和其他财政支出审计工作报告》。11月25日，区委统一战线工作领导小组暨对台工作领导小组全体会议召开，传达中央、市委相关会议精神，落实中共中央新修订的《中国共产党统一战线工作条例》及市委印发的《关于贯彻落实〈中国共产党统一战线工作条例〉的若干措施》，研究部署下一阶段工作。12月23日，区党建工作协调委员会召开，听取《关于调整朝阳区党建工作协调委员会章程的说明》、区党建工作协调委员会五大专委会主任调整情况和区党建工作协调委员会新增委员名单情况；表决通过《朝阳区党建工作协调委员会章程（修订审议稿）》；分别听取平安建设专委会办公室关于共同参与电信网络诈骗治理工作、经济发展专委会办公室关于动员社会企业参与对口协作工作、文化文明专委会办公室关于共创文明城区工作、社会民生专委会办公室关于提升物业管理工作、城市治理专委会办公室关于推动垃圾分类工作等有关情况汇报，中国工商银行等11家成员单位围绕各专委会热点、难点问题发言，逐一议事协商。平安建设、经济发展、文化文明、社会民生、城市治理五大领域专委会以书面形式汇报2021年工作进展及下一步工作情况。12月27日，区委全面深化改革委员会第二十一次会议召开，传达中央深改委第二十一、二十二、二十三次会议及市委深改委第二十一、二十二、二十三次会议精神；听取《北京市朝阳区社区社会组织培育实施方案》起草情况、企业上市服务推进情况、建设国际创投集聚区工作、知识产权金融创新提升国际化水平工作、农村集体产业用地区级统筹工作、危旧楼房改建项目、“两区”建设工作等情况汇报；书面审议朝阳区2021年改革工作进展情况、2016年换届以来改革工作总结和今后五年改革工作计划汇编。（武国鑫）

重大活动

【北京冬奥会冬残奥会筹办工作动员部署】 3月16日，朝阳区深入推进北京冬奥会冬残奥会筹办决战决胜动员部署大会召开。区委书记王灏强调，冬奥筹办已经进入全面冲刺、全面就绪、决战决胜的关键时期。深入贯彻习近平总书记关于北京冬奥会和冬残奥会筹办工作的重要指示精神，全面落实北京冬奥组委·北京市动员部署会精神，牢牢把握“绿色、共享、开放、廉洁”四个办奥理念，全面落实“简约、安全、精彩”办赛要求，迅速掀起决战决胜热潮，以“首善标准”高质量完成各项重点任务，为举办一届精彩、非凡、卓越的冬奥盛会贡献朝阳智慧和朝阳力量。区委副书记、区长文献主持会议，区四套班子领导和区法院、区检察院领导出席会议。

【党史学习教育】 3月16日，朝阳区召开全区党史学习教育动员会。传达习近平总书记在党史学习教育动员大会上的重要讲话精神，以及市委书记蔡奇在全市党史学习教育动员会上的讲话精神，对全区党史学习教育进行部署。采取集中学习和自主学习相结合，规定动作和自选动作相结合方式，面向全区全体党员开展学习教育实践。区委书记王灏主持会议并讲话，区四套班子领导和区法院、区检察院领导出席会议。7月6日，区委书记王灏为全区党员干部讲党史学习教育专题党课，党史学习教育市委第一指导组列席，区四套班子领导，区法院、区检察院领导参加。10月26日，区委党史学习教育领导小组召开会议，传达学习中央、市委党史学习教育相关文件和会议精神，研究部署朝阳区党史学习教育下一阶段工作。区委书记王灏主持会议，党史学习教育市委第一指导组列席，区领导王旭、黄晓伟、赵立军参加。

【“我为群众办实事”实践活动部署】 7月2日，区委书记王灏主持召开专题会，研究部署“我为群众办实事，推进集中解难题行动”工作。会议听取朝阳区“我为群众办实事”实践活动总体推进落实情况和“集中解难题行动”聚焦“每月一题”专项治理相关工作推进情况汇报。区领导文献、王旭、暴剑、李国红、王维民、王志勉、杨建海、岳立参加会议。

【“相约北京”系列冬季体育赛事工作动员】 9月30日，召开“相约北京”系列冬季体育赛事北京赛区（朝阳）组委会工作会2022年冬奥会和冬残奥会朝阳区运行保障指挥部工作会暨测试赛朝阳区服务保障工作动员会。区委书记、区运行保障指挥部指挥长、“相约北京”测试活动朝阳组委会主席王灏强调，要始终保持“一刻也不能停、一步也不能错、一天也误不起”的精神状态，进一步坚定信心、鼓足干劲，确保测试赛如期安全顺利举办。区四套班子领导参加会议。（武国鑫）

组织工作

【概况】 中共北京市朝阳区委组织部（简称“区委组织部”）是区委主管组织建设、干部队伍建设和人才队伍建设的职能部门。年内，整合所属事业单位北京市朝阳区党建研究中心和北京市朝阳区处级班子和干部综合考核评价中心，组建北京市朝阳区党建研究和综合考评中心（简称“区党建研究和综合考评中心”），公益一类事业单位，机构规格正科级。成立区委“两新”工委，完成新就业群体融入城市基层党建格局试点任务。开展“朝我说”专项行动。编制出台《北京市朝阳区“十四五”时期人才发展规划》。新增党员31289名。批复成立委员会84个。发展党员3979名。指导有党费留存权限党（工）委设立党费专用账户74个。招录公务员294人。（于　乐　张汇康）

【区委“两新”工委运行】 1月4日，区委“两新”工委确定委员单位名单，包含27个区级职能部门和3个“两新”组织党组织。7月22日，区委“两新”工委确定由区委组织部分管日常工作的副部长张中华任书记，区委组织部副部长粪牛、区委社会工委委员区民政局副局长赵博洋任副书记。8月3日，组织召开区委“两新”工委第一次全体（扩大）会，审议“两新”工委基本制度，部署推动新就业群体融入城市基层党建格局工作试点任务，开展“美好朝阳骑士”选育工作。11月3日，组织召开区委“两新”工委第二次全体（扩大）会议，明确“两新”工委委员单位职责，专题调度新就业群体融入城市基层党建格局、扩大纳税千强“两新”组织党的组织覆盖和工作覆盖“两个覆盖”等工作。（张　可）

【基层党组织建设】 2月24日，区委组织部组织召开2020年度街乡和系统党（工）委书记抓基层党建述职评议考核工作会。中央组织部组织二局办公室主任梁小强，市党建研究所所长王大广，区委常委参加会议。37位街乡党（工）委书记、5位系统党（工）委书记述职，7位街乡和系统党（工）委书记因任职不满半年等原因以党委名义作书面述职。区委书记王灏逐一点评，就进一步加强全区基层党建工作，从突出政治建设，夯实基层基础，提升基层治理，突出责任落实4个方面提出具体要求。区委党建工作领导小组成员、街乡和系统党（工）委书记、两代表一委员和基层代表100余人参会。4月25日，全区144个村、544个社区完成社区党支部委员会和社区居委会“两委”换届工作。村主职干部“一肩挑”比例100%，社区主职干部“一肩挑”比例88.8%，比上届提高21个百分点；687个村和社区“两委”班子至少配备1名35岁以下年轻干部；村党支部委员会和村民委员会“两委”班子平均年龄43.2岁，比上届下降0.1岁，社区“两委”班子平均年龄41.1岁，比上届下降1.1岁，村“两委”班子大专及以上学历比例88.1%，比上届提高5.2个百分点，社区“两委”班子大专及以上学历比例96.7%，比上届提高0.5个百分点，实现年龄、学历“一降一升”，完成市委、区委要求的各项指标任务。5月11日，区委组织部组织召开2021年基层党建工作重点任务部署会。六里屯街道工委、麦子店街道工委、东坝乡党委和通惠河畔文化创意产业园党委分别从抓好垃圾分类和物业管理两个“关键小事”、街道“两新”体制改革、党员入党核查和园区党建等4个方面进行经验交流，会议部署2021年全区基层党建工作8方面56项重点任务，区委各工委副书记、各街乡党（工）委副书记（组织委员）50余人参加会议。10月，朝阳区完成乡党委、纪委换届选举工作。全区农村系统2060个基层党组织、64509名党员选举产生乡党代表2046名，产生新一届乡党委、纪委班子，其中党委委员209名、纪委委员74名，同步选举出席区第十三次党代会代表77名。年内，落实《朝阳区社区村党组织书记区级备案管理实施方案（试行）》要求，调整社区、村党组织书记27人，其中免职10人、新任职13人、平职交流4人。年内，朝阳区划分物业管理区域1757个，标准物业管理区域1256个，准物业管理区域501个，物业管理覆盖率99.94%；业委会（物管会）覆盖基数1639个，已成立业委会138个、物管会1392个，业委会（物管会）组建率93.35%；物业服务企业622个，成立党组织606个，党组织覆盖率97.43%；业委会（物管会）成立党组织1443个，业委会（物管会）党组织覆盖率94.31%。

（杨　凯　王　雪　张　可）

【区级党群服务中心联盟成立】 2月26日，区委组织部组织召开党群服务中心联盟成立大会，吸纳CBD工委、中关村朝阳园工委和43个街乡的党群服务中心成立全市首个党群服务中心联盟，制定联盟章程，明确组织架构、工作职责、运行机制，确定CBD工委为第一任联盟主席单位。区委组织部同步指导17个职能部门、群团组织、行业协会梳理服务资源23项，形成区级层面资源清单，在成立大会上统一下沉至街乡级党群服务中心。（张　可）

【先进表彰】 7月，做好国家级、市级表彰推荐评选工作。其中，刘黎被授予“全国优秀共产党员”称号，殷金凤被授予“全国优秀党务工作者”称号，22名党员被授予“北京市优秀共产党员”称号，9名党员被授予“北京市优秀党务工作者”称号，9名党员被授予“北京市优秀基层党组织书记”称号、17个党组织被授予“北京市先进基层党组织”称号。组织开展区级党内表彰工作，授予147人“朝阳区优秀共产党员”称号、147人“朝阳区优秀党务工作者”称号、150个基层党组织“朝阳区先进基层党组织”称号。发放“光荣在党50年”纪念章27588枚。（王　雪）

【领导调研】 12月22日，市委书记蔡奇到朝阳区调研新就业群体融入城市基层党建格局试点任务，就近察看集快递收发和日常服务等功能于一体的快递末端集中存放点，调研依托党群服务中心建设新就业群体服务驿站、医务室工作情况，了解成立街道骑士联盟党支部、畅通诉求表达机制、完善服务阵地体系、建立小哥副楼长机制、提升新就业群体融入感获得感荣誉感等工作情况。（张　可）

【关心关爱党员】 年内，区委组织部组织开展走访慰问活动，元旦、春节、七一、十一期间，慰问新中国成立前入党的农村老党员和未享受离退休待遇的城镇老党员、生活困难党员、生产一线的党员干部、因公牺牲的党员家属、优秀共产党员、优秀党务工作者等3720人次，发放慰问金、帮扶金、老党员补贴627万元。区委组织部、区财政局普遍上调全区新中国成立前入党的农村老党员和未享受离退休待遇的城镇老党员市级生活补贴标准。调整抗日战争时期入党老党员市级生活补贴至1890元/人·月，调整解放战争时期入党老党员市级生活补贴至1580元/人·月。（王　雪）

【党员和基层党组织】 截至年底，朝阳区党员264302名，其中新增党员31289名，女党员123140名，少数民族党员12934名，35岁及以下青年党员37496名，离退休党员153104名，非公有制单位党员38467名。全区基层党组织10004个（不包括流动党员党组织或功能型党组织），其中党委679个、党总支422个、党支部8903个。全区机关党组织882个、事业单位党组织865个、国有经济控制党组织202个、集体经济控制党组织175个、非公企业党组织3620个（党委95个、党总支78个、党支部3447个，覆盖企业25675家）、社会组织党组织723个（党委19个、党总支24个、党支部680个）。建立党组织的社区（居委会）544个，其中城市社区党组织291个、乡镇社区党组织253个。社区（委员会）基层党组织3091个，其中党委493个、党总支55个、党支部2543个。全区建制村144个、建制村党组织349个，其中党总支54个、党支部295个。（王　雪）

【党建研究】 年内，区党建研究会结合全区重点工作及党建工作要点，整合智库资源，围绕党建引领基层治理、“两新”领域党建等研究方向，指导基层单位开展全区2021年度基层党建课题研究工作，确定立项课题38个，其中重点课题12个、指导课题26个。区党建研究会第八届优秀自选课题成果评选活动收到自选课题62篇，确定一等奖5篇、二等奖10篇、三等奖16篇。区党建研究会编发会刊《基层党建与社会》4期，刊登稿件99篇。（张誉凡）

【“我为群众办实事”实践活动】 年内，区委组织部制定《关于在全区开展“我为群众办实事”实践活动实施方案》《朝阳区关于在“我为群众办实事”实践活动中推进接诉即办、未诉先办解决重点民生诉求的工作方案》，组建“我为群众办实事”实践活动专班，对全区“我为群众办实事”实践活动动员部署。明确围绕贯彻新发展理念等6个方面办实事的重点任务，完成区级重点民生诉求清单和30件民生实事清单任务，督促全区117家单位完成2180个实事项目及重点民生项目，完成率99.8%，推进全区9745个基层党支部实事项目全部完成。制定《朝阳区关于在“我为群众办实事”实践活动中实施“朝我说”专项行动的方案》，按照“听诉求、办实事、评成效”的工作思路在全区开展“朝我说”专项行动，形成一批真实细致的民意清单，办好一批群众关切的民生实事，打造一批可复制可推广的典型经验。制定《关于在“朝我说”专项行动中落实“评成效”工作的通知》，通过个别访谈、集体座谈、实地查看、发放评议表等方式，测评各级党组织负责的实事办理效果情况，形成“听”群众声音、“办”民生实事、“评”工作成效的完整工作闭环。深化实践活动宣传工作，编印《“我为群众办实事”实践活动典型案例汇编》21期，收录典型案例169篇，相关经验做法得到《新闻联播》《人民日报》《北京日报》等主流媒体报道。（张誉凡）

【干部队伍建设】 年内，区委组织部加大年轻干部培养力度，抓实选调生基层锻炼，2018届选调生市区安置，点名选派“选培”“培优”计划引进人员参与市区培养计划、区级工作专班。落实街乡换届调整领导班子年龄结构要求，5名40岁左右干部走上正处级岗位，4名35岁以下干部提拔进入处级领导班子，通过市委“年轻干部统筹配备”项目，引进14名“85后”干部。设立“第一楼长”年轻干部历练专岗，择优配备83名四级主任科员以上职务职级干部，以半脱产方式参与楼宇党建、经济、综合治理相关工作。抽调处科级干部510余人次，组建冬奥服务保障、中国共产党成立100周年庆祝活动、接诉即办等15个区级工作专班，抽调400余人次增援新冠疫情防控各类专班。选派26名干部到新疆、内蒙古、沈阳等地对口帮扶、对口协作。接收中央单位和市级部门挂职干部9人，京郊对口合作挂职干部5人，内蒙古自治区、河北、河南等外省市新选派挂职干部11人。接收安置团职军转干部。（赵广辉）

【机构改革】年内，区委组织部会同区委编办等部门，梳理审核全区32家参公单位的公共事务管理职能、法律授权依据、参公批复等情况，落实参公事业单位重新审批认定工作。组织10家涉改单位召开公务员分类改革工作部署会，完成首批9家单位604名行政执法类公务员套转。推进首批行政执法改革单位和新增参公单位事业编制人员转制过渡工作。完成区生态环境综合执法大队、区住房和城乡建设执法大队等6家单位117名事业编制人员综合考核、档案审核、请示报送等工作，组织完成第一批人员转制过渡考试。（王　静）

【干部教育培训】年内，区委组织部统筹处级干部和科级及以下公务员培训，举办脱产培训班22期，培训4152人次。其中，举办处级干部进修班、科级干部任职培训班、清华大学领导力提升高级研修班等主体班18期，培训744人次；举办“朝阳凤凰讲堂”、国际化素质提升专题培训班、数字经济专题系列讲座等专题培训4期19讲，培训3408人次。开展新时代基层干部主题培训，围绕乡村振兴和基层治理两大主题，培训各类人员1.1万余人次。加强现场教学点建设，挖掘干部教育培训资源，半壁店村“党建引领美丽乡村振兴”、呼家楼北社区殷金凤工作室和劲松北社区“党建引领多元共治”3处现场教学点入选市级现场教学点名录。（陶文鑫）

人才工作

【概况】区委人才工作领导小组办公室（简称“区委人才办”）设在区委组织部，为区委人才工作领导小组下设机构。负责处理领导小组日常事务工作。年内，深化“CBD国际人才港”建设，支持CBD片区构建国际商务人才生态圈，全面推进“两区”建设人才领域改革创新。编制出台朝阳区“十四五”时期人才发展规划，持续完善人才发展政策体系，修订出台《朝阳区“凤凰计划”高层次人才认定支持办法》。推进2021年度“凤凰计划”高层次人才评选认定。举办海外人才创业大会（OTEC），深化与“未来论坛”战略合作，支持举办2021未来科学大奖、未来青年论坛等系列活动。深化“国际人才一站式服务平台”建设。8月，区高层次人才服务中心报送的《北京市朝阳区国际人才创新创业平台建设的经验与启示——以OTEC创业大会为例》一文在《中国人才》杂志社2021年（第五届）全国人才工作创新案例征集评选活动中被评为优秀奖。12月18日，朝阳区获智联招聘和北京大学社会调查研究中心联合评选“最佳引才城市奖”。区高层次人才服务中心党建研究课题“朝阳区优化人才创新创业生态路径研究”获区党建研究会2021年度立项课题一等奖。（张汇康）

【“机会实验室”自贸区活动】3月31日，“机会实验室”——北京自贸区主题活动举办，为在京外国留学生介绍北京自贸区政策和创业机会。活动设置专家论坛、机会论坛和政策解读等环节，以自贸区政策及外籍人才发展机遇为话题进行介绍和对话，来自挪威、埃及、墨西哥、摩洛哥、尼泊尔、德国等10个国家的国际组织驻华机构、商会代表和20余个国家的创业者、企业高管、在华留学生、校友参加。（张汇康）

【智慧人才系统建设】3月，朝阳区上线运行“智慧人才系统”。4月至9月，打造人才工作线上平台，通过平台系统完成人才引进需求申报、“凤凰计划”线上申报、资料评审，OTEC大赛线上报名、线上评分等工作，12月，联动区发展改革委“经济大脑”项目，推进智慧人才系统“人才大脑”专项建设，形成“人才大脑”初步界面框架。年内，整合全区各部门、各行业、各领域有效人才数据2万余条，初步建成全区人才数据库。（张剑白　徐　涵　张汇康）

【官方网站和微信公众号运营】3月，“朝阳国际人才港”官网和“朝阳凤凰之家”微信公众号完成试运行。4月，官方网站和官方微信公众号上线运营。“朝阳国际人才港”是全区人才工作信息发布、政策宣传、活动服务、网上办事、合作交流、联系咨询等线上一站式入口。“朝阳凤凰之家”是朝阳区人才工作对外宣传主阵地、人才信息服务综合平台，包括同名微信号和视频号，面向全球人才展示朝阳区优质营商环境和人才发展生态，报道朝阳区人才工作动态，展现朝阳区高层次人才风采事迹，分享解读中央、市、区各级人才政策和产业政策。（张汇康）

【区人才工作领导小组会议】4月22日，朝阳区人才工作领导小组2021年第一次会议召开，审议通过《朝阳区2021年人才工作要点》《朝阳区人才工作领导小组工作规则》和《朝阳区2021年“凤凰计划”高层次人才认定工作方案》。12月3日，朝阳区人才工作领导小组2021年第二次会议召开，审议通过《关于朝阳区2021年“凤凰计划”高层次人才评审认定工作情况的汇报》《关于海外人才创业大会(OTEC)优秀创业项目落地情况的汇报》。（张剑白　徐　涵）

【国际人才社区建设】 5月至10月，依托望京小街、丽都商圈等国际化特色街区，区委人才办举办“国际露天音乐电影周”“走进德国2021北京站”等活动，促进中外文化交流和国际人才融入朝阳。7月31日，国际人才公寓正式奠基，位于地铁15号线崔各庄站西北角，成为全市首个完全按照国际化人才需求，全新建设的最大规模的国际人才公寓项目，将提供1270套人才公寓，建设内容包括高级人才公寓、专家服务式公寓及社区生活配套。9月，国际医院确定嘉会医疗作为合作建设主体，协调区发展改革委指导其完成2022年度市级重点工程申报，沟通市发改委明确该项目可在市级核准立项。（张汇康　张剑白　徐　涵）

【“凤凰计划”高层次人才评选认定】 6月8日，区高层次人才服务中心发布2021年朝阳区“凤凰计划”高层次人才评选认定通知。8月，完成6家用人单位自主认定评审工作。9月11日至10月15日，组织材料评审、答辩评审，邀请251名专家对982名申报人开展评审，年度评选认定117人，包含杰出人才2人，拟认定领军人才88人，青年拔尖人才27人。（张汇康）

【朝阳国际创投青年人才会客厅揭幕】 12月28日，区高层次人才服务中心与朝阳园、团区委共同主办的朝阳国际创投青年人才会客厅暨朝阳国际青年创投联盟举行揭幕仪式。朝阳国际创投青年人才会客厅围绕北京“四个中心”城市战略定位，助力朝阳“三化”“四区”建设，以朝阳国际青年创投联盟、朝阳国际创投青年汇、朝阳国际青年创投大会为呈现形态，赋能引领助力青年投资人，吸引和激活青年投资人汇聚朝阳、建设朝阳。揭幕仪式上，中国青年企业家协会常务副会长许华平、北京市朝阳区委副书记狄涛出席大会并讲话。活动现场一并举行朝阳国际青年创投联盟成立仪式和会员证书授予仪式。（张汇康）

【第九届海外人才创业大会（OTEC2021）】 年内，朝阳区举办第九届海外人才创业大会（OTEC2021），以“重构全球价值链——人才·机遇·数字化发展”为主题，发挥市场优势、聚合国际资源、加大政策赋能，吸引支持全球创业者及优秀项目。7月至9月，朝阳区举行全球创业赛，涵盖境外赛、国内赛、邀请赛三大部分，来自国内外648个项目报名参与。8月13日，OTEC2021创业赛全球总决赛举办，来自全球15场分赛的29个项目晋级总决赛，其中，6个来自境外赛区、23个来自国内赛区。8月20日，OTEC全球创业赛项目落地对接会举办，邀请区发展改革委、中关村朝阳园、区文创办、望京留创园等单位介绍政策和服务。9月17日，OTEC2021海外人才创业大会创新峰会举办，包括全球创业赛优秀项目展示、多项人才创新创业平台启动、专家论坛演讲、国际科技创新创业榜单发布等活动。10月20日，OTEC“创业中国行”走进雄安，带领“未来城市”产业优秀创业项目代表10人与雄安集团、雄安数城公司以及投促中心领导和相关部门负责人进行项目对接。11月9日，完成OTEC创业中国行——走进西安（线上）活动，邀请6个OTEC创业赛优秀项目代表参与线上路演。（张汇康）

【“国际人才一站式服务平台”建设】 年内，朝阳区深入推进“国际人才一站式服务平台”建设，推动外籍人才服务改革创新。9月，依托“CBD国际人才一站式服务中心”，承接外籍人才学习、探亲、访问等9类签证业务市级权限下放。10月，优化外国人工作许可和工作类居留许可办理机制，在实现A类人才“两证联办”基础上，将受理范围拓展至B类人才，实现申报材料、办理时限、现场办理次数全面简化。各站点受理、咨询各类业务5581件次，其中工作许可类业务3849件次，其他业务1732件次。（张剑白　徐　涵　张汇康）

宣传工作

【概况】 中共北京市朝阳区委宣传部（简称“区委宣传部”）是区委主管意识形态方面工作的职能部门，加挂北京市朝阳区人民政府新闻办公室（简称“区政府新闻办”）、北京市朝阳区新闻出版局（简称“区新闻出版局”）牌子。北京市朝阳区精神文明建设委员会办公室（简称“区精神文明办”）设在区委宣传部。年内，区委宣传部成立区党建工作协调委员会文化文明领域专业委员会。完成所属事业单位改革，所属朝阳区规划艺术馆、朝阳区宣传教育服务中心2个事业单位与区文化和旅游局所属区文化馆、香河园地区文化中心、垡头地区文化中心、北京旅游咨询服务中心朝阳服务站、北京国声京剧文化艺术中心5个事业单位整合，组建朝阳区宣传文化中心（简称“区宣传文化中心”），归口区委宣传部管理。印发《朝阳区“十四五”时期加强全国文化中心建设规划》《中共北京市朝阳区委贯彻〈中国共产党宣传工作条例〉实施细则》。围绕党史学习教育、构建新发展格局、冬奥会冬残奥会筹办等重大主题，制定《朝阳区委理论学习中心组2021年度学习计划》，为区委理论学习中心组配发党史学习教育材料及各类理论学习读物20种、1440余册。区委宣传部获庆祝中国共产党成立100周年文艺演出领导小组颁发的“庆祝中国共产党成立100周年大型情景史诗《伟大征程》参演单位”奖状。由区融媒体中心制作、区委宣传部报送的《国风抗疫十二时辰》获2021年北京市社会主义核心价值观主题微电影（微视频）征集评选活动二等奖。（张其勇　唐晓彤）

【对外宣传】 1月15日，区委宣传部联合国务院新闻办、外交部新闻司、市政府新闻办、市卫健委在规划艺术馆疫苗接种点举办“北京市有序开展新冠病毒疫苗接种工作”境外媒体采访活动，邀请31家境外媒体47名记者参加，现场回答记者问题100余条，27家境外主流媒体发布相关报道29篇次。运营建设“精彩朝阳”账号，策划推出“国际朝阳”“绿色朝阳”“文蕴朝阳”“聚焦冬奥”等热点话题，通过图文、组图、海报、漫画手绘、微视频等形式，对外讲好朝阳故事，“精彩朝阳”专页在Facebook（脸书）和Twitter（推特）平台发布帖文588条，账号粉丝55万余人，总阅读量3625.5万人次，互动量167.6万次。（程美清）

【领导调研】 4月8日，市人大常委会副主任、党组副书记杜飞进到马骏烈士墓开展专题调研，审看“革命先驱 民族英烈——马骏生平事迹专题展”。市委宣传部副部长张爱军、区委书记王灏等领导参加调研。年内，区委常委、宣传部部长黄晓伟到基层党支部工作联系点——北京市垂杨柳医院第六党支部调研指导工作，听取党支部党建引领业务发展情况及“我为群众办实事”实践活动开展情况，指导党支部建设工作，协调解决宣传和特色品牌打造等具体问题。（唐晓彤　张　静）

【“永远跟党走”群众性主题宣传教育活动】 年内，区委宣传部向全区各单位印发《朝阳区关于庆祝中国共产党成立100周年组织开展“永远跟党走”群众性主题宣传教育活动实施方案》。5月28日，区委宣传部组建“永远跟党走”朝阳群众宣讲团，参加市级百姓宣讲汇讲，宣讲全程通过北京朝阳App线上直播，22万余人次观看。7月11日，朝阳区“朝阳群众”代表队获北京市“永远跟党走”党史知识竞赛第一名，并获优秀组织奖、网络人气团体奖、网络人气个人奖。7月13日至16日，开展“永远跟党走”朝阳群众百姓宣讲团巡讲活动。9月8日，朝阳区“永远跟党走”党史知识竞赛在垡头地区文化中心黑钻剧场举办，来自街道系统、国资系统、农村系统、宣传系统、教育系统、政法系统和机关系统的7支代表队21名选手参加。国资系统代表队获一等奖，机关系统代表队、宣传系统代表队获二等奖，教育系统代表队、政法系统代表队、街道系统代表队、农村系统代表队获三等奖。9月15日，北京市“永远跟党走”暨全面建成小康社会百姓宣讲团全市巡讲在双井街道举办。9月25日，区委宣传部组织张茜、肖凡、李明三位选手成立“京华风采”队，代表北京市参加由党史学习教育官网、人民网联合推出的“全国党史知识竞赛”活动，获全国第8名，全国32支代表队参加竞赛。12月2日，举办全面学习宣传贯彻党的十九届六中全会精神——“永远跟党走”“朝阳群众”百姓宣讲汇讲活动。机关、街道、农村、政法、国资、宣传、教育系统的7个宣讲团35名宣讲员参与活动。评选出优秀宣讲团3个、特色宣讲团4个、优秀组织员1名和优秀宣讲员22名。（唐晓彤）

▲ 9月8日，朝阳区“永远跟党走”党史知识竞赛在垡头地区文化中心举办（区委宣传部　供图）

【意识形态工作】 年内，区委宣传部修订印发《朝阳区党（工）委（党组）意识形态工作责任制实施细则》和《朝阳区意识形态（网络意识形态）工作考评标准（2021年）》，组织全区140家单位制定差异化“两清单一台账”（意识形态工作责任清单、领导班子成员责任清单，意识形态工作风险点台账），会同区纪委区监委，考核评估全区113家单位意识形态工作情况，对扣分单位一对一反馈问题并进行指导。提请区委常委会开展意识形态工作专题研究5次，组织召开全区意识形态和网络安全情况会商研判通气会4次和专题会商研判会12次，开展重点工作任务季度提示和自查工作4次。对重点点位开展意识形态巡查36次。制定《朝阳区2021年“扫黄打非”暨文化市场管理工作实施方案》。组织召开朝阳区2021年“扫黄打非”暨文化市场管理工作部署视频会，印发《朝阳区进一步落实意识形态工作责任制切实履行“扫黄打非”工作责任实施方案》《朝阳区关于加强网络“扫黄打非”工作的实施意见》等制度文件

3个。聚焦重点难点点位，对非法出版、违法违规经营行为露头就打，全年出动执法人员2.5万余人次，联合执法400余次，检查各类文化经营单位2万余家次，立案调查200余起，处理各类举报3000余件，收缴非法出版物500余册，罚没款150余万元。（于甜恬）

【党史学习教育理论宣讲】 年内，区委宣传部牵头成立区委党史学习教育领导小组。制发《宣传系统关于开展党史学习教育的工作方案》《朝阳区宣传系统党史学习教育"四个百年"行动方案》等文件，策划开展宣传系统"四个百年"行动（系统干部学百年、宣传队伍庆百年、典型选树迎百年、朝阳群众讲百年）和"三送"服务活动（送健康进机关、送文化进基层、送文艺进组织）。完成马骏烈士墓和纪念馆修缮、展陈更新等工作，220名少先队员组成"小小讲解员"队伍，接待参观学习720余场次，1.4万余人次。组织党员干部分8场次300余人观摩话剧《香山之夜》党史学习教育专场演出。组织6万余人参加北京市"永远跟党走"党史知识竞赛，策划举办"百年风华正青春"青年红色街舞编创大赛，征集"写给革命先烈的一封信"5.5万余封。举办党史学习教育朝阳区委宣讲团宣传系统宣讲会，邀请区委宣讲团成员、北京外国语大学国际中国文化研究院副院长管永前作宣讲报告。开展党史学习教育、五中全会、六中全会精神等宣讲5800余场次，覆盖113.5万余人次。印发《朝阳区关于推进新时代党的创新理论"飞入寻常百姓家"的指导意见》，推广使用"学习强国"学习平台，推动全区上下形成"指尖学习"新风尚。推荐12部宣讲报告参评2021年度"宣讲家杯"优秀报告（党课）征集和展播活动，推荐8名基层理论宣讲骨干参加市委讲师团2021年基层理论宣讲骨干示范培训班。组织开展2021年度基层理论宣讲典型选树工作，从理论宣讲先进集体、先进个人、优秀理论宣讲报告、优秀理论宣讲微视频4个方面推选，推荐基层理论宣讲先进集体1家、先进个人1名、优秀理论宣讲报告1篇和优秀理论宣讲微视频1部。（吕志兵　于甜恬）

【新闻宣传】 年内，区委宣传部制定《庆祝中国共产党成立100周年朝阳区宣传报道工作方案》，建立健全例会调度、新闻审核、信息报送等运行机制，对接中央市属媒体刊发报道1850余篇次；融媒体中心各平台开设"奋斗百年路 启航新征程""庆祝中国共产党成立100周年"等专栏专题，制作推出H5、短视频、微信小程序等融媒产品50余个，发布信息5340余篇次，总浏览量1亿余次。制定《朝阳区关于开展党史学习教育新闻报道工作方案》和《朝阳区"关于全区开展'我为群众办实事'实践活动"新闻宣传工作方案》，刊发报道1400余篇次；融媒体中心各平台开展线上党史知识答题竞赛活动79期，发布信息4650余篇次，总浏览量6000万余次。区委宣传部组建新闻宣传专项组，制定《2022年冬奥会和冬残奥会朝阳区运行保障指挥部新闻宣传及文化活动工作组新闻宣传专项组工作方案》《相约北京系列冬季体育赛事新闻宣传工作方案》等方案预案16项。协调做好媒体记者信息注册和核酸检测900余人次、服务赛事转播40余场、保障媒体采访拍摄20余次；建立新闻宣传素材库，梳理推送新闻线索和外宣素材300余条次；做好影音资料留存，采集视频素材130条，时长近100小时，拍摄入库图片近5000张。聚焦"四个办奥"理念、赛事活动举办、运行服务保障、疫情防控举措等重点内容，组织开展各类新闻活动40余次，对接中央、市属媒体刊发报道1290余篇次；运用区属媒体平台开设《走近冬奥》《助力迎冬奥》《冬奥知识讲堂》等栏目板块10余个，制作推出主题海报、短视频、表情包、手绘漫画、线上互动游戏等融媒产品110余部（个），开展冬奥知识答题124期，刊发信息2350余篇次，总浏览量超2亿人次。制定《朝阳区重点人群新型冠状病毒疫苗紧急接种新闻宣传工作方案》，策划组织开展各类新闻活动20余次，对接中央、市属媒体刊发报道3915篇次；运用区属媒体平台制作推出图文、海报、短视频、码上关注等融媒产品50余部（个），发布信息5500余篇次，推送相关内容9500余篇次；协调保障区领导参加北京市新型冠状病毒感染肺炎疫情防控工作新闻发布会5次。宣传朝阳区"双减"相关工作，全年对接中央、市属媒体刊发报道91篇次；运用融媒体中心各平台发布信息235篇次，总浏览量231万次。宣传报道"两区"建设，全年召开新闻发布会30次，邀请网络或报纸媒体采访173次，电视媒体采访104次，广播媒体采访27次，制作电视专栏节目1次，通过官方微信公众号发布104次，设置微博话题35个。（程美清）

【新闻出版管理】 年内，区委宣传部办理行政审批事项1039件，其中办理许可事项1018件，办理备案项目21件。修订《朝阳区实体书店扶持资金管理办法（试行）》，对获得2020年实体书店资金扶持的44家书店开展资金监管。10月30日至11月8日，对区内上报北京市新闻出版局实体书店扶持项目109家书店开展资格审查、实地踏勘、票据审核等初审工作。11月25日，启动2021年度朝阳区实体书店扶持工作。（胡淑娟）

【先进典型推选】 年内，朝阳区推荐全国五一劳动奖章1个，全国工人先锋号1个，首都劳动奖章5个、首都劳动奖状1个、北京工人先锋号2个、首都精神文明建设奖2名；市、区级优秀共产党员16名、优秀党务工作者16名、优秀基层党组织书记1名，先进基层党组织16个；朝阳区"最美家庭"8户；评选表彰宣传系统优秀共产

党员60名、优秀党务工作者30名、先进基层党组织30个。（张　静）

统一战线

【概况】 中共北京市朝阳区委统一战线工作部（简称“区委统战部”）对外加挂北京市朝阳区民族宗教事务办公室（简称“区民宗办”）和北京市朝阳区人民政府侨务办公室（简称“区政府侨办”）牌子。中共北京市朝阳区委台湾工作办公室，加挂北京市朝阳区人民政府台湾事务办公室（简称“区台办”）牌子，与区委统战部合署办公。年内，区委书记王灏《抓好〈中国共产党统一战线工作条例〉贯彻落实，进一步提升朝阳统战工作科学化规范化制度化水平》学习体会稿，被市委统战部采用，7月5日，在“北京统战”微信公众号发布。2021年是朝阳区统战领域换届之年，区政协、八个民主党派区委、区伊斯兰教协会、区工商联、区侨联、区知联会、区海联会、区基督教“三自”爱国会完成换届工作。

【民主党派工作】 2月5日，全国人大常委会副委员长、民盟中央主席丁仲礼率领盟员书法家到朝阳区安贞街道安华里社区，开展“迎春送福进社区”活动，向社区工作者代表、社区居民代表赠送春联、福字，并致以新春祝福。民盟中央副主席张平、龙庄伟，民盟中央副主席、北京市政协副主席、民盟北京市委主委程红，北京市委统战部副部长刘先传，朝阳区委书记王灏，朝阳区委常委、统战部部长、区直机关工委书记李国红等参加活动。3月30日，民建北京市委主委司马红一行到朝阳调研“两区”建设工作。7月9日，市人大常委会副主任、致公党北京市委主委闫傲霜带队到朝阳区调研“两区”建设工作。7月22日，民进中央常务副主席刘新成带队到朝阳区调研。区委书记王灏出席座谈会，并同调研组就朝阳区统战、教育、文化以及建立合作共建机制等进行交流。12月30日，致公党中央副主席李卓彬到朝阳区调研基层组织工作，调研组听取致公党朝阳区第十三支部工作汇报。12月30日，纪念农工党朝阳区委成立二十周年会议召开。农工党北京市委秘书长江欣、中共朝阳区委统战部副部长金晓倩到会祝贺并讲话；农工党朝阳区第五届委员会主委刘存志作区委二十年工作报告；全体参会人员观看纪念区委成立二十周年系列纪录片。

【成立区医疗卫生机构统战工作联盟】 4月21日，朝阳区成立区医疗卫生机构统战工作联盟，召开第一次联席会。区委常委、统战部部长李国红与驻区9家医院分管统战工作负责人，围绕医疗机构统战工作、统战工作联盟未来发展等内容进行座谈交流；参观北京画院“2021迎春画展”。

【港澳台统战工作】 5月17日，北京朝阳、台湾高雄“鲜花迎五月 歌声传两岸”第三届海峡两岸社团联谊会暨朝阳区第六届“悦动高雄”基层文化交流活动以网络视频连线形式举办。活动邀请两岸艺术家、当地普通民众、在区台湾青年同“屏”献艺，组织台湾基层民众和在区生活、工作的台湾同胞、两岸婚姻家庭200余人现场参与、观摩。国台办、市台办、北京市文联、区委统战部等有关单位领导出席。活动受到中国评论通讯社、人民网、凤凰视频、央视影音、《北京日报》等媒体报道，被中国台湾网、京彩台湾、中华网、国际在线等新闻板块报道。5月18日，北京朝阳、台湾高雄京台生活垃圾治理暨新修订《北京市生活垃圾管理条例》实施一周年交流研讨活动以网络视频连线形式举办。活动邀请北京市、朝阳区城市管理部门、街道社区130余人齐聚朝阳区垡头地区文化中心，与位于高雄市河边会议厅台湾会场环保专家、基层社区代表及环保志愿者等进行交流。望京街道阜荣街道社区、奥运村街道国奥村社区与高雄两个社区结对手拉手，成为京台两地社区层面垃圾分类治理交流示范案例。活动受到《人民日报（海外版）》、央视中文国际频道、新华社、海峡之声广播电台、北京电视台、《北京日报》、香港中评社、人民网、凤凰网、海外网等30多家媒体报道，14篇原创报道，25篇转载报道。

【新阶层人士统战工作】 年内，区委统战部与组织部共同下发《关于加强

▲ 5月17日，朝阳区“鲜花迎五月 歌声传两岸”第三届海峡两岸社团联谊会暨朝阳区第六届“悦动高雄”基层文化交流活动举办　（周　蕾　摄）

楼宇园区新的社会阶层人士统战工作的若干措施》，将新社会阶层人士工作纳入“双楼长”转型工作方案，建立统战部和组织部楼宇园区新阶层人士统战工作例会制度，定期研究难点问题，专项督导重点园区和街乡。成立新阶层人士统战工作指导组，制定《楼宇园区统战工作推进计划表》，分批、分片召开5次工作部署会、现场推进会，专题培训街乡主管领导及负责人。在党群服务中心和党群服务站建立54个统战工作站，由党务工作者兼职统战委员。在街乡、园区、楼宇和“两新”组织中建立基层新联会21个，近800人。（孙　洁）

机构编制管理

【概况】　中共北京市朝阳区委机构编制委员会办公室（简称“区委编办”）为中共北京市朝阳区委机构编制委员会（简称“区委编委”）的常设办事机构，承担区委编委的日常协调服务工作，归口区委组织部管理。年内，区委编办服务保障“两区”建设，为区发展改革委、区人力资源社会保障局等11个职能部门赋权，在自贸区范围内行使64项市级行政权力事项。建立机构编制报告制度，强化对各单位机构编制事项的管理，完成《关于2020年度机构编制重要事项的报告》。开展推广事业单位法人证书电子证照工作，全年为381家事业单位颁发法人证书电子证照。7月，重新修订印发《北京市朝阳区议事协调机构管理办法》，明确朝阳区议事协调机构职能定位、主管部门、设立条件、工作程序、运行管理和监督检查等事项。

【深化综合行政执法体制改革】　4月，区委编委结合承担行政执法职责事业单位调整工作，重新核定卫生健康、市场监管等9个领域执法机构定职能、定机构、定编制“三定”规定，集中行使相关领域行政处罚权，解决多头执法、重复执法问题。调整区城管执法局隶属关系，明确一线执法人员编制比例，将机构编制资源向执法一线倾斜。

【区级部门协管力量下沉】　7月至9月，区委编委印发《朝阳区城市管理监督员队伍管理体制改革方案》，推动区城管指挥中心城市管理监督员队伍下沉，由街乡统筹管理使用。至9月底，下沉工作全部完成，为街乡核增653名城市协管员。

【事业单位改革试点】　年内，朝阳区全面开展事业单位改革试点工作。结合区域功能定位，优化事业单位布局，调整机构设置和职能配置，推进政事分开、事企分开、管办分离，明确事业单位公益属性，整合撤并职责交叉重叠、职能相近事业单位及“小散弱”事业单位，调整涉改事业单位机构编制事项275个、处级事业单位“三定”规定11个，精简机构79个，收回事业编制1347名，收回编制比例13.1%，收回编制重点向转型发展、服务居民社会等领域倾斜。选择教育、卫生、文化3个领域14个事业单位开展政事权限清单和章程管理试点工作，理顺政事管办关系。

【规范开发区管理机构】　年内，区委编委按照整合规范机构设置，合理确定职能定位，精简优化内部架构，创新人员编制管理，持续完善运行机制总体要求，将朝阳区管委会由7个规范至4个，分别是：商务中心区管委会、朝阳园管委会、奥林匹克中心区管委会、文创实验区管委会。（王鹏举）

政策研究

【概况】　2021年，区委、区政府研究室围绕区委工作，起草文稿520篇190余万字；围绕全区全面深化改革和调查研究等工作，起草文稿186篇近80万字；组织开展调研活动30余次，参与调研约300人次；对全区二级班子党政主要领导170项调研课题，加强工作指导和管理服务；围绕全面深化改革制度，制定实施一系列制度文件；全年编印《朝阳调研》2期、《调研参阅》10期、《调研参阅》改革专刊17期，获得区领导批示29条次。（武　睿）

【重点课题研究与管理】　年内，区委、区政府研究室完善“大调研”工作格局。探索推进调研课题分级管理、调研智库分类管理、调研资源“四库”（成果库、智囊库、信息库、需求库）管理，建好全区调研人员和智库专家学者两支研究队伍，搭好区级沟通交流平台，打造调查研究工作品牌。执行和推广《区委区政府研究室关于进一步加强和改进调查研究工作的实施办法》《区委区政府研究室重点课题管理办法》《朝阳区优秀调查研究成果评选办法》等工作机制，100余家外脑引入“智囊库”，近1000篇研究报告纳入“成果库”。推进朝阳区与北京国际城市发展研究院共建战略合作，建立区委区政府专家决策委员会。确定“高标准推进第四使馆区建设，打造国际交往中心新亮点”“朝阳区老年友好社区建设路径研究”等4项区委重点课题。建立研究机构公开征集、研究过程联合推进、阶段成果及时转化、项目结题专家评审机制。研究成果在《前线》《北京工作》《北京调研》《朝阳调研》《调研参阅》等市区刊物上完成成果转化27篇。研究编制《朝阳区课题研究报告规范指南》，二级班子调研课题立项170项。协助二级班子完成课题转化30余项。（武　睿）

【深化改革制度研究制发】　年内，区委、区政府研究室调整区委深改委专项小组组织架构，增设区级接诉即办改革专项小组。改革完善区委深改委会议形式，增加审议改革文件类议题比重，制定区委深改委议题计划。组织召开区委深改委会议5次、审议议题25个。出台区级“十四五”举措清单，提出改革举措10方面47项；出台“朝阳区2021年改革工作要点”，提出改革任务13大项（126细项）。制定区委深改委年度督察计划，以《调研参阅》改革专刊等形式，刊发改革督察推进落实情况，形成《调研参阅》改革专刊17期。将改革创新“年度三件事”纳入区委区政府研究室（区委改革办）“我为群众办实事”清单项目，推动“心系群众办实事，立足岗位促改革”，形成339项“年度三件事”台账并滚动更新。搭建线上线下宣传平台，融媒体平台推出换届以来朝阳区改革工作成果7期、改革创新“年度三件事”宣传13次，《北京改革情况交流》专刊印发朝阳区统筹推进全面深化改革工作情况，高成长企业“凤鸣计划”等2个基层创新举措入选全市首批22个“微改革、微创新”典型案例。（李　博）

区直机关党建

【概况】　中共北京市朝阳区委区直属机关工作委员会（简称“区直机关工委”），是中共北京市朝阳区委派出机构，主管区直属机关系统党的建设和思想政治工作，领导区直属机关纪律检查工作委员会。年内，区直机关工委辖64个基层党组织，其中5个部门党委、13个机关党委、23个直属党总支、23个直属党支部，在职党员8828人，离退休党员6953人。区直机关系统新发展党员344人，转正38人，16个直属党组织完成组织换届，8个直属党组织完成委员调整。

【党风廉政建设】　1月至7月，区直机关系统各级党组织对纪检委员开展培训603次、宣讲545次、专题工作汇报479次、纪检委员述职193次。2月，部署2021年工作任务，围绕提高站位抓政治监督、全面从严抓主体责任等7项工作目标，明确21项具体工作任务。4月至5月，开展“清风传家”系列活动，选出15个先进人物和5个朝阳区最美家庭，将其事迹录制朗读音频，通过喜马拉雅平台宣传。7月至11月，开展公务员工作津贴补贴自查清理，党员、干部和公职人员涉违法占地、违法建设行为填报和统计上报，落实管党治党政治责任负面清单自查整改工作。9月至11月，开展第三季悦读·阅廉——朝阳区“廉洁文化进机关、进家庭”活动，参与活动6980人，音视频打卡36.9万次。年内，监督检查机关党员下沉社区、重要点位落实防疫措施等重点工作。

【机关党的思想建设】　2月，区直机关工委开展“迎新春、送祝福”慰问活动，邀请7名书法家、21名区直机关系统书法志愿者共同书写2000套对联及福字，慰问机关党员干部。5月至10月，依托区委党校机关系统分校平台，采取线上线下相结合方式，举办“千名支部委员专题读书班”，邀请中央党校、市委党校党史专家开展6期党史授课辅导，区直机关系统334个党支部8700余人次参加授课。6月23日，开通“北京朝阳机关党建”微信公众号，打造集信息发布、经验共享、学习交流等功能为一体的机关党建工作新平台。7月16日，以“永远跟党走”为主题，举办2021年度机关系统百姓宣讲汇讲，23名宣讲员参加宣讲，评选出8人组建机关系统宣讲团。10月12日，采取线上线下相结合方式在区委党校开展主题宣讲。市委宣传部、市委讲师团、北京演艺集团共同组建的“学习贯彻习近平总书记七一重要讲话精神基层宣讲团”，围绕“书写为人民美好生活而奋斗的北京篇章”开展宣讲；区直机关系统宣讲团7名成员，围绕“永远跟党走”开展宣讲巡讲，1400余名党员干部参加。10月20日，在奥林匹克森林公园举办“携手迎冬奥，共创文明区”主题微马活动，64个部门300余名党员干部参与冬奥承诺、党史问答、创城合影、微马赛跑等项目。11月9日，中国共产党北京市朝阳区直属机关代表会议召开，选举出席中国共产党北京市朝阳区第十三次代表大会代表66名。12月30日，举办区委学习贯彻十九届六中全会精神及区党代会精神机关系统专场宣讲，机关系统支部书记、委员50余人参加。12月，经区直机关工委研究推荐，区审计局被评为第十一届书香中国·北京阅读季“书香北京系列评选”优秀机关，区审计局、区财政局、区总工会、区城市管理委、区环卫中心、区委政法委、区气象局、区发展改革委8个部门被评为2018—2020年度首都文明单位标兵，区民政局（区委社会工委）、区市场监管局、市规划自然资源委朝阳分局、区税务局、区人力资源社会保障局、区人防办、区循环经济产业园、奥林匹克公园管委会、区委统战部、区委党校、区直机关工委、区房管局、区信访办、区统计局14个部门被评为2018—2020年度首都文明单位。

【基层党组织建设】　3月9日，区直机关系统2020年书记抓党建述职和2021年党建工作部署会召开。3月，区直机关工委完成2020年度机关系统直属党总支和党支部党费上缴，上缴党费2084359.65元（含离退休人员党费59456.36元）。4月，开展区直机关系统直属党组织组织委员、党务工作者、党员发展对象培训，1800余人次参加。6月25日，区直机关系统“两优一先”表彰大会召开，表彰61名优秀共产党员、61名优秀党务工作者和48个先进基层党组织。7月1日，举行2021年度“传承百年红色基因，助力慈善为民办实事——共产党员献爱心”捐献活动。区政府大院党员干部740余人参加，现场捐款187400元。7月19日，区直机关工委领导班子成员及科长到外交部机关交流研讨机关党建工作，双方围绕“机关党建如何与业务工作融合共促”等主题开展交流研讨。7月，区直机关工委完成中国共产党成立100周年庆祝活动服务保障工作，组织300余名机关党员干部到天安门广场参加庆祝活动，完成10个点位13000余人集结疏散服务保障工作。7月，区直机关工委推荐的北京市“三优一先”表彰对象受到市通报表彰。区纪委区监委第八审查调查室副主任曹为镜、区委组织部干部教育培训科副科长李锋、区委宣传部综合科科长左向军、区委政法委办公室主任赵江被评为“北京市优秀共产党员”。区直机关工委副书记郭艳被评为“北京市优秀党务工作者”，区委党校第五党支部书记、科研办公室副主任陈亚萍被评为“北京市优秀基层党组织书记”，朝阳区社会保险基金管理中心党总支被评为“北京市先进基层党组织”。年内，区直机关工委结合元旦、春节、七一，慰问161名困难党员、258名优秀党员和优秀党务工作者，发放慰问金23.8万元，向265名老党员发放“光荣在党50年”纪念章。年内，深化“1+1手拉手”行动，334个机关党支部与619个社区（村）党支部开展常态化共建，机关党员参与周末桶前值守5300余人次，开展“党员认领路口”文明交通劝导志愿服务1000余人次。

【机关党的政治建设】 4月，区直机关工委召开区直机关系统党史学习教育主管领导会，部署党史学习教育相关工作，为机关系统各部门配备《习近平新时代中国特色社会主义思想学习问答》3548册、《党史党建知识1000题》453册。组织机关系统开展“我为群众办实事”实践活动，58个部门完成办实事项目363个，完成重点民生项目182个，为群众解决加装外置电梯、增设停车位、加强预付式消费监管、接入市供用水等急难愁盼问题。11月5日，组织区政府大院内工作人员1066人，在朝阳区选举委员会朝外街道分会第6选区天福园社区居委会投票站，参加区人大代表换届选举投票。11月，梳理各部门巡察反馈报告，编写《朝阳区直机关系统巡察整改工作手册》，梳理出17项共性问题和40种主要表现，从整改要点、参考依据等方面做出详细说明，将工作手册发至各部门及处级班子成员，推进巡察问题整改。年内，区直机关工委督促各部门党组（党委）落实《朝阳区党（工）委（党组）意识形态工作责任制实施细则》《北京市朝阳区党（工）委（党组）网络安全工作责任制实施细则》，对各部门举办论坛、讲坛、40余次。（孙新杰）

老干部工作

【概况】 中共北京市朝阳区委老干部局（简称“区委老干部局”）是区委主管全区离退休干部工作的工作机关，归口区委组织部管理。年内，全区离退休干部21709人，其中，离休干部262人（含易地离休干部31人），副处级以上退休干部1810人。年内，注重加强离退休干部党的建设，引导离退休干部为党和人民事业增添正能量，做好离退休干部服务管理，落实离退休干部政治待遇和生活待遇。建立离退休干部线上学习教育新机制，依托中组部老干部局离退休干部工作微信公众号、北京老干部App、朝阳老干部之家微信公众号等媒体，开展“书记讲党史”微视频展播活动，组织老干部收看全国离退休干部网上专题报告会、两会开幕实况、党史学习教育网上专题报告会等。组织离退休干部体检1200人次，走访慰问离退休干部及去世离休干部配偶438人次，完成市和区为离退休干部办实事4件。区委老干部局获《中国老年报》颁发的全国涉老工作部门庆祝中国共产党成立100周年暨党史学习教育宣传工作优秀奖。（徐振兴）

【离退休干部党的建设】 3月1日，朝阳区召开离退休干部党史学习教育动员会。离退休干部党支部书记、老党员先锋队队长、“五老”（离退休老干部、老战士、老教授、老专家、老模范）志愿者代表及工作人员等100余人参加会议。6月24日，区委老干部局召开党史学习教育推进会，传达学习全区党史学习教育推进会精神，总结部署党史学习教育工作，为机关老党员颁发“光荣在党50年”纪念章，通报表扬15名“学习强国”学习平台年度学习标兵。7月1日，朝阳区召开“离退休干部学习习近平总书记七一重要讲话精神座谈会暨党史学习教育成果展”。朝阳区获“光荣在党50年”纪念章退休干部代表，离退休干部党支部书记、老党员先锋队、关心下一代“五老”代表和区委老干部局机关工作人员50余人参加会议。7月19日，组织全区老干部以各种形式收听收看中央党史和文献研究院院长曲青山作的《新时代中国共产党人的政治宣言》宣讲报告，深入领会习近平总书记在庆祝中国共产党成立100周年大会上的重要讲话的重大意义和内涵。9月16日，朝阳区召开离退休干部党建工作联席会第一次全体会议暨党建引领手拉手行动推进会。区离退休干部党建工作联席会成员单位、临时党支部成员代表及区委老干部局机关全体干部近100人参加会议。11月1日至5日，朝阳区离退休干部线上理论学习班举办。年内，开展“六个一百”活动，即“讲党史、谈党建”百课宣讲、百张“主题党日活动”照片展、百篇“手抄入党誓词”展、百名党员“政治生日”照、百名党员“唱红歌”、百家老干部工作单位开展“我看百年新成就”专题调研。制作《永远跟党走 皓首映朝阳》——朝阳区离退休干部党史学习教育“五个一百”成果纪实片。（徐振兴 韦汝林）

【老干部工作会】 3月24日，朝阳区2021年老干部工作会议召开，传达全国老干部局长会议和全市老干部工作会议精神，通报区级班子新调整情况和2020年全区经济社会发展情况，作《推进新时代老干部工作高质量发展，以优异成绩庆祝中国共产党成立100周年》工作报告。区委书记王灏主持会议。市委老干部局一级巡视员姜琳娅，市老干部活动中心主任张吉云，区领导陈宏志、陈涛、王旭、迟行刚、崔小浩出席会议。区委老干部工作领导小组成员，区四套班子老领导，各单位离退休干部党支部书记、支委及离退休干部代表，各老干部工作单位主要领导200余人参加会议。（徐振兴 李雪梅）

▲ 6月1日，“立德树人育童心向党 老少携手话百年辉煌”主题教育系列活动开展（区委老干部局 供图）

【关心下一代工作】 4月20日，区委老干部局启动“永远跟党走，红色基因永相传”朝阳区离退休干部庆祝中国共产党成立100周年主题宣传教育活动。市关心下一代工作委员会、市委老干部局、区委宣传部等相关单位领导，老干部党史宣讲员、在校学生及工作人员等100余人参加活动。活动在首都关心下一代大讲堂朝阳区分讲堂第一课暨“一老一小话党史”中开场。活动现场，20名退休干部被聘为朝阳区老干部党史宣讲员，向20名学生赠送党史读物《火种》。宣讲员代表祁凤山以《五里桥谈判的历史地位和伟大意义》为题进行党史宣讲，全体人员合唱《没有共产党就没有新中国》。7月28日，区委老干部局联合区关心下一代工作委员会、区退役军人事务局，组织市老干部宣讲团到武警北京总队执勤第七支队，开展“弘扬光荣传统 赓续红色血脉——庆‘八一’北京市老干部宣讲团党史宣讲进军营”活动。相关单位领导、武警官兵、离退休干部、少先队员等200余人参加活动。活动宣讲《保家卫国 革命军人永远跟党走》，讲述《中国共产党百年述职报告》，表演快板《百年的舵手 百年的红船》，观看国宾护卫中队训练科目演示。6月1日，区委老干部局、区关心下一代工作委员会、区教工委、教委联合北京市第九十四中学朝阳新城分校、北辰福第幼儿园开展“立德树人育童心向党 老少携手话百年辉煌”主题教育系列活动。老教师宣讲团和部分师生代表800余人参加活动。活动中老教师宣讲团老党员走进课堂为学生讲述党史故事，学生展示书法，离休干部送寄语，合唱《没有共产党就没有新中国》《歌唱祖国》。年内，区委老干部局制作《北京市朝阳区关心下一代工作手册》，指导43个街乡关工委完成换届工作，召开家校社共育工作联席会，组织“五老”拉手青少年参与党史学习教育，推出“党史童声”“一老一小话党史”等77期，开展“小小外交官”“小小护旗手”“小小志愿者”培育等活动，组织11名小学生参加中国关工委“同心向党 礼赞百年”座谈会。（徐振兴 韦汝林 于开山）

【老干部精神文化生活】 4月30日，区委老干部局联合小关街道召开离退休干部“我看建党百年新成就”专题调研会，参会人员以宣讲、座谈、手势舞等形式学党史、忆初心、谈体会、颂辉煌。5月18日，区委老干部局举办“离退休干部向党说句心里话”活动。6月28日，区委老干部局和区诗书画研究会主办，八里庄街道协办的“庆祝中国共产党成立一百周年书画展”举办。9月1日，区老干部大学秋季学期开学，21个班级，249名学员，采取线上教学方式教学，全年929个课时，包括书法、绘画、舞蹈、钢琴和太极拳等课程。全年发放电影券16752张，开展各类公共文化活动5000余场，惠及离退休干部近2万人次。（徐振兴 程鹏厚）

【离退休干部发挥优势和作用】 6月10日，朝阳区离退休干部庆祝中国共产党成立100周年群众性主题宣传教育活动“永远跟党走 皓首映朝阳”在垡头地区文化中心举办。讲述中国

▲ 6月10日，“永远跟党走 皓首映朝阳 ”朝阳区离退休干部庆祝中国共产党成立100周年群众性主题宣传教育活动举办（区委老干部局 供图）

工程院院士钟南山的感人事迹，弘扬“抗疫”精神。市、区相关单位领导向新成立的市国资时尚控股朝阳区城市华庭社区老党员先锋队、市国资时尚控股朝阳区十里堡东里社区老党员先锋队授旗。现场表演《唱支山歌给党听》手势舞及合唱、诗朗诵《自白书》、情景舞剧《红色征程》、舞蹈《赞歌》。朝阳区老干部记者团成立。市委老干部局、市国资委，区委组织部、区委宣传部、区直机关工委、区教工委、区文化和旅游局、区融媒体中心、和平街街道、垡头街道等相关单位领导，老干部记者团成员、老党员先锋队、老干部大学艺术团及工作人员等100余人参加。年内，区委老干部局指导垡头街道、北京时尚控股、东湖街道东阅书院、退役军人事务局成立老干部宣讲团。打造劲松街道和谐雅园社区央地融合、双井街道和平村社区军地融合和奥运村街道龙祥社区双奥精神融合3个示范社区，创建“一街乡一品牌”。（徐振兴　全　虹　赵现宽）

【离退休干部政治待遇落实】 10月19日至22日，朝阳区举办离退休干部读书班暨参观学习活动，区委常委、组织部部长赵立军，区委组织部副部长、老干部局局长高敬茹参加。12月6日至10日，党的十九届六中全会精神线上专题辅导报告会举办，解读党的十九届六中全会暨《中国共产党的百年奋斗重大成就和历史经验的决议》。12月15日，区委老干部局邀请区委党校综合教研室主任姜岩，作“中国共产党百年奋斗的重大成就和历史经验——学习领会党的十九届六中全会精神”报告。12月30日，2021年离退休干部区情通报会召开，通报全区2021年经济社会发展情况和2021年3月以来区级班子调整情况，发放《朝阳区离退休干部智能手机应用培训手册》，离退休干部参观国家速滑馆，听取国家速滑馆冬奥筹备工作情况介绍。区领导王灏、文献、王旭、狄涛、崔小浩、赵立军、许嘉宁及区离退休干部代表等60余人参加会议。（徐振兴　韦汝林　武鑫来）

【离退休干部生活待遇落实】 年内，朝阳区采取集中、就近、上门、住院体检等方式开展离退休干部体检工作1200人次；为全区364名离休干部、局职退休干部每日送牛奶、发放养老服务补贴150余万元；为离退休干部购买《北京市老年人意外伤害保险》2000余人次，为离休干部办理120急救“一键通”呼叫电话延续服务工作；结合庆祝中国共产党成立100周年，走访慰问全区高龄、特殊困难以及发挥骨干作用好的离退休干部，全年累计慰问1.3万余人次，安排解困帮扶慰问金、慰问品等经费近500万元，接待答复政策咨询1200余人次，送葬去世老同志10人，下拨市属“四就近”（就近学习、就近活动、就近得到关心照顾、就近发挥作用）及离退休干部其他经费198万余元。（徐振兴　张香丽）

【为离休干部办实事】 年内，区委区政府安排老干部工作办实事经费130万元，为36名抗战时期离休干部提高享受副省（部）长级医疗待遇或按标准报销医疗费待遇，为268名离休干部提高生活补贴标准，为30余名去世离休干部无工作配偶发放困难补助费。七一前夕，为全区2145名离退休干部发放红色纪念品，为全区离休干部和有特殊困难的545名退休干部配备适老化辅具，为500余名离退休干部安装辅具；探索“物业＋养老服务”模式，所聘9名助老员对全区近300名离休干部一对一电话联系6000余次，上门620余次，解决实际问题35件。（徐振兴　张香丽）

【党建引领老干部工作向基层延伸】 年内，朝阳区召开区委老干部工作领导小组会议暨党建引领老干部工作向基层延伸专班会议，传达全国老干部局长会议、市委老干部工作领导小组会议精神，汇报2020年老干部工作及2021年工作任务。老干部工作领导小组组长王旭出席会议并讲话，老干部工作领导小组副组长迟行刚主持会议。老干部领导小组各成员单位参加会议。（徐振兴　高　晏）

保密管理

【概况】 中共北京市朝阳区委保密委员会办公室（北京市朝阳区国家保密局）[简称“区委保密办（区保密局）”]设在区委办公室。主要职责为贯彻落实党和国家有关保密工作的方针、政策和法律法规，负责制定和实施全区保密工作计划，组织开展保密宣传教育和保密检查，督促查处泄密事件。年内，区保密局在中国共产党成立100周年庆祝活动开展前，组织全区保密干部开展“以查带训”活动，完成130多家单位的保密检查，实地检查各指挥部、涉密服务外包单位36家次，下发整改通知71份，消除问题隐患228项，组织专项保密知识培训84次。全年销毁涉密载体24.5吨，电磁介质50千克，涉密会场屏蔽服务58次，防泄密窃密安全检测25次。（廖健凯）

【保密工作培训】 12月15日，区保密局通过加密视频会议系统，举办朝阳区2021年保密工作培训会。邀请市局领导围绕《北京市保守国家秘密条例》、工作秘密管理以及冬奥会保密等内容进行授课。区委保密委全体成员，全区保密系统各单位主管领导、保密干部，冬奥会服务保障人员等400余人参加培训。（廖健凯）

【保密宣传】 年内，区保密局以“4·15”全民国家安全日为契机，围绕中国共产党成立100周年庆祝活动和冬奥会筹备等工作，在国家速滑馆西广场开展保密主题教育，通过保密宣教展示巡展，发放防泄密案例警示折页、记事本、鼠标垫等保密宣传品，提升“朝阳群众”保密意识，营造良好保密氛围，进一步筑牢国家安全屏障。编写的《北京朝阳区：检查悬利剑 培训抚人心》文章在中共中央保密委员会办公室、国家保密局指导全国保密工作的专业刊物《保密工作》第9期中刊登。《无名的坚守》公益宣传片文案获评全市三等奖。（廖健凯）

党校教育

【概况】 中共北京市朝阳区委党校(简称“区委党校”)是由区委直接领导，培养领导干部、理论宣传干部的学校，兼有区行政学院、区社会主义学院职能，三块牌子一支队伍。年内，落实中央、市区《2018—2022年全国干部教育培训规划》《中共北京市朝阳区委关于加强和改进新形势下党校工作的实施意见》《中国共产党党校（行政学院）工作条例》《社会主义学院工作条例》，围绕干部教育培训总体要求，坚持从区域发展和学员任职岗位需求出发，以习近平新时代中国特色社会主义思想课程为主要内容，突出红色教育、党史教育、素质提升教育和区情教育，设置培训课程，完成区内、区外各级各类班次培训任务。与中央党史和文献研究院科研规划部、市委党校、市委统战部、市社会主义学院、北京市科技进修学院、顺义区委党校、中石化党校、人民日报新闻战线杂志社、北京国际汉语研修学院等开展学术交流。获2018—2020年度“首都文明单位”称号及北京市党校（行政学院）系统第一届教学管理优秀奖。

【学术交流】 3月25日，北京市委统战部副部长，北京社会主义学院党组书记、常务副院长吕仕杰一行6人到朝阳区社会主义学院调研指导工作。6月10日，北京市委党校基层工作处处长薛念一行到朝阳区委党校专题调研分校工作，到高碑店分校和麦子店分校走访并座谈交流。年内，党校党委书记、常务副校长李燕梅作为基层党校代表参加北京市党校（行政学院）系统学习贯彻党的十九届五中全会精神理论研讨会暨科研工作会，并以《构建“三位一体”格局 优化“三个服务” 发挥朝阳党校智库作用》为题作经验交流发言。

【教学管理】 年内，区委党校改革主体班建制，由班委制改为支委制，突出学员党支部对班级学员的教育管理作用，强化党建引领，班主任改为支部联系人，负责支部“三会一课”（定期召开支部党员大会、支部委员会、党小组会，按时上好党课）建设工作。所有主休班按照《朝阳区委党校学员党支部规范化建设办法》，开班即民主选举支委班子，在支委带领下按照支部规范化建设要求，开展微党课、支部园地建设、优秀学员评选、总结学习体会等支部活动，并形成学习档案。

【干部培训】 年内，干部教育培训以习近平新时代中国特色社会主义思想课程为主要内容，在保持理论教育和党性教育比重不低于总课时70%的基础上，突出党史教育、红色教育、素质提升和区情教育。聚焦朝阳区“三化”区域发展方向，精心设计培训内容，突出培训前瞻性、针对性和实效性。疫情常态化期间，党校通过运用“互联网+”技术，探索基层党员教育新模式，依托“云课堂”在线教育方式、“人民学习”品牌直播课程以及“全景沉浸式直播互动教学系统”，统筹区内外高端优质教学资源，激发学员学习热情，促进学员学习思考能力提升。全年举办主体班16期，培训学员626人；专题班20期，培训学员1804人，累计培训2430人。落实《社会主义学院工作条例》，发挥社院职能，开展朝阳区民主党派和无党派人士教育培训工作。举办朝阳区海外联谊会成员培训班，培训学员100人；举办朝阳区民族宗教界迎接中国共产党成立100周年暨党史教育专题讲座，培训学员100人。联合北京鲲鹏联创中心共同开发共识教育基地，采用“双师”模式进行现场教学课程，9月22日通过北京社会主义学院共识教育实践教学基地评审组验收评估。

【课程研发】 年内，区委党校深化“用学术讲政治”教学改革，推进2021年新课申报工作。制定选题指南，完善申报流程，明确申报要求，8名专职教师申报校内、校外新课10门；开发利用朝阳红色资源，同步开发四九一电台、双桥无名烈士墓等党史教育基地，完善沉浸式情景体验课程《五里桥北平和平谈判及当代价值》和马骏烈士墓教学课；综合梳理党史、新中国史、改革开放史、社会主义发展史“四史”素材，丰富以史育人方式方法；与区融媒体中心合作制作播放《红星闪闪》10集系列微党课，对开国将帅后代、革命英烈后代等进行纪实人物专访，打造一部“红色群英传承录”；扩充红色基因师资库、音频库、视频库和课程库建设，建成包含101个特色课程的朝阳党校特色课程视频库。

【教学科研】 年内，区委党校制定《朝阳区委党校分类开展校级课题研究方案（试行）》，首次将校级课题分为专题性研究课题和业务工作研究课题两大类，进行分类管理。7项专题性研究课题和6项业务性研究课题获准立项。组织申报市区两级各部门发布课题7项，其中获批立项4项。创立决策咨询“六步法”（学员带案例、老师做指导、课前做分享、分组做研究、集体做总结、学后出成果）。在8期主体班中开展学员参与决策咨询研究工作，形成32篇研究报告。精选学员提交研究案例形成《基层党建创新与社会治理热点——北京市朝阳区实践案例选编》，由国家行政管理出版社出版。校教职工咨询报告《政企合力“助航”促进科技创新企业健康发展》

在市委党校《智库建议》2021年第68期刊载。（赫　威）

党史编研

【概况】中共北京市朝阳区委党史工作办公室（简称“区委党史办”）为参照公务员管理的区直属事业单位。年内，开展党史学习教育，推进党史研究、宣传教育和资料征编等重点工作。出版《党史理论与实践研究（2018—2019）》《中国共产党北京市朝阳区历史大事记（2016—2018）》《北京市朝阳区新冠肺炎疫情防控大事记（2020）》3部党史书籍。认真履行区委党史学习教育领导小组办公室党史研究组职责，编发朝阳党史学习教育“八个一”资料包，参加领导小组办公室会议16次，召开党史研究组例会4次，报送党史研究组信息55条。组织全区史志宣传月活动，开展面向基层的党史宣讲，加强区域内马骏烈士墓、北平和平解放五里桥谈判纪念碑等革命遗址遗迹开发利用。

【编研成果】1月，区委党史办完成《朝阳党史》期刊2020年第2期出刊印刷，印刷700册。6月，《中国共产党北京市朝阳区历史大事记（2016—2018）》出版。全书30万字，主要记载2016年、2017年和2018年朝阳区委团结带领全区人民推动朝阳各项事业发展的重大事件和重要活动。8月，《党史理论与实践研究（2018—2019）》出版。全书15万字，分思想理论研究、专题研究、人物研究、基层党建实践研究4个专题，精选2018年、2019年朝阳区党史课题研究报告12篇。11月，编印完成《北京市朝阳区新冠肺炎疫情防控大事记（2020）》，重点收录会议决策部署、检查调研、科技支撑、社区防控等内容。

【红色资源保护提升】2月5日，区委党史办参加话剧《青春的信仰》创作专题会，提供马骏烈士相关史料。3月8日，审阅区委宣传部拍摄的《马骏烈士墓》等4处革命遗址遗迹宣传片，提出修改意见建议9条。4月8日，市人大常委会副主任杜飞进调研马骏纪念馆。区委党史办为马骏纪念馆提供600张“朝阳区革命遗址遗迹”宣传折页，供参观者了解朝阳区革命遗址遗迹情况。6月，区委党史办于七一前，从保护修缮、环境整治等方面，对北平和平解放五里桥谈判纪念碑开展清洗维护和文字描红，保持纪念碑外观清洁、字迹清晰、庄重肃穆，助力广大党员干部群众开展革命传统教育，厚植爱国爱党情怀，促进红色基因传承。

【党史学习教育资料包制作】3月，区委党史办组织编写制作朝阳党史学习教育“八个一”资料包。包括：一书（区域党史基本著作《中共北京市朝阳区历史》）、一刊（《朝阳党史》期刊庆祝建党百年专刊）、一片（《朝阳印记》党史资料片）、一册（《朝阳区红色遗址遗迹》）、一人（《播撒信仰火种的革命先驱——马骏》烈士传记）、一事（《五里桥谈判——叩开北平和平解放之门》）、一本（《面朝荣光 向阳而行》红色手账本）、一号（“朝阳党史”微信公众号）。7月，区委党史办发放资料包2000余套，覆盖全区170余家机关事业单位、20余家区属国有企业和近700家社区（村），730余所区属中小学、幼儿园。

【党史课题研究】5月27日，区委党史办发布《关于申报2021年党史研究课题的通知》，面向社会公开征集朝阳党史研究课题。6月，评定2020年党史研究课题等次，一等课题空缺、二等课题2个、三等课题3个、优秀课题4个，完成课题结项证书和荣誉证书制发。7月26日，确定2021年党史研究申报课题中的11个课题为立项课题。分别是：“四九一电台旧址红色资源创新性与保护性开发的实践和研究”“坚持党建引领重大安保任务——借鉴奥运安保经验做好冬奥会安全保卫”“从百年党史看‘四个自信’的历史必然”“大运河文化带文化产业发展的‘朝阳实践’”“大众传播语境下，对朝阳区域内红色资源及革命遗址遗迹的创造性转化和创新性发展研究”“政治与学术之间：马骏史料的挖掘与使用”“党史学习教育中充分发挥红色资源作用研究——以北平和平解放五里桥谈判地旧址为例”“青少年党史教育实践研究”“城乡一体化进程中北京市朝阳区农村社区建设状况考察”“地区性成人高校党史教育实践策略研究”“建党100年来党的政治建设的宝贵经验”。12月，结稿2021年度党史课题研究成果9篇。

【党史资料征编】6月，区委党史办深入研读《中国共产党北京执政纪事（2020）》编纂框架，向市委党史研究室、市地方志办公室反馈意见建议2条。11月，做好《党的十九大以来北京发展纪实（2017.06—2022.06）》资料征集，梳理出与朝阳区发展相关8个方面内容、16个条目，整理资料1.1万字、20张图片，报送市委党史研究室、市地方志办公室。12月，梳理区内抗日战争主题遗址遗迹及纪念设施，向市委党史研究室、市地方志办公室提供四九一电台和双桥农场相关资料。

【党史宣传教育】年内，区委党史办结合党史学习教育，组织开展一系列党史宣传教育活动。4月15日，党史学习教育朝阳区委宣讲团在区教育系统开展党史学习教育主题宣讲。4月29日，到小关街道，以“这一刻，党史因朝阳而更加精彩”为题讲述与朝阳区有关党史大事件。6月22日，走访“1+1手拉手”结对社区——三里屯街道中纺里社区和白家庄西里社区，与社区“两委”班子座谈交流，赠送区党史学习教育“八个一”资料包等学习资料。6月，参加北京市劲松职业高中和北京市第八十中学枣营分校座谈交流等教育活动，赠送《五里桥谈判——叩开北平和平解放之门》《习近平在厦门》《中国共产党的九十年》《2020中国战“疫”日志》等书籍40余种250余册和区党史学习教育“八个一”资料包等学习资料。12月28日，到南磨房地区（乡）双龙西社区开展基层党史宣讲，以“传朝阳红色薪火 铸百年初心使命”为题讲述革命故事，向社区赠送朝阳党史有关书籍100余册。全年被“史志北京”公众号采用信息28篇。

【庆祝中国共产党百年华诞朝阳区史志宣传月活动】 年内，区委党史办作为区委党史学习教育领导小组办公室党史研究组牵头单位，制定党史研究组工作方案。4月，起草《百年峥嵘奋进路 丹凤朝阳颂党情——庆祝中国共产党百年华诞朝阳区史志宣传月活动方案》。6月，面向全区发放2000余套朝阳区党史学习教育“八个一”资料包。7月，选派干部张茜作为朝阳区代表队选手参加北京市“永远跟党走”党史知识竞赛，朝阳区代表队获冠军，张茜获唯一“网络人气奖”。与区委宣传部联合筹备朝阳区七大系统线下党史知识竞赛活动，负责竞赛组织出题工作。8月28日，中央党史和文献研究院网站刊载区委党史办报送信息《〈党史理论与实践研究（2018—2019）〉出版》。9月，中央党史和文献研究院网站、市委党史研究室和市地方志办公室主办的“史志北京”微信公众号上刊载区委党史办报送信息《2021年北京市朝阳区“永远跟党走”党史知识竞赛决赛成功举办》和《“追寻红色记忆 听藏品讲党史”——庆祝中国共产党成立100周年全国红色收藏展览开幕》。党史学习教育期间，区委党史办为区政协办、区委党校、区委宣传部等单位提供党史资料，审核党史视频、展板内容，研提意见建议100余条。（张 茜）

朝阳区人民代表大会

综　述

【概况】　北京市朝阳区人民代表大会常务委员会（简称“区人大常委会”）是朝阳区人民代表大会常设机构。2021年，召开人民代表大会会议2次、常委会会议9次。审议议题61项，其中听取审议专项工作报告14项，听取审议计划、预算、决算、审计等报告8项。开展执法检查1项、专题询问2项、专项工作评议1项，作出决议决定35项。任免国家机关工作人员177人次，组织63人向宪法宣誓。年底，全区有北京市人大代表97人，区人大代表450人。

【人大工作会】　3月30日，区人大常委会召开2021年党建暨人大工作会。区人大常委会党组书记、主任陈宏志主持会议，党组成员、副主任胡良森、牟燕东、张克斌、赵红伟，副主任叶青出席会议。区人大各街道、地区工委主任、副主任以视频形式在各分会场参加会议。会议以总结区人大常委会2020年党建工作并部署2021年党建工作，通报区人大常委会2021年工作要点并部署相关工作为主要议程。围绕做好2021年工作，陈宏志强调，以提高政治判断力、政治领悟力、政治执行力为抓手，加强党的政治建设；以提升组织力为重点，锻造坚强有力的党组织；以贯彻落实中央八项规定精神为主线，全面加强作风建设；以完善制度机制为手段，履行全面从严治党责任；以党建为统领，推动全年人大工作新发展。要按照首善标准做好人大工作，以实际行动推进人民代表大会制度在朝阳区生动实践，充分彰显根本政治制度的优势和作用，为朝阳区高质量发展贡献力量。

【北京市首个全国人大常委会法工委基层立法联系点启动】　7月，朝阳区人大常委会被确定为全国人大常委会法工委基层立法联系点。朝阳区成立北京市朝阳区人大常委会基层立法联系点领导小组，区人大常委会各工作机构根据职责分工，负责加强与对口联系单位的日常沟通，组织开展好与对口联系单位业务有关的立法意见征询工作，按时收集整理报送对口单位的立法信息，并督查督办，为基层立法联系点完成任务做好服务保障。依托43个街乡代表之家设立的立法联络站、依托“一府一委两院”和群团组织建立61家立法征询单位，以及232个人大代表工作室，打造工作网络。12月29日，全国人大常委会法工委朝阳区人大常委会基层立法联系点启动工作座谈会举行，标志着全国人大常委会法工委朝阳区人大常委会基层立法联系点正式启动运行。全国人大常委会法工委副主任许安标、研究室主任臧铁伟、办公室二级巡视员石红莉，北京市人大常委会副主任张清、法制办主任王荣梅，朝阳区领导王灏、陈宏志、张克斌、赵红伟、宝月凤、许嘉宁、叶青、杨蓓蓓出席会议。

【人大代表构成】　截至年底，朝阳区第十七届人民代表大会有代表450人。男性代表267名，占59.3%；女性代表183名，占40.7%。人大代表中汉族413人，满族17人，回族10人，蒙古族4人，土家族2人，藏族1人，锡伯族1人，彝族1人，壮族1人。

【监督工作】　年内，区人大常委会在区十六届人大常委会会议上听取和审议区政府关于承办区十六届人大七次会议代表建议、批评和意见工作方案的报告，听取和审议区政府关于区十六届人大七次会议议案办理工作方案的报告，听取和审议区人大常委会关于区十六届人大七次会议议案督办工作方案的报告，听取区政府关于区十六届人大七次会议对国民经济、社会发展计划审查意见研究处理方案的汇报，听取区政府关于2020年度朝阳区环境状况和环境保护目标完成情况的报告，听取和审议区政府关于实施《北京市促进科技成果转化条例》情况的报告、区人大常委会执法检查组关于检查《北京市促进科技成果转化条例》实施情况的报告，听取区政府关于“七五”普法工作和“八五”普法规划情况的报告并作出决议，听取和审议区政府关于加快推进农村产业高质量发展，促进农村城市化建设的报告，听取和审议区政府关于朝阳区2021年国民经济和社会发展计划上半年执行情况的报告，听取和审议区政府关于朝阳区2020年预算执行和其他财政收支的审计工作报告，听取和审查批准朝阳区2020年财政决算，听取和审议区政府关于朝阳区2021年财政预算上半年执行情况的报告，听取和审议区政府关于消防工作情况的报告并开展专题询问，听取和审议区政府关于《朝阳分区规划（国土空间规划）（2017年—2035年）》实施情况的报告，听取和审议区政府关于朝阳区2020年度国有资产管理情况综合报告，听取和审议区政府关于办理“持续优化营商环境，促进区域经济高质量发展”议案情况的报告并开展专题询问，听取和审议区政府关于继续办理“落实‘七有五性’，提高基层医疗卫生服务水平”议案情况的报告，听取和审议区政府关于保障房建设情况的报告，听取区政府关于朝阳区2020年预算执行和其他财政收支审计查出问题整改情况的报告，听取区政府关于落实人代会、常委会计划审议意见情况的报告，听取区政府关于落实人代会、常委会财政预决算审议意见情况的报告，听取和审议《区十六届人大七次会议代表建议、批评和意见办理及督办情况的报告》，并测评区政府建议办理工作。

【代表工作】 年内，区人大常委会组织开展“服务新发展，助力‘十四五’”代表履职学习活动。通过集中学习和网上学习、必修课与选修课相结合的方式组织代表履职学习。此次履职学习重点围绕区人大常委会年度工作重点、审议议题等内容，依托北京市人大网络学习平台资源。区人大代表及代表联络员1675人次参加学习。区十六届人大七次会议期间，代表依法提交建议、批评和意见189件（含议案转建议10件），交区政府办理153件，交区法院办理4件，供区委参考6件，超出朝阳区职权范围，通过市人大代表转交市级有关部门研究解决的26件。召开“双月”代表座谈会（区人大常委会长期坚持并固化的常委会领导联系代表的机制和方式，每两个月举办一次，定期设置主题，区人大常委会主要领导与代表面对面座谈交流，拓展代表对常委会工作的参与度）4次。重点围绕区人大常委会工作及重点审议议题工作，听取30余名代表的意见和建议。完善网上平台运行机制，围绕市人大常委会立法工作和区人大常委会重点议题发布意见征集主题10个，收集意见330余条。全年网上平台回复选民留言1973条，“活动剪影”板块上传人大代表相关活动信息3025条。年内，区人大常委会组织全体人大代表开展“进家站、听民意、办实事”代表集中联系选民月活动。区人大各街道工委、地区工委组织各类活动158次。组织925位市区乡人大代表到38个代表之家，140个代表联络站等，征求5635位市民群众的意见2300余条。年内，区人大常委会依法选举产生450名人大代表。（徐华东）

重要会议

【概况】 2021年，召开人民代表大会会议2次、常委会会议9次。审议议题61项，其中听取审议专项工作报告14项，听取审议计划、预算、决算、审计等报告8项。开展执法检查1项、专题询问2项、专项工作评议1项，作出决议决定35项。任免国家机关工作人员177人次，组织63人向宪法宣誓。

【区人民代表大会会议】 1月12日至14日，召开朝阳区第十六届人民代表大会第七次会议。会议期间召开6次主席团会，3次全体会议。会议听取和审查《朝阳区人民政府工作报告》《朝阳区人大常委会工作报告》《朝阳区人民法院工作报告》《朝阳区人民检察院工作报告》，审查和批准《朝阳区2020年国民经济和社会发展计划执行情况的报告及2021年国民经济和社会发展计划》《朝阳区2020年财政预算执行情况的报告和2021年财政预算》。赵红伟当选为区人大常委会副主任。12月16日至18日，召开区第十七届人民代表大会第一次会议。会议期间召开6次主席团会，3次全体会议。会议听取和审查《朝阳区人民政府工作报告》《朝阳区人大常委会工作报告》《朝阳区人民法院工作报告》《朝阳区人民检察院工作报告》，审查和批准《朝阳区2021年国民经济和社会发展计划执行情况的报告及2022年国民经济和社会发展计划》《朝阳区2021年财政预算执行情况的报告》和2022年财政预算。陈宏志当选为区第十七届人民代表大会常务委员会主任，张克斌、赵红伟、宝月凤、许嘉宁、叶青当选为区第十七届人民代表大会常务委员会副主任，王左敏等39人当选为区第十七届人民代表大会常务委员会委员；文献当选为区政府区长，崔小浩、朱晟、杨蓓蓓、王冬斌、孟锐、舒毕磊、李欣当选为区政府副区长；范永红当选为区监察委员会主任。龚浩鸣当选为区法院院长。马天博当选为区检察院检察长。当选人与全体代表见面，新当选的区第十七届人民代表大会

▲ 12月16日，北京市朝阳区第十七届人民代表大会第一次会议开幕

（区人大常委会办公室　供图）

常务委员会主任、副主任和委员，区政府区长、副区长，区监察委员会主任，区法院院长，区检察院检察长向宪法宣誓。

【区人大常委会会议】 年内，区人大常委会召开常委会会议9次。1月11日，区十六届人大常委会召开第三十五次会议，听取补选区人大代表情况报告，审议代表资格审查报告，决定乡人大代表补选事项，决定人事任免事项。3月4日，区十六届人大常委会召开第三十六次会议，审议通过朝阳区人大常委会2021年工作要点（草案），决定区人大常委会代表资格审查委员会组成人员调整事项，听取和审议区政府承办区十六届人大七次会议议案办理工作方案的报告，听取和审议区人大常委会关于区十六届人大七次会议议案督办工作方案的报告，审议通过关于区十六届人大七次会议代表建议、批评和意见办理工作的意见，听取和审议区政府承办区十六届人大七次会议代表建议、批评和意见工作方案的报告，决定区人大代表辞职事项，审议通过《北京市朝阳区人大常委会专项工作评议暂行办法（草案）》，审议通过《北京市朝阳区国家工作人员宪法宣誓实施办法（修订草案）》，决定人事任免事项，书面审议区人大常委会第三十五次会议被任命人员就职报告。4月29日，区十六届人大常委会召开第三十七次会议。听取区人大常委会法制办公室关于规范性文件备案审查工作情况的报告，听取区政府关于法治政府建设工作情况的报告并开展专项工作评议，听取区政府关于2020年度朝阳区环境状况和环境保护目标完成情况的报告，决定乡人大代表补选事项，决定人事任免事项，书面审议朝阳区人大常委会第三十六次会议被任命人员就职报告。6月24日，区十六届人大常委会召开第三十八次会议，听取和审议区政府关于实施《北京市促进科技成果转化条例》情况的报告、区人大常委会执法检查组关于检查《北京市促进科技成果转化条例》实施情况的报告，听取和审议区政府关于加快推进农村产业高质量发展，促进农村城市化建设的报告，决定人事任免事项，书面审议区法院关于落实区人大常委会对《朝阳区人民法院关于刑事审判工作情况的报告》审议意见的报告，书面审议区人大常委会第三十七次会议被任命人员就职报告。8月10日，区十六届人大常委会召开第三十九次会议。听取和审议区政府关于朝阳区2021年国民经济和社会发展计划上半年执行情况的报告，审查和批准朝阳区2021年预算调整方案，听取和审议区政府关于朝阳区2020年预算执行和其他财政收支的审计工作报告，审议和批准朝阳区2020年财政决算，听取并审议区政府2021年财政预算上半年执行情况的报告，听取和审议区政府关于消防工作情况的报告，听取和审议区政府关于《朝阳分区规划（国土空间规划）（2017年—2035年）》实施情况的报告，决定朝阳区区、乡两级人民代表大会换届选举有关事项，决定人事任免事项，书面审议区政府关于落实区人大常委会对《改善农村人居环境，加快实现农村城市化的报告》审议意见的报告，书面审议朝阳区人大常委会第三十八次会议被任命人员就职报告。9月28日，区十六届人大常委会召开第四十次会议。决定区人大代表辞职事项，决定人事任免事项。10月20日，区十六届人大常委会召开第四十一次会议。决定区人大代表辞职事项。10月28日，区十六届人大常委会召开第四十二次会议。听取和审议区政府关于办理“持续优化营商环境，促进区域经济高质量发展”议案情况的报告，听取和审议区政府关于朝阳区2020年度国有资产管理情况综合报告，听取和审议区政府关于保障房建设情况的报告，听取和审议区政府关于朝阳区第七个五年法治宣传教育的决议贯彻落实情况的报告，并作出“八五”普法决议，听取和审议区监委关于绿地认建认养及公园配套用房出租专项整治监督工作情况的报告，听取和审议区政府关于继续办理“落实‘七有五性’，提高基层医疗卫生服务水平”议案情况的报告，决定人事任免事项，书面审议区政府关于落实区人大常委会对《朝阳区人民政府关于实施〈北京市生活垃圾管理条例〉情况的报告》审议意见的报告，书面审议区政府关于落实区人大常委会对《继续办理“加快建设温榆河公园示范园，推动朝阳区生态文明建设”议案情况的报告》审议意见的报告，书面审议区政府关于落实区人大常委会对《朝阳区人民政府关于社会救助工作情况的报告》审议意见的报告，书面审议区政府关于落实区人大常委会对区政府关于实施《中华人民共和国公共文化服务保障法》情况的报告的审议意见的报告，书面审议区检察院关于落实区人大常委会对《朝阳区人民检察院关于刑事执行检察工作情况的报告》审议意见的报告。11月25日，区十六届人大常委会召开第四十三次会议。听取区政府关于朝阳区2020年预算执行和其他财政收支审计查出问题整改情况的报告，听取区政府关于落实区十六届人大七次会议对2020年国民经济、社会发展计划执行情况与2021年国民经济、社会发展计划草案审查意见及常委会第三十九次会议对2021年国民经济、社会发展计划上半年执行情况审议意见的报告，听取区政府关于落实区十六届人大七次会议对2020年财政预算执行情况和2021年财政预算草案审查意见及常委会第三十九次会议对2020年财政决算、2021年财政预算上半年执行情况、2021年财政预算调整方案审议意见的报告，听取和审议2021年度朝阳区人大代表建议、批评和意见办理及督办情况的报告，并测评区政府建议办理工作，听取区人大常委会街道、地区工作委员会2021年工作报告，听取市人大朝阳团部分代表履职情况报告，听取区人大常委会代表资格审查委员会关于朝阳区第十七届人民代表大会代表资格的审查报告，决定区十七届人大一次会议筹备有关事项，讨论区人大常委会工作报告（草案），决定人事任免事项，书面审议区人大常委会第四十二次会议被任命人员就职报告。

【区人大常委会主任会议】 年内，区人大常委会召开主任会议11次。1月11日，区十六届人大常委会召开第五十次主任会议。会议研究区人大常委会第三十五次会议有关事项，决定区人大常委会第三十五次会议召开时间、地点、建议议题及列席人员等事项。2月23日，召开第五十一次主任会议。研究朝阳区人大常委会2021年工作要点（草案）；研究区人大常委会关于区十六届人大七次会议议案督办工作方案的报告，以及区政府承办区十六届人大七次会议议案办理工作方案的报告的有关事项；研究区人大常委会关于区十六届人大七次会议代表建议、批评和意见办理工作的意见，以及区政府承办区十六届人大七次会议代表建议、批评和意见工作方案的报告的有关事项；研究区人大常委会代表资格审查委员会组成人员调整事项；研究区人大代表辞职事项；研究《北京市朝阳区人大常委会专项评议暂行办法（草案）》；研究《北京市朝阳区国家工作人员宪法宣誓实施办法（修订草案）》；研究人事任免事项；研究书面审议事项。决定区人大常委会第三十六次会议召开时间、地点、建议议题及列席人员等事项。4月20日，召开第五十二次主任会议。听取区政府关于区十六届人大七次会议对国民经济、社会发展计划审查意见研究处理方案的汇报；听取区政府关于区十六届人大七次会议对国民经济和社会发展第十四个五年规划和二〇三五年远景目标纲要审查意见研究处理方案的汇报；听取区政府关于区十六届人大七次会议对财政预算审查意见研究处理方案的汇报；研究通过《北京市朝阳区人大常委会规范性文件备案审查工作细则（修订草案）》；研究通过《2021年度优秀代表建议、批评和意见评选方案》；研究通过《北京市朝阳区人大常委会代表建议、批评和意见办理工作满意度测评实施方案（草案）》；研究区人大常委会第三十七次会议有关事项。6月15日，召开第五十三次主任会议。听取区法院关于落实区人大常委会对《朝阳区人民法院关于刑事审判工作情况的报告》审议意见的报告；研究区人大常委会执法检查组关于检查《北京市促进科技成果转化条例》实施情况的报告；研究区人大农村委员会对区政府关于加快推进农村产业高质量发展，促进农村城市化建设的报告的意见和建议；研究人事任免事项；研究书面审议事项；决定区人大常委会第三十八次会议召开时间、地点、建议议题及列席人员等事项。7月28日，召开第五十四次主任会议。听取区政府关于持续推进农村地区自备井置换，进一步提升供水水质情况的报告；听取区政府关于落实区人大常委会对《改善农村人居环境，加快实现农村城市化的报告》审议意见的报告；研究区人大常委会第三十九次会议有关事项；研究区人大财政经济委员会关于朝阳区2021年国民经济和社会发展计划上半年执行情况的报告的意见和建议；研究区人大财政经济委员会关于朝阳区2020年财政决算草案审查结果的报告；研究区人大财政经济委员会关于朝阳区2021年预算调整方案（草案）的审查结果报告；研究区人大社会建设委员会对区政府关于消防工作情况的报告的意见和建议及开展专题询问的有关事项；研究区人大城建环保委员会对区政府关于《朝阳分区规划（国土空间规划）（2017年—2035年）》实施情况的报告的意见和建议；研究区、乡人大代表换届选举事项；研究人事任免事项；研究书面审议事项。决定区人大常委会第三十九次会议召开时间、地点、建议议题及列席人员等事项。9月6日，召开第五十五次主任会议。研究乡选举委员会组成人员调整事项。9月27日，召开第五十六次主任会议。研究区人大代表辞职事项；研究人事任免事项；决定区人大常委会第四十次会议召开时间、地点、建议议题及列席人员等事项。10月18日，召开第五十七次主任会议。听取区政府关于落实区人大常委会对《朝阳区人民政府关于实施〈北京市生活垃圾管理条例〉情况的报告》审议意见的报告；听取区政府关于落实区人大常委会对《继续办理“加快建设温榆河公园示范园，推动朝阳区生态文明建设”议案情况的报告》审议意见的报告；听取区检察院关于落实区人大常委会对《朝阳区人民检察院关于刑事执行检察工作情况的报告》审议意见的报告；听取区政府关于落实区人大常委会对《朝阳区人民政府关于社会救助工作情况的报告》审议意见的报告；听取区政府关于落实区人大常委会对区政府关于实施《中华人民共和国公共文化服务保障法》情况的报告的审议意见的报告；研究区人大常委会第四十一次会议有关事项。10月20日，召开第五十八次主任会议。决定调整区人大常委会第四十一次会议召开时间、地点、建议议题及列席人员等事项；决定区人大常委会第四十二次会议召开时间、地点、建议议题及列席人员等事项。10月27日，召开第五十九次主任会议。决定区、乡选举委员会组成人员辞去选举委员会职务事项。11月16日，召开第六十次主任会议。研究通过2021年度优秀代表建议、批评和意见评选结果；研究区人大常委会第四十三次会议有关事项；研究“听取区政府关于朝阳区2020年预算执行和其他财政收支审计查出问题整改情况的报告”有关事项；研究“听取区政府关于落实人代会、常委会计划审议意见情况的报告”有关事项；研究“听取区政府关于落实人代会、常委会财政预决算审议意见情况的报告”有关事项；研究区人大常委会关于2021年度朝阳区人大代表建议、批评和意见督办情况的报告，区政府建议办理工作满意度测评调查问卷等相关事项；研究“听取区人大常委会街道、地区工作委员会2021年工作报告”有关事项；研究“听取市人大朝阳团部分代表履职情况报告”有关事项；研究“听取朝阳区选举委员会关于区、乡人大代表换届选举工作情况的报告”有关事项；研究“听取区人大常委会代表资格审查委员会关于朝阳区第十七届人民代表大会代表资格的审查报告”有关事项；研究区十七届人大一次会议筹备有关事项；研究区人大常委会工作报告（草案）；研究人事任免事项；研究书面审议事项；研究区人大常委会第四十三次会议召开时间、地点、建议议题及列席人员等事项。（徐华东）

人事任免

【概况】 2021年，区人大常委会依法行使人事任免权，依法任免国家机关工作人员177人次。

【任免事项】 1月11日，区人大常委会第三十五次会议召开。决定免去赵海东的区政府办公室主任职务，决定任命郭勋为区政府办公室主任。3月4日，区人大常委会第三十六次会议召开。决定免去黄海燕的区人大常委会劲松街道工委副主任职务，马程浩的区人大常委会三里屯街道工委副主任职务。决定任命方泽为区人大常委会常营地区工委主任，燕海涛为区人大常委会劲松街道工委副主任。决定免去李晋的市规划和自然资源委员会朝阳分局局长职务。决定任命任超为市规划和自然资源委员会朝阳分局局长。决定免去燕海涛区监察委员会委员职务。决定免去曹志刚的区法院审判委员会委员、审判员职务，徐悦的区法院民事审判一庭副庭长职务，林上爽的区法院立案庭（诉讼服务中心）副庭长职务，李甲军的区法院立案庭（诉讼服务中心）副庭长职务，吴薇的区法院亚运村法庭副庭长职务，杨阳的区法院南磨房法庭副庭长职务，史震的区法院酒仙桥法庭副庭长职务，陈扬的区法院酒仙桥法庭副庭长职务，陈建斌的区法院温榆河法庭副庭长职务，李戈的区法院综合审判庭（未成年人案件审判庭）副庭长职务，赵鑫的区法院民事审判二庭副庭长职务，付光鹏的区法院审判员职务。决定任命：徐悦为区法院综合审判庭（未成年人案件审判庭）副庭长，林上爽为区法院酒仙桥法庭副庭长，李甲军为区法院温榆河法庭副庭长，吴薇为区法院立案庭（诉讼服务中心）副庭长，杨阳为区法院立案庭（诉讼服务中心）副庭长，史震为区法院双桥法庭副庭长，陈扬为区法院民事审判一庭副庭长，陈建斌为区法院王四营人民法庭副庭长，李戈为区法院民事审判二庭副庭长，赵鑫为区法院民事审判四庭副庭长，白云龙为区法院立案庭（诉讼服务中心）副庭长，刘清启为区法院审判员。4月29日，区人大常委会第三十七次会议召开。决定免去李虹的区人大常委会教科文卫办公室副主任职务，胡建东的区人大常委会望京街道工委主任职务，唐涌涛的区人大常委会三里屯街道工委主任职务，吉旭初的区人大常委会大屯街道工委主任职务，张奎的区人大常委会王四营地区工委主任职务，吴选辉的区人大常委会崔各庄地区工委主任职务，张宏明的区人大常委会十八里店地区工委主任职务，冻小林的区人大常委会酒仙桥街道工委副主任职务，田远新的区人大常委会大屯街道工委副主任职务，张立云的区人大常委会望京街道工委副主任职务，冯铁成的区人大常委会小关街道工委副主任职务。决定任命杨晓昇为区人大常委会望京街道工委主任，孙曙光为区人大常委会三里屯街道工委主任，徐继锋为区人大常委会大屯街道工委主任，郝宝刚为区人大常委会王四营地区工委主任，贾恩松为区人大常委会崔各庄地区工委主任，刘涛为区人大常委会十八里店地区工委主任，王一凡为区人大常委会酒仙桥街道工委副主任，王海玲为区人大常委会大屯街道工委副主任，白少飞为区人大常委会三里屯街道工委副主任，张奎为区住房和城乡建设委员会主任，吴选辉为区交通委员会主任，胡静为区检察院副检察长。决定免去张士华的区住房和城乡建设委员会主任职务，刘炳起的区交通委员会主任职务，谭林坤的区人民政府外事办公室主任职务，吴春妹的区检察院副检察长、检察委员会委员、检察员职务，乔守仓、郝忠、张宏伟的区检察院检察员职务。6月24日，区人大常委会第三十八次会议召开。决定任命李亚珉为区人大常委会团结湖街道工委主任，封钢为区人大常委会劲松街道工委副主任，熊颖为区人大常委会八里庄街道工委副主任，张健为区人大常委会小关街道工委副主任，赵轶炜为区人大常委会望京街道工委副主任，宝月凤为区民政局局长，聂宏伟为区应急管理局局长。决定免去陈伟的区人大常委会团结湖街道工委主任职务，燕海涛的区人大常委会劲松街道工委副主任职务，郑欣宇的区人大常委会八里庄街道工委副主任职务，赵年生的区民政局局长职务，马海鹰的区应急管理局局长职务。8月10日，区人大常委会第三十九次会议召开。决定任命石延刚为区人大常委会办公室主任，米岩为区人大常委会城建环保办公室副主任，韩冰为区人大常委会教科文卫办公室副主任，车堃为区人大常委会代表联络室副主任，闫培文为区人大常委会八里庄街道工委主任，孟凡森为区人大常委会朝外街道工委主任，周建立为区人大常委会建外街道工委主任，邢伟为区人大常委会潘家园街道工委主任，时春岗为区人大常委会六里屯街道工委主任，杨立亭为区人大常委会垡头街道工委主任，袁自斌为区人大常委会机场街道工委主任，韩军为区人大常委会奥运村街道工委主任，贾宁为区人大常委会左家庄街道工委副主任，刘栋为区人大常委会建外街道工委副主任，李海莲为区人大常委会六里屯街道工委副主任，王国臣为区人大常委会东湖街道工委副主任，苏凯为区人大常委会香河园街道工委副主任，吕英为区人大常委会平房地区工委副主任，胡永峰为区人大常委会来广营地区工委副主任。决定免去郑晶的区人大常委会办公室主任职务，方向华的区人大常委会办公室副主任职务，韩冰的区人大常委会代表联络室副主任职务，石延刚的区人大常委会垡头街道工委主任职务，张福来的区人大常委会八里庄街道工委主任职务，董会生的区人大常委会朝外街道工委主任职务，田华的区人大常委会建外街道工委主任职务，张贵林的区人大常委会潘家园街道工委主任职务，谭国忠的区人大常委会六里屯街道工委主任职务，于晓军的区人大常委会奥运村街道工委主任职务，时春岗的区人大常委会机场街道工委主任职务，闫立春的区人大常委会左家庄街道工委副主任职务，曾林的区人大常委会建外街道工委副主任职务，张洪源的区人大常委会六里屯街道工委副主任职务，米岩的区人大常委会东湖街道工委副主任职务，吴晓曼的区人大常委会香河园街道工委副主任职务，李登超的区人大常委会平房地区工委副主任职务，韩潮的区人大常委会来广营地区工委副主任职务，郝云峰的区人大常委会东坝地区工委副主任职务。9月28日，区人大常委会第四十次会议召开。接受杨建海、岳立辞去区政府副区长职务的请求，接受席成坡辞去区监察委员会主任职务的请求，接受张朝霞辞去区检察院检察长、检察委员会委员、检察员职务的请求。决定任命杨蓓蓓、孟锐、舒毕磊为区政府副区长，马天博为区检察院副检察长、检察委员会委员、检察员，马天博为区检察院代理检察长。10月20日，区人大常委会第四十一次会议召开。接受王彦伶辞去区第十六届人民代表大会代表职务的请求。10月28日，区人大常委会第四十二次会议召开。决定任命范永红为区监察委员会副主任，范永红为区监察委员会代理主任。决定免去侯湘君的区人大常委会法制办公室（备案审查办公室、社会建设办公室）主任职务，兰万秋的区人大常委会财政经济办公室（预算审查办公室）主任职务，邢平芳的区人大常委会城建环保办公室主任职务，于志刚的区人大常委会农村办公室主任职务，付小贺的区人大常委会研究室主任职务。决定任命刘勇为区人大常委会法制办公室（备案审查办公室、社会建设办公室）主任，唐蔷为区人大常委会财政经济办公室（预算审查办公室）主任，冷春华为区人大常委会城建环保办公室主任，付小贺为区人大常委会农村办公室主任，刘亚晖为区人大常委会研究室主任，谭水华为区人大常委会法制办公室（备案审查办公室、社会建设办公室）副主任，文晓辉为区人大常委会财政经济办公室（预算审查办公室）副主任，刘欢为区人大常委会财政经济办公室（预算审查办公室）副主任。决定免去孙扬的区人大常委会亚运村街道工委主任职务，王智勇的区人大常委会东湖街道工委主任职务，陈伟航的区人大常委会双井街道工委主任职务，方泽的区人大常委会常营地区工委主任职务，秦涛的区人大常委会黑庄户地区工委主任职务，易湘林的区人大常委会南磨房地区工委主任职务，赵洪玉的区人大常委会垡头街道工委副主任职务，姜金平的区人大常委会十八里店地区工委副主任职务，王润民的区人大常委会黑庄户地区工委副主任职务，刘高怀的区人大常委会东风地区工委副主任职务。决定任命历广权为区人大常委会亚运村街道工委主任，谷雨为区人大常委会东湖街道工委主任，李容珍为区人大常委会双井街道工委主任，李兴泉为区人大常委会常营地区工委主任，赵歌帆为区人大常委会黑庄户地区工委主任，于建国为区人大常委会南磨房地区工委主任，水伟为区人大常委会亚运村街道工委副主任，毕宏生为区人大常委会东坝地区工委副主任，赵清志为区人大常委会东风地区工委副主任，张金生为区人大常委会黑庄户地区工委副主任，杨为民为区人大常委会十八里店地区工委副主任。刘佳为区科学技术和信息化局局长，陶黎黎为区外事办公室主任，李淑环为区统计局局长，陈峰为区金融服务办公室主任，王庆丰为区政务服务管理局局长，易湘林为区信访办公室主任。决定免去李容珍的区科学技术和信息化局局长职务，韦小萍的区统计局局长职务，牛海龙的区金融服务办公室主任职务，刘琳的区政务服务管理局局长职务，于建国的区信访办公室主任职务，郭莉蓉的区法院副院长、审判委员会委员、审判员职务。11月25日，区人大常委会第四十三次会议召开。决定任命徐宏桢为区人大常委会酒仙桥街道工委主任，刘镇平为区人大常委会垡头街道工委副主任，张瑞为区卫生健康委员会主任。决定免去崔少飞的区人大常委会酒仙桥街道工委主任职务，李靓的区卫生健康委员会主任职务。（徐华东）

议案办理和信访受理

【概况】 2021年，区十六届人大七次会议确立贯彻落实党中央国务院关于率先加大营商环境改革力度的指示和《北京市优化营商环境条例》，对标对表北京市出台的优化营商环境政策措施以及朝阳区制定的《北京市朝阳区国民经济和社会发展第十四个五年规划和二〇三五年远景目标纲要（讨论稿）》《朝阳区提升新服务进一步优化营商环境行动方案（2020年—2022年）》等文件，不断提升区域核心竞争力。十六届人大七次会议围绕优化营商环境方面提出1个大会议案。议案内容主要围绕政策的针对性、精准性和落实效果，重点区域的基础设施、城市管理等环境建设，产业空间的开发利用及政府职能部门服务意识、办事效率和企业满意度等方面开展监督，促进优化区域营商环境，促进朝阳区经济高质量发展。

【议案办理审议】 3月18日，区人大常委会召开“持续优化营商环境，促进区域经济高质量发展”议案督办工作会。区人大常委会副主任赵红伟，部分议案督办工作组成员，部分区人大代表及区政府相关部门负责人参加会议。会议通报区政府《关于区十六届人大七次会议议案办理的工作方案》以及区人大常委会《关于区十六届人大七次会议议案督办的工作方案》。与会人员围绕法规政策有效落地，切实提升政务服务水平，重视农村地区营商环境建设，有针对性地解决共性与个性问题等方面提出意见建议。针对大会议案工作，赵红伟强调，要充分认识到议案工作的重要性，加强组织协调，推动工作有效开展；加强工作中的机制建设，承办与督办要形成合力，统筹协调推进；要进一步细化责任分工，有效解决企业群众反映的堵点难点痛点问题，切实推动持续优化营商环境工作落到实处。

【议案落实情况视察调研】 4月15日，区人大常委会财经办就优化营商环境工作情况到区金融办调研，实地查看朝阳区金融产业发展全息系统、综合信用评价系统，了解区政府支持金融企业产品创新，解决中小微企业融资难融资贵问题的具体措施和实际效果。围绕《北京市单用途预付卡消费条例》立法征求意见工作，听取朝阳区预付卡管理整治相关工作情况的介绍，并就立法的必要性、可行性和基本思路等方面开展座谈交流。

【信访受理】 年内，区人大常委会受理各类信访253件次，比上年增长17.7%。其中，来访135批次246人，比上年增长14.4%；来信118件，比上年增长21.6%。办理市人大常委会、区人大常委会领导及人大代表交办的信访件14件，比上年增长75%。（徐华东）

代表活动

【概况】 2021年，区人大常委会深化代表工作成效，固化成熟工作模式、工作机制，提升代表工作质量。完善三级代表联动机制，以代表“家、站”为主阵地，组织开展履职联动、学习培训、研讨座谈等活动。深化三级代表网络监督城市管理工作机制，加强常委会统筹，完善发现问题、研究问题、推动问题解决运行体系。提升代表集中联系选民月、“双月”代表座谈会等工作实效。深化代表建议督办工作，完善代表监督管理机制。加强市人大朝阳团代表的服务保障工作。

【代表会前活动】 1月5日，区人大常委会组织开展区第十六届人大七次会议代表会前集中活动。区人大常委会主任陈宏志主持，区领导崔小浩、常树奇、胡良森、牟燕东、张克斌参加。会议听取区政府关于2020年财政预算执行情况和2021年财政预算草案报告主要内容的汇报；听取区政府关于办理区十六届人大六次会议议案情况及代表建议、批评和意见情况汇报；通报2020年度代表建议办理满意度测评情况及优秀代表建议、批评和意见评选情况；市人大代表述职；部署区十六届人大七次会议疫情防控有关工作。

【代表集中联系选民月活动】 6月8日，区人大常委会主任陈宏志到亚运村街道人大代表之家，结合“进家站、听民意、办实事”代表集中联系选民月活动，聚焦《北京市接诉即办条例（草案）》立法工作征求人大代表和选民的意见建议。区人大常委会主任陈宏志主持召开该届人大常委会第18次“双月”代表座谈会，就“持续优化营商环境，促进区域经济高质量发展”大会议案办理和区人大常委会工作听取代表们的意见建议。区人大常委会副主任赵红伟参加会议。

【组织区人大代表开展专题视察活动】 7月8日，区人大常委会组织部分区人大代表开展专题视察活动，并邀请部分市人大代表参加。区人大常委会主任陈宏志、副主任赵红伟参加视察。代表们实地视察美克洞学馆、鲲鹏联合创新中心、三里屯太古里商圈等区域，了解朝阳区升级商业消费新场景、建设数字经济示范区和国际消费中心城市核心承载区等相关工作开展情况。

【“双月”代表座谈】 8月19日，区人大常委会主任陈宏志主持召开该届人大常委会第19次“双月”代表座谈会，围绕区人大常委会工作及代表工作，听取代表的意见建议。（徐华东）

专门委员会

【概况】 2021年，区人大常委会设置监察和司法委员会、社会建设委员会、财政经济工作委员会、城建环保工作委员会、教科文卫工作委员会、农村工作委员会等6个专门委员会。各专门委员会根据工作职责，强化专委会督办功能，将建议督办与议题调研、代表视察、执法检查相结合，提高建议督办针对性和专业性。

【监察和司法委员会】 年内，召开监察和司法委员会会议2次，审议议题6项，完成6项区人大常委会会议议题的调研准备工作。组织委员和市、区人大代表开展视察调研20余次，参加代表100余人次。加强对“一府一委两院”专项工作的监督，促进依法行政、依法监察、公正司法。协助区人大常委会听取区政府关于法治政府建设工作情况报告，并开展专项工作评议。协助区人大常委会听取和审议区政府关于朝阳区第七个五年法治宣传教育的决议贯彻落实情况的报告，并作出“八五”普法决议。协助区人大常委会首次听取和审议区监委专项工作报告，开展区监委绿地认建认养及公园配套用房出租专项整治监督工作调研。协助完成对区法院落实区人大常委会关于刑事审判工作的审议意见、区检察院落实区人大常委会关于刑事执行检察工作的审议意见情况的跟踪监督。依法组织开展规范性文件备案审查工作，做到“有件必备、有备必审、有错必纠”。委员会办公室协助修订《朝阳区人大常委会规范性文件备案审查工作细则》，把区监委、区法院、区检察院规范性文件纳入备案审查范围，首次向区人大常委会专项报告备案审查工作情况。完成8件代表建议督办工作。开展对联系部门公安朝阳分局、区司法局的预算初审工作。协助开展全国人大常委会法工委区人大常委会基层立法联系点相关工作，组织召开基层立法联系点启动工作座谈会，完成《中华人民共和国民事诉讼法（修正草案）》等5部法律的立法征求意见和噪声污染防治法、地方组织法修改调研工作，收集立法意见建议239条，向全国人大常委会法工委提出修改意见建议215条。

【社会建设委员会】 年内，召开社会建设委员会会议6次，审议议题2项，承担区人大常委会调研课题1项，协助市人大常委会完成2项执法检查、2项专题调研、5部法律法规立法征求意见工作。组织委员和市、区、乡三级人大代表开展视察、调研、执法检查、问卷调查11次，参加代表3600余人次。加强对区政府专项工作的监督，依法开展对区政府消防工作、落实常委会对社会救助工作开展情况审议意见的调研，对口联系单位预算初审。协助市人大常委会开展《北京市突发公共卫生事件应急条例》调研和执法检查，开展《北京市接诉即办条例（草案）》立法征求意见工作，调研《北京市实施〈中华人民共和国突发事件应对法〉办法》，组织开展《中华人民共和国安全生产法（修正草案）》《北京市制止餐饮浪费规定（征求意见稿）》征求意见工作。

【财政经济工作委员会】 年内，区人大常委会财经办完成人代会、常委会和主任会议题17项，包括人代会议题2项，常委会议题12项，主任会议题3项。其中，规划监督议题1项，计划监督相关议题4项，预决算监督议题6项，审计监督相关议题2项，国有资产管理监督议题1项，议案办理相关议题3项。完善部门预算审查工作，推动预算监督不断深化。制定《2022年部门预算草案初步审查工作方案》，细化部门预算预审工作流程，发挥与各专委会的监督合力，完成12个政府部门的预算审查监督工作。聚焦营商环境建设，抓好人会议案督办工作。牵头督办“持续优化营商环境，促进区域经济高质量发展”大会议案，聚焦政府各部门落实国家及北京市相关法规政策的情况，重点功能区规划建设是否体现区域特色，解决企业及群众反映的重点难点问题情况和法治保障体系建设情况等方面，紧扣政府办理实效，开展督办工作。按照月月有主题开展4轮视察调研。举办经济工作座谈会、企业家代表座谈会等各类座谈会，听取代表及企业家对我区营商环境的意见建议。召开议案督办启动会、专题推进会、中期汇报会等，听取区政府有关部门议案办理的工作进度，持续推进议案办理工作。围绕议案督办重点开展专题询问。到福建省福州市、厦门市等地学习先进经验，提升议案办理水平。开展专题课题研究，形成“持续优化营商环境，促进经济高质量发展”专题研究报告。打造“双月报”工作机制，强化财经形势分析研究。深化与第三方机构的常态化合作机制，利用人大预算联网监督系统数据，发挥研究机构专业优势，每月形成《月度朝阳区财政收支情况及对策分析》。加强对区域经济形势的分析研判，建立与统计、税务、财政及发改等部门的常态化数据交换机制，深化对区域经济发展和重点指标运行的分析研究，每月每季度形成专题分析报告。全年形成分析报告18篇。做好代表服务保障工作，发挥人大代表主体责任。负责督办19件代表建议。围绕议案办理、财经议题审议走访委员代表，征集代表各类意见建议90余条。汇聚专业力量，提升财经监督专业化水平。针对预算、计划、审计和国资管理等财经监督重点领域，继续聘请5名不同专业领域的财经顾问，建立与第三方机构的常态化合作机制。

【城建环保工作委员会】 年内，区人大常委会城建环保工作委员会督办常委会监督议题4项。其中，法定议题2项，专项议题1项，书面审议议题1项。全年组织开展专题视察4次，开展暗查8次，召开座谈会15次。督办代表建议78件。组织委员和代表完成对区政府关于保障房建设情况的议题督办工作。完成区人大常委会法定审议议题“关于听取区政府2020年度环境状况和环境保护目标完成情况的报告”督办工作。完成常委会审议议题“听取和审议区政府关于实施《朝阳分区规划（国土空间规划）（2017年—2035年）》情况的报告”督办工作。跟踪监督区政府实施《北京市生活垃圾管理条例》情况。完成对区住建委、区交通委的预算初步审查工作。协助区人大常委会做好市、区、乡三级人大代表网络监督城市管理平台建设运行工作。

【教科文卫工作委员会】 年内，区人大教科文卫委员会召开委员会（扩大）会议3次，协助区人大常委会审议议题3项，开展专项调研12次，组织市、区人大代表122人次参加相关活动。协助常委会开展《北京市促进科技成果转化条例》实施情况执法检查、协助常委会开展“落实‘七有五性’，提高基层医疗卫生服务水平”大会议案跟踪督办调研，协助常委会书面审议区政府关于落实公共文化服务保障法审议意见的报告，做好对口政府部门2021年财政预算执行情况和2022年预算编制情况的初审。开展专委会5年总结工作。分类督办

26件人大代表建议。协助市人大常委会开展《北京市医院安全秩序条例》执法检查、公共文化服务立法调研。协助市人大常委会开展《中华人民共和国执业医师法》《北京市献血条例》《北京市知识产权保护条例》3项法律法规征求意见工作。

【农村工作委员会】 年内，区人大农村委员会完成常委会听取和审议区政府关于加快推进农村产业高质量发展、主任会听取区政府关于持续推进农村地区自备井置换议题监督工作。监督区政府继续办理“改善农村人居环境，加快实现农村城市化的报告”议题。做好代表涉农建议督办工作。加强乡人大工作指导，进一步规范乡人大工作。落实中央、市委、区委人大工作会议精神，指导各乡人大在换届选举、乡域中心任务、功能疏解、环境整治、实现农村城市化等重点工作推进过程中发挥作用。（徐华东）

朝阳区人民政府

综　述

【概况】 2021年，区政府坚持以习近平新时代中国特色社会主义思想为指导，坚决贯彻党中央、国务院决策部署，认真落实市委、市政府工作要求，对照年初制定的发展计划和任务目标，结合区人大提出的审查意见，统筹推进疫情防控和经济社会发展，全面提升发展品质、环境品质和服务品质，在总体“稳”的基础上继续向着高质量发展“进”，主要经济社会指标达到年初计划。地区生产总值7617.8亿元，比上年增长7.5%；一般公共预算收入543.4亿元，比上年增长6.4%，保持全市第一。$PM_{2.5}$累计平均浓度为34微克/立方米。年内，朝阳区推出国家服务业扩大开放综合示范区和中国（北京）自由贸易试验区“两区”建设工作方案，建立“5+3+N”（“5”指构建自由贸易五大便利化制度创新体系，“3”指以CBD、金盏国际合作服务区、中关村朝阳园为核心承载，“N”指推动多个重点优势领域服务贸易高质量发展）对外开放政策措施体系。深化政策清单、空间清单、企业清单“三单”管理工作落实，落地项目137个，其中外资项目61个。北京市首家跨境贸易综合服务平台等42项重大项目落户朝阳。CBD国际化提升三年行动计划105项任务完成96项，9项轨道交通等中长期建设事项持续推进。重点项目加快建设，泰康、阳光等7个项目均已竣工并开始招商，CBD500千伏输变电工程启动征收。金盏国际合作服务区建设稳步推进，东坝大街等8条道路、随路管线等基础设施建设有序推进。

【中国共产党成立100周年活动服务保障】年内，区政府落实分区分级管控措施，动员12.5万余名群防群治力量，开展“人地物事组织”全覆盖摸底排查和不间断安全检查，圆满完成文艺演出、庆祝大会等活动的安全保障任务。推进日坛公园等重点区域环境整治，维修道路3.7万余平方米。强化市容环境及秩序管控，用好街巷长、小巷管家、第三方巡查队伍，检查市容景观等点位9752个，治理乱点1127个。落成红色新地标，中国共产党历史展览馆开馆，全景式展示中国共产党矢志不渝的奋斗之路。布置15座大中型主题花坛，悬挂国旗1.33万面，举办大望京等3处灯光秀活动。

【常态化疫情防控】 年内，区政府抓紧抓实抓细疫情防控各项工作。强化中高风险地区及境外进京人员闭环管理，排查中高风险人员近60万人，启用集中隔离点25个，全区日核酸检测能力提升至33.5万个样本。社区防控落实落细，数据上报、汇总、核查整体流程实现全闭环。组建农村防控组，落实设置村级医疗卫生机构“一村一室（站）”要求，新建5个社区卫生服务站。保障医疗救治，新增5个发热筛查哨点、7间负压病房，实现院内感染“零发生”。全区疫苗日接种能力达12万人，累计接种新冠疫苗超1000万剂。筑牢市场防控线，严格落实测温、验码等常态化防控措施。完善商务楼宇等8个防控指引，为楼宇提供上门接种疫苗服务。

【北京冬奥会及冬残奥会筹办】 年内，朝阳区组建运行保障指挥体系，从安保等12个方面统筹保障冬奥会筹办。国家游泳中心、国家体育馆、国家速滑馆3个竞赛场馆，以及北京冬奥村、国家会议中心二期主媒体中心等7个非竞赛场馆建设和改造工程全面完成。高标准落实安保等外围服务保障，探索完善常态化疫情防控办赛模式，“相约北京”系列9项测试活动及测试赛顺利完成。奥林匹克中心区域以及二环、三环、四环、五环、机场高速、京沪高速“一区六线”的环境全面提升，清洗粉饰和改造建筑立面15万平方米，绿化2.2万平方米。开展“全民健身助力冬奥”系列活动，加快建设冬奥文化广场。

【数字经济创新发展】 年内，朝阳区聚焦人工智能等重点领域，落地国家工业互联网大数据中心等17个重点项目。科技服务业和信息服务业区级收入分别比上年增长23%和30%。承办2021年全球数字经济大会。国际创投集聚区1.0版取得阶段性成效，吸引24个创投项目及3个专业服务机构入驻。用好科技创新创业引导基金，润信新材智等4只子基金进入实质性运作阶段。开展数据跨境安全流动试点，数字贸易服务水平进一步提高。重大功能型基础设施项目稳步推进，北京数字经济算力中心落户。累计建成5G基站4402站，数量保持全市第一。搭建“城市智慧大脑”综合指挥调度和展示体验中心，入选国家城市管理特色基地。

【优势产业发展】 年内，朝阳区引入巴基斯坦哈比银行等54家金融机构。推动青云科技等15家企业上市。新增6家跨国公司地区总部，总数达136家，占全市70%。国家级人力资源服务产业园试运营，带动行业迭代升级。支持懋隆等园区建设特色直播电商文化园区。优质文化企业不断集聚，新增注册资金1亿元以上文化企业39家，认定第四批“蜂鸟企业”97家。

【政务服务建设】 年内，区政府推出203项告知承诺事项，压缩办事时限80%。实施“证照联办”，优化企业开办注销流程，营业执照变更、注销最快2小时完成。推出393个主题服务事项，设立全市首个区级大厅“合法合规信息查询”专窗。推进“互联网＋政务服务”建设，建成电子证照分发平台，政务服务事项全程网办率达80%。进一步扩大政府信息公开范围，实时更新全区1892项政务服务事项办事指南，利用接诉即办、“朝我说”等平台回应企业诉求。

【城市更新行动】 年内，区政府印发城市更新行动组织方案，梳理形成项目动态清单、示范项目库和典型案例库。完成老旧小区综合整治项目11个，加装电梯开工建设105部，完成52部。棚户区改造完成472户，新建安置房4046套。建外光华里5、6号楼危旧楼房改建试点项目实现主体结构封顶，永安里项目完成住宅房屋征收。电子城·IC设计产业园完成一期改造，引进集成电路企业及相关服务机构30余家。工体复建项目进入地上主体结构施工阶段。

【城市建设治理】 年内，朝阳区建成10条主次支路，亮马河北路形成设计方案，北京朝阳站周边6条配套道路完工。完成5项疏堵工程和30千米慢行系统整治，启动望京区域交通综合治理。新建5处立体停车场，新增路侧停车位1800个、居住区停车位2200个。业委会（物管会）组建率、物业服务覆盖率、党组织覆盖率分别达到91.3%、89.8%、95.2%。持续推进垃圾分类，建成分类驿站292座，厨余垃圾分出率保持18%以上。 （杨学良）

重要会议

【政府全体会议】 2月23日，区政府以视频形式召开2021年全体会议，学习贯彻党的十九届五中全会精神，按照市委、市政府工作要求以及区委全会、区两会会议精神，部署全年各项目标任务。区委副书记、区长文献主持会议并讲话。会议要求强化政治意识，在新发展格局中找准职责定位；强化责任担当，确保各项任务圆满完成；强化保障措施，全面提高政府工作效能；强化主体责任，推动全面从严治党向纵深发展等工作。

【政府常务会议】 年内，区政府常务会议召开10次。研究2021年区政府工作报告重点工作分工方案编制，朝阳区2021年重要民生实事项目编制工作，区人大议案、区政协建议案和区十六届人大七次会议代表建议、区政协十三届五次会议政协提案办理方案，起草2020年法治政府建设情况报告，2020年全区市民热线、市容环境、垃圾分类、打击违法建设、安全生产、信访、环境保护、食药安全等工作情况及下一步工作安排；报审《2020年朝阳区依法行政数据分析的报告》，报审2020年河长制工作情况；报审《关于加快推进农村产业高质量发展促进农村城市化建设的报告》，报审《朝阳区人民政府关于贯彻〈北京市促进科技成果转化条例〉实施情况的报告》，报审《北京市朝阳区人民政府关于提请审议朝阳区2021年预算调整方案（草案）的议案》；报审《朝阳区“十四五”时期生态环境建设发展规划》；朝阳区2021年国民经济和社会发展计划上半年执行情况，朝阳区2020年区级预算执行和其他财政收支审计工作报告起草情况，朝阳区2020年财政决算草案和关于朝阳区2021年财政预算上半年执行情况，《朝阳分区规划（国土空间规划）（2017年—2035年）》实施情况；报审朝阳区“十四五”时期国际化发展规划，报审朝阳区“十四五”时期产业发展及布局规划，报审《朝阳区“十四五”时期社会治理发展规划》，报审朝阳区“十四五”时期推进城乡一体化发展规划；报审2022年政府工作报告起草情况，2021年国民经济和社会发展计划执行情况与2022年国民经济和社会发展计划草案报告，2021年财政预算执行情况和2022年财政预算草案报告。

【区长办公会议】 年内，区长办公会议召开25次。研究报审《北京市朝阳区人民政府　北京服装学院战略合作框架协议》。研究朝阳区行政规范性文件清理工作，与北京首都开发控股（集团）有限公司签署战略合作框架协议。研究与北京控股集团有限公司签订战略合作协议，报审《朝阳区新一轮百万亩造林绿化行动计划2021年度项目建设工作方案》，报审《朝阳区促进人力资源市场发展的意见》，朝阳医院东院周边常营中街道路工程立项工作。研究2020年度区政府绩效管理考评情况，报审朝阳区深入打好污染防治攻坚战2021年行动计划及朝阳区2021年大气污染防治强化措施工作方案。研究社会建设和农村城市化工作议题。研究报审朝阳区2020年扶贫协作和对口支援工作总结及2021年支援合作工作安排。研究报审《中关村朝阳国际创投集聚区2.0规划建设方案》，报审《北京市朝阳区2021—2022采暖季供热服务保障工作方案》，研究关于太阳花园土地一级开发项目土地开发成本有关问题，研究关于公布征收农用地区片综合地价比例。报审《北京市朝阳区绿色建筑高质量发展的实施意见》，研究2021年社区居民委员会设立、规模调整等事宜。研究报审平房乡棚改项目拆迁腾退安置补偿政策，研究朝阳区王四营乡官庄新村农民回迁安置房及配套设施项目（二期）征收集体土地申请报批手续有关情况，报审2021年度朝阳区促进生活性服务业发展引导资金拟安排方案。研究报审《朝阳区政府与北京市十一学校、北京第一实验学校、北京第一实验中学合作办学协议》。（杨学良）

重大活动

【北京自贸试验区建设推进】 1月2日，中国工商银行股份有限公司北京自贸试验区国际商务服务片区支行、中国银行股份有限公司北京自贸试验区国际商务服务片区支行在朝阳区揭牌成立。区委常委、常务副区长崔小浩出席揭牌仪式。

【战略合作协议签订】 2月23日，区政府与中国人民财产保险股份有限公司北京市分公司签订战略合作协议，双方将在保险项目、前沿课题研究、信息化建设等方面开展战略合作。人保财险北京市分公司党委书记、总经理郭少军，朝阳区委副书记、区长文献，区政协副主席张士华参加签约仪式。6月4日，区政府与北京首都开发控股（集团）有限公司（简称“首开集团”）签署战略合作框架协议，双方将在物业管理、城市有机更新、老旧小区综合整治、提供便民服务等领域开展深度合作。市国资委一级巡视员翟贤军，首开集团领导潘利群、李岩，区领导文献、崔小浩、岳立、张士华参加签约仪式。8月2日，区政府、北京公共交通控股（集团）有限公司、太古地产签署合作框架协议。三方将携手改造位于三里屯太古里北区北侧、新东路2号的北京公交集团维修场站。区领导文献、崔小浩，北京公共交通控股（集团）有限公司总经理朱凯，太古地产中国内地行政总裁彭国邦出席签约仪式。12月13日，区政府与北京市十一学校举行合作办学签约仪式。朝阳区将借助北京市十一学校的优质教育资源，在东南部王四营地区高起点打造一所九年一贯制公办学校和一所全日制公办高中学校（北京市十一学校朝阳实验学校和北京科学高中）。区委副书记、区长文献参加。

【朝阳时尚峰会】 3月27日，由中国服装设计师协会、中共北京市朝阳区委员会、朝阳区人民政府、北京服装学院联合主办的“2021朝阳时尚峰会”在凤凰中心举办。以“时尚赋能高质量发展 引领北京国际消费中心建设”为主题，为政府、机构、企业及学术界搭建高水平国际交流平台。北京市副市长杨晋柏，文化和旅游部产业发展司副司长耿军，北京市政协常委、副秘书长、民盟北京市委一级巡视员宋慰祖，朝阳区委副书记、区长文献，区委常委、宣传部部长黄晓伟，北京服装学院党委书记周志军出席。

【“潮朝阳新消费”活动】 4月30日，以“炫彩朝阳燃爆五一”为主题的2021年“潮朝阳新消费”活动启动仪式在蓝色港湾举行，朝阳区全面开启新一轮消费季，持续到12月中旬，为广大群众带来更多国际化、时尚潮、文化范儿的特色活动。整个消费季活动围绕“潮市集”“印象潮”“冰雪潮”等七大版块，涵盖国潮、购物、冬奥等十大领域。在8个月的时间里，举办多场多项促消费活动，打造具有潮流属性、时尚属性、场景属性的新夜经济消费模式，点亮夜京城。市商务局副局长孙尧，区委书记王灏，区委副书记、区长文献出席活动。（杨学良）

综合政务管理

【概况】 2021年，区政府办在各有关部门的支持配合下，完成调查研究、信息编发、督办督查重点工作和重要民生实事、绩效管理、调研考察等各项政府事务工作。

【文秘工作】 年内，区政府办接收处理各类非涉密公文9245件，比上年增长14%。接收处理涉密公文1470件，比上年增长30%。平均每个工作日新收公文43件，比上年增长16%。制发各类公文797件，比上年增长4%。平均每个工作日制发公文3.2件。区政府、区政府办公室印发全区的普发性公文12件，比上年下降40%。接收处理机要文件848件，比上年增长49%。编印区政府公报2期。

【调查研究】 年内，区政府办完成《朝阳区打造国际消费中心城市主承载区路径研究》《朝阳区城市更新的探索与实践》《乡村振兴战略下朝阳农村地区高质量发展研究》等5项重点课题研究。围绕数字政府建设等主题，召开专家座谈会2次，走访智库、院校、重点企业10余家。利用7个月时间，区政府主要领导带队对朝阳农村全部19个乡开展调查研究，梳理出土地上市、安置房建设、产业项目手续办理等涉及区域发展和群众利益的15类、149项问题。年内，区政府领导带队围绕科技创新、国际教育、国际医疗等到上海、南京、杭州、深圳、绍兴、重庆、成都等先进地区调研学习，区政府领导到基层调研600余天、1300余次，其中涉疫调研约占40%。

【政务信息】 年内，区政府办编发《政务信息》等刊物50余期，采编基层信息3000余条。区领导批示213条，其中区长文献批示150余条。国务院办公厅采用信息7篇，采用量居全市16区首位。市政府办公厅采用短信息165篇、长篇特刊8篇，报送短信息

1700余条、长篇特刊和调研信息39篇、长篇约稿38篇，政务信息获市领导批示13次，其中市委、市政府主要领导批示5次，全区信息总成绩连续第3年排名全市16区第一。向《北京市新冠肺炎疫情防控工作简报》报送信息采用总数和采用单条数始终位居全市16区第一。

【督查督办】 年内，区政府办办理市、区领导批示专项件209件；完成市、区两级决策专项督查36件，督办市、区重大决策任务203项，其中市政府工作报告重点工作32项、市重要民生实事13项、区政府工作报告重点工作128项、区重要民生实事30项；督办2021年市区重要会议议定事项落实情况500余项，其中区政府常务会10期、区长办公会25期；督办区领导农村城市化调研问题清单143项；定期跟踪亮马河通航、北京朝阳站周边道路建设等20余项重点工作，印发《督查专报》60期；牵头开展疫情防控常态化专项检查，并及时督促相关单位落实整改；圆满完成国务院第八次大督查迎检工作。

【绩效管理】 年内，区政府办完成日常履职考核事项25条、年度目标101个，涉及承办单位21家。在全市绩效考评中获91.1分，排名其他中心城区第二。

【外联服务】 年内，区政府办对接市级及以上调研考察9次，协调对接外埠省市到区考察学习活动13次。完成区领导到上海、南京考察交流招商引资、城市更新，到成都、重庆考察交流绿道建设、夜间经济，到内蒙古通辽市科尔沁左翼后旗对接东西部协作等活动。对接有关部门为外交部、司法部、农业农村部等中央单位，中信集团、中国石油化工集团、中粮集团等在京央企以及天津驻京办、广西驻京办等外埠驻京机构上门接种新冠疫苗3.6万余人次。 （杨学良）

政府信息公开

【概况】 2021年，朝阳区各政府信息公开工作机构（简称“公开机构”）认真履行《政府信息公开条例》法定义务，重点开展深化主动公开，规范依申请公开，强化监督保障，完善政府网站建设等工作。全区各信息公开机构（不包含垂直管理部门）通过政府信息公开专栏和区政府官方网站主动公开政府信息27209条，受理政府信息公开申请1994件，因政府信息公开申请行政复议122件，提起行政诉讼183件。政府信息咨询、主动公开及申请受理、办理、答复工作顺利开展，各公开机构组织管理、制度建设、渠道场所、教育培训等工作开展情况良好，全区政府信息公开工作有序运行。

【主动公开】 年内，区政府贯彻落实《政府信息公开条例》，坚持以公开为常态、不公开为例外，遵循公正、公平、合法、便民的原则，履行政府信息公开法定义务，研究推进行政决策公开、执行公开、管理公开、服务公开和结果公开，以公开促公正，提升政府执行力、公信力，保障人民群众的知情权、参与权、表达权、监督权。建立健全政府信息公开工作体系，完善工作制度，把公开透明作为政府工作的基本制度，推进政务公开，自觉接受群众监督。贯彻落实政府网站集约化建设成果，利用“北京·朝阳”区政府门户网站信息集中发布平台，规范各单位专属页面设置，加强政府网站及政务新媒体建设，通过多种渠道扩大政府信息主动公开范围，通过图表图解、微视频、微资讯等方式，发布涉及企业群众办事服务相关事项信息，发布政策解读。通过“北京朝阳”微信公众号、“北京朝阳”官方微博及时发布信息。

【依申请公开】 年内，区政府贯彻落实《政府信息公开条例》，规范依申请公开工作，组织各单位编制、更新各单位政府信息公开指南，编制并集中发布区级2021年政府信息公开指南，确保依申请公开渠道畅通，受理机关、邮寄地址、联系电话等信息准确无误。建立健全依申请公开工作机制，规范依申请公开办理流程，严把“受理、办理、答复、送达、归档”等5个环节，确保依法依规做好答复。

【行政复议】 年内，因政府信息公开申请行政复议122件。在审结的91件中，维持行政机关具体行政行为53件，被依法纠错11件，其他情形27件。

【行政诉讼】 年内，因政府信息公开提起行政诉讼183件。其中，审结149件（维持行政机关具体行政行为118件、被依法纠错9件、其他情形22件）。

【年度报告】 年内，区政府编制《2021年朝阳区政府信息公开年度报告》，通过“北京·朝阳”网站向社会公布。报告包括政府信息公开总体情况，主动公开政府信息情况，收到和处理政府信息公开申请情况，政府信息公开行政复议、行政诉讼情况，政府信息公开工作存在主要问题及改进情况以及其他需要报告事项等6方面内容。

【公开指南】 年内，区政府编制《北京市朝阳区政府信息公开指南（2021版）》，在全区各信息公开窗口免费向公众发放，政府信息公开专栏同步进行更新。

【平台建设】 年内，区政府门户网站优化改版上线，40个网站栏目调整，重点对网站版面设计、布局以及栏目的整合、撤销、新增进行规范。按照北京市政府“首都之窗”信息公开专栏建设要求，定期做好政府信息公开系统维护，及时更新动态发布政府信息，优化页面布局，完善各专栏功能。 （叶易棠）

应急管理

【概况】 2021年，朝阳区应急管理局（简称“区应急管理局”）以国家第一次自然灾害综合风险普查为契机，开展综合风险普查和风险评估。制定朝阳区“十四五”时期应急体系建设发展规划和综合防灾减灾救灾发展规划。启动修订区级突发事件总体应急预案，组织实战应急演练，加强应急物资保障。开展值班室规范化建设。在街乡应急视频单兵全覆盖基础上，新增15台应急视频布控球，在各街乡和部分重点部门值班室安装应急可视指挥系统，升级完善全区应急值守应急系统应急物资模块。升级区应急值守指挥系统，完善防汛、预警发布等模块，提升智慧应急水平。完成中国共产党成立100周年庆祝活动、“相约北京”系列测试赛、疫情防控等服务保障，制定服务保障应急预案和工作方案，建立重大活动指挥体系，搭建区级现场总指挥部，强化指挥协调和通信联络。

【防洪救灾应急物资支援】 7月22日，朝阳区对口支援单位淅川县突降暴雨，造成部分乡镇发生洪涝灾害，朝阳区为河南省南阳市淅川县政府援助防洪救灾应急物资4066件，包括12平方米救灾帐篷1000顶，移动式应急发电机30台，移动式排水泵30套，应急照明灯1000盏，折叠床1000套，医疗应急包1000个。（李泽宇）

【重大活动保障】 7月，区应急管理局完成中国共产党成立100周年庆祝活动飞行表演梯队在朝阳区的迫降服务保障任务。8月2日至4日，区应急协调中心完成全球数字经济大会朝阳分会场服务保障。9月1日至7日，区应急协调中心到奥管委开设服贸会现场指挥部，完成服贸会服务保障工作。10月8日至11月14日，区应急协调中心完成冬奥会和冬残奥会测试赛服务保障工作。（雷海彭　刘子明）

【预警发布新渠道探索】 8月，区应急管理局印发《朝阳区使用社区户外显示屏发布突发事件预警信息管理办法》，调用全区各社区（村）600余块户外显示屏向居民群众实时发布预警信息和提示信息；与社会单位合作，调用世贸天阶、富力广场、春平广场等6处户外大屏和900余个城市电视，扩大预警信息发布覆盖面，解决预警信息发布“最后一公里”问题。（雷海彭）

【城市安全大脑建设】 10月25日，朝阳城市安全大脑一期建设方案通过专家评审。按照急用先行的原则，完成“1+6+1”一期建设方案，即1个底座方案，6个城市安全专题方案（应急指挥专题，加油站智能防范专题，城市防汛专题，燃气安全精细化监管专题，消防、疏散通道占用智能监测预警专题，安全生产评价体系专题），1个城市安全大脑的编制。（雷海彭）

【防灾减灾日宣传活动】 年内，区应急管理局举办以“防范化解灾害风险，筑牢安全发展基础”为主题的“5·12”防灾减灾日宣传活动，组织居民沉浸式参与9种互动体验项目，设立“危险来了我不怕”等宣传展板，发放典型案例折页、布袋、海报等宣传品13.2万份；组织开展区级破坏性地震自救互救、专业抢险、火情扑救、伤员转运、卫生防疫、物资发放等多科目连贯演练，检验应急预案可行性和实用性，培训和检验应急队伍快速反应能力和救援技能，各级各部门进一步熟悉地震应急工作指挥机制、决策协调和处置程序；联系国家应急广播中心、《朝阳报》、朝阳有线等媒体，利用微信公众号、抖音等新媒体平台，普及安全专业知识和技能。（李泽宇）

【“护航北京冬奥”森林防火检查】 年内，区应急协调中心会同园林、公安、消防、文旅、民政等部门开展森林防火联合专项检查，对奥林匹克森林公园，辖区内郊野公园、陵园等地开展专项执法检查6次。推进区级森林消防综合应急救援队伍建设，制发《朝阳区森林消防综合应急救援队伍管理办法》，完善区级队伍相关制度规范。加强值守，应急、森防值班合二为一，严格落实24小时值班备勤制度，做好森林火警、火情、火灾信息报送工作。（刘子明）

【自然灾害综合风险普查】 年内，朝阳区成立普查领导小组，组建普查团队，建立健全工作机制，编发工作方案和实施细则，做好技术培训、宣传动员。开展应急系统清查、调查、质检核查，获取区域人口、经济、公共服务设施、三次产业等重要承灾体信息，掌握历史灾害信息，查明区域综合减灾能力，形成数据4700余条。统筹协调各牵头单位组织开展气象灾害、地震灾害、水旱灾害、森林火灾等灾害致灾信息调查以及市政道路桥梁、房屋建筑承灾体信息调查。（刘宋祺）

【应急物资保障体系建设】 年内，区应急管理局制定全区10种突发事件应急物资储备标准，统计全区应急物资库建设及应急物资储备情况，起草全区应急物资体系建设工作方案，调拨帐篷、棉大衣等物资，满足疫苗接种以及封控小区核酸检测等需求。收集整理全区各单位物资库建设以及物资储备情况，建立全区物资台账，为7个区级和街乡级应急物资库安装应急物资智能管理系统。（李泽宇）

【综合减灾示范社区创建】 年内，区应急管理局通过召开培训会、现场指导、模拟验收等方式，指导社区完善体制机制、修订应急预案、开展风险评估和制作风险地图，向社区发放物资装备9374件。全区14个社区获评北京市综合减灾示范社区，31个社区通过复评。（刘宋祺）

【预警信息发布】 年内，朝阳区突发事件预警信息发布中心发布暴雨、寒潮、大风、雷电、高温、冰雹、大雾、沙尘、道路结冰、持续低温等各类预警信息206期，其中橙色预警1次、黄色预警74次、蓝色预警131次。通过城市电视、社区户外屏、微信群、北京朝阳App、朝阳有线、朝阳应急公众号等途径向社会发布。利用值守应急管理系统下发各类应对工作通知128个，协调全区各单位做好预警应对工作。 （雷海彭）

【应急指挥能力建设】 年内，朝阳区完成43个街乡和6个重点部门应急可视指挥系统安装和推广，实现市应急指挥中心（市政府总值班室）——区应急指挥中心（区委区政府值班室）——街道（地区）办事处视频会议室（或值班室）三级1分钟内通过应急可视指挥系统快速连通；建立市级手机单兵常态化抽查点名机制，提高应对突发事件的通信指挥能力。 （雷海彭）

【突发事件应对】 年内，区应急办接报各级各类突发事件1567起，比上年减少166起，下降9.58%。其中社会安全类803起、事故灾难类680起、公共卫生类33起、自然灾害类51起。各级各类突发事件均及时应对和妥善处置，最大限度降低突发事件带来的影响。 （宋政权）

信息化建设与管理

【概况】 朝阳区科学技术与信息化局（简称“区科信局”）是区政府主管全区科技和信息化工作的综合职能部门。年内，全区登记技术合同8660项，技术合同成交额1402.4亿元。完成朝阳区人民政府网站（简称“区政府网站”）全新改版上线，网站功能全面升级。区政府网站发布信息10048条，其中政策解读类信息11条，开展网上问卷调查28次，“我为政府网站找错”留言办结率100%。区政府网站与朝阳通App实现互联互通信息共享。实现朝阳区政府移动办公平台（短信平台，简称“平台”）集成移动、联通、电信三家运营商的短信通道实时发送功能，平台短信发送量从2016年平均每月29.9万条增长到2021年平均每月92.2万条。推进朝阳区地理信息数据平台（GIS）建设，形成数据承载“一张图”，完善数据35万条，迁移100余个业务图层，为20余个部门提供高性能、稳定的空间信息基础服务。

【软件正版化工作】 12月17日，北京市使用正版软件工作联席会议考核组到朝阳区考核2021年度软件正版化工作。考核组查阅全区100多家政府机关单位及卫健、国资、教委行业单位正版化工作机构、计算机软硬件采购、正版软件管理等相关制度、授权协议、安装台账等工作资料。考核组随机抽取机关单位2家，卫健系统医疗机构3家，国资系统企业2家进行实地检查。在各检查点现场利用网络版检查工具对7家单位办公电脑进行在线检查，并核查制度落实情况。

【政务网络建设】 年内，政务网络承载接入力大幅提升，核心网络升级至双节点四核心全万兆，性能提升4倍，升级区级统一互联网出口带宽达到6G，形成移动、联通、电信三大运营商线路互备模式，区内43个街乡和各重点委办局约130个节点单位达到1000M宽带接入能力。推进区级电子政务云平台，为各部门提供全方位政务云存储、云部署、云安全服务，80余个应用系统在云平台稳定运行。

【政务内网建设】 年内，政务信息资源三级目录体系建设有序推进，依托区数据共享交换平台实现社会保障、工商登记、社会信用等数据深度融合。完善区级共享交换平台建设功能，实现“一次汇聚，多次共享”，打通市区数据共享通道，累计为区疫苗接种专班等20多个部门交换数据800余万条。提升“移动政务安全加固”平台功能，为“区政府OA办公系统”“区领导决策支持系统”等多个应用平台提供安全加固服务，高效保障政务应用安全。

【企业诚信管理】 年内，区科信局推行企业诚信管理。开展信用承诺工作，将156个事项纳入信用记录，报送500余件。全面归集红黑名单数据2万条，联合奖惩案例数据5万条。推进“信易贷”“信易+”便企惠民专项工作，制定区级政策文件60余个，为信誉良好的驻区企业提供便利化服务。

【智慧城市建设】 年内，区科信局聚焦解决民生实事的示范型信息化项目，支持19个街乡智慧型社会治理项目建设。搭建朝阳区交通态势评价可视化展示平台，实时展现全区交通状态，依据拥堵指数对各个街道、重点区域、重点路段进行排名显示，提供交通出行指引。助力智慧温榆河公园建设，实现导航停车、临时停车场标注、人流热度监控及限流预警等功能，提供限流管控数据支撑。完成人口大数据平台建设，建立实有人口动态管理体系，形成“人口大数据分析”“疫情专题分析”“商圈客流分析”“景区游客分析”四大模块，发挥技术示范作用。建成智慧社区治理数据分析平台，归集全区31个街乡、113个社区、2560台智能设备的基础信息41万余条。在东坝家园试点完成智慧物业实景超融合平台建设，运用AR技术直观展示建筑、道路、公共设施等，形成智慧物业视频实景“一张图”。汇聚全区超7000路视频监控信息，开展智能行为分析，依托区人口大数据服务、智慧物业管理、信用信息、群租房居住密度、地理信息公共服务等平台，实现

▲ 9 月 17 日，朝阳区城市智慧大脑指挥调度中心　　（区科信局　供图）

全区各类社会治理要素标准化、可视化管理，社会运行调试全天候、全方位感知，全面提升区域综合治理水平。（李小骏）

外事及港澳事务

【概况】　朝阳区人民政府外事办公室（简称“区政府外办”）是负责朝阳区对外国际交往和处理涉外及港澳事务的区政府工作部门，承担区委外事工作委员会办公室职责，兼任区推进国际交往中心功能建设领导小组办公室。年内，区政府外办落实好“国际国内，发展安全”新时代外交外事工作理念，立足区域经济社会发展，合理构建友好城市平台，推进常态化疫情防控与全区对外工作，优化涉外环境，主动服务党和国家对外工作大局，完成各项重大活动保障任务，推进国际交往中心功能建设、区域国际化建设。在第 24 届北京 · 香港经济合作研讨洽谈会（简称“京港会”）宣传朝阳“两区”建设工作。成立北京 CBD 全球招商联络站——香港分站。

【中外友谊林培植活动】　5 月 27 日，外交部和北京市人民政府共同主办的驻华使节“培育中外友谊林　感知北京新发展”活动举行。来自朝鲜、埃及、马耳他、斐济、巴哈马、智利等 140 余家驻华使团的近 150 位外交官共植友谊林，感受北京发展变化。驻华使节在位于金盏森林公园的“驻华使团友谊林”地块，为树苗培土浇水，到金盏东村参观文化活动中心和村史馆，到温榆河公园朝阳示范区了解北京大尺度绿化工作成果。外交部副部长乐玉成、北京市副市长杨晋柏参加友谊林揭牌仪式。

【“外国人眼中的朝阳”调研项目】　9 月 23 日，市政府外办联合朝阳区政府在亚运村天圆祥泰大厦举行外籍人士座谈会，现场对来自中国欧盟商会、中央广播电视台、莱佛士医院等 10 余位外籍人士代表开展“一对一”深访，听取外籍人士在京在朝阳工作生活投资等方面的需求和建议，为优化北京推进国际交往中心功能建设规划提供参考。

【国际交往中心功能建设推进】　10 月 13 日，区委外事委员会专题会暨区推进国际交往中心功能建设领导小组第一次会议召开，区委书记王灏主持会议并强调，作为首都功能的重要承载区和首都国际交往的重要窗口，推进国际交往中心功能建设是朝阳区义不容辞的政治责任，更是宝贵的发展机遇。区领导文献、狄涛、崔小浩、赵立军、杨蓓蓓、孟锐出席会议。

【区领导会见英国友人】　10 月 20 日，区长文献会见英国哈罗德百货国际业务发展及全球传媒总监莎拉 · 迈勒一行，就双方合作前景座谈交流。文献介绍朝阳区经济社会发展，涉外疫情防控工作和国际消费中心城市建设情况。希望双方不断加强在消费、文化、时尚等领域的合作，朝阳区会为包括哈罗德百货在内的驻区企业做好服务保障，提供更国际化的营商环境和更优质的服务，助力企业在朝阳区取得更大发展。

【友好城市交流】　12 月 21 日，“朝阳区—萨尔茨堡市医药领域线上企业交流活动及朝阳区‘两区’政策推介会”举行。区政府外办、区商务局介绍朝阳区疫情防控、营商环境提升、特色产业发展、“两区”建设等工作情况。驻区企业上药康德乐（北京）医药有限公司负责人同萨尔茨堡市 W&H 集团、索雅天然产品有限公司负责人分别就各自企业现阶段业务发展情况、企业特色、重点发展领域等情况进行交流。（龚　舒）

政务服务

【概况】　朝阳区政务服务管理局（简称“区政务服务局”），为区政府工作部门。年内，区政务服务工作以党建为引领，紧紧围绕优化营商环境，深化“放管服”改革，强化“互联网 +”建设，优化公共资源交易服务流程，加大政府信息和政务公开力度，落实疫情防控常态化等中心工作，完成年度各项任务。年内，区政务服务中心办件 390477 件；“朝我说”平台受理 2678 件；公共资源交易服务中心新增进场项目 1226 项，提供开标服务 810 场、评标服务 838 场。（孟　妍）

【合法合规信息查询窗口开通】 3月8日，区政务服务中心一层北厅的“合法合规信息查询”窗口正式对外服务，可为企业统一开具无重大违法违规查询告知书等材料。按照“最多跑一次”“办好一件事”的服务理念，区政务服务局联合区发展改革委等13家单位，依托单窗受理系统搭建线上审批平台，梳理合法合规信息查询服务清单、申请材料、业务流程等，为企业统一办理合法合规信息查询告知书。（郭靖楠）

【“跨区通办”窗口开通】 5月，区政务服务中心大厅“跨区通办”窗口正式对外服务。区政务服务局与通州区政务局、顺义区政务局、大兴区政务局、经开区审批局、经开区政务中心共同签署《关于实施政务服务跨区通办联动机制框架协议》，开启副中心及东部地区“跨区通办”政务服务新模式。首批跨区通办事项26项，涵盖建筑工程、道路施工、贸易、环保、新闻、烟草等多个领域。（田　伟）

【电子证照实现政务服务场景应用】 8月，区政务服务局以推进“一网通办”工作为契机，推动朝阳政务服务平台同市级电子证照库系统对接，打通部门间数据壁垒，实现电子证照在政务服务领域互认共享。身份证、户口簿、驾驶证、行驶证、结婚证、离婚证、出生医学证、电子社保卡、电子营业执照、职业资格证等65类174个电子证照实现实际应用；公共场所卫生许可新办、企业登记档案查询、企业变更登记等809个事项可通过调用市级平台电子证照的方式进行线上办理。（田　伟）

【“跨省通办”窗口开通】 年内，区政务服务中心一层北厅8号窗口开设“跨省通办”服务，办事人可在窗口通过登录一网通办服务平台，办理银川市、昆明市、长沙市、天津市红桥区、宁波市江北区的公司（分公司）设立、变更和注销等91个政务服务事项。（郭靖楠）

信　访

【概况】 朝阳区信访办公室（简称“区信访办”），所属事业单位朝阳区信访事务中心。年内，区信访办坚持区委、区政府季研究、联席会议月调度、信访情况周报告等机制，落实领导干部包案、“一线大走访”等机制，整体统筹和指导调度全区信访工作。各包案区领导坚持接访下访与专题调度相结合，解决一批中央、北京市、朝阳区督办挂账疑难复杂信访案件和群众切身利益密切相关信访问题。区信访办、区教委、麦子店街道、金盏地区（乡）4个集体和区信访办张振海等7名先进个人受到北京市第十四次信访工作总结表彰大会表彰。

【信访工作培训会】 4月15日至16日，全区组织开展2021年信访干部业务培训，培训聚焦基层信访工作业务难点和需求点，从信访制度发展与创新，来访接待、来信和网上信访受理，信访复查，心理健康教育等方面开展授课培训，做到基础业务“全覆盖”、党史学习“深融合”、直面问题“促规范”、心理调适“解压力”，全区43个街乡、44个联席会议成员单位150余人参加。

【信访宣传月活动】 5月6日至30日，全区以“永远跟党走　共筑连心桥”为主题开展《信访条例》宣传月系列活动。重点开展“五个一”活动，即一次主题宣传、一次“寻找最美信访干部”作品征集、一系列“我为群众办实事”实践活动专题宣传、一系列信访业务培训和一次信访知识竞答。

【“红立方”移动信访办“基层日”活动】 年内，区信访办开展“红立方”移动信访办带案约访下访活动，阵地前置，人员下沉，推动解决信访突出问题。区信访办会同有关职能部门到奥运村、望京、呼家楼、团结湖、朝外、三里屯、来广营、将台、东风、豆各庄、南磨房、孙河、平房、世奥公司等街乡、部门带案约访下访，针对“出行难”“办证难”、业委会选举、电动汽车充电桩“安装难”等问题和2022年冬奥测试赛服务保障、信访工作示范街乡创建、集中治理重复访和化解信访积案等工作，实地察看、专题调度，推动矛盾化解和重点任务落实。

【汛期信访矛盾纠纷专项排查】 年内，区信访办组织全区各单位开展社会矛盾排查调处工作，摸排梳理汛期各类矛盾纠纷和苗头隐患，掌握信访矛盾中存在汛期安全隐患和预警性信息，边排查边化解。

【信访工作联席会议】 年内，全区召开信访工作联席会议全体（扩大）会议2次。3月2日，第一次全体（扩大）会议召开，部署重复治理信访化解信访积案。5月27日，第二次全体（扩大）会议召开，部署做好中国共产党成立100周年庆祝活动期间信访安全保障工作。（亢　勇）

机关后勤服务与管理

【概况】 区机关事务管理服务中心是区政府所属正处级公益一类事业单位。下属单位有区政府机关幼儿园、北京朝政物业管理中心、天天好厨（北京）餐饮管理有限公司。年内，完成事业单位改革，区机关后勤服务中心更名为区机关事务管理服务中心，撤销朝阳区住房中心，保留区政府机关幼儿园。完成下属企业改制，北京朝政汽车检测场、北京朝政汽车修理厂、北京京朝花园农业发展中心改制为有限责任公司，划转给北京朝富国有资产有限公司。年内，被评为2020年度全市交通安全先进单位、2021年度优秀交换单位。

【疫情防控常态化】 年内，区机关事务管理服务中心加强新冠肺炎疫情防控工作，统筹做好各办公区防疫物资发放，保障防控基础工作做细做实。为办公区一线职工发放一次性手套等防护用品，为各办公区配置84消毒液、免洗杀菌洗手液、次氯酸消毒水、75%浓度酒精、温度计、手持测温枪等防疫物资。开展“一米”行动，在人员易聚集位置设立一米间距地贴和提示标语，降低办公区、进出通道、食堂、电梯口、收发室或其他受限空间人员集中度。加强各办公区入口管控，对进入车辆的驾驶员及所有乘车人员采用手持测温设备进行体温检测。

【后勤服务保障】 年内，区机关事务管理服务中心收发全区编号文件18497件、无编号文件36万余件、外发文件3738件，转发中央、市委市政府文件11290件，收发市机要局档案471件、机要件6701件，转发市委内刊3万余册，发放报纸杂志300余种、84万余份，收发各种信件5万余件。完成会议服务5002次，服务48.45万余人次，其中区级重要会议1158次、区级重要接待220次、外出会议服务109次、外出礼仪服务75次。（王晓蕾）

政协朝阳区委员会

综　述

【概况】 中国人民政治协商会议北京市朝阳区委员会（简称“区政协”）是朝阳区地方政协组织。主要职能是政治协商、民主监督、参政议政。区政协第十三届委员会设提案委员会、经济科技委员会、农业和农村委员会、人口资源和建设委员会、教育卫生与体育委员会、社会法制与民族宗教委员会、港澳台侨委员会、文化文史委员会、学习委员会9个专门委员会。区政协第十三届委员会有委员430人。年内，区政协组织各类会议及活动157次，委员出席5130人次，提交提案416件，经审查立案366件。召开政协党组会26次，开展理论学习46次，反映社情民意信息473篇。建立27个社区工作站、5个界别工作站，在街乡社区开展各类活动200余次，参与委员180余人，700余人次。9名委员作为区监委特约监督员，参与对区有关单位政风行风建设开展民主监督。（赵　莹）

【2021年委员报告厅活动】 3月19日，区政协在委员活动中心举办委员报告厅活动。区政协副主席赵年生主持报告会。区政协副主席连玉明以自己参加全国政协十三届四次会议的感受和心得体会，围绕学习贯彻全国两会精神与委员履职作专题报告。区政协提出广大政协委员和政协干部要加强对全国两会精神的学习宣传，要把学习全国两会精神与推进政协工作结合起来，发挥人民政协专门协商机构的重要作用，开展调查研究，建真言献良策，推动全国两会精神落到实处。政协委员要在聚焦“三化”，做好“六稳”“六保”工作，统筹发展和安全，推动治理体系和治理能力现代化方面积极建言献策。区政协主席班子成员、区政协委员、区政协机关干部100余人参加报告会。（赵　莹）

【2021年委员读书班】 5月26日至28日，区政协在北京宽沟会议中心举办年内委员读书班，专题学习中国共产党党史。读书班以“百年征程守初心，携手共进创辉煌”为主题，邀请专家围绕中国共产党党史、新中国外交史、中华民族的伟大复兴等内容作专题报告。围绕中国共产党党史，邀请首都师范大学马克思主义学院教授祝志男以“中国共产党的辉煌历程和优良传统”为题作专题报告；围绕新中国外交史，邀请外交学院教授、博导、原副院长、中国改革发展研究院副院长江瑞平以“新中国外交史”为题作专题报告。区政协主席班子和140余名区政协委员及党派成员参加此次委员读书班。（赵　莹）

【政协委员构成】 截至年底，区政协有委员430人。其中，男委员279人、占65%，女委员151人、占35%；少数民族委员74人、占17%；中共党员委员172人、占40%，非中共党员委员258人、占60%。由31个界别构成，包括中共界别28人、民革界别11人、民盟界别13人、民建界别13人、民进界别10人、农工界别9人、致公界别9人、九三界别12人、台盟界别3人、无党派界别15人、共青团界别5人、工会界别6人、妇联界别8人、青联界别7人、工商联界别14人、科协界别8人、侨联界别13人、文化艺术界别22人、科学技术界别19人、社会科学界别7人、经济界别43人、农业界别8人、教育界别27人、体育界别7人、新闻出版界别13人、医药卫生界别25人、社会福利界别9人、少数民族界别10人、宗教界别6人、台胞台属界别5人、特邀界别45人。（杨煜国）

【信息宣传】 年内，区政协在网站开设《党史学习教育》《党史百年天天读》和《北京党史专栏》3个专栏，展现委员风采，提高社会影响力。编发微信公众号、订阅号292期，编辑《朝阳政协》杂志4期，编发《政协简报》24期。（赵　莹）

重要会议

【概况】 2021年，区政协召开全体会议2次，常务委员会会议8次，主席会议14次，区政协区委统战部协商议政会议1次。

【区政协十三届五次会议】 1月11日至13日，政协朝阳区第十三届委员会第五次会议召开，朝阳区委、区人大、区政府主要领导出席开幕会。朝阳区各民主党派、工商联的负责人应邀列席会议。会议设置视频分会场，区

▲ 1月11日，政协朝阳区第十三届委员会第五次会议开幕　（区政协　供图）

直机关系统各委办局、各街乡领导在视频分会场列席会议。区政协主席陈涛作政协朝阳区第十三届委员会常务委员会工作报告。区政协副主席杨树旗作政协北京市朝阳区第十三届委员会常务委员会提案工作报告。区政协副主席张兴凯宣读《政协北京市朝阳区委员会关于表彰2020年度优秀提案的决定》，会议对2020年度优秀提案给予表彰。委员分组讨论区政协常委会工作报告和提案工作报告、朝阳区人民政府工作报告、大会决议（草案）、有关选举事项。张士华、赵年生当选政协朝阳区第十三届委员会副主席。会议听取《政协北京市朝阳区第十三届委员会第五次会议期间提案审查情况的报告》，审议通过《政协北京市朝阳区第十三届委员会第五次会议政治决议》。

【区政协十四届一次会议】 12月15日至17日，政协朝阳区第十四届委员会第一次会议召开，朝阳区委、区人大、区政府主要领导出席开幕会。朝阳区各民主党派、工商联的负责人应邀列席会议。会议设置视频分会场，区直机关系统各委办局、各街乡领导在视频分会场列席会议。陈涛受政协朝阳区第十三届委员会常务委员会委托，向大会报告工作。王文远受政协朝阳区第十三届委员会常务委员会委托，向大会报告提案工作。委员分组讨论区政协常委会工作报告和提案工作报告、朝阳区人民政府工作报告、大会决议（草案）、有关选举事项。会议选举王旭为政协朝阳区第十四届委员会主席，选举赵年生、张岩、李靓、连玉明、王冬岩、王强为政协朝阳区第十四届委员会副主席，选举董会生为政协朝阳区第十四届委员会秘书长。会议听取《政协北京市朝阳区第十四届委员会第一次会议期间提案审查情况的报告》，审议通过《政协北京市朝阳区第十四届委员会第一次会议政治决议》，审议通过《政协北京市朝阳区第十三届委员会常务委员会工作报告的决议》。

【常务委员会会议】 年内，区政协召开常务委员会会议8次。1月11日，政协朝阳区十三届二十四次常委会会议召开。会议听取区政协十三届五次会各项讨论情况汇报，审议通过关于同意杨树旗、张永新辞去副主席职务的决定，审议选举办法（草案），听取联合建议书。审议通过政协朝阳区第十三届委员会常务委员会补选副主席、常务委员候选人建议人选名单，并提交政协朝阳区第十三届委员会第五次会议各委员小组酝酿讨论，审议通过政协朝阳区第十三届委员会第五次会议总监票人、副总监票人、监票人人选建议名单。1月12日，政协朝阳区十三届二十五次常委会会议召开。会议听取各组讨论情况的汇报，审议通过政协朝阳区第十三届委员会第五次会议选举办法，审议通过政协朝阳区第十三届委员会第五次会议补选副主席、常务委员候选人建议名单，同意提交政协朝阳区第十三届委员会第五次会议进行选举，审议通过政协北京市朝阳区第十三届委员会第五次会议总监票人、副总监票人、监票人名单，审议政协朝阳区第十三届委员会第五次会议关于常务委员会工作报告的决议（草案）和政治决议（草案），听取政协朝阳区第十三届委员会第五次会议期间提案审查情况的报告，审议通过政协朝阳区第十三届委员会常务委员会年内工作要点，书面通报区政协各专门委员会年内工作计划。3月18日，政协朝阳区十三届二十六次常委会会议召开。会议围绕贯彻全国两会精神和党史教育开展专题学习，并书面通报区政协年内重要工作安排。7月8日，政协朝阳区十三届二十七次常委会会议召开。会议学习习近平总书记在庆祝中国共产党成立100周年大会上的重要讲话精神，围绕创建国家森林城市开展专题议政。会议还审议通过《政协北京市朝阳区委员会关于进一步加强和促进凝聚共识工作强化委员责任担当的决定》，书面通报区政协常委会年内上半年工作，观看严肃换届纪律教育警示片。7月21日，政协朝阳区十三届二十八次常委会会议召开。审议通过关于接受胡杰华请辞秘书长职务的决定。9月28日，政协朝阳区十三届二十九次常委会会议召开。会议听取区政府关于区政协十三届五次会议以来提案办理情况的通报，听取年内区党风廉政建设情况通报，听取区政府《关于进一步提升朝阳区生活垃圾分类管理水平的建议案》和《关于进一步推进朝阳区农村地区环境综合整治的建议案》办理情况的通报。11月9日，政协朝阳区开十三届三十次常委（扩大）会会议召开。与会人员观看朝阳区十三届政协工作专题片。会议表彰优秀提案提名提案和26名朝阳区十三届政协优秀委员。11 月 26 日，政协朝阳区十三届三十一次常委会会议召开。会议传达学习党的十九届六中全会精神，审议区政协十四届一次会议相关文件。会议决定政协朝阳区第十四届委员会第一次会议于 12 月 15 日召开。会议还书面通报各专门委员会年内工作述职报告及十三届区政协委员履职情况。

【主席会议】 年内，区政协召开主席会议 14 次。1 月 11 日，政协朝阳区第十三届委员会第二十八次主席会议召开，审议关于同意杨树旗、张永新辞去副主席职务的决定（草案），审议政协朝阳区第十三届委员会第五次会议选举办法（草案），听取联合建议书，审议政协朝阳区第十三届委员会常务委员会补选副主席、常务委员候选人人选建议名单，审议政协朝阳区第十三届委员会第五次会议总监票人、副总监票人、监票人人选建议名单（草案）。1 月 12 日，政协朝阳区第十三届委员会第二十九次主席会议召开。会议听取各组讨论情况汇报，审议政协朝阳区第十三届委员会第五次会议选举办法（草案），审议政协朝阳区第十三届委员会常务委员会补选副主席、常务委员候选人建议名单，审议政协朝阳区第十三届委员会第五次会议总监票人、副总监票人、监票人建议名单（草案），审议政协朝阳区第十三届委员会第五次会议决议（草案），会议听取政协朝阳区第十三届委员会第五次会议期间提案审查情况的报告，审议政协朝阳区第十三届委员会常务委员会年内工作要点（草案）。1 月 13 日，政协朝阳区第十三届委员会第三十次主席会议召开，听取选举结果汇报。2 月 4 日，政协朝阳区第十三届委员会第三十一次主席会议召开，审议通过政协北京市朝阳区第十三届委员会主席、副主席、秘书长工作分工。3 月 18 日，政协朝阳区第十三届委员会第三十二次主席会议召开，传达学习全国两会精神，审议通过政协朝阳区第十三届委员会常务委员会第二十六次会议议程，研究关于建立北京市朝阳区政协理论研究基地工作方案。5 月 21 日，政协朝阳区第十三届委员会第三十三次主席会议召开，听取区商务局关于国家服务业扩大开放综合示范区和自由贸易试验区建设的情况通报，主席会议成员和委员代表发言，领导讲话。7 月 8 日，政协朝阳区第十三届委员会第三十四次主席会议召开。开展专题学习，审议通过政协朝阳区第十三届委员会常务委员会第二十七次会议议程，书面通报区政协常委会年内上半年工作。7 月 21 日，政协朝阳区第十三届委员会第三十五次主席会议召开。审议关于接受胡杰华请辞秘书长职务的决定（草案），审议通过政协朝阳区第十三届委员会常务委员会第二十八次会议议程。7 月 30 日，政协朝阳区第十三届委员会第三十六次主席会议召开。审议通过政协朝阳区第十三届委员会主席、副主席、秘书长工作分工。9 月 1 日，政协朝阳区第十三届委员会第三十七次主席会议召开。会议审议通过关于表彰年度优秀提案的决定，审议通过关于评选表彰优秀委员的实施办法，审议关于评选第十三届区政协优秀委员工作方案。9 月 28 日，政协朝阳区第十三届委员会第三十八次主席会议召开。审议通过政协朝阳区第十三届委员会常务委员会第二十九次会议议程。10 月 15 日，政协朝阳区第十三届委员会第三十九次主席会议召开。审议通过政协朝阳区委员会委员年度履职考评细则，审议通过政协第十三届朝阳区委员会关于表彰第十三届区政协优秀委员的决定，审议通过政协朝阳区第十三届委员会关于表彰最具影响力提案的决定。11 月 9 日，政协朝阳区第十三届委员会第四十次主席会议召开。审议通过政协朝阳区第十三届委员会常务委员会第三十次（扩大）会议召开。11 月 26 日，政协朝阳区第十三届委员会第四十一次主席会议召开。会议传达学习中共十九届六中全会精神，审议《关于召开区政协第十四届委员会第一次会议的决定（草案）》，审议《政协朝阳区第十三届委员会常务委员会工作报告（草案）》，审议《政协朝阳区第十三届委员会常务委员会提案工作报告（草案）》，审议在政协朝阳区第十四届委员会第一次会议上作第十三届委员会常务委员会工作报告、提案工作报告人选名单（草案），审议关于政协朝阳区第十四届委员会委员的决定（草案），审议区政协第十四届委员会第一次会议预备会有关文件，审议区政协第十四届委员会第一次会议主席团成员、秘书长人选的建议（草案），审议区政协第十四届委员会第一次会议提案审查委员会委员建议名单（草案），审议区政协第十四届委员会第一次会议建议议程和建议日程（草案），审议区政协第十四届委员会第一次会议决议起草小组成员名单（草案），审议通过区政协十三届三十一次常委会议议程，书面通报各专门委员会年内工作述职，书面通报十三届区政协委员履职情况。（赵　莹）

协商议政

【概况】 2021 年，紧扣区委下达的年度协商计划，围绕打造数字经济示范区，开展界别协商；围绕高水平推进国家服务业扩大开放综合示范区和中国（北京）自由贸易试验区的建设开展调查研究，分专题开展对口协商；围绕建设文化创新引领区，与民主党派联合调研、联办协商；围绕完善“吹哨报到”接诉即办工作机制，依托委员工作站平台开展协商；围绕实施城市更新行动，开展协商式监督；围绕实施城乡接合部建设行动，组织跨界别活动，开展跨界别协商；围绕做好冬奥会、冬残奥会筹备，动员界别群众积极参与，献计献策。

【数字农业专题议政会】 5月19日，区政协农业和农村委召开数字农业研讨会，为落实朝阳区委、区政府年内农村城市化工作会会议精神，促进朝阳区数字农业高效发展，区政协农业和农村委员会联合区农业农村局召开数字农业研讨会，相关乡主管领导、部分政协委员参加研讨座谈。区政协副主席张士华、秘书长胡杰华出席活动。会议由区政协农业和农村委主任张小锋主持。会上，市政协经济委员会副主任、市工商联副主席、区政协农业农村委副主任李志起结合数字中国战略和数字经济发展，讲授数字农业的应用实践和最新探索。

【“两区”建设专题协商】 5月21日，区政协召开议政性主席会议，专题就围绕高水平推进国家服务业扩大开放综合示范区和中国（北京）自由贸易试验区的建设开展议政。会上，区商务局通报“两区”建设相关情况。朝阳区组团实施方案涉及的5个方面62项重点任务中，有阶段成果反馈45项。主席班子成员和委员代表围绕“两区”建设提出意见建议。陈涛在讲话中指出，要加速政策落地见效，打造模范样板，以“头雁”效应带动“两区”高标准建设。区商务局、区发展改革委、区金融办、金盏管委会、CBD管委会、区政协办公室、区政协专委会工作三室负责人列席会议。

【接诉即办立法协商专题座谈会】 6月2日，区政协社会法制与民族宗教委员会召开接诉即办立法协商座谈会，10余名区政协委员参加会议，区政协副主席赵年生出席会议。会议由区政协专委会四室主任主持。委员们首先参观朝阳区城市管理指挥中心，了解相关工作情况，区政协委员、区城市管理指挥中心主任王冬岩介绍区接诉即办快速响应平台建设情况和城市管理指挥中心工作情况。座谈会上，传达市政协会议精神和有关要求，解读区政协接诉即办立法协商工作方案。王冬岩介绍区接诉即办工作情况，委员们针对接诉即办考评机制存在的一些问题，提出相关建议。6月21日，区政协副主席赵年生带队，组织三间房地区（乡）、望京街道、区城市管理指挥中心和课题组全体成员，在三间房地区（乡）召开《北京市接诉即办条例（草案）》立法协商座谈会。会上，望京街道、三间房地区（乡）、区城市管理指挥中心，分别就接诉即办工作与条例草案中应结合朝阳区具体实际提出建议和修改意见。

【“打造朝阳特色，促公共文化服务社会化升级”专题座谈】 6月17日，区政协副主席赵年生带队视察参观朝阳区非物质文化遗产传承保护中心，围绕“打造朝阳特色，促公共文化服务社会化升级”课题座谈。课题组指导专家、文化和旅游部公共文化研究（北京大学）基地主任李国新，中国传媒大学文化发展研究院院长范周，课题组成员、政协委员、党派成员及区政协相关委室人员参加座谈。区文化和旅游局介绍朝阳区公共文化服务社会化相关情况，课题组介绍相关工作进展情况。李国新和范周发言。

【建设文化创新引领区专题座谈会】 6月21日，区政协召开建设文化创新引领区专题座谈会。区政协副主席张士华出席会议并讲话。会议围绕年内常委会会议确定的“构建新格局、推动新发展，建设文化创新引领区”议政主题，分析研究市政协、区政协委员年内提出的文化产业发展相关提案，并在经济科技委员会和港澳台侨委员会征集委员的意见建议，形成32份建言。邀请拟定执笔人——传媒大学相关师生，重点围绕“推进文化科技高质量融合发展”“文化产业园区转型升级”两个调研课题开展专题座谈。会议结合整理汇总的材料，分析与研究课题相关调研背景、“十三五”时期朝阳区文化产业发展成效、现状及问题，“十四五”时期提出的目标任务、机遇与趋势，就围绕如何促进朝阳区文化产业向高质量发展，推进文化产业园区转型升级提出意见和建议达成共识。

【经济形势专题座谈会】 6月25日，区政协组织部分政协委员召开经济形势专题座谈会。区政协副主席张士华出席会议并讲话。会议邀请区发展改革委、区税务局、区金融办、区政务局、区工商联、民建区委相关负责人，听取委员意见建议，并与委员座谈交流。区政协经济科技委员会委员就国际国内宏观经济形势、年内前5个月全国及朝阳区经济社会发展统计指标，以及需要关注的重点问题作简要通报。北京超图软件股份有限公司、眉州东坡集团、北京市京都律师事务所、北京新时空科技股份有限公司、北京颐盛恒商务顾问有限公司、北京银泰置业有限公司、欧盟中国城市发展委员会、青创智慧（北京）科技有限责任公司、北京侨福置业有限公司的9名委员作发言，区相关部门针对企业关注的问题给予回应，并解读相关规划、政策，就金融科技融合，数字经济增强区域发展新动能作交流发言。

【城市更新行动及城市文化建设协商座谈会】 7月9日，区政协召开城市更新行动及城市文化建设协商座谈会，区政协副主席赵年生主持。部分政协委员及课题组成员、朝开公司参加协商座谈会。朝开公司介绍城市更新改造中朝阳区老旧小区改造情况，以及公司在城市更新改造中的经验做法和工作情况。区政协专委会四室主任介绍市规划自然资源委朝阳分局城市更新改造方案，委员们就城市更新改造、城市文化建设发表意见建议。

【“双奥”专题协商活动座谈会】 7月21日，区政协副主席赵年生主持召开“赛后奥运场馆可持续利用及‘双奥’文化影响与发展”的专题协商调研报告的征求意见座谈会。课题组成员分别就提升冰雪资源利用和普及冰雪运动推广、加强科技冬奥成果的持续研发和推广利用、促进冬奥项目可持续发展、建立更加可持续长效的赛会志愿者服务体系等问题，提出修改意见，表示会进一步沟通交流、完善报告。

【更新改造和文化建设调研报告征求意见会】 7月28日，区政协召开城市更新改造和文化建设调研报告征求意见会，部分专委会委员和课题组成员参加会议，区政协副主席赵年生出席会议。会上，城市文化治理守住文化底蕴课题组执笔人孙巍首先汇报调研报告总体情况，分别就朝阳文化治理发展成果、文化治理现存制约问题及十四五时期提升朝阳文化治理水平的路径建议作说明。委员们和课题组成员围绕朝阳文化治理展开讨论，认为调研报告思路清晰，问题找得准，同时分别就增加公众参与、增强社会文化凝聚力、发挥委员工作站的作用、讲好朝阳水系文化建设、解决公共文化“最后一公里”等提出意见建议。委员姜山赫就关于朝阳区老旧小区更新工作的调研报告、陈欢委员就关于朝阳区老旧小区改造及城市更新工作的建议分别作说明。

【年度协商议政会议】 8月10日，区政协召开年度协商议政会议。区委副书记、区长文献出席并结合区政府年内重点工作提出议政调研方向和建议。区政协主席陈涛主持会议。区委常委、统战部部长李国红，区政协副主席王文远、张士华、赵年生、连玉明，区政协党组成员董会生，各民主党派、工商联负责人出席会议。议政会上，各民主党派、工商联负责人围绕换届工作和下一步重点工作发言，就做好疫情防控、“两区”建设、市域社会治理创新、接诉即办、“七有”（“七有”指幼有所育、学有所教、劳有所得、病有所医、老有所养、住有所居、弱有所扶）“五性”（“五性”指便利性、宜居性、多样性、公正性、安全性）民生保障等工作提出调研思路和研究方向。

【区政协区委统战部联合召开议政会】 9月29日，区政协、区委统战部联合召开议政会，围绕“构建新格局、推动新发展，建设文化创新引领区”协商议政。区领导王灏、文献、陈涛、狄涛、李国红、赵立军、杨蓓蓓、舒华磊、王文远、张士华、赵年生、连玉明、战春燕出席会议。区政协党组书记、主席陈涛主持会议。围绕朝阳区文化建设与发展开展专题议政是贯穿该届政协的议政主题。5年来，政协委员和党派成员围绕文化专题联合调研24次，形成建言1377份，提案998件。此次会议是该届政协最后一次议政会，会前，由区政协各专委会牵头，联合区各民主党派组成课题组，聚焦建设文化创新引领区，开展7个专题调研，并将调研报告汇编成册。会上，区政协各专委会代表作《推动朝阳区大运河文化资源创造性转化与创新性发展的建议》等7个重点发言。尚进等11名委员即席发言，从数字化公共文化服务发展等方面建言献策。陈经纶中学“模拟政协”课题组学生代表就该课题组开展的“关于建设朝阳区北京方言文化体验馆的调研”发言。 （赵　莹）

提案工作

【概况】 2021年，区政协收到提案416件。其中，委员提案385件，党派、工商联、界别、专委会和全会小组提案31件。经审查，立案366件，交62家承办单位办理，均按时办结。276件提案提出的建议被采纳、问题得到解决，21件提案提出的建议列入计划逐步解决。全年重点督办提案4件，带动70余件办理提案件，督办相关单位40余家，参加委员60余人次，现场提出建议110条。区政协全年立案提案377件，区委主要领导亲自审定区领导阅批提案的工作方案，区委区政府领导对25件党派提案作出批示，区政协将全部立案提案分成8个大类逐类分析，并在转交区委区政府相关部门办理的同时，转交各专委会工作室，形成工作联动。

【“两区”建设重点提案督办】 5月11日，区政协组织部分委员督办委员张鑫提出的《关于借“两区”建设的东风增强文化国际影响力的建议》提案。区领导，区政协副主席王文远、张兴凯参加。委员们到第四使馆区坝河示范段和金盏国际合作服务区，了解第四使馆区建设进展情况和金盏“两区”规划建设情况。在随后召开的提案督办协商会上，区商务局汇报朝阳区“两区”建设相关情况，区委宣传部、区文化和旅游局、区金融办分别汇报提案办理工作情况。张鑫对提案办理进度表示满意，与会政协委员提出意见建议。区领导对委员建议给予肯定，要求各承办单位积极采纳吸收，共同助推“两区”建设发展。王文远提出，政协委员要发挥专业所长、智慧力量提出更好的建议，同时积极配合做好意见建议的推动和落实。各承办单位积极搭建委员知情明政平台，为委员下一步提准提好提案打下基础。区政协广泛搭建协商平台，促进提案建议成果转化，为推动朝阳发展贡献政协力量。区委办、区委宣传部、区商务局、区文化和旅游局、区金融办、金盏国际合作服务区管委会，区政协专委会工作一室、二室参加会议。

【生态文明建设重点提案督办】 5月13日，区政协组织部分委员督办民革区委提出的《关于朝阳区充分利用再生水资源打造“水韵朝阳”的建议》提案。区政协副主席赵年生参加督办。活动中，委员们到亮马河蓝色港湾段，了解河道整治提升情况。在随后召开的提案督办协商会上，区水务局、区财政局、区园林绿化局汇报提案办理及相关工作情况。民革区委对提案办理进度表示满意，与会政协委员提出意见建议。区委办、区水务局、区财政局、区园林绿化局、区政协专委会工作一室、四室参加会议。

【城市治理专题重点提案督办】 5月20日，区政协组织部分委员督办民盟朝阳区委提出的《关于建立北京朝阳站创新服务区打造首都新名片的建议》提案。区政协主席陈涛、副区长岳立参加督办。调研一行先到达北京朝阳站考察，了解朝阳站建设情况，随后抵达东坝乡政府座谈交流。协商座谈会上，市规自委朝阳分局、区商务局、区交通委等相关单位汇报提案办理及相关工作情况。民盟朝阳区委对提案办理工作表示满意，与会政协委员提出建议。区委办、市规自委朝阳分局、区商务局、区文化和旅游局、区园林绿化局、区交通委、区城市管理委、东风乡政府、区政协专委会工作一室、四室、六室参加调研。

【数字经济专题重点提案督办】 5月31日，区政协副主席张士华带队督办委员李晟提出的《关于建设数字经济协同治理平台 推动朝阳数字经济健康发展的建议》提案。委员们到360安全科技股份有限公司和北京鲲鹏联合创新中心，了解企业数字经济领域发展情况。在提案督办协商座谈会上，区发展改革委、区科信局、区人社局等相关参会单位负责人汇报提案办理及相关工作开展情况。与会政协委员提出意见建议。区政府办、区发展改革委、区科信局、区人社局、北京鲲鹏联合创新中心、区政协专委会工作一室、三室参加督办。（张桂歌）

调研与视察

【概况】 2021年，区政协围绕经济建设、社会事业、民主法治建设、城市管理等组织视察调研活动31次，委员参与720余人次。密切区政协各专门委员会和人民团体的联系，组织区各人民团体参与政协协商、视察、调研等活动。区政协全年报送社情民意信息473篇。

【中国（北京）自由贸易试验区国际商务服务片区建设调研】 2月19日，区政协主席陈涛带队到金盏国际合作服务区调研中国（北京）自由贸易试验区国际商务服务片区建设情况。区政协副主席张士华、秘书长胡杰华随同调研。陈涛一行视察第四使馆区坝河示范段，听取区水务局、金盏国际合作服务区管委会负责人相关情况介绍，了解第四使馆区控规及城市设计启动，以及东坝中央公园、坝河景观廊道等项目实施情况。在金盏国际合作服务区管委会观看金盏国际合作服务区介绍短片，听取金盏国际合作服务区管委会、区商务局负责人关于金盏国际合作服务区规划建设情况和朝阳区“两区”建设情况介绍。座谈交流中，与会区政协委员围绕全面推进中国（北京）自由贸易试验区国际商务服务片区建设，就控规及城市设计、政策创新、产业项目对接、主导产业生态圈建设、对外宣传推介等方面提出意见建议。区政协专委会三室负责人及部分政协委员一同参加调研。

【区政协委员视察国家游泳中心】 3月22日，区政协副主席赵年生带队，教卫体与文化文史专委会一行16名委员到北京国家游泳中心视察，听取国家游泳中心场馆建设基本情况，实地考察冰壶比赛赛道的铺设并听取场馆介绍场馆可持续发展情况。此次视察是落实政协北京市朝阳区第十三届委员会常务委员会年内工作要点，围绕“做好北京冬奥会、冬残奥会筹备，广泛动员界别、委员积极参与，建言献策”开展的协商专题活动。

【市政协副主席调研“两区”建设情况】 4月8日，北京市政协副主席林抚生一行到朝阳区金盏国际合作服务区调研中国（北京）自由贸易试验区国际商务服务片区建设情况。北京市政协经济委员会主任、副主任等30余名市政协委员参加调研。朝阳区政协主席陈涛，区委常委、常务副区长崔小浩，区政协副主席张士华，区政协秘书长胡杰华陪同调研。市政协领导一行到第四使馆区坝河示范段，了解第四使馆区建设进展情况。到金茂中心8层，俯瞰金盏国际合作服务区现状，观看园区推介短片，调研金盏“两区”规划建设情况。在金盏国际合作服务区管委会召开座谈会，听取朝阳区政府相关部门负责人关于推进“两区”建设情况汇报，听取佳能医疗系统（中国）有限公司、特斯拉公司、中国银行北京商务区支行、中国银行北京自贸试验区国际商务服务片区支行等4家企业负责人关于参与“两区”建设的意见和建议。市政协委员分别就“两区”建设过程中如何体现全球视野、北京特色、制度创新、人才引进、示范带动、协同开放等方面交流发言。林抚生对朝阳区扎实推进“两区”建设工作给予肯定。区政协办公室、区政协专委会三室、区商务局、金盏国际合作服务区管委会相关负责人参加调研活动。

【市政协调研集体经济】 4月14日，北京市政协农业和农村委主任高华一行到朝阳区将台乡调研集体经济，市政协副秘书长、民革北京市委专职副主委罗瀛等20余名市政协委员参加调研。区政协主席陈涛、副主席张士华出席调研。市政协领导在将台乡政府召开座谈会，围绕“进一步壮大集体经济，助推新时代乡村振兴”开展座谈。区农业农村局介绍朝阳区集体经济相关情况，区财政局、规自朝阳分局、区文化和旅游局、区农经办汇报各自部门促进壮大集体经济的措施，将台乡、驼房营村、东八间房村介绍乡村两级集体经济情况。会上，市政协委员和区乡村三级部门开展座谈和交流发言。随后，市政协领导一行到将台颐堤港、将台国际文化硅谷、丽都会客厅实地调研，了解将台乡集体经济发展情况。高华对朝阳区扎实推进壮大集体经济工作给予肯定。

【走访科技创新型企业】 4月16日，区政协副主席张士华到朝来科技园走访科技创新型企业——北京极智嘉科技有限公司，实地了解人工智能机器人的前沿科技发展情况。座谈中，北京极智嘉科技有限公司负责人介绍该公司发展情况。座谈中，与会人员就公司产业用地、成果转化、人才政策、职住不平衡问题，以及创新合作模式等方面座谈交流。区政协专委会工作三室、区科信局、来广营乡相关人员参加调研。

【“大运河文化带建设”调研】 5月25日，区政协开展为流动的运河文化带建言——“大运河文化带建设”调研活动，区政协主席陈涛带队到萧太后河视察辽文化展览馆，同时，针对大运河文化带的建设情况开展调研。区政协副主席赵年生，秘书长胡杰华，区政协委员范周、刘可欣等和部分党派成员随同调研。萧太后河是朝阳区大运河文化带主河道之一。区政协主席陈涛一行视察萧太后河辽文化展览馆，听取区文化和旅游局、豆各庄地区（乡）负责人相关情况介绍，了解朝阳区大运河文化带萧太后河段建设情况。座谈交流中，与会委员及党派成员围绕推进朝阳区大运河文化带建设、历史遗迹挖掘、展览馆设施完善等问题提出意见建议。区政协办公室、研究室负责人和政协机关相关人员一同参加调研。

【区委书记王灏到区政协调研】 7月12日，朝阳区委书记王灏到区政协机关调研。他强调，要把握大局、主动作为，进一步增强做好政协换届工作的责任感使命感，依法有序做好换届各项工作，不断推动政协工作创新发展。区领导陈涛、王旭、迟行刚、李国红、王文远、张士华、赵年生出席。调研会上，区政协主席陈涛介绍第十三届区政协工作情况及委员履职情况。围绕政协工作，王灏强调，政协换届工作对于加强朝阳区社会主义民主政治建设、构建社会主义和谐社会具有十分重要的意义，要进一步提高站位，深化认识，齐心协力，稳妥推进政协换届工作。严格把好人选关，把党的领导贯穿换届工作始终，严格人选资格条件，突出能力导向，努力建设一支德才兼备、代表性强、结构合理、服务人民、履职水平高的政协委员队伍。严格把好程序关，认真学习中央、市委关于政协换届工作的各项政策规定，做到执行法规不变通、履行程序不简化、遵循步骤不减少，确保换届工作各环节都能经得起群众监督和历史考验。严格把好纪律关，坚持教育在先、警示在先、预防在先，结合党史学习教育，进一步强化党性教育、纪律教育、警示教育，确保换届风清气正。

【市政协人资环建委专题调研视察】 7月14日，市政协人资环建委副主任刘志国带队，围绕“加大政策引导支持力度，推进城市有机更新”重点议题，到望京街道开展前期专题调研视察。区政协副主席赵年生陪同调研。区住建委、望京街道、区政协专委会四室有关负责人参加。市政协委员和民主党派成员首先听取望京小街整治提升工程的介绍，望京街道领导汇报政府引导社会资本参与传统商圈国际化转型的“望京小街模式”，区住建委负责人介绍朝阳区城市更新行动的总体情况。随后，委员们参观望京之眼、风舞游龙、森舞漫波、国际化多元市集等，最后到党建小屋，全景体验科技与党建完美结合的“望京之芯”。委员们对望京街道坚持党建引领、多元协作、撬动社会资本参与街区更新的模式给予肯定。希望望京小街作为一条国际化的活力共享街区，将国际化环境和人才建设、垃圾分类、智慧管理融入一体，为城市更新行动注入更多内涵，创新治理模式，促进望京小街精细化治理再上新台阶。

【民族宗教工作专题调研】 7月16日，为贯彻落实好民族宗教条例，由区政协副主席赵年生带队，组织区政协委员到西藏文化博物馆开展民族宗教工作专题调研活动。委员们听取西藏文化博物馆负责人的有关情况介绍，集体参观西藏文化博物馆，参观丰功伟业——庆祝西藏和平解放70周年特展。特展分为和平解放前西藏与祖国的关系、社会制度实现伟大飞跃、脱贫攻坚取得决定性胜利、新时代新飞跃、西藏的发展进步根本在于中央的关心、全国人民无私支援西藏7个单元，以500余张图片、近百件历史文献、实物，展现在中国共产党领导下，西藏从和平解放、民主改革到自治区成立，从社会主义建设、改革开放到走向新时代的历史进程。委员们一致认为，特展记录70年来西藏的变化与辉煌，集中反映十八大以来以习近平同志为核心的党中央对西藏的关心和西藏各项事业所取得的全方位进步、历史性成就。8月12日，为贯彻落实好民族宗教条例，做好民族宗教工作，由区政协副主席赵年生带队，区政协社会法制与民族宗教委员会就基督教、天主教中国化开展专题调研活动。区民宗办、区政协专委会四室陪同调研。政协委员首先到北京基督教会朝阳堂，实地参观朝阳堂及展览，听取牧师对朝阳堂基督教中国化情况的介绍。然后，委员们到平房天主教堂，调研天主教堂的管理以及活动开展情况。座谈会上，基督教朝阳堂、平房天主教堂介绍宗教中国化的情况。（赵　莹）

专门委员会

【概况】 区政协设置提案委员会、经济科技委员会、农业和农村委员会、人口资源和建设委员会、教育卫生与体育委员会、社会法制与民族宗教委员会、港澳台侨委员会、文化文史委员会、学习委员会等9个专门委员会。2021年，优化各专门委员会办事机构干部队伍结构，结合重点工作强化实践锻炼。（赵　莹）

【提案委员会】 年内，区政协提案委员会收到提案416件，其中，委员提案385件，党派、工商联、界别、专委会和全会小组提案31件。经审查，立案366件，交62家承办单位办理，均按时办结。276件提案提出的建议被采纳、问题得到解决，21件提案提出的建议列入计划逐步解决，38件提案作为重要摘报报送党政部门，39件提案作为转信报送上级单位。全年重点督办提案4件，带动办理提案70余件，督办相关单位40余家，参加委员60余人次，现场提出建议110余条。修订《政协北京市朝阳区委员会关于评选表彰最具影响力提案的实施办法（试行）》，规范提案的评选、表彰等流程。加强提案信息化平台建设，实现提案日常管理数据化、数据管理规范化，摘选具有前瞻性和全局性的提案。（张桔歌）

【经济科技委员会】 年内，区政协经济科技委员会围绕国际化、文化和大尺度绿化，做到“五个聚焦”。聚焦“两区”建设，协调组织部分委员和企业随同主席班子到金盏国际合作服务区调研片区建设情况。组织委员围绕高水平推进国家服务业扩大开放综合示范区和中国（北京）自由贸易试验区的建设参加议政性主席会议，征集建言10份。聚焦数字经济和科技创新议政建言，征集委员议政建言16份，相关建议被市政协“加快北京数字经济发展，建设全球数字经济标杆城市”议政性主席会议报告吸纳。协同市委党校国际科技创新中心建设相关课题到朝阳区的调研工作，到北京鲲鹏联合创新中心、阿里巴巴集团北京总部等相关企业调研。分析99件提案，重点督办《关于建设数字经济协同治理平台，推动朝阳数字经济健康发展的建议》提案。聚焦经济运行建言资政。组织政协委员召开经济形势专题座谈会，会议请区发展改革委、区税务局、区金融办、区政务局、区工商联、民建区委相关负责人座谈交流。聚焦议政主题议政建言，围绕年内“构建新格局、推动新发展，建设文化创新引领区”议政主题，分析研究文化产业发展相关提案，形成32份建言。与传媒大学师生围绕“推进文化科技高质量融合发展”“文化产业园区转型升级”两个调研课题专题座谈，形成《推进文化科技高质量融合发展》《发挥“创新引领”作用推进文化产业园区转型升级》两个调研报告。聚焦财政预算做好民主监督工作，7月份财政预算民主监督组与区人大财经委听取区财政预算执行和上年度财政决算报告、预算执行审计报告等相关报告，以及朝阳区年度经济和社会发展计划。（李海作）

【农业和农村委员会】 年内，区政协农业和农村委员会组织安排市政协围绕“进一步壮大集体经济，助推新时代乡村振兴”调研的要求，协调区农业农村局、区财政局、规自朝阳分局、区文化和旅游局、区农经办等部门介绍工作情况，选定将台颐堤港、国际文化硅谷、丽都会客厅实地调研。9月初，市政协农业农村委主任高华一行围绕“完善城乡要素融合机制政策，推动农业农村高质量发展”课题对朝阳区开展调研和协商议政。研究制定《关于加快农村集体产业用地建设，高质量推进城乡接合部建设行动》的年度调研课题，组织委员到基层乡村3次，形成调研报告。开展数字农业研讨。针对围绕年内协商议题“创建国家森林城市开展协商”“围绕实施城乡接合部建设行动开展协商”等议题调查研究，围绕“加快农村集体用地建设”“数字农业先行区”等开展交流座谈，协调区园林绿化局开展“森林城市创建情况通报会”。（苏一喆）

【人口资源和建设委员会】 年内，区政协人口资源和建设委员会按照区政协党组工作要求，坚持疫情防控常态化，提高政治站位，凝聚委员参与疫情防控。组织委员参加委员报告厅、委员读书班、集体研讨等各类学习活动7次，听取区政府有关部门通报情况3次。根据中共北京市委部署和北京市政协工作安排，协助做好《北京市接诉即办条例（草案）》在政协开展立法协商工作，组织委员到街乡、社区等实地调研，组织学习、专题调研、座谈等活动12次，参加委员和课题组成员150余人次，就城市文化治理守住城市文化底蕴与文脉传承开展调研，提供议政建言20多份。对生态文明建设专题开展重点提案督办。做好“北京生活垃圾分类质量提升”等专题调研。（韩保卫）

【教育卫生与体育委员会】 年内，区政协教育卫生与体育委员会围绕2022年北京冬奥会和冬残奥会各项筹备工作情况开展协商活动，组织委员视察冬奥场馆，针对场馆建设、宣传文化活动、医疗防疫等有关筹备服务保障工作分别听取奥管委、区体育局、区文化和旅游局、区卫健委情况介绍，开展建言活动。组织聚焦“七有”“五性”促进社会事业发展专题座谈会，听取区领导介绍朝阳区社会事业发展情况，政协委员发言并政务咨询。推进委员撰写社情民意信息工作，组织落实计划制定的各项活动，督促委员参加委员进社区活动，年内报送50余篇社情民意信息。（杨　青）

【社会法制与民族宗教委员会】 年内，区政协社会法制与民族宗教委员会组织委员参观丰功伟业——庆祝西藏和平解放70周年特展。区政协主席班子走访委员长倩·平措，肯定他为朝阳区宗教事业发展、社会团结稳定、传统文化弘扬做出的积极贡献。围绕协助做好《北京市接诉即办条例（草案）》在政协开展立法协商工作，围绕完善好、实施好《北京市接诉即办条例》，组织委员到区监督中心、三间房地区办事处等单位开展实地调研。参加区委依法治区相关工作，围绕依法治区及落实民族宗教政策等方面到有关单位视察，开展建言活动。开展街乡执法改革工作等专题调研。组织委员围绕宗教中国化到基督教朝阳堂和平房天主教堂调研。（韩保卫）

【港澳台侨委员会】 年内，区政协港澳台侨委员会与经济科技委员会共同做好聚焦“两区”建设、打造朝阳数字经济示范区、深化服务业扩大开放、推进创意文化引领区建设等相关专题协商和座谈活动，重点围绕“两区”建设做好议政性主席会议大会发言准备工作，报送20个建言报告，3名委员发言。组织委员参加议政性主席会议，征集10份议政建言，围绕高水平推进国家服务业扩大开放综合示范区和中国（北京）自由贸易试验区的建设开展专题议政。围绕常委会议确定的议政主题，形成32份建言。与传媒大学合作，征集32个建言，形成《推进文化科技高质量融合发展》《文化产业园区转型升级》两个调研报告。重视以留学回国人员为主体的新侨工作，加强与港澳台青少年沟通交流，并就他们在大陆学习、创业、就业、生活等方面建言献策。与区侨办、区侨联、区台办、台盟区工委、区工商联等部门联合召开政策解读会、发挥归国留学人才优势恳谈会，为区域国际化发展建言献策，为驻区台资、侨资企业了解区情，了解政策，掌握信息提供平台。（李海作）

【文化文史委员会】 年内，区政协文化文史委员会把握“团结、民主”两大主题，突出文化和文史工作重点，围绕“构建新格局、推动新发展，建设文化创新引领区”议政会主题开展专题协商，专委会按照相关要求，组织委员围绕“打造朝阳特色，促公共文化服务社会化升级”开展调研活动，征集议政会稿件，组织委员参加建言献策活动。定期开展视察、座谈和委员进社区活动，到基层贴近群众，反映民意。做好《朝阳文史》第21辑的资料征集及编辑出版工作。参加市政协文史资料工作会及《与祖国同行》出版座谈会，撰写《发挥文史工作优势，服务区域经济社会发展》交流材料。完成市政协中国共产党成立100周年文史资料《光辉的旗帜》征文选编工作。（杨　青）

【学习委员会】 年内，区政协学习委员会举办1期委员报告厅。分别以“以高水平履职服务高质量发展”“以高质量提案推动高水平履职——漫谈提案与履职”为主题，邀请专家作专题报告。举办1期委员读书班，专题学习中共党史。读书班以“百年征程守初心，携手共进创辉煌”为主题，邀请专家围绕中国共产党党史、新中国外交史、中华民族的伟大复兴等内容作专题报告。组织区政协委员参加市政协举办的8期委员报告厅视频会。分批成立政协委员工作站，完成第二批对10个街乡和5个界别政协委员工作站的授牌。全年街乡开展委员进社区活动200余次，参与活动180余人，总计700余人次。（杨煜国）

中国共产党
朝阳区纪律检查委员会
朝阳区监察委员会

综　述

【概况】　中共北京市朝阳区纪律检查委员会（简称“区纪委”）是主管全区党的纪律检查工作的专责机关。北京市朝阳区监察委员会（简称“区监委”）是全区行使国家监察职能的专责机关。区纪委与区监委合署办公。区纪委、区监委在市纪委、市监委和区委的双重领导下开展工作。2021 年，区纪委落实各级纪委全会精神，发挥监督保障执行、促进完善发展作用。统筹推进北京冬奥及冬残奥测试赛，疫情常态化防控，形式主义、官僚主义、享乐主义和奢靡之风“四风”问题检查等日常监督，以及扫黑除恶、脱贫攻坚、离京报备、规划和自然资源领域专项治理和专项巡视等专项监督。明确全年重点监督事项月度推进安排，每月向基层纪检监察组织下发监督提示单，组织召开执纪监督专题会。全区各级纪检监察组织坚持以习近平新时代中国特色社会主义思想为指导，忠实履行党内监督、国家监察专责，协助区委坚定不移推进全面从严治党，围绕市委、区委中心工作，在服务保障大局、净化政治生态等方面主动作为，发挥监督保障执行、促进完善发展作用。　（张天啸）

【全面从严治党主体责任落实】　年内，区纪委区监委对照市纪委有关目录，系统梳理形成《中央及市级深化全面从严治党重要制度摘编》第一、第二辑，印发全区各单位作为履行管党治党政治责任的工作指引和监督检查重点。协助区委研究制定《关于一体推进 2021 年朝阳区全面从严治党（党建）工作考核和政治生态分析研判工作实施方案》，进一步明确各部门职责分工，以及日常检查、明察暗访、参加会议、调研座谈、专项治理等工作方式，发挥专项考核部门和系统行业主管部门的监督效能，构建资源共享、力量互补的政治生态分析研判常态化机制。统筹区反腐倡廉建设领导小组办公室成员单位，分别从 10 个方面 22 项考核重点，提供区委区政府督查、领导干部个人事项申报、基层党建工作检查、意识形态责任制检查、巡视巡察整改、审计监督、民意调查等信息并进行分析研判，为进一步明确区全面从严治党工作的主要特征和主要矛盾夯实基础。　（王　静）

【“四风”纠治】　年内，区纪委区监委深入落实市纪委专项整治工作部署，对值班值守期间脱岗、饮酒等 24 个典型问题从严查办。查处违规发放津补贴等案件 12 例，多平台分批次曝光典型问题 22 起。拓展基层“四风”观测，动态监测基层形式主义、官僚主义问题。针对近 2 年来党员干部酒驾醉驾案件频发问题，深入开展专题警示教育，全区各单位通过组织观看警示片、签订承诺书、创新“自律打卡”“家风接龙”系列活动等，让党员干部感受思想洗礼。　（秦培奇）

重要会议

【区纪委全会十二届第六次会议】　2 月 10 日，朝阳区第十二届纪律检查委员会第六次全体会议召开。会议传达学习贯彻十九届中央纪委五次全会、市纪委十二届六次全会和区委十二届十三次全会精神，部署推进全面从严治党和纪检监察工作高质量发展。区委书记王灏出席会议并讲话。区委副书记、区长文献，区人大常委会主任陈宏志，区政协主席陈涛等区领导出席会议。

【区纪委全会十二届第七次会议】　11 月 15 日，朝阳区第十二届纪律检查委员会第七次全体会议召开。会议总结过去五年的工作，研究今后五年的工作思路，会议传达党的十九届六中全会精神，汇报朝阳区十二届纪律检查委员会向朝阳区第十三次代表大会所作的工作报告起草情况。会议表决通过《中国共产党北京市朝阳区纪律检查委员会向中国共产党北京市朝阳区第十三次代表大会的工作报告（审议稿）》《中国共产党北京市朝阳区第十二届纪律检查委员会第七次全体会议决议（草案）》，会议同意将工作报告适时提交区委十二届十五次全会审议。

【区纪委全会十三届第一次会议】　12 月 9 日，朝阳区第十三届纪律检查委员会第一次全体会议召开。选举产生常务委员会委员 9 名；书记 1 名，副书记 3

名。范永红当选为区纪委书记。选举结果经中国共产党北京市朝阳区第十三届委员会第一次全体会议通过。（张天啸）

纪检监察体制改革

【概况】 2021年，区纪委区监委统筹推进纪检监察体制改革，健全完善权力运行制约监督体系，促进执纪执法贯通、法法顺畅衔接、各类监督协调，加快形成监督合力。（王亚克）

【特约监察员监督】 年内，区纪委区监委组织特约监察员列席主要领导民主生活会征求意见座谈会、列席区纪委十二届六次全会、参加《朝阳区纪检监察白皮书》撰写征求意见座谈会、向区人大常委会专项汇报稿建言献策等系列活动，发挥监督保障、参谋咨询、桥梁纽带、舆论引导作用。（王亚克）

【规范社区纪委换届】 年内，区纪委区监委会同区委社工委、区委农工委，联合出台《关于朝阳区社区纪委换届选举的实施方案》，对社区纪委换届提出统一要求，实现与社区党组织换届选举统筹推进、同步换届。换届后，全区设置党委的490个社区全部选举产生社区纪委。（张天啸）

党风政风监督

【概况】 2021年，区纪委区监委坚持稳中求进工作总基调，协助区委深入推进全面从严治党、党风廉政建设，摘编中央及市级深化全面从严治党重要制度，建立加强"一把手"和领导班子监督任务清单，聚焦重点岗位形成《重要权力事项监督制约清单》；将政治生态研判与全面从严治党考核评价一体化动态推进；对全区133家处级单位年度民主生活会全覆盖监督；开展党务外包监督执纪。推进疫情常态化防控、巡视巡察整改、"四风"检查、会风会纪、安全生产等日常监督，以及常态化扫黑除恶、支援合作、停车管理、清扫保洁服务外包、重大活动服务保障等专项监督，充分发挥监督保障执行、促进完善发展作用。（石杨）

【监督信息问题库】 1月，区纪委区监委优化完善《2021年朝阳区廉政监督信息月度情况汇总表》，并录制填报解读微视频，为基层纪检监察组织开展日常监督工作提供指引。建立"月汇总、季评审、半年通报"机制，每月收集汇总基层报送监督发现问题，每季度组织各监督检查室进行评审，每半年以《监督工作专刊》的形式通报问题的填报情况。8月、11月，两次通报全区纪检监察组织监督发现问题情况，指出填报不规范、履职越位、监督发力不均衡等3类典型问题，及时校准监督偏差。（王增）

【民主生活会专项监督】 1月至2月，区纪委区监委组织对全区133家处级单位民主生活会开展情况进行全覆盖监督检查。依托纪检监察片区协作工作机制，派出133个监督组，每组选派2名干部，由科级以上干部带队，全程参加民主生活会。围绕会前、会中、会后等环节从严从实把关，及时指出和纠正存在的会议程序不规范、应说明问题有漏项、未按要求说明个人有关事项等5方面29个问题，并在现场检查结束后形成监督情况报告向区委报告，发现问题纳入2021年全面从严治党（党建）工作考核内容，并作为政治生态分析研判的重要参考依据。（王增）

【清扫保洁服务外包专项检查】 3月，区纪委区监委结合中央巡视反馈党务外包问题以及区委主要领导检查主体责任落实过程中发现的问题，组织对街乡2019、2020年度委托第三方清扫保洁服务5方面19项内容开展专项检查。梳理出43个街乡149个清扫保洁服务项目，涉及资金6.11亿元，从服务范围、资金来源、第三方公司、服务费用、垃圾清运等方面进行分类整理、汇总分析，并选取部分单位实地抽查复核。6月，区纪委区监委针对检查发现31个街乡在"三重一大"（重大事项决策、重要干部任免、重大项目投资决策、大额资金使用）、日常监管、合同签订、垃圾清运费用等方面问题，向区委报送专题报告，督促相关职能部门堵塞漏洞、完善机制。（张骥）

【行政执法案卷评查情况专项检查】 4月，区纪委区监委根据区司法局移送2020年行政执法、处罚案卷评查情况，梳理出8类84小项问题，组织相关3家派驻组、13个街乡纪（工）委开展专项检查，发现过度依赖第三方服务、行政执法程序倒置、日常管理不到位等14个问题，督促相关纪检监察组织运用"第一种形态"（党内关系要正常化，批评和自我批评要经常开展，让咬耳扯袖、红脸出汗成为常态）7人次，制发建议书1份、督办单2件，督促召开专题组织生活会1次。通过《监督工作专刊》在全区通报专项检查情况，引起良好反响；向区司法局反馈评查工作存在问题，推动进一步提高考核评查工作的针对性、指导性。（苏令朋）

【停车领域专项治理】 5月，区纪委区监委按照中央纪委、市纪委有关要求，围绕"谨防停车管理微腐败演化为群贪巨腐"问题，结合市民热线"每月一题"和区委"集中解难题行动"，对区政府资源用于停车场和路侧电子停车收费问题开展调研检查。到区交通委、区城管委、区水务局、高碑店、王四营、三里屯、酒仙桥等16家单位和地区实地调研，形成调研报告报市纪委；针对调研检查过程中发现的社会企业涉嫌伪造政府机关公章、文书用于停车场备案问题，致函区交通委，督促提示予以处置。7月，区纪委区监委在专项调研基础上，统筹各纪检监察组织重点对公共资源建设停车场进行专项检查，选取群众反映强烈、问题突出的点位进行随机抽查。针对发现的问题，组织区交通委、区委农工委、区委社会工委、区城管委、宝嘉恒公司等部门专题研讨，查找问题根源、论证解决路径，形成专项检查情况向区政府报告。（张　骥）

【文明城区创建迎检工作专项监督】 8月，区纪委区监委按照区委决策部署及《朝阳区深化全国文明城区创建工作的三年行动计划》要求，结合《2021年朝阳区深化全国文明城区创建迎检工作方案》，制定监督指导组工作方案，建立清单引领、每周报送、月度沟通、季度例会、年度考核和及时移送的工作机制，确保督导工作落实落细。9月，区纪委区监委制发专项检查通知，聚焦全区申报点位、市区检查发现问题等，组织全区各级纪检监察组织开展“日查”，监督检查室组成4个专项检查组，每日实地抽查，累计检查300余次，点位800余处，发现问题1000余个，均现场反馈并督促整改。（王　增）

【持续推进规自领域问题整改专项监督】 8月，区纪委区监委按照全市统一部署，组织全区开展涉违法用地、违法建设报告工作，统筹各系统工委梳理汇总24.6万人填报情况，其中存在6类行为的有265人，形成专项分析报告上报市级工作专班。9月，区纪委区监委对标对表市纪委市监委专项监督工作要求，研究制定《关于进一步加强规自领域问题整改监督工作的方案》，梳理涉违法占地、违法建设行为工作以及农村乱占耕地建房、“大棚房”、公共公益类违法用地违法建设等10项工作，逐一明确监督牵头部门和工作安排。动态跟进违建别墅清理整治，定期汇总工作情况，向市纪委专题报告；在整改工作进入攻坚阶段后，选派监察专员全程驻点监督，确保清整任务安全平稳，实现“零聚集”“零上访”良好效果。（张　骥）

【粮食购销领域腐败问题专项整治】 9月，区纪委区监委制定《北京市朝阳区粮食购销领域腐败问题专项整治工作方案》，督促区发展改革委、区财政局、区国资委、区市场监督管理局、区商务局等业务主管监管部门以及京客隆集团推进自查自纠工作。建立信息共享和联合监督机制，“室、组、企、巡”联动，对区属涉粮企业和区储备粮在购买、销售、储存等环节以及业务主管监管部门履职情况开展调研6次、监督检查9次，督促整改问题6个，完善制度2个。（秦天鸿）

【建议书质量评查】 12月，区纪委区监委根据《朝阳区纪委区监委制发纪律检查建议、监察建议、纪检监察建议工作办法》及全区纪检监察工作考核有关要求，采取现场阅卷、交叉互查、集体评议的方式，从建议书标题规范、制发程序、文书格式及建议内容4个方面，对2021年全区各级纪检监察组织制发纪检监察建议书情况开展质量评查。发现存在建议书制发数量与监督检查、线索处置、审查调查工作体量不同步，精准运用成效仍需提高，文书格式规范性亟须加强，对整改落实情况“回头看”的监督意识薄弱等问题。全区各级纪检监察组织制发纪律检查建议、监察建议、纪检监察建议181件，评选出优秀7件，合格58件，基本合格95件，不合格21件。评查情况纳入2021年度监督考核，以《监督工作专刊》的形式向全区纪检监察组织通报。同时，针对建议书文书不规范问题，录制“微课程”，为各纪检监察组织准确理解和把握纪检监察建议书的纪法依据、适用情形以及文书格式等要求提供指引。（王　静）

【“两委”换届正风肃纪工作】 年内，区纪委区监委对标对表上级部署要求，制定《关于加强朝阳区村和社区“两委”换届选举正风肃纪工作的方案》，组建区正风肃纪组并明确职责分工和工作重点。聚焦换届选举3个阶段11项重点，形成监督检查清单，为基层开展监督提供参考。梳理汇总典型案例、监督重点、政策要求，编印专刊、专报4期，第一时间在纪检监察系统内组织学习传达。组织召开正风肃纪组及办公室工作例会6次，重点研判信访举报40件，对涉嫌拉票贿选的7件问题线索挂牌督办，其中给予党内警告1人、诫勉1人、取消候选人资格3人。定期调取“12345”市民热线工单，拓宽线索来源渠道。在全区第一时间点名道姓通报曝光某社区候选人无视中央八项规定精神、无视疫情防控要求违规接受宴请问题，进一步严肃换届纪律、保持警钟长鸣。督促各街乡规范基层党组织纪检委员设置，在上次换届基础上进一步扩大纪委书记、纪检委员专职比例，并通过法定程序将社区村纪检工作负责人推选为村居务监督委员会主任。（张　骥）

【全程监督保障中国共产党成立100周年庆祝活动】 年内，区纪委区监委制定《中国共产党成立100周年朝阳区庆祝活动服务保障专项监督工作方案》，构建专项监督工作体系，明确职责分工、监督重点，建立联动机制，提出工作要求。加强与区领导小组办公室沟通，建立健全服务保障任务清单，督促各监督小组及时对接区级工作机构，排查风险隐患，加强实地检查，做到逐项紧盯、全程跟进。针对专项资金未明确来源、部门间工作衔接不紧密等问题，向市、区有关单位报告、反馈，推动问题得到解决。（张　骥）

【常态化扫黑除恶斗争】 年内，区纪委区监委制发区纪委区监委《常态化开展惩治涉黑涉恶腐败和“保护伞”工作方案》，健全完善联席会商、线索管理、案件攻坚、深挖彻查、以案促建5项机制，构建常态化开展惩腐打“伞”工作的实施路径。扎实开展扫黑除恶重点行业领域整治，聚焦市场流通领域向损害群众利益的乱作为现象亮剑，立案查处十八里店大洋路市场违规乱收费、向管理服务对象索要礼品的管理人员2人，并对监管职责履行不到位的5人予以批评教育。（秦培奇）

【接诉即办专项监督】 年内，区纪委区监委围绕疫情防控、两会维稳、建党百年、教育“双减”、解决拖欠工资问题等重要任务，筛查重点诉求2.9万余件，针对规则运用、排名持续靠后、领导把关、推诿扯皮等问题，制发交办单153件，提示单19件，运用“第一种形态”约谈、提醒、批评教育270余人次，制发建议书37件，通报（含问责）5人次，诫勉1人，党纪处分1人，督促召开组织生活会、民主生活会3次。针对4月考核期内3500余件“双否”（解决率和满意率为“否”）“三否”（响应率、解决率和满意率为“否”）诉求件组织相关派驻组和街乡纪（工）委，对全区30家职能部门、43个街乡落实接诉即办各项工作要求情况开展专项检查，并将发现的12类100余项问题进行通报。录制接诉即办考核规则、日常监督检查要点“微课堂”，通过线上方式制发全区。制作《北京市接诉即办工作条例监督清单》，结合新规定、新要求进一步细化监督重点。（杨　雪）

【“一把手”和领导班子监督】 年内，区纪委区监委督促全区各单位制定细化领导班子、关键少数全面从严治党责任清单7000余份，并按照要求由区委主要领导、处级单位“一把手”审核把关。紧扣全面从严治党（党建）工作考核，加大“一把手”和领导班子成员履职方面指标权重，突出“管好关键人、管到关键处”，自上而下强化“一把手”监督与同级监督。按照“可量化、可执行、可督查，不重复”的原则，从中央《关于加强“一把手”和领导班子监督的意见》、市委若干措施及朝阳区相关制度中梳理出50项具体措施，形成监督“任务书”，明确“一把手”和领导班子监督路径，实行全程立体式监督。（王　静）

【开展诫勉评查】 年内，区纪委区监委组织各纪检监察组织对2020年5月以来实施的诫勉案件，围绕执行情况、实施效果等开展自查。召开专项评查会，根据自查情况调阅案卷材料，围绕审批权限、问责程序、尺度标准等进行评查。以《监督工作专刊》形式，将评查发现的个别案卷材料有瑕疵等36个问题反馈相关承办单位进行整改，并纳入纪检监察组织工作考核内容加强督查。（秦培奇）

【定期通报“第一种形态”】 年内，区纪委区监委协助区委每季度通报全区138家党委（党组）、86个纪检监察组织运用“第一种形态”情况，指出问题并提出工作要求。11月，针对前三季度运用为零的18家单位和纪检监察组织，通过制发工作提示函的形式，督促各单位“一把手”和领导班子其他成员将“第一种形态”融入日常工作、组织活动中，筑牢全面从严治党第一道防线。全区运用监督执纪“第一种形态”3521人次，比上年增长8.51%，占“四种形态”（党内关系要正常化，批评和自我批评要经常开展，让咬耳扯袖、红脸出汗成为常态；党纪轻处分和组织处理要成为大多数；对严重违纪的重处分、作出重大职务调整应当是少数；而严重违纪涉嫌违法立案审查的只能是极少数）总数的94.55%；其中各级党组织运用1593人次、各级纪检监察组织运用1928人次。（王　增）

【绿地认建认养及公园配套用房出租出借整改专项监督】 年内，区纪委区监委采取集中巡查、专班检查、重点抽查、室组联查等方式，对全区123处绿地认建认养项目和238处公园配套用房出租出借项目整改情况开展全面监督检查，发现部分公共绿地围圈、绿地上随意停放车辆、绿地内房屋改变用途、修复工程擅自改动等问题，处置问题线索2件，批评教育1人，党纪处分1人，制发书面工作提示函21份。督促相关职能部门召开专题工作部署会，对10处反弹点位落实整改，启动绿地认建认养及公园配套用房出租出借专项整治“回头看”等专项行动，建立健全绿地巡查检查等工作机制7项。（吴清愉）

【住房救助领域租房补贴问题专项监督】 年内，区纪委区监委成立专班对朝阳区住房救助领域租房补贴问题开展专项监督检查，督促主体部门完成对2019年、2020年享受住房救助市场租房及公租房补贴对象6081户问题数据核实工作，发现违规多领取补贴家庭78户，涉及金额71.58万元。处置问题线索6件，对5名党员给予批评教育，挽回经济损失25.6万元。针对梳理的审核机制、信息共享、动态管理等问题，督促区住房保障部门落实主体责任，完善制度措施，堵塞制度漏洞，强化风险管控，全面规范住房保障机制运行。（欧阳电广）

【农村地区拆迁腾退项目专项监督】 年内，区纪委区监委开展农村地区拆迁腾退项目专项监督。制定《朝阳区农村地区拆迁腾退专项监督工作方案》，建立拆迁腾退项目库、拟定检查清单。监督过程中指导19个乡开展自查，组织3个检查组对管庄、平房、高碑店进行实地监督检查，发现工作机制不规范、政策制定不科学、补偿认定不合理、历史问题风险大等四大类10项问题。根据检查情况，形成涵盖六大类21项内容的拆迁腾退工作监督清单。（郄凤鸣）

【疫情防控专项监督】 年内，区纪委区监委根据首都疫情形势变化，迅速响应转入应急状态，聚焦重点任务、关键环节，统筹全区各级纪检监察组织分阶段对中高风险地区人员进京及境外输入人员管控、社区（村）、集中隔离点、院感防控、疫苗接种等重点区域和环节跟进监督、靠前监督、精准监督、做实监督。相继开展专项监督30余个，累计派出监督检查组3981个，发现纠治问题5199个。针对监督检查发现的问题，按性质和严重程度分成Ⅰ、Ⅱ、Ⅲ类挂账督办，督促相关属地和行业主管部门切实履行“四方责任”，筑牢疫情防控屏障。（秦天鸿）

【冬奥会冬残奥会专项监督】　年内，区纪委区监委成立运行保障工作专项监督领导小组，制定《2022年冬奥会和冬残奥会朝阳区运行保障指挥部监督组工作方案》，在原有“室、组、地”联动监督机制基础上，与国家体育馆、国家速滑馆等8个场馆监督组建立协同监督机制，构建上下联动、点面结合、内外力量整合的立体监督体系。创新“四清单一台账”，紧盯场馆建设改造、资金管理使用、疫情防控、赛事运行保障、周边环境整治等重点事项，对各项赛事活动保障工作开展全流程嵌入式监督，同频同步推动主体及时查漏补缺。全区纪检监察组织开展监督检查662次、提出督办建议102条。（秦天鸿）

【国有企业履职待遇、业务支出专项监督】年内，区纪委区监委依据中央八项规定精神等中央、市级文件及《朝阳区国资委监管企业负责人履职待遇、业务支出管理暂行办法》《关于进一步明确监管企业负责人公务招待和商务招待有关规定的通知》《关于明确国资委系统办公用房配备标准的通知》等，对区属12家国有一级企业和20家国有二、三级企业开展履职待遇、业务支出专项监督检查45次。发现制度不健全、年度预算制度执行不到位、相关制度不够细化可执行性差、个别制度与上级规定相抵触、执行制度不到位或者违反相关制度、相关领域整改不到位等6类71个问题，移送问题线索4条，约谈相关企业负责人11人，下发监察建议书3份。（秦天鸿）

巡视巡察

【概况】　2021年，朝阳区委巡查机构按照“三个聚焦”（聚焦贯彻落实党的路线方针政策和党中央决策部署情况，聚焦群众身边腐败问题和不正之风，聚焦基层党组织软弱涣散、组织力欠缺）要求，突出监督重点，紧盯党的路线方针政策在基层贯彻落实，紧盯群众关注的热点焦点问题，推动政治监督具体化、常态化。开展三轮巡察，巡察单位34家，发现“三个聚焦”方面问题801个，移交问题线索41件，实现区委一届任期内巡察全覆盖。开展专项巡察，发现问题12个，问题线索3件。按照市委巡视办部署安排，对“涉粮问题”专项巡察，组成专项巡察组，发现问题7个，建立和完善制度2个。3月，实现对街乡（含社区、村）巡察全覆盖，对2个街道2个乡及下辖47个村（社区）开展巡察“回头看”。（唐婧琪）

【市委巡视办专题调研】　5月21日，市委巡视工作领导小组成员、市委巡视办主任张才雄到朝阳区开展专题调研。延伸走访南磨房乡世纪东方城社区，了解发现问题情况及巡察整改成效。召开区委巡察工作情况汇报会，会议由张才雄主持，区委常委、区纪律检查委员会书记、区监察委员会主任席成坡作专题汇报。会后对人大机关、政协机关、街乡纪委书记等进行个别访谈。（唐婧琪）

【巡视巡察问题整改专项检查】　7月，区纪委区监委制发专项检查通知，统筹各监督检查室、派驻纪检监察组、街乡纪（工）委、国企纪委对中央巡视、市委巡视、市委规划和自然资源领域专项巡视、十二届区委巡察反馈问题整改情况开展“回头看”专项检查，发现18家单位30个问题，由相关监督室视情况向有关单位制发提示函、督办函，督促整改到位。紧盯市委巡视反馈任务整改，推进脱钩工作。11月，针对未完成脱钩的9家企业，以便签形式提请相关区领导关注整改推进缓慢情况，压紧压实整改责任。（王　增）

信访举报

【概况】　2021年，区纪委区监委信访举报工作坚持稳中求进、稳中有序，按照“聚焦、精准、规范、有效”工作要求，全力实现“渠道建设规范、线索研判精准、平台应用常态、综合分析有效、服务保障精细”工作目标，在市纪委市监委信访举报工作质效评估中取得“优秀”档次成绩，信访举报工作提质发展。努力消减信访存量、遏制增量，研判严把问题线索“入口关”，构建“信、访、网、电”四位一体、规范统一、安全便捷、畅通高效的受理办理体系，全区纪检监察信访举报接收总量、业务范围内受理量、检举控告量等指标均呈下降趋势，其中检举控告量为近5年来最低值。强化督促检查，推动基层综合业务应用系统常态化应用，完成区级信访举报办理子平台换代升级。深入开展“我为群众办实事”实践活动，跟踪督促中央巡视移交信访件、上级督办典型重复信访件等专项工作中信访件的办理，督促办结重点信访举报66件次，其中实名举报件全部告知反馈办理结果。全力保障全国两会、中国共产党成立100周年庆祝活动等重点时期来访接待和信访秩序稳定。以问题为导向，提升综合分析质效，围绕涉及新冠肺炎疫情防控、换届选举、扫黑除恶、违反中央八项规定精神及其实施细则等重点问题，梳理建立13类专项工作台账数据库和典型案例库，完成各类信访分析15篇，报送信

息 12 篇。完成廉政查询 9510 人次。为巡察工作提供 28 份信访举报相关问题台账。（吴　飞）

【信访重点工作】 5 月，区纪委区监委根据由市纪委市监委制发《关于开展纪检监察信访举报质效评估工作方案（试行）》，对照其中的 6 类 28 项指标考核要求制定落实方案，细化指标分类，明确职责分工，同时结合检举举报平台建设深化年度工作任务，在全区纪检监察系统内开展自查自纠，实地指导 20 余家次、收集整理并上报解决共性问题 12 条，区信访举报质效整体评估取得“优秀”档次成绩，推动基层综合业务应用系统在 64 个基层终端常态化应用。8 月，区级办理子平台换代升级，全员学习掌握操作技巧，依托新办理子平台功能实现助力信访形势综合分析、提升统计报表效率、提高筛查数据精准度等，系统运行整体平稳。年内，跟踪督促中央巡视移交信访件、中央纪委下转重复举报典型件、中央联席办专项重复信访举报事项化解、市纪委下转重复举报突出问题等 66 件次重点信访问题，以“我为群众办实事”实践活动为契机，领导包案推进、分级分类处置、“室、组、地”协同配合、专人跟踪督办，年内除 3 件次初信因涉及中央在办线索、特定关系人在押和所反映问题涉及人员广时间长等特殊原因仍在办理中，其余全部按期办结，办结率为 95%，实名举报告知答复率 100%。保障全国两会、中国共产党成立 100 周年庆祝活动、“相约北京”冬奥测试赛等重要节点来访接待和信访秩序稳定，协调区委政法委、区信访办形成合力，来访接待和信访秩序平稳有序。（吴　飞）

【信访举报受理】 年内，区纪委区监委信、访、网、电等渠道接收信访举报 11915 件（批）次，比上年下降 7.3%，其中来信 817 件次、来访 316 批次、网络举报 5755 件次、来电 5027 件次；受理信访举报 1257 件次，比上年增长 5.6%。按照信访举报类别受理，检举控告类、批评建议类、申诉类等纪检监察业务范围内信访举报 1034 件次，占比 82.3%，比上年下降 2.5%；征地拆迁、劳动保障、个人矛盾纠纷、涉法涉诉、其他个人诉求等纪检监察业务范围外信访举报 223 件次，占比 17.7%，比上年增长 72.9%。其中，受理检举控告类信访举报 1023 件次，比上年下降 2.2%，为 2017 年纪检监察体制改制以来最低点。按照信访举报来源受理，由中央纪委国家监委转送 245 件次，占比 19.5%；市纪委市监委转送 523 件次，占比 41.6%；区级机关自收 489 件次，占比 38.9%。按照重复举报量受理，重复举报 441 件次，比上年下降 1.6%，其中重复检举控告量 392 件次，比上年下降 7.3%。重复举报量、重复检举控告量实现“双下降”。（葛媛媛）

纪律检查和案件审理

【概况】 2021 年，区纪委区监委始终保持惩治腐败的高压态势，受理信访举报 1257 件次、处置问题线索 1005 件、立案 146 件、处分 174 人、留置 7 人、移送检察机关 32 人，形成强大震慑。（王亚克）

【案件质量评查及处分执行检查】 10 月至 12 月，区纪委区监委完成对 2020 年 1 月至 12 月期间 246 件办结案件的质量评查及处分执行检查工作。重点关注取证是否规范、程序手续是否完备、文书表述是否恰当、处分执行是否到位等，发现笔录制作不规范、部分书证未盖章、未在规定时间报送处分执行备案材料等 102 个业务问题，逐一反馈问题清单督促承办单位整改。（杜　根）

【案件审理】 年内，区纪委区监委审结案件 200 件，其中审结并移送职务犯罪案件 32 件。处分 173 人，含处级干部 23 人，科级干部（含事业编制）40 人。纪检监察干部监督室收到反映纪检监察干部问题线索及举报 12 件，处置问题线索 8 件，其中谈话函询 3 件，初步核实 2 件，予以了结 3 件。（杜　根　刘炳坤）

反腐倡廉宣传教育

【概况】 2021 年，全区纪检监察宣传教育预防工作，始终坚持以习近平新时代中国特色社会主义思想为指导，全面贯彻党的十九大和十九届历次全会精神，按照十九届中央纪委五次全会部署，以党史学习教育为主线，坚持稳中求进、守正创新，一体推进理论阐释、新闻宣传、廉洁教育，更好

▲ 11 月 16 日，全区“以案为鉴，以案促改”领导干部警示教育大会召开　（宋瑞敏　摄）

服务新时代纪检监察工作高质量发展。年内，在中央、市、区各级各类媒体刊发稿件613篇，其中中央级媒体刊发62篇、市级媒体刊发399篇。

【警示教育】 年内，区纪委区监委紧跟全区工作重点，结合疫情防控要求，紧扣党史中的纪律史，开辟“学党史、守纪律、树新风”指尖学习前沿阵地，推送各类学习内容、心得体会、图片音频等；通过“一网一微”通报曝光违反中央八项规定精神案件12起，曝光典型问题22起，使纪律教育、警示教育触手可及。优化“清风朝阳”微信公众号板块，开设《以案为鉴·警钟长鸣》等系列专栏，增设《新闻“廉”播》《“廉”环画》等栏目，围绕酒驾、离京报备、保密纪律、换届选举、形式主义官僚主义等主题策划“廉”环画6期，相关作品与中纪委、市纪委联动登陆中央、市区主流媒体，点击量破万。配合区委开好全区领导干部警示教育大会，切实抓好警示片《征收之乱——朝阳区十八里店乡分钟寺征收项目违纪违法案件警示录》制作、审播、发放等工作，全区各级党组织召开党风廉政建设专题民主生活会（组织生活会）800余次。筹备全区警示教育“素材库”，整理114部图片影音素材和74件违纪违法案件，形成“规范性文件、廉洁文化资源、警示教育产品”三个模块，累计向全区各单位提供警示教育素材借阅百余件次。

【廉洁文化建设】 年内，区纪委区监委依托区全国文化中心建设领导小组平台，横向与区妇联、区直机关工委、区文化和旅游局联合开展第三季“悦读·阅廉”活动，通过喜马拉雅App等平台同步推广，近万人参与，累积打卡次数37万次；发挥各级党组织在廉洁文化建设中的主观能动性，全区建设廉洁文化推广平台、主题空间54个，组织廉洁主题展览、教育活动百余次，创作原创廉洁文化作品2500余件；把握廉洁文化主题和主线，创新表达形式，动画公益广告《树立纪法意识 拒绝酒驾醉驾》等作品被中央纪委国家监委网站等中央、市区主流媒体同步刊载。　（宋瑞敏）

民主党派

民革朝阳区委

【概况】 中国国民党革命委员会北京市朝阳区委员会（简称“民革朝阳区委”），下设基层支部19个，有民革党员1137名（其中年内新发展民革党员19名）。民革党员中有全国政协委员3名（其中常委1名）、市政协委员6名（其中常委1名）、区人大代表2名（其中常委1名）、区政协委员26名（其中常委5名）、市级特约工作人员4名。2021年，民革朝阳区委围绕中共朝阳区委中心工作，结合党派实际，履行参政党职能，创新社会服务工作，促进祖国和平统一。结合自身特点和优势，组织党员开展专题调研，完成调研报告9篇；提交社情民意信息233条；召开主委会议8次、全委会议5次；举办参政议政、主题教育等活动20余次。民革朝阳区委获民革中央“助力脱贫攻坚工作先进集体”称号、团结报社“2021年度《团结报》宣传发行工作地市级先进集体一等奖”、民革朝阳区第二支部获民革中央第二批“民革示范支部”称号。

【社会服务】 2月1日，民革朝阳区委主委张兴凯代表民革中央和民革中央主席万鄂湘看望慰问3名长期身患重疾、生活困难的党员并转交万鄂湘署名的慰问信和民革中央的慰问金。9月26日，民革朝阳区委第十一支部、民革大兴区工委、大兴区工委二支部组成养老服务体系建设民革调研组，到乐成养老机构开展“完善养老服务体系建设，推动养老事业和养老产业协同发展”专题调研。10月16日，民革朝阳区委老龄专委会在第二支部党员之家举办“金秋送健康 欢乐度重阳”健康知识讲座。现场成立“民革老龄专委会志愿服务队”，重点开展对民革老党员及党员家属的帮扶工作。10月，民革朝阳区委各支部走访慰问80岁以上老党员，营造尊老、爱老、助老的良好氛围。

【支部活动】 3月6日，民革朝阳区委妇委会在第十一支部“党员之家”开展庆三八品尝甜蜜味道，感受幸福生活的烘焙活动。3月13日，民革朝阳区委第十支部举办“学党史，悟思想，办实事，开新局”党史教育主题活动，邀请叶松主讲延安五老之一的徐特立的一生。8月3日，民革朝阳区委科技专委会举办首期“科技创新赋能数字化转型沙龙”活动。11日，民革朝阳区委经济专委会和科技委员会联合召开“数字经济助推朝阳区经济发展”主题研讨会。探讨和交流有关数字经济、数字化政务、工业信息化、网络化、高端制造业、行业标准制定和未来开展活动的方式等主题。21日，民革朝阳区委第十四支部联合第十支部、区委社会服务专委会，共同开展“学党史、敬英模、促提升、强凝聚”活动。9月4日，民革朝阳区委第十一支部联合第一支部、第六支部、民革通州区第六支部共同开展党史学习教育实践活动，组织党员参观“伟大征程，庆祝建党百年特展”。9月12日，民革朝阳区委、民革朝阳区妇女专委会在北京国际汉语研修学院共同举办“情浓中秋，手制月饼”主题活动。9月17日，民革朝阳区委第十支部联合第十四支部、通州区第一支部在民革朝阳区委第十支部党员之家共同开展“牢记历史 珍爱和平 勿忘国耻 圆梦中华”纪念“九一八事变”九十周年主题活动。9月24日，民革朝阳区委教育医卫专委会召开“双减政策实施情况调研 为教育高质量发展建言献策”调研座谈会。9月29日，民革朝阳区委经济专委会开展企业轮值参观考察和座谈活动，邀请三农专委会、青年专委会、科技专委会、参政议政专委会、宣传专委会共同组成联合考察组，考察经济专委会轮值企业——锦和同昌（北京）商业管理有限公司建成的新荟园2处大型园区改造建设项目和新荟城综合商业体。12月11日，民革朝阳区委第五支部召开线上支部党员会议，学习贯彻中共党的十九届六中全会精神，开展参政议政信息撰写培训。

【民革朝阳区委换届】 6月9日，民革朝阳区委召开第五次代表大会，选举产生由梁鑫华等21名委员组成的民革朝阳区第五届委员会及领导班子。梁鑫华当选主任委员，冯静、金晓萍、葛友山、姜永海、宋志梅当选副主任委员，任命赵鹏为秘书长。

【参政议政】 年内，民革朝阳区委向区统战部提交专项调研报告4篇，向区政协提交党派提案3篇，获评优秀党派提案1篇；向民革北京市委、区

▲ 6月9日，民革朝阳区委召开第五次代表大会　　（民革朝阳区委　供图）

委统战部、区政协提交信息233条，被民革中央采用25条，市、区两级部门采用102条。其中，区委副主委、区政协委员姜永海提出的《强化“双源”管理 保障黄河流域地下水型饮用水水源地安全》《加强成渝地区双城经济圈水环境保护，筑牢长江上游水生态安全屏障》等多篇信息被民革中央采用，《关于研究制定北京市地下水污染防治条例的建议》得到市领导批示；区委秘书长、区政协委员赵鹏提出的《“饭圈”集资应援等经营行为亟待监管》被民革中央采用，《关于尽快建立健全我市公开水域水上运动项目管理规定的建议》得到市领导批示；区委委员、区政协委员刘俊卿提出的《小水电拆除恐引发垮坝溃坝安全隐患亟待重视》《碳达峰、碳中和领域乱象亟须强化宣传与监督》等多篇信息被民革中央采用；北工大支部主委、市政协委员崔铁宁提出的《关于切实解决小区电动自行车充电难题的建议》被市政协采用，并得到市领导批示；十二支党员李旭报送的《关于改进物业管理委员会委员履职问题的建议》被市政协采用；民革朝阳区委提交的《关于朝阳区充分利用再生水资源，打造“水韵朝阳”的建议》获朝阳区政协十三届委员会“最具影响力优秀提案”，5件提案获政协北京市朝阳区委员会2021年度优秀提案。（梁　艳）

民盟朝阳区委

【概况】 中国民主同盟北京市朝阳区委员会（简称“民盟朝阳区委”），有基层组织41个，其中基层委员会3个（各辖3个支部）、基层支部38个、有盟员2146人。年内，发展新盟员60人。盟员中有全国政协委员2人（其中常委2人）、市人大代表1人、市政协委员8人（其中副主席1人）、区人大代表6人（其中常委2人）、朝阳区政协委员35人（其中副主席1人，常委3人）、区工商联副主席1人。召开盟员代表大会1次、主委会会议8次、全委会会议2次，召开专题调研会、研讨会、线上会议及活动等20余次。“北京民盟朝阳”微信公众号，推送专题报道15篇，关注用户850人，年阅读量3104人次；助力朝阳区疫苗接种点位工作，联合盟员单位、爱心企业向朝阳区应急局、卫健委捐赠矿泉水1600箱。报送社情民意信息155篇，民盟朝阳区委被区政协评为年度社情民意信息工作先进单位。民盟朝阳区委第一支部主委吴元龙获民盟中央组织发展“先进个人”称号。

【参政议政】 1月11日，民盟朝阳区委向区政协十三届五次会议提交党派提案2篇，其中《关于朝阳区5G建设水平全市领跑，努力打造“新一代智慧朝阳”的建议》获2020年度优秀提案。9月29日，区政协、区委统战部联合召开“构建新格局、推动新发展，建设文化创新引领区”专题议政会。专职副主委陈巴黎做建设“博物馆之城”即席发言。民盟朝阳区委《关于建立北京朝阳站创新服务区 打造首都新名片的建议》获2021年度优秀提案，以及区政协十三届委员会最具影响力优秀提案。12月15日，区政协召开第十四届一次会议，民盟朝阳区委主委王冬岩当选区政协第十四届委员会副主席，秘书长王铮当选区政协第十四届委员会常务委员。民盟朝阳区委报送《关于促进朝阳区咖啡消费，提升区域国际化水平的建议》等2篇党派提案。担任区政协委员的民盟盟员报送《关于进一步加强朝阳区行业主管部门未诉先办的建议》等委员提案32篇。

【“迎春送福进社区”活动】 2月5日，民盟中央主席丁仲礼，民盟中央副主席张平、龙庄伟，民盟中央副主席、民盟北京市委主委程红，市委统战部副部长刘先传，区领导王灏、李国红等在安华里社区出席“迎春送福进社区”活动，为社区居民和社区工作者代表送上新春祝福。丁仲礼一行参观民盟朝阳医务支部“盟员之家”，对“盟员之家”建设发展和管理模式予以肯定。

【民盟朝阳区第六次代表大会召开】 6月15日，中国民主同盟北京市朝阳区第六次代表大会在日坛宾馆召开。民盟中央副主席、民盟北京市委主委程红，中共朝阳区委书记王灏，朝阳区政协主席陈涛，中共朝阳区委副书记王旭，中共朝阳区委常委、统战部部长李国红，民盟北京市委专职副主委张振军，民盟北京市委秘书长严为，中共北京市委统战部党派处处长薛晏等领导出席会议。朝阳区各民主党派、工商联负责人，无党派人士代表等100余人参加会议。选举产生民盟朝阳区第六届委员会委员20名。王冬岩当选主任委员，陈巴黎（女，驻会）、穆军升、苏海佳（女）、王雪光当选副主任委员，任命王铮为秘书长。

【专题调研】 年内，民盟朝阳区委完成调研报告11篇。联合美团研究院开展调研形成《朝阳区咖啡消费调研报告》，在民生周刊等媒体发布报告并获区长文献重点批示。光明网海外版据此发布的 *Find Your Coffee: A Guide to the Coffee Trend in Chaoyang, Beijing* 英文短片受到外交部发言人华春莹在其社交媒体上关注转发和称赞，《人民日报》英文客户端关注和全文转发报道。

【盟员活动】 年内，民盟朝阳区委与中共高碑店地区工委签订"手拉手"活动协议。民盟朝阳区委组织盟员中的专家、学者，走进高碑店，围绕提升高碑店地区接诉即办工作水平、推进通惠河周边文化带建设、引导驻区盟员企业展开调研。民盟朝阳区委举办重阳节老盟员观影活动、"二月二龙抬头"居民公益剪发活动。民盟中国传媒大学支部举办"民盟高校思想政治建设与宣传论坛"、朝阳医务支部举办"学雷锋送健康"、中日友好医院支部举办"医疗知识讲座进社区"等活动。 （葛春艳）

民建朝阳区委

【概况】 中国民主建国会北京市朝阳区委员会（简称"民建朝阳区委"），有基层支部35个，会员2031名（其中年内发展会员31名）。会员中有全国工商联副主席1名，全国人大代表2名，全国政协委员3名；北京市人大代表5名，北京市政协委员5名（其中常委1名）、区人大代表9名（其中副主任1名、常委1名）、区政协委员26名（其中常委6名、副秘书长1名）。2021年，民建朝阳区委以"履职能力建设年"为主线，以区委换届为重点，全面加强自身建设，强化参政党参加建设。民建朝阳区委获民建北京市委信息工作先进集体。民建会员叶青获2021年度全国政协委员优秀履职奖。

【民建朝阳区第六次代表大会】 6月12日，民建朝阳区委召开第六次会员代表大会，84名会员代表参加会议。民建北京市委、中共朝阳区委、朝阳区政协、中共北京市委统战部等单位相关领导出席会议。朝阳区各民主党派、工商联负责人，无党派人士代表等100余人参加会议。民建朝阳区委主委王志勉代表民建朝阳区第五届委员会做《凝心聚力 求实奋斗 履职尽责 努力开创党派工作新局面》的工作报告。会议审议并通过工作报告和大会决议；选举产生由19名委员组成的新一届委员会；民建朝阳区第六届委员会第一次全体会议选举产生新一届领导班子。刘琳当选主任委员，解卫、侯毅等5人当选副主任委员，任命李佳君为秘书长。

【社会服务】 6月，民建朝阳区委向贵州省黎平县罗里乡小学捐赠助学款2万元。9月10日，民建朝阳区委联合北京安华学校，共同举办第十三届"同行十三秋 桃李共携手""赓续百年初心 担当育人使命"教师节活动。27日，民建朝阳区委在河北省承德市丰宁一中召开第九年春华助学金座谈会，向新一批20名学生捐赠助学款4万元；向丰宁满族自治县马家窝铺村爱心超市捐助价值5.5万元的日用品。11月，民建朝阳区委落实民建北京市委同平谷区熊儿寨乡对口共建"村企联建促振兴行动"计划，分别与熊儿寨乡东沟村、花峪村、老泉口村结对帮扶。年内，民建朝阳区委组织各支部和会员向河南省汛情捐款26.3万余元。

【参政议政】 年内，民建朝阳区委形成专题调研成果54篇，内容涉及推进公共文化服务和文化协同发展、全面推进"两区"建设、全球数字经济标杆城市建设、成功举办2022年北京冬奥会冬残奥会等议题。民建朝阳区委在区政协、区委统战部议政会上做《关于在城市更新过程中加强文体功能的建议》《关于促进朝阳区文化旅游产业发展的建议》即席发言。向区政协全会提交《关于朝阳区发展新动能的建议》《关于朝阳区服务高新技术企业发展的对策建议》党派提案2篇，其中《关于以"四个结合"推进国际化社区建设为朝阳区国际化水平提升进一步夯实基础的建议》党派提案获评优秀提案。民建会员中的市政协委员向市政协提交的《关于建设园林绿化垃圾处置体系的提案》《关于北京市城市更新行动应建立全领域的系统解决方案的提案》获市政协2021年度优秀提案。年内，有110多篇信息分别被民建中央和市、区有关部门采用，其中《加快北京市绿化废弃物科学处置进程推动绿色循环经济》《关于用碳中和技能技术解决北京冬奥会鸟巢等场馆冬季恒温采暖问题的建议》《关于规范长租公寓管理的建议》等8篇信息得到领导批示。

【主题教育】 年内，民建朝阳区委开展中共党史学习教育暨庆祝中国共产党成立100周年主题教育实践活动和履职建设年活动，各支部组织开展专题座谈会、"走入会员单位，共筑和谐发展"专项活动、"建党百年学党史、众人植树树成林"大型植树活动、庆祝中国共产党成立100周年系列摄影等活动。组织会员到山东省枣庄市、河北省平山县、北京市平谷区、香山等地参观抗日战争纪念馆、西柏坡纪念馆、冀东抗日根据地旧址以及香山革命纪念馆和双清别墅等红色爱国主义教育基地学习。会员提交学习体会文章近60篇。 （李佳君）

民进朝阳区委

【概况】 中国民主促进会北京市朝阳区委员会（简称"民进朝阳区委"）

有基层支部36个，会员1285名（其中年内新增会员55名）。会员中，有全国政协委员3名、市人大代表2名、市政协委员2名（其中常委1名）、区人大代表3名（其中常委1名）、区政协委员14名（其中常委4名）、昌平区政协委员1名。2021年，民进朝阳区委开展反映社情民意信息主题年工作，组织会员开展专题调研、撰写社情民意信息和工作信息；召开主委会议7次、全委会议4次；举办课题调研、捐资助学、主题教育等20余次；完成和平街一中支部换届和新会员培训工作。民进朝阳区委获民进中央“民进全国社会服务暨脱贫攻坚工作先进集体”称号。

▲10月27日，民进朝阳区委向内蒙古自治区卓资县北京朝阳中学捐赠爱心书具　（张　纯　摄）

【民进朝阳区第六次代表大会】　6月20日，中国民主促进会北京市朝阳区第六次代表大会召开，100余名会员代表参加会议。民进中央、民进北京市委、中共朝阳区委、朝阳区政协等单位的主要领导出席大会。朝阳区各民主党派、工商联负责人和无党派人士代表参加会议。会议选举产生由王波等21名委员组成的民进朝阳区第六届委员会。民进朝阳区第六届委员会第一次全体会议选举韦小萍为主任委员，王利如、赵建萍、马晓峰、阚敬侠和姜维权为副主任委员，任命张纯为秘书长。

【捐资助学帮困】　10月27日，民进朝阳区委向内蒙古自治区卓资县北京朝阳中学捐赠《中学生读书指南30部必读名著》18套和价值1.2万元的爱心书架。日坛中学特级教师、民进朝阳区委社会服务工作委员会副主任李忠孝带领民进朝阳区委教师支教团，将优质教育资源和经验带到内蒙古高原，补足当地教育短板。10月，开明慈善基金会为民进朝阳区委3名困难会员送上由民进中央主席蔡达峰署名的慰问信及慰问金1.5万元。年内，民进朝阳区委向团结湖街道一二条社区12户困难家庭捐赠米、面、油等价值3000元的生活用品，向4名贫困学生捐赠助学金5000元。民进朝阳区委会员建立因病、残疾、孤老等困难会员工作台账，并为困难会员送温暖、送帮扶。

【中共党史学习教育】　年内，民进朝阳区委开展多种形式的中共党史学习教育。开展“党旗引领　正道笃行”活动，组织会员参观宋庆龄故居、中国人民抗日战争纪念馆、首都博物馆和没有共产党就没有新中国纪念馆等；开展“循先贤足迹　守合作初心”活动，组织会员到北海公园、北京大学、马叙伦纪念馆和马骏纪念馆等处参观学习；开展“答百题·学会史”线上学习活动等。

【参政议政】　年内，民进朝阳区委向民进北京市委、区政协和区委统战部提交调研报告30篇，向区政协提交党派提案2篇，提交社情民意信息227篇、工作信息23篇。会员张晓光撰写的《关于老旧小区住宅楼加装电梯的调研报告》被市委统战部和市委办公厅采用，在市委办公厅《调研与参阅》（2021-35）刊出，得到市委书记蔡奇批示；会员阚敬侠撰写的《关于加强北京文物遗址保护和文化场馆资源整合的建议》得到市委书记蔡奇批示。　（张　纯）

农工党朝阳区委

【概况】　中国农工民主党北京市朝阳区委员会（简称“农工党朝阳区委”），有基层支部25个，党员1168名（其中年内发展党员31名）。党员中，有享受政府特殊津贴人员2名、全国政协委员2名、北京市政协委员5名、区人大代表3名（其中常委1名）、区政协委员16名（其中常委4名）、农工党中央委员1名、农工党北京市委委员9名（其中常委2名）。2021年，农工党朝阳区委开展坚持和发展中国特色社会主义学习实践活动，结合朝阳区医药卫生事业改革发展大局，关注民生、参政议政、建言献策、服务社会，促进人口资源环境协调发展。完成农工党朝阳区委换届工作；提交《朝阳区社区居家养老与智慧养老现状分析及发展建议》等调研报告4篇；提交社情民意信息90篇；组织40余名党员参加“喜迎北京冬奥会·纪念农工党北京市委成立70周年运动会”并获二等奖。农工党朝阳区委获“农工党中央脱贫攻坚工作先进集体”、农工党北京市委“抗击新冠肺炎疫情先进集体”和农工党北京市委“2020年度先进集体”称号。

【医疗帮扶】　3月，农工党朝阳区委向密云区西邵渠村“农工党名医工作室”捐赠价值50万元的“智慧村医工作站”远程医疗设备。4月，农工党朝阳区委与中共密云区医院内科第一党支部联合组织医疗专家以在线方式为村民远程义诊、会诊42人次。6月，农工党朝阳区委举办“环境与健康宣传周”主题义诊活动，7名党

▲ 12 月 20 日，农工党朝阳区委组织跨党派跨地区联合专家义诊　（张胜男　摄）

内医疗专家到密云区西邵渠村“农工党名医工作室”开展义诊和巡诊活动，服务村民 200 余人次。12 月，农工党朝阳区委连续 10 年与民建大兴区工委举办跨党派跨地区“同心”品牌公益活动，为北京——福寿山福海养老服务中心的 200 余名老年人义诊和开展健康检查。

【参政议政】　11 月 9 日，在区政协第十三届三十次常委（扩大）会议上，农工党朝阳区委提交的《关于充分发挥基层治理优势 大力提升朝阳区社区常态化防控能力的建议》获 2021 年度优秀提案和最具影响力优秀提案提名。农工党界别政协委员个人提案《关于充分发挥朝阳区基层公共卫生委员会的作用 倡导正确卫生健康理念 助力创建全国卫生城区的建议》获最具影响力优秀提案。12 月 15 日，在区政协第十四届一次会议上，农工党朝阳区委提交《关于构建朝阳特色“智慧型居家养老体系”建议》《关于文化与科技相融合 促进朝阳区数字化公共文化服务发展的建议》党派提案和党派联名提案《关于打造国际消费中心城市 引领咖啡文化新时尚建议》。在区政协、区委统战部召开的以“构建新格局、推动新发展，建设文化创新引领区”为主题的议政会上，农工党朝阳区委提交建言文章 7 篇。其中《关于文化与科技相融合　促进朝阳区数字化公共文化服务发展的建议》作即席发言，其余建言文章均被编入议政会建言成果汇编中。

【主题教育】　年内，农工党朝阳区委组织区委委员、支部委员参加党外干部培训班；组织党员参观北京中医药大学中医药博物馆、线上组织党内专家大讲堂 5 次，600 余名党员参加线上听课；组织党员参加农工党北京市委“新语大讲堂”活动 4 次、“云课堂”1 期和京津冀三地农工党省级组织联合举办的“学习中共党史，讲好多党合作故事”党史宣讲活动。　（张胜男）

致公党朝阳区委

【概况】　中国致公党北京市朝阳区委员会（简称“致公党朝阳区委”），有支部 19 个，党员 687 名（其中年内新发展党员 42 名）。致公党员中有全国政协委员 2 名、北京市人大代表 1 名、北京市政协委员 3 名（其中常委 1 名）、区人大常委 1 名、区政协委员 18 名（其中常委 5 名、副秘书长 1 名）、致公党中央委员 4 名（其中常委 2 名）、致公党北京市委委员 8 名（其中常委 2 名）。2021 年，致公党朝阳区委增设文化工作委员会和科技工作委员会；落实疫情防控要求采取“无接触”式慰问老党员 80 余名；致公党朝阳区委获致公党中央“脱贫攻坚工作先进集体”称号；刘尊敬、苏丽波、郭瑞君、强勇等 4 名党员获致公党中央“脱贫攻坚先进个人”称号。

【致公党朝阳区第六次代表大会】　6 月 11 日，中国致公党北京市朝阳区第六次代表大会召开，62 名致公党员代表参加会议。致公党北京市委、北京市政协、朝阳区政协、中共朝阳区委和区委统战部等单位主要领导出席会议，朝阳区各民主党派、工商联负责人和无党派人士代表 100 余人参加会议。会议选举产生曹信红、戚依南等 19 名委员组成的致公党朝阳区第六届委员会。第六届委员会第一次会议选举曹信红为主任委员，戚依南、段军等 5 人为副主任委员，任命田丽华为秘书长。

【专题教育】　6 月 23 日，致公党朝阳区委开展政治共识专题教育活动。组织 20 名党员参观中国华侨历史博物

▲ 6 月 11 日，致公党北京市朝阳区第六次代表大会召开　（李柏林　摄）

馆“百年航程 赤字巧心”——庆祝中国共产党成立100周年展览。通过观展，增强履行参政党职责做好本职工作的信心，做到“学有所思、学有所悟、学有所用”。

【领导调研】 12月30日，致公党中央副主席李卓彬到致公党中央基层组织联系点——北京市朝阳区第十三支部调研，并出席学习中共十九届六中全会精神座谈会暨“书香支部——京致阅读”支部活动。十三支部主委杜立群和支部委员毛古丽分别汇报支部开展工作情况、书香支部创建以及京致阅读活动安排。区委主委曹信红汇报区委换届后开展工作情况及下一步工作设想，十三支部党员围绕学习中共十九届六中全会《决议》精神，畅谈学习体会。

【参政议政】 年内，致公党朝阳区委报送社情民意信息110篇，其中关于老旧小区加装电梯、冬奥会规范使用英文标识、“双减”政策下如何加强青少年体育培训等多篇建议得到市领导批示。致公党员徐晓兰撰写的《推动工业互联网应用是解决中小企业走出疫情困境的强劲举措》《建议尽快建设国家工业互联网大数据中心体系》，顾行发撰写的《关于加速释放国家空间基础设施效能 强化空间信息应用公共服务能力的建议》，黄璞撰写的《关于进一步完善雄安新区公共服务设施专项规划（医疗卫生设施配置体系及标准）的建议》，李晓锐、郑岩丁撰写的《关于设立疫情网络直通机制的建议》，原标、刘华撰写的《疫情期间要重视保洁员殡葬工等临时工群体权益保护》获致公党中央参政议政优秀成果奖。向区委统战部提交专项调研报告4篇。向区政协、区委统战部议政会提交建言报告3篇，其中林硕撰写的《推进公共文化服务和文化协同发展》在会上作交流发言；李晟撰写的《发挥数字化手段优势，推动各地区高水平协同治理》和王雨云撰写的《推进公共文化服务与文化产业协同发展建议》被大会收录文集。致公党朝阳区委获区政协2021年度优秀党派提案；高吉喜、李晟两位委员个人提案获区政协第十三届委员会最具影响力优秀提案、钟瑾委员个人提案获最具影响力优秀提案提名；钟瑾、李晟两位委员个人提案获区政协2021年度优秀提案；梁宝萍获区政协第十三届委员会优秀委员。 （田丽华）

九三学社朝阳区委

【概况】 九三学社北京市朝阳区委员会（简称“九三学社朝阳区委”），有基层支社32个（其中年内新成立支社2个），社员1515名（其中年内发展社员87名）。区人大代表9名（其中人大常委1名、在区人大各专委会任职4名），区政协委员20名（其中区政协副主席1名、常委4名）。2021年，九三学社朝阳区委以区委换届为契机，全面加强自身建设，发挥智力人才优势，强化参政议政工作质量，积极参加中共朝阳区委政党协商专题座谈会并提出建设性意见。王辉耀等9名社员获九三学社中央“2018—2020年参政议政先进个人”称号；霍超获“九三学社全国机关工作先进个人”称号；路洪洲获“2021年九三学社中央思想建设调研成果”奖；柳学信获“中共北京市委统战部同心奖先进个人”称号；九三学社朝阳区委获九三学社中央“2018—2020年参政议政先进集体”和“九三学社组织信息系统数据维护工作先进集体”称号。

【参政议政】 1月16日，在区政协十三届五次会议上，九三学社朝阳区委提交党派提案3件、委员提案27件，其中《关于改进公共区域垃圾分类收集系统 提升生态环境质量的建议》获评优秀党派提案。11月13日，在区政协常委会上，九三学社朝阳区委提交的《关于打造朝阳区数字贸易公共服务引领示范区的建议》党派提案，获评2021年优秀党派提案；副主委柳学信提出的《关于提升朝阳区服务业国际化水平和加快服务发展的建议》获评2021年度优秀委员提案、十三届区政协最具影响力优秀提案；安贞医院支社主委苏俊武被评为十三届区政协优秀委员。在政协朝阳区十四届一次会议上，九三学社朝阳区委提交党派提案4件、委员提案32件。在区政协“构建新格局、推动新发展，建设文化创新引领区”议政会上，提交高质量建言2篇，北京商务中心区支社社员陈凤霞代表九三学社朝阳区委做大会发言。

【基层组织建设】 1月24日，九三学社北京市朝阳金融支社召开成立大会，选举产生第一届支委会，程云艳担任支社主委。12月8日，九三学社北京第二外国语学院支社召开成立大

▲ 1月24日，九三学社北京市朝阳金融支社成立 （孙庆林 摄）

会，选举产生第一届支委会，秦宇当选主任委员，郭斌、李芳当选委员。

【九三学社北京市朝阳区第六次代表大会】 6月8日，九三学社北京市朝阳区第六次代表大会召开，89名代表参加会议。九三学社中央、九三学社北京市委、北京市政协、中共朝阳区委、区政协、区委政法委、区委统战部等单位主要领导出席会议。朝阳区各民主党派、工商联负责人，无党派人士代表等100余人参加会议。会议审议通过大会工作报告和大会决议，选举产生由王强、王丹宁、柳学信等21名委员组成的新一届委员会。九三学社朝阳区第六届委员会第一次全体会议选举产生新一届领导班子。王强当选主任委员，柳学信、霍超等5人当选副主任委员，任命刘军为秘书长。

【成立二级工作机构】 12月9日，九三学社朝阳区委召开组建二级工作机构会议，设立二级工作机构13个，分别为：两部（组织部、宣传部）、一室（办公室）、两委员会（参政议政委员会、社会服务委员会）、三工作委员会（青年工作委员会、老龄工作委员会、妇女工作委员会）、五专门委员会（科技委员会、医药卫生委员会、经济委员会、城建规划委员会和法律委员会），任命杨杰等147名社员担任二级工作机构相关职务。

【专题调研】 年内，在区委统战部2020年党派调研报告评比中，赵黔鲁撰写的《优化提升朝阳区老年健康与医养结合服务专业支撑能力的建议》被评为一类课题；赵淳撰写的《多网融合背景下提升朝阳区“数智化”治理效能的路径》被评为二类课题；董战锋撰写的《高质量高水平推进朝阳区垃圾分类工作调研报告》和王晴撰写的《提升基层社区应急管理水平问题研究》被评为三类课题。

【信息报送】 年内，九三学社朝阳区委报送社情民意信息258篇，其中九三学社北京市委采用102篇，九三学社中央、北京市政协和市委统战部采用44篇，朝阳区政协采用55篇，获领导批示6篇。柴雨丰撰写的《关于对北京街头自助图书机发展方向的建议》获市委书记蔡奇、市长陈吉宁批示；白舰撰写的《保障群众温暖过冬面临的困难及对策建议》获市委书记蔡奇批示。

【精准扶贫】 年内，九三学社朝阳医院支社、北京地坛医院支社、北京中医药大学支社到门头沟区妙峰山卫生院和外省的多家医院，开展业务培训和帮扶义诊。中国化工信息中心支社、北京化工大学支社开展残疾儿童康复机构慰问以及为内蒙古自治区科左中旗教师培训等活动。驰援河南省洪涝灾害受灾地区，助力灾后重建工作；对口支援九三学社王选基金会及河南省郑州市慈善总会资金近60万元。

【特色活动】 年内，九三学社朝阳区委农业农村部支社、北京生物制品研究所支社、中国科技馆支社等分别组织社员开展茶艺表演、参观中国生物博物馆以及走访中国科学院空间应用工程与技术中心等活动；九三学社朝阳区妇女、青年和老龄三个工作委员会组织会员参观景泰蓝博物馆、红砖美术馆、“书香九三”以及举办职场形象设计讲座系列活动；九三学社朝阳区委与九三学社通州区工委举办联合活动，参观恭和家园养老社区、九三学社北京市委农村科技小院（位于门沟头区黄安坨村）和特色民宿建设等；对外经济贸易大学支社、中国科技馆支社、朝阳经济支社、安贞医院支社、轻工支社、朝阳综合支社组织社员举办经济、科普、健康、金融、教育等方面知识讲座10余场，听众1000余人。

【社员获科技奖项】 年内，九三学社社员杜修力被增选为中国工程院土木、水利与建筑工程学部院士；张利军获2020年度国家科学技术进步奖一等奖；范少辉获2020年度国家科学技术进步奖二等奖；秦冬梅、王全辉、方放获2020—2021年度神农中华农业科技奖科学研究类成果一等奖；张伟、杨晓东获上海市科技进步奖；何薇、周俊武、孔繁文位列“中国优秀知识产权律师”前50名。 （孙庆林）

台盟朝阳区工委

【概况】 台湾民主自治同盟北京市委员会朝阳区工作委员会（简称“台盟朝阳区工委”），下设3个支部，有盟员87人（其中年内发展盟员1人、转入1人、去世1人、保留盟籍1人）。盟员中有全国政协委员1名、市人大代表1名、市政协委员2名（其中常委

▲ 4月17日，台盟朝阳区工委联合台盟海淀区工委到北京市延庆区开展公益植树暨乡村振兴参观活动 （舒刚庆　摄）

1名）、区人大常委1名、区政协委员7名（其中常委2名）、市政府人民建议征集特邀建议人1名、台盟中央委员1名、台盟北京市委委员9名（其中副主委1名、秘书长1名、常委4名）。2021年，台盟朝阳区工委参与台盟北京市委“助梦启航”捐资助学活动；联合台盟海淀区工委到延庆区旧县镇开展“为冬奥添绿 护美丽家园”植树暨乡村振兴活动；组织盟员为河南省特大水灾等捐款1.3万余元。连续三年获“台盟中央年度地市级参政议政先进集体”称号，位列全国地市级组织第二名；李雪飞、姚珍获“台盟北京市委参政议政先进个人”称号；张玥、郭晓静、高峰、王慧、傅鹏获“信息工作先进个人”称号；台盟朝阳区工委获“台盟北京市委脱贫攻坚先进集体”称号；高峰、彭京玉、林海等3人获“台盟北京市委脱贫攻坚先进个人”称号。

【参政议政】 1月，台盟朝阳区工委向区政协十三届五次会议提交党派提案4件，其中《关于紧扣国际化进一步优化我区营商环境的建议》获评区政协2020年度优秀提案；盟员郭晓静、林海提交的委员提案《关于进一步助力朝阳区民营经济发展的几点建议》《关于“为老”服务应处处体现关爱务实的建议》获评区政协2020年度优秀委员提案，郭晓静获十三届区政协优秀委员；区两会期间，盟员中的区人大代表、区政协委员向大会提交代表建议案、委员提案9件；台盟朝阳区工委提交的《关于进一步完善朝阳区外卖餐饮行业食品安全监管的建议》党派提案获区政协2021年度优秀集体提案、《关于提升我区国际人才便利化的建议》的党派提案获十三届区政协最具影响力优秀提案；6月，盟员王曦斌代表台盟北京市委参加2021·台盟中央第十次协商议政论坛演讲，获最具实力奖。7月，台盟朝阳区工委副主委李雪飞代表台盟北京市委参加市政协“打造新场景建设项目，抢占新经济发展制高点”协商恳谈会并发言。9月，台盟朝阳区工委参加区政协、区委统战部联合举办的“构建新格局、推动新发展，建设文化创新引领区”专题议政会，李雪飞代表台盟朝阳区工委作即席发言。12月，台盟朝阳区工委向区政协十四届一次会议提交党派提案4件。区两会期间，盟员中的区人大代表、区政协委员向大会提交代表建议案、委员提案17件。

【主题教育】 5月至7月，台盟朝阳区工委开展“赓续百年血脉 奋进伟大征程”庆祝中国共产党成立100周年微视频活动，20位盟员录制的祝福短视频剪辑成时长5分钟的微视频。7月，14位盟员参加中国共产党成立100周年庆典大会；联合台盟东城区委组织盟员和专职干部到中国国家图书馆参观“共产党宣言”专题展览。7月至12月，组织40多位盟员开展“学党史聚共识”读书学习活动，征集读书学习体会12篇；举办2021年参政议政培训班。邀请专家分别作朝阳区区情和党史专题辅导，参观区非物质文化遗产保护传承中心；以“建党百年”为主题，通过“线上+线下”直播方式承办台盟北京市委第十三届“同心杯”活动，开展党史、台盟史等“六史”及北京冬奥知识答题，全市盟员、部分在京台胞、机关干部100余人参与答题，1000余人次观看活动直播。年内，组织盟员参加台盟中央庆祝中国共产党成立100周年活动，提交书画作品2幅、征文3篇、微视频4个。

【台盟朝阳区第六次盟员大会】 6月，台湾民主自治同盟北京市朝阳区第六次盟员大会召开。台盟北京市委、市委统战部、中共朝阳区委、区委统战部等单位主要领导出席会议。会议听取高峰代表台盟第五届工作委员会所做的工作报告。欧云崧对台盟朝阳区第六届工作委员会领导机构的组成做说明并宣布第六届工委领导机构任命。王慧为第六届工委主任委员、郭晓静等3人为副主任委员、王悦等3人为委员。第六届工委领导机构成员平均年龄45岁。全区盟员，区各民主党派、工商联负责人，无党派人士代表，东城区、西城区、海淀区台盟区级组织负责同志等100余人参加会议。

【信息调研】 年内，台盟朝阳区工委完成专题调研报告4篇，其中获区统战系统优秀调研成果评比二类课题、三类课题各2篇；盟员参与台盟中央和台盟市委相关调研课题，执笔完成台盟中央课题报告2篇、台盟北京市委课题报告2篇。全年报送社情民意信息178篇。（舒刚庆）

▲ 12月4日，台盟朝阳区工委承办台盟北京市委第十三届“同心杯”活动 （舒刚庆 摄）

人民团体

朝阳区总工会

【概况】 2021年，北京市朝阳区总工会（简称“区总工会”）有服务业工会和金融工会、高新技术产业工会（快递工会）、文化创意产业工会。全区工会组织7978家，会员91.4万人，其中新建工会225家，新增会员9.1万人。组织1500人参加全国总工会“中国梦·劳动美”心连心特别节目。成立劳模宣讲团，组织“线上＋线下”宣讲近50场。各级工会投入770余万元开展结对协作扶贫和消费帮扶，覆盖15万名职工。组织7.5万名职工志愿者参与垃圾分类、文明城区创建、冬奥主题系列活动。出台《关于深化朝阳区产业工人队伍建设改革的实施意见》，细化40项产改任务。开展“建功十四五 奋进新征程”主题劳动和技能竞赛活动46场、公益大讲堂52场。开展区级入会集中行动3场、“双沟通会”1846场，推进阿里巴巴、美团、麦田等6家头部平台企业组建工会。开展“5送10项”服务项目，吸引5.8万名新就业形态劳动者加入工会。成立首届朝阳区重点企业创新工会。全区实名采集会员92.8万人。投入102万元开展“一站一家一律师”服务，组织普法讲座186场。投入200万元开展诉源治理“融调解”工作，建立法官工作站，成立调解员队伍，有效化解事件90余起，办理结案2247件。组织51支信息员队伍关注职工群众关心的热点和敏感问题。围绕中国共产党成立100周年、疫情防控、冬奥等重点任务，投入2300万元慰问一线、心理疏导和暖心关爱。投入近百万元开展“工会进万家 关爱劳模”活动近600场，为394名劳模免费体检。各级工会投入455万元开展新就业形态劳动者温暖行动，投入190万元为2364名快递小哥免费体检。完成各项互助保障计划投保18.29万人次，总金额1540.25万元。开展5批抚慰救助593人次，使用资金231.13万元。开展“心向冬奥”职工冰雪体验及文化作品展，开展网球、棋牌、京剧鉴赏等群众性文体活动，3.3万名职工参与。组织参加文化文明活动20余项，征集报送各类文化文艺作品580余件，获奖35项。启动“职工健康服务项目”。在北京链家门店建成1457个户外劳动者驿站。设立600个“朝阳骑士暖心服务站点”。全区新增母婴关爱室16个。垂杨柳医院感染疾病科被评为全国五一巾帼标兵岗。区总工会在全国文明单位荣誉称号复查合格，1人获第二届“北京大工匠”中式烹调师工种的工匠称号，3人被授予“朝阳工匠”称号。

【领导慰问】 1月1日，区委副书记王旭到区疫情防控集中观察点指挥部慰问执行隔离保障任务的工作人员。1月2日，区委常委、常务副区长崔小浩一行到区疾控中心，慰问节日期间值守在疫情防控一线的工作人员。1月27日，市总工会劳模工作部一行到朝阳区慰问2015年北京市先进工作者。2月2日，区委常委、副区长暴剑慰问2020年北京市先进工作者。2月4日，区委常委、区纪委书记、区监委主任席成坡慰问2020年北京市先进工作者。2月5日，区委副书记王旭到区交通支队慰问战斗在交通安保工作一线的公安交警。2月9日，区委副书记王旭一

▲ 11月10日，区总工会班子成员到韵达快递十里堡站点和顺丰速运呼家楼站点慰问一线快递职工（王梓希 摄）

行到区消防救援支队慰问基层一线消防指战员。2月11日除夕夜，区委副书记、区长文献一行到朝阳消防救援支队、交通支队、环卫中心、社区等地检查城市运行安全管理工作，并慰问一线干部职工。9月29日，市总工会劳模工作部一行到朝阳区慰问全国劳模。11月10日，区总工会班子成员到韵达快递十里堡站点和顺丰速运呼家楼站点，慰问一线快递职工，并送能量包、安全包、体检卡等慰问品。

【农民工公益法律服务】 1月至3月，区总工会在全区工会系统内开展“尊法守法·携手筑梦”服务农民工公益法律服务活动，成立8支法律服务小分队，开展活动24场，服务农民工6500余人。现场普法14场次，涉及农民工1000余人。开展普法云课堂、普法线上讲座10场次，参与职工5500余人。现场调解15件，法律咨询115人次，发放普法宣传物品2000余份。办理农民工法律援助案件32件，帮助农民工挽回经济损失36万元。

【职工游密云系列活动启动仪式】 4月25日，朝阳区总工会、密云区总工会共同举办“庆祝建党100周年，助力乡村振兴”朝阳职工游密云系列活动在密云区巨各庄镇蔡家洼村玫瑰情园正式启动。市、区相关领导出席，朝阳区各级工会干部、密云区直属工会主席及职工代表近500人参加。

【庆祝五一国际劳动节座谈会】 4月29日，朝阳区在昆泰酒店召开庆祝五一国际劳动节暨表彰先进集体和个人座谈会，表彰获2021年度全国和首都劳动奖状、奖章、工人先锋号的先进集体和个人。区领导王灏、文献、陈宏志、陈涛、王旭会见获奖集体代表和个人。其中，1人获全国五一劳动奖章，安贞街道办事处获全国五一劳动奖状，北京五洲妇儿医院妇科获全国工人先锋号，8个集体获首都劳动奖状，40人获首都劳动奖章，15个班组获北京市工人先锋号。

【党校总工会分校揭牌仪式】 5月11日，中共朝阳区委党校总工会分校揭牌仪式在区职工服务（帮扶）中心举行。区委党校、区总工会、区纪委区监委相关领导出席仪式，全区基层工会主席、副主席等70余人参加。

【专场职工沟通会】 5月12日，区总工会与北京银行城市副中心分行，在红星美凯龙地下广场举办共建日活动暨“八大员”专场职工沟通会启动仪式。部分街乡企业的货车司机、快递员等八大员的职工代表约100人参加。区总工会、北京银行城市副中心分行、劲松街道、红星美凯龙工会领导出席。

【职工文体活动嘉年华】 6月9日，区总工会主办，北京银行城市副中心支行冠名赞助，红牛维他命饮料有限公司、北京凤归巢农业科技有限公司支持的第三季朝阳职工文体活动嘉年华棋牌（双升）比赛开赛。全区各街乡、产业工会、机关工会联合会成员单位的近百名棋牌爱好者参赛。9月25日，在郡王府网球馆和朝阳公园网球场举办第三季朝阳职工文体嘉年华网球比赛。全区各级工会的150余名职工网球爱好者参赛。

【职工之家】 7月15日，区总工会、区社区学院联合主办区级职工之家评训一体化工作启动仪式。各街道、地区总工会，功能区总工会，产业工会站长、副站长，区内146家企业工会主席、副主席等200余人参加。年内，有146家企业参与此次评训一体化工作。截至年底，朝阳区申报建立各类“职工之家”88家，其中市级公共区域“职工之家”17家、市级示范“职工之家”7家、市级百人以上新建会同步建立“职工之家”企业18家、区级“职工之家”46家。

【“朝阳工匠”选树活动】 9月13日，由区总工会、区房管局、区人力社保局联合举办的“弘工匠精神 创朝阳品牌”朝阳区第一届物业管理员职业技能竞赛暨第二届“朝阳工匠”选树活动首场竞赛在日坛宾馆启动。全区67家企业的253名选手参赛。经过理论知识、案例分析、主题演讲环节，长城物业集团股份有限公司北京物业管理分公司的刘兰获“朝阳工匠”称号。年内，联合区医疗卫生工会、区消防救援支队，完成妇幼保健、消防行业技能竞赛，3名选手获“朝阳工匠”称号。

【户外劳动者暖心驿站启动】 9月18日，区总工会在北京链家无限壹店举行北京链家“户外劳动者暖心驿站”启动仪式。中华全国总工会基层工作部、市总工会、区总工会相关领导出席，市各产业工会主席、各区总工会分管负责人参加仪式。截至年底，全区建成暖心驿站4000余家。

【网约送餐员入会】 9月，区总工会开展网约送餐员加入工会集中行动，完成全区6752名网约送餐员入会任务。截至年底，组织基层工会开展244场“网约送餐员”专场沟通会，发展会员6773人。召开企业沟通会87场，其中已建会企业沟通会44场。

【新就业群体】 10月18日至11月19日，区总工会职工服务（帮扶）中心开展新就业劳动者免费体检。2354人参与体检，投入资金188.32万元。11月至12月，由区总工会主办、区职工大学（北京开放大学朝阳区分校）承办的新业态、新就业群体就读2022年国家开放大学大专春季班启动，区总工会研究出台《新就业群体就读国家开放大学大专学历补贴办法》，为符合条件的新就业群体提供学费资助，支持学员在职完成大专学历课程。

【产业工人队伍建设改革试点】 10月27日，朝阳区推进产业工人队伍建设改革试点工作启动会召开。印发《关于深化朝阳区产业工人队伍建设改革的实施意见》和《朝阳区推进产业工人队伍建设改革协调小组成员名单》，制定任务分配表，明确40项改革任务。市、区相关领导出席，朝阳区推进产业工人队伍建设改革协调小组各成员单位分管领导等参加。11月3日，朝阳区工会系统推进产业工人队伍建设改革试点工作启动会召开，介绍产业工人队伍建设改革全面试点工作情况。

【职工健康心理关爱】 12月1日，区总工会“职工健康心理关爱项目”在日坛宾馆报告厅正式启动，现场发布职工健康小屋和心灵关爱项目。全国职工健康促进工程推进委员会、第十二届全国政协社会和法制委员会、中国健康管理协会专家指导委员会、区总工会相关领导出席仪式。12月2日、28日，区总工会开展两场“冬奥心助力”心身健康大篷车进国家体育馆活动。

【出租车司机集中入会】 12月2日，朝阳区服务业工会和北京昆泰控股集团有限公司工会到北京市中益出租汽车股份有限公司，开展出租车司机集中入会活动，75名职工现场入会并办理京卡。

【公司建会】 12月23日，阿里巴巴（北京）软件服务有限公司在阿里中心（北京）总部会议室举行第一届会员代表大会第一次全体会议，阿里巴巴（北京）软件服务有限公司工会正式成立。12月24日，美团（北京）公司在美团（北京）总部会议室召开第一届工会会员代表大会第一次全体会议，美团（北京）工会正式成立。

【文化宫建设】 12月，根据《朝阳区委机构编制委员会关于区总工会所属事业单位改革有关事项的批复》，北京市朝阳区总工会职工服务中心并入朝阳区工人文化宫（简称“区工人文化宫”）。调整后，区工人文化宫属公益二类事业单位，机构规格正科级，经费形式为经费自理，事业编制人员10名，其中主任1名、副主任1名。 （任　梦）

共青团朝阳区委

【概况】 2021年，共青团北京市朝阳区委员会（简称“团区委”）推进基层组织改革试点工作，团的工作力量选用机制有新探索，团的组织设置和运行机制有新突破。截至12月31日，全区团组织总数5181个，团员总数（含团干部）35325人，青年之家68家。全区577个社区（村）团支部全部完成团组织换届。有两新团组织3026个。创新团的基层组织形态，加强68家社区青年汇运营管理，开展服务项目252个、活动2483场、服务5.8万人次。朝阳22院街·青年汇、自如寓·青年汇开业，发布朝阳国际创投和国际文化原创两个青年人才会客厅项目。团区委被共青团中央授予“全国五四红旗团委”称号，朝阳群众“小河长”项目被首都精神文明建设委员会办公室授予“首都未成年人思想道德建设创新案例”。

【青年突击队】 1月7日，朝阳区成立新冠疫苗接种青年志愿服务突击队，参与志愿服务2100人次，服务时长1.9万小时，服务疫苗接种人员16万人次。全区有青年突击队96支，参与青年人数2208人。其中疫情防控类71支950人，抢险救灾类3支32人，重点工程及其他类22支1226人。11月，发动非公团组织530名青年志愿者支援来广营地区（乡）疫情防控工作，服务4240小时。

【“约你一起朝YOUNG年”暖春系列活动】 1月27日，朝阳区开展“约你一起朝YOUNG年”暖春系列活动，陪留京青年过安心年、暖心年、欢乐年。依托“青春朝阳”微信、微博、抖音新媒体平台推出6大暖心礼包。联合朝阳区餐饮行业团工委推出单身青年、情侣专属的优惠年夜饭套餐5000份以及免费套餐115份，联合区内社会组织向留京朝阳青年提供免费云听会员卡10000张，联合北京移动城区一分公司推出流量和视频会员大礼包，联合朝阳大悦城线上发放年货采买优惠和运动文娱体验券30余类。活动线上参与青年3.5万人。由区青联牵头发起坚守城市运行一线青年10场慰问活动，捐赠物资10万余元。开展“青年生活格志项目——在京过大年·把福‘袋’回家走访活动”130余场。定制朝阳青年专属福袋2600份。开展困境青少年慰问活动，送米面油、牛奶、学习用品、防疫物品以及慰问金18万元。开展慰问新疆、西藏内高班留京学生及关爱留京香港师生活动。在将府自如寓，与青年租客、快递小哥代表、社区青年志愿者等青年20人开展除夕联欢活动。

【朝YOUNG课堂】 2月25日，2020年朝YOUNG课堂青年就业成长营第二期产品经理课成长营线上结营，28所高校的220名应届大学生参与。6月6日，2021年朝YOUNG课堂青年就业成长营第三期商业分析技能课线上结营，95名对外经济贸易大学在校生参与培训。

【社区（村）团组织换届】 3月10日，团区委在潘家园创享空间召开社区（村）团组织换届工作动员部署会，全面启动朝阳区社区（村）团组织换届工作。团区委书记出席会议并讲话，团区委机关干部及各街乡团（工）委书记或主要负责人80余人参加。

【团组织成立】 3月19日，共青团北京自如生活企业管理有限公司委员会第一次团员大会召开。团区委书记代表团区委与北京自如团委正式签约，合作开展“自如团团创造营”项目。截至年底，社会领域团组织增加1125个。

【朝舞创梦特训营】 3月29日，团区委、北京街舞联盟和氪星创服联合举办的“朝舞创梦特训营（第1期）”落幕，26家知名街舞结构创始人参与首期创业营。8月13日，共青团北京市朝阳区委员会、CHUC北京街舞联盟、北京街舞行业团工委、氪星创服联合举办的朝舞创梦特训营（第二期）结业，招募北京市21位街舞机构主理人参与。

【主题宣传活动】 4月1日，团区委、区青联联合团东城区委、区青联发起“青春百年 乐跑朝阳”主题线上接力跑活动。4月29日，在朝阳外国语学校开展北京市“建党百年正青春 跟党奋进新时代”五四主题团日活动，团市委、团区委、区委教育工委领导出席，200余名师生参加。第二季度启动“百年青春——青春故事会”宣讲活动，招募选拔10名青年代表组建朝阳青年讲师团，到基层开展“小范围、互动式、分众化”党史宣讲，线下宣讲8场，线上直播1场，覆盖青年3200人次。第四季度，推动全区4800余个团支部开展党史学习教育“5+1”次活动，即分专题“新民主主义革命专题”“社会主义革命和建设专题”“改革开放专题”“中国特色社会主义新时代专题”“十九届六中全会精神专题”开展不少于5次专题学习会，开展1次专题组织生活会。围绕学习宣传贯彻党的十九届六中全会精神，开展各类学习活动9次，覆盖4900余人次。

【重大活动服务保障】 4月2日，团区委组织8名朝阳青年参加首都义务植树活动，青年代表同党和国家领导人在北京市朝阳区温榆河植树点植树。9月30日，组织38名朝阳群众代表到北京天安门广场参加烈士纪念日向人民英雄敬献花篮仪式，组织25名少先队员到日坛公园马骏烈士墓参加朝阳区2021年烈士纪念日公祭活动。6月12日至7月5日，12个重点点位城市志愿服务站结合各站点特点开展“庆祝建党100周年送祝福”“分小萌——垃圾分类宣传”等特色志愿服务活动。43个重点社区开展“建党100周年，永远跟党走”党史宣讲、“我为群众办实事”“端午期间慰问困难群体”爱心服务、“助力疫苗接种”等品牌志愿服务活动。在“志愿北京”平台发布项目139个，招募志愿者4000余人，服务总时长2万余小时，服务游客、居民8万余人次。年内，参与中国共产党成立100周年庆祝活动中广场活动和志愿者指挥部工作。推进冬奥会城市志愿服务，组织冬奥会青年志愿者招募和志愿服务，明确服务点位，社会化招募60余支志愿服务队、共6000余人。开展“激情冰雪 相约冬奥”冰雪主题活动107场，推广冰雪运动。

【红色街舞编创大赛】 4月28日，“百年风华正青春”新时代青年红色街舞主题编创大赛优秀作品展演在北京剧院举行。团区委、区青联联合主办，全国首创以街舞形式完整呈现百年党史，联合北京街舞联盟启动“朝YOUNG街舞训练营”项目，通过各级团组织、区青联、青工非公单位、行业协会成立54支青年街舞社团，通过135天3240小时的公益课培训、34位街舞导师专业指导，入选的29支街舞社团与5支街舞专业厂牌共同编创完成展演活动。

【调研交流】 4月30日，团中央书记处书记吴刚一行到北京市求实职业学校观摩“学党史、强信念、跟党走”五四主题团日活动并参观校史馆。5月25日，团市委副书记王洪涛到朝阳区调研党建带群建工作，市委组织部、市工会、市妇联等“两新”工委成员单位参与调研，朝阳区律师协会、盈科律师事务所、中公教育代表发言。6月1日，团中央书记处常务书记汪鸿雁一行到清华大学附属中学朝阳学校观摩初二（12）中队主题中队会。6月7日，团市委书记李军会、区委副书记王旭到青创社区青年汇，了解全区共青团产品中央厨房及重点青年汇建设推进情况，参加“青春读书会——向时代楷模彭士禄学习”主题活动。中国青年出版总社有限公司党委书记、董事长皮钧，团市委基层组织建设部部长郑雄，北京青少年社会工作服务中心主任肖树生，团区委书记孙博洋，驻区科技企业青年代表，朝阳区青联委员，朝阳青年讲师团成员等30余人参加。7月19日，市人大社会建设委员会副主任委员李正斌带队到朝阳区调研，开展未成年人保护、预防未成年人犯罪立法建设专题座谈。团市委副书记王洪涛主持会议。市人大常委会、市公安局、市民政局、市司法局、市高法、团市委、市未成年犯管教所，公安朝阳分局、区检察院、区法院、区司法局、区教委、团区委未成年人保护工作相关负责人，未成年人保护领域专家以及社会组织相关负责人30余人参加调研座谈。7月29日，团中央办公厅督察处处长赵赟带队到朝阳调研指导共青团基层改革试点工作。10月22日，团中央书记处第一书记贺军科围绕深化县域共青团基层组织改革工作到朝阳区调研基层组织改革情况，到朝青中央厨房社区青年汇实地调研团组织阵地建设情况。

【“先锋朝阳”基层团建项目征集大赛】 4月至6月，团区委举办2021年度“先锋朝阳”基层团建项目征集大赛，22个项目符合要求，向基层团组织拨付基层团建经费41万元。

【公益巡讲】 4月至6月，团区委启动2021年“家长课堂”“星光自护”公益巡讲活动，邀请法律、心理、教育、安全等领域专家到社区开展主题讲座60余场，覆盖社区学生及家长2000余人。

【兼职法治副校长配备】 4月至6月，团区委完成年度兼职法治副校长配备。公安朝阳分局、区检察院和区法院的294名工作人员担任344所中小学校的兼职法治副校长。其中区法院50人、区检察院31人、公安朝阳分局213人。

【“两法”落地推进大会】 5月21日，朝阳区召开“两法”落地推进大会暨2021年未成年人保护工作会。发布朝阳区2021年未成年人保护六大重点项目，包括《朝阳区兼职法治副校长教材》和《困境青少年社会工作介入路径探索》、朝阳区未成年人司法社工认证体系项目、朝阳区未成年人观护基地项目、朝阳区学校社工项目和朝阳区中小学心理健康教育项目。区未保委76家委员单位、未保领域专家学者、法治副校长、公益律师、青少年社工、爱心企业、社会组织、媒体等社会各界代表120余人出席。

【中学生业余党校培训班】 7月14日，朝阳区举办第二十六期中学生业余党校暨第十期朝阳区少年先锋团校培训班，开展“学党史、强信念、跟党走”党史学习教育。培训班为期2天，参与培训学生250余人。

【“CVSC计划”】 7月23日，团区委召开2020—2021年度“CVSC计划”暨社企融合志愿服务创投项目结项评估会。活动历时8月，打造15个优秀项目，动员101家企业，到628个社区开展1142场志愿服务活动，7110名志愿者提供1210518小时志愿服务。围绕脱贫攻坚、环境保护、文明实践、关爱少年儿童、敬老爱老、阳光助残等领域，为约26万人提供服务。12月4日，开展2021年“CVSC计划”暨社企融合志愿服务创投项目培训会暨优秀志愿服务项目表彰会。志愿服务领域专家学者、获奖项目代表和志愿者代表30余人参加。20个优秀项目获小额资金、专家指导、资源链接等方面支持。

【青少年防暴恐安全夏令营】 7月25日，团区委举办小小安全官——2021年青少年防暴恐安全夏令营。夏令营时长6天，40名8岁～12岁的小学生参营，学习总时长2000余小时。

【社区青年汇升级】 9月2日，22院街·社区青年汇在双井街道揭牌成立。该青年汇打造“文化艺术、组织孵化、社区治理”3大青年聚集地，完善“党建支持、区级平台、属地资源”3类机制保障。9月10日，自如寓·青年汇在北京建国门自如寓内正式揭牌。该青年汇是朝阳区第一家跳出传统组织形态，以“Z”世代“住”的方式直接联系青年的青年汇，打造长租青年温暖城市驿站。9月17日，启动朝阳国际创投青年人才会客厅和朝阳国际文化原创青年人才会客厅项目。朝阳国际创投青年会客厅由区青联、高层次人才服务中心、朝阳园管委会、国际创投集聚区联合发起，致力于朝阳创投青年人才会客厅和首都青年创投联盟建设。朝阳国际文化原创青年人才会客厅由区青联、高层次人才服务中心、文创实验区管委会、北京电影学院、中国传媒大学共同发起。12月24日，朝阳国际文化原创人才会客厅项目招募优秀文化原创人才，推动形成以“文化原创人才”为主体的国际青年人才会客厅生态体系。12月28日，“汇聚全球创投青年 探索未来数字朝阳”朝阳国际创投青年人才会客厅揭幕仪式暨朝阳国际青年创投联盟成立大会在昆泰·嘉瑞文化中心举办。

【“区校共建”交流座谈会】 10月29日，朝阳区在泡泡玛特召开年度“区校共建”交流座谈会，团市委、驻区高校、团区委、区发展改革委、区高层次人才中心、区体育局及合作社会单位代表出席并发布合作项目。会上介绍“朝YOUNG课堂”、大学生音乐节等项目，与会人员探讨合作意向。

【京港青年迎新年主题活动】 12月26日，区青年联合会、香港专业人士（北京）协会青年事务委员会联合举办“冰雪迎新共精彩，京港同心向未来”京港青年迎新年主题活动。在京港澳台青年学生、香港专业人士（北京）协会青年事务委员会会员、区青联委员、区青少年社工代表50余人参加。

【大学生理论调研】 年内，团区委启动第五届团区委大学生理论调研，招募清华大学、北京大学、中国传媒大学、北京工业大学等高校师生组建调研团队，以“青春向党·奋斗强国”为主题，围绕“十四五”规划中的重点领域和重点工作在朝阳区开展调研。组建“2021年大学生理论调研活动”团队17支107人。课题涵盖党建引领、社区治理、养老服务行业、青年租房等方面，形成17篇调研报告，评选出优秀调研报告8篇。邀请4位区人大代表、11位区政协委员和2位区青联委员担任调研团队导师，出席“2021年团区委大学生理论调研成果展示会暨共青团与人大代表、政协委员面对面”活动。

【“北京青年榜样”主题教育】 年内，团区委以线上宣传、线下组织动员的方式，发动各行业、各领域、各战线青年参与评选。59人递交推荐人选材料，董建勇、靳永强、刘禹皓入选2021年“北京青年榜样”。

【西部温暖计划】 年内，234所学校完成募集活动，捐赠爱心物资1.2965万包，约20.5万件。

【《红色海棠》原创红色剧本杀】 年内，团区委研发沉浸式教学——以马骏烈士为原型的主题剧本杀《红色海棠》，线上投放2小时即全部预约完毕，开展85场，服务青年680人。

【视觉呈现课程】 年内，团区委研发党史主题“学伟大精神——青春盲盒让信仰不迷茫”视觉呈现课程，围绕习近平总书记点赞过的伟大精神，以“故事沙盘”“艺术软陶”等4类视觉化呈现工具，通过场景化构建引领参与青年穿越时空，与革命先烈们对话，一起找寻共产党的初心，组织活动80场，覆盖基层青年2000余人次。

【“青春读书会”】 年内，团区委设计思想引导类课程“青春读书会”，围绕《习近平和大学生朋友们》《论中国共产党历史》等图书、习近平总书记重要讲话精神等内容，利用“世界咖啡”“视觉化呈现”等工具，带领广大青年了解党的历史、感悟党的初心使命、领会党的创新理论、体认党的精神谱系、传承党的红色基因，开展活动79场，覆盖1970余人次。

【青春路标】 年内，团区委开展“青春路标——思维导图带你学习习近平总书记七一重要讲话精神”活动。利用“思维导图”视觉化呈现工具，引导青年对讲话精神进行学习和视觉化呈现，并结合自身工作制定行动计划，加深对讲话精神的理解，下基层开展宣讲70场，覆盖1750人次。

【美好朝阳骑士、美好朝阳管家】 年内，团区委发起“美好朝阳骑士”“美好朝阳管家”项目，组织2375名外卖骑手、房产经纪人等新就业、新兴领域青年、青年组织骨干等，注册成为“小巷管家”青年志愿者，反馈和直接解决社区、街乡环境卫生、生产生活安全等问题2139条，部分街乡反馈问题数量占属地问题总量的50%以上。

【“分小萌”垃圾分类】 年内，团区委联合区城管委，在全区建立173家“分小萌”垃圾分类青少年示范引导站，开展宣传活动190场，在全市范围内社会化动员3136名青少年开展桶前值守志愿服务，服务时长3.4万小时。

【朝阳群众“小河长”】 年内，1252名青少年“小河长”累计公益巡河超3万千米，以志愿家庭形式参与巡河、水课堂、公益宣传等活动，将“节水、爱水、护水”意识融入个人家庭、日常生活、城市美化中。

【青年就业创业实习基地建设】 年内，团区委吸纳朝阳区凤鸣计划企业及市、区两级服务包企业，推进就业创业实习基地建设，有基地32家，提供实习岗位1645个，服务3119人次，发放补贴220万元。

【精准帮扶】 年内，区委常委、区纪律检查委员会书记、区监察委员会主任席成坡，区人民政府党组成员、副区长岳立指导并参与青少年入户慰问。采购13.94万元物资慰问43个街乡的43名困难团干部、团员，900名困境青少年，370名打工子弟学校学生。朝阳区17名青联委员代表慰问17名结对帮扶青少年，为每名结对帮扶青少年发放2000元助学补贴和慰问物资，为全区困境青少年发放总价值30余万元的慰问物资。3月20日、23日，团区委联合星巴克（北京）公司开展“阳光星趴 为你圆梦”主题活动，40名困境青少年及家人、星巴克伙伴参加。6月16日，开展2021年困境青少年精准帮扶项目评优，支持4个优秀项目，覆盖困境青少年100余人，帮扶700余人次。10月17日至18日，在麦田音乐节设置阳光伙伴联盟志愿公益项目展区，展示扶贫助困、环境保护、流浪动物救助等领域的6个项目，1000余名青年报名参与公益项目志愿储备。

【“蓝立方”城市志愿服务】 年内，团区委依托奥林匹克森林公园公共区域内的3个城市志愿者服务站点，传承奥运志愿服务理念，延续奥运志愿服务工作模式，以站点为服务阵地，组织高校及社会志愿者对园内游客开展志愿服务。“蓝立方”志愿服务站点自投入使用以来，全年开放，投入志愿者23000余人次，服务时长80万余小时，提供服务近85万人次。

【“青春朝阳”新媒体矩阵】 年内，“青春朝阳”微信公众号粉丝5.8万人，阅读量88.5万次。“青春朝阳YOUNG”微博粉丝3.3万人，阅读量76.8万次。“青春朝阳”抖音粉丝8228人，发布视频141条，播放量20万次。 （姜　源）

▲ 4月，朝阳区开展“分小萌”垃圾分类青少年志愿服务 （马　恒　摄）

朝阳区妇女联合会

【概况】 2021年，北京市朝阳区妇女联合会（简称“区妇联”）突出庆祝中国共产党成立100周年，强化思想政治引领，围绕中心、服务大局深化妇联改革，团结带领广大妇女在推动朝阳高质量发展中发挥“半边天”作用。朝阳区1人和2个文明岗被授予“全国巾帼建功标兵和全国巾帼文明岗”称号。1人获“全国维护妇女儿童权益先进个人”称号。10人获“北京市妇女儿童先进个人”称号。朝阳法院王四营人民法庭获“全国维护妇女儿童权益先进集体”称号，区妇联等5个单位获“北京市妇女儿童工作先进集体”称号。2户家庭被评为“全国最美家庭”，9户家庭被评为“首都最美家庭”。

【“两节”送温暖活动】 1月至2月，区妇联在各街道、地区（乡）开展“两节”送温暖活动，春节前夕区妇联领导带领街乡妇联完成5户单亲特困母亲入户慰问，活动期间发放慰问金总额133.05万元。

【第五届妇女儿童公益服务项目创意大赛】 1月至3月，区妇联举办朝阳区第五届妇女儿童公益服务项目创意大赛，培育妇女儿童公益服务品牌，征集妇女发展、儿童发展、家庭教育等参赛项目101个，评选一等奖1个、二等奖3个、三等奖4个、优秀奖4个。推动“社区儿童议事会”项目落地朝阳，鼓励儿童议事会成员围绕社区治理发展开展议事、调研和社区嘉年华活动，探索儿童参与社区服务创新路径。

【纪念三八国际妇女节系列活动】 3月8日，区委书记王灏，区委副书记、区长文献慰问朝阳区获国家级先进个人和集体、市级三八红旗奖章等称号的妇女代表。区领导王旭、黄晓伟、李国红、岳立参加。3月8日，区妇联开展“永远跟党走 巾帼助辉煌”2021年纪念三八国际妇女节活动。区妇联三八活动主会场与麦子店街道、东风地区（乡）、CBD党群服务中心三个分会场线上联动，分别反映朝阳区街道、地区（乡）及功能区的妇联工作开展情况；表彰在抗击新冠肺炎疫情、决战脱贫攻坚、推动朝阳区经济社会高质量发展等各个战线上建功立业、无私奉献的巾帼力量以及关注支持妇女儿童工作、维护妇女儿童合法权益的朝阳区“妇女之友”，并邀请朝阳区优秀女性代表在线讲述奋斗故事。启动“巾帼心向党 百年正辉煌”建党百年群众性教育活动，依托“最美家庭宣讲团”“巾帼最美宣讲团”等活动品牌，以线上线下常态化形式开展宣讲活动，面向妇女群众宣传解读党的新理论、新思想。

【女性中小企业政策培训服务活动】 3月16日，区妇联以“启航‘十四五’奋进新征程”为主题，开展2021年“春风送暖”——女性中小企业政策培训服务活动。邀请专家解读政策，安排参观交流，为女性中小企业发展搭建平台。市妇联、市经济和信息化局、市中小企业公共服务平台相关部室领导和朝阳区双学双比“妇”字号基地、朝阳巾帼创业创新基地及巾帼家政企业妇女创业就业带头人代表近30人参加活动。

【第十三届七次常委会、执委会】 3月30日，区妇联召开第十三届七次常委会、执委会，审议通过《朝阳区妇联十三届七次执委会议上的工作报告（审议稿）》。

【“清风传家”主题活动】 4月23日至5月12日，区妇联开展“清风传家”主题活动，邀请各级最美家庭（10个）、机关系统干部（5人）、妇联系统干部（5人）朗读《清风传家》节选内容和最美家庭故事，通过喜马拉雅App和区妇联宣传平台发布推广至全区家庭。

【传统文化和艺术讲座】 4月29日，区妇联举办瓶花之美——传统文化和艺术讲座暨“秀外慧中”传统文化知识讲座活动，邀请瓶花北京艺术中心创始人，中国传统插花研究学者作专题讲座，全区处级女领导干部及部分优秀女性代表40余人参加活动。

【村（社区）妇联换届选举】 4月，全区597个村（社区）妇联完成换届，597个村（社区）全部实现妇联主席100%进两委班子，选配兼职副主席1194人，选举执委8972人，注重扩大非公经济组织、社会组织和其他先进典型女性代表比例，新一届村（社区）妇联主席从政治面貌、年龄结构、文化程度等方面均符合改革任务中的相关要求和规定，实现年龄、学历“一降一升”。

【反家暴工作能力建设工作坊活动】 5月8日，区妇联组织开展接访维权工作手册培训暨反家暴工作能力建设工作坊活动，邀请中华女子学院教授以“受害人为中心服务理念和实践”为题作专题讲座，剖析家庭暴力的识别与评估家暴受害人面临的多重困境等，阐述“反家暴是一个系统工程”的理念，讲授妇联维权工作具体流程，加深妇联干部对“受害人为中心服务理念和实践”的理解。

【家长学校建设示范项目启动】 5月14日，区妇联“幸福左家庄·家庭共成长”——朝阳区家长学校建设示范项目在左家庄街道文化中心正式启动。项目以创建朝阳区首个街道级家长学校为目标，以党建为引领整合地区行业专家幼儿园、学校等教育单位企事业单位和社会组织居民及家庭骨干等资源探索家庭、学校、社会三方协同育人的工作模式。

【第十届家庭文化节主题活动】 5月16日，区妇联开展“朝着幸福出发·阳光家年华”第十届朝阳区家庭文化节主题活动。采取户外嘉年华形式，现场设置“垃圾分类‘家’行动”“家庭·助力冬奥”“传承·好家风”和“家庭教育·陪伴成长”四大主题活动区域，吸引100余户家庭到日坛公园参与。

【妇联系统家庭教育指导师培训班】 5月，区妇联联合朝阳社区学院举办朝阳区妇联系统家庭教育指导师培训班。培训为期5天，内容包括家庭教育专业知识、家庭教育实务操作以及家庭教育指导师考试，培育97名家庭教育指导师（中级）。全区妇联系统100名家庭教育骨干、志愿者参加。

【“颂党恩 传家风”红色家风故事接力宣讲活动】 6月19日，由全国妇联指导、市妇联主办，区妇联、区委党校承办的“颂党恩·传家风”红色家风故事接力宣讲活动在马骏烈士纪念馆旁举行。参加活动的领导在墓前默哀、敬献鲜花并参观纪念馆。老党员、革命后代家庭代表、最美家庭代表讲述红色家风故事。现场组建朝阳区第三届大国小家最美家庭宣讲团，结合党史学习教育、“四史”宣传教育到基层开展宣讲，带动各级妇联组织接力讲述红色家风故事。全国妇联党组书记、副主席、书记处第一书记黄晓薇，副市长王红，全国妇联副主席、书记处书记、党组成员吴海鹰，全国妇联兼职副主席宋鱼水，市妇联党组副书记、副主席韦江，区委副书记、政法委书记王旭出席。

【妇联系统干部线上培训班】 6月，区妇联举办妇联系统干部线上培训班。邀请专家学者围绕党史学习教育、十九届五中全会精神、家庭建设工作、妇女儿童权益维护等妇联业务进行培训。区妇联全体干部、全区各街道、地区（乡）妇联主席、专职副主席、妇联协管员、各妇工委（妇委会）妇女工作人员等129人次参与，有118人完成全部课程学习，完课率91%。

【“爱在七夕 婚检为爱护航”公益摄影及婚检宣传活动】 8月14日，区妇联开展“爱在七夕 婚检为爱护航”公益摄影及婚检宣传活动，为新人分发绿芽行动笔记本、孕检宣传折页等宣传品近200份，让新人们了解免费婚前医学检查、孕前检查的相关政策。

【线上招聘活动】 9月8日，区妇联联合区人力资源公共服务中心开展“我为妇女群众办实事——春风行动”线上招聘活动，汇集招聘企业18家，发布岗位350余个，帮助解决有创业就业意愿的妇女群众和“妇”字号基地、巾帼创业创新基地、巾帼家政服务企业等相关企业单位岗位招聘的双向需求，搭建妇女群众创业就业平台。

【第十三届第八次执委会】 9月8日，区妇联召开第十三届第八次执委会。会上，区妇联执委研讨第十四次妇女代表大会工作报告。通过在北京市朝阳区第十四次妇女代表大会上的报告（审议稿）、《朝阳区妇联换届选举工作实施方案（草案）》、《朝阳区第十四次妇女代表大会代表推选工作意见（草案）》、《朝阳区妇联第十四届执行委员会委员候选人推选工作方案（草案）》。

【反家暴工作培训】 9月13日，区妇联联合公安朝阳分局，面向朝阳区基层公安民警举办反家暴工作培训。湖南警察学院家庭暴力防治研究所所长，公安部反家暴培训教官以警察如何干预家庭为主题，采用电视电话会议形式阐述家暴判定、干预理念、干预方法，讲解家庭暴力案件的处置、告诫制度、危险管理等。全区47个派出所和3个公安业务处室约400人参加。

【全国妇联调研】 9月18日，全国妇联书记处书记、党组成员、组织部部长赵雯到朝阳区望京街道党群服务中心妇女之家、团结湖街道党群服务中心妇女之家调研朝阳区推动新业态、新就业群体融入城市基层党建格局工作情况。赵雯对朝阳区开展“四个行动”、增强“五感”给予肯定。

【悦读·阅廉——朝阳区“廉洁文化进机关、进家庭”活动】 9月至12月，区妇联联合区直机关工委、区纪委区监委机关、区文化和旅游局开展第三季悦读·阅廉——朝阳区“廉洁文化进机关、进家庭”活动，围绕“‘四史’小故事”“我与朝阳发展”“我和我的支部”“我为群众办实事”“我心中的纪法”“清风传家”等7个主题，动员全区机关党员干部及家庭学习打卡。有6980人参与活动，人数较上年增长26.7%，音频、视频打卡次数36.9万次，较上一季增长255%，有4299人完成全部打卡，较上一季增长116%。表彰15个优秀组织部门，择优选取15名优秀视频参与者和50条优质音频内容在喜马拉雅App、“朝阳女性”微信公众号等平台上展示。

【对口支援】 10月至12月，区妇联开展对口支援合作“爱的微心愿 朝蒙一家亲”活动。实施开展“爱心助困”“爱照角落·学习角改造”项目，发动朝阳区各妇女儿童公益组织、巾帼创业基地、女企业家以及优秀女性代表向对口支援地区捐款捐物。依托中华思源工程扶贫基金会募集社会各界捐助善款35万余元，募集图书、云听卡、衣物学习用品等价值约75万余元的爱心物资。

【“春蕾计划 梦想未来”行动捐赠仪式】 11月19日，区妇联举办“春蕾计划 梦想未来”行动捐赠仪式，动员各界爱心力量以实际行动助力更多女童实现人生梦想。爱康国宾健康体检管理集团有限公司、北京施奈博医疗器械股份有限公司、北京泡泡玛特文化创意有限公司、东亿国际传媒产业园、北京市环球律师事务所、北京东方慧博人力资源顾问有限公司、北京盈科律师事务所、北京中融汇智人力资源有限公司、区妇女儿童公益慈善促进会捐赠善款168万元。

【市妇联调研家庭家教家风建设情况】 12月2日，市妇联党组书记、主席张雅君带队到朝阳区调研家庭家教家风建设情况。张雅君一行到朝阳区社区学院（双龙校区）参观家庭教育咨询室、亲子阅读室等，了解朝阳区家庭教育指导中心工作开展情况和“十四五”时期工作安排。到东风地区党群服务中心，参观妇女之家、儿童之家及家庭成长中心，了解地区妇联发挥家庭、家教、家风作用，动员地区妇女群众参与基层社会治理方面的工作经验和做法。张雅君对朝阳区落实《关于北京市进一步加强家庭家教家风建设的实施意见》的情况给予肯定。区委副书记狄涛等领导陪同。

【志愿家庭点亮冬奥社区活动】 12月3日，区妇联启动“冬奥一起来 志愿有我家”志愿家庭点亮冬奥社区活动，动员朝阳区家庭成员和巾帼志愿者以家庭为单位、以社区为阵地，成立社区志愿家庭服务队，参与冬奥会和冬残奥会的城市志愿服务。现场为志愿家庭服务队代表授旗、发放暖冬包，志愿家庭代表分享各自家庭参与冬奥、助力冬奥的故事，巾帼志愿者代表向广大家庭发出倡议。

【第十四次妇女代表大会】 12月30日，朝阳区第十四次妇女代表大会召开。听取并审议通过朝阳区妇女联合会第十三届执行委员会所作的工作报告。选举产生区妇联第十四届执行委员会和区妇联新一届领导班子，苏静当选为北京市朝阳区妇女联合会第十四届主席，潘小俪、姬连娣当选为北京市朝阳区妇女联合会第十四届专职副主席。市妇联党组书记、主席张雅君，区委书记王灏，区政协主席王旭，区委副书记狄涛，区委常委、宣传部部长黄晓伟，区委常委、常务副区长崔小浩，区人大常委会副主任、区委办主任许嘉宁，副区长孟锐出席开幕会。

【妇女儿童暨家庭公益服务资源对接会】 年内，区妇联面向全市公开征集家风家训、家庭教育、妇女维权、社区治理、阵地服务、创业就业、困难帮扶、女性服务、志愿服务、宣传教育等妇女儿童家庭领域公益服务项目112个。举办公益服务资源对接会，通过政府购买服务方式促使项目活动落地实施。发布朝阳区妇女儿童家庭领域服务资源手册，为全区43个街乡妇联和80余家社会组织、企事业单位搭建资源链接平台、信息互联共享通道，提供需求与供给匹配服务。经对政府购买项目进行评估，项目开展活动99次，服务覆盖4950人，服务对象满意度98%以上。

【“两新”领域妇女组织建设】 年内，区妇联研究制定《朝阳区妇联关于加强在“两新”组织中妇女组织建设和妇女之家阵地建设工作的意见》，指导各街乡妇联统筹辖区内妇女工作资源，吸纳优秀女性组织成为街乡妇联的团体会员。全年新建中关村朝阳园、北京泡泡玛特文化创意有限公司等“两新”领域妇女组织869个、“妇女之家”阵地866个。

【新就业群体融入城市基层党建格局】 年内，区妇联拓展新就业群体妇女组织覆盖，制定《关于在新就业群体建基层妇女组织的实施方案》，重点指导团结湖、建外等14个街乡推进新就业群体妇女组织建设，已建立中通快递妇工委、百世快递妇工委和美团（北京）妇工委等新就业群体妇女组织6个，覆盖妇女群众10354人。按照《“驿”路有爱，温暖“驿”家——市妇联关心关爱新就业群体行动方案》要求，开展“驿”姐、“驿”家关心关爱服务，建立“驿”姐微信群11个，联系妇女人数253人；建立“驿”家微信群6个，联系服务家庭217个，依托街乡党群服务中心、妇女之家等阵地建设新就业群体服务“驿站”，为新就业群体提供日常便利。组织开展“送服务·进社区”系列活动、“庆中秋，迎冬奥，幸福团圆‘驿’家亲”等活动。 （付淑锦）

朝阳区科学技术协会

【概况】 2021年，北京市朝阳区科学技术协会（简称“区科协”）有3个区属学会、43个街乡科协、66个企业科协。有1个朝阳区院士专家服务中心、13个院士专家工作站和18个企业“创新簇”示范站。向全区64家企业科协征集年度朝阳区服务企业科技工作者创新项目24个，补助资金48万元，支持企业科协开展学术研讨、专业培训。制发《北京市朝阳区科学教育馆联盟管理办法（暂行）》。举办管理能力、创新能力、文化艺术素养提升，科技类企业扶持政策解读，知识产权保护，身体健康等方面10场线上线下服务活动。北京超图软件股份有限公司企业“创新簇”获北京市科协认证。朝阳区代表队在北京市公民科学素质大赛中获二等奖。区科协《关于加强朝阳区科学文化建设的建议》《关于加强朝阳区突发事件应急科普宣传的建议》获区政协优秀提案，《关于建设朝阳区科学中心的建议》获区政协十三届委员会最具影响力优秀提案。区科协被中国科协评为全国“全民科学素质工作先进集体”，连续6年获“全国科普日优秀组织单位”称号，被北京市科学技术委员会等四部门评为“2021年北京市科学技术普及工作先进集体”、北京市“金桥工程优秀组织单位”、2018—2020年度“首都文明单位标兵”。

【青少年机器人竞赛暨创意编程智能设计大赛】 4月17日，由区科协和区教委联合主办，北京工业大学附属中学承办的北京市朝阳区第十六届青少年机器人大赛暨创意编程与智能设计大赛在北京工业大学附属中学富力城校区举办。朝阳区73所学校213支代表队429名师生参与。竞赛分为机器人竞赛与智能编程与创意设计大赛两部分，陈经纶中学分校等30支小学、初中、高中队伍获晋级市赛名额。

【院士专家座谈会】 4月25日，区科协组织的朝阳区院士专家工作站座谈会在北控水务大厦召开，各院士站介绍工作开展情况，并就加强交流合作、服务朝阳创新发展等提出建议。区科协、区委组织部、区高层次人才服务中心负责人及朝阳区13家院士专家工作站负责人20人参加。

【“最美科技工作者”学习宣传活动】 4月，区科协与区委组织部、区委宣传部、区科信局、中关村科技园区朝阳园管理委员会等5家单位共同举办朝阳区“最美科技工作者”学习宣传活动，遴选出19名2021年朝阳区“最美科技工作者”。其中，中国科学院微生物研究所研究员、中国科学院院士庄文颖获“北京市最美科技工作者”及“全国最美科技工作者”称号。

【“北京陶瓷艺术馆科普能力提升及转化运用”项目】 4月至10月，区科协组织开展2021年朝阳区科学教育馆联盟交流研讨活动，面向朝阳区中小学生开展以“我是陶瓷科普小小传播者”为主题的特色科普实践活动，围绕“陶瓷历史文化”“陶瓷科普工艺”“高科技陶瓷发展”三个模块开展理论实践相结合的互动课程。同时，开展线上直播、线上微视频传播，扩大科普服务范围和社会认知度。

【科学家精神报告团】 4月至11月，区科协与中国科协科技传播中心共同举办科学家精神报告团朝阳巡讲，邀请李四光、程开甲、邓稼先等科学家的7位后人、身边人为朝阳区11所中小学校举办报告会12场，近6000名学生参加。

【科教进社区】 4月至11月，区科协整合44家科普资源单位，面向朝阳区43个街乡开展菜单选择式科普活动。社区根据居民需求选择科普内容，涉及家居生活、节能环保、健康医疗、航空科技、科学养生、科学实验、公共安全、基础科学、智能控制类、应急科普等10个类型125场活动，覆盖朝阳区37个街乡，覆盖率86%，有125个社区近4000名居民参加。针对课程开展效果制定调查问卷，群众满意度98%，同时对60%的参与者进行课程效果答题小测验，合格率超过85%。

【科技工作者与中科院交流活动】 5月，由区科协主办，北京科学文化传播促进会承办的朝阳区企业科协与中科院科研院所科技交流活动在中科院奥运科技园区举行，40余家企业科协负责人参加，双方就加强科研院所与朝阳区企业的合作关系，促进中科院优质科技资源与科技企业间资源交流开展互动。

【公民科学素质大赛】 5月至12月，区科协举办朝阳区公民科学素质大赛活动，由北京果壳互动科技传媒有限公司承办，超过10万群众参与线上线下活动。

【基层科普项目资助】 6月至11月，区科协开展基层科普项目资助计划申报评审和实施工作，确定16个项目为年度区科协基层科普支持项目，其中街乡项目8个、学校项目5个、学会项目3个，支持经费157.6654万元。

【院士专家进企业项目】 7月至11月，区科协举办朝阳区院士专家进园区、进企业活动项目，组织16名不同领域、行业相关专家到国能国华（北京）燃气热电有限公司、中国制浆造纸研究院、北京龙采体育集团有限公司、北京玻色量子科技有限公司、时趣互动（北京）科技有限公司等5家企业解决技术难题，开展企业创新和联合技术攻关，推进技术成果转化，探索企业创新发展新路径。

【走进科技殿堂共享文明生活活动】 7月至12月，区科协举办“走进科技殿堂·共享文明生活”主题科普活动，采取走进场馆体验活动和场馆进基层开放式体验活动两种类型，向朝阳群众提供开放式体验活动线路17条，36个街乡近2000名群众参与科普场馆体验活动。

【全国科普日朝阳区主场活动】 9月25日，由区科协、区园林绿化局主办，北京世奥森林公园开发经营有限公司协办，北京科技报社承办的全国科普日朝阳区主场活动在奥林匹克森林公园举办。以“绿色朝阳·创森有我”为主题，以宣传朝阳区国家森林城市创建工作为主线，通过森林嘉年华科技互动展、森林奇妙游等科普实践体验活动，为朝阳居民带来“创森”科普之旅。活动得到农业农村部科技教育司、中国营养学会和祎珈传媒（北京）有限公司等18家机构支持。

【“三下乡”活动】 9月29日，区科协在豆各庄乡人民政府举办“三下乡”活动。现场分食品卫生安全科普互动问答、疫情防控知识科普巡展、“金葵花”朝阳区公民科学素质大赛现场答题和趣味性科普互动体验。中科院微生物研究所博士以《微生物是我们的敌人还是朋友》为题作科普讲座，解读人类与微生物关系。

【朝阳区获评全国科普示范区】 9月，中国科协命名朝阳区作为2021—2025年度第一批全国科普示范县（市、区），示范期为5年。

【青少年科技创新大赛】 9月至11月，区科协和区教委共同举办朝阳区青少年科技创新大赛活动。设置学生科学研究项目、科技辅导员创新项目、优秀实践活动项目和科学幻想画项目，面向全区中小学征集项目材料，收到报名项目1431项。经评审，中小学生研究项目（研究论文与科技发明）评出一等奖99项、二等奖151项、三等奖235项。科技辅导员项目（教具和方案两大类）评出一等奖9项、二等奖12项、三等奖17项。实践活动项目评出一等奖3项、二等奖8项、三等奖11项。科学幻想画项目评出一等奖109幅、二等奖172幅、三等奖249幅。其中，35项发明项目、87项论文项目、56幅科幻画项目、11项优秀实践活动项目及28项科技辅导员创新项目将代表朝阳参加第41届北京青少年科技创新大赛。

【区科技创新联盟成立】 10月18日，区科协、中关村朝阳园管委会、区科信局联合发起成立朝阳区科技创新联盟，包括政府部门、科研院所、高校、孵化器、科技企业、金融和服务机构等37家单位成为首批成员，共同致力于构建区域协同创新共同体、营造开放融合的创新生态环境、加强多层次跨领域跨学科科技交流与合作。

【“科学教育馆联盟”新媒体推广项目】 10月，区科协利用“抖音”等短视频直播平台，专题宣传朝阳区科学教育馆联盟成员，在“抖音”等网络视频平台播放中医药博物馆、朝阳区公共安全馆、富国海底世界、陶瓷艺术馆等朝阳区科学教育馆联盟单位的推广视频，带领公众线上“云游”科普场馆，播放总量超346万。

【八年级学生科学素质调查】 12月，由中国科普研究所实施的朝阳区八年级学生进行科学素质调查项目完成。选取朝阳区8年级学生作为调查对象，形成《朝阳区中学生科学素质调查（八年级）总报告》和《朝阳区中学生科学态度调查（八年级）总报告》，根据调研数据，筛选出500名具备良好科学素质的朝阳青少年名单，为朝阳区青少年科技教育提供数据支撑。

【金桥工程】 年内，区科协组织区属企、事业单位17家申报市科协“金桥项目”20个，中国制浆研究院有限公司、北京光华纺织集团有限公司推荐下属公司（北京天天彩纺织有限公司）、北京时代凌宇科技股份有限公司等3家企业入选北京市科协2021年金桥工程种子资金支持项目单位。

【区科学教育馆联盟新增5家单位】 年内，北京国际汉语研修学院、北京市朝阳区非物质文化遗产保护传承中心、北京市朝阳区气象局气象科普基地、北京市朝阳循环经济产业园科普展厅、食品与发酵科普教育基地等5家单位加入朝阳区科学教育馆联盟，成员单位总数31个。

【7家企业成立科协】 年内，区科协批复北京影谱科技股份有限公司、北京大量之旅网络有限公司、北京玻色量子科技有限公司、北京龙采体育集团有限公司、北京蜂鸟视图科技有限公司、中国建材检验认证集团股份有限公司、威讯柏睿数据科技（北京）有限公司等7家企业成立科协。

【科技创新课之训练营活动】 年内，区科协联合北京服装学院、北京工业大学和7个孵化器，分别举办设计思维与创新训练营、产品训练营、创业训练营三大主题训练营，邀请实战导师授课，综合提升科技创新创业人才核心竞争力。参加线下学习人数超255人，媒体宣传覆盖86.6万余人。 （张馨予）

朝阳区归国华侨联合会

【概况】 2021年，北京市朝阳区归国华侨联合会（简称“区侨联”）为朝阳区侨联第八届委员会，于12月29日朝阳区第八次归侨侨眷代表大会选举产生。全区建有街道侨联24家、乡侨联1家、商务楼宇和商务楼宇群侨联2家、律所侨联1家、社区侨联16家、乡侨联分会18家。区侨联以庆祝中国共产党成立100周年、“十四五”规划开局等为引领，开展党史学习教育、庆祝建党百年群众性宣传文化活动，完成侨联换届。中国侨联与区侨联联合开展《留学生回国参加社会保险问题与思考》课题研究。区侨联与江西上饶市侨联召开签订友好侨联协议。

【“两节”送温暖活动】 元旦节后，全区各基层侨联开展“两节”送温暖活动。元旦、春节“两节”期间，走访慰问贫困归侨侨眷200余人次，侨界空巢老人300余人次，侨界代表人士400余人次，发放慰问金8万多元，发放慰问品折合金额15万余元。

【参政议政】 1月11日至13日，中国人民政治协商会议北京市朝阳区第十三届委员会第五次会议召开。13名侨联界别政协委员参会，提交提案22件，其中界别提案3件、委员提案19件。12月15日至17日，中国人民政治协商会议北京市朝阳区第十四届委员会第一次会议召开。13名侨联界别政协委员参会，提交提案18件，其中界别提案1件、委员提案17件。

【关爱侨界空巢家庭】 1月至6月，区侨联组织参与市侨联第二批“京侨空巢陪伴计划”，为全区60余户侨界空巢家庭发放“小度在家”智能陪伴产品。

【党史学习教育】 3月16日，区侨联召开党史学习教育动员大会。区侨联组织机关带头学，通过一级带一级，为区侨联委员、老干部、各基层侨联主席、涉侨组织负责人等侨联骨干配发各类学习书籍681本。截至年底，各基层侨联、涉侨组织通过集中学习研讨、读书班、专题培训、知识竞赛、网上学、自主学、参观主题展、参观党史旧址遗址红色资源等形式开展专题学习4000余人次，以集中宣讲、专题报告会、典型宣讲、网上群宣讲、书画赛、书画展、文艺演出、作品创作等形式开展宣讲活动，惠及超3000人次。

【人事调整】 4月16日，区委组织部部长迟行刚宣布区委组织部关于区侨联领导班子人事调整的决定，黄文娟任区侨联党支部书记。4月26日，区侨联七届十次全委会议在区委统战部三层会议室召开，按照《中华全国归国华侨联合会章程》卸免、补选程序，卸免曾旭北京市朝阳区侨联七届委员会主席职务，补选黄文娟为北京市朝阳区侨联七届委员会主席。

【群众性宣传文化活动】 5月20日，区侨联、京师律所侨联在区体育馆联合举办庆祝中国共产党成立100周年“侨海杯”乒乓球比赛，有50名选手参加。5月27日，由市侨联主办，区侨联和中国电影博物馆联合承办的，以“侨心向党、光影看中国”为主题的第十届首都新侨乡文化节朝阳专场观影活动举办。首都各区县侨联、涉侨组织，朝阳区各基层侨联、侨联分会的200余人观影。6月10日，八里庄街道侨联“侨心”合唱团参加第十届首都新侨乡文化节合唱比赛获二等奖。

【中国华侨历史博物馆首批外语讲解志愿者】 6月3日，中国华侨历史博物馆在3层报告厅举行首批外语讲解志愿者聘用仪式。首批聘用的志愿者有9名，来自朝阳区的志愿者3名。

【海外华裔青少年夏令营】 7月16日至30日，“亲情中华·为你讲故事”网上夏令营开营，意大利、菲律宾、日本、美国、德国等国家的369名华裔营员和18位海外班主任参加。活动首次设置互动、实景课程，获得营员和家长的好评。

【“侨之家”建设】 9月7日，市侨联社会工作部到团结湖街道党群服务中心、正大中心、北京国际汉语研修学院等3家单位调研朝阳区“侨之家”建设。9月18日，市侨联党组书记严卫群，区委常委、统战部部长李国红等到望京街道党群服务中心、京师律所调研朝阳区“侨之家”建设。9月27日，正大中心、团结湖街道党群服务中心、北京国际汉语研修学院、京师律师事务所等4家单位成功申报市级“示范侨之家”。

【法律讲座】 10月20日，区侨联、区侨办、京师律所侨联在京师律所大讲堂联合举办法律专题讲座，24个街乡的50名归侨侨眷和侨务干部参加。通过法条解读、案例分析、视频分享等方式讲解继承法、物权法、电信诈骗、侨的身份、侨的权益以及维权渠道等方面内容。

【第八次归侨侨眷代表大会】 12月29日，朝阳区第八次归侨侨眷代表大会召开，朝阳区总工会代表朝阳区各人民团体向大会致贺词，朝阳区各系统、各领域的归侨侨眷代表91人参会。市侨联主席荣洋，朝阳区委副书记、区长文献，区政协主席王旭，区委常委、统战部部长李国红，区委常委、组织部部长赵立军，副区长舒毕磊等市、区领导出席。大会审议通过区侨联第七届委员会工作报告《坚定信心跟党走，不忘初心向未来，为朝阳建设“四区”凝聚侨界力量》，选举产生由41人组成的朝阳区侨联第八届委员会。黄文娟当选为新一届朝阳区侨联主席，陈伟生、吴笑雄、李静、李晟、封跃平、李正强等当选为副主席。 （杨粤宁）

朝阳区青年联合会

【概况】 2021年，北京市朝阳区青年联合会（简称“区青联”）有委员350名，其中常务委员会70人、主席1人、副主席12人。13名青联委员参加“百年风华正青春”新时代青年红色街舞主题编创大赛优秀作品展演活动。10名各界别的青联委员参加共青团朝阳区委团干部政治理论培训班。委员桂岩团队获全国“青年文明号”称号，委员王威荣获2021年全国“向上向善好青年”称号，3名委员获“北京市劳动模范”和“北京市劳动模范集体”称号，委员宋峥、徐欣然获2021“北京青年榜样”年度人物称号。有13名委员加入朝阳区新阶层人士联谊会，11名委员加入朝阳区海外人士联谊会，22名委员加入市青企协，34名委员加入市青联。

【青联委员参与疫苗接种青年志愿服务队】 1月27日，29名青联委员参与朝阳区新冠疫苗接种青年志愿服务队，服务接待疫苗接种者3500余名。

【青联委员慰问青年群体】 1月29日至2月7日，共青团朝阳区委和区青联各界别委员走访建筑工人、环卫、医护、交警、外卖骑手、地铁职工、公安民警、疫苗接种专班等一线青年群体，送青春福袋、米面油、牛羊肉、干果礼盒、充电宝、蓝牙耳机等慰问物资价值99224.40元。

【“3·5”学雷锋日青年志愿者慰问观影活动】 3月5日，全国第58个“学雷锋纪念日”之际，共青团朝阳区委和区青联组织青年志愿者慰问观影活动。这是年度“以梦为马 不忘韶华”观影计划的首场活动，参与全区疫情防控、社区治理、环境保护的青年志愿者代表100余名参加。7月3日，区青联举办的“青春同心·永跟党走”党史学习教育实践活动之“建党百年·朝阳青联《1921》专场观影”活动在沃美影城（世界城店）举办。此次是梦马观影活动的第三站，各界别委员100余人参加。

【“青春百年 乐跑朝阳”主题线上接力跑活动】 4月1日，共青团朝阳区委、朝阳区青联联合共青团东城区委、东城区青联发起“青春百年 乐跑朝阳”主题线上接力跑活动，将中国共产党百年发展史中的重要历史事件作为线上接力跑打卡点，用奔跑感受中国共产党走过的百年历程。吸引9支跑团170余人参与。

【六届五次常委会（扩大）会议】 7月15日，区青联召开六届五次常委会（扩大）会议。区委副书记、政法委书记、党校校长王旭出席，区青联主席、团区委书记孙博洋出席并主持会议，区青联六届委员会主席团、常委出席会议，各界别秘书长、拟增补委员列席，120余人出席。会议学习传达《全国青联关于在全国开展健全地方青联组织社团基础工作的通知》，审议通过关于通报考核优秀委员的建议、关于增补委员的建议、关于增补常务委员会委员的建议、关于调整界别秘书长的建议、关于增补副主席的建议，对部分委员做出撤销委员资格的处理。

【与人大代表、政协委员面对面活动】 11月27日，4名青联委员作为评审嘉宾参加在朝青中央厨房社区青年汇举行的共青团朝阳区委大学生理论调研成果评审总结会暨共青团与人大代表、政协委员面对面活动。

【“朝阳青联法律讲堂”启动仪式】 12月20日，区青联社会组织和社会中介界别联合经济界别1组、经济界别2组，在朝青中央厨房社区青年汇举行“朝阳青联法律讲堂”启动仪式，并开展《中华人民共和国民法典》系列首期讲座。区青联相关领导及各界别委员30余人参加。 （张通明）

朝阳区工商业联合会

【概况】 2021年，北京市朝阳区工商业联合会（简称“区工商联”）直属会员488家，团体商（协）会员35个。组织部分民营经济代表人士召开“学习贯彻七一重要讲话精神谈心谈话座谈会”。召开区工商联所属街乡商会组织建设工作座谈会。与区红十字会、区城管执法局等单位在区规划艺术馆举行防疫物资捐赠仪式。区工商联会员企业北京嘉林药业股份有限公司项目阿托伐他汀钙原料药结晶工艺开发获2020年民营企业项目类科技成果专家评定结果A级项目（相当于省部级科技进步一等奖）。

【专题活动】 1月27日，区工商联深化“益企—互助—共赢”品牌活动，联合金盏国际合作服务区管委会共同举办主题为“共建‘两区’共赢未来”助力民营企业发展专题活动。工商联23家会员企业负责人参加活动。区工商联、金盏国际合作服务区管委会相关领导出席。5月18日，区工商联举办庆祝建党一百周年暨第三届“榜样传承·青年担当”五四主题活动。全国政协常委、全国工商联副主席、区人大常委会副主任叶青，区工商联、北京朝阳公园开发经营有限责任公司等单位领导同往届及此届青年创业导师和青年创新榜样、区青年企业家专委会委员、区青年企业家商会发起人、区优秀青年企业家代表近100人参加活动。6月28日，区工商业联合会（商会）、区工商联会员企业综合党委举办以“百年峥嵘新篇章 同心唱诵新征程”为主题的庆祝中国共产党成立100周年党建文化行活动。市委统战部、市工商联、副区长、区工商联、区委统战部相关领导出席。

【党外人士座谈会】 4月14日，市委统战部副部长严卫群等领导一行到叶青大厦考察调研商务楼宇新阶层工作，参观叶青大厦党外人士之家，并召开座谈会。

【教育培训】 4月15日至16日，区工商联组织开展年度第一期所属商会负责人培训班。区工商联所属商会会长、副会长、秘书长、监事长等主要负责人50余人参加，区工商联相关领导出席。7月13日至16日，区工商联十一届执委会委员及“红色精英”企业家理想信念教育培训班在遵义干部学院举行，区委统战部、区工商联相关领导参加。

【区工商联（商会）第十二次代表大会】 12月28日，区工商联（商会）第十二次代表大会召开。市工商联党组副书记、副主席佘运高，区委书记王灏，区人大常委会主任陈宏志，区政协主席王旭，区委常委、统战部部长李国红，区委常委、组织部部长赵立军出席，市委统战部相关处室负责人，区委统战部、区总工会相关领导，区各民主党派代表和会员代表200余人参加。 （唐加斌）

法 治

政法委及综治

【概况】 2021年，中共北京市朝阳区委政法委员会（简称“区委政法委”）坚持党对政法工作的绝对领导，统筹好发展和安全总要求，履行新时代政法工作四大职责任务，以中国共产党成立100周年服务保障为主线，开展政法队伍教育整顿，落实疫情防控常态化工作，推进平安朝阳和法治朝阳建设，为区域发展创造安全稳定的社会环境。（杨再扬）

【重大活动维稳安保】 年内，区委政法委聚焦北京冬奥会和冬残奥会筹办、全国两会“服贸会”等安保任务，构建“大维稳”“大安保”工作格局，统筹全区专群力量，推进“平安行动”等专项行动，发动群防群治力量，落实点、线、面社会面防控任务。实现安保效果和社会效果统一、战时保障和日常维稳双提升。（杨再扬）

【党史学习教育】 年内，区委政法委分级分类开展政治轮训，打造“旗帜工程”“薪火相传”等特色项目，深化“知行合益”“五个双向”等基层党建品牌。召开两级警示教育大会和典型案例通报会。宣传全国优秀共产党员、朝阳法官刘黎等一系列政法榜样先进事迹，选树“最美朝阳政法标兵”。开展“我为群众办实事”活动，推出一批便民利民措施。（杨再扬）

【集中隔离观察工作】 年内，区委政法委坚持“外防输入、内防反弹”，制定新版《朝阳区集中隔离观察点指挥部工作方案》，组织常态化入境进京涉疫人员分流接转和集中隔离观察点服务保障，理顺指挥体系，整合资源，增加储备，以最快时间消化密接、次密接及中高风险人员，加强集中观察人员规范管理和爱心服务，隔离点运转有序。完成自朝阳区正式开始接收境外进京人员进行集中观察以来各个批次的集中隔离人员全部接转任务。（杨再扬）

【市域社会治理现代化试点】 年内，区委政法委推进市域社会治理现代化试点，建设具有朝阳特色、时代特征的创新项目60余项。启动“朝阳行动”三年计划，聚焦“三点一面”（“三点”即奥林匹克中心区、使馆区、国家重要机构所在地；“一面”即社会面，包括医院、学校、繁华商圈、交通枢纽、宗教场所等重点点位及周边，以及网络空间）重点区域，完成“五个一”工程（出台一个《朝阳区关于提升“朝阳群众”品牌加强新时代群防群治工作的意见》文件，编辑一套《朝阳群众》图书（两册），拍摄一部《朝阳群众》专题片及宣传片，录制一首“朝阳群众”歌曲，设计一组“朝阳群众”LOGO并完善“朝阳群众”卡通形象标识）。（杨再扬）

【社会矛盾防范化解】 年内，区委政法委完善情报信息体系，形成流转闭环。评估重大决策风险，开展社会稳定风险评估审核，建立跟踪反馈机制。推进诉源治理，推广“无讼朝阳”平台，创建物业纠纷源头治理等措施，推进一批重大事项化解进程。（杨再扬）

【宣传教育活动】 年内，区委政法委组织“4·15”全民国家安全教育日系列宣传活动。举办国家安全主题展览，机关干部、驻区部队官兵及群众200余人参加。开展国家安全宣传教育进机关、进学校、进农村、进社区、进企业、进军营、进网络“七进”工作。组织“亮屏行动”，在奥运地标性建筑奥林匹克塔开展国家安全主题灯光秀活动，联动区城管委和保密局利用京信大厦、蓝岛大厦、通盈中心三处城市主干道及繁华商圈户外大屏滚动播放市委国安办、市国家安全局制作的宣传海报。统筹各委办局及43个街乡加强宣传。构建两级反邪教新媒体，建设“一墙一窗”等宣传阵地，开展进机关、进单位、进企业、进社区、进学校、进家庭“六进”宣传活动。（杨再扬）

【法治朝阳建设】 年内，区委政法委出台关于健全完善朝阳区政法领域执法司法制约监督制度机制的工作方案，制定落实防止干预司法《领导干部干预司法活动、插手具体案件处理的记录、通报和责任追究规定》《司法机关内部人员过问案件的记录和责任追究规定》《关于进一步规范司法人员与当事人、律师、特殊关系人、中介组织接触交往行为的若干规定》的实施意见，推动形成权责统一的监督制约体系。出台服务保障“两区”建设“十大举措”，推选年度十大商事典型案例，发布保护公司中小股东权利白皮书。成立知识产权检察办公室，开展涉企刑事“挂案”专项清理，依法保护非公企业合法权益。首创“电商+普法”模式。（杨再扬）

【电子居住证（卡）办理】 年内，公安朝阳分局在保留各派出所居住证（卡）办理窗口的同时，全面推行线上申请、制发电子居住证（卡）业务。受理电子居住证（卡）业务 77.2 万件次，办理核发电子居住证（卡）16.1 万张，其中电子居住证 5.4 万张、电子居住登记卡 10.7 万张，受理量居全市首位。（姜媛媛）

【违法群租房治理】 年内，区房管局响应全区各街乡“吹哨报到”20 次，走访街乡 41 次。通过互联网平台检索排查疑似群租隔断房源 84 套，完成国有土地居民楼违法群租房治理 5305 户，市级“疏整促平台”上账 541 户，疏解人口 1455 人。（高荣霞）

【疏解整治】 年内，全区便民服务网点建设 55 个。违法建设拆除任务中，达到“场清地净”的建筑面积为 226.13 万平方米，腾退土地面积 250.16 公顷。“留白增绿”实施 47.01 公顷。老年餐桌建设 170 个。棚改签约 472 户。“战略留白”临时绿化实施 17.37 公顷。一般制造业企业改造提升 1 家，桥下空间治理 4 处。配建设施移交完成 1 处，棚户“拔钉子”完成 2 个。无证无照经营整治 187 处，治理施工围挡 25 处，临时建筑治理 66 宗，代征代建道路移交 204 条，重点项目征拆收尾完成 4 个。（区发展改革委）

法治政府建设

【概况】 2021 年，朝阳区司法局（简称“区司法局”）以完成庆祝中国共产党成立 100 周年、全国两会及冬奥会安保维稳工作为主线，以党史学习教育、政法队伍教育整顿为抓手，在服务党委政府依法决策、解决人民群众法律需求、优化法治化营商环境、维护社会安全稳定等方面贡献力量。编制完成《朝阳区全面依法治区规划（2021—2025 年）》及《朝阳区法治政府建设实施方案（2021—2025 年）》。制定《贯彻落实中央全面依法治国工作会议精神任务分解方案》、任务清单及区委全面依法治区委员会年度工作要点。在全市率先修订实施《党政主要负责人履行推进法治建设第一责任人职责实施细则》。连续第三年编制并公开发布《法治政府建设白皮书》。起草年度法治政府建设报告，在市政府绩效考评中获第一。完成迎接中央督察各项服务保障。委托专业机构开展法治政府建设评估工作，提升全国法治政府建设示范地区创建活动成果。获“首都劳动奖状”“2016—2020 年全国普法工作先进单位”荣誉称号，律师工作科被评为“北京市扫黑除恶专项斗争先进集体”。朝阳区小红门乡小红门村被命名为第八批“全国民主法治示范村（社区）”，朝外街道司法所获“全国模范司法所”称号，左家庄街道司法所成为北京市首批建立的立法联系点。

【行政复议】 1 月 5 日，区司法局就某公司不服区生态环境局行政处罚一案召开复议听证会，双方当事人围绕行政处罚作出的职权依据、事实认定、程序及依据等方面展开质证和辩论。4 月 15 日，区司法局组织召开朝阳区行政复议体制改革专题调度会，正式启动行政复议体制改革。5 月 19 日，区司法局组织召开行政复议案件协调会，研讨涉及平房地区（乡）12 件违法建设限期腾退拆除通知的复议案件。6 月 17 日，区司法局组织召开案审会，讨论区市场监管局对北京电子城物业管理有限公司行政处罚案、平房地区（乡）限期拆除违法建设系列案。8 月 25 日，区委常委会暨区委全面依法治区委员会会议召开，审议并通过《北京市朝阳区行政复议体制改革实施方案》，创新构建“1 + 1 + 43”的行政复议接待咨询工作格局（在区司法局建立 1 个区政府行政复议受理平台；在朝阳交通支队专设 1 个区政府行政复议受理分平台，负责交通领域复议案件的接待和案前化解工作；在 43 个街乡司法所设立复议宣传咨询点）。

【依法行政培训】 1 月 29 日，区司法局开展首次“每月一讲”活动，对各街乡指导和培训行政执法公示工作整体概况及行政执法信息的公示内容。2 月 25 日，区司法局会同区卫生健康委组织召开卫生健康委下放职权工作业务培训会。3 月 29 日，区司法局召开新行政处罚法专题培训会，特邀区人民法院行政庭法官讲解与培训新《中华人民共和国行政处罚法》中新增行政处罚的种类、行政处罚的管辖与适用、执法证件出示义务及重大案件法制审核制度问题等要点。6 月 7 日，区司法局召开落实修订后的处罚法专题培训会。7 月 30 日，区司法局会同区生态环境局召开新行政处罚法对生态环境执法新要求的专题培训会。8 月 31 日，区司法局召开朝阳区行政复议工作情况及典型案例分析专题培训会。9 月 26 日至 28 日，区依法行政办举办 2021 年朝阳区依法行政工作培训班，全区各执法单位、各街乡主管领导及法制部门负责人参加，涵盖习近平法治思想、新行政处罚法、行政复议等方面。11 月 1 日，区司法局会同区水务局召开“贯彻涉水法规共建‘亲水朝阳’专题培训会”。

【行政执法监督】 3 月 31 日，区司法局组织全区 16 个委办局 25 个街乡，157 名执法人员参加行政执法资格考试。6 月 4 日，区司法局组织 2021 年度北京市第二批次行政执法资格考试。9 月 6 日至 10 日，区司法局组织开展 2021 年度街乡行政执法案卷集中评查。9 月 13 日至 17 日，组织开展全区 2021 年度行政执法部门执法案卷集中评查，参评案卷为 2020 年 7 月至 2021 年 6 月全区 27 个行政执法部门已办结的行政执法案卷，抽取 103 本。

【全面依法治区】 4 月 27 日，区委依法治区办召开第九次会议，审议并原则通过《关于学习宣传贯彻中央全面依法治国工作会议精神的任务分解方案》和任务分解清单、《朝阳区

“十四五”时期全面依法治区规划》和《中共北京市朝阳区委全面依法治区委员会2021年度工作要点》。6月9日，区委全面依法治区委员会召开第四次会议，审议并原则通过《关于贯彻落实中央全面依法治国会议精神的任务分解方案》和《中共北京市朝阳区委全面依法治区委员会2021年工作要点》。10月13日，中央依法治国办督察组到朝阳区开展法治政府建设督察，实地考察朝阳区公共法律服务中心等地。

【区政府常务会会前学法活动】 6月7日，朝阳区政府常务会邀请中国人民大学教授王旭讲授新修订的《行政处罚法》相关内容。6月23日，朝阳区政府常务会邀请区人民法院副院长孙京民讲授《强化司法监督 助力法治政府建设》。10月25日，朝阳区政府常务会邀请中国政法大学教授许身健讲授《习近平法治思想与〈法治政府建设实施纲要（2021—2025年）〉》。11月15日，朝阳区政府召开第9次常务会，区司法局局长倪东新以以案说法的形式，讲解街乡综合执法规范化建设。

【行政应诉】 8月10日，朝阳区人民法院通过“云法庭”公开开庭审理原告北京天阁古建木艺装饰有限公司不服区人力社保局工伤认定、区政府行政复议决定案，常务副区长崔小浩作为区政府行政负责人出庭应诉，区司法局党组书记、局长倪东新与全区各街乡、行政执法机关负责人共百余人在线参加庭审旁听。9月16日，通州区人民法院通过“云法庭”公开开庭审理原告高伟不服朝阳区司法局行政答复、北京市司法局行政复议决定案，区司法局行政负责人张静出庭应诉。12月29日，朝阳区人民法院通过“云法庭”公开开庭审理原告北京红点新艺文化发展有限公司公司不服区政府信息公开申请答复案，区长文献作为区政府行政负责人出庭应诉。

【规范性文件合法性审查】 年内，区司法局审查《CBD500千伏输变电工程（变电部分）项目征收决定》等58项区政府重大行政决策草案、合作协议及拟以区政府、政府办名义制发的16个行政规范性文件草案的合法性，涉及重点规划、两区建设、冬奥事项近20件，提出审查意见240余条。组织行政规范性文件合法性审查培训。（徐 菲）

公 安

【概况】 2021年，北京市公安局朝阳分局（简称“公安朝阳分局”）完成中国共产党成立100周年、全国两会、服贸会、十九届六中全会等安保警卫任务，紧扣北京冬奥会、冬残奥会安保筹备工作主线，推进战安保、防风险、保安全、护稳定、促发展、抓队伍各项工作。完成各项安保警卫勤务667起。完成大型活动安保任务113项502场次，检查出各类禁限带物品5.5万件。连续11年实现命案现案破案率100%，连续3年实现抢劫类案件破案率100%。撰写《朝阳区反恐办严密部署，严阵以待，确保中国国际服务贸易交易会圆满顺利举办》等经验材料6篇被市反恐办在全市成员单位转发。将起获的12辆被盗摩托车全部返还事主。查处违规养犬行为1859起，收犬5859只。加大“非必要非紧急不出境”宣传，受理出入境证件5.8万件、发证2.4万件。开展预防煤气中毒宣传检查，发放宣传材料10万份，入户检查14.4万户，检查企（事）业单位2334家、学校282家、工地工棚37个，签订安全承诺书11万份。综合运用“电子围栏”“反诈App”等信息化手段，拦截劝阻疑似被电信诈骗事主261万余人次，破获电信诈骗案件3249起，刑事拘留1026人，避免损失27.3亿余元。1人获全国“公安系统一级英模”、5人获全国“公安系统二级英模”荣誉称号，9人荣立个人一等功，38人荣立二等功。1人获全国“扫黑除恶先进个人”，2个集体、4人分获全市“扫黑除恶专项斗争先进集体”“先进个人”荣誉称号。3人在中国共产党成立100周年安保总结表彰中被公安部通报表扬。1人获“全国公安机关优秀女民警”称号，1人获首都劳动奖章。常营派出所被评为部级“枫桥式公安派出所”。（王 晖）

【“世界野生动植物日”主题宣传】 3月3日，是第8个世界动植物保护日。公安朝阳分局联合区属相关部门，开展“世界野生动植物日”主题宣传活动。通过现场讲解、展板展示、发放野生动植物保护宣传品、宣传彩页等形式向群众宣传野生动物保护制度及违法猎捕、交易、运输、食用野生保护动物的法律责任等内容。（赵 莉）

【外国人签证服务优化】 4月9日，公安朝阳分局在CBD国际人才一站式服务中心创新整合外籍高端人才来华申请工作许可证和居留许可办理业务，办理朝阳区首个“两证联办”业务，缩短办理周期，为外籍人才在华就业创业提供便利。9月10日起，公安朝阳分局在外国人出入境服务大厅和朝阳CBD国际人才一站式服务中心正式增加受理访问、探亲、学习等9类签证延期、换发和补发以及停留证件的签发、换发和补发业务，实现市、区两级外国人出入境接待场所同等服务标准。（陈 茹）

【社会治安管理】 4月29日，公安朝阳分局打掉辖区内一个利用投放赌博机牟利的违法犯罪团伙，该团伙在辖区内多处店铺、小型超市、公寓等场所内，投放能够线下进行赌博活动的新型游戏机，公安朝阳分局集中抓获涉案犯罪嫌疑人7名，收缴赌博机9台、手机8部。年内，公安朝阳分局指导盗销自行车警情高发派出所，组建实名制打击小分队，采取“视频巡控+便衣打击”工作模式，加大重点部位、老旧小区、主要大街、交通枢纽、商市场周边地区等高发点位打击力度，盗销自行车比上年下降42.2%。查处非法经营、储存、运输瓶装液化石油气等涉气类危爆物品行为，入户宣传检查使用液化石油气的单位和个人用户 2.9 万余家次。全年检查旅馆业单位 2112 家次，取缔无证照“黑”旅店 12 家，依法行政拘留擅自经营人员 14 人。开展以 133 处挂账点位为整治重点的“平安行动”“冰峰行动”“治点·净面”等专项行动，行政拘留各类扰序人员 2050 人，其中“黑摩的”扰序 931 人、无照游商 347 人、散发小广告 427 人、“分虫”128 人、“号贩子”20 人。（雷　尧　刘　洋）

【打掉利用“GOIP”设备实施帮信犯罪团伙】 6 月 6 日，公安朝阳分局打掉 1 个利用“GOIP”设备（虚拟拨号设备，可远程控制实现人机分离）实施帮助网络信息犯罪活动的犯罪团伙。抓获张某等 10 名涉嫌帮助网络信息犯罪活动的犯罪嫌疑人，经审查，从该设备拨打出的涉案手机号码关联出 16 起电信诈骗案件。嫌疑人对使用“GOIP”设备实施诈骗的犯罪事实供认不讳，均被刑事拘留。（李北北）

【为民警维权正名】 6 月 24 日，公安朝阳分局在常营派出所召开维权正名大会，为被反映不实情况接受调查的常营派出所民警杨志远正名。分局维权办通报反映民警杨志远涉嫌违纪问题不属实的情况，颁发《维权正名通知书》。常营派出所主要领导及民警代表参加会议。（刘军军）

【破获部级毒品目标案件】 7 月 1 日，公安朝阳分局与上海等地联办的 2021-12 号部级毒品目标案件告破，斩断 1 条由境外向国内寄运毒品的犯罪通道，摧毁盘踞于广东、上海、北京等地的西非籍犯罪网络。抓获涉案人员 14 名，缴获海洛因 1648.3 克、冰毒 3049.97 克、美沙酮 27 克。（李北北）

【“驻华使节走进公安部”系列活动】 7 月 28 日，公安朝阳分局在执法办案管理中心举行“驻华使节走进公安部”涉外交流活动，来自世界 47 个国家、近 100 名驻华使节、国际组织代表以及相关国家部委负责人员以实地参观、互动交流的方式到公安朝阳分局执法办案管理中心参观考察，了解首都公安机关以建设“空间集中、功能齐全、衔接流畅、管理集约”的执法办案管理中心为牵引，创建的以“一站式办案、智能化管理、全流程监督”为核心的执法办案监督管理新机制，体验首都公安机关日常执法办案新常态，感受中国警察规范、安全、高效的执法办案全流程，体会中国社会在人权保障、打击犯罪、社会综合治理等方面取得的成效。（周　莉）

【打掉冒充企业资质认证的电信诈骗团伙】 9 月 1 日，公安朝阳分局打掉 1 个冒充企业资质认证的电信诈骗团伙，抓获以侯某某为首的犯罪嫌疑人 63 人，现场查扣涉案电脑 50 余台，涉案手机 50 余部，涉案电话卡 500 余张，话术资料 20 余本。经审查，该犯罪团伙是以侯某某为首的具有组织性的电信诈骗团伙。团伙成员通过互联网平台查询企业撤销证照或资质，通过主动打电话或发送邮件的方式联系被骗事主，以为事主公司提供各类认证重新年检的名义进行诈骗。通过审查，全国串并案件 14 起。刑事拘留 53 人，被教育释放 10 人。（李北北）

【打掉贩卖银行卡和企业对公账户团伙】 9 月 10 日，公安朝阳分局打掉 1 个贩卖银行卡和企业对公账户的犯罪团伙，抓获涉案骨干犯罪嫌疑人杨某某等 33 人，查扣涉案银行卡 101 张、U 盾 106 个、企业营业执照（整套）224 套、公章 506 枚、手机 35 部及电脑 6 台。刑事拘留 31 人。经审查，以上违法犯罪嫌疑人对以杨某某为首，组织、开办并向境外电信诈骗团伙贩卖银行卡和企业对公账户的犯罪事实供认不讳。（李北北）

【打掉特大“坐地骗”团伙】 9 月 28 日，公安朝阳分局打掉 1 个特大“坐地骗”团伙，抓获违法人员李某等 116 人。经现场核查，中鑫信和（北京）金融服务外包有限公司等 4 家公司、5 个办公地点存在违法行为，李某等对伙同他人以帮助事主办理贷款为诱饵，再以做消费流水、支付银行风险管理金等理由诈骗事主钱款的犯罪事实供认不讳。刑事拘留 104 人，核破案件 60 余起。（李北北）

【防诈劝阻进高校】 12 月 31 日，公安朝阳分局在北京第二外国语学院举行北京市防范电信网络诈骗犯罪预警劝阻进高校朝阳区“无诈校园”创建活动暨“北京第二外国语学院反诈中心”的揭牌仪式。朝阳区第一个高校反诈中心“北京第二外国语学院反诈中心”揭牌，这是将高校教育优势与公安专业资源相结合的探索，是维护师生财产安全和合法权益的举措。（李北北）

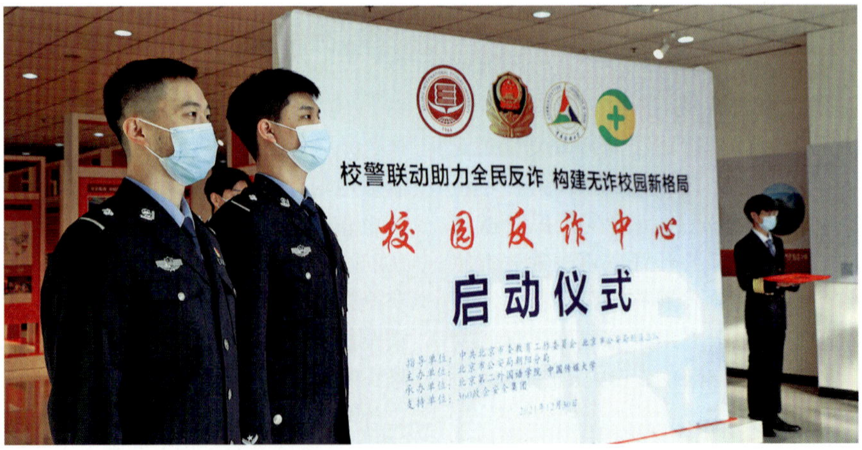

▲ 12 月 31 日，公安朝阳分局举办防诈劝阻进高校暨第二外国语学院反诈中心揭牌活动
（刘明翰　摄）

【北京冬奥会、冬残奥会安保筹备】 年内，公安朝阳分局按照“一图一表一方案”标准制定安保方案，明确牵头单位、责任领导，精细测算安保警力，波次推进实战培训。以两次“相约北京”测试赛安保为契机，对疫情防控状态下的组织指挥、场馆运行、勤务保障、风险应对等工作环节进行磨合运转，复盘整改责任督导、应急处置、防疫保障、勤务安排、安防建设5方面8类问题。 （何 帆）

【新冠肺炎疫情防控常态化】 年内，公安朝阳分局投入警力6.5万人次，开展核酸检测点、疫苗接种点秩序维护工作。抽调实名制警力组成流调工作专班，入住区疾控中心联合办公，配合疾控专家开展流调。11月10日，抽调流调专班20名警力与区疾控中心成立双轨流调指挥部，入驻区疾控中心，设立“现场流调、视频复核、数据核查、电话流调”4个工作组，24小时配合疾控中心开展工作。组织专职民警、流管员成立24小时运行工作专班，值守疫情社区防控落地核实反馈平台，核实并反馈信息。年内，配合属地政府和疾控部门，封控出现确诊病例和密接人员的重点点位14处。 （何 帆 姜媛媛）

【社会稳定维护】 年内，公安朝阳分局在“110”宣传日、“4·15”全民国家安全教育日、“5·12”全国防灾减灾日等主题宣传日活动中，增加反恐防恐内容模块。在全区400余所中小学及重点行业、繁华场所开展宣传教育活动，张贴发放宣传材料7万余份；利用“北京朝阳”App、“北京朝阳”微博、“朝阳群众”抖音公众号等开展线上反恐宣传；在中国传媒大学等校园、朝阳站等重点部位开展综合演练80余场次，受训人员3500余人。指导反恐重点单位落实单位安全主体责任和措施，全部配齐防爆毯、防爆围栏等装备；全部安装或加固防冲撞护栏和防冲撞隔离墩，成立内部应急处置小组，落实网格化防控机制。 （刘 婷 刘顺利）

【危险物品排查管控】 年内，公安朝阳分局落实属地监管责任，协调各部门开展易制爆危险化学品专项整治行动，指导督促危险物品从业单位落实安全主体责任和各项安全管理制度。检查危险物品从业单位2900家次，排查重点点位2475余处，发现解决隐患35件。 （雷 尧 刘 洋）

【“低慢小”飞行器管控】 年内，公安朝阳分局以重要警卫活动期间“低慢小”飞行器反制工作为重点，以日常无人机管控工作为基础，采取摸底排查、宣传教育、反制培训、实战演练、超常管控等措施，落实“低慢小”飞行器管控工作，张贴禁飞通告5.7万余份，查处违规飞行案件15起。 （雷 尧）

【警务机制改革】 年内，公安朝阳分局创新“两队一室（社区警务队、打击办案队、综合指挥室）+案管组”派出所警务模式，建立健全涉及未成年人、失踪人员、团伙打击等30个办案指引和规范流程，推进“治理重复信访、化解信访积案”专项行动，化解结办信访3180件，结办率98.1%。 （何 帆）

【“智慧”平安小区建设】 年内，朝阳区制定《智慧平安小区各街乡建设实施细则》，明确各街乡负责智慧平安小区前端智能安防设备及小区内设备链路汇聚全覆盖建设任务，依托联审会商机制，靶向解决各街乡堵点问题36个。持续推进“智慧”派出所管理应用平台项目落地。截至年底，全区建成“智慧平安小区”868个，社区可防性案件比上年下降25.3%。制定《派出所消防监督检查实施意见》，围绕消防安全宣传、单位安全监管、隐患排查整治、消防安全培训等内容，推进派出所消防安全管理责任落实。入户宣传21.4万余户，悬挂宣传标语4465条，发放宣传材料25.5余万份，发布网上宣传信息2.1万余条，开展消防演练800次。 （范晓雪）

【社区执法融合】 年内，公安朝阳分局推进融合执法效能，社区民警依托“即查即录”“即查即处”等警务工作系统，处置流转社区中发现的交通违法行为。处置社区内交通问题7026件，其中处置违章停车1252件、交通事故94件、交通拥堵195件，涉牌违法560件、电动三四轮车违法3165件、僵尸车1312件，其他问题448件。 （张 勇）

【“放管服”服务】 年内，公安朝阳分局依托“网上北京市公安局”户政业务办理事项服务平台，开通网上预约、网上预审核等户政服务业务，实现群众在网上提交申请材料，审核通过后由EMS（中国邮政速递）将证明信邮寄到家，简化办理流程。受理“网上公安局”业务4.7万件。6月8日起，调整申请办理门楼牌的审核层级及办理时限。建设单位在取得建设工程规划许可证等材料后即可申请编排门楼牌号，审批流程中取消派出所审核层级，直接由分局受理，审批时限由15个工作日缩减至5个工作日，新政实行后共受理审批120件。针对老年人出入境证件办理需求，开设网络平台、服务窗口、“一对一”服务，特别受理出入境证件4.7万件。推动简化大型活动、保安管理等行政审批，采取网络审批、快递寄递等举措，实现申报工作“一次办、在线办”。 （何 帆 张 明）

【全国户籍类证明“跨省通办”】 年内，公安朝阳分局参加京津冀地区新生儿入户“跨省通办”试点工作。对在试点地区出生并取得出生医学证明，不满一周岁未申报户口的新生儿，父母一方为试点地区户籍，居住在试点地区内，为新生儿随父或母在家庭户内申报出生实现跨省通办。9月26日起，参加京津冀地区户籍类证明“跨省通办”试点工作。11月30日起，实现全国范围内开具户籍类证明“跨省通办”。12月8日起，对因工作调动、大中专院校学生录取（毕业）、夫妻（父母）投靠等5类户口迁移实现跨省通办。 （张 明）

【电信诈骗防范打击】 年内，公安朝阳分局开展防范打击电信网络诈骗犯罪。自制160个反诈宣传片，通报新型诈骗手段、传播防范技巧，5000万余人次观看；建立反诈微信群8500余个，推送宣传信息29.2万条，组织反诈宣传志愿者90余万人，入企入校入户宣传80余万次。运用“电子围栏”、反诈App等手段破获电信诈骗案件3249起，刑事拘留1026人，拦截劝阻疑似被电信诈骗事主261万余人次，避免群众经济损失27.3亿余元，通过110报警平台即时止付单笔最大金额577万元，预警拦截成功率99.99%，居全市首位。（张学琴）

【“涉众型经济案件报案”微信公众号升级】 年内，公安朝阳分局立项建设“北京朝阳经侦App”，实现“涉众型经济案件报案”平台升级转型。升级期间，报案平台“双轨并行”。截至年底，36.3万人关注公众号，27.3万人注册账号通过审核；民警线上回复咨询13.7万余条，发布已受理的涉众案件231起，线上接收涉案群众报案材料14.9万份，涉及总金额551.8亿元。（张　勇）

【涉未成年人案件“一站式”询问机制】 年内，公安朝阳分局创新涉未成年人案件“一站式”询问机制。设立规范的未成年人“一站式”询问室，与检察机关、中衡司法鉴定所、华信医院签署合作协议，开通医院、鉴定机构绿色通道；制定《未成年被侵害人“一站式”询问取证工作手册》，建立包含案件询问、身体检查、物证提取、心理疏导、司法救助的闭环机制，避免多次询问取证对未成年人造成附加伤害；细化涉未成年人案件的案审指导、检察院介入及权益保护工作衔接机制。依托“一站式”工作模式询问取证26人，司法救助2人。（张海涛）

检　察

【概况】 2021年，朝阳区人民检察院（简称“区检察院”）受理各类案件13116件，占全市基层院办案量的14.46%，其中受理刑事检察案件12218件，比上年上升69.6%；民事检察案件370件，比上年上升210%；行政检察案件86件，比上年上升975%；公益诉讼案件442件，比上年增长497%。办结各类案件12958件，占全市基层院办案量的14.78%，其中，办结刑事检察案件12141件，比上年上升60.61%；民事检察案件355件，比上年上升235%；行政检察案件83件，比上年上升1975%；公益诉讼案件379件，比上年增长576.78%。受理数与审结数均在全市基层院中排首位。区检察院获北京市检察机关扫黑除恶优秀单位，北京市“七五”普法先进集体、首都文明单位标兵等荣誉称号16项，干警获全国检察系统扫黑除恶优秀个人、北京市优秀基层党组织书记、北京市先进工作者等各级荣誉表彰33项。（李　阳）

【检察听证会】 6月25日，区检察院就一例司法救助案件召开检察听证会，系区检察院首例举行公开听证的国家司法救助案件。年内，就362件案件召开检察听证，邀请人大代表、政协委员、人民监督员、专家学者等210名作为听证员参与。（李　阳）

【重要人事任免】 9月30日，区检察院召开全体干部大会，宣布院主要领导任免决定。马天博任朝阳区人民检察院党组书记，建议提名为副检察长、代检察长人选。张朝霞免去朝阳区人民检察院党组书记、检察长职务。胡静任朝阳区人民检察院党组成员，建议提名为副检察长人员。12月18日，马天博当选区检察院检察长。（李　阳）

【平等保护民营经济】 年内，区检察院成立知识产权检察办公室，办理侵犯知识产权案件38件95人，参与“2021年第一期全国版权执法监督工作培训班”授课，与阿里巴巴、字节跳动等企业就知识产权保护和网络综合治理等问题座谈。与区工商联签订民营企业产权保护协议，开通民营企业法律服务“绿色通道”，为企业提供“订单式”法律服务17次。（李　阳）

【服务冬奥】 年内，区检察院制定《关于加强检察工作服务保障北京2022年冬奥会和冬残奥会的工作方案》，明确12项重点任务，提供综合性司法保护。与河北张家口市崇礼区人民检察院共同开展冬奥会检查专项服务，开展无障碍环境治理等检察公益诉讼专项监督，制发诉前检察建议9份。（李　阳）

【办案质效提升】 年内，区检察院建立检察业务质效指标体系和检察官履职绩效考评体系。其中“案－件比”持续优化，由1∶1.59降低至1∶1.25，平均办案周期缩短20天。认罪认罚适用率89.48%，创设轻微案件快速移送机制，与法院、公安朝阳分局协调推进“48小时全流程结案”办理轻微刑事案件工作。（李　阳）

【特色检察品牌】 年内，区检察院办理涉外案件52件52人，发布《双语涉外检察白皮书》，首创外籍人士在华犯罪预防宣传手册。成立金融检察办公室，发布《金融检察白皮书》第六辑，办理金融犯罪案件1251件2627人，包括涉案金额13亿余元的第四方支付平台非法经营案等。深化以未成年人检察专业化、规范化、社会化为引领，以“循证帮矫、双向保护、延伸职能、全面保护”为核心，打造“双轴双护一环绕”的立体架构。其中“横轴”聚焦涉罪未成年人矫治帮教，“竖轴”专注未成年被害人救助帮扶，“一环”指社会支持体系循环建设，延伸检察监督职能，调动多方社会力量，实现对未成年人全面保护的未检工作机制及“朝阳晨钟”未检团队品牌。建设“一站式”询问机制，实现性侵未成年人刑事案件提前介入率100%。9月15日，举办“北大－朝检”法治工作坊第七期，研讨“请托型”诈骗案件中的疑难问题。（李　阳）

【刑事检察】 年内，区检察院办理“邪教”、传播政治谣言等各类危害国家安全犯罪22件26人。惩处故意杀人、故意伤害、强奸、绑架等侵犯公民人身权利犯罪1140件1261人，打击抢劫、盗窃、诈骗等侵财犯罪2844件3757人。办理涉罪未成年人刑事案件186件221人，不捕率52.31%、不诉率31.51%，完成19件挂账涉黑恶案件倒查，推出宣传片《扫黑除恶专项斗争成果集》。（李 阳）

【刑事诉讼监督】 年内，区检察院依托派驻公安朝阳分局执法办案管理中心检察室平台，监督公安机关立案77件，监督撤案63件，实现监督端口前移。对司法工作人员相关职务犯罪立案侦查2件2人。集中排查1990年至2020年期间整治减刑、假释、暂予监外执行案件7314件，向市院移送问题线索6件。对刑事判决开展裁判文书同步审查，提出刑事抗诉18件。（李 阳）

【民事检察监督】 年内，区检察院受理民事诉讼监督案件370件，办结255件，向审判机关发出检察建议125件，针对农民工讨薪、女性遭受家庭暴力等问题支持起诉7件，取得当事人和解、法院发出人身安全保护令等实效；办理涉案标的1200余万元的虚假诉讼案，向朝阳法院提出再审检察建议后获法院采纳改判。（李 阳）

【行政检察监督】 年内，行政检察“一手托两家”助推法治政府建设，行政检察监督案件86件，办结83件。（李 阳）

【公益诉讼检察】 年内，区检察院受理公益诉讼案件线索442件，立案423件，发出民事诉讼公告32件，制发诉前检察建议31件。监督元气森林虚假宣传、胖哥俩肉蟹煲食品安全问题等。对中央环保督察发现的有关案件线索，立案调查5件。将涉案海龟送往海南进行野化放归。搭建“检察+12345热线”、派驻执法办案中心检察室及行政执法信息系统三平台，强化依职权主动排查案件线索。（李 阳）

【搬家公司案】 年内，区检察院办理某搬家公司案，该公司在交易过程中强迫客户在约定价格之上另行支付搬运费用，案件社会关注度较高。区检察院认定40余起犯罪事实和单位犯罪，促使全案被告人认罪认罚，对6名主管人员和直接责任人提起公诉，对9名情节轻微人员做出相对不起诉处理决定并提出进行行政处罚检察意见，与区市场监督管理局及搬家行业企业代表召开座谈会，提出治理意见和建议。区法院对该案公开审理，中央电视台全程直播，全网近4000万人观看。8月12日，区法院判决该搬家公司犯强迫交易罪，判处罚金人民币50万元，认定赵某某等人犯强迫交易罪，判处有期徒刑一年六个月至四年不等刑期，并处2万至4万元不等罚金。该案被评为北京市检察机关“守民心，护民心”精品案件。（张文潇）

【销售假冒注册商标商品案】 年内，区检察院办理李某某等6人销售假冒注册商标的商品案，涉案金额10万余元，涉及娃哈哈、雀巢、农夫山泉、景田等知名桶装水品牌，制假售假辐射西城、东城、朝阳、丰台等首都人口密集区。区检察院研究制定《假冒桶装水类案办案指引》，向北京市消费者协会提出提起公益诉讼检察建议，分别于北京市消费者协会、区市场监督管理局、公安朝阳分局召开座谈会，以个案为切入点研究假冒桶装水类案治理重点、难点，并结合典型案例开展线上线下普法宣传。7月15日，区法院判决李某某等6人犯销售假冒注册商标的商品罪，判处6人一年至二年六个月不等刑期，并处5万至15万元不等罚金。（张文潇）

【非法获取计算机信息系统数据案】 年内，区检察院办理林某某等10人非法获取计算机信息系统案，是新型重大复杂网络犯罪案件。被告单位利用网络恶意获取某房产信息平台信息数据，造成该平台直接损失人民币10万余元，严重侵害民营企业合法权益。区检察院全面审查电子证据，适用认罪认罚从宽制度，开展分层处理，对被告单位及3名主管人员和直接责任人提起公诉，对7名情节轻微、赔偿损失获得损失平台谅解的人员作出相对不起诉处理决定，针对损失平台管理漏洞制发检察建议进行“随案会诊”，并到平台公司调研回访。3月10日，区法院判决被告单位犯非法获取计算机信息系统罪，判处罚金20万元，判决林某某等3人犯非法获取计算机信息系统罪，判处有期徒刑八个月至一年六个月不等刑期，并处1万至2万元不等罚金。该案获2021年北京市检察机关“认罪认罚”优秀案例。（张文潇）

法 院

【概况】 2021年，北京市朝阳区人民法院（简称“区法院”）受理各类案件164039件，审结案件149704件。出台服务保障“两区”建设十项工作举措和典型案例。制定涉“两区”建设案件识别和流转的工作指引，挂牌北京法院“涉外审判特色人才高地”。建立预付费纠纷化解机制，融入党委领导的预付费问题全流程清理整治联动工作格局，推动“无讼朝阳”平台应用、多元解纷力量培育、法院审判职能延伸，实现纠纷治理数字化、流程化、社会化、专业化、示范化、规范化。与中国政法大学、中国老年学和老年医学学会老龄法律分会、北京法学会北京老龄法律研究会分别签署合作协议并举行“法学教育实践基地”“老龄法律研究基地”“老年人权益保护研究中心”揭牌仪式。从党建引领、纠纷预警响应、审执“绿色通道”、纠纷多元化解、案件研判、刑事犯罪惩治、涉冰雪产业司法保障、涉外审判队伍建设、冬奥会法治宣传等9个方面保障冬奥会举办。区法院获“全国法院先进集体”等市级以上集体或个人荣誉共45项。

【刑事审判】 年内，区法院审结刑事案件3945件，判处罪犯3910人。审结涉众型经济犯罪案件500件，打造涉众型经济犯罪案件受损信息公示平台，探索运用信息化手段做好追赃挽损工作。依法打击抢劫、绑架、故意伤害等危害群众生命财产安全犯罪，判处5年以上有期徒刑14人。参与禁毒斗争，审结毒品犯罪案件130件。完善刑事诉讼与监察程序衔接机制，审结贪污贿赂等职务犯罪案件26件27人。建立健全扫黑除恶常态化机制，持续推进虚假诉讼筛查识别工作，公开开庭审理北京四方兄弟搬家有限公司及相关人员涉嫌强迫交易罪一案。区法院刑事审判庭获“北京市扫黑除恶先进集体”，2个部门获“北京法院扫黑除恶专项斗争先进集体”，11名干警获“扫黑除恶个人“荣誉称号。

【民商事审判】 年内，区法院审结各类民商事案件91878件。依法审理多起全市首例适用民法典规定的案件。打造涉老民事案件集中审理模式，推出“息讼安老、诉讼便老、善意援老、智慧助老、普法护老”系列司法措施，发布老年人权益保护典型案例。召开新闻通报会发布《医疗美容纠纷案件民事审判白皮书》及典型案例，发出《关于预防和化解医疗美容纠纷的倡议》。与区发展改革委联合开展优化营商环境政策4.0版本的司法解读，发布《北京市朝阳区人民法院有限责任公司中小股东权利保护白皮书》。

【行政审判】 年内，区法院审结行政案件1486件。向区人大常委会、区政协、区政府、区委政法委报送《北京市朝阳区法院行政案件司法审判年度报告（2020年度）》。与区司法局协商拟定《为“两区”建设提供法治服务保障合作框架协议》。

【执行工作】 年内，区法院执结案件51899件。探索建立覆盖案款专管员、案款监督员、案件评查员、廉政监察员等工作主体的“四员一体”的案款清发长效机制，发还案款39188笔69亿余元，比上年分别上升62.27%、11.77%。拘留被执行人53人次，限制出境940人次，限制消费50667人次，将4115人次纳入失信被执行人名单，3850人迫于执行压力主动履行义务。与公安朝阳分局共同签署《关于公安机关协助法院联动查控被执行人、打击拒执犯罪的实施细则》，向公安机关移送追究拒执罪线索17条。执结上东十号违建别墅拆除案，拆除全部违建别墅36栋，清理整治面积2万余平方米。

【“谈、报、查、防”机制】 年内，区法院作为全国教育整顿办确定的“法官离任后违规从事律师职业”顽瘴痼疾整治联系点，制定出台《北京市朝阳区人民法院关于进一步加强辞职公务员从业管理的意见》，建立“谈、报、查、防”四项机制。辞前“谈”，规范化审核辞职公务员从业情况；辞后“报”，构建定期联络报告机制常态化跟踪管理辞职公务员从业状况；细致“查”，建立从业核实反馈机制排查辞职公务员从业情况；主动“防”，深化区法院与区司法局、区律师协会等单位的风险防控联动工作机制，防范辞职公务员从业风险。

【全市首例适用民法典“自甘冒险”规定案】 年内，区法院公开审理、宣判原告宋某诉被告周某身体权纠纷案。在原、被告自发组织的羽毛球比赛中，被告击出的羽毛球导致原告右眼受伤，原告要求被告赔偿医疗费、护理费等各项费用。经审理，区法院判决驳回原告全部诉讼请求。该案入选最高人民法院公布的“新时代推动法治进程2021年度十大案件”。

【全市首例适用民法典撤销婚姻关系案】 年内，区法院不公开审理、宣判一起申请撤销婚姻关系案。原、被告登记结婚后，被告告知原告其隐瞒婚前患有梅毒一事。原告以被告隐瞒婚前重大疾病为由申请撤销婚姻关系。经审理，区法院判决撤销原告与被告的婚姻关系。

【全市首例认定比特币“挖矿”合同无效案】 年内，区法院公开开庭审理并宣判全市首例认定比特币“挖矿”合同无效案。原告某科技公司与被告某区块链技术公司于2019年5月签订合同、协议，约定原告委托被告采购、管理微型存储空间服务器（“矿机”）、提供比特币“挖矿”的数据增值服务并支付增值服务收益，原告向被告支付管理费用。履行过程中，被告未向原告支付全部数据增值收益。原告起诉要求判被告支付比特币收益并赔偿服务器到期后占用“矿机”的比特币损失。区法院认为，此类“挖矿”活动能源消耗和碳排放量大，衍生的多重风险突出，原被告双方在明

▲ 1月4日，区法院适用《中华人民共和国民法典》“自甘冒险”条款公开宣判原告宋某诉被告周某身体权纠纷一案 （曹 璐 摄）

知“挖矿”及比特币交易存在风险，且相关部门明确禁止比特币相关交易的情况下，所签订协议因损害社会公共利益应属无效，据此判决驳回原告的全部诉讼请求。该案入选“2021年度中国网络治理十大司法案件”。

【全国首例援引民法典保理合同条款案】年内，区法院公开审理、宣判一起保理合同纠纷案。2020年4月，原告某保理公司与被告某网络科技公司签订《保理融资服务合同》，约定由原告向被告提供保理融资、债权转让等服务，因被告未支付回购款项，原告诉至法院，要求被告支付应收账款债权的回购价款。经审理，区法院判决被告向原告支付应收账款债权的回购价款。

【“案件空间”系统】年内，区法院研发“案件空间”系统。该系统依托微信小程序，采用聊天室设计方式，将司法服务从固定场所、固定时间搬到随地接入、即时沟通的移动群组，实现审判执行、诉讼服务、诉源治理“多场景并行”。该系统是北京法院唯一入选《人民法院司法改革案例选编（十一）》的案例，并获评“2021年全国政法智能化建设创新案例”。（李彦松）

司法行政

【概况】2021年，朝阳区司法局（简称“区司法局”）编纂《法制工作相关法律文件汇编》《行政执法案卷评查工作规范》《落实行政执法三项制度指导手册》等系列工具书，采取“每月一讲”，以前端培训指导提升街乡综合执法规范化水平。编纂《“预付费”（消费类）法律规范实务手册》下发全区各行政单位及街乡，会同相关行业主管部门，成立涉及消费、交通、机动车买卖纠纷等9大类专业领域调解组织。区法律援助中心为郑某放火罪、盗窃罪提供法律援助案获评北京市法律援助优秀案例。朝阳区在北京市民主法治示范村评价活动中排名第2。朝阳区律师协会建立并公布服务“两区”建设法律人才库，并印制名册，首批入库律师600人。与566个社区（村）签订村居公益法律服务协议，择优签约律所94家，签约律师165人，实现社区（村）法律顾问全覆盖。完成2021年国家统一法律职业资格考试朝阳区考点组织实施工作。区人民调解员协会组织人民调解工作物业纠纷专项培训。区司法局获2021年北京市法治动漫微视频作品征集活动优秀组织奖。

【普法宣传活动】1月5日至15日，面向全社会开展“我为‘八五’普法建言献策”活动，结合朝阳区域特色和实际情况，针对“八五”普法规划编制及具体工作措施提出意见建议。1月25日至29日，依托“朝阳普法”微信公众号，开展线上民法典法律知识有奖竞答活动，活动期间阅读量12000余人次。3月15日至5月31日，区委全面依法治区委员会守法普法协调小组、区司法局开展“走进民法典”主题法治宣传教育活动，为期两个半月，以“朝阳普法”微信公众号为依托，线上线下相结合学习宣传民法典。4月6日，“朝阳普法”正式入驻支付宝生活号，美团朝阳美食地图栏目开启普法模式。4月14日，在国家速滑馆西门广场举办朝阳区2021年“全民国家安全教育日”集中宣传活动。4月15日，组织开展2021年第六个全民国家安全教育日密码安全宣传教育活动。9月2日，区委全面依法治区委员会守法普法协调小组召开第三次全体会议，审议通过《北京市朝阳区普法责任制清单（第四批）》。11月下旬至12月中旬，朝阳区组织开展宪法系列宣传活动。12月3日，“普法兄妹”入驻三里屯太古里，朝阳区打造全市首家“普法+网红打卡地”新平台。

【新冠肺炎疫情防控】1月，区司法局会同区政府法律顾问，起草《关于新冠疫苗接种工作相关法律分析意见》，编写《新冠疫苗接种工作相关法律事项指导手册》，印发至各街乡和相关职能部门。1月11日，组织召开新冠疫苗接种工作相关法律事项培训会，向各街乡司法所所长及聘任的政府法律顾问、村居法律顾问解读手册内容。8月4日，区律师协会在官网和公众号发出《关于加强防疫工作的通知》，要求全体行业人员严格执行疫情防控措施。10月，区司法局根据《中华人民共和国传染病防治法》《突发事件应对法》等法律法规及政策文件规定，编辑“新冠疫情防控四方责任社会单位篇和个人篇”两个宣传手册并发至全区各街乡。

【司法鉴定】3月23日，区司法局召开“朝阳区司法鉴定行业突出问题专项治理工作部署会”，要求各鉴定机构严格落实，并组织各机构司法鉴定从业人员学习司法鉴定管理条例和警示案例。6月18日，中衡司法鉴定所成立党支部，这是全市第一家民营司法鉴定机构党支部。

【律师管理】3月24日，司法部领导到区司法局督导律师行业突出问题专项治理工作，讨论律师行业存在的问题。3月29日，市委政法委领导调研朝阳区律师公益法律服务参与基层社会治理工作。5月7日，区人民法院、区司法局、区律师协会签署《关于健全完善工作机制规范法官和律师职业行为维护司法公正的合作协议》。9月13日，区委领导到安理律师事务所调研党建工作。9月14日至15日，区司法局举办2021年朝阳区律师行业专项治理工作专题培训班（第一期）。10月21日，区司法局举办律师行业专项治理工作专题培训班。年内，朝阳区律师协会分别与长沙市律师协会、上海市律师协会静安律师工作委员会、镇江市律师协会签订《战略合作协议》。

【法律援助】4月7日，区公共法律服务中心开展“我为群众办实事”活动。4月12日，区司法行政系统举办司法行政开放日活动，主会场设在朝阳区公共法律服务中心，43个司法所同时设立分会场，全区4000余人次参加开放日活动。4月26日至5月2日，区司法局开展助力农民工公共法律服务专项维权活动。5月15日，区司法局在公共法律服务中心开展“我当法律服务员”活动周专题活动。10月20日，区法律援助中心联合垡头街道开展“助老敬老法律援助专项维权”法律咨询宣传活动。10月22日，区法律援助中心与北京市天堂河强制戒毒所共同组织开展普法宣传活动，通过视频会见系统为戒毒人员提供法治宣传教育。

【社区矫正】 9月23日至24日，区司法局举办社区矫正工作培训班，43名街乡司法所所长以及专职从事社区矫正工作人员140余人参加。年内，在全市率先推出《朝阳区司法局暂予监外执行社区矫正对象病情复核鉴定常态化工作机制》，加强对暂予监外执行社区矫正对象的监督管理。与中国政法大学法庭科学技术鉴定研究所召开暂予监外执行社区矫正对象病情复核鉴定工作专题研讨会、会商会，明确责任分工、统一工作标准、规范工作流程。区检察院工作人员全程参与暂予监外执行社区矫正对象病情复核鉴定工作。

【“八五”普法规划发布】 10月12日，区政府召开2021年第7次常务会议，审议通过《中共朝阳区委宣传部　朝阳区司法局关于在全区开展法治宣传教育的第八个五年规划（2021—2025年）》。10月27日，区委召开2021年第36次常委会，原则通过《中共朝阳区委宣传部　朝阳区司法局关于在全区开展法治宣传教育的第八个五年规划（2021—2025年）》。10月28日，朝阳区第十六届人民代表大会常务委员会召开第42次会议，听取区政府《关于朝阳区第七个五年法治宣传教育的决议贯彻落实情况的报告》，表决通过《关于开展第八个五年法治宣传教育的决议》。11月9日，区委区政府转发《关于在全区开展法治宣传教育的第八个五年规划（2021—2025年）》，朝阳区发布“八五”普法规划。12月20日，朝阳区召开“七五”普法总结暨“八五”普法启动大会。（徐　菲）

仲　裁

【概况】 2021年，北京市朝阳区劳动人事争议仲裁院（简称“区仲裁院”）发放仲裁行业建议书、开展仲裁员与法官现场联动调解、融合速裁机制与派出庭机制，仲裁监察联合受理一窗通办上线，深化“融调解”机制和裁审衔接机制，促进全区劳动关系和谐，实现整体办案周期缩短、案件调解数量上升、人均办案压力减轻。区调解仲裁系统受理劳动人事争议案件40888件，其中区仲裁院受理28655件，案外调解和基层调解组织化解12233件。全年仲裁结案率98.75%，调解成功率66.04%、案件终结率75.57%，一裁终局率59.65%。区仲裁院获由人力资源和社会保障部颁发的全国人社系统优质服务窗口，北京市人力资源社会保障局颁发的北京市就业创业工作先进集体，北京市劳动人事争议仲裁委员会颁发的2020年度北京市劳动人事争议处理工作优秀单位、2020年度北京市劳动人事争议调解仲裁综合工作优秀单位称号。区饮食服务旅店行业协会调解委员会被评为“北京金牌劳动人事争议调解组织”。

【仲裁监察联合受理一窗通办上线】 3月1日，区仲裁院、区综合执法队（原劳动保障监察队）启动联合受理工作，市民有关劳资关系的纠纷首次实现一窗通办。两部门全年联合调解成功8514起劳动纠纷。

【区养老协会劳动争议调委会挂牌】 4月21日，区养老协会劳动争议调解委员会揭牌成立。该委员会处理养老机构内部劳动纠纷，推进劳动人事争议调解组织网格化建设，促进养老服务行业劳动关系和谐稳定。全年调解成功劳动争议31件，占养老类案件20%。区仲裁院联合养老协会共同开展加强用工指导、促进劳资纠纷案源治理的“清源减争”行动启动。

【“融调解”机制】 6月8日，区仲裁院与区法院在“融调解”机制下开展集中分析研判，组织调解方法联合培训和裁审尺度统一交流会，互通调解力量，共享“融调解”平台资源，提升裁审口径一致性。首次开展现场联动调解，仲裁员和法官共同调解4起集体争议，涉及金额500余万元，调解成功率95.56%。

【仲裁派出庭机制建设】 6月，区仲裁院速裁团队在酒仙桥、三里屯街道开展派出庭，将庭审现场外移至纠纷发生地，是仲裁院速裁机制与派出庭机制的首次融合，通过就近调解审理、答疑解惑等方式，降低群众维权成本，现场宣传劳动法律法规。

【园区调解组织建设】 7月28日，朝阳区企业联合会劳动争议调解委员会揭牌成立。劳动争议调解委员会以朝阳区国际创投集聚区为依托，实现以服务园区为主要功能的调解组织实体化建设。区仲裁院结合国际创投集聚区内企业特征，通过企业联合会调研等方式，完成涉及劳动争议典型案例分析的第一期法律宣传活动。

【裁审衔接机制建设】 年内，区法院选取典型案件在区仲裁院法官工作站按月开展巡回法庭、裁审衔接交流等活动，在统一裁审认定尺度的同时，提升仲裁公信力。

【仲裁模拟庭审直播活动】 年内，区仲裁院开展3次仲裁模拟庭审直播，通过网络媒介将劳动争议案件庭审全过程呈现给观众，覆盖群众约2万人。（邓思齐）

军事

区人武部

【概况】 2021年，中国人民解放军北京市朝阳区人民武装部（简称“区人武部”）坚持举旗铸魂铸忠诚、聚焦主业谋打赢、政治整训强党建、强基固本保稳定，以服务保障中国共产党成立100周年活动为牵引，突出备战打仗，注重打基础、抓落实、求发展。落实疫情防控要求，对人员实施条块结合防控。将区人武部机关疫情防控纳入政府保障范围，实施双渠道保障。组织民兵完成重大活动服务保障中的守桥任务。区人武部获首都文明建设文明单位和先进人武部等称号，《双拥创新不止步》新闻稿被《解放军报》刊发。

【防汛工作】 5月，区人武部牵头召开驻区部队和民兵防汛工作任务部署会，组织区防汛抢险队进行防汛演练。6月，组织驻区部队和民兵在坝河进行防汛实地演练。

【国防教育】 9月13日，区人防办和区国教办到朝阳区第二实验小学双桥校区，利用课后时间向孩子们讲解防空警报信号。9月18日，区人武部组织各街乡开展第21个全民国防教育日宣传活动，各街乡同时在主要大街、人员密集场所进行宣传，普及国防知识。全年，结合征兵工作，开展国防教育宣传。

【民兵训练】 11月21日至22日，区人武部组织部分街乡专武干部和民兵骨干、民兵新质力量进行实弹射击训练。年内，民兵训练适应实战化要求，实现军地方案无缝对接。落实区人武部党委议训议教制度，组织民兵应急分队指挥程序和基础训练，围绕执行应急救援等任务程序进行演练和民兵安保执勤演练。

【民兵整组】 年内，区人武部每季度分析训练形势，推进日常战备建设，推动战备建设由静态基础向动态能力拓展。进行民兵组织整顿，新质民兵建设走在全市前列，网络公司民兵网络分队、基因公司精准医疗分队等初具规模。

【战备工作】 年内，区人武部修订完善战备预案，以备战打仗主导规范化建设，建设民兵营连部，完善应急器材、方案预案、档案资料等。落实战备值班，在春节、全国两会等节日和敏感期执行双值班员制度。部署战备分队，并组织战备演练。组织应急训练演练和值班技能培训，保障辖区安全。

【征兵工作】 年内，区人武部组织街乡、高校采取入户调查登记、网上比对登记和查验兵役证等形式，开展兵役登记工作，登记率100%。驻区高校针对“不聚集、不离家、不返京、不返校”采取微信群、校园网、腾讯视频课堂、短信群发等方式，宣传大学生征兵政策，激励应届毕业生报名应征。各街乡把征兵宣传和新冠肺炎疫情防控结合，登门入户送征兵政策到家中，一对一解读政策。按照新冠肺炎疫情防控常态化要求，组织进站体检测量体温、健康宝扫码、流行病史调查。政治考核实行三级联审、网上对比、区域联审，协调出兵大户所在派出所为征兵高校政治考核提供便捷。征兵宣传贯穿全年，落实朝阳区征兵优待办法和廉洁征兵措施办法。作为精准征兵试点单位，完成征兵任务。

【民兵政治教育】 年内，区人武部下发民兵政治教育教材和民兵之歌。开展学刊、用刊活动，进行职能任务、形势政策、爱国主义、遵纪守法以及相信科学、破除迷信等教育。全区订阅《中国民兵》《国防教育》《中国国防报》等报刊1000余份，订阅到街乡党（工）委书记、大专院校主管领导、所有专武干部和民兵连。（杨　涛　王子龙）

人民防空

【概况】 2021年，北京市朝阳区人民防空办公室（简称“区人防办”）在3月事业单位改革后，原下属事业单位调整为人防工程管理所、防空防灾通信指挥中心2个公益一类全额拨款事业单位。年内，完成人防工程安全管理、竣工验收备案、防空袭警报试鸣、社区人防建设和区人民防空“十四五”规划编制等工作，建设完成2处高点监控，完成市应急办除夕夜、国庆节等节日的应急值守任务。北京市地下空间领导小组到朝阳区召开全市腾退地下空间再利用现场推进会，副市长对朝阳人防地下空间再利用工作给予肯定。

【防空袭警报试鸣】 9月19日，区人防办在“全民国防教育日”完成五环路外警报试鸣任务，防空警报鸣响率100%。

【人防工程规范管理】 年内，区人防办完成口部管理房、工程用电规范提升，安装人防入口进入警示标识260块；联合相关部门出台《朝阳区移交自管公用人防工程管理办法》《朝阳区人防工程平时规划用途变更管理办法》。

【人防工程隐患治理】 年内，区人防办完成人防工程渗漏、积水应急抢险处置和人防工程违规使用治理，清运工程内废弃物220立方米，治理人防工程堆物堆料，关停新增擅用工程，立案处罚11起人防工程违规行为。

【人防工程公益服务】 年内，新启用人防车库，提供停车位3000余个。支持街、乡利用人防工程口部管理房建设垃圾分类教学驿站、居民活动场所。3月底前，区人防办完成人防工程内中小微企业费用减免工作。

【“12345”接诉即办】 年内，区人防办处理诉求案件241件，其中“12345”市民热线接诉即办178件，解决群众反映的人防工程突出问题74件，包括人防工程使用管理问题52件、产权及使用管理权问题6件、人防车库安装充电桩问题8件、违建排污问题4件、擅用仓库2件、异味扰民2件。

【人防宣传教育】 年内，区人防办在中国传媒大学附属中学、朝阳区第二实验小学等学校开设“人防小社团”课程140节，组织人防主题活动5场，参与学生6344人次。利用国际民防日、“5·12”防灾减灾日开展4场疏散演练，参与师生1870人次。在8个街道（地区）成立131支社区人防志愿者队伍，注册人防志愿者590人，开展人防宣传“进社区”活动81场，教育、培训居民和社区人防志愿者2722人次。 （邱云波）

退役军人事务

【概况】 7月，北京市朝阳区退役军人事务局（简称“区退役军人事务局”）完成所属事业单位改革，改革后下属21家事业单位，包括朝阳区退役军人服务中心，朝阳区军队离休退休干部安置事务中心，朝阳区军队离休退休干部党群文化中心，朝阳区军队离休退休干部服务管理中心，朝阳区军队离休退休干部第一、二、三、四、五、六、七、八、九、十、十一、十二、十三、十五、十六、十七、十八休养所，人员事业编制242名。年内，完善接诉即办工作机制，推出“受理一次，集成服务”的“代办”模式。三级服务保障体系实现“五有”“全覆盖”和实体化运行，44个中心（街乡站）被评为全国示范性退役军人服务站，服务对象300人以上的社区（村）级退役军人服务站创建工作100%达标。健全双拥工作机制，区双拥工作委员会更名为“双拥工作领导小组”，制发《争创双拥模范城“八连冠”实施方案》，落实为部队办实事项目，推出朝阳区“千企万店”拥军活动，完成第一年承接新老兵接待转运任务。推进离退休军人和伤病残士兵三年集中移交工作，接收人数占全市总量13%，位居全国第三位。组织为期5天的2019—2020年度计划安置军队转业干部区情培训。编制《朝阳区“十四五”时期退役军人服务和保障规划》《朝阳区关于烈士纪念设施规划建设修缮管理维护的实施方案》。为庆祝中国共产党成立100周年开展复刻老党员写给党的首封“情书”，创作一首军休之歌原创歌曲，组织专题文艺演出，编印军休干部口述史书籍等“十个一”专项活动。 （严　苗）

【军休之歌发布】 1月13日，由朝阳区军休干部刘天增作词，作曲家胡旭东（现役军人）作曲，共同创作的朝阳军休之歌《我们的队伍向太阳》正式发布。 （张　晶）

【线上收缴党费平台开通】 2月，区退役军人事务局对接中国农业银行开通线上党费收缴系统，搭建具有手机、电脑双端的线上党费收缴平台。 （赵倩彤）

▲ 5月8日，区人防办在黑庄户人防训练基地开展高碑店地区社区人防志愿者训练活动
（任思捷　摄）

【垃圾分类进军营】 4月23日，区双拥办协同区城管委，组织战略支援部队、武警北京总队、武警部队研究院等多支驻区部队在武警部队研究院召开垃圾分类现场服务指导专题会，推进驻区部队开展垃圾分类工作。（王 丽）

【争创双拥模范城誓师大会】 5月19日，在部队礼堂召开朝阳区争创双拥模范城誓师大会暨2021年双拥工作领导小组会，区四套班子主要领导，全国双拥办、退役军人事务部、北京市退役军人事务局领导，区双拥工作领导小组成员，各街乡党政一把手及驻区部队官兵代表近260人参会。会上播放《军地携手 再创辉煌》双拥宣传片，通报2020年朝阳区双拥工作情况及2021年工作部署，举行战略支援部队作为朝阳上届牵头部队向下届牵头部队武警北京总队交旗仪式。全国双拥工作领导小组成员兼办公室副主任、中央军委政治工作部群众工作局局长出席会议并肯定朝阳区双拥工作，区委书记王灏提出具体要求。（王 丽）

【诗书画影展览活动】 6月23日，区退役军人事务局举办以“难忘军旅情怀 赓续红色荣光”为主题的庆祝中国共产党成立100周年主题展览展示活动，展出书法、绘画、诗词、摄影、剪纸作品348幅。（张 晶）

【专题文艺演出】 6月29日，区退役军人事务局组织由退役军人、军休干部自编自导自演，以“永不褪色的军装 永不忘却的誓言”为主题的庆祝中国共产党成立100周年专题文艺演出。（张 晶）

【军政领导座谈会暨庆八一文艺演出活动】 7月27日，朝阳区召开2021年军政领导座谈会暨庆八一文艺演出活动。区四套班子主要领导，中央军委政治工作部、退役军人事务部、北京市退役军人事务局、战略支援部队、武警北京总队领导，朝阳驻区各部队官兵代表及各街道（地区）办事处代表、部队退役军人代表等260余人参加。会上播放区双拥工作宣传片，副区长王志勉汇报朝阳区2021年上半年双拥工作情况，部署下半年工作任务。北京市退役军人事务局副局长对朝阳区双拥工作表示肯定。区委书记王灏代表区委区政府和全区人民，向驻区官兵致以节日的祝贺和敬意，向全区军烈属、转业复员军人、革命伤残军人、军队离休退休干部和预备役人员致以问候，向关心支持国防和军队建设的各级党委、政府和干部群众表示感谢，并对下一步开展双拥工作提出要求。座谈会结束后举行庆八一文艺演出。（王 丽）

【“光荣在党50年”纪念章发放】 7月，区退役军人事务局为“光荣在党50年”老党员发放纪念章，并举办15场纪念章发放仪式。为老党员制作纪念册，纪念册里复刻军休干部的《入党志愿书》、党员登记信息等。（赵倩彤）

【区委退役军人事务工作领导小组第三次会议】 8月25日，朝阳区委退役军人事务工作领导小组召开第三次全体会议，听取全区退役军人工作情况汇报，研究部署退役军人事务工作。区委书记、区委退役军人事务工作领导小组组长王灏主持会议并讲话，区委常委、常务副区长、区委退役军人事务工作领导小组副组长崔小浩，副区长、区委退役军人事务工作领导小组副组长王志勉等参加会议。审议并通过中共北京市朝阳区委退役军人事务工作领导小组成员名单、2020年工作总结、2021年工作要点等。（王鹏飞）

【烈士纪念日公祭仪式】 9月30日，全国第七个烈士纪念日来临之际，朝阳区同时在日坛公园内的马骏烈士墓和黑庄户地区（乡）双桥无名烈士纪念碑（长青园内）举行烈士纪念日公祭仪式。区委、区人大、区政府、区政协四套班子主要领导及来自社会各界群众代表、烈士马骏家属及区部分烈属代表、学校师生代表、武警官兵代表等参加。（许长艳）

【为困难退役军人购买北京普惠健康保】 10月1日，区退役军人服务中心投入24375元，为辖区内125名因病因残致困的退役军人购买北京普惠健康保。（曾 帅）

【退役军人教育培训工作】 年内，区退役军人事务局组织自主就业退役士兵、自主择业军转干部开展适应性培训，组织军转干部参加市军转培训中心网上知识技能培训，组织军转干部参加区人社局技能培训。为复学退役士兵办理学费减免手续；为退役士兵报销学历教育学费，为退役士兵报销技能培训学费。

（徐晓敏 赵宇恒）

【党史学习教育】 年内，区退役军人事务局组织各种形式的学习、研讨、宣讲等活动950余次；组织“老兵永远跟党走”主题活动13项，各基层党组织、支部完成办实事项目36件。（赵倩彤）

【退役军人光荣牌喜报发放】 年内，区退役军人事务局为退役军人发放光荣牌、喜报，包括一等功、二等功、三等功、“四有”优秀士兵等。（张 迪）

【三级退役军人服务保障体系建设】 年内，朝阳区新建38个退役军人社区级服务站。全区建成服务中心（站）651个，其中区级退役军人服务中心1个、街道（地区）级服务站43个、社区（村）级服务站617个。（徐 童）

【走访慰问】 年内，区退役军人事务局走访慰问全区军休干部，发放慰问金、慰问品300余万元。走访慰问新中国成立前老党员73人，发放慰问金7.3万元。慰问离休干部174人次，发放慰问金17万余元。帮优解困慰问退役老兵105人次，发放慰问金18.1万元。慰问重点企业军转干部8人，发放解困慰问金4万元。（李　琳　李珊珊）

【军休干部口述史图书】 年内，区退役军人事务局走访全区军休所，对话170余位参战参试、获国家荣誉称号及荣立一等功的军休干部，从中选取40位军休干部的初心故事编印完成《岁月忆峥嵘　铁血铸忠诚》军休干部口述史图书。从入选人物中选出10位优秀代表，录制访谈视频，讲述初心故事，制作完成《让信仰之光照亮前路》军休干部口述史视频集。（张　晶）

【新老兵接待转运】 年内，朝阳区完成第一年承接新老兵接待转运任务，成立由区退役军人事务局、区人武部、北京朝阳站等单位组成的新老兵接待转运工作小组，完成转运工作。（王　丽）

【第二届百名“最美退役军人”选树活动】 年内，朝阳区开展以“铭记党史军史，传承红色基因”为主题的第二届百名“最美退役军人”选树活动，评选出在各行各业、各条战线上发挥表率作用的“最美退役军人”，并为其颁发荣誉证书。（王　丽）

【“三后”工程】 年内，区委社会工委、区教委、区人力社保局、区退役军人事务局等部门联合解决官兵“后路、后院、后代”问题，全区各部门、各街乡参与安置随军家属就业；在社区工作者招聘中，提供定向名额招录随军家属，为随军家属发放一次性自谋职业金；建立“就近＋协调”的军人子女入学优待模式。（王　丽）

【和平村项目】 年内，和平村项目一期购置10套服务管理用房，装修改造全部竣工并投入使用，上报二期购置房屋及计划使用功能，完成养老机构、老年食堂前期筹备调研，整体规划和平村小区周边配套、道路建设并制定项目完成清单，整合抽调人员保障和平村区域在养老、党建、体育文化、生活服务等方面需求。（黄　伦）

【首都老兵志愿服务队】 年内，区级、街道（地区）级、社区（村）级“首都老兵”志愿者服务队，在医疗救助、创业帮扶、理论宣讲、心理咨询、法律援助、文化艺术、服务冬奥会和冬残奥会等方面提供专业志愿服务。（徐　童）

功能区建设

北京商务中心区

【概况】 北京商务中心区（CBD）管理委员会（简称“北京CBD管委会”）为北京市政府在商务中心区设立的行政机构，代表市政府统一行使北京商务中心区开发建设和管理职能，由朝阳区政府代管。下设北京商务中心区土地资源发展中心、北京商务中心区公共服务管理中心2个全额拨款事业单位。2021年，CBD核心区地下公共空间项目一标段交通大厅南段完成土方外运，启动基础桩工程施工，截至年底，基础桩及东侧地连墙完成约1/3。二标段结构施工进入收尾阶段，基本实现大空间部分结构封顶。核心区南区六工区土护降一体化工程累计完成土方外运约63万方，约占总量的75%。其中Z4、Z6地块完成土方外运工程，现场标高达到-24米。CBD功能区税收收入1322.17亿元，比上年增长15.45%，占全区的59.18%。新注册外资企业896家，比上年增加126家，增速16.36%。功能区税收过亿元的楼宇143座，同期增加19座；过10亿元的楼宇19座，同期增加4座；过20亿元的楼宇9座，同期增加3座；过50亿元的楼宇6座，同期增加2座。CBD中心区税收639.02亿元，比上年增长8.6%，占全区的28.60%。新注册外资企业273家，比上年增加44家，增速19.21%。中心区税收过亿元的楼宇55座，同期增加9座；过10亿元的楼宇12座，同期增加3座；过20亿元的楼宇6座，同期增加2座；中信大厦、中海广场、国贸中心3座楼宇超过50亿元，同期增加1座，中信大厦纳税额超过95亿元。北京SKP年销售额246亿元，超过上年69亿元，比上年增长39%。

【区域党建】 1月20日，由北京CBD党工委、北京CBD核心区商圈党建工作联盟发起的北京CBD核心区商圈新的社会阶层人士联谊会（简称“新联会”）成立。该会是具备统一战线性质的非营利性联谊组织，也是CBD商圈党建工作联盟中的第五个会员单位。新联会第一届理事会会长由全球化智库（CCG）创始人兼理事长王辉耀担任，推举北京市盈科律师事务所合伙人叶庚清为常任会长，上海德勤税务师事务所有限公司北京分所华北区税务及商务咨询主管合伙人朱桉为首任轮值会长。理事会成员均来自CBD区域的知名品牌企业和社会组织，包括全球化智库（CCG）、正大集团、德勤税务师事务所、克诺尔、盈科律所、雪佛龙（中国）、美国强生等。12月24日，北京CBD党群服务中心与北大红楼、中国电影博物馆、北京李大钊故居和慈悲庵等26家单位共同被列为全市首批市级党员教育培训现场教学点。

【合作交流】 3月30日，由北京CBD管委会、国研智库主办，北京国际CBD生态联盟、中国商务区联盟承办的2021北京国际CBD生态联盟高端发展对话在中国（北京）自由贸易试验区国际商务服务片区北京商务中心区招商服务中心举行，对话围绕“中国自贸区高质量发展与高标准建设北京‘两区’”，通过线上与线下相结合方式，邀请来自中国各地商务区、自贸区、跨国公司等不同领域嘉宾，从发展现状、体会感受、目标规划、未来展望等多个层面进行交流，并提出许多具有重要参考价值的对策建议。国务院发展研究中心党组成员、副主任隆国强作主旨发言，北京市朝阳区委常委、常务副区长、北京商务中心区管理委员会主任崔小浩致辞。中国发展出版社社长、国研智库董事长冯杰主持会议并作总结。9月15日，“北京CBD二十年 赋能区域新活力”主题沙龙活动在财富中心写字楼A座11层举办。沙龙以文化引领，思想交流，传统与时尚对话，传承与创新碰撞为宗旨，以CBD地标建筑给北京城带来的崭新活力和CBD区域特殊人文气息为轴线，关注历史与现时，展望未来发展。北京史研究会名誉会长、北京联合大学北京学研究基地学术委员会主任李建平，全球化智库（CCG）联合创始人兼秘书长、国际青年领袖对话（GYLD）项目发起人兼秘书长、国际人才组织联合会（AGTO）副总干事苗绿，清华大学教授、建筑师唐克扬，北京历史文化及圆明园、教堂建筑专家、北京史地民俗学会副会长刘阳分别发言。通过专家学者们的解读与分析，使与会者从另一个角度认识大美CBD。

【区域人才发展】 3月5日，北京CBD管委会中国（北京）自由贸易试验区国际商务服务片区北京 CBD 人才发展双月坛 NO.4 举办，论坛研讨北京 CBD-STB 人才认定标准与企业的匹配度与北京 CBD-STB 人才政策服务包的适用度和可行性。朝阳区高层次人才中心、职业经理人协会联席会议、中智（北京）经济技术合作有限公司、丰田金融服务（中国）有限公司、达商业管理集团有限公司、新兴际华集团有限公司、央视频融媒体发展有限公司等单位参加。3 月 30 日，中国（北京）自由贸易试验区国际商务服务片区北京 CBD 人才发展双月坛 NO.5 举办，论坛邀请政、产、学、研方面专业人士，围绕“北京 CBD-STB 人才政策服务包的设计”和“探讨社区共享路径及社区合作伙伴签约事宜”两个方向进行探讨，商定合作意向和形式，为下一步启动 CBD 人才认定一期试点工作奠定基础。朝阳区委组织部、中央财经大学课题组、中智（北京）经济技术合作有限公司、中国国际贸易中心股份有限公司、美团北京、北京今日美术馆等 11 家单位参加。12 月 7 日，中国（北京）自由贸易试验区国际商务服务片区北京 CBD 人才发展双月坛 No.6 举办。论坛探讨“两区”建设机遇下如何有效提升 CBD 区域引才留才效率问题。朝阳区高层次人才服务中心相关人员、中央财经大学专家及中智集团、探探科技、NVIDIA、特斯拉、中伦律所等企业代表出席论坛。

【北京CBD 全球招商联络站建设】 3 月 25 日，北京 CBD 全球招商联络站中国上海分站揭牌，面向全球企业开展招商引资工作。朝阳区委副书记、区长文献，区政协副主席张士华，CBD 管委会常务副主任郭亮参加揭牌仪式。12 月 28 日，北京 CBD 全球招商联络站新加坡分站、香港分站揭牌，揭牌活动以视频连线方式在北京与新加坡、北京与香港之间举行。朝阳区委常委、常务副区长崔小浩，新加坡企业发展局中国司副司长叶青文，香港特区政府投资推广署投资推广总监

▲ 12 月 28 日，北京 CBD 全球招商联络站新加坡分站揭牌仪式在北京 CBD 招商服务中心举行（CBD 管委会　供图）

吴红志，中国驻新加坡大使馆经商处公参钟曼英，通商中国总监陈雅丽，北京商务中心区管理委员会副主任魏思源等分别出席并致辞。

【《北京商务中心区年鉴》创刊启动会】 4 月 9 日，《北京商务中心区年鉴》编委会会议暨创刊启动会在 CBD 管委会召开。会议宣布 CBD 年鉴《北京商务中心区年鉴》首刊编委会名单；属地街道、楼宇和重要企业代表一致通过年鉴大纲，并对年鉴编纂工作提出建设性意见建议。会议要求参编单位要充分认识年鉴和地方志书的重要性，以“首善”标准严把质量关，加强组织、协调和沟通；落实责任，创造条件，形成科学的 CBD 年鉴编纂体系，做成一部国际化精品年鉴。CBD 管委会常务副主任郭亮主持会议，朝阳区委常委、常务副区长、CBD 党工委书记、管委会主任崔小浩致辞，北京市委党史研究室、市地方志办副主任张恒彬到会指导并讲话。30 余个单位 40 余人参加会议。

【2021 首届北京CBD 网球精英赛】 4 月 18 日，2021 首届北京 CBD 网球精英赛在朝阳体育中心开幕。赛前北京市朝阳区人民政府和国家体育总局网球运动管理中心开展共建“网球特色区”启动仪式并揭牌。由北京商务中心区总工会牵头的朝阳区网球运动联合会 CBD 分会成立，中国国际贸易中心有限公司、赛诺菲巴斯德、三井物产等企业工会担任理事单位，致力于为 CBD 区域的员工营造网球文化氛围，开展形式多样的网球活动，打造网球爱好者交流分享平台，提升白领职工的幸福感和归属感。国家体育总局网球运动管理中心主任刘文斌，朝阳区委副书记、区长文献代表双方出席启动仪式并为共建“网球特色区”揭牌。北京市体育局局长赵文，朝阳区委常委、宣传部部长黄晓伟，朝阳区委常委、常务副区长、北京 CBD 党工委书记、管委会主任崔小浩等出席活动。

【CBD 核心区项目建设】 6 月 17 日，CBD 核心区 Z12 泰康项目（泰康大厦）完成规划验收、消防验收、工程竣工验收备案工作，投入使用，新增产业空间 18 万平方米。该项目于 2016 年 1 月 18 日开工建设，总用地面积 8400 平方米，总建筑面积约 18.6 万平方米，建筑高度约 216 米。其中地上 45 层，建筑面积约 14 万平方米；地下 5 层，建筑面积约 4.6 万平方米，主要功能为办公及商业、餐饮等。7 月 2 日，CBD 核心区 Z2A 阳光项目（阳光金融中心）完成规划验收、消防验收、工程竣工

验收备案入市。项目于2015年11月3日开工建设，总用地面积0.83公顷，总建筑面积约13.2万平方米，建筑高度约205米。地上43层，建筑面积约9万平方米；地下5层，建筑面积约4.2万平方米，主要功能为办公及商业等。该项目是CBD核心区第七个完成竣工备案的项目。12月20日，核心区Z4地块（民生）地块项目取得市规自委朝阳分局核发的多规合一协同平台会商意见，于12月30日取得建筑工程规划许可证。12月23日，CBD核心区六工区Z4地块完成土方外运工程。该地块建设单位为中国民生银行股份有限公司，规划高度140米，规划地上建筑规模14万平方米。土方外运工程于2020年10月启动，总土方量约24万立方米，完成土方外运工程，现场标高-24米。

【绿色认证】 6月，北京环球金融中心获得住建部科技与产业化发展中心认证颁发的二星级绿色建筑标识证书，认证面积25.21万平方米，建筑节能率65%，非传统水源利用率29%，北京环球金融中心曾通过由美国绿色建筑协会颁发的LEED铂金级认证。

【输变电工程（变电部分）项目】 7月10日，朝阳区房屋征收办公室（简称“区征收办”）启动CBD500千伏输变电工程（变电部分）项目房屋征收补偿方案征求意见工作。征收中心在光华路1号院征收办公区现场，区征收办在新街社区宣传栏、被征收范围内居民楼张贴《北京市朝阳区人民政府房屋征收办公室关于CBD500千伏输变电工程（变电部分）项目房屋征收补偿方案征求意见的通知》，征求意见期限自2021年7月10日起至2021年8月8日。工作人员向居民发放宣传手册，并解答征询工作流程、征询时间等问题。8月19日，区征收办在CBD500千伏输变电工程（变电部分）项目现场张贴红线内签约意向登记工作及50米范围签订附生效条件协议通知，并于8月20日启动红线内签约意向登记及50米范围附生效条件补偿协议签订工作。10月15日，CBD500千伏输变电工程（变电部分）项目在现场张贴《北京市朝阳区人民政府房屋征收决定》，决定对该项目范围内房屋及其附属物实施征收，国有土地使用权同时收回，同时发布《CBD500千伏输变电工程（变电部分）项目住宅房屋征收补偿方案》，涉及被征收人661户，非住宅4处。11月3日，CBD500千伏电站项目房屋征收签约奖励期结束。签约居民655户，签约率约99.09%，累计交房394户。该项目涉及红线内604户居民及周边50米范围3号楼57户居民。12月16日，CBD500千伏输变电工程（变电部分）启动被征收居民选房摇号工作。12月24日，500千伏输变电工程（变电部分）启动居民集中选房工作。

【市领导调研】 7月15日，北京市副市长殷勇到朝阳区调研“两区”建设和产业发展等相关工作，在CBD管委会召开座谈会时强调：要紧抓“两区”政策项目落地，借鉴先进经验，进一步改革创新体制机制，促进行政管理和市场发展“两只手”各就其位、发挥合力；提速自贸区金盏片区谋划发展，优先推进相关体制机制落地。要用好国务院关于自贸区进一步放权新政策，对标高标准国际经贸规则，围绕企业需求制定系统性文件，推动一批总部企业、重点项目落地发展。要抓好国际化高端商务服务业发展，准确定位仲裁中心、国际咨询机构等中介行业发展，突出重点强化国际化优势和“类海外”环境“长板”，导流高端资源和外资项目助力发展。要抓好金融业和高新技术产业发展，打造CBD新兴金融聚集高地，抓好金融风险防控工作；要强化规划指引和政策支持，推动高新技术产业尤其是龙头企业加快发展。9月27日，市人大常委会主任李伟就深入推进“两区”建设到朝阳区调研，查看正大宝库和CBD招商服务中心。李伟表示，习近平总书记的重要致辞，明确了进一步支持北京发展的有关政策，赋予“两区”建设新内涵。“两区”建设是北京融入新发展格局“五子”（率先建设国际科技创新中心、抓好“两区”建设、建设全球数字经济标杆城市、以供给侧结构性改革创造新需求和深入推动京津冀协同发展）中的关键“一子”。朝阳区国际化程度高、服务业高度活跃，在“两区”建设中地位重要、责任重大。要深入贯彻习近平总书记重要致辞精神，落实市委决策部署，紧抓机遇、乘势而上，在高标准推进“两区”建设中发挥引领作用。要立足区域功能和特色优势，在体制机制改革、政策创新和服务创新等方面先行先试，开展国际高水平自由贸易协定规则对接先行先试，为打造数字贸易示范区、争取率先建设国家服务贸易创新发展示范区作出贡献。要以设立北京证券交易所为契机，更好地服务企业高质量发展。市人大常委会将加快出台自贸试验区条例，开展数字经济、知识产权保护等方面立法工作，为“两区”建设提供法治保障。市人大常委会秘书长刘云广参加调研。

【北京CBD“两区”建设“十八条”对外发布】 9月6日，北京CBD首个“两区”建设促进政策办法《促进中国（北京）自由贸易试验区国际商务服务片区北京CBD高质量发展引导资金管理办法（试行）》对外发布。该办法涉及国际化招商、总部能级提升、国际对外开放、功能性机构聚集、数字经济、楼宇提质增效、国际现代商业提升、文化艺术发展等8个领域18条政策，最高奖励1000万元。

【2021北京CBD论坛】 9月17日，由朝阳区人民政府、市人民政府外事办公室共同主办的2021北京CBD论坛在北京柏悦酒店举办。论坛以“发挥国际交往特色，引领北京对外开放”为主题，邀请多位驻华使节，国际商会负责人，跨国公司高管以及政、产、融、学、服代表交流探讨北

京 CBD 未来如何进一步提升国际化水平，发挥“两区”政策叠加优势，以及促进政府间、国际组织、商协会和跨国公司多元合作发展等话题。论坛上，朝阳区人民政府与中国公共外交协会、中国外商投资企业协会签订合作协议，并发布北京 CBD 引领国际化白皮书。北京市委常委、常务副市长崔述强，中国公共外交协会会长吴海龙，朝阳区委书记王灏，上海合作组织副秘书长阿泽姆巴基耶夫等出席并讲话。

【北京CBD 中秋之夜国际文化交流活动】 9 月 17 日，中国公共外交协会与北京 CBD 在北京银泰中心共同举办“全球共此时 北京 CBD 中秋之夜”国际文化交流活动。活动邀请来自亚洲、非洲、欧洲、美洲等 20 个国家的驻华使节、中国前驻外大使和外国驻京媒体代表共同体验非遗技艺、国粹表演、中秋灯会。中国公共外交协会会长吴海龙致辞，他希望借该活动搭建的平台，促进各方与朝阳区、北京 CBD 合作，加强在经贸、文化等领域的国际交流与开放创新，推动北京 CBD 成为中国与世界接轨的中坚枢纽。朝阳区委书记王灏在致辞中表示，朝阳区素有“中国涉外第一区”美誉，与 24 个国家的 30 个城市、城区、国际组织建立了友好往来关系。举办国际文化交流活动，旨在以文化为媒，进一步促进国际交往，希望参与者继续与朝阳区一道，共享发展机遇、共创美好未来，为推动构建人类命运共同体谱写新的篇章。

【CBD 招商服务中心设立法官工作站】 11 月 30 日，CBD 管委会与北京市第三中级人民法院签署“两区”建设合作协议，在 CBD 招商服务中心设立“两区”建设（CBD）法官工作站。设立法官工作站旨在贯彻落实市委和最高法院关于“两区”建设各项方针政策和指导意见，做好服务党和国家大局工作；平等高效保护市场主体合法权益，营造良好营商环境；为朝阳区特别是 CBD 园区提供司法保障。双方开展“定期会商”“联合调研”“法官工作站”“远程立案登记”“示范裁判”“智慧送达”6 项工作，为园区防范法律风险和化解纠纷，营造市场化、法治化、国际化营商环境提供保障。

▲ 12 月，“上合—北京 CBD 民族美食节”上的印度抛饼表演　　（CBD 管委会　供图）

【城市更新】 12 月 10 日，北京市首个危旧楼改建试点——位于 CBD 区域的光华里 5、6 号楼项目封顶，项目采用三层钢结构，在外墙、屋面、地面增加保温层，采用节能型门窗，在不增加房屋套数的情况下解决居民独居问题，并原地安置。这是 CBD 区域发生的城市更新首个相关案例。

【营商环境建设】 12 月 24 日，北京 CBD 管委会以“双碳战略下的楼宇运营与资产管理”为主题的 2021 年北京 CBD 楼宇金牌管理员培训班结束。培训分“基础运营班”与“资管进阶班”两个班，包括党建引领推动楼宇高质量发展相关做法、“北京 CBD 高质量发展 18 条”政策、工作居住证办理相关要求、预付费平台相关介绍、CBD 法官工作站相关情况以及“2060 零碳行动”写字楼运营管理零碳策略、REITs 发展与演变、写字楼轻资产运作实践等内容，北京 CBD、通州、怀柔、密云等地区的商务楼宇 370 人次参训，规模为上年的 1.5 倍。

【上合—北京CBD 民族美食节】 12月，北京 CBD 管委会联合上海合作组织秘书处和新华社等外宣平台，举办“上合—北京 CBD 民族美食节”，打造 CBD 国际消费专属城市名片。活动分民族美食节、国际消费专属城市名片、国潮行动和数字人民币应用四个版块。“上合—北京 CBD 民族美食节”拉开了北京 CBD 国际消费节系列活动序幕，后续推出北京首店与朝阳品牌，助力北京市国际消费中心城市建设等活动。（李文正）

北京奥林匹克公园

【概况】 北京奥林匹克公园管理委员会（简称“奥林匹克公园管委会”）成立于 2008 年 11 月 1 日，为朝阳区政府派出机构。2021 年，北京奥林匹克公园举办大型活动 134 项，其中会议 76 项，展览 47 项，文化活动 7 项，体育活动 4 项。包括北京国际服务贸易交易会、相约北京系列冬季体育赛事北京赛区（朝阳）测试赛等国际性活动 38 项，占比 28.4%。奥运功能区新引入北京趣加科技有限公司、中外运创新科技有限公司、交通银行北京安贞门支行等 12 家企业，香港大学北京中心等单位入驻亚洲金融大厦。奥林匹克公园管委会聘请专业机构编制中、英、法和日文《北京奥林匹克公园红色旅游讲解词多语种手册》。1至12月，奥运功能区完成区级财政收入87.83亿元，比上年增长9.82%，完成全年任务83.9亿元的104.68%。北京奥林匹克公园实现固定资产投资额49.9亿元，包括建安投资额36亿元。

【北京冬奥会倒计时一周年活动】 2月4日，由北京冬奥组委主办的北京冬奥会倒计时一周年活动在国家游泳中心“冰立方”举行。北京市委书记、北京冬奥组委主席蔡奇致辞，国际奥委会主席巴赫以视频形式致辞。国家体育总局局长、中国奥委会主席、北京冬奥组委执行主席苟仲文，北京市委副书记、市长，北京冬奥组委执行主席陈吉宁，中国残联主席、北京冬奥组委执行主席张海迪出席。活动发布北京2022年冬奥会、冬残奥会火炬外观设计；公布第二届冬奥优秀音乐作品名单。奥林匹克公园管委会完成北京冬奥会倒计时一周年活动的外围安全和环境服务保障工作。

【冬季体育赛事测试活动参与筹备】 4月1日至10日，由北京冬奥组委主办的相约北京系列冬季体育赛事冰球、残奥冰球、冰壶、残奥冰壶、速度滑冰5项测试活动在奥林匹克公园举办。奥林匹克公园管委会抽调人员进驻冬奥公共区团队和测试活动朝阳组委会办公室，从提供集中办公场所、物资保障、建章立制、搭建指挥体系、梳理交通流线等方面做好筹备工作。

【北京国际长跑节—北京半程马拉松】 4月24日，由北京市体育局主办的2021北京国际长跑节—北京半程马拉松在天安门广场起跑，赛事设半程马拉松项目，全长21.0975千米，终点设在奥林匹克公园庆典广场。参赛人数10000人。这是新冠肺炎疫情以来北京举行的规模最大的群众体育赛事。彭建华以1小时04分53秒夺得男子组冠军；金铭铭以1小时10分35秒夺得女子组冠军，均刷新赛会纪录。

【国家科技传播中心主体封顶】 4月30日，国家科技传播中心主体结构封顶。国家科技传播中心是中央在京重点项目和北京重点工程，是国家级科学文化公共服务平台。位于奥林匹克中心区文化综合区B00地块南侧，建筑面积62640平方米。该中心于2019年10月开工建设，建设单位是中国科协科学技术传播中心，设计单位是中国航空规划设计研究总院有限公司，监理单位是北京远达国际工程监理有限公司，施工单位是中建一局集团建设发展有限公司。

▲ 4月24日，2021北京国际长跑节—北京半程马拉松，男子组冠军彭建华冲刺
（张雪恩　摄）

【中国共产党历史展览馆开馆】 6月18日，位于奥林匹克公园内的中国共产党历史展览馆开馆。党史展览馆由习近平总书记亲自决策、亲自批准建设，是一座以中国共产党党史为主线、全景式展示中国共产党矢志不渝、奋斗之路的永久性展馆。首展为“不忘初心 牢记使命——中国共产党历史展览”。该馆总建筑面积14.7万平方米，2018年9月10日开工建设，2021年5月5日竣工。2021年6月18日开馆，同年7月15日起面向社会公众开放。

【北京冬奥村项目交付北京冬奥组委】 6月26日，北京冬奥村居住区完工，并交付北京冬奥组委使用。北京冬奥村是冬奥会北京赛区重要非竞赛场馆，位于北京奥体中心南侧，由总建筑面积33万平方米的20栋住宅组成，分为居住区和运行区两部分。运行区主要为代表团提供注册、办公、安保、礼宾等服务，于2020年12月开工，2021年5月31日完工并交付北京冬奥组委。居住区的交付，标志着冬奥村进入奥运时间。赛时，北京冬奥村居住区为各国运动员及随队官员提供住宿、餐饮、医疗等保障服务，在北京冬奥会期间提供床位约2338张，在北京冬残奥会期间提供床位约1040张。赛后转换为北京市人才公租房项目，向符合首都功能战略定位的人才配租。

【冬奥会主媒体中心完工】 6月29日，位于国家会议中心二期的北京2022年冬奥会主媒体中心（MMC）完工，具备交付北京冬奥组委条件。国家会议中心二期主体项目，总建筑面积41.9万平方米，是北京2022年冬奥会北京赛区开工最晚、规模最大的新建项目。北京2022年冬奥会主媒体中心作为北京2022年冬奥会临建场馆，选址在该项目内，包括国际广播中心（IBC）和主新闻中心（MPC）两部分功能，是全球注册平面媒体及转播商的赛时媒体总部。冬奥会主媒体中心总使用面积约21.1万平方米。冬奥期间能够接待3000余名文字及摄影记者，约12000名转播人员；建设单位为北京北辰会展投资有限公司，设计单位为北京市建筑设计研究院有限公司，监理单位为中咨工程管理咨询有限公司、北京赛瑞斯国际工程咨询有限公司；施工单位为北京建工集团有限责任公司、中国建筑第二工程局有限公司。

【国家速滑馆工程竣工】 6月29日，国家速滑馆（主馆及东区地下车库）项目及国家速滑馆附属设施（西侧地下车库）项目通过竣工验收。国家速滑馆又名“冰丝带”，是北京2022年冬奥会新建标志性竞赛场馆。2020年12月30日完工验收，2021年4月举办相约北京测试活动。项目建设单位是北京国有资产经营有限公司，设计单位是北京建筑设计研究院，监理单位是帕克国际工程咨询股份有限公司，主体施工单位是北京城建集团。

【中国共产党成立100周年活动服务保障工作】 6月，奥林匹克公园管委会完成中国共产党成立100周年庆祝活动服务保障工作。根据彩排和演练人员的停车需求，3个阶段封闭区域，累计保障8230辆排练大巴车停放需求。管委会克服时间紧、工程量大等难题，通过花卉布置、夜景照明、景观标识3种方式布置景观，营造氛围。布置30组花柱、2000组花箱及主题花坛；安装5万个球形灯、700套照明射灯、14组LED中国结；增加中国共产党成立100周年主题景观喷绘，营造喜庆、隆重、热烈的景观氛围。栽种花木150株、布置3000平方米绿植和540平方米花卉，提升党史馆周边环境。奥林匹克公园管委会分两轮摸排鸟巢周边180米范围内10家园区单位。铺设防火毯，粘贴防爆膜，挪移遮阳棚，修剪树木，湿化路面，清扫爆竹皮，确保焰火燃放安全。专场活动和文艺演出前后召开会议部署安保维稳工作，其间，每场次部署470人保障力量，及时处置汛情等突发情况，确保奥林匹克公园和中国共产党成立100周年庆祝活动安全稳定。

【中国国际服务贸易交易会】 9月2日至7日，由中华人民共和国商务部和北京市人民政府共同主办的2021年中国国际服务贸易交易会（简称“服贸会”）在国家会议中心和首钢园区同时举办。该服贸会主题为“数字开启未来，服务促进发展”，把握数字经济、碳达峰碳中和等全球热点趋势，突出服务开放合作，促进世界经济复苏。服贸会达成各类成果1672个，其中，成交项目类642个，投资类223个，协定协议类200个，权威发布类158个，联盟平台类46个，首发创新类139个，评选推荐类264个。服贸会是国家级、国际性、综合型展会。奥林匹克公园管委会组织力量，完成服贸会外围服务和安全保障工作。

【国家体育场（鸟巢）改造工程完工】 10月28日，承担着北京冬奥会、冬残奥会开闭幕式任务的国家体育场（鸟巢）改造工程完工，标志着北京2022年冬奥会北京及延庆赛区场馆和配套基础设施全部完工。“鸟巢”改造工程7月4日启动，主要提升无障碍设施系统、景观照明系统、观众服务设施系统及其他设施设备系统等4个方面37个分项。

【相约北京测试赛和测试活动服务保障】 10月至11月，由北京冬奥组委主办的相约北京测试赛和测试活动陆续举办。10月8日至10日，速度滑冰中国公开赛在国家速滑馆举办；10月16日至17日和10月23日至30日，冰壶国内测试活动和世界轮椅冰壶锦标赛分别在国家游泳中心举办；11月10日至13日，冰球国内测试活动在国家体育馆举办。奥林匹克公园管委会作为朝阳组委会办公室牵头部门，发挥统筹协调作用，从提供办公场所、物资保障、建章立制、搭建指挥体系、编制预算、外围保障等方面完成4项测试赛服务保障工作。

【冬残奥会倒计时主题活动】 11月24日，北京2022年冬残奥会倒计时100天主题活动在国家游泳中心举行。北京冬奥组委主席蔡奇致辞；国际残奥委会主席帕森斯视频致辞；中国残联主席、北京冬奥组委执行主席张海迪为冬奥值日生、残疾人志愿者授旗。活动发布北京2022年冬残奥会火炬接力路线、《北京2022年冬奥会和冬残奥会残疾人服务知识手册》《北京2022年冬奥会和冬残奥会运动员和随

▲ 10月8日，在国家速滑馆举办速度滑冰中国公开赛 （张雪恩 摄）

队官员服务手册（盲文大字本）》、北京2022年冬残奥会金银纪念币。奥管委组织力量，做好冬残奥会倒计时100天主题活动的外围服务和安全保障工作。

【奥园获国家体育旅游示范基地首批授牌】 11月27日，北京奥林匹克公园在广州举办的国家体育旅游示范基地体育文化博览会、体育旅游博览会上获“国家体育旅游示范基地”首批授牌。作为体育旅游融合发展的重要载体，“国家体育旅游示范基地”由国家体育总局与文化和旅游部共同认定，旨在扩大体育旅游产品和服务供给，丰富旅游体验、传播体育文化和发展体育产业，全国有47家景区（公园）获得授牌。

【奥园整体品质提升】 年内，奥林匹克公园管委会围绕奥园功能布局、环境景观、旅游设施、交通流线、便民服务、运营管理等方面存在的问题，研究具体解决方案和实施路径。完成基础资料收集梳理、多轮实地踏勘、问卷调查、专家研讨，并对接区域内重点运营单位，形成研究思路。将中部下沉花园及地下商场区域打造成为奥林匹克公园的“城市客厅”。打造动态微循环慢行交通体系实现奥园内部交通的南北贯通。奥林匹克公园管委会对照冬奥会标准，梳理园区环境、设施存在的问题，制定提升方案，确定道路整治、设施整治和绿化整治3个项目。项目于10月19日开工，11月15日竣工验收。铺装沥青路面21500平方米，提升盲点5699平方米，新建花岗岩石材盲道1756平方米；龙形水系7座桥面铺装彩色沥青10172平方米；铺装高耐竹木栈道5198.9平方米；铺装透水砖10005.65平方米；围栏、自行车架刷漆93130平方米；安装灯具370套、敷设电缆5200米；清理、平衡原有地被草坪、整理绿地12000平方米，铺种草坪3005平方米；栽植大叶黄杨球106株，科罗拉多蓝杉60株，北美海棠103株，大叶黄杨5433平方米，棣棠1972平方米，蓝羊茅337平方米；安装种植花箱104个；安装防撞柱995个；更换果皮箱800个。

【国家体育产业示范基地建设】 年内，奥林匹克公园管委会加强宣传推介，组织园区业主单位参展2021年中国体育文化博览会、中国体育旅游博览会。组织园区业主单位开展交流学习，参加2021年中国国际体育用品博览会、中国体育用品业联合会公益培训与交流大会（三亚站、成都站）。连续第8年开展《北京奥林匹克公园体育产业综合发展报告》编制工作。《北京奥林匹克公园》杂志连续发行10年，累计出版65期。

【奥林匹克公园公共区筹备】 年内，北京奥林匹克公园公共区场馆运行团队围绕“安全保障、赛事保障、市政保障、服务保障、开闭幕式保障”赛时五大保障任务，推进公共区各项冬奥、冬残奥筹办工作。提交场馆运行设计7.0版，《公共区运行团队疫情防控运行方案》V2版、《公共区场馆运行手册》V3版、《公共区场馆运行应急手册》V3版；制定公共区“小闭环”运行管理方案；开展约41000平方米公共区面积临时设施建设，对公共区内部分永久性建筑进行无障碍改造提升，完成区域形象景观设置及引导标识制作安装；规划安保封闭线，测算准备安保人、财、物等；餐饮、住宿、电力、物流、清废各项后勤保障准备就绪。

【迎接文明城区复检】 年内，奥林匹克公园管委会迎接奥园全国文明城区复检工作，并通过年度测评复检。奥林匹克公园管委会成立复检工作小组，制定复检工作方案，明确工作任务。检查小组每日对照实地考察手册内容巡查检查园区安检口、游客服务中心、服务亭、建筑工地、商业综合体周边、重点路段，发现问题，高效整改。完成区领导调研检查、第二轮三方测评、纪检组重点督查整改事项以及自查的整改七大类55个问题。建立完善6处学雷锋志愿服务站、张贴120张一米线提示标识，安装152块文明提示标识排牌。结合冬奥环境整治工作，督促园区建筑工地修复，设置314块公益广告，规范2起施工现场土方覆盖问题和堆物堆料问题，覆盖物料区300余平方米。（杨　盼）

中关村朝阳园管委会

【概况】 中关村科技园区朝阳园管理委员会（简称“朝阳园管委会”）为区政府派出机构，负责朝阳园的规划设计、开发建设和协调服务等工作。2021年，朝阳园打造数字经济产业集群，建设数字经济核心区主承载区，印发《朝阳区关于支持数字经济产业创新发展的若干措施》。建设工业互联网产业集群，引入徐工信息、思谋科技等工业互联网企业入驻工业互联网创新孵化基地。建设集成电路产业集群，形成《朝阳区集成电路产业研究报告》。建设人工智能产业集群，完成《朝阳区人工智能产业发展研究报告》。建设网络安全产业集群，印发《朝阳区网络安全产业发展情况报告》。制定《关于加快建设高质量创业投资集聚区的若干措施》《朝阳区关于推进高质量建设国际创投集聚区的工作措施》《朝阳区在建设高质量国际创投集聚区工作中拟请市级部门给予政策支持的建议》。新增5家国际国内知名创投机构申请参与集聚区建设，并在项目入驻筛选、人才引进、创新创业活动开展等方面建立利益共享机制。有24个创投项目、3个专业服务机构入驻，一系列创新成果转化。落实园区48家“服务包”企业服务相关工作，落实“服务包”企业疫苗接种协调推进、接种情况定期跟踪上报、重点企业税收返还等相关工作，全年累计服务516项，服务满意度100%。开展“我为群众办实事”

大走访行动，调研北京鲲鹏联合创新中心、阿里巴巴、龙湖集团等企业153家，现场解决问题213件，协调解决问题47件。向国家、市发改委编制提交《关于加快中关村朝阳园双创示范基地建设的实施方案（2021—2023年）》及《北京市朝阳区中关村朝阳园双创示范基地创业带动就业示范行动方案》。开展“创新100”加速工程，召开2021未来科学大奖新闻发布会。朝阳园北区街区控规取得阶段性成果，编制《中关村朝阳园北区规划综合实施方案》。5月17日，成都市人民政府研究室副主任熊平一行到朝阳园重点企业北京鲲鹏联合创新中心和北京超图软件股份有限公司调研。阿里巴巴北京总部园区项目于8月23日完成结构封顶。国际学校项目在2021年度被列为市重点工程。开展《朝阳园产业项目管理办法》编制工作。组织相关部门召开50余次专题调度会，组织召开4次区领导参加的北区规划建设工作专班调度会，协调解决项目推进中遇到的问题，推进包括市政管线及道路、地下空间通道、绿化水系、重点项目等工作，保障园区内项目按计划实施。2021年，朝阳园区级收入完成123.5亿元，比上年增长22.7%，超额完成全年任务。园区中关村高新技术企业实现总收入9429.5亿元，比上年增长12.4%。地均产出率361.3亿元/平方千米，比上年增长12.4%。劳均产出率292.0万元/人，与上年持平。朝阳园管委会获得北京市城市管理委员会、北京市人力资源和社会保障局颁发的“北京市生活垃圾分类推进工作先进集体”和北京市机关事务管理局、首都精神文明建设委员会办公室、中共北京市委市直属机关工作委员会、北京市发展和改革委员会、北京市财政局、北京市水务局颁发的“节约型机关”称号。（赵明明　熊志阳　赵　培　徐　广　陈　亮）

【5家重点企业公司上市】 2月9日，朝阳园重点企业北京容联易通信息技术有限公司在美国纽约证券交易所上市，成为中国SaaS赴美上市第一股（SaaS：软件即服务，是一种通过互联网提供软件的模式）。截至收盘，容联股价报47.5美元，相较于每股发行价16美元涨幅200%，市值近76亿美元。3月16日，朝阳园重点企业北京青云科技股份有限公司登陆科创板，成为“混合云第一股”。上市募资11.8亿元。5月31日，朝阳园重点企业爱慕股份有限公司在上海证券交易所主板上市。发行价格20.99元/股，发行市盈率为21.98倍。6月11日，朝阳园重点企业北京华品博睿网络技术有限公司（BOSS直聘）在美国纳斯达克市场上市，发行4800万股美国存托股份（ADS），发行价为每股19美元，当日收盘价每股37.2美元，较发行价上涨95.79%。10月27日，朝阳园重点企业精进电动科技股份有限公司登陆科创板，股票简称为“精进电动”，股票代码为688280。发行价格为每股13.78元，发行数量为147555000股。（张中来　陈　亮　王娜娜）

【朝阳区集成电路产业论坛】 3月4日，中关村朝阳园在国际电子总部组织召开朝阳区集成电路产业论坛，18家企业、机构代表参加论坛。北京电子城集成电路设计服务有限公司总经理兰文丽、中国半导体行业协会IC设计分会秘书长、北京华大智宝电子系统有限公司总经理程晋格、中电华大电子设计有限服务公司执行董事姜世平、北京敏源传感科技有限公司联合创始人袁瑞玲围绕探索新型集成电路产业孵化和服务模式、国家及北京市集成电路产业发展沿革等主题进行主题发言。朝阳园管委会副主任冯少静介绍朝阳区集成电路产业的发展现状及思考，表示将认真研究参会企业提出的需求，制定更加精准的政策措施，加大对相关产业的支持力度。（张中来）

【深创投集团调研国际创投集聚区】 3月17日，深圳市创新投资集团有限公司副总裁李守宇到中关村朝阳国际创投集聚区调研，双方就基金合作、创投项目落地、互动交流、集聚区创新联盟活动、探索创投产业园运营模式等事宜达成合作意向。朝阳园管委会常务副主任苏向东等领导陪同调研。（朱卫东）

【国家部委和市领导调研】 3月18日，国家工业信息安全发展研究中心信息化所所长、中国产业互联网发展联盟秘书长雷晓斌率队调研朝阳园重点企业360公司和电子城高科公司，双方初步对接下一步合作方向、合作领域、合作模式，并就未来国家工业信息安全发展研究中心生态资源与区域产业发展需求等交流。朝阳园管委会副主任冯少静陪同调研。4月15日，北京市副市长卢彦到朝阳园重点企业北京城市网邻信息技术有限公司（58集团）调研，调研团队参观位于58集团总部一层的企业展示中心和党建中心；从就业培训政策对接、平台监管整改、公司技术创新应用、属地企业服务等方面座谈交流。市政府副秘书长陈蓓建议企业进一步在劳动就业大数据监测方面加强与政府合作，在创新创业、就业培训、城乡一体化就业促进等方面加强与政府政策衔接和应用，更好发挥服务决策的智库作用。朝阳区委常委、常务副区长崔小浩，朝阳园工委常务副书记冯守华陪同调研。5月24日，工业和信息化部国际合作司司长徐朝锋到中关村朝阳园恒通国际商务园、北京优锘科技有限公司、西门子股份有限公司总部和中国工业互联网研究院等重点企、事业单位调研，调研团队在恒通国际商务园了解园区历史沿革和发展现状；在北京优锘科技有限公司参观公司办公空间，听取公司情况和业务发展汇报；在西门子股份有限公司总部参观西门子工业自动化展览中心，听取西门子在华在京业务发展情况；在中国工业互联网研究院参观研究院展室，了解中国工业互联网发展现状和工联院建设情况，并座谈交流。朝阳区委常委、常务副区长崔小浩陪同调研，朝阳园管委会、区发展改革委、区科信局相关人员参加调研。9月23日，北京市副市长王红到中关村朝阳园开展主题为“围绕完善‘服务包’制度精准服务企业更好发展”和“深入推进‘两区’（服务业扩大开发示范区、自由贸易试验区）建设走访调研企业”调研。王红分别查看中关村朝阳国际创投集聚区、高瓴新动能中心和威讯柏睿数据科技（北京）有限公司。朝阳区副区长岳立、朝阳园管委会副主任冯少静陪同调研。（刘亚奇）

【税收政策专题会召开】 3月26日，朝阳园管委会联合普华永道在电子城·国际电子总部举办公司型创投企业税收优惠试点政策专题会，会议同时在线上举行。朝阳园管委会副主任王熙介绍朝阳园管委会整体发展情况和中关村朝阳国际创投集聚区的建设情况。普华永道合伙人为园区企业解读新出台的公司型创投企业税收优惠试点政策。会议邀请77家企业参加。（吉妍婧）

【“新基建·共成长”企业服务活动】 4月9日，由中关村科技园区朝阳园管理委员会主办、北京市朝阳区企业联合会承办的“新基建·共成长”2021年企业服务系列活动的首场活动在北京鲲鹏联合创新中心举办。活动以“智绘朝阳·数造未来”为主旨，吸引朝阳区内40余家科创企业、新基建企业，以及区外10余家高科技高增长企业、创投机构代表参会交流。5月28日，朝阳园管委会在中关村朝阳国际创投集聚区，举办以“聚焦国际创投·服务科技创新”为主题的企业服务活动。活动通过与企业间的互动和交流，使更多企业走进朝阳园、走进集聚区，感受一流营商环境，体验优质企业服务；活动宣布设立中关村朝阳国际创投集聚区“企业发展服务中心”。区相关委办局单位领导、朝阳园管委会常务副主任及40余家重点园区、孵化器企业、创投机构、企业服务机构、国际创投集聚区内企业代表参加活动。（朱卫东）

【“创新100”加速工程科技领跑活动】 4月10日，朝阳园管委会主办，柏睿数据、keep卡路里、果壳科技、元气森林协办的以“科技朝阳加速创新”为主题的“创新100”加速工程科技领跑活动在大望京公园举办。“创新100”加速工程，通过支持100名创新人才和创新型企业，对接100家创业服务机构和创业导师服务园区创新创业发展，促进创新要素互动交流，营造良好的创新创业氛围。朝阳区委常委、副区长暴剑，朝阳园管委会常务副主任、朝阳区科协主席等相关领导及朝阳园科技人才、朝阳园创业企业代表出席活动，暴剑和创业黑马集团副董事长刘义伟共同为“朝阳科技创新林”揭牌；优秀企业代表认养“朝阳科技创新林”，寓意朝阳科技企业争当产业发展“领跑者”。时代凌宇、优诺科技、创业黑马、影谱科技等优秀企业代表132人参加活动。（曹矣然　张　晔）

【科技公司、生态企业落户朝阳园】 4月14日，北京硅基智能科技有限公司落户朝阳园国际电子总部6号楼，开展to G端业务。北京硅基智能科技有限公司是南京硅基智能科技有限公司全资子公司。南京硅基智能科技有限公司入选2020年中国人工智能领域高成长企业TOP100、2020中国人工智能商业落地价值潜力100强、2020年未来银行科技服务商50强。5月10日，龙湖集团总部及多个生态企业集中搬迁至龙湖蓝海引擎产业园内，龙湖集团全新总部——龙湖智慧总部投入使用。新总部位于北京市朝阳区红军营东路6号，南北长约193米，东西宽约84米，地上建筑面积约8.5万平方米，地下建筑面积近2万平方米。其所在的龙湖蓝海引擎产业园可以吸纳大约8000至9000名办公人员入住。5月，北京易诚高科科技发展有限公司完成工商及纳税迁移手续，落地朝阳园西区摩托罗拉大厦。易诚高科公司成立于2007年5月，总部在北京，拥有深圳和大连两个前沿5G-IOT移动通信实验平台。公司基于声光网，结合5G+数字孪生+AI技术，为AIoT行业提供基于场景仿真的产品研发、测试、验收以及预认证等端到端技术解决方案，拥有声光网数字孪生实验室，致力于打造“云+端+场”万物智联AIoT生态。6月9日，思谋香港集团全资子公司北京思谋智能科技有限公司完成工商注册和税务报到手续，入

▲ 5月10日，龙湖集团总部及多个生态企业集中搬迁至龙湖蓝海引擎产业园内（龙湖集团　供图）

驻朝阳园。思谋集团是人工智能技术与实体经济深度融合的数字经济标杆企业，入住后在朝阳区布局“工业AIOS+工业AI软件+AOI设备+工业成像系统”全套产品方案和“超高清画质增强引擎+超高清视频分析引擎+超高清视频一体机+超高清视频云”的全方位解决方案，为北京冬奥、智慧城市、智能制造等领域提供技术支持。（朱卫东　赵　剑　张中来）

【朝阳区人才政策解读会举办】 4月22日，由中关村朝阳园管委会主办，中关村朝阳国际创投集聚区承办的“朝阳区人才政策解读会”在东湖国际中心召开。会议邀请朝阳区委组织部高层次人才服务中心、区人力社保局人力资源公共服务中心相关业务负责人讲解高层次人才引进、外籍人才永久居留、留学人员引进、凤凰计划高层次人才认定、北京工作居住证办理等朝阳区多层次人才服务政策体系。朝阳园“创新100”企业和国际创投集聚区入驻企业近百名代表参与活动。（朱卫东）

【4家公司获“首都劳动奖状”】 4月25日，朝阳园重点企业北京电子城高科技集团股份有限公司、北京燕翔饭店有限责任公司、安东石油技术（集团）有限公司和北京链家置地房地产经纪有限公司等4家公司获北京市总工会颁发的“首都劳动奖状”。（王仁清）

【猿辅导成为朝阳区第一个超级独角兽企业】 4月26日，长城战略发布《中国独角兽企业研究报告2021》，朝阳园重点企业猿辅导成为朝阳区第一个超级独角兽企业，估值170亿美元。独角兽企业是指成立不超过10年、估值超过10亿美元的非上市企业，其中，估值超过100亿美元的企业称为超级独角兽企业。（陈　亮）

【中国造纸院联合创新中心成立】 5月11日，朝阳园企业中国制浆造纸研究院有限公司与海尔智家股份有限公司签署战略合作协议，成立海尔智家—中国造纸院联合创新中心。中国造纸院与海尔智家合作，是科技型企业通过跨界合作发挥创新资源优势的探索，为推动本土企业高质量发展提供技术支持。（王娜娜）

【科技企业赋能站建设】 5月15日，朝阳园管委会按照“党建引领+政府主导+市场运作+共建共享”模式，聘请专业服务机构整合服务资源，建设朝阳区科技企业赋能站。赋能站针对不同成长周期企业需求，量身打造“朝启航”“朝小帮”“朝智囊”3种服务包，提供“朝党建”“朝代理”“朝共享”“朝咨询”“朝活动”5个方面服务事项，形成包括300余个服务项目在内的服务矩阵。截至12月底，赋能站举办各项活动10余场，触达企业超千家，推动衔远科技、黑岩科技、歌锐科技等7家企业入驻朝阳园。（张中来）

【优质企业走进清华招聘活动】 5月24日，朝阳园管委会、清华大学学生职业发展指导中心联合主办，北京朝阳国际科技创新服务有限公司承办的“创新100·人才引擎”——朝阳园优质企业走进清华招聘活动在清华大学学生职业发展指导中心举办，旨在加强朝阳园区科技创新企业的人才保障，给朝阳园企业提供精准化人才服务，打造人才蓄水池，帮助企业发掘和储备人才。清华大学副校长杨斌和朝阳区委常委、副区长暴剑出席活动。19家招聘单位，包括中国工业互联网研究院、施耐德、青云、泡泡玛特、凤凰网、元气森林、猿辅导、360、keep等科创板新锐企业、世界500强、部委直属研究机构参加招聘会，提供百余个就业岗位，招聘人数超过千人，需求岗位覆盖计算机软件、人工智能、媒体宣传、人力资源、药物制剂研发、教育等多个领域。吸引清华大学百余名应届毕业生参会求职。（曹奂然）

【朝阳高科技高成长20强项目分享活动】 7月8日，朝阳园在朝阳区科技企业赋能站举办高科技高成长20强暨朝阳明日之星评选项目分享活动，旨在搭建入选企业与创投机构的对接平台，提升入选企业的行业影响力，增进企业对朝阳20强和明日之星评选项目及朝阳区科技企业创新服务平台的了解。中关村朝阳园管委会产业促进处处长介绍园区发展情况；德勤朝阳20强和明日之星评选项目负责人介绍入选企业情况及2021年评选要求。包括2019、2020年入选企业在内的70余家高科技企业代表和易知基金、健南科技等创投机构代表参加活动。（刘亚奇）

【3家企业排名进入“2021中国大数据企业50强”】 7月28日，朝阳园重点企业阿里巴巴公司、北京超图软件股份有限公司和北京东方国信科技股份有限公司在第六届大数据产业生态大会上获得“2021中国大数据企业50强”称号。大数据产业生态大会是由中国电子信息产业发展研究院指导，赛迪传媒、中国大数据产业生态联盟主办的专业聚焦大数据产业生态的知名盛会，每年举办一届，旨在推动落实政府主管部门大数据发展工作部署，助推中国大数据产业发展战略。（王娜娜）

【朝阳园绿色发展五年行动方案通过验收】 8月6日，《中关村朝阳园绿色发展五年行动方案》通过专家评审会验收。方案依据国家高新区绿色发展专项行动工作部署及北京市科委、中关村管委会相关要求，全面分析朝阳园绿色发展现状与机遇挑战，围绕园区绿色发展目标，系统设计“十四五”时期绿色发展任务，从绿色产业、绿色技术、绿色建筑等6个方面提出30项重点建设工作。（黄雅卿）

【创投集聚区首只基金产品成立】 8月20日，由北京朝阳国际科技创新服务有限公司全资子公司北京朝科创业投资管理有限公司设立的首只基金产品“北京中关村朝阳国际创投集聚区股权投资合伙企业（有限合伙）”落地朝阳园。该基金旨在吸引各类资本参与朝阳国际创投中心建设，获得朝阳区科创引导基金出资，重点布局新一代信息技术、智能制造、人工智能、新能源与节能环保、生物医药以及科技服务业、文化科技融合等重点产业，聚焦朝阳区重点工作内容，促进中关村朝阳国际创投集聚区高质量发展，吸引优质项目落地，配套相关金融服务，助力首都建设。（王仁清）

【北斗导航与位置服务产业发展规划通过验收】 8月24日，《朝阳区北斗导航与位置服务产业发展规划》（简称“《规划》”）通过专家组验收。《规划》旨在指导朝阳区北斗导航与位置服务产业科学发展，明确产业发展重点和主要任务，引导资源合理布局，推进朝阳区数字经济基础设施建设、数字产业协同、产业数字化转型。（段　梅）

【国际医院确定建设主体】 8月，朝阳区政府与上海嘉会医疗签署合作框架协议，嘉会医疗被确认为朝阳园北区国际医院的建设主体。国际医院项目作为朝阳园北区“三国际一未来”（国际医院、国际学校、国际人才公寓、未来论坛永久会址）项目中的最后一个功能性项目，至此，建设主体全部明确。嘉会医疗计划在北区建设一座具有世界级品质的营利性三级甲等综合性医院，按照重大项目选址的方式予以全力推进。（熊志阳）

【与晋城经开区签约】 9月7日，朝阳园管委会与晋城经济技术开发区管委会举行战略合作签约仪式，双方签订战略合作备忘录。晋城市委书记王震出席并见证签约。晋城市委副书记、市政府党组书记、代市长薛明耀，朝阳区委常委、副区长、朝阳园工委书记、管委会主任暴剑分别致辞。朝阳园管委会二级巡视员、常务副主任苏向东，晋城经济技术开发区党工委副书记、管委会副主任史小林代表双方签约。晋城市委市政府及朝阳园管委会相关领导参加签约仪式。（赵　剑）

【朝阳展区亮相HICOOL 2021全球创业者峰会】 9月10日至11日，由北京海外高层次人才协会、朝阳区委组织部指导，中关村朝阳园管委会组织实施的朝阳展区在HICOOL 2021全球创业者峰会亮相。区委书记王灏，区委常委、组织部部长迟行刚出席峰会。朝阳展区设在中国国际展览中心新馆W1馆，设计以凤凰元素为题材，寓意“筑朝阳科创新巢，引国际精英之凤”，通过LED大屏、朝阳园北区沙盘模型、重点领域科技企业展示等多种展现形式，围绕朝阳国际人才社区建设、朝阳园北区建设规划，集中展示朝阳园国际人才服务、高精尖产业发展、和谐宜居生态等方面取得的成就。朝阳区重点领域科技企业柏睿数据、青云科技、Keep、唱吧等企业参展。（曹奂然　张　晔）

【未来青年论坛】 9月23日，由中关村管委会指导、朝阳区政府与未来论坛联合主办、朝阳园管委会承办的2021未来青年论坛在京举行。论坛以“可持续科技”为主题，邀请国内外优秀科学家与青年行业领袖，通过科学家主旨演讲、“共话未来产业”圆桌论坛、青年创新对话、青年创新达人秀等环节，为青年科学家与政府、投资界及企业界领军人物搭建起跨界交流平台，力促科研创新成果的落地转化，激发青年创新思维、提高青年创新能力、助力青年创新实践，推动科技、产业和社会的可持续发展。区委常委、副区长暴剑致辞，并与中国科协战略发展部副部长吴善超共同为朝阳区新获评的全国科普示范区揭牌。朝阳园管委会副主任余潇潇发布中关村朝阳园双创示范基地建设相关工作，解读双创示范基地建设目标、任务等。朝阳园管委会常务副主任苏向东与清华大学电子工程系主任汪玉、北京工业大学科学技术发展院副院长史幼聪分别签署“综合育人基地”“产学研”战略合作协议，就平台搭建、人才培养、成果转化等开展深入合作。（曹奂然　张　晔）

【直通北交所高峰论坛举办】 10月21日，由北京市科学技术委员会、中关村科技园区管理委员会，北京市经济和信息化局指导，北京市朝阳区人民政府主办，中关村科技园区朝阳园

▲ 9月23日，由中关村管委会指导、朝阳区政府与未来论坛联合主办、朝阳园管委会承办的2021未来青年论坛在京举行（张　晔　摄）

管理委员会承办的北京创新型中小企业直通北交所高峰论坛在城奥大厦举办。论坛通过主题分享、圆桌探讨等形式，围绕北交所政策解读、资本市场改革、企业发展应对与机遇等方面，展开全面讨论。朝阳区副区长舒毕磊出席并致辞，他指出朝阳区切实发挥好属地政府的组织和服务优势，打造企业与全国股转公司之间沟通的桥梁，为北京证券交易所输送更多创新能力强、成长速度快的朝阳区企业。朝阳园管委会副主任冯少静向与会代表介绍朝阳区独角兽企业集聚发展情况，表示朝阳区将启动“独角兽加速计划”，助推区域经济高质量发展。来自北京市的高新技术企业及服务机构代表300余人参加会议。（张中来）

【798艺术区步行街亮相】 10月，位于中关村朝阳园东区—798园区内的798路和798东街两条步行街完成改造。步行街改造使798主要区域的街区空间得到拓展，街区形象得以升级，主要包括景观亮化，重新铺装破损路面、雕塑美陈等公共设施，增加公共休闲活动空间。步行街在原有街道单一艺术业态基础上，拓展文化、旅游、休闲、娱乐等多种业态，将艺术与商业结合在一起。改造后的步行街，给参观者带来更安全、更沉浸的游园体验，优化了园区的交通架构，缓解园区开车难、停车乱问题，为园区入驻机构创造了更好的工作环境。（李伟巍）

【“重点科技园区高质量发展模式对比研究”通过验收】 11月26日，中关村朝阳园课题“重点科技园区高质量发展模式对比研究”通过专家验收。自2021年2月以来，中关村朝阳园委托中关村科技产业研究院开展“重点科技园区高质量发展模式对比研究”课题，重点借鉴国内先进地区、中关村及海淀园等区域创新发展经验，为朝阳园高质量发展找准路径。该课题通过调研整理张江高科技园区、苏州工业园区、北京经济技术开发区、海淀园等重点园区以及合肥、南京等重点城市在打造产业集群、扩大招商引资、强化资本支持、提供优质服务、保障人才资源等方面的先进做法，提出朝阳园在招商、运营、金融、创新政策等方面的可借鉴的经验做法，在创新发展模式、创新服务体系、优化金融环境、打造产业集群、创新政策支持、完善基础设施等方面提出朝阳园高质量发展模式的建议。课题形成总报告《重点科技园区高质量发展模式对比研究》《关于打造产业集群的“合肥模式”研究》《关于南京打造创新名城的举措研究》《关于深圳湾产业园区品牌建设研究》《关于张江高科“科技投行”模式的研究》《关于苏州工业园区高质量发展的研究》《重点科技园区政策对比研究》《重点城市产业政策汇编》等专题研究报告。（吴思思）

【数字经济重点产业集群建设研究项目通过验收】 11月30日，中关村朝阳园《朝阳区数字经济重点产业集群建设研究》项目通过专家验收。项目按照“摸清实际现状、谋划产业布局、提出实施方案”研究思路，围绕集成电路、网络信息安全两个产业开展深化、实化研究，针对性形成细分领域产业发展情况分析，综合朝阳区重点产业发展情况，谋划重点产业发展布局，形成《朝阳区数字经济重点产业集群建设实施方案》。（吴思思）

【《北区启动区规划综合实施方案》通过评审】 12月3日，朝阳园《北区启动区规划综合实施方案》通过专家评审。该方案旨在明确拟建设重点项目的规划指标。方案涉及用地面积100.29公顷，地上总建筑规模130.27万平方米。12月23日，《北区启动区规划综合实施方案》公示期间公共意见通过专家论证会。启动区规划综合实施方案，完成报市政府审批之前的所有准备工作。（熊志阳）

【工业互联网大数据中心建成】 12月7日，中关村朝阳园工业互联网大数据中心项目通过工信部和北京市经信局项目验收。该项目分为大数据资源管理平台和云计算平台、数据采集分系统、5A级IDC机房、能力中心分系统、数据交易平台、大数据资源管理平台分系统、综合数据服务等单元，完成工业互联网大数据的治理、确权、确责等有关政策和法律研究。项目可实现30PB存储能力，支持数据实时采集、格式转换、可靠存储和挖掘建模，具备统一的对外服务接口，实现数据交换能力不低于1万条/秒，时延不高于30毫秒，对接工业指标超过100类，覆盖全国所有省区市，针对13个行业开展产业链梳理工作，覆盖超过450万家企业，完成可视化展示平台的集成和部署，并通过第三方测试，可为不少于3469家融资担保机构、11万家企业提供服务，覆盖产业链上下游37万家企业。（吴思思）

【晶视智能推出系列芯片】 12月17日，朝阳园重点企业北京晶视智能科技有限公司在首届滴水湖中国RISC—产业V论坛上发布基于RISC-V布局的新一代AI视觉芯片架构。该芯片具备0.5TOPs算力，支持2路MIPI或者DVP视频输入，最大分辨率2880*1620@30fps，内置DDR以及百兆MAC PHY，是业内同档产品中集成度最高的产品之一。（王仁清）

【数字经济调研】 12月23日，朝阳园管委会常务副主任苏向东，副主任冯少静，科技金融处、产业促进处、规划建设处、办公室等部门负责人到双井街道开展数字经济调研。双井街道工委书记李容珍，办事处副主任丹红、孙子懿及相关部室负责人等参加调研。双井街道介绍二十二院街元宇宙赋能数字经济文化艺术街区城市更新项目实施情况和《双井街道打造数字经济示范街道工作方案》。朝阳园管委会与双井街道对接，在项目落地、培

训交流、应用场景等多方面实现资源共享。（苏　姗）

【中国星网“两院”落地朝阳区】12月30日，北京市朝阳区人民政府与中国卫星网络集团有限公司签署战略合作协议。朝阳区委书记王灏，区委常委、常务副区长崔小浩出席并讲话。中国星网将创新院公司、应用院公司等核心下属企业落地朝阳区，发挥朝阳区政策、区位、资源优势和中国星网人才集聚、科技创新、产业带动优势，双方共同建设卫星互联网产业园，构建卫星互联网产业集群，促进朝阳区构建现代产业体系。区委办、区政府办、区国资委、区发展改革委、区房管局、规自分局、中关村朝阳园管委会、望京综开公司、朝保发公司、中国星网等多部门领导及代表参加签约仪式。（段　梅）

温榆河生态走廊

【概况】北京市朝阳区温榆河生态走廊建设管理委员会（简称“温榆河管委会”）为区政府派出机构，负责温榆河地区开发建设管理和协调服务工作。北京市朝阳区温榆河生态走廊服务中心为温榆河管委会下属事业单位，主要负责区域相关信息化建设和服务，政策咨询和信息发布、追踪及反馈，管委会的后勤保障及服务等工作。2021年，习近平总书记在温榆河公园参加首都义务植树活动并发表重要讲话。市委书记蔡奇到朝阳区、顺义区调研检查林长制和温榆河公园规划建设工作。温榆河管委会开展“我为群众办实事”活动。

【中央、市领导调研温榆河公园】3月29日，市委书记蔡奇到朝阳区、顺义区调研检查林长制和温榆河公园规划建设工作。他强调，要深入贯彻习近平生态文明思想，把全面建立林长制作为一项重要任务，大力推进绿色北京建设，为建设国际一流的和谐宜居之都提供良好生态保障。温榆河公园是落实林长制的重要区域，要锚定“五年成型、十年保育、多年成景”规划目标不放松，统分结合、精心打磨，高质量推进温榆河公园规划建设，打造成新时代首都生态文明建设的“金名片”。9月30日，中国工程院副院长、南水北调后续工程专家咨询委员会主任何华武带领专家到北京温榆河公园朝阳示范区调研河流生态用水情况、大运河文化带建设情况等。水利部、市水务局、市发改委等相关领导及温榆河管委会、昆泰集团等相关负责人陪同调研。10月14日，市委书记蔡奇到朝阳区、顺义区就温榆河公园规划建设调研检查。他强调，温榆河公园是北京城市最大“绿肺”，是首都生态环境建设的重点工程，体现了山、水、林、田、湖、草、沙一体化保护和系统治理理念。要深入贯彻习近平生态文明思想，树牢“一盘棋”意识，三区（朝阳区、顺义区和昌平区）联动，高质量完成温榆河公园一期后续工作，高标准推进温榆河公园二期规划建设，突出保护生物多样性、人与自然和谐共生，成为市民群众休憩好去处，打造成新时代首都生态文明建设的“金名片”。

【习近平参加首都义务植树活动】4月2日上午，党和国家领导人习近平、李克强、栗战书、汪洋、王沪宁、赵乐际、韩正、王岐山等集体乘车，来到位于北京市朝阳区温榆河的植树点，同首都群众一起参加义务植树活动。

【“我为群众办实事”活动开展】年内，温榆河管委会开展“我为群众办实事”活动。围绕温榆河公园朝阳示范区服务设施改造升级、清明节、五一、中秋节、国庆、麦田音乐会大客流服务保障、增殖放流生态环境改善、公园一期建设及二期规划设计，以及定期“1+1”（一个委办局对接一个社区）手拉手下社区等重点事项，开展“我为群众办实事”专题活动18次，把学习成效转化为工作成效，用心、用力解决群众需求，增强人民群众获得感、幸福感和安全感。（孙　北）

金盏国际合作服务区

【概况】北京市朝阳区金盏国际合作服务区管理委员会（简称“金盏国际合作服务区管委会”）是负责金盏国际合作服务区规划、发展、建设管理和综合协调工作的区政府派出机构。园区位于朝阳区东部，总占地约12平方千米，其中2.96平方千米被纳入北京自贸试验区范围，分为东、中、西3个区，东至金榆路，南至规划坝河北滨河路及第四使馆区，西临东五环，北至规划亮马河北路—京秦高速西延。西区为3.2平方千米，中区为3.0平方千米，东区为5.8平方千米，第四使馆区占地面积约83.6万平方米，建筑规模82.6万平方米，是国家服务业扩大开放综合示范区、中国（北京）自由贸易试验区国际商务服务片区、北京数字贸易试验区等功能园区建设任务的重要承载地。2021年，北京国际大数据交易所落户园区；金盏国际合作服务区管委会与国网北京市电力公司朝阳供电公司签署服务区智慧电网合作框架协议；《东坝地区规划建设方案》上会经北京市推进国际交往中心功能建设领导小组审议；下属企业完成改制工作；懂车金港·车厘籽汽车新零售项目启动暨2021平行进口车交车仪式在金盏国际合作服务区金地启汇中心举办；承办了2021全球数字经济大会——数据价值与服务论坛；北京海关批复设立中工美（北京）供应链物流有限责任公司在园区设立公用型保税库的申请；管委会与北京朝阳法院签署了《关于司法服务保障中国（北京）自由贸易试验区金盏国际合作服务区建设框架合作协议》；朝阳首家商业保理公司——北京能建国化商业保理有限公司落户园区。金盏国际合作服务区结合“十四五”规划，聚焦打造国际交往中心新亮点，把握“两区”（国家服务业扩大开放综合示范区和自由贸易试验区）战略机遇，承担朝阳“东部跨越”重要职责，打造“两区”建设制度型对外开放新窗口、区域国际化发展新兴增长极，打造活力时尚的第二个“三里屯”，营造宜居宜业的营商环境，创建一流国际合作产业园区。金盏国际合作服务区管委会获“北京市城乡社区共建先进集体”称号。（张明磊）

【部委、市领导调研】 3月11日，商务部自贸区港建设协调司司长唐文弘带队到金盏国际合作服务区管委会（简称“园区”）调研自贸试验区建设工作。3月13日，市委书记蔡奇到园区调研并召开市“两区”建设工作领导小组全体会议。他指出，“两区”建设直接检验“十四五”开局好不好。要提高站位，突出科技创新、服务业开放、数字经济，以首善标准探索形成“北京模式”，在全国做出示范。坚持两头发力，一头加强与国家部委沟通，让政策细化落地，另一头抓项目和体制机制创新，营造良好营商环境促发展。善抓机遇，滚动推进，扩大一批先行先试政策，提升含金量和竞争力。“两区”建设要与中关村论坛，金融街论坛和服贸会“三平台”相互借力，集聚更多优质资源，促进开放合作。“两区”建设要与国际科创中心建设、数字经济、国际消费中心城市建设、京津冀协同发展“五子”联动，形成叠加效应。3月30日，民建北京市委主委司马红带队到园区调研“两区”建设工作。区委常委、统战部部长、区直机关工委书记李国红，民建朝阳区委主委、副区长王志勉陪同调研。7月9日，市人大常委会副主任、致公党北京市委主委闫傲霜带队到园区调研“两区”建设工作。区委常委、统战部部长、区直机关工委书记李国红陪同调研。7月27日，北京市政协党组成员、副主席林抚生带队到园区调研“两区”建设工作。区委常委、常务副区长崔小浩陪同调研。8月20日，市委书记、北京推进国际交往中心功能建设领导小组组长蔡奇，国家发改委副主任宁吉喆，市长陈吉宁等部市领导到园区调研，召开北京推进国际交往中心功能建设领导小组全体会议。蔡奇强调要落实首都城市战略定位，坚持首善标准，实施好“十四五”时期加强国际交往中心功能建设规划，持续优化国际交往软、硬件环境，开创国际交往中心功能建设新局面。（张明磊）

【大数据交易所和商业保理公司落户金盏】 3月31日，由北京金融控股集团有限公司牵头发起，京东数字科技控股股份有限公司、华控清交信息科技（北京）有限公司、北京微芯感知科技有限公司等共同参与的北京国际大数据交易所落户金盏国际合作服务区。北京国际大数据交易所是北京市落实“两区”建设数字经济领域的重点项目，是国内首家基于“数据可用不可见，用途可控可计量”新型交易范式的数据交易所，定位于打造国内领先的数据交易基础设施和国际重要的数据跨境流通枢纽。北京国际大数据交易所突出“一新三特色”（一新是大力推动数据交易底层技术创新；三特色是创新数据交易方式和模式、建立坚实的规则制度与安全保障、打造丰富的数据合作生态），在推进底层技术创新基础上，以数据使用价值为基本交易对象，探索特色模式、特色规则、特色生态，打造全国数据交易探索新样板。11月3日，朝阳首家商业保理公司——北京能建国化商业保理有限公司落户金盏国际合作服务区管委会。该公司是落实“两区”建设引入的重点金融机构，是首家在朝阳区注册的商业保理公司，该公司的落户填补了朝阳商业保理行业空白。（张　颖）

【与国网朝阳供电公司共建智慧电网】 4月16日，金盏国际合作服务区管委会与国家电网北京市电力公司朝阳供电公司签署服务区智慧电网合作框架协议，协同推进区域内电力设施规划建设，提升区域电网的供电可靠性，服务区域经济和社会高质量发展。智慧电网建设，推动地区电网规划落地，加快新型基础设施建设，有利于优化营商环境，助力金盏国际合作服务区数字贸易、跨境金融、专业服务等支柱产业及“两区”建设重大项目落地，提高服务保障服务贸易示范区、自由贸易试验区、数字贸易试验区建设水平。（高　昕）

【《东坝地区规划建设方案》上会审议】 4月21日，金盏国际合作服务区管委会制定的《东坝地区规划建设方案》（以下简称《方案》）上会经北京市推进国际交往中心功能建设领导小组审议。《方案》明确区域“国际组织与交往活动集聚区、服务贸易与跨境消费引领区、文化交流与形象传播窗口区、国际服务与智慧生活体验区”功能定位，标志着园区工作重点由“聚焦蓝图描绘”逐步转向“衔接规划实施”阶段，由高水平规划转向高品质建设。（高　昕）

【服务中心下属企业完成改制工作】 5月，北京市朝阳区金盏国际合作服务区服务中心印发《北京市朝阳区金盏国际合作服务区所属事业单位下属国有企业公司制改革工作方案》，推进改制工作。9月27日，金盏国际合作服务区服务中心下属企业北京金盏融信投资中心完成公司改革，由全民所有制企业整体变更为有限责任公司（法人独资），改制后的企业名称为北京金盏投资有限公司。改制后的经营范围不变。净资产1亿元作为改制后新公司的注册资本，股东为金盏国际合作服务区服务中心。（杨　雪）

【懂车金港新零售项目启动】 7月13日，懂车金港·车厘籽汽车新零售项目启动暨2021平行进口车交车仪式在金盏国际合作服务区金地启汇中心举办。该项目是落实北京市“两区”建设的重点项目，是园区推动“两区”建设跨境消费领域发展的重要内容。项目的实施是探索平行进口车在自贸试验区的创新发展，力争实现区域汽车产业跨境消费升级，带动区域经济增长。（张 颖）

【2021数据价值与服务论坛举办】 8月3日，金盏国际合作服务区管委会联合北京国际大数据交易有限公司、伏羲智库互联网研究院在国家会议中心共同举办2021全球数字经济大会——数据价值与服务论坛。论坛以“激活数据价值 服务数字经济”为主题，邀请全国人大常委会委员、全国人大社会建设委员会副主任委员、清华大学公共管理学院院长江小涓等专家学者到会进行主旨演讲和高峰对话；金盏国际合作服务区管委会与北京金融大数据有限公司围绕共建数字经济创新示范园签约，搭建便利的跨境数据流动和数字贸易新平台，打造北京数字经济特色区、数字贸易先行区和数字经济对外合作开放高地，助力北京加快建设全球数字经济标杆城市。（张 颖）

【公用型保税仓库获批】 9月8日，北京海关批复同意中工美（北京）供应链物流有限责任公司在金盏国际合作服务区（简称“园区”）设立公用型保税仓库。该保税库定位为服务进口高端跨境商品，以园区自贸试验区内商务楼宇作为空间承载，探索形成“地下保税、地上展示消费”创新格局，实现“保税＋展示＋交易”一站式体验服务；以“灵活便利、服务高效”优势，全方位满足园区高端跨境商品展示销售的多样化需求，提升跨境商品流转效率，助推园区跨境消费领域高层次发展。（张 颖）

【“两区”建设一周年成果发布活动举办】 10月15日，金盏国际合作服务区（简称“园区”）举办“两区”建设一周年成果发布活动，展现一年来园区建设发展“加速度”。活动分成果发布、合作签约、政策宣讲和推介4个环节。金盏国际合作服务区管理委员会党组书记、主任刘伟介绍园区“两区”建设一年来的发展成果并展望下一阶段“两区”建设重点工作。朝阳法院党组成员、副院长齐晓丹作为朝阳法院签约代表与金盏国际合作服务区管委会签署合作协议，双方共建“云联动”“普法宣传”“示范性裁判”等10项工作机制，打造法治化营商环境、构筑企业高质量发展法治保障、实现园区高品质建设目标。朝阳区人民法院民事审判五庭（知识产权审判庭）负责人李自柱讲解知识产权在平行进口中的法律适用等问题。中国联合国采购促进会会长王栩男、北京优品三悦科技发展有限公司战略发展部总经理于子祺分别介绍国际公共采购一站式服务平台和朝阳自贸金融综合服务平台。（张 颖）

▲ 8月3日，金盏管委会举办2021全球数字经济大会——数据价值与服务论坛
（盈峰文化服务公司 供图）

国家文化产业创新实验区

【概况】 北京朝阳国家文化产业创新实验区管理委员会（加挂北京国家广告产业园区管理办公室牌子）（简称“文创实验区管委会”）为区政府派出机构。国家文化产业创新实验区以“北京商务中心区（CBD）—定福庄”一带为核心承载空间，东至八里桥朝阳区与通州区界，南至广渠门外大街—广渠路，西起东二环朝阳区与东城区界，北至工体北路—姚家园路及其东延长线，行政区域面积78平方千米。2021年，文创实验区规模以上文化产业实现营业收入1492.9亿元，比上年增长15.9%，占全区比重为52.0%。全年接待文旅部、中央文化和旅游管理干部学院、湖南省长沙市党政代表团等官方代表团25批次、450余人次。

【第四批“蜂鸟企业”名单发布】 4月15日，文创实验区管委会联合区发展改革委等单位发布2019—2020年度“蜂鸟企业”名单，全区范围内认定97家“蜂鸟企业”。截至年底，朝阳区认定“蜂鸟企业”840家次，其中文创实验区范围内有693家次。

【区长办公会审定通过引导资金管理办法】 4月25日，2021年第7次区长办公会审定通过文创实验区管委会联合区文创办制定的《朝阳区促进文化产业高质量发展引导资金管理办法（2021版）》，该管理办法重点从文化精品创作、品牌企业、文化科技融合、文化新消费、文化金融服务、园区提质增效、公共服务平台7个方面，征集和扶持优秀企业项目。经6月23日第4次区政府常务会、6月28日区委常委会审定通过，2021年度引导资金（实验区内）支持项目57个，支持金额8358万元。

【大运河文化遗产创意设计主题展举办】5月31日至6月4日，文创实验区管委会联合中国文化产业协会、区文化和旅游局、区文化创意产业发展中心、高碑店地区工委办事处，共同举办“创意点亮通惠河”大运河文化遗产创意设计主题展，展览展出来自小物文化、了草产品、上海韵文博鉴等11个参赛设计团队，围绕通惠河沿线与运河有关的文化遗产而设计的书签、杯子、首饰、胸针、围巾等15个优秀设计作品。展览为期5天，共1200余人参观。

【“魅力京津冀”活动举办】6月11日，文创实验区管委会联合中国文化产业协会、中共张家口市委宣传部共同举办2021魅力京津冀“协同共享·聚焦冬奥”冰雪文化产业峰会暨产业合作交流对接活动（北京站）。活动邀请文化产业领域资深专家进行主题演讲；推介展示来自京津冀地区的7个冰雪文化和旅游产业项目；围绕“冬奥+文化旅游体育创新融合发展路径”等主题进行探讨。10月20日至21日，举办2021魅力京津冀“协同共享·聚焦冬奥”冰雪文化产业峰会暨产业合作交流对接活动（张家口站），活动设置项目推介、项目签约、交流对接、项目考察环节，实地考察张家口地区6个冰雪体育文旅项目，精选4个冰雪体育文旅产业项目路演展示，促成3个文旅项目达成合作。

▲ 6月11日，文创实验区管委会联合中国文化产业协会、中共张家口市委宣传部，共同举办2021魅力京津冀“协同共享·聚焦冬奥”冰雪文化产业峰会暨产业合作交流对接活动（北京站） （谭 婧 摄）

【北京银行国家文创实验区支行设立】12月2日，北京银行国家文创实验区支行核准设立。该行前身为北京银行股份有限公司大望路文创支行，更名后，开展服务模式与产品创新，为文创实验区文化企业提供专属化、特色化、便捷化金融服务，加强“两区”（国家服务业扩大开放综合示范区和自由贸易试验区）文化金融创新探索。

【实验区指数发布】12月31日，国家文化产业创新实验区指数（2020）对社会发布，全面客观总结文创实验区2020年度建设发展情况。数据显示，2020年实验区指数为221.4，保持高位运行，其中环境支撑、创新驱动、产业发展指数较上年均有所提升。

【精准服务促发展系列活动】年内，文创实验区管委会联合区文创办举办“优化营商环境 精准服务促发展”系列活动22场，聚焦文化企业重点关注的政策法规、创新创业、知识产权、财税金融、上市辅导等热点问题，3000余人次参加。

【2家行业领军企业落户文创实验区】年内，北京北视英特维文化传播有限公司、北京卡车之家信息技术股份有限公司2家企业落户文创实验区，发挥优势带动作用，推动文创实验区产业数字化进程，促进文化产业结构优化。 （谭 婧）

经 济 管 理

经济社会发展与经济调控

【概况】 北京市朝阳区发展和改革委员会（简称“区发展改革委”）下设北京市朝阳区价格认证中心、北京市朝阳区产业促进中心、北京市朝阳区疏解调控发展运行中心3个直属事业单位。2021年，区发展改革委统筹推进疫情防控和经济社会发展。朝阳区全年完成地方级收入1116.7亿元，比上年增长9.6%；区级收入543.4亿元，比上年增长6.2%。收入总量保持全市第一。完成固定资产投资1015.8亿元，比上年增长11.8%；完成建安投资424.1亿元，比上年增长3.7%。疏解整治促提升15项市级年度量化考核任务中，6项超额完成、9项完成。第四季度追加安排区政府投资基本建设专项计划预算8.41亿元。区政府基本建设专项投资计划安排83个续建、新建项目，148个储备项目，安排资金18.5亿元。争取到朝阳区广华新城小区配套学校建设工程、星火站专用匝道工程等12个建设项目市级资金5.95亿元。（朱兆芬）

【国民经济和社会发展计划制定与执行】 1月12日，《关于朝阳区2020年国民经济和社会发展计划执行情况与2021年国民经济和社会发展计划草案的报告》在朝阳区第十六届人民代表大会第七次会议上审议通过。报告从“联防联控，筑牢全区疫情防线”“落实‘六稳’‘六保’任务，稳住经济基本盘”等7个方面总结2020年计划执行情况，并结合中央、北京市的各项部署和2021年发展形势，提出2021年经济社会发展计划总体考虑和初步安排。12月16日，《关于朝阳区2021年国民经济和社会发展计划执行情况与2022年国民经济和社会发展计划草案的报告》经区第十七届人民代表大会第一次会议审议通过。报告从“精益求精做好服务保障，重大任务扎实落实”“全面提升核心竞争力，高质量发展动力增强”等6个方面总结2021年计划执行情况，并结合中央、北京市的各项部署和2022年发展形势，提出2022年经济社会发展计划总体考虑和初步安排。

【国有景区全部免费】 2月11日起，朝阳公园实行免费开放，实现朝阳区全部政府定价国有景区免费向社会开放。9月至10月，区发展改革委组织梳理全区重点国有景区门票价格情况，全区涉及5家门票政府定价国有景区。

【支持城市副中心发展】 4月16日，区发展改革委组织相关部门和街乡，与城市副中心管委会发改局在郎园文化创意园实地调研并座谈，郎园文创园、北京欢乐谷大剧院运营人员结合自身特点分别介绍各自运营情况并分享经验。7月14日，《朝阳区与通州区产业协同发展结对工作方案》经区委区政府审定通过后以区发展改革委名义正式印发执行，从指导思想、组织架构、工作内容、组织保障四方面部署朝阳区与通州区结对工作。全年，朝阳区支持、引导区内2825家企业落户通州区。

【商务楼宇“双楼长”机制建设】 8月27日，区发展改革委印发实施《朝阳区关于加强商务楼宇“双楼长”机制建设的工作方案》，构建覆盖“党建引领、社会治理、经济发展、风险防控”四位一体的立体化工作体系。

【治理类街乡整治提升】 8月30日，区发展改革委印发《朝阳区治理类街乡补短板、促提升工作方案（试行）》，建立全区统一的治理类街乡工作架构和工作机制，通过事项协调、资金保障，解决群众反映迫切的治理问题。

【中国能源建设集团有限公司签约】 12月30日，朝阳区与中国能源建设集团有限公司正式签订全面战略合作框架协议。区长文献、中国能建董事长宋海良出席签约仪式并就双方合作内容座谈，常务副区长崔小浩与中国能建副总经理吴春利签订合作协议。

【数字经济示范区建设工作方案印发实施】 年内，朝阳区印发、实施《朝阳区数字经济示范区建设工作方案》（以下简称《方案》）。《方案》提出数字贸易先行、数字产业倍增、数字服务升级、数字人才引领、数字技术驱动等8项行动计划，梳理25项工作任务与57项重点项目。

【全球数字经济大会成果发布会】 8月3日，由市经济和信息化局、区政府主办，区发展改革委承办的2021全球数字经济大会成果发布会在国家会议中心召开。发布朝阳区数字经济政策《支持数字经济产业创新发展的若干措施》，朝阳区“城市智慧大脑”一期建设主要成果等。朝阳区与360集团、阿里巴巴、金控集团、华为公司共同签署数字经济示范区重大项目合作备忘录。

【区“十四五”规划和远景目标纲要发布】 年内，《朝阳区第十四个五年规划和二〇三五年远景目标纲要》（以下简称《纲要》）发布。《纲要》明确全区发展目标、重点任务和重大举措，提出24项主要指标，将高质量发展“五大提升工程”和高品质生活“五大示范工程”作为规划实施的抓手。

【北京嘉会国际医院落地朝阳】 年内，朝阳区与嘉会医疗控股有限公司就合作建设北京嘉会国际医院项目事宜签署《合作框架协议》，并取得市卫生健康委同意建设国际化医院的批复、新设主体北京嘉会国际医院有限公司的营业执照，申报为2022年市级重点工程。

【极智嘉“智慧工厂”建设】 年内，区发展改革委与东郊农场、极智嘉公司签署合作协议，探索利用孙河地区原车身轴瓦厂老产房改造建设极智嘉“智慧工厂”，打造集办公、研发、中试、生产、智能展示等功能于一体的智能制造特色园区。

【8.66亿元资金支持重点产业】 年内，区发展改革委完成朝阳区重点产业资金安排。分两批次安排资金约8.66亿元，支持企业（项目）565个。

【安排节能减碳专项资金】 年内，区发展改革委开展节能减碳项目征集工作并开展项目评审，安排资金6353.21万元，支持项目45项。

【节能目标责任考评】 年内，区发展改革委制定《2020年度节能目标责任考评工作方案》，对235个重点用能企业、43个街道（地区）办事处、12个行业主管部门及5个功能区管委会进行考评。其中，235个重点用能单位中考评结果优秀29个，良好86个，基本完成58个，未完成45个，涉密、注销或已迁出17个。12个行业主管部门中考评结果优秀5个、良好6个、基本完成1个；5个功能区管委会中考评结果优秀1个、良好4个；43个街道（地区）办事处中考评结果优秀13个、良好26个、基本完成4个。

【固定资产投资指标任务】 年内，市政府安排朝阳区固定资产投资和建安投资任务分别为1000亿元和417亿元。全年完成固定资产投资1015.8亿元，比上年增长11.8%；完成建安投资424.1亿元，比上年增长3.7%。

【争取市政府资金和政策支持】 年内，区发展改革委以绿化、水务、新能源等民生保障项目为重点，争取市政府资金和政策支持。全年争取朝阳区广华新城小区配套学校建设工程、亮马河四环路以上段景观提升项目（四环以里）等6个项目市政府补助资金1.7亿元。

【158个项目立项批复】 年内，区发展改革委批复立项158个项目，总投资约536亿元。包括政府投资项目36个，总投资90亿元；企业投资核准项目23个，总投资427亿元；企业投资备案项目99个，总投资19亿元。

【东西部协作】 年内，朝阳区召开区级东西部协作工作会议5次、高层联席会议6次，双方领导完成高层互访。区支援合作工作领导小组办公室牵头，9次到内蒙古乌兰察布市卓资县、察右后旗和通辽市科左后旗实地调研。组织朝阳区16个街乡、80个社区（村）、31个社会组织、22所学校、25所医院、46家企业与帮扶地区结对。拨付区级帮扶资金3237.6万元，选派9名党政干部、85名专业技术人才到帮扶地区交流。采购和帮助销售帮扶地区农畜牧农产品和特色手工艺品1.4亿元，帮助结对地区农村劳动力实现就业7065人，其中来京就业238人。

【朝密结对协作】 年内，朝阳区以平台、项目、市场为抓手，与密云区在园区共建、资金项目、农产品销售等方面加强合作。采购、销售密云区农副产品金额近1000万元，比上年增长近400%。组织工会会员单位及全区机关干部15万余人，帮扶密云区综合收入1500余万元。组织19家基层卫生医疗机构结对协作，加强社区卫生医疗机构交流合作，开展交流活动20余次。开展线上教师培训与人才交流，参加学科培训400余人次，参与师生交流65人次。增派挂职干部4名，接收密云区干部2名，6名驻村第一书记到密云区挂职锻炼。（区发展改革委）

财　政

【概况】 2021年，北京市朝阳区财政局（简称“区财政局”）将党建、意识形态、“12345”市民服务热线、巡察整改等工作纳入年度计划。开展党史学习教育。制定年度执法检查计划，依法开展执法检查与监督。朝阳区一般公共预算收入完成543.4亿元，比上年增长6.4%，完成预期收入的103.3%；一般公共预算支出557.3亿元，达到全年支出进度考核基数的99.5%。

【财源建设】 年内，区财政局结合区域功能定位在新冠肺炎疫情常态化、供给侧和需求侧双重萎缩压力下研判应对财源建设。以《北京市财源建设评估办法》为指导，编制区财政“十四五”规划，完善财源建设调度长效机制，坚持供给侧结构性改革、拓展内需，支持经济大脑平台建设，优化营商环境，服务企业和动态监测，用好金融、文化、商务经济等各类产业政策和高品质楼宇空间，推动财政收入稳定增长。

【减少"三公"经费11.4%】 年内，区财政局持续强化和规范"三公"经费管理，建设节约型政府。全年支出6204万元，比上年决算减少11.4%。

【支持乡村建设】 年内，区财政局优先足额保障资金922.912万元，主要用于全区11个乡47个村节能路灯、公厕、农厕洁掏长效管护项目；创新中央农村集体土地"三权分置"（所有权、承包权和经营权）相关政策，安排1.2亿元农村集体产业用地统筹经费，推动农村集体产业发展。

【"两区"建设】 年内，区财政局对接区发展改革委、区商务局跟踪"两区"建设产业促进配套政策的制定出台，跟进CBD高质量发展、国际创投聚集区政策制定工作。支持区商务局500万元，用于聘请国际化专业机构进行制度创新、政策研究、项目招商。结合"十四五"规划，运用绩效评价结果适调完善上年修订的重点产业方向和政策，加快推进重点产业资金项目的征集、评审、资金拨付，拨付2021年重点产业资金82159万元，拨付金融、上市、总部经济市级产业政策资金17765万元，培育具有国际竞争力的创新型产业集群。

【民生保障】 年内，区财政局为重大公共卫生服务和基本公共卫生服务提供资金保障，贯彻落实《关于统筹落实2021年养老服务专项转移支付改革试点和因素法资金的实施方案》，推进具有朝阳特色新型养老服务体系建设，支持居家和社区改革试点工作，支持各类弱势群体救助政策落实。安排市、区两级财政资金2966万余元用于开展"两节"送温暖活动，惠及朝阳区民政、卫生、残联等17个部门管理的9万余名困难对象。

【国有资产管理】 年内，区财政局建立常态化监管机制，采取"一案一档"落实国有资产出租、出借巡视整改项目台账。资产配置实行预算管理，控制增量、盘活存量，利用"公物仓"区内调剂与划拨实现资产区级公用共享。 （蔡华东）

税　务

【概况】 2021年，国家税务总局北京市朝阳区税务局（简称"区税务局"）聚焦税收主业，组织税费收入态势良好，减税降费成效得到巩固；税收征管改革持续深化，税费体系建设不断健全，各税种管理效能提升；精细化服务增进，智慧化服务有成效。全年累计完成税收收入（不含出口退税、不含个人所得税手续费退库）2234.3亿元，比上年增长13.7%。其中，完成中央级税收收入1182.3亿元，比上年增长17.1%；完成地方级税收收入1052亿元，比上年增长10.2%。全年累计办理出口退税（含免抵调）2.33亿元，比上年下降58.8%。

【社会保险费和非税收入】 年内，全区征收各项社会保险费948.00亿元，其中企业职工基本养老保险费552.78亿元、机关事业单位基本养老保险费30.91亿元、基本医疗保险费325.04亿元、失业保险费24.38亿元、工伤保险费8.77亿元、城乡居民基本养老保险费0.23亿元、城乡居民基本医疗保险费1.48亿元、其他社会保险费4.41亿元。征收机关事业单位职业年金15.80亿元。全年征收各项非税收入165.24亿元，其中教育费附加21.43亿元、地方教育费附加14.28亿元、残疾人就业保障金10.83亿元、油价调控风险准备金118.54亿元。代收工会经费21.31亿元，国家电影事业发展专项资金3745万元。

【税收法治】 年内，区税务局开展宪法日宣传活动。推进行政执法三项制度，加强监督检查，确保执法信息公示及时准确；规范使用执法记录仪，全过程记录制度事项清单；遵守程序，促进重大执法决定法制审核规范标准。

【税收政策落实】 年内，区税务局申报享受小微企业免征增值税税收优惠的纳税人15.62万户，减免税款7.30亿元；享受小型微利企业税收优惠的纳税人3.83万户，减免税额26.55亿元。推动落实研发费加计扣除新政策。开展个人所得税综合所得汇算清缴，2020年度汇算申报实现扣缴单位9.17万户，覆盖154.77万纳税人。

【纳税服务】 年内，区税务局实现新办事项一窗办结，优化注销流程，提高企业退出效率。开展"便民办税春风行动"和"春雨润苗"行动，发放问卷调查3721份，培训2.29万户次。受理"12345"市民服务热线诉求7485件，响应率保持100%。通过"朝阳税务"微信公众号推送减税降费相关文章182篇，阅读量19.4万人次。制发"税务小哥"38期，观看突破20万人次。

【征收管理】 年内，区税务局推行发票线上领用，30.09万户次领取。推动增值税专用发票电子化，在使用增值税专用发票的新设立登记纳税人中，增值税电子专用发票核定占比84.52%。做好社会保险费专项辅导工作，推进国有土地使用权出让收入、矿产资源专项收入两项非税收入项目划转。截至12月31日，税务登记75.72万户，其中单位纳税人35.47万户、个体经营纳税人5.35万户。

【电子税务】 年内，区税务局在全市税务系统率先成立"税务云厅"，统一受理全区40.61万户纳税人的网上办税事项。优化"在线导办"服务，服务纳税人1.13万人次，总服务时长4241小时44分钟。拓展"非接触式"网上办税新功能，电子税务局业务办理率高于99%。强化信息化基础设施建设，优化自然人电子税务局运维，加强专票电子化系统技术保障。 （林　洁）

2021 年朝阳区税务局税务所一览表

表 1

名 称	地 址	电 话
北京市朝阳区税务局	朝阳区安苑东里三区1号	87426551
第一税务所（办税服务厅）	朝阳区宏泰东街望京东园4区绿地中心5号楼	81612366
第二税务所	朝阳区光华路9号光华路SOHO二期E座	81612366
第三税务所（办税服务厅）	朝阳区来广营红军营南路甲3号	81612366
第四税务所（办税服务厅）	朝阳区西大望路甲12号B座一层	81612366
第五税务所	朝阳区光华路9号光华路SOHO二期E座	81612366
第六税务所	朝阳区来广营红军营南路甲3号	81612366
第七税务所	朝阳区华威北里甲26号	81612366
第八税务所（筹备中）	朝阳区管庄乡燕京医药公司东侧	81612366
朝外税务所	朝阳区左家庄东里甲3号	81612366
劲松税务所	朝阳区小八里庄37号	81612366
建外税务所	朝阳区光华路9号光华路SOHO二期E座	81612366
呼家楼税务所	朝阳区太阳宫中路甲6号临1号	81612366
八里庄税务所	朝阳区左家庄东里甲3号	81612366
双井税务所	朝阳区华威北里甲26号	81612366
左家庄税务所	朝阳区左家庄东里甲3号	81612366
酒仙桥税务所	朝阳区宏泰东街望京东园4区绿地中心5号楼	81612366
麦子店税务所	朝阳区太阳宫中路甲6号临1号	81612366
望京税务所	朝阳区宏泰东街望京东园4区绿地中心5号楼	81612366
大屯税务所	朝阳区来广营红军营南路甲3号	81612366
奥运村税务所	朝阳区来广营红军营南路甲3号	81612366
东湖税务所	朝阳区宏泰东街望京东园4区绿地中心5号楼	81612366
南磨房税务所	朝阳区小八里庄37号	81612366
高碑店税务所	朝阳区定福庄路9号	81612366
十八里店税务所	朝阳区小八里庄37号	81612366
常营税务所	朝阳区小八里庄37号	81612366
管庄税务所	朝阳区定福庄路9号	81612366
金盏税务所	朝阳区宏泰东街望京东园4区绿地中心5号楼	81612366
来广营税务所	朝阳区来广营红军营南路甲3号	81612366

审 计

【概况】 2021 年，北京市朝阳区审计局（简称“区审计局”）完成审计项目 89 个，查出违规金额 2.2 亿元，提出审计建议 468 条，促进增收节支 3.7 亿元，促进被审计单位建章立制 88 项，相关报告获区领导批示 65 篇次。获首都精神文明建设委员会颁发的“2021 年首都文明单位标兵”称号，获书香中国北京阅读季领导小组办公室颁发的“书香北京系列评选优秀机关”称号，获北京市审计局、北京审计学会颁发的“第五届北京审计青年论坛组织奖”，组织拍摄的《勤审为公、善计为民》宣传片获审计署颁发的“全国审计机关‘五个十’审计正能量优秀作品奖”。区审计局实施的朝阳区公共文化服务体系建设情况专项审计调查项目获北京市审计局颁发的“2021年北京市审计机关优秀审计项目二等奖”，区审计局实施的“中共北京市朝阳区委东风地区工委书记郭君、原办事处主任张军茹任职期间经济责任履行情况及自然资源资产离任（任中）情况审计”项目获北京市审计局颁发的“2021年北京市审计机关优秀审计项目三等奖”。

【政策跟踪审计】 年内，区审计局开展重大政策措施落实跟踪审计。审计贯彻落实重大决策措施的具体部署、相关配套政策制定、执行进度和执行效果情况。

【预算执行审计】 年内，区审计局对区级一级预算单位实施数据审计全覆盖，对区房管局、区市场监管局、区医保局、区科信局、区交通委、区环卫中心、区总工会、区农业农村综合服务中心8个重点一级预算单位开展现场审计，对市场监管、房管、环卫中心等3个行业涉及13个二级预算单位开展预算执行和决算草案进行审计。

【领导干部经济责任审计】 年内，区审计局制定《北京市朝阳区处级领导干部离任经济事项交接工作制度（试行）》，对5个部门、8个街乡共21名领导干部开展任期经济责任审计，对3个地区办事处6名领导干部开展任期自然资源资产离任（任中）审计。

【政府投资审计】 年内，区审计局对街乡环境整治、美丽乡村建设、大尺度绿化、老旧小区改造、道路建设等工程项目开展审计，对工程建设项目基本建设程序、招投标、合同管理、质量安全管理、进度管理、运营管理，以及工程结（决）算等情况进行审计。

【专项审计】 年内，区审计局对区信息化建设、重点产业、促进就业、社会建设等重点资金开展审计调查，对资金分配管理、资金安全绩效、相关任务完成及政策目标实现情况进行审计。

【企业审计】 年内，区审计局对3家区属国有企业6名企业领导人员开展经济责任审计，对区国资委监管企业京外投资情况开展专项审计调查。

【部门预算执行数据审计】 年内，区审计局对全区66家一级预算单位和13家二级预算单位开展部门预算执行数据审计；针对预算执行审计预算编制、预算执行等四大类事项，创建涉及政府采购预算、政府购买服务等8个方面的审计模型20个，形成问题疑点482个。

【审计信息宣传】 年内，区审计局发出审计信息272篇，被国家和市、区级媒体采用928篇次，采用率341%。市区两级目标考核任务132篇，完成181篇，完成率137%；被“学习强国”学习平台、《中国审计报》《中国审计》、审计署官网及公众号、审计观察等国家级媒体采用44篇次，《北京审计杂志》采用5篇，《北京审计通讯》采用85篇。在全市审计机关宣传工作积分排名中以2532分位列第一。成立党史学习教育审计局宣讲团，代表区直机关工委参加区委宣讲报告会并获优秀奖。（崔月明）

统　计

【概况】 北京市朝阳区统计局（简称“区统计局”），设有下属事业单位朝阳区统计局普查中心、朝阳区统计执法检查队、朝阳区统计调查中心3家。10月，李淑环任区统计局党组副书记、局长。2021年，区统计局完成各专业2020年统计年报和2021年定报工作；发布《北京市朝阳区第七次全国人口普查公报》，开展朝阳区第七次全国人口普查合作课题研究；发布《朝阳区2020年国民经济和社会发展统计公报》。完成研究课题21项。开展两批次数据质量专项核查，覆盖1500余家单位；“准规模”单位查找10616个，单位数量位居全市第一；开展考评类、民生领域专项调查20余次；完成统计执法任务1663家。开展统计宣传，举办以“传承红色基因，统计助力朝阳”为主题的朝阳区第七届政府统计开放日。首次举办区统计建模大赛。（黎　晨　陈　红）

【人口抽样调查】 6月，区统计局开展第二季度人口抽样调查。调查时点为6月15日零时，涉及朝阳区29个街乡的29个社区（村）中29个小区，调查登记3414户、7740人。9月，开展第三季度人口抽样调查。调查时点为9月15日零时，涉及朝阳区29个街乡的29个社区（村）中29个小区，调查登记3369户、7849人。10月至11月，开展年度人口抽样调查。调查时点为11月1日零时，调查涉及朝阳区43个街乡的438个社区（村）中609个村级样本块，调查登记29131户、70143人。其中，国家点涉及33个街乡的51个社区（村）中51个村级样本块，登记2503户、6072人；北京点涉及43个街乡的419个社区（村）中558个村级样本块，调查登记26628户、64071人。选调指导员和调查员1861名，利用腾讯会议开展为期3天的“两员”视频培训。成立8个督导组分片督导。引入三方力量协助开展质量控制，完成实地走访空户核查1850户，电话回访准确性抽查1116户。（李佳倪）

【统计报告和信息】 年内，区统计局撰写统计分析报告262篇、经济信息301篇，编印统计专报29期、专题分析80期、产业监测28期、区域监测16期、研究报告7期；被区委办和区政府办采编信息158条，被市统计局内网采用政务信息116条、分析报告

215 篇，被国家统计局内网采用政务信息 6 篇。《2020 年朝阳区单位纳统情况》《关于疫情对三里屯商圈经营情况影响的分析报告》《2021 年上半年朝阳区 GDP 预判情况报告》《朝阳区研究与试验发展（R&D）经费内部支出情况分析》等分析报告得到区领导 40 次批示和关注。《逆境中披荆斩棘　新起点乘风破浪——2020 年 1—3 季度朝阳区经济运行情况分析》《朝阳区经济发展空间布局研究》在市统计局优秀统计分析报告评选中分别获形势类二等奖和专题类三等奖。《2020 年我区文化产业发展情况分析》《2020 年我区金融产业发展情况分析》《老旧小区改造需求分析及相关建议》3 篇分析报告被区委评为优秀信息。向区有关单位提供数据 32.9 万余笔。完成《统计经纬》《2021 朝阳统计手册》《统计报告（2020 年合订本）》《北京市朝阳区经济普查年鉴 2018》《朝阳区第四次全国经济普查分析报告汇编》《2020 年朝阳统计分析报告》《北京市朝阳区 2021 年统计年鉴》编印工作。通过北京朝阳网、朝阳统计信息内网、“北京朝阳统计”官方微信发布《朝阳区 2020 年国民经济和社会发展统计公报》《北京市朝阳区第七次全国人口普查公报》。（黄桂俊）

【经济运行监测】 年内，区统计局根据区经济发展重点修订《北京市朝阳区统计局、北京市朝阳区经济社会调查队统计分析服务工作管理办法》，制定统计监测完成时间表，修订完善统计监测目录，加强经济恢复态势分析，开展数字经济、自贸区、企业外迁、商贸流通领域等新领域监测。开展“七有”“五性”、主要指标分街乡、“十三五”经济发展情况、“高精尖”、企业计划外迁、中国共产党成立 100 年经济发展综述等专题分析，监测内容注重反映“两区”建设、数字经济等内容，服务全区经济转型升级。（黄桂俊）

【增强统计业务能力】 年内，区统计局围绕“两区”建设、数字经济、总部经济、数字贸易、高质量发展综合绩效评价等工作，完成研究课题 21 项。以局重点课题为试点，建立综合科室统筹、专业科室配合的组织模式。开展企业“族谱穿透式分析”，挖掘不同类型的代表性总部企业的组织框架和业务分布。首次举办区统计建模大赛，组织年轻干部研究数字经济、企业发展潜力、人口数据融合等重点难点问题。（黄桂俊）

【统计专项调查】 年内，区统计局开展考评类、民生领域专项调查 20 余次，撰写各类报告 200 余篇。在民生领域，聚焦民生热点，在新冠肺炎疫情常态化背景下，选取最优调查方式。其中，垃圾分类调查开展 3 次，每次完成 500 份样本调查；民生实事项目线索调查完成 300 份样本。两项调查任务量居全市首位。在企业调查领域，从中小微企业生产经营情况、营商环境执行效果等层面开展 5 次调研调查。对接全区重点工作完成多项区级调查。其中，按季度完成区政法委委托的安全感调查，完成区绩效办委托的区政府绩效考评民意调查。开展春节消费、老旧小区综合整治需求调查、体育健康行为及需求调查等自主调查项目。《新风尚变成好习惯》获区长文献批示，依据该报告制作的公众号文章《垃圾分类一年多　朝阳群众做得如何了？》获第二届“京彩”网络正能量文字作品；《企业注重韧性发展　政企合力逾冬迎春》被区政府政务信息专刊采登；《停车难问题依然凸显，适老化改造需再加码》获区委办优秀信息。（刘狄菲）

【“七人普”主要数据发布和资料开发】 年内，区统计局推进第七次全国人口普查（简称“七人普”）数据资料开发工作，通过区政府网站和“北京朝阳统计”官方微信公众号发布《北京市朝阳区第七次全国人口普查公报》。完成 4 篇人口普查系列专题分析撰写，推进“七人普”重点研究课题工作，完成 5 篇重点课题研究对外招募及课题开题，完成“七人普”数据与大数据建模研究报告。（刘晨威）

【统计宣传】 年内，区统计局出台《2021 年朝阳区统计宣传工作要点》，以庆祝中国共产党成立 100 周年宣传为主线，突出党建、“七人普”、数据解读、法治宣传等重点开展形式多样的统计宣传。在微信公众号开设《数说党史》专栏，用数据展示革命、建设、发展各个阶段的党史。开展“永远跟党走”百姓宣讲、学习“习近平七一重要讲话精神理论宣讲”等宣讲活动 20 余场。优化《朝阳统计手册》设计，向区领导和部门、街乡发放600余册，宣传统计知识和法规。增强《统计经纬》杂志数据解读的实用性、专业性和趣味性。“北京朝阳统计”官方微信推送图文 113 期 143 条，66932 人次阅读。举办以“传承红色基因，统计助力朝阳”为主题的第七届政府统计开放日活动，采用“线下活动＋线上直播”的方式、数据与党史相融合的形式展示朝阳统计工作的红色历程，活动当天 200 余万人次观看。市统计局平台采登 116 篇，“北京朝阳”外网平台采登 63 篇。（王　婷）

【提升统计数据质量】 年内，区统计局落实《北京市朝阳区统计质量全过程管理办法》，制定《统计业务工作手册》《北京市朝阳区统计局统计资料管理办法》。科所联动开展两批次数据质量专项核查，覆盖 1500 余家单位，围绕各行业重点指标指导报表单位正确填报统计数据。开展“准规模”单位查找，从查找范围、采集环节、过程审核 3 方面入手查找到 10616 个单位，占全市的比重为 22.2%，单位数量居全市第一。（王蓉蓉　傅　仑）

【统计普法执法】 年内，区统计局印制并发放普法宣传材料 14500 份，发放普法宣传品 500 余份。制作的普法宣传动漫《依法统计　人人有责》获市委全面依法治市委员会守法普法协调小组评选的北京法治动漫微视频一般普法类二等奖。落实行政执法公示、执法全过程记录、重大执法决定法制审核3项制度。完成统计执法任务1663家，其中日常检查93家、专项查询1558家，统计催报12家。简易程序处罚29起，一般程序立案17起。开展全区统计诚信单位评选，评选出年度统计诚信单位13家。（田泳 闫瑾）

市场监督管理

【概况】 2021年，北京市朝阳区市场监督管理局（简称“区市场监管局”）以深化改革创新为动力，以推动高质量发展为主题，以构建高标准市场体系为目标，持续优化营商环境，严守食品药品、特种设备、产品质量安全底线，保障消费者权益。办理行政处罚案件3911件（简易程序1348件、一般程序2563件），罚没款1.65亿元，被市人大常委会选定为首批基层立法联系点。截至年底，全区有市场主体382566户，其中内资企业329340户、外资企业13909户、个体工商户39308户。全年新增市场主体40041户，其中新设内资企业37050户、新设外资企业1268户、新设个体工商户1723户。完成市场主体年报工作，其中区企业年报率92.5%、代表机构年报率87.86%、个体工商户年报率67.57%。出台22条服务“两区”建设措施，为33家自贸区重点企业颁发营业执照。发起37次“双随机”抽查，抽查主体10615户；发起部门联合“双随机”抽查83次，抽查主体1550户。审议通过给予两部电梯更新资金56万元。深化与区法院建立的联合惩戒机制，“一案双罚”办理案件9件。核查两条涉黑涉恶线索移送区扫黑办。出动“扫黄打非”执法人员2700人次，检查企业2400家次。区市场监管局被市人大常委会选定为首批基层立法联系点，被评为2019—2020年度接诉即办改革工作先进集体；餐饮服务监管科被评为“全国食品安全工作先进集体”，执法协作科被国家市场监管总局评为“扫黑除恶专项斗争工作成绩突出集体”，登记注册科（行政审批科）获“北京市工人先锋号”称号。

【重点企业顾问服务机制建立】 7月21日，区市场监管局召开首届重点企业顾问委员会会议，审议通过首批352家重点企业，通过构建专业集成的网络化服务体系，为企业提供服务。

【发出全市首张“一市一照”执照】 7月22日，区市场监管局为罗森（北京）有限公司办理“地铁便民分店”营业执照，这是北京市发出的首张“一市一照”营业执照。

【“暖心驿站”服务新就业群体】12月29日，“暖心驿站”在建外市场监管所揭牌成立，东湖、亚运村、团结湖、南磨房市场监管所同步挂牌运行。驿站内设置书报刊、充电器、便民雨具、救助用品等相关配套用品，为外卖骑手、快递小哥等新就业群体打造全方位服务场所。

【打造普法宣传品牌新形象】 年内，区市场监管局制作《政策法规云课堂》系列视频微课，发布17期。通过内容体系化、品质标准化的市场监管领域专项网络课程视频资源，打造普法宣传工作品牌新形象。

【简政放权】 年内，区市场监管局启动高频事项“证照联办”新模式，申请营业执照和办理行政许可材料一次提交、并联审批，一天内同时领取。对于仅销售预包装食品的食品经营者，由食品经营许可改为食品经营备案管理。探索“区块链”行政审批模式，搭建朝阳区地址空间资源区块链管理应用平台。深化市场主体登记告知承诺制度，保证“e窗通”企业开办平台数据及时审批，当日办结。全年办理营业执照登记注册19.8万户次，居全市首位，受理食品经营、医药行政许可申请2.7万件次，办理特设类行政许可1517件、计量类许可20件、“CCC免办”审批1686家次，商标受理窗口受理各类业务申请3853件。新设立市场主体4万户，占全市15.5%；市场主体总量38.3万户，占全市17.1%。

【企业信用档案查询应用】 年内，区市场监管局通过拓宽办理渠道、缩短办理时限、上传申请材料等方式优化对外出证服务，对外查询出证4301件，向朝阳区社会信用体系建设联席会议办公室反馈682家企业信息。辅助25个其他部门查询提供主体数据及街乡数据48万余条，接待企业档案外部查询4.5万次。借助大数据分析技术，撰写《2020年年度朝阳区市场主体发展分析报告》《2021年一季度朝阳区市场主体发展分析报告》和《2021年半年朝阳区市场主体发展分析报告》等。

【非首都功能疏解】 年内，区市场监管局制定《朝阳区2021年无证无照经营和“开墙打洞”专项整治行动工作方案》。整治无证无照经营点位187处；疏解商品交易市场2家，其中指导停业1家、拆除1家。

【重大活动服务保障】 年内，区市场监管局成立北京冬奥会、冬残奥会及系列测试赛服务保障工作领导小组，设置11个工作组，组织开展赛会相关食品安全、特种设备安全、产品质量安全、市场秩序监管、环境整治、应急管理、内控维稳等服务保障。首创“1+3+3+N”（“1”是坚持一个统筹，区局党委集中统一领导，主要领导亲自抓，分管领导具体抓；两个“3”分别是实施区局、科所、点位三级联动，以及早研究、早安排、早落实的“三早”原则；“N”是指推出多项举措，如开展桌面推演、组织全要素演练、推行无接触式接货抽样管理等）朝阳模式服务保障体系，制定《突发事件信息分类分级处理规范》，通过标准化起草突发事件信息收集和报送规范，承担全国两会、“相约北京”系列冬奥测试赛、中国共产党成立100周年庆祝活动、中国国际服务贸易交易会等28项重大活动服务保障工作。保障132万人次安全就餐，检查特种设备3580台、压力管道40余千米。制作58期《直击冬奥测试赛系列专刊》。

【建立复杂疑难案件的应对处置平台】年内，区市场监管局建立和畅通重大疑难复杂案件的收集和反馈指导平台，通过内部专业力量、第三方技术和法务两个服务团队对重大疑难复杂问题开展研判、指导和反馈。出具书面指导意见或查办建议55件，制作《食品标签类案例处置指导专刊》3期，强化以案说法和以案促学。

【公平竞争审查】年内，区市场监管局履行区公平竞争审查联席会议办公室职责，制定《北京市朝阳区进一步推进公平竞争审查工作的实施意见》《朝阳区公平竞争审查举报回应制度》，在全市首创“举报回应机制”，明确举报处理流程及回应程序、畅通举报渠道。全年审查238件，提出5条整改建议。

【查处打击传销行为】年内，区市场监管局制定《关于建立打传规直长效监管机制实施方案》，建立打击传销规范直销工作领导机制、科所队联动机制、应急响应机制及接诉即办工单处理流程。完成330个无传销社区（村）创建任务，委托第三方对申报无传销社区（村）开展暗查并出具评估报告，核查16个涉嫌传销线索。

【查处违规商业营销宣传】年内，区市场监管局制定《关于开展违法违规商业营销宣传专项整治工作方案》。查处6起借助庆祝中国共产党成立100周年发布牟利违法广告案件，其中2起被国家市场监管总局评为全国典型案例。（肖　洁）

2021年朝阳区市场所一览表

表2

序号	名称	地址	电话
1	亚运村市场监督管理所	安慧里一区11号楼	64915551
2	小关市场监督管理所	惠新东街8号设计大厦13层	84644537
3	望京市场监督管理所	广顺南大街21号院蓝色家园小区西门	64212331
4	东湖市场监督管理所	望京西园一区103号楼	64728614
5	太阳宫市场监督管理所	太阳宫地区尚家楼48号院1号楼底商西侧	84624847
6	金盏市场监督管理所	金盏乡城市管理指挥中心	84333173
7	奥运村市场监督管理所	科荟桥东北角奥运村城管执法大队院内	62940953
8	酒仙桥市场监督管理所	酒仙桥驼房营路3号	64377046
9	将台市场监督管理所	将台乡驼房营路3号	64329430
10	来广营市场监督管理所	来广营地区朝来绿色家园蕴实园3号楼底商	84950775
11	建外市场监督管理所	建国路93号院万达广场3号楼1层	58205533
12	东坝市场监督管理所	东坝乡红松园16号（东坝乡政府往南50米）	65491772
13	朝外市场监督管理所	雅宝里15号	85612587
14	六里屯市场监督管理所	六里屯街道甜水园北里1号	52135630
15	八里庄市场监督管理所	慈云寺1号院东区国际小区三号楼A座109	52187326
16	垡头市场监督管理所	垡头街道翠城馨园524号楼	67389581
17	十八里店市场监督管理所	双龙南里129号楼	87310453
18	小红门市场监督管理所	小红门乡小红门村临918号	67639370
19	三里屯市场监督管理所	幸福村1号	84751418
20	左家庄市场监督管理所	左家庄顺源里小区6号楼	64668825
21	麦子店市场监督管理所	朝阳公园西里南区6号	58260845

续表 2

序　号	名　称	地　址	电　话
22	东风市场监督管理所	东风乡政府星火西路9号	85818457
23	团结湖市场监督管理所	团结湖北头条9号楼（团结湖市场所）	85589305
24	三间房市场监督管理所	建国路甲8号院三间房执法队内	65420081
25	大屯市场监督管理所	慧忠里B区108号楼3层	52206505
26	安贞市场监督管理所	安贞西里二区17号楼7层	52172115
27	和平街市场监督管理所	和平街西苑甲12号楼1层	84282097
28	崔各庄市场监督管理所	崔各庄乡政府东侧100米	64321040
29	孙河市场监督管理所	孙河乡顺白路6号	52171833
30	香河园市场监督管理所	西坝河西里28号英特公寓4层	64430686
31	潘家园市场监督管理所	松榆东里37号楼	87373176
32	双井市场监督管理所	广坡村街广坡村1号	87759513
33	南磨房市场监督管理所	双龙南里212号楼	87312145
34	王四营市场监督管理所	王四营乡王四营村党员服务中心东侧楼2楼	67373882
35	呼家楼市场监督管理所	呼家楼北街甲6号	65018535
36	平房市场监督管理所	平房乡黄杉木店路10号	85518505
37	常营市场监督管理所	富力阳光美园甲1号105 2层	65480860
38	管庄市场监督管理所	管庄路管庄东里21号楼	85707889
39	首都机场市场监督管理所	首都机场西平街2号街道办事处	64571573
40	奥管委市场监督管理所	安苑北里小区12号楼综合执法队2层	64810160
41	劲松市场监督管理所	劲松一区132号	67730440
42	高碑店市场监督管理所	高碑店乡康家园25号楼	85791630　85777231
43	黑庄户市场监督管理所	黑庄户乡黑庄户家属院内	85386401
44	豆各庄市场监督管理所	绿丰家园东路与西马各庄北路交叉口往东20米	85307404

质量技术监督

【概况】 2021年，北京市朝阳区市场监督管理局（简称“区市场监管局”）推进朝阳区质量基础设施“一站式”公共服务平台建设。完成平台的可行性研究报告和材料申报，召开专家项目评审会议，获得资金批复，加快整合质量管理资源，提高质量技术服务信息对称性和精准性。

【资助市区两级技术标准制（修）订】 年内，区市场监管局受理32家单位、65项标准申报北京市标准资助，对符合区级资助条件的44家单位提出的197项标准资助180万元。

【特种设备安全隐患治理】 年内，区市场监管局开展安全生产专项整治三年行动，开展危化品相关移动式压力容器和燃气安全专项整治、安全生产“仗剑”专项行动，围绕重大活动保障、危险化学品、液化石油气、大型游乐设施、住宅老旧电梯、“单铁芯”电梯、人员密集场所电梯等开展隐患排查治理。完善高风险电梯安全隐患治理工作机制，建立997台电梯安全隐患台账，向94家使用单位邮寄送达高风险电梯评估报告，督促整改。定期检验，对特种设备使用单位实施监督检查610家次，检查各类特种设备4681台套，安排检验任务8519单，出具检验检测报告54865份。排查超期设备使用状态，在用特种设备超期未检比率降至0.5%以下。

【特种设备信息化建设】 年内，区市场监管局建立朝阳区特种设备及使用维保单位动态智能监督管理系统，开发电梯异常情况“扫码”线上报修等功能，实现电梯异常情况的实时跟踪和及时处理。

【工业产品质量监管】 年内，区市场监管局加强对获证企业的监督管理，监督抽查流通领域公共安全类重点产品，对辖区 27 家次企业实施风险处置，指导企业开展调查和整改。打击无证生产销售以及掺杂使假、以假充真、以次充好、质量不合格等违法行为，开展各类执法检查 291 家次，监督抽查 685 组。打击制售非法电动自行车及电动三、四轮机动车的违法行为，现场检查6370家次，立案42起，查扣涉嫌违法电动自行车 70 辆。

【大气污染防治】 年内，区市场监管局制定《2021 年污染防治攻坚战工作方案》，通过动态更新经营主体台账、覆盖式质量抽查、产品质量联合检查等方式，开展大气污染防治类商品质量监管。开展车用油品质量抽检 135 组，开展涉及环境精准执法，检查单位 526 家次。

【计量检定】 年内，区市场监管局规范机动车检测场计量器具管理和检验检测行为，统一标准、明确尺度，实现检测结果准确、检测报告完整，消除风险隐患。组织开展元旦、春节、清明、五一、中秋、国庆计量专项监督检查，完成强制检定计量器具 57914 台件，检查限制过度包装商品 26 件，责令整改。

【垃圾分类检查】 年内，区市场监管局开展垃圾分类执法检查。出动执法人员 9886 人次，检查经营主体 11733 家，宣传 2162 家次；办理一般程序行政处罚案件 7 件，罚没款 5.12 万元。

【质量提升行动】 年内，区市场监管局推荐辖区企业和个人参加“第四届中国质量奖”评选，指导京东方科技集团股份有限公司获“第四届中国质量奖”，为 300 余家辖区企业提供质量培训、质量沙龙等常态化公益服务。

【缺陷产品召回】 年内，区市场监管局开展缺陷产品召回和监督检查，涉及 11 家企业，召回产品 279 件，其中指导企业主动召回产品 63 件，开展家用汽车三包、缺陷消费品召回、产品防伪企业专项双随机工作 32 家次。

【创建节约型餐饮】 年内，区市场监管局组织开展节约型餐饮评价系列活动。牵头制定的《节约型餐饮企业评价通则》团体标准被市市场监管局推荐立项“节粮减损”类国家标准，成为北京市唯一推荐入选项目。

【标准化建设】 年内，区市场监管局组织推荐的“望京小街”等 3 个国家级服务业标准化试点项目获批并启动试点建设。同时，与区财政局联合发布《实施首都标准化战略朝阳区补助资金管理办法》，是全市首个标准化综合性区级扶持政策，涵盖标准制修订、试点示范、推动标准国际化等多项补助于一体。

【认证工作】 年内，区市场监管局以“互联网＋监管”为基本手段，依托认证行政监管系统，筛查认证活动、认证结果关键信息，收集、整理认证异常活动和认证风险信息，逐一核查朝阳区内 10 家认证机构的 278 条异常信息。 （肖 洁）

食品药品监督管理

【概况】 2021 年，北京市朝阳区市场监督管理局（简称“区市场监管局”）制定《2021 年食品安全监测计划》。开展食品各环节区级食品安全常规监督抽检 3600 批次，不合格 24 批次，合格率 99.3%。食品安全快速检测重点检测消费者投诉和反映问题比较集中、风险隐患较大及全区重点监管的食品品种和检测项目，检测 5500 批次。抽检药品 430 批次，合格率 100%；完成医疗器械经营和使用环节抽检 65 批次。

【市场领域常态化疫情防控】 年内，区市场监管局牵头区市场防疫工作组工作，关注疫情变化趋势，分析评估风险，指导各街乡、各成员单位开展疫情防控，督促市场主体遵守各项疫情防控措施，对全区 87 家市场开展“全覆盖、全链条、全流程”检查，对存在的问题责令相关单位立即整改。对集中办公区、孵化器及优客工场等 41 处联合办公场所开展疫情防控检查，夜查酒吧疫情防控情况，加强对集中观察点酒店的食品安全保障。开展为期 10 天的疫情防控大检查、大督查，并通过“回头看”行动确保问题整改到位。

▲ 2 月 24 日，区市场监管局开展元宵节专项食品安全检查 （郝维龙 摄）

【冷链食品安全监管】 年内，区市场监管局推进“北京市冷链食品追溯平台”的使用，加强冷链食品监督检查，每周对冷链食品、重点场所环境和相关从业人员进行核酸检测。检测151.4万件，结果全部为阴性。

【食品安全“你点我检”活动】 年内，区市场监管局在区政府网站发布《关于开展食品安全“你点我检”活动的公告》，针对消费量较大、消费者普遍关注的食品，抽检样本50件。

【网络订餐食品安全风险共治】 年内，区市场监管局制定《朝阳区餐饮服务单位食品安全风险预控方案》，依托美团、饿了么等第三方平台的大数据优势监管食品安全，实现食品安全线上线下同步监管。餐饮服务安全监管科被国务院食安办授予“全国食品安全工作先进集体”称号。

【药店疫情防控】 年内，朝阳区建立在区级层面政府统一部署，各部门、各街乡共同配合的朝阳区零售药店信息登记报告及闭环管理工作机制。升级“朝阳区退烧止咳类药品销售信息填报系统”功能，使其符合市区阶段疫情防控工作需要。落实属地监管责任，对辖区药店逐一清查，检查药店2031家次，立即整改17家，停业整改17家。

【涉疫医用产品安全监管】 年内，区市场监管局推进新冠病毒检测试剂使用监管，对全部疫苗接种点位开展多轮监督检查，监管医疗机构使用的医用口罩、医用防护服、呼吸机、红外体温计和新冠病毒体外诊断试剂等医疗器械产品。

【不良反应监测】 年内，区市场监管局完成收集、评价药品不良反应报告评价2479件，追踪严重病例补充报告77件，审核医疗器械不良事件监测报告2024件，审核医疗器械产品注册信息371件，审核评价化妆品不良反应报告252件。区食品药品安全监控中心获“2020年全国药品不良反应监测评价工作优秀基层监测机构”称号。

（肖　洁）

消费者权益保护

【概况】 2021年，北京市朝阳区市场监督管理局（简称“区市场监管局”）通过“12345接诉即办”平台接收各类诉求16.4万件，为消费者挽回经济损失3843.52万元；通过其他渠道接收各类诉求18.9万件，为消费者挽回经济损失2181.77万元。

【预付式消费资金监管模式】 年内，区市场监管局探索朝阳区预付式消费资金监管工作。组织10家银行开展研究论证，于1月上线“朝阳预存宝”微信小程序，形成具有朝阳特色的资金监管模式。有1100余家企业入驻“朝阳预存宝”平台，包括教育培训、美容美发、体育运动、洗车、餐饮、儿童游乐、洗染、零售等行业领域。

【监管校外培训机构】 年内，区市场监管局制定中小学生校外培训服务标准化合约，嵌入“预付管家”平台，将预收费全部纳入监管，防范“退费难”“卷钱跑路”等情况发生。

【未诉先办】 年内，区市场监管局重点关注诉求量长期居高、解决率较低的企业，在元旦、春节、两会、“3·15”国际消费者权益日等时间节点开展约谈，督促企业履行主体责任和社会责任。到探探、艺龙、陌陌、微店、奇虎360等大型互联网企业，了解投诉举报、客服处理、退款流程等情况，督促企业规范经营行为。宣传推广《北京市公共租赁住房租赁合同》等13项合同示范文本。

（肖　洁）

价格管理

【概况】 2021年，北京市朝阳区市场监督管理局（简称“区市场监管局”）完成全区转供电主体降费退费工作，退费总金额9920万元。推进转供电环节电价治理，罚没金额5486万元。

【查办重大案件】 年内，区市场监管局查办中远酒店物业管理有限公司、北京京客隆商业集团股份有限公司、北京金隅朝新天地置业有限公司、中化金茂物业管理（北京）有限公司第一分公司、北京华联（SKP）百货有限公司等转供电企业不执行政府定价的违法行为。历时3年，经区人民法院调解，办结北京创意麦奇教育咨询有限公司商标侵权案，罚款2295.40万元。查办北京学大信息技术集团有限公司、北京市小仙炖电子商务有限公司、元气森林（北京）食品科技集团有限公司、辣婆婆餐饮公司作虚假或者引人误解的商业宣传违法行为，罚款263.5万元；查办北京圣陶文润教育文化有限公司使用国家机关工作人员的名义发布广告和对服务进行虚假的商业宣传误导消费者违法行为，罚款120万元。查办格士纳材料（北京）有限公司商业贿赂违法行为，罚款270万元。查办北京东京文化交流中心（有限合伙）未经特殊标志所有人许可，擅自将其用于商业活动的违法行为，罚款1万元。

【涉企收费专项检查】 年内，区市场监管局开展行政机关事业单位收费检查，检查污水处理费、占道费、检验费停征政策落实情况，停征费用2417万元。开展机关中介机构、行业协会商会服务收费检查，规范收费公示方式和内容不完整等问题。开展商业银行收费检查，查处某商业银行“企业服务基础结算套餐”价格欺诈违法行为。开展水电气暖等公用事业收费检查，对供水和供暖企业不执行政府定价违法行为处罚没款10余万元，要求相关企业核减多收取的高压电缆介损试验费、调试费等项目。（肖　洁）

安全生产监督管理

【概况】 2021年，北京市朝阳区应急管理局（简称“区应急局”）防范化解安全生产和自然灾害重大风险，提升灾害事故防范救援能力。组建朝阳区新冠病毒疫苗接种工作组专班，牵头负责统筹推进全区疫苗接种工作。建立“街乡为主、行业支撑”“一街乡一指挥部、一行业一专班”的工作体系，在全市率先探索出疫苗接种标准化模块。采取“线下+线上”的方式，开展知识普及和宣传解读，入摸排辖区人口底数。开展安全生产“暖冬”专项行动、服务保障两节和两会安全生产“仗剑”专项治理行动、“护航·100”执法检查行动、北京冬奥会和冬残奥会测试赛现场指挥部的服务保障。制定下发《2021年度朝阳区安全应急培训工作实施意见》，统筹指导全区各行业部门、各街乡、各有关单位开展安全应急培训。将安全宣传教育进企业、进社区、进学校、进家庭等活动常态化。组织开展“5·12”防灾减灾日及会同市局共同承办全国安全咨询日宣传活动，并组织开展全区安全生产月等活动。利用官方微信公众号、视频号和抖音号等新媒体进行安全宣传，依托朝阳区公共安全馆传播公共安全知识。全年挂账隐患2676项，销账隐患2675项，整改率100%。推进“安责险+服务”制度建设，编制印发《企业落实安全生产主体责任工作指南》。年内，安责险投保企业27118家，占全市25.93%，位列全市第一。获2021年全国应急管理新闻宣传暨学报用报先进单位称号。（丁卉明）

【供暖企业安全生产大检查】 2月1日，区应急局会同区城市管理委员会，对涉及电力、热力、压力、燃气等高危设备的供暖企业开展联合安全生产大检查，督促企业落实《安全生产法》的规定。（陈　京）

【烟花爆竹安全管理】 春节期间，朝阳区不设置烟花爆竹销售网点，从源头上消除安全风险，未发生突发事件。2月27日至3月1日，集中开展烟花爆竹安全回收，回收14个街乡24人上交的烟花爆竹，回收最小包装2268个，总价格10198.96元。对回收的烟花爆竹安排专业运输车辆集中收运，对市民上交的合法烟花爆竹按规定发放补贴。（杨　慧）

【高碑店地区疏解整治】 3月1日，区应急局完成为期100天的高碑店地区民俗园、文创园腾退疏解整治工作，出动执法人员600人次，检查经营单位2000余家次，拆除违建2.2万平方米。开展建筑领域安全大排查，检查建筑施工单位13家，出动检查人员60余人次。组织各乡完成对养老院及养老驿站全覆盖检查，完成“储能”电站执法检查、春季农机安全生产隐患排查。（黄卫峰）

【公共安全和安全管理中心整合】 5月8日，经区委机构编制委员会研究决定，公共安全和安全管理中心整合组建为北京市朝阳区公共管理中心，重新核定编制、领导职数、主要职责。调整后，区公共安全管理中心为区应急局所属公益一类事业单位，机构规格正科级。设主任1名，陈世华担任；设副主任2名（副科级）；事业编制19名。主要职责是负责对全区应急管理、安全生产、防灾减灾救灾重点工程（设施）、重大决策、重要事项以及相关规划落实情况的跟踪、督办。承担安全生产挂账隐患整改，安全生产大检查和专项整治等重点工作事项的跟踪、督办。负责全区应急管理信息化系统建设工作。为朝阳区公共安全教育活动提供场所。（李　月）

【“第十三个全国防灾减灾日”活动】 5月12日，区公共安全馆举办“第十三个全国防灾减灾日”活动，是国家应急广播防灾减灾日特别活动的分会场之一。区公共安全馆馆长陈世华作为特邀嘉宾与国家应急广播主持人一同体验现场活动设备设施，安全馆培训讲师同步讲解与演示。节目在微博、抖音等平台同步播放，在全国范围内展示朝阳区公共安全科普工作成果。（李　月）

【安全生产“仗剑”专项行动】 5月12日至7月31日，区安委会组织各街乡、各部门在全区范围内开展安全生产“仗剑”专项行动。其间，出动检查人员74452人次，检查生产经营单位70686家次；发现隐患49099项，整改隐患45575项，整改率92.82%；停产整顿439家，关闭取缔5家；处罚金额1748.79万元，追究刑事责任34人。（李　艳）

【执法装备保障】 5月，区应急局通过中国联合网络通信有限公司北京市分公司采购60个移动执法政务网套餐，以满足“北京市安全生产行政执法系统”中执法终端与系统平台无线网络连接的传输速度、质量。7月至8月，完成移动检查执法终端的配发。（杨　毅）

【安全馆建馆十周年纪念活动】 6月27日，由区公共安全馆主办、北京减灾协会协办的“科普十年　初心不改——暨朝阳公共安全馆建馆十周年纪念活动”在馆内开展，向观众介绍安全馆十年来的变化，并发布应急宣教歌曲《做自己的英雄》。（李　月）

【有限空间作业监督执法和安全检查专项行动】 8月至9月，区安全委员会办公室组织全区43个街道（地区）办事处及21个负有安全生产监督管理职责的委、办、局集中开展为期2个月的有限空间作业“双防一推进”督查执法和安全检查专项行动。对2630家次企业进行监督执法，对2810家次企业进行安全检查。查处6个检查项数量1378起，安全隐患4181处；开具现场检查记录2630份，责令限期整改指令书260份，现场处理措施决定书108份；责令立即整改986起，限期整改424起；发放有限空间宣传画13790册。（陈　京）

【电动自行车专项整治】 9月，区应急局成立朝阳区电动自行车专项整治工作专班。建立基础信息台账，摸清全区电动自行车保有者姓名、车牌号、居住地等基本信息和各居住小区充电设施建设情况。截至12月31日，全区摸排电动自行车268340辆。探索由政府主导，引进第三方企业作为建设主体的经营模式，全年新建充电接口44089个，截至12月31日，全区居住区有充电设施接口93818个，商务楼宇区域11182个；全区1964个小区中有1757个小区建有充电设施，小区充电设施覆盖率89.5%。督促各街乡、各相关部门强化电动自行车执法检查力度，开展电动自行车巡查夜查，出动检查力量44258人次，检查居民小区（村）17329个次，检查电动自行车销售场所4753家次，检查其他单位17597家次，发现隐患问题17923处，吹哨报道联合执法1582次，劝阻清理违规停放电动自行车27405辆。处罚社会单位32起，处罚物业服务企业3起，处罚款46.45万元。利用电子显示屏、宣传栏、报纸、电视、新媒体平台围绕电动自行车进行安全宣传，并依法对违规行为进行曝光，引导居民遵守相关法律法规。发放宣传海报10余万张，发布电动自行车消防安全隐患曝光台，会同人民网、新华网、北京电视台、朝阳有线等媒体曝光重点隐患小区30个。普及和宣传电桩（柜）使用方法。区应急局成立电动自行车专项督导检查组，开展全区电动自行车领域消防安全专项整治和督导检查，了解各街乡基础信息台账、电动自行车隐患排查治理、基础设施建设等情况。全年督察30余个街乡。（邱婉凌）

【区级安全生产督察】 10月25日，朝阳区召开2021年度区级安全生产督察动员培训会，部署安全生产督察工作。利用三周时间，采取听取汇报、调阅有关档案文件、个别谈话、抽查暗访等方式开展安全生产督察。10月下旬至11月下旬，由区委组织部抽调正处级领导任组长，以区委、区政府名义对2020年度北京市安全生产第五督察组未延伸到的21个街道开展区级安全生产督察。督察工作建立会议、培训、报告反馈整改等制度。（丁卉明）

【首都“菜篮子”工程安全保障】 11月5日，区应急局协调市应急管理局、市消防救援总队、区消防救援支队等单位，调研指导黑庄户地区（乡）北京鲜活农产品流通中心，查找存在的问题，了解企业困难，形成建设性意见和建议。（陈　京）

【安全生产专项行动】 11月25日，区安委会组织各街乡、各部门启动朝阳区安全生产“平安冰雪季”专项行动。截至年底，全区出动检查人数29956人次，检查生产经营单位18408家，发现隐患8425项，整改隐患8121项，整改率96.4%。该行动持续至2022年3月31日。（李　艳）

【液化石油气专项安全检查】 年内，区安委会办公室组织各街乡、各有关部门在全区范围内开展液化石油气专项安全检查工作。按照“区安办统筹、部门监督抽查、属地全覆盖检查”的原则，检查使用瓶装液化石油气的非居民用户安全用气情况。全区出动检查人员16329人次，聘请专家1551人次，发现隐患13245项，整改率100%，建立液化石油气非居民用户台账1692家，21个街乡实现液化石油气非居民用户清零。（李　艳）

【安责险制度建设】 年内，朝阳区编制《企业落实安全生产主体责任工作指南》，以责任清单形式从组织机构、规章制度、资金保障、教育培训、作业安全、风险管控、应急救援、违规责任等8个部分59项要点指导投保企业贯彻落实《北京市生产经营单位安全生产主体责任制规定》，并印制发放投保企业。利用事故预防提取经费聘请5家技术服务机构对辖区投保企业开展隐患排查，安责险品牌获得生产经营单位认可。截至年底，朝阳区参保企业27118家，参保率68.4%；比上年增长10070家，增长率59.07%。（丁卉明）

【防范医疗机构安全隐患】 年内，区应急局联合检查组评估全区医疗机构消防安全、安全保卫以及医疗废物、污水排放状况，防范化解重大安全风险，在全区范围内开展医疗机构安保后勤组团检查。9月1日至7日，区应急局配合区卫生健康委，联合区消防支队、生态环境局检查全区35家二级医院和直属单位及系统外社区卫生服务中心等67家单位。检查问题结果与情况按要求完成整改。（张　强）

【安全生产标准化创建】 年内，朝阳区完成1940家企业安全生产标准化创建，其中三级标准化创建企业800家、小微（岗位）创建企业1140家。标准化初评工作强化企业自主创建，以公开招标方式确定3家单位分片负责评审，隐患整改不到位企业不予通过。（陈　京）

【安全生产专项整治三年行动】 年内，区安委会办公室组织各街乡、各有关部门开展安全生产专项整治三年行动。全区检查生产经营单位171399家次，其中责令停产整顿1468家；行政处罚253560次，处罚金额10043.42万元。建立问题和隐患清单2676项，其中一般隐患2663项、重大隐患10项、突出问题3项。完成整改2675项，整改率99.96%。（李　艳）

【城市安全风险评估】 年内，区安委会办公室组织各街乡、各有关部门在10个重点行业（领域）开展城市安全风险评估。朝阳区新增注册企业16304家，完成风险评估单位16086家，其中非小微家企业514家。对2903家非小微企业进行安全风险评估核查。对系统内的企业开展风险评估更新，季度动态更新率均95%以上。（李　艳）

【隐患排查治理及清单编制】　年内，区安委会办公室组织各街乡开展企业隐患排查治理清单编制，新增使用北京市隐患排查治理信息系统企业14873家，“一企一标准、一岗一清单”清单编制试点企业每月系统平均使用率均98%以上。（李　艳）

【城乡接合部专项整治】　年内，区应急局围绕14个市级重点村、14个区级重点村，开展安全生产隐患和安全生产违法行为专项整治。全区7个重点乡安全生产行政立案处罚46起，罚款30.6万元；出动检查4683人次，检查企业2600家次；发现隐患2416处，整改隐患2403处，隐患整改率99.5%，危化企业、工业企业覆盖率100%；关闭取缔违法生产经营单位14家；发放《中华人民共和国安全生产法》2400余本。（黄卫峰）

【平安铁路建设】　年内，区应急局联合相关属地开展消除铁路沿线安全问题隐患整治，重点排查铁路两侧500米范围内企业。出动检查人员534人次，检查企业326家次；排查隐患224件，完成整治224件，整改率100%；打击非法违法行为1起，罚款1.6万元。（黄卫峰）

【安全生产培训】　年内，制定并印发《2021年度朝阳区安全应急培训工作实施意见》，统筹指导全区各行业部门、各街乡、各有关单位开展安全应急培训。组织安委会成员单位、街乡分管应急管理处级领导干部100余人开展40学时线上培训；对全区120余名安全生产执法人员开展40学时线上培训，930余名专职安全员开展24学时的全覆盖培训，1300余名社区（村）安全生产兼职巡查员8学时全覆盖培训。（叶思凡）

【新冠病毒疫苗接种】　年内，朝阳区依托规划艺术馆，建立区级集中接种点，快速形成能覆盖全区的疫苗接种点位示范和支撑体系。专班指派专职办在规划艺术馆接种点开设前方指挥部。专职办负责朝阳公园规划艺术管疫苗接种现场全流程调度工作，协助接种点物资准备、点位设置、秩序维护、安全管理等，实现全天候值守，全流程服务，全假日无休，连续工作百余天。该接种点探索出以日接种量1000人为单元，每天8小时、每小时接种25人、配备5个工作台和18名医护人员的标准化工作模块，实现日接种能力近8000人目标。成为全国首个接受43家外媒近距离采访的疫苗接种点位，在全国、全市成为规范接种标杆窗口并承担驻华使团人员疫苗接种。完成两次调度指挥、两剂次接种，得到国务院疫情防控督查组、外交部、市领导和社会各界的肯定。（张　强）

【危险化学品安全专项整治】　年内，区应急局投入整治专项资金30万元，涉及的15家化工、医药制造企业投入整改资金470余万元。整改完成各类隐患问题468项，其中一般隐患问题302项、较大隐患问题134项、重大隐患问题32项，隐患整改率100%。（杨　慧）

【重点实验危险化学品安全风险管控】　年内，区应急局聘请第三方专业机构及专家以现场指导方式，开展重点科研实验室安全管理指导服务，服务单位20家，涉及实验室140间，排查发现安全隐患529项，推动隐患整改。执法队和各街乡开展实验室专项检查，检查单位10家，涉及实验室17间，消除安全隐患14处。（杨　慧）

【供水企业危险化学品专项检查】　年内，区应急局针对朝阳区4家供水企业危险化学品使用安全管理开展专项检查，要求各水厂加强危险化学品存储、使用过程中的安全管理。（杨　慧）

【区属医院危险化学品专项检查】　年内，区应急局、区卫健委联合开展区属医院危险化学品使用安全管理专项检查，摸底6家区属医院危化品使用安全管理情况，组织专题会议集中反馈检查情况和整改建议。（杨　慧）

【游泳场馆危险化学品使用专项整治】　年内，区应急局完成全区200余家游泳场馆危险化学品使用专项整治，立案处罚21家违反安全管理规定的游泳场馆，处罚21.5万元。（杨　慧）

【行政审批优化服务】　年内，区应急局按照政务服务和“证照分离”改革要求，完善许可审批流程。办理危险化学品经营许可206件（其中首次申请13件），办理非药品类易制毒经营备案证明25件。启动告知承诺制审批服务，建立健全告知承诺审批流程，答复告知承诺咨询7件。（杨　慧）

【企业台账动态更新】　年内，区应急局更新维护企业台账系统。完成20769家的审核更新，其中新增企业4306家、修改企业信息4854家、核销企业10469家、恢复企业20家、迁入企业573家、迁出企业547家。（杨　毅）

【街道系统联片跨街乡执法专项行动】　年内，区应急局对酒仙桥、亚运村街道辖区开展跨街乡联合集中专项检查。组织执法人员42人次，检查生产经营单位70家，消除隐患161处，立案28起，罚款5.5万元。（孟　轲）

【特种作业培训考核及职业技能提升行动】　年内，区应急局根据《北京市安全生产资格考试点管理办法（试行）》工作要求，每月监督检查全区特种作业考试点日常工作，培训32656人次，取得合格证17866人。配合市应急管理局开展职业技能提升行动，解读补贴领取政策。完成补贴发放，申领11748人，公示获得补贴资格9230人。（叶思凡）

【行政执法】　年内，区应急局检查生产经营单位25060家次，占全市总量

25.99%，其中重点检查单位564家，任务完成率100%。立案1290起，占全市总量33.69%；收缴罚没款862.88万元，占全市26.20%。（叶思凡）

【执法检查】年内，区应急局执法三队及24个街道执法人员检查生产经营单位12063家次，下达各类执法文书12063份，立案处罚486起，处罚金额233.19万元。检查重点单位339家次，双随机检查201家次，完成全年执法检查任务。（孟轲）

【“十四五”应急管理事业】年内，区应急局编制《北京市朝阳区“十四五”时期应急管理事业发展规划》（以下简称“《规划》”）。《规划》包括应急体系发展、安全生产、综合防灾减灾救灾3个分领域配套专项规划，客观研判应急管理事业面临的机遇与挑战，研究符合发展实际的目标和核心指标，分析梳理10项主要任务，研究谋划10项重点工程项目。（范月琼）

国有资产监督管理

【概况】2021年，北京市朝阳区人民政府国有资产监督管理委员会（简称“区国资委”）设有下属单位15家，分别为北京京客隆商业集团股份有限公司、北京昆泰控股集团有限公司、北京蓝岛大厦有限责任公司、北京市朝阳城市建设综合开发有限责任公司、北京国际商务中心区开发建设集团有限公司、北京望京新兴产业区综合开发有限公司、北京宝嘉恒基础设施投资有限公司、北京市朝富国有资产管理有限公司、北京朝阳公园开发经营有限责任公司、北京潘家园国际民间文化发展有限公司、北京世奥森林公园开发经营有限公司、北京朝阳国有资本运营管理有限公司、北京市朝阳水务集团有限公司、北京市朝阳区机关事务管理中心、北京市朝阳区保障性住房发展有限公司。结合“十四五”时期国资国企改革发展规划编制，制定区国资系统国企改革三年行动方案（初稿）。出台《朝阳区国资委监管企业主业管理暂行办法》《关于2022年国有资本经营预算建议草案编制的意见》，制定并下发《朝阳区区管企业工资决定机制改革实施办法》。区国资委监管企业资产1406.81亿元，比上年增长6.2%；净资产388.09亿元，比上年增长19.3%；营业收入166.83亿元，比上年下降6.3%；实现利润7.44亿元，比上年增长10.7%。国企改革三年行动工作任务完成80%。

【企业改革改制】1月5日，昆泰集团接收的北京新都国际旅行社公司制改制完成并取得工商执照；截至9月底，区国资系统监管全民所有制企业全部完成公司制改制；10月29日，经第19次区长办公会研究审议通过朝阳循环经济产业园管理中心转企改制；12月3日，经区委常委会第42次会议审议通过，12月28日北京朝阳环境有限公司完成工商注册登记，作为区国资委一级监管企业。

【朝富公司资产置换完成】1月8日，区国资委下发《关于北京朝富国有资产管理有限公司做好资产使用权置换相关工作》通知，将部分行政事业单位国有资产与区国资委下属企业国有资产进行置换，资产使用权的置换期限原则为自双方签订协议之日起10年，10年以后如无原则性变动，可仍按当前条件延续。对于行政事业单位置换取得的资产，只能用于该单位办公使用，不得对该资产进行分租、转租或出借，亦不得利用该资产从事商业性活动或违法违规活动。区国资委下属企业对于置换取得的资产，应严格执行国有企业资产管理的相关制度。

【股份转让事宜完成】2月8日，区国资委批复同意北京市朝阳区工业局有限责任公司持有的北京市朝阳区酿酒厂有限责任公司100%股权无偿划转至北京弘朝伟业国有资产经营有限责任公司。

【“潘家园”第三类商标划转事项】3月5日，区国资委出具批复同意北京潘家园国际民间文化发展有限公司将“潘家园”第三类商标划转至北京潘家园拍卖有限公司，要求企业加强商标产权保护意识。

【出租出借】3月5日，区国资委出具批复，同意北京望京新兴产业区综合开发有限公司向朝阳区人民政府东湖街道办事处非公开协议转让建筑面积为181.09平方米的南湖中园117号楼3单元101室。3月12日，区国资委出具批复，同意北京朝阳公园开发经营有限责任公司将所属的朝阳公园西街房产（原旅游一条街，建筑面积约5078.34平方米）采取非公开协议方式出租给北京孪生物业管理有限公司，租期15年。3月19日，区国资委报请区政府批准，同意北京森林公园开发经营有限公司将所属的国家网球中心北区（场地面积237772平方米，建筑面积87284平方米，以实际交付为准）采取非公开协议方式出租给北京首都创业集团有限公司托管的北京中国网球公开赛体育推广有限公司，租期20年。6月2日，区国资委出具批复，同意世奥公司将奥林匹克森林公园南园森林艺术中心东侧建筑（合计面积2236.8平方米，其中地上1673.8平方米、地下563平方米）采取非公开协议方式续租给北京中数书画频道科技管理有限公司，租期5年。7月5日，区国资委授权CBD公司对三星大厦写字楼项目开展非公开协议方式自行招租试点工作，要求CBD公司按照国有资产保值增值的原则落实相关制度要求，制定三星大厦写字楼非公开挂牌方式出租方案及工作程序，并总结试点经验，评估试点效果。10月18日，区国资委同意京客隆集团久隆购物中心所属世纪久隆百货商场和久隆青塔百货商场出租整体方案。12月2日，区国资委批复同意朝阳公园将公园西街房屋5040.34平方米、房屋东侧通道场地约2000平方米租赁给北京孪生物业管理有限公司，将欧陆风韵主体建筑5871.79平方米（最终以房产证记载面积为准）、主体建筑西南角场地19075平方米、主体建筑西侧通道约3200平方米租赁给北京泡泡玛特乐园管理有限公司，将奥运沙滩排球场馆及其占地（约8295平方米）、周边硬化广场（约17771平方米）、场馆附属场地（约25970平方米）、沙排比赛场5号楼（建筑面积598平方米）租赁给北京微竞物业管理有限公司。12月6日，区国资委批复同意北京望京新兴产业区综合开发有限公司产业园区招商管理整体方案。

【股权转让】 4月9日，区国资委出具批复，同意京客隆集团下属北京朝批茂利升商贸有限公司将其持有的朝批茂利升香港有限公司100%股权在北京产权交易所公开挂牌转让。转让价格由北京朝批茂利升商贸有限公司委托具有专业资格的中介机构评估并报区国资委核准后确定。同意国资中心参照《企业国有资产交易监督管理办法》《关于贯彻落实〈企业国有资产交易监督管理办法〉的意见》开展北京市盈润国弘基金管理中心（有限合伙）公开转让所持北京聚鑫城投置业有限公司30%股权的工作。9月1日，区国资委批复同意京客隆集团所属北京朝批茂利升商贸有限公司拟转让所持朝批茂利升香港有限公司股权评估报告，确认评估基准日2021年3月31日朝批茂利升香港有限公司全部权益价值为-199.12万元；9月14日，区国资批复同意朝富公司所属的珠海市朝阳房产发展公司将持有的珠海市北京酒店有限公司50%股权以2021年8月31日为基准日无偿划转至北京国朝国有资产运营有限公司。

【昆泰集团嘉瑞文化中心项目委托运营】 5月7日，区国资委出具批复，同意昆泰集团将嘉瑞文化中心及大望京中央公园整体委托给北京朗昆文化产业发展有限公司运营，包括文化空间运营、文化商业运营、物业管理等全部运营管理工作。委托范围为嘉瑞文化中心B1~3层商业经营区域约1.88万平方米及大望京中央公园约7.29万平方米（其中含配套建筑约0.41万平方米）。

【朝富公司所属北京大宗商品交易所有限公司权益评估核准】 5月7日，区国资出具批复，对朝富公司所属金朝阳公司拟收购北京大宗商品交易所有限公司40%股权的项目对应的经济行为已经批准。评估基准日为2021年2月28日，评估报告所揭示的评估结论仅对北京金朝阳国有资本运营管理有限公司拟收购北京大宗商品交易所有限公司40%股权的项目有效，2022年2月27日起失效；评估确认北京大宗商品交易所有限公司的全部权益价值4440.26万元。

【朝开公司房改售房批复】 5月21日，区国资委出具批复，同意朝开公司对64套自有产权住宅楼房进行房改售房的意见。房改售房涉及的购房人资格、适用政策按照北京市住房分配制度改革的有关规定，以区房改办等行政管理部门的审批（备案）结论为准。

【历史遗留问题解决】 6月9日，区国资委完成授权京朝房地产开发有限公司代位解决原北京京朝城乡建设开发公司与北京正阳恒瑞置业公司历史遗留事项的通知，鉴于北京京朝实业总公司已注销、北京市京朝城乡建设开发公司已吊销，从尊重企业历史、解决历史遗留问题角度出发，区国资委出具授权北京京朝房地产开发有限公司代位北京市京朝城乡建设开发公司，协助东城区国资委下属北京正阳恒瑞置业公司办理丰台区南苑北里小区房改售房相关事项。代理权限为代位北京市京朝城乡建设开发公司依据相关历史文件配合北京正阳恒瑞置业公司作为主体办理具结手续进行房改售房相关事项。委托期限为2021年6月9日至北京市京朝城乡建设开发公司所涉事项有关义务完结止。全年接待来访34件54批次182人次，来信76件156件次472人次。其中，网信46件67件次70人次，纸信29件89件次402人次。市区级挂账案件5件均为区级挂账案件，结案1件，解决1件。

【两企业重组合并】 6月25日，区国资委组织召开区属企业合并重组宣布大会，宣布宝嘉恒公司与停车公司实施合并重组为宝嘉恒公司。

【年度收益测算及申报】 6月，区国资委申报国有资本收益5985万元，相比预测值减少1883万元，新冠肺炎疫情及中小微企业租金减免政策影响是导致收益减少的主要原因。

【朝富公司所属北京多元实业发展公司产权划转】 7月23日，区国资委批复同意朝富国有资产管理有限公司将原出资人为北京市朝阳区社区经济管理办公室的北京多元实业发展公司100%产权无偿划转至北京弘朝伟业国有资产经营有限责任公司。

【马泉营项目】 7月，区国资委推动马泉营租赁住房、瑞平家园、社科家园等保障房收购任务落地，协调区财政局拨付朝保发公司5亿元注册资本金。

【区国企改革三年行动实施细则印发】 8月19日，经区委全面深化改革委员会第十九次会议审议并原则通过《朝阳区国企改革三年行动实施细则》，于9月14日以区委办、区政府办名义联合印发。

【民航凯美佳（北京）国际会议中心产权界定确认】 8月23日，区国资委批复同意民航凯美佳（北京）国际会议中心的全部净资产-1056.55万元均为国有资产，全部归属于中国民航管理干部学院所有。

【参股企业股利股息收缴】 8月，区国资委组织参股企业嘉事堂药业完成230万元股利股息上缴国库。

【中良实业总公司无偿划转至朝富公司】9月14日，区国资委批复同意以2021年3月31日为基准日将北京市中良实业总公司全部股权无偿划转至北京朝富国有资产管理有限公司。

【签署合作协议】 9月28日，北京鲲鹏联合创新中心与新兴铸管、华为公司在京签署合作协议，共同开发智慧水务管网系统，推进国家级智慧水务管道团体标准体系、国家级水务工业联网平台和水务数据云平台建设。

【珠海市朝阳房产发展公司资产评估报告核准】 9月29日，区国资委核准朝富公司所属珠海市朝阳房产发展公司拟进行公司制改制资产评估报告，确认评估基准日2021年8月31日，珠海市朝阳房产发展公司全部权益价值为19556.72万元。

【批复同意朝富公司收购方案】 10月18日，区国资委批复同意朝富公司所属北京弘朝伟业国有资产经营有限责任公司拟收购北京拓达激光器械有限责任公司自然人股东全部权益评估报告。确认评估基准日为2020年12月31日，北京拓达激光器械有限责任公司全部权益价值为39142347.52元。

【核准评估报告】 11月25日，区国资委核准朝富公司对所属北京金朝阳国有资本运营管理有限公司拟转让北京大宗商品交易所有限公司股权所涉及的北京大宗商品交易所有限公司股东全部权益评估报告。确认评估基准日为2021年6月30日，北京大宗商品交易所有限公司的全部权益价值3975.83万元。12月10日，区国资委核准京客隆集团所属北京朝批中得商贸有限公司拟收购北京朝批方盛商贸有限公司股东全部权益价值项目评估报告，确认评估基准日为2020年12月31日，北京朝批方盛商贸有限公司的全部权益价值2015.78万元。

【股权批复】 12月22日，区国资委批复同意北京朝阳国际科技创新服务有限公司下属北京朝阳科技创新基金有限公司按照基金管理办法和相关合作协议退出在极限人工智能（北京）有限公司所持全部股权。

【“朝密双创中心”揭牌仪式】 12月30日，朝阳区人民政府、密云区人民政府主办的2021北京“朝密双创中心”揭牌仪式在密云区潮河畔举行。朝阳区、密云区相关领导出席仪式并为“朝密双创中心”揭牌。中心将发挥朝阳区经济强区和密云区生态大区资源优势，深化两区产业协同发展，扩展朝阳科创发展空间，提升密云总部企业品质。

【支援合作】 年内，区国资委带领监管企业完成年度支援合作任务。10家企业分别与11个村结对，投入资金20余万元；开展消费扶贫，京客隆集团销售农产品1720余万元，企业超额完成采购任务，采购鸡蛋206箱、大枣827箱；参与社会力量帮扶，朝富公司、昆泰集团、望京综开公司捐款捐物折款101.43万元；抽调3名专业干部到内蒙古自治区乌兰察布市卓资县挂职交流3个月。 （林春照）

烟草专卖与管理

【概况】 北京市朝阳区烟草专卖局（公司）（简称“区烟草专卖局（公司）”）为纳税信用A级企业。2021年，办理各类涉烟违法案件140起，其中5万元以上案件73起；查获违法卷烟2012.64万支，刑拘25人，破获国标二级、四级网络案件各1起。 （丁 鑫）

【涉烟网络案件破获】 3月30日，区烟草专卖局（公司）行政执法人员在公安机关配合下，破获以山东籍耿某某（于7月7日在山东省被公安机关抓捕归案）、福建籍张某某、河北籍李某某为首的运输、销售假私烟网络案件。查获各类违法卷烟264.14万支，其中假烟126.58万支、走私烟137.56万支，涉烟总案值204.08万元；抓捕涉案人员12人，判刑1人，逮捕5人，刑拘2人；查获窝点3个，涉案车辆11台。 （房 颖）

【销售假私卷烟网络案件破获】 6月28日，区烟草专卖局（公司）联合顺义区烟草专卖局在公安部门配合下，破获一起以河南籍田某某、河南籍何某某为首的销售假私卷烟网络案件。查获各类假私卷烟110.66万支，其中假烟68.66万支、走私烟42万支，涉烟总案值111.15万元；抓捕涉案人员6人，逮捕3人，刑拘2人，查扣涉案车辆3台。 （房 颖）

【普法宣传活动】 年内，区烟草专卖局（公司）在“3·15”消费者权益日、“12·4”国家宪法日等主题宣传日，针对不同宣传内容开展对应主题宣传月活动。开展新办证零售户及违法零售户法律宣传讲解。探索线上课堂，为零售户开展12次烟草相关法律培训。邀请法律顾问为和平街社区居民开展普法宣传2次。（柴汝静）

【研究成果获奖】 年内，区烟草专卖局（公司）心思路QC小组成果《真烟异常流动数据验证分析系统研制》取得2项国家知识产权，获北京质量协会第七十八届成果发表赛二等奖，被北京烟草专卖局推荐参加全国烟草行业质量管理小组成果发表赛。 （丁 鑫）

农业与农村经济

乡村振兴

【概况】 2021年，朝阳区农村地区有19个乡，144个建制村，259个社区，面积350.5平方千米。完成1.55万亩耕地保有量划定，推动7.53平方千米可利用种植地块实现应种尽种。落实市级“菜篮子”责任制，蔬菜播种面积和产量分别是2.64平方千米和6394.6吨，完成总任务的165.1%和133.2%。粮食播种面积和产量分别是1.03平方千米和502.52吨，分别完成总任务的514%和502%。深化国家农产品质量安全示范区建设，抽检蔬菜、水果样品10375个，定量检测合格率99.6%，速测合格率100%；抽检畜禽产品936份、5039项次，检测项目合格率100%。农村地区新时代文明实践所（站）达到315个，实现100%全覆盖。全区完成村级集体产权制度改革总数149个，完成率97%。完成144个村和249个社区“两委”换届工作 工作。第二批10个美丽乡村基本建成。6月24日，经市委编办批准，在北京市朝阳区农业农村局加挂北京市朝阳区乡村振兴局牌子，负责统筹实施乡村振兴战略相关工作。区委农工委、区农业农村局行政编制有58名，内设机构13个。

【区委农村工作领导小组会议】 7月14日，区委农村工作领导小组第一次（扩大）会议召开，审议通过《朝阳区关于全面推进“田长制”的工作方案》《2021年朝阳区农业现代化实施方案》《关于加强农村系统党风廉政建设专项行动方案》《关于2020年北京市朝阳区乡级党政领导班子和领导干部推进乡村振兴战略实绩考核情况及2021年度考核安排的说明》《关于加强农经队伍建设 充分履行管理职能的意见（试行）》《关于朝阳区耕地保有量划定工作情况的说明》《2021年朝阳区“三农”工作重点任务分工方案》7项事项。

【城乡一体化发展规划】 8月29日，区农业农村局召开《朝阳区“十四五”时期推进城乡一体化发展规划》课题研讨会暨专家评审会。市农业农村局、区发展改革委等相关市区领导、黑庄户等相关乡党委书记和课题组专家参加研讨并提出建议。11月15日，《朝阳区“十四五”时期推进城乡一体化发展规划》经区政府常务会审议通过；12月31日，经区委常委会审议通过，正式以区政府名义印发。

【农村文化文明建设】 9月23日，2021年“中国农民丰收节”朝阳区系列庆祝活动开幕式暨“美丽乡村健康跑”启动仪式在常营公园文化广场举办。通过“十三档花会”快闪、健康跑以及数字农业、法治宣传、扶贫农业商品、农业企业展览等活动板块，展示朝阳区乡村文化和农业发展成果。10月15日，在黑庄户乡北京音乐产业园举办第32届北京农民艺术节“乡村大舞台”朝阳区专场，展现农村地区浓厚的文化氛围和群众健康向上的精神面貌。组织开展移风易俗百姓宣讲和群众宣传，培育打造文明乡风试点等15个志愿服务项目，农村地区新时代文明实践所（站）实现100%全覆盖，达到315个。

▲ 9月23日，“中国农民丰收节”上朝阳区展示扶贫农业商品 （熊 伟 摄）

▲ 7 月，东坝地区（乡）农转非办理现场（熊 伟 摄）

【产业转型升级】 年内，朝阳区持续挖掘农村集体产业空间潜在效益，区级产业用地统筹专班推动工作取得初步成效。成立北京朝阳新经济发展有限公司，统筹开发建设管理运营农村集体产业用地，将高碑店半壁店村集租房项目纳入试点项目。产业转型升级持续加快，崔各庄大望京商业中心等 3 个项目收尾、招商引资有序开展，太阳宫科技大厦等 2 个项目开工建设，常营东方和瑞项目加快办理审批手续，来广营地区（乡）北五环汽配城升级为龙湖蓝海引擎产业园，农村经济发展实现提质增效。

【乡村振兴组织保障】 年内，按照市委、市政府印发《关于全面推进乡村振兴加快农业农村现代化的实施方案》的通知要求，围绕产业、人才、文化、生态和组织“五大振兴”目标任务，朝阳区成立区农村地区五大工作专班，进一步完善乡村振兴战略体制机制保障。组织开展 2020 年乡村振兴战略实绩考核，制定 2021 年实绩考核标准，压实乡级党政领导班子抓乡村振兴责任。

【农村城市化建设】 年内，朝阳区推进绿隔地区城市化建设，完成管庄乡剩余 345 户宅基地拆除、实现整乡腾退。实现东坝乡 4701 名农民整建制农转非。深化王四营减量发展模式经验，形成王四营超转试点方案。加强“二绿”（绿肥和绿植）地区统筹研究，开展东三乡统筹规划编制。出台农村宅基地及房屋建设管理实施细则，形成区、乡、村三级联动工作机制，实现农村宅基地规范管理。

【非首都功能疏解】 年内，全区农村地区拆除各类建筑 207.03 万平方米，腾退出租大院 12 家，实现农业领域“增绿”4.12 公顷。区级农村地区安置房及上市地块遗留问题腾退专班推动东坝、孙河乡 16 户住宅、10 家非住宅全部拆除，实现农民安置房建设和重点项目用地场清地净。

【重点项目手续办理】 年内，朝阳区持续发挥农村地区区级建设项目审批手续统筹协调专班作用，一体推进上市地块、安置房、产业项目和房产证补办手续办理工作，崔各庄黑桥南皋棚改项目等 14 个地块集中入市供应，平房姚家园三期等 11 个安置房项目和王四营观音堂集租房项目开工建设。孙河组团等 4 个产业项目审批手续取得实质性进展，十八里店西直河五环外二期等 3 个新增集租房项目实施方案加快编制，豆各庄绿丰三期安置房 245 户居民实现“交房即交证”，十八里店周庄三期、太阳宫安置房等 8.1 万余户房产证办理路径打通分批进行办理。

【农村集体“三资”管理】 年内，朝阳区全面落实集体资产监督管理文件要求，形成农村集体资产监督管理区、乡、村三级全覆盖制度体系。规范印章管理，全区 19 个乡完成村级印章委托乡级监管，实现率 100%。实施集体经营性用房分级管理，将农村地区 3000 平方米以上集体经营性用房项目全部纳入北京农交所平台，规范交易行为。十八里店乡探索成立乡级会计服务中心加强集体资金监管。完成 247 个村级集体经济组织换届选举工作，乡村集体经济治理体系得到完善。

【集体产权制度改革】 年内，朝阳区持续深化乡、村两级集体产权制度改

▲ 10 月 9 日，朝阳区开展村级集体产权制度改革培训（熊 伟 摄）

革。加快村级改革扫尾，推动股份量化，成立新型集体经济组织。小红门、管庄、平房、东风、高碑店、三间房等乡46个村完成村级集体产权制度改革，全区完成村级改革总数达到149个，完成率97%。推进乡级产权制度改革试点，将台乡乡级集体产权制度改革方案通过区长办公会讨论研究。

▲ 6月22日，美丽乡村黑庄户乡小鲁店村村景　　（熊　伟　摄）

【农业生产】 年内，区农业农村局制定出台《朝阳区关于全面推进“田长制”的工作方案》，建立完善区、乡、村三级田长工作体系和责任清单，建立“一乡一图一表”“一地一档”，田长公示牌全部完成挂牌。完成10.33平方千米耕地保有量划定，推动8.87平方千米可利用种植地块实现应种尽种。实施设施农业动态管理、逐级巡查机制，推动设施农业大棚实现应用尽用。严格落实市级“菜篮子”责任制，蔬菜播种面积和产量分别达到2.64平方千米和6394.6吨，完成总任务的165.1%和133.2%。粮食播种面积和产量分别达到1.03平方千米和502.52吨，分别完成总任务的514%和502%。深化国家农产品质量安全示范区建设，抽检蔬菜、水果样品10375个，定量检测合格率99.6%，速测合格率100%；抽检畜禽产品936份、5039项次，检测项目合格率100%。完成全国两会、“相约北京”测试赛等重大活动农产品供应和质量安全保障。

【农业现代化】 年内，朝阳区大力发展数字农业，以朝来农艺园和孙河郎枣园为试点，依托物联网、大数据和人工智能技术，打造国家级数字农业应用推广基地，探索可看、可用、可复制、可推广的朝阳特色都市型数字农业发展路径。注重培育农产品优质品牌，做好强丰番茄、七叶茄等老北京特色蔬菜地理标志农产品保护开发工作。黑庄户乡“蛋种绒球金鱼”、金盏乡“王字虎头金鱼”成功申报市级种质资源保护项目。发挥农业景观生态功能和农耕文化传承功能，将温榆河公园、将府公园、中国音乐产业园、马家湾湿地公园等文旅源穿点成线，打造农耕文化教育园地。

▲ 12月，朝阳区乡级田长信息公示牌　　（熊　伟　摄）

【美丽乡村建设】 年内，朝阳区继续推进“百村示范、千村整治”工程。抓“清脏、治乱、增绿、控污”，补齐村庄文化、民生等服务设施，实现“拆违还绿、见空插树”。万东村、万西村、大三村、小鲁店村、西村、黎各庄村、老君堂村、奶东村、方家村、小郊亭村第二批10个美丽乡村基本建成。选取基础条件较好、产业带动可行的高碑店乡白家楼村、方家村和黑庄户乡么铺村3个村，打造朝阳乡村振兴示范村。黑庄户乡小鲁店村获得全国乡村治理示范村荣誉称号。

【农村人居环境整治】 年内，朝阳区持续完善农村人居环境长效管护机制，在未拆迁村组建物业公司，全面推进村庄物业化管理，实现与城市社区同标准管理。推进生活垃圾分类治理，农村地区分类设施达标率基本达到100%，精细化改造提升109处垃圾楼，建成69个垃圾分类示范小区、村，全部实现挂牌。

【乡村综合治理】 年内，朝阳区加强“四议一审两公开”（“四议”：村党支部提议、村“两委”会商议、党员大会审议、村民代表会议；“一审”：乡镇党委、政府审核；“两公开”：决议公开、实施结果公开）。“三务公开”（党务、村务、财务）等民主管理监督制度落实，制定村级重大事项清单，推动村级事务在阳光下运行。聚焦区委“办好每一件行动”“集中解难题行动”“共治心连心行动”三大行动，开展“12345”热线重难点问题集中攻坚，推动接诉即办不断向“未诉先办、一办到底”延伸。将台、高碑店乡参与“向前一步”栏目录制，推动重点难点问题“解套开锁”。完成6个超大社区拆分，农村社区达到259个。以安置房社区为切入点，探索宜居、宜养、宜游、宜乐、宜业“五宜”社区治理模式。提升村庄智慧化管理水平，建成8个乡32个智慧村庄，推动实现精准管控。

【党史学习教育】 年内，区农业农村局把党史学习教育作为重要政治任务，坚持学党史与悟思想融会贯通，办实事与开新局同向发力，农村系统党史学习教育取得实效。发挥理论学习中心组“头雁效应”，累计开展理论学习中心组专题学习30次、集中研讨5次，统筹农村系统相关主题学习16次。农村系统党员干部得到思想洗礼、作风锤炼和能力提升。组织中国共产党成立100周年“永远跟党走”宣讲活动26场，举办农村系统第九届“践行社会主义核心价值观十佳人物”宣传评选和“铭记百年峥嵘 逐梦乡村振兴”主题活动。完成7个市级“三优一先”和92个区级“两优一先”评选推荐，为6485名老党员发放“光荣在党50年”纪念章。开展“百姓难事我来办，发展难题我来解”主题实践活动，累计完成92134项重点民生项目清单和212286项实事清单，彻底解决安置房产权证办理等一批群众“急难愁盼”问题。

【农村基层组织建设】 年内，全区完成144个村和249个社区“两委”换届（16个乡的91个村由于整建制农转居、拆迁分散、纳入撤村计划等原因，不参加此次村委会换届，全部履行民主程序，报市选办备案）工作，一次选举成功率历史性达到100%，农村基层干部队伍结构进一步优化。结合新形势新要求，围绕农村发展规划、意识形态工作、集体“三资”管理等重点内容，分批分类开展新任村（社区）书记培训，打造素质过硬乡村振兴“领头雁”队伍。完成乡党委、纪委换届及选举出席区党代会代表工作，农村系统2060个基层党组织、64509名党员共选举产生乡党代表2046名，产生新一届乡党委、纪委班子。其中党委委员209名、纪委委员74名，均一次高票当选，各项结构比例均符合全市换届政策要求。同步选举农村系统出席区第十二次党代会代表81名。突出政治功能、政务功能、社会服务功能，累计16个乡建成党群服务中心，形成“将心汇”“红店”“红映坊”等特色品牌。

【推进从严治党】 年内，区农业农村局落实区委部署要求，落实中央巡视问题整改政治责任，全面完成马泉营公租房项目2047套房屋清退和上东十号违建别墅问题清理整治。开展农村系统党风廉政建设专项行动和“四风”问题专项整治，营造风清气正的政治生态。做好巡视巡察整改后半篇文章，编印农村规范化管理手册和制度汇编，出台农经队伍管理意见，推动形成农村地区“有制度要知、知制度要用、用制度要严”的氛围。

【农村疫情防控】 年内，区农业农村局在朝阳区新冠肺炎疫情防控工作领导小组框架下，增设区农村防控组，办公室设在区委农工委、区农业农村局，按照“外防输入、内防反弹”原则，统筹做好农村常态化防控，重要节点、重点领域、重点人员防控，疫情应急处置，城乡接合部防控等防控措施。年初按照村庄全员核酸检测要求，组织各乡迅速响应、协同作战，区委农工委、农业农村局全员下沉到村，从1月13日至17日，农村地区16个乡47个现状村、7个平房区、36个滞留户村5天完成检测56万人，阻断疫情传播。常态化开展各项防控措施，对开放的246个村庄卡口实施“三班倒”（24小时值守）、“四件套”（扫码、测温、验证、登记）和戴口罩措施，累计完成19轮47个现状村、7个平房区重点区域的环境监测和15轮村内保洁人员核酸检测。持续打击非法行医行为，实现47个现状村、7个平房区范围内非法行医动态清零。加快补齐农村医疗卫生短板，新建黑庄户乡大鲁店三村、大鲁店一村、万子营东村、双树北村，崔各庄乡费家村等5个社区卫生服务站，实现农村基层卫生服务全覆盖。高效有序推进疫苗接种，累计完成168.1万人第一针疫苗接种，累计完成118.5万人加强针疫苗接种。 （张伟楠）

农村经济管理

【概况】 2021年，朝阳区农村集体经济总收入124.4亿元，比上年下降8.1%；利润总额2.0亿元，扭转上年亏损局面，比上年增加2.6亿元；净资产441.4亿元，比上年增长4.3%；人均所得41771元，比上年增长7.0%。全区村级预算总收入70.1亿元，预算总支出67.1亿元，预算结余3亿元。全区农村新签经济合同778份，履行联预审程序，年租金总额3.47亿元。全区154个村级集体经济组织中，累计149个村完成改革，完成率96.8%。全区247个村集体经济组织全部换届，完成率100%。选举产生新一届领导班子成员1744人。区经管站强化村级预算管理，推进村级财务规范化；推进产权制度改革，进行农业农村部产权系统信息录入；规范集体经济组织管理，完善农村集体资产监督管理政策制度体系；推进村级集体经济组织印章管理，加强农经队伍建设；加强农村集体经济合同管理，调整农村集体经济合同清理规范；推进农村集体经济审计，开展村级公益事

▲ 2 月 24 日，区经管站到管庄乡重兴寺村进行村级财务公开检查　（张艳辉　摄）

业专项资金审计；加强农村集体经营性用房管理，推进农村管理信息化数据更新。部署开展产改回头看活动，组织各乡对照检查内容，全面评估改革质量，查找问题，落实整改措施，完善管理制度。

【规范村级财务管理】　9 月 18 日，制发区经管站《关于修订朝阳区村级财务管理规范化指导意见的通知》，主要包括规范村级预算管理、规范村级财务决策、规范村级会计委托代理、规范村级财务基础管理、对村级财务管理责任追究等内容。同步废止原区“三资”办《关于印发村级财务管理规范化指导意见的通知》。

【产权制度改革推进】　12 月 6 日，区经管站调研指导南磨房乡产权制度改革工作。截至 12 月 31 日，小红门、管庄、平房、三间房、东风、高碑店、太阳宫、十八里店 8 个乡 46 个村完成村级产权制度改革任务。太阳宫乡十字口村形成量化方案。十八里店乡剩余 4 个村加紧推进清产核资工作。年内，全力推进剩余 51 个村改革工作，全区 154 个村级集体经济组织中，累计 149 个村完成改革，完成率 96.8%。

【农村集体经济审计】　截至 12 月 31 日，区经管站共审计全区 357 家乡村集体经济组织及其所属企业单位，审计金额 1143.33 亿元，提出审计建议 1084 条。

【集体资金预算管理】　年内，朝阳区加强村级预算管理，严控预算支出，强化乡级审核，做好村级预算编审工作。2021 年度全区村级预算总收入 70.1 亿元，预算总支出 67.1 亿元，预算结余 3 亿元。

【村级财务公开】　年内，区经管站开展村级财务公开检查与指导。创新检查方式，坚持线上检查和实地抽查相结合。突出阶段性重点，针对落实村级财务支出逐笔公开进行检查，逐笔公开已实现村级全覆盖，提高财务公开规范化水平。

【产权系统信息录入】　年内，根据市农业农村局工作要求，区经管站开展乡村产权系统录入工作。组织乡村参加农业农村部系统录入线上培训。深入来广营、金盏等乡村，开展系统录入操作培训。指导完成产权制度改革的乡村录入成员名册、持股名册、改革资料等信息，录入率 100%。

【规范集体经济组织管理】　年内，完成朝阳区村集体经济组织换届工作。全区 247 个村集体经济组织全部换届，完成率 100%。选举产生新一届领导班子成员 1744 人。118 个村的党支部书记兼任村经济合作社和股份经济合作社社长，“一肩挑”比率达 83%。

【集体资产管理】　年内，区经管站根据《关于加强农村集体资产监督管理的意见（试行）》（以下简称《意见》）及相关政策，制定配套操作手册，推动意见落实。指导各乡围绕落实《意见》，细化完善制度，修订完善乡村管理制度，形成区、乡、村全覆盖制度体系，使之成为抓管理、促发展、求实效的抓手，发挥制度保障作用。

【村级集体经济组织印章管理】　年内，区经管站推进《农村集体经济组织印章管理工作实施细则》落地见效。全区 19 个乡均健全印章管理工作机制，明确监管部门，修订完善制度，规范工作流程。全区 155 个村全部实行村集体印章委托乡管，托管率 100%，构建多元监督共同体，乡村联动协同监督。

【农经队伍建设】　年内，根据《关于加强农经队伍建设充分履行管理职能的意见（试行）》，区经管站指导各乡加强农经队伍建设，健全党委领导、政府主管、部门主抓的领导机制，完善干部培养机制和激励约束机制。分级分类开展政策业务培训，提升干部职业能力。农经干部参与集体重大经济事项研究、会商、审核和决策过程，发挥农经监督管理职能。

【农村集体经济合同管理】　年内，全区农村新签经济合同 778 份，履行联预审程序，年租金总额达 3.47 亿元。租房合同占比提升，租赁项目提质增效，集体收益水平明显提高。区经管站调整规范全区农村集体经济合同 50 份，年租金增加 1151 万元，解除合同 237 份，收回集体土地 2.148 平方千米。

【村级公益事业专项资金审计】　年内，区经管站指导各乡开展村级公益事业专项补助资金审计工作，对全区 18 个乡144个村2020年村级专项补助资金的拨付、使用及管理情况进行了全面审计，审计金额2411.44万元。从各乡上报的审计结果看，2020年村级公益事业补助资金均及时、足额拨付到村，未发现有截留、滞留等情况，专项资金使用合理，基本做到专款专用。

【农村集体经营性用房管理】 年内，区经管站会同区农业农村局召开12次集体经营性用房复审会，审议通过1138个用房项目。其中，3000平方米及以上项目50个，3000平方米及以下项目1088个。涉及建筑面积119.08万平方米，年租金8.16亿元。各乡积极推送3000平方米以上用房项目北京农交所平台公开交易，年内挂牌项目25宗。成交项目21个，建筑面积132238平方米，招商年租金11098.31万元，成交年租金11193.31万元，年溢价1.5%。来广营乡朝来科技园18号院18号楼（4521平方米）在北京农交所竞价并成交。该项目起租价5.5元/天·平方米，成交价6.14元/天·平方米，租期内直接为集体增收1291万元。

【农村管理信息化数据更新】 年内，区经管站组织开展朝阳区农村管理信息化数据更新工作，涉及全区21个乡级单位、157个村级单位的数据更新任务，更新管理类报表和流程类卡片25套。 （公孟秋）

农业农村综合服务

【概况】 2021年，全区畜禽存栏羊4户64只、家禽8户87羽、野禽13户686羽、马属动物18户712匹、其他偶蹄动物11户77匹、鸽子2434户11.5万羽。区农服中心共办理植物检疫要求书3批次，13个品种，17个产品。完成8000公顷春季、秋季农区灭鼠工作。全区“六进工程”合作社区增加到33个。到重点涉农乡10余个农业园区开展惠农政策下乡送服务工作。与市植保站、中农国信园区签订“北京市蔬菜病虫全程绿色防控技术示范基地建设”责任书，开展绿色防控技术推广应用。补贴对象由13家增加至16家，补贴面积由2平方千米增至2.16平方千米，增加补贴面积8%。全区主要农作物绿色防控覆盖率（粮食和蔬菜）由上年65.23%提升至68.24%，完成朝阳区绿色防控覆盖率2021年度任务目标。与区农业农村局、区园林绿化局、区农业执法大队在京城梨园联合开展食品安全科普宣教活动。新增初级农村实用人才554人，中级农村实用人才124人，并为新增中级农村实用人才发放证书。中农春雨休闲农场、北京水科园水产养殖技术有限公司被评为北京市优级农业标准化基地。统筹推进企业脱钩工作，制定转制工作方案，完成5家全民所有制企业改制工作。 （许凤娟）

【冷库贮藏分销动物产品检疫】 1月13日至18日，区农服中心、区动植物疫病预防控制中心对全区备案登记冷库贮藏分销动物产品检疫换证单位督导检查。查看原始有效动物检疫合格证明、检疫标志是否证物相符，动物产品是否在国家规定的保质期内，有无腐败变质情况；有无健全的出入库记录、消毒记录及冷链工作人员管理等，对检查发现的问题提出整改意见和建议，督促整改。 （冯学娣）

【土壤有机质肥效检测】 1月、6月，区农服中心开展全区菜田有机肥补贴地块施肥前后土壤有机质检验工作，检测123个地块土壤样品246个，检测结果反馈给各乡，对有机质等级4~5级的地块提出培肥地力意见。9月至10月，协助区农业农村局开展复耕复垦地块土壤有机质检测，10个乡镇（含东郊农场）93个地块共6.05平方千米，检测土壤样品186个。所有地块在施用有机肥后土壤有机质均有提升。 （冯学娣）

【组织增殖放流活动】 4月14日，区农服中心联合区水务局和温榆河管委会，在通惠灌渠和温榆河公园开展春季增殖放流活动，放流鲢鱼2500公斤，鳙鱼375公斤，草金鱼200公斤。10月25日，根据市农业农村局统一部署，在温榆河公园、亮马河、坝河开展以“保护水域生态环境”为主题的秋季增殖放流活动，投放流白鲢3000公斤，花鲢900公斤，草鱼1500公斤，鲫鱼3000公斤，约13万尾。 （冯学娣）

【阳台菜园技术推广】 4月，区农服中心筛选、引进阳台菜园特色蔬菜品种40余种，增加老北京特色传统品种比重，强丰番茄、七叶茄等6个品种在中农国信温室安排统一育苗5万株。5月上旬，蔬菜种苗发放到六进工程（进街乡、进机关、进公园、进社区、进学校、进家庭）示范合作单位。全区六进工程合作社区增加至33个。 （于洪伟）

【植物疫情监测普查】 4月至10月，区农服中心在4个植物疫情监测点对美国白蛾成虫、草地螟、蝗虫、黏虫、甜菜夜蛾、玉米螟、小地老虎开展虫情测报灯下监测，利用性诱剂诱捕监测苹果蠹蛾、橘小实蝇、番茄潜麦蛾、草地贪夜蛾，每周上报北京市植物疫情监控系统，为全区虫害的防治提供数据支持。普查4个植物疫情监测点周围两千米内红火蚁、扶桑绵粉蚧、美国白蛾幼虫、瓜类细菌性斑病、黄顶菊、列当、假高粱、豚草、番茄溃疡病、黄瓜斑驳花叶病毒病10种危险性有害生物，全年未发现危险性有害生物。 （马晓川）

【科普情况统计调查】 5月至8月，区农服中心按照科技部《关于开展2020年度全国科普情况统计调查工作的通知》和北京市科普联席会《关于开展2020年度北京市科普统计调查工作的通知》要求，收集汇总各科室、各部门的科普情况相关数据，完成线上填报工作，共填报科普人员、科普经费、科普传媒等9大项，科普兼职人员、年度科普经费筹集额、发放科普读物资料等48个指标，女性科普兼职人员、财政拨款、科普读物资料发放数量等73个数据。（李　佳）

【调研农产品质量安全】 6月25日，市委农工委书记、市农业农村局局长付兆庚一行到朝阳区检查指导重大活动农产品质量安全服务保障工作和农产品质量安全管理信息系统建设成效，区长文献、副区长杨建海，区政府办、区农业农村局、区农服中心等部门领导陪同。（董鹤笛）

【农产品质量安全宣传】 6月28日，区农服中心与区农业农村局、区园林绿化局、区农业执法大队在京城梨园联合开展食品安全科普宣教活动。通过展板宣传、现场讲解、发放资料等方式，宣传“尚俭崇信”食品安全理念，展示区农服中心积极开展食用农产品检测监测、“三品”（无公害农产品、绿色食品、有机食品）认证、质量安全追溯工作等成果，现场讲解、普及农产品质量安全知识，500余人参加活动。9月23日，参加区农业农村局主办的“2021年朝阳区中国农民丰收节”法治宣传活动。围绕“庆丰收、感党恩”主题，结合农产品质量安全及食用农产品合格证制度，通过宣传展板、发放《食用农产品安全消费知识问答》图书、发放宣传袋及现场讲解等形式，普及农产品质量安全知识，发放宣传图书300份，宣传袋500个。（董鹤笛）

【惠农政策下乡送服务】 7月至10月，区农服中心到重点涉农乡10余个农业园区开展惠农政策下乡送服务工作。调查耕地露地及设施面积变化、生产设施暴雨天气受灾损毁情况，设施新建、维修、涉及农情统计技术等需求。发放农情调查用具和惠民政策材料、宣传物品，发放雨鞋、雨伞、铁锹、测距仪等需求品，就相关问题进行解答。（张小梅）

【草地贪夜蛾监测防控】 8月30日，区农服中心在崔各庄乡何各庄村中农国信基地草地贪夜蛾性诱监测点发现草地贪夜蛾成虫1只，周边玉米田排查，未发现卵、幼虫及为害状况，向中农国信基地发放防治药剂，指导开展草地贪夜蛾防控。至10月底，累计出动区乡普查人员113人次，普查农田4.7平方千米次，指导防治0.187平方千米次。未发现草地贪夜蛾在朝阳区为害。年内，区农服中心在全区设置草地贪夜蛾监测点36个，布置诱捕器547套，建立区乡技术人员测报联控队伍。（马晓川）

【参加竞赛获奖】 10月14至15日，区动植物疫病预防控制中心实验室4人分别参加第五届北京市农产品质量安全检测技能竞赛水产、兽残、农残行业实操和理论分赛，张宛婧、王丹怡分别取得水产第一名、第二名。18日，实验室2人参加北京市水产技术推广站举办的水生病害防治员总决赛选拔。刘乃康获得北京市水生动物防治员第三名，并代表北京市参加全国水生动物防治员比赛。（韩　颖）

【动物防疫工作培训】 10月21日，区农服中心举办2021年朝阳区动物防疫工作培训会，区农业农村局、区农服中心、区农业综合执法大队、区动植物疫病预防控制中心及各街道办事处、地区办事处（乡政府）动物防疫工作相关领导、科室负责人及工作人员共62人参加。培训内容为重大动物疫病流行趋势、秋季集中免疫有关要求、应急处置和《中华人民共和国动物防疫法》修订情况及主要内容。（冯学娣）

【废弃物回收】 年内，区农服中心开展农药包装废弃物和农业投入品废弃物回收处置工作。回收农药包装废弃物295085个，约3.2吨；回收废旧地膜9.2吨，废旧滴灌带、编织袋、育苗盘、棚膜1.25吨。（马晓川）

【绿色防控技术推广】 年内，区农服中心与市植保站、中农国信园区签订北京市蔬菜病虫全程绿色防控技术示范基地建设责任书，开展绿色防控技术推广应用。补贴对象由13家增加至16家，补贴面积由2平方千米增至2.16平方千米，增加补贴面积8%。其中14个补贴对象购买天敌、生物农药、理化诱控、高效低毒低残留化学制剂等绿控产品，覆盖生产面积3.84平方千米次，累计使用补贴资金114.5万元。全年推广色板诱杀、防虫网覆盖、性诱捕诱杀、灯光诱杀等绿色防控技术，推广使用黄板21600张、篮板3600张；防虫网9000平方米；设置玉米螟和黏虫诱捕器各93套；推广使用高效节能静电喷雾器40台，覆盖生产面积2.67平方千米次。全区主要农作物绿色防控覆盖率（粮经和蔬菜）由上年65.23%提升至68.24%，完成区绿色防控覆盖率2021年度任务目标。（马晓川）

【农产品质量安全检查】 年内，区农服中心于元旦、春节、五一、七一、中秋节、国庆节前开展农产品质量安全检查。对北京中农春雨高科技股份有限公司、北京水科园水产养殖技术有限公司、北京朝来农艺园有限责任公司等13家企业开展检查61次。主要查看生产基地的生产记录、投入品库房及种养殖情况，指导督促企业规范生产经营活动，科学使用农业投入品，落实安全间隔期（休药期）制度。（董鹤笛）

【标准化基地评优】 年内，区农服中心按照《农业标准化基地等级划分与评定标准》（DB11/T 1188-2015），对朝阳区备案的具备推优条件的农业标准化基地进行现场考评和打分，并向市级推荐。在北京市农业农村局《关于2021年北京市优级标准化基地评定结果的通报》中确定中农春雨休闲农场、北京水科园水产养殖技术有限公司为北京市优级农业标准化基地。（董鹤笛）

【有机产品认证】 年内，区农服中心推进农业生产规模主体开展绿色、有机产品认证，督促无公害认证到期企业向绿色、有机产品认证转换。通过宣传奖励政策、告知申报（认证）基本条件，鼓励初步具备条件主体参与。赴实地帮助生产主体建设标准体系、实施标准落地，提供技术支持与服务6次。中农春雨高科技股份有限公司、北京元亨创联文旅文化产业发展有限公司（中农国信壹号庄园有机种植基地）取得有机产品认证证书，北京蓝美莓农业有限公司取得有机转换认证证书。中农春雨高科技股份有限公司的认证机构为北京中农绿安有机农业科技有限公司；北京元亨创联文旅文化产业发展有限公司（中农国信壹号庄园有机种植基地）认证机构为北京中安质环认证中心有限公司；北京蓝美莓农业有限公司的认证机构为国中欣认证检测有限公司。（董鹤笛）

【无公害复查换证企业检查】年内，区农服中心对北京蓝美莓农业有限公司、北京金天茂农业有限公司进行无公害农产品复查换证现场检查，检查生产企业的质量管理、产地环境、生产过程、产后管理、产品质量5大方面20小项，使用“绿办管家”微信小程序现场在线填报检查记录。2家企业均符合复查换证要求。（董鹤笛）

【农村人才培训指导服务】年内，区农服中心开展基层党建带头人培训、青年村干部线上培训、中高级农村实用人才培训、新评定中级农村实用人才培训等实用人才培训10次，参与培训总人数841人。开展初、中级农村实用人才评定工作，成立朝阳区2021年中级农村实用人才评审组，分类别对初、中级人才进行评定。新增初级农村实用人才554人，中级农村实用人才124人，并为新增中级农村实用人才发放证书。（张　莹）

【农业发展规划调研】年内，区农业农村局、区农服中心组织调研房山、大兴、海淀、密云四个区的数字农业项目。赴中农俊景科技有限公司调研全域区域空间种植技术，赴北京京农智慧农业有限公司、大兴长子营航食产业园、百旺农业种植园、北京极星农业有限公司调研连栋温室数字农业、物联网应用技术。区农服中心参加区农业农村局组织的部区合作农业现代化发展规划调研活动8次，邀请农业农村部规划设计院专家调研8个乡、10家重点农业企业。与北京市农业技术推广站合作，开展城市农业发展调研和技术服务，邀请市农业技术推广站专家到温榆河公园、郎枣园、蓝调庄园、京城梨园调研指导城市农业项目，引进蔬菜景观、茶菊、芳香类植物品种等工作。（于洪伟）

【耕地保护空间利用技术指导】年内，区农服中心到崔各庄乡、金盏乡、平房乡、东坝乡、孙河乡调查指导耕地保护空间有效利用复耕复垦和春季备耕工作，提出耕地保护空间有效利用复垦复耕技术意见。参加区农业农村局组织的相关工作推进会10余次。为金盏、将台等乡基本农田做种植品种计划与概算，为孙河、平房等乡推介优质有机肥料。（于洪伟）

【农耕文化教育活动】年内，区农服中心在京城梨园、郎枣园、中国水谷、英狮体育公园等10个公园、园区推广20余种五谷作物，利用生态农业技术打造党建和农耕文化教育园地。（于洪伟）

【老北京特色蔬菜推广】年内，区农服中心春播强丰番茄、七叶茄等老北京特色蔬菜6个品种，在温室和露地种植0.02平方千米，现场技术指导6次。秋播核桃纹白菜、心里美萝卜0.0667平方千米。为冬季育苗和早春保护地定植引进橘黄加橙番茄等蔬菜5个品种。（于洪伟）

【土壤安全性检测】年内，区农服中心检测朝阳区黑庄户乡、金盏乡、孙河乡8块留白增绿土地4.1189万平方米土壤重金属和“六六六”“滴滴涕”等农药残留安全性指标，检测土样18个，并出具检验报告。（于洪伟）

【“三秋”“三夏”及秸秆禁烧】年内，区农服中心组织技术人员在“三夏”“三秋”期间（夏收、夏种、夏管，秋收、秋种，秋管），对农机作业质量进行检查，帮助农户协调整地、播种等作业农机具，联合区农业综合执法大队，对秸秆禁烧和综合利用情况进行督导检查。区农服中心与金盏、孙河等9个乡签订秸秆禁烧责任书，小麦、玉米秸秆全部粉碎还田，实现“不点一把火、不冒一缕烟”。（于洪伟）

【编写农业技术材料】年内，区农服中心完成《朝阳区生态农业发展初探（初稿）》《高标准基本农田建设技术指南》《2021年北京市朝阳区设施农业良种更换工作实施方案》等材料的编写。对有机肥补贴、高效节水补贴实施方案、朝阳区复耕地块工作流程等提出技术指导意见。完成东坝生态农业示范园设施保护地登记备案工作。（于洪伟）

【行政受理】年内，区农服中心协助受理、审核兽药经营许可证6件，水产苗种生产许可证1件、动物诊疗许可证47件、农作物种子生产经营许可证3件、动物狂犬病免疫定点注射单位审批3家，拖拉机和联合收割机驾驶证初次申领29件，拖拉机和联合收割机驾驶证到期换证4件，拖拉机驾驶证注销1件，拖拉机和联合收割机登记注册3件，北京市动物病原微生物实验室备案1家，执业兽医师备案546人。（张小梅）

【农机购置补贴】年内，区农服中心落实中央市级农机购置补贴资金69240元，为黑庄户乡购置大中型拖拉机2台、秸秆粉碎还田机2台、旋耕机1台。落实市级农机报废更新补贴资金3500元，为平房乡报废拖拉机1台。（冯丽静）

【农业运输车证办理】年内，区农服中心为朝来绿业农业技术有限公司、顺景发国际运输有限公司、北京

华天元国际货运有限公司3家农业运输单位的10辆汽车办理换领通行证17张。（冯丽静）

【政策性农业保险】 年内，区农服中心协助北京朝来农艺园责任有限公司、北京方圆平安食品开发有限公司、北京京北大地园林绿化工程有限公司、北京圣露国际庄园酒店管理有限公司、北京都市农汇农业科技发展有限公司和中农春雨高科技股份有限公司6家农业企业投保政策性农业保险，保费293500元。其中，市财政补贴148613元，区财政补贴88050元，企业自缴56837元。（冯丽静）

【蔬菜生产】 年内，区农服中心报送市农业农村局朝阳区月蔬菜生产信息12条，农情调度系统报表188套，蔬菜处平台报表40套，其他报表155套以上，数据上报累计10万余个，4月至12月蔬菜生产周报45次。蔬菜播种面积2.27平方千米，比上年同期1.9平方千米增长19.45%。在田面积8.23平方千米，上市量1735.4吨，上市收入993.27万元，地头收购价每公斤6.52元。（张小梅）

【粮食生产】 年内，区农服中心按照市里要求完成7次春播粮食调度上报工作，10次粮食“三夏”调度上报工作，16次粮食“三秋”调度上报工作。粮食播种0.463平方千米，粮食产量484.6吨，超额完成全年种植任务（2021年粮食种植任务0.367平方千米、粮食产量160吨）。（张小梅）

【动物疫病防疫宣传】 年内，区农服中心开展动物疫病宣传3次，通过专业技术人员现场宣传、悬挂条幅、摆放宣传易拉宝、发放宣传资料、现场咨询解答等形式进行，共发放动物防疫法宣传折页、宣传单页600份，手提袋等宣传品400个，接受咨询300余人次。区动植物疫病预防控制中心通过网络视频、报纸、微信、上街宣传、入户指导等形式，开展各类宣传培训活动5场次，微信小程序“爱宠健康”线上宣传和电话答复相关咨询1.1万余次，发放各类宣传材料11.8万份。（冯学娣）

【动物检疫净化】 年内，区动植物疫病预防控制中心开展“马传贫、马鼻疽”检疫净化工作，检疫马匹1343匹，全部阴性。全年共检疫各类动物10558头（只），动物产品换证品2909.9万公斤。完成11个冷库贮藏分销和4家直接分销动物产品厂家和分销商登记备案工作，冷库换证单位现场指导42次。（韩　颖）

【动物疫病防控】 年内，区动植物疫病预防控制中心免疫禽流感、口蹄疫等2387只（羽）。全年清圈消毒面积245.6万平方米，100%覆盖重点养殖场所。发放各类消毒药品5.5吨，防护服、手套、口罩等各类防护用品合计9.2万件（套）。（韩　颖）

【动植物疫病监测】 年内，区动植物疫病预防控制中心对蔬菜、水果快速检测样品10375个，定量检测样品545个。其中蔬菜样品496个。针对23种农药残留的检测，定量检测合格率为99.6%，速测样品合格率为100%。完成936份畜禽产品检测5039项次，356份水产品检测1681项次，除水产品2份孔雀石绿阳性外，其余检测项目均合格。根据《北京市朝阳区进一步加快推进城乡水环境治理工作三年行动方案》工作要求，对温榆河湿地公园（东园、西园）、萧太后河、清洋河、亮马河、坝河进行水质采样76份，进行pH值等8项快检实验室检测，共完成636项次检测。血清学检测样品3640份5389项次，病原学检测样品1828份3676项次，均符合要求。（韩　颖）

【狂犬病集中免疫】 年内，区动植物疫病预防控制中心对辖区内67416只犬进行一次狂犬病疫苗集中免疫注射，并佩戴免疫标识。（韩　颖）

【病死动物无害化处理】 年内，区动植物疫病预防控制中心出动12车次50人次，收集各类动物41条（只），动物产品676.2公斤，集中进行无害化处理。（韩　颖）

【实验室整合】 年内，区动植物疫病预防控制中心整合原区动物疫病预防控制中心实验室和原区植物保护检疫站实验室，建立一套综合管理体系，成立新的组织机构框架，下设综合办公室、农药残留实验室、兽药残留实验室和兽医实验室。编制区动植物疫病预防控制中心实验室2021版管理文件，文件包含《质量手册》《程序文件》《作业指导书》和《质量记录》。体系文件完成后，实验室开始试运行新体系。（韩　颖）

【科技项目】 年内，区动植物疫病预防控制中心完成“朝阳区宠物人兽共患鹦鹉热衣原体病环介导等温扩增检测技术的引进与应用”社会发展科技计划项目最终验收；2021年“朝阳区犬布鲁氏菌病诊断技术引进集成及应用研究”科技项目申报获批。（韩　颖）

【6畜种地方标准修订】 年内，区动植物疫病预防控制中心与北京市畜牧总站协作，参与肉牛、肉鸡、乌鸡、肉兔、生猪、蛋鸡6畜种“农业地方标准修订”工作，通过最终审查，形成申报审批稿。（韩　颖）

农业综合执法

【概况】 2021年，朝阳区农业综合执法大队（简称“区农业执法大队”）出动执法人员5611人次，执法车辆2027辆次，检查管理相对人1529家次，检查农业机械2212台次，下达监督笔录意见书1250份。查处各类涉农违法案件224件。其中，一般程序案件57件，简易程序案件167件。做出行政处罚224件，其中涉嫌犯罪移交公安机关4件。罚没款约43.3万元。受理举报471起，办理动物演艺活动备案31场次，“承诺制”核查43个，动物闭环监管核查8256件，开展行政许可监督758家次，开展联合执法检查153次；开展法治宣传40次，发放宣传材料19024份；开展培训15次，培训管理相对人268家次，签订责任书179份。收容非犬类无主遗弃动物19只。检疫监督运输外埠动物及动物产品进京车辆3.38万车次，检查活体动物612只，动物产品34万吨，劝返不符合规定运输车辆93车次。共抽检兽药16份、种子10份、蔬菜86份、水产品20份，经第三方机构检测全部合格。

【动物观赏展示企业联合检查】 1月19日至20日，区农业执法大队牵头，联合区园林绿化局、区森林公安处共同对辖区8家公共场所动物观赏展示企业开展联合检查，落实市园林绿化局、市农业农村局等多部门联合印发的《北京市室内公共场所动物观赏展示活动联合检查执法专项行动工作方案》。执法人员对企业新冠疫情防控措施、消毒管理、动物健康状态、检疫管理、动物无害化处理和消防安全等方面进行检查。8家企业均取得营业执照，并按照市区要求落实新冠疫情防控措施，有监测体温和环境消毒记录。完成相应动物免疫，健康状态良好。执法人员对企业提出遵守相关法律法规，依法诚信开展经营活动；做好日常环境消杀和人员防护、健康监测，交替使用消毒药物；严格落实动物无害化处理规定，禁止私自或与非法企业合作随意处理生病及死亡动物；严格做好动物免疫，省外动物进京必须附具动物检疫证明并通过指定进京通道具体要求。

【大型集贸市场检查】 1月22日，区农业农村局、区农业执法大队领导带队检查北京盛华宏林粮油批发市场有限公司和北京大洋路农副产品市场有限公司两家大型集贸市场。贯彻落实市农业农村局《关于进一步加强农村大集规范整治工作的函》的监督要求。执法人员对两市场疫情防控、健康监测和个人防护措施、市场内空气流通、垃圾分类及清运情况、公共区域清洁卫生、消杀落实情况、病媒防治落实情况7个方面进行全面检查，并向市场负责人发放《农贸市场环境卫生防控指引（第一版）》，要求市场明确主体责任，做好环境采样、公共区域消杀、健康检测和个人防护等疫情防控相关工作，并对市场内通风、用水、垃圾、公厕等公共环境卫生做好管理。

【农产品质量检测】 1月27日，区农业执法大队检查北京蟹岛种植养殖有限公司、北京金天茂农业有限公司、中农春雨高科技股份有限公司等6家农产品生产企业的农业投入品存储场所、农产品生产记录、农药使用记录、农产品销售记录，对农业生产环节安全隐患进行排查，共抽检蔬菜21个批次样品，确保元旦、春节期间农产品质量安全。2月24日至26日，对北京都市农汇农业科技发展有限公司、中国有机绿色食品实业有限公司、北京蓝美莓农业有限公司、北京金天茂农业有限公司、中农春雨高科技股份有限公司5家农产品生产基地进行风险隐患排查及农产品质量监督抽查。抽检蔬菜16个批次样品。经检测，全部符合要求。保障区“两节”期间农产品质量安全。

【减排农机加装物联网监控设备】 3月10日至12日，区农业执法大队贯彻落实市委、市政府《关于全面加强生态环境保护坚决打好北京市污染防治攻坚战的意见》及北京市农业农村局《关于做好2021年度拖拉机和联合收割机污染物排放控制装置加装工作的通知》，制定《关于开展2021年度朝阳区拖拉机和联合收割机污染物减排控制装置安装物联网监控设备（卫星定位终端）工作的通知》。对11台减排农机统一加装物联网监控设备（卫星定位终端），并逐台进行卫星对接完成管理系统授权。

【拖拉机集中检验】 3月12日，区农业执法大队牵头，分别联合小红门、平房乡社会公共事务服务中心对3个月内即将到检验周期的3台拖拉机和金盏乡、平房乡、小红门乡等4家拖拉机使用单位的7台拖拉机进行安全技术状态集中检验。执法人员按照新的技术标准（《中华人民共和国农业行业标准》NY/T1830—2019，《拖拉机和联合收割机安全技术检验规范》）对拖拉机进行检验。小红门、平房乡3台拖拉机检测结果均符合安全技术检验标准。10月9日，检测金盏乡、平房乡、小红门乡2台拖拉机因故障无法使用予以注销报废，其他5台拖拉机全部合格。

▲ 1月19日，区农业执法大队牵头开展公共场所动物观赏展示企业联合检查　（刘　涛　摄）

【“3·15”消费者权益保护日宣传】 3月17日，区农业执法大队在团结湖京客隆店开展以“维护消费者合法权益保障食用农产品安全”为主题的“3·15”消费者权益保护日法治宣传活动。发放农业法律法规手册、动物卫生便民手册、农资小常识和购物袋等各种宣传材料3000余份。通过解答市民关注的农业产品质量安全问题，引导群众提高自我防范意识。

【动物诊疗行业专题座谈会】 3月26日，区农业执法大队召开“朝阳区动物诊疗行业专项整治行动”专题座谈会。针对执法一至五分队开展动物诊疗机构执法检查情况和发现的问题，会上提出统一处置标准和要求。明确主管领导要不定期参与对动物诊疗机构执法检查；每周五前，各执法分队上报本周动物诊疗机构检查情况、发现的问题及建议等，由执法一分队进行汇总；结合大队接诉即办处理情况，前往连锁动物诊疗机构总部，直接对接总部负责人，要求其加强垂直管理，降低投诉举报量；针对动物诊疗机构使用人用药品，锁定进货渠道，从源头上严厉打击人用药品经销商销售人用药给动物诊疗机构的违法行为，从根源上杜绝动物诊疗机构“人药兽用”的现象。

【种子企业生产基地检查】 4月6日，区农业执法大队对北京米可丰种子有限公司经营的1个冬瓜品种种子进行扦样，查看该公司种子生产经营许可证、种子生产经营档案等材料。经检测，扦样检测结果合格。4月13日和8月3日，区农业执法大队分别到新疆维吾尔自治区昌吉市六工镇东五工新庄基地和甘肃省武威市凉州区九墩镇，对注册地点为朝阳区农作物种子生产经营单位——金杨浦（北京）农业科技有限公司和北京三惠农业科技开发有限公司外埠农作物种子生产经营基地进行执法监督检查，并对金杨浦（北京）农业科技有限公司经营的3个甜菜品种种子进行扦样，经检测结果合格。执法人员查看该企业的种子生产经营许可证、种子生产经营档案、进口种子检疫证明等材料，并对其基地基本设施、检验仪器、加工设备和种子生产、加工、贮藏、检验专业技术人员资质进行检查。同时，到田间地头对育种情况进行实地核查，与技术研发人员进行交流，了解育种情况。并与企业举行座谈，听取企业负责人关于公司基本情况和经营情况的介绍。

【农机规范化管理培训会】 4月13日、9月27日，区农业执法大队召开2次农机规范化管理培训会，即“春耕”农机安全生产工作会暨2021年第一期农机规范化管理培训会、“三秋”复耕地安全生产部署会暨第二期农机规范化管理工作会。市农业综合执法总队农机支队、区农业农村局农业科、区农业综合服务中心生态农业科、大队相关科室、19个乡农机主管部门、东郊和双桥农场复耕地负责人及农机具使用单位负责人126人参会。培训会通报区农业农村局《关于做好2021年朝阳区农机安全监管考核工作的通知及实施方案》并部署工作，进行建章立制、台账管理、农机安全生产操作流程、安全监管目标考核责任制及农机安全操作培训。19个乡农机主管部门进行工作汇报，朝阳区农机规范化管理示范标兵10家单位进行规范化管理工作交流。

【农资打假宣传活动】 4月21日，区农业执法大队分别在东坝京客隆超市和大洋路农副产品市场开展农资打假宣传活动。活动发放《农产品质量安全知识十二问》《农药管理条例》和环保手提袋等8种宣传材料2800份，解答群众咨询约300人次。宣传活动结束后，执法人员进入大洋路农副产品市场，查验商户检疫票据，并送宣传物品。

【农机具安全生产隐患排查】 4月26日至5月18日，区农业执法大队联合各乡安监及农机安全管理部门，对19个乡32家农机具使用单位开展全覆盖式安全生产隐患排查，共检查农机具13种953台。其中，割灌机389台，卷帘机218台，油锯87台，草坪机86台，打药机49台，绿篱机29台，粉碎机27台，灭火吹风机22台，拖拉机19台，旋耕机16台，微耕机9台，飞沙机1台，草皮机1台。排查安全隐患7个，涉及农用机械安全装置不全、未公示机械操作规范、台账建立不完善等问题。

【涉宠法治宣传】 4月27日至28日，区农业执法大队分别在接诉即办投诉举报相对较多且人流量密集的三里屯SOHO大厦和常营乡长楹天街商业街，开展以“依法饲养、买卖、展览动物预防、控制、阻断动物疫病”

▲ 4月21日，朝阳区农资打假宣传活动 （刘 涛 摄）

▲ 4月29日，2021年朝阳区动物诊疗行业培训会 （刘 涛 摄）

和新《中华人民共和国动物防疫法》（2021年5月1日实施）为主题的宣传活动。发放新《中华人民共和国动物防疫法》《犬只狂犬病强制免疫》和《动物卫生便民手册》等宣传材料2400余份，现场解答群众提问100余人次；走进周边动物医院、宠物用品店、宠物生活馆等涉宠经营企业进行入户宣传，重点讲解动物疫病防控、动物检疫、违法寄养、死亡动物无害化处理和宠物饲料等方面相关规定，要求涉宠单位管理人员和从业人员要认真学习各项法律法规，依法经营，入户宣传21家次。

【动物诊疗行业培训会】 4月29日，区农业执法大队组织全区动物诊疗机构召开朝阳区动物诊疗行业培训会，培训内容主要是如何有效减少诊疗纠纷和新修订的《动物防疫法》相关内容，143家动物诊疗机构负责人参会。会上，从接诉即办动物诊疗纠纷出发，要求动物诊疗机构要进一步提高自身专业技术水平、依法依规从事动物诊疗活动、积极主动处理矛盾纠纷。通报2020年和2021年1月至4月动物诊疗机构投诉举报情况。北京瑞派京华动物医疗科技有限公司就如何做好自身服务减少投诉举报做单位代表发言。现场发放《中华人民共和国动物防疫法》《宠物饲料管理办法》《北京市动物防疫条例》等宣传材料400余份，现场签订动物诊疗单位承诺书143份。

【涉渔违法行为整治】 4月至8月，区农业执法大队党委针对夏季涉渔违法行为高发态势，研究制定《打击清河“放生日”非法放生、非法捕捞行为专项行动方案》，提出每逢农历初一、十五“放生日”，集中开展整治涉渔违法行为暨宣传普法专项行动，切实保护辖区渔业资源和水域生态环境。党员和执法人员集中力量整治清河、亮马河、通惠河等9条河道的涉渔违法行为，出动执法车辆36车次、执法冲锋舟6船次、执法人员108人次，发放各类宣传材料500余份，悬挂宣传条幅36条，劝离捕鱼人员20余人次，查获地笼17个，放生渔获物130余公斤。

【防灾减灾日普法宣传】 5月12日，区农业执法大队联合区农业农村局法制科以及区农业农村综合服务中心、区动植物疫病预防控制中心在第13个全国防灾减灾日到京旺家园第二社区开展以“动物防疫”为主线的普法宣传活动。向周边群众发放《动物防疫法》《动物卫生便民手册》《宠物行业健康发展告知书》《非洲猪瘟防控知识》和狂犬病防疫布袋等多种普法宣传资料200余份，解答各种询问50余人次。

【农作物种子生产经营培训】 5月26日，区农业执法大队组织开展朝阳区农作物种子生产经营单位从业人员培训，17家种子生产经营单位负责人及工作人员27人参加。培训邀请中国种子协会副会长马淑萍，围绕《中国种业发展概况》从种业基本情况、基本法律制度、主要政策措施、负面清单规定、种业形势怎么看、如何打好种业翻身仗等6个方面进行授课。

【禁用渔具集中销毁专项行动】 5月和10月，区农业执法大队分别在萧太后河马家湾公园中心广场和高碑店漕运奥运文化广场开展禁用渔具集中销毁专项行动。市农业综合执法总队、区农业农村局、区人民检察院、朝阳公安分局环境食品药品和旅游安全保卫大队、市水务局通惠河管理所、高碑店乡综合执法队、豆各庄乡、黑庄户乡相关领导和区农业执法大队队员共52人参加。区农业执法大队通报开展涉渔专项整治工作情况。市总队、区人民检察院领导肯定大队在此项工作

▲ 5月19日，朝阳区禁用渔具集中销毁专项行动 （白国辉 摄）

中取得的成绩，希望保护好区域生态环境。行动共集中销毁地笼、粘网、撒网、迷魂阵等禁用渔具245个、皮艇4艘、水裤3条、胶鞋1双。在集中销毁非法渔具现场，向群众宣传朝阳区15条河道全年禁止除钓具之外的所有作业方式，鼓励群众监督举报各类涉渔违法行为，共同参与渔业资源保护。

【农机具补贴核查与复核】 6月1日，区农业农村局组织区农业执法大队和区农业农村综合服务中心对黑庄户乡两家单位购买的农机具申请补贴进行现场核查和集体复核。申请补贴的两家单位分别是北京黑庄户园林绿化服务中心，申请补贴项目为拖拉机2台、秸秆粉碎机1台；北京都市农汇农业科技发展有限公司，申请补贴项目为旋耕机1台、秸秆粉碎机1台。通过对上述5台农用机械的类型、机具品目、生产企业和机具型号进行核对，并对两家单位机械操作规范、机械台账建立、安全责任制度、生产安全隐患等方面进行检查和告知，将新增的北京黑庄户园林绿化服务中心录入监管台账。

【农药经营规范专项培训】 6月3日，区农业执法大队组织14家农药经营企业农药经营规范专项培训会。按照《农药管理条例》及5个配套规章规定，围绕农药标签管理、农药经营许可制度和农药经营监督管理三个方面，对涉及的法律法规和注意事项向管理相对人做详细讲解，并重点对近几年本市农药市场监管工作中发现的突出问题进行深入解析。会后，区农业执法大队与14家管理相对人分别签订了农资生产经营责任书。

【水生野生动物保护培训】 6月18日，区农业执法大队组织开展水生野生动物保护培训会，邀请市农业综合执法总队渔政支队副队长贺炎龙授课，辖区内古玩城及观赏鱼市场56人参加培训。此次培训主要根据国家林业和草原局、农业农村部联合发布的《国家重点保护野生动物名录》以及《北京市野生动物保护管理条例》，对国家重点保护水生野生动物物种、保护级别的变化进行讲解，从立法角度向市场及商户阐述立法初衷和处罚力度，列举水生野生动物经营利用过程中的常见问题。

【农机规范化管理】 6月23日，区农业执法大队在常营郊野公园开展农机规范化管理观摩交流暨割灌机伤人事故应急处理演练。市农业综合执法总队、区农业综合执法大队、常营乡武装部、19个乡农机安全主管部门及各使用单位代表69人参加应急演练。组织参观常营乡郊野公园的机具库房、油库和防火设备等硬件设施，查阅台账建立及制度上墙等标准化管理。观摩作业人员完成划分作业及安全区域、清理地面杂物、机具设备检查、穿戴防护措施等规定动作。进行因作业人员违规近距离操作农用机械、擅自脱摘安全防护装备、清理作业区域不全面三方面原因导致的安全事故应急处置演练。

【拖拉机驾驶证考试】 7月21日，区农业执法大队组织对黑庄户、十八里店等7个地区（乡）共30名报考拖拉机驾驶证人员进行考前安全培训和科目一考试，组织通过科目一考试的人员到顺义区农机考试场地进行科目二、三、四实际驾驶及农机具模拟田间作业考试。30名报考人员全部通过考试取得拖拉机驾驶证。

【农机安全生产检查考核】 10月25日至11月18日，由区农业执法大队牵头，与区应急局、8家乡农机主管部门及2020年度农机安全生产优秀单位代表组成联合检查考核组，采取划片分组形式开展联合检查和考核工作。检查考核以实地检查、隐患排查、安全宣教、评分考核等方式进行互查，19个乡均考核合格。

【农机安全生产宣传】 10月28日，区农业执法大队会同高碑店乡平安办、平房乡农服中心、太阳宫乡城乡建设办、兴隆公园管理处等部门，开展秋冬季设施农机安全生产宣传活动。此次宣传共发放《平安农机漫说法规》宣传海报和《设施农机安全生产》《拖拉机购机保养》《微耕机安全使用常识》《农机事故警示教育》等宣传材料400余份、环保宣传袋100个，接受群众咨询10余人次。

【水生野生动物制品价值评估研讨】 11月24日，区农业执法大队组织朝阳区水生野生动物制品价值评估研讨会，农业农村部、北京市人民检察院三分院、北京市农业综合执法大队、朝阳区人民检察院八部、朝阳区农业农村局、朝阳区农业综合执法大队等单位相关领导出席会议。会议围绕执法机关是否有权对涉案违法水生野生动物及其制品做出价值认定和对《朝阳区水生野生动物（玳瑁、砗磲）及其制品价值评估方案》是否合理合法进行研讨。会议对两个议题达成共识，明确涉水生野生动物及其制品的违法案件应先行移交公安机关，行政机关作出的价值评估不能作为刑事案件的量刑依据。有效解决朝阳区近期立案的涉水生野生动物制品（玳瑁、砗磲）案的重点和难点问题。

【国家宪法日宣传】 12月3日，区农业执法大队开展以“弘扬法治精神，全面建设社会主义现代化法治国家”和“推进接诉即办工作规范化，不断提升为人民服务水平”为主题的法治宣传活动。通过悬挂条幅、粘贴宣传海报、发放法律宣传材料等方式，向过往市民积极宣传、讲解宪法精神、法治社会建设、接诉即办工作制度，以及农业相关法律规范知识等方面内容。发放《北京市接诉即办工作条例》、动物卫生便民手册、保护水生野生动物手册、狂犬病强制免疫和宣传袋等9种宣传材料1500余份。 （林超颖）

工业　商贸服务业

工业产业发展

【概况】　2021年，朝阳区拥有规模以上工业企业191家，完成工业总产值758.4亿元，比上年增长3.3%。分行业看，在26个工业大类行业中，17个行业产值比上年增长，9个行业比上年下降。产值总量排名前五的支柱行业累计实现产值556.7亿元，比上年增长7.3%，占全区总量的73.4%，其中电力、热力生产和供应业实现产值230.2亿元，比上年增长3.4%，占全区工业总产值比重30.4%。开采专业及辅助性活动实现产值120.4亿元，比上年增长7.2%，占全区工业总产值15.9%。电气机械和器材制造业实现产值97.6亿元，比上年增长8.4%，占全区工业总产值12.9%。非金属矿物制品业实现产值59.6亿元，比上年增长9.7%，占全区工业总产值7.9%。计算机、通信和其他电子设备制造业实现产值48.9亿元，比上年增长24.2%，占全区工业总产值6.4%。（朱兆芬）

【与中能建全面战略合作框架签约】　12月30日，朝阳区与中国能源建设集团有限公司正式签订全面战略合作框架协议。区长文献、中国能源建设集团有限公司董事长宋海良出席签约仪式并就双方合作内容进行座谈。朝阳区同中国能源建设集团就基础设计建设、新型城镇化建设、生态环保工程、能源电力、央地企业间深度融合及产业支持6个方面达成加强合作、互利互惠的共识。（李　凰）

【节能目标责任考评】　年内，区发展改革委制定《2020年度节能目标责任考评工作方案》，按照方案对235个重点用能企业，43个街道（地区）办事处，12个行业主管部门以及5个功能区管委会进行考评。235个重点用能单位中，考评结果为29个优秀、86个良好、58个基本完成，45个未完成，17个涉密注销或迁出。12个行业主管部门中，考评结果为5个优秀、6个良好、1个基本完成。5个功能区管委会中，考评结果为1个优秀、4个良好。43个街道（地区）办事处中，考评结果为13个优秀、26个良好、4个基本完成。（张　冉）

【固定资产投资指标落实】　年内，市政府安排朝阳区固定资产投资和建安投资任务分别为1000亿元和417亿元。为落实全年目标任务，区发展改革委将指标分解落实到区15个牵头部门，加大协调调度。全年完成固定资产投资1015.8亿元，比上年增长11.8%；完成建安投资424.1亿元，比上年增长3.7%。（黄悦欣）

【批复立项158个】　年内，区发展改革委批复立项158个，总投资约536亿元，包括政府投资项目36个，总投资90亿元；企业投资核准项目23个，总投资427亿元；企业投资备案项目99个，总投资19亿元。（刘宣炜）

高新技术产业

【概况】　2021年，朝阳区承办2021全球数字经济大会成果发布会，集中发布朝阳区数字经济支持政策、“城市智慧大脑”一期等建设成果。编制印发《2021年朝阳区数字经济示范区建设工作方案》，提出数字贸易先行等8项行动计划，梳理25项工作任务与57项重点项目。制定《朝阳区支持数字经济产业创新发展的若干措施》，明确未来5年累计至少投入50亿元用于发展数字经济，力争率先建成具有全球影响力的数字经济示范区。（赵小伟）

【数字经济示范区建设】　年初，朝阳区强化数字经济顶层设计与统筹协调，编制印发《2021年朝阳区数字经济示范区建设工作方案》，提出数字贸易先行、数字产业倍增、数字服务升级、数字人才引领、数字技术驱动等8项行动计划，系统梳理25项工作任务与57项重点项目，着力推进方案落地实施，为加快建设数字经济示范区提供支撑。朝阳区在北京市率先发布“新基建”“新场景”三年行动方案。在新基建方面，对标国际一流城区建设标准，加快布局新型基础设施，打造国家级工业互联网示范基地，推进人工智能超高速计算中心建设落地，加快5G基础设施布局，搭建“城市大脑”智慧平台，加强政务数据和社会数据的汇聚和应用。在新场景方面，围绕拉动需求、服务民生等痛点难点问题，深入挖掘应用场景建设需求，加快科技冬奥场景建设，推动CBD区域交通综合治理场景应用，结合“城市大脑”项目建设，推进经济

运行、社会管理、城市安全智能化发展。（赵小伟）

【“凤鸣优享荟”】 3月19日，朝阳区“凤鸣优享荟”首场活动——办公空间线下沙龙举办，旨在帮助凤鸣企业深入了解智能办公、灵活办公等新时期办公产品，提供办公空间服务咨询和资源对接。“凤鸣优享荟”是凤鸣计划2021年推出的系列品牌活动，是为凤鸣企业搭建互通桥梁和资源共享平台。7月16日，由区发展改革委、北京移动主办，北京朝阳国际科技创新服务有限公司承办的“凤鸣优享荟”——走进中国移动通信集团北京有限公司主题考察交流活动举行。活动围绕“生态合作”“投资”“5G创新大赛”“移动能力及凤鸣专属福利”四大主题开展交流与讨论。北京移动的相关负责人围绕5G技术、人工智能、物联网、云计算、大数据、边缘计算等技术如何赋能凤鸣企业，为企业发展提速进行说明，并现场推出“凤鸣专属”服务包，凤鸣企业可享受中国移动提供的专属移动服务团队、现场办公和驻场服务、凤鸣企业专属资费等多项服务，为企业数字化转型助力。与会人员参观北京移动科技展厅，探讨运营商在5G、人工智能、物联网、云计算、大数据、边缘计算等技术的行业落地场景及应用。（任　彧）

【高新技术产业发展引导资金】 4月26日，区高新技术产业发展领导小组办公室面向朝阳区公开征集2021年度朝阳区高新技术产业发展引导资金支持项目。支持方向包括高成长企业发展、重大高精尖成果产业化项目等。支持对象包括在朝阳区注册、纳税的科技企业（一般为国家高新技术企业或中关村高新技术企业）和服务于朝阳区高新技术产业发展的金融机构、创投机构、社会组织等其他相关企事业单位。明确2018—2020年连续3年获得该资金支持的单位不能申报，同一申报单位只能选择一个项目类别进行申报。（任　彧）

【“独角兽”企业朝阳区27家上榜】 4月26日，长城战略发布《中国独角兽企业研究报告2021》。中国“独角兽”企业达到251家，主要分布在“北、上、深”3个城市，其中北京市82家。朝阳区“猿辅导”“车好多”等27家企业上榜，占北京市的32.9%，与上年相比提高4.1个百分点；估值662.4亿美元，占北京市的13.8%，与上年相比提高1.7个百分点。主要分布在数字文娱、互联网教育、新零售等14个赛道，2020年形成区级收入1.4亿元。“猿辅导”成为朝阳区第一个超级“独角兽”企业，估值170亿美元。（任　彧）

【京津冀工业互联网协同发展论坛】 8月2日，北京市经济和信息化局、天津市工业和信息化局、河北省工业和信息化厅、北京市朝阳区人民政府联合主办，中国工业互联网研究院、中关村科技园区朝阳园管理委员会等单位联合承办2021全球数字经济大会京津冀工业互联网协同发展论坛。论坛以“创新赋能　协同发展”为主题，旨在全面展示工业互联网发展的最新趋势，进一步推动京津冀工业互联网协同创新发展做深做实，促进制造业数字化、网络化、智能化转型，构建现代化产业体系。中国工业互联网研究院等9家单位共同宣告成立MA标识代码管理委员会。论坛上发布《北京市朝阳区工业互联网解决方案和示范案例集》。朝阳区作为工业互联网领域国家新型工业化产业示范基地片区之一，经过2年发展，新型产业集群初具规模，区域内聚集140多家工业互联网核心企业。主要集中在工业互联网平台、工业智能装备、工业控制设备、工业软件、工业互联网安全、系统解决方案等领域。朝阳区工业互联网规上企业近3年年均复合增长率达到21.62%。论坛拓展朝阳区数字经济发展、工业互联网解决方案输出、京津冀协同内循环体系构建思路。（任　彧）

【数字经济大会召开】 8月3日，北京市经济和信息化局、朝阳区人民政府主办，朝阳区发展和改革委承办的2021全球数字经济大会成果发布会在国家会议中心召开。发布会作为2021全球数字经济大会的收官活动，以“‘数’见未来　融生无界”为主题，集中展示大会成果与亮点。朝阳区数字经济支持政策、“城市智慧大脑”一期建设成果以及数字经济代表性企业的成果新品等在会上集中发布。同时，朝阳区与360集团、阿里巴巴、金控集团、华为公司共同签署数字经济示范区重大项目合作备忘录，携手打造朝阳区未来数字经济产业生态。（赵小伟）

【数字经济产业创新发展措施】 8月3日，朝阳区研究制定《支持数字经济产业创新发展的若干措施》（以下简称《若干措施》），以精准高效的政策体系，打造数字经济产业新集群、培育数字经济企业新标杆、优化数字经济发展新生态。明确未来5年将累计至少投入50亿元用于发展数字经济，力争率先建成具有全球影响力的数字经济示范区。在培育数字经济企业新标杆方面，《若干措施》突出对数字经济上市企业、领军企业、总部企业、“独角兽”企业、高成长企业等优势主体以及具有突破性重大项目的支持力度，力求能够引进和培育一批标杆企业、标杆项目，引领带动区域数字经济实现高品质跃升式发展。在优化数字经济发展新生态方面，着重突出对数据、资金、技术、场景、人才等关键要素以及具有资源集聚性平台载体的支持力度，力求能够加快推动各类要素融通发展，引领带动区域数字经济实现高效能聚合式发展。（任　彧）

【数字增信文旅产融模式案例获奖】 9月3日，在中国国际服务贸易交易会“北京主题日”上，朝阳区数字增信文旅产融模式创新案例获得全国创新案例奖，预付费资金监管模式创新案例获得全市创新案例奖。“数字资产增信”在文旅金融场景中的应用模式（以下简称“数字增信文旅产融模式”）全程线上操作，单笔融资时间由过去的1~2个月压缩至7个工作日以内。一季度，朝阳区旅游业总收入和净游客接待量均为全市第一，实现旅游总收入198.8亿元，占全市总量的25.6%。截至8月12日，在平台注册的文旅企业462家，接受融资需求192亿元，放款金额31.27亿元，皆为无担保线上信贷资金。单笔平均放款金额600万，相较传统融资模式的单笔融资水平（通常为50万元至300万元）有质的改善。中小微企业实际融资成本从传统融资模式的平均年化利率18%降低到4%~8%，有的企业可以降至4%以下，享受远低于行业同类产品的普惠金融贷款优惠利率。（任　彧）

【打造数字贸易试验区】 9月6日，在中国联合国采购促进会与朝阳区人民政府共同主办的全球采购与数字经济可持续发展论坛上，朝阳区发布《2021朝阳区外资外贸发展报告》（中英双语版）。该报告集中展现朝阳区的国际化氛围与开放环境，增强外商投资的指导性。朝阳区5G基础设施建设新增289个，累计达到4310个，数量居全市第一。朝阳“城市智慧大脑”综合指挥调度中心和综合展示体验中心搭建完成，具备城市管理领域、经济领域、安全领域指挥调度的功能。朝阳区与360集团、金控集团、华为公司共同签署数字经济示范区重大项目合作备忘录。金盏国际合作服务区管委会与北京金融大数据有限公司签署合作协议，在金盏地区共建数字经济创新示范园。中国移动与多家凤鸣企业签署生态战略协议，全面开启应用场景合作。（任　彧）

【数字经济创新成果亮相科博会】 9月25日，在第二十四届中国北京国际科技产业博览会（以下简称“科博会”）上，朝阳展区以数字经济示范区为主题，展示“独角兽”企业、凤鸣计划、“专精特新”、初创企业等7家近20项数字经济领域科技创新成果。玻色量子、鲲鹏联创、星河亮点在内的企业作为区新基建产业的代表，分别展示量子计算设备、TaiShan服务器、5G通信终端测试设备，凸显吸引基础研发机构落地、信息科技产业化方面做出的不懈努力。三未信安、柏睿数据、影谱科技、晨晶电子等参展企业，分别推出数字安全、数据处理、数字孪生等数字经济领域先进技术与产品，展示在培育数字产业集群，赋能传统产业升级，积极培育面向未来的新技术、新业态、新模式等方面取得的显著成效。在城市管理大脑、城市经济大脑、城市安全大脑3项智慧大脑综合平台展示区，以视频的方式呈现朝阳区在建设“城市大脑”领域取得的成就。（任　彧）

【“智慧工厂”合作建设】 年内，区发展改革委与东郊农场、极智嘉公司签署合作协议，探索利用孙河地区（乡）原车身轴瓦厂老产房改造，建设极智嘉“智慧工厂”，打造集办公、研发、中试、生产、智能展示等功能于一体的智能制造特色园区。（赵小伟）

商贸服务业

【概况】 2021年，朝阳区商务运行稳中向好，消费、外贸等主要指标保持全市领先，“两区”建设取得新进展，稳增长、促改革、优环境、惠民生等工作有序推进。全年实现社会消费品零售额3554.2亿元，新建（改造）便民服务网点55个。批发零售业和租赁商务服务业共形成区级收入197.1亿元。实现进出口总额14536.9亿元，实际利用外资51.1亿美元，新增跨国公司地区总部9家，跨国公司地区总部增至138家，占全市70%。区商务局年内办理粮油仓储单位备案4家；单用途商业预付卡备案企业6家。年内，依托重点企业构建防疫物资保供网络，加强区内批发企业、规模超市、农贸市场货源储备，做好区级政府储备，保障市场供应充足、运行平稳。

【“两区”建设推进】 年内，聚焦跨境金融、高端商务服务、数字经济等重点领域，朝阳区出台第一批促进“两区”建设28条专项政策。全面落实“三单”管理，梳理细化“政策、企业、空间”三张清单，统筹推进“政策＋项目”组合落地。政策创新有突破，聚焦市级251项政策，朝阳区牵头两项任务全部完成；区级实施方案62项，落地62项，政策落地率100%。梳理“两区”重点产业项目352个和GaWC目标企业175家，其中174个重点产业项目落地，包括外资项目69个，项目总量和外资项目数均处于全市领先地位，42项在全国、全市有影响力的“首家”“首批”项目落地。示范效应突显，围绕金融创新、中医药服务贸易等朝阳特色领域形成10个改革

▲ 6月11日，朝阳区举办“两区”建设专场推介会　（区商务局　供图）

创新实践案例，朝阳区数字增信文旅产融模式创新案例获得全国创新案例奖，预付费资金监管模式创新案例获得全市创新案例奖。

【社会消费品供给】 年内，朝阳区实现社会消费品零售额3554.2亿元，占全市总量的23.9%，比上年增长10.3%。在创新流通、促进消费上下功夫，加快建设国际消费中心城市主承载区。立足区域资源优势，提出构建“1+5+8”措施体系（构筑一体化消费版图，打造五大国际顶级商圈片区，实施八大提升工程）的总体思路，创新建立“品牌＋项目”清单化管理、“国内＋国际”一体化推进、“产业＋区域”协同化发展的工作机制。以品质化、特色化、国际化为导向，提升三里屯、CBD、蓝色港湾等核心购物商圈品质，打造SKP-S、三里屯#024等沉浸式、体验式消费场景，推动商圈转型提升。首创郎园Station成为全市新消费品牌孵化基地首批试点项目，在孵品牌30余个。望京小街、三里屯#024作为第二批新消费品牌孵化基地项目正式运营，培育新消费品牌。开展“潮朝阳 新消费”等促消费活动，营造活跃消费氛围。建设亮马河国际风情水岸，开发夜游主题精品旅游项目，支持“夜京城”商圈发展，营造活跃消费氛围。全区入驻首店数量达483家，占全市近54%，位居各区之首；“深夜食堂”特色餐饮街区扩容至6家。支持培育新业态、新模式，鼓励Fudi仓储式会员超市等新型便民商业发展。推动新建改造便民服务网点55个，提升消费供给品质。

【批发零售与租赁商务服务业】年内，朝阳区批发零售业和租赁商务服务业形成区级收入197.1亿元，比上年增长17.1%。占全区收入的37.0%（全区收入531.87亿元，比上年增长7.0%）。其中，批发零售业实现区级收入111.0亿元，比上年增长29.0%；租赁商务服务业实现区级收入86.2亿元，比上年增长4.6%。

▲ 4月29日，朝阳家园物业公司获“首都劳动奖状” （尹晓珺 摄）

【外资外贸】 年内，朝阳区新设外资企业721家，比上年增长45.7%，占全市37.5%；实际利用外资51.1亿美元，比上年增长10.5%，占全市32.8%；吸引合同外资184.4亿美元，比上年增长200.6%。朝阳区累计完成货物进出口总额14536.9亿元，比上年增长31.9%，占全市总量的47.8%。其中，进口完成13386.8亿元，比上年增长34.4%，占全市总量的55%；出口完成1150.1亿元，比上年增长8.8%，占全市总量的18.8%。

【服贸会组织参与】 年内，朝阳区在2021服贸会期间举办全球采购与数字经济可持续发展论坛，在全市率先发布《2021朝阳区外资外贸发展报告》。组织区内企业参展，搭建朝阳分团“云展台”，有330余家境内外企业完成线上注册，涵盖科学推广和应用服务业、批发和零售业、租赁和商务服务业等多个热点行业。促成北京嘉会国际医院、“群鲜荟萃”等重点项目签约，朝阳分团整体签约额突破156亿元。 （张维民）

朝富公司

【概况】 2021年，朝富公司完成13家全民所有制企业改制和工商变更程序。朝富公司二级单位物业公司完成北京米阳体仁物业管理有限公司股权无偿划转和工商登记变更工作。公司下属企业朝阳家园物业公司获北京市总工会颁发的“首都劳动奖状”。取得北京市应急管理局颁发的安全生产标准化二级单位证书。公司分别与结对帮扶单位内蒙自治区卓资县梨花镇韭菜沟村和科左后旗巴胡塔苏木签订捐赠协议，捐赠款物合计14.06万元。

【完成全民所有制企业改制】 9月30日，朝富公司完成区国资委关于全民所有制企业公司制改革任务。改革后，北京中良实业有限公司成为朝富公司的全资子公司。完成13家全民所有制企业（北京粤海烤鸭店、北京市中良实业总公司、北京多元实业发展公司、北京七〇一厂、北京七〇一厂一分厂、北京金刚石厂、北京市挑补绣花厂、北京市朝阳建筑器材租赁公司、北京市朝阳金属材料公司、北京市三源里菜市场中心、北京市松榆东里综合市场中心、珠海市朝阳房产发展公司、北京日坛羲和雅居）改制和工商变更程序。完成公司所属23家企业吊销改注销工作。其中，全民所有制企业11家，全民所有制分支机构10家，集体所有制企业2家。

【社会实践基地共建】 10月25日，朝富公司二级单位弘朝公司所属朝莘教育公司与密云经济开发区总公司举办共建社会实践基地揭牌仪式，签署“朝密共建”框架协议，并悬挂“朝莘教育共建单位”牌匾。密云开发区幼儿园作为密云区高新技术经济发展园区，在0~3岁托幼中心、特色型幼儿园、多元实践成长活动及国际学校等方面开展合作，增强园区招商引资、产业聚集的吸引力。朝莘教育公司与密云开发区幼儿园广泛开展互学互研活动，探讨企业办园发展思路和策略，并在互通园所文化上达成共识。通过加强跨区合作、积极推动朝阳区国资系统优质教育资源走出去战略，持续加速教育领域产业跨区合作、良性发展，实现管理优势互补、资源共享，推动双方园所的共同提升、优质发展。扩大国资教育品牌朝莘教育知名度，提升企业核心竞争力，实现社会效益和经济效益双赢。签约仪式在密云开发区幼儿园举行，北京市密云区生态商务区管委会、北京市密云区教育委员会、朝阳区国资委、弘朝公司、北京密云经济开发区管委会及总公司、朝莘教育公司相关人员参加。

【数字化软件系统工程启动】 10月29日，朝富公司召开数字化建设工作会，正式启动财务及人力资源集团化软件系统项目工程。该工程以集团化软件为抓手，以“云计算”作为重要的基础设施，通过对人、财、物的集团化运作和精细管理，优化资源配置，有效防控风险、降低成本，实现实时、多维、可视、智能的全级次全覆盖管控，增强企业战略稳定性和可持续竞争优势，进一步推动公司数智化转型升级。（陈　菲）

蓝岛大厦

【概况】 2021年，蓝岛大厦有限责任公司（简称“蓝岛大厦”）注册资本1亿元，资产总额20662.01万元，净资产14128.06万元。组织开展“蓝岛明星显真情 践行初心暖人心”等主题服务促销活动4场39天。完成公司的发展战略定位、主责主业、保留业务等情况梳理。接待来访2人次、来电3人次、区信访办转来1件次，收到接诉即办转来11件次，信访总量17件次全部办结，未发生投诉升级案件。完成2018年签署的非经营性资产交接工作意向协议。向北京市各区劳动服务管理中心移交档案1588份，退休人员社会化管理工作按计划全部完成。继续保留全国文明单位称号；获评2018至2020年度首都文明单位标兵称号；被评为北京市价格监测工作先进单位；获“北京市第十届商业服务业技能大赛优秀组织奖”；第二卖场员工吴新茹获北京市第十届商业服务业技能大赛组委会颁发的“金手指”奖杯、美陈师竞赛项目“十佳选手”荣誉证书及荣誉胸章。

【局部装修改造】 1月9日，蓝岛大厦一层经营区调整改造完成对外营业。6月17日，公司召开南侧商业区施工工作动员部署会，启动大厦南侧商业区改造。9月1日，公司南侧商业区封闭改造后对外营业。10月19日，西马道改造完成。

【内控系列工作】 4月20日，蓝岛大厦召开2021年内控系列工作部署动员会，全面部署公司2021年内控系列工作。截至6月25日，公司12个部室、5个采购部、2个卖场和收银部共20个部门对档案管理、工作制度执行、公车使用管理等85项次内容进行自查并形成书面报告。11月24日、25日，按照检查方案，内控工作领导小组通过听取汇报、询问情况、查阅记录等方式分别对10个部门、25项具体工作进行检查，对检查中发现的问题着手整改，整改合格率达到100%。

【蓝岛通州店清算注销】 6月23日，蓝岛大厦向区国资委提交《关于合并财务报表清算、注销“北京通州蓝岛大厦有限公司”的请示》，采用合并财务报表方式清算、注销蓝岛通州店。7月12日，区国资委批复，同意蓝岛大厦采取与通州蓝岛大厦合并报表的方式清算、注销北京通州蓝岛大厦有限公司。

【“蓝小微”商城】 8月31日，公司“蓝小微”商城具备线上经营条件，在线测试工作与线上商城招商工作全面启动。10月13日，公司“蓝小微商城”上线运营。

【房屋公开招租】 9月23日至10月11日，蓝岛大厦按照区国资委《朝阳区国有企业房屋出租管理暂行办法》，在国资委网站对蓝岛大厦位于朝阳区日坛北路7号部分平房公开招租，北京泰宇龙华餐饮管理有限责

▲ 4月20日，蓝岛大厦召开内控系列工作部署会　（蓝岛大厦　供图）

任公司承租该处房产，完成2年续租合同。

【数字化转型推进会】 12月23日，蓝岛大厦召开数字化转型工作推进会议，相关业务部门负责人参加。会议围绕效率提升和创新推动目标，共商公司数字化转型工作重点，促进企业业务和管理提升。公司结合企业实际工作需要，制订数字化转型规划方案，按三部分实施。主营业务模块升级原有信息管理系统（ERP）、会员顾客管理系统（CRM）；现代办公模块使用OA无纸化办公自动化系统、人力资源管理系统管理；监控、安防设备模块对导视和监控系统、设备运转监控、消防自动报警升级改造。

【营销活动】 年内，蓝岛大厦开展“喜迎新年、28周年店庆、红火过大年”“三八节 幸福女人节 做最美自己”“五一、母亲节 双节相伴 乐淘十天”“端午节、618庆端午 大牌直降”“调整清仓 改装出清”“中秋、国庆 情满双节 双线聚实惠”等系列主题促销活动10场，活动244天，实现销售收入9318.81万元。

【对口帮扶】 年内，蓝岛大厦为对口帮扶的内蒙古自治区乌兰察布市卓资县梨花镇三道营村投资建设的“三道营村农产品加工厂”正式投入使用，每年可为村集体增加租金收入2万元。9月17日，蓝岛大厦与三道营村签订新一期《“万企兴万村”结对帮扶协议》，继续加强合作，巩固脱贫成果。11月29日，蓝岛大厦为三道营村爱心超市寄送价值1993.6元的防疫包、毛巾、口罩、香皂等防疫物资。全年，蓝岛大厦购买扶贫地区特产德青源扶贫蛋、红枣等1.7万余元。 （黄　洁）

京客隆集团

【概况】 2021年，北京京客隆商业集团股份有限公司（简称“京客隆集团”）职工总数5151人。其中，在岗职工5052人、不在岗职工99人。年内，京客隆集团实现销售总额123.01亿元，实现利润5366万元。非经营性资产将台路宿舍整体移交至北京首开望京物业服务有限公司。京客隆集团获评北京日报报业集团与北京市商业联合会共同颁发的“2020年度北京十大商业品牌评选的扶贫攻坚奖”。京客隆集团选派的选手高凤霞在北京市第十一届商业服务业技能大赛收银项目决赛中，获评北京市第十一届商业服务业“收银技术能手亚军”称号。

【首次引进聊城优质农产品】 1月14日，京客隆集团与聊城东昌府鸿和宝丰果蔬合作社签订供货合同，首次引进聊城优质农产品，第一批采购5吨西红柿在所有京客隆店铺进行试销。

【电子会员上线】 4月1日，京客隆电子会员系统正式上线。京客隆电子会员是基于微信端的全新电子会员卡，简单、方便、实惠。顾客可通过微信扫码或搜索京客隆会员微信会员小程序注册成为会员。原会员通过手机号与电子会员进行绑定，使会员信息与电子会员同步、共享。

【北关财贸职业学院新店开业】 4月12日，位于北关财贸职业学院内的北关财贸职业学院京客隆小店正式营业，小店经营面积50平方米，经营品种达360余种，开业当天实现销售额11817.21元，客流773人次。

【生鲜农产品零售行业标准化门店】 4月23日，在北京市商务局和全国城市农贸中心联合会联合举办的关于《社区菜市场设置与管理规范》北京市地方标准宣传贯彻会上，京客隆集团京捷生鲜红庙北里店、芳草地店、关东店北街店、工体南路店、体育场东路店、新东路店、春秀路店、团结湖南四区店和八里庄北里店9家京捷生鲜便利店被授予“2020年全国生鲜农产品零售行业标准化门店”牌匾。2020年，全国城市农贸中心联合会零售市场专业委员会组织开展北京市生鲜农产品标准化示范店创建工作，经对223份申报材料审核和实地抽查，评选出“北京市生鲜农产品标准化示范市场”100家，其中京客隆9家。

【帮扶商品展区设立】 9月2日，根据北京市连锁经营协会倡议，京客隆集团在旗下甜水园店、酒仙桥店、管庄店、北苑店、双龙店5家店铺设立帮扶商品展区，集中售卖来自新疆、内蒙古自治区、河北等北京市对口帮扶地区的特色农产品。

▲ 9月2日，京客隆集团在旗下5家店铺设立帮扶商品展区 （张　霞　摄）

【“为您服务群”试点】 10月13日，京客隆集团以店铺为单位建立“京客隆为您服务”企业微信群（简称“为您服务群”），并在望京店、管庄店、南皋路店和便利69店4家门店进行试点。“为您服务群”作为顾客专属服务群，利用互联网，主要提供商品和服务在线咨询、商品、促销活动通知、售后服务和商品预售等内容。

【民生商品农科院供应点开业】 11月8日，京客隆集团位于海淀区中关村南大街12号农科院家属院内的京客隆民生商品农科院供应点（简称“农科院供应点”）开业。此店与中国农业科学院合作设立，经营面积60平方米，作为海淀区“菜篮子”工程网点之一，主要供应米、面、油、盐，肉、蛋、果、菜、奶、副食调料等民生商品。营业时间为早7点至下午1点，主要满足在农科院内工作、居住的3万余名科研人员以及周边居民生活必需品需求。

【放心肉菜示范超市】 12月6日，京客隆集团位于通州区的北关店、乔庄店和九棵树店在通州区市场监督管理局召开的2021年通州区“放心肉菜示范超市”创建工作总结会上，获评“放心肉菜示范超市”称号；之前已挂牌的通州东关店、龙旺庄店通过参创复审。至此，通州区京客隆集团共有10家“放心肉菜示范超市”店铺。

【店铺装改】 年内，京客隆稳步实施老店改造，调整布局店铺6家。包括酒仙桥店、三里屯店、团结湖店、京源店、星火西路店和枣营路店。改造便利店3家，分别为便利27、56、68店，新开便利店7家，分别为便利84、89、90、91、92、93、94店。（龙芬芬）

投资促进

【概况】 2021年，朝阳区投资促进服务中心自主引入落地项目26个，其中新设项目18个，迁址迁税项目8个。截至11月30日，引入落地项目形成区级收入共计2713.7万元。增资项目形成区级收入共计5495.1万元。全年，服务驻区企业形成增资项目8个。朝阳区参加京港洽谈会开幕式及展示与投资咨询洽谈活动、招商项目发布、京港双向投资重点项目签约仪式等工作。发布8个重大招商项目，其中总部经济产业招商项目5个，高新技术产业招商项目3个。促成香港思谋集团智能研发总部和奥特莱斯资产管理有限公司2个项目签约，曼福再保险设立一级分支机构的项目列入朝阳区“双五”（五大提升和五大示范）工程项目。

【“两区”建设宣传】 12月6日，在第24届北京·香港经济合作研讨洽谈会（简称“京港会”）开幕式上，朝阳区利用两个彩色整版宣传“两区”建设一年来总体成效和重点领域亮点。核心媒体发布文章6篇；“京港合作”专题页面对会议追踪报道，3家主流新媒体网站发布朝阳区宣传片；香港地区移动端主流媒体香港商报网官网首页发布财经新闻4条、微信公众号新闻2条、微博视频宣传1条、微博新闻1条；国内20家主流媒体多频次宣传发布，包括优酷、凤凰、网易、搜狐等门户网站每个平台推送3次。共计发布稿件63篇。

【投资朝阳推介】 12月7日，北京市朝阳区人民政府主办、北京市朝阳区投资促进服务中心承办、德勤中国协办第24届京港洽谈会京港两地投资朝阳云推介活动。采用线上会议方式，实现推介会活动“云端化”。通过视频会议技术，链接位于不同地区的会场。实现朝阳区招商引资与海内外投资人的直接沟通与交流。

【投资促进活动】 年内，朝阳区投资促进服务中心在京港会展示与投资咨询洽谈活动中，服务驻区企业形成增资项目8个。截至11月30日，以《扩大开放持续推进，“两区”建设结硕果》为主题设计中英文宣传展板，以图文并茂的形式介绍中国（北京）自由贸易试验区国际商务服务片区朝阳组团产业发展规划；发布8个重大招商项目，其中总部经济产业招商项目5个，高新技术产业招商项目3个；促成香港思谋集团智能研发总部和奥特莱斯资产管理有限公司两个项目签约。

【企业服务】 年内，朝阳区投资促进服务中心完善中介招商，推进招商引资市场化。98家入库中介机构累计提供213个有效项目信息，其中落地项目23个，在谈项目190个，重点项目列入政府工程。促成曼福再保险设立一级分支机构的项目列入区“双五”工程项目，使企业进入银保监会部门视野和“两区”建设的重点；申报懂车金港、特斯拉金融中心、安斯泰莱等项目，并被列为市“两区”建设重点项目，在市级层面开展专题研究调度；推荐中移联区块链研究院、联想创投总部、八分量、中科星图、水滴保险、星际互娱、酒仙网、斑马教育、易联众、数坤科技有限公司等项目全部入选朝阳区数字经济示范区建设重点项目计划。推进筹备成立朝阳区楼宇经济促进会，服务重点楼宇，扩大招商覆盖面。（沈 承）

金　融

金融管理

【概况】　朝阳区金融服务办公室（简称“区金融办”）是负责促进区金融发展、金融服务工作的区政府工作部门。2021 年，吸引 54 家金融机构落户朝阳区。其中包括朴道征信、国寿投保险资管、泰康养老保险、阳光财险等总部类机构 14 家，宁波银行北京分行、鼎诚人寿北京分公司、中邮证券北京分公司、中银国际期货北京分公司等一级分支机构 12 家，支行营业部 18 家。截至年底，朝阳区共有金融机构 5500 余家，其中持牌金融机构 1641 家、非持牌金融机构近 4000 家、外资金融机构近 400 家。持牌金融机构中，银行业 1019 家、保险业 200 家、证券业 251 家，其他金融机构 171 家。

【辖区企业上市】　1 月，北京库客音乐股份有限公司、北京雾芯科技有限公司在美国纽约证券交易所上市；枞树（北京）科技有限公司、北京麦迪卫康医疗科技有限公司在香港联合交易所主板上市。2 月，北京容联易通信息技术有限公司在美国纽约证券交易所上市。3 月，北京青云科技股份有限公司在上海证券交易所科创板上市；北京建工环境修复股份有限公司在深圳证券交易所创业板上市。4 月，北京讯鸟软件有限公司在美国纳斯达克证券交易所上市。5 月，北京健康之家科技有限公司在美国纽约证券交易所上市；爱慕股份有限公司在上海证券交易所主板上市。6 月，北京华品博睿网络技术有限公司在美国纳斯达克证券交易所上市。7 月，金叶天成（北京）科技有限公司在香港联合交易所上市。9 月，中国能源建设股份有限公司在上海证券交易所主板上市。10 月，精进电动科技股份有限公司在上海证券交易所科创板上市。12 月，北京雍禾医疗投资管理有限公司在香港联合交易所上市。

【金融机构落户】　1 月，新兴际华集团财务有限公司落户朝阳区。2 月，由科勒资本（Coller Capital）独资设立的全市首家外资 S 基金——科勒（北京）私募基金管理有限公司落户朝阳区。5 月，全市首家自贸专营证券机构——中泰证券股份有限公司北京分公司落户朝阳区。6 月，全市首家自贸专营保险机构——中国人民财产保险股份有限公司北京市自贸试验区支公司落户朝阳区。7 月，东风标致雪铁龙汽车金融有限公司税务关系迁入朝阳区，至此，全市 7 家外资汽车金融公司的工商、税务关系全部汇聚朝阳区。9 月，北京能建国化商业保理有限公司落地北京自贸试验区国际商务服务片区，该企业是首家在朝阳区注册的商业保理公司。

【文旅金融综合服务平台上线】　2 月 22 日，朝阳区文旅金融综合服务平台上线。平台旨在推动文旅企业数字化发展，携手金融科技企业及金融机构为文旅企业提供综合金融服务，构建朝阳区文旅金融服务生态圈。

【“两区”建设成果】　2 月，江苏银行股份有限公司北京自贸试验区支行、北京银行股份有限公司北京自贸试验区支行落户朝阳区。4 月，中国农业银行股份有限公司北京自贸试验区国际商务服务片区支行落户朝阳区。6 月。交通银行股份有限公司北京自贸试验区国际商务服务片区支行落户朝阳区。7 月，招商银行在朝阳区设立自贸专营机构。9 月，华夏银行股份有限公司北京自贸试验区国际商务服务片区支行落户朝阳区。10 月，中国建设银行股份有限公司北京自贸试验区国际商务服务片区支行落户朝阳区。11 月，杭州银行北京朝阳文创支行落户朝阳区。12 月，中国光大银行股份有限公司北京自贸试验区商务中心区支行落户朝阳区。年内，10 家自贸专营银行机构落户，数量在全市居前列。

【金融领域“两区”政策解读】　4 月 1 日，中国人民银行营管部、北京银保监局、北京证监局，以及北京市金融监管局、朝阳区政府共同举办金融领域“两区”政策解读会。会上发布金融领域“两区”政策解读手册。会议通过北京广播电视台财经频道及新媒体官方账号进行现场直播，高峰时期同时有 5 万余人观看。

【外汇衍生品银企对接公共服务平台宣讲】　5 月 19 日，北京市外汇衍生品银企对接公共服务平台首次宣讲会在朝阳区举办，会议采取“线下 + 线上”模式，主会场设在区金融办，近百家企业分别在主会场、分会场和线上参会。此次会议由北京地区外汇市场自律机制联合朝阳区金融办共同举办，旨在向企业介绍汇率避险知识，宣传汇率风险管理“风险中性”理念，提供便捷高效的银行专业衍生业务服务。

【国际金融论坛（IFF）2021年春季会议】 5月29日至30日，由中国贸促会和国际金融论坛（IFF）共同主办，朝阳区政府、北京国际金融论坛有限公司联合承办的国际金融论坛（IFF）2021年春季会议在朝阳区举办。会议以“后疫情时代 全球治理与国际合作”为主题，聚焦世界经济“绿色复苏”。本次会议在各国共同抗击新冠肺炎疫情、推动世界经济早日复苏的背景下举办，旨在凝聚全球财经界合作共识，呼吁国际社会维护和践行多边主义。

【农产品数字供应链金融服务平台上线】 6月4日，朝阳农产品数字供应链金融服务平台上线。该平台由区金融办联合区商务局、区国资委共同发起，是朝阳区通过扶持数字金融发展推动全区农产品溯源交易，实现涉农企业普惠金融和供应链金融的创新尝试，围绕产品溯源化、数据资产化、服务综合化三大核心功能解决农业产业发展过程中面临的常态化痛点问题。

【服贸会金融服务专题展】 9月2日至7日，2021年服贸会金融服务专题展在北京首钢园举行，朝阳区作为“首都国际金融机构主聚集区”“国际保险+再保险中心”和“国际创投集聚区”，以“融金朝阳”为主题参展。通过视频影像、多点触控、特型设计等多种手段，全面展示朝阳区国际金融、普惠金融、金融科技、企业上市、金融扶贫等各项工作成果。

【数字增信文旅产融模式获国家级奖】 9月3日，在中国国际服务贸易交易会北京主题日上，“朝阳区文旅金融综合服务平台”创造的数字增信文旅产融模式获得全国创新案例奖，这是本届服贸会朝阳区获得的唯一一项国家级奖项。 （侯鹏浩）

银 行

中国银行北京朝阳支行

【概况】 中国银行股份有限公司北京朝阳支行（简称“中行朝阳支行”）有1个营业部和14家经营性网点支行。年内，朝阳支行制定“激活力、谋规划；上基础、提规模；抓短板、优结构；深转型、增收入；防风险、保质量；活党建、促发展”发展思路，提升绩效表现和市场竞争力。

【存贷款业务和中间业务】 年内，本外币存款日均余额606.64亿元，贷款日均余额339.24亿元；实现计费净收入12.52亿元，其中中间业务净收入2.4亿元，拨备前利润9.2亿元。 （李春艳）

▲ 9月2日至7日，朝阳区以“融金朝阳”为主题参加在北京市石景山区首钢园开展的2021年服贸会 （高承瑛 摄）

中国银行北京商务区支行

【概况】 中国银行股份有限公司北京商务区支行（简称“中行北京商务区支行”）下辖16家经营性物理网点，均可开办包括对私结售汇、外汇汇款、个人理财、银行卡业务以及对公结算、国际结算、跨境业务、金融机构业务等全部个人、公司金融业务。年内，实现中间业务收入本外币折合人民币2.32亿元，拨备前利润9.72亿元。为西部马华、眉州东坡等一批知名餐饮企业客户累计开立对公钱包130余户。

【存款业务】 年内，中行北京商务区支行本外币存款日均总额折合人民币639.93亿元，本外币存款时点总额折合人民币752.99亿元。人民币存款日均余额608.49亿元，其中人民币公司存款（含金融机构）日均余额434.72亿元、人民币储蓄存款日均余额173.77亿元；外币存款日均余额4.93亿美元，其中外币对公日均存款（含金融机构）1.22亿美元、外币储蓄日均存款3.71亿美元。

【区域发展】 年内，中行北京商务区支行辖属北京自贸试验区国际商务服务片区支行举行揭牌仪式。北京自贸试验区国际商务服务片区支行是中国银行北京市分行在朝阳地区首批取得监管批复成立的北京自贸试验区银行。

【普惠金融】 年内，中行北京商务区支行落实中央及总分行党委关于金融服务实体经济的决策部署，精准施策普惠金融和绿色贷款，助力“六稳”“六保”。普惠金融业务重点领域余额比上年净增7.35亿元，普惠金融贷款余额16.87亿元，存量普惠客户586户。

【志愿金融服务】 年内，中行北京商务区支行针对电信网络诈骗、非法集资、不良校园贷等社会关注热点，围绕贴近民生的金融诈骗、校园贷、保住自己的“养老钱”等内容陆续开展“3·15”国际消费者权益日暨消费者权益保护教育宣传周、“守住钱袋子”“金融知识普及月”系列活动。到社区、商圈、校园、工地、企业园区等现场宣教20余次，帮助消费者解决风险认知和金融工具操作问题，树立理性消费观，有效提升社会公众的金融素质和依法维护自身权利的意识和能力，不断提升中国银行良好社会形象和公信力。

（杨雪巍）

中国工商银行北京朝阳支行

【概况】 中国工商银行股份有限公司北京朝阳支行（简称“工行朝阳支行”）下辖25家物理网点，其中财富管理中心3家、理财中心22家，以及3家离行式自助银行。所辖25家网点可开办包括对私结售汇、外汇汇款业务在内的全部个人金融业务，可开办人民币对公业务、外汇对公存款及对公结售汇业务。年内，工行朝阳支行实现拨备前利润16.45亿元，比上年增长9.29%。

【存贷款业务】 年内，工行朝阳支行本外币全部存款时点余额1444.34亿元，日均余额1432.72亿元。其中，人民币储蓄存款时点、日均余额分别为637.19亿元、611.81亿元，在工行北京分行系统内保持双第一。对公存款日均余额768.8亿元，外币存款日均余额9.8亿美元。人民币贷款余额250.37亿元，客户融资总量271.37亿元，比上年增长63.78%。实体经济贷款、债券承销、贴现等全口径资金支持达348亿元，比上年增长44%。

【中间业务】 年内，工行朝阳支行实现中间业务收入5.01亿元，比上年增长21.71%。

【普惠金融】 年内，工行朝阳支行普惠口径贷款余额16.53亿元，净增额达4.1亿元。其中，法人普惠贷款余额7.82亿元，网点落地业务占比达到75.85%；个人普惠贷款余额8.71亿元，网点推介占比超过44%。网点成为支行普惠业务发展的新引擎。 （陈思雨）

中国工商银行北京九龙山支行

【概况】 中国工商银行股份有限公司北京九龙山支行（简称“工行九龙山支行”）下辖16家网点。网点业务范围包括办理对私结售汇、外汇汇款业务在内的个人金融业务和人民币对公业务、外汇对公存款及对公结售汇等业务。年内，支行实现拨备前利润7.94亿元。

【存贷款业务】 年内，工行九龙山支行人民币全部存款日均452.56亿元，比上年增加35.17亿元。其中，储蓄存款319.73亿元，比上年增加33.78亿元。外币全部存款日均13058.78万美元，比上年增加3031.86万美元。人民币各项贷款日均178.43亿元，比上年增加14.72亿元。外币各项贷款日均6408.68万美元，比上年增加4159.18万美元。

【中间业务】 年内，工行九龙山支行累计实现中间业务收入23538万元。

（杨宇婷）

中国工商银行亚运村支行

【概况】 中国工商银行股份有限公司亚运村支行（简称“工行亚运村支行”）地处朝阳亚奥地区，紧邻国家体育场、国家游泳中心、国家森林公园、国际会议中心等重要场所。支行设1个银行卡业务团队、1个国际业务团队、1个对公专营柔性团队，挂靠1个融工分部。下辖网点15家，其中旗舰A类3家、旗舰B类1家，其余为综合类网点；附行式自助银行14家，离行式自助银行1家。全年实现营业收入11.94亿元，拨备前利润8.92亿元。

【存贷款业务】 年内，工行亚运村支行本外币存款时点余额599.29亿元，比上年增加49.75亿元；本外币各项贷款时点余额220.64亿元，比上年增加21.97亿元。

【中间业务】 年内，工行亚运村支行实现中间业务收入34184万元，比上年增加357万元。

【网点优化升级】 年内，工行亚运村支行推动亚洲金融大厦网点建设、林萃路网点撤并等工作。完成营业室功能升级和私行中心建设，提升机具效能和非现金业务迁移率。 （王玉丹）

中国工商银行北京望京支行

【概况】 中国工商银行北京市望京支行（简称“工行望京支行”）于2000年8月从中国工商银行北京市朝阳支行分设，10月26日对外营业，下辖23个网点支行，分别为支行营业部、香河园支行、首都机场支行、四元桥支行、国展支行、望京科技园区支行、广顺支行、半岛国际支行、京奥嘉园支行、方恒支行、酒仙桥支行、京城支行、东坝支行、福熙大道支行、南湖东园支行、大山子支行、望京新城支行、南十里居支行、芍药居支行、香河园储蓄所、将台路支行、坝河东里支行、西坝河支行。2021年，实现拨备前利润10.15亿元；实现净利润8.07亿元，比上年增加4900万元，增长6.46%。

【存贷款】 年内，工行望京支行本外币各项存款时点余额652.7亿元，比上年增加25.66亿元；日均余额624.54亿元，增加24.86亿元。其中，人民币存款时点增加35.69亿元，增长6.05%；日均增加33.91亿元，增长6.12%。

【中间业务】 年内，工行望京支行全年实现中间业务收入4.51亿元。（刘 鑫）

中国工商银行北京自贸试验区国际商务服务片区支行

【概况】 中国工商银行股份有限公司北京自贸试验区国际商务服务片区支行（简称“工行国际商务服务片区支行”）辖1个营业部、12家网点支行。其中，财富管理中心2家、贵宾理财中心10家、金融便利店1家；智能化网点13家，智能化覆盖率100%。2021年，实现分行口径本外币拨备前利润10.69亿元，比上年减少0.81亿元。（张 晗）

【“两区”建设参与】 1月，支行名称由“中国工商银行北京商务中心区支行”变更为“中国工商银行北京自贸试验区国际商务服务片区支行”，抢抓“两区”建设机遇，中标新设外资机构渣打证券基本账户、资本金账户，落地分行首单大家保险ODI全球托管项目，可实现新增托管规模3.2亿美元。（张 晗）

【信贷业务】 年内，本外币各项贷款余额218.00亿元，比上年减少6.60亿元。其中，人民币对公贷款余额206.19亿元，比上年减少6.22亿元；个人贷款余额62.34亿元，比上年减少1.36亿元。（张 晗）

【存款业务】 年内，本外币各项存款余额634.18亿元，比上年增加40.98亿元。其中，人民币对公存款余额299.5亿元，比上年减少6.4亿元；人民币储蓄存款256.95元，比上年增加12.13亿元。（张 晗）

【中间业务】 年内，实现中间业务收入3.95亿元，比上年减少4337万元。实现代发工资额净增30.61亿元，私人银行客户数净增69户，信用卡消费额35.17亿元，新增对公结算账户1428户，新增年金个人账户规模6119户。（张 晗）

【金融服务】 年内，支行承接中国妇女活动中心年金受托业务；实现14户旅行社开户和质保金存储业务落地；为六里屯街道办事处搭建党费云平台，为辖内190个党支部6000余名党员提供党费收缴服务，助力基层政府机构信息化建设；拓展朝阳区中医医院等3家医疗领域预算单位开立财政零余额账户和11家医疗医药企业结算账户，实现医院机构客户零的突破；利用工商银行社团协会“赛搏云”平台科技输出优势，为北京市旅游行业协会上线社团协会云产品并实现首单业务。与中智、能建国际等央企集团客户及首旅集团、招商公路等二级子公司新建立信贷合作关系，为对公结算账户、数字供应链、数字人民币等多项业务合作奠定基础。完成康龙化成、环球影城和中纺合作3条数字供应链融资，合计放款4606万元。（张丹妮）

中国建设银行北京朝阳支行

【概况】 中国建设银行股份有限公司北京朝阳支行（简称“建行朝阳支行”）下设营业网点18个。年内，支行综合筹资时点1181.7亿元，综合筹资日均1155.4亿元，贷款余额624.5亿元，中间业务收入4.4亿元，不良率0.09%。为朝阳区多个街乡提供上门金融服务，支持小微企业复工复产。

【国际业务】 年内，建行朝阳支行投资梅赛德斯-奔驰租赁有限公司、梅赛德斯-奔驰汽车金融有限公司金融债14亿元；为乌兹别克斯坦燃气电站提供信贷支持1108万美元；为小米集团搭建跨境银企直联系统；通过建行跨境撮合平台为40余家企业提供商业撮合机遇；配合北京地区外汇和跨境人民币自律机制，为中信金融、小米集团等客户申报外汇便利化试点，提高企业对外付汇效率。

【服务实体经济】 年内，建行朝阳支行重点发展“两新一重”、制造业、战略新兴产业、绿色信贷、乡村振兴等领域，为中节能、中化等相关客户提供信贷精准支持。年内，绿色信贷余额50.07亿元；战略新兴贷款余额47.22亿元；制造业贷款余额14.84亿元，比上年增加7.94亿元；基础设施贷款余额153.34亿元，比上年增加23.11亿元。

【城市更新项目】 年内，建行朝阳支行储备城市更新项目55个，其中为鲁能领寓和朝阳区住总寓两个项目投放城市更新专项金额7.07亿元。深度参与朝阳区规划，对接朝阳区危旧楼房改建试点项目，实现地铁马泉营租赁房项目6亿元贷款投放。

【普惠金融】 年内，建行朝阳支行普惠金融8项指标贷款余额33.98亿元，比上年增加16亿元。与朝阳区相关政府部门、商会积极对接，下沉供应链服务，普惠供应链比上年增加3.08亿元，落地推广云税贷、工商联快贷、善新贷等产品，服务走访432家科技型小微企业，实现投贷联动4笔。

【金融科技】 年内，建行朝阳支行支持数字化建设，为朝阳区9所清真寺上线“建启善源”综合服务平台，协助政府加快在宗教领域的数字化进程；为东北师范大学附属中学朝阳学校搭建“平安云厨”就餐系统，通过场景化提升个人客户活跃度。推广数字人民币业务，霄云路美食街180余户商户参加数字嘉年华活动，发展大型连锁超市京客隆140多家门店签约数字人民币支付功能。（杨子衿）

中国农业银行北京朝阳支行

【概况】 中国农业银行北京朝阳支行（简称“农行朝阳支行”）下辖24家营业网点。2021年，本外币各项存款日均余额589.31亿元，本外币各项贷款日均余额609.4亿元，实现中间业务收入2.82亿元、营业收入18.51亿元、净利润11.98亿元。

【对公业务】 年内，农行朝阳支行深化银政关系，促成朝阳区政府与北京分行签署战略合作协议。支持朝阳区发展，为区内政府单位、央企、国企等提供综合化金融服务。推进数字化转型，为朝阳区退役军人事务局、园林绿化局、管庄地区（乡）、农业农村部下属单位及朝阳区妇幼保健院上线智慧党费系统。发展国际业务，全年实现国际结算量50.26亿美元，实现跨境人民币结算量175.29亿元，实现对公结售汇21.7亿美元，净增国际业务用信客户8户；办理农行系统内首笔境外机构境内发行股票资金结算业务，累计实现跨境人民币结算量88亿元；落地中国（北京）自由贸易试验区首笔境外机构人民币与外汇衍生产品业务。

【零售业务】 年内，农行朝阳支行个人有效客户比上年净增2.19万户，私行客户上年净增84户，完成新增信用卡有效客户1.34万户，分期交易额完成4.79亿元。净增代发工资对公客户146户，累计代发工资金额50亿元，完成净增掌上银行月活客户数6.11万户，净增互联网消费场景商户11户。农行朝阳支行响应北京数字人民币试点工作要求，为朝阳区数币试点提供智力、人力和系统支持。农行朝阳支行支持数字人民币场景总数619个，其中商户门店518个，线上场景数194个。

【志愿金融服务】 年内，农行朝阳支行团委组织志愿者进社区、进街道开展“清捡垃圾 美化环境”志愿服务活动；与中国航空制造技术研究院、中国建筑材料科学研究总院和北京首都开发控股（集团）有限公司等企业携手为管庄地区捐赠厨余垃圾桶5万个，推动生活垃圾分类，倡导环保理念；开展服务升温志愿活动，到朝阳体东社区、八里庄社区、丽景园社区、赵家楼社区开展宪法日宣传，普及反洗钱、消费者权益保护、防诈骗及个人金融信息保护等知识。（陈　晨）

保　险

中国人寿保险股份有限公司北京市分公司

【概况】 中国人寿保险股份有限公司北京市分公司（简称“中国人寿北京市分公司”）是中国人寿在京分支机构。中国人寿北京市分公司向个人及团体提供人寿、年金、健康和意外伤害保险产品，涵盖生存、养老、疾病、身故、残疾等多种保障范围，全面满足客户在人身保险领域的保险保障和投资理财需求。公司内设17个部门，下辖73个分支机构，依托覆盖北京城乡的服务网络，搭建移动化、智能化、社交化的客户服务体系。2021年，中国人寿北京市分公司实现总保费124.56亿元，比上年增长7.9%。首年期交保费20.38亿元，比上年下降4.87%；十年期及以上首年期交保费8.35亿元，比上年下降0.32%；短期险保费20.5亿元，比上年增长13.76%。

【“建党百年 我来北京看冬奥”公益活动】 10月15日至18日，中国人寿北京市分公司与中国残疾人事业新闻宣传促进会联合举办“建党百年，我来北京看冬奥”公益活动。来自广西、湖北两省区4个中国人寿定点扶贫县特教学校的7名残疾青少年及其家属受邀参加活动。活动期间，7名残疾青少年参观北京冬奥组委首钢办公区、首钢大跳台、天安门广场、中国国家博物馆和中国人寿柜面等。活动旨在加强青少年党史学习教育，助力北京2022年冬残奥会，营造全社会关心关爱特殊群体的氛围。

【分业经营25周年庆典大会】 10月25日，中国人寿北京市分公司在国家会议中心举办“奋进北分廿五载 共建共享耀远航”分业经营25周年暨耀腾飞业务启动会。（夏　海）

中国太平洋财产保险北京市朝阳支公司

【概况】 中国太平洋财产保险股份有限公司北京市朝阳支公司（简称“太平洋保险朝阳支公司”）承保人民币和外币的各种财产保险。2021年，继续深化团队改革进程，提高客户经营能力。通过持续关注天气预报及提前部署服务安排，做好车险理赔工作。采取不同方式向客户发送天气变化提醒、应急处理建议及报案定损提示；随时关注、持续跟踪并及时向车险理赔部通报重案、大案。2021年，清理未决案件1042笔并逐笔备注；电话回访1471笔；支付夏天暴雨案件金额近1400万元，其间协助客户查勘理赔，获客户认可；截至年底，车险赔付率下降2%，未决金额减少1125万元，有效提高结案速度；特约定损员覆盖5个渠道，日均查勘量59笔，派驻渠道结案率均超过95%。

【普惠保销售】 7月26日，由北京市医疗保障局和北京市地方金融监督管理局共同指导、中国银行保险监督管理委员会北京监管局负责监督，为基本医疗保障提供补充保障的“北京普惠健康保”上市。太平洋保险朝阳支公司响应政府号召，发动全员参与销售，并开展司内新产品销售竞赛，为客户提供全面健康保障，为促进北京多层次医疗保障体系建设、缓解人民群众高额医疗费用负担做出努力。

【业务数据】 年内，太平洋保险朝阳支公司完成保费收入42096.08万元。其中，车险完成保费收入30841万元，业务占比73.26%，车险业务板块保费占比分别为车商68%、专兼经20%、交叉销售6%、其他业务6%。非车险完成保费收入10635.69万元，业务占比25.27%。农险业务完成保费收入619.39万元，业务占比1.47%。全年支付各类赔款24920.83万元，全险种赔付率71.65%。主要业绩指标基本达到分公司考核要求。

【车险经营】 年内，受车险市场3次商改、芯片影响新车销量下降、车险缴费实名制、续保周期缩短、新冠疫情反复等影响，太平洋保险朝阳支公司车险经营面临压力。为妥善应对，公司主抓车商渠道全方位发展，专兼经业务管理精细化，破解交叉销售渠道瓶颈，发展团车业务，达成综成和保成指标。强化机制的有效落实，促进业务稳定发展：落实拜访机制、会议机制、培训机制。合理优化团队架构，助力车险高效发展；加强渠道业务延伸，寻求车险发展新领域。

【非车险经营】 年内，太平洋保险朝阳支公司围绕“产业结构、业务结构、区域资源、政府政策、行业焦点”5个维度，在政保民生领域、知产影视创新、重客航运与海外等几个板块进行布局，非车险经营实现盈利。同时，打造扁平化管理团队，完善基础管理规定动作，制定新的激励机制，协助团队拓展业务，关注重要指标达成。继续发展政保领域，安责险业务年内突破千万元大关，实现100%增长；持续保持与海外业务资源丰富的经纪公司的良好合作关系，海外业务首次突破千万元；保持朝阳区政策性农险与商业性农险的落地服务工作，商业性农险保费收入近600万元。

（杨　静　王　珏）

信　托

北京国际信托有限公司

【概况】 北京国际信托有限公司（简称“北京信托”）是北京市国资控股、外资参股的大型金融企业。2021年，公司全年实现营业收入18.3亿元，比上年增长10.58%。其中，信托业务收入11.3亿元，占比61.7%；固有业务收入7亿元，占比38.3%。实现利润总额14.6亿元，比上年增长12.94%；净利润11.1亿元，比上年增长11.55%。公司固有资产总额174.8亿元，比上年增长15.72%；净资产总额109.9亿元，比上年增长6.21%。2021年，公司各项税款入库合计7.7亿元。公司在行业评级中，连续6年被评为A级；获“诚信托”管理团队奖；“榕晟进取资本001号集合信托”获“诚信托”最佳证券投资信托产品奖和金融界领航中国“年度杰出标品信托产品奖”，“榕晟指数增强资本001号集合信托”获金融界领航中国“杰出投资收益奖”。

【主要业务】 年内，北京信托受托管理的实收信托规模1966.3亿元。其中，集合信托规模1311.53亿元，占比66.7%；单一信托规模314.45亿元，占比16%；财产权信托规模340.31亿元，占比17.3%。主动管理规模占比74.48%，主动管理能力进一步增强，远高于市国资委下达的“主动管理类业务占比不低于50%”的考核目标值。公司受托管理的实收信托规模净增加57.3亿元，比上年增长3%。公司全面贯彻监管要求，大力发展标品业务，继续压降融资类、通道类、房地产等业务规模，持续优化资产结构的结果。截至年底，公司金融同业通道业务压降314.17亿元，实现规模清零；融资类业务压降132.83亿元；房地产类项目规模全年压降0.49亿元，全部完成金融监管部门下达的指标任务。

【业务特色】 年内，北京信托围绕国家重大战略和区域发展，发挥信托制度功能，开展金融服务。截至年底，投向京津冀的存续信托规模590.6亿元。支持北京城市副中心发展，新增

▲ 7月13日，在上海举办的“2021年上海证券报资产管理高峰论坛”上北京国际信托有限公司获第十四届“诚信托”管理团队奖　（上海证券报　供图）

规模11.5亿元。与各市属区属企业建立常态化对接机制，为企业提供综合金融服务。推进“金融+产业”，与首农食品集团联合设立产业基金，首期规模20亿元；与建工集团、海淀区共同研究启动首期规模为60亿元的中关村科学城更新与发展基金项目。全年与市属区属企业合作的项目10个、规模49.2亿元，存续规模235.4亿元。证券投资业务基本形成“固收+”、TOF系列、资产证券化和权益投资等初级产品线，存续规模比上年增长207.8亿元，实现收入1.7亿元。围绕国家规范政府隐性债务和鼓励直接融资的政策导向，探索“非标+标品”组合服务及“非标转标”业务模式；加强与银行、保险、证券等同业合作，寻找期限匹配、成本可控的资金渠道；优化地区布局，在安徽、浙江、福建等经济活力相对较强的省份深耕细作。聚焦优势产业，精选成长性良好的企业，采取永续债等方式，满足工商企业多元化投融资需求。截至年底，新增工商企业信托217.7亿元，存续规模435.2亿元。有超过25家保险公司与公司合作开展保险金信托业务，存续保险金信托资金规模35亿元。成立“北京信托·城市副中心职住平衡系列服务信托”项目，给进入数百名副中心的人才提供服务信托，获得特定租赁住房的优先承租权和优先续租权，形成可复制的模式。存续服务信托项目199个，合计信托规模186.5亿元。推动资产证券化业务落地，新增资产证券化业务3个，规模96.2亿元。涵养家族信托业务，坚持全委型的展业定位，家族信托存续规模25.3亿元。存续慈善信托5个，规模1036万元。引进专业团队，以利润中心模式在杭州、深圳等地组建财富团队。上线北京信托财富App，集成品牌推广和客户体验多重效果，增强客户体验感和满意度。全年财富部门累计销售265.6亿元，新增客户922个、规模59亿元。

【信托行业重点课题研究获评第一】 年内，北京信托牵头组织“信托参与社会治理的模式及机制研究”课题研究小组，吸纳中国对外经济贸易信托有限公司、中诚信托有限责任公司、中海信托股份有限公司与苏州信托有限公司参与课题研究。11月课题结项，并在中国信托业协会2021年度信托行业重点课题评审中取得第一名。课题研究首次提出信托的社会治理功能属性，围绕乡村振兴、新型城镇化建设、共建共享共治下的多种社会治理场景，构建以农村征地纠纷信托、留守儿童关爱信托、物业信托、国民信托、国有股权表决信托、盲目信托、推定信托等多种参与社会治理的模式和实现路径，并提出信托与各社会治理主体之间关系和工作运行机制。

（高　源）

旅 游 业

综 述

【概况】 北京市朝阳区文化和旅游局（简称“区文化和旅游局”），是区政府工作部门。主要职责为贯彻落实党中央关于文化和旅游工作的方针政策、决策部署和市委、区委有关工作要求，在履行职责过程中坚持和加强党对文化和旅游工作的集中统一领导。年内，组织开展文化和旅游行业新冠病毒疫苗接种工作。符合接种条件的员工接种率100%。强化行业疫情防控安全检查。向文旅企业下发疫情防控指引。全年出动检查人员6457人次，检查3281家企业防疫措施落实情况及信息报送工作。推进“厕所革命”，北京市文化和旅游局下发市对区旅游发展补助资金286.68万元，用于改造A级旅游景区旅游厕所15座。完成28家签约饭店无障碍设施改造方案，12月5日完成5家签约饭店37间无障碍客房改造任务。完成13家星级饭店等级评定与复核检查工作，11家通过复核，撤销2家。798-751艺术街区、亮马河风情水岸两大片区成功入选首批国家级夜间文化和旅游消费集聚区。751园区入选文化和旅游部国家旅游科技示范园区。举办“2021朝阳时尚峰会”，与密云区文化和旅游局签订《朝阳密云文化旅游交流合作协议》。深化“放管服”改革，落实简政放权、优化审批流程。全年受理审批事项1125件。加强安全生产监管。围绕疫情防控、安全生产、防火防汛、反恐维稳、综治应急、假日保障、宣传培训等重点工作，落实分级管理机制。全年开展各类检查人员6277人次，巡查检查行业单位10315家次。10月9日，市文化和旅游局发布北京市首批12家旅游休闲街区名单，朝阳区三里屯太古里休闲街区、751D·PARK北京时尚设计广场入选。11月5日，文化和旅游部公布120个第一批国家级夜间文化和旅游消费集聚区名单，朝阳区798-751艺术街区、亮马河风情水岸两大片区入选。11月8日，文化和旅游部公布7家国家旅游科技示范园区试点名单，朝阳区751园区为北京市唯一入选园区。 （张鑫宇）

【行业教育培训】 3月25日，区文化和旅游局召开朝阳区2021年度星级饭店评定复核工作培训会。全区25家三星、二星级饭店的主要负责人和部门主管参加培训。4月7日至8日，区文化和旅游局举行“2022朝阳区冬奥会签约酒店培训工作会”。培训邀请区疾控中心、五洲大酒店、五洲皇冠国际酒店、中国大饭店5名相关业务领域精英进行疫情防控知识、前厅接待服务规范、客房服务规范三场专题培训。4月14日至23日，举办冬奥酒店服务保障技能培训班。培训采取线上和线下相结合的方式，以冬奥筹办、冬奥服务保障、企业发展等方面为重点，开展行业服务规范、礼仪形象、对客服务技巧、英语口语及心理疏导等20余项培训。全区32家签约饭店及星级酒店中层管理人员200人参加现场培训。 （宋 蕊）

【朝阳区文化旅游工作例会】 3月26日，区文化和旅游局组织召开2021年朝阳区文化旅游工作第一次例会。会议统筹常态化疫情防控下的文旅行业安全生产工作，围绕消防、应急、反恐防暴等部署“清明”小长假假日工作。区消防救援支队、公安朝阳分局、区应急局、区市场监管局及重点文旅企业主管领导等200余人参会。 （赵书敏）

【国家安全宣传教育主题活动】 4月15日，区文化和旅游局在国家速滑馆参加朝阳区国家安全宣传教育主题活动，通过展示横幅、展板，发放宣传品和现场讲解等形式，向群众宣传国家安全法、旅游法、网络安全法、平安建设等相关知识，增强群众的国家安全意识，营造庆祝中国共产党成立100周年良好氛围。 （赵书敏）

【机构改革】 4月，根据区委编委《关于区文化和旅游局所属事业单位改革有关事项的批复》，撤销北京市朝阳区文化馆、北京市朝阳区香河园地区文化中心、北京市朝阳区垡头地区文化中心、北京旅游咨询服务中心朝阳服务站、北京国声京剧文化艺术中心5个事业单位。保留北京民俗博物馆（朝阳区东岳庙管理处）、朝阳区图书馆、朝阳区文物管理所、北京朝阳京剧文化艺术中心。改革后，区文化和旅游局所属事业单位由9个精简至4个，事业编制由284名精简至131名。 （张鑫宇）

【消防宣传月活动】 11月9日，区文化和旅游局以“落实消防责任，防范安全风险”为主题在文化和旅游行业开展“119”消防宣传月活动。通过广泛开展应急演练及安全教育培训普及消防法律法规和消防安全知识，提升从业人员、市民、游客消防安全意识。（赵书敏）

【入选北京市文化旅游体验基地认定名单】12月2日，北京市文化和旅游局发布自2020年以来北京市100家文化旅游体验基地认定名单，朝阳区15家单位入选，其中2020年3家、2021年12家。

【入围2021北京网红打卡地推荐榜单】12月6日，2021北京网红打卡地推荐榜单发布，该次评选涵盖自然景观、人文景观、文化艺术、街区园区、夜间经济、科技创新和数字经济、阅读空间等10大主题100个文旅目的地。朝阳区温榆河公园、798艺术区、首创·郎园station、凤凰中心等18个文旅目的地入选。（杨　迪）

【疫情防控】年内，区文化和旅游局组织开展文化和旅游行业新冠病毒疫苗接种工作。全区有15类文旅行业、3749家企业，符合接种条件的员工34030人，全部接种，接种率100%。储备新冠肺炎疫情服务保障任务酒店44家，可用房间7644间。其中，即开即用酒店7家，可用房间1083间；日常储备酒店19家，可用房间2536间；紧急征用酒店18家，可用房间数4025间。强化行业疫情防控安全检查。向文旅企业下发疫情防控指引。自1月25日起，每7天为一轮，对辖区内的文化和旅游企事业单位开展全覆盖检查。7月底至8月初，成立疫情防控工作专班。检查文旅行业防疫措施落实情况及信息报送工作，截至年底，出动检查人员6457人次，检查场所3281家，发现和整改问题60处。（陈　军　赵书敏）

2020—2021年朝阳区入选北京市文化旅游体验基地一览表

表3

序　号	项目名称	获评年份
1	北京民俗博物馆古建筑营造技法体验基地	2020
2	中国电影博物馆电影拍摄制作技术体验基地	2020
3	北京陶瓷艺术馆陶瓷技艺体验基地	2020
4	中国木偶艺术剧院木偶艺术体验基地	2021
5	北京中医药大学中医药文化体验基地	2021
6	于小菓国潮食养文化体验基地	2021
7	北京中国紫檀博物馆紫檀文化体验基地	2021
8	崇德堂匾额拓印技艺体验基地	2021
9	798艺术区体验基地	2021
10	INX戏精学院沉浸式演出体验基地	2021
11	首创•郎园Vintage体验基地	2021
12	凤凰中心文化艺术体验基地	2021
13	红砖美术馆体验基地	2021
14	751文化创意体验基地	2021
15	中国农业博物馆体验基地	2021

（杨　迪）

景区景点建设

【概况】2021年，朝阳区有国家A级旅游景区22家，其中AAAAA级1家，AAAA级4家，AAA级17家。有旅行社1203家，其中一般社695家、出境社493家、外资社15家；有旅行社分社117家，旅行社服务网点470家。推进公共服务设施改造，完成2021年度星级饭店实地评定、复核，推进A级旅游景区、星级宾馆饭店的垃圾分类工作，开展文明城区建设工作，完成庆祝中国共产党成立100周年重大文艺演出住宿服务保障工作及2次相约北京系列冬季体育赛事北京赛区（朝阳）测试赛、2022北京冬奥会和冬残奥会朝阳区住宿服务保障工作。（宋　蕊）

2021年朝阳区A级旅游景区一览表

表4

序　号	景区名称		等　级	评定时间（年月）	票务情况
1	北京奥林匹克公园	北京奥林匹克公园中心区	AAAAA	2012年11月	免票
		中国科技馆			成人30元/人　学生20元/人
		国家体育场（鸟巢）			门票40元

续表4

序　号	景区名称		等　级	评定时间（年月）	票务情况
1	北京奥林匹克公园	国家游泳中心（水立方）	AAAAA	2012年11月	门票30元
		奥林匹克森林公园			免票
		国家体育馆			不对外开放
2	中国紫檀博物馆		AAAA	2003年11月	50元/人，残疾人免票
3	北京朝阳公园		AAAA	2005年11月	免票
4	北京欢乐谷		AAAA	2008年11月	299元/人，残疾人免票
5	蟹岛绿色生态农庄		AAAA	2009年11月	免票
6	日坛公园		AAA	2006年11月	免票
7	团结湖公园		AAA	2006年11月	免票
8	红领巾公园		AAA	2006年11月	免票
9	蓝色港湾国际商区		AAA	2010年11月	免票
10	北京蓝调庄园		AAA	2012年11月	免票
11	北小河公园		AAA	2014年11月	免票
12	大望京公园		AAA	2014年11月	免票
13	古塔郊野公园		AAA	2014年11月	免票
14	将府郊野公园（郊野）		AAA	2014年11月	免票
15	庆丰公园（郊野）		AAA	2014年11月	免票
16	兴隆郊野公园（郊野）		AAA	2014年11月	免票
17	四得公园		AAA	2015年11月	免票
18	白鹿公园（郊野）		AAA	2016年11月	免票
19	北京陶瓷艺术馆		AAA	2016年11月	免票
20	斯普瑞斯奥特莱斯		AAA	2017年11月	免票
21	京城梨园（郊野）		AAA	2018年11月	免票
22	西藏文化博物馆		AAA	2019年11月	免票

【旅游环境建设】 年内，区文化和旅游局推动生活垃圾强制分类工作。组织文化旅游行业开展垃圾分类宣传活动。倡导企业利用现有广播、宣传栏、LED屏等资源，搭建垃圾分类宣传平台。全年出动检查人员511人次，检查企业建立健全生活垃圾分类日常管理制度、开展生活垃圾分类知识宣传、垃圾桶配备情况。检查企业487家次，均符合标准。开展文明城区建设工作。各景区全部建立母婴室；向景区发放文明城区、社会主义核心价值观、志愿服务、绿色环保、抗击疫情等宣传海报1500张，母婴室贴纸12张，一米线贴纸100张，行业规范牌50个，漫画公益广告1000余张。（宋　蕊）

【星级饭店评定复核工作】 年内，朝阳区星级饭店复核13家，通过复核11家，撤销星级2家。截至12月31日，朝阳区有星级饭店82家，其中5星级饭店25家、4星级饭店27家、3星级饭店24家、2星级饭店6家。（宋　蕊）

【旅游公共服务】 年内，朝阳区等级景区有旅游厕所248座，北京市文化和旅游局投入补助资金286.68万元，改造15座，改造比例占全区旅游厕所6.01%，超额完成5座改造任务目标；家庭卫生间改造12座，实现AAAA级旅游景区家庭卫生间全覆盖。旅游厕所改造带动社会资金669.97万元，完成人行步道改造1216.8平方米。（宋　蕊）

旅游节庆活动

【概况】2021年，区文化和旅游局围绕春节、清明节、端午节、中秋节、重阳节等传统节日主题，广泛开展具有时代特色的系列文化活动1761场，惠及市民约2823.42万人次。举办2021北京朝阳国际文化旅游节，进一步打造新消费场景、助力文旅融合、刺激文旅消费。（李博雅　冯若思）

【五一假日旅游工作部署会】4月28日，区文化和旅游局组织召开五一假日旅游工作部署会。会议传达中央和市、区关于常态化精准防控条件下做好五一假日旅游工作的要求。区假日旅游工作领导小组成员单位和重要景区主管领导参加会议。（赵书敏）

【2021北京朝阳国际文化旅游节】9月24日至10月31日，区文化和旅游局举办2021年北京朝阳国际文化旅游节。旅游节设798艺术区、751D·Park、亮马河国际风情水岸、丽都商圈、潘家园旧货市场等10个分会场，活动期间，举办活动189场次，群众参与近150万人次，消费近3亿元。（杨　迪）

旅游监督管理

【概况】2021年，区文化和旅游局围绕疫情常态化防控和文化旅游市场安全开展各类检查，保障文化旅游市场安全稳定。同时统筹做好朝阳区假日服务保障工作、节日安全督导检查工作，完成北京市安全生产督查考核任务，全年无重大安全生产责任事故，文化和旅游市场秩序平稳。

【假日旅游工作部署会】2月5日、4月28日和9月27日，区文化和旅游局分别组织召开全区春节、劳动节、国庆节假日旅游工作部署会。会议传达中央和市、区关于假日旅游工作的要求，围绕疫情防控、旅游安全、市场秩序等方面开展部署。区假日旅游工作领导小组成员单位、各街乡和重要景区主管领导参加。

【节日安全检查】5月1日，副市长王红到北京民俗博物馆、北京欢乐谷检查安全运营保障情况。王红了解了各点位节日期间的各项应急预案，听取工作汇报。9月27日，市文化和旅游局副局长庞微带队检查朝阳区国庆节前准备工作情况。重点检查欢乐谷应急指挥中心安全调度工作情况，并提出工作要求。10月5日，区文化和旅游局副局长张爱军带队，联合区市场局、区城管执法局、区卫生健康委等单位开展假日安全检查，检查组对蓝调庄园、蟹岛度假村等主要景区开展现场监督检查和工作指导，确保假日期间旅游市场安全有序。

【市安全生产第四督察组考核任务完成】7月，市安全生产第四督察组对市文化和旅游局安全生产工作开展了综合督察，8月20日正式反馈相关朝阳区督察书面意见。区文化和旅游局派专人负责朝阳区相关单位整改督导工作，于11月4日督导问题全部整改完毕，并向市文化和旅游局提交整改报告。（赵书敏）

旅游合作与交流

【概况】2021年，区文化和旅游局根据全区整体工作安排，扎实推进“时尚之城”建设，落实与北京服装学院、中央美术学院签订区校战略合作协议及“2021朝阳时尚峰会”举办的具体工作。加强区域交流协作，与外省市及北京市其他区开展文旅领域交流合作；宣传朝阳城市形象。全程指导首届“京潮·京品”朝阳礼物征选活动。参加2021西安丝绸之路国际旅游博览会、第九届北京国际旅游商品及旅游装备博览会，宣传朝阳区旅游资源。

【接待调研】3月19日，新疆生产建设兵团十二师党委常委闫卫华一行5人到朝阳区开展支援合作交流，双方就文化产业发展及下一步在文化交流等方面工作安排进行沟通。区委常委、区委宣传部部长黄晓伟及区文化和旅游局局长高春利等参加交流活动。10月16日至18日，新疆生产建设兵团第十四师文体广旅局副局长韩寒一行14人到朝阳区开展系列文旅交流活动，双方就公共文化服务、文旅产业发展等方面开展座谈，随后韩寒等一行参加了在北京举办的2021第九届北京国际旅游商品及旅游装备博览会，并对现场参展群众宣传推介新疆生产建设兵团第十四师昆玉市市内旅游资源，同时在朝阳区文化馆举办“沙海老兵”精神宣讲会。

【举办“2021朝阳时尚峰会”】3月27日，由中国服装设计师协会、中共北京市朝阳区委员会、北京市朝阳区人民政府、北京服装学院联合主办的以“时尚赋能高质量发展 引领北京国际消费中心建设”为主题的“2021朝阳时尚峰会”在凤凰中心举办。峰会期间，区政府联合中国纺织工业联合会、北京服装学院和与会代表共同发起“时尚赋能高质量发展”朝阳共识，北京市副市长杨晋柏，文化和旅游部产业发展司副司长耿军，区领导文献、黄晓伟，北京服装学院领导周志军、贾荣林及行业协会、高校有关领导、国内外专家学者、品牌企业代表、媒体记者等约150人出席。

【与密云区文化旅游业交流合作】5月21日，区文化和旅游局与密云区文化和旅游局签订《朝阳密云文化旅游交流合作协议》。协议包括从招商引资、产业互促、文化交流、宣传推介、人才交流5个方面开展两区合作交流，达到“资源共享、优势互补、互惠互利、共谋发展”的目标。7月28日，区文化和旅游局组织区内旅行社参加“饮水巡源·朝密出发”2021北京密云文化和旅游推介会暨第三届文化旅游季启动仪式，进一步为区内旅行社拓宽旅游市场。

▲ 9月24日，首届“京潮·京品”朝阳礼物征选活动颁奖仪式举办 （杨 迪 摄）

【首届“京潮·京品”朝阳礼物征选活动】 6月16日至9月24日，由北京潘家园国际民间文化发展有限公司主办、区文化和旅游局为指导单位的首届“京潮·京品”朝阳礼物征选活动举办。经过作品征集报名、作品初审、专家复审、公众投票、线上路演等阶段，从116件参赛作品中评选出10件文创作品，成为首届“朝阳礼物”，其中4件作品获单项奖。区文化和旅游局将通过朝阳礼物品牌建设工作，向国内外宣传推介优秀朝阳礼物，推动朝阳礼物“走出去”。

【应邀参加博览会】 7月16日至18日，区文化和旅游局应北京市文化和旅游局邀请参加2021西安丝绸之路国际旅游博览会。博览会北京市展台设朝阳区展示区，期间发放朝阳区精品文旅线路地图、文博地图和文创等宣传品1000余份，广泛宣传朝阳区文化和旅游资源。

【组织区内企业参加长沙文旅产业推介会】 7月22日，区文化和旅游局组织区内文旅企业参加2021长沙文化旅游产业（项目）北京推介会。会后组织区内20家重点文旅企业与长沙市文化旅游广电局、长沙市重点文旅企业开展座谈，促进两地文旅企业交流。

【组织参加中国国际服务贸易交易会】 9月2日至7日，2021年中国国际服务贸易交易会文旅服务专区在首钢园区文旅服务专题1号展馆内举办。区文化和旅游局负责文旅服务专区“文创新区 时尚前沿”板块中文旅消费新潮流区域的展览展示工作，组织微竞文化、泡泡玛特、腾讯音乐、数字万方、北京音乐产业园5家企业参展，集中展示了最新上市的潮玩IP品牌、企业数字音乐平台、静电耳机等，展现朝阳区文旅科技创新和文旅消费升级的新发展格局。市、区领导李伟、莫高义、王灏等到展位参观指导，媒体报道70余篇次。

【参加北京国际旅游商品及旅游装备博览会】 10月15日至17日，区文化和旅游局参加2021年第九届北京国际旅游商品及旅游装备博览会，以“潮朝阳FUN生活”为宣传主题，邀请唱吧、潘家园旧货市场、“京潮·京品”等多家企业和品牌参展，活动期间吸引参观者5000余人，发放朝阳区精品文旅线路地图等宣传材料近5000份。

【签订战略合作协议】 年内，区文化和旅游局牵头具体落实“时尚之城”建设。1月9日，区政府与北京服装学院签订《北京市朝阳区人民政府 北京服装学院战略合作框架协议》，将在共同推动时尚设计创新成果转化、推动时尚产业繁荣发展、提升朝阳时尚设计内涵、推动北京全球时尚消费中心城市建设四大领域开展合作，并提供政策支持、服务支持、人才支持、机制保障四项合作保障。副市长卢彦，市委教育工作委员会副书记李奕，区领导文献、黄晓伟，北京服装学院党委书记周志军、院长贾荣林等出席签约仪式。12月2日，区政府和中央美术学院签订《北京市朝阳区人民政府 中央美术学院战略合作框架协议》，双方就共同推动朝阳“时尚之城”建设、促进艺术与城市更新有机融合等开展多领域合作。区领导文献、黄晓伟、杨蓓蓓，中央美术学院党委书记高洪、院长范迪安等出席签约仪式。 （杨 迪）

城乡规划与建设

城乡规划

【概况】 北京市规划和自然资源委员会朝阳分局（简称“市规划和自然资源委朝阳分局”）有13个内设机构，下设北京市朝阳区规划和自然资源执法队，北京市朝阳区不动产登记中心，北京市朝阳区规划和自然资源综合事务中心。2021年，办理59件“多规合一”协同信息平台申请项目。核发供地入市条件21件、一级整理建设用地6件、农民安置房和集体产业项目4件，涉及建设用地规模约247.02公顷，地上建筑规模约539.2万平方米。完成2.5平方千米城乡建设用地净减量任务，涉及金盏乡、崔各庄乡、孙河乡等17个乡，260块图斑，完成减量系统平台填报工作。完成11宗商品住宅用地项目供应工作，完成年度商品住宅用地供应任务指标56公顷，完成比例170%；完成年度商品住宅用地入库任务指标约63公顷，完成比例93%。完成划拨供地项目8个，划拨总用地面积约19.17公顷。完成一批冬奥场馆、配套设施（如国家速滑馆、国家游泳中心南广场地下冰场项目等）和重点工程。办理建设工程规划验收103件，验收建筑规模约667.79万平方米。办理信访类及投诉举报类事项549件，其中信访类190件，投诉举报类359件。办理接诉即办案件7160件，办理答复5244件。18支责任规划师团队获评北京市优秀责任规划师称号，市规划和自然资源委朝阳分局59支责任规划师团队、50名首席规划师下沉至全区43个街乡和6个功能区管委会开展工作。开展规划公示43项。其中，网上方案公示23项，网上地名、道路名和桥梁名公示16项，现场公示4项。

【城市体检】 4月，市规划和自然资源委朝阳分局按照市级要求，制定朝阳区城市体检工作方案、分解任务，组织区内78家单位参与2020年度城市体检工作，完成总规实施第一阶段体检评估1个总报告和4个分报告，形成《2020年度朝阳区城市体检评估》课题成果。

【城市更新调研】 6月，市规划和自然资源委朝阳分局落实《北京市城市更新专项规划（暨北京市“十四五”时期城市更新规划）》，以安贞街道为试点，组织开展《朝阳区安贞街道更新规划与行动计划》规划研究，以存量试点街区整体性更新“小切口”推进市级城市更新1+4政策“大落实”，搭建多元协商平台，利用大数据、云计算、人工智能等技术分析街道三年接诉即办清单、调研问卷，夯实资源任务底账。截至年底，完成“三清单一愿景一库”（问题清单：通过全域现场踏勘和逐一走访调查，指出公服配套设施和公共空间存在短板；需求清单：通过座谈，调查问卷，大数据分析，了解属地、居民、就业者等各方的实际需求；资源清单：通过台账细梳开展全面资源调查，掌握街道当前各项空间建筑资源的使用情况，梳理出52处空间资源。愿景目标：定位安贞“安全宜居、乐享办公、老有所居、环境宜人、智慧共治”，形成新安贞、暖安贞和好安贞的目标。从实施视角出发，以项目为抓手，分时、分类有序推动规划实施，制定近期项目库及中远期计划实施计划，形成安贞街道更新行动计划，其中项目库分为老旧小区、商圈楼宇以及公共

▲ 9月9日，安贞街道城市更新规划推介会召开　　（付　俊　摄）

空间三类）阶段性成果，探索从更新专项规划实施、控规编制到具体项目审批的一揽子政策与路径实践，推进朝阳区整体式、片区式城市更新。

【分区规划】 8月10日，朝阳区第十六届人民代表大会常务委员会第三十九次会议审议通过《关于〈朝阳分区规划（国土空间规划）（2017年—2035年）〉实施情况的报告》，报告从完善国土空间规划体系，传导总规和分区规划目标指标、推动分区规划重点任务目标落实、加强规划实施保障推进年度城市体检工作等方面汇报分区规划实施工作开展情况及存在的困难和建议，并提出下一步工作计划。

【街区指引编制】 8月，市规划和自然资源委朝阳分局编制的街区指引数据核心成果被纳入北京市国土空间规划"一张图"数据库，并在北京市城市空间大数据平台上线试运行。街区指引编制依托街乡行政边界将全区划定为193个街区单元，完成规模指标分解、三大设施缺口核算等主要工作内容，形成街区指引阶段性成果。

【责任街区公共空间】 12月21日，朝阳区年度责任规划师工作考核评优会召开，18支责任规划师团队获北京市优秀责任规划师称号。市规划和自然资源委朝阳分局59支责任规划师团队、50名首席规划师下沉至全区43个街乡和6个功能区管委会开展工作，推动《北京城市总体规划（2016年—2035年）》与《朝阳分区规划（2017年—2035年）》在责任街区落实。在市发展改革委、市规划自然资源委、市城市管理委联合主办的"建党百年 服务百姓 营造属于您的百个公共空间"活动中，朝阳区23个微空间改造项目入选为市级支持项目。太阳宫地区（乡）芍药居北里小微空间、双井街道"井点"小微空间、小关街道惠新西街公共空间、社区服务站前小微空间、南磨房地区（乡）南新园小微空间、金蝉南里"乐谷花田""蝉鸣乐园"小微空间、常营地区（乡）常营福地小微空间及安贞街道华联广场前公共绿地9个小微空间改造完成并投入使用，成为市公共空间整治打造模板案例。北京电视台、《北京日报》、《新京报》、《北京青年报》、人民资讯、人民网、网易等多家主流媒体予以宣传报道。

【地名规划编制研究】 年内，市规划和自然资源委朝阳分局继续做好地名规划与街区控规、规划综合实施方案的衔接工作。孙河地区（乡）前苇沟村组团棚户区改造土地开发项目平衡资金地块地名规划完成上报、批复工作；完成郭家场东路、创科路等道路及白家楼北桥桥梁的命名研究工作；配合市规划自然资源委完成全国第二次地名普查成果转化；配合市规划自然资源委主管处室完成主干道路、地铁站等的区内意见回复；配合治理河道交通问题，采取巡河道路名称备案研究的新路径；加强与公安及交通部门沟通协调和联动办理；通过与街乡配合、"多规合一"平台推送、接诉即办等多种渠道，及时了解地名命名诉求，加强日常地名命名研究工作。

【用地规划管理】 年内，市规划和自然资源委朝阳分局严控建设用地增量，形成"三核一报多沟通"工作机制，整理、核查3.6平方千米减量图斑，建立城乡建设用地减量数据库，绘制朝阳区城乡建设用地减量地块示意图、朝阳区城乡建设用地裸地地块示意图，将朝阳区城乡建设用地减量地块汇总表下达各乡。基本完成2.5平方千米城乡建设用地净减量任务，涉及金盏乡、崔各庄乡、孙河乡等17个乡260块图斑，完成减量系统平台填报工作。

【建设项目规划管理】 年内，市规划和自然资源委朝阳分局办理59件"多规合一"协同信息平台申请项目。核发供地入市条件21件、一级整理建设用地6件、农民安置房和集体产业项目4件，涉及建设用地规模约247.02公顷，地上建筑规模约539.2万平方米。其中，供地入市条件项目总建设用地面积约128.6公顷，总地上建筑规模约304.4万平方米；一级整理建设用地约99.7公顷。初审意见建设用地约143.4公顷，地上建筑规模约290.9万平方米；会商意见建设用地约184.2公顷，地上建筑规模约289.6万平方米。办理10件城市更新类项目，核发莱太花卉、安贞华联、华亭国际等项目"多规合一"研究意见，涉及建筑面积约9.97万平方米。

【重点项目规划研究】 年内，市规划和自然资源委朝阳分局举行6次市、区重点项目座谈会，形成市区联动机制。宝马中国总部、嘉会国际医院、北京中医医院、大型集中隔离观察场所、集体土地租赁住房等7个市级重点项目选址位置基本落实，涉及总用地面积约46.39公顷，总建筑规模约75.38万平方米。项目涉及税收经济、民生工程、疫情防控等多个领域。

【土地供应计划及实施】 年内，市规划和自然资源委朝阳分局完成11宗商品住宅用地项目供应工作。包括年度商品住宅用地供应任务指标56公顷，完成比例170%；年度商品住宅用地入库任务指标约63公顷，完成比例93%；划拨供地项目8个，划拨总用地面积约19.17公顷，含焦化厂公共租赁住房项目等3个保障性住房项目（11.95公顷）；朝阳区常营地区（乡）1201-602、603号地块住宅混合公建用地（配建"限价商品住房"）项目养老设施等2个公共服务设施类（养老设施）项目（1.04公顷）；公共服务设施类（消防设施）项目1个（0.5公顷）；公共服务设施类（教育用地）项目1个（1.5公顷）；市政道路类项目1个（4.18公顷）。

【乡村建设管理】 年内，市规划和自然资源委朝阳分局与各乡紧密配合，共同研究编制平房、管庄等8个乡《规划综合实施方案》，统筹绿隔地区规划资源。开展十里堡、金盏马沙雷、孙河前苇沟等7个棚户区改造项目实施方案编制工作。核发关于南磨房石门综合体（石门南区）、小红门乡新村二期、管庄乡管庄村安置房项目意见函。核发平房乡资金平衡地块一期土地前期整理有关意见。研究确定乡黑庄户产业项目产业定位。

【市政交通重点项目】 年内，市规划和自然资源委朝阳分局开展3号线、12号线、17号线、28号线、平谷线轨道交通一体化方案研究，推动在建线路一体化建设，推动东风站、广渠东路站、朝阳港站等6个“微中心”试点一体化方案研究工作。核发85个基础设施“多规合一”审查意见。开展第四使馆区、东坝北西区、电子城北扩区等重点区域周边道路交通与市政工程方案研究；推进冬奥村人才公寓配套市政基础设施建设；推进区档案馆、中小学等教育区域周边和阿里巴巴等重点项目配套市政交通基础设施建设。加大东南部等基础设施薄弱地区骨干路网建设，推进马房寺村东路、百子湾路等一批道路规划研究工作；开展黑庄户乡郎辛庄村集体租赁住房项目、崔各庄乡黑桥村南皋村棚户区改造土地开发项目、王四营及十八里店朝阳港一级开发项目、孙河乡前苇沟组团平衡资金地块等上市地块周边配套道路及市政管线工程研究工作，提升上市地块周边基础设施服务水平。

【项目规划验收】 年内，市规划和自然资源委朝阳分局提高服务管理水平，完成一批冬奥场馆、配套设施（如国家速滑馆、国家游泳中心南广场地下冰场项目等）和重点工程（如中国工艺美术馆、焦化厂能源研发科技中心项目5号楼、民航运行管理中心、全国组织干部学院、埃塞俄比亚驻华使馆翻建工程等）等市区重点项目的规划验收工作，保障项目快速落地实施。全年办理建设工程规划验收103件，验收建筑规模约667.79万平方米。纳入全过程监督服务系统项目260个，包括社会投资类和政府投资类全过程服务监督项目180个，建筑规模2419.81万平方米；2014年至2015年历史纳入全过程服务监督项目共74个，总建筑规模259.52万平方米；市政建筑工程项目6个，建筑规模8.28万平方米。

【土地市场交易】 年内，朝阳区公开供应一般经营性用地16宗，包括金盏乡小店村3005-02、08地块，王四营一期1304-L01、L02（含L05）、L03地块，黑桥南皋棚户区改造项目30-L01-01、30-L04、30-L06地块，东坝乡北东南一期1104-612西侧地块，豆各庄乡孙家坡村1306-638地块，十八里店乡朝阳港一期1303-693地块，东坝乡车辆基地综合利用项目1101-A002-1、A002-2、A002-3地块，劲松街道0408-646地块，管庄乡棚户区改造03地块、建设用地面积约67公顷、规划建筑规模约147万平方米，完成朝阳区2021年度土地供应任务比例203%。

【土地储备开发】 年内，朝阳区土地储备使用再融资债券偿还到期政府债券16.5亿元，债券利息13.64亿元。重点推进十八里店一期、东坝北西、管庄棚改项目规划立项征地拆迁等。完成腾退约7.55万平方米，涉及住宅68户，约2.42万平方米；非住宅6户，约5.01万平方米。涉及国有单位1家，约0.12万平方米。

【征地及农转用项目管理】 年内，市规划和自然资源委朝阳分局办理土地征收及农转用前期手续13个。其中，4个项目取得征地及农转用批复，总用地面积252.4241公顷；3个项目上报市规划自然资源委，待市政府批准；2个项目通过区长办公会审议，1个项目完成征地补偿安置公告；3个项目完成征地预公告。完成建设项目征地结案5个。

【耕地保护责任书签订】 年内，市规划和自然资源委朝阳分局完成朝阳区2021年度耕地保护目标管理暨永久基本农田保护责任书签订工作。全区共签订区乡级责任书14份，乡村级责任书47份。

【不动产登记】 年内，朝阳区不动产登记中心受理各类登记业务24.6万件，比上年增加15.4%，核发不动产权证书、证明17.9万本。现场受理档案查询约28万件，收取登记费和土地出让金8.3亿元。持续开展优化营商环境工作，推出个人存量商品房买卖全程网办业务，真正实现足不出户，即可完成房产过户。设置“帮办”服务平台，安排专人提供“全程网办”一站式帮办服务。在优化营商环境“千人千题”考试中，朝阳区登记财产成绩全市第一，不动产登记中心6名职工平均成绩93.39分。朝阳区第三次全国国土调查成果通过国家“互联网+”在线核查及外业实地核查，确保调查成果“真实、准确、有效”。完成58个项目，为10万多套房屋打通办证路径任务。朝阳区历史遗留专项工作聚集群众的“急难愁盼”问题，按照“符合规划、楼宇安全、实测准确、名单合法、追责到底”的办理规则，解决历史遗留房地产开发项目“办证难”问题，央视新闻、人民网、新华网、《北京日报》、《北京晚报》等多家媒体报道宣传。

【土地出让监督】 年内，朝阳区不动产登记中心完成外业巡查任务508宗地。巡视巡察历史遗留闲置土地项目共23宗。其中，2个项目开工建设，2个项目地下部分取得施工许可证，1宗项目主体与市规划自然资源委签订出让合同解除协议，剩余18宗项目依照北京市政府2017年第2次、第3次闲置土地认定联席会议议定处置方式推进处置工作。对涉及朝阳区298个擅自改变土地用途差异图斑进行梳理，梳理出7个疑似擅自改变土地用途项目，选取2个项目进行会商认定。

【信息公开工作】 年内，市规划和自然资源委朝阳分局办理依法申请信息公开1086件。其中，向市规划自然资源委朝阳分局直接申请信息公开940件，市、区政府转办信息公开申请70件，市规划自然资源委转办信息公开申请76件。案件类型：规划许可类653件、土地征收类212件、土储项目类64件、分区规划及控规指标34件、土地及规划执法30件、土地性质类29件、不动产咨询类20件、土地出让类12件，土地现状地类7件，不属于单位职责25件。严格依照信息公开流程，完成受理、办理及送达工作，确保答复格式规范化、答复内容专业化，降低行政复议诉讼的败诉风险，全年收获锦旗11面、感谢信4封。

【法治工作】 年内，市规划和自然资源委朝阳分局收到行政复议、行政诉讼案件171件。其中，行政复议61件，行政诉讼110件。完成“4·15”国家安全日、“4·22”地球日、“6·25”土地日、“12·4”宪法日等重要节点的法治宣传工作，营造合理利用规划自然资源的良好氛围。组织开展《中华人民共和国民法典》《中华人民共和国行政处罚法》《北京市禁止违法建设若干规定》及配套文件等专题培训，为落实北京市城市总体规划和优化营商环境、普及民法典知识、强化基层执法人员的法治意识等工作提供有力的法治保障。

【城市建设档案管理】 年内，市规划和自然资源委朝阳分局编撰印发《北京市规划和自然资源委员会朝阳分局事业单位改革期间档案和资料管理实施方案》。接收档案移交1326卷（件）。完成业务档案电子化13200册，完成文书档案数字化4400卷（件）。接待单位内部档案借阅569人次，借阅档案2709册。接待档案对外查阅240余家，查询文号600件。 （陈　琳）

自然资源管理

【概况】 2021年，市规划和自然资源委朝阳分局开展朝阳区2020年度自然资源变更调查工作。完成变更调查971块图斑外业举证及内业认定工作，完成朝阳区86816块图斑的内业提取，完成19家地热矿业权人开采信息网上公示、矿业权人的开发利用统计工作，开展6家地热探/采矿权申请单位现场监督检查工作。执法检查2764人次，巡查里程约32959千米，立案801件，办结案件757件，下达行政处罚决定10件。依据职责向区城管、街乡等部门移送91起（次）违法建设案件，配合属地及城管部门对356处违法建设出具书面认定。

【国土变更调查】 1月初，市规划和自然资源委朝阳分局按照《北京市规划和自然资源委员会关于开展2020年度全市国土变更调查工作的通知》要求，开展朝阳区2020年度变更调查工作。1月底，完成变更调查971块图斑的外业举证及内业认定工作，图斑面积约1300公顷。2月底，该项工作顺利通过市级检查。4月，朝阳区2020年度变更调查最终成果经市规自委报至自然资源部。8月，最终成果下发，为朝阳区城市体检、建设用地减量、土地执法、耕地评价等多项工作提供翔实的参考数据。

【地理国情监测】 6月，市规划和自然资源委朝阳分局按照《北京市2021年地理国情监测实施方案》《北京市2021年地理国情监测专业技术设计书》统一部署，配合市规自委开展2021年度地理国情监测工作。7月，经过内业变化信息采集整理，完成全区86816块图斑的内业提取，8月中旬完成其中1108块图斑的外业核查。12月初，朝阳区2021年地理国情监测成果通过国家验收。

【矿产资源管理】 年内，市规划和自然资源委朝阳分局完成朝阳区19家地热矿业权人开采信息网上公示、矿业权人的开发利用统计工作，开展6家地热探/采矿权申请单位现场监督检查工作；完成2021年度区19家地热矿业权单位的地热使用费缴费工作，共计14000元。

【自然资源执法监察】 年内，市规划和自然资源委朝阳分局执法检查2764人次，巡查里程约32959千米，应立案801件，立案801件，办结案件757件，下达行政处罚决定10件。其中，3件规划案件，4件国土案件，3件勘测设计地图案件。依据职责向区城管、街乡等部门移送91起次违法建设案件，配合属地及城管部门对356处违法建设出具书面认定。推进卫片执法、自然资源督察工作，违法图斑整改取得新进展。市委规划自然资源领域专项巡视巡察发现朝阳区违法用地违法建设问题13项，8项问题整改到位，5项问题推进中。持续推进“大棚房”问题“回头看”、农村违法建设、违建别墅等专项清查整治工作。配合开展无违建创建工作，抽调专人参加联合审核，审议通过不纳入创建类及宅基地图斑36290块。建立朝阳区规划自然资源领域14本违法台账，并表落图，建立违法用地违法建设大数据体系，与无违建创建专项行动挂钩，协调推进775块一般违法图斑、6178栋违法建设的整改工作。 （陈　琳）

建设工程

【概况】 2021年，北京市朝阳区住房和城乡建设委员会（简称“区住建委”）

累计监督工程1976项，建筑面积3934.19万平方米。其中，房建工程1803项、3688.66万平方米；市政工程112项、17.36万平方米，长度334.81千米；拆除工程15项、23.25万平方米；地铁工程46项、204.92万平方米，长度90.79千米。检查施工工地3293项次，查出各类隐患4163项，行政处罚240起、罚款72.5万元。地铁3号线、12号线、17号线全部取得规划手续，地块均实现进场。地铁17号线南段于2021年12月31日实现开通运营。北段和中段按照计划工期有效开展建设工作。地铁22号线圆满完成了市政府要求一季度实现实质性进场开工的工作任务。截至年底，取得规划手续的临时施工用地均实现施工进场，临时占地面积5.8万平方米。地铁28号线取得规划手续，场地实现进场施工，临时占地面积约1.9万平方米。完结建材采购备案3个项目，累计完结424个项目。受理节能验收备案3个项目71个单体。

（朱小朋　王　晶　杨立军　张德学）

▲ 7月21日，安贞里社区老旧小区改造项目　（时　彤　摄）

【危旧房屋改造】 1月，区住建委为危旧房改剩余56户继续发放周转费。光华里5、6号楼基本完工，劲松114号楼完成楼本体拆除工作。年内，区住房城乡建设委酒仙桥项目完成实施方案编制工作，报区政府审议，适时启动征收预签约工作；甜水园旧城区改建项目涉及化解矛盾的已搬迁居民中，签署《安置方式选择单》291份，居民领取翠城安置房钥匙，推进安贞裕民路4号院、团结湖水锥子等危旧楼房改建工作。（徐家琛　张德学）

【保障性住房建设】 年内，区住建委新开工各类政策性住房6100套。其中，政策性租赁住房4500套、政策性产权住房1600套、竣工各类住房6600套。截至年底，朝阳区共建设筹集各类政策性住房10715套。其中，政策性租赁住房6560套，政策性产权住房4155套，完成全年任务的176%；竣工各类住房8234套，完成全年任务的125%。（王　勇　张德学）

【房地产开发管理】 年内，区住建委做好新建改建居住区配套设施审核备案，加强对项目开发全过程动态监管，依据项目建设时序进行现场勘查，进一步保证公共服务配套和市政设施与住宅同步建设、同步完成、同步交付使用。全年完成新建改建居住区《项目建设方案》备案17项，建筑面积合计333.7万平方米。完成13个开发项目手册区县初审，88次开发项目预售服务配套建设情况确认，均进行现场实地核查。（张　煜　张德学）

【配套设施收缴】 年内，区住建委配套办收缴配套设施52所，共10.5万平方米。其中教育配套设施6所，约3.2万平方米（幼儿园5所，2万平方

▲ 12月，朝阳区电子城北扩区6—2地块人才公租房项目开工建设　（区住建委　供图）

▲ 6月18日，农光里5、6号楼危楼改建　（时　彤　摄）

米；小学 1 所，约 1.2 万平方米）；卫生设施 11 所，0.7 万平方米；文化配套设施 13 所，1.6 万平方米；社区办公设施 12 所，0.9 万平方米；养老设施 9 所，4 万平方米；派出所 1 所，0.1 万平方米。（张 煜 张德学）

【房地产开发企业资质管理】 年内，区住建委办理各项房地产开发企业资质审批 81 件。其中，新设立、暂定延续 23 件；重新核定 50 件；初审核定 8 件。朝阳区房地产开发企业资质有效的企业 357 家。其中，一级 14 家、二级 15 家、三级 9 家、四级 248 家、暂定 71 家。（张 煜 张德学）

▲ 9 月 26 日，分钟寺回迁房棚改项目（时 彤 摄）

【棚户区改造和环境整治】 年内，朝阳区棚改须完成 460 户征收（拆迁、改造）任务指标。年初，将化石营旧城区改建等 24 个项目纳入 2021 年棚改工作年度计划。全区棚改项目总占地面积 1320.86 公顷，涉及农（居）民 25223 户。截至年底，全区完成征收（拆迁）472 户。其中，中直安慧项目 4 户，永安里旧城区改建项目 5 户，十八里店乡白墙子项目 20 户，亮马 J 地块 9 户，东坝北西区域项目 4 户，南磨房乡东郊市场项目 10 户，三间房南区项目 4 户，管庄乡棚改项目 405 户，小红门乡棚改项目 5 户，甜水园旧城区改建项目 6 户。（徐家琛 张德学）

2021 年朝阳区棚户区改造和环境整治项目表

表 5

序　号	项目名称	总数（户）	累计完成（户）	2021年实际完成（户）
1	中直安慧（小关北里43号）项目	149	149	4
2	永安里旧城区改建项目	942	942	5
3	十八里店白墙子项目	1204	1152	20
4	亮马J地块棚户区改造和环境整治项目	137	134	9
5	东坝北西区域棚改项目A地块	360	360	0
6	东坝北西区域棚改项目B地块	530	530	2
7	东坝北西区域棚改项目C地块	500	498	2
8	东坝北西区域棚改项目D地块	300	300	0
9	东坝北西区域棚改项目E地块	757	755	0
10	东坝北西区域棚改项目F地块	360	360	0
11	朝阳南磨房乡东郊市场棚户区改造项目	384	284	10
12	朝阳南磨房乡广渠路（含大郊亭3号院）项目	224	146	0
13	三间房乡南区棚户区改造项目	865	865	4
14	三间房D区棚户区改造土地开发项目	2732	2275	0
15	平房乡棚户区改造项目	2511	1093	0
16	朝阳区管庄乡棚户区改造项目	2525	2353	405
17	小红门乡棚户区改造和环境整治项目	3547	111	5

续表 5

序　号	项目名称	总数（户）	累计完成（户）	2021年实际完成（户）
18	甜水园旧城区改建项目	714	244	6
19	酒仙桥房改带危改土地一级开发项目	6474	0	0
20	化石营旧城区改建项目	805	0	0
21	金盏乡马各庄、沙窝、雷庄棚户区改造和环境整治项目	2818	2818	0
22	崔各庄乡黑桥村、南皋村棚户区改造土地开发项目	857	857	0
23	崔各庄乡奶西村棚改土地开发项目	1206	1206	0
24	孙河乡前苇沟组团棚户区改造土地开发项目	6215	6215	0
合计		37116	13469	472

【轨道交通建设拆迁】 年内，朝阳区承担地铁3号线、12号线、17号线、22号线、28号线共5条新建地铁线路的前期征地拆迁协调工作。里程总数95.8千米，设车站56座，停车场1座，车辆段2座。其中，地铁3号线、12号线、17号线全部取得规划手续，场地实现进场施工条件。地铁17号线南段于12月31日实现开通运营。北段和中段按照计划工期有效开展建设工作。地铁22号线完成市政府提出的一季度实现实质性进场开工要求，年底取得规划手续的临时施工用地均实现施工进场条件，临时占地面积5.8万平方米。地铁28号线取得规划手续，场地实现进场施工条件，临时占地面积1.9万平方米。（王　晶　张德学）

▲ 7月21日，安贞里社区老旧小区改造项目　（时　彤　摄）

【老旧小区综合整治】 年内，经市老旧小区联席会确认，朝阳区老旧小区综合整治项目共计96个，建筑面积402.17万平方米。整治完成27个小区，建筑面积97.03万平方米；实现2021年新开工小区52个，建筑面积165.19万平方米；老旧小区加装电梯新开工110部，完工167部，完工数量为全市第一。老旧小区综合整治请款金额9.31亿元，拨付金额9.16亿元，完成年初既定目标。（杨立军　张德学）

【房屋私自拆改执法检查】 年内，区住建委实施信息共享、执法联动工作机制。全年受理房屋私自拆改信访事项659起，调查处置659起。按照区委、区政府工作要求，响应“街乡吹哨、部门报到”工作机制，配合六里屯、望京东湖、奥运村、双井、劲松、左家庄、香河园、三里屯等属地办事处调解居民矛盾12次，未发生矛盾激化情况。（段玉霞　张德学）

【劳务用工管理服务】 年内，在督导区域建筑业劳动力供应工作中，区住房城乡建设委服务、管理多措并举，确保劳务用工人员“进得来”“管得好”“留得住”。全面指导规范企业疫情防控工作；通过大数据分析，实现复工复产劳动力资源精细化管理；配合人力社保部门全力维护工人合法权益，确保其工资依法、按时、足额支付，提升工人生产积极性；畅通企业沟通渠道，牵头建立“朝阳劳务服务群”，服务先行，实时动态指导参建企业劳务用工管理。（苏志成　张德学）

【劳务用工监管】 年内，区住建委结合区建筑工地疫情防控复工复产工作开展劳务用工检查。创新建立与各建筑集团总公司、各省（直辖市）驻京建管处《工作联系函》及工作业务员群机制，畅通信息沟通渠道，引入各联动单位管理力量、发挥各自管理优势，共同消除工地纠纷隐患、协力督导工地整改工作，提升企业自管水平。下半年，与街乡、集团、人社部门组织3次大规模联合检查。（苏志成　张德学）

【保障农民工权益】 年内，区住建委化解矛盾纠纷，保障企业合法利益及农民工合法权益。累计协调解决工程劳务合同纠纷160起，涉及金额1651.21万元；配合区人力社保局劳动监察大队调处解决农民工工资纠纷39起，涉及拖欠工资金额61.51万元，解决932名农民工的工资拖欠问题，维护行业、区域和谐稳定。 （苏志成 张德学）

【工程质量监管】 年内，区住建委各项质量监管制度得到有效落实，如质量监督告知；样板引路；挂牌施工、举牌验收；质量管理图像留置；结构施工质量“零缺陷”制度；分户验收制度等，全面提升区工程质量，实现“高质量发展，一个不能少”的目标。 （頡砚斌 张德学）

【工程质量监督检查】 年内，区住建委共监督房建工程2702万平方米；监督竣工房建工程509万平方米，在施工程1774万平方米，监督市政工程16417米。全区17家在生产预拌混凝土企业，累计质量监督抽查1782次，质量处罚9起，处罚金额17.4万元；材料抽检394次。 （頡砚斌 张德学）

【建设工程消防验收】 年内，区住建委根据《中华人民共和国消防法》《建设工程消防设计审查验收管理暂行规定》《北京市住房和城乡建设委员会关于开展建设工程消防验收、备案及抽查有关工作的通知》等要求，对辖区内建设工程依法开展消防验收、备案及抽查工作。业务内容包括针对建设工程的消防验收、备案及抽查，以及相关问题的咨询解答和信访投诉处理。共完成消防验收工作986项，完成消防备案项目177项。 （焦雨琛 张德学）

【施工安全监管】 年内，区住建委注重提升项目风险管控意识，督促施工项目严格按照《北京市房屋建筑和市政基础设施工程施工安全风险分级管控和隐患排查治理暂行办法》，建立完善的重大风险源管理制度、机制、岗位责任体系和重大风险应急措施，并按规定开展隐患排查和风险分级辨识，做好安全生产风险事前管理，鼓励企业主动排查安全隐患，避免风险演变成隐患，进而酿成事故。全区所有在施项目辨识出各类风险5619项。其中，重大风险135项，较大风险503项，一般风险2595项，较低风险2386项。做到项目风险有识别、隐患有检查。创新监督管理模式，开发朝阳区智慧工地管理平台，将安全生产监督工作全部纳入平台管理，初步实现监督检查数字化、信息化。平台具备公文收发、执法监督记录实时上传、整改结果网上审核、考核排名等功能，还可以对全区所有施工工地信息实现快速查询，及时准确地掌握供全区在施工程情况。全年共开展监督检查3293项次，查出各类隐患4163项，行政处罚240起、罚款72.5万元。通过各建筑集团开展座谈交流、联合检查、及时通报项目管理情况等方式，使项目上级单位和主管部门形成管理合力，有效督促各集团在朝阳区施工的项目加强自身管理。依托“智慧建委”监管平台中考核排名功能，对日常检查中排名靠后的施工企业及时进行告诫约谈，对上半年排名后10名的施工企业进行约谈，及时督促企业对项目加强管理，纠正安全管理重视程度不足和自身安全管理意识不强等问题。开展专项整治，推进“三年行动计划”实施，共检查施工项目1511项次，排查整改隐患1415处。 （朱小朋 张德学）

【施工工地扬尘治理】 年内，区住建委开展扬尘环保现场专项检查617项次，其中与相关部门联合检查83项次。责令立即整改456项次，发现问题1116处。检查非道路移动机械264台次，对存在问题较多的工程进行告诫约谈94项次，其中移交转办36项次。远程视频监控检查23822项次，发现问题235条，均要求项目整改完成。进行全区通报3次，共涉及工程4项。 （朱小朋 高雅琪）

【施工许可监管】 年内，区住建委核发建设项目施工许可证1134项，建筑工程面积1246万平方米，比上年增加24.49%；投资390.88亿元、比上年增加22.80%。办理“施工登记意见函”4项、“施工准备函”3项，建筑面积22.8万平方米，投资约13.3亿元。办理3个项目17份“夜间施工证明”，完成74项建筑起重机械备案工作。 （杨 光 张德学）

【招标投标监管】 年内，区住建委招投标事项130项。其中，施工招投标94项，建筑面积690.66万平方米，建筑长度4.87万米，投入金额121.31亿元；监理招标投标工程36项。资格预审文件备案、招标文件备案、招投标书面情况报告备案277项。项目经理解锁及变更169项。 （梁 杰 张德学）

【超低能耗示范建筑管理】 年内，区住建委依据《北京市超低能耗建筑示范工程项目及奖励资金管理暂行办法》要求，配合市住建委组织专家组对垡头地区百子湾（2#、4#公租房）和金茂绿创中心两个超低能耗示范项目进行专项验收，且顺利通过验收。 （李路军 张德学）

【专项基金管理】 年内，区住建委受理新型墙体材料专项基金项目11项，共计退返515万元；将对应的散装水泥专项基金返退项目汇总上报市住建委建材办进行审批。（王苗苗 张德学）

【预拌混凝土生产企业管理】 年内，区住建委对全区18家在产预拌混凝土搅拌站进行多频次疫情防控巡查，对18家（第三季度开始变为17家搅拌站）在产搅拌站进行疫情防控检查270站次，对发现的各类问题要求立即整改。会同区生态环境局、市规划和自然资源委员会朝阳分局、区交通委、相关属地街乡、市混凝土协会专家对在产预拌混凝土搅拌站开展2020、2021年度《预拌混凝土绿色生产管理规程》执行情况进行区级检查和市级抽查。2020年检查结果优秀5家，良好13家。（王苗苗　张德学）

【公共建筑超电耗限额管理】　年内，区住建委向超限额使用电量的企业单位送达《公共建筑能源告知书》，包括2019年超限额的21家和2018年、2019年（连续2年）超限额的11家。通过公共建筑能耗限额管理系统，受理2020年超限额的92栋公建企业认楼申请。对限额有异议的95栋公建情况提交市住建委进行复审。（李路军　张德学）

【绿色建筑发展管理】　年内，区住建委全面推进绿色建筑在更广范围、更深程度、更高水平上实现高质量发展，与区发展改革委、市规划和自然资源委朝阳分局联合发布《北京市朝阳区绿色建筑高质量发展的实施意见》，进一步明确绿色建筑发展的总体要求、发展方式、保障机制及过程监管等内容。按照《北京市装配式建筑、绿色建筑、绿色生态示范区项目市级奖励资金管理暂行办法》规定要求，及时受理朝阳区获得绿色建筑运行标识企业的奖励资金申报工作，按时完成中信大厦等10个项目资料的初步审核，并上报市住建委科促中心进行复审。与市住建委相关部门共同组织专家组对朝阳区申请绿色建筑运行标识的8个项目进行现场核验，忠旺大厦、中信大厦和保利发展中心T1T2等3个项目获得三星级运行标识，颐堤港商业办公项目、望京SOHO中心T3、昆泰嘉瑞中心和民源大厦4个项目获得二星级运行标识。忠旺大厦、保利发展中心T1T2和昆泰嘉瑞中心3个项目获得市级奖励资金2165.5万元。中信和业投资有限公司等4个绿色建筑认证项目获得区级节能减碳专项奖励资金1723.73万元。（李路军　张德学）

【建筑垃圾废弃物资源化综合利用】　年内，区住建委会同相关部门组织建筑垃圾资源化处置企业与房地产开发、市政道路、园林绿化等建设单位交流座谈和现场观摩活动。组织召开建筑垃圾资源化再生产品推广会。发挥国有企业及国有控股企业在建筑垃圾资源化再生产品综合利用工作中的带头作用，督促政府投资以及保障性住房工程项目达到建筑垃圾资源化再生产品使用规定和要求。截至12月底，全区建筑垃圾生产处置企业共6家，生产再生产品约190万吨，销售约168万吨，主要用于市政道路和公园步道等项目建设中，同时将再生骨料纳入混凝土搅拌站使用范围。（李路军　张德学）

【信访与信息公开事项】　年内，区住建委接待处理群众信访事项1305件次。其中，群众到信到访和电话咨询350件、网上信访系统接收955件。政民互动系统办理1993件，主要涉及危改拆迁补偿、房屋质量、施工扰民、工程款纠纷、老旧小区综合整治等问题。完成重复访积案化解12件。全年信访工作总体形势平稳，未发生越级访、大规模集体上访等突发性事件。信息公开169项。其中，主动公开7项，依申请公开162项。（刘晓亭　张德学）

【行政诉讼和复议】　年内，区住建委办理行政诉讼案件22件。其中，4件在审理中，18件驳回原告诉讼请求。行政复议案件26件。其中，2件不予受理，18件维持区住建委要求，2件区住建委撤销重新答复，4件在办理中。（李笑颜　张德学）

【建筑业企业资质及人员管理】　年内，区住建委受理建筑业企业资质新设立36家涉及55个专业（高新技术企业），增项49家涉及70个专业，升级7家；施工企业劳务资质备案50家；建筑业企业变更182家。开展建筑业企业资质核查192次。受理二级建造师执业资格初始注册508人、重新注册206人、变更注册319人、注销注册179人、延续注册485人、增项注册3人，办理企业负责人、项目负责人和专职安全员安全生产考核证书续期2381人。（李路军　张德学）

【新型冠状病毒感染疫情防控】　年内，区住建委积极贯彻落实《北京市建设工程安全复工指南》《施工现场新型冠状病毒感染的肺炎疫情防控工作管理规定》等有关规定，做好施工现场疫情防控常态化检查，全年防疫检查2479次。制定下发《新型冠状病毒感染的肺炎防控知识手册》《关于进一步细化施工工地疫情防控工作的通知》。细化施工现场封闭式管理制度，严格施工现场人员进出现场登记制度；严格落实施工人员“点对点”进场要求，全力排除高风险人员进入施工现场；实施施工现场分区划片管理，推行施工人员“红马甲”制度；全面推行专职健康管理员及防疫消杀人员，强化工地食堂、宿舍、卫生间等人员聚集区域消杀消毒工作；强化食堂管理，实施食堂进货、订餐实行登记、留样制度等。截至12月底，累计摸底79011人，新冠疫苗第1剂接种78169人，第2剂接种77953人，第1剂接种率99%，第2剂接种率99%。累计加强免疫接种32161人。全年施工现场未出现新型冠状病毒感染病例，完成疫情防控任务。（朱小朋　张德学）

北京宝嘉恒基础设施投资有限公司

【概况】　2021年，北京宝嘉恒基础设施投资有限公司（简称“宝嘉恒公司”）承担建设任务138项。其中，道路工程104条，包括续建13条、新建规划9条、新建疏堵8条、新建绿道示范工程1条、前期研究55条、储备18条；“五区一路”架空线入地工程续建2项；新建3项；结算决算和审

▲ 12 月 30 日，定福庄西路南延完工 （顾明明 摄）

计项目 29 项。全年完成投资额 58995 万元，净利润 1224 万元，上缴税金 615 万元。

【道路建设】 年内，宝嘉恒公司完成顺白路、来广营北路拆迁。完成东坝南二街西延 95% 拆迁工作。基本完成广渠路大郊亭桥匝道代征地腾退工作。实现香江北路竣工通车。完成广和里西路、广和里北街、定福庄西路南延、九龙花园南路、建华南路、南湖渠公园南路、规划八路（招标段）7 条道路建设，其中广和里西路、定福庄西路南延竣工通车。完成高杨树中街总工程量的 90%。完成高杨树西路总工程量的 85%。完成钢窗厂南街总工程量的 35%。完成广和路道路工程总工程量的 90%。完成电子城北扩区配套规划一路一号标总工程量的 95%，规划一路雨水泵站完成主体施工。

【招投标手续办理】 年内，宝嘉恒公司取得长营南路、常营中街、朝阳绿道示范段工程、望京综合整治工程等 8 个项目立项批复。完成幺家店路 4 号标及雨水泵站施工、监理招标；完成电子城西区北扩规划八路等 6 条道路的交通工程施工、监理招标；完成定福庄西路南延照明、绿化工程招标。

【架空线入地工程】 年内，宝嘉恒公司完成三里屯地区架空线入地工程 6.7 千米；完成广渠路架空线入地工程 11.9 千米。

【道路及附属工程移交】 年内，宝嘉恒公司完成朝阳区孙河北路、孙河西路、温西路等共计 17 条道路交通信号灯实体移交市交管局手续。

【停车运营管理】 年内，宝嘉恒公司实现朝阳站周边道路、东方南路路侧停车高点视频电子管理全覆盖，新增车位 1821 个。霄云路及东坝地区等 15 条道路实现移动视频建设管理，增加车位 1633 个。完成移动视频设备替代 POS 机管理工作，移动视频设备管理已覆盖道路 40 条，停车泊位 3618 个。完成垂杨柳医院地下停车场的整体设计、施工改造、设备采购安装并投入运行，停车场内共施划停车泊位 400 余个。停车公司实际运营路侧停车位 15190 个，涉及道路 155 条；运营封闭停车场 21 个，共 4221 个车位，分布在双井、建外、左家庄、望京、麦子店、东坝等重点地区。 （郝 晶）

北京昆泰控股集团有限公司

【概况】 2021 年，北京昆泰房地产开发集团有限公司更名为北京昆泰控股集团有限公司（简称“昆泰集团”），属朝阳区区属国有企业。机构设置 13 个部门，包括集团办公室、党委办公室、纪检监察办公室、人力资源部、财务部、审计部（含法务部）、租售中心、管理经营部（含酒店事业部）、开发计划部、设计预算部、工程管理部、安全管理部、规划发展部，人员编制为 139 人。注册资金 4 亿元，资产总额近 400 亿元，下属企业 20 余家集团公司。集团围绕北京市“四个中心”功能定位和朝阳区“三化”主攻方向，走“产业 + 地产 + 资本 + 信息化”的新发展道路，相继建成昆泰酒店、昆泰嘉瑞中心、大望京中央公园等重点项目，并荣获鲁班奖、艾景奖、香港城市设计学会城市设计奖、经济可行性类荣誉奖等国内外知名奖项。打造出新时代首都生态文明建设“金名片”温榆河公园示范区。成为跨开发、文化产业、酒店管理、商业运营等多领域、多业态的综合型控股公司。年内，昆泰集团被北京市委、市

▲ 5 月，垂杨柳医院地下停车场完工 （李 龙 摄）

政府授予“北京市脱贫攻坚先进集体”称号。

【完成9家单位合并重组】 1月，昆泰集团完成北京朝阳宾馆、阳光丽城温泉度假酒店、郡王府饭店、紫光影城、劲松电影院、朝阳剧场、惠侨饭店、中益出租车公司、新都国际旅行社9家单位的合并重组工作，9家单位合并到昆泰集团，为昆泰集团控股100%单位。9月30日前9家单位全部完成划转改制工作。

【大望京中央公园项目】 1月，由昆泰集团建设完成的大望京中央公园项目继2018年度杰出景观设计奖——艾景奖和香港城市设计学会城市设计大奖后，其景观设计获得IFLA—AAPME（IFLA是International Federation of Landscape Architects英文简称，译为“国际景观设计师联盟”，于1948年在英国剑桥大学成立，是一个非营利、非政治、非政府性质的民主性国际组织）荣誉，即2020年国际风景园林师联合会亚非中东地区奖——经济可行性类荣誉奖。

【获自主知识产权登记证书】 2月，昆泰集团下属朗昆文化公司采用国际先进的即兴戏剧教学方式，自主研发出国内首个即兴戏剧企业培训产品——《即兴戏剧关键场景沟通策略》，并获得由国家版权局授予的自主知识产权登记证书。

【协办半程马拉松赛】 4月10日，第四十七届公园半程马拉松公开赛——建依·北京温榆河公园站举办，800名选手参与此届半程马拉松赛事。昆泰集团下属企业温榆河公司作为比赛协办单位，提供场地保障等相关服务。

【首家发行CMBS产品企业】 5月7日，“平安——泰资产支持专项计划”设立并发行。昆泰集团成为朝阳区国资系统内首家发行商业房地产抵押贷款支持证券（CMBS）产品的企业，簿记价格可以对标市级地产企业，该产品也是北京市首单“单SPV架构”的CMBS产品。CMBS是一种不动产证券化的融资方式，即将商业不动产的抵押贷款，以未来收入为主要本息偿还来源，通过证券化过程，以债券形式向投资者发行。该产品具有融资效率高，风险隔离完善，释放商业地产价值的同时保持资产控制权和未来增长潜力等优势，在房地产调控政策不断加强、银行信贷收紧、非标压缩、发债门槛提高的大环境下，通过CMBS融资成为众多开发商的优先选择。

【区领导检查静安市场】 9月17日，区长文献带队到昆泰集团下属的静安市场开展文明城区创建工作检查，区委常委、副区长暴剑，区政协副主席、区创城办主任赵年生，区委宣传部副部长段成钢、左家庄街道办事处主任闫立春、副主任王建萍陪同参加。文献一行察看静安市场周边环境、道路两侧共享单车停放、公共设施维护、商户“门前三包”等情况。静安市场负责人对调整改造后的静安市场经营管理情况及创文工作开展情况进行介绍。文献要求静安市场进一步提高站位，持续压紧压实工作责任，推动文明城区创建工作常态高效开展。

【联合金隅集团竞得一级开发项目】 10月12日，北京金隅地产开发集团有限公司和昆泰集团联合体竞得十八里店朝阳港一期土地一级开发项目1303-693地块R2二类居住用地，金隅集团占比60%，昆泰集团占比40%。该地块成交价款37.6亿元，用地规模约2.74公顷，地上建筑规模约6.84万平方米。该项目计划2022年初开工。

【联合主办北京麦田音乐节】 10月16日至17日，太合音乐集团与北京温榆河公园联合主办、朗昆文化协办2021北京麦田音乐节在北京温榆河公园西园举行。音乐节吸引2.6万名观众，中央财经、人民网、中华网等400余家媒体报道。

【冠名赞助世界轮椅冰壶锦标赛】 10月23日至30日，世界轮椅冰壶锦标赛在中国北京国家游泳中心举办。昆泰集团有限公司受邀成为相约北京·昆泰2021年世界轮椅冰壶锦标赛冠名赞助企业，向本次赛事组委会赞助共计3800套、价值400万元的服装。

【太古里西区开业】 11月2日，昆泰集团控股的雅秀商城装修改造后以太古里西区的新身份亮相。太古里西区占地面积4200平方米，可租赁面积约12800平方米，分为地下3层，地上8层。

【嘉华酒店通过五星级复核】 12月10日至11日，国家星评委委派两名

▲ 10月16日，2021北京麦田音乐节在温榆河公园举办　（王　丹　摄）

▲ 11 月 2 日，昆泰集团雅秀市场重装开业典礼 （王 丹 摄）

国家级星评专家会同北京市星评办公室主任、市旅游协会、北京市旅游行业标准化协会对昆泰集团所属嘉华酒店进行星级复核，最终昆泰嘉华酒店以 427.5 分的成绩通过五星级复核工作。 （李雅娟）

北京国际商务中心区开发建设集团有限公司

【概况】 2021 年，北京国际商务中心区开发建设集团有限公司（简称“CBD 国际集团”）有 7 家全资子公司、4 家分公司、2 家参股公司。集团总部设 8 个职能部门，分别为党建办公室、纪检监察办公室、办公室、人力资源部、财务部、法务审计部、规划发展部、安全管理部。CBD 国际集团以房地产全产业链为核心，开展土地一级开发、房屋及基础设施建设、物业运营管理、投融资服务四大业务板块，主要开展京广商务楼及 CBD 核心区的物业运营管理，三星大厦租赁服务，CBD 区域招商引资，承担 CBD 核心区地下公共空间项目、CBD 核心区文化设施项目、东坝南三街等工程建设任务，以及管庄棚户区改造及环境整治项目、永安里旧城区改建项目、化石营旧城区改建项目的一级开发工作。截至年底，CBD 国际集团资产总额 224.38 亿元，所有者权益合计 45.84 亿元，资产负债率 79.57%；实现营业收入 9757.15 万元。（梅红兰）

【化石营旧城改造项目】 1 月 4 日，副区长岳立到化石营旧城改造项目调研。他强调要做好方案细化，要对项目周边临近平房区域的规划进行摸底，做好区域建设整体性环境整治和规划。区征收中心主任戚一嘉、CBD 国际集团总经理许晓东陪同调研。年内，根据区领导指示以及征收政策、拆迁入户调查影像资料要求，CBD 国际集团完善项目入户调查工作流程，对项目房屋现状及拆迁方案、居民腾退意向进行再次确认，配合区征收中心完成部分腾退居民的重新入户调查工作。化石营项目东至规划金桐东路北段；南至“世纪城市公司”土地边界及朝外大街，西至金桐西路北段、北京武警总队用地，北至朝阳北路。占地：约 4.28 公顷，拆迁腾退涉及住宅 805 户；非住宅 5 家。 （黄毅楠）

【双桥医院病房楼改造工程】 3 月 18 日，双桥医院病房楼改造工程取得朝阳区水务局《关于北京市朝阳区双桥医院改扩建项目影响评价报告书的批复》；8 月 25 日，取得朝阳区生态环境局《关于对北京市朝阳区双桥医院改扩建项目环境影响报告表的批复》。该项目占地面积 18048.517 平方米，新建建筑面积 58877 平方米。 （张孟晨）

【管庄乡待上市地块】 4 月 12 日，区长文献、副区长杨建海、区政协副主席张士华到管庄乡郭家场村待上市地块现场调研，CBD 国际集团总经理许晓东、副总经理尹东陪同。文献指出，由国企推进管庄农村城市化工作是 CBD 国际集团生存发展的重大机遇，是落实市委、市政府“三农”政策要求和朝阳区“十四五”时期“东部加速跨越、南部有序崛起”战略的主要载体，是朝阳区未来发展的新动力。CBD 国际集团要与管庄乡加紧合作，推进后续上市、腾退、安置房、产业发展等各项工作，力争两三年时间完成主要城市化任务。 （刘 莉）

【智慧物业建设】 4 月中旬，CBD 物业公司启动国贸立交桥南端的银泰航华通道智慧物业改建工作，在原有 8 路数字信号摄像机的基础上，新增 AI 智能高清摄像机 21 路，在中控室机房内新增 55 寸 4K 彩色监视器，新建 85 寸展示大屏。8 月底，机房及展示大厅投入使用。通过硬件改造升级和软件平台应用，搭建智慧物业综合管控平台，实现智慧物业管理新模式，实现远程控制、智能识别全覆盖。通过平台应用，可减少保安和保洁人员巡逻频次，节约人员成本，提升工作效率。 （王 营）

【高富军获得首都劳动奖章】 4 月 28 日，CBD 国际集团一分公司总经理高富军获得首都劳动奖章。高富军长期奋战在工程建设领域，积极参与 CBD 区域开发建设，带领团队出色地完成 CBD 核心区地下空间项目 21.46 万平方米结构施工、清华大学幕墙施工、核心区一体化施工，为北京 CBD 核心区建设做出突出贡献。2020 年 2 月，为做好朝阳区新冠疫情防控工作，区政府确定将双桥医院应急呼吸道传染病房楼改造成区新冠患者定点救治医院，要求 15 天内完成施工及验收任务。高富军带头住在施工现场，组织施工单位 24 小时不间断施工，克服工期紧、材料采购困难、劳动力紧缺、工序交叉严重、疫情防控形势复

杂等困难，2月24日完成竣工验收、交付使用，为朝阳区提供156张新冠肺炎治疗床位。（张孟晨）

【CBD信链公司成立】 6月25日，北京商务中心区信链科技有限公司（简称“CBD信链公司”）成立，注册资金2800万元，为有限责任公司（法人独资）。主要经营范围包括技术开发、技术推广，基础软件服务，计算机系统服务等。CBD信链公司定位为朝阳区预付费领域监管平台公司，主要负责在区金融办的业务指导，在有关职能部门支持下，统筹开发运营管理预付费监管平台系统。为政府有效监管、科学决策和统计分析提供服务支撑，推动朝阳区预付费领域规范有序发展。（孙　洋）

【自编自导自演的原创情景剧】 6月25日，CBD国际集团党委在东方梅地亚M剧场，以自编自导自演的情景剧《理想照耀中国——蓝图》创新党课形式，开展主题党日活动。该剧分为“追光CBD”“美丽新世界”“守护热土”三幕，从拆迁、建设、守护三个角度展开，跨越十年，回顾CBD集团在参与区域开发建设、投资运营等重点项目及抗击疫情过程中携手并进、攻坚克难的发展过程。党日活动表彰“两优一先”获得者，其中优秀共产党员8名，优秀党务工作者4名，先进基层党组织2个。（班燕芳）

【朝阳新经济发展有限公司增资】 6月25日，区财政局拨付“农村地区产业用地统筹及转型升级”预留资金6000万元，作为注册资本向CBD国际集团公司增资，用于提高CBD国际集团子公司北京朝阳新经济发展有限公司融资能力。北京朝阳新经济发展有限公司成立于2020年12月22日，初始注册资金12000万元，2021年增资到18000万元，为有限责任公司（法人独资）。主要经营范围包括房地产开发、物业管理、企业管理咨询、科技中介服务。主要职能是代表区政府与乡集体经济组织签订统筹开发建设协议，全权受托开发建设运营农村集体产业用地；多渠道筹措资金，统筹开发、建设农村集体产业用地；农村集体产业用地项目建成后的管理运营和招商服务等；参与战略产业的投资，培育发展新兴战略产业；承担区政府下达的专项任务。（周　亮）

【管庄乡棚改区（一期）地块成交】 6月29日，朝阳区管庄乡棚改区改造和环境整治（一期）取得市规划和自然资源委员会朝阳分局《关于GZGJC-02、03地块供地项目“多规合一”协同平台审核意见的函》。8月30日，在市规划和自然资源委员会网站挂牌公告。12月24日，管庄乡棚改区（一期）GZGJC-03地块以20.8亿元成功交易。该地块建设用地5.04公顷，规划建筑规模11.09万平方米。CBD国际集团下属企业仲源房地产开发公司历时4年，历经拆迁腾退、项目核准、三平一通、挂牌上市等重要节点，实现一期项目GZGJC-03地块成功交易。（刘　莉）

▲ 6月25日，CBD国际集团自编自导自演情景剧《理想照耀中国——蓝图》楼宇租赁剧照（班艳芳　摄）

【华阳饭店服务公司完成体制改革】 6月30日，华阳公司全资子企业北京市朝阳华阳饭店服务公司，按照区国资委及CBD国际集团工作部署，完成公司制改制任务，企业性质由全民所有制变更为“法人独资”，企业更名为“北京市朝阳华阳饭店服务有限责任公司”。通过改制，完善企业法人治理结构，建立起决策、执行、监督相互制衡、科学高效的现代企业制度，提高企业运营和管理水平，提高企业市场竞争力，确保企业可持续发展。（杨　静）

【国务院调研三星大厦服务产业园】 9月3日，国务院第一督查组主要领导、朝阳区领导到三星大厦调研中国北京人力资源服务产业园朝阳园区发展规划情况。中国北京人力资源服务产业园朝阳园区设立在三星大厦201单元，是在北京市设立的第三个国家级人力资源服务产业园，也是全国首个设立在自贸试验区和服务业扩大开放综合示范区的人力资源服务产业园。CBD国际集团领导陪同调研。（周照恒）

【北京CBD中秋之夜】 9月17日，“全球共此时·北京CBD中秋之夜”活动在北京银泰中心举办。来自亚洲、非洲、欧洲、美洲等20个国家的驻华

▲ 9月17日，CBD论坛区委书记王灏发表演讲　（白宇辰　摄）

使节、中国前驻外大使和外国驻京媒体代表参加活动。（白宇辰）

【合并重组安捷利尔医药公司】 9月18日，朝阳区副区长主持召开合并重组安捷利尔医药公司专题会，明确由垂杨柳医院负责完成安捷利尔医药销售中心改制，并将股权无偿划转至CBD国际集团下属全资子公司CBD投资公司。10月29日，完成安捷利尔销售中心及下属鹤寿堂药店的公司制改制，公司名称变更为北京安捷利尔医药销售有限公司，12月2日完成交接。（岳　馨）

【道路工程进展】 11月26日，东坝南三街道路工程初步设计概算获得批复。截至年底，东坝南三街道路工程完成道路拆改移工程设计招标、土地权属告知书、乡集体土地征收协议书签订等前期工作。单店中路、石各庄北街等五条道路项目立项评审完成。（张孟晨）

【“双楼长小程序”上线运行】 11月底，由CBD信链科技有限公司开发的“双楼长小程序”上线运行。依托朝阳区“双楼长”体系，借助大数据、区块链等技术，协助进行企业风险实时监测。按照基层党建、社会治理、经济发展和风险防控“四位一体”的要求，将“双楼长”机制与信息化建设相结合，助推绿色智慧楼宇建设。（孙　洋）

【结对帮扶工作】 12月1日，CBD国际集团向结对扶贫对象卓资县十八台镇小水沟村民委员会捐赠价值2.7万元的米、面、油共计124份，并委托村委会向村里124个低收入困难户定向发放。12月3日，CBD国际集团下属子公司CBD物业公司，向帮扶对象卓资县印堂子村脱贫监测户、边缘易致贫户，以捐赠卫生健康用品的形式进行帮扶，捐赠物资216件，价值43072元。（王　营　梅红兰）

【民族美食节拍摄】 12月3日至10日，上合—北京CBD民族美食节分别在北京银泰中心、正大中心、中国大饭店完成拍摄，通过新华社、CGTN等主流媒体进行海外传播，旨在以美食为媒，促进国际文化交流。上合组织秘书处代表、各成员国驻华使节携夫人亲自烹饪并分享具有民族特色的美食，同时与来自CBD区域内的餐厅代表相互品尝，并对北京CBD搭建的中外沟通交流平台给予认可。（白宇辰）

【核心区三星大厦租赁服务】 年内，核心区三星大厦迎来朴道征信、朝阳区人社局、中科同源、科锐国际、华品博睿和网聘咨询6家客户承租，签约面积14273.35平方米，占可租赁面积41%。（夏　炎）

【永安里旧城改造】 年内，永安里旧城改造居民腾退拆除住宅共942户全部完成签约交房工作，住宅签约率100%，住宅共涉及17栋。仅余东里一号楼因紧邻未腾退的区房管局非宅平房而尚未拆除，其他均已完成拆除；非住宅共涉及12家产权单位也基本完成洽谈且6家产权单位完成签约交房拆除工作，非宅签约率50%；项目进入拆除及场清地净阶段。（黄毅楠）

▲ 12月3日，上合—北京CBD民族美食节录制现场　（白宇辰　摄）

▲ 12 月 27 日，CBD 核心区地下空间项目西南段结构施工 （侯立军 摄）

【CBD 核心区地下西南区结构封顶】 年内，CBD 核心区地下公共空间项目按计划推进。3 月 26 日，地下空间西南区开始基础垫层施工，年底结构封顶。CBD 核心区地下空间项目主体结构工程累计完成 49.14 万平方米，占总工程量的 96.81%（总面积约 50.76 万平方米）。该项目位于 CBD 核心区中央公共绿地及道路下方，总用地规模 11.31 万平方米，地下 5 层，总建筑面积约 50.76 万平方米，项目北区建成管廊为中信、正大、清华、三星提供电力、热力、上下水等能源供应。 （韩近虎）

【CBD 核心区地下交通大厅施工】 年内，CBD 核心区地下空间项目交通大厅施工按计划推进。年初，开始西侧地连墙施工准备；4 月 26 日，开始第一个地连墙施工；6 月 25 日，完成西侧所有地连墙施工；7 月 20 日，南侧地连墙浇筑完毕，交通大厅南段进入墙内土方开挖工作。截至年底，完成基础桩及东侧地连墙施工。交通大厅南段是 CBD 核心区地下空间项目唯一一处跟地铁接驳的通道，为核心区立体化交通枢纽关键部位。 （韩近虎）

北京市朝阳城市建设综合开发有限责任公司

【概况】 2021 年，北京市朝阳城市建设综合开发有限责任公司（简称“朝开公司”），资产总额 208.7 亿元，净资产 14.9 亿元，实现营业收入 3 亿元，利润总额 9336 万元，上缴税金 2335 万元。公司承担朝阳区奶西、酒仙桥及甜水园棚改项目，驹子房、七棵树保障房项目，广华新城小区配套学校、朝阳区档案馆新馆代建项目，老旧小区更新等重点项目建设任务。朝开公司内设 15 个职能部室及 5 个项目部，下属 12 个实际控股分（子）公司，在职职工 57 人。在 33 名专业技术人员中，具有中高级职称 22 人。

【改制工作】 年内，朝开公司增设改革改制办公室，完成接管日盛达公司工作。完成企业内部改革改制，完成深圳北京酒店、朝开公司深圳分公司以及日盛达公司下属安隆厦公司改制工作任务，制定朝开公司《国企改革三年行动方案》。

【安全生产】 年内，朝开公司召开安全工作会 4 次，组织安全培训 6 次，开展应急演练 2 次，安全隐患大检查 13 次，防汛隐患排查及抽查 20 余次，发现各类隐患 660 处，整改率达 98%，担任区国资委安全生产管理建筑组长单位，朝阳区安全生产管理协会常务理事单位。

【代建业务】 年内，朝开公司累计代建项目总产值约 21 亿元，并形成成熟完整的代建管理模式。档案馆新馆项目实现结构封顶，获评北京市安全文明样板工地称号。广华新城配套学校项目按时交付，获得北京市结构“长城杯”工程金质奖。社科嘉园项

▲ 8 月，广华新城小区配套学校项目 （苗晓雨 摄）

▲ 6 月 18 日，东坝七棵树定向安置房续建项目正在进行 CFG 桩施工（李高伟 摄）

目获得北京市结构“长城杯”工程银质奖。

【酒仙桥项目】 年内，朝开公司酒仙桥项目由朝开公司控股北京电控阳光房地产开发有限公司实施建设，占地面积约 42 公顷。完成征收补偿方案优化，项目实施方案修订，政府专项债前期准备，以及宣传册印刷和网上看房、VR 选房等项目启动前期准备工作。

【奶西项目】 年内，奶西项目由朝开公司下属北京永辉鸿景房地产开发有限公司实施建设，占地面积约 233 公顷。完成考古勘察，建设范围调整，实施方案修订等工作，取得立项手续，并启动奶东村市政代征道路腾退工作。

【甜水园项目】 年内，甜水园项目由朝开公司控股北京甜水园开发公司作为实施主体。项目继续以推进信访化解工作为主线，重点配合属地街道做好项目范围内小平房区的防疫、防汛、防火等安全工作。

【保障房及市政建设】 年内，朝开公司启动东坝驹子房、七棵树续建项目施工建设，总建筑面积约 28 万平方米，可提供住宅 2758 套；完成东坝南一街、康各庄东路、东坝南三街、豆各庄路、焦化厂北路铺设，并完成道路移交，总长 2695 米。

【城市更新】 年内，朝开公司探索老旧小区改造和城市更新新模式，成立区级平台公司，以安贞街道为试点，联合北建院、北规弘都院编制《安贞街道城市有机更新行动指南》及《城市更新规划》，并取得阶段性成果。（耿 宁）

田华建筑集团公司

【概况】 田华建筑集团公司（简称“田华集团”）是国家壹级资质建筑施工企业，履行对朝阳区农口建筑业管理、服务的协调职能。内设工程技术部、质量标准化办公室、安全部、经营部、财务部、培训部、宣传部、行政人事办公室、法务部、总务部、党办，在职人员 60 人。2021 年，实现开复工面积 192 万平方米。完成产值 23.7 亿元，比上年增长 12.3%。共投标 166 项、中标率 51.2%。其中电子标 12 项、中标率 33.3%。签订施工合同 242 项（含补充协议），合同金额 30.2 亿元，是 2020 年签订施工合同金额 9.55 亿元的 216.23%。

【保障施工安全】 年内，田华集团动员部署各类专项检查，在关键时间节点上，上下联动，强化监督联检。组织安全生产和消防安全隐患集中排查专项行动，对所有在施项目逐一检查，确保整改工作“横向到边、纵向到底、责任到人、不留死角”。11 月，在消防宣传月和冬奥测试赛期间，下发《关于开展 2021 年冬季施工安全联检的通知》，召开安全联检启动会，成立检查组。结合安全形势和季节性施工特点，有针对性地开展新安全生产法、市住建委防高坠专项行动、119 消防宣传月活动，对冬季安全工作提出具体要求。落实实名制管理，梳理筛查现场人员管理资料及市建委“395”平台（施工人员实名制管理系统）录入情况，提前排查、化解劳务纠纷，避免恶意讨薪。

【质量典型现场观摩】 年内，依据《北京市住房和城乡建设委员会 2021 年工程施工质量管理工作要点》，田华集团准确把握新发展阶段的新要求，严格落实各方主体质量责任，开展工程质量风险分级管控，抓好建筑工程质量管理，推进“三大体系”（技术、管理、工作）贯彻标准工作。保障工程质量均处于受控状态和优质、高效的质量目标。在区住建委领导下，在黑庄户郎辛庄 01-1# 集租房等 47 个项目现场召开质量观摩会。此项工程为集团重点工程，整体质量均较好，做到“施工一次成活、验收一次通过”的要求，达到结构工程“质量零缺陷”的标准。施工单位质量技术负责人、项目经理、总工程师、土建专业负责人参加观摩会。通过观摩，进一步增强全员的质量意识和施工经验，有效提升施工工艺水平，为解决各分公司之间质量水平不均衡问题起到促进作用。

【债务风险防范】 年内，建筑市场受新冠肺炎疫情等社会因素的影响，施工总承包方的资金支付压力日益增加。此外，债务方提起诉讼后采取的诉前保全措施和案件执行后采取的失信措施，也极大影响到集团各分公司的资金使用和业务承接。集团各分公司因债务纠纷导致的上访、诉讼、保全、执行事件成上升态势。田华集团对此始终高度重视，采取强力措施，压实责任，抓早、抓小，关口前移。及时下发年底维稳工作通知，针对一些分公司存在的隐患，分别进行约谈，逐个摸清底数，排查风险，确保不留死角，掌控全局。通过努力，各分公司防范风险和解决问题的能力和意识逐渐增强。紧盯新发诉讼，及时与有关乡党委政府请示，与法院保持密切沟通，件件有追踪，事事有着落，取得良好的成效。同时，田华集团开展联合检查，强化外埠监控。由工程部、技安部、经营部、财务部4部室组成联合检查组，对外埠工程项目进行了专项联合监督检查，加强安全协调管控，并做好成品保护工作，加强现场管理，贯彻增值税管理“三流一致”（即货物、资金和发票的流动都是指定同一法律主体）的原则，确保各项账务工作合法合规。（吴　国）

房屋管理

【概况】朝阳区房屋管理局（简称“区房管局”）成立于2006年8月，作为朝阳区人民政府房屋管理行政主管部门，加挂朝阳区住房保障办公室牌子、朝阳区政府房屋征收办公室牌子。2021年6月，经区委机构编制委员会批准，将“朝阳区政府房屋征收办公室”牌子改挂在朝阳区住房城乡建设委员会，相应划转房屋征收拆迁管理工作职责。区房管局主要涉及住房保障、物业管理、房屋安全等14项职责，设置公务员科室12个、事业单位17个，在职职工618人，离退休职工1718人。年内，出台全市首个物业服务计价规则；完成全年“三率”任务指标；评选第一批物业领域“朝阳工匠”。完成CBD500千伏输变电工程（变电部分）项目签约居民搬迁工作；统筹推进共有产权房配售、公租房配租、市场租补贴发放工作，住房保障率提高10.33%，建立完善人才房、集租房政策，为辖区重点企业、高端人才、新就业群体提供适宜房源，以住房保障促进区域经济发展。研究形成群租房治理工作方案，提升群租房整治效果，推进无群租房试点工作。落实普通地下室专项整治三年行动任务，加强综合管理，加大联合执法力度，探索普通地下室清理整治后再利用工作。完成农村房屋排查、城镇房屋防汛、全区自然灾害综合风险普查房屋建筑阶段性调查。通过市民热线接诉即办平台接收诉求共23317件，总体响应率为97.25%；解决诉求3341件，解决率61.40%。（林　栩）

【供暖设备检修】4月至9月，区房管局对辖区内供暖设备开始夏季更新维修工程。更换管道3000余米，投资529余万元；更换设备21台，投资118余万元；供热管道监测系统合计90项工程，投资893.31万元。（唐　静）

【房屋防汛】6月1日至9月15日，区房管局按照“五早四快”的应对原则，对排查出的隐患点位制定预案措施，落实物资储备，强化自身演练与培训。组织全区43个街乡观摩屋面苫盖、室内支护 等五个科目的演练，向各街乡和物业服务企业发放防汛演练教学光盘。汛中，通过应急平台、“12345”、防汛专线等接听群众诉求，及时响应；值班在岗3400人次，检查平房7834处次，检查楼房2047处次。（王梦晗）

【物业协调员队伍建设】9月7日，区房管局启动全区物业协调员队伍建设计划。该计划通过物业企业和社区推荐组建20~30人的物业协调员队伍，经过系列课程培训及落地项目实践，提升协调员相关业务知识水平，构建社区、物业企业、居民之间正向沟通桥梁，力争让三方的交流互通互融。（郑缅之）

【提升物业管理人员素质】10月15日，区房管局与区总工会共同举办“弘工匠精神，创朝阳品牌”朝阳区第一届物业管理员职业技能竞赛，235名参赛选手经过一个月激烈角逐，10名选手获奖。（郑缅之）

【自然灾害综合风险房屋调查】11月，区房管局会同相关委办局和街乡，开展首次自然灾害综合风险普查房屋建筑调查工作。制定和完善“一会一刊”、业务培训、专业人员审核、街乡数据自检等工作内容。截至12月31日，全国房屋建筑和市政设施调查系统中，朝阳辖区内所有房屋建筑34821处，实地完成核查17.18%。（凌虎伯）

【开展预售专项资金检查】11月，按市住建委的工作要求，区房管局对预售资金监管工作开展专项检查。经查，全区有18个项目存在问题，7个

▲ 10月15日，朝阳区第一届物业管理员职业技能竞赛评选出10名获奖者　（茹建宇　摄）

项目被下达责令改正通知书，16个项目被暂停网签服务。（马欣欣）

【公共租赁住房“快速配租”】 年内，区房管局筹集全区27个公共租赁住房项目4070套房源，完成2批次公共租赁住房项目配租，1888户家庭通过“快速配租”方式成功选房。第3批配租意向登记工作完成，意向登记家庭3003户。（孙洪肯 赵 军）

【保障性住房补贴发放】 年内，区房管局完成房屋补贴发放80063户次，发放金额14176.29万元。其中，公租房租金补贴9819.61万元，市场租房补贴4354.51万元，廉租房补贴2.17万元。（刘三虎）

【保障房资格复核】 年内，全区取得公共租赁住房资格家庭2761户；取得公租房租金补贴备案资格家庭788户；取得市场租房补贴资格家庭954户；区房管局累计完成各类资格复核工作133批，38151户次。（韩 莹）

【租房补贴数据核查】 年内，区房管局完成6081户租房补贴问题数据核实工作。其中涉及多领取公共租赁住房租金补贴和市场租房补贴的有75户金额70.35万元；追（退）回补贴38户金额24.37万元。（韩 莹 刘三虎）

【向多孩家庭精准配租】 年内，区房管局在全市范围内率先面向全区未成年子女数量较多的轮候家庭，以直接发放《选房通知单》的形式启动精准配租。筹集双桥、焦化厂2个公共租赁住房项目413套剩余房源，在发出的175张通知单中，有51户家庭参加现场选房。（赵 军 潘璐涛）

【人才公共租赁住房配租】 年内，区房管局面向全区重点机关、企事业单位的干部职工，以趸租的方式开展人才房预分配工作，筹集242套和152间房源，为50户家庭和15名单身职工解决住房问题。（潘璐涛）

▲ 5月18日，锦里雅苑共有产权房选房现场（茹建宇 摄）

【共有产权住房项目申购】 年内，区房管局完成梧桐港嘉苑、梧桐湾嘉苑、澜悦景苑3个项目剩余房源和锦里雅苑共有产权住房项目1576套房源申购配售工作。其中，1085套面向京籍家庭配售，491套面向非京籍家庭配售。（潘璐涛）

【征收补偿工作】 年内，针对全区在施的CBD500千伏输变电工程（变电部分）项目、小关公交场站项目、分钟寺桥西北侧回迁安置房项目、亮马J地块棚户区改造和环境整治项目等征收项目，区房管局作出补偿决定书4份，配合法院强制执行4次，应诉答辩行政复议诉讼案件3件，无一例败诉。（王男男）

【房屋征收管理】 年内，区房管局启动CBD500千伏输变电工程（变电部分）项目住宅房屋补偿方案征求公众意见工作。10月15日，区政府作出CBD500千伏输变电工程（变电部分）项目征收决定。11月13日征收范围内661户居民签约比例99.55%，11月15日已签约居民全部完成搬迁工作，12月24日至31日，完成选房工作。（王男男）

【政府信息公开】 年内，区房管局政府信息主动公开288条，全文电子化率达100%。主要涉及房屋征收和保障性住房摇号、选房工作等。政府信息依申请公开共接待申请人1000余人，受理政府信息公开申请336件，答复325件，总计933条，主要涉及物业管理、住宅专项维修资金审批、商品房预售、房屋拆迁、直管公房管理等。（纪 伟）

【持续优化营商环境】 年内，区房管局受理商品房预售许可初审25个，现售备案198件，预售许可延期30件，现售延期30件，召开商品房销售项目价格引导会11次。（马欣欣）

【房地产市场日常监管】 年内，区房管局在商品房销售中，受理群众来访来信264件，出具行政事项答复书、信访答复意见书264份，现场接待群众来访72次，处理接诉即办2661件。现场检查37次，下达责令整改22次，约谈企业34次，19家企业暂停网签业务。（马欣欣）

【房地产经纪机构监管】 年内，区房管局受理全区房地产经纪机构（分支机构）备案类业务483件，处理来电来访5068件，处理房地产交易管理平台、“12345”接诉即办、现场举报等各类投诉11635件，开展检查1300余次，约谈企业242家，暂停企业登录存量房平台及公示相关信息

17家，暂停网签9家，执法转办293起，立案42起，处罚90起，罚款91.7万元。（高荣霞）

【房屋租赁政策宣传】 年内，区房管局协同全区各街乡开展宣传、走访活动9次，发放宣传材料3500余份，涉及450家公司、2400余人。依托“朝房啄木鸟”微信公众号，组织房地产中介从业人员开展线上学习政策法规、网络答题活动；公众号累计发表文章379篇，累计阅读量188万余次，关注人数6.3万余人。（高荣霞）

【扫黑除恶常态化】 年内，区房管局制定《朝阳区房屋管理局常态化开展扫黑除恶斗争工作方案》，将房屋租赁和物业管理纳入重点行业监管。强化行刑衔接，针对公安朝阳分局的提示函内容，进行调查核实；对于发现的涉黑涉恶线索，及时向区扫黑办移交。（于 钋）

【提高物业行业“三率”水平】 年内，区房管局通过全区各街乡摸排物业管理区域共1638个。其中，由业主或产权单位委托物业服务企业管理的有1475个，占比90%；产权单位直接管理等准物业管理的有163个，占比10%。全区成立业委会（物管会）1508个，其中业委会135个、物管会1373个，业委会（物管会）覆盖率92%。业委会（物管会）中建立党组织的1431个，党组织覆盖率为95%。物业服务企业651家，成立党组织632家，党的组织覆盖率97%。（郑缅之）

【城镇房屋安全检查】 年内，区房管局检查房屋建筑14458.5万平方米。其中，完好房12022.66万平方米，占比83.2%；基本完好房2241.21万平方米，占比15.5%；一般破损房175.08万平方米，占比1.2%；严重破损房19.55万平方米，占比0.1%。检查电梯23535部、二次供水设备10345台、避雷设备43499个。（王梦晗）

【普通地下室管理】 年内，按照市、区关于“疏解整治促提升”工作要求，加强对已整治普通地下室、自用性宿舍等高频次巡视检查，依托全区各街乡社区共建、接诉即办等渠道，巡查检查普通地下室共7863处，保持普通地下室散租住人动态清零。（王梦晗）

【房屋安全管理】 年内，区房管局累计送达C、D级房屋解危告知函86份，送达人员密集公共建筑督促安全评估通知书6份。（王梦晗）

【农村房屋排查】 年内，区房管局会同区住建委、区农业农村局依法依规统筹推进全区农村房屋安全隐患排查工作。完成全区集体土地上全部农房排查，排查各类农房28867户，1595万平方米。其中，经营性农村自建房3864户，非经营性自建房13685户，非自建房11318户。全区14个乡66个村中，用作经营（包括出租）、人员密集、擅自改扩建、3层及以上的4类重点农村自建房8330户。通过排查复核，建立房屋建筑灾害风险基础数据库，消除重大安全隐患风险。（王梦晗）

【已售公房专项维修资金审核】 年内，区房管局针对已售公房专项维修基金累计完成审核61家单位；已售公房提取房改售房款累计完成审核4家单位，房改售房单位依据审核结果到北京住房公积金管理中心支取相关款项。（钱 前）

【房改售房】 年内，区房管局核准受理全区房改单位203家，办理房改售房3678套，面积32.34万平方米。房改售房单位依据核准结果到市规划自然资源委朝阳分局不动产登记事务中心办理不动产证。（钱 前）

【房屋测绘】 年内，区房管局完成商品房实测项目35个，面积239万平方米，完成商品房预测项目5个，面积141万平方米。（张 兴）

【行政复议诉讼】 年内，区房管局行政复议、诉讼案件121件。其中包括公房租赁类、房屋征收拆迁类、房改售房类、政府信息公开类、房屋安全监管类、住房保障类、商品房买卖类、物业管理类、民事纠纷类，行政处罚类常规案件。另有其他非常规类各3件。法律顾问在应诉过程中未出现超期答辩、无故缺席庭审等情况。（崔素梅）

【存量房买卖网上办理】 年内，区房管局房屋交易中心实现存量房买卖网上办理。6月，推出个人买卖存量房屋网上办理业务；7月起，购房资格复核实现网上申请办理。10月起，销售人员和销售机构备案、商品房现房销售备案延期、非居住租赁合同备案均实现在窗口即时办结。（国 佳）

【存量房网签管理】 年内，区房管局完成购房资格核验业务87211件，存量房网签业务54288件；房屋交易中心办理购房资格核验2075件，购房资格核验复核1321件，离婚信息确认959件，存量房网签6548件，一手房合同注销492件，信息变更150件，预查封396件，房屋交易信息查询418件，住房租赁备案358件，抵押准销售确认24件，在建工程抵押协办16件。（国 佳）

【对外政务服务】 年内，区房管局受理对外政务服务事项4299件。其中，房地产经纪机构备案1043件，非住宅租赁备案286件，商品房现房销售备案281件，商品房预售许可68件，房产测绘成果审核424件，销售人员和销售机构备案26件，售后公有住房住宅专项维修资金使用审核167件，出售公有住房审批及备案793件，普通地下室使用登记备案业务325件，商品房住宅专项维修资金使用审核、备案886件。（国 佳）

【直管公房房屋设备检查修缮】 年内，区房管局完成辖区内直管公房、设备检查和修缮。包括修缮楼房面防水171678平方米；房屋大中修254600平方米；楼房屋面维修39200平方米；房屋、设备养护维修74157户次；局部勾抹外墙板缝2102平方米，厨厕地下室渗漏19处；电梯更新4部、大中修14部、机房装修3处；泵房大中修32处。（崔芳静）

【直管公房管理】 年内，区房管局完成公有住宅租赁合同申请使用备案142件，市场租审批193件，三类租别签订租赁合同27份；完成房改售备案353户，包括产证办理348户，收回房屋7处；涉及区属国有资产出租、出借专项整改工作共92处房屋，完成整改90处。（张榕芳）

【房屋行政执法】 年内，全区房屋行政执法立案151起，执法检查836次，出动执法人员2472人次。下发责令改正通知书162份，行政处罚219起，罚款356.07万元。不予行政处罚57起，撤案149件。在区司法局组织的行政处罚案卷评查中，参评案卷获得全优成绩。（王璐瑛）

【房屋鉴定】 年内，区房管局完成房屋鉴定2034项，总面积254.82万平方米。其中工程检测项目8项4.05万平方米；公共维修基金鉴定项目372项250.76万平方米；电梯检测1654部。（张海蕴）

【房屋供暖及热费收缴】 年内，房屋年度采暖季供暖于2020年11月6日点火，2021年3月15日准时停暖，历时130天。燃气消耗3095.90万立方米，燃气费8513.73万元；总耗水量8.02万吨，水费76.21万元；总耗电量1204.71千瓦，电费915.61万元。全冬总耗能（水、电、气）共计9505.55万元。供暖费指标11636万元，实收13058万元，指标完成率112.2%。（唐　静）

【信访到访办理】 年内，区房管局办理各种渠道信件984件。接待群众来访1615批次，2327人次；接收信访积案30件，全部上报结案；接收重点地区清单40件，办理24件。（沈　雪）

公用事业

供　电

【概况】 2021年，国网北京市电力公司朝阳供电公司（简称“朝阳供电公司”）负责朝阳地区470.8平方千米范围内的电网规划建设、运行管理、电力销售及165.8万家客户的供电服务工作，为约占全市三分之二的星级饭店、外交驻华使馆区、奥运中心区、中央商务区、大型商业区、工业、农业、涉外企业及居民生活和重大政治活动和城市运行安全供电。设置有11个职能部门，3个业务支撑机构，4个供电服务中心，4个全能型供电所。负责输电通道154条，总长424千米；10千伏线路1849条，总长9647.3千米；10千伏配电站室5698座（开闭站270座、配电室2057座、箱变1226座、分界室2145座），配电变压器11488台、总容量6450.4兆伏安。全年完成售电量195.41亿千瓦时，比上年增长9.46%；综合线损率完成3.03%，电费回收率达到100%，城市供电可靠率为99.9962%。

【供电保障重大项目】 年内，朝阳供电公司奋战一个月，投入人员2256名，确保国家体育场文艺演出和国家领导人参观党史馆等活动供电万无一失。完成“服贸会”、全国两会等94项保电工作，保电天数253天，创历年之最。如期完成国家会议中心二期110千伏变电站顺利投产，如期完成奥运村中心区10千伏电网改造、速滑等4座场馆永久工程、国家体育场等3个临电工程。建立“一办九组”保障体系，组建国家体育场、国家游泳中心、奥运大家庭酒店、冬奥重要客户4支保障团队。开展冬奥会专项隐患排查和环境整治，完成三轮冬奥会测试活动保障。此外，第一时间抽调精锐力量、搭建组织机构，安排3批次、70名队员，千里驰援河南抗洪抢险。完成府苑、恒通2个小区抢修任务，以最快速度为6600户居民恢复送电。

【电网规划与建设】 年内，朝阳供电公司加快朝阳区“十四五”时期“1+5+18”座变电站规划建设进度，先后与朝阳区政府、金盏管委会、中关村朝阳园管委会签署战略合作协议。建立“两个前期”周调度

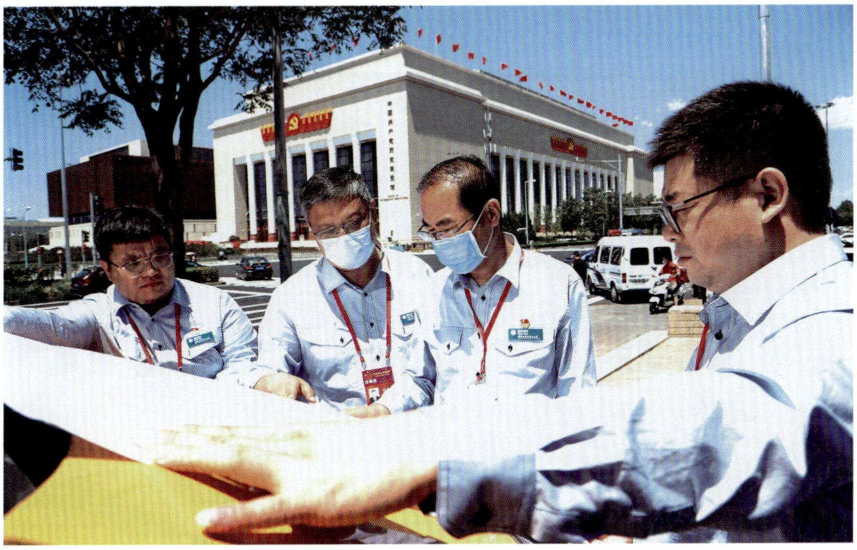

▲ 6月18日，朝阳供电公司开展中国共产党历史展览馆电力保障工作　（翟　磊　摄）

机制，全年召开专题会42次，解决工程难点问题215项。全年取得输变电工程可研批复4项、立项核准6项，完成6座变电站投资划分协议签署。500千伏CBD工程启动站址拆迁，110千伏焦化厂、姜庄湖工程如期开工，方家村10千伏配套切改完成送电。办理工程开工手续21项、土地手续5项、属地协调手续10项，政企联动沟通机制基本形成。架空入地工程稳步实施，三里屯地区完成4条道路，广渠路二环至三环路段完成送电。亮马河地区、北会地区辛店路被列为2021年北京市架空线入地重点项目。

【经营管理】 年内，朝阳供电公司精心编制升级版提质增效方案，明确重点任务35项，量化工作目标17项。持续开展“三清理两提高”工作，完成长期挂账工程清理57项。建立全面预算管控体系，强化预算资源统筹集中管理，持续优化成本结构。全年完成外部资金工程14项，转化收益4907.25万元。持续强化线损治理，分线、分台区线损日平均合格率分别达到95.52%、91.23%。物资管理成效显著，全年消纳剩余物资4516万元，指标完成率133%；完成废旧物资拍卖回收1023.1万元，指标完成率165%。深化合同全流程管理，全年审理合同1620份，涉及金额12.75亿元。强化案件闭环管控，全年涉诉案件共计25件，其中主动起诉12件，挽回经济损失741.93万元。加强决策依法合规，出具重大决策合法合规意见书18件。开展冬奥建设项目及运营保障、产业单位债权债务2项专项审计。完成审计发现问题整改销号“双验收”14项，整改完成率达到100%。集体企业全年新签合同202项，合同总额8.52亿元，完成电力工程共计5548项。新增代维项目60个，涉及金额0.21亿元。持续开拓综合能源新市场，试点开展电动汽车充电站建设，推进5G基站外电源线路代维。积极清理账外债权，完成103件催款函派发，账外债权回收2.94亿元。全面落实省管产业专项整治，国网督导问题7项，完成整改销号2项；自查重点问题12项，完成整改销号6项。

【安全生产】 年内，朝阳供电公司分析度夏度冬电网运行方式，全面梳理电网薄弱环节，及时发布电网风险220项，编制专项处置预案37项，实施解重载工程15项。编制下发《朝阳电网110千伏设备故障处理指导手册》，持续补强业务短板。编制《朝阳供电公司“十四五”高可靠性智能配电网建设改造技术原则》，进一步提升电网智能化建设水平。加大不停电作业力度，全年开展带电作业1802次，比上年提升15.2%。全年故障停电时户数比上年降低10%，奥运不停电作业示范区供电可靠率达到99.999%。创新开展设备状态检测专项工作，成立专项组织机构，完成站室类设备检测3818个，发现并治理隐患248项，隐患类型判断和定位准确率100%。深化输电“立体巡检+集中监控”管理模式，采用无人机巡线732千米，实现五环外巡视全覆盖。积极开展输电消隐，首次开展线下树木移栽1430棵。在市区范围首次应用配网无人机巡视，对重点线路开展巡视12天次。创新研发线路柱式绝缘子护罩，试点应用绝缘横担、磁控断路器等新设备，异物故障比上年下降16.7%。健全安全生产责任制，编制印发领导班子安全生产“两个清单”，修订全员安全责任清单282份。开展安全生产专项整治三年行动、“五查五严”风险隐患排查整治、百日安全专项活动，发现并治理各类隐患212项。强化现场安全监督，持续开展领导班子“一线安全日”活动，各级安全督查队伍现场巡检3316次。健全应急管理体系，完善“1+29”应急预案，全年启动应急124次，比上年增长21.57%，成功应对近60年来最长汛期挑战。

▲ 2月4日，北京市电力公司与朝阳区政府签署战略合作协议（翟　磊　摄）

【营销与优质服务】 年内，朝阳供电公司推进电价市场化改革，领导班子分片包干，营销部门专班推进，客户经理逐户对接，高质量完成一般工商业入市、自然月结算前期工作。完成8343户高压、2万余户低压工商业用户购售电业务告知、合同发放及签订工作。开展43户市场化客户合同换签，完成率87.76%。开展5.42万户后付费用户《自然月抄表结算确认书》签订工作。全年完成接电容量61.31万千伏安，指标完成率109.48%。落实清理行业收费要求，开展优化营商环境、规范报装专项培训6轮次。App受理“95598”投诉工单20件，比上

▲ 4月28日，朝阳供电公司温榆供电所开展无人机巡视　　（张　昊　摄）

年下降75.9%。新增“网上国网”App注册用户数20.74万户，新增微营业厅绑定用户数9.37万户。老旧小区工程全面提速，竣工送电工程10项，惠及居民4434户。累计完成717个石油气用户电能替代。加强计量采集更新，完成6519具HPLC台区表、44万具HPLC模块、4.5万具欠压表换装。平均购电下发时长由1.62分钟压降至0.82分钟，低压采集成功率由99.70%提升至99.78%。加强反窃查违，完成追补电费和违约使用电费1062.88万元，超额完成全年指标。超前完成北京公司普查试点工作，完成普查73360户，完成量居北京公司第一。实现电费回收100%。

【改革与创新】　年内，朝阳供电公司内设机构优化调整落地，完成人员划转、工作交接、流程梳理等核心工作，“两部三中心”（运检部、营销部、大客户供电中心、客户服务中心、配电运检中心）正式组建。以客户为中心的现代供电服务体系更趋完善。创新绩效管理新模式，探索“增人不增资、减人不减资”新型分配机制和绩效考核分配机制。制定公司《2021年科技创新工作方案》，征集创新“金点子”84项、技术方案58项。全年申请发明专利7项、实用新型专利4项，并顺利通过北京公司审核。开创政企联动“大数据服务”模式，完成电网数字化项目2项，打造应用场景10个，获得朝阳区商务局、文旅局、应急局等部门肯定。“众创空间”通过北京公司验收。申报《计及碳资产价值的园区智能碳管理关键技术及应用研究》国网公司科技项目。

（王兆东）

供　水

【概况】　2021年，朝阳区水资源科负责全区供水工作，具体职责为组织实施本区最严格水资源管理制度工作，组织实施取水许可（含矿泉水和地热水）等制度。负责全区水资源的统筹调度、配置与管理工作。编制水资源保护规划和水资源调配年度计划并组织实施，指导饮用水水源保护有关工作。按规定组织开展水资源调查评价和水资源承载能力预警有关工作，参与编制水功能区划。承担水文管理工作。组织编制并发布水资源公报。承担全区再生水利用行业管理工作、地下水开发利用和地下水资源保护工作。组织机井管理工作，实施用途管制。承担全区供水行业管理工作。全面做好农村供水定价工作，全区需要完成定价的8个乡37个村实现全面供水定价。各乡开始缴纳污水处理费，截至10月18日，总缴费金额4387万元。凿井许可零增长，补办取水许可证58个。完成20个单位（小区）自备井置换，为5.6万户群众提供安全、优质供水保障。

【农村用水管理】　年内，区水务局全面做好农村供水定价工作。指导各乡以村为单位核算农村供水工程供水成本，并通过村委会“一事一议”、村民代表大会等形式，制定农村供水站供水水价。全区需要完成定价的8个乡，共37个村已实现全面供水定价。10月18日，各乡均开始缴纳污水处理费，总缴费金额4387万元，其中4个乡缴费率达100%。截至10月份，为17家农村取水户发放水资源税取用水量核定书，累计核定水量614万立方米。2021年，保持凿井许可零增长，补办取水许可证58个。累计完成65眼机井工程封填。地下水埋深为28.79米，与上年相比，地下水位大幅回升2.1米，年度超采治理成效显著。

【绿化灌溉水源置换研究】　1月6日至7日，区水务局联合区财政局现场调研金盏地区（乡）、十八里店地区（乡）、豆各庄地区（乡）园林绿化水源情况，并召开专题会。会上就各乡园林绿化河湖水接入工作提出意见建议，确定实施方案，上半年启动实施。1月22日区水务局召开园林绿化河湖水接入工作推进会，区财政局、区交通委、金盏地区（乡）相关负责人员参加会议。对金盏地区（乡）河湖水接入中的重难点问题进行专题讨论，研究豆各庄地区（乡）、十八里店地区（乡）等河湖水接入设计方案，以求尽快启动实施工作。8月24日，区水务局召开2022年园林绿化非常规水源接入项目计划工作会，节水办、水资源科、置换专班及相关地区负责人参加会议。会上初步对13个乡报送的103块公园及绿地水源置换进行可行性分析。

【供水安全保障】 2月9日，区水务局水资源科、节水办、安全办组成检查组，对第九水厂、金盏博海供水中心开展供水安全节前检查。就生产安全、水质安全进行交流，重点检查水厂安全督查问题的整改情况。在金盏博海供水中心，检查组对供水设施管理、消毒设施配备运行等方面进行了现场检查。18日至19日，区水务局两次召开会议，研究解决怡景城小区接入市政水问题。区水务局与专业部门对接加快推进万通路市政供水管线建设，在社区与居民代表见面，介绍区水务局工作开展情况，对物业市政水接入前供水安全提出具体要求。5月13日，区水务局开展地表水体补水情况和农村供水站运行管理情况检查，水资源科、节水中心工作人员和安全员参加，分3组前往金盏地区（乡）、十八里店地区（乡）和崔各庄地区（乡），对天安假日高尔夫球场人工湖等3处地表水体补水情况和金盏地区（乡）小店村供水站等9处村级供水站运行管理情况进行检查。7月26日至8月5日，区水务局对朝阳区52个自建设施供水单位水源防护情况、消毒设备运行情况、水质检测结果、运行管理和证件办理情况等15项进行检查。对存在问题要求按照《城市供水水质管理规定》《北京市自建设施供水管理办法》等法规整改，建立保障供水安全的长效管理机制。8月27日，区水务局组织召开2021年农村供水工作会，区水务局水资源科、供水用水中心、相关街乡共67人次参会。会上对2021年度上半年市水务局、区水务局抽查的农村供水设施运行管理检查发现的问题进行通报，对国务院第八次大督查供水工作提出具体要求，开展农村供水设施运行管理、消毒设备运行管理等培训。9月29日，区水务局水资源科、安全办、供水用水中心对自来水集团八厂、九厂供水安全、消防安全、有限空间安全生产方面进行检查。12月29日，区水务局召开农村供水工作会，8个涉及农村集中供水工程的乡主管领导参会，会议通报2021年市区农村供水安全检查发现的问题和整改落实情况、农村供水站运行操作规程、预案等，专业单位汇报2021年农村供水站消毒设施运维情况，开展农村供水站运行管理培训。

【自备井置换】 6月29日，区水务局会同管庄地区（乡）领导到管庄新村就居民接入市政水情况进行交流沟通。管庄新村小区于6月29日，实现市政自来水供水，小区居民喝上优质安全的自来水。7月17日，副区长杨建海现场调度恒大小区自备井置换工作，区水务局及东坝地区（乡）主要领导、自来水集团相关负责人参加。副区长杨建海现场检查小区供水井房、消毒设施和二次加压设备等供水设施，同时对置换进度提出具体要求。恒大华府和恒大江湾小区原使用自备井供水，该小区正在换装智能水表，换装完成后根据自来水集团相关验收程序完成通水。12月7日，怡景城小区逐步接通市政自来水。12月31日，朝阳区完成20个单位（小区）自备井置换，为5.6万户群众提供更加安全、优质的供水保障。日压采地下水约1.34万立方米，共替换自备井22眼。2021年，朝阳区自备井置换完成数量居全市首位。 （王 伟）

邮政通信

【概况】 2021年，中国邮政集团有限公司北京市朝阳区分公司（简称“区邮政分公司”）承担朝阳地区的普通邮政业务和邮政速递物流的经营、服务及相关设施、网络规划、建设、运行管理工作任务及邮政金融代理业务。下设中邮保险中心、客户营销中心和客户支撑中心。下辖15个邮政支局、131个营业网点。年内，邮政业务收入完成7.92亿元，完成预算进度89.2%，增幅1.8%。金融板块专业收入完成3.03亿元，完成进度100%，增幅16%。寄递板块专业收入完成2.59亿元，完成进度86.74%，增幅1.68%。集邮业务收入完成22911万元，完成进度80.21%；函件专业收入完成3686万元，完成进度73.22%；发行专业收入完成4701万元，完成进度100.18%；分销专业收入完成2822万元，完成进度73.48%，增幅41.29%。有邮运机动车324辆，两轮电动车726辆，三轮电动车1015辆。普邮投递道段458条，快包投递道段759条。从业人员有3535人。

【特种邮票发布】 1月5日，区邮政分公司在京都邮酒主题邮局举办《辛丑年》生肖特种邮票首发会。《辛丑年》特种邮票是中国生肖邮票序列第四轮中的第六套，延续第四轮生肖邮票的“家国”理念。

【“熊猫基金邮资机戳”启用】 3月21日，“熊猫艺术发展基金主题邮筒暨熊猫基金邮资机戳”启用仪式在呼家楼邮政支局国贸中心邮政所举行。熊猫艺术发展基金全称“大熊猫青少年儿童美术发展基金”，旨在激励广大青少年儿童热爱中华文化，关注生态环保。

【“赏邮票学党史”主题活动】 4月中旬，区邮政分公司以邮票为载体，以“邮票上的党史”为主题，开展红色邮展“赏邮票学党史 ”主题活动。全公司15个支局开展“赏学”活动304场，位列全市第一，累计参与人数2.5万人。通过活动，先后与中央文明办中国精神文明网、民政部直属机关党委（人事司）、中央历史研究院、中国科技馆、北京市档案馆、北京外交人员服务总公司、中国传媒大学、北京市烟草专卖局、中国烟草总公司北京市公司、朝阳区委党校、朝阳区文化馆等多个部门和43个街道、乡镇政府形成较好的合作关系。

【中国共产党历史展馆主题邮局】 6月20日，中国共产党历史展览馆主题邮局正式对外营业，地点位于中国共产党党史展览馆三层北侧序厅，主要为参观展览的团体和个人提供邮政普遍服务和文化服务。主题邮局启用特殊邮编“100100”，不仅记录着党史展览馆落成于中国共产党成立100周年之际，也寓意着中国共产党向着两个一百年奋斗目标勇往直前。党史展览馆主题邮局配备最新的自助明信片打印设备及数码防伪彩色邮资机，同时设计13枚全国著名的革命圣地纪念戳及4枚展览馆专用纪念戳，为参观者提供集戳打卡服务。主题邮局同时开通收寄服务，满足广大参观者寄递需求。除销售纪念邮品外，主题邮局设有多个红色珍邮展柜，用以展示不同时期中国共产党成立周年，以及党和国家重大礼仪和重大活动等重大题材纪念邮票和特种邮票。

【联合国全球可持续交通大会服务】 10月14日至16日，区邮政分公司在国家会议中心设立“北京邮政临时邮局”，为交通大会提供邮政服务保障任务。在服务期间为参会代表及服务人员提供邮品销售集戳，信函及包件的寄递等邮政服务，每天坚持服务至晚上10时。服务期间得到交通运输部部长李小鹏、国家邮政局局长马军胜等相关领导的肯定和表扬。

【“双十一”包裹投递】 11月1日至25日，区邮政分公司“双十一”包裹总量为601.49万件。其中，快递包裹进口量442.94万件、标准快递进口量158.55万件。比上年“双十一”增长55.48%。

【社会代投力量建设】 截至12月底，区邮政分公司完成智能包裹柜2443组，建设代投自提网点2133处，利用现有商厦邮政所等自由场地及社区、院校等资源建成京邮驿站167处，方便居民收取包裹，解决投递难、收取不及时等问题。

【“4321”营销体系】 年内，区邮政分公司加大构建朝阳营销矩阵，即建立四项营销机制、推进三千数据获客、明确两级项目管理、实现一个整体目标。全年累计开发项目505个，形成营销收入1477万元。区分公司级专职客户经理142人实现整体营销业绩完成2.7亿元，完成全年营销业绩占比111.88%，超全年营销指标11.88%。

【冬奥会服务筹备】 年内，区邮政分公司按照整体部署，共在竞赛场馆和非竞赛场馆设立7处邮政服务网点，整体服务面积近600平方米。完成7处邮政网点的装修改造工作。同时，主媒体中心临时邮局、北京冬奥村临时邮局和大家庭酒店临时邮局年内已完成进驻及试营业。

【基础建设】 年内，区邮政分公司完成2处固定资产网点建设项目，整体改造老旧网点完成16个。完成49个项目工程，其中改纯低柜43处。完成无障碍环境设施改造18处，完成形象提升整体改造网点17个。

【落实乡村振兴战略】 年内，区邮政分公司完成所有3个乡镇网点的转型工作，完成指标的150%，实现覆盖率100%；完成优质邮乐购站点34个，完成指标106%，自营农品交易额3554万元，完成指标100%，自营批销交易额463万元，完成指标193%。 （管　军）

城乡管理

城市综合管理

【概况】 北京市朝阳区城市管理委员会（简称“区城市管理委”）［加挂北京市朝阳区城乡环境建设管理委员会办公室（简称“区环境建设办”）牌子］。2021年，北京市朝阳区城市管理综合行政执法局（简称“区城管执法局”）由区政府直属的正处级行政执法机构调整为区城市管理委管理的副处级行政执法机构。下设机构调整为朝阳区市政基础设施协调中心、朝阳区渣土管理站和朝阳区控违拆违协调中心、北京市朝阳区再生资源循环利用管理事务中心4个事业单位。区城市管理委完成“场清地净”217.6万平方米，腾退土地240.4万平方米，完成年度拆违任务；亮马河国际风情水岸景观提升工程基本完工；全区道路机械化清扫率达到94.5%；拆除、整治信息亭40处，查处违规广告牌132块；完成雅宝路地区10条道路电力架空线入地；建设生活垃圾精细化管理系统，标准化改造在硬件建设、数据准确率和数据分析等方面居全市第一；强化垃圾分类执法检查，立案477起，家庭厨余垃圾分出率由上年的2.2%提高至18.6%；建设完成地铁黄厂站南路等27条道路太阳能临时路灯709盏；完成采暖季供暖保障；非居民用户液化石油气替代1284户；推动白家庄等12个小区消除电力安全隐患，整改电力隐患1800余处，保障全区安全度夏。

【年度供暖保障】 3月22日，区城市管理委完成朝阳区2020—2021年供暖季供暖保障工作。供暖面积2.14亿平方米，全区供暖“12345”市民服务热线投诉工单由上年的11126件，比上年减少972件，万平方米投诉量下降8.7%。年内，区城市管理委协同区城管指挥中心升级供热投诉派单模式，强化属地管理职能，实施“街乡＋企业”双派单机制，确保居民诉求得到及时有效处置；开展110个居民小区供暖管线安全检查，消除安全隐患，涉及面积982万平方米；推动完成左家庄西街6号楼换热站的应急接管和站内设施改造，惠及582户居民；聘请第三方开展2021—2022年供暖季锅炉房安全运行检查，排查安全隐患2278个，处置完成2165个。

【机构改革】 4月，区编办印发关于调整区城管执法局机构编制的通知，区城管执法局由区政府直属的正处级行政执法机构调整为区城市管理委管理的副处级行政执法机构，核定局长1名（副处级）。同月，区编办印发《中共北京市朝阳区委机构编制委员会关于区城市管理委所属事业单位改革有关事项的批复》，同意组建北京市朝阳区再生资源循环利用管理事务中心，区循环经济产业园管理中心受委托承担的垃圾处理循环利用等职责及18名事业编制划入，并增加10名事业编制。调整后，区再生资源循环利用管理事务中心为区城市管理委所属公益一类事业单位，机构规格正科级，经费形式财政补助（全额），事业编制28名。区编办批复同意将北京市朝阳区控违拆违督察队更名为北京市朝阳区控违拆违协调中心，为区城市管理委所属公益一类事业单位，机构规格正科级，经费形式财政补助（全额），事业编制20名。

▲ 5月，建设完成后的亮马河滨河路夜景 （钟　艳　摄）

【夜景照明】 5月，区城市管理委完成亮马河沿岸50栋建筑物夜景照明建设。以“整体设计，共建提优，统筹纳控，一户一策”为指导依据，按照“共建共享共治”的总体要求，烘托亮马河水岸区域的中心景观，打造国际风情水岸。9月，区城市管理委在奥园、大望京区域完成服贸会灯光秀。

【路灯建设】 6月，区城市管理委印发《朝阳区路灯照明问题专项整治工作方案》，健全管理台账。年内，区城市管理委完成地铁黄厂站南路等27条道路、709盏太阳能临时路灯建设，完成青年路等30条道路永久路灯建设。

【天然气、电力替代非居民用户液化石油气】 7月，区城市管理委印发《朝阳区加快天然气、电力替代非居民用户液化石油气工作方案》，成立主管副区长任组长，区城市管理委和区应急局主要负责人担任副组长，近60个有关部门和街乡为成员单位的工作专班，启动替代工作。8月，区城市管理委印发《朝阳区关于打击非法存储、运输、充装、销售、使用瓶装液化石油气工作方案》，严厉查处域内相关非法行为，杜绝瓶装液化石油气安全事故发生。年内，非居民用户液化石油气替代1284户，查扣黑液化石油气罐200余个，刑拘3人、治安拘留6人；完成四环内、798艺术区及奥运功能辐射区（以下简称“重点区域”）账内381户非居民液化气用户清零工作，实现重点区域非居民液化气用户100%替代。

【控违拆违】 10月29日，区城市管理委提前完成市级年度拆违任务，销账建筑面积214.98万平方米，完成市级任务的102.37%；腾退土地238.41万平方米，完成市级任务的108.37%。年内，区城市管理委拆除违法建设“场清地净”226.13万平方米，完成市级任务的107.7%，腾退土地面积250.16公顷，完成市级任务的113.7%；推进“基本无违法建设区”创建工作，成立朝阳区“基本无违法建设区”工作小组，创建区委书记、区长共同担任组长，30余个区级部门共同参与、43个街乡具体实施的组织架构，朝阳区“创建底图”办结75082处、1885万平方米，办结率51%，其中限期整治类销账39784处、1184万平方米，朝外、和平街、呼家楼、建外、麦子店、三里屯、团结湖、小关、左家庄、东坝10个街乡基本完成“基本无违法建设区”创建目标。

【疫情防控】 年内，区城市管理委结合安全生产，将疫情防控作为施工项目基础性工作，落实企业主体责任。发挥行业主管职责，完成重点行业人员疫苗接种1.3万余人次。针对国风上观小区等6处涉疫封闭点位生活垃圾清运消纳问题，探索闭环机制，清运消纳153吨生活垃圾，环卫作业人员无人感染。

【“城市管理大脑”建设】 年内，区城市管理委启动“城市管理大脑”建设前期工作。组织完成系统建设可行性研究，一期建设方案通过区科信局专家评审，环卫精准化监管、垃圾分类监管、市政监管、供热监管、综合管网管理、渣土车治理等6项应用场景建设计划先行先试。

【垃圾分类宣传】 年内，区城市管理委持续开展垃圾分类宣传引导。举办朝阳区“垃圾分类一周年，美丽朝阳再加分”主题活动；发动社区1.8万余人对上班族、出租户、“12345”举报高发区域、市级通报小区等重点群体开展精准入户13.6万户次；组织志愿者开展桶前值守，万名垃圾分类普法监督员持证上岗；通过“无废校园”建设、多媒体直播平台场景剧演示、垃圾分类巡回宣讲等形式，鼓励朝阳群众践行垃圾分类；结合“城管执法进社区”专项行动，开展个人生活垃圾分类专项执法检查，检查情况进行“日统计、周通报、月排名”，录入生活垃圾检查问题单16254个，其中生活垃圾投放个人检查问题单666个，立案477起，处罚39.705万元，朝阳区家庭厨余垃圾分出率在18%以上。

【垃圾分类全流程精细化管理】 年内，区城市管理委完成全区216座垃圾楼、257辆直收直运车、4座末端处理设施的刷卡识别、计量称重等功能改造，落实垃圾楼、运输车不刷卡不收运，完成责任主体RFID卡注册1.18万家，注册率85%，刷卡识别率72%；完成分类驿站292座，纳入第三方日常检查和月度考评；在居民小区内设置可回收物交投点1903处，运行可回收物中转站5座、分拣中心1座。全区回收可回收物日均约1100吨；率先在“两街两乡”（潘家园街道、三里屯街道、来广营乡、王四营乡）开展非居民厨余垃圾计量收费工作，推进非居民厨余垃圾产废单位排放登记，启动非居民单位厨余垃圾运输服务合同规范签订等；建立垃圾清运不及时专项治理及统筹预警机制，通报4起媒体曝光案例，将其纳入第三方检查，严格治理违规行为。 （武　兴）

城管综合执法

【概况】 北京市朝阳区城市管理综合行政执法局（简称“区城管执法局”）是区城市管理委管理行政执法机构，负责朝阳行政区域内的城市管理综合行政执法工作。下设8个科室、5个执法队。年内，完成城管综合执法体制改革。开展中国共产党成立100周年和北京冬奥会、冬残奥会等重大活动执法服务保障工作，统筹推进疫情防控、生活垃圾分类、环境整治提升、城市安全运行等工作。2021年全区城管综合执法系统出动执法人员27.1万人次、执法车辆8.8万辆次，联合执法1229次，完成重要保障任务65次；检查、规范无照经营、市容环境卫生、施工现场、城市停车等方面各类环境秩序问题9.6万起，结案11419起，罚款1292.18万元。

获评“北京市2020年度市级交通安全先进单位”“2020年度首都城市环境建设管理突出贡献单位”“2016—2020年度北京市城管执法系统先进集体”，区城管执法局督察队获评“第20届全国青年文明号”称号。（区城管执法局）

【疫苗接种点保障】 1月1日至2月7日，区城管执法局牵头完成朝阳规划艺术馆新型冠状病毒疫苗接种点保障工作。出动执法人员4000余人次，保障8万余人次完成疫苗接种，接种点场馆搭建、秩序管控等各项工作运转有序。（朱志杰）

【环境秩序保障】 5月1日至5日，区城管执法局开展五一期间环境秩序保障工作。针对重点公园景区、繁华商业特色街区、主要交通枢纽周边及其他人流密集地区，查处无照游商、店外经营、露天烧烤、非法运营、非法小广告、夜间施工扰民和施工扬尘等各类违法行为240余起。9月1日至10日，区城管执法局开展中国国际服务贸易交易会及配套活动环境秩序服务保障工作，重点围绕活动场所周边、相关道路沿线，开展环境秩序治理整顿，确保重点区域问题动态清零。年内，开展中国共产党成立100周年庆祝活动和北京冬奥会、冬残奥会环境秩序保障。成立工作专班，出动执法人员3.3万人次，检查环境秩序、市容景观、施工工地等相关点位13371个，集中整治1577次，治理乱点1209个。（朱志杰）

【开学季校园周边环境秩序综合整治】 8月27日至9月10日，区城管执法局组织开展全区中小学开学季校园周边环境秩序保障工作。加强校园周边“三类场所”疫情防控监督检查，重点开展疫情防控、占道经营、垃圾分类、燃气安全、课外培训类非法小广告等专项执法工作，查处相关违法行为200余起。（朱志杰）

【国家宪法日宣传活动】 11月29日至12月5日，区城管执法局采取线上线下相结合的方式，举办“12·4”国家宪法日宪法宣传周系列活动。线下组织900余名区城管执法局及基层综合执法队队员开展北京市“12·4”国家宪法日暨宪法宣传周法律知识测试答题；线上联合奥林匹克公园执法大队及和平街、潘家园、香河园、小关、南磨房、豆各庄等街乡综合执法队在“志愿北京”平台发布“12·4”国家宪法日宣传项目8个，吸纳市级注册志愿者16人；发放法制宣传材料4500余份、宣传品2000余个，解答法律咨询350余人次，提高了普法宣传的覆盖面和影响力。（朱志杰）

▲ 5月7日，亚运村综合执法队对辖区内施工工地扬尘防治措施落实情况进行检查（沈 汀 摄）

【专项执法】 年内，区城管执法局落实《北京市燃气管理条例》，推进街乡燃气安全专项执法行动。会同区城管委、区应急局、朝阳消防救援支队组成区级联合检查组，对各街乡液化石油气专项安全检查工作完成情况进行一轮抽查。全年区城管综合执法系统检查燃气供应企业及用户1.9万余家次，燃气类违法行为立案77起，罚款27万元。开展垃圾分类专项执法，全区城管执法系统录入检查单67009个，其中录入个人生活垃圾投放检查单9089个，立案2690起，罚款145.83万元。落实疏解整治促提升行动部署，开展占道经营动态清零行动。全年办理占道经营类举报7384件，比上年下降8%。（朱志杰）

【大气污染防治】 年内，区城管执法局按照“源头严防、过程严管、后果严惩”的原则，严控施工现场、建筑垃圾、渣土运输方面各类违法行为。全年立案查处施工现场违法类案件256起，罚款375.18万元；建筑垃圾违法类案件357起，罚款84.74万元；渣土运输及泄漏遗撒违法案件1012起，罚款173.96万元；夜间施工及噪声扰民违法类案件95起，罚款111.3万元；挖掘占用道路违法类案件32起，罚款15.8万元。（朱志杰）

【规自领域违法建设整治】 年内，区城管执法局根据区委巡视整改落实工作领导小组办公室《关于推进专项巡视反馈问题整改落实工作责任分工方案》要求，协同市规自委朝阳分局，牵头组织相关街乡开展规自领域违法建设整治工作。制发《关于加强别墅区违法建设管控的意见》，进一步明确属地街乡、开发商、物业、业委会、业主五方责任，以装修管控为抓手，探索推进“闭环式链条管理”模式。在10家别墅区物业部门设立控违办公室，对198家业主装修行为进行审核、备案，发现新增违建苗头26家，全部完成整改；同时开展违建治理政策法规宣传，发放海报2000张。对全区整改

任务涉及的38件112处别墅违建逐一摸排、分类建账，明确分步实施路径，截至年底，结案19件，整改完毕65处。（朱志杰）

【“三类场所”和“七小场所”疫情防控执法检查】 年内，区城管执法局根据市、区关于疫情防控常态化工作要求，组织各街乡开展“三类场所”［商务楼宇、商场（含超市）、餐馆（含内部食堂）］、“七小场所”（小餐馆、小网吧、小旅馆、小浴室、小歌舞厅、小理发店、小便民店）疫情防控常态化工作检查。将疫情防控同燃气安全、生活垃圾分类等专项执法工作同部署、同落实、同检查，提升工作效能。全年全区城管综合执法系统检查“三类场所”28534家、95013次，发现问题单位4324家、问题6531个，公示不合格单位387家，全部整改落实完毕；检查“七小场所”57.6万家次、开业门店42.4万家次，其中合格门店41.5万家次、整改8796家次、关停281家次。（朱志杰）

【综合执法体制改革】 12月，区城管执法局根据《中共北京市朝阳区委机构编制委员会关于调整区城管执法局机构编制的通知》，完成体制改革。改革后，区城管执法局由区政府直属的正处级行政执法机构调整为由区城市管理委管理的副处级行政执法机构，负责依照法律法规集中行使职责相关领域的行政处罚权和行政检查、强制权，负责本区综合行政执法方面跨区域、跨片区案件和重大疑难案件的组织协调和查处工作，负责本区综合行政执法的业务指导、统筹协调、督促检查等。区城管执法局由原先的12个内设机构（行政办公室、党委办公室、人事科、督察科、综合协调科、综合考核科、群团办、法制科、宣传科、教育培训科、执法处置中心、装备财务科）、6个直属队（督察队、综合执法队、CBD执法队、朝阳园执法队、798艺术区执法队、工人体育场执法队），调整为13个内设机构（办公室、组织人事科、综合业务指导科、执法检查科、法制科、宣教科、执法信息中心、装备财务科、执法一队、执法二队、执法三队、执法四队、执法五队）；区城管执法局行政执法专项编制由原先的179名调整为129名，另有32名行政执法专项编制单列，随自然减员、人员调出逐步回收。区城管执法局前身为区城市管理监察大队，成立于1998年12月，2013年4月更名为区城市管理综合行政执法监察局，2019年7月更名为区城市管理综合行政执法局。年内，区城管执法局按照《北京市人民政府关于取消和下放一批行政执法职权的决定》：“自2021年5月1日起，将原由城管执法部门行使的固体废物污染环境防治、生活垃圾管理、物业管理、燃气管理、建筑垃圾处置管理方面的18项行政处罚权、3项行政强制权下放至街道办事处和乡镇人民政府并以其名义相对集中行使”的要求，对新下放行政执法职权进行交接事项梳理，制发工作指导，完成下放工作；开展调研走访，汇总基层执法存在的疑难问题，与市城管执法局、区司法局和其他相关职能部门对接，研究制发关于违法建设认定及暂停办理不动产登记相关工作的通知、落实城市管理违法行为举报奖励办法实施细则、行政处罚信息公示期管理实施细则等指导性文件，健全执法工作体系，优化执法工作流程；对全区城管综合执法系统工作人员开展政策培训，全年培训40班次、7000余人次；充实、优化综合执法业务平台，根据《朝阳区“城市大脑”推进落实方案》，对接区城管委和平台建设方。（朱志杰）

▲ 12月6日，区城管执法局检查潘家园地区（乡）“三类场所”落实疫情防控措施情况（沈　汀　摄）

数字化城市管理

【概况】 10月，北京市朝阳区城市管理监督指挥中心更名为北京市朝阳区城市管理指挥中心（简称“区城管指挥中心”），是区政府直属公益一类事业单位。全年网格化城市管理系统平台上报城市管理类案件115.18万件，问题解决率92.74%。受理市民服务热线“12345”诉求76.6万余件，全区诉求办理响应率98.08%，解决率82.33%，满意率88.31%，综合成绩88.81分。

【网格化城市管理系统试运行】 1月，区城管监督指挥中心启动网格化城市管理系统试运行工作，新系统将原有的全模式社会服务管理系统和朝阳区街乡网格化二级闭环系统功能整合，实现两套管理体系一套信息化系统，并利用大数据技术按区域、按时限、按类别对城市管理问题进行分析，辅助领导决策，提升精细化管理能力，进一步完善城市管理问题发现、派遣、处置、核查的闭环工作体系。

【区接诉即办现场调度中心启动】 3月19日，朝阳区接诉即办现场调度中心在北京市“12345”朝阳分中心设置，并正式启动、试运行。办公区域内设立“大屏＋专席＋专线”的工作模式，大屏展现实时调度系统，人工专席24小时在岗，专线对接市民、企业、基层处置部门、各级相关领导、市“12345”热线。现场调度大厅形成智能化系统预警、人工核准、内联对接、外联协调的实时联动工作流程，有效建立与处置部门的快速沟通响应机制，推动诉求处置前置，发挥指挥、调度、协调作用，形成快速响应、精准聚力、高效处置的接诉即办朝阳模式。

【“接诉即办”App手机端2.0版上线试运行】 5月，接诉即办手机端2.0上线试运行。实现掌上诉求实时动态监测以及区领导对群体性诉求的直批直转，市民诉求能够在第一时间被掌握、流转和解决。

【起草《朝阳区“街乡吹哨，部门报到”平台试运行工作实施细则》】 7月，区城管指挥中心起草《朝阳区“街乡吹哨，部门报到”平台试运行工作实施细则》，明确市民热线“吹哨报到”工作的定义、类别、流程和考评办法，建立有独立登录界面和使用功能的“吹哨报到”系统平台，实现“街乡吹哨，部门报到”工作的数据化、程序化、智能化，全流程留痕。是月，朝阳区“街乡吹哨，部门报到”平台在全区范围内开展试运行。

【机构改革】 10月19日，根据《北京市城市协管员队伍管理体制改革实施方案》，北京市朝阳区城市管理监督指挥中心进行机构改革。北京市朝阳区城市管理监督指挥中心更名为北京市朝阳区城市管理指挥中心，由区行政机构改为区政府直属公益一类事业单位，行政执法编制95人，全额事业编制6人，主要职责是负责“12345”市民服务热线、网格化城市管理工作。改革工作同时完成区城管指挥中心638名监督员下沉街乡工作，其中城区287名、农村351名，保留区级网格员91名，工作侧重点由网格巡查转移到网格督查，重点督促街乡及时发现并解决网格内环境问题。

【机构更名】 11月，根据朝阳区委编委《关于区城管指挥中心改革有关事项的批复》文件精神，区城管指挥中心所属事业单位北京市非紧急救助服务中心朝阳分中心更名为北京市朝阳区市民热线服务中心，协助承担市民热线相关事务性工作。（张　波）

交通运输管理

【概况】 北京市朝阳区交通委员会（简称“区交通委”）是区政府工作部门。截至年底，朝阳辖区区级城市道路1642条，全长1418.4千米，总面积1918.13万平方米，人行道443.36万平方米，其中主干道55.4千米，面积131.26万平方米；次干道352.03千米，面积621.63万平方米；支路（含）以下道路1010.9千米，面积1165.23万平方米。机动车备案停车场640个、21.56万个车位。铁路监护道口4处。办理占掘路行政许可事项197件。年内，完成广营北路、朝阳站专用匝道、姚家园北街（中段）、驼房营路（南段）、通惠灌渠西路（北段）、石佛营东路、香江北路等10条主次支路建设；完成百子湾一街、大郊亭中路、营盘沟路等道路疏堵工程项目5个，完成麦子店街、朝阳公园路跨河桥改造工程。进行合生汇、SKP等商圈交通整治，CBD交通优化工程成为全市典范。建设31千米慢行系统。完成区属道路养护维修约55.22万平方米，其中大修道路10条，12.66千米、23.45万平方米；修中小道路308条、31.77万平方米；安装路名牌300余块；接收代建道路184条。北京市公安局公安交通管理局朝阳交通支队（简称“朝阳交通支队”）对朝阳区道路交通依法实施管理。下属7个大队。全年接警46.90万起，其中交通事故报警22.96万起。开展夜查酒驾专项行动290次，查获酒后驾车违法行为2712起，较上年上升79%；醉酒拘留1068人，行政拘留751人。现场处罚违法停车6701起，较上年下降10%；闯红灯违法行为1417起，较上年上升69%；涉牌（12分）违法2200起，较上年上升31%；处罚货车违法行为9.55万起，较上年下降24%；处罚机动车不礼让斑马线7986起。管界发生简易和一般程序交通事故12.28万起，比上年上升58.5%；伤814人，比上年上升73.9%；亡174人，比上年上升23.4%。组织开展各类交通安全宣教和培训活动1100场次。调研辖区交通点位180余处，优化交通点位63处。完成各项交通特勤警卫任务1646次，比上年（1006次）上升63.6%。北京市交通委员会朝阳运输管理分局（简称“市交通委朝阳运输管理分局”）为市交通委派出机构，负责朝阳区内道路运输管理工作。截至年底，辖区有地面公交企业2家，运营线路279条；公交枢纽2个，公交场站110个；出租汽车企业52家（不含个体车辆），其中网约车平台企业4家。省际客运站3家，省际客运企业4家；旅游客运企业15家；汽车租赁企业297家；货运企业1898家；维修企业534家；水运企业6家；汽车驾驶员培训学校3所。全年受理各类许可、备案事项13254件，其中货运行业6483件，占总受理量的48.91%。全年注销各类许可备案证件1351件，限期改正41件，移送交通执法总队处罚29件，约谈企业319家次。受理投诉2404件，办结1217件。出动执法人员4985人次，完成入户检查2353家次，约谈企业254家次。（吴选辉　郭　峥　刘天一）

【北京朝阳站专用匝道建设完成】 1月20日，北京朝阳站专用匝道建成通车。专用匝道包括：专用一路、专用二路、东侧匝道、西侧匝道，全长2千米，工程建设和征地拆迁主体为市公联公司。（钟 鋳）

【姚家园北街（中段）通车】 1月20日，姚家园北街（中段）全线通车。姚家园北街（中段）西起星火西路，东至姚家园东里中路，长约1.7千米。该道路为北京朝阳站周边配套接驳道路，工程承建和征地拆迁主体为市公联公司。随路完善了交通、雨水、路灯照明等附属设施。（钟 鋳）

【北京朝阳站开通运营保障】 1月22日，北京朝阳站正式开通运营。开通首日，北京朝阳站全天发出列车11列，发送旅客2800人；到达列车11列，到达旅客1069人。为解决开通首日载客出租车较少的问题，保障旅客出行需求，市交通委朝阳运输管理分局主要领导带队检查指导北京朝阳站出租、公交接驳运输工作。指导出租车调度站调派保障车40辆，发车运营106辆次，运送乘客152人；北京朝阳站四条常规接驳公交线路发车运营298车次，运送乘客1490人。开通首日，出租调度站和地面公交接驳运营准备充分，接驳运营顺畅，运力充足。1月28日，北京朝阳站迎来开通运营后的首个春运。为全面做好春运期间北京朝阳站的接驳运输服务保障工作，市交通委朝阳运输管理分局对北京朝阳站春运首日接驳运输情况开展了巡查检查。春运首日，北京朝阳站到发列车10对，发送旅客2516人、到达旅客1076人；接驳公交线路发车运营378车次，运送旅客712人；出租汽车调度站出租车运营300车次，运送乘客433人。北京朝阳站总体客流平稳，地面公交、出租汽车接驳运输正常有序，运力充足，疫情防控措施落实到位。（曹 楷）

【西直河闸桥加固维修工程完工】 2月5日，朝阳区十八里店地区（乡）西直河闸桥加固维修工程完工，并正式放行通车。施工包括拆除并更换桥面系（含铺装及栏杆）、主梁顶面植筋、主梁耐久性维修（裂缝封闭及局部修补等）、道路接顺等内容。西直河闸桥全长15.96米，全宽18.3米。工程于2020年10月1日开工，由北京市市政四建设工程有限责任公司承建，北京中城建建设监理有限公司监理，北京市市政工程设计研究总院有限公司设计。（钟 鋳）

【空气重污染黄色预警期间维修行业减产减排】 2月26日，市交通委朝阳运输管理分局贯彻落实市交通安全应急指挥部办公室《关于做好空气重污染黄色预警期间交通应急服务保障有关工作的通知》要求，向机动车维修企业发送通知，要求企业严格落实“一厂一策”空气重污染黄色预警期间应对措施，减少涂料、油漆、溶剂等挥发性有机物的原材料及产品使用，做好喷烤漆房减产工作。（徐海滨）

【交通事故逃逸案7小时侦破】 3月19日3时25分，朝阳区安慧里二区15号楼楼下，一辆路虎牌小型越野车侧翻，造成路边停放车辆不同程度损坏。接到案情后，朝阳交通支队立即成立专案组，于10时20分在东城区后永康胡同将肇事逃逸嫌疑人抓获，其血液酒精检测为94毫克/100毫升。（郭 峥）

【包车二维码启用】 3月1日，根据《北京市交通委员会关于启用“北京市包车客运二维码”的通知》安排，朝阳区北京市包车二维码正式启用。市交通委朝阳运输管理分局将首次包车二维码向辖区15户旅游客运企业进行发放，并督促指导企业根据不同车型，按规定位置粘贴二维码。包车二维码等同于“包车客运标志牌”，一车一码终身不变，是包车客运的凭证及对包车客运的信息化管理，社会公众可通过扫码查询信息。（薛海林）

【车辆检测数据共享培训】 3月30日，朝阳区道路运输车辆检测数据与公安交管、环保部门实现共享。市交通委朝阳运输管理分局组织辖区6家机动车检验检测机构参加市交通委召开的道路运输车辆检测数据共享工作部署培训会。会上，市交通委修管处及检测设备连线商、信息共享技术支持单位分别介绍检测数据上传步骤及注意事项及此项工作的重要性。6家机动车检验检测机构17人参加培训。（徐海滨）

【领导调研北京朝阳站】 4月21日，副市长杨斌到北京朝阳站调研综合服务保障工作。市政府副秘书长程建华，市交通委副主任王兆荣，市交通委相关处室负责人及朝阳运输分局主要领导一同调研。杨斌听取国铁北京局、重点站区管委会等部门汇报五一期间客流、疫情防控与服务保障准备工作情况，现场查看了疫情防控、导向标识、服务引导、公交运力接驳、周边环境整治等情况，现场调度解决了东广场临时出站通道和停车场建设问题。（曹 楷）

【传媒大学东路建设工程竣工通车】 4月28日，传媒大学东路建成通车。传媒大学东路南起电力建设公司南街，北至朝阳路，长293.05米，路面宽6米，单侧设置步道段宽2米，两侧设置步道段各宽3.5米。该道路为三间房地区（乡）微循环道路，工程建设主体为区交通委。随路完善雨水、路灯照明等附属设施，同时新建2座地下过街通道连通传媒大学校园。该道路的建成，改善了周边交通环境，同时对传媒大学校园安全起到保障作用。工程于2020年10月12日开工，由北京京江国际工程咨询有限公司设计，北京城建道桥建设集团有限公司施工，北京远东工程项目管理有限公司监理。（籍达心）

【景茂街断头路打通】 5月19日，景茂街断头路打通，实现通车。景茂街西起金桐路，东至东三环中路，是CBD区域交通综合治理的一部分。原道路西段因征收及腾退问题为单幅路，且未能与东段连通。经区交通委、CBD管委会、朝阳交通支队、属地建外街道协调，将该路西段纳入CBD交通综合整治工程。通过协调周边项目，完成临建拆除、腾退部分道路用地、修复及提升改造路面结构，建成长182米、宽8米机非混行双向车道及人行步道系统，打造口袋公园，实现道路贯通。（马卫国）

【150个包车运力投放】 5月29日，市交通委朝阳运输管理分局根据市交通委下达的2021年度包车客运运力投放计划，发布招标公告，6月26日发布中标公告。经评标委员会评审，北京天行健汽车服务有限公司中标90个运力指标、北京风雅创杰旅游客运服务有限公司中标60个运力指标，中标企业均在年内完成新增运力指标的车辆投放。（薛海林）

【通惠河龙舟赛安全监管】 6月11日，市交通委朝阳运输管理分局完成“大运河通惠河畔端午文化节龙舟赛”赛事活动的全程安全监管。活动涉及参赛龙舟船10艘，救生救护冲锋艇4条，参赛人员200余人。在现场勘验中，执法人员重点核查活动赛道情况，救生衣、灭火器、浮标等设施的配备情况。赛事进行1天，未发生安全事故。（张丹阳）

【金桐路通车】 6月11日，金桐路通车。金桐路北起景茂街南至建国路，是CBD区域交通综合治理的一部分内容。道路南段因征收及腾退问题导致成为错位瓶颈道路，经区交通委、CBD管委会共同协调，将该路纳入CBD交通综合整治工程。协调周边完成停车场及障碍物拆除、腾退部分道路用地，新建道路采用三幅路形式，建一上一下机动车道、独立自行车道、步道系统，西侧人行道外侧新增绿化约1800平方米，在景茂街交叉口处西侧打造口袋公园，重新施划交通标线，完善及更换交通标识，增加交通执法设备及共享单车电子围栏。（马卫国）

【“安全生产月”宣传活动】 6月16日全国安全生产宣传日，市交通委朝阳运输管理分局联合交通综合执法总队五支队、安全督查事务中心、公交集团客二分公司、公联枢纽四惠枢纽站等单位在四惠公交枢纽开展“落实安全责任，推动安全生产”的主题宣传活动。活动中，制作宣传视频在电子显示屏播放，回应群众相关安全生产关注，发放安全知识宣传页、宣传品4000余份。（朱　露）

【麦子店街、朝阳公园路跨河桥改造工程完工】 6月28日，朝阳区麦子店街、朝阳公园路跨河桥改造工程完工，实现双向通车，进一步提升亮马河国际风情水岸景观效果，满足通船需求。工程于2020年12月23日开工，由北京市朝阳区交通委员会建设，项目总投资10396.54万元，由北京市市政工程设计研究总院有限公司设计，北京华厦工程项目管理有限责任公司监理，北京城建远东建设投资集团有限公司施工。（钟　鋳）

【庆祝中国共产党成立100周年活动保障】 6月至7月，市交通委朝阳运输管理分局开展中国共产党成立100周年庆祝活动参与人员集散保障工作。保障地点包括朝阳公园、北京会议中心、中国国际展览中心（旧馆）、全国农业展览馆、四惠枢纽5个点位，出动56人次，开展现场值守和保障工作；发车113车次，运送5599人，集结点疏运安全有序。（曹　楷）

【道路环境规范净化】 7月26日，朝阳交通支队依据《北京市交通文明示范路口创建专项行动方案》，开展交通堵点、乱点治理。综合确定路口点位20处，制定“路口情况四维表”，收集事故情况、拥堵报警情况、执法情况、“12345”四方面环比情况进行分析；在每个点位设置2名民警、4名协管员，联合属地派出所、街道等部门，以机动车不礼让斑马线为切入点，整治行人闯红灯、非机动车越线等扰乱路口秩序的违法行为。年内，审批占掘路施工方案168个，召开交通安全教育会45次，开展占掘路施工抽检313次，涉及点位125处；检查发现问题32处，处罚违法占路施工26笔，罚款7.30万元。（郭　峥）

【通航运营条件审核】 7月，温榆河公园提出开航申请。温榆河公园水域面积13.80万平方米，有码头1座、摇橹船12艘。市交通委朝阳运输管理分局接到申请后，开展现场勘验4次，重点检查救生设备配备、消防设施设备完好情况及各类台账。为保障亮马河游船项目具备安全通航条件，市交通委水运处调研项目2次，市交通委朝阳运输管理分局领导带队检查4次，指导其消防应急演练1次，配合市船检所检查、复查检验2次，10月正式运营。亮马河航线长1.8千米，设码头2座，有自航船舶4艘。十一黄金周，亮马河游船运输游客980人次，营业收入6.07万元。（张丹阳）

【货运行业告知承诺制落实】 9月7日，市交通委印发《北京市道路货物运输经营许可告知承诺制度实施意见（试行）》，货物运输经营许可开始实施告知承诺制。市交通委朝阳运输管理分局落实文件精神，在办理货物运输经营许可时，对未购车企业实施告知承诺制审批流程。（郭薇侯爵）

【“文明驾车礼让行人”宣传活动】 9月10日，市交通委朝阳运输管理分局到北京京朝出租汽车有限公司开展“文明驾车礼让行人”主题宣传活动。交通客运管理科就专项整治行动进行部署和宣传动员，发出“文明驾车礼让行人”的倡议，向企业发放专题宣传材料，组织驾驶员代表签订“文明驾车礼让行人”承诺书，同时要求企业做好“文明驾车礼让行人”的宣传监督工作，对发生不文明驾驶行为和交通违法行为的驾驶员采取曝光和重点针对性管理等措施，营造文明礼让、安全驾驶的行业风尚。（曹　楷）

【“跨省通办”“三检合一”实现】 9月17日，依据交通运输部道路运输便民政务服务“跨省通办”工作部署和市交通委下发《北京市道路运输便民政务服务“跨省通办”宣传工作方案》，市交通委朝阳运输管理分局协调客货运行业科室，组织开展“跨省通办”“三检合一”宣传工作。在分局运政大厅张贴海报、发放宣传折页，并由道路科、货管科向辖区260余户道路运输企业传达“跨省通办”精神。完成道路运输从业者培训1800人次，通知驾驶员6927人。9月26日，朝阳区全面实现道路运输驾驶员从业资格证补发、换发、变更、注销和诚信考核等5项高频服务事项“跨省通办”，同时实现运营车辆的安检、综检、环检“三检合一”。 （郭薇侯爵）

【石佛营东路通车】 9月28日，石佛营东路全线通车。该道路北起驼房营路、南至姚家园路，通车后正式命名为华文东路，全长约750米，宽35～55米，位于东风地区（乡），2020年底放行北段道路370米及朝阳站南广场匝道，2021年8月底完成跨姚家园路桥及南段匝道，9月15日交管局组织现场通车前验收，9月28日正式开通通车。该道路为北京朝阳站周边配套接驳道路。承建单位为市公联公司。 （钟铸）

【广祥街建成通车】 9月28日，广祥街（原豆各庄南一街）道路工程建成通车。工程位于豆各庄地区（乡），是地铁7号线黄厂站接驳道路，西起黄厂路、东至天腾路，道路通车后命名为广祥街，全长765.1米，宽16～19.5米，工程建设完成沥青路面15307.4平方米，步道7773.7平方米，路灯、交通信号灯、标线等交通设施。道路施工单位为区道路养护中心。道路的建成完善豆各庄地区（乡）局部路网结构，方便周边市民地铁出行。 （钟铸）

【望京西路与阜通西大街交叉口改造完成】 10月25日，望京西路与阜通西大街交叉口改造完成。项目增设7处过街安全岛、10套科技设备，行人过街距离缩短25%，路口机动车通行能力提高10.6%，利用空闲场地建街角公园，配套修建休憩设施、灯光照明及道路绿化。改造后的交叉路口改善行人交通组织，大幅提高行人过街便捷性和安全性，交通整体运行效率得到提高。 （马卫国）

【SKP商业区交通综合治理工程竣工】 11月8日，SKP商圈交通综合整治工程竣工。整治范围为建国路、西大望路、华贸中街、华贸东路、华贸广场路5条道路。治理内容包括拆除机非隔离带、新建沥青路面等市政工程；优化标志标线、更换中央隔离护栏等交通工程；更换交通信号控制机、信号灯具及排队检测等交通科技改造。通过增加可变车道控制系统，实现路口车流智能化时空调控；增加电子警察、违停抓拍、黄网格抓拍等科技执法设备；增加长时停车提示系统和绿色停车系统，解决临时停车刚需，规范临时停车秩序；增加共享单车电子围栏，规范共享单车乱停乱放；增加停车诱导系统，提高停车资源使用率，减少为停车造成的等待时间等。此次整治中注重精细化设计，在华贸使用新版爱心形红绿灯，凸显区域特色；全域拆除护栏，机非护栏被外形凹凸的震荡标线所取代，推动SKP区域公共空间品质整体提升，为朝阳区精品工程。 （钟铸）

【停车设施增加】 11月9日，朝阳区新增停车位上线使用。北京朝阳站东侧姚家园北路、姚家园北一路、姚家园北二路、姚家园西里中路、青年北路、姚家园东里中路、朝阳体育中心西7条道路新增停车位1211个，缓解周边居民停车难、车辆停放不规范的问题，进一步缓解北京朝阳站周边道路交通压力。 （张龙银）

【工体北路和三里屯路口改造】 11月19日，工体北路与三里屯路交叉口改造完成。项目增设6处行人过街安全岛，铺装彩色自行车道4条，增加并完善智慧科技设备6套。改造后，人行过街能力增加50%，杆体数量减少60%。 （马卫国）

【合生汇周边交通整治】 11月，合生汇周边交通整治完工。在合生汇周边按照“先疏堵拓宽并打通断头路、后优化交通组织并科技执法”的模式，打通茂兴西路与广渠路交叉口，实现合生汇周边道路循环。茂兴中街由双向两车道调整为双向三车道，提升通行效率。 （张龙银）

【宪法宣传周活动】 12月3日，市交通委朝阳运输管理分局联合市交通运输综合执法总队五支队在四惠交通枢纽组织“12·4”国家宪法日主题普法宣传活动中，现场发放宣传材料200余份，增加市民对宪法和交通运输法律法规的了解。 （张丹阳）

【北京大地出租汽车有限公司重组运营】 12月15日，北京大地出租汽车有限公司核减企业所属的5个包车运力，道路客运经营资质注销，重组至北京市房山昊港出租汽车公司。 （薛海林）

【来广营北路全线通车】 12月28日，来广营北路实现双向通车。来广营北路为城市主干路，南起京承高速公路北侧北至火沙路，道路全长约6.5千米，建设主体为市公联公司。道路工程涉及将原有平交铁路道口改为立交式，解决了平交道口卡脖子难题。工程于2019年7月5日开工，建设主体为市公联公司，由北京市市政工程设计研究总院有限公司设计，北京市政建设集团有限责任公司施工，北京华城工程管理咨询有限公司监理。 （钟铸）

【公交场站安全隐患联合治理】 12月30日，和平东桥公交场站电动自行车集中充电设施安装完成，解决场站内人员电动自行车充电问题，安全隐患消除。2020年7月，市交通委朝阳运输管理分局在“双随机”检查中发现和平东桥公交场站存在私拉电线充电安全隐患，进行挂账监督。通过行业通报、函告属地安全管理部门、联合市交通执法总队十四支队开展联合治理、定期复查督导等工作，促成属地街道为场站安装集中充电点。（曹　楷）

【淘汰国三营运车辆】 12月，市交通委朝阳运输管理分局同区生态环境局沟通对接，梳理确认辖区营运性国三车辆存量情况，巩固国三柴油货车淘汰工作成果。经核实，15辆属于国三排放标准、连续2年未进行年审道路运输车，在市交通委网站予以公示，并电话通知相关企业对车辆申报注销；对公示未注销的国三柴油货车道路运输证，依法进行管理注销。（袁明扬）

【医院学校周边交通整治】 年内，为缓解学校、医院周边道路交通压力，朝阳区试点开展医院、学校周边交通整治。按照“一院一策”“一校一策”原则，结合不同学校的具体交通情况，制定整治方案，包括北京市第八十中学白家庄校区、北京妇产医院等21所学校、医院周边，通过优化交通设施、强化停车交通秩序管控、推进部门共建共治等措施，医院、校园周边道路交通环境得到优化。整治工作自2020年8月启动，2021年6月完工。在学校及医院周边增加标志标牌344套、违停及电子警察监控设备224套、施划标线道路长度18936米、铣刨加铺34268平方米。（马卫国）

【增设停车设施】 年内，全区新建居住区车位5276个，建成潘家园街道百环花园小区、奥运村街道999急救中心等5处立体停车设施；在悠唐生活广场、日坛宾馆等处推行错时共享停车场，提供错时车位240个；通过拆除违法建设、利用边角空地等方式新增居住区停车位3000个；新启用人防汽车库23处，新增人防停车位3489个。全区在居住区周边推广八里庄模式，鼓励有偿错时共享停车，提高停车位使用效率，全年全区协调错时共享停车设施10处。（张龙银）

【交通事故源头监管宣传】 年内，朝阳交通支队重点开展交通事故源头监管宣传工作。走访、检查单位18659家，责令限期改正3854家，禁止机动车上路行驶单位1879家，实施1万元至2万元罚款单位81家、罚款85万元。排查出交通安全事故“黑点”隐患1处，完成治理。深化创建交通安全示范社区（村）工作，开展“一盔一带”（头盔、安全带）、“文明驾车、礼让行人”交通安全宣传，推进电动三、四轮车综合治理及超标电动自行车淘汰工作。“122”交通安全日，举办以“守法规知礼让、安全文明出行”为主题的交通安全宣传活动16场次。全年开展各类交通安全宣教和培训活动1100场次，印发宣传材料34.2万余份，摆放宣传展板1650余块，悬挂各类横幅780余条，教育群众66万余人次。（郭　峥）

【交通疏堵治堵机制建立】 年内，朝阳交通支队在元旦、春节、国庆等法定假期以及情人节等人员聚集时间节点开展警情研判，科学部署岗位。利用电视监控等科技手段，开展交通高峰时段疏堵、治堵。针对管界飙车以及相关涉嫌危险驾驶等违法行为，制定预防、处置飙车及相关警情工作规范。重新梳理完善重大、敏感“122”警情上报工作规范，进一步缩短事故处警时间。全年接拥堵报警0.94万起，比上年下降4.1%。（郭　峥）

【执勤执法规范】 年内，朝阳交通支队规范执勤执法。全年交通监督检查执法记录仪执法14475笔，发现问题1304笔，包括无执法记录133笔、记录不完整不清晰36笔、其他问题1135笔。其中，考核通报279笔，责令改正1025笔。接待群众交通行政复议立案2331起，出庭应诉行政诉讼案件120次，审理行政拘留案卷751宗，审理危险驾驶刑事案卷1068宗，接待群众复核立案858宗，办理国家赔偿案件293宗、赔偿6.63万元。（郭　峥）

【创建交通安全示范社区（村）】 年内，朝阳区创建交通安全示范社区（村）工作被纳入2021年全区重要民生实事项目工作，涉及9个街道（地区）、50个社区（村）。参照创建工作标准，结合全区整体创建工作方案，通过增加停车泊位、增设交通标志、划交通标线、拆除地桩地锁、清理“僵尸车”等工作，完成50个交通安全示范社区（村）的创建工作，全区创建覆盖率100%。（郭　峥）

【拓展事故办案信息共享机制】 年内，朝阳交通支队拓展事故办案信息共享机制。通过扩大视频监控布控范围和信息查询深度，深挖人员车辆信息点，全年交通亡人逃逸案件侦破率100%，一般程序伤人财损事故案件侦破率85%；查办交通案件400余起，准确锁定人员车辆位置轨迹及提供事故关键证据1500余条，信息检索成功率90%。（郭　峥）

【交通信号管理】 年内，朝阳区提升交通信号管理水平。新建信号灯49处，排查出管界内老旧、单点、无法联网信号机200余处，纳入改造升级规划。根据互联网大数据路段和路口拥堵排名情况进行配时优化，结合互联网地图实时路况状态对交通运行情况进行研判。全年路口巡视4235处次，优化调整路口配时1547处次；完成广化大街、华威南路、广渠路3条新建绿波道路的信号设置，对朝阳路、朝阳北路等拟建设绿波道路开展前期调研。（郭　峥）

【监控设备综合复用】 年内，朝阳区推进区自建项目建设和道路同步建设，完成朝阳火车站、化工路、东八间房、容慧路交通执法设备建设，推进高位停车设备项目接入，建设完成前端视频抓拍设备1160处。挖掘“雪亮工程”、交管局建设、朝阳交通支队自建等视频监控价值，新增复用公安朝阳分局视频1000余路。逐步推广视频AI智能识别应用，对日常高发点位采用AI赋

能普通视频监控，实现违法停车的智能化自动抓拍。（郭 峥）

【区域交通优化】年内，朝阳区开展区域交通优化。完成CBD二期交通综合治理工程，主要改善慢行交通环境，增设机动车未礼让行人抓拍设备462套。完成三里屯路南口路口改造，拓宽人行横道线，更换智能信号灯，设置行人过街安全岛，实现路口行人快捷安全过街。完成SKP商业区交通综合治理，施划交通标线5400平方米，新建、调整交通标志35块，通过规范引导停车，实现过境车流与购物车流分离、机动车与非机动车冲突减少、路段路口通行能力提升。完成望京大路口改造，缩小路口面积3000平方米，优化交通组织，增设人行过街安全岛9处，施划交通标线900平方米，行人过街距离缩短，机动车通行能力提升。完成合生汇商业区交通综合治理，增设、完善交通标志34块，施划交通标线4500平方米，新建电子眼16套，强化停车诱导，规范非机动车停放。完成22所试点医院、学校周边交通综合治理工作，增加违法停车电子眼监控224套，施划禁停黄网格11000米，复划标线30600米，新建交通标志486块，新建标志杆体263根。同时，配合区交通委设立八里庄第二批电子收费车位588个，完成朝阳站、东坝、南磨房地区21条路约2700个车位上线管理工作。（郭 峥）

【优化出租车退出勘验程序】年内，市交通委朝阳运输管理分局公交科结合"放、管、服"改革，开展"我为群众办实事"实践活动，优化调整车辆退出现场勘验流程。将企业预约车辆退出、上报计划、建立勘验任务、约定勘验时间精简为一步完成，约定勘验时间由公交科指定日期调整为企业自主预约日期，极大提升企业退出车辆工作的可控度，缩短企业车辆退出运营程序办理周期，车辆退出勘验从企业预约之日起7个工作日缩短至3个工作日，惠及企业35家，缩短勘验周期车辆1544辆。（曹 楷）

【冷链运输疫情防控措施监管】年内，市交通委朝阳运输管理分局以冷链运输为重点，强化重点企业、重点人群、重要环节疫情防控措施落实的督导检查。要求企业做好从业人员疫苗接种、核酸检测、车辆和货物消毒消杀等工作；建立冷链运输企业动态监管台账；落实"上岗必备案，备案必履责"制度，要求冷链运输企业在系统备案驾驶员信息并动态更新；通过"重点企业防疫管理系统"，完善进口冷链运输企业档案，掌握从业人员、运输货品、运输车辆等重要信息。全年冷链运输未发生疫情。（袁明扬）

【推进两类人员安全考核管理】年内，市交通委朝阳运输管理分局根据市交通委《道路运输企业主要负责人和安全生产管理人员安全考核管理办法》等相关要求，推进货物运输企业主要负责人和安全生产管理人员"两类人员"安全考核。截至年末，9家化危运输企业全部完成考核；道路货运企业"两类人员"安全考核通过152人，其中企业负责人通过53人，安全生产管理人员通过99人（疫情原因，2月、8月、11月停考，10月部分场次停考）。（袁明扬）

【首都机场路侧交通运输情况】年内，首都机场出租汽车调度站共运营出租车343.4万辆次，运送旅客583.1万人次；网约车运营219.8万辆次，运送旅客373.6万人次；旅游商务车运营4968辆次，运送旅客16726人次；机场市内巴士运营10.9万班次，运送旅客73.5万人次；机场省际巴士运营1396班次，运送旅客4083人次。朝阳运输管理分局采取Ⅲ级圈车应急保障处置322次，圈车数量58.5万辆次，运输旅客99.6万人次；采取Ⅱ级调车应急保障处置2次，调车数量377辆次，运输旅客641人次；发送至东直门、三元桥免费摆渡车145辆次，运送旅客4350人次。（宋高旭）

【推动省际班线客车置换旅游包车运力】年内，域内阿尔萨客运有限公司、交通国际旅行社有限公司25辆省际班线客车置换为旅游包车运力并退出班线运营，其中退出班线包括一条北京至南宁的超长客运班线经营，消除道路客运行业存在已久的重大安全隐患。（薛海林）

水　务

【概况】北京市朝阳区水务局（简称"区水务局"）是负责朝阳区水行政管理工作的区政府工作部门。2021年，完成防汛、供水、节水、水环境治理等任务目标。组织开展"清管行动"和乡管沟渠清淤清障，汛前实现南大沟全线堵点打通，全区骨干河道防洪达标率90%以上。完成2020年度56处水毁修复工程，配合推进金泰桥等4处积水治理。

【重点河道工程建设推进】年内，亮马河实现东三环至朝阳公园湖1.8千米通船，完成1.6公顷景观再提升再量化。朝阳区水系连通建设工程完成清河调水，实现北小河清水贯通。坝河滨水空间建设一期工程（使馆区东区段）立项批复，启动东坝中央公园及北小河滨水空间建设工程方案编制。开展通惠灌渠（高碑店路—五环路段）治理工程前期立项工作，推进东小口沟（朝阳段）项目进度。

【雨污分流整改】年内，结合市水务局雨污错接、混接治理行动，组织各街乡开展雨水、污水分流整改，市级下达的341处混接、错接点位中，街乡反馈215处完成整改，其中114处验收合格。整改排污单位127家。8处国考、市考断面水质全部达标。

【河长履职】年内，各级河长利用"朝阳河长通"微信小程序全面落实河湖监管职责，加强河湖巡查、问题处置。区级河长巡河25人次，街乡级河长巡河

2750人次，村（社区）级河长巡河2.8万人次，基层河长巡河率100%。各街乡落实市、区督办问题1300余件，巡河率和问题整改率均为100%。引导市民安全文明游河湖专项行动贯穿全年，集中清劝整治河道周边野炊野钓、乱丢垃圾等行为900余人次，河湖水境质量持续保障。坚持区河长办与区政府督查室联合督办机制，跟踪督办涉水事项，完成对各街乡2021年河长制工作综合考核评价。清洋河、窑洼湖、红领巾公园湖等3个河湖被市河长制办公室评为2021年北京市优美河湖，各街乡10万余人次参与网络投票，公众参与度和知晓率持续提升。

【“朝阳群众小河长”志愿项目】 年内，“朝阳群众小河长”志愿项目招募1300余人，志愿服务站增至43家，实现43个街乡全覆盖，开展河湖绘画体验、水实验课堂、水环境知识讲座、巡河等社会实践活动344场。通过“朝阳河长通”微信小程序开展巡河、问题上报等监督活动，巡河里程突破3万千米，发现、处置问题1400余件。该项目荣获“2021年首都志愿服务项目大赛银奖”“首都最佳志愿服务项目”“首都未成年人思想道德建设创新案例”。

【政务服务】 年内，打通政策落地“最后一公里”。区水务局取消低风险建设项目所有涉水审批事项，在办事指南中明确无须开展水影响评价、节水设施方案审查和临时用水指标审批；临时用水指标审批事项改为“即办件”，水影响评价不作为办理临时用水指标的前置条件；取消建设项目“节水专篇”审查环节，建设项目节水设施方案审查并入建设项目水影响评价一并办理；对于在控规或者土地一级开发阶段已开展水影响评价工作的项目，按照《北京市区域水影响评价、规划水影响评价范围内建设项目水影响评价审查实施细则（试行）》的要求，采用告知承诺等方式简化建设项目审查等手续。

【持续优化营商环境】 年内，区水务局从项目涉水生命周期入手，细化事项管理过程和流程节点；从规范化、标准化、菜单化审查要点为着力点，在北京市水务行业率先梳理出“5类18种”菜单式工作模板。全年办结政务服务事项258件，公示行政许可信息174条。（王 伟）

防 汛

【概况】 2021年，区水务局水旱灾害防御科负责防汛方面主要工作。针对水文气象年景总体偏差和重大保障任务正值汛期的紧迫形势，修订完善防汛预案体系，组织开展“清管行动”和乡管沟渠清淤清障，汛前实现南大沟全线堵点打通，全区骨干河道防洪达标率90%以上。完成2020年度56处水毁修复工程，配合推进金泰桥等4处积水治理。坚持领导带班全员值守制度，强化水文、气象联合会商和信息共享，加强河道闸坝巡视巡检，科学实施行洪河道水利工程运行调度，指导做好朝阳站、CBD等重点区域雨水排除工作，确保区域安全度汛。城市建成区24%以上面积达到海绵城市建设标准，达标面积55.89平方千米。朝阳区调整完善防汛体制、机制，进一步巩固“1+8+43+N”的防汛指挥体系（1个区防汛指挥部、8个防汛专项分指挥部、43个街乡、N个防汛相关单位），优化细化分级响应、合署办公、视频指挥、研判会商等工作机制；严格落实行政首长负责制，实现防汛责任落实全覆盖。修订《朝阳区暴雨预警应对处置工作机制》《朝阳区超标洪水防御预案》《朝阳区中小河道防汛应急预案》，印发《2021年朝阳区防汛通讯簿》《2021年朝阳区防汛工作手册》《2021年朝阳区积滞水点防汛预案》，修订完善区级、各防汛专项分指挥部、各街乡三级防汛预案，建立易积滞水点“一点一预案”，细化工作措施。进一步完善防汛管理模块，将暴雨预警信息、应对处置、雨情灾情统计、基础数据统计、材料共享等相关内容整合，实现数据信息化。为43个街乡和公安、消防、交通、水务、城管委等相关部门安装防汛应急可视指挥系统，实现“快速统计、点位可视、在线调度”。（王 伟 甘建玮）

【防汛调度部署】 1月29日，区水务局组织召开团结湖区域内涝治理工程专题座谈会。会议探讨团结湖地区内涝问题，要求北京市政总院、北京市城建院发挥专业水平，各相关单位配合提供相关数据资料，完善地区防汛规划治理，解决区域内涝问题。市排水集团、团结湖街道、六里屯街道、区交通委、北京市政总院、北京市城建院相关人员参会。5月8日，区水务局、市排水集团组织召开2021年度汛前工作约谈会。会议对2021年汛期防汛抢险工作进行部署，要求坝河分公司成立应急抢险队伍，做好防汛物资保障。排水集团、二分公司及抢险大队建立有效沟通机制，协调联动，在积水点保障抢险方面要及时应对，确保居民生命财产安全。水务局防御科、河湖科、规建科、河道所、水政监察大队等单位领导参加约谈会。区水务局局长路军和相关业务科室，市排水集团防办主任梁毅、坝河分公司、二分公司、抢险大队主管领导及具体负责人参会。6月11日，区水务局局长路军主持召开2021年区水务局防汛工作推进会。区水务局二级调研员吕志赋部署区水务局2021年防汛应对总体工作；河道管理单位领导分别汇报防汛工作开展情况；路军强调要认清当前水旱灾害防御工作形势，针对防汛重点部位，提高水旱灾害防御精细化水平，树牢责任担当意识，确保水旱灾害防御工作安全。区水务局领导、相关科室及河道管理基层单位负责人参加会议。7月27日，区水务局组织召开防大汛战时工作视频会，贯彻落实市区主汛期防汛工作部署。区水务局各科室、水务综合执法队、水利工程质量与安全监督站、河道管理一所、河道管理二所、供水用水管理中心、排水管理中心、水土保持与科技管理中心、水务建设管理中心相关负责人参会。局二级调研员吕志赋强调绷紧防大洪这根弦，把握重点，进一步压实防汛职责，领导带班、防汛值班，加强应急处置。9月30日，北京市公联公司朝阳地区指挥部给区水务局送来锦旗，对区水务局2021年防汛工作中给予朝阳站度汛工作的支持，表示感谢。12月9日，区水务局组织召开姚家园路等4处防汛隐患消除工程项目启动会，与市排水集团、区交通委、区质监站、属地街乡等部门对接施工前准备工作。（王　伟）

【防汛工作检查】 3月10日，区水务局二级调研员王俊青带领区水务局防御科、河湖科、河道管理所等部门负责人，对坝河京沈客专跨坝河施工工地进行汛前检查，各项施工措施基本满足防汛要求，王俊青进一步提出，京沈铁路客运专线京冀有限公司要严格按技术规范施工，确保汛前按时完工，同时要求河道管理部门加强巡查监管力度，发现问题及时处理。6月6日，区水务局局长路军带队，携区水务局、东风地区（乡）、将台地区（乡）、北京城市排水集团、市公联公司、朝阳站管委会、国铁北京局等相关单位对京沈客专沿线及朝阳站周边防汛工作进行检查并召开现场会。现场了解防汛工作准备情况，查看各点位度汛措施，分析研判防汛风险隐患，指出要健全完善防汛责任体系，将防汛责任细化落实到人，全面做好防汛预案，充实防汛力量，备足防汛物资，形成防汛工作合力；要发挥泵站设施作用，打通下游排水节点，完善警示标识，确保防汛安全。6月7日，副区长杨建海带队，组织区应急、水务、交通、奥运村街道、望京街道、太阳宫地区（乡）、东风地区（乡）、将台地区（乡）、北京城市排水集团、公联公司、中铁六局朝阳站项目管理单位，实地检查朝阳站区及交通枢纽广场、姚家园北街框构中桥、东八间房路框构中桥、北四环东路辅路泵站、清洋河闸等点位的防汛工作。6月8日，区河长岳立巡查检查通惠河防汛工作，管庄乡河长万小兵、区政府办副主任姜凡、区水务局副局长王成志，高碑店地区（乡）、区河长办、北京市城市河湖管理处等相关负责人一同检查。岳立要求各街乡要根据2021年雨水较多的情况，加强雨前、雨后的保障工作，确保小雨不堵、大雨不淹，顺利度过汛期。6月28日，区水务局局长路军采取“四不两直”方式，带队检查朝阳站及周边防汛工作，要求东风地区（乡）、北京公联公司、中铁六局和局相关单位进一步采取措施提升防汛能力。（王　伟）

【防汛检查】 5月21日，市文化和旅游局一级巡视员周卫民带队市防汛抗旱指挥部第五检查组检查朝阳区防汛工作。朝阳区副区长杨建海，区应急局局长聂宏伟及区应急局、区水务局、区文化和旅游局、区交通委、区气象局、和平街街道办事处、香河园街道办事处、三里屯街道办事处、市排水集团主管领导和相关科室负责人参加。检查组到和平街和香河园辖区金泰桥积滞水点、三里屯辖区武警北京总队医院积滞水点，查看度汛措施，听取区交通委、区应急局、区水务局等部门各项防汛工作汇报；到朝阳区应急指挥中心，查阅各单位防汛责任制、防汛预案、防汛抢险队伍和物资、群众避险转移措施、隐患排查治理等工作有关材料。检查组就朝阳区防汛工作进行座谈交流，对各点位汛前准备工作给予肯定，并对防汛工作提出要求。（甘建玮）

【约谈企业】 5月26日，区水务局组织召开地铁12号线跨坝河工程建设单位、施工单位约谈会。水务局二级调研员吕志赋就北京市轨道交通建设管理有限公司跨坝河工程汛期占用河道施工、严重威胁坝河流域防洪安全问题，对建设单位和施工单位负责人进行约谈。要求北京市轨道交通建设管理有限公司立即停止占河施工，并于6月1日前恢复河道行洪断面，确保度汛安全。（王　伟）

【防汛工作协调会】 5月28日，朝阳区召开京沈客运专线沿线和北京朝阳站防汛工作协调会，区防汛抗旱指挥部执行副总指挥、副区长杨建海出席会议并讲话。区应急局局长聂宏伟主持会议，区应急局、区水务局、将台地区办事处、东风地区办事处、北京市重点站区管委会北京朝阳站地区管理办公室主要领导和区交通委、区科信局、公安朝阳分局、朝阳交通支队、朝阳供电公司、市排水集团、市公联公司、中国铁路北京局集团有限公司地下直径线工程项目管理部主管领导出席会议。会议传达市、区防汛抗旱工作相关会议精神，听取各相关部门关于京沈客专沿线和北京朝阳站防汛工作开展情况的汇报，交流研讨就京沈客专沿线和北京朝阳站防汛工作存在的问题，并提出解决方案和措施。杨建海要求明确汛期责任，强化细化各部门联动配合；建立天气联合会商机制，共同做好防汛工作；落实防汛值班责任，确保每次降雨过程得到有效应对。7月27日，杨建海主持召开朝阳区防汛风险防控协调会。区应急局、区水务局、区气象局、区住建委、区城管委、区交通委、区房管局、区民政局、区农业农村局、各相关街乡、市排水集团主管领导及相关科室负责人参加会议。会上，区气象局分析研判近期天气情况及对朝阳区的影响；区防汛办统计分析近三年来及“7·12”发生的严重积滞水点情况；区水务局汇报区级重点积滞水点整治台账及整治方案、实施进度计划；区交通委汇报道路、桥涵等重点积滞水点整治台账及整治方案、实施进度计划，以及积滞水点暴雨应对措施情况；区房管局汇报危旧房屋、低洼院落重点积滞水点整治台账及整治方案、实施进度计划，以及积滞水点、危旧房屋暴雨应对措施；区住建委汇报在建工地、建筑设施存在的防汛风险情况及防控、应对措施；区城管委汇报城市基础设施存在的防汛风险情况及防控、应对措施；相关街乡分别汇报辖区内重点积滞水点和其他险情情况、整治台账及整治方案、实施进度计划，以及针对汛情、险情的应对措施。杨建海指出，各单位、各街乡要做好防汛隐患动态排查，制定应急预案和方案，做到“一点一预案”；开展易积滞水点和易涝区的整治工作，三级河道要全面清淤；做好物资和人员队伍的准备工作。总结分析“7·12”“7·18”强降雨应对流程，确保朝阳区城市运行安全和人民群众生命安全。（甘建玮）

【强降雨应对】 7月11日至12日，朝阳区出现汛期最强降水过程。此次降雨持续时间长，自11日20时前后出现降雨，13日7时降雨结束，持续35小时。全区平均降水量为129.3毫米，达到大暴雨量级。7月11日晚，区防汛抗旱指挥部政委、区委书记王灏，区防汛抗旱指挥部总指挥、区委副书记、区长文献，区防汛抗旱指挥部执行副总指挥、副区长杨建海，区防汛抗旱指挥部副总指挥、副区长岳立在区应急指挥中心进行指挥调度，要求压实区易滞积水点点位及公交场站、使馆区、闸站、朝阳站及周边沿线下穿涵洞、低洼院落、危旧房屋、深基坑、高堆土、景区、避险点等防汛重点部位的防汛责任，全力保障城市运行和人民群众生命财产安全。7月12日10时30分，文献、杨建海到京沈客专下穿涵洞东坝南二街桥涵实地检查防汛应对工作，区防汛抗旱指挥部办公室主任、区应急局局长聂宏伟及区水务局、东风地区办事处、国铁北京局、市公联公司等相关部门主管领导一同检查。文献听取相关部门及属地关于此次强降雨应对工作的汇报，查看桥涵照明、积水警戒线、排水泵站设施等情况，要求持续加强桥涵排水保障能力，确保安全度汛。（甘建玮）

【“7·18”降雨】 7月17日20时至18日17时55分，朝阳区全区平均降雨量19.6毫米，最大雨量在奥林匹克公园雨量站，64.6毫米。分洪情况为18日10时12分至18时，清洋河仰山闸关闭，此次降雨未向清河分洪。降雨过程中坝河水势平稳，自18日11时至18时，坝河合计向温榆河分洪61.2万立方米；通惠排干，水势平稳，闸门单孔开启15厘米调蓄水位，截至18日18时，合计向凉水河分洪5.8万立方米。（王　伟）

【“7·29”降雨】 7月29日8时至29日17时，朝阳区平均降雨量17.7毫米，最大雨量在四惠桥雨量站，37.7毫米。河道分洪情况为，29日9时至18时清洋河仰山闸闭闸，未向清河分洪；坝河水势平稳，自29日9时至18时，坝河合计向温榆河分洪23.08万立方米；通惠排干闸门双孔开启1米下调水位至25.77米，自29日9时至18时，合计向凉水河分洪35.46万立方米。29日9时，市水文总站发布洪水蓝色预警，潮白河流域潮河、北运河流域温榆河、清河、蓟运河流域泃河可能发生蓝色预警等级洪水。区河道管理一所相关人员第一时间部署待命，7月30日10时解除洪水蓝色预警。（王　伟）

【“9·6”降雨】 9月5日18时至6日10时50分，朝阳区平均降雨量29.3毫米，最大雨量在奥体中心雨量站，48.0毫米。坝河水势平稳，自5日18时至6日12时，坝河向温榆河分洪85.32万立方米；通惠排干单孔12厘米，水势平稳，同时间段向凉水河分洪16.2万立方米。河道发布预警通知，通知市民尽量避免在河道周边活动。（王　伟）

节　水

【概况】 区水务局下设节约用水办公室，负责全区节约用水工作。职责为组织实施节约用水的政策、标准和用水计划、指标、定额。组织开展全区用水统计和分析评价工作。组织征收超计划加价水费。依法组织建设项目节水设施设计方案的审查与验收，指导和推动节水型社会建设工作。承担节约用水宣传和节水技术推广工作。全年全区生产生活新水用量34864.1万立方米。在全市率先开展园林绿化非常规水源置换工程，金盏地区（乡）、豆各庄地区（乡）等6个地区（乡）及奥森公园试点启动实施，配合完成常营公园等9个郊野公园园区内再生水调压、调蓄设施和配套管网建设工作。加快推进辖区党政机关、事业单位和普通高等学校等重点公共机构节水型载体建设，节水型机关创建率44.7%，市属事业单位节水型单位创建率17.9%，普通高等学校创建率58.8%。在团结湖街道、孙河地区（乡）试点开展“节水、排水双达标创建”（简称“双创建”）工作，完成三轮居民家庭安装高效节水器具补贴工作，165户居民符合申报条件，发放补贴10.27万元。（王　伟）

【领导调研节水工作】 2月26日，市水务局节水办副主任张欣欣带队，携市节水中心、市水科院、市水利自动化所一行到区水务局调研节水系统建设工作，区水务局局长路军，副局长娄立仓、王成志，及相关部门负责人参加会议。会议研究讨论节水管理办法、智慧水务建设、用水数据管理等问题。路军建议从市级层面统筹建立工作协调机制，明确供水单位、用水单位及属地管理责任，顶层设计研究建立节水奖惩机制，促进节水管理工作细化并落地实施。6月16日，张欣欣带队，携市水科院、腾讯公司一行到区水务局调研户表关系梳理工作，副局长娄立仓及节水办、水资源科、供水用水管理中心等相关部门负责人参加会议。会上研究讨论户表管理梳理试点工作情况、节水管理平台建设、用水计划管理等具体问题。张欣欣肯定朝阳区节水工作取得的成果，强调要进一步加强市、区两级节水平台对接，全力推进普查试点工作，同时提出从市级层面加强政策研究制定，全面提升节水管理实效。

【节水宣传】 3月22日至28日，朝阳区开展世界水日、中国水周宣传活动。活动发放节水海报6000余份，43个街乡分别开展具有属地特色的宣传活动。5月9日，区水务局在亮马河燕莎段命运共同体广场举办北京市2021年全国城市节水宣传周启动仪式，住房和城乡建设部副部长黄艳、北京市水务局副局长杨进怀、北京市水务局节水办主任赵潭、北京市节约用水中心主任田根生和朝阳区委宣传部副部长潘竞、水务局局长路军、团区委书记孙博洋、麦子店街道工委书记刘晓玲、麦子店街道办事处主任李霄及市区相关领导、区水务局干部职工、麦子店街道群众、节水小标兵等120余人参加启动仪式。活动宣读节水倡议书，宣布首届朝阳区青少年节水护水科技创新创意大赛启动，向10家节水型单位颁发先进节水型单位奖状并启动“人水和谐”全国城市节约用水宣传周。至5月15日，发放宣传材料和宣传品近3万份，举办“节水进社区”“节水进校园”“节水进企业”等活动，拍摄并播放4家节水典型单位宣传视频，树立节水标杆，打造节水典型。5月9日至21日，区水务局在区政府主楼一层大厅举办节水工作成果展，展览分为节水现状、节水前沿、节水典型、“十四五”时期水务工作思路、节水科普五个部分，同时展示“朝阳群众小河长——守护身边幸福河湖”主题绘画获奖作品，设“身临其境——国际风情亮马河”VR拍照体验区；5月21日至6月4日，部分内容在将台地区（乡）巡展。

【节水工作交流与合作】 6月17日，区教委副主任赵勇带队，携区教委规划建设科、服务与保障中心一行到区水务局进行教育系统节水工作座谈会，副局长娄立仓及节水办、供水用水管理中心、综合执法队负责同志参加会议。会上重点围绕朝阳区教育系统节水工作现状、存在问题及下一步工作思路进行研讨。双方将进一步加强合作，建立定期沟通工作机制，开展有重点、多层次、全方位的节水宣传活动，大力推进节水型单位建设，打造一批节水型校园，探索可向全区复制推广的节水单位建设模式。7月16日，市节水用水管理事务中心计划统计部部长刘伟带队，到区水务局交流市、区节水系统运行维护及计划用水统计等工作，节水办、水资源科及供水用水管理中心等部门参加会议。市节水用水管理事务中心对市级节水系统具体操作进行培训，双方就市区节水管理系统对接、基础信息维护、用水数据管理等问题进行研究讨论。

▲ 5月9日，区水务局举办北京市2021年全国城市节水宣传周启动仪式　（区水务局　供图）

【节水创建】 8月2日，区水务局印发《北京市朝阳区节水型机关创建行动方案》。8月11日，区水务局开展节水型机关创建工作。区节水办及区供用水管理中心组织朝阳区44家拟创建党政机关及相关属地开展节水型机关创建工作视频培训，节水办解读《朝阳区节水型机关创建行动方案》，供用水中心培训创建具体工作和考核指标。8月13日，区节水办、供水用水管理中心组织团结湖街道、孙河地区（乡）及新纳管用水单位，召开“双创建”试点非居民用水单位户表关系梳理工作线上培训会，指导新纳管用水单位通过“北京用水采集”小程序填写普查基础信息，为团结湖街道、孙河地区（乡）用水单位启动第二批信息摸排及普查培训打下基础，做到区域内用水单位全覆盖、全纳管。9月7日至9日，区节水办联合区供水用水管理中心开展团结湖地区第三轮“双创建”非居民用水单位与水表的关系梳理工作，以社区为单位地毯式排查辖区内用水单位，基本实现团结湖街道中路北社区及一二条社区用水单位全覆盖。延续逐级逐层物业化管理的探索模式，整合辖区内分散底商用水单位，由2家物业单位分别接纳管理团结湖街道辖区内20余家底商单位。9月16日，区水务局联合团区委到区教委服务与保障中心开展节水校园创建推进座谈会，局节水办、河长科、供水用水中心及教委系统推荐的11所公立学校负责人参加会议。会上研讨校园节水宣传及节水校园创建工作，推出小河长项目新模式，安排部署节水型校园创建工作，对创建具体工作和考核指标展开培训。11月8日，区水务局召开朝阳区节水型校园建设工作推进会，副局长孙鹏、区教委副主任赵勇、水务局节水办、教委规建科相关负责人参会。会上，双方达成共识，将按照节水优先、全程监管、加强协作、以点带面的工作思路，进一步强化朝阳区教育系统节水工作精细化管理；研究讨论陈经纶中学等5所学校节水改造方案；计划加快创建一批节水型校园，探索可向全区复制推广的节水型绿色校园建设模式。

【节水工作专题会】 9月1日，副区长杨建海主持召开节水工作专题会，区水务局局长路军、副局长孙鹏，区发展改革委、住建委、教委、农业农村局、科学技术与信息化局、园林绿化局等部门主管领导参会。区水务局汇报《朝阳区落实节水行动工作方案》开展情况，各牵头部门汇报节水相关任务推进情况。杨建海要求，明确各部门节水工作具体任务，培育行业典型亮点，加大部门执法检查力度，在全社会扩大宣传影响。9月14日，区水务局局长路军主持召开区节水工作专题会，副局长孙鹏、四级调研员史瑞丰和区节水办、水资源科、规建科、供水用水中心参会。会议听取朝阳区“十四五”时期节水型社会建设规划编制情况汇报。路军要求在全面总结分析“十三五”期间朝阳区节水工作取得成绩的同时，细化“十四五”期间节水目标任务，按照区级统筹、全域推广的原则，明确行业牵头单位和属地节水管理责任，将区用水单位分级分类管理、双达标创建、绿化灌溉置换等全市引领性工作进一步提炼，形成长效机制，纳入“十四五”内容。会议同时审议“两田一园”高效节水奖励资金实施细则、年度用水指标核定等事项。

【节水工作复检】 12月28日，按照市政府《关于全面推进节水型社会建设的意见》精神及“一年一评估，三年一复验”工作要求，市节水中心副主任赵冬梅带队，复验专家组分两组对区9家节水型单位、小区和节水设施等开展现场检查，区节水办、供用水中心负责人及相关工作人员参加。复验专家组听取了被抽检单位汇报节水工作开展情况，查阅节水制度、用水台账、水平衡测试等相关资料，现场查看主要用水部位及节水设施情况，经复验检查，市节水中心及专家组对朝阳区节水型区复验筹备及节水管理工作给予肯定。 （王　伟）

消　防

【概况】 朝阳区消防救援支队隶属于北京市消防救援总队，为一类支队编制，下设18个职能处室、5个大队、4个特勤消防站、21个消防救援站、28个小型消防站、1个搜救犬站（本年起规范名称，统称为站）。其中，2017年12月建成的驹子房消防救援站、2019年5月建成的大屯消防救援站及太阳宫消防救援站，均隶属于朝阳消防救援支队，已投入备防，分别负责辖区防火、灭火、抢险救援、消防宣传等任务。年内，接各类警情9142起，出动13466队次、27048车次、133676人次；其中：火警3148起，抢险救援2539起，社会救助3455起。接警6010起，出动7391队次、13395车次、66725人次，其中火警2702起、抢险救援2069起、社会救助1239起。执行重大勤务6场次，政治类勤务24次，一般群众性活动94次，出动执勤车次7876次，执勤人员48178人次。在中国共产党成立100周年庆祝活动消防安保中，朝阳区消防救援支队荣立总队集体一等功，1个机关处室、消防救援站荣立集体三等功，4人荣立二等功，52人荣立三等功，190人荣获嘉奖；在年度工作中12人荣立总队三等功、174人荣获嘉奖；在第六届全国搜救犬技能大赛，1个消防救援站荣获集体嘉奖，1人荣立二等功，2人荣立三等功，1人荣获嘉奖。 （谷雯丽）

【火灾扑救】 5月8日4时59分，十八里店地区（乡）西直河村中联铁运再生资源有限公司发生火灾，北京消防救援总队作战指挥中心接到报警后迅速调派市消防救援总队、区消防救援支队两级全勤指挥部，邻近18个消防站83辆消防车340名指战员到场处置。8日15时18分明火被扑灭，燃烧物为露天存放的废弃塑料瓶和纸板堆垛，过火面积1450平方米，起火原因系打包机电气线路故障所致。 （索　超）

【消防宣传培训】 年内，区消防救援支队开展消防基本技能实操实训，培训81168人；推动成立5支消防安全志愿者队伍，8217人参与消防宣传；打造消防主题影院、公园、餐厅等宣传阵地，联合北京颐堤港购物中心泡泡玛特店，共同创建“消防安全‘颐’起来”主题活动；同43家国家级、市区级媒体建立工作联系，推送发布消防安全宣传稿件1584篇；8724个宣传阵地播放消防安全、队伍形象宣传视频超3亿次，粉丝过百万人；印制、张贴宣传海报10万余张，发放宣传材料30余万份，利用各类公共视频、LED电子屏播发消防公益广告4.6万次；联合央视频、中国消防等平台开展主题直播，1580万人次观看；联合海底捞、万达等企业总部，面向全国开展专项培训，惠及近百个城市数10万名员工；结合疫情防控实际，在核酸检测点、疫苗接种点等区域设置消防宣传阵地；邀请众多演艺界人士担任“消防宣传公益使者”，利用明星效应引起群众关注；联合区委宣传部、网信办在辖区队站、儿童乐园开展消防夏令营活动；创新宣传形式，朝阳区43个乡（镇、街道）同步开展“119”消防宣传月活动“线上”启动仪式；配合消防救援局拍摄央视《中国骄傲》节目，展现消防救援队伍良好形象。 （张　莹）

【疫情防控消防安全保障】 年内，区消防救援支队持续推动涉疫场所消防安全。依托全区消防救援组织指挥体系，抽调业务骨干建立消防安全工作专班，一点一专人、一点一方案，建立朝阳区消防基础台账、动态更新、安全状况每日检查、宣传提示全面覆盖机制。区消防救援支队对疫苗接种点、隔离酒店等涉疫场所现场指导检查1200余次，督促整改火灾隐患860余处，对涉疫场所周边500米内单位检查2290余家，消除消防安全隐患2360余处，现场检查培训工作人员3860余人，处罚113.85万元。（刘振洋）

【消防专项治理】 年内，区消防救援支队结合中国共产党成立100周年、冬奥会、冬残奥会、全国两会等多个重点活动，研究制定《朝阳区防风险、除隐患、保平安消防安全专项整治方案》《朝阳区护航冬奥消防安全百日攻坚十大专项行动及灭火救援方案》《进一步加强春节、冬奥会以及全国两会等重要节庆、重大活动期间社会面火灾防控工作的通知》等多个文件，开展餐饮场所烟道治理、“两个通道”（消防通道和疏散通道）、电动自行车、密室逃脱、施工现场、医疗机构、仓储库房、大型商业综合体等多个专项治理，建立老旧小区常态化隐患排查整治机制，持续推广“吉祥里智慧社区模式”，固化每月20日堆物堆料清理日机制，全面压实社会单位主体责任。开展全区高层住宅建筑消防供水设施完好率检查专项行动，申请将10个资金申请困难且挂账时间较长的小区列入2022年为民办实事工程，全年推动挂账隐患单位整改销账30处。强化消防安全重点单位管理，在重要节点全部落实安全管理措施，2275家重点单位微型消防站建设基本全覆盖，制定《重大活动期间消防安全11项管控措施指导意见》，对全区重点场所逐项制定管控措施。加大消防监督执法力度，全年检查3.1万个单位，督促整改火灾隐患6万余处，下发责令整改通知书2.5万余份，处罚单位3446家，罚款4155万元，临时查封1004处，“三停”（停产、停业、停工）888家，各项消防执法数据均居全市第一位。（刘振洋　张　燕）

【消防安全监督】 年内，区消防救援支队完成区人大消防执法调研工作。依托区防火安全委员会平台，向各委办局、街乡印发安全提示文件、通知通报368份，定期组织召开消防联席会、工作专题会、应急值守月通报会，推动消防安全常态化检查、多部门治理和精细化防控；下发年度目标任务和配套考核细则，将消防工作纳入公共安全、城市管理重要内容；坚持“一街乡一分析、一行业一研判”，全面摸清、掌握影响消防安全的危险源、风险点和突出隐患，形成消防安全形势分析报告；紧盯全区115处不放心、不托底区域场所，逐一实地调研走访、重点约谈警示，指导街乡、单位场所落实消防安全严管严控措施。（刘振洋）

【消防行政许可】 年内，区消防救援支队办理公众聚集场所投入使用、营业前消防安全检查578项。其中，合格385项，不合格193项。（许　威）

【消防队站建设】 年内，区消防救援支队完成规划北工大特勤消防站建设工作、朝阳区消防指挥中心及百子湾特勤消防站建设项目市政管线移改工作、小红门消防站立项工作。（韩成龙）

生态建设

生态环境保护

【概况】 北京市朝阳区生态环境局（简称“区生态环境局”）是朝阳区人民政府环境保护行政主管部门，业务工作接受北京市生态环境局的指导。设行政执法机构1个，为北京市朝阳区生态环境执法大队，下设朝阳区生态环境监测中心和朝阳区生态环境保护事务中心。2021年，朝阳区$PM_{2.5}$累计平均浓度34微克/立方米，全市排名第十，比上年下降12.8%，改善率排名全市第三。PM_{10}、二氧化硫（SO_2）和二氧化氮（NO_2）累计平均浓度分别为57微克/立方米、3微克/立方米和34微克/立方米，分别比上年下降5.0%、下降25%和上升3%。空气质量优良天数284天，达标率77.8%，比上年增加4天；重污染天数9天，与上一年持平。降尘量4.6吨/月·平方千米，比上年下降22%。截至年底，5个考核断面（通惠河上段、通惠河下端、清河沙子营段、坝河沙窝段）水质全部达标。通惠河下段新八里桥、清河沙子营、亮马河南岗子七棵树和通惠河上段高碑店湖水质为Ⅲ类、坝河沙窝为Ⅳ类，均动态达到年度国家考核要求，在市水污染防治考评中获优秀等级。土壤污染风险得到有效管控，全区未发现污染农用土壤，受污染耕地和污染地块安全利用率在90%以上，动态达到年度国家考核要求。

【春节期间环境保障】 2月10日，区生态环境局开展春节期间环境保障工作。按照全区疫情防控工作部署，落实防疫制度；做好空气重污染预警预报工作，应对空气重污染；强化环境风险管控和突发环境事件应急处置。春节期间朝阳区空气质量均为优良。

【第二轮中央生态环保督察问题整改】 2月19日，朝阳区召开区委书记专题会，对第二轮中央生态环保督察反馈问题整改相关工作开展专题调度。区委书记王灏主持会议，区领导文献、暴剑、崔小浩、王志勉、杨建海、岳立及区委办、区政府办、区纪委、区城管委、区生态环境局等部门参会。7月23日，王灏召开区委书记专题会，听取第二轮中央生态环境保护督察有关情况汇报。区生态环境局草拟第二轮中央生态环境保护督察报告反馈问题细化整改方案和整改措施清单。区生态环境局牵头相关部门和街乡建立定期调度和督办机制，确定第二轮中央生态环保督察朝阳区涉及的整改任务16项262件，包括生态环境、水污染、城建环境问题等，截至年底，办结242件，阶段性办结20件。

【空气污染应对】 3月11日，朝阳区发布空气重污染黄色预警。副区长王志勉召开空气重污染黄色预警电视电话会，要求重点加强移动源、扬尘源、生产生活源精细化管理。按照“洗、扫、冲、收”工艺规范开展作业，对110条重点道路每日增加1次及以上机械清扫保洁作业，出动道路清扫保洁人员4200人次，出动道路保洁作业车299辆次，使用再生水1527吨。各行业主管部门通过“在线监控+实地检查”方式严管施工扬尘。实地检查工地24个，规范2起；远程视频监控检查89项次，责令改正3项次。巡查施工场所、餐饮、汽修、工业企业，检查各类污染源40家次；通过路检、夜查、入户、遥测等方式，监管移动源，检查机动车15392辆次，未发现环境违法问题。11月4日，北京市出现空气重污染，朝阳区开展空气重污染黄色预警应对。王志勉带队对空气重污染黄色预警措施落实情况开展检查，重点检查施工单位是否落实停止室外建筑工地喷涂粉刷、建筑拆除、切割、土石方，护坡喷浆等强制减排措施。组织开展排放达标入户执法检查，通过路检、夜查、入户检查、遥感检测、加油站、年检场等多种方式，对工地、汽修、印刷等行业开展执法检查。各街乡全按照网格化环境监管要求，加强巡查检查，重点强化工地、餐饮、汽修、焚烧等污染源监管，打通监管“最后一公里”。各行业各单位均能按照空气重污染黄色预警落实相应措施。

【节日环境保障】 4月25日，区生态环境局开展五一节前空气质量保障工作。利用$PM_{2.5}$高密度监测网，加大“双随机”检查和抽查力度，检查单位245家，发现涉大气违法行为3件，区生态环境局第一时间对违法行为进行立案调查。以印刷、汽车制造、家具制造、餐饮单位、汽修、“散乱污”企业、放射源及射线装置等为重点，采取在线监控、随机抽查等方式，严厉打击超标排放、设施不正常运行等环境违法行为。9月14日，区生态环境局开展中秋节辐射安全保障工作。联合市环保局、市公安朝阳分局、区卫生健康委等部门对辖区北京科安特无损检测公司、中国计量院等18家重点涉源单位进行联合检查，重点检查涉源单位节日辐射安全管理方案、放射源出入库登记、防护仪器使用情况、放射源库的安全防护等。检查单位均正常，未发现问题。

【混凝土罐车电动化座谈会】 5月28日，区生态环境局为推动混凝土罐车电动化，与区住建委组织区内全部18家运营搅拌站召开朝阳区搅拌站混凝土罐车电动化座谈会。会议邀请吉利控股万物友好运力公司负责人介绍该公司搅拌车电动化技术方案，采用“车电分离模式”，即客户购买新能源罐车，公司提供充电站建设及电池租赁业务，从资金、运维等方面保障最大限度降低客户购置和使用成本。各搅拌站企业负责人对“车电分离模式”技术方案进行咨询讨论。

【“6·5”环境日宣传】 6月4日，朝阳区开展2021年“6·5”环境日宣传活动。主会场设在崔各庄地区（乡）黑桥公园，以“生态·美”“文明·和”“家园·宜”3个主题设置趣味游戏体验区，吸引市民参与活动。分会场由区生态环境局联合区人民检察院在常营地区（乡）开展绿色低碳主题宣传活动。区生态环境局与社区居民代表、大学生代表、企业职工代表发起“生态文明同践行，文明朝阳我们来守护！”接力承诺，呼吁市民为保护环境贡献力量。活动中，发放宣传册等宣传品，宣传生态环境保护知识，倡导绿色低碳生活方式，解答市民疑问。

【线上科普馆上线】 11月15日，朝阳区生态环境局“生态环境线上科普馆”上线。科普馆设“创意科普”“云端学习”“活动招募”“公益行动”4个功能区，将生态环境保护宣传和时下流行的直播、短视频、条漫、H5等互联网宣传形式整合，为大众搭建线上科普馆。参与者可以通过点击图中的交互点，了解“气、水、土”污染防治知识；云端学习区向居民开启“生态环境保护”学习课堂；“活动招募”与“公益行动”向朝阳群众发起线上、线下各类生态环境保护相关的主题活动；“科普馆”宣教形式生动有趣。

【冬奥会期间环境安全保障】 12月20日，区生态环境局开展冬奥会环境安全保障工作。与北京冬奥组委和北京市相关部门对标、对表，制定方案，明确分工。成立2022年冬奥会和冬残奥会期间突发环境应急分队，建立24小时值守制，建立突发环境事件保障应急机制，确保冬奥会期间环境安全。以冬奥场馆为中心活动区域内及周边地区涉奥场所环境风险隐患开展拉网式排查，对可能存在环境隐患及重点点位进行梳理，对可能发生的环境突发事件进行预想，建立工作台账，安排应急力量，采取防控措施。加大对涉氨氯及危化品重点单位、水源地范围内涉危化品企事业单位的监管检查；强化加油站日常监管检查和移动污染源执法检查；加强全区放射性同位素、射线装置突发环境事件的应急处置。截至年底，建立应急方案3个，梳理可能存在安全隐患单位32家，检查单位350家次，未发现辐射隐患相关问题。（高　宇）

水环境治理

【概况】 朝阳区水务局（简称“区水务局”）河湖管理科负责水环境方面主要工作。7月底，亮马河实现东三环至朝阳公园湖1.8千米通船。9月，完成1.6公顷景观再提升再量化。完成清河调水，北小河实现清水贯通。聚力北京市“两区”建设重要承载地——北京第四使馆区所在地东坝地区、金盏地区建设，坝河滨水空间建设一期工程（使馆区东区段）取得立项批复，启动东坝中央公园及北小河滨水空间建设工程方案编制。开展通惠灌渠（高碑店路—五环路段）治理工程前期立项工作，推进东小口沟（朝阳段）项目进度。首批6条河道水空间规划编制完成80%。着力消除青年路沟、观音堂沟两处劣Ⅴ类水体。以排水许可证办理为抓手，结合市局雨污错接混接治理行动，组织各街乡开展雨污分流整改工作，市级下达的341处混接错接点位中，完成街乡整改215处，其中114处完成验收并合格。整改排污单位127家。998.4千米原无主公共排水管线资产移交北京城市排水集团有限责任公司；朝阳区8处国考、市考断面水质全部达标，其中，通惠河下段新八里桥、清河沙子营断面、西排干和大柳树沟4处断面平均水质为Ⅲ类，其余4处断面平均水质为Ⅳ类。（王　伟）

【领导调研、检查水环境工作】 2月2日，副区长杨建海听取区水务局关于溯源治污工作的汇报，对工作开展情况予以肯定。3月3日，北京市城市河湖流域市级河长、副市长隋振江带队检查高碑店湖及其周边环境管理工作。市水务局局长潘安君，朝阳区副总河长、副区长杨建海，区河长办、高碑店地区（乡）等负责人参加检查。隋振江沿河检查通惠河陈家林铁路桥处、漕运码头处、高碑店闸管理站等点位，听取朝阳区城市河湖流域河长制工作情况汇报及高碑店湖周边环境治理情况汇报。3月29日，区委常委、区级河长黄晓伟到崔各庄地区（乡）机场高速北侧排水沟处开展巡河检查。区委办副主任付博、区水务局副局长王成志、崔各庄乡副乡长王建民等参加检查。黄晓伟督办机场高速北侧排水沟排污问题，要求属地协调市排水集团查找排污点位具体位置，尽快完成排污整改工作。3月30日，区委常委、区级河长李国红沿二道沟（金台西路至延静里中街段）实地检查水环境情况，区水务局副局长娄立仓、街乡负责人、区河长办、城市河湖管理处相关负责人随行汇报，李国红重点对二道沟水环境、岸坡绿化进行检查，对属地与市级河管单位“共建共享”的工作成效给予肯定。7月9日，市规自委二级巡视员张亚芹带队调研坝河滨水空间建设一期和坝河口蓄滞洪区项目，区水务局副局长王成志、市规自委朝阳分局主要领导参加。张亚芹肯定坝河山水林田湖、蓝绿交织、水城共融设计理念，强调方案落地，力争早日建成示范工程。8月25日，副区长、区副总河长杨建海带队到亮马河实地检查，区水务局副局长王成志、区国资委副主任曲汉卿及相关领导参加。杨建海首先查看亮马河退水渠闸景观提升区域工程建设情况，随后到亮马河铂宫查看船闸总控室，对亮马河的治理成效表示充分肯定，并指出要通过河道治理促进，带动周边商业发展。（王　伟）

【获评2020年度北京市优美河湖】 3月，北京市河长制办公室发布“2020年度北京市优美河湖”评定结果，朝阳区朝阳公园湖、亮马河（四环以上段）、温榆河公园朝阳示范园内水系被评为“2020年度北京市优美河湖”。（王　伟）

【水环境工作部署】 年内，区水务局就加强水环境治理，出台多个工作方案。3月12日，印发《北京市朝阳区进一步加快推进城乡水环境治理工作三年行动方案2021年任务分解》。4月25日，印发《〈北京市朝阳区进一步加快推进城乡水环境治理工作三年行动方案〉2021年任务分解局内部分工》。6月9日，印发《朝阳区雨污错接混接治理工作方案》。6月25日，印发《朝阳区四处新增市考断面及劣V类水体治理内部分工方案》。（王　伟）

【入河排污口清理整治】 年内，区生态环境局更新、核对、确认入河排口台账，采取封堵、截污、纳管等措施，完成入河排污口清理整治工作。汛期对坝河沙窝国家考核断面开展多频段、多点位监测与检查，掌握强降雨、污水厂溢流等情况对河道水质的影响，形成分析报告，为汛期保障国考断面稳定达标积累经验。（高　宇）

市容环境管理

【概况】 北京市朝阳区城市管理委员会（简称“区城市管理委”）[加挂北京市朝阳区城乡环境建设管理委员会办公室（简称“区环境建设办”）牌子]。2021年，区城市管理委围绕中国共产党成立100周年、服贸会、2022年北京冬奥会等重大活动开展市容环境服务保障，组建专班统筹推进、突出重点辐射全域、主题引领社会动员，各项服务保障工作圆满完成。完成146条背街小巷全面整治提升；完成京沈客运专线及朝阳站周边景观提升工程，推进姚家园北街迎宾大道环境建设及朝阳站周边道路沿线环境整治；持续推动铁路沿线、地铁站口周边、区界等区域环境整治。获评首都城市环境建设管理委员会首都环境建设管理满意度中心城区第二名。

【广渠路生态廊道两处绿化节点建设完工】 5月，区城市管理委完成郭家场村南侧和咸宁侯村22.5万平方米绿化提升工程，为广渠路沿线新增两处集生态、休闲为一体的景观绿地。

【“门前三包”责任制】 6月，区城市管理委印发《朝阳区“门前三包”责任制工作实施方案》。年内，区城市管理委指导各街乡100%签订《“门前三包”责任书》，推进监督员制度落实，并开发“朝阳区‘门前三包’信息化管理平台”，为责任单位建立“一店一码一档”电子档案，将“门前三包”基础台账、巡查台账、处罚台账纳入平台管理，发动社会群众参与城市治理，逐渐形成商户自治、群众参与、街乡监管、精准执法的多方联动体系。

【北京朝阳站周边环境整治】 7月，区城市管理委启动北京朝阳站周边环境整治工程。工程包括北京朝阳站东侧站前绿化提升、姚家园路与石佛营东路桥区绿化提升、京沈客专沿线东坝南二街段至亮马河段900米绿廊修复等，绿化面积14公顷，工程以“城市森林+迎宾景观”为主题，利用春花和彩叶植物，将地块打造成兼具迎宾形象、铁路防护、森林景观等多重功能的休闲绿地。截至年底，除京沈客专沿线5.3千米地上段环境整治工程在施工中，其余工程全部完工。

【重大活动环境保障】 年内，区城市管理委完成中国共产党成立100周年庆祝活动、中国国际服务贸易交易会和“相约北京”冬奥会、冬残奥会测试赛等重大活动，以及春节、国庆等重大节日期间环境保障工作。牵头推进冬奥会城市运行和环境建设管理工作组相关工作，在全市率先完成“一区六线”（奥林匹克中心区域以及二环、三环、四环、五环、机场高速、京沪高速6条线路）朝阳区段环境整治提升工作，清洗、粉饰和改造建筑立面15万平方米，绿化2.2万平方米，梳理架空线5.8万米；配合开展朝阳区文明城区创建工作，对照测评反馈问题挂账、销账，滚动管理，进行问题整改和督导复查；发挥环境综合巡查、环卫专业巡查、垃圾分类检查、公共服务设施巡检作用，全面进行环境卫生自查和快速整治，整改问题1.6万余个，街面环境明显改观。

【背街小巷环境精细化整治提升】 年内，区城市管理委完成146条背街小巷环境精细化整治提升，完成2021年度任务。其中，达标类123条、精细化23条，整修外立面1777平方米、地面2096平方米，修复盲道150.3延长米，梳理架空线1882延长米，新增机动车停车位72个、施划停车位319个、清理私装地锁249个，清理堆物堆料560250千克等。在由北京市城市管理委员会、首都精神文明建设委员会办公室、北京市规划和自然资源委员会、北京日报社等单位联合发起的“北京最美街巷”评选活动中，望京小街被评为十大“北京最美街巷”，亮马河北侧滨河路入围“北京最美街巷”。（武　兴）

环境卫生

【概况】 北京市朝阳区环境卫生服务中心（简称“区环卫中心”）是朝阳区环境卫生专业作业服务队伍，下设环卫一、二、三、四队，第一、二、三、四清洁车辆场，房修所及北京朝环生态资源科技有限公司等10个基层作业单位。全年负责清扫道路面积3494万平方米，其中机械作业面积1654.33万平方米，“洗、扫、冲、收”新工艺作业覆盖率93.6%；人工作业面积1839.67万平方米，保洁过街天桥167座，地下通道55座，保洁清掏果皮箱10442个；管理公共卫生间1688座，密闭式清洁站257座，大型密闭式清洁站16座。全年清运厨余垃圾29.17万吨，清运餐厨垃圾9.38万吨，清运其他垃圾130.95万吨，清运处理粪便76.12万吨。

【朝阳区委党校环卫中心分校成立】 5月26日，中共北京市朝阳区委党校朝阳环卫中心分校成立，揭牌仪式在区环卫中心一层信息指挥大厅举行。朝阳区委党校党委委员、二级调研员董淑玲宣读朝阳区委党校同意成立分校的复函，朝阳区委党校党委书记、常务副校长李燕梅与朝阳环卫中心党组书记、主任李罡共同为分校揭牌。

【冬奥环境保障演练】 9月起，区环卫中心开展冬奥环境保障筹备工作。9月30日，朝阳环卫二场召开冬奥会测试赛环境保障推进会，会议确定“四专一对接”（专人、专车、专运、桶车对接、专口倾倒）的闭环保障方式。10月6日起，区环卫中心涉奥基层单位开始清运冬奥会速滑馆生活垃圾，落实冬奥闭环保障。11月2日，区环卫中心在北京冬奥村参加由北京冬奥村（冬残奥村）场馆后勤服务团队、北京市城市管理委、朝阳区城市管理委联合举办的扫雪铲冰工作应急保障演练。12月30日，朝阳环卫四队召开业务安全联席培训暨涉奥人员疫情防控培训会，培训涉奥环境保障人员防护意识和穿脱防护服。

【扫雪铲冰】 11月6日，区环卫中心对朝阳区首场降雪开展扫雪铲冰作业。出动作业人员约10500人次、小型步道扫雪机54台次、融雪水车694车次、多功能除雪车69车次、垃圾收纳车15辆、三轮车182辆，使用融雪剂627.5吨，干撒融雪剂345吨，融雪液10125吨，保障市民出行。

▲ 5月26日，朝阳区委党校环卫中心分校揭牌仪式在区环卫中心一层信息指挥大厅举行（区环卫中心　供图）

【技术创新】 12月29日，2021年朝阳区环卫技术创新评比展示在第二清洁车辆场、第三清洁车辆场场部举办。评比小组现场对8项创新项目进行评比，评出一等奖2项：集中箱结构优化项目（第一清洁车辆场）、融雪剂撒播装置（环卫一队）；二等奖3项：车辆盲区报警器（第三清洁车辆场）、灯罩摘取器（环卫三队）、牵引平板车（环卫四队）；三等奖3项：勾臂车防脱钩报警装置（第二清洁车辆场）、小广告冲刷车后喷洒装置（环卫二队）、除雪车智能播撒系统改造（第四清洁车辆场）。区环卫中心主任李罡到场观看，听取技术创新项目讲解，对创新成果表示肯定。

【环境卫生保障】 年内，区环卫中心完成全国两会、五一、端午节、中秋节、十一等重要活动和重大节日环境卫生保障工作。出动保洁人员18.36万人次、道路清扫作业车辆1.77万车次，使用再生水13.38万吨，并出动检查人员5800人次开展自查、排查，完成环境保障任务。（张香玲）

循环经济产业

【概况】 北京市朝阳循环经济产业园管理中心（简称“循环经济产业园”）为区政府直属事业单位，业务归口区市政市容委管理。园区建有朝阳区高安屯卫生填埋场、生活垃圾焚烧发电厂、餐厨垃圾处理厂、医疗垃圾处理厂、朝阳生活垃圾综合处理厂焚烧中心、北京市朝阳生活垃圾综合处理厂生物处理中心试验项目、废旧物资回收中心、建筑废弃物资源化利用中心。2021年，园区消纳生活垃圾99.27万吨，渗沥液处理34.91万吨，上网发电4.51亿千瓦时。全年接待社会参观259批次，7016人次。循环经济产业园被评为全国第七批国家生态环境科普基地、生活垃圾卫生填埋及生态修复专业委员会副主任委员单位、2020

年度首都城市环境建设管理突出贡献单位、首都文明单位、北京市朝阳区科学教育馆联盟成员单位。（李　强）

【焚烧中心项目A级检修】 4月29日，循环经济产业园内的朝阳区生活垃圾综合处理厂焚烧中心A级检修完毕，6月9日竣工验收。朝阳区生活垃圾综合处理厂焚烧中心于2016年5月建成投产，2020年12月25日开始进行A级检修。检修工作分别由湖南中能建电力设备有限公司、中国能源建设集团东北电力建设第一工程有限公司、卧龙电器烟台东源变压器有限公司、安徽新力电业高科技有限责任公司、宜兴市中洲节能工程有限公司、北京创世鹏达防腐保温工程有限公司、山东泰银建设有限公司承担，北京中城建建设监理有限公司监理。检修包括解体检查和修理3条焚烧线、3条烟气净化处理线、2套汽轮机组和全厂电气系统等核心运行设备，含16大项、1551子项。（杨　溸）

【配电室增容项目建设】 4月30日，循环经济产业园配电室增容项目完工，5月8日通过竣工验收并投入使用。项目位于填埋场沼气发电车间北侧，包括：新增1000千伏安变压器2台，800千伏安变压器1台；敷设电缆2002米，新建电力管线500米；新建、改造电力井16眼。该项目于2020年10月16日开工，由政府投资1491.35万元，北京华安瑞祥电气安装有限公司施工，北京中城建建设监理有限公司监理。（刘志恒）

【机构转企改制】 4月，区城市管理委成立北京市朝阳区再生资源循环利用管理事务中心，区循环经济产业园的规划建设科、科技办公室、业务管理科、安全监督管理科、信息化办公室相关职责及18个事业编制及14名人员划入区城市管理委。12月28日，循环经济产业园管理中心启动转企改制，组建北京朝阳环境有限公司，完成工商注册登记，取得公司营业执照，循环经济产业园管理中心由事业单位转企改制为北京朝阳环境有限公司，为朝阳区国资委所属一级国企。12月29日，循环经济产业园管理中心组织召开职工大会，通过《转企改制方案》《人员安置方案》，完成人员安置意愿统计。北京朝阳环境有限公司承继循环经济产业园管理中心全部资产、债权债务及经营性业务，定位为朝阳区固废处理设施专业建设运营管理平台。主要承担朝阳区固废处理及资源循环利用相关经营业务，负责焚烧、餐厨等项目运营、公共区域管理和规划项目建设和运营。公司设综合办公室、党群办公室、财务管理部、战略投资部、运营管理部、安全生产部、法务审计部7个部门。（王　涛）

【涉疫生活垃圾处理】 年内，循环经济产业园接收处理来自蟹岛、阳光丽城、朝阳公园、机场、大洋路市场等隔离点和市场的涉疫生活垃圾800余吨。涉疫垃圾由区环卫服务中心专人专车运送，并做好运输司机个人防护和运输车辆消毒处理工作，确保涉疫生活垃圾及时稳妥处置。（杨　溸）

【媒体宣传】 年内，循环经济产业园接待北京电视台生活频道、卡酷少儿台和《人民日报》《新京报》《中国环境报》《中国建设报》及朝阳融媒体等12家媒体采访19次，主要进行多维度宣传垃圾处理知识，提高公众对环保领域的认识。参与BTV生活频道录制《垃圾分类我们一起来》主题节目2次，向听众普及居民在做好垃圾分类之后不同种类垃圾所对应的科学垃圾处理工艺和资源循环再利用的具体操作方法等相关内容。（王小文）

【对外开放接待】 年内，循环经济产业园接待社会各界参观259批次、7016人次。其中接待政府部门38批次、685人次，居民107批次、3877人次，社会单位参观学习22批次、579人次，学生参观学习44批次、1287人次，同行业交流28批次、458人次，媒体采访20批次、130人次。主要参观科普展厅、垃圾处理设施、示范园等，以科普和宣传各种垃圾处理工艺和过程及如何实现垃圾变废为宝等主要内容，让来访者感受垃圾减量化、资源化和无害化处理的实际效果，了解垃圾处理知识。（黄敬涛）

【环境建设】 年内，循环经济产业园完成填埋堆体东、西、北侧坡绿化提升，完成填埋堆体南坡改造提升，提升面积约1.5万平方米，包括场地平整、土壤改良、铺种草坪、种植色带等。针对园区西林地土山裸露情况，补植国槐1000棵、面积1.2万平方米。（张　娟）

【园区安全检查】 年内，循环经济产业园开展综合、专项安全检查及疫情

▲ 4月10日，循环经济产业园内焚烧中心卸料入口处工作人员进行消杀工作　（高姗姗　摄）

防控相关检查71次，发现各类问题87项，提出安全提升强化意见建议141项，开出隐患整改通知2份，全部限期整改。（刘　瑾）

节能减排

【概况】 截至年底，朝阳区污染物总量减排中，挥发性有机物减排39.23吨，完成高全年任务指标。作为全市碳排放量最大、重点排放单位最多的区域之一，2021年全区碳排放强度比上年下降3%，二氧化碳排放总量约为1580万吨。

【高排放非道路移动机械减排】 年内，朝阳区执行《北京市人民政府关于划定禁止使用高排放非道路移动机械区域的通告》要求，全域禁止使用高排放非道路移动机械，加强非道路移动机械监管，确保移动机械减排效果。全年核发非道路移动机械编码1568台，处罚机械212台。

【"碳中和""碳达峰"工作开展】 年内，朝阳区开展"碳达峰""碳中和"工作。草拟《北京市朝阳区数据中心碳减排技术与管控方案研究报告》《北京市低碳试点创建方案朝阳区国家速滑馆》《2020年度朝阳区温室气体排放分析报告》等。严格碳排放单位管理，对163家重点碳排放单位、120家一般碳排放单位进行绿色低碳政策宣传，全面完成履约信息上报工作。在全区组织开展全国节能宣传周和低碳日活动。（高　宇）

园林绿化

【概况】 朝阳区园林绿化局（朝阳区绿化委员会办公室）隶属朝阳区人民政府，职能业务归市园林绿化局监督指导。4月，完成机构改革。2021年，市级下达朝阳区新一轮百万亩造林绿化任务333公顷，实际完成346公顷。根据北京市"两条绿色项链"（一道城市公园环和二道郊野公园环构成的两道生态屏障）规划，完成"留白增绿"绿化40万平方米、"战略留白"临时绿化17.33万平方米。建设黑庄户廊道景观带，完成2个区级小公园建设、5处屋顶绿化、3个全龄友好型公园建设。"十三五"期间，朝阳区新建改造绿化面积32.76平方千米，新建改造大中小微型公园绿地127处，包括基本建成并开放的绿隔地区大中型公园19个、中小微型公园绿地108个。根据朝阳区"十四五"规划，完成《朝阳区绿道体系规划（2020年—2035年）》编制。推动9.5千米朝阳绿道示范段建设，11月底，示范段道路铺设基本完成。构建平原生态林级分类管护体系，开展林分结构调整方案编制，在5个乡、27个地块调整1389.34平方千米，伐除劣质树木8194株、场内移植11291株、其他稀疏区域补植乔灌木7683株，建立金盏乡高质量示范区1个。实施太阳宫乡尚家楼村长庆公园村头片林、来广营乡红军营村头片林、南磨房乡窑洼湖景观休憩功能村头片林改造提升；营造生物多样性小区，增加50个本杰士堆、100个人工鸟巢和5个昆虫旅馆。开展园林绿地"灭死角、除盲区"、不文明游园行为专项治理等行动，为9个公园制作安装垃圾分类公示栏18块，设置宣传条幅及海报导视牌等216块，维修更换分类垃圾桶228个。落实市属公园与各区"一对一"对口帮扶机制。朝阳公园于2月11日向公众免费开放，实现朝阳区全部注册公园免费开放目标。落实森林防火工作要求，制订朝阳区森林火灾风险普查两年行动计划。应急开展美国白蛾防控，成立应急队伍5支，发挥10个市级监测点和20个区级监测点预测效能，出动4330余人次、1150余车次，监测巡查3547余千米，除治美国白蛾病树157844株。加强野生动物救护和疫源疫病监测。开展安全生产专项整治三年行动（2019—2022年），全年投入安全生产检查3199人次，下发检查单3498份，整改排查隐患6202处。制定《朝阳区园林绿化局关于落实"谁执法谁普法"普法责任制行动方案》，打造全国科普日主场宣传、将府公园森林影像艺术季、朝阳森林演出季等朝阳区创建国家森林城市宣传活动60余场，在交通枢纽、公园绿地等公共场所及线上平台投放公益广告。采购、发放森林防火宣传牌900块，域内全年未发生重大森林火灾事故。（魏冬梅）

【"清风行动"联合执法】 2月26日，市园林绿化局、市农业农村局、市委政法委、市公安局、市交通委员会、市委网信办、市市场监督管理局与北京海关会同区园林绿化局、区森林公安大队等相关部门共同开展"清风行动"联合执法。联合执法检查十里河天骄市场及外围、华声天桥市场，出动执法人员20余人次、车8辆次，通过联合行动，打击破坏野生动物资源违法犯罪行为。（英　頔）

【首都义务植树活动】 4月2日，首都义务植树活动朝阳区温榆河公园植树点植树品种包括油松、矮紫杉、红瑞木、碧桃、楸树、西府海棠等。（张　珊）

【机构改革】 4月25日，根据区编委办机构编制文件，原区园林绿化监督管理所、区园林绿化服务中心与区林业工作站（区林业保护站、区林木种子苗木管理站）整合组建北京市朝阳区园林绿化管理服务中心，加挂北京市朝阳区林业工作站牌子；原北京市朝阳区郊野公园管理中心更名为北京市朝阳区公园和绿化建设管理中心，同属区园林绿化局公益一类事业单位，机构规格正科级，经费形式为财政补助（全额）。设立朝阳区园林绿化综合执法队（简称"区园林绿化执法队"）。（魏冬梅）

【森林督查专项行动】 4月，朝阳区成立由主管副区长及各街道及地区办事处等相关单位组成的打击毁林专项行动工作组，负责森林督查专项行动的统一组织、部署实施、督导检查、联合执法、研究办理重大案件等具体工作。年内，专项行动工作组通过国家森林资源智慧管理平台收到市园林绿化局下发图斑 148 块，面积 33.62 万平方米。经核实，判定有相关审批手续 54 块、面积 9.8 万平方米，判定疑似违法地块 94 块、面积 23.81 万平方米。在疑似违法地块中，已经整改、承诺整改及公园建设中未办理移伐手续地块 76 块，面积 20.05 万平方米；未整改到位地块 18 块、3.77 万平方米，问题包括硬化、有建筑、超审批等。北京市森林资源管理监督平台挂账图斑 34 块，面积 7.34 万平方米，其中市审计局审计出朝阳区问题图斑 28 块，在 7 月区政府会议中将上述地块列入持续整改地块。专项行动期间，区园林绿化局立案处理涉林案件 11 起，其中擅自改变林地用途 10 起、毁坏林木 1 起。（任雨晴）

【春季平原生态林养护管理综合检查】 5 月 7 日、9 日，区园林绿化局对辖区内 19 个乡的 38 个地块从林分质量、林地质量、养护措施及高质量发展四个方面进行检查。邀请市林业总站专家郑波、白淑媛及各乡林业管护负责人约 60 人参加检查。检查结果为：孙河乡、崔各庄乡、将台乡、黑庄户乡、高碑店乡、太阳宫乡、东坝乡、平房乡、南磨房乡、来广营乡排名前十位。（黄　珊）

【古树名木养护】 5 月，区园林绿化局搭建朝阳区古树名木智慧信息平台，安装智能树环，完成古树名木基础信息数据采集；建立“一树一档”保护方案，推进古树社区建设。截至年底，全区有古树名木 679 株，其中名木 88 株、古树 591 株。全年古树名木精细化体检 149 株、普通体检 530 株，总体树木生长情况良好率超过 70%。区财政拨付古树名木专项保护资金 80 万元。（刘　洋）

【第二季度城镇绿地检查】 6 月 8 日，市园林绿化局城镇绿化处携 4 位专家选取朝阳区特级绿地 5 块、东湖街道 6 个居住小区及补植补种道路 2 条，开展绿地补植补种检查。检查情况为朝阳区等级绿地管护良好、干净整洁，树木修剪到位、主次分明、长势良好。（黄　珊）

【林长制建立】 6 月 8 日，区园林化局制发《朝阳区关于全面建立林长制的工作方案》。7 月 8 日，以朝阳区林长制办公室名义印发建立总林长令及林长制调度、巡查、督查、考核、部门协作、信息共享和报送等 7 项林长制改革配套制度。全区 43 个街乡成立街乡林长制办公室，明确工作方案以及街（乡）、社区（村）级林长和职责。建立朝阳区林长制网格化管理体系，建立健全“一长两员”［社区（村）级林长，林管员、护林员］末端管护队伍。全区划分网格 1334 个，最大网格面积近 116 万平方米、最小网格面积 800 平方米；设立林长 936 人，其中区级林长 14 人、街乡级林长 259 人、社区（村）级林长 663 人；林管员 719 人，护林员 984 人。（张　森）

【重大活动保障】 7 月 1 日，区园林绿化局承担完成国家级中国共产党成立 100 周年重大活动外围保障任务。其中，元大都公园、奥林匹克森林公园、中华民族园承担鸟巢主会场重大活动的外围保障工作，红领巾公园、朝阳公园和窑洼湖公园为水上救援追降点位。（杨　行）

【公园荷花种植情况统计】 7 月 6 日，区园林绿化局对全区公园荷花种植情况进行摸底统计。经过统计，朝阳区公园荷花种植总面积为 9.54 万平方米，其中荷花种植面积超千平方米的公园 12 个，分别是：日坛公园、团结湖公园、红领巾公园、大望京公园、望和公园、朝阳公园、奥森公园、望湖公园、朝来农艺园、中华民族园、古塔公园、将府公园。（杨　行）

【森林火灾风险普查】 8 月 17 日，区园林绿化局印发《朝阳区森林火灾风险普查工作方案》，启动朝阳区森林火灾风险普查工作。截至年底，完成森林可燃物调查、野外火源调查、重点隐患调查；配合市级专家组开展外业调查，获取油松、国槐、白蜡等代表性树种地块的环境因子、林分因子等数据，为朝阳区森林火灾风险性评估、重点隐患评估打下基础。（郝　旗）

【平原重点区域造林绿化工程（二期）】 9 月，朝阳区 2020 年平原重点区域造林绿化工程（二期）启动，截至 12 月 31 日，总工程进度完成 65%。施工地点涉及崔各庄乡、孙河乡，施工面积 50.92 万平方米，施工内容包括绿化工程、庭院工程、灌溉工程及土方工程。工程投资 7790.56 万元，由北京市园林设计工程有限公司（一标段崔各庄乡）、北京福森园林绿化工程有限公司（二标段孙河乡）承建，北京中景恒基工程管理有限公司监理，北京易景道景观设计工程有限公司设计。（杨孟佳）

【绿地应急养护】 11 月 6 日至 7 日，北京市出现明显降雪和强降温天气，区园林绿化局落实领导带班值班制度，提前做好应急准备。全局备勤 428 人、车辆 39 辆、高枝车 2 辆，清理 3826 株树木冻雪树挂、除雪 1.18 万平方米；出动人员 1806 人次、车辆 194 辆次，处理树木折枝 3 处，处理倒伏树木 160 株，未出现倒树伤人情况。（黄　珊）

【公园结对帮扶活动】 年内，区园林绿化局开展公园结对帮扶工作。推出“北京天坛公园 & 将府公园‘二月兰’主题摄影作品联展”；大望京公园对孙河乡开展技术帮扶，完成杨柳絮治理 1660 株、行道树遮阴挡光修剪 577 株、防治美国白蛾乔灌木 19215 株；日坛公园与兴隆公园开展业务交流座谈。以落实防疫要求为前提，开展具有全市影响力的文化活动 5 次，包括

朝阳公园“书市”活动，温榆河公园“冰雪活动”“麦田音乐节”，奥林匹克森林公园“网球比赛”“秋日向日葵观赏”。（杨 行）

【义务植树】 年内，区绿委办举办植树活动30余场，近万人次参与；发放电子版“首都全民义务植树尽责证书”4300余份，义务植树尽责抚育15000余株，新植树木4000余株。发挥全市首家区级和街乡级“互联网+义务植树基地”望和公园、太阳宫公园的宣教作用，融合六里屯街道、太阳宫夏家园社区、崔各庄鲜花工厂3家园艺驿站等绿色宣教互动平台资源，开展生态宣教活动。创建望京街道办事处望京西园四区社区、大屯街道办事处育慧西里社区、八里庄街道办事处罗马嘉园社区等8家首都绿化美化花园式社区，评选出“首都森林城镇”1个（孙河乡人民政府）和“森林村庄”2个（黑庄户乡铺村、来广营清河营村），强化全民共建、共享、共荣理念。区园林绿化局获评2020年“首都全民义务植树先进单位”称号。（张 珊）

【野生动物保护】 年内，区园林绿化局加强野生动物救护和疫源疫病监测。通过“爱鸟周”宣传、“清风行动”、执行《中华人民共和国森林法》和《中华人民共和国野生动物保护法》，打击非法鸟类市场，对在册养殖单位的养殖情况进行检查。出动检查人员264人次、车辆106辆次，每周六、日配合市执法大队及街乡城管队对路边鸟市进行巡查检查。截至12月31日，全区有在册陆生野生动物人工繁育单位8家，全部签订《朝阳区野生动物保护管理责任书》。全年接救助动物诉求30起，救助动物16只，立案15起。（任雨晴 英 頔）

【《朝阳区绿道体系规划》】 年内，根据朝阳区“十四五”规划，区园林绿化局编制完成《朝阳区绿道体系规划（2020—2035年）》（以下简称《规划》）。《规划》构建“两环五廊、八片多圈”（两环：一道绿隔内布局城市公园环绿道、二道绿隔内沿温榆河—东部生态带布局郊野公园环绿道；五廊：机场高速绿廊绿道、亮马河—坝河绿道、北小河绿道、通惠河绿道、萧太后河绿道布局的5条生态绿道；八个文化片：奥运文化片、望京商贸文化区、三里时尚文化片、CBD总部文化片、垡头工业遗址文化片、三间房动漫文化片、黑桥创意文化片、798—大山子创意文化片；多个生活圈：在望京、北苑、劲松、双井等区域布局多个生活圈绿道）总体布局，确立朝阳绿道、生态温榆绿道、智慧798绿道、潮酷CBD绿道、潮流国际绿道和万亩森林绿道6条绿道体系。推动绿、水、路“三网”融合，打造群众绿色慢行空间。重点启动总长约100千米的朝阳绿道规划建设，北起温榆河公园一期，南至朝阳公园，整体呈“一线串六环”（一条绿道主线，六环包括北部郊野公园环、望京大外环、朝阳站环以及3条公园内环线）结构，并提升为市级绿道。（魏冬梅）

【行政审批】 年内，区园林绿化局依法依规完成“多规合一”项目园林方案审核58项，附属绿地改造方案审查6件。严格占用林地、采伐林木审批，上报市园林绿化局使用林地审核8件，使用林地面积69.00万平方米；使用林地审批5件，占用林地面积0.25万平方米。审批临时占用林地12件、9.23万平方米；批准修筑直接为林业生产经营服务的工程设施占用林地2件、5.65万平方米和林地备案4件、7.11万平方米。审核及审批林木采伐131件、7272株，林木移植188件、307123株。审核永久占用绿地21件、8116.8平方米，临时占用绿地46件、71783.2平方米，审核砍伐树木许可9件、223株，审核移植树木许可28件、3575株。审批临时占用绿地7件、2248.5平方米，树木砍伐115件、384株，树木移植49件、406株。社会投资项目涉及审核许可7件，涉及砍伐树木157株、移植树木2035株；审批许可1件，涉及砍伐树木7株、移植树木7株。（任宇晴）

2021年朝阳区注册公园一览表

表6

序　号	公园名称	地　址	电　话
1	团结湖公园	团结湖南里16号	85962151
2	日坛公园	日坛北路6号	85616301
3	红领巾公园	后八里庄5号	85839070
4	元大都公园	安外小关街甲38号	84648252
5	四得公园	将台西路9号	64384057
6	庆丰公园	厂坡村甲2号	67735955
7	北小河公园	师家坟156号	64708518

续表 6

序　号	公园名称	地　址	电　话
8	望和公园	北四环东路77号	84765896
9	大望京公园	望京东路甲6号	64725018
10	中华民族园	民族园路1号	62063618
11	朝阳公园	朝阳公园南路1号	65065409
12	太阳宫公园	太阳宫中路6号	52018583
13	望湖公园	望京北路51号	64785355
14	丽都公园	芳园西路6号	64360541
15	东一时区公园	重兴寺东路	65730048
16	朝来农艺园	来广营乡新生村新北路	84913534
17	奥林匹克森林公园	科荟路33号	64529010
18	南湖公园	阜通西大街20号	64735751
19	八里桥公园	八里桥1号	65716210
20	金盏郁金香花园	金盏西大街路北	51781888
21	立水桥公园	明天第一城社区汤立路两侧	84842902
22	北焦公园	化工路东口1号	67374074
23	将府公园	将台东路甲16号	64331580
24	东风公园	将台洼村	85810699
25	京城梨园	平房乡姚家园路与东五环路交会处东南角	85574810
26	杜仲公园	金卫路	85367196
27	太阳宫体育休闲园	太阳宫西路1号	64323577
28	兴隆郊野公园	高碑店乡兴隆庄甲8号	85759918
29	京城体育休闲公园	平房乡政府北	85574810
30	京城森林公园	平房乡政府南侧	85574810
31	京城槐园	平房乡机场二高速石各庄桥北	85574810
32	古塔郊野公园	王四营乡	87390858
33	常营公园	幺家店路	84910079
34	白鹿郊野公园	王四营乡道口村	87390858
35	金田郊野公园	豆各庄乡于家围北村478号	85362178
36	镇海寺郊野公园	小红门乡	87604036
37	百花公园	高碑店乡北花园村	65765898
38	东坝郊野公园	东坝乡康各庄路	65491802
39	鸿博郊野公园	小红门乡	87609839
40	老君堂郊野公园	十八里店乡老君堂村	67474556

续表 6

序　号	公园名称	地　址	电　话
41	朝来森林公园	来广营乡新生村	84911886
42	勇士营郊野公园	来广营乡中部	84910079
43	海棠公园	十八里店乡老君堂村	67474556
44	清河营郊野公园	来广营乡清河营村	84910079
45	黄草湾郊野公园	大屯乡北五环路	64922882

注：序号 1 ~ 22 为局属和行业公园，序号 23 ~ 45 为郊野公园。

朝园弘园林绿化有限责任公司

【概况】 北京朝园弘园林绿化有限责任公司隶属区园林绿化局。承揽园林绿化、园林机械、花卉苗木、环保技术开发等业务。具有城市园林绿化壹级资质，获 ISO 9001 质量管理体系、ISO 14001 环境管理体系和 OMS 18000 职业健康安全管理体系认证，是中国风景园林学会会员单位。公司承担的 2018 年“来广营乡朝来森林公园三期项目（1 标段）”、2018 年“长安街及其延长线八里桥公园改造提升项目”分别获“北京市园林绿化科学技术奖——园林工程奖铜奖”和“园林绿化养护精细化管理平台”“中国风景园林学会科学技术奖（科技进步奖）一等奖”。年内完成招投标工作近 200 项，包括 2021 年全龄友好公园（黄渠公园）（施工）、驹子房路及李罗营北路道路绿化工程、朝阳区重点区域环境整治项目（第三批）等。（岳　棋）

【驹子房路及李罗营北路道路绿化工程项目】 10 月 15 日，驹子房路及李罗营北路道路绿化工程开始施工。两条道路长约 5.25 千米，施工项目包括：内行道植树，建主辅路隔离带、中央分隔带、外侧绿化带，绿化面积 67895.27 平方米。由区财政投资 709.78 万元，北京市公联公路联络线有限责任公司建设，国信腾远（北京）工程设计有限公司设计，北京朝园弘园林绿化有限责任公司施工。截至 2021 年 12 月 31 日，该项目完成总工程量的 55%。（李建航）

【全龄友好公园（黄渠公园）项目】 12 月 2 日，2021 年全龄友好公园（黄渠公园）项目竣工。该工程于 9 月 23 日施工，位于朝阳区黄渠公园内，施工面积 27587 平方米，施工项目包括绿化工程、庭院工程、灌溉工程等。由区财政投资 418 万元，北京市朝阳区园林绿化局建设，北京市园林古建设计研究院有限公司设计，北京朝园弘园林绿化有限责任公司施工，北京子恒工程管理有限公司监理。（李建航）

园林绿化管理服务中心

【概况】 北京市朝阳区园林绿化管理服务中心（加挂北京市朝阳区林业工作站牌子）位于姚家园北二路与星火东路交叉路口东北角，隶属区园林绿化局。4 月 25 日，区园林绿化管理服务中心成立。中心开展美国白蛾防控工作，建立健全防控体系，实现美国白蛾疫情动态监测全覆盖。向各街、乡及有林单位发布《朝阳林保情况》简报 30 期 1800 余份。调查、监测各类林业有害生物，面积 9930 万平方米，地面喷药防治各类林业有害生物，人工剪除美国白蛾网幕 10552 个，实现第三代美国白蛾防治率 100%。全区 43 个街乡美国白蛾严重危害得到有效控制。（周新颖）

【机构改革】 4 月 25 日，根据《中共北京市朝阳区委机构编制委员会关于区园林绿化局所属事业单位改革有关事项的批复》，区园林绿化监督管理所、区园林绿化综合服务中心与区林业工作站（区林业保护站、区林木种子苗木管理站）整合为区园林绿化管理服务中心，加挂区林业工作站牌子。调整后，区园林绿化管理服务中心为区园林绿化局所属公益一类事业单位，机构规格正科级，经费形式财政补助（全额），事业编制 60 名，其中主任（站长）1 名（正科级）、副主任（副站长）3 名（副科级）。内设批后监督部、巡查检查部、财务部、行政部、党群业务部、专项业务部、林保部、综合业务部 8 个部。主要职责为：配合承担辖区林木有害生物防治及检疫工作；组织实施全区果树、林木种苗产业发展工作；负责林果及蜂产品质量监督管理及技术指导服务工作；配合做好林业植物检疫和木材运输及林木种子生产经营的审批工作；配合开展野生动植物保护相关工作；指导街乡林业工作；协助做好公共绿地验收备案工作；负责林地绿地、林木树木许可批后监督工作；承担辖区林地、绿地专项巡查检查；负责绿地认建认养协议管理等工作。截至年底，单位在编在岗职工 59 人，其中管理岗 34 人，专业技术岗 25 人。（周新颖）

【林木良种推广】 11月5日，区园林绿化管理服务中心邀请市园林绿化科学研究院林木专家王茂良到京城梨园讲解冬季“丽红”元宝枫的养护要点及注意事项，制作“丽红”元宝枫宣传牌2个固定在展示区域，对游人宣传科普。园林绿化科学研究院、区园林绿化管服中心及公园养护人员10人参加。（李白冰）

【白蛾除治进社区】 11月26日，区园林绿化管理服务中心在小黄庄社区开展以“白蛾除治进社区，环境消杀控疫情”为主题的挖蛹除治活动。国家林草局生态保护修复司、国家林草局防治检疫处、市园林绿化局防治检疫处和市园林绿化资源保护中心、区园林绿化局领导，以及志愿者、党员及市民80余人参与活动。此次挖蛹活动在中国建筑科学研究院家属区开展，面积约9万平方米。活动现场，党员、志愿者和热心市民在绿化专家和专业工人的指导下，带上钉耙、铲子、取样袋等工具，在小区窗台和屋檐下、房前屋后砖石瓦块下、地面枯枝落叶等温暖潮湿的地方开展挖蛹活动。挖蛹是冬季美国白蛾防控的有效手段，可以有效减少越冬虫口基数，减轻下年防控压力，同时，人工挖蛹可以减少化学药剂使用，保护生态环境。（曹郭莹）

【林木有害生物防治】 年内，朝阳区发生林业有害生物218.44万平方米，全部予以防治。其中春尺蠖发生126.73万平方米，国槐尺蠖发生33.35万平方米，白蜡窄吉丁发生6.34万平方米，悬铃木方翅网蝽发生32.02万平方米，总体呈轻度发生。美国白蛾发生面积约20.01万平方米，在全区24个城区街道办事处和19个农村地区办事处均有发生，在部分防控力量比较薄弱的社区内发生比较严重，在全区主要道路及公园内发生较轻。生物防治释放周氏啮小蜂3.7亿头，防治美国白蛾等鳞翅目害虫，防治1200.6万平方米；释放管氏肿腿蜂200万头防治天牛，防治166.75万平方米；释放白蜡窄吉丁肿腿蜂200万头防治白蜡窄吉丁，防治66.7万平方米。（张　磊）

【代征绿地接收】 年内，区园林绿化管理服务中心完成十八里店乡北建陆港国际物流1号仓储项目、奥体文化商务园区土地一级开发（地下公共空间）项目和孙河乡组团中心湖绿地等7个代征绿地项目的移交和接收工作，绿地面积22.24万平方米。（景　鑫）

【绿地认建认养整改】 年内，园林绿化管理服务中心配合区绿地认建认养整改专班完成青年路C区住宅、亚运新新家园等14处绿地认建认养专项整治项目持续整改工作，并通过市、区整改专班验收。对仰山公园、望湖公园、儿童主题公园等21处认建认养项目的代征绿地进行全覆盖监督检查，出动监督人员300余人次、车辆250余辆次。对仰山公园、立水桥公园等21处认建认养公园、绿地开展巡查检查，对发现的问题立行立改。（景　鑫）

【果园建设】 年内，朝阳区在册果园11家，其中有机认证企业1家，无公害认证企业8家，未认证企业2家。截至年底，果园总面积136.55万平方米，总产量38.57万公斤。投入有机肥2000吨，用于无公害认证基地土壤改良，改善土壤质地，提高土壤肥力。市区抽检果品32批次，合格率100%，全年培训果园工作人员3次、100人次。（蔡继红）

公园和绿化建设管理中心

【概况】 北京市朝阳区公园和绿化建设管理中心位于东四环红领巾桥东北角，为区园林绿化局所属公益一类事业单位。4月25日，区郊野公园管理中心更名为区公园和绿化建设管理中心。春季开始不定期对全区28个郊野公园疫情期间的疫情防控、森林防火、游客不文明行为等各项工作进行拉网式综合检查，并对发现的问题提出明确整改意见和时限，进一步夯实疫情防控工作。配合市发改委委托的评审机构，加快推进2008年立项建设的9个郊野公园项目竣工决算工作；启动推进2009年、2010年立项建设并通过工程验收的6个郊野公园决算工作。推进太阳宫郊野公园一期、太阳宫郊野公园二期、金田郊野公园二期、京城森林公园、京城体育公园等5个项目的工程验收工作。

【机构改革】 4月25日，根据《中共北京市朝阳区委机构编制委员会关于区园林绿化局所属事业单位改革有关事项的批复》，区郊野公园管理中心更名为区公园和绿化建设管理中心。调整后，经费形式由财政补助（全额），事业编制16名，其中，主任1名（正科级），副主任2名（副科级）。主要职责为落实公园行业标准，指导协调区该公园的景观保护、绿化美化、疫情防控、公园秩序等管理服务工作；在职责范围内，依规组织绿化工程及养护招投标，组织工程项目实施、验收、结算等。

【疫情防控】 年内，朝阳区28个郊野公园工作日日平均游客量约1.9万人，周末日平均游客量约2.6万人。要求各公园制定游客入园限流应急处置方案，按照不超过往年同期日最大承载量75%实行有效限流管控，同时在门区执行游客入园保持“一米线”、测体温、扫码入园等防控措施。（刘　岩）

绿化一队

【概况】 北京市朝阳区园林绿化局绿化一队隶属区园林绿化局。养护范围西起东二环，东至温榆河，南起分钟寺，北至北五环。绿化养护面积481.3万平方米，其中特级绿地61条、327万平方米，一级绿地94条、88.8万平方米，二级绿地78条、63.67万平方米，三级绿地 8 条、1.85 万平方米。年内，完成儿童主题公园和潞城中路绿化景观提升工程、来广营朝来森林公园三期项目（1 标段）、2019 市级重点环境建设项目（郭家村南侧、咸宁侯绿化环境整治）采购项目（咸宁侯项目）、温榆河公园朝阳示范区项目园林景观工程二标段（施工）的春季补植及养护工作；完成青年路（朝阳路—朝阳北路）道路绿化工程、雅宝路危改二期 A2 楼红线外—园林景观工程、中国民用航空局清算中心业务用房代征绿地整治工程；完成 2021 年花卉常态化项目 12 处。全年工程施工面积 2.67 万平方米。配合重大工程，勘测现场 60 余次、3.2 万平方米。处理绿地违章 180 余起。（张　静）

【花卉常态化项目】 5 月 12 日，2021 年花卉常态化项目（施工）开工，10 月 12 日竣工。项目施工面积 5785 平方米，种植树木 12 处，包括建国路 3.6 万株、金桐西路 1.23 万株、三环路南段 8.82 万株、光明桥 4.21 万株、朝阳公园南路 6.28 万株、老迎宾线 5.17 万株、东四环（内环）72.73 万株、工体北路 7.82 万株、朝外大街 8.94 万株、朝外市场街 5.60 万株、神路街 3.43 万株、日坛公园周边 1.62 万株；栽植花卉 130 万余株。工程由区园林绿化局建设，北京中城建建设监理有限公司监理。（张玲玲）

【二环路中央隔离带绿化改造工程】 11 月 3 日，二环路中央隔离带绿化改造工程开工，12 月 3 日竣工。项目位于外二环路（左安门桥至光明桥），绿化面积 1964 平方米，栽植绿篱 21600 株；管道安装 De40PE 管 150 米、De32PE 管 966 米、De16 滴灌管 2780 米；安装阀门井 4 座，安装闸阀 1 个、电磁阀 4 套、电磁控制器 4 个。工程由北京北林生态田园景观规划设计有限公司设计，北京中城建建设监理有限公司监理，区绿化一队施工。（李　伟）

【安全管理】 年内，绿化一队完善各项应急预案，制定重大节日、会议、极端天气 24 小时值班值守、领导带班制度，集中开展安全资产、隐患自改。全年督查检查场所 180 家次，排查出安全隐患 190 余项，全部完成整改。年内未发生安全生产及消防事故。（王思洋）

【配合重大工程】 年内，区绿化一队配合京沈客专工程建设、北京市政建设交通疏堵项目、北京地铁建设项目、热力消隐工程、自来水及雨污水改造工程、文化和旅游部机关绿化改造工程等各重大工程，勘测现场 60 余次、3.20 万平方米。移伐各类树木 859 株，还建树木 22 株，涉及绿地面积 1.75 万平方米，恢复往年占地面积绿化 0.94 万平方米。（侯　蕊）

绿化二队

【概况】 北京市朝阳区园林绿化局绿化二队隶属区园林绿化局。养护绿地范围东至金榆路，西至海淀交界，南至四惠桥，北至昌平交界。养护道路 327 条 / 块。绿化养护园林绿地 439.95 万平方米。其中，特级道路 93 条 / 块、280.28 万平方米，一级道路 122 条 / 块、106.94 万平方米，二级道路 92 条 / 块、44.13 万平方米，三级道路 18 条 / 块、3.89 万平方米，四环绿化（太阳宫）、四环绿化（将台）2 条 / 块、4.71 万平方米；公共绿地 28 处，地被植物 166.8 万平方米。年内，受理“12345”市民服务热线反映案件 858 件，办结率 100%。完成全国两会、东风公园植树、冬奥会、“创建文明城区”复检等保障任务；减除病虫害枝 1400 余处，打药 900 余车次，涉及道路绿地 300 余条；驰援各个地方办事处自管道路绿地虫害防治；协调做好绿地监督巡查，全年交通赔偿处理 22 起；按照区委、区政府关于《北京城市总体规划》总体部署，完成孙河组团城市森林景观工程、望京西路与阜通西大街交叉路口园林绿化、2021 年花卉常态化项目（施工）、朝阳区重点道路环境整治项目（第三批）（第四批）、大屯路（八达岭高速公路—北苑路）道路工程（湖景东路—北辰东路）改造等工程项目 21 万平方米。雨季发生树木倒伏 41 棵、树木折枝 51 棵，压车 19 辆，予以处置。（刘晓兰）

【花卉布置】 5 月 12 日，区级工程 2021 年花卉常态化项目（施工）工程开工，10 月 12 日竣工。施工范围包括农展桥、中轴路、民族大道、北辰东路、安定路等 12 条道路，绿化面积 6721.28 平方米，栽植绿植 170 株，时令花卉 106.28 万株。区政府投资 1186.17 万元，由朝阳区园林绿化局建设，北京朝园弘园林绿化有限责任公司施工，北京中城建建设监理有限公司监理，北京北林生态田园景观规划设计有限公司设计。（任　爽）

【虫害治理】 9 月至 10 月，美国白蛾陆续化蛹，为防范次年白蛾再暴发，开展美国白蛾虫蛹除治工作。协助铲除辖区各个办事处自管道路绿地病虫害，涉及 4 个街道 21 个小区，打药 105 次车。年内，美国白蛾爆发，单位绿化道路 300 余条，出动打药车 900 余次车，减除枝上虫害 1400 余处，所辖道路虫害得到根本控制。（刘孟然）

【环境整治项目】 9 月 16 日，区域环境提升项目朝阳区重点区域环境整治项目（第三批）工程开工，10 月 2 日竣工。施工面积 1.25 万平方米，包括奥体中路东南角、北土城东路地铁站、民族园路部分区域、北辰西路主辅路部分区域、林萃路部分区域、G6 辅路四环里四环外部分区域。工程由区财政投资 390.15 万元，北京市朝阳区园林绿化局建设，北京朝园弘园林绿化有限责任公司施工，北京华达建业工程管理股份有限公司监理，东方梦幻（北京）建筑设计有限公司设计。8月20日，重点区域环境整治项目（第四批）工程开工，9月20日竣工。工程范围包括北苑公园、小营西路、西坝河与三环路交会路口东北角绿地、A片区曙光西里、B片区东域大厦、和平西桥地铁站B口沿线景观、大屯街道北京联合大学西南口、三元桥至三元西桥绿地边界整治，绿化面积5153平方米。栽植常绿乔木75株、灌木843株、落叶乔木198株、时令花卉4.75万株、色带5226.87平方米、竹类150平方米、草坪5950平方米、覆盖物2702平方米。由区财政投资279.08万元，区园林绿化局建设，北京朝园弘园林绿化有限责任公司施工，北京照普博伦工程管理有限公司监理，市住宅建筑设计研究院有限公司设计。（佟晓跃）

【孙河组团城市森林工程】 9月30日，区级工程孙河组团城市森林工程项目竣工。该工程施工范围为京密路以西、京承高速以东、京平高速以北、顺黄路以南，内容包括绿化工程、土建工程、给水工程，绿化面积18万平方米；栽植常绿乔木1187株，落叶乔木2950株，落叶灌木2033株，花灌木6731株，花卉地被4.93万平方米。工程于2020年10月1日开工，市财政投资3000万元，由朝阳区园林绿化局建设，北京朝园弘园林绿化有限责任公司施工，达华工程管理（集团有限公司）监理，北京市园林古建设计研究院设计。（佟晓跃）

大黄庄绿化队

【概况】 北京市朝阳区大黄庄绿化队隶属朝阳区园林绿化局，是北京朝园弘园林绿化有限责任公司下属项目部。2021年，重点抓大尺度绿化及“留白增绿”工作，加强国有资产出租出借管理。完成高碑店属地内绿化用地整改恢复及豆各庄城市公园东园、东高路、幺家店三标、2021小微绿地（定福家园）建设项目。承担域内道路绿化养护任务，养护面积535.87万平方米，其中特级道路11条、314.15万平方米，一级道路22条、57.34万平方米，二级道路19条、26.04万平方米，三级道路10条、20.45万平方米，四环五环3条路段、117.89万平方米。（王爱华）

【常态化花卉项目】 5月12日，区级工程常态化花卉项目开工，10月31日竣工。工程包括朝阳北路中心隔离带（白家楼桥至通州区界）、四方桥护坡及京通路两侧绿地的花卉种植，面积8856平方米，栽植粉凤仙、橙凤仙、牵牛等花卉26种。由区财政投资151.9万元，北京中城建建设监理有限公司监理，大黄庄绿化队施工。（张 骁）

【定福家园绿地项目】 6月1日，小微绿地（施工）——定福家园绿地项目开工，8月30日竣工。项目有5个地块，占地1.77万平方米，包括绿化、土建、灌溉工程。其中，绿化工程整地面积1.55万平方米，种植乔灌木1177株、色块（带）0.27万平方米、草坪1.26万平方米、地被206.6平方米；堆筑地形4097立方米，安置枕木坐凳4组、成品座椅16组、健身器材4组、儿童游乐器材3组；铺装园路0.19万平方米、铺设道牙1550.5米；安置给水管线、过路钢管、过路拉管、快速取水阀和泄水阀等。由区财政投资514.15万元，北京铭正洋林绿化工程监理有限责任公司监理，北京北林地景园林规划设计院有限责任公司设计，大黄庄绿化队施工。（张 骁）

【绿色废弃物循环利用处理中心成立】 10月，为进一步推进园林绿化废弃物科学规范处理和绿色循环利用，绿化废弃物循环利用处理中心在大黄庄绿化队成立。由区财政拨款506.1万元，朝阳区园林绿化局采购设备，8月底完成520平方米办公用房修缮，400平方米设备间建设，9月底完成安装调试，10月试运行。11月至12月，绿化废弃物循环利用处理中心处理树枝、树叶等绿化废弃物310车、6087立方米，约300吨，处理后堆肥985立方米。建设绿化废弃物处理站可减少绿化废弃物给环境带来的压力，节约资源。（李海玉）

【协助灭火】 12月16日上午7时40分，大黄庄绿化队西侧东五环内发现大量浓烟，绿化队立即启动“吹哨报到”工作机制，到达火灾现场查看并向领导汇报情况。经现场核实，五环内中国石化盛磊喜利加油站南侧发生火灾，因火灾现场可供灭火水源不足，急需水车运送水源协助救火，大黄庄绿化队立刻出动水车3车次、小型消防车1车次、应急消防人员20人次协助消防队灭火。大火于9时扑灭。（李海玉）

北花园绿化队

【概况】 北京市朝阳区北花园绿化队隶属区园林绿化局，为全民所有制自收自支事业单位。2021年，养护道路绿地388.82万平方米，其中特级道路绿地16条、50.49万平方米，一级道路绿地36条、140.78万平方米，二级道路绿地66条、97.82万平方米，三级道路绿地10条、7.3万平方米。养护四环五环道路绿地92.41万平方米。投标道路绿地标段养护工程19个、农药标段2个（由第三方公司负责采购全年所需农药品）和1个养护水维修标段（由第三方公司负责养护范围内的水管维修）招投标，与22个中标单位签署园林绿化养护合同、安全责任书、疫情防护措施、综合治理责任书和农民工工资发放等相关文件。接收、处理网格案件1100条，完成率100%。完成康城花园园林绿化项目和东一处公园园林绿化项目专业绿化改造工程，总面积17.2万平方米。2021年初，生产部门应上级要求把圃内绿化苗木4688株纳入固

定资产项目，评估人员对苗木进行现场核实并拍照留存。（李　迪）

【绿化改造工程】　4 月 1 日，康城花园园林绿化改造工程和东一处公园园林绿化改造工程开工，10 月 1 日竣工。其中，康城花园园林绿化改造工程位于双桥路暖山生活区，包含庭院、给排水、电气及绿化工程；面积 7.6 万平方米，种植常绿乔木 790 株、落叶乔木 2800 余株、灌木 1400 余株，由区财政局投资 1085.85 万元。东一处公园园林绿化改造工程位于东一时区公园东侧，改造面积 9.6 万平方米，工程内容包含庭院工程、给排水工程及乔灌木补植及大面积花卉地被种植。种植常绿乔木 54 株、落叶乔木 293 株、地被花卉 7.4 万平方米，区财政局投资 1268.53 万元。2 项工程均由北京市朝阳区北花园绿化队施工，北京中景恒基工程管理有限公司监理，国信腾远（北京）工程设计有限公司设计。（张贺东）

北京市朝阳区园林绿化综合执法队

【概况】　北京市朝阳区园林绿化综合执法队位于东四环红领巾桥东北角，隶属于区园林绿化局。4 月 25 日，朝阳区设立北京市朝阳区园林绿化综合执法队（简称“区园林绿化执法队”）。2021 年，区园林绿化执法队完成食用林产品安全“双随机”执法、种苗检疫执法等工作。区园林绿化执法队与市园林绿化局综合执法大队对朝阳区 4 家从事进出口种子经营企业开展联合执法行动；与区市场监督管理局联合开展“双随机”执法抽查，抽查食用林产品企业 9 家。

【机构改革】　4 月 25 日，根据《中共北京市朝阳区委机构编制委员会关于组建北京市朝阳区园林绿化综合执法队的通知》文件，区园林绿化局设立北京市朝阳区园林绿化综合执法队（简称“区园林绿化执法队”），属正科级行政执法机构。行政执法专项编制 8 名，设队长 1 名（正科级）、副队长 2 名（副科级）。主要负责执法巡查检查及行政案件处罚工作。承担相关法律法规赋予区园林绿化部门的林木林地湿地保护、森林防火、野生动物保护、林木种苗和植物检疫、自然风景区保护等方面的全部行政执法职责，以区园林绿化部门名义执法。

【食用林产品安全“双随机”执法】　6 月，朝阳区“双随机、一公开”监管领域工作联席会议办公室印发《关于做好 2021 年北京市朝阳区“双随机，一公开”监管工作通知》，由区市场监督管理局和区园林绿化局联合开展“双随机”执法抽查。“双随机”检查工作于 9 月底完成，抽查食用林产品企业 9 家，对企业生产记录档案不规范问题提出整改要求；抽检应季水果样品 32 批次，分别送市园林绿化局或区农业农村局进行农药残留检测，按照《食品安全国家标准食品中农药最大残留限量》标准，样品合格率为 100%。

【种苗检疫执法】　9 月，区园林绿化综合执法队与市园林绿化局综合执法大队对朝阳区 4 家从事进出口种子经营企业开展联合执法行动。主要检查林草种子进出口公司的生产经营档案、标签使用、进口检疫审批、省内调运等情况，对 3 家未按规定调运的企业下发责令整改通知书，对 1 家未按林草种子生产经营许可证规定经营的行为进行立案调查。

【野生动物保护】　年内，根据市园林绿化局《关于联合开展打击整治我市部分鸟市存在非法交易行为专项执法行动的通知》要求，由市森林公安分局、市园林绿化局以及区园林绿化局临时执法队组成联合检查组，对十里河文化城路边自发鸟市和东直门自发鸟市开展联合执法和野生动物保护宣传，未发现贩卖野生动物的情况。针对市民反映四环路辅路十里河古玩城附近的非法市场有大量遛鸟人聚集，疑有出售、购买野生鸟类的情况，区园林绿化局制定长效机制，除日常巡逻，突击检查等方式，还联合多部门利用周末时间开展联合执法，有效遏制违法犯罪行为的发生。（罗　欣　魏冬梅）

奥林匹克森林公园

【概况】　奥林匹克森林公园属北京世奥森林公园开发经营有限公司管理，是国家 AAAAA 级旅游景区。位于北京城市中轴线北端，南起科荟路，北临清河，东至安立路，西至林萃路。公园规划占地面积约 680 万平方米，以北五环为界，分为南、北两园。南园约 380 万平方米，北园约 300 万平方米。公园水面 67.7 万平方米，绿化面积 472.65 万平方米，绿化覆盖率 95.61%。北京世奥森林公园开发经营有限公司隶属北京市朝阳区国资委，为国有独资企业。设有基层单位 7 家，其中廉政文化园从基层单位调整为机关部室。全年接待游客 1166.89 万人次。

【第四届朝阳森林演出季】　5 月 30 日，第四届北京朝阳森林演出季闭幕式在奥林匹克森林公园举行。区文化和旅游局局长高春利致辞，并宣布颁奖。区领导、43 个街乡主任、文化干部及观众 1000 余人参加。北京世奥森林公园开发经营有限公司提供场地保障。

【体育活动举办】　6 月 19 日，2021 国家网球中心首届“全民网球日”活动暨奥林匹克森林公园网球嘉年华在国家网球中心南区举行。活动由北京市网球运动协会、北京市朝阳区体育局等单位主办，国家网球中心被北京市网球运动协会授予“全民网球示范基地”“少儿培训示范基地”和“全民网球共建单位”称号，并举行授牌仪式。6月23日，举办“冬奥距离2022”健康走暨国际奥林匹克日活动。活动由北京奥运城市发展促进会主办，北京奥运城市发展促进会常务副会长刘敬民，北京奥运城市发展促进中心主任付晓辉，冬奥组委文化活动部副部长高天，北京奥运城市发展促进中心副主任高云超，挪威、瑞士、法国、澳大利亚、日本、俄罗斯、加拿大等国家驻华使节，以及首都媒体跑团、奥运之家跑团和健身爱好者等100余人参加。10月23日，第四届“国网杯”网球公开赛在国家网球中心展举办。赛事由北京世奥森林公园开发经营有限公司主办，增设青少年组比赛。10月24日，首届“全民健身跑步月，奥森乐跑大PK”全民健身10千米跑步月活动在公园启动。活动由北京世奥森林公园开发经营有限公司主办，北京行知探索集团协办，携手共建创建奥林匹克森林公园“跑步圣地”IP，打造示范性体育公园。参与活动的跑步爱好者，微信搜索“奥森乐跑”小程序，填写相关信息，人脸录入，领取虚拟号牌完成报名。在起点线上完成人脸识别，点击“开始”按钮，按照规定线路完成10千米跑步活动。途中设有5处人脸识别系统，自动采集跑者精彩跑步瞬间，到达终点在小程序上点“结束”按钮，获取排名和个人赛道集锦视频，并参加每周一次的里程排名，按排名可以领取相应的奖品。跑步月活动运用新兴技术手段，以分时预约、自助打卡的形式开展，在保证为民众提供优质的跑者服务前提下，避免人群聚集。

【2021年全国科普日】 9月25日，由北京市朝阳区科学技术协会、北京市朝阳区园林绿化局主办的2021年全国科普日朝阳区主场活动在奥林匹克森林公园举办。活动以“绿色朝阳·创森有我”为主题、以宣传科普朝阳区国家森林城市创建工作为主线，通过森林嘉年华科技互动展、森林奇妙游等科普实践体验活动，让朝阳居民体验寓教于乐的“创森”科普之旅。北京市科学技术协会一级巡视员何劲松，首都绿化委员会二级巡视员刘强，朝阳区副区长暴剑，朝阳区科学技术协会主席齐建宗，朝阳区园林绿化局局长王春增，北京世奥森林公园开发经营有限公司董事长齐宝良，以及主办、承办、协办等单位领导出席活动。

【2022年冬奥火种欢迎仪式】 10月20日，北京2022年冬奥会火种欢迎仪式在北京奥林匹克塔举行。北京冬奥组委主席蔡奇，北京冬奥组委执行主席陈吉宁到北京奥林匹克塔出席火种欢迎仪式。

▲ 6月26日，奥森公园第十届花卉观赏季暨葵花展开幕 （王 军 摄）

【第十届花卉观赏季】 年内，奥林匹克森林公园举办“第十届奥林匹克森林公园花卉观赏季”。3月15日至5月6日为“春花节”，花卉包括山桃、山杏、连翘、榆叶梅、玉兰、樱花、海棠、碧桃、丁香、黄刺玫、绣线菊等30余个品种、10万余株，及山坡、林下种植的二月兰、蒲公英、鸢尾等各色野花地被；6月26日至7月25日为“百亩葵花展”，引进“化妆舞会”“巧克力”“白月光”“金富贵”“宝石红方”“宝莲灯”“乐翻天”等20余个葵花品种；9月18日至10月24日为“波斯菊展”，播种波斯菊近百亩，同期播种百日草，两种花卉交替开放；10月20日至11月21日为“秋日彩叶展”，主山西侧的火炬树、奥海西北及北园南门内的银杏、湿地的芦苇与遍布全园的黄栌、茶条槭、天目琼花、紫叶稠李、元宝枫等10余种秋色叶树组成色彩斑斓的秋日画卷。 （陈迎双）

朝阳公园

【概况】 朝阳公园由北京朝阳公园开发经营有限责任公司负责开发经营管理，是国家AAAA级旅游景区，规划总面积288.7公顷，其中水面68.2公顷、陆地面积220.5公顷，绿化覆盖率87%。2021年，公园实现免费开放。受新冠肺炎疫情影响，朝阳公园举办的“2021北京朝阳国际风情节”“海洋沙滩狂欢节”活动取消。朝阳公园被首都精神文明建设委员会授予“首都文明单位标兵荣誉称号”，被北京市体育局、北京市文化和旅游局联合授予2021年北京市体育旅游十佳精品景区奖牌。

【疫苗接种保障工作】 1月1日至5月23日，朝阳公园内设朝阳区新冠病毒疫苗集中接种点。疫苗接种17.6万余人，是全市疫苗接种人数最多的点位，也是市内唯一驻华使馆和国际组织的使团人员及外国媒体记者和家属的疫苗接种点，并接受外媒采访。公园给予服务保障，包括10个小时内搭建完成东5+门至规划馆南侧路遮阳通道棚房29个，协助维护疫苗接种秩序，对疫苗接种人员进行指引、说明，疏导车辆。

【实施公园免费开放】 2月11日起，为体现公园公共属性，回应游客便民、利民、惠民呼声，让公众享受森林城市建设成果，朝阳公园实施面向社会免费开放。3月1日起，在公园南大门、西大门、东7门的7个窗口进行年月票余额及底卡退费退卡工作。截至12月，退年月票1.2万余张、74.5万元。3月24日，为方便公园北部周边市民入园，在原北大门西侧增设临时入口。

【区长文献调研】 2月12日，区长文献到朝阳公园调研春节期间公园服务保障工作，区政府办公室主任、麦子店街道办事处主任等相关工作人员一同调研。北京朝阳公园开发经营有限责任公司董事长赵建国等公司领导对春节服务保障工作进行汇报。文献对公园南部游乐区、欧陆风韵、野鸭岛、亮马河通航朝阳公园段及蓝色港湾周边的规划建设情况进行实地检查，对公园的春节假日服务保障工作和生态景观给予肯定，同时对公园整体提升改造、疫情防控等工作提出具体要求。

【区市场监督管理局安全检查】 3月9日，区市场监督管理局到朝阳公园检查园内游乐设施运营情况及作业人员持证上岗、游乐设备试运行、安全管理制度等情况。检查人员在公园各项检查结果良好的基础上，指导公园落实疫情防控要求和安全管理相关措施，做好游乐设备消杀和日常维护工作。

【“厕所革命”推进】 3月底，朝阳公园开展“厕所革命”推进工作。园内公共卫生间安装智能面部识别取纸机、扫码取纸机34台，实现园内公共卫生间免费用纸全覆盖。

【园内大型文体活动】 4月13日，北京朝阳公园开发经营有限责任公司团总支联合朝阳区人民检察院第一检察部在公园南门举办普法宣传活动。向游客宣传国家安全基本知识，近100人参加活动。5月14日至24日，北京2021年书市在朝阳公园举办。书市主会场面积约1万平方米，接待读者30万人次。6月5日至6日，“阳光体育运动”系列活动——2021年朝阳区中小学生网球比赛在朝阳公园网球中心室外场地举行。朝阳区38所中、小学校180名学生参赛。10月10日，北京蓝矩阵文化发展有限公司主办的“2021第五届远洋益跑·北京站”在朝阳公园举行，280余名跑步爱好者参与活动。

【“爱绿一起”生态文明活动】 4月至10月，朝阳公园开展2021“爱绿一起”主题生态文明体验活动22次。活动主题包括“春花辨识与鉴赏自然笔记活动”“户外生存：绳结和捕兽陷阱”“不能错过的太阳奥秘”“走进农耕文化”“厉害了，我的大象”“红色植物学：拜谒将军林、认识常青

▲ 7月17日，朝阳公园开展“爱绿一起”红色交响曲活动，老师在给小朋友讲解柏树
（陈 曦 摄）

树”“叶子的彩色世界”“‘铁甲武士’甲虫科普”，327组家庭参与活动。

【公园景观优化】 6月，朝阳公园引进栽种甜心、纯金、范伊克女士等10余种早期、中期、晚期多种颜色和花型的郁金香，提升公园东五门门区及龙门吊区域景观，栽植面积1300平方米。引进珍贵的重瓣、混色郁金香品种，搭配龙门吊区域现有园林小品，营造异国浪漫风情。在东五门环岛栽植冬季观赏品种当娜海棠，延长公园观赏景色。

【亮马河燕莎桥至朝阳公园段通航】 7月28日，亮马河燕莎桥至朝阳公园段通航。航线全长1.8千米，分为两段，第一段西起燕莎桥，东至安家楼桥，第二段为朝阳公园内北湖桥以西水域及环湖岸线。白天、夜间均通航，夜航可观赏亮马河风情水岸灯光秀，成为朝阳区标志性夜景打卡地。十一期间，首届“风情亮马 律动朝阳”亮马国际风情音乐节在燕莎码头开幕。

【完善公共服务设施】 10月15日，朝阳公园“小怪兽跑步加油站”投入使用。“小怪兽跑步加油站”是一处集洗浴、存包、清洗整理、能量补给、体脂测量、产品定制、装备补给、手机充电于一体的一站式跑步服务基地，有多种类的服务和配套设施，为跑步爱好者提供贴心服务。

【“拆墙、透绿、增景”工作】 11月，朝阳公园逐步拆除公园北侧围墙，公园内亮马河以北区域完全对游客开放，实现公园开放式管理。围墙拆除后，公园按照可参与、景观化的理念进行景观提质升级，将生态环境和城市空间有机融合，设计公园临街景观，改造现状门区，去除实体围栏，移除杂树，疏植修枝，以多层次造景手法，降低坡度地形，营造花境，结合组团灌木、花卉种植，打造通透的生态空间；同时增设安防设施，新增游园步道、无障碍入园通道、公共座椅、景观灯、导示牌等基础服务设施，城市市政道路与公园一体化发展。 （张　铁）

北京中华民族园

【概况】 北京中华民族博物院（北京中华民族园）（简称“民族园”），占地面积28.2万平方米，其中绿地面积17.26万平方米，是博物馆与公园相结合的旅游景区。园区绿化覆盖率61.2%，其中种植粮食作物9种、2800平方米，种植经济作物41种、1.1万株。年内，受新冠肺炎疫情影响，北园正常开放，南园于6月12日至11月15日，逢周六日和国家法定节假日开放，园内未安排演出活动。两园单独售票，游客入园须健康码合格、体温正常。与美团、携程合作电子门票销售，门区增设3台自动购票机。全年接待游客19.67万人次，与上年相比，游客量增加84.87%。

【病虫害防治】 3月5日至10月10日，全园范围打广谱抗虫药5次，防治蚜虫、美国白蛾等虫害。4月12日至13日，开展园内杨、柳树飞絮防治工作，杨树346株、柳树447株树干钻孔注射抑制剂，由聚隆公司承包实施。

【节日摆花】 五一期间，在门区内外、藏区、傣寨、侗寨，摆放花坛、花带5处摆花5400盆。用花品种为串红、孔雀草、石竹、苏铁等。国庆节期间，在门区广场内外和园内侗寨、傣寨摆放花坛及花带6处摆花4435盆。用花品种为孔雀草、矮牵牛、串红、一品红、黄小菊等。

【展览布置】 6月1日，民族园举办“我们的文化遗产——中秋味道”实物展及“多彩的中华民族——建党100周年少数民族优秀作品展”。“我们的文化遗产——中秋味道”实物展位于北园朝鲜族书房里屋，展区面积30平方米，展出中国传统月饼、糕点模具80件；“多彩的中华民族——建党100周年少数民族优秀作品展”位于北园朝鲜族书房外屋，展区面积50平方米，展出拍摄于民族园和民族地区的照片44张；由民族园与北京民族文化遗产保护基金会联合主办。6月12日，“中华百姓传统生活饰品展”重新布置工作完成，对外开放。展览位于民族园南园白族“四合五天井”院落，设21个专题，分别为荷包、肚兜围嘴、枕顶、民族帽、民族传统鞋、民族挎包、璀璨而华丽的银饰、针和它的伙伴们、三寸金莲、手工技艺的小工具、文房四宝、传统烟具、发饰八品、传统酒具、民间泥哨、传统茶具、粉扑耳套、筷子笼、少

▲ 6月，民族园《少数民族图片展》开展 （齐　飞　摄）

数民族弓弩箭、民族刀具、传统锁具等，展览面积426平方米，展品2789件（套）；该项工作于2019年1月15日启动，6月12日基本完工（银饰展于11月6日完成），由民族园主办。同日，“少数民族图片展”重新布置完成并对外开放。展览位于南园主展厅一层，展线长20米，替代原有“中国五十六个民族介绍”，展出少数民族图片40张，此项工作由民族园与北京民族文化遗产保护基金会联合主办。9月30日至10月17日，民族园在北园满族皇堂子的三座殿宇内举办“我们的文化遗产——晋韵留芳”展览，展区面积120平方米，展出山西百姓生活用品9件，山西侯马市女画家常美娟绘画作品35幅，由北京民族文化遗产保护基金会主办，陕西省文史馆协办，由民族园承办。（汪　昆）

【公园建设】 年内，为迎接冬奥会，南园开展2项重点维修工程。分别是大理三塔主塔维修工程（4月5日开工，8月28日竣工）、纳西族10栋民居维修工程（4月10日开工，6月30日竣工），由北京冬冬创远公司施工，总投资89.3万元。其余局部小规模维修项目主要有：傣寨西侧小路拓宽、傣族僧房维修、傣族木桥翻新；畲族榨油坊维修；放置藏族大转经筒的建筑屋顶翻修，藏族朝圣路、玛尼堆佛像油饰；景颇族凉亭翻修；京族室内重新装修；满族皇堂子地面维修；北园荷花塘砌筑围岸；北园梯田边缘、佤寨、阿昌族小路边修竹篱笆护栏150米；园内各处道路广场地面维修700米。所有工程均由民族园自行施工，总投资22万元，截至年底全部完工。

日坛公园

【概况】 北京市朝阳区日坛公园位于朝阳门外使馆区，隶属区园林绿化局。全园占地面积20.62万平方米，水面4700平方米，草坪74500平方米，绿化面积132600平方米，绿化覆盖率83%。清明节、五一、十一期间，在公园玉馨园、环路、南北门附近栽植时令花卉15.26万株。全年接待游客369.97万人次。（张　琳）

【马骏烈士墓开放】 6月1日，中国共产党早期北京革命活动旧址马骏烈士墓向社会公众开放。9月30日，朝阳区委、区政府、区人大、区政协四套班子主要领导以及社会各界群众代表在马骏烈士墓前举行公祭仪式。马骏烈士家属及区部分烈属代表、学校师生代表、武警官兵代表等100余人参加。（张　琳）

【景点介绍更新】 10月22日，日坛公园更新景点简介及二维码。游客可通过扫描二维码，随时随地听取公园景点介绍，景点介绍注重中国传统文化传承，让文化和旅游相融相通。（张佳佳）

团结湖公园

【概况】 北京市朝阳区团结湖公园位于东三环北路，隶属区园林绿化局。公园辖区面积12.3万平方米，陆地面积7.7万平方米，绿地面积4.44万平方米，建筑占地面积2.39万平方米，铺装面积0.87万平方米，水面4.6万平方米，是江南特色AAA级免费公园。2021年，园内更新、增加无障碍设施和标识，完成安全生产三级达标工作并取得安全生产标准化（三级）证书。全年接待游客471万人次。（李洪静）

【春季补植】 3月至4月，公园在春季植物生长黄金时期对园内植物进行合理配置、补植。栽植碧桃38株、榆叶梅20株、黄刺玫15株、丝兰50株。针对游客频繁踩踏草坪现象，栽植小叶黄杨篱1万株，采取围合方式保护草坪，修整草地1万平方米。公园东门南侧围栏种植北海道黄杨600株，与北侧围栏景观相呼应。垂柳注射杨柳飞絮抑制剂213株。（韩晓楠）

【公园湖水综合治理】 4月至10月，公园每间隔半个月向水中投放“净化宝”改善水质。年内，公园与碧沃丰生态环境科技（上海）有限公司签订协议，对公园水质进行检测，免费为公园施用生物菌剂1004.5千克。团结湖公园湖水为旧窑坑挖成环湖，建园34年，水体存在水底淤泥较深，水中垃圾、污染物较多，水质不佳等问题，通过控制污染、生物培育等方式，公园水体质量得到逐步改善。（韩晓楠）

【花卉布置】 五一期间，在公园东、西门内主要草坪、道路、外湖边和中岛内湖边分别地栽多彩花带，使用凤仙、鼠尾草、大花葱、细叶等8种花卉1.2万盆。十一期间，在东门摆放立体花坛一座，西门、东门外摆设花堆4座，使用大丽花、鸡冠花、小菊等时令花卉1.45万株。（韩晓楠）

红领巾公园

【概况】 北京市朝阳区红领巾公园位于东四环与朝阳北路交会处东北角，隶属于区园林绿化局。公园面积41.99万平方米。其中绿地15.81万平方米、水面12.86万平方米，绿化覆盖率94%。2021年，公园发挥文娱阵地和教育基地作用，创建公园文化品牌，协助举办各类文化活动13项，全年接待游客266.28万人次。（赵雨霏）

【花卉布置】 2月3日至5日，红领巾公园在门区、南门广场及主景区道路两侧悬挂红灯笼200个、中国结62个，营造年味儿游园环境。五一前夕，在园内花坛、花池栽植串红、海棠、凤仙、鼠尾草等花卉7万余盆，在北京会议中心东门东侧绿地和北五环顾家庄桥西南角绿地栽植粉牵牛、孔雀草、串红、鼠尾草、马蔺、玉簪等宿根及草本花卉3.41万株。（张　洋　田　菲）

▲ 5 月 26 日，“2021 爱绿一起·生态新征程”首都市民生态体验活动在红领巾公园启动

（郝 培 摄）

【“2021 爱绿一起·生态新征程”活动】 5 月 26 日，“2021 爱绿一起·生态新征程”首都市民生态体验活动在红领巾公园启动。首都绿化委员会、市公园管理中心、北京市野生动物救护中心相关领导和工作人员及“2021 爱绿一起”首都生态文明宣传教育基地负责人等 100 人参加活动。全年举办红领巾生态小课堂之“春的飞花令”“荷花的一生”“公园鸟类自然笔记”等活动 12 次。参与活动的家庭在专业老师带领下，通过各种游戏及实验、做笔记等方式认知大自然里的绿植及鸟类，201 组家庭参加活动。（郝 培）

【“北京湿地日”宣传】 9 月 19 日，红领巾公园开展“强化湿地保护修复促进人与自然和谐共生”主题宣传活动。在公园南门处通过现场咨询、发放宣传资料等形式，倡导市民共同保护湿地、爱护湿地。发放宣传资料 300 余份。（田 菲）

元大都城垣遗址公园

【概况】 北京市朝阳区元大都城垣遗址公园位于中轴路东西两侧及民族园南侧，隶属区园林绿化局。公园面积 67.01 万平方米，其中水面 64920 平方米、绿地面积 436526 平方米、绿化覆盖率 79%、建筑占地面积 7.49 万平方米、铺装面积 10.84 万平方米（含园路）。2021 年，公园承接园外健翔桥东南角绿地、林萃路、北土城东路等特级绿地 8 处、面积 25.91 万平方米，北沙滩路、域清街、北辰西路南延等 5 处一级绿地、面积 5.03 万平方米，北沙滩奥运村人民法庭、华汇 8 号地、华汇 10 号地等二三级绿地 4 处、面积 94.77 万平方米的养护任务。全年接待游客 461 万人次。（于红艳）

【积雪清扫】 1 月 19 日，北京迎来 2021 年的第一场雪，元大都公园启动应急预案，及时清扫积雪，保证游客安全。重点部位如跨河桥、台阶、亭廊、巡河路的积雪得到及时清理，游园秩序良好。（刘 晖）

【游园文明引导】 4 月 3 日至 18 日，是元大都公园海棠花盛花期。4 月 3 日，12 名文明引导员及 1 名领队在海棠花溪景区进行游园文明引导，同时进行不文明游园行为专项整治，引导公众文明游园。（赖兴友 刘 晖）

【重大活动保障】 年内，公园承担庆祝中国共产党成立 100 周年重大活动外围保障工作。成立活动保障领导小组，设置执勤巡逻组、环境保障组、租赁单位协调组、后勤保障组、应急抢险组，在公园外围设置执勤岗位 83 处，园内执勤岗位 17 处，完成 1 至 5 景区封闭园区管理保障工作。（于红艳）

四得公园

【概况】 北京市朝阳区四得公园地处将台地区（乡），位于四环路四元桥东南角，隶属于朝阳区园林绿化局。公园面积 17.54 万平方米，其中绿地面积 12.09 万平方米、水面面积 0.78 万平方米、铺装面积 1.90 万平方米，其他面积 2.87 万平方米。2021 年，启动全龄友好公园改造工程（施工）。整治黄土露天土地 0.43 万平方米、补植树木 24 株、补植花草 1900 平方米。修建文明城区景观小品 1 处，完善园区内母婴室 1 处。完善公园无障碍设施建设，增加台阶坡道无障碍扶手，各种安全警示标识，卫生间指引更换为国际标识，通过朝阳区无障碍环境建设专项行动办公室的无障碍环境建设专项行动复查工作。全年接待游客 82 万人次。（崔显红）

【节日花卉布置】 五一、国庆节期间，栽摆花卉 2 次，分别在公园门区、湖区、健身步道摆放花坛及地栽花卉共 12 处，花卉用量 10.68 万株。（魏佳俊）

【公园景区建设】 9 月 1 日，四得公园全龄友好公园改造工程（施工）开工。施工内容包括灯杆、道路铺装、广场铺装、栏杆、座椅、指示牌等服务设施及老旧灌溉、电力管线、无障碍等设施改造，改造绿地面积 6.23 万平方米。工程由市政府投资 1306 万元，北京绿迪源园林绿化有限责任公司施工，北京中建协工程咨询有限公司监理，北京市园林古建设计研究院有限公司设计。至 11 月 29 日，由于天气原因工程收尾，按照合同约定完成总工程量的 90%，新建广场对游客开放。（魏佳俊）

北小河公园

【概况】 北京市朝阳区北小河公园位于东湖地区（乡），隶属于朝阳区园林绿化局。公园占地面积22.59万平方米，绿地面积16.5万平方米，道路面积1.72万平方米，水面0.7万平方米，建筑面积1.97万平方米。2021年，园内绿化养护工作以全国文明城区复检和全国卫生城市创建两项重点工作为抓手，将疫情防控贯穿工作始终，加强景区管理，加大植物补植调整力度，铺设有机覆盖物0.15万平方米，消灭绿化养护管理死角，彻底整治地面黄土裸露和养护标准不高问题，园区景观效果整体提升。五一、七一、国庆等重大节日进行花卉补植，栽摆时令花卉9.18万株。全年公园接待游客约65万人次。（张阿青）

【绿化美化实践活动】 4月14日，北小河公园联合东湖湾社区、望湖社区党委及北京市陈经纶中学分校小学部望欣园校区、北京市陈经伦中学分校东湖湾校区在北小河公园开展绿化美化实践活动。在北小河公园副主任崔北向学生和社区志愿者们讲解拔除杂草的必要性以及如何分辨杂草、如何正确使用除草工具后，学生和党员志愿者对公园中心广场周围草地内的杂草展开清理。（张　婷）

【公园改造】 年内，公园回应游客诉求，维修篮球场破损地面125平方米，更新无障碍提示牌、无障碍标识等26处。维修园内破损路面、墙壁贴面679平方米。改造总导览图、路口方位指示牌、景点介绍牌、安全提示牌等24块。（张阿青）

庆丰公园

【概况】 北京市朝阳区庆丰公园位于东三环中路，通惠河北路南侧，隶属于区园林绿化局。公园面积20.21万平方米，其中陆地面积20.01万平方米，水面0.2万平方米。五一、十一节日期间，公园摆放花堆6个、花坛4个。2021年，公园春季补植乔木60株、品种月季1700株、灌木1735株、色带植物4460株，宿根花卉47735株、丹麦草2080平方米，草坪1700平方米，播撒各种花籽草籽9500平方米，引进攀缘月季新品种火焰山690株。全年接待入园游客40万人次。（郭俐呐）

【小微绿地工程】 6月2日，劲松地区北京档案馆东侧小微绿地项目开始施工。工程面积3400平方米，包括绿化工程、庭院工程、喷灌工程等施工，其中栽植常绿乔木20株、落叶乔木127株、落叶灌木47株，色块419.6平方米，宿根花卉410.3平方米、草坪1716平方米，8月15日竣工。工程投资103.5万元，工程由区园林绿化局立项，北京朝园弘园林绿化有限责任公司承建，北京铭正洋林绿化工程监理有限责任公司监理。（于海强）

【精品公园复核检查】 10月26日，北京市园林绿化局、北京市公园协会组成专家组对庆丰公园精品公园复核检查。专家组成员对公园疫情防控管理、文明游园工作开展、公园提升改造、结对帮扶工作开展、志愿服务工作开展等方面进行重点检查，同时现场听取公园主要领导的相关汇报。庆丰公园通过精品公园复核检查。（钱　博）

大望京公园

【概况】 北京市朝阳区大望京公园位于东湖街道辖区内，北靠北小河，东南临京密路，东北至五环路，西接望京东路，隶属区园林绿化局。公园面积33.04万平方米，其中绿地面积25.39万平方米，绿化覆盖率83%，铺装面积5.16万平方米，水面2.34万平方米，绿化养护面积155.4万余平方米，道路87条，整块绿地28处，管理用房占地1486.43平方米，景观建筑面积128平方米。年内，完成庆祝中国共产党成立100周年七一花卉布置及五一、十一花卉布置工作。全年接待游客81.14万人次。（许秋珩）

【协办大型活动】 4月10日，创新100加速工程科技领跑启动仪式在大望京公园举办。公园提前对活动所需场地进行规划，组织单位职工、安保人员21人协助仪式完成。活动由中关村科技园区朝阳园管委会主办，北京朝阳国际科技创新服务有限公司承办，大望京公园协办。朝阳区副区长暴剑、朝阳园管委会副主任高敬茹出席活动并致辞，100余人参加活动。（姜相鹏）

【湖水生物治理】 4月12日，大望京公园在清溪水道中投放观赏鱼200斤。观赏鱼专吃水藻、杂草等富氧化物质，可调节水池内浮游植物的丰盛度，降低水池的富营养化程度，通过“以水养鱼、以鱼治水”的方法增强池水的修复能力，同时，鱼类还捕食蚊虫孑孓，对水面蚊虫滋生起到控制作用。（郭　莹）

【公园改造】 4月19日，公园对园区内的整体景观进行改造提升。包括对园区内的枯枝死杈进行修剪清运；将园内过密的树木进行移植分栽，移植国槐4棵、樱花2棵、紫叶李7棵、榆叶梅5棵、红叶碧桃1棵、西府海棠14棵；对移植的树木进行围堰、浇水、牢固支撑；园内部分裸露、斑秃土地进行补植，栽植马蔺1400平方米、3.5万株。（王全生）

望和公园

【概况】 北京市朝阳区望和公园位于望京地区（乡）西南部，分南北两园，隶属于区园林绿化局，是朝阳区“互联网＋全民义务植树”基地。公园占地面积38.62万平方米，其中绿地面积30.02万平方米，铺装面积7.6万平方米，水面0.98万平方米，绿化覆盖率80%。南园占地22.5万平方米，其中绿地面积18.55万平方米、园路及铺装面积3.95万平方米；北园占地面积约16.1万平方米，其中绿地面积11.47万平方米、园路及铺装3.65万平方米、湖面0.98万平方米。年内，公园根据防疫工作要求，线下活动逐步向线上推广，搭建并完善“望和云”平台，主要包含“云课堂”“云预约”等功能，实现园林科普活动、自然体验活动“云预约”，在“云课堂”讲解园林科普、爱绿护绿知识、开展“互联网＋全民义务植树”“云认养”活动，形成互联网＋生态文明＋园林科普＋义务植树的全方位体验模式。（肖晓晨）

【线下线上义务植树认养抚育】 4月3日，区绿化委员会工作人员与朝阳区社会单位、群众团体200余人到望和公园参与义务植树抚育活动，栽植榆叶梅、山桃、金银木200余株。8月5日，市绿色使者志愿服务总队北部支队15名志愿者到基地参加义务植树抚育活动，抚育树木45株。年内，接待市民“云认养”树木208株，集中接待市民线上预约植树10场次，企事业单位团体植树15场次、3126人次。其中，通过线上预约1526人次，预约植树1000株，栽植小乔木、花灌木2094株，美人蕉1000盆。发放电子版“首都全民义务植树尽责证书”1518份、电子版“国土绿化荣誉证书”485份。（肖晓晨）

【垃圾分类宣传】 11月3日，望和公园科普教育基地——“望和自然塾”开展“望和清塑”垃圾分类活动。公园在“志愿北京”平台招募市民志愿者60名参加活动，通过对公园内垃圾捡拾并自行分类，加深市民垃圾分类意识。（董　鑫）

科 技

综 述

【概况】 朝阳区科学技术与信息化局（简称“区科学技术与信息化局”）是区政府主管全区科技和信息化工作的综合职能部门。内设办公室、发展规划科、社会发展科技科、产业发展科、信息化促进科、信息化管理科、信息产业发展科、政务网络安全科、大数据管理中心、生产力促进中心。2021年，完成《朝阳区“十四五”时期科技创新发展规划》编制，提出打造“一地三中心”（全球领先的开放创新高地、国际创新资源配置中心、前沿技术转移转化中心、新场景应用中心），明晰朝阳区在北京国际科技创新中心建设中定位。截至年末，全区有高新技术企业4217家。登记技术合同8660项，技术合同成交额1402.4亿元。拥有“独角兽”企业27家，估值662.4亿美元，分别占全市的32.9%和13%。区内拥有高等学校19家、科研院所89家，建成国家和省部级重点实验室175个、工程技术研究中心70余家，占比均超过全市的1/5。跨国公司地区总部129家，占全市70%，拥有国际科技合作基地60家，占全市15%。有5G基站4402站，建设数量保持全市第一。

【领导调研】 1月1日，市经信局副局长潘峰带队，到朝阳规划艺术馆走访检查疫苗接种点准备工作，确保疫苗接种数据和技术保障。副区长暴剑，区科学技术与信息化局、区卫生健康委有关负责人参加工作对接会。3月4日，住建部计划财务与外事司司长胡子健一行40余人到东湖国际中心调研“城市智慧大脑”建设工作，副区长张雪涛陪同调研。区科学技术与信息化局局长李容珍向住建部、财政部领导整体介绍朝阳区“城市智慧大脑”建设情况。4月25日，长沙市科学技术局党组书记、局长郭塛一行5人到区科学技术与信息化局交流座谈，推动两地在科技创新领域加强合作。区科学技术与信息化局局长李容珍主持交流座谈会。6月4日，市科委、中关村管委会科创中心建设综合协调处处长周静为、信息科技处处长唐超带队，到朝阳区城市智慧大脑指挥调度中心开展联合主题党日活动，并就朝阳区推进国际科技创新中心建设情况进行专题调研。区科学技术与信息化局局长李容珍介绍“城市智慧大脑”建设情况。

【北京国际大数据交易所落地朝阳】 3月31日，由北京金融控股集团有限公司牵头发起成立的北京国际大数据交易所（简称“北数所”）落地朝阳，支撑朝阳区数字经济产业发展和数字经济示范区建设。北数所是北京市落实建设“国家服务扩大开放综合示范区”和“中国（北京）自由贸易试验区”数字经济领域的重点项目，是国内首家基于“数据可用不可见，用途可控可计量”新型交易范式的数据交易所，定位于打造国内领先的数据交易基础设施和国际重要的数据跨境流通枢纽。副市长殷勇出席成立发布会并致辞，中央网信办、工信部、人民银行、证监会以及北京市相关委办局有关领导及朝阳区常务副区长崔小浩参加。11月，北数所举办线上推介发布会，一系列数字经济创新发展成果落地。推介发布会同时举办数字经济中介服务商集体入驻仪式，北京市大数据中心、中国电子技术标准化研究院、中国信息通信研究院、金杜律师事务所、大成律师事务所、北京金融大数据有限公司、中联资产评估集团等入驻单位，共同构建安全、高效、领先的数字经济中介服务生态体系，培育带动数据交易上下游产业链的创新发展。

【北京市科技企业孵化器入选】 3月，市科委认定2020年度北京市科技企业孵化器，朝阳区8家企业入选。分别是北京高技术创业服务中心有限公司、北京时代凌宇科技孵化器有限公司、北京科创空间投资发展有限公司、星库空间（北京）创业投资有限公司、北京西甯威荣科技发展有限公司、北京高创天成国际企业孵化器有限公司、宝业通（北京）科技孵化器有限公司、北京瀚海智业国际科技发展有限公司。

【2020年北京市科学技术进步奖】 9月，2020年北京市科学技术奖获奖成果名单公布。朝阳区有10家单位单独或与相关单位联合完成，获奖成果15项。包括，自然科学奖8项，其中一等奖1项，为中国科学院遗传与发育生物学研究所与相关单位联合完成的

“寨卡病毒暴发与致病机制研究”；技术发明奖1项，为北京工业大学与相关单位联合完成的“半导体芯片结温与系统热阻构成无损检测关键技术及应用”；科学技术进步奖6项，其中一等奖1项，为中国科学院微电子研究所与相关单位联合完成的“12英寸先进集成电路制程电感耦合等离子刻蚀机研发及产业化”。（李小骏）

科技管理

【概况】 2021年，区科学技术与信息化局持续优化科技创新环境，加速创新成果转化，配合区人大常委会督查检查《北京市促进科技成果转化条例》实施情况，得到区人大领导及代表的肯定。联合中科院、北工大等研发实验服务基地，开展“百家实验室进千家企业”需求对接活动，服务企业356家，促成6个合作项目，实现合同金额1008万元。截至年末，朝阳区高新技术企业4217家，爱慕股份、青云科技、建工修复等10家高新技术企业在境内外成功上市；“独角兽”企业27家。高等学校19家、科研院所89家。跨国公司地区总部129家，国际科技合作基地60家。有各类创业孵化机构114家，在孵企业6028家，形成“创E+”“E9”等一批创业孵化品牌。其中，望京科技园、普天电子城等3家国家级孵化器获评“优秀（A类）国家级科技企业孵化器”。市级科普基地数量60家，北京市首个“5G+MR”智慧场景科普体验落地朝阳区751火车街区，中国铁道博物馆入选首批国家交通运输科普基地，朝阳循环经济产业园入选国家生态环境科普基地，朝阳区科技周活动连年进社区、进校园。

【疫情防控】 3月，由区科学技术与信息化局建设的朝阳区新冠疫苗接种线上预登记平台上线。市民可通过微信小程序“朝阳区疫苗接种核验平台”，在43个街乡119个接种点进行线上预登记，确保信息准确性，减少接种现场登记排队登记时间，提高疫苗接种效率。8月17日，区科学技术与信息化局开发的“朝阳区健康监测系统”上线试运行。居民可通过扫描二维码进入健康填报页面，按照填报要求上报相关健康信息，监测健康。系统按照区、街乡、社区三级，分权限展示辖区内健康监测人员每日健康上报情况。社区工作者和医护人员通过登录管理后台，查看居民健康信息上报情况。对未按时填报人员，系统自动发送短信提醒，当监测人员身体异常时系统及时预警，通过信息化手段为社区居民、社区干部、医护人员三方建立沟通桥梁。

【冬奥会保障】 3月，区科学技术与信息化局按照区冬奥会和残奥会运行保障指挥部工作安排，配合相关部门做好人力保障准备、现场基础环境准备和系统连通测试工作。9月，区科学技术与信息化局配合区冬奥专班及赛会场馆建“相约北京”冬季测试活动小程序。小程序可根据手机系统实现双语言显示，多语言动态适配。赛事人员健康监测模块实现体温、身体状况异常上报，管理人员通过后台查看体温、健康异常人数及未上报人员预警等数据信息；赛事人员乘车统计模块实现一车一码，人员乘车扫码登记，管理人员可实时统计各车次人员乘坐数据；核酸检测查询入口可便捷查看核酸检测、疫苗接种情况；链接“北京朝阳”英文网站，展示、宣传朝阳投资环境与发展前景。12月，区科学技术与信息化局推动区科技冬奥5G+8K超高清屏建设工作。截至12月，市经信局、市超高清视频公司确定奥森公园南门、京东方科技有限公司、蓝色港湾、方恒购物中心4个点位进行户外大屏建设；市广电局、相关基础运营企业在望京文化服务中心、双井文化服务中心、将台文化服务中心、南磨房石门社区、安华西社区等27个点位部署室内8K电视机。

【配合检查《北京市促进科技成果转化条例》实施情况】 4月至6月，区科学技术与信息化局配合区人大检查朝阳区《北京市促进科技成果转化条例》（简称《条例》）实施情况。接受区人大集中执法检查2次。区科学技术与信息化局组织调研朝阳国际创投集聚区、北京服装学院、中国工业互联网研究院、柏睿数据公司等单位，形成朝阳区《关于实施〈北京市促进科技成果转化条例〉情况的报告》，提交区政府向人大常委会进行落实情况汇报4次。按照区十六届人大常委会第三十八次会议对《朝阳区人民政府关于实施〈北京市促进科技成果转化条例〉情况的报告》的审议意见，进行落实。朝阳区《条例》落实工作得到区人大领导及代表的肯定。

【科普统计】 5月，根据科技部《关于开展2020年度全国科普统计调查工作的通知》和北京市科普工作联席会议办公室《关于开展2020年度北京市科普统计调查工作的通知》精神，由区科学技术与信息化局牵头，在全区启动2020年度科普统计调查工作。调查时间点为2020年1月1日至2020年12月31日，统计范围涉及30余个委办局及直属单位、43个街乡及辖区内市级科普基地等单位，统计形式为以法人为单位线上填报数据，统计内容包含科普人员、科普场地、科普经费、科普传媒、科普活动、创新创业中的科普等六大类、124项指标，综合调查区科普资源基本情况。统计结果为：截至年底，朝阳区有市级科普基地60家，占全市14.2%。

【入选国家生态环境科普基地名单】 年内，科技部、生态环境部联合公布第七批国家生态环境科普基地名单，北京市朝阳循环经济产业园入选。朝阳循环经济产业园管理中心是市级科普基地，在垃圾无害化处理、传播生态科学知识、提高百姓环保意识等方面发挥积极作用。

【社会发展计划项目】 年内，区科学技术与信息化局聚焦朝阳区文化、国际化、大尺度绿化"三化"主攻方向，围绕节能环保、城市管理与社会建设、科学技术普及三大领域10个重点方向策划实施科技计划项目19项，安排科技资金455万元，带动社会资本900余万元。社会治理精细化管理水平得到提升。

【高新技术企业认定】 年内，完成2020年度国家高新技术企业评审认定工作，截至年末，朝阳区有高新技术企业4217家，占市高新企业14.67%，在全市各区中排名第二。"十三五"期间年均认定高新技术企业数量增长率为25.9%。爱慕股份、青云科技、建工修复等10家高新技术企业在境内外成功上市。 （李小骏）

科技活动

【概况】 2021年，区科学技术与信息化局统筹承办2021年全球数字经济大会主论坛及6场分论坛，以"创新引领数据驱动——建设全球数字经济标杆城市"为主题，集中展现北京在建设全球数字经济标杆城市中的数字经济发展成就，让数字经济"可见、可感、可体验"，各大主流媒体予以报道。举办2021年朝阳区科技活动周及科技"三下乡"等活动，展现前沿科技成果，让科技融入百姓生活。

【首都科技条件平台】 3月19日，首都科技条件平台朝阳工作站联合中国科学院、中国建材集团、北京服装学院、北京工业大学4家研发实验服务基地举办首都科技条件平台朝阳工作站"百进千"科技需求对接会暨"高精尖"产业政策解读会，为项目合作落实和产学研合作提供政策支持和服务保障，150余人参会。会上，科技部创新创业导师对"高精尖"产业政策进行宣讲；市科委相关负责人解读首都科技条件平台资源及首都科技创新券政策；中科院、北服、北工大等研发实验服务基地老师围绕各自基地重点实验室、科技成果、创新人才等资源情况进行分享；企业科技需求对接环节，北京博创智联科技有限公司、中际博信（北京）科技有限公司等企业代表、基地专家针对企业遇到的技术瓶颈、科研难题进行剖析和技术指导。企业均表示，对接会畅通了企业与大学、科研院所间的沟通渠道、拓宽了资源获取途径，及时掌握了朝阳区产业政策导向。

【朝阳AI领军人才高级研修班举办】 3月26日，朝阳区AI领军人才高级研修班开班。培训由区科学技术与信息化局、区国资委、区高层次人才中心主办，是朝阳区凤凰AI云学堂的延续。来自影谱科技、时代凌宇、卡路里等企业核心管理团队成员50人参加培训。4月，研修班结业。来自影谱科技、青云科技、优锘科技等企业核心管理团队成员60余人完成培训。

【朝阳区科技周活动】 5月22日至28日，朝阳区举办2021年朝阳区科技周活动。活动由区科学技术与信息化局、区委宣传部、区科协共同主办，以"科技朝阳，创见未来"为主题，采取主场科技表演秀、分会场活动、线上系列活动相结合方式，整合区内科技企业、科研院所、科技场馆、街乡学校等资源，开展科技表演互动、科普基地主题打卡、科普进社区进校园、"云"上科普讲座。5月23日，科技表演秀——2021年朝阳区科技周活动在望京SOHO喷泉广场举办。活动现场通过人与机器牛舞蹈、智能小提琴演奏、科普互动实验、学生科技展示等环节，融合前沿科技成果及新媒体技术，营造科技周主场活动氛围，吸引百姓共同参与。北京电视台、《北京日报》、朝阳有线、《朝阳报》等近20家媒体对活动进行宣传报道。

【承办全球数字经济大会】 8月2日至3日，区科学技术与信息化局承办的全球数据经济大会在国家会议中心举办。大会围绕"数字经济国际国内治理和数据价值化"主题，举办数字经济大会开幕式暨主论坛、全球数字经济城市产业协同发展论坛等活动。同时还设置京津冀工业互联网发展论坛、数字金融应用、信息消费与数字生活、数据价值与服务、数字化转型和溯源中国高质量发展论坛等平行论坛和企业新品发布会。大会打造"论+赛+会"三维一体的创新模式。策划京津冀工业互联网协同发展论坛、数据价值与服务论坛等7场高峰论坛活动，邀请荷兰、以色列等国驻华大使及渣打银行、英国工程技术

▲ 5月23日，在望京SOHO喷泉广场举办的2021年朝阳科技活动中，人与机器牛表演舞蹈 （区科学技术与信息化局 供图）

▲ 9月29日，区科学技术与信息化局与区卫生健康委、区文化和旅游局、区科协一起走进豆各庄乡文化服务中心，开展文化科技卫生“三下乡”活动　　（区科学技术与信息化局　供图）

学会、中国工程院、国家电网大数据中心、阿里巴巴等行业领域专家、领军人物参会发言。

【科普活动】　9月8日，区科学技术与信息化局在中关村朝阳国际创投集聚区举办“小手触科技智慧创未来”主题科普活动。活动邀请北京市陈经纶中学分校小学部20余名师生走进朝阳城市智慧大脑展厅，参观区智慧城市建设成果；组织开展“小学生科技论坛”，聆听小学生对朝阳区未来智慧城市发展的心声，以科普活动点亮小学生“开学第一课”。10月14日，区科学技术与信息化局到平房地区（乡）定福家园南社区，开展“节能降碳健康生活”科普宣传活动。通过专家讲座、展览展示、互动体验等方式，送科技下乡，吸引社区居民参与科普活动，学习科学知识，培养节能环保意识，倡导健康生活理念。

【科技“三下乡”活动】　9月29日，区科学技术与信息化局与区卫生健康委、区文化和旅游局、区科协一起到豆各庄乡文化服务中心，开展文化科技卫生“三下乡”活动。活动中，区科学技术与信息化局整合中国食品发酵工业研究院、北京科技报社等科普基地优质资源，围绕食品安全与健康主题，通过实物展示、扫码学习等方式，为百姓讲解生活常见的食品添加剂、发酵食品等相关科学知识。现场布置科学“流言”板，发放《应知应会系列宣传册——社区居民、青少年素质提升系列》、2021年《北京科技报》等科普宣传资料，受到百姓欢迎。活动当天100余人到区科学技术与信息化局展台咨询。　（李小骏）

知识产权保护

【概况】　北京市朝阳区市场监督管理局（简称“区市场监管局”）是区政府工作部门，加挂北京市朝阳区食品药品安全委员会办公室（简称“区食药安办”）、北京市朝阳区知识产权局（简称“区知识产权局”）牌子。下设北京市朝阳区市场监管综合执法大队、8个事业单位、43个街道（地区）市场监督管理所及1个特殊地区市场监督管理所即奥林匹克管委会所。全局在职职工956人、辅助人员287人。主要负责全区市场综合监督管理，规范和维护市场秩序，营造诚实守信、公平竞争的市场环境，包括市场主体统一登记注册、组织和指导全区市场监管综合执法反垄断法统一执法、宏观质量管理、产品质量安全监督管理、特种设备安全监督管理；全区食品安全监督管理和综合协调，落实药品、医疗器械、化妆品的法律法规和相关政策；贯彻落实专利工作的法律法规和相关政策，统一管理全区计量工作、标准化工作、检验检测工作，依法对认证活动实施监督检查等。截至年底，全区有市场主体382566户，其中内资企业329340户、外资企业13909户、个体工商户39308户。全年新增市场主体40041户，其中新设内资企业37050户、新设外资企业1268户、新设个体工商户1723户。完成市场主体年报工作，区企业年报率92.5%，代表机构年报率87.86%，个体工商户年报率67.57%。年内，区市场监管局以深化改革创新为动力，以推动高质量发展为主题，以构建高标准市场体系为目标，持续优化营商环境，严守食品药品、特种设备、产品质量安全底线，全面保障消费者权益。全局办理行政处罚案件3911件（其中简易程序1348件，一般程序2563件），罚没款1.65亿元。被市人大常委会选定为首批基层立法联系点，被评为2019—2020年度接诉即办改革工作先进集体，餐饮服务监管科被评为全国食品安全工作先进集体，执法协作科被评为扫黑除恶专项斗争工作成绩突出集体，登记注册科（行政审批科）被评为北京市工人先锋号。

【“4·26”世界知识产权日系列活动举办】　4月26日，区知识产权局（区市场监管局）承办“2021年度朝阳区国际知识产权高峰论坛”，邀请总局、市区领导出席，编制《2020年北京市朝阳区知识产权白皮书》，全面把脉区知识产权发展现状。“4·26”世界知识产权日期间，举办8场线上教育培训活动，帮助企业高质量发展，占领标准制高点，浏览量突破150万人次。

【知识产权多元化保护】　年内，区知识产权局（区市场监管局）印发《朝阳区强化知识产权保护工作方案》，构建知识产权多元化保护格局，打造知识产权“1+1+N”（第一个“1”代表的是于2020年10月16日对外印发的《北京市朝阳区知识产权运营服务体系建设实施方案(2020—2023年)》，第二个“1”代表的是于2020年11月12日对外印发的《北京市朝阳区知识产权运营服务体系建设资金管理办法》，“N”代表的是一系列配套政策，围绕着实施方案的具体工作任务，结合朝阳区特色产业发展布局和高校院所、企事业单位的实际需要，制定和出台一系列符合发展需要的配套政策。印发的方案有《北京市朝阳区知识产权运营服务体系建设实施方案（2020—2023年）的落实方案》《北京市朝阳区知识产权运营服务体系建设调查研究课题管理办法》《北京市朝阳区知识产权运营服务体系建设专家库管理办法》以及陆续制定和出台相关配套政策）政策体系，全面构建知识产权服务生态体系，通过“两金一平台”助力企业创新发展，建立朝阳区首支知识产权质押融资风险补偿资金、重点产业知识产权运营子基金，支持创新主体提高知识产权运用能力。与区人民法院知识产权庭加强知识产权保护行政和司法衔接，在案件线索移转、商标侵权判定标准、联合普法宣传、数字经济知识产权保护等方面深化衔接协作，完成北京市首个知识产权行政调解协议司法确认案例，成为落实《知识产权强国建设纲要（2021—2035年）》的有益探索。（肖 洁）

防震减灾

【概况】 北京市朝阳区地震局（简称“区地震局”）是朝阳区政府直属事业单位，归口区应急管理局管理，业务受市地震局指导。2021年，完成地震监测预报管理和震情跟踪工作，协助国家地震局开展国家地震烈度速报与预警工程北京子项目建设，组织开展2021朝阳区破坏性地震应急救援演练，做好应急避难场所建设和维修，推进防震减灾科普示范学校建设，开展应急志愿者培训，完成第一次全国自然灾害综合风险普查地震相关工作。

【地震宏观测报网建设和运行】 3月，区地震局在将台地区（乡）将府公园野鸭岛、王四营地区（乡）古塔公园增设2处地震宏观观测点，每处明确2名地震宏观观测员。宏观观测点的增设，扩大区域地震宏观异常观测范围，提高区域地震前兆监测能力。

【协助国家地震烈度速报与预警工程北京子项目建设】 3月，区地震局协助国家地震局开展国家地震烈度速报与预警工程北京子项目建设工作。与黑庄户地区（乡）、东坝地区（乡）、金盏地区（乡）和六里屯街道4处观测站点及相关单位沟通协调，解决疫情防控形势下项目施工困难。为推进地震预警基准站和基本站设备安装调试、运维等工作创造便利条件。6月底，设备安装调试工作完成。

【地震应急演练】 5月12日，区地震局在崔各庄地区黑桥公园组织朝阳区“5·12”地震应急演练。演练模拟该地区发生6.0级地震，对地区灾情信息上报、组织群众疏散与安置、社区（村）组织群众疏散和自救互救、乡应急综合救援队伍组织先期救援、开设区现场指挥部和组织专业应急救援、防疫消杀、物资发放、灾情信息汇总等科目进行实兵演练。通过演练，应急预案得到完善。区应急管理局、区消防救援支队、区卫生健康委、公安朝阳分局、北京城建集团抢险大队、蓝天救援队等单位参加演练，崔各庄地区（乡）机关干部、社区（村）干部、乡应急综合救援队和群众志愿者等200余人参加演练。演练邀请应急管理部通信信息中心、市应急管理局、市地震局、防灾科技学院的领导、专家到场观摩指导。

【应急避难场所建设及维护管理】 5月，区地震局按照《地震应急避难场所场址和配套设施》国家标准和北京市《应急避难场所标志》地方标准，结合王四营地区（乡）古塔公园现状，对公园简易应急避难场所进行维修改造。增加应急供水、应急供电和应急厕所等设施，安装应急避难设施标志牌，应急避难场所由临时应急避难场所升级为国标Ⅲ类。5月10日，对元大都城垣遗址公园应急避难场所1、3、4、6、7号地应急标志牌进行维修更新，8月26日完成。

【地震应急志愿者培训】 5月至6月，区地震局委托众益行应急技术中心，在崔各庄地区开展防震减灾工作骨干和志愿者培训。培训以社区（村）

▲ 5月12日，区地震局在崔各庄地区（乡）黑桥公园组织朝阳区“5·12”地震应急演练（陈红卫 摄）

干部、辖区重点单位、企业安全管理人员为重点，主要讲授地震灾害风险隐患知识、应急避难场所的配套设施和疏散途径，训练灾害逃生避险和自救互救的基本方法与技能。培训5期，250人次。

【防震减灾科普示范学校建设】 9月，为在全区中小学校大力普及防震减灾知识，提高广大师生的防震减灾意识，增强地震灾害防御和自救互救能力，减轻地震灾害对中、小学生造成的危害，区地震局在北京市星河实验学校平房分校及北京第八十中学嘉源分校两处学校开展防震减灾科普示范学校建设工作。按照主动、慎重、科学、有效方针，合理设计学校疏散路线，在教室显著位置安置班级疏散路线图，开展“认识地震、科学避险”“防震减灾校园行”“增强防震减灾意识、提升防震避险能力”等活动。10月，朝阳区地震局验收组对2所学校完成验收，并授予朝阳区防震减灾科普示范学校称号。

【新建与加固建设工程抗震设防信息采集】 9月，为落实《国务院抗震救灾指挥部办公室关于进一步加快实施地震易发区房屋设施加固工程的通知》要求，构建全国房屋设施抗震设防信息采集和动态更新机制，在灾害风险普查基础上，动态掌握房屋设施抗震设防信息，摸清风险底数，提升地震灾害风险防治的针对性，区地震局开展朝阳区房屋新建与加固建设工程抗震设防信息采集。录入相关数据200余条，完善与市地震局共同建立的朝阳区建筑数据库平台日常应用及维护。

【地震灾害普查】 10月，区地震局开展第一次全国自然灾害风险普查。争取财政资金223.5万元，12月29日完成并通过验收。普查主要成果有：编制朝阳区1∶5万活断层分布图；编制朝阳区1∶25万地震构造图；开展场地地震工程地质条件普查钻孔探测，获取典型场地相关数据；收集场地地震工程地质条件钻孔资料，结合沉积层结构调查划分场地类别。对朝阳区内南口—孙河、顺义—良乡、通州—南苑3条主要活动断裂开展活断层补充探测与调查，部署8条浅反射地震剖面和8个浅钻，完成15千米活断层补充勘探工作。活动断裂探测排钻填补了区内孙河—南口断裂南段场地地震工程地质条件钻孔探测和活动断层调查的空白，为进一步探明北京市活动断层分布和编制活断层避让区划图提供可靠的科学依据。

【地震监测预报与管理】 年内，区地震局对区内6处7台压磁地应力观测站、8处宏观观测台站、30处强震动观测台站进行检查，保障仪器设备处于良好状态及日常数据的连续准确，为震情会商提供准确依据。与北京工业大学签订压磁应力站点数字化采集维护委托协议，完成幸福二村观测台站的监控设置安装及设备改造；完成与市地震局台网中心数据互通改造。完成两会、中国共产党成立100周年庆祝活动、冬奥测试赛等重点时段地震安全服务保障。

【防震减灾宣传】 年内，区地震局在“5·12”防灾减灾日、科技周、唐山地震纪念日、国际减灾日指导街道、社区、学校开展地震应急疏散演练。在朝阳区公共安全馆与区应急局配合开展“5·12”主题宣传活动1次，参与人数1000余人。 （李振山）

气象服务

【概况】 朝阳区气象局（简称“区气象局”）是受区政府和市气象局双重领导，并以上级气象主管机构领导为主的气象管理机构。承担辖区内气象数据收集整编、预报服务、预警服务、科技服务、气象科普、气象防灾减灾、科研及行政管理职能。首次荣获评2018—2020年度“首都文明单位标兵”称号。朝阳国家气象观测站入选中国气象局第二批“中国百年气象站”名录，被认定为五十年气象站。连续六年被市科学技术委员会、市科学技术协会评选为“北京市科普教育基地”。加入“朝阳区科学教育馆联盟”，搭建馆地共享平台。2021年，与区教委联合协助市气象学会组织开展2021年全市中小学生气象科普竞赛。联合区安办印发《2021年朝阳区防雷安全重点单位隐患排查及管理工作方案》。 （刘自名）

【异常气候现象】 2月、3月、12月，气温明显偏高。2月平均气温为3.6℃，比历年同期平均值偏高3.8℃；3月平均气温为9.7℃，比历年同期平均值偏高3.4℃；12月平均气温为1.2℃，比历年同期平均值偏高2.5℃。3月、7月、9月、11月，降水量明显偏多。3月降水量为37.4毫米，比历年同期值偏多3倍；7月降水量为395.1毫米，比历年同期值偏多1.4倍；9月降水量为147.0毫米，比历年同期值偏多1.9倍；11月降水量为25.3毫米，比历年同期值偏多1.7倍。3月、7月、9月，日照明显偏少，12月日照明显偏多。3月日照时数143.1小时，比历年同期值偏少近4成；7月日照时数117.2小时，比历年同期值偏少4成；9月日照时数148小时，比历年同期值偏少3成；12月日照时数214.1小时，比历年同期值偏多3成。 （李珊珊）

【气象科普】 3月23日，围绕“3·23”世界气象日主题联合市气象局组织“气象小标兵”培训；为东润枫景社区居民讲解气象知识。3月24日，走进日坛中学东润分校，开展气象小课堂；气象小标兵代表中关村二小“星云气象小队”来局参加科普赠书仪式。4月29日，结合“应急宣传进万家”“大小牵小手、共筑安全梦”防灾减灾主题组织开展宣传活动，顺义国际学校师生参观区气象局科普园区、气象观测场、气象台，体验气象科普馆，参加科普知识讲座。5月12

日，参加由区应急局牵头组织的朝阳区防灾减灾日主题宣传活动为社区居民普及气象防灾减灾知识，解读气象相关法律法规。运用“气象朝阳”官方微博和“朝阳气象好朋友”微信号转发、推送气象科普和法规知识；与北京电视台《法治进行时》栏目和“朝阳有线”电视台各录制作气象法治科普宣传片1部，制作防雷安全短视频1部。参加“第三届全国气象短视频创作大赛”，获优秀奖。（程月星）

▲ 6月25日，区气象局为庆祝中国共产党成立100周年演练活动提供气象服务

（刘自名 摄）

【“全国第一次自然灾害风险普查”资料收集】 3月初，完成“全国第一次自然灾害风险普查”调查数据的分类整理。7月，开展致灾危险性调查及普查表格填写工作。8月，根据市气象局任务及分工，修订印发《北京市朝阳区第一次全国自然灾害综合风险普查气象灾害风险普查实施细则》，收集1978年以来区内出现的风雹、干旱、高温、低温冻害、雪灾和大雾灾情，完成2010年以来区域自动数据的入库和灾害天气数据的筛选。8月至9月，向市局技术组提交各类气象灾害致灾因子调查表，进行系统填报。配合区灾普办开展气象灾害调查，补充收集气象灾情，协助区灾普办开展4次重大历史洪涝灾害的调查。11月，完成9个灾种的致灾危险性调查，收集调查数据63097条，完成全部致灾因子调查表的填写和系统上报。（程月星）

【中国共产党成立100周年庆典专项服务】 6月1日起，区气象局为中国共产党成立100周年庆典活动总指挥部以及相关单位及时提供气象服务。6月22日，为确保中国共产党成立100周年《伟大征程》文艺演出在国家体育场进行的第一次演练顺利进行，向区政府办加密发布气象预报信息，并实时与运行调度中心指挥小组办公室电话汇报降水、风力、温度等天气实况信息和预报结论，完成演练气象保障服务工作。6月25日，开展文艺演出第二次预演活动气象保障服务，向各防汛成员单位发布预报预警信息。6月30日，在100周年庆典前夕针对30日傍晚的雷雨天气进行会商研判，精密监测、细致服务，跟进朝阳区外围服务保障工作的需求，做好服务提示，保障外围集结和入场顺利进行。至活动结束，为各指挥部办公室发送《气象灾害风险分析》1期，《重大活动服务专报》43期，《未来一周环境趋势预测》32期。（刘自名）

【气象信息员队伍建设】 6月3日，区气象局召开街乡气象协理员防灾减灾线上工作会，43个街乡的气象协理员参加会议。会上总结2020年气象工作，部署2021年气象灾害防御工作，预测2021年汛期天气形势，进一步明确街乡协理员汛期气象工作职责，推进街乡、社区（村）气象灾害防御工作能力。年内培训全区气象信息员1次43人。（刘自名）

【气候概况】 年内，平均气温为13.9℃，比历年平均值12.9℃偏高1.0℃。冬、春、夏、秋季平均气温分别为-0.3℃、15.3℃、26.0℃、13.7℃，与历年同期平均值-1.3℃、14.5℃、25.8℃、12.8℃相比，分别偏高1.0℃、0.8℃、0.2℃、0.9℃。极端最高气温为36.5℃，出现在6月20日，极端最低气温为-19.2℃，出现在1月7日。年度降水量为883.8毫米，比常年降水量582.0毫米偏多301.8毫米。冬、春、夏、秋季降水量分别为7.7毫米、60.5毫米、599.0毫米、214.5毫米，与历年同期平均值9.5毫米、66.6毫米、403.3毫米、102.6毫米相比，冬、春分别偏少近2成、近1成，夏、秋季分别偏多近5成、1倍。该年度一日最大降水量为141.6毫米，出现在7月12日；最长连续降水日数为6天，降水量为36.6毫米，出现在10月2日至7日；最长连续无降水日数为36天，出现在2020年12月14日至2021年1月18日。该年度日照时数为2252.8小时，比常年平均值2395.2小时偏少不足1成。冬、春、夏、秋季日照时数分别为610.5小时、620.1小时、512.7小时、510.4小时，与历年同期平均值523.5小时、723.5小时、594.8小时、553.4小时比，冬季偏多1.6成，春、夏、秋季分别偏少1.4成、1.3成、不足1成。（李珊珊）

【天气预报预警及气象服务】 年内，发布各类灾害性天气预警信号206期。发布预报、预警、科普类微博1528条，发布科普宣传类文章5篇；微信科普知识类17条，预警信息206期；影视天气预报244期。为区生态环境局提供环境气象趋势预测366

期，天气情况745期，重要天气专报40期，气象信息专报93期，重大活动服务专报43期，冬奥测试赛服务专报89期，中高考气象服务专报56期，预防煤气中毒服务15期，春耕春播，夏收夏种，秋收秋种专报22期。（刘自名）

【执法检查】 年内，开展执法检查179次。其中，防雷安全执法检查141次，重大活动施放气球巡查11次，气象信息服务执法检查1次，气象设施和气象环境保护检查26次。针对全国两会、中国共产党成立100周年庆祝活动以及“相约北京”冬奥测试赛等重大活动，制定专项执法工作方案。对活动场地周边易燃易爆场所等防雷安全重点单位开展专项检查全覆盖，落实实施“禁飞”措施期间升放气球监管工作，开展升放气球专项检查。加强联合执法工作机制，与区城管委、应急、公安等部门联合开展全区液化石油气经营单位执法检查。落实“双随机”要求，对防雷检测单位和气象信息发布单位进行检查。按照“双公示”原则，在市气象局官方网站上对行政处罚和行政许可信息予以公示，接受社会监督。（张子曰）

【深化政务服务改革】 年内，三项依申请政务服务事项（雷电防护装置设计审核、竣工验收、升放无人驾驶自由气球或者系留气球活动审批）入驻朝阳区行政服务大厅综合窗口，实现“一站式”“一窗”综合受理，政务服务事项进驻率100%。全年办理行政许可申请3件，其中防雷设计审核和竣工验收2件，升放气球行政审批1件。雷电防护装置设计审核办理时限压缩至3个工作日，较法定时限20个工作日，压减比例达85%；雷电防护装置竣工验收办理时限压缩至3个工作日，较法定时限10个工作日，压减比例为70%。（张子曰）

【气象观测自动化新成果及科研项目】 年内，区气象局完成《朝阳区杨柳絮飞散气象预报技术研究》《朝阳区冬奥场馆及周边气象风险分析》2项科研项目，通过区科信局验收。新设备冻土自动观测仪投入使用。（戴　健）

【重大活动气象服务保障】 年内，区气象局为中考、高考、节假日、市区两会、服贸会开展气象服务保障。区气象局提前制定工作方案、应急预案，根据天气形势的变化，调整服务策略；指派业务骨干进驻现场开展气象服务，并将气象资料对接到区级指挥平台。（刘自名）

【冬奥测试赛专项服务】 年内，为“相约北京”冬季体育系列测试活动现场指挥部提供气象保障服务工作。制定《北京市朝阳区气象局冬奥气象保障工作实施方案》《朝阳区服务保障工作组工作方案》，完善《气象保障服务突发事件应急预案及方案》《气象保障服务疫情防控风险防范预案及方案》，修订《朝阳区气象台业务应急预案》及应急操作手册，开展应急演练，保障冬奥场馆附近区域站；开展巡视维护，强化数据监控和质控，确保观测数据稳定可靠。冬奥气象服务平台实现观测数据、预报结果、服务专报可视化显示。赛前提供测试赛期间气象风险评估，测试赛期间每日7时、17时制作精细化服务专报。针对雨雪大风及强降温天气，提示工作人员关注道路结冰、积雪对运动员训练及出行安全的影响，提示场馆外围人员注意防寒保暖。其间制作精细化服务专报68期。加强与相关单位会商联络和应急联动，针对疫情防控工作需求，为组委会进行核酸检测提供逐小时预报。（刘自名）

教 育

综 述

【概况】 北京市朝阳区教育委员会（简称“区教委”）是负责区内学前教育、基础教育、特殊教育、职业教育、民办教育、继续教育等教育管理部门，受区政府直接领导，业务受市教委指导。有北京市朝阳区教师发展学院、北京市朝阳区教育科学研究院等直属单位11个。2021年，全区有幼儿园309所、小学74所、普通中学96所，教职工41963人，其中幼儿园18253人、小学7111人、中学15605人、职业学校776人、特殊教育78人、专门学校40人，全年教育经费投入104.25亿元。中小学固定资产总值160.15亿元。年内，区教委完成“十四五”教育发展规划编制，明确“十四五”时期发展目标和重点任务、重大项目；编制《朝阳区教育系统开展法治宣传教育的第八个五年规划（2021—2025年）》。完成全区中小学学校章程统一修订。所有依申请事项100%“全程网办”和“零跑动”。每月举办师德师风建设活动，155名教师进入市中小幼第三届“京教杯”青年教师教学基本功培训和展示决赛，56名教师获市“紫禁杯”优秀班主任奖，32名教师获评市中小学“学生喜爱的班主任”称号，6人被评为第二批北京市中小学特级校长。完成师生员工核酸检测27.5万余人，常见传染病散发病例数比上年下降69%，平安校园建设通过市教委达标验收。制定“双减”（减轻义务教育阶段学生过重作业负担和校外培训负担）实施方案，实施课程管理、教学管理、作业管控、课后服务、家校沟通“五项能力提升行动”，义务教育学校全部达标。推进校外培训机构治理，“七有五性”诉求比上年减少17%，学科类培训机构由518所减至30所，压减率94%，“双未”机构（指未申请复课且未批准复课机构）动态清零，培训机构“营转非”工作全部完成。开展立德树人工作，朝阳区2所学校“一校一案”经验获教育部全国推广应用，29个校本德育课程和案例获全国创新奖和示范奖。学习“韧性”“乐观”“坚毅”等心理品质课程学生5万余名。学前教育普及普惠安全优质发展，扩增学前学位7000个，普惠性幼儿园覆盖率83%。基础教育课程教学改革推广“马芯兰小学数学教学法”，建构“课程建设—教学改进—质量评价—信息化支撑”格局；优化基础教育资源布局，引进北京市十一学校合作办学，完成4所新建校、26个新备案小区多校划片入学对接，满足百姓在家门口“上好学”愿望。推行“健康知识+基本运动技能+专项运动技能”体育教学新模式，组建300支冰雪特色社团，辐射带动8万余人次参与冰雪活动；冬奥知识进课堂覆盖率100%。新增市级学生艺术、科技社团9个。职业与成人教育改革升级，优化专业布局，申报的6个专业、1个技能方向专业通过市教委审批，新增3个专业、7个技能方向专业与高职院校开展“3+2”中高职衔接办学，2个项目获北京市职业院校第四批“一校一品”优秀德育品牌。提升国际教育服务水平，4200人次干部教师参加国际化素养提升培训，培育“施耐德工程师学院”等职教国际化品牌项目3个。依法履行教育督导职能，开展中小学校全面实施素质教育综合督导评价及幼儿园办园质量督导评估；围绕校园安全、疫情防控、文明城区建设等开展经常性督导。获评“北京市信访工作先进集体”“北京市国家安全工作先进集体”“2016—2020北京市法治宣传教育先进集体”“2021年国家义务教育质量监测实施县级优秀组织单位”等称号，朝阳区平安校园建设工作整体通过市级达标验收。 （张 明）

2021年朝阳区教委直属单位一览表

表7

序 号	学 校	地 址
1	朝阳区教师发展学院	团结湖23号

续表 7

序　号	学　校	地　址
2	朝阳区教育科学研究院	静安里甲30号
		柳芳南里14号
3	朝阳区中小学生卫生健康保护中心	西坝河中里11号
4	朝阳区教育服务保障中心	团结湖北二条5号楼
		安华里二区5号楼
		建华南路6号地杰长安驿B座5层
5	朝阳区青少年活动中心	红庙延静西里19号（本部）
		安华西里一区1号楼（安华里）
		左家庄北里4号楼（香河园）
		三源里北小街甲1号（新源里）
6	朝阳区招生考试中心	团结湖南路1号
7	朝阳区思想政治教育指导评价中心	石佛营西里27号楼
8	朝阳区教育人才服务中心	红霞中路10号
9	朝阳区社会力量办学指导评价中心（朝阳区学前教育督查指导评价中心）	胜古北里甲9号
10	朝阳区教育项目发展指导中心	水碓子北里14号
11	朝阳区职工大学（社区学院）	和平里南口砖角楼北里5号

（张　明）

【食品安全管理接诉即办】 1月，区中小学生卫生保健所开通食品安全“接投即办”专线，接报学校师生、家长及社会对学生餐问题投诉意见和建议304个，反馈相关供餐部门，全部解决。1月至4月，区中小学生卫生保健所完成62校址集体订餐合同和230所学校委托管理食堂合同审核、备案；联合区食品安全办公室、区市场监督管理局、区疾控中心、公安朝阳分局考察评审2021年度朝阳区外供餐企业供餐资质，认定供餐企业28家。公安朝阳分局首次加入考察评审供餐资质工作。（车凤鸣）

【“十四五”国际教育发展专项规划】 3月，区教委依据《朝阳区“两区”建设方案》，制定《教育系统服务“两区”建设工作方案》（以下简称《方案》）。《方案》梳理全区国际教育资源，就完善国际学校布局、深化教育合作交流、促进中外教育互通互鉴、提升国际化教学水平、持续推出朝阳区国际教育特色品牌制定策略；就支持中小学接受外籍人员子女入学、加强国际化职业教育服务供给、支持职业教育国际合作示范项目、干部教师国际化素养提升培训、提升全区国际教育品质等项目作出部署。年内，形成朝阳区国际教育5大任务、6个行动计划和32个重点项目。（白建立　汤　楠）

【事业单位改革】 5月15日，区委教育工委、区教委按照区委编办要求，启动事业单位改革，并召开改革工作启动会。6月，按照对职能相近单位进行统合、业务重合机构和部门进行优化、不符合职能定位机构名称进行规范调整和明确事业单位功能定位、机构设置、资源配置和权责关系的原则，区委教育工委、区教委所属事业单位由16个精简至11个。其中，保留直属单位4个，有朝阳区中小学生卫生保健所、朝阳区青少年活动中心、朝阳区招生考试中心、朝阳区职工大学（社区学院）；直属单位更名7个，包括北京教育学院朝阳分院更名为北京市朝阳区教师发展学院、北京市朝阳区教研中心更名为北京市朝阳区教育科学研究院（朝阳区特教中心并入）、北京市朝阳区教育资产管理中心更名为北京市朝阳区教育服务保障中心（朝阳区教育委员会教学设备中心和朝阳区职业教育教产合作促进中心并入）、朝阳区教育党建指导评价中心更名为朝阳区思想政治教育指导评价中心、北京市朝阳区人才服务中心教育人才分中心更名为北京市朝阳区教育人才服务中心[朝阳区教育委员会老干部管理服务中心（朝阳区老年大学）并入]、北京市朝阳区社会力量办学管理所更名为北京市朝阳区社会力量办学指导评价中心（加挂朝阳区学前教育督查指导评价中心牌子）、北京市朝阳区教育委员会项目资金管理中心更名为北京市朝阳区教育项目发展指导中心［撤销朝阳区现代教育信息网络中心（区教委宣传教育中心），职能分别并入朝阳区教育项目发展指导中心和朝阳区教育服务保障中心］。（陈玉洁）

【实验区工作推进】 5月17日，区教委在北京市第八十中学召开教育部"基于教学改革、融合信息技术的新型教与学模式实验区"第二年项目建设工作推进会，干部、教师162人参加。会议总结和展示区信息化建设现状与教育教学融合应用成果，研究探讨"互联网＋基础教育"及信息技术助推教育教学改革实践探索新模式。60所项目学校聚焦线上线下融合教育教学、教师网络研修、学生个性化学习和成长档案等主题进行现场讨论，其中9所项目学校结合本校信息化与教育教学融合发展情况，自行组织6场工作研讨会。（楚 娜 戴伟明）

【高考准备工作检查】 6月1日，国务院副总理孙春兰到北京市陈经纶中学考点、朝阳区招生考试中心检查高考准备工作。孙春兰实地察看考生入场体温检测、身份识别、考场布置、隔离考场设置、试卷运输保管和分发等工作，了解考务指挥、考试综合管理平台运行情况，并主持召开专题会议，听取相关部门高考组织准备工作情况汇报。她强调，要深入贯彻习近平总书记重要指示精神，落实党中央、国务院决策部署，以最高标准、最严要求做好高考组织和疫情防控各项工作，确保高考平稳顺利举行，确保广大考生和考务人员安全健康。（夏文钦 黄阳艳 马悦先）

【"我为群众办实事"实践活动】 6月，区委教育工委按照中央、市区关于"我为群众办实事"实践活动要求，启动朝阳区教育系统"我为群众办实事"实践活动。解决社区志愿服务、学生帮扶、校园环境、职工关爱、教师成长、学校质量提升等群众关注实事1392件，包括小学363件、幼儿园194件、中学579件、机关36件、民办学校220件。（谢仲能 李迎奇）

【新冠病毒疫苗接种】 7月28日至11月3日，区教育系统分别启动12岁至17岁、3岁至11岁在校学生新冠病毒疫苗接种。区属地各中小学、职业高中、民办学校、国际学校内中国籍学生以及港澳台同胞在校学生，分阶段、分年龄有序接种。截至年底，12岁至17岁在校学生新冠病毒疫苗第一针接种率95.99%、第二针接种率95.01%；3岁至11岁在校学生新冠病毒疫苗第一针接种率84.64%、第二针接种率72.41%。（徐 芳）

【党组织领导校长负责制改革】 7月，朝阳区作为全市第二批中小学校党组织领导校长负责制改革试点区，启动中小学校党组织领导校长负责制改革试点工作。选取北京市朝阳区芳草地国际学校远洋分校、北京市朝阳区垂杨柳中心小学、北京市朝阳区教研中心附属学校、东北师大附中朝阳学校、北京市陈经纶中学5所学校为试点单位，改革主要内容有探索完善学校党组织领导职责、书记和校长工作职责，党组织发挥领导作用运行机制、全员全过程全方位育人工作机制以及干部管理与组织体系保障机制等工作项目。（吴丹萍）

【"十四五"时期教育发展规划编制】 年内，区委教育工委、区教委根据朝阳区"十四五"规划纲要，编制完成《朝阳区"十四五"时期教育发展规划》。规划主要内容有：加强党对教育的全面领导，强化基层党组织建设，汇聚教育发展新动能。坚持五育并举，加强学生思想品德培养、学生学习能力和思维能力培养；加强体育健康教育、学生艺术教育和审美能力培养；加强劳动教育，实现育人工作新突破。优化资源布局，合理布局全区教育资源，发展普及普惠安全优质的学前教育；发展优质均衡义务教育，做好义务教育"双减"工作，发展更加多样化有特色普通高中教育，发展高水平朝阳特色职业教育，完善服务全民终身学习的教育体系，推动民办教育健康发展，形成教育发展新格局。坚持人才强教，推进教育人事管理改革，构建结构合理的人才梯队，全面提升教师岗位吸引力，实现队伍建设新跨越。优化技术环境，加强智慧教育环境建设，提高教育信息化保障能力。深化改革开放，推进管理和办学改革，推进教育评价和教育科研机制改革，深化教育督导体制机制改革，推进教育交流与合作，增强教育发展新活力。（陈 宁）

教育管理

【概况】 2021年，区教委推进区教育设施专项规划编制，优化教育资源配置和布局，实施学位建设三年计划（2021—2023年），解决中小学学位供给问题，保障学有所教。按计划完成普惠园专项资金审计、全系统内物业保安服务项目审计调查、资源整合后续审计、经济责任审计和财务收支审计项目，抓好学前教育专项、学生资助专项和防疫防控经费等重点项目资金使用管理。编制完成《朝阳区教育系统开展法治宣传教育的第八个五年规划（2021—2025年）》。（张 明）

【防疫保障】 2月19日，区教委2万名教职工接种新冠病毒疫苗，安排接送车辆400车次，接受防疫知识和疫苗接种注意事项咨询1600余人次。截至年底，区教委为所辖单位及学校调拨口罩196万余只、消毒液1300余升及其他防疫物资；拨付核酸检测资金630余万元，为应急过冬物资储备提供50万元资金保障。（全阳芷 刘永栓）

【"双减"工作措施】 4月28日，区教育系统召开"双减"工作大会。会

▲ 12月，化工大学附属中学"双减"后的"教"与"学"关系的变革——"合作对话"课堂教学现场（区教委 供图）

议围绕基础教育提质减负重点工作，从课程教学管理、统筹作业管理、课后服务供给3个方面做具体政策解读。6月15日，召开校长大会。会议下发《朝阳区进一步规范教育教学秩序提高课堂教学质量的实施意见》《朝阳区中小学教师教学工作负面清单》。年内，下发《朝阳区推进义务教育提质增效实施办法》，包括科研引领、科技赋能、管理优化、家校协作、区域统筹、社会协同、教师关爱7项举措。（石志芬　张丽娟　张浩钰）

【学校章程建设】 5月18日，区教委召开中小学校章程建设完善专题部署会。会议进一步明确学校章程制定内容、标准、报备时限。区教委相关科室、中小学、职业高中、民办学校200余名负责人参会。截至年底，全区167所中小学校章程报备稿全部修订完成。（杨金重）

【设备配备】 8月至11月，区教育服务保障中心完成中国人民大学附属中学凤凰城校区、北京市陈经纶中学崇实分校经纶学苑、北京市第八十中学嘉源分校铁科院校区、中海望京府配套幼儿园、铁科院配套幼儿园、百湾家园配备幼儿园相关教学仪器、幼儿玩教具、专用教室设备、教学家具及办公家具等设备配备工作，满足6个校区开学、开园条件。（李文涛）

【教育收费规范】 9月15日，区教委牵头召开朝阳区治理教育乱收费局际联席会。会议部署落实教育部及北京市治理教育乱收费局际联席会议办公室工作，举办区教育系统收费政策培训会，宣讲收费政策，对教育系统各单位收费工作主管领导、具体负责人、财务人员等约600人开展业务指导。9月18日，朝阳区治理教育乱收费局际联席会议办公室印发《关于开展2021年教育收费检查工作的通知》，开展2021年秋季教育收费检查。在各单位100%自查基础上，朝阳区治理教育乱收费局际联席会议成员单位及区教委业务主管部门人员组成5个专项检查组，实地抽查公办、民办中小学和幼儿园等不同类型基层单位20余个，抽查结果显示收费管理总体情况较好。10月18日至19日，配合市治理办组织的联合检查组，完成全区10个公办、民办中小学和幼儿园实地检查。对抽查中发现个别问题，全部立行立改。（李庆春）

【校园安全专项整顿部署会】 11月5日，全区召开校园安全专项整顿工作部署会。会议传达全国和北京市校园安全工作会议精神，确定由区教委牵头属地街乡及相关部门围绕校园安全组织领导体系、政治意识形态安全、隐患治理、涉校矛盾纠纷排查化解等11项内容，按照"两个全覆盖"（对中小学校和幼儿园全覆盖、对校内各类安全隐患全覆盖）要求，开展全区校园安全专项整顿。同时，制定印发全区和教育系统整顿方案，指导全区中小学校开展安全隐患排查和集中整治。朝阳区学校安全工作联席会22个委办局和43个街乡所有成员单位参会。（彭　蕾）

【区教委内部审计】 年内，区教委完成213所普惠园专项资金审计、全系统内物业保安服务项目审计调查、17个单位接收36校址资源整合后续审计、14个单位经济责任审计和财务收支审计项目，出具审计报告并督促相关单位落实审计整改工作。落实区教委事业单位改革工作部署，组织和指导19个单位开展清算审计，形成清算审计报告，确保整合中单位产权清晰。开展民办单位及国际学校财务年审报告专项审核工作，审核364个民办单位和13个国际学校提交2020年财务年审报告，对发现的问题进行核实、确认并监督整改到位。配合市教委完成朝阳区学前教育专项资金绩效审计项目，完成区学前教育3期行动计划专项资金政策执行情况绩效报告，为上级部门决策提供支撑。（李庆春）

【学生资助】 年内，区教委召开学生资助工作培训视频会3次，解读最新资助政策和要求，实现全学段资助全覆盖。全年全区资助学生237752人次，资助3041.76万元。其中，学前教育资助1488人次、104.25万元，义务教育资助233491人次、2674.73万元，普通高中资助1231人次、90.99万元，职业高中资助1542人次、171.79万元。（马恬静）

【无障碍设施建设】 年内，区教育系统无障碍工作专班开展校园无障碍建设未达标销账工作。指导未达销账标准学校按照国家及北京市有关无障碍环境建设标准，结合学校实际情况制定整改措施，实现应改尽改，确实无法实现无障碍建设要求学校，采取替代措施和软性服务等方式推动无障碍环境建设。整改及销账215所学校、740个设施点位。　（赵　影）

【教育配套学校接收】　年内，区教委接收3所教育配套中小学、4所教育配套幼儿园。分别位于崔各庄地区（乡）、王四营地区（乡）、左家庄街道、奥运村街道，占地面积5.36万平方米，建筑面积6.66万平方米，教学班143个，新增学位5260个。　（赵　影）

师资队伍

【概况】　2021年，朝阳区公办学校（含直属单位）在编教职工2.24万人，其中正高级职称91人、高级职称4064人、一级职称8248人。有专任教师19567人，特级教师249人，北京市骨干教师332人、北京市学科教学带头人68人，区级学科带头人449人、区级骨干教师1937人，区优秀青年教师1576人。区教委坚持师德师风建设，评选树师德先进集体10个、先进个人50名，建立师德负面清单，开展有偿补课和教师违规收受礼品礼卡专项整治，对查实问题依法依规严肃处理。优化教师队伍整体素质。通过公开招聘、双向流动、统筹配置、临时聘用等方式，补充和调配教师1000余人，其中博士、硕士学历282人。启动新一轮"导师带教""市级研修共同体""博研苑"项目和第二届"朝阳杯"全员基本功培训与展示活动。加强青年教师师能建设，155名教师获北京市中小幼第三届"京教杯"青年教师教学基本功培训和展示活动决赛资格。开展朝阳区"凤凰计划"高层次教育领军人才评审认定，推进名师名长工作室等人才培养项目。56名教师获北京市"紫禁杯"优秀班主任奖项，其中特等奖2名、一等奖26名。32名教师获评北京市中小学"学生喜爱的班主任"荣誉称号。51人获评正高级职称，6人被评为第二批北京市中小学特级校长。开展新一届区学科教学带头人、区骨干教师、区优秀青年教师初评。　（李丽艳　耿　建）

【骨干人才支教】　3月15日，区教委启动第四轮骨干人才兼职支教工作。在职特级教师、市级学科带头人、市骨干594人参加支教，帮助朝阳区青年教师提高教育教学水平。10月，考核区骨干人才728名，其中优秀445人、良好6人、合格259人、未达标18人。　（王秉超　王燕燕）

【师德师风建设】　3月，区教委指导基层学校制定师德师风建设工作计划，确保师德师风建设月月有活动、全员覆盖。463个基层单位建立师德负面清单，运用校内自查、案例警示和分组研讨学习等方式，确保人人应知尽知，人人自省自警。7月，开展"学重要论述、重党建引领、遵师德准则、学师德楷模、强思政示范、守师德底线、严教师选聘和建诚信机制"等师德专题教育活动，全区各基层单位全部参加。9月，开展"永远跟党走"歌曲传唱、新教师入职教育、全国基础教育工作会议精神学习讨论、师德先进工作表彰、"我为群众办实事"实践活动、向王红旭学习等7项活动，对有偿补课和教师违规收受礼品礼金等现象进行专项整治，对涉嫌有偿补课在职教师进行调查取证，并按照相关程序给予处理和处分。配合"双减"工作，核查申请复课培训机构51家、从业人员身份1426人，核查结果显示，全部符合校外培训机构从业条件。　（张婉月）

【职高教师教学能力提升培训】　4月9日，教研中心举办职业高中教师教学能力提升培训。培训内容涉及教学单元设计技术、教学能力比赛经验、比赛导向及要点解读等环节。区级比赛教师、兼职教研员、教学干部约40人参加培训。　（何爱英）

【"五个一"人才项目启动】　5月21日，区教研中心启动职业教育"五个一"人才建设项目。学员需在3年内完成理论素养、专业能力和领导力3个领域、10个模块研学课程，同步落实"确立一项特色人才培养目标、开设一组特色育人课程、打造一种协同育人机制、拓展一片文化宣传阵地、搭建一系列育人研究平台""五个一"发展任务。培养对象为教学主管、专业主任及市级骨干教师，30名学员参加。　（何爱英）

【首届校外教师"双提升"展评活动】　6月2日至10日，朝阳区首届校外教

▲ 9月7日，区教委开展新任教师入职教育活动　（区教委　供图）

师“双提升”展评活动现场展示在朝阳区青少年活动中心举行。展评活动设行政保障、群众活动、专业兴趣小组3个类别7个场次，69人参加。展评活动为提高校外教师对岗位职能认识、岗位胜任力、岗位专业能力和推动本岗位工作组织管理能力双提升奠定基础。（张　弛）

【“博研苑”项目展示】 6月7日，区教委举办2021年“博研苑”项目展示活动。活动以“面向未来智慧学习”为主题，开展同课异构和分会场研讨。博士教师与非博士教师组织七年级语文、数学、物理等8节同课异构活动，提高教学实践水平。分会场研讨设8个学科组进行交流，授课教师反思教学理念、设计及效果，探讨学习科学理论对教学指导作用、多种学习方式应用与效果、过程性评价设计及高阶思维能力培养。300余名博士教师参加活动。（何爱英）

【获市第五届“启航杯”奖】 6月，区教师发展学院选拔96名2020年入职教师参加北京市第五届“启航杯”新任教师教学风采展示活动。参赛教师全部获奖，其中一等奖13人、二等奖44人、三等奖39人。（苗沐霖）

【民办中小学教师心理健康专题培训】 7月3日，区民办教育协会组织朝阳区民办中小学教师心理健康专题培训。会议邀请北京市青少年法律与心理咨询服务中心名誉理事长宗春山讲解压力来源、情绪体现、缓压方法、情绪调整、压力管理等方面知识，通过案例、互动等授课方式，帮助区民办中小学教师释放工作压力，营造良好育人环境。民办中小学、幼儿园180余名校长及教师参加培训。（杨　扬）

【“朝阳杯”教学基本功展示活动】 7月，区教委召开朝阳区中小学教师首届“朝阳杯”教学基本功全员培训展示活动总结暨第二届“朝阳杯”全员培训展示活动启动大会。活动推选展示“教育教学案例”273个，获奖187个；“朗诵演讲”183人，获奖146人；“三笔字”（毛笔字、钢笔字、粉笔字）258篇，获奖221篇。通过基层学校“练”、学区（集团）“比”和研训部门“展”三级组织形式，实现以培训促学习、以学习促交流、以交流促展示、以展示促发展的目的。（张婉月　田一鹏　宋　丹）

【校外教育机构教师基本功展评】 8月，区教委开展校外教育机构教师基本功展评。评审内容分为教育教学活动设计、教育教学活动展示和教育教学活动评价3部分。朝阳区校外机构教师报名245名，经专家评委评审，推荐72名参加市级展示活动，全部获奖，其中一等奖12名、二等奖24名、三等奖36名。（李　扬）

【教师交流轮岗】 12月，区教委和15个义务教育学区化综合改革学区二级联动，根据学生、教师、学校三方需求，通过考察聘用、需求导向、骨干支教、组团交流4种形式，交流轮岗教师1544名，促进优质教育资源均衡、优化教师管理制度。（陈玉洁）

【专项体育技能培训】 年内，区教师发展学院推进校园体育项目体育教师专项技能培训。培训聚焦“运动专项教学指导能力”和“专项比赛组织与执裁能力”提升，为学校体育形成“教会、勤练、常赛”模式培养师资队伍。区内体育教师获北京市足协、朝阳区体育局审核颁发证书682人次。其中，篮球三级裁判员61人、二级裁判员8人、篮球三级社会体育指导员191人；网球三级裁判员64人、网球社会体育指导员238人；游泳三级裁判员73人、足球E级教练员45人、游泳救生2人。（张　跃　强宋丹）

【特级教师工作站计划完成】 年内，朝阳区特级教师工作站3年指导任务完成，并形成研究成果。如音乐学科李桂英特级教师工作站完成中小学合唱教学用书《合唱从这里开始》（1套8册）编写，组织中国国际合唱节“第十一届和谐之声合唱指挥大师班”系列活动，陈经纶中学金帆合唱团演唱第十五届中国国际合唱节开幕式歌曲《彩虹节拍》；政治学科蔚国娟特级教师工作站为2019版人民教育出版社新编高中教材“必修1至必修4”编写配套“精练题”20套等。2018年，区委教育工委、区教委发布《朝阳区教育系统特教师工作站管理细则》，启动“双名工程”，在全区建立特级教师工作站15个，分设在6所中学、4所小学、4所职高、1所幼儿园，涉及11个学科，基层学校参与教师214名。3年中，工作站获国家级奖项3个、市级奖项7个，个人获国家级奖项36个、市级奖项236个。（杨　帆）

【教师科研课题申报】 年内，区教育科学研究院促进基层学校研究水平提升，将全区学校划分为13个科研片区，每个片区派1名科研员负责指导课题研究、成果培育及校本科研管理。13个片区开展科研培训300余场次，参与教师1万余人次。全区开展学生道德水平测试跟踪、生涯发展指导、学生综合素质评价、高中多样化发展、生态文明教育、新样态学校建设、学术表达能力提升等专项研究，组织全区性科研培训18场次，参与教师6000余人次。组织基层学校完成全国、市规划课题申报130余项，其中市规划课题93项，较上年增加33%，居全市第二位；市学会年度课题申报1257项，立项850项，居全市首位。（何爱英）

【“区管校用”编制管理】 年内，区教委按照“区管校用”原则统筹编制管理、均衡校际教育资源，建立超编教师资源调配库，将超编教师纳入教委超编教师资源调配库。全年为缺编中小学调剂学科教师近150名，完成临时聘用教师需求审批和备案审核工作，解决基层学校临时聘用教师需求325名。（陈玉洁）

素质教育

【概况】 2021年，区教委有校外教育单位1个，为北京市朝阳区青少年活动中心。中心占地面积9055平方米，建筑面积16483平方米，电子图书15万册，固定资产总值6928.84万元，全年教育经费投入6358.25万元。拥有办公用计算机358台。在职教职工154人，包括正高级职称2人、高级职称37人；特级教师3人，北京市学科带头人1人、北京市骨干教师4人。区教委德育工作围绕落实立德树人根本任务，结合"双减"工作要求，研究制定《朝阳区深化新时代中小学校思想政治理论课改革创新实施方案》等文件，2所学校的"一校一案"案例由教育部向全国推广应用。在全国德育校本课程和案例展播活动中，6所学校、13校次29个校本德育课程和案例获全国创新和示范奖。全区推广积极心理品质课程，"乐观""韧性"课程覆盖学生5万余人，"坚毅"课程实验教学覆盖20所学校。完善《朝阳区关于预防和化解家校矛盾的指导意见》。北京市10名优秀学生中朝阳区入选2名，并连续8年入选。暑期开展全区中小学"垃圾分类计量分析"实践活动；组织"垃圾分类我们一起行动——周末守桶我参与"志愿服务活动，20925名中小学生参与，服务时长18200小时。区委办公室、区政府办印发《关于全面加强和改进新时代学校体育工作的实施方案》，区教委印发《朝阳区加强中小学体育增强学生体质健康二十二条措施》，打造"健康知识+基本运动技能+专项运动技能"体育教学新模式。配合冬奥会，遴选30所冰雪特色培育校，组建近300支冰雪社团，辐射带动8万余人次参与冰雪活动；冰雪运动、冬奥知识进课堂100%全覆盖。新增市级学生艺术和科技社团9个。发挥职业教育优势，开发劳动教育课程近百门，制定《朝阳区劳动实践建议清单》，明确不同学段学生劳动教育目标和内容，实施学生每周五全员大扫除及轮流值周制度。开展职业学校支持中小学校开展劳动教育工作，3所职业学校全部参与，送课程70余门；学生劳动教育开展情况纳入综合素质评价范围。北京市陈经纶中学和北京市朝阳区实验小学分别承办市教委"劳动是最好的教育"研讨会、"劳动成就美好生活——劳动教育与综合实践活动融合实施"教学观摩研讨会，在全市分享学科融合劳动教育的探索与做法。（乔春江　李　扬）

【"永远跟党走"主题教育】 4月至10月，区教委开展"永远跟党走"主题教育。内容包括："网上重走长征路""四史"学习知识竞赛、"穿越时空的对话"——征集写给革命先烈的一封信和"童心向党"主题班会等10余项活动。5000余名师生参加"唱支歌儿给党听"师生歌咏比赛，8首作品在"学习强国"学习平台、"抖音"等媒体展播，并获特等奖。（乔春江）

【市各类艺术团认定】 5月7日，市教委公布北京市学生金帆艺术团、金鹏科技团、金帆书画院、阳光少年艺术团评审结果。芳草地国际学校世纪小学、垂杨柳中学小学劲松分校等11所学校14个学生艺术社团被认定为金帆艺术团，北京市第八十中学、陈经纶中学分校等12所学校13个学生科技社团被认定为金鹏科技团，芳草地国际学校慈云分校、白家庄小学等11所学校11个学生艺术社团被认定为金帆书画院，区青少年活动中心3个学生艺术社团被认定为阳光少年艺术团。（李　扬）

【安全教育研讨会】 5月12日，区教研中心举办小学安全教育与学科教学融合创新实践研讨会。会议作《区域安全教育与学科教学融合的创新实践研究》主报告，阐述安全教育与各学科教学融合的基本理论、模式、策略、方法；教科院语文教研员及中国教科院附属实验学校数学教师分别作"安全教育惠泽有道，语言文学润心无声""乘数学之舟助学生安全远航"专题发言，以课例形式展示安全教育与学科融合路径、策略；70余名教师现场观摩语文、数学等10余个学科安全教育与学科教学融合展示课20节，通过安全教育新模式，提高教师实施安全教育专业化水平。（何爱英）

【"五育并举"教育展示】 6月16日，区教科院举办以"红色记忆，红色之旅"为主题的"五育（美育、德育、智育、体育、劳动教育）并举"融合教育现场展示活动。活动以党史教育为明线，以学科融合为暗线，突出学科核心素养。北京市第十七中学赛洛城校区6名教师展示体育、劳技、音乐、信息技术等6节研究课，北京市第十七中学汇报"五育"并举实施情况，区教科院作"五育"融合教育实践报告。初中教学干部及教师等100余人参会。（何爱英）

【中小学生心理体检】 9月至12月，区教师学院开展"医教结合"中小学生心理体检工作。93所学校15795名初一年级学生和154所学校21827名小学五年级学生，通过网上测试、现场面访两个环节，完成学生心理行为问题筛查评估体检。各校通过体检反馈报告和相应建议，了解学生心理状况，开展针对性辅导。（杨　红）

【"请党放心，强国有我"主题队会】 10月13日，为少先队建队日，区学校少先队先后组织"红领巾心向党"学习实践活动。4000余个中队召开"请党放心，强国有我"主题大队会，引导少先队员坚定理想信念，传承红色基因。学校少先队举办入队、建队仪式；召开校级少代会，鼓励少先队员参与学校少先队工作研讨，发挥小主人作用。（郭　锐）

学前教育

【概况】 2021年，区教委辖属幼儿园309所（教育部门办园33所、其他部门办园6所、地方企业办园15所、事业单位办园14所、部队办园6所、集体办园36所、民办园199所）。幼儿园招生31991人，离园23041人，在园96383人。幼儿园教职工18253人。全年，投入教育经费66859.84万元，其中国家投入58654.46万元，自筹经费8205.38万元。年内，学前教育工作着力解决区域内资源结构性布局不均衡问题，增加学位7000个。普惠性幼儿园304址，在园幼儿近85000人，覆盖率80%以上。推进区、片、园三级管理机制，落实卫生保健、疫情防控工作要求，对490余所各类型幼儿园及社区办园点开展8轮例行督查，涉及18项检查内容，3900余人次参与督查；开展人员资质、幼小衔接、托班幼儿统计、社区办园点办园情况、学前教育配套幼儿园综合评估等6次专项检查2000余园次。规范课程建设，聚焦“幼儿园一日活动质量提升”，分批次开展普惠园课程方案论证；对500余名园长、保教主任开展“课程领导力提升”培训，建设推广保教管理和一日活动课程资源34个。开展科学保育教育，对8163名教师开展师幼互动能力培训，对9385名干部教师开展家园共育能力提升培训。区教育科学研究院教研员入园指导864次场。开展幼儿园课程区域教研168场次，协作片区活动64场次；举办幼小衔接专题研讨15场次及幼小双向互访互培活动5次；幼小衔接31所试点园开展主题教研6次；形成“指向三关键贯通式幼小衔接课程探索”成果经验3万字。围绕党建、队伍建设、幼儿教育、规范管理、特色发展、办园成效等方面对教委办幼儿园进行评价，7所幼儿园考核为优秀，10所良好，16所合格。完成非教委办324址幼儿园考核，指导规范办园。（邢　凯）

【幼儿园协作片区工作模式建立】 1月1日，区教委幼儿园协作片区工作模式建立。区教委将全区幼儿园以43个街乡为单位，划分为安贞、八里庄、垂杨柳、崔各庄、定福庄、东坝、管庄、和平街、黑庄户、呼家楼、劲松、酒仙桥、十八里店、望京、幸福村15个协作片区，对幼儿园实行区、片、园三级管理模式，发挥协作片区资源统筹、辐射引领、研训支持、监督管理等职能。依托协作片区开展园本培训、教研展示、评优活动、家园共育典型经验推广、疫情防控数据信息填报统计等日常工作，实现资源共享、联动发展，促进协作片区幼儿园共商、共治、共同发展。（邢　凯）

【专职保育员培训】 1月15日至22日，区教委开展幼儿园专职保育员培训。围绕保育员职业道德规范、岗位知识、一日工作流程和幼儿园各项卫生消毒、清洁工作等内容，线上培训在岗保育员3934名。（邢　凯）

【幼小衔接推进】 4月至12月，区教委贯彻落实教育部《关于大力推进幼儿园与小学科学衔接的指导意见》，结合市教委工作要求，形成朝阳区科学衔接教育生态工作意见。开展推进“双减”背景下幼小衔接教育研究。组织全区389址幼儿园保教管理干部300余人，以15个协作片区为单位，举办15场幼小衔接教育研讨会，研讨会总结3年中开展幼小衔接教育研究实践和形成的研究成果；开展专题培训；3所幼儿园汇报幼小衔接实践案例，区教科院代表5所小学和教研部门阐述幼小衔接方法策略。（何爱英）

【社区办园点质量管理】 9月23日，区教委举行社区办园点质量提升暨督导评估工作启动会。会议围绕社区办园点质量提升工作方案解读、优质园与社区办园点手拉手帮扶结对、社区办园点督导评估进行工作部署，明确社区办园点规范办园要求和督导评估标准。95所社区办园点和95所手拉手帮扶结对幼儿园园长近200人参加会议。12月6日，区教委开展社区办园点供餐工作年检。从供餐资质，食品留样设施、记录，餐具消毒制度和记录三方面入手，检查卫生保健人员配备和资质、传染病防控工作制度、晨午检工作记录、消毒工作制度和记录，对不规范问题现场立即指导。年检24个社区办园点，未发现严重违规现象。（邢　凯　车凤鸣）

【幼儿园教科研成果推广】 11月26日，区教科院以“聚焦儿童，立足园本”为主题举办第二届幼儿园优秀教科研成果推广活动。三里屯幼儿园“四季健康体育课程创新构建与园本实践”、九龙幼儿园“幸福课程探索”、北辰福地幼儿园“尊重幼儿天性构建幼儿园探究活动新样态”、惠新里幼儿园“大社会主题活动实践探索”4项成果从不同角度展示幼儿园在课程体系建设、从幼儿健康发展到全面育人的课程实施路径、有效活动设计等方面取得的成效，对区域学前教育资源优质共享及园本课程建设起示范引领作用。全区在册幼儿园、社区办学点保教主任、教科研主任等近460人在线参加。（何爱英）

【学前教育督查】 年内，根据市学前教育规范监督管理办公室统一部署，区社办中心对全区近496址各类型幼儿园（含95所社区办园点）开展8轮3000余园次学前教育督查。教育督查对园所办园条件、安全卫生、保育教育活动、教职工队伍建设、内部管理等方面开展检查和指导，帮助园所规范常态化管理，守好安全底线。（谢旭桦）

【公办幼儿园成立3所】 年内，朝阳区成立公办幼儿园3所。其中，北京市朝阳区十八里店乡横街子村中心幼儿园，位于北京市朝阳区十八里店乡横街子村滨河西路7号；中国科学院第五幼儿园，位于北京市朝阳区科学园南里三区317楼/四区411楼；中国科学院第六幼儿园，位于北京市朝阳区华严北里16号楼。（邢　凯）

【公办幼儿园撤销5所】 年内，朝阳区撤销公办幼儿园5所。分别为北京市朝阳区孙河乡辛堡中心幼儿园、北京市朝阳区十八里店兴华幼儿园、北京市朝阳区东八间房村中心幼儿园、普天首信通信设备厂（集团）幼儿园、北京首都机场物业管理有限公司幼教管理中心第一幼儿园。（邢 凯）

【公办幼儿园更名10所】 年内，朝阳区公办幼儿园更名10所。

2021年朝阳区公办幼儿园更名一览表

表8

序号	更名前名称	更名后名称
1	北京工业大学后勤服务集团幼儿教育中心	北京工业大学幼儿园
2	北京市朝阳区香河园街道办事处西坝河东里第一托幼园所	北京市朝阳区香河园街道西坝河东里幼儿园
3	北京市朝阳区黑庄户乡人民政府中心幼儿园	北京市朝阳区黑庄户乡中心幼儿园
4	北京市朝阳区驼房营村中心幼儿园	北京市朝阳区将台乡驼房营村中心幼儿园
5	北京市朝阳区十八里店乡西直河村东明幼儿园	北京市朝阳区十八里店乡西直河东明幼儿园
6	北京市朝阳区建筑工程公司幼儿园	北京朝莘辰阳幼儿园（芳草地园）
7	北京蓝岛大厦幼儿园	北京朝莘蓝岛幼儿园（呼家楼园）
8	北京师范大学实验幼儿园	北京师范大学实验幼儿园（大西洋新城）
9	北京首都机场物业管理有限公司幼教管理中心第三幼儿园	首都机场幼教中心第三幼儿园
10	北京首都机场物业管理有限公司幼教管理中心第二幼儿园	首都机场幼教中心第二幼儿园

（邢 凯）

基础教育

【概况】 2021年，朝阳区有小学74所（教育部门办校66所、民办校8所），初级中学9所（教育部门办校9所），完全中学13所（教育部门办校11所、民办校2所），高级中学4所（教育部门办1所、民办校3所），九年一贯制学校37所（教育部门办校31所、民办校6所），十二年一贯制学校33所（教育部门办校17所、民办校16所）。教学班7521个（小学5217个、初中1772个、普通高中532个），招生，小学29097人、初中17561人、普通高中5935人；毕业，小学20096人、初中10459人、普通高中3792人；在校小学生162918人、初中生49970人、普通高中生15914人。初中入学率、巩固率、毕业率均为100%。中小学教师合格率100%。中小学（公办）纸质图书藏书742.52万册。全年中小学教育经费投入88.28亿元，国家拨款87.76亿元，自筹经费5239.08万元。义务教育学区15个，实施集团化办学单位1个（芳草地国际学校教育集团）。年内，朝阳区制定《关于深入推进朝阳区“双减”工作的实施方案》，构建以“1+6+32+15”为核心的区级“双减”工作组织领导体系。“1”是指由区委区政府主要领导任组长、主管教育领导任副组长、各有关部门为成员单位的“区级‘双减’工作专班”（以下简称“区级专班”），领导和统筹全区“双减”工作。“6”是指下设校内提质组、校外规范组、引导转型组、综合执法组、风险防范组、学前治理组6个专项工作组，按照各自职责落实任务。“32”是指32个头部企业驻企专班，指导和规范头部企业办学行为。“15”是指15个学区内的中小培训机构驻企专班，对学区内中小培训机构进行归总管理。通过市、区、校三级联动和部门协调贯通运行，“双减”工作在朝阳区平稳落地。出台《朝阳区进一步规范教育教学秩序提高课堂教学质量的实施意见》和《朝阳区义务教育提质增效实施办法》，实施课程管理、教学管理、作业管控、课后服务、家校沟通“五项能力提升行动”，建立调研指导、校长述职、定期通报、干部约谈督查机制，推动校内减负提质落地落实。通过市教委专项检查，全区义务教育学校全部达标。朝阳区实验小学作为北京市唯一小学代表在教育部“办实事 见实效”首场新闻发布会上作典型经验介绍。召开区级“双减”背景下“教”与“学”关系变革“合作对话”课堂教学现场会，展现“双减”课堂教学改革实效。义务教育实现一年级学生100%就近入学，54所中小学通过国家义务教育管理标准化建设达标验收。初三年级9700名学生获开放性科学实践活动20学分满分，占毕业生总数99.7%。初中毕业考试和高中招生考试实现“两考合一”。整体设计高中3年课程，持续优化课程结构，丰富课程资源，指导学校合理安排3年各学科课程，均衡设置必修、选择性必修和选修课程。引导学校挖掘课程资源，开发、丰富选修课程，形成学校办学特色课程体系。优化拔尖创新人才培养模式，为具备创新潜质学生配备成长导师和学业导师，设计系统化培养路径，实施小班化个性化指导。（张清军　聂　昱）

【小学学业水平检测】1月11日至12日，区教委开展全区小学六年级教学质量检测。选定语文、数学、英语科目参加检测，选定道德与法治、科学、美术、音乐4个考查科目中任选其一，125所小学（含校区、校址）毕业年级19427名学生参加抽样检测。7月7日至8日，区教委组织全区小学三年级学业水平抽样检测，选定科目为语文、数学、英语，考查科目为道德与法治、科学、美术、音乐任选其一，125所小学（含校区、校址）27755名学参加抽样检测。10月20日至21日，召开全区中小学教学工作会，总结小学教学工作并分析三年级抽样检测情况。（张浩钰）

【高中考试改革】1月至6月，区教研中心推进高中考试改革，依据教育部《普通高中课程标准》，制定高中14个学科《新课程学科教学指导意见》。改革内容包括：命题突出关键能力及学生学科核心素养，坚持立德树人；教研部门组建命题专家库，命题中深入研究学科本质、特点，提高命题能力；科学分析考试数据，利用平台加强对考试数据分析与评估数据暴露教学问题及原因，调整教学策略，提高教学、备考针对性和有效性；教师培训注重指导教师加强考研，教研员与学科教师依据问题产生不同原因，研讨改进教师教、学生学方法策略，在上好试题解析和试卷讲评课基础上，重点研究变式跟进训练、高端生培养资源建设、边缘生培养不同方法、后进生培养有效激励措施等。（何爱英）

【“马芯兰小学数学教学法”推广】3月26日，国家级优秀教学成果“马芯兰小学数学教学法”推广暨基础教育国家级优秀教学成果推广应用示范区（朝阳区）建设启动会在星河实验小学举行。未来3年，朝阳区将以“马芯兰小学数学教学法”为龙头，集合5项国家级优秀成果，在40所基地校应用基础上，在全区所有小学推广应用，提高朝阳区义务教育阶段教育教学能力和水平。区委教育工委、区教委领导班子成员、机关科室长、朝阳区国家级优秀教学成果推广应用工作项目组成员和“马芯兰小学数学教学法”教学成果推广应用基地校校长在主会场参加会议，全区各公办中小学校长、主管教学副校长、幼儿园园长和小学数学教研组组长等1000余人通过视频会议参加会议，会议通过腾讯系统向社会直播。（黄阳艳　张浩钰　何爱英）

▲ 3月26日，“马芯兰小学数学教学法”成果推广会上，马芯兰校长回顾40余年教育生涯（区教委　供图）

【教学工作检查】4月，区教委对全区义务教育阶段163所中小学246个校址开展教学工作检查。检查包括学校课表、作息时间表、教学计划、作业管理、干部听评课、教材教辅使用、课后服务、考试命题等8个方面。检查结果全部合格达标。5月，在全区义务教育阶段163所中小学开展试卷命题检查。检查小学三至五年级3个学科、初一年级7个学科、初二年级6个学科，重点核查各学校考试命题内容是否存在超标、超进度及是否存在命题立意导向偏差等问题，检查结果没有违规问题。9月，区教委抽查暑假作业，经检查，各学校作业布置规范，不存在超量超标等现象。（张丽娟　李筑恒　张浩钰）

【入学报名系统上线】5月1日，2021年朝阳区义务教育入学居住地查询系统正式上线运行。家长可通过此系统查询入学儿童户口所在地服务学校。5月6日，朝阳区义务教育阶段入学转学报名系统正式上线运行。家长通过自行采集信息、提交审核材料、核对建档材料，参加统筹分配。（王建龙）

【初中开放性科学实践】5月30日，区教委完成2021年初三年级学生10687人初中开放性科学实践活动成绩认定，同时完成经费结算支付。区教委通过北京市中小学生实践活动平台监控初中开放性科学实践活动校本课程实施过程，学生在完成校本课程学习后，登录上传任务单、学习感言等，由学校教师进行成绩认定，达到规定次数后学生获得分数，作为初中学业成绩。全年政府财政投入1843.32万元，保障初中开放性科学实践课程任务完成。（李筑恒）

【“双减”工作】6月9日，区教委举办以“优化资源建设、提升课堂质量”为主题的落实“双减”专题研讨会。学科教研员、15个学区教学干部、骨干教师及教研组组长120余人分别在北京市朝阳区教育研究中心附属学校、小学观摩24节展示课和26节说课，4所学校教学主管分享合理利用优质资源、促进课教学改革实践经验，区教科院介绍提升课堂教学质量、推进科学“双减”基本要求及建设“双减”高效运行机制发挥的作用。11月29日，区教委举办“双减”典型经验交流会。呼家楼中心小学等7所学校分享课后辅导课程建构经验；教科院作“丰富课后服务供给，提升教育发展质量”主题报告，总结课后辅导顶层设计成效做法。区内外近800名教师以线上线下相结合形式参会。年内，朝阳区建立校内“双减”督查、通报及约谈机制，定期约谈通报12次，完成整改问题21个。组织校长减负述职报告会8场，60余所学校汇报工作改进情况，覆盖率近50%。制定《朝阳区中小学课后服务工作方案》《朝阳区中小学课后服务专项经费分配方案》，规范课后服务管理，统筹区青少年活动中心、社会资源等单位，为全区学生提供“菜单式”课程资源近200项，163所学校100%开展课后服务；参与学生20.20万人、占95.3%，参与教师1.74万人、占96.7%。

（何爱英　石志芬　张丽娟　张浩钰）

【基础教育国家级优秀教学成果推广培训会】 6月19日，区教委作为基础教育国家级优秀教学成果实验区举办北京师范大学国家级基础教育优秀教学成果“基于核心素养的学科能力诊断评价和教学改进系统”推广培训会，解决学生核心素养和学科能力在学科教学中落实问题，加强学科组建设，推进高中高质量多样化特色发展。会议解读推广应用计划，朝阳区将在3年内，以试点学校创新、先试，后续全部高中学校推进、广泛参与方式完成；作“高中语文新课标变化和几个关键问题”等学术报告及基于物理学科关键能力学习表现及其应用研究等专题讲座；北京师范大学与朝阳区高中学校合作推广成果，助力朝阳基础教育高质量发展。高中校教学干部、教研组长及教科院全体高中教研员200余人参会。

（何爱英）

【暑期托管服务】 7月至8月，区教委制定《2021年朝阳区暑期托管服务工作实施方案》。朝阳区暑期开设托管服务点180个，分2期开展暑期托管服务，2136名学生报名参加，3947名教师参与服务，覆盖15个学区、43个街乡。区活动中心组建校外指导员队伍，参与暑期112所学校（65所小学和47所一贯制学校）托管服务。

（张　弛）

【作业优化交流】 10月21日，区教科院举办以“优化作业，减负提质”为主题的线上线下作业优化交流会。会议推出5所小学38节现场观摩课，涉及10余个学科，体现“双减”政策下，学科作业设计及管理策略、实效。朝阳区实验小学进行“双减”背景下作业优化汇报，教科院作“小学作业优化实践研究”主题发言。区内全体小学干部、教师及其他区县教研部门、校长、教师等近500人以线上线下方式参加交流。

（何爱英）

【阅读指导获奖】 年内，区教育服务保障中心组织区教育系统参加市教委第十届“书香燕京——北京市中小学阅读指导活动”活动，在中小学开展阅读指导，组织读书征文活动。收集并推荐上报论文9679篇，获一等奖105篇、二等奖204篇、三等奖300篇；获阅读指导活动组织工作先进学校3所、先进个人8名、优秀辅导教师奖88名。

（梁长江）

【研究型学校创建】 年内，依据市教科院工作要求，区教科院开展研究型学校创建工作，培养教师自主研究和团体研究学生、教材、教学方法的能力，形成研究氛围，提升教师创造性思维能力及促进学校个性化发展。7月，举办研究型学校建设交流现场会，北京市第八十中学、白家庄小学、朝阳师范学校附属小学分别介绍研究型学校发展经验。北京中学系统梳理研究型学校建设路径、成果及本质意义，形成结构化、体系化、理论化研究成果；3名青年教师分享科研助力教师、学生共同发展感悟。11月，项目组先后到东方德才学校、垂杨柳中心小学调研，指导学校进一步完善教科研工作机制，以科研突破教育教学难点、引领教师专业成长提升研究型学校示范辐射能力。

（何爱英）

特殊教育

【概况】 2021年，朝阳区有特殊教育学校1所（北京市朝阳区安华学校），随班就读学校6所，开设教学班41个，在校特教学生475名；专任教师95名。特教兼职教研员55名。全年国家投入特殊教育经费6576.25万元。成立特殊儿童入学指导监控小组，对43个街乡78名适龄残疾儿童入学情况和教育安置情况开展数据核查，51名学生入学，26名学生办理延缓入学，符合条件残疾儿童全部建立学籍，教育安置率100%。开展残疾学生返校情况监控，保障疫情防下特殊学生正常学习，围绕“复学心理调适”“问题行为干预”“家校共育策略”开展巡回指导83校次。开展特教学校和普通学校个别化教育指导和咨询服务，集体视导36校次、个别指导83校次、专业咨询164校次；指导咨询工作涉及学生个案152人次、干部教师370人次、学生家长43人次。开展融合教育服务实体评估，编制检查评估标准，完成16所中小学资源教室检查评估。召开送教教师“安全维稳”主题培训会，配备8900元学具，为133名重度及多重残疾儿童少年送教服务2200余学时。开展区融合教育干部、班主任以及教研员、资源教师专业培训、研究活动28场次，参与教师800余人次。“区域特殊教育管理平台设计与开发的实践研究”获北京市教委教育信息化处颁发的“典型优秀教育研究成果奖”。

（王桐娇）

【随班就读教师培训】 2月至5月，区教委举办新任、骨干随班就读教师培训。培训内容包括“特殊需求学生情绪教学能力训练”“青少年心理发展特点及应对策略”“智力障碍及学习困难学生心理干预策略”“成长中的听觉烦恼及解决方案”等，157名教师参加6场次线上课程。（王桐娇）

【资源教室检查】 3月至5月，区教委开展资源教室管理检查。小组成员听取主管领导汇报、访谈相关工作人员、观摩随堂课、查阅材料、考察资源教室后，现场反馈对资源教室重点工作开展及服务功能发挥等方面的指导意见。检查有资源教室16所，均达到建设标准。（李艳艳）

【视障师资培训】 10月21日，区教委承办北京市视障教育资源中心视障学生随班就读支持策略培训活动。培训内容包括学习常见类别视障学生特点、需要和支持策略，对教师在普通学校随读视障学生教学工作中给予专业支持。120名干部教师参加培训。（李文荣）

【特殊教育专项调研】 年内，区教委开展“双减背景下融合教育学校特殊教育支持策略和问题需求”“视力障碍学生视觉功能及学习辅具配备需求”“3～7年级肢体障碍学生心理行为及学业发展水平”调研，调研智力、精神、视力、听力、肢体及其他类特殊学生1400余人、150校次，为特殊学生提供精准优质支持性服务打好基础。（王桐娇）

【残疾儿童就读统计】 年内，区教委开展残疾儿童就读数据统计。完成特殊教育班、学龄前随班就读幼儿、小学随班就读、初中随班就读和送教上门学生统计，涉及193所学校、1487名学生；摸底排查190名适龄残疾儿童少年入学情况，完成5名超龄未入学残疾学生学籍补录工作，确保残疾儿童少年接受义务教育。（王桐娇）

【兼职教研员发挥职能】 年内，区教委发挥特教兼职教研员研究指导职能。55名特教兼职教研员围绕“问题儿童情绪行为分析”“自闭症儿童视觉提示促适应力提升”“专业运动训练促问题儿童学习力提升”“培智教育个性化课程的制定与实施”等主题开展线上线下研究活动22次，指导随班就读教师2000余人次。（李文荣）

职业教育

【概况】 2021年，朝阳区有公办职业高中3所，分别为北京市电气工程学校、北京市求实职业学校、北京市劲松职业高中。设北京市劲松职业高中常营校区、北京市求实职业学校望京校区和北京市电气工程学校管庄校区等11个校区，占地面积26.60万平方米；产权建筑面积19.99万平方米（部分职高校区划归普通中学校区）。图书馆藏书35.44万册，计算机4770台。全年教育经费投入36342.55万元，其中，国家拨款35792.73万元、自筹经费549.83万元。教职工775人，其中专任教师633人；高级职称259人；市特级教师5人、市骨干教师11人、市学科教学带头人3人。“双师型”教师占87%。学生（不含成人中专）1738人，招生769人（不含成人中专）招生计划完成率85%，比上年增长14%；毕业235人（不含成人中专）。区教委举办职业教育高峰论坛及学生职业技能大赛，展示学生思想政治教育成果。开展国际合作交流，确立“一带一路”等3个职教国际合作示范项目，与沿线10多个国家学校互联互通；建设施耐德工程师学院及海尔工程师学院。新增3个专业在市教委审批备案，2022年秋季开始招生；7个专业（技能方向）与高职院校开展“3+2”中高职衔接办学，2个项目被市教委评为北京市职业院校第四批“一校一品”优秀德育品牌。启动“‘五个一’人才建设项目”，面向专业负责人和骨干教师开展培训。举办朝阳区职业高中教师单元教学设计大赛，3所职高学校36个参赛团队129名教师参加展示。参加北京市职业院校技能大赛教学能力比赛，7个教学团队获一等奖、3个团队获二等奖、4个团队获三等奖。30名骨干班主任参加区职高班主任专题研修培训，其中2人获北京市中职学校紫禁杯班主任一等奖、1人获二等奖，1人获全国职业院校技能大赛中等职业学校班主任能力大赛三等奖，2人获北京市中职班主任能力比赛一等奖、1人获二等奖，2名班主任被评为北京市骨干班主任。朝阳区职业高中评选出校园之星11名，劲松职业高中学生盖乐获“北京市优秀学生”称号。（张　林）

【职高考试质量分析会】 3月18日，区教研中心举办职业高中考试质量分析会。会议作职业高中期末考试质量分析报告，总结语文、数学、英语、历史4个学科公共基础课以及35个专业417门专业课期末考试成绩；各职业高中作“提升教学质量工作举措”专题汇报。会议提出，中职人才培养应准确定位目标，发挥考试诊断、评价、激励功能。3所职业高中校长及教学领导、全体教研员参加会议。（何爱英）

【职业教育宣传月启动仪式】 5月21日，区教委在劲松职业高中常营校区举行2021年朝阳区职业教育宣传月启动仪式。仪式以“未来工匠心向党　青春奋进新时代”为主题，回顾朝阳区职业教育发展历程，展示立德树人育人成效、职教办学成果，展望“十四五”职业教育未来发展。市教委职业教育与成人教育处、区人力社保局、区档案局、区教委相关领导，合作院校、校企合作企业及师生代表近400人参加。职业教育宣传月期间，3所职业高中通过举办技能大赛、校园开放日、职业体验等形式向社会展示学校办学情况，营造关注、支持职业教育发展的社会氛围。（张　林）

【职业教育论坛】 5月21日，区教委举办朝阳区职业教育论坛。论坛以“思政教育莹润出彩人生”为主题，作“助力职业教育发展共建产教融合生态”等专题讲座；劲松职业高中、求实职业学校、电气工程学校汇报思政教育创新举措及成绩；3名教师交流教学案例；与会人员围绕思政教育促进中职学生全面成长实践探索、企业对学生职业素养要求、学校开展思政教育典型经验、存在困难及思政课教学改革方向等展开研讨，提出持续推进育人改革等建议。（何爱英）

【职业高中教学设计大赛】 5月23日，区教研中心举办朝阳区职业高中教师单元教学设计大赛。3所职高学校36个参赛团队129名教师参加展示。教研员带领3所职高教师围绕专业基础、动手能力、岗位适应能力、团队协助能力，在能力目标构建课程体系、课程体系开发课程、课程教学目标设计教学模式等方面指导教师开展教学研讨。大赛历时68天，评出团队一等奖4个、二等奖8个、三等奖13个。（何爱英）

【中职专业课教学改革】 年内，区教科院指导中职学校开展专业课教学改革。通过创建动手实践条件、综合运用实训成果、引导学生主动探究等教学方式，发展学生个性及综合素养能力。求实职业学校电商专业展示“直播运营项目实训——‘双11’助黔特色食品节”区级研究课。劲松职业高中影像与影视技术专业学生按照“策、采、编、推”全流程工作模式，完成“学党史知校情”访谈节目及多人多机位现场拍摄。3所职业学校200余名教师及学生参加活动。（何爱英）

高等教育

【概况】 2021年，辖区内有高等教育学校15所。其中，教育部直属高等教育学校6所，分别为中央美术学院、北京化工大学、北京中医药大学、中国传媒大学、对外经济贸易大学、中华女子学院；市属院校9所，其中，中国音乐学院、北京工业大学、北京第二外国语学院、北京服装学院、北京联合大学、北京青年政治学院为普通高等院校，北京信息职业技术学院、北京经济管理干部学院、北京劳动保护职业学院为高等职业院校。（张　明）

北京中医药大学

【概况】 2021年，北京中医药大学占地面积116.93万平方米，学校产权校舍建筑面积54.07万平方米。东西校区图书馆建筑面积1.58万平方米。全年教育经费投入14.21亿元，其中，财政拨款8.17亿元、自筹经费6.04亿元。固定资产总值34.06亿元。拥有教室184间，全部为网络多媒体教室。图书馆拥有图书137.47万册，教学用计算机3529台。网络信息点28321个，上网课程2838门，图书馆数字资源中电子图书144.83万册、电子期刊19.07万册、学位论文937.63万册、音视频14935小时。学校设13个院（系、部），开设16个本科专业，覆盖6个学科门类；具有一级博士学位授权点3个，一级硕士学位授权点7个，博士后科研流动站3个。“双一流”建设学科3个，国家级一流本科专业建设点6个，北京市重点建设一流专业1个，北京市高校高精尖学科2个。教育部重点实验室3个，教育部工程研究中心3个。北京市教委重点实验室2个，北京市科委重点实验室4个，北京市教委工程研究中心1个。国家中医药管理局重点研究室10个，国家级实验教学示范中心1个。北京市实验教学示范中心4个。校本部教职工1287人，其中专任教师801人（包括正高级230人，副高级258人）。外籍教师9人，其中博士7人，硕士1人，学士1人。毕业生7515人，其中，研究生1544人、普通本科生1769人、成人教育本科生337人、网络教育本专科生3865人。招生11371人，其中，研究生1937人、普通本科生2001人、网络教育本专科生7433人。留学生招生71人，毕业63人。完成北京中医药大学“十四五”规划，包括1个总体规划、14个专项规划和N个二级教学科研单位规划；完成“双一流”建设方案编制，方案结合国家战略需求，彰显中医药学科特色。（沈　琦）

【王琦书院成立】 9月10日，北京中医药大学王琦书院成立，国医大师、中国工程院院士王琦任院长。书院以培养中医药领军人才为办学目标，聘请70余位两院院士、国医大师、国学大师担任特聘教授。（沈　琦）

【教学交流】 9月10日，北京中医药大学国家中医体质与治未病研究院举办“九体医学健康中国计划”高峰

▲ 9月10日，“九体医学健康中国计划”启动　（北京中医药大学　供图）

论坛，62位院士、14位国医大师线上线下出席。会议旨在深化中医体质与治未病和防控慢性病方面研究，推进科研成果转化应用，为实施健康中国战略提供中医药方案。年内，学校参加首届北京高校教师教学创新大赛，教授程凯“经络腧穴学”课程团队获一等奖，教授赵吉平“针灸学”课程团队获二等奖。教授程凯获“北京市高等学校教学名师奖”，副教授李多多获“北京市高等学校青年教学名师奖”。制作完成中医文化视频及音频，投放海内外新媒体平台，1683万人次阅读。主办2021中医药国际发展论坛，成立“国际中医教育联盟”，启动“北京中医药大学国际远程教育平台”，获批“北京中医药大学国际中文教育（中医药文化）实践与研究基地”。北京中医药大学承办2022年冬奥会和冬残奥会中医药体验馆，传播中医药文化。临床医学院医护骨干进驻冬奥村参与疫情防控，学校理疗志愿者为大会提供中医药健康服务，服务2400人次。（沈　琦）

【教学科研】 年内，学校成立北京中医药大学课程思政教学研究中心。获评4个国家级课程思政示范项目，本科教育的“中药学”和“温病学”、研究生教育的“中医内伤杂病研究”和继续教育的“伤寒论”课程入选教育部课程思政示范课程，相应课程负责人、教授张冰、谷晓红、焦扬、郑丰杰和教学团队获评教育部课程思政教学名师和教学团队。8个课程入选北京市级课程思政示范项目。学校20名教师当选中国中医药出版社全国中医药行业高等教育“十四五”本科规划首批教材遴选主编，被授予“十四五”规划教材建设突出贡献奖。1部主编教材获国家级优秀教材二等奖。获全国教材建设奖10项，国家级精品教材1项，北京市精品教材33项。入选教育部基础学科中药拔尖创新人才培养基地。完成教育部第二届中医“专博+专培”培养模式试点改革。中药学院“临床中药学教师团队”入选全国高校黄大年式教师团队。院士王琦和教授吴志生团队联合攻关的《生物传感AI算法融合的中医过敏/平和体质差异靶点科学解码》和刘存志教授团队的《电针改善术后肠麻痹的神经——免疫抗炎机制被初步揭示》两项学术成果入选中华中医药学会2021年度中医药十大学术进展。“中医养生（中医传统导引法）”为教育部唯一获批国家级非物质文化遗产项目。新增国家药监局中医药研究与评价重点实验室1个。获资助国家自然科学基金项目99项、4878万元。获树兰医学奖1项、树兰医学青年奖1项，中华中医药学学会奖20项；获中国中西医结合学会科学技术二等奖1项。获谈家桢生命科学成就奖1项。承担完成的“灸用艾绒”及“问诊规范”2项国家标准发布，实现学校国家级标准新突破。（沈　琦）

北京工业大学

【概况】 2021年，北京工业大学设有7个校区，占地面积96.02万平方米。全年教育经费投入23.79亿元。固定资产总值73.52亿元。图书馆建筑面积4.96万平方米，藏有纸质图书和电子图书377.94万册。拥有计算机20570台。学校信息化经费投入1583万元，多媒体教室座位28390个，上网课程4171门。设置17个学部（院、系）。教职工3307人。境外教师100人。毕业生6683人，其中，学历教育学生中博士毕业生275人；普通本专科生3333人；成人教育本专科生575人；留学生毕业85人，获学位77人（博士21人、硕士19人、本科37人）。成立碳中和城市科技创新研究院。北工大城市建设学部杜修力教授增选为中国工程土木、水利与建筑工程学部院院士。（钟嶷盛　凌　晨）

【教学科研】 年内，学校总结“十三五”发展建设完成情况，编写《“十三五”规划整体完成情况报告》，分析学校“十三五”目标完成情况。编制新一轮“双一流”建设方案，上报北京市和教育部。完成第二批“三全育人”重点团队培育项目结题和第四批立项工作。参加北京高校“三全育人”优秀成果评选，2个项目分别获工作案例类一等奖、调研报告类二等奖。新增9个国家级一流本科专业建设点，国家级一流本科专业增至20个。新增机械、材料与化工、资源与环境、土木水利等4个博士专业学位授权点。参加第十一届“挑战杯”首都大学生课外学术科技作品竞赛，获特等奖2项、一等奖3项、二等奖5项、三等奖3项，获“优胜杯”和优秀组织奖。516支团队参加第七届中国国际“互联网+”大学生创新创业大赛，获全国金奖2项、铜奖3项。4位教师获2021年度北京市高等学校教学名师奖、青年教学名师奖。国家

▲ 2021年，北工大四位教师获2021年度北京市高等学校教学名师奖、青年教学名师奖
（北京工业大学　供图）

基金项目获资助157项。《北京工业大学学报（社会科学版）》入选北京大学《中文核心期刊要目总览》、南京大学中文社会科学引文索引CSSCI来源期刊。《创业基础》课程入选首批北京高校就业创业金课，学校入选首批北京市大学生创业板孵化培育基地。（钟巍盛　凌　晨）

【教学交流】 年内，学校与全球34个国家和地区的187所机构建立伙伴关系，签署合作协议298份，其中2021QS世界大学前100强合作伙伴院校19所、前500强合作伙伴院校63所。（钟巍盛　凌　晨）

【新增国家级一流本科专业建设点9个】 2月22日，教育部办公厅印发2020年国家级和省级一流本科专业建设点名单，北工大9个专业获批国家级一流本科专业建设点，5个专业获批北京市级一流本科专业建设点。年内，学校新增本科专业3个，“工程力学”入选首批国家级课程思政示范项目，4门课程、4部课件获评2021年北京高校“优质本科课程”和“优质本科教材课件”。（钟巍盛　凌　晨）

【碳中和城市科技创新研究院成立】 3月2日，学校成立北京工业大学碳中和城市科技创新研究院，整合能源、环境、化工、材料、城市建设、循环经济等多学科优势资源，打造我国高校首个聚焦城市碳中和的科技创新平台。年内，学校先后举办“城市碳中和科技创新”专题学术沙龙、“碳中和实现路径与政策选择”和“迈向碳中和目标”学术研讨会、“碳中和纳入生态文明整体布局”座谈会；成立城市碳中和高精尖中心筹备组，以“碳中和”为牵引，形成“中心—综改—规划”点线面协同发展新模式。（钟巍盛　凌　晨）

【获奥运会、全运奖牌】 7月31日，在第32届东京夏季奥林匹克运动会羽毛球男双决赛中，中国队组合—2020届经济与管理学院毕业生李俊慧/刘雨辰获银牌。9月21日，2018级经济与管理学院本科生于静瑶代表北京代表团获第十四届全运会女子100米蛙泳和200米蛙泳冠军。（钟巍盛　凌　晨）

【获大学生创新创业大赛金奖】 10月15日，北京工业大学参加第七届中国国际“互联网+”大学生创新创业大赛总决赛，选送项目“超导‘基’业——自主化高温超导合金基带拓荒者”和“格镭智图——国内首款、国际领先双旋轴激光扫描仪”获金奖。（钟巍盛　凌　晨）

【获国家自然科学奖】 11月3日，2020年度国家科学技术奖励大会在人民大会堂召开。材料与制造学部韩晓东教授作为第一完成人的项目《面心立方材料弹塑性力学行为及原子层次机理研究》获国家自然科学二等奖，这是学校作为牵头单位首次获得国家自然科学奖项。环境与生命学部彭永臻院士作为第二完成人的项目《污水深度生物脱氮技术及应用》获国家技术发明二等奖。年内，学校在国家自然科学基金立项中，获北京市科学技术奖8项、国际合作中关村奖2项、自然科学奖3项，实现高功率激光器项目和纳米硬质合金技术超千万级成果转化。（钟巍盛　凌　晨）

北京信息职业技术学院

【概况】 2021年，北京信息职业技术学院占地面积17.46万平方米。固定资产13.26亿元。图书馆藏有纸质图书67.04万册、电子图书15.05万册。拥有计算机8868台。校园网出口总带宽5Gbps，上网课程692门。全年教育经费总投入3.88亿元。学校设8院1部，专业39个。教职工781人，其中博士31人，正高职称15人。毕业生2844人，其中高职生1915人、中职生288人、成人教育专科生628人、留学生13人。（李丹丹　黄　超）

【共建产业学院和联盟实训基地】 4月25日，华为全球开发者大会2021（Cloud）举行。当日，在学校东坝校区多功能厅分会场，学校与北京鲲鹏联合创新中心举办共建“产业学院和联盟实训基地”签约、授牌仪式，学校将与北京鲲鹏联合创新中心围绕华为云、华为鲲鹏等领域加速“产、学、研、用”开展闭环建设。（李丹丹　黄　超）

▲ 4月25日，在华为全球开发者大会2021（Cloud）分会场，北京信息职业技术学院与北京鲲鹏联合创新中心共建联盟实训基地签约（北京信息职业技术学院　供图）

【机构改革】 4月，中共北京市委机构编制委员会办公室批复，北京市电子工业干部学校（北京市电子工业党校）并入北京信息职业技术学院，组建北京信息职业技术学院（北京市电子工业党校），主要职责是开展相关学科本科、大专学历教育，培养高级技术应用人才；开展党员、干部教育培训等。 （李丹丹 黄 超）

【参加全国职业院校技能大赛】 5月至6月，工业和信息化部、教育部等五部门联合举办全国职业院校技能大赛，学校5个院系10个代表队25名同学参加高职组10个赛项。信息安全管理与评估、光伏电子工程的设计与实施赛项获二等奖，电子产品设计及制作、虚拟现实（VR）设计与制作、5G全网建设技术、市场营销技能赛项获三等奖。学校教师万冬、姚亮分别作为集成电路开发及应用赛项、虚拟现实（VR）制作与应用（中职组）赛项专家组组长获评“优秀工作者”荣誉称号。 （李丹丹 黄 超）

【获国家级成果】 9月，数字商务学院商务数据分析与应用团队获批第二批国家级职业教育教师教学创新团队。10月，国家教材委员授予电子信息学院教师陈强“全国教材建设先进个人”荣誉称号，评选数字艺术学院周建国老师主编的教材《PhotoshopCS6实例教程（第5版）（微课版）》为全国优秀教材二等奖。（李丹丹 黄 超）

【埃中应用技术学院新生开学典礼】 10月18日，学校海外埃及分校——埃中应用技术学院举办2021级新生开学典礼。校长卢小平以视频方式向107名埃及新生表示欢迎与祝贺。埃中应用技术学院由北京信息职业技术学院、苏伊士运河大学和埃及慈善基金会三方合作建立，于2018年6月21日在埃及伊斯梅利亚市揭牌。 （李丹丹 黄 超）

【教学科研】 年内，学校“十四五”发展规划和12个专项规划获北京电子控股有限责任公司批复，并发布实施。二级学院调整重组，围绕北京打造全球数字经济标杆城市战略目标和电控构建以芯屏为核心的产业生态，学院教学部门由上年5院2系4部（电子与自动化学院、计算机与通信学院、软件与信息学院、经济管理学院、基础教育学院、数字艺术系、交通工程系、思想政治教育部、通用能力教学部、国际教育部、继续教育部）调整为8院1部（产业互联网学院、人工智能学院、电子信息学院、数字商务学院、数字艺术学院、教育与健康学院、马克思主义学院、基础教育学院、通用能力教学部），重构学科业务单元。3个课程教学团队入选北京职业院校课程思政示范课程、教学名师和教学团队，课程思政示范课程相应的授课教师和教学团队被认定为北京市课程思政教学名师和教学团队。通过北京市教委组织的“北特高”（北京市特色高水平职业院校）中期检查，开展“1+X”证书（学历证书+若干职业技能等级证书）制度试点34个。申报北京市级纵向课题19项，获批5项；申请发明专利17项，1项获授权；申报实用新型专利21项，获批15项；学校和新加坡南洋理工学院合作的“中新互建海外师生研习基地项目”入选“中国教育国际交流协会第四批中国—东盟高职院校特色合作项目”。获“教育部中央电化教育馆职业院校数字校园建设样板校”“教育部2020年度网络学习空间应用普及活动优秀学校”。1名教师被授予“2021年首都劳动奖章”。 （李丹丹 黄 超）

【教学交流】 年内，学校参加第13届全国大学生广告艺术大赛（北京赛区），1名学生获二等奖；参加全国大学生电子设计竞赛（北京赛区），获二等奖2项、三等奖1项；参加2021年“高教社杯”全国大学生数学建模竞赛北京赛区比赛，获一等奖1项，二等奖2项；参加“万方杯”2021年全国高职院校信息素养大赛北京市赛区比赛，1名教师获“优秀指导教师”荣誉称号，2名学生获一等奖，3名学生获二等奖，5名学生获三等奖。 （李丹丹 黄 超）

北京化工大学

【概况】 2021年，北京化工大学为教育部直属理工院校，设有4个校区，占地面积161.20万平方米，产权校舍建筑面积83.26万平方米。图书馆建筑面积4.37万平方米。全年教育经费投入20.77亿元。固定资产总值44.42亿元。有教室267间，其中网络多媒体教室207间。图书186.96万册，计算机11202台。网络信息点49200个，上网课程537门。学校设17个院（系、部）。开设54个本科专业，覆盖8个学科门类；具有一级学科8个；一级学科博士点8个、博士专业学位授权类别1个；一级学科硕士点21个、二级学科硕士点2个、硕士专业学位授权类别10个；博士后科研流动站8个。国家重点实验室2个、国家工程技术研究中心1个、国家工程实验室1个。北京实验室1个、北京高精尖创新中心1个，北京重点实验室8个，省、部级工程技术研究中心（所）15个。教职工2761人，其中，专任教师1376人，包括正高级369人、副高级506人；博士生导师362人、硕士生导师636人；中科院院士4人、工程院院士9人。外籍教师15人，其中教授3人。学历教育学生中毕业生6927人，其中，研究生2251人、普通本科生3526人、成人教育本专科生1150人。年内，学校健全校园疫情常态化防控工作体系，开展党史学习教育，完成教育部党组政治巡视集中整改，编制学校“十四五”事业发展规划，完成《北京化工大学章程》修订并报教育部核准。特聘教授戴伟当选2020年度“北京榜样”年榜人物，教授卢咏来被授予首都劳动奖章。 （肖 勇）

【疫情防控】 年内，北京化工大学构建疫情防控组织网络，出台《北京化工大学校园疫情防控应急响应分级工作方案》。妥善处置1起新冠肺炎病例密接者引发的群体隔离事件。组建校园常态化疫情防控志愿服务队参与日常防控监督工作。建立健全师生员工离返京、健康状态、共同居住者返京等台账，施行体温“晨午检”“零报告”“日报告”制度。组织疫苗“加强针”接种工作，师生员工全程接种率95%，“加强针”接种率在93%以上。校园疫情防控全年“零事故”。（肖　勇）

▲ 9月6日，北京化工大学首个书院——宏德书院揭牌　（北京化工大学 供图）

【扶贫工作】 年内，北京化工大学帮助内蒙古自治区科左中旗盐碱土壤改良，示范面积200亩；协助宝龙山工业园区入驻化工类企业9家，实现工业产值7.4亿元，获内蒙古自治区精细化工园区认定。连续四年举办消费帮扶商品展销会，购买内蒙古自治区通辽市科左中旗农产品200万元，帮助销售农产品231.61万元。培训基层干部7478人次、乡村振兴带头人924人次、技术人员2095人次，培训主要内容涵盖管理学、市场营销、农业技术、高中教师学科能力提升等方面。学校获评内蒙古自治区政府颁发的“内蒙古自治区脱贫攻坚先进集体”称号，挂职干部徐泽敏获评中共中央、国务院“全国脱贫攻坚先进个人”称号。支持新疆维吾尔自治区塔里木大学组建生命科学与技术学院、食品科学与工程学院、化学化工学院，“材料与化工”专业获批教育部专业硕士学位授权点，新增化学、材料科学与工程、能源化学工程、生物学4个本科专业。（肖　勇）

【教学科研】 年内，北京化工大学新增“材料与化工”专业学位博士授权点。成立艺术与设计系，纳入产品设计专业、数字媒体艺术专业、音乐舞蹈教育中心和书法美术教育中心。首次推行跨学院大类本科招生，设9个大类招生专业。学校《普通物理》“生化分离工程”“高等无机化学”课程及邵晓红教授团队、苏海佳教授团队、杨文胜教授团队入选首批国家级课程思政示范项目。启动人工智能交叉学科创新平台建设和“医用内增塑聚氯乙烯共聚树脂工业中试及器械的研制”重大科学工程项目。环境生态学学科首次进入ESI全球排名前1%。与燕山石化公司共建“面向绿色首都发展先进能源与材料创新中心”。开展怀柔区碳达峰碳中和规划研究工作。与企业共建联合研发中心24个，签订各类技术合同327项，总经费1.47亿元。科技成果获奖18项，其中，国家科学技术进步二等奖2项、国家技术发明二等奖1项。智库成果获国家发改委、科技部、工信部采纳。汤铃教授、李想教授科研成果获第八届高等学校科学研究优秀成果奖（人文社会科学）。化工资源有效利用国家重点实验室科技成果“插层化学与产品工程研究取得新突破”在国家“十三五”科技创新成就展展出。北京化工大学教授张立群被授予英国材料、矿物和矿业学会科尔温奖章，当选中国工程院院士。教授李群生主持的“高纯/超高纯化学品精馏关键技术与应用”项目和教授李秀金合作完成的“基于3S维度的生物质固废清洁高效燃气能源化关键技术及应用”项目分获国家科技进步二等奖，教授吴一弦主持完成的“烯烃可控配位聚合方法与高性能弹性体制备技术”项目获国家技术发明二等奖。（肖　勇）

【教学交流】 年内，北京化工大学完成《北京化工大学全球发展规划2021—2025》编制。新（续）签校（院）级国际合作协议36份，新增全球合作伙伴11个。获批教育部中外人文交流中心“高层次国际化人才培养创新实践项目”基地。与国外一流院校新（续）签6项本科生海外学习项目协议。入选国家知识产权试点高校并获授牌。首个书院——宏德书院揭牌，致力于培养拔尖创新人才；“宏德化学拔尖学生培养基地”入选教育部第三批基础学科拔尖学生培养计划2.0基地名单。与应急管理部国家安全科学与工程研究院签订战略合作协议，双方将围绕国家重大战略及安全应急产业实际需求开展合作。与中国海关科学技术研究中心签订战略合作协议，双方将在专业人才培养和海关系统的技术开发与升级方面开展项目合作。举办“创新与未来”JMRH科技创新论坛。承办首届人工自愈与装备自主健康学术论坛，“北京化工大学人工自愈研究所”揭牌。举办第五届国际倍半硅氧烷基功能材料学术线上研讨会，各国专家、学者作学术报告18个，近1600人在线参加。与中国化学会高分子学科委员会共同主办 2021 年全国高分子学术论文报告会，设主题分会场 23 个，集中展示中国高分子科学与材料领域近年来的研究成果和发展趋势，16 名两院院士、代表 4500 余人参加报告会。安庆研究院获“安庆高新区知识产权先进单位”称号，秦皇岛研究院获批河北省工信厅工业诊所省级平台。徐福建领衔的创新团队入选科技部创新人才推进计划重点领域创新团队。教授贾梦秋当选乌克兰国家工程院外籍院士。特聘教授戴伟在中央电视台“科普中国——2020 年度科普推选活动揭晓盛典”上被授予“2020 年十大科学传播人物”并受邀担任“科普中国形象大使”。（肖　勇）

北京劳动保障职业学院

【概况】　2021 年，北京劳动保障职业学院由北京市人力资源和社会保障局举办，为高等职业教育类院校，设校区 2 个。学院占地面积 17.89 万平方米，产权校舍建筑面积 10.72 万平方米。图书馆建筑面积 2313 平方米。全年教育经费投入 1.94 亿元，其中国家拨款 1.67 亿元、自筹经费 2690 万元。固定资产总值 3 亿元。拥有图书 25.17 万册，计算机 1320 台。网络信息点 2302 个，上网课程 445 门，数字资源量中电子图书 133 万册、电子期刊 1.33 万册。设二级学院 5 个、继续教育学院 1 个，开设专业 20 个。教职工 281 人。其中，专任教师 160 人，包括教授及教授级高级工程师 9 人、副教授及高级工程师 62 人；博士 24 人，硕士 73 人；“双师型”教师 74 人。聘请校外教师 51 人。毕业生 1528 人，其中，高职生 1170 人、中职生 189 人、成人教育专科生 169 人。毕业生一次就业率 97.35%。招生 1255 人，其中，高职生 1015 人、中职生 240 人。学院获评首届京津冀教育高峰论坛“职业教育领军学校”称号。（朱珅跃）

【获批“特高”骨干专业群和工程师学校立项】　12 月 30 日，北京市教育委员会、北京市人力资源和社会保障局联合印发《关于公布第三批北京市职业院校特色高水平骨干专业（群）和实训基地建设名单的通知》，学校人力资源和社会保障专业群获“北京市职业院校特色高水平”骨干专业（群）立项，茵澳家政管理师学校获批实训基地立项。（朱珅跃）

【教学交流】　年内，学院完成“十四五”规划编制工作。开展专业整合与优化，成立马克思主义学院；贯通培养基础教学部和实验技工学校合并，成立基础学院；民生福祉系、劳动经济管理系、城市安全与应急管理系 3 个专业教学系分别调整为民生福祉学院、劳动经济管理学院、城市安全学院 3 个二级学院。制定《北京劳动保障职业学院教学督导方案》，建立专兼职督导员队伍，教学督导组听课 218 人次。学校“行走的课堂”品牌项目被市教委认定为“一校一品”优秀德育品牌。王建民教授主编的《管理沟通实务》（第五版）获国家教材委员会首届全国教材建设奖评选全国优秀教材（职业教育与继续教育类）二等奖。承办市教委“2021 年全国职业院校技能大赛养老服务技能赛项北京市代表队选拔赛”，中国教育电视台予以报道。承办昌平区 2021 年养老职业技能和能力提升培训班，在线培训昌平区 52 家老年公寓、敬老院、养老服务公司、养老驿站、照料中心养老服务从业人员 662 人。在北京德邦货运代理有限公司北京德邦总部举行“企业新型学徒制项目启动大会暨拜师仪式”。该项目分为 2 个班，分别培训北京德邦培养 600 名物流服务师和 500 名新能源汽车装调及维修人员，学制 1 年、400 学时。（朱珅跃）

【教学科研】　年内，修订《北京劳动保障职业学院科研成果奖励办法》等制度，规范科研管理。申报市级及以上课题 8 个，获批 2 个；获 2021 年全国人才与人事研究征集论文全国三等奖 1 篇；局级北京调研课题立项 9 个；教师出版著作 3 本，教材 11 本，发表论文 81 篇，其中核心论文 10 篇；获实用新型专利 4 个。（朱珅跃）

【疫情防控】　年内，学校南北校区校门人脸识别智能化道闸管控通道建成并投入使用。完成南校教学区和家属区分区管理。组织新冠病毒疫苗前两剂疫苗和加强针接种工作 6 次。其中，前 2 剂接种 4009 人，全校师生接种率在 90% 以上；加强针接种 2120 人，满 18 周岁符合加强针接种条件的接种率为 80% 以上。（朱珅跃）

北京第二外国语学院

【概况】　2021 年，北京第二外国语学院由北京市教育委员会举办，占地面积 21.32 万平方米，产权校舍建筑面积 29.24 万平方米。全年经费投入 7.25 亿元。固定资产总值 10.72 亿元。拥有教室 262 间，全部为网络多媒体教室。有数字终端机 4935 台。图书馆建筑面积 8086 平方米，纸质图书 127 万册、电子图书 123 万册。2021 年，学校设置 17 个院（系），开设 48 个本科专业（包括 29 个语种专业），覆盖 4 个学科门类。国家级一流本科专业建设点 11 个，北京市级一流本科专业 7 个，北京高校重点建设一流专业 2 个。国家级特色专业 4 个，教育部专业综合改革试点专业 1 个。北京高校高精尖学科 2 个。教职工 961 人，其中专任教师 635 人，包括正高级 113 人、硕士生导师 324 人；外籍教师 52 人。学历教育学生毕业生 2957 人。招生 3271 人。编制完成学校《“十四五”时期发展规划（2021—2025 年）》，获得北京市教委批复同意。贯彻落实中央和国务院《深化新时代教育评价改革总体方案》及北京市“一个方案两个清单”要求，制定《贯彻落实〈深化新时代教育评价改革总体方案〉的实施方案》和台账，明确学校教育评

价改革的5大重点领域和16项重点任务要求。（王 薇）

【冬奥服务保障】 6月17日，学院与石景山区人民政府、北京2022年冬奥会和冬残奥会组织委员会运动会服务部签订《冬奥服务保障合作框架协议》，成立旅游科学学院学生实践基地、石景山区文化和旅游局冬奥培训基地，成为首批北京2022年冬奥会和冬残奥会培训基地。全年培训冬奥志愿者近万人次。（王 薇）

【成立"全国高校日语专业联盟"】 6月24日，学院与中国外文局CATTI项目管理中心牵头成立"全国高校日语专业联盟"，同步启动中日国际中文通用翻译能力测试（CATTI）。联盟成员包括北京大学、清华大学、北京外国语大学等40所日语专业领先高校，在日语教学与研究、中日文化交流和国际合作等方面开展业务合作，共同推进中日国际中文通用翻译能力测试在高校和企事业单位中的普及和应用。（王 薇）

【"多语种抗疫语言服务教师团队"获奖】 9月，市委教育工委、市教委举办第九届"首都十大教育新闻人物"评选，学院"多语种抗疫语言服务教师团队"获团队特别奖。教师团队以党员为主体，由6个语言学院、18个语言系、涵盖21个语种的61名专业教师组成，承接首都对外防疫政策翻译宣传、志愿服务、"12345"市民服务热线外语服务和社区防控外语支持工作。（王 薇）

【首部大型原创音乐舞台剧《看海棠花开》展演】 10月22日至24日，57周年校庆之际，学校首部大型原创音乐舞台剧《看海棠花开》展演。舞台剧包括16首原创歌曲及12支原创舞蹈，诠释周恩来总理建立二外的初心、回顾建校57年发展历程、展现一代代二外人家国情怀和使命担当。周恩来侄女、全国政协委员周秉德和郭沫若女儿郭庶英观看演出。（王 薇）

【教学交流】 年内，教育部办公厅公布2020年度国家级和省级一流本科专业建设点名单，学院德语、西班牙语、朝鲜语等6个专业入选国家级一流本科专业建设点，葡萄牙语、波斯语、市场营销等7个专业入选北京市级一流本科专业建设点。截至年末，学院有国家级一流本科专业建设点11个、北京市级一流本科专业建设点9个。新增泰语、越南语、印尼语三个东南亚非通用语专业。实施《2020版本科生培养方案》，形成"四跨"（跨学科专业、跨年级班级、跨校内校外、跨国别区域）人才培养体系。引进国内在线教育平台优质慕课160门，资助立项自主在线课程建设169门，30门标准慕课上线主流慕课平台。学院"以五个一文化育人体系引领打造传承红色基因培育时代新人"工程（简称"红培工程"）入选2021年度高校思想政治工作精品项目。学院先后举办第四届"一带一路"旅游论坛、第五届中国—中东欧国家首都市长论坛平行论坛——第二届中东欧非通用语教学研讨会；与中国国际贸易学会共同举办"中国国际服务贸易交易会·第十五届国际服务贸易论坛"；与文化和旅游部等单位在浙江省嘉兴市共同主办以"青春追寻红色路 不忘初心跟党走"为主题的第十一届全国大学生红色旅游创意策划大赛。与中国世界和平基金会签订战略合作协议，打造"一站点、四基地"（北京国际志愿服务基地——大学生国际志愿服务站、大学生社会实践基地、大学生就业实习基地、民间外交研究基地以及文化贸易和服务贸易研究基地）。推进孔院转型升级，巴拿马大学孔子学院本土中文教师阿妮娅（Ania Kam）获教育部中外语言交流合作中心"汉语桥"突出贡献奖。中东学院获中华全国妇女联合会"全国巾帼文明岗"表彰，《阿拉伯研究论丛》入选CSSCI（2021—2022）收录集刊。继续开展拉萨附中援建、拉萨旅游发展规划援助和北京山神庙村"引智帮扶"工作，获北京市脱贫攻坚专项奖励评选集体嘉奖。（王 薇）

【教学科研】 年内，学院获国家级科研项目30项，获省部级科研立项34项，实现我国在APEC旅游领域项目零的突破。发起创建北京市翻译协会、北京漫画学会，获批国家社科基金项目6项、省部级课题11项。（王 薇）

北京经济管理职业学院

【概况】 2021年，北京经济管理职业学院由市教委举办，为财经类院校，设有2个校区：朝阳区望京街道的望京校区和河北省廊坊市固安县的固安校区，占地面积85.80万平方米。图书馆建筑面积8318平方米。全年教育经费投入3.27亿元。固定资产总值5.04亿。拥有图书55.09万册，计算机4365台。网络信息点7435个，上网课程524门，数字资源量中电子图书53.83万册、电子期刊0.99万册。设院（系、部）10个，开设28个专业。教职工532人。专任教师290人，其中教授及教授级高级工程师18人，博士46人，"双师型"教师171人。聘请校外教师43人。毕业生1161人，其中高职生1128人、成人教育专科生33人。招生1310人，其中高职生1255人、成人教育专科生55人。（于平波）

【学前教育专业（国控）申报成功】 2月2日，教育部发布《教育部关于公布2021年高校增设国家控制的高职（专科）专业审批结果的通知》，学校申报的学前教育专业（国控）获教育部审批通过，从2021年秋季开始招生。（于平波）

【入选第二批国家级职业教育教学创新团队】 8月，教育部公布"第二批国家级职业教育教师教学创新团队立项建设单位"遴选结果，学校教

务处处长、教授刘文龙带领的人工智能技术应用专业教学团队入选，获得立项。（于平波）

【2021首届国际数字化人才创新技能大赛颁奖典礼】 9月7日，2021首届德国柏林国际数字化人才创新技能大赛（简称“Make-IT大赛”）颁奖典礼在柏林、北京和莫斯科三地通过网络视频的形式共同举办。北京经济管理职业学院为中国赛区线下会场及线上会场联络地。Make-IT大赛由柏林州政府发起，邀请国际友城北京和莫斯科共同举办。中国赛区近百支职业院校代表队报名参赛。最终北京经济管理职业学院等10所学校参赛项目获中国赛区选拔赛一等奖，学校获得中国赛区优秀组织奖。（于平波）

【教学交流】 年内，学校承办中国职教学会第十届“说专业·说课程·说专业群”研讨会。研讨会采用线上线下相结合方式举办，研讨主题为“数字经济的新秩序、新职业、新岗位、新技能”，来自全国300余所院校校领导、一线教师和科技企业代表2万余人次线上参会，线下望京校区师生140余人参会。参加全国职业院校技能大赛教学能力比赛获三等奖1项，参加全国职业院校技能大赛获三等奖2项。学校在首届京津冀教育高峰论坛上获“职业教育领军学校”奖。实践案例《聚焦创新创业型人才培养成就高职毕业生出彩人生》入选全国普通高校毕业生就业创业工作典型案例。获批教育部“汉语桥”线上团组项目。加入“中文+职业教育”北方院校联盟。“投资中国”系列课程被英国雷丁大学亨利商学院采用。（于平波）

【教学科研】 年内，学校开设“新时代新北京 新实践”选择性必修课，将中国共产党史和新中国史纳入2021级人才培养方案。《北京历史文化导览》和《BIM建模与应用》2个项目获教育部课程思政示范课程、教学名师和团队；《坚持立德树人，打造“幸福学园”，构建学校思想政治工作“三全育人”大格局》获北京高校“三全育人”优秀成果工作案例类三等奖。国际教育服务专业群和360信息安全工程师学院2个项目入选第三批北京市职业院校特色高水平骨干专业（群）和实训基地建设名单。学校会计与金融学院《“五链融合”组群，“345”模式育人》入选高等职业教育改革发展优秀成果案例。学校主持建设的国家级“宝玉石鉴定与加工专业教学资源库”通过教育部职业教育专业教学资源库2020年验收。学校获批第二批国家级职业教育教师教学创新团队立项建设单位，服务贸易标准化“进校园、进课堂、进课本”首批试点院校，北京市学分银行试点业务实践项目优秀单位。基础教育学院“e书童——专为海二代打造的趣味性汉语学习云课堂”创意项目获第十二届“挑战杯”首都大学生创业计划竞赛北京市赛金奖，该项目在第十二届“挑战杯”中国大学生创业计划竞赛创新创意项目角逐中获铜奖。完成省部级以上纵向课题5项，横向课题18项；学报进入社科院社会科学评价研究院社科核心引文数据库。通过教育部现代学徒制第三批试点专业验收。与企业共建“鸿蒙生态联合实验室”、开设鸿蒙大数据实验班。新增“学历证书+若干职业技能等级证书”（简称“1+X证书”）制度试点10个。（于平波）

北京联合大学

【概况】 北京联合大学是经教育部批准，由北京市举办的综合大学。2021年，产权占地面积43.06万平方米。全年教育经费投入16.97亿元，固定资产总值27.56亿元。有网络多媒体教室365间。学校有8个办学校区，设14个学院、4个直属教学部；开设本科专业70个，专科专业18个，有硕士学位授权一级学科点9个、硕士专业学位类别10个。国家级一流本科专业建设点8个，北京市级一流本科专业建设点14个，北京高校重点建设一流专业3个，北京市重点建设学科6个，北京高校高精尖学科2个。国家重点实验室1个，北京实验室1个，北京重点实验室3个。招生6144人，毕业7016人。（王　岩）

【北京高校学生社团发展指导中心成立】 4月27日，北京高校学生社团发展指导中心在北京联合大学揭牌成立。中心承担北京高校学生社团指导和相关课题研究工作，助力高校学生社团健康发展和发挥育人功能。中心由北京团市委和市委教育工委主办，北京联合大学承办。首任主任为北京联合大学党委副书记赵锋，设工作指导委员会和学术指导委员会，遴选19所北京高校为委员单位，聘

▲ 9月23日，北京联合大学师生在门头沟区清水镇下清水村劳动教育实践课上一起掐藜麦（王梦佳　摄）

请11位专家担任学术指导委员会委员。（王 岩）

【大学生劳动教育实践基地】 6月22日，北京联合大学门头沟区清水镇下清水村大学生劳动教育实践基地揭牌。设立基地旨在通过组织学生到京郊农村开展劳动实践教育，为学生提供动手操作、参与劳动的锻炼机会，帮助学生积累劳动经验、提升劳动能力、培育劳动精神。下清水村是学校参与规划的北京市教委“引智帮扶”工程项目帮扶的乡村，校旅游专家团队参与规划“清水花谷”新时代农业科普实践平台。9月23日，51名师生至下清水村开展劳动实践课，学习割谷子、掐藜麦。（王 岩）

【2021服贸会数字货币技术与应用论坛】 9月6日，北京联合大学在北京首钢园举办2021年中国国际服务贸易交易会数字货币技术与应用论坛。论坛以“技术引领·应用创新”为主题，探讨全球央行数字货币现状与产业变革、数字货币基础设施建设与应用场景分析、数字货币智能合约的金融安全等话题，旨在助推中国数字货币的研究 与创新实践。来自中国人民大学、北京大学、美国哥伦比亚商学院、中国科学院等单位的6位专家作主题演讲或专题报告。论坛发布数字货币发展全景图暨数字人民币实践教学平台。来自学界、业界的专家和学者100余人参加论坛。（王 岩）

【教学科研】 年内，学校成立对外合作服务处、工学部。获批政治学硕士学位授权一级学科点和国际商务、电子信息、土木水利、艺术硕士专业学位类别，撤销文化遗产区域保护规划、投融资管理、移动商务自主设置二级学科。制定“十四五”专业建设与发展规划，获批新增大数据管理与应用本科专业，建筑环境与能源应用工程专业通过住房和城乡建设部高等教育专业评估（认证）。成立北京联合大学“大思政课”研究中心，举办“大思政课善用之”思想政治课改革创新展。在首届全国教材建设奖评选中，获一等奖1项、二等奖2项、先进个人1人。（王 岩）

▲ 9月6日，北京青年政治学院在2021服贸会开展志愿服务，与兄弟院校共同打造“丝路工匠”教育品牌
（北京青年政治学院 供图）

【教学交流】 年内，成立北京联合大学全国文化中心建设研究院等8个校级科研机构，合作创建北京老字号品牌设计研究中心，加入京津冀自贸区智库联盟。承办首届北京市重点建设马克思主义学院发展论坛、首都档案治理体系高端论坛，与波黑萨拉热窝旅游协会共同举办第四届中国—中东欧国家旅游院校联盟国际研讨会。启动“校园‘12345’平台”，开通学生服务热线，获评第八次北京市党的建设和思想政治工作先进普通高等学校。（王 岩）

北京青年政治学院

【概况】 2021年，北京青年政治学院占地面积2.59万平方米，产权校舍建筑面积5.18万平方米、非产权校舍建筑面积0.43万平方米。全年教育经费投入1.91亿元。固定资产总值5.06亿元。拥有图书56.4万册，计算机3133台。学院由北京市教育委员会举办，为北京市属普通高等学校、北京市市级示范性高职院校，学院设二级学院6个、中心1个、继续教育分院1个和研究所3个，开设专业19个。教职工278人。专任教师182人，其中教授及教授级高级工程师19人、副教授及高级工程师90人；博士39人，硕士135人；“双师型”教师123人。聘请校外教师44人。毕业生974人，全部为高职生。招生710人，其中高职生697人、成人教育专科生13人。（王玉江）

【教学科研】 4月12日，北京青年政治学院与亲子猫（北京）国际教育科技有限公司签约合作，创设国内首家“亲子猫研学旅行学院”。双方以工程师学院项目为基础，共同打造集“产学研培”为一体的创新型实训基地，为拓展学院国际文旅教育专业群建设奠定基础。6月24日，学院完成特高项目——学前教育骨干专业中期阶段评估，申报成功高职人才培养——院园产教融合校外实训基地建设项目。8月2日，学院与北京中医药大学合作开发的“中医老年照护”“中医老年康复”课程启动。9月8日，北京学前教育职教集团学前教育“3+2”中高职衔接一体化培养开班典礼暨大学校园体验日在北京青年政治学院举行。来自北京6个城中区6所中职

学校的118名2021级新同学参加典礼，是高职衔接一体化培养首次在市职业院校落地。年内，学院《大学语文》获教育部2021年课程思政示范项目，授课教师及团队获评课程思政教学名师和团队，“高职院校‘多学段分段递进’实践教学体系探索与实践”获北京市职业教育教学成果奖评选特等奖。科研申报立项获批北京教育科学规划课题1项，北京市教育委员会社科重点项目获批3项。（王玉江）

【首批公费准幼师获教师能力证书】 6月1日，北京青年政治学院举办学前教育学院首届师范生教师能力证书颁发典礼。北京青年政治学院是北京市高职院校唯一公费师范生培养单位，首批公费师范生经过校内笔试、面试考核及北京市教委审核，273名学生通过师范生教师能力认证，获师范生教师能力证书。学院院长、副院长以及相关部门负责人出席活动。（王玉江）

【完成志愿服务任务】 年内，学院81名志愿者完成2021年中国国际服务贸易交易会志愿服务任务，完成2021服贸会教育服务专题展参展任务。获北京市教育委员会职业教育与成人教育处颁发的优秀组织奖，教师和学生个人获特殊贡献奖、优秀指导教师奖、优秀作品奖。（王玉江）

继续教育

【概况】 2021年，朝阳区有职工大学1所（北京市朝阳区职工大学）、市民终身学习示范基地10个，市民终身教育服务中心6个，街乡社区教育中心43个，社区教育学校476所。区教委启动家庭教育公众号“家教e社区”家庭教育指导平台，推送文章352篇、音频课程208节、视频392节；举办线上直播课15场，10余万人次收看，关注8万余人。成立家庭教育咨询服务中心暨家校社共育咨询室，开展“一对一”咨询51场，接待178个家庭咨询；开展线下团体咨询38场，家庭咨询331个；接收400-881-8668家庭教育预约咨询热线电话393个。街乡、中小学开展全民终身学习活动周和职业教育活动周系列活动，覆盖43个街乡20余万人次。开办社区教育活动骨干研训班9个，为43个街乡培养骨干239人；为温馨家园送课40余课时，为9所街乡老年大学5000余名学员提供4000课时数字化课程学习资料。朝阳区职工大学、老年大学来广营分校、麦子店街道老年大学分校入选北京市老年学习示范点。4个街乡、1所职高项目分获全国、北京市“终身学习品牌项目”称号，6人获市教委“首都市民学习之星”称号。参加北京市“优秀成人继续教育院校（培训机构）”评选，朝阳区职工大学、区社区服务中心老年大学、北京市劲松职业高中、北京市求实职业技能培训学校4个单位获北京市“优秀成人继续教育院校（培训机构）”称号；职工大学被评为北京市老年学习示范校，并获北京市扶残助残先进集体称号。举办区第八届成语文化龙门阵比赛，70多个家庭参赛。开展区“好家长”“好家长之星”评选活动，评选出“好家长”5306名、“好家长之星”200名。

北京市朝阳区职工大学（挂朝阳社区学院、北京市开放大学朝阳分校牌子）分别在朝阳区和平里南口砖角楼北里5号、朝阳区北三环东路17号、朝阳区双龙南里120号3址办学。区职工大学开展专科教育；北京市开放大学朝阳分校开展专科、本科教育，开展成人非学历培训及继续教育；区社区学院开展成人大专（高职）层次学历教育，学习形式为业余；区职工大学总占地面积34706平方米，建筑面积28912平方米。图书馆建筑面积208平方米，藏书12524册。有计算机852台。固定资产总值6112万元，其中教学、科研仪器设备2578万元。全年经费投入5658万元，其中财政资金4840万元，自筹资金818万元。学院信息化经费投入122.3万元，多媒体教室座位2500个，信息化设备资产1640万元，网络信息点数630个，上网课程222门。学院设17个部门，在编教职工121人，其中高级职称（副高级）22人。设3个教学系部，开设21个专业。学历教育招生529人，毕业609人，在校生2015人。（王艳平）

【凤凰产教融合基地签约】 3月19日，区职工大学与凤凰教育集团在凤凰中心签署战略合作协议，启动凤凰教育集团产业学院建设工作。通过整合校企资源，利用凤凰教育集团数字化发展优势，面向计算机软件、数字媒体技术（艺术）、流媒体技术、影视动漫、VR/AR技术、人工智能及区块链等领域，开展专业共建和课程共建；组建数字化创意教学团队，制定国际化数字人才培养标准，通过共建数字化实训基地搭建创新创业平台，为产业发展需求输送人才。（袁　委）

【区生态环境保护专题培训班】 11月15日至16日，区职工大学举办“2021年朝阳区生态环境保护专题培训班”。培训内容包括“深入学习贯彻习近平生态文明思想，努力建设人与自然和谐共生现代化”“北京市碳达峰碳中和行动”“北京市‘十四五’时期生态环境保护规划”“强化‘河（湖）长制’，建设幸福河湖”“全面建立‘林长制’，推进首都园林绿化资源最严保护和高质量发展”等专题。培训采用线上直播方式举办，是朝阳区委生态文明委首次举办全区范围内生态专题培训班，来自区委生态文明委成员单位以及全区各街乡主管领导、部门负责人120余人参加培训。（袁　委）

【全民终身学习活动周】 11月至12月，区教委举办朝阳区第十七届全民终身学习活动周。活动周以“数字赋能终身学习，提质增效服务百姓”为主题，推动朝阳区学习型社会建设，活动涉及全区街乡、中小学和职业高

中，覆盖全区 43 个街乡、部分委办局，20 余万人次参加。　（张　林）

【第八届成语文化龙门阵比赛】　12 月 19 日至 26 日，朝阳区语言文字办公室举办朝阳区第八届成语文化龙门阵比赛。19 所学校推荐 75 个家庭代表队参加复赛，前 8 名家庭代表队参加决赛。最终，芳草地国际学校世纪小学曹坤悦家庭获特等奖，北京师范大学朝阳附属学校张乃清家庭、中国教育科学研究院朝阳实验学校任江楠家庭和北京明远教育书院实验小学（中园校区）马昊昊家庭获一等奖；北京市朝阳师范学校附属小学黄胄艺术分校金瀚旸家庭、芳草地国际学校世纪小学刘铭阳家庭、北京市第九十四中学朝阳新城分校（福园校区）赵若言家庭和北京市陈经纶中学分校吴瞳霖家庭获二等奖。　（张　林）

民办教育

【概况】　2021 年，朝阳区教委辖属民办教育单位 315 个。其中，民办幼儿园 199 所，在园幼儿 49011 人；民办中小学 35 所，在校学生 14770 人；民办培训机构 81 所。年内，区教委完成民办学校许可备案工作，完成行政许可事项 291 件、备案事项 190 件。完成 2020 年 203 所民办学校年度报告工作、95 所社区办园备案管理工作。建立民办学校投诉举报台账，要求接诉即办、逐一核实，一经查实严肃查处；全年处理民办中小学幼儿园电话投诉近 300 件、政民互动 647 件、信访事项 36 件，下发责令限期整改通知书 19 件、规范办学告知书 5 件。8 月，完成无证园和培训机构变相举办无证园治理工作。落实"双减"工作任务，依托 15 个"学区网格"、40 个"片区网格"和 969 个"商务楼宇网格"，将全区 563 址（线下 518 址、在线 45 址）培训机构进行 25 轮数据排查统计，分 8 类建立工作台账，动态更新数据信息。组织 9 部门联合现场检查培训机构 85 址，综合判定复课机构名单。严管无证机构，培训机构由年初的 518 址降至年末的 30 址，压减机构 488 址，降幅 94%。分批联合约谈 147 址无证机构，集体约谈问题机构 76 家，逐个研判风险，指导机构主动关停或转型。依托朝阳区预付费监管服务系统——"朝阳预警通"平台，开展 2 轮培训机构风险预警，对 68 家中、高风险培训机构采取预警措施；依托朝阳区预付费资金监管系统——"预付管家"平台，监管 182 家培训机构资金。全年检查培训机构 8000 余校次，发布《通报》8 期，点名通报 28 家，罚没资金 321 万元。设立"双减"绿色通道，完成 10 址培训机构"营转非"手续办理。　（周德奇）

▲ 3 月 19 日，北京市朝阳区职工大学与凤凰教育集团在凤凰中心签署战略合作协议
（区教委　供图）

【学科类校外培训机构监管】　3 月 18 日，区委、区政府召开朝阳区规范管理学科类校外培训机构工作会。会议审议发布《朝阳区关于进一步规范管理线下学科类校外培训机构专项工作方案》，由区教委、区市场监管局、区委宣传部、区委政法委组成工作专班及成立培训机构复课验收工作组，开展全区学科类校外培训机构规范管理。19 家委办局、43 个街乡主要领导、主管领导参加会议。9 月至 12 月，区民办教育协会通过"智慧教培云""预付管家"平台对 61 家已复课培训机构预付学费纳入监管，严格执行单次收费不超过 3 个月或 60 课时及"一课一消"形式，保障消费者权益。10 月，朝阳区实现无证学科类校外培训机构动态清零，关停无证机构 309 址，查处问题 57 件，立案 25 起，罚没金额 321.8 万元，对 15 名重点人员、9 处点位实施现场管控。　（周德奇　杨　扬）

【无证幼儿园治理任务完成】　6 月 7 日，区政府常务会通过《朝阳区关于进一步做好深化无证园治理和清理规范培训机构变相举办无证园的工作方案》。要求相关委办局、各街乡按照方案要求开展无证幼儿园和培训机构变相举办无证园排查治理工作，妥善解决无证园反弹以及社会培训机构变相举办无证园等问题，规范学前教育管理。7 月 28 日，朝阳区召开关于无证园治理、清理，规范培训机构变相举办无证园工作会。会议要求各街乡和相关委办局将该项工作纳入综合监管体系，由区教委牵头每周上报无证园治理进度。针对不配合整改的无证园，通过"街乡吹哨，部门报到"机制，由属地街乡联合区教委、区市监局、公安朝阳分

局、区消防救援支队等部门联合执法检查；对拒不整改无证园，依法立案查处。对查出的50家问题机构，按照“一事一议”原则，指导规范经营41家，关停6家，备案社区办园点3家。（周德奇）

【“双减”专班工作】 8月10日，区教委落实北京市“双减”工作要求，建立“双减”工作“一企一专班”工作机制，组织区教育、市场、公安、人社、金融、网信、民政、农业农村、城管指挥、政务服务10部门合署办公，联合开展调查、约谈、会商、执法，确保成员单位数据同步、信息同步、政策同步、措施同步。9月10日，召开“双减”驻企专班工作部署会。32个市区重点关注机构“驻企专班”和15个“学区联合驻企专班”成员参会，明确工作职责。通过巡查、通报、监测，掌握学科类、语言类线上线下培训机构情况和动向，帮助机构准确把握政策要求，引导机构有序平稳转型退出。截至12月，召开3场工作部署会，实现辖区内因经营不善而倒闭甚至失联企业、重点企业、中低风险企业“一企一专班”全覆盖管理。（周德奇）

【民办学校签订集体合同】 10月，民办学校工会联合会组织召开民办学校行业集体协商会议，协商通过《朝阳区民办学校行业工资专项集体合同（草案）》。172家民办学校签订《工资专项集体合同》并在区人力资源和社会保障局备案，11505名民办学校教职工受益。（邱玥）

【信用评价和信用管理】 11月至12月，区教委组织第三方机构开展民办学校信用评价工作。评估民办学校办学水平和办学质量，并将评价结果在网上公开，实施信用动态管理制度，对违法违规不守信用民办学校取消其信用等级，同时通过监督举报电话，接受社会监督。经过学校自主申报、综合评审等环节，完成2021年朝阳区109所民办学校信用评价，其中五星级学校10所、四星级学校99所。（周德奇 李嘉宾）

【校外培训机构培训材料审查】 12月14日，区教委组织区教育科学研究院16名教研员，对全区32家学科类培训机构（线上2家，线下30家）进行培训材料审查。审查培训材料是否符合思想性、科学性和适宜性要求，审核各类教材、教案659种1131册。经审查，各机构培训材料均符合要求。（周德奇）

【民办学校年度报告】 12月，区教委完成2020年民办学校年度报告，由区教委结合日常监管、专项检查给出年度报告成绩。民办中小学和幼儿园203所参与年度报告，其中民办中小学29所，全部合格；民办幼儿园174所，156所合格、13所基本合格、5所不合格。（周德奇）

【“双减”巡查】 年内，区社会力量办学指导评价中心对区域内校外培训机构开展“双减”要求落实情况专项巡查。全年检查校外培训机构9000余校次，出动教育巡查员105人、17000余人次。检查内容包括依法依规办学、场地环境安全达标、培训开展规范有序、收费管理公正透明、使用规范合同文本、宣讲“双减”政策及具体要求、处理投诉缓解纠纷和开展疫情防控等方面。通过巡查及监管，引导培训机构依法规范办学，确保“双减”工作平稳有序推进。（姜彤）

【民办小学成立1所】 年内，朝阳区成立民办小学1所，为北京市朝阳区一土学校。学校由一土（北京）网络科技有限公司举办，位于北京市朝阳区来广营新生北路11号，占地面积8867平方米；运动场地2168平方米，5人制足球场576平方米，教学楼建筑面积1710平方米，图书阅览室330平方米。有教师46人，招收学生107名。（周德奇）

【民办小学撤销2所】 年内，朝阳区撤销民办小学2所。其中，北京市朝阳区碧思一土学校，位于北京市朝阳区安贞西里四区17号楼；北京市培基双语学校，位于北京市朝阳区望京西园A3区313栋3层。（周德奇）

【民办幼儿园成立19所】 年内，朝阳区成立民办幼儿园19所，其中非营利性幼儿园10所，营利性幼儿园9所。

2021年朝阳区成立民办幼儿园一览表（19所）

表9

序号	幼儿园名称	性质	举办单位
1	北京市朝阳区贝丝童家幼儿园	非营利	高博盛腾（北京）教育咨询有限公司
2	北京市朝阳区积爱幼儿园	非营利	瀚墨优途九二时间（北京）教育科技有限公司
3	北京市朝阳区京童未来北苑幼儿园	非营利	北京青橙时代教育咨询有限公司
4	北京市朝阳区向日葵首都机场第一幼儿园	非营利	北京市世纪向日葵教育科技有限公司
5	北京市朝阳区世茂幼儿园	非营利	北京海纳方元教育科技有限公司
6	北京市朝阳区人朝分东坝幼儿园	非营利	北京吉堡教育科技有限公司

续表 9

序 号	幼儿园名称	性 质	举办单位
7	北京市朝阳区深蓝幼儿园	非营利	格雷德教育科技（北京）有限公司
8	北京市朝阳区九力童真幼儿园	非营利	北京九力国际教育科技有限公司
9	北京市朝阳区童萌幼儿园	非营利	北京力迈科工贸企业集团
10	北京市朝阳区金盏中心幼儿园	非营利	北京吉堡教育科技有限公司
11	北京澳蒙幼儿园有限公司	营利	北京澳蒙国际教育咨询有限公司
12	北京京师莱顿幼儿园有限公司	营利	北京风雅莱顿教育科技有限公司
13	北京光之谷幼儿园有限公司	营利	北京国奥芳华教育咨询有限公司
14	北京金色摇篮常营幼儿园有限公司	营利	玺瑞国际教育咨询（北京）有限公司
15	北京爱都幼儿园有限公司	营利	善上咿呀（北京）教育科技有限公司
16	北京大象山双语幼儿园有限公司	营利	博育创意文化传播（北京）有限公司
17	北京市如童双语幼儿园有限公司	营利	北京百利元和商贸有限公司、北京国锦泰安物业管理有限公司、育贤文化（北京）有限公司
18	北京开普森幼儿园有限公司	营利	北京粉红塔国际教育咨询有限公司
19	北京万博雅乐幼儿园有限公司	营利	北京万博雅乐教育科技有限公司

（周德奇）

【民办幼儿园撤销1所】 年内，朝阳区撤销民办幼儿园1所。撤销幼儿园为位于北京市朝阳区南湖南路10号529楼3层（望京大西洋新城湖畔会所三层）的北京市朝阳区大成经典小规模幼儿园。（周德奇）

【民办幼儿园更名51所】 年内，朝阳区民办幼儿园更名51所。

2021年朝阳区民办幼儿园更名一览表（51所）

表 10

序 号	更名前名称	更名后名称
1	北京市朝阳区北大学园幼儿园	北京市朝阳区博雅学园幼儿园
2	北京市朝阳区红黄蓝和平里幼儿园	北京市朝阳区伽悦然幼儿园
3	北京市朝阳区红黄蓝幼儿园	北京市朝阳区优笛幼儿园
4	北京市朝阳区红黄蓝中灿苑幼儿园	北京市朝阳区凡恩格林幼儿园
5	北京市朝阳区红黄蓝东坝幼儿园	北京市朝阳区翕乐东坝幼儿园
6	北京市朝阳区三为园托幼中心	北京市朝阳区三为园幼儿园
7	北京市刘诗昆音乐艺术幼儿园	北京市朝阳区刘诗昆幼儿园
8	北京市朝阳区格顿双语幼儿园	北京市朝阳区格顿幼儿园
9	北京市朝阳区格顿双语东湖湾幼儿园	北京市朝阳区格顿东湖湾幼儿园
10	北京市朝阳区馨德家双语幼儿园	北京市朝阳区馨德家幼儿园
11	北京市朝阳区东方子楹双语幼儿园	北京市朝阳区东方子楹幼儿园
12	北京市朝阳区王子岛双语幼儿园	北京市朝阳区王子岛幼儿园
13	北京市忠德双语幼儿园	北京市朝阳区忠德幼儿园
14	北京市朝阳区艾德沃双语幼儿园	北京市朝阳区艾德沃幼儿园

续表 10

序　号	更名前名称	更名后名称
15	北京市朝阳区吉米小天使艺术幼儿园	北京市朝阳区吉米小天使幼儿园
16	北京市朝阳区卓悦童双语艺术幼儿园	北京市朝阳区卓悦童幼儿园
17	北京市朝阳区为明多元智能幼儿园	北京市朝阳区融域为明幼儿园
18	北京市朝阳区家育苑幼托中心	北京市朝阳区家育苑幼儿园
19	北京市朝阳区艾毅双语幼儿园	北京市朝阳区艾毅幼儿园
20	北京市朝阳区根姆赞蒂双语幼儿园	北京市朝阳区根姆赞蒂幼儿园
21	北京市如童双语幼儿园有限公司	北京市朝阳区如童幼儿园有限公司
22	北京市朝阳区小牛津双语才艺幼儿园	北京市朝阳区永和智慧幼儿园
23	北京市朝阳区启航双语幼儿园	北京市朝阳区启航幼儿园
24	北京市朝阳区倍康宝贝水育小规模幼儿园	北京市朝阳区荣鼎小规模幼儿园
25	北京市朝阳区宜宝双语幼儿园	北京市朝阳区宜宝幼儿园
26	北京市朝阳区凯尔宝宝婴幼园	北京市朝阳区凯尔宝宝幼儿园
27	北京市朝阳区德育苑双语幼儿园	北京市朝阳区德育苑幼儿园
28	北京市朝阳区华溢艺术实验幼儿园	北京市朝阳区华溢幼儿园
29	北京市朝阳区金色摇篮潜能开发婴幼园	北京市朝阳区金色摇篮幼儿园
30	北京市朝阳区培基双语幼儿园	北京市朝阳区培基幼儿园
31	北京市朝阳区春风化雨双语幼儿园	北京市朝阳区春风化雨幼儿园
32	北京市朝阳区新园双语幼儿园	北京市朝阳区新园幼儿园
33	北京市朝阳区二十一世纪金茂府双语幼儿园	北京市朝阳区二十一世纪金茂府幼儿园
34	北京市朝阳区沃德兰双语幼儿园	北京市朝阳区沃德兰幼儿园
35	北京市朝阳区拔萃蓝天双语幼儿园	北京市朝阳区拔萃幼儿园
36	北京市朝阳区嘉德蒙台梭利双语幼儿园	北京市朝阳区嘉德幼儿园
37	北京市朝阳区艾德维尔双语幼儿园	北京市朝阳区艾德维尔幼儿园
38	北京市朝阳区向日葵艺术幼儿园	北京市朝阳区向日葵幼儿园
39	北京市朝阳区启明润泽双语幼儿园	北京市朝阳区启明润泽幼儿园
40	北京市朝阳区德福双语幼儿园	北京市朝阳区启明德福幼儿园
41	北京市朝阳区启明国风双语幼儿园	北京市朝阳区启明国风幼儿园
42	北京市朝阳区童星艺术小规模幼儿园	北京市朝阳区童星小规模幼儿园
43	北京市朝阳区星河湾德福双语幼儿园	北京市朝阳区星河湾幼儿园
44	北京市朝阳区睿泽双语幼儿园	北京市朝阳区睿泽幼儿园
45	北京市朝阳区为依双语幼儿园	北京市朝阳区为依幼儿园
46	北京市朝阳区花家地婴幼儿培育中心	北京市朝阳区蓝羽幼儿园
47	北京市朝阳区启明东润双语幼儿园	北京市朝阳区启明东润幼儿园
48	北京市朝阳区伊禾木双语幼儿园	北京市朝阳区伊禾木幼儿园
49	北京市朝阳区启乐思双语幼儿园	北京市朝阳区启乐思幼儿园

续表 10

序 号	更名前名称	更名后名称
50	北京市朝阳区太阳宝贝双语幼儿园	北京市朝阳区太阳宝贝幼儿园
51	北京市朝阳区启明星双语小规模幼儿园	北京市朝阳区启明星小规模幼儿园

（周德奇）

【民办中小学更名13所】 年内，朝阳区民办中小学更名13所。

朝阳区民办中小学更名一览表（13所）

表 11

序 号	更名前名称	更名后名称
1	北京市朝阳区博雅小学	北京市朝阳区博雅学校
2	北京市朝阳区星河双语学校	北京市朝阳区星河学校
3	北京市力迈中美学校	北京市朝阳区力迈外国语学校
4	北京市朝阳区启明星双语学校	北京市朝阳区启明星学校
5	北京市朝阳区哈罗学校	北京市朝阳区礼德学校
6	北京市忠德学校	北京市朝阳区忠德学校
7	北京市朝阳区启明星双语小学	北京市朝阳区启明星小学
8	北京市朝阳区百年致知双语学校	北京市朝阳区致知学校
9	北京世青国际学校	北京市朝阳区世青学校
10	北京市朝阳区世青学校	北京市朝阳区世青实验学校
11	北京市朝阳区青苗国际双语学校	北京市朝阳区青苗学校
12	北京市朝阳区北外附校双语学校	北京市朝阳区北外同文外国语学校
13	北京市朝阳区赫德双语学校	北京市朝阳区赫德学校

（周德奇）

教育督导

【概况】 2021年，区政府教育督导室内设机构为督导与评估监测科，公务员编制4人，专职督学23人，兼职督学209人。设中小学、幼儿园、职高、校外及特教督学责任区32个。健全区教育督导委员会机构设置，增加区委组织部、区民政局等13个部门，成员单位增至30个。出台《朝阳区关于落实〈北京市深化新时代教育督导体制机制改革实施意见〉实施方案》，起草《朝阳区教育督导问责实施细则（试行）》和《朝阳区政府教育督导监督办法（试行）》。完成北京市2021年对区政府履行“双减”职责情况专项督导检查工作，完成对街道、地区（乡）办事处依法落实教育责任督导考核评价，完成2021年国家义务教育质量监测，获“国家义务教育质量监测实施县级优秀组织单位”称号。受邀参加北京师范大学主办的第六届中国教育创新成果公益博览会，在全国范围内宣传推介朝阳区“理想教育文化——‘合作对话’教育教学范式理论与实践探索”项目成果。全国“双减”典型案例——“合作对话”课堂教学范式在全区现场会展示交流。完成76所学校综合督导工作，形成督导评价意见。对468所（址）幼儿园及社区办园点开展“幼儿园办园质量督导评估”网上自评工作。完成义务教育教师工资收入及全区中小学（含职高）、幼儿园安全检查、疫情防控、开学等专项督导。（苏纪玲）

【朝阳区督导体制机制改革实施方案颁发】 3月18日，朝阳区委教育工作领导小组办公室关于印发《朝阳区关于落实〈北京市深化新时代教育督导体制机制改革实施意见〉的实施方案》的通知，明确朝阳区在体制机制改革重点领域3项突破，即完善教育督导机构设置，扩充区教育督导委员会成员单位，明确工作职责；继续强化对同级行政部门履行教育职责督导，积极完善督导调研机制建设；切实落实教育督导条件保障，明确将教育督导工作经费和人员经费列入区级财政预算。（李　雪）

【幼儿园办园质量督导评估】 3月30日，区政府教育督导室开展幼儿园办园质量督导评估工作。完成468所（址）幼儿园、社区办园点网上自评。5月12日，召开2021年幼儿园办园质量实地督导评估工作动员部署会，解读办园质量督导评估标准和细则、督导评估信息化自评系统模块划分、操作技巧等。6月至11月，完成143所幼儿园实地督导评估，其中140所幼儿园合格，3所幼儿园不合格。（苏纪玲）

【中小学校全面实施素质教育督导评价】 3月至11月，区政府教育督导室对全区76所公办中小学校全面实施素质教育情况进行综合督导评价。通过听取学校工作汇报、查看文档材料等方式，完成整体评价，其中65所学校评价为优，11所学校评价为良。（赵　宁）

【教育督导委员会成员单位调整】 4月25日，区教育督导委员会办公室召开30个委员会成员单位视频联席会。会议通报朝阳区教育督导体制机制改革相关文件精神和朝阳区政府教育督导委员会领导及成员单位调整情况，并就迎接市政府教育督导委员会办公室2021年对区级人民政府履行教育职责情况回访督导检查工作进行部署。督导委员会主任、区政府副区长参会，强调教育督导体制机制改革工作重要意义，部署北京市回访督导各项任务。会后，全区下发《关于调整北京市朝阳区政府教育督导委员会成员单位的通报》，明确调整后成员单位及其工作职责。（李雪）

【街乡督导考核评价工作】 6月10日，区政府教育督导室对街道、地区（乡）办事处依法落实教育责任督导考核评价工作进行部署。9月9日，组织培训会，解读考核评价要点及测评细则。各街乡依据《评价指标体系》开展自查；12月15日至16日，召开2021年督导考核评价汇报会，听取43个街乡主管领导汇报。会后，结合督评组审阅档案材料情况和区教委过程管理评估成绩，形成综合督导考核结果。（李　雪）

【“合作对话”教育教学范式深化研究】 年内，区政府教育督导室深化“合作对话”教育教学范式研究，每月1次走进11所实验学校，在听取“靶子课”和单元备课说课、评课基础上，针对教学设计、课堂实施、交流反思等环节不断丰富和完善“合作对话式”教育教学范式，持续改进教育教学。朝阳区“合作对话”课堂教学范式研究课题组受邀参加第六届中国教育创新成果公益博览会，在全国范围内进行宣传推介；朝阳区“合作对话”课堂教学范式作为“双减”背景下“教”与“学”变革实践探索，在现场会上做展示交流。（苏纪玲）

【督导评价研制】 年内，区教师发展学院履行督导评估监测职能，出台《朝阳区普通中小学全面实施素质教育督导评价指标体系》《朝阳区责任督学课堂观察表》《朝阳区普通中小学校关于全面加强和改进新时代学校美育工作督导评价细则》《朝阳区普通中小学校关于全面加强和改进新时代学校劳动工作督导评价细则》《朝阳区普通中小学校关于全面加强和改进新时代学校体育工作督导评价细则》《朝阳区义务教育阶段学校落实双减工作评价指标》等文件。新的督导评价指标将在朝阳区2022年专项督导及新一轮义务教育全面实施素质教育综合督导工作中试行。（王梅　宋丹）

文 化

综 述

【概况】 2021年，朝阳区文化和旅游局（简称“区文化和旅游局”）以庆祝中国共产党成立100周年为工作主线，围绕冬奥筹办、全面建成小康社会等重大事件和重要节日节点，打造超强文旅IP，健全现代公共文化体系和现代文旅市场体系。区公共文化设施建筑面积达5464760平方米，人均面积1.57平方米；全年开展各类文化活动4964场次，惠及市民约6232.521万人次；文化和旅游消费市场活跃，端午、中秋、国庆期间共接待游客4833.49万人次。区文化和旅游局及下属单位北京民俗博物馆获“2018—2020年首都文明单位”称号、“全国文化遗产旅游百强案例”；朝阳区图书馆、朝阳区文化馆获“2018—2020年度首都文明单位标兵”称号。（张鑫宇）

【非物质文化遗产保护传承中心开放】 6月10日，朝阳区非物质文化遗产保护传承中心正式对外开放。中心位于朝阳区豆各庄地区（乡），面积近2000平方米，内部设置“日坛礼记”“万镜之屋”等10个展陈单元，藏品1万余件，其中有国家级非遗藏品10件、市级藏品20件、区级藏品97件，还有优选“非亭”“聚源号弓箭”“北刘动物标本”等千余件展品、70余项非物质文化遗产及代表性传承人成果在馆内展示。保护传承中心将传统非遗文化与流行趋势相结合，开设免费讲解参观、非遗大师课、互动工作坊等内容，展现朝阳区非物质文化遗产传承项目的面貌和研究成果，探索非遗文化的发展、融合与传承，与周边的萧太后河展览馆、豆各庄乡情博物馆等文化场所组成博物馆群落，形成新的文化景观，推动朝阳区非物质文化遗产的普及推广、保护传承。（李利 杜洋）

【立法工作调研】 9月29日，市人大常委会副主任杜飞进带队，到朝阳区进行《北京市公共文化服务保障条例》立法调研，走访朝阳区非物质文化遗产保护传承中心、钟书阁实体书店、郎园STATION产业园等形式新颖、独具特色的公共文化空间及园区，并举行座谈会。杜飞进肯定朝阳区在落实《中华人民共和国公共文化服务保障法》及推进国家公共文化服务体系示范区后取得的突出成绩，希望继续挖掘区域特色，加强梳理总结，打造更多在全市乃至全国具有影响力、可复制可推广的先进经验。（李滢瑶）

【国家公共文化服务体系示范区创新发展复核】 年内，根据国家公共文化服务体系示范区创新发展管理工作领导小组办公室《关于开展国家公共文化服务体系示范区创新发展复核工作的函》相关要求，区文化和旅游局制定《朝阳区国家公共文化服务体系示范区创新发展复核方案》，完成创新发展报告、创新案例、过程管理报告、绩效指标及支撑材料等编写及搜集整理工作。（李滢瑶）

【提升民生保障水平行动】 年内，按照《朝阳区全面提升“七有”“五性”民生保障水平行动计划》通知内容，区文化和旅游局作为“多样性”人均公共文化服务设施建筑面积牵头部门，主要任务是对标首都公共文化服务体系示范区创建标准，提升街乡公共文化设施达标率，利用疏解腾退空间及小区文化配套，推动流动文化馆、博物馆、社区书店等公益项目尽快落地，实现社区（村）文化活动室设施和服务升级。推进各级基层文化设施和分管建设，对外开放豆各庄非遗中心。保障特殊群体基本文化权益，设置专门活动空间和服务项目。截至年底，朝阳区人均公共文化服务设施建筑面积为1.57平方米。（齐雪成）

公共文化

【概况】 2021年，区文化和旅游局推动“区级—地区级—街乡级—社区（村）级”四级公共文化服务网络建设，不断优化区级文化设施，鼓励引导特色文化设施建设。新建城市书屋4家，累计建成朝阳城市书屋40家；聚焦“七有”“五性”（幼有所育、学有所教、劳有所得、病有所医、老有所养、住有所居、弱有所扶。便利性、宜居性、多样性、公正性、安全性）考核指标要求，有效整合多方资源。开展“艺术朝阳”“首都市民音乐厅”“森林演出季”等品牌系列文化活动，把培育和弘扬社会主义核心价值观作为根本任务，为市民提供更高质量、更深层次、更加丰富、更有内涵的公共文化服务产品。注重活化传承，推动优秀传统文化传承创新。推进大运河文化带等重点工程建设，推进博物馆之城建设，扶持朝阳区非国有博物馆事业。持续推进文物保护利用。推进传统文化传播，创新性展现中华传统文化内涵。（张鑫宇　李博雅）

【朝阳城市书屋】 1月，朝阳城市书屋·友来友往馆开馆，馆舍面积600平方米，馆藏文献10000册。2月，朝阳城市书屋·京旺家园馆开馆，馆舍面积160平方米，藏书9100册。4月，朝阳城市书屋·中信书店·环宇荟馆开馆，馆舍面积257平方米，图书馆配送图书6491册。环宇荟馆为特藏型“店中馆”朝阳城市书屋，以态度生活与商业新知为特藏，丰富“CBD区域”“中海环宇荟”商圈的文化生态。（仇宏文）

【垡头传统文化实践中心馆揭牌】 4月20日，朝阳城市书屋垡头传统文化实践中心馆（北京师范大学中国社会管理研究院社会学院新时代文明实践基地）揭牌。该馆为朝阳区第一家由政府、高校、社会组织共同建设的新时代文明实践中心并高校挂牌新时代文明实践研究基地；也是第一座以城市阅读空间（朝阳城市书屋）为载体，具备综合性文化中心功能的社区文化空间。建设及后续运行、服务均采用政府、高校、社会力量、群众共同参与，共建、共治、共享，实现将政府政策引领作用、高校专业研究能力、企业品牌推广优势三者结合高效服务百姓。馆舍建筑面积1050平方米，馆藏文献9000册。（仇宏文）

【首都市民音乐厅】 4月29日至12月17日，由北京市文化和旅游局主办，区文化和旅游局联合首都图书馆、中国广播艺术团、中央歌剧院和北京交响乐团承办“2021年首都市民音乐厅”上演15场节目。其中，在首都图书馆剧场大型演出6场，在报告厅小型演出9场。邀请环卫、服务、教育等劳动模范到场观看演出，依托朝阳文旅云平台在线抢票。9场大型演出采取线上线下结合的方式对外开放，共有4600余人到场观看、逾280万人观看线上演出。（程　皓）

【街乡文化中心效能提升】 年内，区文化和旅游局征求街乡需求，首次购买第三方服务。采取培训加管理的模式，在对街乡文化中心进行运行管理的同时提供艺术培训，解决制约区街乡文化中心服务效能提升的瓶颈问题。在保证每周56小时免费开放的基础之上，做到每天延时开放。按照“创新思路、集中资源、按需施教、务实培优”的思路，开设舞蹈、声乐、戏曲、传统文化等艺术门类。开展4207课时，培训48440人次。（齐雪成）

【原创文化】 年内，区文化和旅游局组织开展《红色电波》《青春的信仰》两部红色主题剧本创作，弘扬社会主义核心价值观，激发群众爱党爱国情怀及历史责任感，坚定“永远跟党走”的信念。围绕中国共产党成立100周年，开展“百年百部”庆祝中国共产党成立100周年原创文艺作品展播活动，发布作品视频、推文100集，累计点击参与总量约2863.7万次。结合“十四五”时期朝阳区“艺术之城”建设目标，全面开展第七届“艺术朝阳”社会主义核心价值观原创文艺作品征集和展示活动。收集全区各机关工委、街乡、群众原创作品1219部，涉及音乐、戏剧曲艺、美术设计、微电影等7个类别。活动点击参与总量1980.8万次，点赞6.9万次。（李博雅）

【文化双拥】 年内，区文化和旅游局贯彻落实关于加强军政军民团结、做好双拥工作指示要求，推进“文化拥军”活动。按照“一队一品牌”的思路以及机动一支队内在需求，协助部队组建8支文艺团队。按照每支团队40课时，共开展部队文艺团队320课时，完成8个原创节目。为朝阳区武警部队量身定制“数字终端+阅读软件+本地化内容”数字阅读服务，利用已有数字文献阅读器400台，植入数字化学习文献、畅销图书3000册。结合“哈哈镜居民会客厅”公益演出品牌，开展“庆祝建军94周年军民联欢会”活动。（李博雅）

【新时代文明实践中心志愿服务】 年内，朝阳区文化志愿者服务中心在“志愿北京”平台注册志愿者4322人次，包括街乡、馆办文艺团队、社会文艺团体、文化馆工作人员、文明引导员等。全年开展志愿服务30余次，包括朝阳区“送福到家”“我家春联我来写”活动、“文化让生活更美好——您教我用筷子、我教您用手机”新时代文明实践志愿服务活动、“礼赞时代·朗读历史”主题教育等，参与志愿者约900人次，累计服务群众上万人次。开展志愿者培训2次，推动朝阳区志愿服务规范化、专业化。（李　利　易　婷）

群众文化

【概况】 年内，区文化和旅游局结合“全国文明城区复核”“党史学习教育”“美丽乡村建设”等工作要求，全面开展系列主题活动。围绕传统节日主题，开展具有时代特色的系列文化活动。全年举办各类文化活动5851项，6195场，覆盖约6418.374万人次。通过民乐、戏曲、曲艺等传统艺术形式，结合歌剧、古典乐等多种表演形式，策划各类专场演出。夯实“首都市民音乐厅”“哈哈镜居民会客厅”“森林演出季”等群众文化品牌。开展“我们的节日”系列主题文化活动，有效培育和践行社会主义核心价值观，为市民营造良好节日氛围。持续开展“寻找工匠”、创新开展“‘发现美好朝阳生活’时尚特色美育培训”课程，加快基层文化人才队伍建设。（张鑫宇　李博雅）

▲ 4 月 15 日，文艺小分队“我们的中国梦”文化进万家相声专场演出
（区文化和旅游局　供图）

【百年百部原创文艺作品展播】 3 月 23 日至 6 月 30 日，区文化和旅游局庆祝中国共产党成立 100 周年，选取近年具有朝阳特色和时代风貌的群众优秀文艺作品 100 部整体策划提升，以“图文 + 视频”的形式，在北京朝阳 App、朝阳文旅云、抖音等平台展示，通过丰富多彩的艺术形式，讲述朝阳故事，展现朝阳群众精神风貌，表达爱党、爱国、爱社会主义，爱朝阳、爱生活的赤诚真情。线上点击关注总量约 1651.7 万次。（李博雅）

【文艺小分队下基层慰问演出】 4 月 1 日至 7 月 15 日，朝阳区开展“文艺小分队”下基层慰问演出活动，以“我们的中国梦——文化进万家”为主题演出 13 场，分别由中国杂技团，北京歌舞剧院，河北梆子剧团，首都儿童艺术团，以及部分优秀民营院团承办。活动结合清明节、儿童节和端午节进行演出。观众群体包括各类社会人群，演出地点包括脑瘫儿童康复中心、养老院和社区活动中心等，惠及群众 2 万余人。（程　皓）

【京剧系列培训】 4 月至 11 月，区文化和旅游局主办、北京京剧院、朝阳京剧文化艺术中心承办 2021 年“我为群众办实事”京剧系列培训活动。全年演出 21 场，内容包括《党的女儿》等红色剧目，《借扇》《水淹七军》等经典剧目，安排绘制脸谱等互动项目，加强传统文化的普及教育。（李博雅）

【紫檀雕刻技艺传承人群培养计划】 4 月 16 日至 7 月 19 日，朝阳区非物质文化遗产保护中心和中国紫檀博物馆共同开办“寻找工匠”紫檀雕刻技艺传承人群培训班，课程培训导师由中国紫檀博物馆馆长陈丽华担任，培训时间 90 天，筛选出 10 名学员。经过 3 个月的紫檀雕刻技艺学习，学员均可达到檀雕技艺初级技师水平。（李　利　杜　洋）

【时尚特色美育培训】 4 月 20 日至 7 月 3 日，区文化和旅游局与北京服装学院共同举办“发现美好朝阳生活”时尚特色美育体验培训。培训课程分别为普惠课程和精品课程，普惠课程包括服装色彩搭配、化妆、摄影、形体表演、箱包制作、帽饰制作和服装设计共 7 类课程。精品课程包括形体表演、女装设计及制作、汉服设计及制作和手工旗袍共 4 类课程。全程服务 43 个街乡，完成 79 次课程 516 课时，参与人数 2498 人。（程　皓）

【第四届朝阳森林演出季】 4 月 28 日至 5 月 30 日，第四届北京朝阳森林演出季举办。活动分为森林主会场、森林分会场、朝阳群众唱支山歌给党听百个场景演出、“百年风华　百姓艺术节”创意设计作品大赛和“森林 Vlog”视频日记比赛五部分内容，包括演出展览等活动 200 余项，832 个文艺作品参演，900 余支文艺团队参加演出。此届森林演出季围绕“庆祝中国共产党百年华诞，推进党史教育”主线开展，举办主题演出 70 场，主题表演场景 100 个，主题展览 38 个，直接体现党史教育题材的原创作品 262 个。活动通过国家公共文化云、爱奇艺、今日头条、北京文化生活、朝阳文旅云等

▲ 5 月 27 日，森林演出季活动　（区文化和旅游局　供图）

媒体矩阵播放并宣传。现场参与观众约 6 万人次，线上参与活动 900 余万人次。（李　利　张晓娇）

【哈哈镜居民会客厅】 4月至10月，由区文化和旅游局主办 2021 年“哈哈镜居民会客厅”品牌惠民演出项目，提升演出品质，加大曲艺知识普及。活动期间，开展线下演出 15 场，线上演出 1 场。演出依现场条件在抖音平台直播 12 次；发布曲艺小讲堂推文 19 次；策划推出“百姓书场”栏目，发布长书连载 19 次。服务百姓约 13.93 万人次。（李博雅）

【北京潮流音乐节】 5 月 2 日至 5 日，2021 北京潮流音乐节登录北京音乐产业园。此届音乐节由朝阳区文化馆和北京音乐产业园联合主办，来自英国、俄罗斯等在京外国音乐团体、秦勇（原黑豹乐队主唱）及乐队、面孔乐队等 10 支国内乐队及歌手联手呈现 10 场演出，现场累计观众约 1.27 万人次。（李　利　张晓娇）

【“金刺猬”大学生戏剧节】 7 月，2021“金刺猬”大学生戏剧节剧目征集收到来自全国 17 省市自治区的 44 所大学院校 56 个剧社报名，报名剧目 63 部。经过 10 位戏剧界专家评审，选拔出 10 部入围。11 月开展线上展演及在线投票环节。《新京报》App 端专题页点击参与总量约 115.4 万，投票页面点击数为 69.6 万。闭幕式采用线上发布的方式，在国家公共文化云、爱奇艺、优酷、北京时间、朝阳文旅云等数字平台播放。（李　利　张晓娇）

【丰富春节活动】 年初，区文化和旅游局贯彻落实市区“丰富在京过年人员和市民节日精神文化生活，春节期间延长错峰开放公共图书馆、文化馆”指示精神，统筹线上、线下文化资源，策划包括公益展览、公益展播、公益活动、云课堂等一系列“有寓意、有心意、有创意，令群众满意”的特色公共文化活动 118 项。开放数字文化资源库 9 个。各类活动点击参与总量约 2563.73 万次。区级、地区级公共文化场馆到馆群众约 3.53 万人次。（李博雅）

【百姓周末大舞台】 年内，市文旅局主办、区文化和旅游局承办“百姓周末大舞台”公益性文艺演出 83 场，覆盖朝阳区 24 个街道，每场观众有 200 人。该演出场次多，类型丰富，覆盖地区广，受益人群多，百姓满意度高。在保障普通观众群体基础上，举办若干场走进军营、学校、幼儿园、养老机构等地的专场慰问公益演出，取得良好社会效益。（齐雪成）

【星火工程文艺演出】 年内，市文旅局主办、区文化和旅游局承办的“星火工程”公益性文艺演出 115 场，覆盖 19 个乡镇，每场观众均达到 100 人。该演出场次多，类型丰富，覆盖地区广，实现农村地区全覆盖，受益人群多，百姓满意度高。（齐雪成）

【“我们的节日”系列文化活动】 年内，区文化和旅游局围绕春节、元宵节、清明节、端午节、七夕节、中秋节、重阳节 7 个传统节日及元旦、劳动节、国庆节主题，开展具有时代特色的系列文化活动，满足市民精神文化需求，营造良好的节日氛围。累计开展节日文化活动 1762 场，参与群众约 2938.83 万人次。（李博雅）

文化遗产保护

【概况】 2021 年，区文化和旅游局整合优质文化和旅游资源，统筹开展各项工作，推动文化遗产保护工作。完成 24 处新增重点文物标识牌补汇，对 80 家文保单位进行安全责任人公示；投入资金 3000 余万元，推进延寿寺遗址、雷家桥关帝庙等十余处文物保护单位修缮工程；划定区级文物保护单位保护范围和建控地带 15 处；出动文物保护专职人员 1400 余人次对全区 100 余家单位开展日常巡查、重大节日和大型活动文物专项巡查，对红色、黄色安全风险等级文物开展月度检查 30 次；对崔各庄地区（乡）、管庄地区（乡）、东坝地区（乡）等 21 个开发地块进行前置考古；开发“数字化大运河博物馆”“云赏传承”“走进文物探秘之旅”等 4 个数字化保护及展示平台，上线趣味修桥、通惠河漕运图数字化项目；加强宣传引导，围绕大运河沿线优秀特色博物馆、基地开展宣传活动，加强宣传培养群众文物、文化遗产保护意识。在线 1.1 亿曝光，直播时长 1833 分钟，在线观看人数超 800 万人次。《观朝追梦》102 期短视频通过央视频、抖音、快手等平台播放。（李博纶　陶　原　沈子豪）

【国际博物馆日宣传活动】 5 月 18 日，区文化和旅游局整合优质文化和

▲ 5 月 17 日，朝阳区大运河数字博物馆上线　（区文化和旅游局　供图）

旅游资源，统筹开展“5·18”国际博物馆日和“5·19”中国旅游日系列宣传活动，响应国际博物馆日“博物馆的未来：恢复与重塑”、中国旅游日“绿色发展、美好生活”的主题。活动主会场在崇德堂，设置16场分会场活动。崇德堂作为刘立宏红色剪纸巡展首站，展出救国之路、兴国之路、富国之路、强国之路四部分百余件红色主题作品，活动中发布朝阳区博物馆之城建设工作要点，大运河文化带朝阳段数字化博物馆上线等信息。（李博纶）

【文化和自然遗产日宣传活动】 6月11日，区文化和旅游局联合高碑店地区，在高碑店文化广场举办首届大运河通惠河畔文化节暨朝阳区高碑店地区迎接中国共产党成立100周年主题活动。文化节开幕式上，围绕端午节传统习俗和大运河文化，推出别开生面的文化节开幕式、端午龙舟比赛、革命歌曲演唱、高碑店民俗表演、大运河图片展等活动。（李博纶）

【日坛红色革命文物消防救援站启动】 6月11日，北京市文物局、区文化和旅游局、区园林绿化局在日坛公园内马骏烈士墓前广场举行日坛红色革命文物消防救援站建设启动暨日坛应急处置队授牌仪式。这是故宫消防救援站和颐和园消防救援站设置以来，首个在国家级文物单位和红色革命文物单位设置的小型消防救援站。朝阳区消防救援支队为消防救援站配备两辆消防车14名专业消防员。（祁媛媛）

【实施多项重点文物保护工程】 11月25日，北京建设工程安全质量监督站对朝阳区重点文物保护工程开展交底、验收工作。对和敬公主墓汛期保护工程进行验收；对永通桥保护修缮工程、延寿寺遗址保护工程进行开工进场交底。（沈子豪）

【朝阳区类博物馆建设调研】 12月17日，市文物局领导带领市文物局类博物馆调研组，到朝阳区进行类博物馆建设工作调研。区文化和旅游局有关领导陪同调研。主要到崇德堂、郎园station、懋隆文创园等地为“类博物馆”无法正式备案原因调研。市文物局计划根据调研结果调整政策，推进“类博物馆”规范化建设。（李博纶）

【非物质文化遗产数据库建立】 年内，朝阳区非物质文化遗产保护传承中心对朝阳区非物质文化遗产代表性项目和传承人资源进行搜集和数字化，形成图、文、音像等多类型的朝阳非遗“大数据”。完成10万余条非遗资源的搜集整理和数字化工作，结合大数据、云技术等，采用动态数据库结构设计开发建立朝阳区非物质文化遗产数据库。该数据库具备数据录入管理、结构化存储、多样化检索浏览查询、网络访问共享、个性化服务以及数据统计等基本功能。数据库与朝阳区数字文化馆衔接，实现手机端、电脑端的查询、浏览和转发等服务。（李 利 杜 洋）

朝阳区区级以上不可移动文物资源一览表

表12

序 号	文物名称	保护级别	地 址
1	北京东岳庙	国家级	朝外街道朝外大街141号
2	日坛	国家级	朝外街道日坛北路6号日坛公园内
3	元大都城墙遗址	国家级	建安东路、建安西路北侧
4	四九一电台旧址	国家级	豆各庄乡双桥街9号院
5	清净化城塔	国家级	安贞街道黄寺大街11号
6	大运河—大通闸遗址	国家级	建外街道砖厂南巷
	大运河—庆丰闸	国家级	双井街道庆丰公园东园内
	大运河—平津闸	国家级	高碑店乡高碑店村
	大运河—永通桥	国家级	管庄乡八里桥村东南
	大运河—千斯坝遗址	国家级	香河园街道光熙门
	大运河—郑村坝遗址	国家级	东坝乡
	大运河—坝河故道	国家级	东坝乡
7	北顶娘娘庙	市级	奥运村街道奥林匹克中心区国家游泳馆南侧
8	十方诸佛宝塔	市级	王四营乡古塔公园内
9	顺承郡王府	市级	麦子店街道办事处苇子坑村

续表 12

序　号	文物名称	保护级别	地　址
10	马骏烈士墓	市级	朝外街道日坛北路6号日坛公园内
11	南下坡清真寺	区级	朝外街道朝外二条129号
12	张翼祠堂	区级	豆各庄乡豆各庄村西
13	海阳义园（山东会馆）	区级	呼家楼街道呼家楼南里社区2号
14	肃慎亲王敬敏墓	区级	王四营乡道口村
15	常营清真寺	区级	常营乡常营村
16	那桐墓	区级	三间房街道双桥路西里社区
17	显谨亲王衍璜墓	区级	潘家园街道潘家园东里社区

文化市场管理

【概况】 2021年，区文化市场综合执法大队围绕疫情防控和文化市场安全，对辖区内网吧、歌舞厅、影剧院、电玩游艺、音像、演出、书报刊、印刷、复印、出版物、版权、文物和卫星地面设施等各类文化娱乐场所开展行政执法检查。全年出动执法车辆961车次，执法人员16032人次，检查文化娱乐场所8016家次，收缴物品489件，罚没款35.95万元，受理并回复举报3200余起，立案123件，结案129件，报送工作信息97篇次。

【检查文化娱乐场所安全】 1月2日，区委常委、宣传部部长黄晓伟带队到沃美启泰影城、美嘉欢乐影城、千龙网“任我游”网吧、杨波小黑屋网吧、page one书店等文化娱乐场所，检查节假日期间疫情防控和安全生产工作。区委宣传部、区文化和旅游局、区文化市场综合执法大队有关领导陪同。黄晓伟强调：要深刻认识维护首都安全的重要性，按照防护标准做好防疫措施工作，强化部门联动，属地街乡和行业部门要主动履责，做好监督检查等工作。要加强信息报送，将常态化疫情防控、经验总结等纳入假日工作，全力保障两节假日期间文旅市场安全稳定。要再接再厉，与政府一道为加快恢复经济社会运行秩序贡献力量。

【市区联合取缔黑广播】 3月9日，市区两级文化市场综合执法队，联合公安、属地等部门对朝阳区东坝地区朝新嘉园东里四区8号楼3单元楼顶一处涉嫌擅自设立广播电台展开立案调查。执法人员依法对该广播电台予以取缔，并依法没收从事违法活动的设备一套。执法人员对小区物业人员进行教育指导，杜绝此类事件再次发生。市文化市场综合执法大队三支队队长李广建，区文化市场综合执法大队队长周升华现场指导检查。

【“绿书签”宣传活动】 4月23日，区文化市场综合执法大队在朝阳区图书馆新馆举办2021年朝阳区“绿书签”宣传活动。活动现场向读者派发朝阳文旅法治宣传册等宣传资料，利用大屏滚动播放护苗2021“绿书签”行动海报，现场讲解出版物等相关法律知识。活动中发放朝阳文旅法治宣传册、便签等宣传资料500余份。

【旅游宣传活动】 6月9日，市文化市场综合执法总队联合区文化市场综合执法大队在北京奥林匹克森林公园开展法律宣传与咨询活动。北京市文化市场综合执法总队、区文化市场综合执法大队有关领导参加活动。活动以宣传《中华人民共和国旅游法》和新版《中华人民共和国行政处罚法》为重点，倡导民众守法旅游、健康旅游、文明旅游。活动现场累计向群众免费发放《北京“一日游”提示手册》1000余份、便携式消毒液600余瓶、便笺纸600余本和印有文化市场举报电话宣传小扇600余把。

【宪法日宣传活动】 12月3日，区文化市场综合执法大队在798艺术园区开展“12·4”国家宪法日宣传专题活动，30余名群众参与知识竞答，发放法治宣传品600余份，接受群众咨询20余次。（何　晶）

文化创意产业

【概况】 2021年，朝阳区2382家规模以上文化产业单位实现收入2873.3亿元，比上年增长11.4%。完成修订《朝阳区促进文化产业高质量发展引导资金管理办法（2021版）》，提出30条文化产业专项资金创新政策。朝阳区促进文化产业高质量发展引导资金（实验区外）共支持项目（企业）43个，支持资金4047万元。全区范围内认定97家“蜂鸟企业”，进一步优化“独角兽”企业和行业领军企业培育质量，建立起文化产业“战略储备库”。开展全区文化产业园区摸底调研工作，并形成《朝阳区文化产业园区发展情况报告》。朝阳区获得第二批国家文化出口基地命名。接待文旅部、中央文化和旅游管理干部学院、湖南省长沙市党政代表团等官方代表团考察25批次，450余人次。（刘 莹 孟丽霞 兰 坤）

【国际音乐产业大会暨音响展】 4月30日，北京国际音乐产业大会暨北京国际音响展（2021第十六届北京潮流音乐节）在朝阳区黑庄户地区（乡）北京音乐产业园开幕。区委常委、宣传部部长黄晓伟出席开幕式并致欢迎词。全国政协文化文史和学习委员会副主任、中国版权协会理事长阎晓宏，北京市委宣传部副部长王野霏出席开幕式并讲话；中国音像与数字出版协会常务副理事长兼秘书长敖然，中宣部出版局音像电子处处长程晓龙，北京市广播电视局副局长杨培丽，朝阳区委书记王灏，区领导陈涛、席成坡出席开幕式。此次音乐节活动坚持文化惠民，促进文化交流，致力于为北京市建设国际音乐城市、朝阳区打造艺术之城。邀请乐队风格多样。如中国摇滚乐队、面孔乐队、CMCB乐团、新金属乐队、液氧乐队、时光街乐队、无伴奏合唱“人声兄弟”以及2支一直在京的国际乐队黄蓝巴士乐队及RAY-Band乐队。此次特别设有“共同歌唱”环节，演绎中国歌曲《茉莉花》。（何全翰）

【参加服贸会】 9月2日至7日，2021年中国国际服务贸易交易会文旅服务专题展（第十六届北京文博会暨第十八届旅博会）在首钢园举行。朝阳“文创新区 时尚前沿”展区位于首钢1号展馆，展览面积379.5平方米。市委常委、宣传部部长莫高义，市委宣传部常务副部长赵卫东，市委宣传部副部长、市新闻出版局局长王野霏，市委宣传部副部长、市电影局局长王杰群，区委书记王灏，区委常委、宣传部长黄晓伟等到朝阳展区参观指导。（关嘉义）

【“十四五”时期文化产业发展规划】 12月24日，《朝阳区“十四五”时期文化产业发展规划》印发实施。规划提出深入推进“四区一城”建设，全力建设首都文化创新引领区，努力将朝阳区打造成为首都引领、全国示范、国际知名的时尚创意之城。（薛博雅）

【文化创意产业人才服务】 年内，区文创办协助区发展改革委组织“服务包”企业、新引进行业领军企业和国家文化产业创新实验区范围外第三批“蜂鸟企业”申报高精尖人才奖励支持项目，腾讯音乐等8家企业51人获得奖励支持，支持金额524.9万元。落实市区各项人才政策，推荐泡泡玛特创始人参与北京市宣传思想文化系统“四个一批”人才评选，服务10家企业申请并获得14个2021年非京生源应届毕业生进京指标。5人被认定为朝阳区“凤凰计划”文化领军人才。（周少英）

【精准服务促发展系列活动】 年内，区文创办依托文创实验区信促会，围绕文化企业人力资源风险、企业融资、知识产权、财税筹划、政策宣讲等主题，通过线上线下相结合的方式组织开展“精准服务促发展”系列活动22期，覆盖文化企业3059人次。（冯 芳）

798艺术区

【概况】 北京798艺术区管理委员会（简称“798艺术区管委会”）是朝阳区政府派驻到798艺术区的一个行政管理机构，正处级单位，有1个科室，即综合协调办公室。2021年，798艺术区管委会主要承担798艺术区的统筹协调、监督管理、产业促进和接待服务等工作。

【园区发展研究】 7月20日，市委宣传部部长莫高义一行到798艺术区调研园区运营和发展情况。朝阳区委常委、宣传部部长黄晓伟等领导陪同调研。莫高义实地走访机遇空间、尤伦斯当代艺术中心、798艺术中心、悦美术馆等有代表性的园区机构，涵盖园区美术馆、画廊、书店、艺术店铺等不同的业态。莫高义与各机构负责人就园区发展和企业运营等问题进行沟通交流，对798艺术区整体发展给予肯定，并要求园区管理方在引方向、搭平台、强服务方面进一步提升园区发展上新台阶。798管委会通过研究，提出结合党史学习教育中“我为群众办实事”实践活动相关要求，走访园区，倾听企业需求，密切联系园区运营方，发挥统筹协调职责，通过加强管理和举办活动，引领企业正确的文化方向和产业发展方向；通过举办论坛、培训和加强宣传推介等方式，加强对企业的政策服务和产业服务；通过搭建沟通交流的平台，促进园区企业的资源融通和相互交流，凝聚各方力量，共同推动园区高质量发展。

【园区运营和发展情况调研】 8月25日，市委宣传部副部长王杰群一行到798艺术区调研园区运营和发展情况。调研亚洲艺术中心、蔓空间等艺术机构，了解艺术机构在798艺术区经营发展情况，就如何推动798艺术区未来发展召开座谈会。798艺术区管委会党组书记、主任王春清汇报798艺术区管理情况，北京七星集团党委书记李前汇报798艺术区运营发展情况，北京电控集团总经理、北京七星集团董事长潘金峰补充汇报。王杰群强调，各部门要内外联动，上下联手，共同落实好市领导关于要“办好798”“要改革要提升”的批示精神。要在全面把牢意识形态关、全面升级管理服务体制、全面宣推主动发声、全力推进当前重点工作等方向着力，共同擦亮798艺术区这张“金字招牌”。12月9日，区政府副区长杨蓓蓓一行到798艺术区调研园区运营和发展情况。走访木木美术馆、索卡艺术中心等一些有代表性的园区机构，了解798艺术区从工业遗产到文化创意园区的转型升级发展情况，并召开798艺术区调研座谈会。798艺术区管委会汇报798艺术区管理相关情况，七星集团品宣中心汇报798艺术区相关情况，酒仙桥街道办事处汇报798艺术区安全生产相关情况。杨蓓蓓肯定798艺术区管理工作和发展取得的成效，强调798艺术区管委会要充分与属地街道、产区单位合作，充分发挥798艺术区文化传播的作用。

【北京798艺术节】 9月26日，“2021北京798艺术节”开幕，为期一个月。艺术节以“展示优秀文化艺术成果，展现园区特色，讲好中国故事”为主线，内容涵盖主题展、平行展、艺术文创集市、街头涂鸦体验等数十项展览及活动。艺术节在798国际艺术交流中心，举办“时代壮歌　奋进舞台”主题展，以一组组丹青画卷展现中国共产党带领人民进行革命、探索、发展，走向中华民族伟大复兴的光辉历程。艺术节期间，园区圣之空间展厅和玫瑰之名展厅举办“乾乾：寻找绘画之‘意’”和“不息：传统的当代转化”两大主题展。展现艺术家在国际视野中关注本土文化，以当代视角审视古典艺术的创作特色。在艺术节平行展单元，观众可以参观严肃艺术展、互动艺术展等多元素展览活动。园区各艺术机构携手推出包括UCCA尤伦斯当代艺术中心的成为安迪沃霍尔、蔓空间的“回到敦煌——系列主题文化展”、索卡北京“曾健勇：七巧板”、幻艺术中心“成为巴蒂斯的女孩儿”等在内的70余场艺术展览活动。（季　昕）

北京潘家园国际民间文化发展有限公司

【概况】 北京潘家园国际民间文化发展有限公司（简称“潘家园文化公司”）由区国有资产监督管理委员会监管，属于区国有资本经营管理中心下属的国有独资企业。主要从事投资及投资管理等活动，并对经营管理的国有资产承担保值增值责任。下属4个子公司：北京潘家园旧货市场有限公司（简称“市场公司”），主要经营潘家园旧货市场及潘家园自营商业品牌打造与经营；子公司北京潘家园古玩艺术品文化传媒有限公司（简称“传媒公司”），主要从事设计、制作、代理、发布广告；北京潘家园拍卖有限公司（简称“拍卖公司”），主要从事拍卖业务；北京潘家园文化创意有限公司（简称“文创公司”，2021年4月成立）。“潘家园”品牌被认定为中国驰名商标、北京市著名商标、北京市年度十大商业品牌，市场入选全国十大古玩市场、全球十大“跳蚤”市场、北京市朝阳区文化创意产业集聚区、北京市朝阳区首批特色文旅消费街区、北京市朝阳区精品文化旅游线路。2021年，资产总额56880万元，负债总额4658万元，所有者权益52222万元，利润总额1947万元。潘家园抖音电商直播基地被抖音平台评为A类基地，潘家园拍卖公司总经理王丽梅获“北京市优秀党务工作者”称号，潘家园文化公司获“2020年度北京工艺美术行业优秀企业”称号。

【“年货节”活动】 1月4日至20日，潘家园抖音电商直播基地组织商户参加抖音平台“年货节”活动。活动期间，日均GMV（网站成交金额）138万元，单日最高GMV184万元，成交总额2344万元，环比增长37%，售卖订单100%接入物流检测一体中心（BIC），位居全国电商直播基地并列第一名。

【“潮牛迎新”首届二手名品拍卖会】 1月15日，潘家园文化公司在潘家园旧货市场举办2021北京潘家园“潮牛迎新”首届二手名品拍卖会。拍卖会首次采取现场+拍卖平台同步预展、线上直播拍卖新模式，提升顾客视感和体验感，让拍卖更具互动性与趣味性。上拍43件包括LOUIS VUITTON、GUCCI、HERMES、MCM、VERSACE等多种潮牌背包和TISSOT、OMEGA等经典名表，拍品全部来源于典当行。

【“潘家园礼物”与中国黄金达成合作】 1月28日，潘家园自营文创品牌“潘家园礼物”与中国黄金签订联营合作协议，正式达成联营合作关系。“潘家园礼物”代销中国黄金品牌内黄金饰品、黄金摆件、文创产品，并承接中国黄金各类定制业务，丰富“潘家园礼物”产品体系。“潘家园礼物”代销中国黄金产品售价与中国黄金品牌方售价保持同步，从“潘家园礼物”购买的联营产品，都可享受中国黄金统一回收及各类售后政策。

【获批成立文创公司】 2月3日，潘家园文化公司经朝阳区国资委批准，成立北京潘家园文化艺术创意有限公司。4月22日，文创公司获得朝阳区市场监督管理局批准正式成立。文创公司成为继市场公司、传媒公司、拍卖公司后第四大业务板块暨潘家园自营文创业务板块。潘家园文化创意有限公司注册资本1000万元，办公地点为朝阳区华威里十八号。员工编制8人，实有8人，主要从事组织文化艺术交流活动（不含演出）；销售服装、鞋帽、日用品、家具、珠宝首饰、玩具、乐器、针纺织品、文具用品、体育用品、工艺品、家用电器、电子产品、厨房用具；企业策划；设计、制作、代理、发布广告；承办展览展示活动；会议服务；旅游信息咨询；包装装潢设计；工艺美术设计；组织、文化艺术交流活动（不含演出）；餐饮服务（仅限冷热饮服务）；销售食品；出版物零售等经营活动。

【“新春不打烊”活动】 2月5日至19日，潘家园抖音电商直播基地联合抖音平台，面向商户开展珠宝文玩“新春不打烊”活动。平台分阶段支持奖励活动达标商户，吸引、鼓励商户开展直播销售。春节期间，单日直播商户占入驻商户近一半，累计直播观看人数 410.9 万人次，订单量 5.4 万单，成交额 1147.78 万元，货品在 BIC 仓内最短平均流转时效 9.3 小时，基地各版块经营稳定，销售平稳有序。

【新增“瓷器墙”打卡点】 2 月 10 日，潘家园旧货市场西北门处新增“瓷器墙”网红打卡点。“瓷器墙”整体设计体现“红红火火、长命百岁、五谷丰登、招财进宝、天下太平、金榜题名”等含义，由 454 件文玩产品组成，拼合粘贴成多种美好寓意图案。所有原材料来自潘家园旧货市场商户，品类涵盖瓷器、毛笔、铜钱、铜镜等。作品在彰显中国瓷器魅力的同时，变废为宝，达到环保目的。市场西北门是游客必经之处，“瓷片墙”亮相后，吸引众多游客驻足欣赏，合影留念。

【首个品牌维权诉讼案件胜诉】 3 月 23 日，潘家园文化公司首个品牌维权诉讼案件取得胜诉。“潘家园”作为古玩艺术品市场的代名词，被认定为北京市著名商标和中国驰名商标，潘家园人一直将品牌视为企业的生命，为潘家园品牌保驾护航。设立专项小组，关注可能对品牌造成的负面影响；针对侵权行为，借助司法途径予以打击，利用法律武器进行诉讼维权。

▲ 3 月 26 日起，“夜赏奇珍·鬼市探宝”活动在潘家园旧货市场定期开市
（潘家园文化公司　供图）

【“夜赏奇珍·鬼市探宝”开市】 3 月 26 日，第一场“夜赏奇珍·鬼市探宝”活动在潘家园旧货市场开市。潘家园升级版“鬼市”，面向市场内外免费招商，每周五晚 7 点至周六清晨 4 点开市。“鬼市”升级，融入体验式、沉浸式场景，祈福灯亭、“摸金校尉到此”景观石、复古百宝箱等装置，及身着古代服饰、提着灯笼打更的巡场工作人员，潘家园礼物店同步推出与夜游相关的灯笼、发光配饰以及面具等新品，吸引不少游人前来游园打卡。

【提供上门接种疫苗服务】 4 月 24 日至 25 日，潘家园文化公司联合潘家园街道办事处，将疫苗接种流动大巴车开进潘家园旧货市场，为市场商户提供送“苗”上门接种贴心服务，让商户就近完成疫苗接种，实现经营、防疫两不误。同时，潘家园官方微信公众号“潘淘荟”与市场形成联动，线上发布疫苗接种宣传、动员文章，并在潘家园旧货市场开展“接种疫苗利国利民　构筑全民免疫屏障”地推活动，通过免费发放口罩等形式，动员全民接种。

【“55 潮购季”抖音活动】 4 月 30 日至 5 月 9 日，潘家园抖音电商直播基地联合抖音平台，开展“55 潮购季”文玩活动。活动单日开播商户最高达 160 家，总成交额 2967 万元，比上年增长 504 万元，增幅 20%。

【国际文化艺术收藏品博览会】 4 月 30 日至 5 月 9 日，中国国际文化艺术收藏品博览会亮相潘家园旧货市场。博览会汇集200余个全国各地优质展商参展，品类涵盖四大名石、珠宝、玉器、石雕、字画、文房四宝、非遗产品等。同时，博览会设有各类文艺演出，邀请大师现场作画提高活动观赏性。展销期间，吸引众多游客参观游览，销售成绩喜人，其中单个和田玉展商总销售额近200万元。

【潘家园第三届陶瓷文化周】 5月15日至23日，潘家园文化公司携手景德镇国际陶瓷博览会执委会共同举办“京都博雅　瓷韵芳华　景德镇国际陶瓷博览会北京潘家园第三届陶瓷文化周”。江西省景德镇市副市长孙鑫，北京市朝阳区人民政府副区长岳立及相关委办局领导出席开幕式。文化周首次纳入拍卖环节，潘家园拍卖携手景德镇当代大师带来高品质现代瓷器拍卖会，涵盖瓷瓶、扁胆、条屏、茶具等现代瓷器160余件；潘家园抖音直播基地也在文化周期间联动线上直播，让瓷器爱好者在线了解活动详情。丰富民众精神文化生活，促进不同地域文化创新发展。

【80·90中古玩具展】 6月12日至14日，“80·90中古玩具展”在潘家园旧货市场胡同印象举行。展会设置15个展位，集中展销大量老旧藏品玩具，体现新中国近30年发展之巨变。活动迎合时下“复古”“国潮”等热门话题，结合市场独具老北京时代风貌的“胡同印象”场景，以亲民地摊形式开展。丰富自主创新型展会模式与内容，激发市场创新发展新势能。

【首届“京潮·京品”朝阳礼物征选】 6月16日，首届“京潮·京品”朝阳礼物征选活动于潘家园旧货市场开幕。活动由区国资委、文旅局、商务局指导，潘家园文化公司主办，市区两级相关委办局领导及嘉宾出席开幕式。开幕式上，介绍活动情况和活动规则。活动为期三个月，通过作品征集、作品初审、作品复审、公众投票、作品决赛等环节，角逐出10件富有朝阳区文化特色的优胜作品作为本届“京潮·京品”朝阳礼物，通过“潮”文化带来文化创意元素，为中国传统文化的传承传播及转化利用注入新鲜活力，打造朝阳区独有文化高地形象。

▲ 9月24日，北京朝阳国际文化旅游节开幕式暨首届“京潮·京品”朝阳礼物征选活动品牌盛典举办　（潘家园文化公司　供图）

【怀旧市集】 6月17日，潘家园带领15家优质红藏商户入驻王府井，携手和平菓局，共同举办集复古、文创、时尚潮流等元素于一体的沉浸式怀旧“红色”市集。市集将传统与现代有机结合，通过地摊形式，利用和平菓局京味场景沉浸式体验空间，展售旧书、连环画、红色藏品等怀旧物品，引领年轻消费群体走近传统文化、红色文化，进一步传承和发扬红色收藏文化，向中国共产党成立100周年献礼。

【百件百物红色藏品展】 6月18日，由中共北京市行业协会商会综合委员会主办，中共北京市行业协会商会第一联合党委承办，北京拍卖行业协会、潘家园拍卖公司协办的“共庆百年韶华，奋进时代征程”——百件百物红色藏品展，在潘家园旧货市场现代收藏品大厅二楼展厅展出。线下展览持续至6月24日，活动通过潘家园拍卖小程序进行线上同步展览，线上展延长至6月30日。活动展出自中国共产党成立以来，与党的重要历史时期或历史事件相关物品，囊括文献资料、报刊照片、宣传画、雕塑、徽章、实用器物6个类别。

【拍卖公司周年庆】 6月25日至27日，潘家园拍卖公司举办成立一周年系列活动。活动通过免费鉴宝，奏折题本、信札、纸品文献类专题拍卖会，当代艺术与潮流玩具专场拍卖会开展。6月25日至26日为拍卖预展，6月27日两场现场拍卖会同步，在易拍全球、艺典中国等8家网拍平台直播拍卖。潘家园拍卖小程序围观量达38660人次，两场拍卖会共成交拍品92件。

【第一届非遗文化节】 7月15日，“人民的非遗　人民共享”——潘家园第一届非遗文化节在潘家园旧货市场开幕，30多位国家级、省级非遗传承人现场展现非遗技艺，分享故事宣讲非遗理念。文化节从规格、内容、形式上对以往非遗文化活动进行全面升级。4天活动期间，相继开启2021非遗数字化高峰论坛、“非遗传人话非遗”讲坛、“非遗文化传承·技艺展示交流会”，引领广大消费者特别是青年群体走进非遗，感受非遗，传承非遗助力非遗传承发展。

【直播基地被抖音平台评为A类】 8月20日，潘家园抖音电商直播基地作为华北地区首个大型综合“珠宝玉石+文玩类”直播基地，运行8个月，通过不断完善服务体系和行业标准，打造文玩直播生态圈和线上文玩直播标杆。基地开播后订单突破400万单，交易总额破6亿元。在全国基地排名中多次名列第一，被抖音平台评为A类基地。

【拍卖全面开启线上业务】 8月，潘家园拍卖公司全面开启线上业务。新增“每日一拍”线上业务板块，提升客户黏性；同时与传媒公司合作，发挥双方优势，形成发展合力，帮助市场商户拓展销售渠道，解决疫情影响下商户经营难题。公司举办各类线上拍卖活动31场。

【潘家园礼物店重装亮相】 9月3日，潘家园礼物店以时尚前卫沉浸式体验形式在潘家园旧货市场重装亮相，开启全新游逛模式。潘家园对业态布局、装修风格、产品设计等进行深度调整，新增文创餐饮区引入网红茶饮品牌和增设汉服及周边互动体验区，同时引入剧本杀沉浸式互动体验游戏；尝试现代化工业风的店铺风格呈现；推出多款冬奥主题文创产品，融入更多非遗文创产品。逐步形成“文化+旅游”“文化+生活方式”“文化+生活用品”“文化+餐饮”融合发展的新业态模式。

【“间装五彩灵兽四方倭脚杯”获奖】 9月7日，潘家园文化公司作品“间装五彩灵兽四方倭脚杯”获由中国服务贸易协会主办，中国服务贸易协会文化旅游分会、北京文创板发展有限公司承办的2021年度“一带一路”文创大赛最具特色奖。大赛征集2526个项目，最终有5件作品入围最具特色奖。“间装五彩灵兽四方倭脚杯”以主题特色显著，文化内涵丰富，在评选中脱颖而出。

【主题红色收藏展】 9月9日至30日，由朝阳区委宣传部和朝阳区国资委指导下，中国收藏家协会红色收藏委员会、北京潘家园国际民间文化发展有限公司联合举办的“追寻红色记忆 听藏品讲党史”——庆祝中国共产党成立100周年全国红色收藏展览亮相潘家园旧货市场。区委宣传部、中国收藏家协会、区委党校、朝阳区委党史办、区人民政府国有资产监督管理委员会、区档案馆、潘家园街道办事处、区文化和旅游局、垂杨柳中心小学及中国收藏家协会红色收藏委员会相关领导出席开幕式。展览通过光辉历程、伟大精神、英模人物、辉煌朝阳4个篇章，展现中国共产党团结带领全国各族人民从站起来、富起来到强起来伟大飞跃的壮丽史诗。展览面向全国红色藏友征集300余件藏品，成为青少年红色文化教育实践基地。

【“山行市集”亮相潘家园市场】 9月22日，潘家园国际民间文化发展有限公司与北京地才网络科技有限公司联手创新打造“山行市集”亮相北京潘家园旧货市场，开幕仪式同天开启。山行市集独具特色的市集造型及新零售模式，备受新生代年轻客群青睐。此外，潘家园市场创新打造东区集装箱——香panpan街区也同步开启，覆盖中西各式特色美食。

【珠宝文玩抖音活动】 9月29日至10月10日，潘家园抖音电商直播基地联合抖音平台举办珠宝文玩“国庆新趋势周”活动。基地从规则透传、运营支持、直播技巧提升等方面入手，确保活动顺利落地。商户“德巧”和“满木园”，单场直播成交金额较平时呈3倍以上增长。“德巧”在10月1日的直播中，跃居抖音全网带货小时榜第15名。潘家园电商直播基地整体订单量42万单，累计成交总额6402万，比上年增量657万，增幅11%。

【官微“潘家匠”升级金V】 9月，潘家园公司通过多维度挖掘原创内容、深化研究内容转化，公司官方微信账号“潘家匠”升级金V用户。潘家园结合专业知识和业务拓展，丰富视频剪辑形式，提升原创内容阅读量。其中原创视频《和田玉雕刻的马上封侯称心如意》单篇阅读量124万，《毕业级的新疆籽料和俄料》单篇阅读量87.3万，《瘦子篇——印章石的几要素》单篇阅读量252万。官方微博账号“潘家匠”近30天发布博文188条，总阅读量超过1800万。同时公司以丰富多样的知识内容引流，与自媒体平台电商渠道对接，微博与淘宝店铺连接、转化，实现淘宝店100余款热销商品与微博内容关联，提高商品转化率。

【直播基地上线快递分拣设备】 9月，潘家园抖音电商直播基地物流检测一体化中心（BIC仓）上线快递分拣自动化设备。此项设备投入使用，可实现商品打包后自动称重和扫码、绑定商品重量和快递单号、区分不同快递公司、自动分拣包裹至相应快递公司揽收设备，完成揽收和发货这一自动化流程。提高整体操作流程空间使用效率及工作效率，降低出错率。直播基地BIC仓内平均时效控制在5小时内，单日最高出库量近30000单，实现货物“零”滞留。

【“叙府杯”全国烟标收藏交流会】 10月14日，由全国烟标收藏交流大会协调委员主办、北京烟标收藏联谊会承办，“叙府杯”第二十二届（北京）全国烟标收藏交流大会亮相潘家园旧货市场，活动持续至10月17日。展会面向全国公开招募交流大会的参展商162户，特邀专家顾问15位进行展销交流，精品展览汇聚不同年代、地区烟标收藏品、各类精品，展现中国烟草工业百年烙印，反映卷烟工业发展史、近代社会发展史。

【作品入选“北京礼物”】 10月15日，潘家园文化公司选送作品“北京风光手绘插画办公垫”“釉下五彩青牛杯”，文化韵味和创意特色突出，入选由北京市文化和旅游局主办的2021“北京礼物”旅游商品及文创产品大赛上榜作品。

【参加景德镇国际陶瓷博览会】 10月18日至24日，潘家园携“朝阳礼物”和自营文创品牌“潘家园礼物”亮相第十八届景德镇国际陶瓷博览会。潘家园新增“朝阳礼物”展示区，重点陈列首届“京潮·京品”朝阳礼物征选活动10件获奖作品。同时，带来“潘家园礼物”代表作品；开展非遗体验活动，聚元号皇家弓箭第十代传承人杨福喜到现场讲授手工弓箭制作程序，让游客近距离感受非遗手工技艺的文化内涵和艺术价值。

【“万阅典藏”古旧书博览会】 10月20日，潘家园与孔夫子旧书网联合举办“万阅典藏”第三届古旧书博览会，在潘家园旧货市场启幕，活动为期五天。以“传承经典古籍，彰显文化自信”为主题，汇集胡从经、翁连溪等知名学者藏家的中国古旧书高峰论坛当天同步启动。展销品中，清同治年间江西书局用嘉庆原版重修元刻本儒家经典《十三经注疏》备受瞩目。在互动体验活动中，延续往届“你读我送、帮您找书、以书换书、古籍鉴定”等活动，并新增汉服沉浸式阅读体验活动、激光雕刻体验活动、童趣书市、公益鉴宝等，吸引众多年轻群体及文玩爱好者参与。2021“善藏”潘家园第二届古籍文献拍卖会与孔夫子旧书网同步开拍。

【“双11”“11·18”周年庆】 11月1日至18日，潘家园线上业务运营团队以“双11”“11·18”潘家园抖音电商直播基地周年庆为契机，多平台举办多场活动。潘家园直播基地与商户互动并提供视频素材，带动商户围绕同一主题进行短视频展示；对商户分层，赋能商户精细化运营，制定不同活动玩法。潘家园直播基地“双11”好物节成交总额达11672万元，比上年增量2656万元，环比增量3297万元；“潘家园直播基地周年狂欢”话题活动播放量达1066万次；新浪微博平台“超级购物节清单”和“这就是中国风”话题活动为淘宝平台10场直播引流，达成销售额21.53万元，单日最高销售额50438元。

【线上平台“双12”活动】 12月1日至18日，潘家园线上运营团队在抖音、新浪微博、淘宝开展“双12”主题活动。潘家园抖音电商直播基地携商户参加抖音平台“双12”好物狂欢季活动。活动期间累计成交额8961万元，环比增量236万元，累计订单量51.3万单，环比增量3.8万单；线上运营团队以“微博＋淘宝”直播方式，通过新浪微博平台与新浪微博人文艺术频道发起“我的2021年度总结”“星玉计划”“遇见艺术”等话题活动，发布朱砂饰品、旧货瓷器、和田玉饰品等图文视频。同时在淘宝平台优选多品类200余种，组织“火爆双12”专场直播6场，直播间单场直播热度6.9万次，单场直播最高销售额8.2万元，合计销售额30余万元。

【29周年庆暨“潘淘荟”发布会】 12月22日，潘家园29周年庆暨第四届“潘淘荟”年度发布会开幕，区统计局、区国资委、区商务局、区文化和旅游局、国家文创实验区管委会等单位领导嘉宾出席发布会。发布会主题为“融合创新·聚力发展——构建文旅消费新风尚”，设有6个环节：潘家园线下＋线上融合发展发布，展示潘家园公司所做的跨界融合工作；潘家园文化艺术品指数发布，用大数据把脉文化艺术品行业走向；潘家园礼物年度新品发布，推出“携子上朝”主人杯等潘家园礼物新品首发；2021年度“潘大使”授奖仪式，对优质合作伙伴、线上及线下优质商户授予奖项；邀请中央财经大学文化经济研究院教授讲解文商旅融合新消费趋势；潘家园2022年工作展望。

【“潘淘荟”古籍文献拍卖会】 12月26日，“潘淘荟”北京潘家园古籍文献拍卖会在潘家园旧货市场举槌。上拍拍品共计900余件，包含名人手稿信札、奏折题本、纸品文献、文房杂项、当代艺术品等。其中明嘉靖《南华真经》、清嘉庆八年秦氏石研斋刻本《列子》八卷等都为收藏级别古籍，还有黄侃、熊十力等一批国学大师亲笔信札。拍卖会搭配一批文房用品及香案杂项，村上隆作品等。

【线上运营活动】 12月18日至28日，潘家园抖音电商直播基地联合抖音平台推出木作行业“大话文玩”和珠宝玉石行业“宝藏悦己焕新夜”活动。线上运营团队将短视频内容制作与直播变现相结合，定制化直播跟场，服务商户、进行数据复盘，助力基地商户成长，促进珠宝文玩商品破层出圈。活动期间，多名头部商户单场直播关注量突破百万，方元老细金店铺单场直播成交额约310万元，师俊超在12月21日的直播成为北京地区带货榜第一名；基地商户线上直播带货，线下逛“潘淘荟”拍视频，形成线上与线下相融合的联动效果。活动话题“潘淘荟”播放增量近300万次，活动期间销售额8377万元，环比增量108万元。 （杨　盼）

朝阳规划艺术馆

【概况】 2021年，朝阳规划艺术馆（简称“规划馆”）接待参观千余人，接待参观团体30个，获“北京市第十六届全民终身学习活动周特殊贡献奖”、科技创新和数字经济类北京网红打卡地推荐。规划馆曾被授予北京市爱国主义教育基地、北京市民终身学习示范基地、北京红色旅游景区、北京地区百家社会单位旅游开放日定点场馆及北京市科普基地称号，被中央宣传部、全国文联选定为干部培训定点参观学习基地，是中央文化和旅游管理干部学院、区委党校与区行政学院现场教学基地、朝阳区中小学生社会大课堂教育基地、朝阳区文化旅游示范单位、朝阳区“科普之旅”品牌线路、朝阳海外学人俱乐部活动基地、微软数字化卡通与动画北京电影学院实验室朝阳实验中心、北京电影学院数字媒体学院教学实践基地，是老厂房转型再利用新地标、朝阳区对外交流展示窗口，具有朝阳特色的公共文化服务平台和文化产业创新示范基地。

【防疫保障】 1月1日至5月23日，规划馆承接疫苗接种任务，累计接种人数17.6万余人。规划馆完成场馆相关改造工作，每天投入超过40人次参与配合相关部门完成各项保障工作任务，封闭场馆多个出入口，将2号馆作为疫苗注射独立场所，增加安全警戒线，T空间作为疫苗接种工作人员就餐区，按照要求完成朝阳区抗疫场馆内外导视和宣传设计工作，绘制路线图，设计悬挂以“朝阳抗疫·有你参与”“朝阳群众了不起”为主题具有朝阳特色的防疫工作视觉引导系统，细化室内外中英文导览。接种疫苗期间，国务院联防办督导组、市领导崔述强、区领导王灏、文献等到规划馆实地检查指导。外交部礼宾司、市外办、市卫生健康委、市疾控中心、市经信局、市公安局、朝阳区相关部门到规划馆组织调度“驻华使团人员接种国产新冠肺炎疫苗”北京市服务保障工作。

【12周年馆庆】 3月19日，规划馆通过“一直播”“斗鱼”“虎牙”三大视频平台同步直播“百变规划馆”十二周年馆庆活动，从“百年党建”“数字赋能文旅”“老旧厂房是金山银山”“规划馆数字创意产品”等主题讲述规划馆与区委党校共同打造的“五里桥沉浸式体验课堂”、河北数字旅游体验展、老旧厂房联盟运营、朝阳·大数据展示中心等内容，直播时长达4小时。

【疫苗接种信息管理】 4月2日，北京市新冠疫苗接种情况通报会在规划馆召开。北京市卫健委副主任通报全市累计接种人数突破1000万人，累计接种新冠疫苗1604.55万剂次等相关数据信息，北京市疾控中心副主任、北京地坛医院感染中心专家针对新冠疫苗接种热点问题进行解答。4月15日，在规划馆启动朝阳区空间资源管控平台展示合作方案。6月21日，在规划馆启动朝阳区城市智慧大脑展示平台建设项目。

【接待参观团体】 4月至12月，规划馆接待参观团体30个，近2000人。20人以上团体包括北京市邮政系统、北京恒和中西医结合医院、市规划自然资源委、区保障性住房发展有限公司、中国人民大学继续教育学院、麦子店街道残联温馨家园、区房管所、东田造型艺术培训学校、区高层次人才服务中心的青年精英见习计划培训班、重庆市沙坪坝区、武汉江汉区的高层次人才国情研修班、深圳明源科技公司、中国传媒大学、朝阳社区学院、海淀区委党校等。参观团体来自机关、学校、社区，并有交流、座谈、教学等活动。

【合作交流】 6月至9月，规划馆与河北春秋传媒有限公司共同筹备第六届河北旅游发展大会，规划馆负责河北省旅游发展成果展展厅设计和互动多媒体项目，展厅划分为序厅、河北旅游资源和精品线路展区、河北文创和旅游商品展区等四部分；互动多媒项目将规划馆2020年策划打造的“河北数字旅游体验展”“河北时空地图”经典展项引入其中。9月3日，馆长杨军应邀担任“第三届河北省文创和旅游商品创意设计大赛”决赛评委，活动由河北省文化与旅游厅、河北省工业与信息化厅共同主办。9月22日至24日，“传承红色基因，创新绿色发展”第六届河北省旅游产业发展大会在河北省邯郸市举办，文化和旅游部，河北省委书记省人大常委会主任王东峰、河北省委副书记、省长许勤，河北省政协主席叶冬松等领导出席。

【数字经济网红打卡地】 7月26日至8月3日，规划馆作为“2021北京数字经济体验周”11个数字经济网红打卡地之一向公众开放，近千余人参观。8月2日，规划馆《漫游朝阳》4D影片亮相“2021全球数字经济大会”开幕式。9月9日，大运河文化内涵挖掘与数字展示工作推进会在规划馆召开，与会者参观规划馆大运河数字展陈成果。市文旅局有关负责人传达大运河文化内涵挖掘与数字展示工作要求，朝阳区、东城区、西城区、海淀区、通州区、顺义区、昌平区文化和旅游局及相关单位介绍有关大运河数字展示工作进展并交流发言。

【北京中老年模特大赛】 9月15日，启动“流金岁月　不负韶华”2021北京中老年模特大赛（简称“中老年模特大赛”），大赛由《新京报》与朝阳规划艺术馆联合主办，区委宣传部指导。9月17日，在规划馆召开中老年模特大赛赛前沟通会，向报名队伍讲解比赛规则制度和要求。12月10日，在规划馆举办中老年模特大赛初赛，模特、演员陈娟红，北京人民艺术剧院国家一级演员王欣雨等担任现场评委，来自北京各区26支队伍、650余人参赛。金桥丽人模特队、北京麒麟模特队等12支队伍入围决赛。12月17日，在规划馆举办中老年模特大赛决赛，来自北京各区的12支队伍、300余人参加决赛。北京夕阳红

▲ 12月17日，《新京报》与朝阳规划艺术馆联合主办的2021北京中老年模特大赛决赛上，北京丝路霓裳艺术团表演《大自然与未来的对话》（周　密　摄）

艺术团《摩登夕阳》获一等奖，东湖彩虹艺术团模特队《民族艺术瑰宝》、北京侨之缘艺术团《奥运情怀》获二等奖，北京广外华美印象艺术团《回望经典》、北京丝路霓裳艺术团《大自然与未来的对话》、朝阳东风乡模特队《晚礼时装与香云纱相遇》获三等奖。

【工业遗产保护利用研究中心】 10月14日，“工业遗产与老旧厂房保护利用经验交流”研讨会在规划馆召开。山东省济南市发展改革委党组成员郭永桂，济南市政府办公厅处长董桂金等领导出席会议，工业遗产保护利用研究中心（简称“研究中心”）专家委员会委员张军元，北京首钢建设投资有限公司规划设计部副部长冯少华等行业专家和代表发言，研究中心负责人、馆长杨军向参会嘉宾介绍北京市、朝阳区在工业遗产保护利用方面的政策与经验，并就工业遗产与老旧厂房保护利用经验与日常运营分享交流。10月20日，在北京市规划馆举办由北京城市规划学会主办、北京城市规划学会城市更新与规划实施专业委员会同北京清华同衡规划设计研究院联合承办的“京华耕新谈——城市更新之北京行动”系列沙龙活动，北京城市规划学会秘书长于化云主持，研究中心负责人、馆长杨军作《老旧厂房保护利用的历史与模式》主旨报告，清华同衡规划设计研究院副院长兼详细规划研究中心主任恽爽，北京市规划展览馆馆长徐咏梅，北规院弘都规划建筑设计研究院总规划师许槟等嘉宾出席活动，并围绕“北京城市更新的遗憾与愿景”和“北京城市更新里的文化传承与发展”展开主题对话。12月23日，研究中心向北京城市规划学会提交年度工作报告。12月24日，研究中心向北京市政协委员、北京大学城市与环境学院院长贺灿飞提供题为《关于提高北京市城市更新过程中老旧厂房存量资源保护利用效率的提案》政协提案参考文件。

【文创活动】 10月15日，北京网络广播电视台开展“2021年数字网红打卡地评选活动”，规划馆作为打卡地之一位列其中。12月6日，经过近一个月网友票选，规划馆被推举为“2021北京网红打卡地”。活动推荐榜单100家科技创新和数字经济类网红打卡地。

【数字创意大会】 12月6日，在规划馆举办“2021数字创意大会”，大会以“未来视界‘浸’你想象”为主题，聚焦国内数字经济发展大背景、数字创意产业相关领域及传统行业数字化转型为主要内容，采用线上直播形式，利用5G+4K，实时交互等技术，为观众讲解展示沉浸式影片《皇城北京》、“3R”技术、数字孪生城市等内容，带领观众云游“五里桥谈判”沉浸式情景体验课堂历史科普展廊、观看沉浸式情景体验课堂在规划馆的线上首演等内容和活动，北京电影学院影视技术系教授骆駪駪围绕沉浸式视觉体验、存在感设计、场景设计流程等内容作《数字沉浸式体验场景化打造》专题讲座。规划馆馆长杨军现场发布《2021数字创意产业新技术清单》，内容包含智能交互、影视制作、音频、传媒等10多项新技术应用。

【展陈局部更新】 11月24日，规划馆启动展陈局部更新，增设《“五里桥谈判”沉浸式情景体验课堂》历史科普展廊、《老旧厂房联盟资料阅览区》及老旧厂房主题邮局展示墙。

【全国老旧厂房协同发展联盟】 年内，全国老旧厂房协同发展联盟工作不断推进。4月，全国老旧厂房协同发展联盟（以下简称“联盟”）开通小红书、B站及马蜂窝等平台账号，进行园区视频投放。9月2日至7日，联盟参展中国国际服务贸易交易会“云上展厅”，展示来自全国18个省份25个城市（区）116家文化产业园区在老旧厂房保护利用与城市文化发展方面的新成果。12月6日，由联盟秘书处与北京城市规划学会工业遗产保护利用研究中心共同编制的《2020全国老旧厂房保护利用年度发展报告》《老旧厂房保护利用政策汇编（2021版）》在“2021数字创意大会”现场发布。《报告》重点研究相关区域老旧厂房保护利用以及文化产业发展状况，首次尝试对老旧厂房保护利用为文创园区建立一个评价体系，并借助大数据手段对调研案例进行评价总结。

【媒体宣传报道规划馆创新发展】 年内，媒体多次宣传报道规划馆创新发展业绩。7月16日，北京BTV生活频道播出百集专题片《曲艺话朝阳——朝阳趣》之朝阳规划艺术馆，节目详细讲述规划馆区情展示及数字体验项目等内容。7月26日，新华网到规划馆拍摄数字沙盘（朝阳·大数据展示中心）、《通惠河览春图数字交互长卷》、4D《漫游朝阳》等数字体验展项，在2021北京数字经济体验周"数字经济看朝阳——遇见朝阳"宣传片中展示。8月2日，《新京报》以"自研'数字沙盘'，数字技术讲述朝阳故事"为题，对规划馆数字沙盘做详细介绍。8月21日，北京新闻广播网《智能时代》栏目专题报道《朝阳规划艺术馆原来是个技术控》，介绍规划馆发展历程、科技与文化融合的应用和展示。10月3日，北京朝阳文联微信视频号走进规划馆，主持人姚雪松带领观众打卡历史展区牛头骨化石、数字沙盘（朝阳·大数据展示中心）、T空间巨型红毯、4D影院等展陈及活动区域。10月11日，北京智慧朝阳公众号以"揭秘规划馆的硬科技——3R体验中心"为题对规划馆AR导览系统、东岳庙VR全景漫游及国家文化产业创新实验区MR交互展示系统3项数字互动体验项目进行介绍。 （李天然）

新闻传播

【概况】 2021年，北京市朝阳区融媒体中心（简称"区融媒体中心"）主要职责为通过融媒体平台，开展新闻统筹策划和宣传报道。负责区融媒体各平台的发展战略制定、年度报道计划制定以及工作机制建设、安全管理、新闻内容的审核；负责区内融媒体分中心建设的统筹与业务指导，及新闻通讯员开展培训和指导；负责区内新媒体平台矩阵的统筹、指导和监督。4月25日，经区委机构编制委员会批复，区融媒体中心事业编制73人。孙帅任区融媒体中心书记、主任。年内，制作各类视频产品12000分钟，《朝阳报》发刊151期，共768版，新媒体平台发布566条短视频，中央、市属媒体报道8471篇次。朝阳区融媒体中心以"分中心建设"项目获评北京市广播电视媒体融合先导单位。 （许 阳）

【区两会宣传】 1月11日至14日，朝阳区两会召开。区融媒体中心聚焦"十四五"规划解读、"两区"建设、推动高质量发展、推进全国文化中心建设等主题，统筹策划、精心组织7大主题10场新闻发布会，报纸、电视、手机直播、全网推送等多维度开展朝阳区两会新闻宣传。全媒体报道1500余篇次，全网累计浏览量超3000万次，其中原创动画"区长带你看朝阳"超300万次。 （许 阳）

【"社区行"活动】 3月，区融媒体中心以"追寻百年记忆，共绘朝阳红色地图"为主题启动"朝阳融媒社区行"活动。活动中，征集到优秀党员事迹、红色建筑故事等内容共54篇，完成手绘漫画54篇、短视频15个、H5朝阳红色地图1个，以及走进奥运村线下活动1场，并利用市、区两级媒体平台宣传报道，区属新媒体平台阅读量达1700万。 （朱文悦）

【区委党校融媒体分校成立】 4月26日，区融媒体中心收到区委党校复函，同意成立中共北京市朝阳区委党校融媒体中心分校。6月2日区委宣传部领导、区委党校领导与区融媒体中心领导共同为朝阳区委党校融媒体中心分校揭牌，标志着融媒体中心分校正式成立，分校校长由区融媒体中心党组书记、主任孙帅担任。《朝阳区委党校党史学习教育进行时》栏目在朝阳有线开播。 （李 卉）

【"小记者"探访】 10月4日，《新京报》"小记者"到区融媒体中心参观学习，体验和感受新闻制作流程，进一步增进对新闻和记者职业的理解和认知。 （邱 阳）

【红色视听产品进社区】 10月22日，北京市广播电视局、朝阳区委宣传部、朝阳区融媒体中心、朝阳区豆各庄地区办事处联合开展"永远跟党走——'北京视听零距离'庆祝建党百年主题活动"。此次活动在豆各庄地区绿丰家园社区举办，成为朝阳区融媒体中心品牌活动——朝阳融媒社区行活动2021年的主打活动之一。借助该活动，朝阳区融媒体中心向社区居民集中推介中心红色视听产品，以及疫情防控、冬奥筹办等重点主题宣传成果。 （汪春松）

▲ 10月4日，《新京报》"小记者"到区融媒体中心参观 （邱 阳 摄）

【朝阳新闻发布厅上线】 12月10日，朝阳区"新闻+"发布平台——"北京朝阳新闻发布厅"正式上线。该平台通过"实体新闻发布厅+云端新闻发布厅"融媒传播形式，打造"新闻+发布+传播"的全链条、一站式信息服务枢纽，讲述朝阳故事，传递朝阳"好声音"。在朝阳区两会期间，"北京朝阳新闻发布厅"策划新闻宣传活动29场次，形成"内宣+外宣"联动、"网上+网下"一体的宣传格局，向国际、国内展示朝阳形象和舆论氛围。（王天航）

【党史学习教育宣传报道】 年内，区融媒体中心利用《朝阳报》、朝阳有线、北京朝阳客户端、北京朝阳微信公众号等平台，精心策划主题，聚焦中国共产党成立100周年，挖掘朝阳区红色资源，推出《这里是朝阳》纪念中国共产党成立100周年特别节目，《奋斗百年路 启航新征程》《砥砺百年正朝阳》等专栏、版块，刊发"党史教育进校园 红色基因代代传"等内容，展现朝阳风采。对接重点媒体，策划宣传活动20场次，中央、市属有关媒体报道共800余篇次，利用中央、市、区属媒体平台，发布相关宣传报道2000余条次，新媒体端总浏览量约3200万。（许 阳）

【冬奥会冬残奥会筹备宣传】 年内，为提升冬奥会宣传效果，区融媒体中心组织策划宣传方案，利用区域媒体资源制作多形态，适应多平台的新闻宣传内容，在融媒体中心《朝阳报》、朝阳有线电视、北京朝阳App等平台融合推送，形成声势。对接中央、市属媒体报道780余篇次，总传播量累计超1.3亿；统筹区融媒体中心各平台发布相关报道1500余篇次，总阅读量近4300万，集中采访、发送通稿等新闻宣传活动28场次。（邱 阳）

【疫情防控工作宣传】 年内，区融媒体中心加大常态化疫情防控和疫苗接种各项内容宣传报道，统筹策划新闻宣传活动近30场次。《朝阳报》推出疫苗接种破100万到300万等节点报道并第一时间向新媒体供稿。朝阳有线围绕节日疫苗接种不停歇、疫苗接种点的感人故事等策划选题开展宣传。（许 阳）

【北京朝阳AI主播上线】 年内，区融媒体中心正式上线北京朝阳AI主播，以全新形象为广大用户播报朝阳区新闻动态。首次上线应用于朝阳区第十三次党代会和朝阳区两会期间的新闻播报。（杨亚清）

【向"学习强国"供稿】 年内，朝阳区融媒体中心聚焦庆祝中国共产党成立100周年、冬奥会和冬残奥会服务保障、新冠疫情防控、接诉即办及未诉先办、"三化"建设、"两区"建设等中央、市、区重点工作和重要节点，做好选题策划及稿件供给。截至12月31日，向"学习强国"学习平台供稿1219条，签发稿件661条，签发率54.22%。此外，在"学习强国"学习平台双月赛评选活动中，朝阳区融媒体中心专题类作品《文化朝阳 非遗传承》《沙画：追寻革命先烈 探访朝阳红色遗迹》分别获得2021年第2期、第3期全国县级融媒体中心优秀作品双月赛三等奖。（季雨晴）

【专题《话说朝阳群众》】 年内，区融媒体中心以"朝阳群众"为主角，加强"北京榜样""朝阳榜样"人物事迹的宣传，弘扬社会主义核心价值，传递精神文明正能量。拍摄创作15期电视栏目、15个短视频产品，进一步挖掘提升"朝阳群众"品牌形象，以"榜样人物"为引领，展现区域发展成果和百姓生活获得感。（朱文悦）

【朝融职工创新工作室】 年内，在市总工会和区总工会的支持下，区融媒体中心依托《朝阳报》摄影记者团队，组建朝融摄影创新工作室，启动《镜头展现大美朝阳 光影致敬建党百年》摄影项目，拍摄图片近万张，建成"大美朝阳"图片库，精选入库照片超过3000张。（汪春松）

档 案

【概况】 2021年，北京市朝阳区档案局（简称"区档案局"）指导全区审核涉改单位机构改革档案管理和处置工作方案，做好机构改革后档案管理和处置工作；印发实施《北京市朝阳区"十四五"时期档案事业发展规划》；持续开展机构改革、企业改制等档案服务保障，制发《关于对部分涉及改革单位档案处置工作的意见》《对北京宝嘉恒基础设施投资有限公司 北京朝阳停车管理有限公司档案处置工作的意见》《对北京市朝阳区国有资本经营管理中心档案处置工作的意见》等文件。依法监督、指导全区机关、团体、企事业单位和其他组织的档案工作，开展档案执法检查和档案业务培训。全区有立档单位139家。北京市朝阳区档案馆（简称"区档案馆"）有267个馆藏全宗，馆藏文书档案有331268卷288666件，纸质照片档案有28764张，数码照片档案有150000张，光盘档案有5669张，录音录像档案有892盘，实物档案有1830件，书画档案有320幅，底图档案有74张，电子档案有3220.8GB，内部资料有17405卷。接收进馆文书档案7880件、实物11件、数码照片1471张、电子档案18.9GB。接待电话咨询17000余人次，接待查档利用10783人次，出具证明6706份。

（陈宝媛 张 一 梁 璐 刘 健）

【"两馆"融合建设】 1月23日，区档案馆新馆主体结构封顶。4月16日，区委副书记、区委政法委书记王旭主持召开区档案馆新馆建设推进调度会，听取区档案局、区档案馆、区发改委、区财政局、区机关后勤服务中心、朝开公司及北京市建筑设计院关于区档案馆新馆建设工作进展、存在问题、下一步工作汇报。7月9日，市档案馆馆长程勇带领市档案局一行督导朝阳区新档案馆建设，现场察看施工情况，并召开现场工作会。11月，区数字档案馆项目（一期）建设通过区科信局项目评审。第四次区档案局、区档案馆联席会决定组建局馆“两馆”(区档案馆新馆和数字档案馆）融合建设专班,区委办副主任、区档案局局长、区档案馆馆长、区志办主任赵瑞博担任组长，区档案馆领导班子成员担任副组长。（姜京 戚柏兴 罗希）

【档案方志工作会议】 6月3日，朝阳区召开档案方志工作视频会议。区委副书记、区委政法委书记王旭出席并讲话，副区长王志勉主持会议。区档案馆馆长、区志办主任杨立亭传达全国和北京市档案和地方志工作会议精神，就新《档案法》实施后面临的新工作要求做出提示。区委办二级巡视员王春清作全区档案方志工作报告，总结回顾2020年全区档案方志工作，部署2021年工作任务。区档案局、区档案馆全体干部，区属立档单位和志鉴供稿单位档案方志工作主管领导、综合档案室档案员、年鉴和大事记主笔人290余人参加会议。（任妍杰）

【国际档案日宣传活动】 6月9日至12日，区档案局召开档案法治专题培训会，发放新修订的档案法及档案法宣传小白本和系列宣传挂图，组织全区各单位开展档案法治宣传活动。6月10日，邀请市档案局政策法规处人员解读档案法，全区各单位分管档案工作的领导和专职档案员260余人参加。区档案馆以“档案话百年”为主题开展国际档案日系列宣传活动。举办“档案话百年——回忆百年党史，见证初心使命”和“党旗在基层高高飘扬”专题展览，日参观2000余人次；展出100张馆藏珍贵老照片、口述历史视频、地名故事视频等；举办第六届书画笔会，邀请10位书画家现场创作，征集进馆作品33幅。全区发放档案法宣传小白本500余册、宣传挂图1800余幅，组织参观学习的单位180余家、参观人员1.3万余人次。（陈宝媛 王传会）

【档案信息化建设】 6月18日，朝阳区启动新一代数字档案室管理系统一期建设。11月16日，一期建设通过验收，建成集中式档案室管理系统、档案移交接收系统、业务后台管理系统，进入数据迁移和系统试运行阶段。馆藏重要档案管理系统应急备份系统完成系统部署、调试和数据迁移等工作，通过初验收进入为期一年的系统试运行阶段。（罗希）

【档案人员初任培训】 7月19日至23日，区档案局举办2021年档案人员初任培训。采取面授、实际操作与笔试相结合的形式，培训档案工作综述、档案法律法规、档案安全管理、各门类档案管理、档案信息化建设、全宗卷管理工作等内容。全区73家机关、企事业单位及街乡的80余名专（兼）职档案人员参加培训。（任妍杰）

【档案事业“十四五”规划】 8月16日，朝阳区印发《“十四五”时期档案事业发展规划》（以下简称“《规划》”）。《规划》以习近平总书记对档案工作提出的走向依法治理、走向开放、走向现代化重要指示为根本遵循，以《中华人民共和国档案法》及相关档案法律法规为基本依据，对接《北京市“十四五”时期档案事业发展规划》和《北京市朝阳区国民经济和社会发展第十四个五年规划和二〇三五年远景目标纲要》主要精神，立足朝阳区经济社会发展实际，总结“十三五”时期全区档案事业发展情况，分析面临的形势和挑战，明确“十四五”时期档案事业指导思想、基本原则和发展目标，谋划主要任务、重点项目和保障措施等。（陈宝媛）

【档案执法检查】 年内，朝阳区制发《关于“十四五”期间开展“双随机”档案执法检查的通知》，明确“十四五”期间全区档案执法检查的内容及方式，重新梳理朝阳区档案执法检查对象名录库。抽取28家单位开展“双随机”档案执法检查，采取听取汇报、现场查看、抽查所属单位等方式，检查单位档案工作责任制和管理制度落实情况、档案基础业务情况、监督指导所属机构档案工作情况、档案信息化建设情况、档案安全防范措施、档案违法违纪行为等6个方面，并向各受检单位出具检查反馈意见书。检查中发现的问题全部督促整改到位。（陈宝媛）

【重大活动档案服务保障】 年内，区档案局制定《关于做好中国共产党成立100周年庆祝活动朝阳区服务保障档案工作的通知》《2022年冬奥会和冬残奥会朝阳区运行保障工作档案工作方案》等文件。组织冬奥档案工作线上培训，为冬奥村保障、新闻宣传及文化活动、医疗防疫等10余个工作机构的档案人员讲解相约北京系列冬季体育赛事北京赛区（朝阳）组委会文件材料归档范围及各类型文件材料收集整理要求，各工作组20余名人员参加。（任妍杰）

【档案安全】 年内，区档案局针对春节假期、汛期雨季、重大活动纪念日等时间节点制发《关于加强春节期间档案安全工作的通知》《关于进一步加强当前档案安全工作的通知》等，督促各单位自查档案安全、档案安全应急措施、档案信息安全管理等。同时，将档案安全工作纳入档案执法检查范围，并实地抽查12家单位，抽查中发现的问题全部督促整改到位。（姜京）

【口述历史采集】 年内，区档案馆围绕中国共产党成立100周年，以“久久为功——朝阳党员亲述建党百年”为主题邀请10名具有代表性的典范人物、榜样人物、优秀党员口述亲历、亲见、亲闻和参与朝阳建设发展中重大项目、重要节点的经历、方法、体会。拍摄视频1617分钟、数码照片570余张，录音626分钟，后期制作形成《战疫长征在路上》《世界因我更美好》《办好群众身边的操心事、烦心事、揪心事》等音视频档案56小时、电子文件835.7GB及采访文字实录20.6万字。制作《党建引领建设全球领先律师事务所》党课，精编《让信仰随着党旗飘扬》口述视频合辑。（梁　璐）

【第六届“兰台杯·朝阳符号”摄影大赛】 年内，区档案馆以“美丽朝阳”为主题征集到98名摄影爱好者报送的234幅组、501张参赛作品，评选出景物单幅照一等奖1幅（《朝阳又添新地标》）、二等奖3幅（《第四使馆区全貌》《朝阳高碑店新貌》《亮马河蓝色港湾段夜景》）、三等奖5幅、优秀奖9幅，景物组照一等奖1组（《交通强国　铁路先行——祝贺京沈高铁胜利通车》）、二等奖3组（《建东苑社区老旧小区改造纪实》《亮马河旧貌换新颜》《从秀水街看CBD变化》）、三等奖6组、优秀奖19组，人物照优秀奖18幅组。（张敬煜）

【民生档案资源共享】 年内，区档案馆新增婚姻档案资源共享目录7.9万条、数字化原文22.5万页，知青档案资源共享目录16.1万条。依托北京市数字档案馆民生档案跨馆利用系统，实现全市知青档案跨馆查阅、异地出证。受理、协办婚姻、知青档案跨馆查询1004件，出具证明346份。继续与上海浦东档案馆开展婚姻档案跨馆查阅利用服务，受理9人次，出具证明9份。（刘　健）

【档案开放审核】 年内，朝阳区依法向社会开放馆藏1989年第二批及1990年档案目录29415件。完成馆藏1991年到期档案开放审核，初审124个全宗9.4万件档案，会同立档单位对105个全宗7.5万件档案进行开放审核。（关志雪）

【馆藏纸质档案数字化】 年内，区档案馆完成60.7万页馆藏纸质档案数字化加工，补录电子目录11.5万条，核查修正馆藏档案电子目录12.2万条。（罗　希）

地方志

【概况】 2021年，北京市朝阳区地方志编纂委员会办公室（简称“区志办”）继续深化朝阳志鉴体系建设，打造全国精品年鉴，参加各级各类党史学习教育，持续指导基层开展修志编鉴工作等。《北京市朝阳区地名志》公开出版发行。《北京市朝阳区抗疫志》编纂工作启动，并形成初稿。2020年度《朝阳大事记汇编（季刊）》完成编纂，并以电子书形式发向全区。继续完善《关于地方志书、年鉴编纂备案和审查验收管理规定》。组织全区年鉴、大事记主笔人业务培训。在第六期全国年鉴主编培训班上以“用精品年鉴与时俱进的品格　记录朝阳新时代新气象”为题作经验介绍。在中国年鉴精品工程研讨会上以“匠心打造时代精品，科学记录朝阳发展”为题作经验交流。《北京朝阳年鉴（2020）》入选“中国精品年鉴”。区志办获“2021年首都劳动奖状”。1篇文章在《中国年鉴研究》发表，1篇文章在《中国地方志》发表，1篇文章入选《第五届全国年鉴论坛论文汇编》。

【《北京市朝阳区抗疫志》编纂工作启动】 3月11日，朝阳区召开《北京市朝阳区抗疫志》编纂工作启动会。启动部署抗疫志编纂工作，解读工作方案，明确各承编单位任务、提供入志资料应把握的重点内容、提交资料的内容和时限等，并培训资料收集与初稿撰写、图照收集整理等方面业务。中国地方志指导小组办公室一级巡视员邱新立，市地方志办公室二级巡视员运子微，区抗疫志编委会副主任王志勉等领导出席，区疫情防控工作领导小组下设的各工作机构牵头单位及相关单位负责人、专家指导团队及编辑部人员60余人参会。

【《北京年鉴》供稿】 4月，区志办向《北京年鉴（2021）》供稿6000余字，内容为2020年朝阳区概况和北京商务中心区概况。朝阳区概况主要包括新冠肺炎疫情防控、经济建设、农村城市化建设、城乡建设与管理、生态环境保护、科技教育文化卫生体育事业发展、社会服务管理和社会保障、精神文明与民主法治建设等内容。

【基层修志编鉴指导】 5月，区志办指导麦子店街道办事处完成《麦子店街道志》出版工作。该志是麦子店街道办事处成立以来的第一部志书，也是朝阳区首部出版发行的街道志。年内，区志办指导《垡头街道志》《和平街街道志》等4部街乡志进入出版环节，《来广营乡志》《平房乡志》等3部乡志完成终审，亚运村街道等3个街道完成资料收集。指导《北京商务中心区年鉴》创刊启动和评审工作，指导《朝阳区教育年鉴（2012）》完成出版。

【方志文化宣传】 6月，区志办在“国际档案日”活动期间，在区档案馆一层大厅设置“方志角”，播放《北京市朝阳区地名志》等纪录片，展出全区地方志编研成果，同时面向社会征集朝阳区抗击新冠肺炎疫情档案资料。活动期间，邀请高碑店地区（乡）高碑店西社区和高井村等参观，并赠送志鉴书籍。年内，完成12期《朝阳兰台》报编印发放。该报为对开四版彩色大报，每月1期，新增《党史学习教育进行时》《奋斗百年路　启航新征程》《档案话百年——回忆百年党史　见证初心使命》《党旗在基层高高飘扬》《朝阳地名故事》等专栏；刊发党史学习教育学习成果，区域内部分优秀共产党员先进事迹，基层志鉴编纂、精品年鉴编纂启示等志鉴理论文章40余篇；刊登全国、北京市、朝阳区地方志工作信息150余篇。

【《北京商务中心区年鉴（2021）》出版】 7月，北京商务中心区管理委员会编纂的《北京商务中心区年鉴

（2021）》由北京出版社创刊出版。该书全面记录北京商务中心区（简称“北京 CBD”）2020 年度区域管理和建设的整体情况，由于是初卷，也有从 1993 年北京商务中心区筹备工作起至 2020 年的情况回溯。该书图文并茂，包括概述和专记等 11 个类目，从区域管理建设、经济和文化事业发展等不同侧面记录北京 CBD 发展建设成就和精神文化风貌，记录北京 CBD 从一个老工厂区到现代化商务中心区的发展变化过程。全书约 105 万字。

【《北京朝阳年鉴（2020）》入选“中国精品年鉴”】 10 月，《北京朝阳年鉴（2020）》入选中国年鉴精品工程“中国精品年鉴”，是全市唯一入选年鉴。中国精品年鉴工程是中国地方志指导小组办公室推出的全国地方志“十大工程”之一，此次全国 18 部年鉴入选。

【《北京朝阳年鉴（2021）》出版】 12 月，区地方志编纂委员会编纂的《北京朝阳年鉴（2021）》由方志出版社出版。全书 119 万字，设 32 个类目，下设 315 个分目、2339 个条目，收录 223 幅图片、64 张表格。围绕区委、区政府中心工作，记录 2020 年朝阳区立足首都城市战略定位，实现“十三五”收官任务，推进疫情防控和经济社会发展，打好“三大攻坚战”，主动融入京津冀协同发展，高标准推进“一廊两带三区”建设，构建“高精尖”经济结构，抓好文化、国际化、大尺度绿化“三化”建设，统筹协调城乡发展，推动农村城市化进程不断加快，保障和改善民生等方面的重要举措和取得的成效。发至区四套班子领导、全区各年鉴供稿单位 160 余家。

【《北京朝阳年鉴（2020）》入选全国“精品年鉴品读季”】 12 月，《北京朝阳年鉴（2020）》入选全国“精品年鉴品读季”推荐书目，为全市唯一入选年鉴。中国地方志指导小组办公室从全国 49 部中国精品年鉴中选出 4 部进行再版，赠送全国省、市、县三级地方志工作机构和有关年鉴编纂单位学习借鉴。

【《北京市朝阳区地名志》出版发放】 12 月，《北京市朝阳区地名志》正式公开出版发行。全书 7 篇 15 章 39 节，收录地名 1500 余个、图照 360 余张，100 万余字，是《北京市地名志》分卷之一。地名志以第二次全国地名普查成果为基础，在借鉴 1993 年版《北京市朝阳区地名志》精华的基础上，由区志办组织编纂，市规自委朝阳分局，区委社会工委、区民政局共同牵头，区相关委办局和街乡共 59 个参编单位历时 3 年半编纂完成。收录的地名包括政区聚落、交通设施、古迹名胜、农业和产业园区基础设施、公共服务设施、外事机构、历史地名等类型，记录全区地名的历史和现状、产生和演变过程等。发至区四套班子领导、全区各二级单位 150 余家。

【《北京市朝阳区抗疫志》初稿完成】 年内，区志办完成《北京市朝阳区抗疫志》初稿撰写，约 100 万字、图照 260 余张，分 15 章 59 节。编纂的《北京市朝阳区抗疫志》被列入《朝阳区公共卫生应急管理体系建设三年行动计划（2020—2022 年）》，被中国地方志指导小组列入全国 6 家编纂试点单位之一。4 月 8 日，区志办在全国抗击疫情志资料收集编纂研讨会上作经验交流发言。

【《档案参阅》编写】 年内，区档案馆、区志办组织编印《档案参阅》6 期，分别为《朝阳区区域功能演变》《朝阳服务保障 2008 奥运工作回顾》《朝阳历史地名和地名故事》（共 4 辑），并送至区领导及相关部门负责人。《档案参阅》以区档案馆馆藏档案、方志资料为基础，挖掘档案方志信息资源，以内部资料形式分期编发，为各级领导研究区情、科学决策提供历史借鉴和参考。（李 静）

文联活动

【概况】 北京市朝阳区文学艺术界联合会（简称“区文联”）负责所属文艺家协会的联络、协调、服务和管理工作；负责组织、开展地区文学艺术活动。9 个协会及朝阳艺术团共有会员、团员 6800 余名。直属单位有朝阳书画院。2021 年，区文联办公室主任姜军荣获 2021 年首都劳动奖章；区文联推荐的歌唱家王宏伟，区书法家协会副主席虞晓勇荣获“北京中青年德艺双馨文艺工作者”称号。讲好朝阳故事原创百集《观朝追梦》短视频获得 2021 年北京市文联优秀作品创作扶持。

【迎新春·送祝福活动】 2 月，区文联举办“迎新春·送祝福”系列活动。开展文艺志愿服务小分队到中关村朝阳区国际创投聚集区，慰问中科院院士、院所负责人和科学家；在香河园文化中心多维剧场举办文艺志愿服务送“福”到家“我在朝阳过大年”迎新春文艺晚会，晚会通过央视频平台现场直播、快手、百度等多家网络平台同步播出，云春晚分为“文艺志愿送福”“乐动朝阳音乐会”“抗疫歌曲唱起来”“福满京城、春贺神州迎新春”4 部分，活动当天在央视频、百度直播、快手直播累计观看人次超过 580.6 万，累计话题参与及点赞量 360.3 万；慰问朝阳区三环肿瘤医院、小红门社区卫生服务中心等 14 家医院的医务工作者，为医务工作者送去春联福字，慰问三间房地区老共产党员。

【文化交流活动】 5 月 17 日，北京海峡两岸民间交流促进会、北京朝阳区文学艺术界联合会、台湾高雄市青溪总会等民间社团共同主办“海峡两岸社团联谊会暨朝阳区悦动高雄文化交流活动”。活动以“鲜花迎五月·歌声传两岸”为主题，采用视频连线、互动演出的形式，采取“吟诵、音乐、歌舞、京剧”等方式，分别在朝阳区垡头地区文化中心、台湾高雄市社会教育馆上演。来自两岸的14家民间社团、200余位嘉宾参加交流活动。

【“北京意象·魅力朝阳”绘画作品展】 5月至11月，北京市文学艺术界联合会、中共北京市朝阳区委员会、北京市朝阳区人民政府主办，中共北京市朝阳区委宣传部、北京美术家协会、北京市朝阳区文学艺术界联合会承办、北京市朝阳区美术家协会协办“北京意象·魅力朝阳”大型美术创作活动。组织画家深入朝阳考察调研，采风创作，推动朝阳区文化艺术事业繁荣与发展，助力朝阳“四区”建设。“北京意象·魅力朝阳”大型美术创作活动在奥林匹克塔启动。市文联、区委、区人大、北京美协有关领导及百余位艺术家参加活动。艺术家们到奥森公园、东岳庙、鸟巢、水立方、北顶娘娘庙、“798”、元大都城垣遗址公园、日坛公园、萧太后河展览馆、北京音乐产业园、康营家园社区中心广场、朝阳公园等标志性景点开展采风创作。活动收到300余幅美术作品，经过评审委员会等专家评选，评出105幅优秀作品。其中，油画61幅、国画42幅、版画2幅。出版“北京意象·魅力朝阳”绘画作品集。“北京意象·魅力朝阳”绘画作品展还在中国美术馆开展。中国美协、北京美协、市文联有关领导参加展览开幕式。展览分为双奥之城、魅力之城、朝阳生活、人文历史等四个主题，以不同的表现方法和审美形式，展现朝阳魅力。中国美协主席、北京美协主席、活动评审委员会主任范迪安向在场人员介绍画展情况，并讲评作品。

【“朝阳艺象·魅力朝阳”美术作品展】 12月10日，区文联、区美术家协会在798国际艺术交流中心举办“朝阳艺象·魅力朝阳”美术作品展，展出的作品是由北京美协和朝阳区文联共同组织的十余批数百名画家通过挖掘、梳理朝阳区域内自然、历史、名胜、人文风貌，以自然风光、历史古迹、人文景观、民间习俗、典型人物作为主要题材创作出的美术精品。

▲ 12月14日，区文联原创话剧《沙海老兵》剧照　　（区文联　供图）

【基层组织建设】 年内，区文联在孙河地区、三间房地区成立街乡文联，扩大文联工作覆盖面。在潘家园街道文联成立功能型党支部，加强干部队伍建设和组织体系建设，发挥党员文艺工作者的先锋模范作用，在“从艺做人”上为广大文艺工作者作表率，带动更多文艺工作者做有信仰、有情怀、有担当的人，为繁荣发展社会主义文艺贡献力量。

【原创文艺作品】 年内，区文联为新疆生产建设兵团第47团创作话剧《沙海老兵》，12月13日完成公演及现场录制，现场约600人观看，获得一致好评。该话剧讲述当年穿越沙漠、平息和田叛乱、屯垦戍边、扎根边疆感人事迹，获得社会各界和广大群众好评。以展现朝阳人文风采为题材原创话剧《大道朝阳》，从当代人民追梦圆梦的奋斗历程中挖掘故事素材，弘扬社会正能量。区文联挖掘朝阳区历史文化资源、国际化资源和大尺度绿化资源，结合朝阳区地域文化，创作并录制两部原创视频。《曲艺话朝阳·朝阳趣》100集专题节目，从朝阳区历史、群众、传统文化等十个方面，以曲艺形式展现朝阳区人文风采，节目在央视频、北京时间、朝阳融媒体、北京朝阳文联微信视频号进行宣传推广；《观朝追梦》100集短视频，以口播、访谈、纪录片形式讲述朝阳故事、朝阳区的历史文化和现代文明。《观朝追梦》推出后得到社会广泛关注，视频在学习强国、央视频、抖音、快手、朝阳融媒体、北京朝阳文联微信视频号等平台同步发布。在线累计观看量超过2000万人次，观看群体涵盖全国各个地区。区文联围绕大运河文化带开展系列文艺创作，推出5首坝河题材原创歌曲。包括《好运坝河》《坝河连着你和我》《迷人的坝河》《心中的坝河》《坝河如歌》，讲述朝阳区推进坝河水系景观廊道建设成果，展现朝阳区文化、国际化、大尺度绿化新时代文明风采，网络平台阅读量1.3亿人次，视频播放次数超过百万次。

【“艺心向党”品牌系列活动】 年内，区文联通过理念、方法、手段，内容、体裁、形式的丰富与创新，推出“艺心向党”四展两赛两曲一舞系列活动。“四展”包括“艺心向党·翰墨朝阳·朝阳艺象”书画作

▲ 5 月 28 日，“艺心向党 旋舞朝阳”第十三届民族舞比赛现场 （区文联 供图）

品联展、“北京意象·魅力朝阳”美术作品展、“艺心向党·艺韵朝阳”民间文艺作品展、“艺心向党·镜头中的朝阳”摄影作品展等活动。“两赛”即“艺心向党·旋舞朝阳”民族舞比赛，朝阳区 43 个街乡的舞蹈队参赛；庆祝中国共产党成立 100 周年暨“艺心向党·欢乐朝阳”原创曲艺作品大赛，参赛选手 11 岁至 80 岁，有小学生、中学生，也有白领、干部以及社区曲艺爱好者。“两曲”是“艺心向党·乐动朝阳”爱党歌曲 MV，包括朝阳区原创歌曲《船歌》和《爱党歌曲串烧》。“一舞”是《一起向未来》广场舞培训和集体展演活动，现场录制教学视频，为庆祝中国共产党成立 100 周年、全民携手迎冬奥营造氛围。

【文艺志愿服务】 年内，区文联组织各艺术家协会理事、会员等参与新时代文明实践文艺志愿者注册工作，有 933 位艺术家成功注册。组织各协会文艺工作者开展送艺术、送演出、送欢乐、送祝福等文艺下基层活动；与中国文艺志愿者协会、中国文联文艺志愿服务中心共同举办“学党史、传精神、跟党走”中国文艺志愿者走基层文艺志愿演出活动；举办“孝满京城 德润人心”重阳节主题文化活动暨新时代文明实践学雷锋文艺志愿服务演出等一系列重大活动 （刘向菲）

卫生健康

综述

【概况】 北京市朝阳区卫生健康委员会（简称“区卫生健康委”）是北京市朝阳区人民政府工作部门。2021年，区卫生健康委坚持“大健康、大卫生”理念，强化常态化疫情防控，推进公共卫生应急管理体系建设，动态更新疫情防控指引，加大卫生监督执法力度，快速、精准、稳妥研判处置多个突发情况；优化区域医疗资源配置，垂杨柳医院新址全面启用；推进医联体建设，提升基层医疗卫生服务能力，实现全区家医签约回访中心全覆盖，累计完成签约回访123.6万人次；巩固国家卫生区创建成果，加大爱国卫生和健康促进工作力度；优化老年人就医环境，在区属医院开设老年人就医绿色通道；加强孕产妇管理，做好孕产妇关爱服务；完善中医药人才培养体系，开展中医药师承工作，评选首届区级中医药人才36名。朝阳区南磨房地区欢乐谷社区获国家卫生健康委、全国老龄办颁发的“全国示范性老年友好型社区”称号。

【人才队伍建设】 年内，区卫生健康委所属事业单位有正式人员4424人，其中医院1915人、社区卫生服务中心2160人、其他事业单位349人。区卫生健康委组织公开招聘，招聘87人。朝阳区有244人通过卫生系列高级专业技术职务任职资格评审。53620人完成驻区及直属医疗机构继续医学教育培训，53270人参加公共卫生与医防融合知识全员必修培训，参加率为99.35%。

【信息化建设】 年内，朝阳区卫生健康信息化总投入2400万元，完成“北京市朝阳区卫生信息化区域心电图系统软件运维”“朝阳区数字化流行病学调查系统运维”“北京市朝阳区卫生信息化应用系统运行维护服务”等18个运维项目验收；启动“朝阳卫生健康云服务”“朝阳区数字卫健协同平台”“全模式综合管理信息平台（朝阳区紧急医疗救援中心三级急救网络系统）维护”“朝阳区卫生系统统一办公平台等保测评安全改造”等31个建设或运维项目。启动“城市健康大脑”项目建设，以健康大脑、技术中台和完善医疗业务应用3个部分为重点，通过搭建健康朝阳专题展示大屏，为领导决策、医疗资源规划等方面提供可视化数据支撑；启动卫生健康云建设，重点是对部分重要信息系统进行云迁移及云化改造，区卫生健康委机关及直属行政和事业单位的30个信息系统先后被迁移到云环境中，系统的物理安全、网络安全、主机安全及数据安全管理能力得到加强；进行数字卫健协同平台建设，通过建立卫生健康系统组织架构、与OA系统对接、集成现有信息系统和搭建办公流程及表单，提升办公效率和便捷性。通过区域心电图和PACS系统，支撑直属社区卫生服务机构传输心电图和医学影像诊断报告以及开展远程会诊服务，保障区域内分级诊疗等业务的实施。

【科研工作】 年内，北京市垂杨柳医院、北京市第一中西医结合医院、北京市朝阳区双桥医院、北京市朝阳区疾病预防控制中心、北京市朝阳区紧急医疗救援中心等9家单位申报“北京市朝阳区肺部结节筛查及诊疗策略研究”“60岁及以上糖尿病患者多重心血管危险因素监测及干预研究”“不同中医辨证分型过敏性鼻炎并发症的CT影像学表现的差异研究”“北京市朝阳区医疗机构薪酬管理制度创新研究”“全科住院医师规范化培训教学病例讨论模式探讨”“朝阳区高层次院前急救人才队伍培养研究”“嗜酸乳杆菌在幽门螺旋杆菌感染治疗中的价值”等科研项目17项，获批经费128万元。其中地方科技项目“甲状腺对脾肾阳虚型重症肺炎伴低T3综合征的疗效观察”“没食子酸对多重耐药肺炎克雷伯菌耐药逆转分子机制研究”“北京市现行水痘防控策略的卫生经济学评价”“基于AR模式的突发事件紧急医疗救援演练培训的探索研究”“基于胜任力的医疗卫生系统突发公共卫生事件心理危机干预能力建设的研究”等8项，经费76万元；其他项目“改良透皮缝扎技术结合硬化剂治疗大隐静脉曲张的探索性研究”“无托槽隐形矫治器使用不同牙齿移动方式在前牙垂直向移动中的表达效率研究”“基于‘医联体’的社区基地师资能力提升的研究”“临床医学本科生社区突发公共卫生事件应对能力提升的研究”“朝阳区探索焦虑抑郁筛查评估及综合干预分级服务项目”等9

项，经费52万元。发表SCI收录论文 *COVID-19 Screening Using Breath-borne Volatile Organic Compounds*（《基于呼出气挥发性有机物的新型冠状病毒肺炎筛查》）、*Epidemiological Characteristics of Varicella Before and After the Implementation of Two-dose Vaccination Schedule in Chaoyang District, Beijing, 2007–2019*（《北京市朝阳区2007—2019年实施2剂免疫策略前后的水痘流行病学特征分析》）、*Hepatitis B Vaccination Coverage Rates and Associated Factors: A Community-Based, Cross-Sectional Study Conductedin Beijing ,2019–2020*（《2019—2020年北京市一项基于社区的乙型肝炎疫苗接种覆盖率和相关因素横断面研究》）、*Efficacy and Safety of Resistance Training for Coronary Heart Disease Rehabilitation: ASystematic Review of Randomized Controlled Trials*（《抗阻训练应用于冠心病患者康复的随机对照研究系统综述》）、*Panax Notoginseng Saponin Attenuates Gastric Mucosal Epithelial Cell Injury Induced by Dual Antiplatelet Drugs through COX and PI3K/Akt/ VEGF-GSK-3β-RhoA Network Pathway*（《三七总皂苷通过PI3K/Akt–VEGF–GSK3β–RhoA网络通路减轻双抗引起的胃黏膜损伤》）、*Influence of Exercise Test on Platelet Function in Patients With Coronary Arterial Disease: a Systematic Review*（《运动测试对冠心病患者血小板功能影响的系统综述》）等19篇。

【基本建设】 年内，区卫生健康委新建、扩建项目4个（在建），包括朝阳医院东院区建筑面积20万平方米、安贞东方医院建筑面积21万平方米、和平医院改扩建工程8965平方米、北京市朝阳区中医医院装修改造一期工程15197平方米。区卫生健康委投入安全隐患维修改造资金750万元，项目涉及直属单位9家，包括老龄中心消防、监控、防水等维修改造工程，宣教中心供水、供暖、隐患消除维修工程，社管中心机房及线路改造工程等。区卫生健康委投入整体装修改造资金959万元，项目涉及2个直属单位，包括北京市第一中西医结合医院（东坝院区）拆迁期间应急过渡工程及太阳宫社区卫生服务中心电梯更换工程。区卫生健康委申请财政专项资金1487万元，用于垂杨柳医院污水处理站等6项升级改造及垂杨柳医院新址配电室供电联通工程。区卫生健康委接收小区卫生配套用房8处，建筑面积约3644平方米。 （孙　悦　姚　雯）

公共卫生

【概况】 2021年，朝阳区户籍人口平均期望寿命83.13岁，其中男性80.63岁、女性85.49岁。户籍人口出生12885人，其中男性6633人、女性6252人，出生率5.98‰；死亡17770人，死亡率8.25‰；人口自然增长率–2.27‰。因病死亡17075人，占总死亡人数的96.09%；死因顺位前十位依次为：心脏病、恶性肿瘤、脑血管病、呼吸系统疾病、损伤和中毒、内分泌、营养和代谢性疾病、消化系统疾病、神经系统疾病、泌尿生殖系统疾病。

【疾病控制】 年内，区卫生健康委加强传染病防治。全区报告传染病20种11278例，报告发病率326.67/10万，比上年下降50.98%；报告死亡率0.67/10万，比上年下降17.37%。甲乙类传染病发病率119.83/10万。报告甲类传染病2例，均为霍乱，乙类传染病报告发病率居前三位的依次为肺结核、梅毒、淋病，死亡人数前三位是肝炎、艾滋病、肺结核。全年针对46例新冠肺炎病例（本地病例4例，国外、外省、外区输入性病例42例）和41例无症状感染者（输入性41例）进行流行病学调查，所有疫情均及时开展流行病学调查，划定和管理接触者4127人、次密11210人、同时空人员53人，开展病家等疫源地消毒，未发生疫情扩散和蔓延。全年未接报本地及外地来京就诊狂犬病病例，未发生人感染禽流感疫情。调查处置146起（托幼机构聚集103起、家庭聚集33起、学校聚集10起）手足口病和疱疹性咽峡炎聚集性疫情，其中1起暴发疫情，涉及病例13人；调查处置27起（托幼机构21起、小学5起、中学1起）集中发热疫情，其中2天10例集中发热疫情3起，无流感样病例暴发疫情；调查处置173起（学前机构97起、小学58起、中学18起）急性胃肠炎疫情，其中55起由诺如病毒感染引起，均发生在托幼机构和小学。完善疾控中心—街（乡）、社区卫生服务中心—居（村）委会、社区卫生服务站、二三级医院三级慢病防控网络。完成1761人次农村大肠癌和832人次城市五癌（肺、肝、乳腺、上消、下消）临床筛查任务，完成4148份城市5癌筛查问卷和2583份农村大肠癌筛查问卷，完成6594例肿瘤患者随访。新建55个高血压、糖尿病患者自我管理小组，38个体重控制小组，40个防跌倒干预小组，培养各类组长120余人，开展各种小组活动750余次。实施全民健康生活方式各项活动，开展80次高血压、糖尿病、肿瘤防治宣传周等慢病相关宣传活动，发放11.5万份宣传品，在《朝阳报》、朝阳有线等多家媒体宣传60余次。新培训健康指导员100人，组织活动100余场；定期督导117家健康示范机构及27条健康步道、28个健康小屋、9个健康主题公园、3条健康一条街；组织开展“万步有约”职业人群健走活动，71个单位952人参加。开展3000人脑卒中高危人群筛查及2638人队列人群随访。

【中小学生生长发育状况受检】 年内，朝阳区中小学生213885人，身高受检203240人，其中上等76520人、下等2526人；体重受检203240

人，其中上等85279人、下等3052人；视力受检203218人，其中视力不良124496人；营养状况受检203240人，其中肥胖33969人、营养不良16593人；贫血受检203100人，其中贫血1662人；沙眼受检203274人；龋齿受检203294人，其中龋齿31121人。

【计划免疫】 年内，朝阳区常规免疫（不含应急接种）接种疫苗751107针次，其中基础免疫422529针次、加强免疫328578针次；北京市户籍儿童接种472662针次、流动儿童接种278445针次。疫苗报告接种率99%以上。接种非免疫规划疫苗15大类、60个品种、1065279剂次。接报预防接种不良反应（AEFI）3539例，其中一般反应1012例，异常反应569例，心因性反应414例，偶合症1544例。水痘、麻风、麻风腮分别应急接种326针次、28针次、864针次（不包含医务人员接种含麻疫苗数字）。接种流感疫苗334549支，包括免费249620支、自费84929支。

【创卫工作】 年内，朝阳区组织40个街乡开展市级卫生街乡创建工作。常营、崔各庄、东坝、东风、豆各庄等15个乡被命名为2020年至2021年周期北京市卫生乡；建外、朝外、奥运村、大屯、小关等24个街道通过北京市卫生街道考核验收。开展1场健康教育培训，覆盖健康教育专兼职人员120人；组织1196场线上线下健康知识讲座，覆盖人群5.91万人次；开展717场公众咨询活动，覆盖人群25.25万人次；发送微博宣传信息2880条，覆盖584.14万人次；推送微信文章412篇，覆盖28.6万人次；设计制作6期健康教育宣传栏电子版；完成4个健康科普视频录制。

【爱国卫生运动】 年内，朝阳区爱国卫生运动办公室组织73家区级及以下党政机关开展第四批北京市控烟示范单位创建工作，完成区级验收。区卫生健康委召开下放控烟执法职权专项业务培训会，规范全区控烟执法工作。完成第四次成人烟草及青少年烟草调查工作。开展控烟监督检查30673户次；受理2606件控烟投诉；下达1449份责令改正通知书；行政处罚304件。举办“文明健康、绿色环保”爱国卫生月、“承诺戒烟 共享无烟环境”世界无烟日、“冬奥有我 爱卫同行”冬季爱国卫生运动主题活动。开展周末大扫除、周末卫生日活动，53.97万人次参加活动、清理卫生死角6.73万处、出动车辆4.57万辆次、清理垃圾4.67万吨。印发《朝阳区落实“健康朝阳2030”规划纲要实施方案》《朝阳区落实〈健康北京（2020—2030年）〉实施方案》。开展2021年“健康北京周”宣传活动，举办331场健康大课堂、411次健康咨询活动，播放宣传视频3361次，受众776528人次；发布微信6020条，微博488条、累计阅读464030人次。开展“健康提素——《首都市民卫生健康公约》”线上竞答活动，注册66222人，完成答题54499人。完成庆祝中国共产党成立100周年、冬奥会测试赛病媒防制及控烟服务保障任务，推进冬奥会及冬残奥会病媒防制及控烟保障工作。

【病媒生物防控】 年内，朝阳区爱国卫生办公室编制《朝阳区病媒生物预防控制服务机构备案办事服务规范（试行）》，落实区级病媒防制备案制度。为543户家庭（烈士家属、孤寡老人、失独家庭、残障人士等）、42个养老院提供入户灭蟑，免费消杀，发放灭蟑套餐1099份。开展春季灭鼠、夏季灭蚊蝇及冬季病媒生物控制专项活动，7.84万人次病媒防控专业人员现场作业，维护10.23万个毒饵站、新布放7656个鼠饵站、处理34.87万个鼠地下管井，封堵3485个鼠洞，治理8.1万处滋生地环境、投放7725.51千克灭鼠剂；处理18.87万个蚊地下管井，处理14.82万处蚊消杀场所，清理16.62万处散在滋生地，投放1.8万千克灭蚊蝇药。

【综合监督】 年内，朝阳区公共场所应监督单位7770户，其中旅店业1050户，文化娱乐场所272户，公共浴室85户，理发店、美容店5820户，游泳场馆263户，展览馆、博物馆、美术馆、图书馆12户，商场、书店268户。监督覆盖率99.35%，完成监督16901户次，量化分级率99.35%。公共场所卫生行政处罚1648件，其中一般程序375件、简易程序1273件，罚款104.16万元。生活饮用水应监督单位4484户，监督覆盖率100%，完成监督6178户次。生活饮用水卫生行政处罚334件，其中一般程序58件、简易程序276件，罚款22.11万元。医疗卫生机构监督检查1781户，覆盖率100%，处罚1057件，罚没款475.23万元。开展无证行医联合执法128次，取缔无证行医37户次，行政处罚37件，罚没款197.06万元，其中没收违法所得8.36万元。受理举报投诉案件2981件，处理率100%，查证属实率25.39%。计划生育监督检查83户，覆盖率100%，合格率100%。未发现非医学需要胎儿性别鉴定和选择性别人工终止妊娠等违法违规行为。

【急救工作】 年内，区卫生健康委推进朝阳区急救工作站建设，急救执行现场危急重任务99068次，通过持续增组建站、精细管理、优化排班，年底呼叫满足率提升到96.18%。新增急救负压车30辆，建设并通过市级验收急救站点45个。参与全区各类突发事件404件次，完成保障任务997件次。

【精神卫生】 年内，朝阳区严重精神障碍患者建档13990人，其中京籍患者13334人，报告患病率4.052‰，在册规范管理率94.85%，病情稳定率98.95%，规律服药率88.28%，面访率90.09%。严重精神障碍患者免费体检4209人。发放贫困诊疗费补助63.16万元，1036人次患者受益。9210人通过免费服药资格审核，投入免费服药经费885.89万元，免费服药政策惠及率65.83%。10641名严重精神障碍患者监护人申请看护管理补贴，看护补贴申请率87.16%，发放补贴2214.72万元。对2881名免费服药患者开展血药浓度检测，投入经费26.28万元。开展新型冠状病毒肺炎疫情相关心理援助工作，区心理援助热线累计接听1035通，线上心理援助173人次，累计对外发表心理科普文章178篇其中原创4篇，心理健康宣教受众74225人次；累计为28个医学观察点、35个12岁至17岁人群疫苗接种点及43个街乡3岁至11岁人群疫苗接种提供驻点心理危机干预服务。

【妇幼保健】 年内，朝阳区常住产妇23938人，北京市户籍产妇12662人；常住活产24357人，其中京籍活产12885人；辖区助产机构产妇剖宫产率41.01%。孕产妇死亡率0/10万，常住孕产妇系统管理率99.80%，其中京籍孕产妇系统管理率99.82%。孕产妇住院分娩率100%。常住高危孕产妇管理率99.86%，其中京籍高危孕产妇管理率99.90%。婚检人数13017人，婚检率61.94%，检出疾病1119人，疾病检出率8.60%。全区0岁至6岁在册儿童18.43万人，其中京籍在册儿童12.12万人、外地户籍在册儿童6.31万人。新生儿疾病筛查率99.59%，新生儿听力筛查率100%。围产儿出生缺陷发生率39.62‰，围产期监测出生缺陷发生顺位前五位分别是先天性心脏病、外耳其他畸形、多指（趾）、隐睾、肾积水。常住5岁以下儿童死亡率1.68‰，户籍5岁以下儿童死亡率1.63‰。常住婴儿死亡率1.23‰，户籍婴儿死亡率1.01‰。0岁至6岁儿童健康管理率99.16%，0岁至6岁儿童系统管理率98.12%。

【计划生育】 年内，朝阳区落实中共中央、国务院《关于优化生育政策促进人口长期均衡发展的决定》和《北京市人民代表大会常务委员会关于修改〈北京市人口与计划生育条例〉的决定》。区卫生健康委组织街乡培训，部署新政策实施后的生育登记及出生上报工作，落实独子费、千元奖励，万元经济帮助政策，应对"全面三孩"政策，实现计生工作平稳过渡。年内朝阳区户籍人口出生数12319人，计划生育率为99.97%，出生性别比为1.071。户籍人口生育登记12933人，其中一孩生育登记8767人，二孩生育登记3831人，三孩及以上生育登记335人。农村部分计划生育家庭奖励扶助对象为10640人，每人2100元，共2234.4万元，5月底之前全部发放完毕。享受独生子女父母相关奖励及经济帮助人数为35726人，共1152.9万元。全年朝阳区完成备案的托育机构12家。

【职业卫生】 年内，朝阳区卫生健康委完成国家重点职业病监测及风险评估工作。区内有毒有害工业企业337家，职业病与健康危害因素监测系统报告职业病病例报卡29例，其中尘肺病死亡病例2例，尘肺病晋级病例3例，尘肺新发职业病病例12例，其他呼吸系统疾病1例，中暑1例，苯中毒1例，职业性肿瘤3例，诊断无职业病6例。完成职业病鉴定2例。

【血液管理】 年内，朝阳区采血量53434.65单位（200毫升/单位），其中全血50074.15单位，单采血小板3360.50单位。朝阳区自愿无偿献血量48841.15单位，比上年上升34.6%；街头献血25491.50单位，比上年上升91%；团体献血23349.65单位，比上年上升1.8%。采血点7个。区全年供血量119610单位，其中红细胞102283.50单位，机采血小板17326.50单位。 （孙悦 姚雯）

医疗卫生

【概况】 2021年，朝阳区有医疗卫生机构1808个（含驻区医院），其中营利性1272个，非营利性536个，其他卫生机构19个。全区有卫生技术人员60794人，其中执业（助理）医师24366人，注册护士27129人。实有床位26002张，每千常住人口拥有床位数7.54张，卫技人员17.63人，执业（助理）医生7.1人，注册护士7.9人，全科医师0.39人。每千常住人口拥有社区卫生服务机构床位数0.31张。

【医政工作】 年内，区卫生健康委颁发医疗机构执业登记注册124家、中医诊所备案39家。完成医疗机构变更515家、注销97家。办理医师执业注册1492人、变更4915人、注销408人，外国医师短期行医首注105人、延期34人，医师多执业机构备案7088人，美容主诊备案390人，盲人医疗按摩备案10人，护士变更注册2764人、护士执业重新注册316人、护士执业注册首注2514件、护士执业注销注册27人。办理行政许可事项51828件、行政确认事项18939件、其他职权事项308件、公共服务事项61件，4类共71136件。

【医疗工作】 年内，朝阳区医疗机构总诊疗44137262人次，其中医院26806784人次、社区卫生服务机构13707041人次、门诊部及以下3623437人次；出院774357人次，其中医院（不含护理院）765483人次、社区卫生服务机构8419人次、护理院455人次，平均住院日8.3天；全区医疗机构门诊41945060人次、急诊2105306人次、家庭卫生服务47507人次。区级（6家）医疗机构门诊2090678人次，急诊230708人次，出院44710人次，平均住院日10.8天，实有床位使用率66.45%，床位周转20.4次，医护比1∶1.18，死亡率2.02%，住院手术15157人次。

【社区卫生】 年内，朝阳区有社区卫生服务中心52个，其中政府办35个、社会办17个；有社区卫生服务站188个，其中政府办140个、社会办

48个。新建黑庄户地区（乡）万子营东村（四合庄村）社区卫生服务站、黑庄户地区（乡）大鲁店三村社区卫生服务站、崔各庄地区（乡）费家村社区卫生服务站。社区卫生服务机构上门出诊19990人次，双向转诊上转101732人次；对口支援门诊25753人次，会诊721人次。家庭医生服务签约1230007人，家庭医生签约率35.63%，健康档案建档2998670份，建档率86.86%，使用率56.16%，其中电子健康档案2998670份，电子档案建档率86.86%，实现100%健康档案电子化。朝阳区无村卫生室，有乡村医生11名。市区开展乡村医生岗位培训，11名乡村医生均参加培训并全部通过北京市统一理论考试。

【中医工作】 年内，区卫生健康委推进北京市朝阳区中医药薪火传承人才培养工程工作，完成朝阳区首批双语中医传承班10名学术经验继承人的结业出师考核；首次采用线上考核完成中医药师承科普宣讲，首次在线上进行中医学术经验继承人年度理论考核，108名学术经验继承人完成线上理论考核；完成2021年度朝阳区中医药师承工程出师工作，54名学员出师。区卫生健康委联合区人力资源社会保障局、区财政局、区科学技术和信息化局和区医保局开展首届朝阳区中医药人才认定工作，认定区级中青年名中医13人、名中药师2人、中医骨干人才17人、中药骨干人才3人，中医药服务贸易人才4人（其中有2人同时入选中青年名中医，1人同时入选中医骨干人才）。区卫生健康委协调引进国医大师、首都名中医等优质专家资源，组建区级中青年名中医（药师）团队，在朝阳区中医医院设置中青年名中医（药师）工作站；100%社区卫生服务站配备中医医师或能提供中医药技术服务的临床医师。区卫生健康委与北京民俗博物馆联手录制并播放6集“东岳书院中医药文化大讲堂”，内容为四季养生、八段锦、三伏贴知识。区卫生健康委联合区教委在234所中小学校开展中医药文化进校园活动，录制“近视眼防控及推拿治疗”视频，将该视频作为“中医药文化进校园”课程内容。“朝阳中医协会”微信公众号推送中医药信息255条。区卫生健康委与三里屯街道办事处联合举办第六届驻华使节中医药健康日暨三里屯国际周健康论坛，阿尔及利亚、尼日尔、特立尼达和多巴哥临时代办、斯洛伐克等22个国家的30余名驻华外交官及家人出席活动。 （孙悦 姚雯）

朝阳区区属医院

【北京市垂杨柳医院】 北京市垂杨柳医院（又名“清华大学附属垂杨柳医院”，简称“垂杨柳医院”），是区卫生健康委直属三级综合性医院，有本院区、东院区及管庄院区3个院区。2021年，医疗设备净值为49204.76万元，乙类医用设备数量8台。医院新购置医用设备总金额5007.13万元，乙类设备2台。业务总收入133706.11万元，其中医疗总收入119598.36万元。至12月20日，完成门诊及病房、安宁疗护病房、呼吸重症监护室（RICU）、日间病房、国际医疗部搬入新楼工作，全部启用。建立一站式后勤服务中心，后勤引入社会化管理；设立知名专家门诊，23个专业的34位知名专家出诊，为患者提供诊疗服务；落实接诉即办工作，印发《北京市垂杨柳医院接诉即办暨12345信访投诉专项管理办法（试行）》《北京市垂杨柳医院关于开展“服务改善提升行动”的通知》，从接诉即办转变为未诉先办；牵头成立北京市垂杨柳医院呼吸专科医联体，含15家成员单位；眼科成为北京协和医院眼科专科医联体成员单位；34名外院医师在医院多点执业；89名本院医生开展多点执业。引进2名学科带头人（放射科、感染科）、3名学科骨干人才（心脏介入、麻醉科）。全年出院25227人次，床位使用率70.56%，平均住院日8.62天。住院手术9413例。剖宫产率41.08%，孕产妇死亡率为0，新生儿死亡率1.9‰，围产儿死亡率3.8‰。实施临床路径的科室29个，病种数250个。医院全年用血量：自体输血350人次，血量380U。医院提供电话预约、114平台预约、网络预约、医院公众号预约、自助机预约的方式进行预约挂号，预约685538人次，占门诊总人次的70.76%。门诊药占比40.27%、住院药占比26.12%。门诊患者抗菌药物使用率10.16%、急诊患者抗菌药物使用率33.03%，住院患者抗菌药物使用率53.07%。医院开展强脉冲光治疗、心脏三维标测术、经肛门镜内痔套扎术、控制性降压技术等新技术、新疗法134项。医保患者出院15858人次、总费用40732.33万元。4月，被北京市医保中心增补为A类定点医疗机构。医院设置医保服务窗口，实现电子医保凭证结算功能，实现异地医保门诊实时结算。落实双向转诊工作，接收上转1779人次，下转859人次。医护比0.75，床护比0.37。全院36个护理单元，ICU18张床、CCU16张床、RICU12张床、EICU10张床。各护理单元优质护理开展100%，制订《护士服务规范》《护士行为规范检查标准》《改善护理服务方案》《护理十四五规划》和《2021—2025护理发展目标》，全面落实责任制整体护理，不良事件上报率100%，整改率100%，定期组织不良事件警示教育。举办线下护理类讲课16次，专项培训10次；外派6名护士外出学习专科护士，6人外出进修，接收外院3人来院进修，承担石家庄理工职业学院110名护理实习生的带教工作。全年申报国家自然科学基金、首都卫生发展科研专项等研究课题、朝阳区科技计划项目19项课题，中标北京市住院医师规范化培训质量提高项目课题1项（全科住院医师规范化培训教学病例讨论模式探讨）、朝阳区科技计划项目北京市朝阳区肺部结节筛查及诊疗策略研究等4项，获得资助经费32万元，医院无匹配经费。在研课题慢病患者长期用药无缝药学监护与管理等15项；结题新型冠状病毒感染肺炎患者免疫功能和免疫反应的研究等8项。全年获一种尿量自动报警尿袋专利项目1项。合作完成《临床微生物手册》《儿科神经影像学》和《应激与皮肤疾病——从基础到临床》等著作、译作6本。承担华北理工大学、河北医科大学、佳木斯大学等院校的教学工作，带教教师221名，其中正高职称61名、副高职称96名，录取3名硕士研究生。（王　贺　李贵华）

【北京市第一中西医结合医院】 北京市第一中西医结合医院（简称“市第一中西医结合医院”）为区卫生健康委直属三级甲等中西医结合医院，分本部（CBD）院区、东坝院区。2021年，医疗设备净值为5160.26万元，其中乙类医用设备3台。新购置医用设备总值645.13万元。总收入60840.8万元，其中医疗总收入50749.2万元。医院针灸科开设小儿推拿门诊，脑病科开设头晕门诊。5月29日0时起，医院全面执行第一、二、四批国家组织药品集中采购和京津冀药品联合带量采购，新增药品35个，其中中选药品23个、非中选药品12个。7月1日起，开通跨省异地就医门（急）诊直接结算，异地患者完成备案后即可在门（急）诊使用社保卡（或医保电子凭证）就诊并实时结算。完成方舱CT项目建设，核酸检测实验室通过验收并取证，引进1名学科带头人。医院出院7303人次，床位周转18.74次，床位使用率48.18%，平均住院日9.41天。住院手术2051例。剖宫产率51.43%，无孕产妇和新生儿死亡，围产儿死亡率7.04‰。两院区输血319.5U，包括红细胞174U、血浆10600毫升、血小板39.5治疗量；自体输血17人次45.8U，无输血不良事件发生。13个临床专业科室开展37个病种的临床路径。预约挂号540192人次，占门诊总人次98.76%。门诊药占比41.47%，住院药占比22.89%。门诊患者抗菌药物使用率6.17%、急诊患者22.73%、住院患者48.16%。出院5036人次。总费用33420.10万元。医院医护比例1：1，床护比1：0.36，ICU床位数7张，有27个护理单元。护理管理实施一院两区三级管理模式，病房、门、急诊科开展优质护理服务，责任制整体护理落实率为100%；回访中心对每位出院患者进行电话随访、健康宣教，听取患者建议、意见，有效回访率89.4%。两院区分别对临床护理工作中常用21项中西医操作进行4次集中统一规范培训，95人次受训，护士长及护理骨干参加院外培训30人次，1名护士完成北京市第二批中医护理骨干人才培养项目，2名护士完成静脉治疗专科护士培训，7名护士完成中医健康养老护理员师资培训并取证，外派2名护士分别到朝阳医院、中日友好医院学习进修支气管镜、血液透析相关技术。医院接收14名北京社会管理职业学院、5名北京市海淀卫生学校护理实习生的临床实习。全年未发生护理差错事故。申报国家自然科学基金1项，北京市自然科学基金3项，首都卫生发展科研专项3项，朝阳区科技计划3项，院所合作课题3项，长春中医药大学临床实践教学改革专项研究课题1项。中标课题“不同中医辨证分型过敏性鼻炎并发症的CT影像学表现的差异研究”等3项，均为院所合作课题，资助经费6万元。在研课题“耳甲—迷走神经刺激治疗轻中度抑郁症的临床有效性及脑机制研究”等46项，结题“电热针灸治疗胃癌前病变的临床疗效研究”等7项。医院建立的从医院到社区的中西医结合心脏康复连续性服务模式，获得中国中医药研究促进会科学进步奖一等奖。加强重点专科建设，骨伤科完成髋关节置换手术9例（其中全髋2例、半髋7例）。开展椎间孔镜手术治疗腰椎间盘突出7例；新开展“胸腰椎骨折切开复位内固定、椎管减压手术”1例；完成经皮穿刺球囊扩张椎体后凸成形术61台；完成膝关节镜手术18台；冲击波治疗技术220人次。内分泌科开展甲状腺细针穿刺细胞学检查79例。承担长春中医药大学、中国中医科学院中医基础理论研究所的教学及带教任务；教师数量106人，其中博士研究生副指导教师1人、硕士研究生指导教师2人；院外进修10人。（贺　蕾　张雪华）

【朝阳区妇幼保健院】 朝阳区妇幼保健院（朝阳区妇幼保健计划生育服务中心，简称“区妇幼保健院”）是区卫生健康委直属的三级妇幼保健院，下设朝阳区潘家园社区卫生服务中心。新增儿童心理行为门诊、产科特需门诊、分娩体验门诊。2021年，医疗设备净值为26400.6万元。新购置医用设备207台252.5万元。医院总收入22771.71万元，其中医疗总收入18027.23万元。5月19日，医院被核定为三级妇幼保健院。9月，通过复核评估被国家卫生健康委、联合国儿童基金会、世界卫生组织授予“爱婴医院”称号。获2021年北京市妇幼保健机构绩效考核二级组第一名；在北京市妇幼保健院高质量服务“七五”行动评价中排名第三，被评为三星级妇幼保健机构。8月17日，医院新增感染控制科；11月23日，撤销社区办公室。与首都医科大学附属北京妇产医院合作的妇科医疗联合体，上转20人，下转4人。8名外院医师在医院多点执业，8名本院医生开展多点执业。引进1名外埠人才，公开招聘博士研究生1人、硕士研究生2人、大学本科1人，接收军转干部1人，社会招聘1人。医院门诊29.56万人次，包括预约挂号20.86万人次，预约挂号占门诊总人次82.2%；开放床位139张，出院5841人次，床位周转42.06次，床位使用率60.87%，平均住院日5.32天，住院手术2155例。儿科接收救治外院转入患儿212例。剖宫产率32.78%，无孕产妇死亡，新生儿死亡率0.45‰，围产儿死亡率9.05‰。实施临床路径4种：妇科、产科、乳腺科、儿科各1种。全年用血悬浮红细胞430U，洗涤红细胞66U，悬浮少白红细胞47U，新鲜冰冻血浆26800毫升，单采血小板4治疗量，RH-悬浮红细胞7U。自体输血8人次，3537毫升。门诊药占比30.70%，住院药占比28.52%。门诊抗菌药物使用率3.1%，急诊抗菌药物使用率6.86%，住院抗菌药物使用率52.9%。开展新技术、新疗法3项，包括荧光素钠染色试纸判断角膜是否有损失的鉴别诊断、43种病理诊断中的免疫组化检查项目、新型冠状病毒抗体检测。调整物价新项目2次，完成CHS-DRG试运行、住院新生儿实时结算工作；配合区医保中心完成生育保险津贴数据提取。医院选派1名妇产科副主任医师（挂职副院长）、1名超声科主治医师分别到新疆维吾尔自治区和田地区墨玉县妇幼保健院支援1年，选派1名妇产科主治医师到内蒙古自治区通辽市科尔沁左翼后旗妇幼保健院支援1个月。医院医护比1∶1.25，床护比1∶0.47，新生儿NICU床位20张，护理单元10个，完成11例成人PICC置管。新制定护理相关工作流程和工作制度7项，修订工作流程和工作制度56项，完善质量控制标准8项，修订护理技术操作流程及考核评价标准22项。护理不良事件11例，上报率100%，整改率100%。护士理论考试354人次，合格率88%；技术操作考试628人次，合格率88.6%。区妇幼保健院组织护理人员参加线上和线下培训43人次，其中护士长参加20人次、护理骨干参加23人次。完成郑州卫生健康职业学院助产专业8名实习生9个月临床护理实习。医院申报区级科研项目“基于区域医疗卫生专业协同合作平台下乳腺疑难疾病超声造影技术的临床应用及推广”等3项，均已通过初审。在研课题“早期干预对改善早产儿心理行为发育的应用及推广”等2项。结题“NICU新生儿听力与耳聋基因联合筛查的临床研究”等2项。新生儿科主任刘敬等参与完成的“新生儿肺脏超声技术研究及推广应用”获第四届（2021年）妇幼健康科学技术奖科技成果奖一等奖。医院举办第四届（第九次）全国新生儿肺脏超声学习班，全国各地近120名新生儿科、儿科、超声科医师和护士参加。选派1人参加北京市骨干医培养项目到院外进修，接收26名外来进修人员。朝阳区潘家园社区卫生服务中心全年门诊8340人次，重点人群家庭医生服务签约190427人；建立个人健康档案34084份，其中高血压档案3391份，糖尿病档案1997份；老年人免费体检8193人；管理0岁至6岁计划免疫儿童3950人，预防接种25984剂次；0岁至6岁儿童保健13877人次，新生儿访视1395人次，儿童常规体检5031人次；孕产妇保健5362人次，孕产妇建册775人，孕产妇访视1395人次，重点高危孕产妇管理服务976人次；朝阳区传染病报告420人，结核病追访609人次，艾滋病追访81人次；管理重型精神疾病患者609人；一类疫苗接种20447人次，二类疫苗接种13775人次，完成朝阳区流感疫苗接种8156剂次，其中老年人免费流感疫苗接种3192人次、学生免费流感疫苗接种3058人次。开展慢病宣传日活动29场次。（王茜　于亚滨）

【朝阳区双桥医院】 朝阳区双桥医院（简称“双桥医院”）是区卫生健康委直属的二级甲等医院。2021年，医疗设备净值为4455.04万元，其中乙类医用设备数量3台。新购置医用设备总值1419.82万元。业务总收入28497.24万元，其中医疗总收入25079.83万元。编制床位236张，开放床位219张。信息化建设总投入300.66万元，全面实行软件正版化。派出1人到外院进修，2人参加北京市骨干医师培训，6人参加住院医师规范化培训，柔性引进8名专家，聘任10名三级医院专家。选派2名科室骨干医师到新疆维吾尔族自治区、内蒙古自治区开展对口支援工作，组织5名专家前往怀柔喇叭沟门社区卫生服务中心和渤海镇社区卫生服务中心开展对口支援义诊活动。医保患者出院2039人次，总费用2665.14万元。全面实行医保电子凭证，实现医疗保障信息系统脱卡结算。通过北京老年友善医院验收，被评为首都文明单位、被授予“北京市先进基层党组织”称号。新增科室泌尿外科，心血管内科被评为“国家标准化心脏康复中心”。医院开展包括心脏康复运动治疗、心血管疾病风险评估等新技术、新项目13项。医院出院4468人次，床位周转次数24次，床位使用率57.35%，平均住院日9.4天；住院手术1538例，孕产妇死亡率0，新生儿死亡率0，围产儿死亡率0。11个临床科室、45个病种数量实施临床路径管理。全年用血量25U，浓缩红细胞23U，血小板2治疗量；自体输血5人次，回输全血7.5U。开展114预约挂号、诊间预约和现场预约等挂号服务，预约挂号85343人次。全年药占比41.56%，门诊药占比48.59%，住院药占比27.96%，门诊抗菌药物使用率7.8%。住院抗菌药物使用率43.2%。医院医护比1∶1.08，床护比1∶0.73，11个护理单元。全面落实责任制整体护理工作，不良事件上报率100%、整改率100%。选派30批次108人，参加冬奥会酒店保障、冬奥会测试赛、冬奥兴奋剂检测、中国共产党成立100周年、万世名流外籍入境人员隔离点、望京小区、黑庄户民兵训练基地驻点、黑庄户音乐节等医疗保障工作。取得新冠疫苗成人接种门诊资质，选派50余名医务人员支援大屯、黑庄户、管庄、潘家园、常营、中国医学科学院肿瘤医院6个疫苗接种点工作。（张冬梅　张建东）

【朝阳区中医医院】 朝阳区中医医院（简称“区中医医院”）是区卫生健康委直属二级甲等中医医院。2021年，医疗设备净值为6203.23万元，其中乙类医用设备1台，100万元以上设备13台；年内新购置设备10

件，价值851060元。总收入15490万元，其中医疗总收入5970万元。医护比1∶0.82。脱产外出进修学习1人次。281人参加医疗责任保险，总费用10.20万元；发生医疗纠纷处理1件，总费用8万元。全年门诊患者193068人次。编制床位220张，实有床位213张；出院患者1575人次，床位周转7.39人次，床位使用率33.79%，平均住院17.91日，死亡率4.19%。门诊药占比71.1%，住院药占比34.22%。门诊患者抗菌药物处方7619张、处方比率3.82%，急诊患者抗菌药物处方1882张、处方比率25.19%，住院268张，使用率17.02%。医院开设5个护理单元，不良事件上报率及整改率均为100%。组织104名护士参加疫苗接种培训并取得疫苗接种培训证及CA证书；3人参加市区级国家中医药应对重大公共卫生事件和疫病防治骨干人才培训；1人完成北京市第二批中医护理骨干培训结业；104人参与疫苗接种服务保障及应急保障工作；104人参加北京市护理质控中心核酸采集培训。医院申报科研课题“针刺斜角肌激痛点治疗神经根型颈椎病的临床研究”等2项；在研课题“武维屏教授‘调肝理肺’理论指导下合方论治支气管哮喘的经验推广与应用研究”等3项。（刘　媛　柳德元）

【朝阳区第三医院】 朝阳区第三医院（北京市朝阳区精神卫生中心，简称“区第三医院”）是区卫生健康委直属二级精神病医院，包括双桥院区、金盏院区、美沙酮第六门诊部、美沙酮第九门诊部。2021年，医疗设备净值为819.50万元，医用设备16台。新购置医用设备总值351.54万元。医院业务总收入8629.82万元，其中医疗总收入8612.98万元。以第　作者发表论文7篇，其他作者发表论文2篇；1人到院外进修，6人参加住院医师规范化培训，3人参加精神科医师转岗培训。投入1415.3万元用于信息化建设。处理医疗投诉58例，医院派出19位医师在来广营、管庄、团结湖、安贞、将台、常营等17个社区卫生服务中心开展多点执业。引进3名柔性人才；聘请专家顾问19人，涉及医疗（西医、中医）、护理、心理、康复、放射等专业。出院患者287人次，平均住院日330.79天。床位周转率0.72%，床位使用率99%。预约挂号人次占门诊总人次的100%。药占比21.75%。门诊未使用抗菌药物，住院患者抗菌药物使用率3.42%。完成无抽搐治疗180人次。全年院内核酸检测12461人次。医保患者出院283人次，结算总费用543.16万元。医疗保险实现脱卡结算，9月16日正式启用医保业务编码新标准，实现医保业务编码全国互认、信息互联互通、数据共建共享。10月30日执行第四批药品集中采购价格。完成应检尽检核酸检测的专项审计和年度医保续签工作。床护比1∶0.3；开设8个护理单元，8个病区开展优质护理工作。基础护理全年合格率97%，精神科重症患者合格率96%。护理不良事件上报58例，不良事件上报率100%，并落实整改。开展护理人员精神科专业知识的培训考核和护理人员心肺复苏、静脉输液、静脉采血的操作考核、理论考试4次，520人次参加。聘请6名外院护理专家来院授课、业务指导10余次。（陈　浩　朱庆生）

体　育

综　述

【概况】 2021年，区体育局聚焦重点工作任务，强化党建引领，推动党史学习教育走深走实；聚焦突出问题解决群众诉求，推进冬奥会筹办工作，完成庆祝中国共产党成立100周年活动服务保障工作。满足群众多元化健身需求，推进群众身边的体育场地设施建设，加强科学健身指导，开展群众体育赛事活动，打造网球特色区。备战北京市运会，加强体育后备人才培养，开启体教融合新阶段。推进体育产业发展和体育行业健康有序发展，依法履行行业监管职责，做好体育经营单位疫情防控和安全生产工作。推进体育市场管理各项工作，推荐体育旅游精品项目评选，助力体育企业发展，带动体育消费升级。促进居住区配套体育设施，落实无障碍设施改造工作。

【聚焦突出问题解决群众诉求】 年内，区体育局落实接诉即办，聚焦突出问题解决群众诉求。就重点疑难案件等听取专题汇报，开展集体研判，带头参与群众投诉回访、重点时期接诉值守等。区体育局实践未诉先办，针对预付费问题，推行《北京市体育健身行业预付费服务合同》，规范预付式服务合同文本。初步建立朝阳区预付费企业、体育培训企业、中小学生培训企业台账，草拟《北京市朝阳区中小学生体育校外培训服务标准化合约和资金监管平台推广使用工作方案》，强化体育培训机构管理。针对集中性矛盾纠纷，尝试建立“外引”调处机制，引入16家重点涉诉单位客诉人员共同参与调处工作，多举措化解矛盾；对突出矛盾纠纷，实施案件承办人全程跟踪办理机制，确保问题有效解决；主动联合区市场监督管理局、区司法局、属地等进行联合约谈63次，联合检查73次，推进疑难案件调节处置。从严抓好疫情防控案件等的处置。全年累计受理接诉即办案件1.5万余件。（丁　冉）

群众体育

【概况】 2021年，区体育局开展“我为群众办实事”实践活动，转变工作思路，线下线上同步部署，推进群众身边的体育场地设施建设，满足群众多元化健身需求，解决好群众“急难愁盼”事情，把党史学习教育成效转化为为民服务的真本领和真能力，提升全民健身公共服务水平，推动群众体育事业发展。

【打造网球特色区】 年内，区政府和国家体育总局网球运动管理中心启动共建网球特色区项目，并成立朝阳网球发展智库，聘请5名中国网球项目资深专家、教练，为朝阳网球特色区建设出谋划策，推进朝阳网球运动推广和普及。抓好网球运动进公园、进社区、进学校活动，开展网球运动进社区、进公园7站45场，吸引周边街乡5000余名社区居民参加。策划研发朝阳区青少年网球普及训练大纲六节课爱上网球教学课程，在5所试点学校开展近1500人次推广体验。重点打造CBD网球联谊赛、高校网球赛、科技园精英赛、职工网球赛四大网球赛事。举办首届北京CBD网球精英赛、朝阳职工文体嘉年华首届网球比赛，并现场开展网球亲子趣味课堂、国家

▲ 4月18日，朝阳区人民政府和国家体育总局网球运动管理中心举行共建“网球特色区”启动仪式（郭　鹏　摄）

队教练科学运动讲座、赛事云直播等。

【群众身边健身场地设施建设】 年内，区体育局推进呼家楼、八里庄等6个北京市全民健身示范街道和东风、三间房2个北京市体育特色乡镇创建工作，加强街道、乡镇在全民健身组织网络、场地设施、休闲活动、群众赛事、科学健身、文化宣传等方面的指导规范。区体育局挖掘区域资源，新建室内外体育健身活动场所81处，新增各类体育健身场地设施器材2164件，新增全民健身体育场地面积32960平方米，满足群众全时段、全年龄段体育健身需求。

【科学健身指导推进】 年内，区体育局开展朝阳区健身操、健身气功、太极拳、棋类、花毽、篮球项目社会体育指导员推广活动，组织线上线下各类培训，新增463名社会体育指导员。开展国民体质监测5618人次，测试骨密度、亚健康、糖尿病风险测试1137人次，并出具运动处方。

【群众体育赛事活动】 年内，区体育局举办体质促进项目推广活动、朝阳区首届社区杯八人制足球赛、社区篮球联赛等全民健身品牌活动，累计组织各类全民健身体育活动赛事167场次，带动街乡开展全民健身展示活动、培训、讲座747场，参与人数超30万人次。提升奥运村“民间奥林匹克运动会”、金盏“绿道骑行”等街乡级品牌活动的规模和影响力。依托行业协会，举办门球赛、棋牌赛、武术锦标赛、健身气功比赛等。（丁　冉）

2021年朝阳区大型体育场馆一览表

表13

序　号	所属街乡	场馆名称	地　址	类　型
1	奥运村	北京国家游泳中心有限责任公司(水立方)	朝阳区天辰东路11号国家游泳中心	游泳
2	六里屯	北京市朝阳体育馆	朝阳区六里屯西口朝阳体育馆(办公室)	羽毛球
3	麦子店	北京郡王府体育中心	朝阳区朝阳公园南路19号(总办)	游泳
4	麦子店	中日青年交流中心银橄榄体育世界	朝阳区亮马桥路40号	游泳
5	麦子店	北京市朝阳公园开发经营公司网球中心	朝阳区农展南路1号(办公室)	网球、健身、篮球
6	亚运村	国家奥林匹克体育中心英东游泳馆	朝阳区安定路1号	游泳
7	亚运村	国家奥林匹克体育中心体育场	朝阳区安定路1号	田径、足球
8	亚运村	国家奥林匹克体育中心体育馆	朝阳区安定路1号	羽毛球
9	奥运村	北京世奥森林公园开发经营有限公司	朝阳区洼里乡人民政府院内东侧会议中心	羽毛球、网球、篮球
10	奥运村	国家体育场	朝阳区安定路甲3号	田径
11	奥运村	国家体育馆	朝阳区天辰东路9号	体育馆
12	奥运村	国家速滑馆	朝阳区国家速滑馆南路西口	滑冰
13	南磨房	北京工业大学奥林匹克体育馆	朝阳区平乐园100号	羽毛球
14	平房	北京市朝阳体育健身休闲公园	朝阳区姚家园路77号	田径、足球

竞技体育

【概况】 2021年，区体育局围绕备战市运会目标，组织做好体校新冠肺炎疫情防控工作，推进各项目队训练，部署、筹划、组织区属体育赛事，通过比赛提升队伍整体素质。

【2022年市运会备战】 年内，区体育局围绕2022年北京市第十六届运动会备战目标，召开业训工作会，集中分析各区县奖牌分布情况，梳理讨论各运动项目现状及问题。强化科研促训保障，完成593名重点运动员身体机能指标监测，重点做好高原训练运动员跟踪监控和医务监督服务，开展骨龄选材150人次，康复治疗260人次，线上、线下体能培训课208节，完善运动营养方案和运动员个人营养档案，配发运动营养品、康复医疗用品和体能耗材等。坚持以赛代练，参加北京市青少年U系列、北京市青少年锦标赛等各级各类赛事，全年累计获183枚金牌、317枚银牌、309枚铜牌。举办棒球、排球、网球、手球、橄榄球、皮划赛艇、射箭、滑雪、短道速滑和冰壶10个项目区级比赛。

【体育后备人才培养】 年内，区体育局打造业训展示课系列活动。创新公开课、研究课和观摩课三种授课形式，促进日常训练、训练质量监控、业训管理、科研促训水平提升。武术套路、射击、橄榄球、乒乓球、举重、女足6个项目进行公开课展示。推进运动员注册和输送，累计完成6620名运动员注册工作，向上级优秀运动队输送运动员62名。2名输送队员参加东京奥运会并取得名次，多名输送队员代表北京参加全运会并取得成绩。推进智能化训练管理。优化提升“练恋”App数据库系统，新增线上教案填报模块，建立起集运动员成长、科研促训、训练监督、多方互动、课题孵化于一体的综合性平台。加强教练员队伍建设，围绕反兴奋剂、运动营养、运动康复、体能训练、生理生化监控等，邀请体育专家开展线上、线下教练员系列培训，提升教练员专业素质。

【采用智能设备动态监测体育与健康课】年内，区体育局提升朝阳区中小学校体育与健康课专业水平，深入北京二中朝阳学校、清华附中朝阳学校、北京中学、三帆中学朝阳学校和教研附中5所学校，采用智能设备对体育与健康课进行动态监测，结合体育课负荷数据分析，提出合理指导建议，指导学校科学合理安排体育实践课的运动负荷和结构，促进全区青少年体育运动和体质健康工作的持续展开。（丁　冉）

体育产业

【概况】 2021年，区体育局整合区域资源，推动体育产业提质升级，开展体育企业帮扶工作，依法履行行业监管职责，以“抓防疫促生产、抓安全稳运营”为工作原则，做好体育经营单位疫情防控和安全生产工作，推进体育市场管理各项工作。

【体育旅游精品项目评选推荐】 年内，区体育局推进体育旅游精品项目评选推荐。优中选优，深入挖潜区域资源，奥林匹克公园获评2021年国家体育旅游示范基地；中网公开赛入选2021中国体育旅游十佳精品项目；朝阳公园、北京国际马术文化周等10个项目获评北京体育旅游十佳精品景区、赛事、目的地、项目。

【助力体育企业发展】 年内，区体育局发挥体育产业促进会作用，实地调研keep、调良马术等多家重点企业，了解企业政策需求、经营现状，形成《2021年促进会工作调研报告》。对接区内冰雪企业，梳理汇总北京市冰雪经营场所经营情况。更新体育企业名录库。完成5家新建体育场馆补贴申报指导和审核工作。

【体育消费升级】 年内，区体育局配合市体育局有关部门完成“8·8”北京体育消费节相关工作，区内知名体育企业参与启动仪式，开展产品展示、互动、体验等相关活动。落实《北京培育建设国际消费中心城市实施方案》，整合区内网球、赛车、马术等各类赛事，通过各种公共平台进行宣传推广，满足群众多样化体育需求，带动朝阳体育消费发展。开展“乐享体育惠民活动”，全区230家体育经营场所响应号召，面向青少年、社区居民和特殊人群等，策划组织百姓喜闻乐见的体育惠民活动。

【体育场地设施管理】 年内，区体育局审核居住区配套设施16处，接收配套体育设施1处，到现场踏勘10余次。突破性研究制定《北京市朝阳区居住区配套体育设施管理办法及实施细则》，明确居住区配套体育设施接收管理、运维方式、管理评估等工作机制，促进居住区配套体育设施满足群众健身需求。优化公共体育场馆，落实无障碍设施改造工作，制定2021年度无障碍环境建设专项工作计划，做到每月有分析、有监督、有指导，实地踏勘区域10个社会类大型公共体育场馆涉及的30个改造点位，邀请无障碍领域专家指导工作，打造无障碍精品示范场馆。落实体育场地普查工作，完成朝阳区体育场地普查数据收集、系统录入、数据更新、汇总上报等工作，实时监测人均规划公共体育用地、人均体育场地情况。

【体育行业监督检查】 年内，区体育局延用“1+4+43+N”（1个牵头部门、4个管理区域、43个属地街乡干部、N个联动职能部门）工作机制，形成“体育局牵头、监督员分片、街乡属地协同、相关部门联合”的行业监管网络体系，累计检查体育经营单位约1.2万家次，出动检查人员近2.4万人次，联合检查30余次，约谈57家体育经营单位法人，全区通报87家隐患排查不到位单位，下达责令限期整改通知书27份，对6家存在违法事实单位依法予以行政处罚，督促存在问题单位整改到位。开展安全生产风险评估，全区394家体育经营单位完成信息上报，录入安全风险源920条。开展“安全生产月”宣传教育活动、“12·4”宪法宣传日活动等，开展法律法规和安全生产知识学习培训，组织安全生产知识线上答题活动。指导体育经营单位完成隐患排查4000余次，开展消防及溺水抢救实战演练3000余次，教育培训覆盖6万余人次。严把体育市场准入端口，编制《朝阳区体育经营单位高危险性行政许可指导手册》等规范性文本，累计办理73家经营高危险性体育经营单位行政许可。（丁　冉）

北京冬奥会筹备

【概况】 2021年，区体育局与多方配合，完成4月朝阳赛区冰球、残奥冰球、冰壶、轮椅冰壶、速度滑冰5项测试活动、90场比赛，对指挥调度、赛事运行、应急处置、疫情防控等进行不同程度测试。10月至11月测试赛期间，完成速度滑冰中国公开赛、世界轮椅冰壶锦标赛2项国际赛事及冰壶、冰球2项国内测试活动的服务保障任务，从交通保障、外籍人员抵离、保险、服装、兴奋剂检测和

VIK赞助商的对接协调等方面做好服务保障，积累经验。12月，朝阳区成立冬奥运行保障指挥部，体育局牵头交通运行保障组、火炬接力服务保障组、物流安检场地服务保障工作组，并参与7个工作组的保障任务，按照朝阳区统一部署做好冬奥各项服务保障任务。

【全民健身助力冬奥系列活动】 年内，区体育局开展“全民健身 助力冬奥”系列活动，涵盖宣传教育、冰雪体验、赛事活动三大板块，举办“冬奥知识进公园”活动35场、线上“冬奥大讲堂”10场、全民上冰场45场、社区冰雪体验10场、冰上家庭运动会36场，在全区开展冬奥知识巡展，发放展板、海报、宣传手册等，实现街乡、社区、村全覆盖，朝阳群众直接参与冰雪活动超100万人次。开展“冬奥·朝阳”主题健步走活动。以奥林匹克公园为背景开发健步走路线，利用互联网平台开展线上计步打卡，宣传普及冬奥知识，吸引近15万名体育爱好者参与。开展冬奥宣传，通过“健行朝阳”官方公众号、朝阳有线、北京朝阳App、全民健身电子地图、街乡各类宣传平台等媒介发布冬奥知识、场馆信息、赛事活动信息等，扩大冬奥知识宣传受众群体。

【青少年冰雪人才培养】 年内，区体育局加强招生选材，扩充朝阳区短道速滑队、高山滑雪队、单板滑雪队、冰球队、冰壶队、花样滑冰队等项目各组别运动员，为北京冬奥会储备更多优秀后备力量。注册运动员885人。参赛竞技，磨炼队伍，参加北京市青少年U系列比赛、锦标赛等，累计获得19金25银18铜。全年为北京市冰球队输送运动员23名，为国家高山滑雪队输送运动员1名。（丁 冉）

社会生活

居民收支

【概况】 2021 年，朝阳区居民人均可支配收入 84770 元，比上年增长 7.7%，增速较全市低 0.3 个百分点，排名城六区第三；人均消费支出 48922 元，比上年增长 9.5%，增速较全市低 2.7 个百分点，排名城六区第六。

【居民收入】 年内，朝阳区居民人均可支配收入 84770 元，比上年增加 6049 元，增长 7.7%。在居民收入的四项构成中，人均工资性收入 53946 元，比上年增长 21.3%，占人均可支配收入的 63.6%；人均经营净收入 407 元，比上年下降 14.3%，占人均可支配收入的 0.5%；人均财产净收入 15527 元，比上年增长 5.6%，占人均可支配收入的 18.3%；人均转移净收入 14890 元，比上年下降 22.0%，占人均可支配收入的 17.6%。

【居民消费支出】 年内，朝阳区居民人均消费支出 48922 元，比上年减少 4240 元，比上年增长 9.5%。其中，食品烟酒支出 10239 元，占人均消费支出的 20.9%；衣着支出 2464 元，占 5.0%；居住支出 19668 元，占 40.2%；生活用品及服务支出 2827 元，占 5.8%；交通通信支出 4282 元，占 8.8%，教育文化娱乐支出 3662 元，占 7.5%；医疗保健支出 4198 元，占 8.6%；其他用品和服务支出 1581 元，占 3.2%。

【耐用消费品拥有量】 年内，朝阳区每百户居民家庭拥有家用汽车 62 辆，摩托车 3 辆，助力车 13 台，洗衣机 100 台，电冰箱（柜）103 台，微波炉 82 台，彩色电视机 123 台，空调 189 台，热水器 100 台，洗碗机 3 台，排油烟机 95 台，固定电话 35 线，移动电话 227 部，计算机 91 台，照相机 43 台，中高档乐器 15 架，健身器材 10 台，空气净化器（含新风系统）46 台，吸尘器 39 台。（张子祺）

就业

【概况】 2021 年，朝阳区内就业人员 237.47 万人，城镇登记失业率 2.52%。城镇登记失业人员就业率 68.34%。开发就业岗位 10.59 万个，新增就业参保 23.39 万人，灵活就业参保人数 11.93 万人，全区 514 个社区（村）、43 个街乡认定为充分就业社区（村）、充分就业街乡，全区达到充分就业区标准。区人力资源社会保障局落实援企稳岗系列政策，全年市、区两级各项就业政策惠及 11.1 万家企业、192 万人，涉及资金 12.7 亿元。投入帮扶资金 356.59 万元，促进和稳定帮扶地区贫困人口就业 12784 人。阿里巴巴科技（北京）有限公司等 3 家企业通过考试测评中心职业技能等级认定申请；北京电子信息技师学院等 6 家在朝阳区注册的社会评价组织通过职业技能等级认定申请。该中心实地检查 23 家开展职业技能等级认定的企业和 1 家拟开展职业技能等级认定的社会评价组织的疫情防控工作，检查率 100%。区人力资源社会保障局获“北京市扶贫协作先进集体”称号，就业促进科获“北京市扶残助残先进集体”称号。（侯冲 赵莹）

【职业技能等级竞赛】 8 月 27 日，由区民政局、区人力资源社会保障局主办，区养老服务行业协会承办的区养老护理职业技能选拔赛举办。通过区选拔赛，108 名参赛选手中 8 名进入市选拔赛。3 名选手在全国养老护理员职业技能大赛中获奖，其中二等奖 2 名、三等奖 1 名。9 月 26 日，由区总工会、区房管局、区人力资源和社会保障局联合主办，区物业协会承办的朝阳区第一届物业管理员职业技能竞赛举办，210 名选手参加比赛，评出一等奖 1 名、二等奖 4 名、三等奖 5 名。（赵莹）

【“六航”行动收官】 年内，朝阳区“六航”（新生劳动力试航、重点群体启航、企业职工续航、重点领域通航、高技能人才领航、基础建设护航）行动收官，技能提升行动各项政策均以落实。审核通过以训兴业培训补贴 7.89 万人 1.49 亿元，审核通过一次性培训补贴 15.48 万人 1.55 亿元，审核通过以工代训补贴 2.2 万人 0.25 亿元，10 名企业员工参加市级高技能人才研修培训，2808 名企业职工开展新型学徒制培养，审核重点群体职业培训补贴 2274 人 153.62 万元，培训期间生活费补贴 200 人 3.64 万元。印发《北京市朝阳区职业技能培训超市项目补贴管理办法（试行）》《北京市朝阳区民办职业技能培训机构促进就业补贴管理办法（试行）》《北京市朝阳区职业技能竞赛管理办法（试行）》3项新政，审核发放职业技能培训超市项目补贴229人34.35万元，职业技能竞赛补贴3家单位25万元。（丛小虎）

【民办职业技能培训机构审批管理】年内，区人力资源和社会保障局制定告知承诺审批申报指南，实行告知承诺审批，将民办职业技能培训机构审批受理工作调整至朝阳区人力资源公共服务中心（简称"公服中心"），并在服务大厅设立受理接待窗口，全年办理行政许可事项67项。区人力资源和社会保障局会同公服中心，在为朝阳区首家非营利性民办职业技能培训机构变更为营利性法人试点工作的基础上，在全市率先开展分类登记工作。认定13家定点培训机构。推动成立全市首个区级职业培训发展促进会，首批入会会员38家。组织近20名专家建立安全检查专家队伍，开展民办职业技能培训机构实地检查200余次，排查整改机构安全隐患160余个。按要求组织培训机构开展培训，全年6.52万人参加。（丛小虎）

【劳务协作对口帮扶】年内，朝阳区加强对口帮扶和结对支援劳务协作工作，巩固"四县一团"（指朝阳区结对帮扶和对口支援地区，包括内蒙古自治区乌兰察布市卓资县、察哈尔右翼后旗、通辽市科尔沁左翼后旗，新疆维吾尔自治区和田地区墨玉县，新疆生产建设兵团十四师四十七团）脱贫摘帽成果。全年培训3181人（其中脱贫劳动力1988人），培训后就业2497人（其中脱贫劳动力1490人），就业率78.5%。全年投入劳务协作对口帮扶工作经费171.59万元。（丛小虎）

【首席技师（员工）特殊津贴评选】年内，朝阳区启动第七届朝阳区享受政府首席技师（员工）特殊津贴评选工作，按照《关于开展第七届北京市朝阳区享受政府首席技师、首席员工特殊津贴人员评选工作的通知》要求，从辖区各类企事业单位在生产、服务一线岗位工作的职工中，通过归口单位推荐、受理初审、资格审查、专家评审、公示等程序，评选出27名具有高超技能水平和良好职业道德，具备高级工、技师或高级技师职业资格的领军型高技能人才，审核发放特殊津贴74万元。（丛小虎）

【技能大师工作室和建设项目认定】年内，区人力资源和社会保障局结合区域功能定位，突出商贸服务、金融、文化创意、高新技术四大重点产业和体育休闲、科技服务、健康养老三大新兴产业以及经济社会发展急需、紧缺行业（领域），继续组织开展北京市朝阳区技能大师工作室及建设项目申报工作。依据《关于申报2021年北京市朝阳区技能大师工作室及建设项目有关工作的通知》要求，按照材料受理初审、资格复审流程，认定王梓涵评茶员技能大师工作室等2家工作室，认定7个建设项目，其中一般项目5个、重大项目2个，涉及评茶员、智能楼宇管理师等7个职业（工种）。拨付建设项目首轮资助经费66万元。（丛小虎）

【促就业资金审批】年内，朝阳区审核发放各类促进就业资金12.74亿元，其中市级资金11.26亿元、区级资金1.48亿元。市级资金稳定促进就业241.5万人，区级资金稳定促进就业3.9万人。资金主要用于岗位补贴、社保补贴等、公益性岗位补贴、公共服务岗位安置农村地区劳动力食宿补贴、对口扶贫工作经费等。（朱　琳）

【探索建立失业预警监测机制】年内，朝阳区就业工作领导小组办公室印发《关于建立朝阳区失业监测预警工作体系的实施方案》到各成员单位及各街乡，完成朝阳区失业预警监测体系，明确从就业宏观趋势和企业个体减员两个层面开展失业监测预警，分别设立预警指标，制定不同处置机制。宏观就业预警服务侧重在政策调控方面，企业个体裁员预警侧重在服务和应急处置方面；建立两类预警监测可能出现的重点就业群体帮扶机制。（朱　琳）

【就业运行监测分析】年内，区公服中心按月做好区域就业运行监测分析，并将分析报告报送区主管领导、各行业主管部门。落实企业预警机制，加强对全区参保企业减员情况的监测分析，每月将就业人数减少前50名的企业名单，纳入预警企业名单，反馈属地街乡，指导街乡就业服务专员摸排企业困难及需求，提供就业服务，摸排企业600家，各街乡提供企业招聘、就业政策咨询等90余条。完善监测内容，开展重点企业监测，从朝阳区"服务包"企业、CBD、中关村朝阳园等重点区域选取1000家朝阳参保企业，监测参保就业人数及企业数量变化，对纳入预警名单的企业重点开展跟踪服务。汇总分析全区红名单教育培训类机构，将在朝阳区参保的机构纳入参保就业监测范围，为"双减"（减轻义务教育阶段学生作业负担和校外培训负担）专班提供决策参考。（徐　平）

【四项资金审批系统改造升级】年内，区人力资源和社会保障局升级改造四项资金审批系统，即公益性岗位补贴系统、自采暖审批系统、公共服务岗位安置农村劳动力补贴系统和区农村劳动力社会保险补充系统。改造后的资金审核系统实现登录平台统一，模块功能完善、系统操作便利，安全等级保护达标。通过用户测试、专项培训、线上指导推进新系统上线运行，为资金审核监管提供保障。（朱　琳）

【职业技能等级认定督导】年内，朝阳区考试测评中心完成职业技能等级认定督导工作。为辖区内51个批次的督导工作，派遣督导员90人次，涉及职业技能等级参与认定人数4509人。被督导单位对督导质量服务满意度100%。（赵　莹）

【就业促进措施制定】 年内，区人力资源和社会保障局印发《关于做好校外教培机构人员就业相关工作的通知》，通知从加大校外教培人员就业服务、促进校外教培人员多渠道就业创业、鼓励校外教培人员技能提升和校外教培机构改革转型等方面多措并举，做好教培行业人员的就业服务保障工作。印发《关于印发〈朝阳区关于促进新就业形态发展若干措施〉的通知》，督促引导企业规范用工管理，强化就业创业支持力度，优化争议调处机制，保障新就业形态劳动者合法权益。印发《关于印发〈朝阳区关于促进农村劳动力就业参保若干措施〉的通知》，推动社会保险补贴政策扩面，协调推进新型集体林场建设，促进农村产业提质增效，推动农村劳动力就业参保。 （侯　冲）

社会保障

【概况】 2021年，区人力资源和社会保障局提升社会保险服务保障效能，构建和谐稳定的劳动关系。各项社会保险基金累计征缴670.12亿元，比上年增长72.95%；累计支出406.4亿元，比上年增长9.68%。完成综合计算工时工作制和不定时工作制审批844件，完成劳务派遣行政许可申请、延续变更审批422件。劳动监察部门检查用人单位1.17万家。区医保中心开展区社保中心划转业务日常受理工作，城乡居民医疗保险业务、征地超转人员医疗保险业务、城镇职工基本医疗保险账户分配等4大类51项业务划转至区医保中心。全区358家定点医疗机构全部完成医保信息业务编码切换工作，启用全新国家医保信息业务编码。2021年度医保服务协议续签工作完成，356家定点医疗机构、150家定点零售药店和6家工伤定点医疗机构签署北京市医保服务协议。区医保局实现北京市医保服务领域电子印章微信端场景应用。区医保中心上线智能语音呼叫系统“朝小宝”，实现AI智能语音助手自动回复、短信推送服务等功能。国家医保新平台在朝阳区切换上线。区人力资源和社会保障局获评“全国根治拖欠农民工工资工作先进集体”“全国人力资源和社会保障系统优质服务窗口”“2021年全国清理整顿人力资源市场秩序专项行动取得突出成绩单位”“北京市扶贫协作先进集体”“2018—2020年度北京市就业创业工作先进集体”“首都文明单位”“北京市扶残助残先进集体”“北京市2020年度劳动保障监察工作先进单位”“北京市2020年度‘无拖欠工资’工作先进单位”“2020年度北京市劳动争议调解仲裁综合工作优秀单位”“2020年度北京市劳动人事争议处理工作优秀单位”“第四届‘创业北京’创业创新大赛优秀组织奖”。 （王　展　周雅静）

【社会保障卡业务】 1月1日，区社保中心开展社会保障卡业务。朝阳区全年社会保障卡网点业务10149笔，单位领卡20.73万张，现场办理照片更新318笔。全市社保业务取消医疗保险经办过程中所有社会保障卡信息同步环节，包括险种同步与待遇同步，参保人无需再持社会保障卡到区社保中心、分中心或街道社保所办理信息同步手续，该业务流程优化，方便参保群众直接看病就医，让群众少跑路。 （屈　元）

【医保电子凭证就医结算】 1月1日，朝阳区342家定点医疗机构启动医保电子凭证就医结算工作。0时20分，双桥医院完成全区第一张医保电子凭证就医结算发票。年内，区医保电子凭证激活率达61%、激活人数206.64万，激活人数居全市第一。 （冯竞贤）

【“一窗受理”模式运转】 3月1日，区人力资源和社会保障局运转劳动保障监察队和劳动人事争议仲裁院“一窗受理”模式，采用综合立案窗口受理投诉举报。当事人在仲裁院服务大厅取一张综合受理号、填写一份申请、到一个综合立案窗口即可，窗口工作人员对递交材料进行分流，同意案前调解的当事人进入联合调解环节，坚持立案的当事人相应材料从内部直接流转。全年联合受理劳动纠纷3万起，联合调解成功8514起，为办事群众提供更便捷的维权渠道。 （邓思齐）

【打击欺诈骗保】 3月24日，区医保局制定《朝阳区2021年医保定点医疗机构全覆盖检查方案》，成立朝阳区全覆盖检查专项工作领导小组，组成全覆盖专项检查队伍，现场检查辖区内定点医药机构医保管理、医院管理、信息系统、物价管理、药品和医用耗材管理等方面情况。截至年底，完成辖区内355家定点医疗机构及166家定点零售药店的全覆盖检查（5家定点医疗机构和10家定点零售药店因暂时停诊、迁址、终止协议等原因暂缓检查），追回费用483.95万元。 （冯竞贤）

【朝阳区劳动保障监察队更名】 4月25日，朝阳区劳动保障监察队更名为朝阳区人力资源和社会保障综合执法队。该队有在岗编制内人员58名，在岗编制外人员57名，主要负责承担相关法律法规赋予区人力资源和社会保障局的劳动保障、社会保险、人力资源市场、职业技能培训等方面的全部行政执法职责，以区人力资源和社会保障局的名义执法。 （刘丹奇）

【《保障农民工工资支付条例》宣传活动】 4月29日，区人力资源和社会保障局联合区住建委，开展“健全落实五个制度（农民工工资专用账户制度、总包代发工资制度、实名制管理制度、分账管理制度、工程款支付担保制度），推动根治欠薪工作”主题直播培训讲座，向全区建筑施工企业讲解五个制度内容，采取“以案释法”方式，讲解执行《保障农民工工资支付条例》行政处罚案例，强调各施工项目做好市住建委“395 平台”（北京市施工现场人员管理服务信息平台）实名制录入等工作。14.5 万人次观看直播。（刘丹奇）

【区医保局与长沙市医保局签署协议】5 月 26 日，区医保局与湖南省长沙市医保局签署医疗健康保障合作框架协议，成立异地就医直接结算工作专班和打击欺诈骗保工作专班。截至 12 月 31 日，全区 67 家定点药店及 2 家定点医疗机构开通长沙市医保 POS 刷卡业务。（周雅静）

【社会保险缴费工资申报】6 月 10 日起，区社保中心开展 2021 年度“五险一金”缴费工资申报工作，用人单位通过市人力资源和社会保障局政府网站办理。截至 7 月 31 日，社保中心完成辖区内 16 万家参保单位年度基数核定工作。（屈　元）

【社保业务下沉】7 月 26 日，区社保中心召开社保所业务下沉工作视频会，解读《朝阳区全业务下沉社保所试点工作方案》，梳理 26 项可下沉业务，通过视频培训、“一对一”辅导等方式培训街乡工作人员，明确社保所专管员制度，安排专人对接社保所，落实“街乡经办 + 区级复核”工作机制，对下沉业务实行 100% 复审。12 月 20 日至 24 日，根据部、市两级风险防控工作要求，社保中心依托东风、十八里店、三间房、来广营 4 个社保所，重点部署《朝阳区各街道（地区）便民服务中心开展社会保险基金安全“警示教育月”活动实施方案》，做好社保基金安全风险防控工作。（屈　元）

【市区联合开展普法宣传】7 月 27 日，市医保局联合区医保局在曙光凤凰社区开展普法宣传活动。活动张贴普法宣传海报，发放《医疗保障基金使用监督管理条例》折页及问答手册、医保知识问答手册等宣传资料，现场指导群众激活、使用医保电子凭证，并解答群众关于医保方面的咨询。市医保局党组成员、副局长杜鑫，市医保局规划财务和法规处、网信专班、办公室等部门党员，区医保局党组书记、局长及区医保局相关人员参加活动。（周雅静）

【遗属待遇申领】9 月 1 日起，区社保中心根据市社保中心《关于印发〈北京市企业职工基本养老保险遗属待遇申领经办流程〉（试行）的通知》精神，企业在职死亡人员及企业退休死亡人员（不含离休人员），因病或非因工死亡，且死亡日期在 2011 年 7 月 1 日（含）之后的，其遗属可申领遗属待遇。截至 12 月 31 日，根据《北京市企业职工基本养老保险遗属待遇有关问题的通知》精神，按照《人力资源和社会保障部、财政部关于印发企业职工基本养老保险遗属待遇暂行办法的通知》要求，区社保中心完成 40174 人遗属待遇申领工作，支付待遇 8.98 亿元，其中线上申请 62347 条，通过 30144 条，线下申请 10030 条。（屈　元）

【企业服务包试点】9 月 2 日、3 日，区医保局选取建外街道、平房地区部分企业作为试点推出“服务包”，即企业可到家门口的社区工作站提交单据，节省往返时间和经济成本，在家门口即可实现医疗费用报销。年内，为企业提供 8 个批次、55 份医疗单据快捷受理服务。（周雅静）

【“四师工程”建设】9 月，区医保局开展“四师工程”建设，组建“接诉即办师”“提质增效师”“服务助力师”“医保宣讲师”4 个工作室，组织开展 24 场培训，开展 4 项重点方向调研工作。12 月 20 日，区医保局举办“四师工程”评选颁奖活动，为 12 名“四师”颁奖。区医保局科室负责人以上人员、定点医疗机构代表、街乡便民服务中心代表等 30 余人在主会场参会，各街乡便民服务中心主任、二级以上定点医疗机构医保办主任以视频形式在分会场参加。（周雅静）

【电子劳动合同试点签订活动】10 月至 12 月，区人力资源和社会保障局联合东坝地区办事处，在 8 个在建工程项目开展电子劳动合同试点签订活动，超过 1700 名农民工现场签订劳动合同。（刘丹奇）

【跨省异地就医门（急）诊费用直接结算】12 月 3 日，区内参与试点的中国医学科学院肿瘤医院完成全国首例门诊特殊病患者费用跨省异地直接结算。年内，全区 361 家定点医疗机构开通跨省异地就医门（急）诊费用直接结算业务，完成率 100%。全区 187 家定点医疗机构发生实时结算门诊费用 5.38 万笔，涉及金额 1683.48 万元，减少患者垫付资金 731.02 万元。辖区内中日友好医院接诊异地实时结算门诊患者 7568 人次，结算量占全区首位。（冯竞贤）

【医保电话接听服务效能提升】截至 12 月 31 日，区医保局咨询电话日均接听增长 310%，平均接听时间从 11.9 分钟降至 3.11 分钟，接听率从 25.38% 提高至 100%，平均等待时长从 207 分钟缩短至 2.21 分钟。（周雅静）

【社保基金安全警示教育活动】12 月，区社保中心开展社保基金安全警示教育活动，旨在以零容忍态度打击欺诈骗保、套保或挪用贪占各类社会保障资金的违法行为，纠治社会保险领域腐败和不正之风，推动基金安全警示教育制度化、常态化。活动组织全局及街（乡）便民服务中心工作人员观看专题片；通报一批社会保险领域违纪违法典型案例；学习党内法规及社会保险纪律规定。召开 43 家街（乡）便民服务中心工作人员参加的警示教育专题会。区街两级 1145 人参与基金安全警示教育活动。（陈　波）

【医疗保险总额控制】 年内，区定点医疗机构城镇职工总额预算累计基金申报143.04亿元，比上年增长20.21%，超支医疗机构数量101家，占比29.71%；结余医疗机构数量239家，占比70.29%。其中总额预付定点医疗机构总控基金申报134.97亿元，比上年下降21.02%，超支医疗机构数量49家，占比46.23%，结余医疗机构数量57家，占比53.77%；预算管理定点医疗机构总控基金申报8.06亿元，比上年增长8.09%，超支医疗机构数量52家，占22.22%，结余医疗机构数量182家，占比77.78%。 （冯竞贤）

【医保医师管理】 年内，朝阳区医保医师备案2.1万余人，医保医师培训12次，涉及2748人次；考核医保医师8次，违规扣分医师累计1961人次，因违规累计扣分达12分的医师6人。 （冯竞贤）

【城镇职工社会保险】 年内，朝阳区城镇职工基本养老保险、失业保险、工伤保险的参保单位数分别为16.52万户、16.27万户、16.69万户，比上年分别增长5.03%、3.18%、4.53%；基本养老保险、失业保险、工伤保险参保人数分别为384.51万人、298.02万人、266.59万人，比上年分别增长3.14%、2.86%、2.28%。三项社会保险基金累计征缴634.33亿元，累计支出374.62亿元。 （屈　元）

【机关事业单位养老保险】 年内，区社保中心开展区部分事业单位划分公益类后纳入机关事业养老保险体系工作。截至12月24日，涉及区属33家单位，在职530人、退休2026人全部入库，实现机关事业养老保险全覆盖。全年区机关事业单位基本养老保险基金累计收入30.38亿元（含财政补贴9.5亿元），完成预算的113.02%；基金累计支出26.89亿元，完成预算的97.47%。职业年金累计收入102537万元。 （屈　元）

【城乡居民基本养老保险】 年内，区社保中心启动城乡居民基本养老保险市级统筹，且上线新系统，权限管理与三险权限管理系统合并。自4月1日起，城乡居民养老保险费由税务部门负责征收，缴费方式分为自助缴费、银行扣款、银行批扣三种。全年区城乡居民基本养老保险参保人数1.7万人，累计征缴5.4亿元，完成预算的120.12%；累计支出4.89亿元，完成预算的98.46%。 （屈　元）

【社会保险稽核】 年内，区社保中心接待投诉举报6996人次，立案2355件，办结案件1888件，稽核检查12601人，补缴人数1817人，补缴金额8818.46万元。 （屈　元）

【建设征地补缴社会保险】 年内，区社保中心完成2021年度农转非劳动力社会保险业务增减变趸延补工作，涉及东坝地区（乡）6个村、豆各庄地区（乡）4个村、金盏地区（乡）2个村、南磨房地区（乡）1个村、将台地区（乡）2个村，完成转非劳动力补缴业务2348人，其中一次性趸缴金额13100万元、农转非延迟补缴金额3780万元。 （屈　元）

【营商环境优化】 年内，区社保中心构建“中心—分中心”大综窗格局，在中心本部“一号预约、一窗受理”基础上，双井分中心、酒仙桥分中心启动综窗受理。联合办公打造“一站式”服务。压减流程，高效落实“快办行动”，调整优化75个业务事项，累计减少证明材料和填报表格51份，优化经办规则执行“一号到底”。开展前置服务提升经办效率，在各层经办大厅设立咨询引导员。组建社保政策宣讲队，推出“企业点菜、上门服务”，面对面、零距离送培训、送政策、送咨询，先后走进垡头、朝外等3个街道，北京恒通商务园等6个产业园区，覆盖中航、中石油等650余家企业，该项工作被人民网、北京电视台、北京新闻广播关注报道，并被《中国社会保障》杂志专版报道，作为典型经验推广宣传。咨询电话线路由48条扩充至120条，开通高频事项查询权限，全年累计接听企业群众来电41.95万通，比上年增长18.97%。上线“朝保点”网络综合服务平台，升级改版微信公众号“北京朝阳社保中心”，全年用户关注量突破32万人。12月27日，区社保中心CBD分中心入驻朝阳区景辉街31号的三星大厦中国（北京）人力资源服务产业园朝阳园区，并开始运营。 （屈　元）

【养老保险行政审批】 年内，区社保中心率先实现提前半年预审退休人员档案；8月开展“退休打包一件事”试点工作，在全市先行探索退休业务简便办理流程，保证参保人员按时足额领取养老保险待遇。全年完成预审16271人次，完成退休待遇核准20497人。 （屈　元）

【工伤认定】 年内，区社保中心推出工伤认定申请提速办理方案：简易案件，受理时限由5日缩短为1日，办结时限由15日缩短为7日；争议大的疑难案件，受理时限由15日缩短为5日，办结时限由60日缩短为30日；复杂案件，办结时限不超过45日；送达时间由20日缩短为5个工作日；工伤康复申请确认由5个工作日减为4个工作日；异地居住就医申请确认即时办理。截至12月31日，接收各项业务申请材料4763件，其中受理工伤认定3941件，认定3832件，不予认定工伤80件。工伤认定申请总量比上年同期增长30%。 （屈　元）

【异地社会保险待遇资格认证】 年内，区社保中心启动异地（境外）居住人员社会保险待遇资格认证工作，涉及朝阳区3981人，其中通过认证3664人、未认证317人，对未认证的人停发其所享受的社会保险待遇。 （屈　元）

【医疗保险审核】 年内，朝阳区审核结算医疗保险费用165.09亿元，比上年增长19.36%。拒付、追回各类医疗费用1529.02万元。筛查全区门诊异常疑问数据4.5万条，下发警示告知书170份，约谈告知书36人次，约谈违规人员44人次，共追回违规金额32.8万元。 （冯竞贤）

民 政

【概况】 2021年，区委社会工委、区民政局完成14项年度政府绩效管理重点任务。做好疫情防控工作，推进社区联防联控，加强对街道社区疫情防控工作的督导，做好养老机构、儿童福利机构、救助站等的常态化防控工作。实施街道办事处条例，深化全市街道工作和“吹哨报到”改革，完成《关于加强新时代街道工作的意见》实施三年情况评估工作及“基层建设年”三年行动各项任务。在街道系统推进“惠民解难523工程”［每个街道全年至少推动一处“五区”（小区、社区、街区、园区、商区）城市更新重点区域、解决两件群众“急难愁盼”问题、搞好改革创新］，提升为民办事能力和水平。完成村和社区“两委”换届选举工作，实现应换尽换。打造47个市级楼门治理示范点和16个市级社区协商议事厅示范点，实现社区议事厅全覆盖。推进18个市级社区服务站开放式服务试点，完成10个国际化社区建设，新建7个社会心理服务中心，基层社会治理体系和治理能力提升。区民政局获民政部颁发的“全国街道服务管理创新实验区”称号。

【城乡低保】 年内，朝阳区落实低保、低收入等社会救助政策，守牢基本生活保障底线，保障社会救助对象12527人，支出低保金1.74亿元，发放临时救助金173.11万元。

【救助管理】 年内，朝阳区深化“放管服”改革，简化审批程序，推动社会救助分类管理。建立物质资金帮扶与心理社会支持相结合、政策救助与专业服务相结合的社会救助服务模式，实现救助需求与救助资源的精准对接。对不符合低保收入家庭条件的边缘困难群众、支出型困难家庭，给予专项社会救助或其他救助。开展流浪乞讨和生活无着人员救助，站内救助622人，街面劝导2136人，护送11人平安返乡。

【征地超转人员保障】 年内，朝阳区保障建设征地农转非超龄人员待遇，为24364人发放生活补助费9.20亿元。拨付全区“政策性”转居人员888人生活救助668.7万元。落实残疾人“两项补贴”，发放21.08万人次，约为6655.94万元。落实“两项补贴”“跨省通办”，保障残疾人权益最大化。做好地方退休退职人员服务保障，全年累计为629位地退人员发放退休金、过节费等资金4942.72万元。为64位家属发放抚恤金、丧葬费876.10万元。

【孤儿保障】 年内，朝阳区组织开展困境儿童和留守儿童关爱保护“政策宣讲进村居”活动，加强基层儿童工作队伍建设，为146名困境儿童发放各项福利。全区43个街乡儿童督导员和627个社区（村）儿童主任宣讲家庭监护、儿童安全自护、亲情沟通、工作履职和《中华人民共和国未成年人保护法》等，提高儿童工作预防水平。入户探访138名事实无人抚养儿童和社会散居孤儿，1600余户残疾儿童和低保低收入家庭儿童。新发现17名符合条件困境儿童，纳入保障范围。

【行政区划管理】 年内，朝阳区开展行政区域界线领域风险防范化解工作，开展行政区域界线及管辖优化工作。开展界线巡查、按规定程序维护界桩，日常巡查和保养9个界桩点、14个界桩，发现并处理边界地区各类风险隐患。对接丰台区，会同区农业农村局、十八里店地区（乡）研究分钟寺小区跨界管辖归属。结合工作实际和人大代表建议，研究制定朝阳行政区划优化调整路径，开展撤村建居、撤乡建街调查研究，为区划优化调整和改革提供参考。

【殡葬管理】 年内，朝阳区加强移风易俗宣传和“双随机一公开”（在监管过程中随机抽取检查对象，随机选派执法检查人员，抽查情况及查处结果及时向社会公开）行政执法检查，累计为无社保群体发放丧葬补贴952人次、476万元，清明节群众祭扫服务保障工作累计接待群众148213人次、车辆36945辆。推进散葬坟墓整治，应对投诉散坟问题15起，检查村集体埋葬点20余次。保障无社保群体的丧葬补贴，发放补贴694人次347万元。加强遗体运送管理，办理8例遗体外运业务。

【婚姻登记】 年内，朝阳区婚姻登记提供延时错峰服务、婚姻登记线上“云颁证”等，提升为民服务能力，树立朝阳婚姻登记品牌形象。获得民政部颁发的“5A级婚姻登记机关”称号。办理婚姻登记25921件（含涉外婚姻登记218件），其中结婚登记15460件（含涉外结婚登记160件）、离婚登记6694件（含涉外离婚登记28件）、补发婚姻登记证3682件（含涉外补发婚姻登记证30件）、出具无婚姻登记记录证明85件。受理离婚申请9457件，为公、检、法及当事人查询婚姻档案7238件，协助市交通委完成小客车指标婚姻家庭核验6572条。

【“十四五”时期民政规划印发】 年内，朝阳区印发《朝阳区“十四五”时期民政与社会福利事业发展规划》。规划明确未来五年民政与社会福利发展的主要任务，包括健全基本民生保障体系、构建“四全五化”（“四全”指全参与、全联通、全覆盖、全周期，“五化”指多元化、精准化、专业化、智能化、品牌化）养老服务体系、提升社会事务管理规范化水平、完善基本社会服务供给、加强民政支撑体系五个方面。（朱玲莉）

社会建设管理

【概况】 2021年，区委社会工委围绕落实全市街道工作、“基层建设年”和常态化疫情防控等重点工作，创新优质发展，聚焦“七有”（幼有所育、学有所教、劳有所得、病有所医、老有所养、住有所居、弱有所扶）“五性”（便利性、宜居性、多样性、公正性、安全性），保障和改善民生，推进朝阳基层治理体系和治理能力现代化，使人民获得感、幸福感、安全感更加充实、更有保障、更可持续。朝阳区成为全国街道服务管理创新实验区、居家和社区养老服务改革试点区，获“北京市社会建设和民政工作优秀奖”“社区成长伙伴计划”被民政部评为“2021年度全国基层治理创新典型案例”“社区创享计划”被选为第九届中国民生发展论坛“我为群众办实事——2021民生示范工程”推荐案例。区委社会工委区民政局被评为“北京市生活垃圾分类推进工作先进集体”“2020年度首都城市环境建设管理突出贡献单位”。

【社会建设和农村城市化工作会】 年内，朝阳区召开社会建设、民生保障和农村城市化工作会。副区长王志勉作《强化党建引领，全面提质增效，奋力开启朝阳社会建设和民生保障新征程——2021年朝阳区社会建设和民政民生工作报告》，报告从党建引领社会合力彰显新作为、改革助推基层治理实现新发展、织密网底民生保障取得新进展、善作善成城市治理展现新气象、精准对接公共服务呈现新成效五方面总结2020年工作成果。提出2021年全区社会建设领域力争在提升党建引领质量、促进城乡发展均衡、破解重点难点问题、实现社会协同发展上实现“四个再突破”，从加强党建引领持续强化基层治理组织保障、全力深化改革持续完善基层社会治理体系、夯实基层基础持续提升现代社区治理水平、坚持多措并举持续提高多元主体参与质量、紧扣“七有”“五性”，持续兜牢兜实民生保障幸福线五方面明确主要工作任务。会议审议通过《基层建设三年行动计划“深化提升年”工作报告》及《朝阳区基层建设三年行动计划“总结巩固年”实施方案》。社会建设工作领导小组各成员单位、各街乡近400人参会。

【“十四五”时期社会治理发展规划印发】 年内，朝阳区通过多次专题研讨，资料整理、课题碰头会、重点人员访谈、实地调研等方式，征求相关部门意见、建议，印发《朝阳区“十四五”时期社会治理发展规划》，规划主要阐明未来五年全区社会治理总体要求、发展目标、主要任务和主要举措，是全区推进基层治理体系和治理能力现代化的行动纲领和发展蓝图。

【基层民主协商完善】 年内，朝阳区搭建街道四级议事协商平台，规范议事协商代表条件和社区议事协商流程，丰富议事协商内容，构建网格—社区（村）—街道（乡）—区四级相互衔接、良性互动的协商议事体系，健全社区协商机制。加强“两会两厅”（区级议事协商会议、街道议事协商会议，社区议事厅、小区议事厅）规范建设，推广移动议事厅，网上议事厅，实现社区议事厅全覆盖。完善集、议、办、督、评协商流程，落实社区月协商制度，破解垃圾分类、物业管理、停车治理、堆物堆料、文明养犬等社区治理难题。推动社区治理向楼门院延伸，建成16个市级城乡社区协商议事厅示范点和47个市级城乡社区楼门院（村组）治理示范点。

【社区治理升级】 年内，朝阳区从外籍人员服务便利化、社区议事协商常态化、社区环境建设宜居化、志愿服务开展规范化、社区文体活动多元化五方面着手，建设双井街道九龙社区、望京街道阜荣街社区等10个国际化社区。举办以“同心向党，和睦邻里；喜迎冬奥，和谐社区”为主题的第三届社区邻里节，展示社区风采，引领社区生活新时尚。制定《朝阳区进一步加强“社区之家”规范管理提升服务运行效益的工作方案》，规范整改提升现有162家社区之家，完成3家市级“社区之家”示范点建设，实

▲ 10月16日，第三届社区邻里节启动仪式上文艺表演吸引中外儿童踊跃参与（建外街道 供图）

现“服务有资源、共建有机制、运行有规范、激励有保障、居民有获得”的建设目标。健全居（村）务监督委员会，将公共卫生、垃圾分类、光盘行动、文明行为等纳入村规民约、居民公约，在社区（村）治理中发挥积极作用。升级打造“朝阳社区服务圈2.0版”。

【社会组织参与社会治理】 年内，朝阳区以社区社会组织联合会为枢纽，建立社区资源、居民需求与社区社会组织的常态化对接机制，制定《北京市朝阳区社区社会组织培育实施方案》，加快培育生活服务类、公益慈善类、居民互助类及针对特定群体的社区社会组织。截至年底，全区备案社区社会组织6460家。安排社会建设专项资金2580.66万元（街乡配比资金854.6万元），围绕“三无小区”（指无安保、无物业、无封闭的小区）“老、旧小区”物业管理和生活垃圾分类管理、“四个服务”（为人民服务，为中国共产党治国理政服务，为巩固和发展中国特色社会主义制度服务，为改革开放和社会主义现代化建设服务）等购买社会组织服务项目173个。投入资金216万元购买街道专业社会工作岗和社区督导岗各24个，服务街道社区社会治理。以“促进良性互动，共建美丽家园”为主题，深化创享计划，投入资金1543.04万元（街道配比743.04万元），266个社区参与其中。

【社会组织管理】 年内，朝阳区依法做好社会组织审查登记，按照行政审批“减环节、减材料、减时限”要求，推进“网上办”“马上办”，社会组织行政许可事项全程网上办理，实现“零见面”审批，“零距离”服务。加大监管力度，构建政府综合监管、协会商会自治自律和社会监督评议相结合的新型治理模式，提高监管质量。财务审计117家社会组织，评估113家社会团体和社会服务机构。给予19家社会组织警告的行政处罚。对接329家“僵尸型”社会组织，注销84家僵尸社会组织，限期整改11家。打击非法社会组织活动，排查7212家辖区单位。

【城市精细化管理】 年内，朝阳区强化垃圾分类全方位统筹，建立社区工作组“3+15+43”工作体系（区委社工委委员区民政局、区委农工委委员区农业农村局、区委组织部3家牵头单位；区委宣传部、区直机关工委等15家成员单位，43各街乡），3.5万名党员干部、100余万户居民参与，签订《生活垃圾分类承诺书》，基本实现应签尽签。组织修订《居民公约》，健全垃圾分类提示信制度，固化执法人员与垃圾分类桶前指导员“点对点”报告机制。依托党建工作协调委员会，吸纳各方资源，开展“垃圾分类我们一起行动——周末守桶我参与”活动，提高垃圾分类质量。落实物业管理条例，新成立业委会（物管会）61个，截至年底，朝阳区摸排物业管理区域总数1639个，业委会（物管会）覆盖率93.35%，业委会（物管会）党组织覆盖率94.31%，物业服务企业党的组织覆盖率97.43%。望京街道物业管理“一会双盟”（党建协调委员会协会、住宅物业联盟、楼宇物业联盟），甜水西园生活垃圾“分类三集中（集中时间投放、集中地点精炼、集中收集清运）、垃圾不落地、社区无桶化”等经验得到市委主要领导肯定。督促各街道解决“急难愁盼”问题48件，完成全国两会、冬奥会测试赛、庆祝中国共产党成立100周年等重大活动服务保障。

【落实“疏整促”任务】 年内，朝阳区统筹指导各街道落实“疏整促”任务，新建老年餐桌167个，拆除违法建设19.1万平方米，整治无证无照经营23家，创无违建街道处置分类治理台账涉及图斑点位7212处，323.31万平方米。创新城市管理工作经验，建外街道创新工作模式，完成全市首个老旧危楼原拆原建工作。双井街道探索“用空间换服务”，引入社会资本参与垂杨柳老旧小区改造。呼家楼街道通过整合停车资源、优化交通组织，在打通朝阳医院周边交通拥堵点上持续发力。奥运村街道依法履行政府职责，做好不同利益主体群众工作，治理天溪园小区楼顶违建。朝外街道在社区科技创安上主动作为，利用物联网和AI技术，打造全市首个居民社区智慧消防管理系统。八里庄街道研究探索交通治理新路径，为群众解难治乱，改善地区停车环境，形成“4+1”模式（共享停车、道路停车、小区停车、立体停车+智慧停车），该模式在全市推广学习。

【社区党建】 年内，朝阳区加强区域化党建集成，完善街乡、社区两级党建协调委员会工作机制，审议通过《朝阳区党建工作协调委员会社会民生专委会章程》，建立常态沟通联络机制。优化1200余个网格党组织设置，建立楼门院党建协调小组，把党组织的触角延伸到辖区每个角落。在安贞、麦子店街道试点推进党群服务中心规范化建设，实现新业态就业群体的组织覆盖和工作覆盖。将全面坚持党的领导写入社会组织章程，将党建工作和社会组织成立、年检、评估和信用管理等同部署、同检查、同考核。做实“双报到”机制，加强双向反馈，全年吸收近千家机关企事业单位、5000多家“两新”组织（新经济组织、新社会组织）和10万余名在职党员参与垃圾分类、疫情防控等地区重难点工作。

【社区管理体制改革】 年内，朝阳区通过全国街道服务管理创新实验区结项验收。制定《朝阳区社区居民委员会设立标准及工作流程》，推进28个3000户以上大型社区优化调整工作。完成麦子店街道亮马社区、奥运村街道国奥村社区等18个市级社区服务空间开放式服务试点建

▲ 6月19日，朝阳区社工委、民政局组织“学史力行 砥砺奋进”朝阳区社会领域，庆祝建党100周年活动，发布“五大行动”，成立社区书记工作室联盟 （区民政局 供图）

设。深化社区服务站改革，取消“柜台式”“隔离式”服务方式，推行综合窗口、“全岗社工”和开放式服务。建设居委会下属委员会，全面构建社区自治1615体系（1个居委会、6大居委会下属委员会、15个社区社会组织）。强化居民代表队伍建设，加强楼长、院长队伍建设。拓展社区成长伙伴计划，制定社区成长评价指数，建立以群众满意度为主的社区工作考核评价体系。举办京深汉筑“社区成长伙伴计划”交流会，实现跨区域发展。推进撤村建居。规范专兼职社区专员设置，发挥社区专员督促指导、沟通协调、破解难题等作用。

【社工队伍建设】 年内，朝阳区打造“朝阳社工”品牌，招录社区工作者近700人，充实社工队伍。社区工作者总数8112人，居全市首位。根据工作需要和本人意愿，依法依规办理社区工作者跨区、跨街乡流动40人。依托“社工宣传周”，提升“朝阳社工”品牌影响力、感召力和吸引力。制定《2021年全区社区工作者教育培训工作方案》，完善“三级六类”（三级指市级、区级和街乡级，六类指社区党组织书记、社区居委会主任、社区服务站站长、社区纪委书记、社区后备力量、城乡社区工作者）社区工作者教育培训体系，依托区委党校和社区学院，安排街道系统社区党组织书记、居委会主任、服务站站长、纪委书记等各级各类社区工作者2253人参加培训。依托校外教育培训机构，组织社区工作者职业水平评价考前培训3725人。依托线上培训平台，组织社区（村）“两委”成员（除社区书记和居委会主任）任职培训4500人。建成12个街乡社会工作平台。建成5个市级社区书记工作室示范点，成立社区书记工作室联盟。 （朱玲莉）

人力资源管理

【概况】 2021年，朝阳区人力资源和社会保障局（区人力资源社会保障局）下属法人事业单位调整为7家，分别为朝阳区社会保险基金管理中心、朝阳区人力资源公共服务中心、朝阳区劳动人事争议仲裁院、朝阳区人力资源和社会保障综合执法队、朝阳区劳动服务管理中心、朝阳区考试鉴定中心、朝阳区劳动能力鉴定中心。区人力资源社会保障局规范人力资源市场建设，深化事业单位人事制度改革，加强专业技术人员队伍建设，事业单位招聘992人（含教育、卫健系统）。招录乡村振兴协理员38人。接收非北京生源应届毕业生1803人。办理人力资源行政许可342家，完成391家人力资源机构换证。朝阳区养老保险关系跨省转入18799人，转入金额75415万元；转出51198人，转出金额209369万元。区社保中心通过柜台打印个人权益记录1万人次，自助终端打印8万人次。人力资源和社会保障部到社保中心学习调研工伤保险全流程业务经办工作。 （王 展）

【人力资源服务产业园朝阳园区成立】 6月23日，朝阳区获人力资源和社会保障部批准，成立中国北京人力资源服务产业园朝阳园区。园区选址北京CBD核心区为运营地址，占地面积约8000平方米。中国北京人力资源服务产业园朝阳园区进一步整合区内人力资源服务优质资源，促进产业集聚发展和专业服务提质增效，推动市场化服务与公共服务融合创新，通过产业发展支持区域经济建设，为“两区”建设重点领域提供人才保障，为全区民生保障提供支撑。 （林维维）

【人事考务】 年内，区考试测评中心承接市、区级各类人事考试21项，服务考生22.38万人次；承接市级各类人事考试资格审核工作17次，审核考生近1.5万人次。 （张 静）

【经营性人力资源服务机构分级分类工作首次开展】 年内，区人力资源社会保障局首次开展经营性人力资源服务机构分级分类工作。5月，区人力社保局组织开展首次经营性人力资源服务机构分级分类工作，有637家机构申报，评定A、B级机构14家，C、D、E级机构484家，对评定为A、B级的机构，在政府购买人力资源服务、就业政策扶持、人事人才、社保服务等方面给予优先支持，同时向各产业园区、重点功能区、重点服务包企业进行人力资源服务推荐。评定为C、D

级的机构实施发展提升计划，辅助C、D级机构向A、B级发展。评定为E级的机构纳入朝阳区经营性人力资源服务机构重点帮扶管理名录，主管部门密切追踪发展情况，提供相应的工作指导和帮扶。2020年7月，区人社局印发《北京市朝阳区经营性人力资源服务机构分级分类管理实施暂行办法》（以下简称《办法》），成为全国首个地方性人力资源服务机构分类分级评价体系，《办法》实施对象为在朝阳区行政区域范围内注册经营，依法取得人力资源许可、备案，劳务派遣许可证的经营性机构，根据人力资源服务许可备案的内容，结合行业实际，将服务类型划分为10大类，10大类服务业态按照指标评价和专家评审两部分进行总体评级，其中指标评价占60%，专家评审占40%，根据评级结果给予各机构精细化的帮扶管理措施。（林维维）

民族　宗教

【概　况】 2021年，朝阳区有汉、回、满、蒙、朝、藏等56个民族，少数民族人口近20万人（包括流动人口）。区内有民族工作重点街道、民族乡各1个，民族村11个，民族中、小学校7所，经批准的生产经营清真食品单位130余家。区内佛教、道教、伊斯兰教、天主教、基督教五大宗教均有信徒。有宗教团体3个，分别是朝阳区伊斯兰教协会、朝阳区天主教爱国会、朝阳区基督教三自爱国运动委员会。宗教活动场所21处，其中道教宫观1座（北京东岳庙），伊斯兰教清真寺10座，天主教堂1座（平房教堂），基督教堂1座（朝阳教堂），依法批准的基督教固定活动处所6处，外国人集体宗教活动临时地点2处。3月16日，区委统战部召开宗教活动场所有序恢复开放和解除“双暂停”工作部署会议后，朝阳区宗教活动场所解除“双暂停”有序恢复开放。

【民族团结进步创建工作指导性文件印发】 1月，朝阳区统战工作领导小组办公室印发《朝阳区贯彻落实〈关于全面深入持久开展民族团结进步创建工作铸牢中华民族共同体意识的意见〉的工作措施》，内容包括发挥朝阳优势促进民族团结、依法治理民族事务维护地区和谐稳定、加强指导帮扶促进区域民族经济发展、强化组织领导和政策支持4方面15项工作措施。

【少数民族代表人士新春座谈会】 2月5日，朝阳区少数民族代表人士新春座谈会召开。区委统战部副部长、区民宗办主任梅诗曙主持，各族参会代表结合工作实际对新形势下铸牢中华民族共同体意识、加强民族大团结作交流发言，表达各民族群众拥护党的领导的感情。会议强调，2021年的民族工作要围绕中国共产党成立100周年主题做深做实，要开展党的民族政策宣传教育，开展民族团结进步创建活动，保障少数民族群众合法权益。区内教育界、新闻界、清真行业等各界少数民族优秀代表人士15人参加。

【宗教界代表人士新春茶话会】 2月9日，朝阳区举办2021年宗教界代表人士新春茶话会。区委常委、统战部部长李国红，分管日常工作的副部长宝月凤，副部长、区民宗办主任梅诗曙，副部长马舍尔巴等出席。中国道教协会副会长、北京道教协会副会长、北京东岳庙住持袁志鸿，朝阳区伊斯兰教协会会长、阿訇张万春，朝阳区天主教爱国会代理主席、神父韩文生，北京市基督教三自爱国运动委员会秘书长、朝阳区基督教三自爱国运动委员会主席尹慧慈等20余名宗教界代表人士，并为推动朝阳区宗教工作提供意见。

【民族团结进步创建主题活动】 5月至6月，朝阳区以铸牢中华民族共同体意识主题实践活动为抓手，结合中国共产党成立100周年，在全区开展民族团结进步创建主题活动，旨在完善与少数民族界别常态化交流工作机制，铸牢中华民族共同体意识。芳草地国际学校民族校区组织430余名在校师生，参加以纪念回族革命烈士马骏为主题的祭扫活动，该活动已持续38年，成为朝阳民族团结、爱国教育基地的重要品牌活动。二外附中和央美附属实验学校分别打造“民族体育嘉年华”和“民族体育节”品牌活动，800余名各族师生参与其中，感受民族传统体育魅力，铸牢中华民族共同体意识。区民宗办主办，区民族教育研究会承办的“庆建党百年 颂民族团结”民族团结书法展，展出面向全区各中小学征集的民族团结主题书法作品600余幅。

【民族风情街改造项目完成】 11月，朝阳区常营中路民族风情街改造项目完成。改造项目包括街道外立面和门窗改造、地面硬化、绿化等。该项目是朝阳区“为群众办实事”重点项目、助推少数民族乡村经济发展重点扶持项目。朝阳区累计为该项目争取市级扶持资金770万元，并在项目筹备和建设过程中，加强调研指导、完善绩效监督。（孙　洁）

老龄事业

【概况】 2021年，朝阳区印发《朝阳区养老服务中长期规划（2021年—2035年）》；研究制定《关于加快促进养老服务健康发展的实施方案》，明确2025年前全区养老服务改革与发展的18项重点任务；审议通过《关于统筹推进区域养老服务联合体建设行动计划（2021—2023年）》。建设“社区老年健康服务规范化”达标单位，提高医养结合服务率。开展多种多样的老年健康活动。太阳宫社区卫生服务中心被命名为“北京市人口老龄化国情市情教育基地”。北京市朝阳区社区学院（职工大学）、北京市朝阳区麦子店街道老年大学分校、北京市朝阳区老年大学来广营分校、北京青年政治学院、北京东方老年研修学院、乐成老年事业投资有限公司双桥分公司被命名“北京市老年学习示范校（点）”。北京市朝阳区南磨房地区欢乐谷社区获“全国示范性老年友好型社区”；亚运村街道安慧里社区、双井街道东柏街社区、常营民族家园社区、南磨房地区欢乐谷社区4家社区被命名为“北京市老年友好型社区”。（孙悦 姚雯）

【养老服务】 年内，朝阳区印发《朝阳区养老服务中长期规划（2021年—2035年）》，研究制定《关于加快促进养老服务健康发展的实施方案》，明确2025年前全区养老服务改革与发展的18项重点任务。为符合条件的养老机构核发运营补贴、困境补贴、核酸检测补贴等各类补贴5000余万元。审议通过《关于统筹推进区域养老服务联合体建设行动计划（2021—2023年）》。新增备案养老机构4家，新增床位1182张，其中机构床位476张、家庭床位706张。计为16.73万老年人发放“三项补贴”4.85亿元，完成失能老年人评估4.7万人次；建立基本养老服务清单，全区4.4万名老年人享受基本养老服务，划分责任片区182个；建成备案社区养老驿站9个；新建、规范老年餐桌167个，为5.3万名老人安装“一键呼”智慧养老服务，累计服务8.3万人次。（朱玲莉）

【医养结合】 年内，朝阳区30家社区卫生服务中心区内“老年友善医疗机构”69家，34家医疗机构被评为“老年友善医疗机构”。北京市朝阳区东方综合养老院申报为第二批老龄健康医养结合远程协同服务试点机构。为31.3万余老年人提供城乡社区规范健康管理服务。老年人健康管理率为63.7%；为42.5万余老年人提供医养结合服务，医养结合服务率为86.3%。（孙悦 姚雯）

【老年健康活动】 年内，区老龄委开展多样老年健康活动。主题为“关注口腔健康，品味老年幸福”老年健康宣传周活动，组织开展30余场健康讲座、义诊等活动。主题为“智慧助老、乐享晚年”活动，组织社区开展20余场“我教老人用手机”“电信诈骗我知道”等系列活动。“实施积极应对人口老龄化国家战略，乐享智慧老年生活”欢庆重阳敬老爱老主题活动，评选出99名朝阳区孝顺之星；敬老月期间开展100余场老年人文艺演出、书画创作、健康讲座等活动。元旦春节期间开展的“真情关爱老人”送温暖活动，慰问2100名符合条件的结对帮扶对象、残疾或有心理健康问题的低保边缘老人。（孙悦 姚雯）

残疾人事业

【概况】 2021年，区残联根据市委编委《关于印发〈关于深化区级事业单位改革试点工作的指导意见〉的通知》及区委编委《关于印发〈北京市朝阳区深化事业单位改革试点实施方案〉的通知》精神，所属事业单位由3个精简至2个，将北京市朝阳区残疾人劳动就业服务所和北京市朝阳区就业保障金征缴审核中心整合，组建北京市朝阳区残疾人就业和社会保障服务中心，保留北京市朝阳区残疾人综合活动中心，事业编制由26名增加至28名。辖区43个街道办事处、地区办事处（乡政府）均设立残联。43个街道（地区）残联、410个社区（村）残协完成换届工作。新成立91个社区（村）残协，残协总数为501个。印发实施朝阳区残疾人事业高质量发展，“十四五”时期残疾人事业发展规划；无障碍环境建设三年专项行动收官；“七有”“五性”民生保障水平提升，政府为民办实事项目超额完成；推进北京冬奥会、冬残奥会筹办工作；接诉即办工作办好办实；事业单位改革完成；东西部对口扶贫协作和对口支援工作精准帮扶落地。开展“爱耳日”主题活动，以健康讲座和现场检测形式宣传爱耳护耳健康知识。市残联到来广营地区走访慰问肢体残疾和视力残疾两户困难残疾人家庭。朝阳区被评为“北京市无障碍环境建设专项行动2020—2021年度绩效管理优秀奖”；区残联被国家体育总局评为“2017—2020年度全国群众体育先进单位”，被2022年冬奥会和冬残奥会北京市运行保障指挥部城市运行及环境保障组办公室评为“最美城市运行及环境保障团队”；区残联专门协会联合办公室被市残联评为“北京市残疾人之家”；大屯街道育慧里社区残疾人协会专职委员张云被国务院残疾人工作委员会授予“全国残疾人工作先进个人”称号；望京李楠社会工作事务所被评为“北京市扶残助残先进集体”；普华永道中天会计师事务所北京分所合伙人周星、朝阳区八里庄社区卫生服务中心医生王英杰、朝阳医院医生许兰萍被评为“北京市扶残助残先进个人”；区残联组联部主任苏丽波、朝阳区大屯街道残联理事长刘利被评为第六次“北京市优秀残疾人工作者”；垂杨柳医院医生杨光、北京新生命养老助残服务中心项目经理杜鹏被评为第六次“北京市自强模范”。

【全国首届网络主播培训活动】 1月13日，朝阳区盲人协会主办的以“探索盲人创业新思路”为主题的全国首届网络主播培训活动结束，培训从认识有声读物、录音与跟读技巧、声音与气息的控制、角色演绎中声音的形象创造等不同方面，向盲人开展20课时文化助盲培训活动，300余位盲人参加线上课程培训，培训课程下载量突破2万次。

【无障碍环境建设】 1月28日，朝阳区召开2020年无障碍环境建设专项行动工作总结会。会议播放《2020年朝阳区无障碍环境建设纪实》专题片；通报各街道（地区）办事处2020年无障碍环境建设工作实施绩效考评情况。全区无障碍设施建账19488个点位，上账12373个点位，年度计划整改10171个，整改10283个点位，超额完成年度整改任务。区无障碍环境建设专项行动执行组长提出突出重点，强力推进整改；严格把控质量标准，确保整改设施合规适用；加大宣传力度，营造浓厚氛围三点要求。区无障碍环境建设领导小组成员单位及43个街乡负责人230余人参加会议。3月23日，市无障碍环境建设专项行动专班办公室主任、市残联理事长吴文彦到朝阳区亚运村街道调研冬奥、冬残奥签约酒店无障碍设施建设情况。对存在的无障碍标识缺失等问题提出明确整改意见，要求涉奥签约酒店对接冬（残）奥无障碍建设标准，推进无障碍环境建设工作，做好冬奥会冬残奥会服务保障工作。6月4日，朝阳区召开2021年度无障碍环境建设专项行动工作推进会，推进全区无障碍设施整治整改工作。亚运村街道办事处工委书记、高碑店地区办事处主任、区园林绿化局副局长分别发言，介绍开展无障碍环境建设专项行动工作的经验和做法。区残疾人联合会党组书记陈开红传达市委城市工作委员会主任专题会议、北京市深入推进北京冬奥会冬残奥会筹办决战决胜动员部署大会精神。领导要求：要提高政治站位，切实增强抓好无障碍环境建设的责任感；要坚持高标准，抓好涉奥重点区域无障碍环境建设；要坚持以人为本，全力做好无障碍环境建设推进工作。全区43个街道（地区）办事处专班、38个委办局行业主管单位专班主要领导或主管领导及工作人员150余人参加会议。9月27日，市无障碍专班专业技术指导组副组长晏京带领市专班办第三检查组实地检查朝阳区2021年无障碍环境建设绩效管理工作并召开现场座谈会。晏京提出推进措施有强度、整改成效有温度、群众认可有度高三点要求。年内，区残联借助举办北京冬残奥会契机，强化专班统筹，坚持条抓块统，从城市道路、“七小门店”、公共服务场所和信息交流等方面推进全区无障碍环境建设，提升城市无障碍水平。完成年度整改点位6525个（其中涉奥点位1521个），环境整治13193个，包括奥运核心区及周边区域、文化商圈、奥运签约酒店、涉奥定点医院在内的涉奥点位实现“应建必建、应改必改”，完成“相约北京”系列冬季体育赛事无障碍环境保障工作。在全区打造精品示范街区43个、一刻钟无障碍便民服务圈43个、无障碍精品示范工程20个、精品路线5条，面向社会公示无障碍示范点位10741个，年度整改任务在全市率先实现“见底清零”。

【残疾人专场招聘会】 3月，区残联、区人力资源和社会保障局和区税务局共同举办为期16天的朝阳区残疾人线上专场招聘会。24家用人单位参与线上招聘活动，为残疾人提供职业能力测评、职业指导、心理测评、简历指导、面试指导等个性化服务。54名残疾人参加，收到简历51份，电话咨询27人次，向用人单位精准推荐66次，9人进入面试阶段，2人正式入职。

【职业指导团队进社区活动】 4月29日，区残联职业指导团队到和平街街道和平家园社区为30余名残疾人提供职业指导、心理咨询、法律咨询等一对一现场服务。通过残疾人就业普法知识展板、法律知识宣传册等形式，向残疾人普及就业法律知识。

【“全国助残日”主题活动】 5月14日，区残联举办“爱在朝阳 益路同行”——全国助残日主题活动暨志愿服务手语培训活动。活动采用线上、线下相结合方式进行，区残联为2个新成立的助残志愿服务分队授旗、为12家新建的残疾人温馨家园助残志愿服务联络站授牌。朝阳区聋人协会副主席恒森培训常用的30句手语。部分街乡残联理事长、基层社会服务分队负责人及优秀助残志愿者等1000余人参加培训，直播间留言174条。

【参加全国、市残疾人赛事】 6月21日至26日，区残联组织10名残疾人组成听力、轮椅旱地冰壶队两支队伍代表北京市参加全国第十一届残疾人运动会暨第八届特殊奥林匹克运动会旱地冰壶比赛。最终轮椅队获得第四名。9月26日至30日，区残联组织25名残疾人运动员参加北京市第二届“健康杯”残疾人体育大会。组成旱地冰壶、飞镖、乒乓球、象棋四支队伍参加13个小项目比赛；柔力球、太极拳两支队伍17名队员参加群体展示活动。获得飞镖肢体站姿女子第一名，肢体坐姿男子第二名；盲人象棋男子第三名，乒乓球听力女子第一名、第二名，肢体男子站姿第一名，肢体男子坐姿第三名；旱地冰壶包揽听力、肢体两个组别冠军。

【送健康进基层活动】 6月23日，区残联联合北京华德眼科医院共同举办“建党百年献好礼，惠民基层送健康”——朝阳区残联送健康进基层系列活动。活动开展视力健康知识讲座，医生讲解眼部构成及眼疾防治等方面知识和做法，使中老年人认识健康用眼、有效护眼的重要性。30余名残疾人及老年人参加。

【区残疾人文化作品成果展示活动】 6月29日，区残联举办“奋斗百年路，启航新征程”朝阳区残疾人文化作品成果展示活动。收集原创文学作品、朗诵视频和摄影、书法、绘画、手工作品626件。邀请3名专家评委，按“书法绘画”“摄影手工”“文学朗诵”三个类别选出一等奖作品42件，二等奖作品50件，三等奖作品52件。

【区残协换届】 7月14日、12月23日，朝阳区和平街街道小黄庄社区和麦子店街道作为全区社区（村）、街道（地区）换届工作的试点单位召开第八届残疾人协会代表大会，启动全区残协换届工作。截至年底，朝阳区410个社区（村）和43个街道（地区）残协换届工作完成。新成立91个社区（村）残协，残协总数为501个。

【扶贫协作和对口支援】 10月11日至14日，区残联党组书记、理事长陈开红带队到内蒙古自治区察哈尔右翼后旗、卓资县开展支援合作工作，对接和实地督导残疾人就业创业、温馨家园建设、辅助器具配备、自主创业残疾人补贴发放等具体工作。向察哈尔右翼后旗残联及卓资县残联捐赠物品，并到乌兰哈达苏木马六村杨秀花、赛孟都两户生活困难的肢体残疾人家中走访慰问。

【朝阳区第六届残疾人运动会】 10月15日，区残联举办主题为“超越自我 为冬奥喝彩”朝阳区第六届残疾人运动会。开幕式上区残联党组书记、理事长陈开红宣布朝阳区第六届残疾人运动会开幕；朝阳区聋人太极拳队表演太极拳《八法五步》；肢体残疾人表演轮椅操《燃烧的雪花》。全区43个街道、地区办事处的参赛运动员代表、区属特教学校运动员、裁判员、助残志愿者等200余人参加开幕式。运动会为期4天，以残疾人群众体育项目为主，设立残疾人乒乓球、象棋、飞镖、旱地冰壶四大类21小项，355名残疾人运动员参加比赛。

【残疾人职康产品推介会举办】 11月24日，区残联开展“喜迎北京冬奥 展示非遗之美”朝阳区残疾人职康产品下半年推介会。推介会以线上直播形式开展，邀请8名非遗传承大师现场制作面人、烙画、中国篆刻（印章）、北京绢人、北京宫廷补绣、北京毛猴、北京鬃人、麦秸秆画8项非遗作品，并与线上观众展开交流互动，2000余人次观看直播。

【国际残疾人日主题活动】 12月3日，区残联开展“志行合一 愿远流长”2021年助残志愿服务表彰大会暨国际残疾人日主题活动。活动表彰2021年度五星助残志愿服务组织8家、2021年度助残志愿服务五星志愿者19人、“一起向未来 志愿展风采”助残技能大赛获奖6人；颁发朝阳区五大专门协会（盲人协会、聋人协会、肢残人协会、智力残疾人及亲友协会、精神残疾人及亲友协会）“喜迎建党百年”荣誉证书；为新成立的助残志愿服务队授旗。来自朝阳区五大专门协会的主席、残疾人代表，43个街乡助残志愿服务分队负责人及志愿者，区委青年助残志愿者，助残社会组织、企业、高校志愿服务分队负责人及志愿者等线上线下共623人参加。

【残疾人社会保障服务】 年内，朝阳区有持证残疾人56507人，办理新证4800件，注销1144件，为18名外省户籍残疾人提供异地评残服务，为81名重度残疾人提供上门评定服务。全区残疾人城乡居民养老保险参保率98%，城乡居民医疗保险参保率100%。2641名重度残疾人享受居家助残服务补贴，2499名残疾人享受自主创业就业社会保险补贴，4187名残疾人享受机动轮椅车燃油补贴。全年举办3场线上招聘会，新增584名残疾人就业。新建13家帮扶性就业基地。完成残疾人职业技能提升培训593人。91名残疾人学生和生活困难残疾人子女享受学生助学补助，26名学生享受中、高等院校新生奖励。为350名残疾儿童提供康复服务补贴，为981名成年残疾人提供康复训练补贴，为4647人次残疾人提供43213件辅具费用补贴。为307名精神残疾人开展“精神残疾人同伴支持”和“UFE——精神障碍社区康复服务”，为75名肢体残疾人提供脊髓灰质炎康复训练，为500人次重度残疾人提供无障碍出行服务及爬楼车接送服务。接诉即办受理反映问题来电291件，派单办理诉求193件，综合解决率及满意率90%以上；为843名残疾人提供法律咨询，完成法律救助案件34件；制作播发《残疾人就业领域合法权益保障普法系列讲座》19期，维护残疾人合法权益。

【无障碍环境建设三年专项行动收官】 年内，无障碍环境建设三年专项行动收官。三年来，完成整改点位16736个，占全市整改总量的25.5%；环境整治19496个，占全市整治总量的12.3%。以党建引领、12345市民服务热线接诉即办为牵引，探索出“将公益诉讼纳入无障碍设施日常监督检察范畴”“老旧小区无障碍出行爬楼机预约服务”“无障碍专用车预约服务”等工作机制，解决无障碍设施被占用、损毁、建设不规范以及老旧小

▲ 12月3日，区残联开展“志行合一 愿远流长”2021年助残志愿服务表彰大会暨国际残疾人日主题活动 （毛海涵 摄）

区重度残疾人出行难等群众反映强烈问题，残健融合、平等共享的无障碍环境，成为留给残疾人最有价值的北京冬奥会遗产。

【监测评价指标落实】 年内，朝阳区依据北京市《关于构建“七有”“五性”监测评价指标体系的实施方案（试行）》要求，落实“七有”“五性”监测评价指标。区残联对全区14263名残疾人康复需求做到及时响应，全年康复服务覆盖率100%。电话满意度调查工作有效康复服务率100%，在全市残联系统排名前列。超额完成朝阳区2021年重要民生实事项目，为13213人提供居家康复培训，为8936人提供辅助器具服务，提升服务残疾人水平。

【“两新”组织阵地建设】 年内，朝阳区残联在朝阳区残疾人职业康复中心创新建立区残联党建活动阵地和“两新”基层党组织活动阵地。朝阳区残联“两新”组织包含助残社会组织党总支和专门协会联合党支部。党建阵地分为六大版块：残联机关党建工作展示区：包括朝阳区残联党组织架构图，党务公开栏，残联机关在职党员照片；党史学习教育区：包括红色直播间，红色阅读书籍，百部红色经典有声书；永远跟党走作品展示区：展示近60幅来自各街乡残疾人手工作品，残障儿童绘画，残联机关党员书画作品；温馨家园党建工作展示区：包含朝阳区67家残疾人温馨家园点位图及党建活动照片；助残社会组织党总支党建工作展示区：展示助残社会组织党总支的成立情况及9家社会组织党支部介绍及党建活动照片；专门协会联合党支部工作展示区：展示专门协会联合党支部建设情况及党建活动服务情况。

【残疾人就业保障审核】 年内，区残疾人就业和社会保障服务中心审核安排残疾人就业用人（工）单位5225家，安置残疾人就业15060人，岗位补贴和社会保险补贴审批通过1322家，补贴金额5912.09万元。（许瑞婷）

慈善事业

【概况】 2021年，区慈善协会募集善款2361.26万元，使用善款1213.95万元，实施救助项目174个，惠及困难家庭13445户。经区民政局评估审定，区慈善协会被确认为4A级社会组织。（王东明）

【爱心捐献活动】 7月1日，区慈善协会启动共产党员献爱心捐献活动，截止到8月6日募集善款1819万元，连续11年位居全市第一名，参与捐款总人数196568人，其中党员159214人、群众37354人。（王东明）

【慈善捐赠】 年内，朝阳区设立“慈善驿站雷锋岗”“互助社”“公益课堂”为辖区居民提供综合慈善捐助服务，开展朝阳主题慈善活动，普及慈善法规、弘扬慈善文化、培育慈善理念，营造全民慈善氛围，助力朝阳红色慈善救助事业创新发展。举办第八届“慈善北京”成果展，累计上报作品275份。全年接受捐赠物品36993件，接受经常性捐赠款89398.85元，包括日常接受捐款76854.66元，用于朝阳区困难群众救助及对口支援地区困难帮扶项目，“首善有我”主题捐赠活动捐款12544.19元，上缴至市慈善基金会指定账户。（朱玲莉）

【慈善助医项目】 年内，区慈善协会实施慈善助医项目2个，惠及困难家庭374户，使用善款41.53万元，其中为患有癌症放化疗、肾透析、肝肾移植、再生障碍性贫血、血友病五种重大疾病的61名困难群众送去慰问金，使用善款31.33万元；继续实施2020年度市慈医疗卡项目，惠及低保老人313名，使用善款10.2万元，缓解低保老人就医困难。（王东明）

【慈善助困项目】 年内，区慈善协会实施慈善助困项目169个，使用善款1070.12万元，惠及困难家庭12718户。其中实施第十五、十六届“朝阳慈善情 百姓新春大联欢”项目使用善款33.01万元，全区43个街乡4126名困难群众与服务志愿者共度新春；为低保人员、残疾人、贫困职工、空巢老年人、来京务工人员、受助学生和受助官兵等困难群众送去新春慰问品；向全区3780名各类困难群体发放慰问金，使用善款401.7万元；实施困难党员帮扶项目，在职、退休生活困难党员按照每人1000元至3000元标准，使用善款463万元惠及3798名困难党员；实施“我爱我家——健康成长”

▲ 9月3日，以“红色慈善以民为本 爱心之花沁满朝阳”为主题的朝阳慈善月活动开幕（区民政局 供图）

项目，为具有朝阳区户籍的低保、低收入、困补家庭小学六年级（含）以下青少年儿童送上一份爱心礼物，使用善款62.7万元，惠及627名青少年儿童。实施分会救助项目164个，惠及困难家庭387户，使用善款109.71万元。（王东明）

【慈善助学项目】 年内，区慈善协会实施慈善助学项目3个，惠及困难家庭353户，使用善款102.3万元。其中开展北京市慈善基金会助学专项基金项目助学项目，帮扶36户朝阳区户籍特困家庭的2020年度大学新生，使用善款7.2万元。开展2021年金秋助学——救助困难职工子女就学，帮助1名工会系统困难家庭学生，使用善款0.3万元。开展“筑就未来——慈善引航”助学项目，帮助具有朝阳区户籍的低保、低收入、困补等困难家庭的普通中学初一至高三的在读学生316人，使用善款94.8万元。（王东明）

红十字事业

【概况】 2021年，朝阳区有43个街道、地区红十字会，2个红十字工作委员会，区级专业红十字志愿服务队伍7支，注册基层红十字应急救护志愿者队伍38支，红十字志愿者1.6万余人。区红十字会推进“三救三献”（救灾、救护、救助；献血宣传、造血干细胞捐献、遗体器官捐献）核心业务和疫情防控物资保障，助力乡村振兴战略任务，发挥党和政府在人道领域的桥梁和助手作用。区红十字会获“中国红十字会2021年红十字应急救护知识竞赛单位组织一等奖”“中国红十字会报刊宣传先进集体二等奖”；香河园西坝河西里社区红十字志愿者叶如陵被评为中国红十字总会“志愿服务先进典型”。区红十字会胡海明获中国红十字总会“2021年红十字应急救护知识竞赛个人组织一等奖”，娄大伟获“北京市红十字基金会2021年度奉献之星”称号。

【募集捐款】 年内，区红十字会依托街道、地区红十字会和红十字工作委员会，通过“博爱在朝阳 博爱在京城”等主题活动、张贴劝募书、线上公益募捐等形式开展募捐活动364次，全区接收除疫情防控之外社会各界募捐款421.32万元，包括通过“99公益日”活动，动员社会单位和市民参与朝阳区元旦、春节送温暖救助项目网络募捐活动，募集项目救助款71.3万元，全市区县排名第一。

【发放救助款】 年内，区红十字会坚持“平时救助注重时效、重点救助依托项目”原则，依托“元旦春节送温暖”“博爱在朝阳”“少儿大病”“司法阳光”以及新增的“消防博爱救助”等专项救助项目，对生活困难家庭、罹患五种大病少儿、社区矫正和刑满释放和解除劳教困难人员、因工负伤、牺牲和生活困难的消防员家庭等弱势群体开展救助。全年发放博爱救助款467.78万元，救助困难家庭2046户。

【志愿服务】 年内，区红十字会在孙河地区康营家园一社区、香河园街道西坝河西里社区、八里庄街道远洋天地社区、安贞街道安华里、安外社区5个社区建立中国红十字会城市社区博爱家园试点项目，占首批北京市红十字系统示范点总数的三分之一，指导基层探索慢病防治、健康关爱、应急救护培训、智能急救站的安装及易受损群体的帮扶和救助等，推动红十字志愿服务项目融入基层社会治理，形成“共建共享共融”工作机制。区红十字会开展造血干细胞捐献宣传志愿者进社区、进大学活动，分别在北京市第二外国语学院、对外经济贸易大学开展造血干细胞血样采集入库工作，开展造血干细胞知识讲座2场，完成血样采集入库85例，全区13名志愿者捐献造血干细胞，占全市的22.42%。红十字志愿者全年参与无偿献血、知识宣传、社区值守、防控消杀和物资搬运等志愿服务3407次。区红十字会启动奥林匹克森林公园红十字城市志愿服务站和西坝河西里社区叶如陵爱心小屋保障中国共产党成立100周年活动。“叶如陵团队工作室”2007年成立，每周定期为社区居民义务看病，提供健康咨询和心理服务。叶如陵对工作室有三个定位：社区居民健康的贴心人、促进社区和谐的好参谋、推进“社区特殊教育”的好帮手。社区居民把叶如陵团队工作室称作爱心小屋。

【应急救护教育培训】 年内，区红十字会为冬奥会场馆、中国共产党历史展览馆和全区机关单位、43个街乡安装57台智能急救亭，为周边志愿者等相关重点人员开展应急救护培训。应对新冠肺炎疫情，启动线上培训模式，将应急救护培训课程纳入朝阳教育云平台“空中课堂”；拍摄急救知识课程短视频10部，在枫花园汽车电影院上线，通过区级融媒体、街乡电子屏和“博爱朝阳”公众号进行传播；在43个街乡开展服务社区居民、健康知识送到身边“健康大讲堂”线上活动31场，利用“定制模式”推广急救知识，惠及2万余名群众。开展“急救一分钟”网络微课堂活动，动员7万余名群众参与学习急救知识，并利用中国红十字会、市红十字会、区红十字会三级融媒和“防灾减灾日”主题宣传活动推广传播。强化应急体系建设，协调市红十字会和铜牛集团成立的首个“铜牛韧性应急救护促进中心”落户朝阳区，8月20日，“韧者行远——韧空间1.0”发布会在铜牛大厦举行。加强对全区突发应急救援的统筹。推进应急救护知识进社区、进农村、进机关、进学校、进企业，全年完成应急救护教育取证培训37683人，应急救护教育普及授课16万人次，开展逃生避险演练102次。

【红十字青少年培养】 年内，区红十字会在全区202所中小学校开展以“青春心向党，人道新风采”为主题的红十字青少年活动；发起“‘救在身边’校园守护行动”，推进北京工业大学

▲ 6月24日，志愿者到叶如陵爱心小屋开展志愿服务　（娄大伟　摄）

附中、和平街一中莲葩园校区启动“博爱校医室”试点项目。9月30日，对外经济贸易大学附属小学操场修缮项目——“UIBE 运动场”启用，爱心人士完成定向捐赠对外经济贸易大学附属小学操场修缮工作。近30万名学生参加“北京市朝阳教育网络视频平台”急救知识“云课堂”“逃生避险”演练等活动。

【对口支援】 年内，区红十字会与内蒙古自治区察右后旗、科左后旗、卓资县和河南省淅川县，四川省绵竹市，北京市密云区等地区在疫情防控、助学、助困、助老工作中建立多个结对帮扶项目。全年发放支援捐款19万元，发放支援物资34.25万元。

【宣传活动】 年内，区红十字系统举办主题宣传活动770余次，通过报纸专版、画册、展板、网络融媒体等形式传播红十字文化。43个街道、地区红十字会全年组织开展宣传活动815次，组织社区4.15万人参与“全国红十字防灾避险知识竞赛”。区红十字会在微信公众号（北京市朝阳区红十字会）推送101期、222条推文，其中121条原创推文有51条被北京市红十字会官方微信公众号转载，32名志愿者讲了22期“我与红十字的故事”，北京市红十字会转发20期。（陈　曦）

精神文明建设

【概况】 2021年，朝阳区精神文明建设委员会办公室组织主题教育实践活动，开展学习宣传活动，接受首都文明办文明城区测评检查等工作。3月5日，区精神文明办组织区志愿服务联合会8名理事及37名会员代表参加北京市志愿服务联合会第二届第二次会员代表大会朝阳分会场会议。7月14日，由区委宣传部主办的“2021年朝阳区戏曲进校园活动”在润丰学校启动，活动邀请北京国声京剧团表演《送水》《红灯记》，190名师生参加。年内，区委宣传部、团区委获首都文明办颁发的2021年度“首都未成年人思想道德建设创新案例”奖；在2020年度“变废炫宝”作品征集评比中，区委宣传部被首都文明办、市城管委授予“优秀组织单位”；由区委宣传部报送、团区委主办的“朝阳小河长志愿服务项目”获由首都文明办组织开展的“首都未成年人思想道德建设创新案例”征集评选活动2021年度“首都未成年人思想道德建设创新案例”。朝阳区委宣传部未成年人工作科（公共文明建设指导科）科长李孟阳获市城管委、市人力资源和社会保障局颁发的“北京市生活垃圾分类推进工作先进个人”称号，创建科科长、一级主任科员左向军获市委组织部颁发的“北京市优秀共产党员”称号，创建科副科长李晨获首都城市环境建设委员会办公室颁发的“2020年度首都城市环境建设突出贡献个人”称号。（张其勇　董姝媛　王　莹）

【寒、暑假主题教育实践活动】 1月18日，区文明办组织各街乡开展“德润童心 文明同行”2021年朝阳区未成年人寒假线上主题教育实践活动。活动包括寻味中国年活动、追寻红色记忆活动、践行绿色生活活动、深化文明家庭建设活动4项内容，以家风带社风，共同营造文明新

▲ 8月20日，“韧者行远——韧空间1.0版”发布会在铜牛大厦举行。北京市红十字会副会长宋永红（右2），区红十字会常务副会长刘秀芹（左1），北京时尚控股集团党委常委、副总经理刘常峰（左2），北京铜牛集团有限公司党委书记、总经理贾晓彬（右1）参加发布会剪彩仪式　（苏秀丽　摄）

风尚。7月15日，区文明办组织开展2021年朝阳区“争做新时代朝阳好少年，扣好人生第一粒扣子”未成年人暑期主题教育实践活动，印发《关于印发〈2021年朝阳区“争做新时代朝阳好少年扣好人生第一粒扣子”未成年人暑期主题教育实践活动方案〉的通知》，全区各新时代文明实践所（站）围绕党史学习教育、传统文化传承、学雷锋新时代文明实践志愿服务、劳动美社会实践、文明家庭创建等方面开展活动，引导未成年人及其家庭培育和践行社会主义核心价值观。（董姝媛）

【“2020朝阳榜样”推荐评选】2月25日，区精神文明办组织开展“2020朝阳榜样”推荐评选工作。按照“自下而上、层层选树”原则，通过择优推荐、公众评议、综合评审、考察审核等程序，评选出“2020朝阳榜样”。其中，特别奖为基层抗疫集体代表（安贞街道安华里社区）、最美逆行者（任玉娟、马建新等6人）、朝阳青春力量（张芳蕾、孙瑶光等5人）3个团体，十大年榜人物为张钧、王佳、赵勇、杨奎军、舒楠等10人，提名奖41人（团体）。（王莹）

【“清明祭英烈”活动】3月29日至4月5日，区文明办、区委教工委、区教委、区退役军人事务局联合组织各街乡、各中小学校，开展“守护·2021清明祭英烈”活动，厚植师生家长的红色基因和爱国意识，深化“扣好人生第一粒扣子”主题教育实践活动。全区有200余所中小学参与，“文明朝阳”“北京朝阳教育”微信平台推送的活动信息累计阅读量近4万次，留言数6778条。（董姝媛）

【“新时代好少年”评选学习宣传活动】4月6日，区文明办、区教委、团区委、区妇联联合印发《关于印发〈2021年朝阳区深入开展“新时代好少年”评选学习宣传活动的实施方案〉的通知》，组织各街乡、各中小学开展“新时代好少年”评选学习宣传活动，经过层层选树、综合评审，推举出2021年朝阳区“新时代好少年”20名和“新时代好少年提名”30名。（董姝媛）

【“童心向党”教育实践活动】4月30日，区文明办、区教委、团区委、区妇联、区老干部局等部门联合印发《关于开展朝阳区“童心向党”教育实践活动的通知》，各街乡、各中小学校围绕“我向党旗敬个礼”“唱支红歌给党听”“党的光辉照我心”“党的故事我来讲”等4方面内容开展“童心向党”主题活动，674269人次参与。（董姝媛）

【全国文明城区复查测评】4月30日，区精神文明办召开2021年朝阳区文明委全委（扩大）会暨深化全国文明城区创建工作会，总结部署全区精神文明建设工作、深化全国文明城区创建三年行动计划、背街小巷环境精细化整治提升及垃圾分类工作等，印发《朝阳区深化全国文明城区创建的三年行动计划（2021—2023年）》。6月7日，印发《关于做好迎接2021年全国文明城区复查测评工作的通知》《朝阳区迎接2021年全国文明城区复查测评任务分解书》和《未成年人思想道德建设复查测评任务分解书》，部署文明城区复查测评工作。7月21日，区委副书记、区长文献主持召开深化文明城区创建工作推进会议，要求全区对照“六个专”（专题研究创建工作，专人组建工作队伍，专心梳理问题台账，专门制定整改方案，专责开展自查自测，专项推进整治行动）开展工作。7月至9月，区精神文明办开展全国文明城区创建宣传环境布置工作，设计创作“文明健康 绿色环保”“共建文明城区”“社会主义核心价值观”“关爱未成年人”“志愿服务”“诚信建设”“文明养犬”等为主题的40余幅原创公益广告，印制发放纸质海报19.04万张，刊播于全区电子屏、单立柱、宣传栏和公交站台等，营造全民创建文明城区氛围。8月31日，区委书记王灏主持召开2021年朝阳区深化文明城区创建工作领导小组（扩大）会议暨中国国际服务贸易交易会服务保障工作会议。9月22日至24日，全国文明城区中央测评组实地测评朝阳区全国文明城区建设工作，抽取安贞街道、八里庄街道、朝外街道等3个街道12个社区，开展问卷调查300户。11月25日，据《首都精神文明建设委员会办公室关于2021年度首都未成年人思想道德建设工作测评结果通报》反馈，朝阳区通过2021年度全国文明城区未成年人思想道德建设工作测评。同日，据《首都精神文明建设委员会办公室关于2021年度全国文明校园、首都文明校园测评结果通报》反馈，中国人民大学附属中学朝阳学校通过2021年度全国文明校园测评，北京市润丰学校等29所学校通过首都文明校园中小学校测评，朝阳区该项测评成绩位居全市第二。12月10日，完成全国文明城区复查测评网上申报工作，报送说明报告43项（50篇）、图片资料36项（301幅）、正式发文2项、部门评价26项。（李扬 王莹 董姝媛）

【“向国旗敬礼”主题教育】十一期间，区文明办、区委教工委、区教委联合开展“向国旗敬礼”主题教育，依托马骏烈士墓等红色资源，开展唱红歌、升国旗仪式等爱党爱国教育活动。近20万人次未成年人及家庭通过新时代文明实践所（站）及“文明朝阳”微信公众号、北京朝阳文明网等线上线下多种平台，参与网上签名寄语活动。（董姝媛）

【新时代文明实践志愿服务展示交流活动】11月10日至12日，2021年朝阳区新时代文明实践志愿服务展示交流活动在朝阳区新时代文明实践中心主会场以及左家庄、潘家园新时代文明实践所2个分会场举办。活动通过搭建互动、体验、学习的志愿服务平台，增进各志愿服务组织间深入交流，推进学雷锋志愿服务的制度化、常态化。来自全区各单位、各街乡的60余支参展志愿服务队参与活动，展示交流各自特色志愿服务活动及品牌项目。（王　莹）

【线上发布仪式暨优秀节目云展播活动】11月10日至14日，由朝阳区新时代文明实践中心办公室、区教委联合主办，区青少年活动中心承办的2021年朝阳区践行社会主义核心价值观系列活动启动，作为活动内容之一的2021年朝阳区“新时代好少年”线上发布仪式暨“童心向党”区级优秀节目云展播活动，包括“新时代好少年”线上发布仪式1场、“童心向党”区级优秀节目云展播4场、朝阳区“新时代好少年”市级推优短视频拍摄制作3部、区级推优短视频后期制作17部。其中3部“新时代好少年”推优视频报送首都文明办参与市级“新时代好少年”评选，5场线上展播活动在“北京朝阳”App、“文明朝阳”微信公众号展播展示。（董姝媛）

【获评首都学雷锋志愿服务先进典型】11月，2021年首都学雷锋志愿服务“五个100”（100名“首都最美志愿者”、100个“首都最佳志愿服务组织”、100个“首都最佳志愿服务项目”、100个“首都最美志愿服务社区”、100个“首都最美志愿家庭”）先进典型名单公布，朝阳区推荐的林桂珍、马兰、郭亚平3人获评“首都最美志愿者”；垡头街道复转军人红星服务队、安贞街道涌溪社区巧老工作室2个组织获评“首都最佳志愿服务组织”；黑暗跑团公益陪跑健走志愿服务项目、小家送温暖志愿服务项目等14个项目获评“首都最佳志愿服务项目”；望京街道国风社区、太阳宫地区太阳宫社区等9个社区获评“首都最美志愿服务社区”；于晓彤、王子奇志愿家庭等5个家庭获评“首都最美志愿家庭”。（王　莹）

【4人获“首都新时代好少年”称号】12月13日，在首都文明办、市教委、团市委、市妇联、市关工委联合开展的“新时代好少年”学习宣传活动中，朝阳北京市陈经纶中学帝景劲松分校李纪凡、北京中学的全韬睿、北京市陈经纶中学团结湖分校的何一帆、北京市陈经纶分校南湖东园校区的李雅祺获2021年“首都新时代好少年”称号。（董姝媛）

【“2021北京榜样”主题活动】12月14日，“2021北京榜样”颁奖典礼在北京电视台大剧院举行。朝阳区推荐的童朝晖获评“2021北京榜样”十大年榜人物；俞武松、武继英2人获评“2021北京榜样”提名奖；王佳、李凯等5人获评“2021北京榜样”周榜。朝阳区通过组织、媒体、群众推荐（自荐）渠道，依托“朝阳榜样”线上推荐平台，发动群众参与，全区收到模范典型推荐883人（团体），向首都文明办推荐道德模范、身边好人75人（团体）。（王　莹）

【新时代文明实践中心建设】年内，区精神文明办围绕庆祝中国共产党成立100周年主题主线，发挥新时代文明实践中心、所、站阵地作用，面向社会开展“四史”（党史、新中国史、改革开放史、社会主义发展史）宣传教育。结合每月重点工作，组织开展“文明实践齐参与 志愿服务暖人心”“永远跟党走”等12个新时代文明实践推动日主题活动。用好新时代文明实践网络互动平台，发布资讯动态10301条，全区组织开展活动11078场次，近30万人次参与。组织10个新时代文明实践所对接中宣部直属单位，做好“中宣部党员干部服务群众文明实践行动”服务保障工作，结合文明城区创建工作，强化新时代文明实践所、站标准化建设。围绕中国共产党成立100周年服务保障、北京冬奥会、冬残奥会筹办两件大事，开展文明礼仪、城市运行、赛事保障等系列志愿服务活动，组织开展志愿服务“五个10”（10名朝阳区最美志愿者、10个朝阳区最佳志愿服务组织、10个朝阳区最佳志愿服务项目、10个朝阳区最美志愿服务社区、10个朝阳区最美志愿家庭）先进典型宣传推选活动。（王　莹）

【首都文明办文明城区测评检查】年内，首都文明办根据首都文明委第二次全会部署和《关于深化文明城区创建的三年行动计划》，定期测评检查16区文明城区创建工作，并形成问题台账反馈各区。实地测评方面，向朝阳区反馈月检查清单6次，周检查清单17次，其中“回头看”5次，累计反馈问题498项。问卷调查方面，反馈4次，有12个社区受访，涉及大屯、朝外、呼家楼、安贞、潘家园、酒仙桥、建外、劲松、团结湖、左家庄10个街道，其中大屯、酒仙桥2次受访。7月底开始，首都文明办梳理文明城区创建的相关诉求，并形成清单，随周检查清单一并反馈至朝阳区，反馈50项问题，集中表现在交通出行、交通秩序、交通设施、文明行为、小区环境、小区秩序、小区设施、物业住房、市容环卫9个方面问题。截至年底，全区通过落实“三全（全区统筹、全域创建、全员参与）、四管（管行业管文明、管生产管文明、管群体管文明、管地域管文明）、五查（专项督查、定期明查、常态自查、交叉互查、三方暗查）、六专（专题研究创建工作，专人组建工作队伍，专心梳理问题台账，专门制定整改方案，专责开展自查自测，专项推进整治行动）”等工作，所有问题全部整改完毕。（李　扬）

【群众性精神文明创建】年内，区精神文明办结合《朝阳区背街小巷环境精细化整治提升三年（2020—2022年）行动方案》，开展“美丽街巷我的家”摄影、绘画作品征集活动，征集作品151件，上报首都文明办17件，朝阳区3组摄影作品获最佳纪录奖，6组摄影作品获优秀作品称号。望京小街、青年西路（原芳菁路）、奥运村昊普门前路、安慧北里小街、磨北西路、小关高原路6条街巷被评为“2021年度首都文明街巷”；北京凯德嘉茂太阳宫房地产经营管理有限公司、北京农村商业银行股份有限公司来广营支行、北京惠侨饭店有限责任公司、眉州东坡餐饮管理（北京）有限公司姚家园分公司、北京市定福庄玉林烤鸭店有限责任公司、海鸿达（北京）餐饮管理有限公司北京第四十四分公司、北京红星美凯龙世博家具广场有限公司7家商户被评为“2021年度首都文明商户”；马海燕、王利杰、陈凯、陈三和、秦丽等43人被评为“2021年度优秀街巷长”；杨鹿、孙淑云、王和家、薛文芬、冯静等68人被评为“2021年度优秀小巷管家”；华峰、邢昕、赵艳红、贾冬梅、王强等104人被评为“2021年度优秀网格员”；清华大学建筑学院团队、北京市弘都城市规划建筑设计院团队、北京市城市规划设计研究院团队等18个团体被评为“2021年度优秀责任规划师（团队）”。望京小街被评为“北京最美街巷”、亮马河北侧滨河路获“北京最美街巷提名奖”。10月9日，印发《关于在文明单位中组织开展“文明单位齐创建 志愿服务我先行”主题活动的通知》，组织全区文明单位开展环境清理、交通引导、环境保护等形式多样的志愿服务活动。“文明朝阳”微信公众号发布《联学共建 朝阳区推动党史学习教育深入开展》《垃圾分类一周年，美丽朝阳再加分》《文明健康 绿色环保 文明公筷，健康有爱！》《“冬奥唱起来 一起向未来” 朝阳群众主题快闪唱响冬奥旋律》等内容1154条，“文明朝阳”微博发布内容1175条。《美丽街巷我的家 朝阳背街小巷进入“深度美颜”时代》被中国文明网、精神文明报、文明新视野微信公众号转载，《文明创建 叮！来自朝阳区各地区的文明城区创建工作情况，请查收！》《文明创建 朝阳群众讲文明》等9条被文明北京微信公众号转载。（李　扬）

【童朝晖入选“中国好人榜”】 年内，朝阳区向中央文明办“中国好人榜”推荐候选人24人，其中首都医科大学附属北京朝阳医院党委委员、副院长，北京市呼吸疾病研究所所长，主任医师童朝晖入选9月“中国好人榜”。童朝晖从事呼吸与危重症医学30多年，2020年作为中央指导组专家、国家卫生健康委医疗救治专家到武汉，参与撰写新冠肺炎诊疗方案，参与指导武汉20家医院救治危重患者超过2000人次，并转战多地连续抗疫226天。（王　莹）

街道 地区（乡）

安贞街道

【概况】 安贞街道位于朝阳区西北部。东起安定路、安定门外大街与和平街街道相邻；南起外馆斜街、外馆西街、黄寺大街与东城区和平里街道接壤；西与海淀区花园路街道、西城区德胜街道相连；北与亚运村街道、奥林匹克公园公共区南部相接。辖区面积3.6平方千米。下辖10个社区。年内，辖区有常住人口57016人、户籍人口25192户44059人、流动人口30153人、外籍人口156人。有汉族人口53949人，占常住人口的94.62%；各少数民族人口为3067人，占常住人口的5.38%。同2010年第六次全国人口普查相比，汉族人口减少11588人，少数民族人口增加150人。新出生人口187人、死亡人口825人；有法人单位3168家，其中中央单位83家（有中国中煤能源集团有限公司、国家计算机网络与信息安全管理中心等）、区属单位174家、其他单位2911家；有医院3家、社区卫生服务中心1个、社区卫生服务站3个；有大学1所、九年一贯制学校1所、职业学校1所、幼儿园10所、社区办园点2所、国际学校1所、特殊教育学校2所；有养老机构9处；有280平方米便民服务中心和2000平方米地区文化中心各1处，有文化广场3处、24小时自助图书馆1处；途经辖区公交线路34条，地铁8号线、10号线贯穿其中。辖区绿化率为31.7%。年内，街道以建设“活力安贞、宜居安贞、和谐安贞、创新安贞”为引领，完成街道级为民办实事项目160个，形成跨区域“5+X”（以北京市朝阳区安华里社区、广东省深圳市龙华区北站社区、湖北省武汉市东湖生态旅游风景区东湖新城社区、贵州省贵阳市观山湖金元社区和青海省西宁市文亭巷社区5个核心成员为始，继续与X个优秀社区建立伙伴关系）社区成长伙伴机制、“贞美楼门”居民治理赋能项目、社区医务社工培养等典型经验和示范模式，获得国家部委、市区两级的关注或批示。完成全国两会、中国共产党成立100周年庆祝活动社会面防控和“相约北京”冬奥测试赛等服务保障工作；完成10个社区党委、纪委、居委会和妇联的换届选举工作；完成区人大代表换届选举工作，选举产生区人大代表11名；新冠疫苗“加强针”接种量稳居全区前三名。助力乡村振兴，开展集体经济薄弱村帮扶专项行动，结对帮扶密云区冯家峪镇黄梁根村。全年实现区级财政收入5.96亿元，比上年下降1.4%。安贞街道获“全国五一劳动奖状”。

【跨区域“5+X”社区成长伙伴机制形成】 2月2日，安贞街道安华里社区与深圳北站社区、湖北省武汉市东湖新城社区召开视频会议，结成跨省市“社区成长伙伴”。年内，贵州省贵阳市、青海省西宁市加入，共同形成具有全国首发特色的跨区域“5+X”社区成长伙伴机制，以线上、线下“手拉手”活动共享社区治理经验，共同举办“社区成长伙伴计划论坛”、“京深汉伙伴社区‘故乡再造’”、京深汉沪杭伙伴社区“云学党史”和“京深汉筑”社区成长伙伴交流会等活动，形成《跨区域社区成长伙伴优秀案例集》，获中央、市、区领导肯定及央、市、区多家媒体追踪报道。

【“贞·美”楼门治理】 3月，安贞街道启动贞·美楼门治理工作。年内完成

▲ 7月15日，安贞街道召开“贞·美”楼门治理案例分享研讨会

（安贞街道　供图）

44 栋楼 167 个贞美楼门建设，建立楼门自治骨干队伍 44 支，形成“社、院、楼、门、户”五级治理体系及“有诉自办、有诉共办”的楼门微治理模式。“贞·美楼门”居民治理赋能项目被民政部《社区》杂志专题报道。

【街道门店联合会成立】 7 月 15 日，安贞街道成立由 363 家会员商户组成的门店联合会。门店联合会依托“贞心 365”App 自主发布动态与社区服务信息 300 余条，解决实际问题 50 件，开展 4 次月评比打榜等良性竞争活动，服务商户、服务居民，助力社区治理和发展建设，实现“社区治理一起来、互助互惠多起来”的共赢效果。

【数字文化家园建设】 年内，安贞街道完成“互联网 + 社会治理”自媒体平台“贞心 365”App 二期建设工作。二期建设包括邻里圈、贞心直播、社区团购、社区云学院、线上议事厅、邻里互助等 14 个版块。社区居民注册量 3.2 万人，日均在线 1000 人次，成为面向地区各类人群的线上家园。

【城市有机更新】 年内，安贞街道创建基本无违建街道，发布安贞街道控规指南和城市有机更新行动指南，明确城市更新紧迫性、环境改善系统性、实施专业条块协同性等实施原则，形成整体性街区更新规划和分类更新实施要点。完成 8 栋居民楼外墙保温、上下水改造等节能综合改造，翻建安贞西里三区靓丽花园、改造安华里公共区域环境，形成安贞桥西小广场油菜花网红景观，实现“老安贞、新生活”空间魅力再生。完成疏解整治促提升拆违任务，完成人口总数控制的任务指标。累计拆除违建面积 5556 平方米，清理历史遗留违建 3 处并实现平稳拆迁。

【助力乡村振兴】 年内，安贞街道推进新疆维吾尔自治区一镇两乡脱贫后乡村振兴工作，实现消费帮扶 50 万元；利用“832 扶贫网”采购农产品 44 万余元。与安和基金会合作开展爱心助力藏区妇女活动，捐助织造机 5 台，售出藏区妇女手工服饰和产品 44 件。依托安和基金会资源平台，结对帮扶北京市密云区冯家峪镇黄梁根村，开展集体经济薄弱村帮扶专项行动。

【“两新”党建管理体制改革】 年内，安贞街道推进“两新”领域党建管理体制试点改革，成立全区首家党群服务中心党委、企业社区联合党委，构建“党群服务中心党委、企业社区联合党委、商务楼宇‘两新’党组织”三级管理体系，划分安贞、安华两个企业社区，实现所有驻楼企业党组织覆盖率 100%。设立 11 个商务楼宇楼委会，组建七方楼长“管家团”，做好涉企工作集成办理。成立安贞街道商会、街道和社区两级门店联合会、“贞美”小哥联盟等组织，党建引领、推动工会、青年团、妇联等群团组织和自治组织“同频共振”。

【新冠肺炎疫情防控调度体系】 年内，安贞街道发挥“1+1+9+10 + N”（1 个疫情防控工作领导小组 +1 个工作专班 +9 个工作组 +10 个社区 + N 个志愿者群体）防控调度体系作用，做到快排查、快管控、快检测、快转运，创下 24 小时完成核酸检测 10172 人的安贞战“疫”速度，兼顾暖心便民服务，在辖区规模最大的商务楼宇——中国国际科技会展中心设立接种点，协调北京市体检中心无偿提供医护人员和专业设备，为上班族开设夜场，为老人、儿童提供特色服务。新冠疫苗“加强针”接种率稳居全区前三名。 （王　梦）

朝阳区安贞街道社区居委会一览表

表 14

序　号	名　称	地　址	电　话
1	安贞里社区居委会	安贞里二区20号楼	64454198
2	涌溪社区居委会	安贞里二区20号楼	64427731
3	安贞西里社区居委会	安贞西里三区5号楼东侧小楼	64437232
4	五路居社区居委会	安贞西里四区甲1号楼西侧	64420391
5	安华里社区居委会	安华里二区14号楼西侧	84242016
6	安外社区居委会	安华里二区14号楼东侧	84241354
7	安华西里社区居委会	安华西里二区21号楼平房	64268241
8	外馆社区居委会	安华西里二区2号楼	64260100
9	黄寺社区居委会	黄寺大街28号院	62356771
10	裕民路社区居委会	鼓楼外大街3号楼一层	82026641

（王　梦）

奥运村街道

【概况】　奥运村街道位于朝阳区西北部。东起北苑路与来广营地区（乡）相邻；西至京藏高速与海淀区相望；南起北四环中路与亚运村街道、大屯街道相接；北至清河与海淀区、昌平区接壤。辖区面积19.6平方千米。下辖16个社区。2021年，辖区有常住人口69042人、户籍人口26957户68926人（常住人口中汉族人口64460人、少数民族人口4582人）、流动人口42169人、外籍人口1263人；新出生人口530人、死亡人口487人。辖区有“鸟巢”“水立方”“冰丝带”等8个奥运会竞赛场馆；有占地面积6.8平方千米的奥林匹克森林公园；有中国科技馆、中科院感光所及天文台、国家动物博物馆、中国环境科学院等央属和部委企事业单位17家，行政事业单位83家，规模以上企业312家；有三星级以上酒店5家，有北顶娘娘庙、龙王庙、弥陀古寺等历史古迹。有中小学校9所（其中小学2所、初中1所、高中2所、九年一贯制学校2所、十二年一贯制学校2所）、幼儿园16所、社区办园点5所；有三级医院2家、社区卫生服务中心1个、社区卫生服务站2个；有养老照料中心1处、养老服务驿站4处（疫情期间歇业）；有200平方米为民服务大厅、2200平方米地区文化中心各1处，有24小时自助图书馆6处；途经辖区公交线路47条，地铁5号线、8号线、15号线贯穿其中；辖区绿化率47.8%。年内，奥运村街道全面贯彻新发展理念，上下协同、凝心聚力，聚焦高标准，落实重大活动服务保障、新冠肺炎疫情防控、把握冬奥会、冬残奥会筹备保障新契机，有序推动辖区企业复工复产，实现辖区经济社会稳步发展。全年实现区级财政收入8.62亿元，比上年增长4.4%，代征个人出租房屋税款1025万元。奥运村街道市民活动中心获“2017—2020年度全国群众体育先进单位”，街道便民服务中心退役军人服务站获“全国百家红色退役军人服务站”称号。　（王星南）

【敬老助残】　1月至3月，奥运村街道开展爱心助老服务活动，为街道16个社区、540名60岁以上失独、独居、楼门组长、社区积极分子等老年人送去生活服务和节日慰问品。年内，开展减压插花、智能手机培训等4场线上、3场线下敬老助残活动，参与居民500余人。为辖区2638名老年人免费体检，推进计生特殊困难人员、低保等特殊人群家庭医生签约6915人，实现重点人群签约率100%。　（白　颖　王　静）

【志愿服务】　3月29日，奥运村街道参与朝阳区“文艺进万家　健康你我他”“庆百年　迎冬奥”新时代文明实践学雷锋文艺志愿服务演出活动，社区居民200余人观看演出。4月16日，街道、社区两级退役军人服务站成立“首都老兵”志愿者服务队伍18支，其中各社区志愿者队伍16支和街道特色志愿者队伍2支，有志愿者134人。年内，街道16支注册社区志愿服务队有志愿者839名，参与垃圾分类志愿活动、小巷管家志愿活动、冬奥测试赛环境保障志愿活动、周末大扫除志愿活动等服务项目9项，服务活动时长57208小时。　（白　颖　潘　倩　王　萌）

【“社区冬奥会”仿真冰体验】　9月，奥运村街道在各社区举行“社区冬奥会”专场仿真冰体验活动，包括滑冰体验、冰球体验、冰壶体验、冰蹴球、模拟滑雪器体验等七大项内容（其中四项可供残疾人体验），300余名社区群众参与体验，营造助力冬奥氛围。　（马　晶）

【政务服务】　年内，奥运村街道完善政务服务大厅体系建设，推广“电子显示屏”叫号方式，开展无障碍建设、错峰延时和全时服务，开通综合服务“一窗办理”。全年延时服务群众720人，受理咨询电话1820人次，办理事项15417件，其中网上办理事项5960件、政务大厅办理事项9457件。　（潘　倩）

【120急救站设立】　年内，奥运村街道为应对公共卫生应急工作，协调北京京城皮肤病医院80余平方米办公用房，设立奥运村街道120急救站，通过市、区两级120急救中心验收并开始运行。奥运村街道为保障冬奥会、冬残奥会志愿服务和应急处置，组织辖区居民、街道干部、社区社工和4家涉奥酒店员工390人开展应急救护培训，由北京市红十字会应急救护培训中心老师授

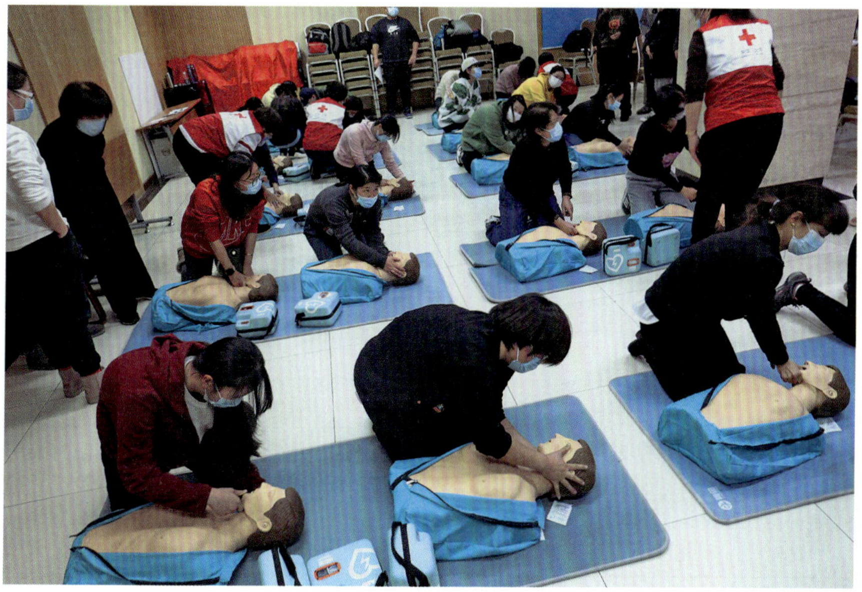

▲ 12月4日，奥运村街道开展应急救护培训现场　（王　超　摄）

课，重点讲解胸外心脏按压、清理口腔异物、开放气道、人工呼吸等操作要领。（陈冬云　李　强）

【安全隐患整改】　年内，奥运村街道对七小单位场所开展消防安全检查，出动检查人员914人次，检查消防安全隐患单位237家，发现安全隐患2366家次，下发“消防违法行为和火灾隐患督办函”2366份，责令限期整改单位232家次，即时整改5家次，受检人员2685人次。开展电动自行车消防安全专项整治，增设充电设施，建立6177辆电动车、1735个充电接口基础台账，排查电动自行车消防安全隐患，出动检查组32个、91人；群防群治1330余人次，发放宣传材料144份、检查单位57家、小区51个，发现违规充电、停放问题33处，清理电动车40辆。处置涉及消防安全的诉求案件23件，出动消防协管员46人次。集中开展大排查和夜查4次。（李　洋）

【垃圾分类示范小区创建】　年内，奥运村街道创建北京市垃圾分类示范小区4个，指导物业公司结合小区实际情况按照“四有＋三选配＋便民”的标准规范化设置垃圾桶站。由602处散落垃圾桶摆放点经“撤桶并站”设置为457组标准化桶站，撤桶率24.09%。发放入户宣传指导手册68786份；开展宣传活动85场次；辖区42家社会组织参与垃圾分类宣传活动；89个居民小区悬挂条幅并安装地插、道旗、展板等进行宣传。厨余垃圾分出率年均18%以上。（王　萌）

【接诉即办机制落实】　年内，奥运村街道诉求中心召开“吹哨报到”协调会32场，以典型促进步上报典型案例41件，统计职能部门和社区上报领导亲办件1172件。受理热线诉求11914件，结案9902件。其中以住房问题类别最多1636件，占总诉求量16.52%，物业管理1577件，占15.93%，疫情防控1061件，占10.72%。全年诉求综合解决率为64.02%，满意率为81.62%。编制工作日报365期、周报42期、工作月报12期、指导专刊7期。（焦　娜）

【媒体宣传】　年内，奥运村街道发行《奥韵时讯》期刊24期，每期发行1万份。微信公众号“掌上奥运村”关注人数5439人，累计推送辖区新闻要事、政策宣传、民生保障、市民活动等相关内容318条，阅读量约10万人次。报纸、电视、广播等中央、市、区级传统媒体报道街道新闻188次，网站、App、公众号等新媒体报道街道新闻105次。（张丽丽）

朝阳区奥运村街道社区居委会一览表

表15

序　号	名　称	地　址	电　话
1	总装社区居委会	安翔北里10号院内	84249152
2	南沙滩社区居委会	南沙滩66号1号楼1单元侧门3层	52071996
3	科学园社区居委会	科学园南里东街2号楼2层	64847138
4	风林绿洲社区居委会	风林绿洲12号楼4单元1层	64874476
5	国奥村社区居委会	林萃东路2号院	84374870
6	北沙滩社区居委会	北沙滩8号院5号楼	64842312
7	双泉社区居委会	域清街2号院5号楼	62957853
8	林萃社区居委会	林萃路9号院5-18	84724688
9	龙祥社区居委会	清林路1号院7号楼三层	84942095
10	万科星园社区居委会	万科星园小区西门北侧100米	84945840
11	绿色家园社区居委会	媒体村天居园5号楼1层	84916766
12	大羊坊社区居委会	双营路11号院1号楼东北角	64528889
13	拂林园社区居委会	红军营南路68号天月园1号	84928981
14	大羊坊南社区居委会	北苑路32号院平安嘉苑小区1号楼	84931857
15	林萃西里社区居委会	澳景花庭小区1号楼1-2#楼A	85715988
16	北沙滩北社区居委会	懿品阁小区党建服务中心	64101485

（王星南）

八里庄街道

【概况】 八里庄街道位于朝阳区中西部。成立于1956年1月。东起青年路与平房地区（乡）接壤，西至大望路及金台路与建外、呼家楼街道相连，南起京通快速路及电厂铁路线与高碑店地区（乡）相邻，北至二道沟河与六里屯街道相望。辖域面积4平方千米。下辖16个社区。截至年底，有常住人口12.6万人、户籍人口31267户81608人、流动人口43962人、外籍人口1017人，常住人口中有汉族人口75741人、少数民族人口5867人（其中回族人口2553人、满族人口2354人、蒙古族人口466人、壮族人口64人、苗族人口34人、藏族人口14人、其他少数民族人口382人）；新出生人口486人、死亡人口1082人；有法人单位6583个，其中中央单位有中国纺织科学院、中国葛洲坝集团国际工程有限公司和中核华建资产管理有限公司等3个；市属单位8个、区属单位15个、私营及其他单位6557个；有社区卫生服务中心2个、社区卫生服务站2个；有中学1所、高中1所、职业高中1所、九年一贯制学校1所、小学5所、幼儿园10所；有养老机构1处、养老驿站4处；有580平方米为民服务大厅和2300平方米地区文化中心各1处；有文化站8处、图书馆1处、自助图书借阅机2台；途经辖区公交线路50条，地铁1号线、6号线、14号线贯穿其中。辖区绿化率35.8%。年内，街道以“高质量党建引领高质量发展”为工作思路，紧抓新冠肺炎疫情防控及疫苗接种工作，实现疫情防控与重点工作双推进，社区治理和城市管理双提升，辖区平稳和民生服务双保障，推动各项事业快速、平稳、健康发展。实现区级财政收入16.93亿元，比上年下降10.46%。八里庄街道获“北京市理论宣讲示范基地工作先进单位”“北京市禁毒工作示范街道”“北京市交通行业先进集体”“北京市生活垃圾分类示范小区”等称号，八里庄街道华贸中心社区党委获“北京市先进基层党组织”称号。 （黄　凡）

【党建引领发展五年行动计划发布】 12月28日，八里庄街道正式面向社会公开发布《八里庄街道高质量党建引领高质量发展五年行动计划（2021—2025）》。主要内容是实施“6653”发展战略，提出坚持“六动”发展路径（南北拉动、东西联动、四圈互动、一路带动、一河涌动和创新驱动），打造六个示范街区（党建引领示范街区、城市更新示范街区、民生服务示范街区、平安和谐示范街区、文化活力示范街区和智慧治理示范街区），确立“五高”目标（高质量党建引领作用突出、高质量发展取得显著成效、高品质生活实现共建共享、高效能治理率先走出新路和高层次文化活力有效激发），再创“三个新优势”（党建引领新优势、区位功能新优势和基层治理新优势），明确“八大工程”（“全网有力”强基工程、全域安全护航工程、服务发展“双百工程”、南北拉动“四美工程”、综合养老示范工程、纺织文化传承工程、精细治理数智工程、社区发展“五治工程”），着力破解地区南北片区、新老片区发展不平衡等难题。 （黄　凡　祁　欣）

【“四位一体”集成服务模式】 年内，八里庄街道有末端站点17处，快递站点从业人数300余人，外卖小哥400余人，跨周边区域配送人员300余人，街道选取辖区内快递外卖小哥较为集中的朝阳路八里庄路段为试点，协调整合沿线楼宇、餐饮、便利店、理发店、电动车店等多行业资源和社区服务站等44处点位，打造具有地区特色的新就业群体服务一条街。整合辖区社区服务站、党群活动中心、商务楼宇服务站、社会单位等阵地资源，打造组织建设、科学管理、服务保障、社会动员“四位一体”集成服务模式，“靶向”破解华贸商圈高端商务区停车难、分拣难、进门难和停车乱的“三难一乱”问题，推进辖区新就业群体融入基层党建格局。 （祁　欣）

【“门前三包”共治联盟构建】 年内，八里庄街道建立健全城市管理长效机制，构建“社区、街区、商圈”“门前三包”共治联盟，探索“门前三包”法治自治共治“六个+”（“规范+提升”“整治+执法”“联盟+公约”“宣传+营造”“巡查+监督”和“评星+示范”）治理模式，“门前三包”责任区域覆盖辖区16个社区，包括7条主要大街和28条背街小巷，涵盖社会单位、商户门店575家，引导商户树立“门前三包”共治理念，履行“包环境卫生、包绿化、包社会秩序”责任，实现“城市整洁美丽、社会文明和谐、生活幸福美好”。 （于长河）

▲ 9月15日，八里庄街道领导班子成员与莱锦文创园负责人共同为商户代表颁发“门前三包”责任公示牌 （八里庄街道　供图）

【居家安全“三态”评估】 年内，八里庄街道建立“一全、双线、三态、四专、五个一”安全评估工作体系。其中“一全”是全景把控；“双线”是居家安全与公共安全；“三态”是常态检查、形态分级、动态跟踪；“四专”是居家安全评估服务工作证、居家安全“三态”评估专业工具袋、居家安全告知书、居家安全检查情况手持终端PAD；“五个一”为一本动态底数台账、一套防控工作标准、一套运行保障机制、一支专业队伍和一个全时态公共（居家）安全监测平台。启动居家安全“三态”评估项目，依托第三方（专业机构）入户普查居民用水、用电、用气等居家安全隐患，建立居家安全隐患分级清单，实现对重点隐患、重点家庭、重点区域的多频次动态跟踪指导。年内，累计巡查9000户，发现并整改各类隐患2637处。 （马思来）

【接诉即办工作体系构建】 年内，八里庄街道构建“一轴两翼两提升两转变”的接诉即办工作体系。坚持党建引领，完善更新“一长六员”（楼门长、政策法规宣传员、社情民意联络员、邻里矛盾调解员、文明新风引导员、邻里互助服务员、环境秩序监督员）队伍建设，强化街道工委统筹指导的主轴作用；以“八个完善”（组织领导、流转办理、考核评估、社会动员、系统治理、监督督办、能力提质、技术支撑）筑牢责任体系，以“八个健全”（吹哨报到、综合执法、应急处置、调度工作、未诉先办、办件人员、培训工作、责任追究）创新工作机制，形成联动互促的“两翼”；力求实现“三率”（解决率、满意率、响应率）水平和工作能力提升，思想认识和工作作风转变。2021年，八里接诉即办工作诉求解决率比上年提升4.26%，满意率比上年提升5.73%，全区综合成绩排名比上年提升13位。 （宋玉宝）

【“医养结合”养老服务驿站启用】 年内，八里庄街道联合八里庄第二卫生服务中心共同改造罗马嘉园老年驿站，启用“医疗+养老”社区服务新模式。老年驿站共4层，总面积284平方米，一、二层为老年服务驿站，设有老年活动室、老年健康科普馆；三、四层为医疗服务中心，将医疗资源直接引入驿站，集医疗、就餐、休闲等功能于一体。养老驿站可以享受养老补贴政策，实现医保实时结算。驿站服务范围覆盖罗马嘉园、甘中里、甘露园、十里堡、青年路51号及润枫水尚和朝阳雅筑社区的居家养老服务群体，每月接受专业医疗服务的老年人500余人。 （刘 杨）

【skp商圈智慧交通网建成】 年内，八里庄街道联合区交通委、区城管委、朝阳交通支队等部门，开展skp商圈智慧交通综合改造。通过合理规划路面交通，设置可变车道，调整skp西门部分公交停靠站点，缓解路面交通压力；增加电子警察、违停抓拍、黄网格抓拍等科技执法设备，重新施划路旁禁停线，科学管理路侧资源，规范停车秩序；打通skp和华贸写字楼两大商业体地下停车空间，实现地下近10万平方米建筑面积的互联互通，可提供1000余个停车位，4个出口皆可驶离商圈区域，最大限度实现停车资源共享，缓解中心商业区停车压力，智能斑马线、爱心红绿灯成网红打卡点。 （马思来）

【《织梦年代》纪实微电影】 年内，八里庄街道联合中广天下（北京）文化发展中心，以辖区内京棉纺织集团前身——北京棉纺织一、二、三厂为故事原型，调研采访近百位棉纺织系统老职工，以纪实拍摄和故事还原相结合的方式拍摄纪实电影短片《织梦年代》。通过京津冀之声广播电台联合北京文艺广播、河北综合广播等栏目，在新浪微博等平台推广，“织梦年代”微博阅读量达140万次，话题词“北京八里庄曾是纺织城”阅读量突破340万次。 （许 蔷）

朝阳区八里庄街道社区居委会一览表

表16

序 号	名 称	地 址	电 话
1	红庙北里社区居委会	红庙北里53号楼南平房	65014186
2	红庙社区居委会	慈云寺1号院3号楼C座201室	65046519
3	华贸中心社区居委会	建国路89号院15号楼2层	65307249
4	延静里社区居委会	延静西里22楼东侧平房	65014362
5	远洋天地家园社区居委会	八里庄西里59号楼南侧配楼2层	85866626
6	八里庄西里社区居委会	慈云寺北里118号楼东北角	65570478
7	八里庄东里社区居委会	八里庄东里12号楼后	65569064
8	八里庄东里北社区居委会	八里庄东里12号楼后	65587377
9	城市华庭社区居委会	十里堡甲3号院2号楼1层	85789902

续表 16

序　号	名　称	地　址	电　话
10	十里堡社区居委会	十里堡东里127楼2层	65577555
11	十里堡东里社区居委会	十里堡东里127楼2层	65574660
12	十里堡南里社区居委会	十里堡甲2号院1号楼北侧平房	65577308
13	朝阳无限社区居委会	甘露园1号楼2单元1层	85739508
14	甘露园社区居委会	甘露园南里18楼后	85781756
15	甘露园中里社区居委会	青年汇小区5号楼北侧2层小楼	85740338
16	罗马嘉园社区居委会	朝阳北路107号院39号楼4层	85904039

（刘艾菁）

朝外街道

【概况】　朝外街道位于朝阳区西部。东起工体东路、东大桥路与呼家楼街道接壤；西至朝阳门南北大街与东城区朝阳门街道、东四街道相连；南至光华路与建外街道为界；北至吉市口八条、工体西路、工体南路与三里屯街道、东城区东直门街道相邻。辖区面积2.2平方千米，下辖7个社区。2021年，辖区常住人口数32420人、户籍人口10727户40740人、流动人口8320人、港澳台同胞及外籍居民551人、有少数民族人口4052人；出生人口331人、死亡人口298人；有法人单位5580个，其中中央单位有外交部、司法部、民建中央、中石化等国家机关及企业135家；有英国、朝鲜等13个国家大使馆；有市属、区属单位277家；有昆泰、蓝岛等大型商业企业和雅宝路、悠唐广场、侨福芳草地等众多消费娱乐场所；有医院2家、社区卫生服务中心1个、社区卫生服务站5个；有科研院所1个、中学2所、小学3所、幼儿园3所；有社区服务中心1个、养老机构2处；有500平方米政务服务中心、3000平方米地区文化中心和2000平方米党群服务中心各1处、文化广场8处和社区文化活动室7处。途经辖区公交线路17条，地铁2号线、6号线贯穿其中。辖区绿化率28.06%。朝外街道围绕“多圈建设”目标，保大事、优治理、惠民生，推进“两件大事”（庆祝中国共产党成立100周年和冬残奥会服务保障），开展党建“五个一百”（培育一百个优秀基层党组织，培养一百名优秀志愿人物，发展一百家辖区治理共同体单位，形成一百个党群共治项目，打造一百个党建服务品牌）行动、家园共建行动、“平安朝外365”行动、问需解难行动、文化创享行动。实现区级收入25.95亿元，完成全年财政收入指标92.2%，比上年增长0.06亿元。朝外街道获“首都文明单位标兵”“北京市先进基层党组织”称号，朝外街道司法所获“全国模范司法所”称号。

【特色党建活动】　年内，朝外街道以“4+3+N”（即通过“日有学习、周有专题、月有主题、季有总结”四步法，落实每月“实事推进、诉求督办、资源整合”三项常态化专题工作任务，开展好组织生活会、讲党课等“N”项阶段性主题活动）思路全面开展党史教育。依托“三个中心”（地区党群服务中心、融媒体分中心、新时代文明实践中心）、两个载体（朝外邻里圈“伴儿”App、“朝阳门外”公众号）、一个基地（马骏烈士墓爱国主义教育基地），开展微展览、知识竞赛、“党员诉初心”专题栏目、非公支部“党史研习社”等“六个一”（开展一次党史微展览、开展线上线下党史知识竞赛、组织党史邮票展、依托融媒体中心录制“党员诉初心”专题栏目、组织非公支部“党史研习社”、组织观看一部红色电影等）活动，391名老党员获“光荣在党50年”纪念章，开展“我为群众办实事”实践活动，办好民生实事60项。

【智慧消防系统建设】　年内，朝外街道在吉祥里社区建设北京市首个居民社区智慧消防管理系统。1383个智能终端、多个智能机器人、社区微型消防站24小时守护社区，以“技防+人防”实时监测，抓实物业管理单位消防责任、属地部门联动协作机制，检测各类社区安全隐患问题170余处，居民楼道堆物堆料案件月均减少94%，朝外“四体一库”经验在“第二届全国智慧消防论坛”分享，得到央视、“学习强国”等多家媒体报道。创建智慧平安社区，安装小区出入口智慧门禁、停车道闸、抓拍摄像机、出入口监控、行人进出自动门、智能自动开门机。

【法治建设】　年内，朝外街道“人大代表之家”被设为北京市第一批基层立法联系点，推动“全过程人民民主”在基层有序实践。制定《朝外街道关于重大法制审核制度》，地区法律顾问进行合同合法性审查500余次、法

▲ 12月3日，朝外地区举办《每天一问〈民法典〉》新书发布暨法律服务宣传日活动
（朝外街道　供图）

治论证5次，严格落实行政执法三项制度，监督执行新修订的《中华人民共和国行政处罚法》，促进依法行政；抓教育整顿，建设清廉综合行政执法队伍。地区法律联盟合力编写《每天一问〈民法典〉》，开展“小社区、大律师”村居法律顾问服务活动，14场“法律大讲堂”带动居民自觉守法、遇事找法。

【疫情防控】 年内，朝外街道落实疫情防控“查、看、控、种”四步措施，动态更新人员管理台账，落实“四个当日”要求，累计派单核查1.77万人，落实管控3228人。建立核酸检测快速反应机制，48小时完成辖区9682名重点行业人员核酸检测任务。开展疫苗接种工作，合理设置“定点＋机动”点位，针对楼宇工作人员、60岁以上老年人、未成年人特点，以楼宇约谈、敲门行动、科普答疑等方式分类动员，累计接种第一针5.69万剂，接种第二针5.58万剂，全程接种率98.04%、脱漏率1.13%，第一针、加强针、3~11岁儿童接种率居全区前列。

【养老救助】 年内，朝外街道整合60家养老、医疗、便民服务资源构筑养老联合体，组建“为老服务联盟群”，实现供需双向对接。创新智慧养老，开发“朝外智慧养老服务管理系统”，动态管理、精准服务地区1.1万名老年人；建设“朝外养老”微信小程序和养老服务热线，畅通为老服务渠道。对585名高龄独居老人开展巡视探访，为20名重点监测对象配备智能手表，及时预警并处理异常情况244条；专业服务人员、社区志愿者、包楼居干结成“孝亲顾问”志愿服务队，结对帮扶独居老人；为104名重度失能老人开展床位适老化改造及日常照料，5处老年餐桌提供服务7189人次，解决老年人“就餐难”问题；“四进服务”提供上门助餐、助洁、助浴等服务538人次；老年大学“线上＋线下”课程满足精神文化需要，力求暖心贴心。

【环境优化】 年内，朝外街道开展争创“基本无违法建设街道”行动，拆除违法建设1378.96平方米，完成全年任务的137.89%。地区占道经营点位全部动态清零。完成雅宝城南广场口袋公园和日坛上街迷你社区广场2处公共空间改造项目方案设计；绿化改造整体提升元老胡同众享空间环境；翻新改造、集中修补日坛路等4条道路；小区内外补种花卉绿植100余平方米。开展文明城区创建工作，整改各类问题732处，依托“城管＋共治”模式签订门前三包责任书426份，发放监督员证417个；深化“一址多查，一查多效”工作模式，开展联合执法350余次，查处违法问题800余起，清理各类非法广告7000余张；精细化管理背街小巷，联动街巷长、小巷管家不定期“循环式”暗查，街道在区级街巷长综合考评中连续排名第一；环保有策，摸排230余处无主排水管道，引导32家餐饮企业完成油烟排放装置升级改造，动员19家党政机关参与节水型单位创建，街道在区级实地验收中得满分。（朱光照）

朝阳区朝外街道社区居委会一览表

表17

序　号	名　称	地　址	电　话
1	芳草地社区居委会	东大桥路23号院	85619525
2	吉庆里社区居委会	工体西里4号楼南侧平房	65538102
3	吉祥里社区居委会	朝外大街北侧112号楼旁	65514388
4	三丰里社区居委会	三丰里14号楼南侧小楼	85612610
5	体东社区居委会	工体南路甲1号平房院	65512262
6	雅宝里社区居委会	朝外大街甲14号楼北侧	85628668
7	天福园社区居委会	天福园8号楼东侧平房	85611185

（朱光照）

大屯街道

【概况】　大屯街道位于朝阳区西北部。东起京承高速路、北湖渠路与来广营地区（乡）、望京街道为邻；南以北四环东路与亚运村街道、小关街道、太阳宫地区（乡）相连；西、北至北辰东路、科荟路、安立路与奥运村街道接壤。辖区面积10.013平方千米，下辖20个社区居委会。截至年底，辖区常住人口132457人、户籍人口34221户90348人（其中汉族人口84313人、少数民族人口6035人）、流动人口40242人、港澳台同胞和外籍人口802人；出生人口768人、死亡人口551人。辖区有法人单位5735家，其中有中国藏学研究中心、中国石化工程建设有限公司等中央单位64家，地方单位237家，其他单位5434家。有医疗机构59个、有医院3家、社区卫生服务中心1个、社区卫生服务站3个；有科研院所1个、大学2所、中学2所、小学6所、幼儿园19所；养老机构1处、养老驿站6处；有480平方米为民服务大厅2处，街道级文化活动中心7处、文化广场1处和24小时自助图书馆2处。途经辖区公交线路37条，地铁5号线、15号线贯穿其中。辖区绿化率41.06%。2021年，街道工委践行“1234”（即强化一个意识——不忘初心、牢记使命；严守两条红线——廉洁自律、安全生产；突出三个重点——党的建设、民生改善、功能疏解；实现四个目标——文明、活力、平安、宜居）发展思路，完成全国两会、中国共产党成立100周年庆祝活动、北京冬奥会及冬残奥会测试赛服务保障任务；拆除违法建设3.66万平方米，完成挂账任务364.63%；大数据平台初步建成，打造地区“智慧大脑”；完成环境治理任务推进老旧小区综合改造提升项目；推进“一社一品”建设，形成大屯街道党建引领社区治理“4S工作法”（调研survey、学习study、督导supervise、总结summarize）。全年实现区级财政收入20.22亿元，完成全年任务量的105.7%，比上年增长9.36%。大屯街道获“首都文明单位”和“首都绿化美化先进单位”称号。

【便民服务】　5月，大屯街道开展主食制作培训，辖区40名失业人员参与；6月，在大屯文化广场与区人力资源服务中心联合开展“助企聚才稳就业，精准服务惠民生”的招聘活动，为辖区待业、就业群众提供文化传媒、物业管理、人力资源、家政、司乘服务等工作岗位158个。

【新冠肺炎疫情防控】　年内，大屯街道严查细核各类人员数据2.6万条；管控居家隔离、健康监测1.86万人次；排查境外返京人员621人；对接上门采样并转运密接170人、次密接399人；核酸检测各类管控人员10万余人次；组织疫苗接种10万人次。街道选派63名青年干部组成疫情防控青年突击队，完成确诊病例到访地慧忠里第二社区博世祥园小区、慧忠北里第二社区104号楼封控任务。

【社区治理】　年内，大屯街道开展社区层面“我为群众办实事”活动，制定社区实事项目清单，20个社区形成190项实事项目，其中公共安全类33项、环境整治类32项、便民服务类68项、文化体育类37项、其他类20项。累计投入资金506.99万元，190项实事项目全部完成。

【垃圾分类】　年内，大屯街道建设垃圾分类驿站22个、垃圾分类中转站1个；通过北京市垃圾分类示范片区复检，建成北京市垃圾分类示范小区5个，垃圾分类示范楼宇1个，打造垃圾分类示范街一条。阳光新干线小区垃圾分类先进典型事例被北京卫视、《北京青年报》等媒体报道。

【城市精细化建设】　年内，大屯街道实施老旧小区综合整治项目，涉及安慧东里及慧忠里B区两个社区26栋楼，改造面积15.61万平方米。推进朝阳区第二批老旧小区电力设施改造项目，增加电力荷载，保障居民用电安全；完成慧忠里小区惠通发市场周边环境提升项目、新增绿化面积5330平方米，地面硬化铺装面积153平方米，新建铁艺围栏面积27.3平方米；全年处理环保App案件189件；治理污染源，北小河断面水质考核稳定达标；完成25户节水器具补贴、19名水库移民费用发放工作。实施“增绿护绿行动”，建设朝阳绿道2380米，为老旧小区补种绿植苗木10万余株、补种绿植面积1.5万平方米。

【疏解整治】　年内，大屯街道拆除各类违法建设1.45万平方米，完成挂账任务的1365%，创建“基本无违法建设街道”。开展劳动监察保障专项行动，完成100家用人单位劳动用工情况检查。促进人口疏解，累计登记流动人口51398人，其中年内新登记31030人、核

▲ 11月10日，大屯街道“送苗进校园”，推进3～11岁人群新冠疫苗接种工作
（蔺　娣　摄）

销 22029 人。登记出租房 13665 户，其中年内新登记 1791 户、核销 2789 户。完成群租房治理 109 户、疏解人口 163 人。

【助残帮困】 年内，大屯街道走访慰问地区困难残疾人 242 人次，发放慰问金 15.6 万元；为地区 17 名残疾儿童发放康复补助 27.1 万元；安置残疾人就业 13 人；定向职业技能培训 9 人；为 6 名肢体残疾人进行家改无障碍评估工作；为 269 名残疾人办理城乡居民养老保险缴费补贴审核。发放低保低收入 1326 人次、152.4 万余元；审核完成低保低收入家庭供暖补贴 53 户，发放补贴 7.2 万余元；受理入学救助 1 人，发放救助金 1 万元；医疗救助 34 人，发放救助金 21.7 万元；核发超转人员丧葬补贴 17 人，合计 8.5 万元；捐赠衣物等价值 2.8 万元，征集善款 2.7 万元；全年购买结对帮扶地区密云区高岭镇农产品 15.3 万元；发放优扶对象医疗减免费用 6.86 万元、伤残军人抚恤金 396.4 万元、定补资金 78.8 万元、伤残军人护理费 17 万元。 （胡艳华）

朝阳区大屯街道社区居委会一览表

表 18

序　号	名　称	地　址	电　话
1	慧忠里第一社区居委会	慧忠里甲316楼北侧	64980308
2	慧忠里第二社区居委会	慧忠里B区108楼东南侧	64959011
3	慧忠北里第一社区居委会	慧忠北里411楼104号	64869360
4	慧忠北里第二社区居委会	慧忠北里108号楼1层0106	64864019
5	安慧北里秀雅社区居委会	安慧北里秀园17号楼110室	64950058
6	安慧北里安园社区居委会	安慧北里安园6号楼104号	64951098
7	大屯里社区居委会	大屯里小区院内西平房	84806303
8	安慧东里社区居委会	北苑路178号光大名筑8号楼2单元0118号	64826118
9	欧陆经典社区居委会	北苑路172号万兴苑6号楼103室	84853151
10	育慧西里社区居委会	育慧西里小区居委会办公楼	64979709
11	嘉铭园社区居委会	嘉铭园A区5号楼2单元101、102号	84858717
12	育慧里社区居委会	成慧路二号院1号楼1单元1层	84634647
13	世纪村社区居委会	育慧北路8号三区1号楼101号	84633844
14	亚运新新家园社区居委会	辛店路亚运新新家园物业一层	51737167
15	金泉家园社区居委会	金泉家园文化活动中心二层	84806303
16	中灿家园社区居委会	安立路58号中灿苑物业楼B1层	64948099
17	安慧东里第二社区居委会	北苑路176号隆宝宸商务大厦301	64925198
18	融华嘉园社区居委会	嘉铭园B区北门底商	84869346
19	安慧北里逸园社区居委会	安慧北里逸园18号楼110室	64924376
20	富成花园社区居委会	紫薇天悦5号楼102室	84856570

（胡艳华）

东湖街道

【概况】 东湖街道位于朝阳区东北部。东至机场高速中心线，与崔各庄地区（乡）接壤；西至地铁 13 号线西侧，与来广营地区（乡）相接；南至北小河北侧沿望京西路中心线至湖光北路、宏泰西街中心线及原崔各庄地区（乡），与望京街道界线至机场高速路，与望京街道相邻；北至五环路中心线，与来广营地区（乡）和崔各庄地区（乡）相连。辖区面积 5.39 平方千米，下辖 12 个社区。2021 年，辖区常住人口 63219 人、户籍人口 16769 户 43638 人、流动人口26751人、有港澳台同胞及外籍人口1782人；出生人口321人、死亡人口133人。有法人单位4984家，其中央属单位48家、市属单位37家、区属单位12家；有各类企业4800余家，其中世界500强企业10家、跨国公司总部11家、外商投资企业125家、港澳台商投资企业29家；有医院4家、社区卫生服务中心1个；有中学4所、小学5所、国际学校1所、职业学校1所、幼儿园11所、社区办园点4所；有养老机构1处；有406平方米为民服务大厅、2000平方米地区文化中心各1处，有文化广场12处、24小时自助图书机3台。途经公交线路37条，地铁13号、14号、15号线贯穿其中。辖区绿化率42%。年内，街道工委以党建为引领，加强干部队伍建设，坚持全面从严治党，以服务为保障、疫情防控为重、民生为本，统筹推进新冠肺炎疫情防控和经济社会发展。选举产生中共北京市朝阳区第十三次代表大会代表4名；完成新建企业工会组织10家、“暖心驿站”4个，拆除上京小区阳光房等违法建设25处，面积300平方米，完成全年任务的130%。实现区级财政收入21.54亿元，比上年增长10%；征收房产税1626.14万元，比上年下降5.95%。东湖街道获“首都城市环境建设样板单位和北京市节水先进单位”称号。（赵　曦）

【新冠肺炎疫情防控】 1月2日，东湖街道启动新冠肺炎疫苗接种工作，开通惠兰医院、凌和医院和大望京朗悦3个固定接种点，楼宇机动接种队开展送疫苗上门服务工作。截至12月21日，辖区18周岁及以上人员第一剂接种129181人，全程接种135405人，3~11周岁第一剂接种6588人，60周岁及以上人员第一剂接种15532人，累计完成加强针接种人员70866人。年内，录入京心系统1.4万余人，对400余名密接和次密接人员进行居家隔离或转运至酒店集中隔离，核查市级派单人员1.5万余人次，核酸检测1万余人次。妥善处置叶青大厦、博泰广场、陈经伦中学东湖湾分校疫情。（罗　月　胡　波）

【社区居委会换届】 1月，东湖街道12个社区同步启动社区居委会换届选举工作。大望京社区、望京西园二区社区采取居民代表选举方式，其他社区采取户代表选举方式，12个社区推选居委会成员108人、居委会主任12人，登记居民14637户、居民28196人，划分306个居民小组，选举产生612名居民代表，正式候选人92人。12个社区全部一次性选举成功，当选的社区居委会主任与社区党组织书记全部实现“一肩挑”；当选的80名社区居委会委员中，中共党员38人，本土化41人，均为大专及以上学历，其中25人具备社会工作师（含助理）资格。（魏　雯）

【教育责任落实】 年内，东湖街道投入教育及青少年项目经费80.7万元，建成青少年教育基地7处，开展各项活动220余次，处理教育类接诉即办案件及事件45起。3~11周岁青少年新冠疫苗接种率在区街道系统排名前三名。办理非本市户籍适龄儿童入学资格审核228人，初审通过207人，联审通过177人，咨询政策或反映相关问题1225人次，均已处理。（张　莹）

【结对帮扶】 年内，东湖街道为爱博诺德、尚邻房地产等8家企业投保互助保障金1600余人，金额6万余元；医疗互助报销3850余人次，报销金额40余万元；从脱贫地区农副产品网络销售平台采购农产品价值约20万元；购买密云区结对帮扶农产品杂粮、密云区“乡村游景点门票”各8万元，带动农业生产和农村消费30余万元；慰问在辖区“留京过年”职工800余人，送去食品价值3万余元；救助困难家庭20户，发放救助金4万元；救助特困家庭2户，发放救助金2万元；全年募集善款4.36万元。（蒋　宁　李跃文）

【接诉即办】 年内，东湖街道接待群众来访30批次，办理市、区转来信访件86件次116人次，报送信访工作信息13篇，排查矛盾纠纷14次、180余件。化解望京西园一区改造、东湖湾小区拍电影、六佰本商业街更换物业、美团卖菜涨价、完美世界经济纠纷、远洋万和公馆成立业委会和慧谷金色一期更换物业公司等社会矛盾。（侯永利）

【综合行政执法】 年内，东湖街道综合行政执法队开展垃圾分类、大气污染防治、非居民用气以及安全生产等专项执法检查，开具行政执法检查单6454件，其中立案75件、行政处罚12.51万元。检查生产经营单位5129家次，出动检查人员1.06万人次，排查安全隐患5982处，其中立案18起、行政处罚6.5万元。（张令洁　冯歆宇）

【智慧平安小区建设】 年内，东湖街道开展基层平安创建工作，统筹规划西园一区小区整体改造工程，实现小区封闭管理；推进20个小区“智慧平安小区”建设工作，协调解决5个社区200余个历史遗留的单元门门禁系统问题。在利泽西园一区、慧谷阳光小区试点电梯内加装电梯云梯系统并完成安装工作。（屈晓俊）

朝阳区东湖街道社区居委会一览表

表19

序　号	名　称	地　址	电　话
1	望京花园社区居委会	望京花园130楼1层	84729771
2	利泽西园一区社区居委会	利泽西园一区104楼105室	64750195

续表 19

序　号	名　称	地　址	电　话
3	望湖社区居委会	利泽西园二区209楼101室	64786258
4	望京西园社区居委会	望京西园一区116楼东南侧黄色二层楼	64715046
5	南湖东园北社区居委会	南湖东园一区社区办公楼	84713336
6	南湖中园北社区居委会	南湖中园一区117楼底商	64709041
7	果岭里社区居委会	望京东路1号摩托罗拉大厦A座1层1A107	84727412
8	大望京社区居委会	望京东园七区12-2	84782880
9	东湖湾社区居委会	利泽西街6号院东湖国际中心写字楼1号楼2层	64735671
10	康都佳园社区居委会	澳洲康都4号楼1层2-0102	64726823
11	望京花园东社区居委会	望京花园西区130楼204室	84729771
12	望京西园二区社区居委会	望京西园一区116楼南侧	87415813

（赵　曦）

垡头街道

【概况】　垡头街道位于朝阳区东南部。东至北京炼焦化学厂东墙与豆各庄地区办事处相邻；南至规划中翠城小区公共服务配套用房西南侧边线和化工路与十八里店地区、王四营地区接壤；西至厚金路和翠城小区规划区域西侧与南磨房地区、十八里店地区相接；北至金蝉北里、垡头北里和北京染料厂、北京炼焦化学厂北墙与王四营地区相连。辖域面积5.32平方千米，下辖16个社区。截至年底，辖区有常住人口56414人、户籍人口15155户38445人、流动人口22538人、外籍人口84人；新出生人口877人、死亡人口387人。有法人单位1829家，其中市属单位13家、区属单位8家、其他单位448家；有社区卫生院1家、社区卫生服务站2个；大中专院校2所、中小学4所、公立幼儿园3所；有养老机构7处（4家驿站、2家照料中心）；有2000平方米为民服务大厅1个、文化广场6个和24小时自助图书馆3处；有商业楼宇2处；有化工路、垡头路等22条主要道路，途经辖区公交线路13条，地铁7号线贯穿其中。辖区绿化率32.54%。年内，街道推进依法行政和法治政府建设，做好“七五”普法的总结和“八五”普法的启动工作；夯实新冠肺炎疫情防控“四方责任”，严密社区防控、严格消杀管理、有序开展新冠疫苗接种工作；加强冷链食品及重点行业的检查和监管，做好核酸检测能力储备；完成15个社区“两委”换届选举工作；完成2021年度12个社区、618户1549人的人口抽样调查工作；开展文明城区创建工作，完成辖区117处考察点位和402项指标任务的整改工作；实现地区财政收入25177.95万元，比上年下降25.29%；征收房地产税168.23万元，比上年增长27.8%。垡头街道获“2016—2020年北京市法治宣传教育先进集体”称号。（李　楠）

【七一表彰】　6月24日，垡头街道为展示党史学习教育成果，表彰激励先进，凝聚垡头力量，垡头街道召开“永远跟党走　建功新垡头”七一表彰

▲ 4月13日，垡头街道祈东家园社区第十一届居民委员会选举大会现场　（垡头街道　供图）

大会。表彰2021年度优秀基层党组织42个、优秀共产党员101名、优秀党务工作者53名，为530名老党员发放“光荣在党50年”荣誉证书。（张　聪）

【主题活动】 10月24日，朝阳区“爱育未来”项目落地垈头街道，并举办全国经验观摩会以及企业捐赠仪式。“爱育未来”项目切实服务社区及周边0~3岁幼儿及家庭，促进地区儿童活动发展，造福更多妇女儿童。年内，垈头街道评选出社区级最美家庭420户，其中街道级最美家庭30户、区级最美家庭4户、朝阳区最具人气奖最美家庭1户。开展垃圾分类工作宣传，组织垃圾分类知识答卷活动等10余次，参与居民5500户次。举办“美好生活《民法典》相伴”系列主题宣讲活动42场；召开“七五”普法总结暨“八五”普法启动大会，表彰先进集体和先进个人；举办2021年“12·4”国家宪法日暨宪法宣传周活动。（王久全）

【区域化党建】 年内，垈头街道摸排属地非公企业和社会组织412家，将中南土木公司党委作为区级两新党建示范培育试点单位，发挥以点带面辐射作用；以项目化方式与32家社会单位开展党建共建活动99项，服务地区居民近千名。（张　聪）

【敬老助残帮困】 年内，垈头街道开展基本养老服务对象认领、签约工作，整合辖区餐饮资源，完成7个养老助餐点建设任务，满足地区老年餐需求；扩大4家驿站、2家照料中心服务的责任片区，实现辖区16个社区养老服务全覆盖；通过开展协调会商、解决突发性、紧迫性困难群众急难个案8例；利用临时救助、慈善救助、办理住院押金减免、特殊病种保险等多种方式解决就医、用药、托养安置等各类困难12人，救助资金20万余元；开展“我爱我家健康成长”、“铸就未来慈善引航”、温暖安康、“朝阳慈善情”等慈善项目，为困难家庭学生、老年人、因病致困家庭等160余人实施救助帮扶，涉及慈善款20余万元，救助帮扶困难群体；投入资金12.15万元，走访慰问24户单亲特困母亲及218户女性低收入家庭。（乔　愔）

【接诉即办机制落实】 年内，垈头街道受理12345热线案件1320件，接待来访群众220人次，接待集体访20余批次。处级领导接访40次；开展矛盾排查2次、化解街道自接各类矛盾220次，矛盾化解率为95%。（乔石东）

【安全稳定】 年内，垈头街道与900余家生产经营单位签订《安全生产工作责任书》，开展安全生产执法检查3241次，排查企业835家，下达整改通知书717份，发现隐患1058处，整改隐患1030处，下达《建议停工停业整改通知》3份，立案21起，罚款4万元。指导432家单位完成安全隐患识别，梳理安全风险源清单1134条。组织消防安全讲堂进社区培训37场，受众人数2798人，张贴宣传海报1300余张，入户发放宣传册2100余份，举办“一警六员”实操实训21场，893人次参加培训；年检灭火器522个，巡检楼内消火栓905个、地下消火栓204个；为独居老人、困难群体安装独立烟感报警器1670个；摸排居民楼242栋（楼门1153个）；11个社区完成消防车道划线，施划消防车道线92条。引入“安科365”社会力量，实施“安全巡控应急平台”消防服务项目，处置突发事件98起、火情68起；拆除“群租房”88户，疏解人口126人；安装车辆抓拍摄像机2台、人脸抓拍摄像机6台、门禁22个、后门12个，完成22台前端门禁人脸识别系统调试，实现进出人脸比对、过往车辆抓拍。（郭荣斌　吴海兴）

【社会保障】 年内，垈头街道解决企业和群众办事“上班没空办、下班没处办”的痛点难点问题，开展延时服务，办理各项业务319件；接收企业社会化退休人员5854名；为690名失业、灵活就业和退休人员办理自采暖补贴，为7000人次提供异地认证和档案服务；为12名学生申请入学救助6.38万元；为514人次办理医疗救助75.68万元；为1人提供临时救助3510元；为60人申请清洁能源自采暖补贴8.57万元、为79人申请集中供暖补贴11.55万元；为5人办理丧葬补贴2.50万元；为34名残疾人办理两项补贴；为426名居民办理医疗保险参保和减员手续。（王　雪）

【环境整治】 年内，垈头街道拆除违法建设4.17万平方米、拆除违法群租房屋88户、疏解人口126人；处理、查扣无照游商42起，行政处罚42起，罚款4.6万元；移送非法小广告停机12起、立案处罚4起、罚款1200元；检查“三类场所”“七小门店”以及餐饮企业垃圾分类、燃气安全、“门前三包”等938人次，录入电子检查单1800余张。（徐建立）

【新冠肺炎疫情防控】 年内，垈头街道实施“大社区管控，小社区管理”，设计制作发放各社区出入证15.8万张，群众监督卡1.5万张。印发疫情通报5000张，宣传海报216张，制作横幅74条，出入口指示牌67块。全年排查16365人，其中密接、次密接390人，居家931人，健康监测2388人，集中隔离164人，境外返京162人，核酸检测10616人。采取线上、线下相结合方式推送信息181条，群发短信132.51万条，制发《一封信》等宣传资料14.1万份，提高疫苗接种知晓率。常设3处固定接种点位，派出接种机动队进驻楼宇、学校，设立临时疫苗接种点，开展“八进”工作446场次。开通接种夜场、“绿色通道”、流动疫苗车、儿童接种专场，暖心服务“一老一小”。及时回访避免脱漏，织密织牢疫情防控“安全网”。截至年底，辖区居民接种新冠疫苗第一针68485人、接种第二针66526人、接种加强针37783人。（严　帅　蔡红梅）

朝阳区垡头街道社区居委会一览表

表 20

序　号	名　称	地　址	电　话
1	垡头一区社区居委会	垡头一区6号楼北侧	67382011
2	垡头二区社区居委会	金蝉里19号楼1层11号	67367009
3	垡头三区社区居委会	金蝉里16号楼北侧	67365471
4	垡头东里社区居委会	垡头东里东院11排房南侧	67365570
5	垡头西里社区居委会	垡头西里24楼北侧	67360853
6	垡头北里社区居委会	垡头北里17号楼北侧	67374703
7	翠城馨园社区居委会	翠城馨园340号楼南侧	67383900
8	翠城雅园社区居委会	翠城馨园237号楼北侧	67202700
9	翠城趣园社区居委会	翠城馨园103号楼东侧	67363500
10	翠城盛园社区居委会	翠城馨园143号楼底商	67376900
11	翠城熙园社区居委会	翠城馨园420号楼1层底商	67371136
12	翠城福园社区居委会	翠城馨园504号楼底商	87156463
13	双合家园社区居委会	双合中路3号院c14楼2层	67858926
14	双美家园社区居委会	双合中路3号院c14楼2层	87151719
15	祈东家园社区居委会	祈东家园1号院1号楼东侧底商	87302677
16	北焦家园社区居委会	北焦家园社区1区11号楼公租房管理中心北侧	87307436

（李　楠）

和平街街道

【概况】　和平街街道位于朝阳区西北部。东以城铁13号线为界与香河园街道相接；南起北二环路与东城区东直门街道、和平里街道相望；西至安外大街与安贞街道接壤；北至元大都公园与小关街道相邻。辖区面积4.54平方千米。下辖12个社区居委会。年内，辖区常住人口81948人、户籍人口24788户82167人、流动人口17791人、外籍人口261人；有少数民族人口5694人；出生人口364人、死亡人口838人。有规模以上法人单位246家，其中科研院所14家、央属和市属企事业单位54家、文艺团体2家；有高等院校3所、成人教育学院1所；有中学2所、小学6所、幼儿园5所；有820平方米的社区文化活动中心1个、社区文化活动室12个、社区图书馆1个；有医院2家、社区卫生服务中心1个、社区卫生服务站5个；有养老院1处；有公交场站3个，途经辖区公交线路50余条，地铁5号线和13号线贯穿其中。辖区绿化率36%。年内，街道按照“补短板、抓

▲ 7月6日，和平街街道召开七一表彰大会　（和平街街道　供图）

创新、谋发展”的工作思路，聚焦全年工作重点和难点问题，完成110家用工企业劳动用工书面审查，涵盖国企、社会团体、私营等经济类型；完成区人大代表选举工作，选举产生区人大代表17名；表彰优秀基层党组织50个、优秀共产党员100名、优秀党务工作者100名；为852名老党员颁发“光荣在党50年”纪念章。全年实现区级财政收入8.39亿元，比上年增长33.8%。和平街街道获“北京市全民健身示范街道”称号。（冯　娟）

【社会心理服务中心成立】5月，和平街街道“心灵按摩室”项目通过市、区专家评审并列入市政府重要民生实事建设任务，获得20万元资金支持。截至年底，“心灵按摩室”累计举办心理讲座、沙龙、沙盘、绘画减压、OH卡减压、舞动治疗、鼓圈等活动20余场，信访工作一对一辅导、个案心理咨询90小时，心理测评120人，受益居民1000余人。年内，培育社会心理指导师30人。（侯瑞云）

【对口协作】10月20日，和平街街道与密云区大城子镇签署对口协作框架协议，和平街街道所辖社区与大城子镇所辖社区、村分别结对并签署对口协作框架协议。11月26日，街道主管领导及相关科室负责人到密云区大城子镇慰问困难家庭50户，送去大米、食用油、鸡蛋、牛奶等慰问品。（朱聪瑶）

【民生项目】年内，和平街街道投入资金224万元，完成城铁公园破损步道翻修、新建花池、补种绿植和塑胶跑道铺设；投入资金228万元，完成14区下沉广场路面破损及积水整治；投入资金132万元，完成15区2号院路面破损及雨水管线堵塞整治；投入资金69万元，应急处理停水事件77起、停电事件87起、暖气不达标或停暖事件82起、漏气事件18起、漏雨事件98起、下水管堵塞133起；投入资金20万元，完成砖角楼北里12号楼院内积水破损地面整治、胜古庄平房区下水管线及破损路面整治；投入资金32万元，修剪存在安全隐患的树木、修复更换居民窗户、护栏等；投入资金17万元，改造街道办事处办公楼、厕所入口以及樱花园社区、派出所等无障碍设施；投入资金35万元，用于改造垃圾分类站点，创建市级垃圾分类小区3个。（罗文康）

【社区治理】年内，和平街街道完成政府购买社会组织服务项目4个，分别为“厚植根基”社会工作助力社区治理与服务项目、“老社区，焕新颜”胜古南社区楼门文化建设与环境自治能力提升项目、皇姑坟小区物业管理和综合治理项目和“全民学新法、共创好生活”项目。其中“老社区，焕新颜”胜古南社区楼门文化项目获区委社会工委、区民政局项目末期评审“优秀”，9月13日《中国社区报》报道该项目开展活动情况及成效；其他3个项目均获末期评审“良好”。街道社区创享计划项目和“星辰聚力”社会动员平台项目分别获区委社会工委、区民政局项目末期评审“优秀”和“良好”。（侯瑞云）

【政务服务与救助】年内，和平街街道政务服务中心办理各项业务44730件，接待群众17734人，群众满意率100%；完善政务大厅进出坡道、卫生间、无障碍停车位、低位办公台面等无障碍改造工作；为6448名80岁以上老年人发放高龄津贴1118.48万元；为1630名60岁以上失能老年人发放失能护理补贴931.99万元；为265名60岁以上低保、低收入、计生困难家庭发放养老服务补贴38.12万元；实施补充医疗救助13人次，发放救助金1.67万元；实施临时救助4人次，发放救助金1.18万元；实施教育救助6人次，发放救助金3.94万元；实施城市特困人员供养2人次，发放供养金6.85万元；走访慰问困难家庭1063户，发放慰问金和慰问品金额60.75万元；对辖区内5名困境儿童实施追踪服务，发放救助金12.1万元；困难群众慈善救助6人次，发放救助金2.1万元；为19位困难受助老人发放慈善医疗卡救助金0.62万元。（代　永）

【环境治理】年内，和平街街道拆除存量违法建设32处、面积1226.31平方米，完成全年任务量122.63%；制止新生违法建设10起；完成“基本无违法建设区”创建工作中的图斑分类举证环节及限期整治类图斑的治理工作；完成辖区472家“门前三包”单位信息采集、新版“门前三包”责任书签订和监督员证的发放工作。检查“门前三包”单位5664家次，规范“门前三包”216起。（张绪瑞）

【安全隐患排查】年内，和平街街道组织辖区内有限空间作业场所运营和管理单位负责人开展有限空间作业专项培训。完成在账77家企业的安全检查工作并排除隐患；对辖区24家液化石油气非居民用户进行液化石油气专项安全检查，在账24家企业全部完成改电、改管道燃气。燃气使用单位安责险覆盖率100%；开展储能电站、充电桩及其他充电消防问题安全检查，检查单位168家，下达现场检查文书168份，发现隐患64项，消除64项，整改率100%。全年累计出动安全检查人员7368人次，检查企业3893家次，发现隐患1652处，问题隐患整改100%，检查企业覆盖率100%，检查计划完成率139%。（刘　涵）

【无障碍环境建设】年内，和平街街道投入资金22.1万元，改造公共区域无障碍设施及购买爬楼机，完成6部爬楼机配备以及扶手安装、坡道新建、坡道翻修、无障碍厕位及低位洗手池改造；动员“七小门店”（小餐馆、小网吧、小旅馆、小浴室、小歌舞厅、小理发店和小便民店）投入资金19.40万元，用于店扶手安装、坡道新建、坡道翻修、购买移动坡道、改造低位服务台、粘贴预约服务标志等无障碍改造；完成“樱花东街无障碍精品街区”“樱花园社区无障碍精品服务圈”两类精品示范项目创建工作。（张　峥）

【诉求办理】　年内，和平街街道受理市民热线诉求8120件，街道综合响应率98.20%、解决率87.22%、满意率92.43%。全年开展日常会商200余次，召开调度会40场、点评会12场，街道主要领导督办案件1600余件、签批疑难案件分派500余件。表彰受理市民热线诉求先进集体11个、先进个人12名，评选优秀案例10个。（刘　爽）

朝阳区和平街街道社区居委会一览表

表21

序　号	名　称	地　址	电　话
1	和平家园社区居委会	和平家园西门内8区北侧平房	84291139
2	和平家园北社区居委会	和平街11区和平家园社区图书馆西侧平房	84276690
3	樱花园社区居委会	樱花园24楼7门102、103号	64443929
4	胜古庄社区居委会	朝阳区胜古庄中路皇姑坟小区南墙外平房	64452943
5	胜古南社区居委会	胜古南里12号楼平房	64412738
6	和平东街社区居委会	朝阳区安定路12号院2号楼105室	64278628
7	小黄庄社区居委会	和平街15区西门外平房	84270383
8	和平西苑社区居委会	和平街西苑15号楼西侧平房	64214501
9	胜古北社区居委会	和平西苑甲12号楼北侧平房	64437323
10	砖角楼社区居委会	和平街砖角楼北里5、7、8号院内平房居委会	64215592
11	十四区社区居委会	和平街14区14楼北平房居委会	84258576
12	科技苑社区居委会	和平街青年沟东路13区34楼101号	84264316

（冯　娟）

呼家楼街道

【概况】　呼家楼街道位于朝阳区中西部。东起金台路与八里庄街道交界，西至东大桥路与朝外街道接壤，南起光华路与建外街道为邻，北至工人体育场南路与团结湖街道、三里屯街道毗邻。辖区面积2.8平方千米，下辖11个社区居委会。2021年，辖区有常住人口62536人、户籍人口21280户62308人、流动人口14452人、外籍人口1909人；有汉族人口57912人、少数民族人口4624人；出生人口290人、死亡人口480人；有法人单位11263个，其中央属单位102家、市属单位246家、其他单位10915家；有医院3家、社区卫生服务中心1个、社区卫生服务站4个；有养老照料中心和养老驿站6处；有科研院所4家；有大学1所、中学1所、小学3所、幼儿园4所；有480平方米为民服务大厅、文化广场和24小时自助图书馆各1处；途经辖区公交线路35条，地铁10号线、6号线贯穿其中。辖区绿化率22.73%。街道以全面加强思想政治建设为龙头，以推进全面从严治党为保障，以庆祝中国共产党成立100周年为主线，以推进基层改革创新“年度三件事”（“深夜食堂”特色餐饮街区、朝阳医院周边交通微循环、国际化社区治理示范小区）、加强基层建设三年行动计划、做好物业管理和生活垃圾分类“两件关键小事”落地落实为抓手，发扬“三牛”（为民服务的孺子牛、创新发展的拓荒牛和艰苦奋斗的老黄牛）精神，完成辖区11个社区党委、社区居委会换届选举工作，选举产生街道出席中共朝阳区第十三次代表大会代表8名、朝阳区第十七届人民代表大会代表17名，完成新城国际小区国际化示范小区建设工作，完成呼家楼西里1号楼危楼拆除工作。全年实现区级财政收入25.31亿元，比上年增长3.6%。呼家楼街道获“北京市全民健身示范街道”“北京市生活垃圾分类推进工作先进集体”等称号。殷金凤获“全国优秀党务工作者”“北京市优秀社区党务工作者”称号；葛嵘获“北京市生活垃圾分类达人”称号。（宋　巍）

【建党百年系列活动】　年内，呼家楼街道开展庆祝中国共产党成立100周

▲ 6 月 22 日，呼家楼街道在朝阳剧场召开庆祝中国共产党成立 100 周年大会　（胡波涛　摄）

年“十个一”系列活动，评选表彰305 个先进集体和优秀个人；为 885 名老党员颁发“光荣在党 50 年”纪念章；组织党员群众献爱心募集善款 15 万余元；走访慰问困难党员、老党员 460 余人次；为 200 余个基层党支部配发“党建工具箱”；组织地区 4000 余名党员过“政治生日”并发放“政治生日卡”。（赵　堤）

【文明实践】　年内，呼家楼街道申报“优秀环保公益组织”“绿色生活好市民”“‘五个十’最美志愿服务项目”“文明街巷”等多个群众性精神文明项目，完成涉及 24 个点位类型、158 个具体点位和 562 项考察内容的文明城区迎检工作；评选“感动呼家楼”榜样人物 13 名；开展新时代文明实践志愿服务活动 400 余场。（王英峰）

【物业管理】　年内，呼家楼街道成立 46 个物管会和功能型党支部，物业服务企业党组织覆盖率 100%；发动在职党员志愿者 2000 余人次，开展志愿服务 4000 余小时，“党建引领社区治理——专业 + 自治”呼北社区垃圾分类工作模式获区级“十大优秀党建品牌”称号；更新物管会及各小区信息 97 处，完成 36 家物业单位备案工作，业委会（或物管会）组建率 100%。（龚　琛）

【城市管理】　年内，呼家楼街道完成辖区 124 个创建图斑（建设面积 2.08 万平方米，占地面积 1.49 万平方米）分类认定、举证上报和分类治理，办结 60 处 1990 年建成类、21 处数据纠正类、19 处有证类、6 处持续治理类和 18 处限期整治类图斑的举证销账工作。拆除违法建设 8 处、面积 1400 平方米；完成 26 条背街小巷市级验收；查处无照经营、店外经营、堆物堆料、“门前三包”等违法行为 400 余起；清理整治群租点位 29 处，拆除违规上下铺 92 张，整改开墙打洞反弹点位 11 处；与辖区 227 家社会单位重新签订“门前三包”责任书并发放监督员证。（刘红星）

【垃圾分类】　年内，呼家楼街道新建 8 处垃圾分类驿站、36 处再生资源交投点；将辖区内 240 组桶站便民拉环改为防盗拉环，并及时检查与更新；新建大件垃圾、装修垃圾暂存点 2 处，新建再生资源交投点 36 处。（龚　琛）

【安全生产】　年内，呼家楼街道检查辖区企业 3711 家次，开展夜查 68 次，整改安全隐患 1273 处，地区全年未发生安全生产事故。（孟　杰）

【矛盾排查化解】　年内，呼家楼街道受理群众来信来访 258 件 351 人，排查矛盾隐患 104 件次，初信初访化解率 100%；V8 网格平台系统接收各类案件 18614 件，受理接诉即办案件 5560 件，平均满意率 91.04%。（孟　杰）

【“深夜食堂”特色餐饮街区】　年内，呼家楼街道与北京中骏商业管理有限公司联合打造“深夜食堂”特色餐饮街区，以食街、酒巷加外摆的模式亮化升级现有各品牌的全球旗舰店、全国首店等特色商家。该项目被北京市商务局确定为第一批“深夜食堂”特色餐饮街区，打造“CBD 微醺食刻”商业名片，主推“深夜食堂”，举办露天电影节，斯普汇、盛多名歌、ELROJO · 红、COMMUNE 等多个品牌配合完成改造并投入使用，填补北京 CBD 商圈夜间消费空白。（王会鑫）

【交通微循环治理】　年内，呼家楼街道配合区交通委等单位治理提升朝阳医院周边道路交通环境，协调复星国际中心、百富国际大厦等单位，提供临时停车位 300 余个，缓解南三里屯路、工体南路车辆占道排队等候和通行压力；配合区交通委完善朝阳医院周边道路交通标志标线、监控设备、引导牌等；规范共享单车停放，施划非机动车停车区域 370 平方米，督促运营主体及时清运、码放车辆，推动共享单车“入栏结算”，规范动静态交通秩序；完成南三里屯路非机动车道东扩和机动车道施工改造。（王会鑫）

【老旧小区环境整治】　年内，呼家楼街道投资 1112.29 万元，完成呼家楼北里 1 号楼至 15 号楼公共区域环境改造项目和金台里社区整体提升项目，建成美丽街区。（龚　琛）

【新冠肺炎疫情防控】　年内，呼家楼街道对辖区 400 余家餐饮企业、40 家商场超市、36 家单位食堂、13 家药店、157 家“七小门店”、570 余家“三类场所”进行不间断、多轮次监督检查，妥善处置汇鑫写字楼等点位突发情况。辖区有重点排查楼宇 59 座，每周完成楼宇巡查 3 轮次。街道设置健康管理员 354 名、消杀员 354 名。辖区商务楼宇内办公人员 49521 人，完成新冠疫苗第二针接种 40189 人，接种率 81.2%。符合接种加强针人数 38562 人，接种人数 36176 人，接种率 93.8%。3~11 岁人群完成疫苗接种 3652 人。（龚　琛　刘红星　王　洁）

朝阳区呼家楼街道社区居委会一览表

表 22

序 号	名 称	地 址	电 话
1	小庄社区居委会	金台里2号楼北侧平房	85996939
2	新街社区居委会	新街大院2号楼东侧平房	65067802
3	关东店社区居委会	向军南里5号楼北侧	65021910
4	关东店北街社区居委会	圣世一品28号院内	65861972
5	东大桥社区居委会	东大桥路8号SOHO尚都南塔1层	85959821
6	金台里社区居委会	金台北街甲1号	85994144
7	核桃园社区居委会	核桃园北里11号楼	65061163
8	呼家楼北社区居委会	呼家楼北里平房甲1号	65950122
9	呼家楼南社区居委会	呼家楼南里22楼南侧平房	65022156
10	金台社区居委会	金台西路2号院12楼	65369875
11	金桐社区居委会	尚都SOHO南塔1层	65089199

（姚　蕾）

建外街道

【概况】 建外街道位于朝阳区西南部。东至西大望路与八里庄街道相邻，南起通惠河与双井街道相接，西至建国门立交桥与东城区建国门街道相望，北至光华路与朝外、呼家楼街道接壤。辖区面积 4.4 平方千米，下辖 9 个社区。2021 年，辖区常住人口 36414 人、户籍人口 35376 人、流动人口 13885 人、外籍人口 1195 人；新出生人口 154 人、死亡人口 399 人。有规模以上法人单位 1277 个，其中央属单位 39 个、市属单位 66 个、其他单位 1172 个；有外国驻华使馆、代办处 40 个，外交公寓群 2 个；有社区卫生服务中心 1 个、社区卫生服务站 4 个；有高中 1 所、初中 1 所、小学 2 所、幼儿园 5 所；有养老机构 1 处；有 750 平方米为民服务大厅、2400 平方米地区文化中心各 1 处，文化广场 2 处和 24 小时自助图书馆 1 处；途经辖区公交线路 46 条，地铁 1 号线、2 号线、10 号线、14 号线贯穿其中；辖区绿化率 30%。年内，建外街道强化党建引领，持续提升地区发展品质、环境品质、治理品质和服务品质。选举产生朝阳区第十七届人民代表大会代表 16 名；完成街道和 9 个社区妇联和换届选举工作；完成辖区 9 个社区居委会换届选举工作；完成建外地区 384 户北京样本点和国家样本点的人口抽样调查工作；完成庆祝中国共产党成立 100 周年服务保障工作；完成街道“一路、两楼、三院”等 7 个重点实事项目、168 个基层支部实事清单为民办实事工程。全年实现区级财政收入 8.39 亿元，比上年增长 19.2%；征收小房产税 2668.30 万元，比上年下降 11.54%。建外街道获“首都城市环境建设管理突出贡献单位”、街道司法所获“全国模范司法所”称号。（孙贞英）

▲ 4 月 25 日，建外街道建国里社区召开第十一次妇女代表大会　（建外街道　供图）

【街道和社区两级妇联换届选举】 4月23日至26日，建外街道和9个社区召开妇联第十一届换届选举大会。选举产生社区妇联执委会委员137名，社区妇联主席9名，兼职副主席22名。大会依照法定程序采取差额选举方式，选举产生街道妇联执委会委员31名，其中，街道妇联主席1名，专职副主席1名，兼职副主席6名。（刘　丽）

【街道商会成立】 5月28日，建外街道召开商会成立暨第一届第一次会员大会，选举产生建外街道商会第一届理事会、监事会成员。推选出理事9名、监事3名。分别召开理事会和监事会，选举产生会长1名（姚雪松）、副会长1名（郝惠珍）、秘书长1名（肖笠州）和监事长1名（邢战涛）。会上宣读成立商会党支部及组织任命。（王　赛）

【就业服务】 6月17日、18日，建外街道联合辖区企业举办“稳岗促就业秋季招聘会”，现场为求职者提供社保政策及劳动政策咨询平台。辖区30余家企业参与招聘会并提供就业岗位1100余个，131人次与招聘单位达成初步就业意愿。（张　雨）

【第三届社区邻里节暨“国际家庭日”活动】 10月16日，建外街道在齐家园外交公寓承办朝阳区第三届“社区邻里节”暨建外街道“国际家庭日”活动。邻里节集音乐、文化、美食、露营、知识、趣味、互动为一体，活动设置六大主题交流互动区域，辖区100余家企事业单位、5家大使馆、9个社区200余个中外家庭参与活动。中央广播电视总台《东方时空》、央视频、人民网、北京卫视《北京新闻》《特别关注》《北京日报》、凤凰网等媒体报道活动情况。（朱砚君）

【劳动监察】 年内，建外街道开展劳动用工专项检查，检查用工单位365家，收集资料1950份，完成用工单位劳动用工书面审查180家；受理劳资纠纷投诉案件441件，涉及务工人员459人次，欠薪金额1225.88万元，约谈64家欠薪企业，解决欠薪案件94件，解决率38.1%。用工单位支付欠薪员工工资186.14万元。（张子魁）

【“一路、两楼、三院”民生项目】 年内，建外街道推进“一路、两楼、三院”项目。“一路”为建华南路疏堵工程（建华南路南起通惠河北路，北至建外大街，全长528米，由双向两车道变为双向四车道，解决周边居民的出行安全问题，提高通行效率）；“两楼”为光华里5号楼、6号楼解危工程（投资2304.8万元，排除居住危险和安全隐患，改善居民居住条件），该工程对楼体拆除后重建，楼体建筑面积2628平方米，为58户170余名居民解危；“三院”为灵通观1号楼、建国里1号楼、永安南里13号楼。“三院”为适心工程（投资535万元，完成道路铺装、改建自行车棚、绿化补种、加装公服设施、违建拆除等工程，施工面积2000余平方米），改造完成后，进一步改善居住环境、消除安全隐患，解决百姓出行难问题。（杨新记）

【环境整治】 年内，建外街道拆除建华南路、美华世纪、商通大厦、俏香厨、建国里1号楼、光华里裕福、中建八局等违法建筑面积4929.89平方米，超额完成全年计划任务。综合治理长安街沿线街面秩序，做到“发现一起，查处一起”，实现“动态清零”。查扣黑摩的、载客电动三轮车等，立案105起，行政拘留12人次，处罚金额7.87万元。完成3处（温特莱酒店1处、光华新居2处）市级挂账排水设施混接、错接点位治理工程并通过验收；完成13处雨污管线错接混接点位整治工程。（杨新记　蔡佑华）

【帮扶共建】 年内，建外街道与内蒙古自治区察右后旗土牧尔台镇、乌兰哈达苏木（镇）签署共建帮扶协议。动员辖区社会力量为共建帮扶工作提供支持，其中建国里社区家理律师事务所捐款5万元；永安里东社区京投发展有限公司捐款10万元；南郎家园社区星云广告有限公司捐款3万元；北郎东社区北京东方兴龙国际货运代理有限公司捐款1万元；金地中心捐款3万元；北郎家园社区光华纺织集团捐赠羊绒衫190件，折合人民币12.35万元；和乔物业捐赠电脑20台，折合人民币8万元；街道共同富裕联盟乐予基金会捐赠口罩20万个，折合人民币16万元。累计捐款22万元，捐物折合人民币36.35万元，用于支持当地疫情防控工作和民生领域困难家庭救助，巩固脱贫攻坚成果，促进两地共建共融。（雷振新）

【平安建设】 年内，建外街道开展安全生产和消防安全检查1.45万家次，消除安全隐患6600余处；联合消防监督员开展联合执法检查140余家次，排除各类安全隐患370个，立案处罚94家，罚金120余万元。三停（停产、停业、停止施工）23家，治安拘留违规动火人员6人。组织地区企业安全培训及演练演习300余场，受教育群众1.2万余人次。发放、张贴安全宣传海报1.8万余张，发放宣传折页、宣传单等3万余份，在居民小区安装充电桩（接口）1100个。（郑晓敏）

【接诉即办】 年内，建外街道市民诉求处置中心有效受理“12345”热线平台案件总量为9971件。其中涉及物业管理的案件3423件、涉及疫情防控的案件1148件，涉及交通、停车管理的案件624件，涉及群众反映的群租房、共享单车、交通治理等热点问题案件544件。建立“全时响应—责任派单—分级办理—满意回复—全面回访—专人核查—严格结案”7步流程，有效回访6931件，解决率69.6%，满意率79.8%。剔除不属实、不合理等案件后，解决率93.4%，满意率97.0%，回复案件和剔除案件合格率位居朝阳区前列。（杜昀鸽　全春行）

【建党百年系列庆祝活动】 年内，建外街道开展“建外之声——心中的歌献给党”红歌联唱、“看‘建’光辉岁月”主题展览、“百年初心逐梦建外”宣讲等系列活动；举办“开卷明史”读书月活动，依托“魅力建外”公众号，开设线上党史课50期，录制《党史学习知识快问快答》视频、《党员初心》访谈等栏目。推进“拜名师、练内功、抓落实”建外红学堂系列讲座，邀请中国新闻社原社长周秉德和军事科学院世界军事研究部原部长罗援为地区党员讲党课。召开地区庆祝中国共产党成立100周年表彰大会，表彰优秀党务工作者26名、优秀共产党员100名，先进基层党组织34个，为561名老党员颁发“光荣在党50年”荣誉证书。（曾上卿）

朝阳区建外街道社区居委会一览表

表23

序号	名称	地址	电话
1	建国里社区居委会	建国里三道街1号楼南平房	58783621
2	永安里社区居委会	永安里灵通观10号楼东侧	58783637
3	南郎社区居委会	建国路88号建外现代城文化教育活动中心	58783660
4	秀水社区居委会	东大桥路57号楼平房	58783635
5	北郎社区居委会	光华路6号院外	58783533
6	光华里社区居委会	光华里12号楼南平房	58783508
7	北郎东社区居委会	蓝堡国际公寓D座S213	85997807
8	永安里东社区居委会	建外SOHO15号楼B1-1580	58783610
9	大北家园社区居委会	南郎家园小区北侧二楼	58789736

（孙贞英）

劲松街道

【概况】 劲松街道位于朝阳区西南部。东起东四环中路与南磨房地区相邻；南至劲松724楼南侧小马路、东南郊灌渠及南磨房路与潘家园街道、南磨房地区相交；西至东护城河、东三环南路与东城区龙潭街道、双井街道相望；北至劲松路、216楼南侧小马路及广渠路与双井街道接壤。辖区面积5.2平方千米，下辖17个社区。2021年，辖区有常住人口14.8万人、户籍人口31506户86196人、流动人口28215人、外籍人口644人；户籍人口中有汉族人口83274人、少数民族人口2922人（其中回族人口2322人、蒙古族人口528人、藏族人口19人、维吾尔族人口13人、苗族人口40人）；出生人口488人、死亡人口843人。有法人单位10109家，其中央属单位有中国能源建设集团有限公司、北京化工机械有限公司等11家，市属单位有北人集团公司、北京虎城供热有限公司等111家，其他单位9987家；有北京广仁中西医结合医院等一级医疗机构9家，其中社区卫生服务中心1个（下设社区卫生服务站5个）；有职业高中1所、中学2所、九年一贯制学校3所、小学1所、幼儿园13所；有养老机构3处、养老驿站3处；有1900平方米的为民服务大厅1处；有档案馆1处、电影院3处、文化广场2处、图书馆1处和社区图书阅览室17个。途经辖区公交线路49条，地铁7号线、10号线、14号线贯穿其中。有街心公园2处，辖区绿化率33.3%。劲松街道以庆祝中国共产党成立100周年活动服务保障为主线，强化政治担当，聚焦服务与改善民生，抓紧抓实常态化新冠肺炎疫情防控工作，推深做实“我为群众办实事”实践活动，完成社区党委、社区纪委、社区居委会、社区妇联换届和区人大代表选举等工作，“劲松模式”进入2.0时代，启动114栋危楼重建“四方共担”探索实践。全年实现区级财政收入4.71亿元，比上年增长3.97%。街道人武部获“北京市民兵专业轮训先进单位”称号。（李　堃　李园园）

【老旧小区综合改造】 3月，劲松街道启动一区、二区公共区域改造项目，改造面积5.96万平方米，惠及住宅楼34栋、居民3684户，10月底竣工。项目涉及沥青路铺装面积2万平方米、种植面积1.75万平方米、新建喷灌管道5200延米、新建排水管道5700延米、路灯架空线入地约1900延米、灯杆270根。7月，启动节能改造项目，完成劲松二区227号、228号楼楼外保温面积9000平方米，屋面保温面积1200平方米，屋面防水面积1300平方米，更换节能窗面积2000平方米，内墙粉刷面积

6000平方米，完成居民楼上下水改造工程，涉及建筑面积1.67万平方米、社区居民224户；完成磨北二区219号、225号、226号、227号、228号、229号楼楼外保温施工面积1.72万平方米，屋面保温面积2500平方米，屋面防水面积2500平方米，更换节能窗面积3100平方米，内墙粉刷面积1.9万平方米，完成居民楼上下水改造，涉及建筑面积3.81万平方米、居民594户，12月底竣工。8月，启动农光里光华木材厂7号楼、8号楼抗震加固项目，完成屋面防水面积800平方米、屋面保温面积800平方米、外墙保温面积1900平方米、更换节能窗面积480平方米，居民楼内水、电、气、热改造工程同步完成，涉及建筑面积2770平方米、居民50户，12月底竣工。10月，启动劲松一区114号楼拆除重建工程，完成该楼66户居民签约搬离。（李丽镜）

【特色党建活动】 5月14日，劲松街道与中国文明网结对开展党员服务群众"赏邮票、学党史"专题讲座，中国文明网工作人员实地参观调研劲松街道新时代文明实践所和劲松北社区老旧小区改造的"劲松模式"。6月25日，中国文明网会同湖南广播电视台，为劲松街道送上"百炼成钢路　音乐颂党史"特色党课。6月29日，劲松街道在劲松电影院举办"党耀劲松展芳华　共赴百年新征程"——庆祝中国共产党成立100周年暨七一表彰活动，为地区56个先进基层党组织和19名优秀党务工作者颁发证书，为1114名老党员颁发"光荣在党50年"纪念章。7月16日，劲松街道联合中国文明网开展"同心悟思想　携手开新局"党建活动，学习贯彻习近平总书记在庆祝中国共产党成立100周年 大会上的重要讲话精神。11月25日，中国文明网在头版发布《文明有劲儿，美好劲松——北京市朝阳区劲松街道新时代文明实践所蹲点报道》。（陈玉娜）

【"物业+为老服务"试点项目】 5月，劲松街道启动实施"物业+为老服务"工作试点项目，完成60岁以上老人建档1000人，开展洗发+理发服务1万余人次、上门保洁1559人次、家电清洗1000台、测量血压6824人次，举办健康知识讲座20场、公益为老康乐活动10场。年内，拓展劲松三区至八区市场化物业管理，引进北京诚智慧中物业管理有限公司开展社群营造、安保资源整合、设备设施专业维护、社区管理团队组建等物业服务工作，解决老旧小区安全、卫生、绿化、交通、停车、便利设施等民生问题。该公司管理面积52.36万平方米，涉及居民8126户。（孙大力）

【社区建设】 年内，劲松街道完成"伴行芳邻·点亮磨北"项目，13栋居民楼，楼道粉刷1.86万平方米，惠及居民2000人；完成社区级共商共治38项；完成百环社区、西大望路社区居委会装修改造项目；完成首城社区服务空间开放式建设、完成农光里东社区28号楼、农光里中社区213号楼楼门示范点建设、完成西大望路南社区居民议事厅建设、完成77项创享计划"金点子"项目，新增社区社会组织100余家，社区社会组织总数达253家。（张　盈）

▲ 6月29日，劲松街道庆祝中国共产党成立100周年暨七一表彰活动　（贺广涛　摄）

【社会保障】 年内，劲松街道实现失业人员就业1254人，职业指导失业人员1351名，开发就业岗位2536个，走访跟踪用人单位200家，为301人办理城乡居民养老保险参保和续保手续，补办社保卡3545人次，办理城乡居民大病医疗保险946人，为6934名"一老一小"、城镇无业人员提供大病医疗保险服务，为低保家庭431户和高龄老人、困难人员发放各类保障金、救助金585万元，审批退休179人，新接收退休人员2298人，为企业退休人员变更定点医院968人次，为退休人员、一老一小、低保、失业等各类人员手工报销药费1614人次。（王丽丽）

【劳动监察】 年内，劲松街道完成辖区26家企业调查工作，其中教育机构16家，其他企业10家；开展劳动法律、法规宣传活动2次，发放宣传材料200余份，张贴宣传画报50余张；日常巡查社会单位497家，书面审查社会单位150家；处理辖区劳动纠纷调解案件32件，处置"12345"案件25件；检查辖区建筑工地86次，指导建筑企业趸缴工伤保险33次；接待来访投诉49起，涉及劳动者300余人；处理突发事件6起，涉及劳动者180余人、金额300余万元。（周俊义）

【新冠肺炎疫情防控】 年内，劲松街道疫情防控数据平台做到当日派

▲ 8 月 4 日，富顿中心东侧路秩序整治前（郭凤平 摄）

▲ 8 月 7 日，富顿中心东侧路秩序整治后（郭凤平 摄）

单、当日核查、当日核酸、当日管控，全年核查大数据派单 18977 人，其中落实居家观察 1941 人，健康监测 6805 人。完成 1.2 万余人的防疫管控任务。开展新冠疫苗接种工作，累计接种第一剂 11.16 万人、第二剂 11.07 万人、加强针 4.69 万人，3~11 岁接种 7554 人。完成各类核酸检测 2 万余人次，其中统一核酸检测 16960 人次（含九类重点人群核酸检测 5124 人次），入户核酸检测 1604 户 3101 人。开展疫情防控常态化、标准化执法检查活动，累计检查社会单位 1300 余家次，监督整改疫情防控措施不到位问题 78 起，公示 26 起，宣传教育 1800 余人次。完成辖区平乐园疫苗接种点、大郊亭临时核酸检测点、垂杨柳医院东院区疫苗接种点建设、秩序维护和外围保障，实现“应接尽接、应检尽检”。（张艳平　刘雄辉　苏明超）

【平安建设】 年内，劲松街道组织开展“4·15”全民国家安全教育日系列宣传活动，发放司法、禁毒、扫黄打非、反邪教等知识宣传册，“云端劲松”公众号推送等方式普及国家安全相关知识。张贴国家安全宣传海报 306 张。报送反恐维稳情报信息 276 条。做好重大活动维稳安保工作，日均发动各类执法人员和群防群治力量 900余人，开展“日巡、夜巡，步巡、车巡”，对 90 个社会面防控重点点位全天候盯守，维护辖区安全稳定。建立由 50 人组成的应急处突队伍，及时处置各类突发事件。在辖区重点部位增加高清监控探头，完成 11 个小区平安小区建设。（苏明超）

【交通秩序整治】 年内，劲松街道创建大郊亭桥西南角交通文明示范路口 1 处，完成交通安全示范社区建设 7 个。新增居住区停车位 300 个。整治黄辛庄路南口断头路机动车乱停乱放、道路拥堵问题，打通西大望路 65 号院“生命通道”。疏通富顿中心东侧路区域微循环，完成百环社区商业门脸周边机动车、共享单车、快递外卖车无序停放、占压盲道、堵塞人行便道等问题治理。开展居民停车认证工作，办理认证车辆 163 辆。清理僵尸车 5 辆，取缔占道经营 90 起，查扣黑摩的 34 辆，拆除地锁 175 个。加强对互联网租赁自行车企业监管，施划非机动车停车区 35 处，集中整治共享单车秩序乱点 559 次，清拖共享单车 36590 余辆。（苏明超　李　曦）

朝阳区劲松街道社区居委会一览表

表 24

序 号	名 称	地 址	电 话
1	劲松北社区居委会	劲松二区218楼南侧二层楼	67790796
2	劲松东社区居委会	劲松三区321楼1门1号	67783532
3	劲松中社区居委会	劲松五区507楼	67794210
4	劲松西社区居委会	劲松八区甲813楼	87714607
5	农光里社区居委会	农光里142号楼西侧	67354935
6	农光里南社区居委会	农光里30楼北侧平房	87356776
7	农光里中社区居委会	武圣路农光里212楼一层	67354936

续表24

序　号	名　称	地　址	电　话
8	农光里东社区居委会	农光东里临甲9号	67356577
9	磨房北里社区居委会	磨房北里社区临甲120号	67313633
10	八棵杨社区居委会	东三环南路54号院东门外甲9号四层	87735585
11	大郊亭社区居委会	广渠路28号院208楼底商北156号	58634292
12	百环社区居委会	广渠路66号院10号楼一层	87728617
13	百环东社区居委会	广渠路66号院14号楼北侧二层小楼	67768060
14	和谐雅园社区居委会	武圣北路6号院1号楼	67775750
15	西大望路社区居委会	西大望路37号院2号楼1单元	67779907
16	西大望路南社区居委会	东方雅苑1楼	67764277
17	首城社区居委会	营盘沟路9号	67724055

（李　堃）

酒仙桥街道

【概况】 酒仙桥街道位于朝阳区东北部。东至酒仙桥北路与崔各庄地区（乡）接壤，南至亮马河与东风地区（乡）毗连，西至酒仙桥路、将台路与将台地区（乡）相接，北至京顺路与东湖街道、望京街道相邻。辖区面积5.3平方千米，下辖11个社区。年内，辖区常住人口65613人、户籍人口21931户65791人、流动人口8981人、外籍人口633人；新出生人口401人，死亡人口973人；有法人单位5405个，其中央属单位28家、市属单位90家、区属单位39家、其他单位5248家；有医院2家、社区卫生服务中心1个、社区卫生服务站3个；有科研院所3所、大学1所、中学2所、小学3所、幼儿园5所；有养老机构1处；有400平方米为民服务大厅、3600平方米地区文化中心各1处，有文化广场17处和24小时自助图书馆3处；途经辖区公交线路16条，地铁14号线贯穿其中；辖区绿化率19.25%。2021年，酒仙桥街道科学分析地区发展形势，坚持守底线、保民生、促发展，持续提升党建引领基层治理能力，开展大屋脊筒子楼专项整治，清理公共厨房294间，配备灭火器（箱）1891套；筑牢疫情防控底线，精准快速处置大山子汉庭酒店疫情，为社区疫情防控提供朝阳经验；完成11个社区党委纪委换届选举工作；完成11个社区居委会换届选举工作；启动“聚力酒仙桥，启航新征程”品牌活动；完成街道文联换届，徐杰当选新一任文联主席；完成2022年冬奥会筹办、测试赛各项服务保障工作；完成区第十七届人民代表大会代表换届选举工作，选举产生区人大代表16名。全年完成区级收入19.24亿元，比上年增长18.26%，征收房产税358.66万元，比上年增长0.3%。万红路社区新华联丽港小区获“北京市生活垃圾分类示范小区”称号。（任　黎）

【为民办实事】 2月25日，酒仙桥街道召开酒北村公厕现场协调会。解决万红路社区酒北村因周边乡拆迁等原因导致居民如厕难问题。4月12日，酒仙桥街道“新发地菜篮子直营店”开业，有效缓解大山子社区早市取缔后居民“买菜难”“买菜贵”问题。（姚　芳）

【新冠肺炎疫情防控】 3月1日至13日，酒仙桥街道启动社会面一级超强防控等级，出动志愿者2260人。年内，酒仙桥街道成立新冠疫苗接种专班，在华信医院保健站、三街坊1号楼、星城国际、久隆商场门口、毕淘买先后设立临时接种点13个，开通接种疫苗免费班车，接送园区和社区内群众接种疫苗，为辖区九类重点人群接种新冠疫苗137006剂。为坚守岗位的“快递小哥”赠送暖心“防疫包”29个。其间，检查辖区“三类场所”135家、“七小门店”（小餐馆、小网吧、小旅馆、小浴室、小歌舞厅、小理发店、小便民店）200家，发放《疫情防控一封信》500余份，发现并督促整改疫情防控问题35起，查处占道经营行为3起。（李满飞）

【环境整治】 3月15日，酒仙桥街道执法队对辖区华信医院工地、地铁在建工地等6个施工工地巡查走访，检查施工工地的裸土覆盖、渣土清运等可能产生扬尘的问题。出动执法人员15人次，检查在施工地6家，规范店外经营3起，清理户外广告牌匾1块。5月28日，酒仙桥街道集中开展地区大屋脊筒子楼公共厨房堆物堆料

▲ 6月23日，酒仙桥街道以“深学党史践初心 办好实事筑未来”为主题，举办第十六期“红色直播间”，邀请酒仙桥街道五位党员嘉宾，讲述党与自己的故事 （关 音 摄）

清理整治工作，建立“1+X+2N”的工作模式（处级领导包社区、科室干部包楼、社区居干包单元及公共厨房）确保责任分工落实到位，建立整治台账，动态更新治理情况。出动机关干部120余人、社区干部130余人、志愿者及在职党员600余人，清理公共厨房1900余个、清理堆物堆料240车。为红霞路、电子球场社区危改区公共厨房优先配备1870个灭火器，并辅助安装灭火器使用方法和厨房用火安全提示帖1870张。各社区上报清理整治进度达到100%。专项行动得到《朝阳报》和朝阳有线的专题报道。 （王铁凝）

【基层党建】 4月23日，酒仙桥街道温馨家园功能型党支部成立，选举唐振兰为党支部书记，陈庆葵、曾燕为支部委员；7月，酒仙桥街道非公企业——北京民生现代美术馆成立党支部，选举王燕为党支部书记。 （任玉峰）

【“红色直播间”活动】 6月23日，酒仙桥街道举办“深学党史践初心 办好实事筑未来”的第十六期“红色直播间”活动，邀请街道5位党员作为嘉宾讲述党与自己的故事，表达他们对党的热爱、学习党史的体会和永远跟党走的决心。520余万人在线观看直播。 （任玉峰）

【表彰先进】 6月25日，酒仙桥街道举办“永远跟党走”庆祝中国共产党成立100周年“两优一先”表彰大会，街道工委表彰地区邢蕾蕾、丁绍辉等100名优秀共产党员，潘辰、万里雄等100名优秀党务工作者，街道机关第一党支部、红霞路社区党委等66个先进基层党组织。会上，为1387名老党员颁发“光荣在党50年”荣誉证书。（任玉峰）

【就业服务】 年内，酒仙桥街道城镇登记失业人员就业率66.9%，开发就业岗位2200个，求职登记592人次，开展城乡劳动者职业培训105人、定岗培训13人，为2人办理创业担保贷款。街道11个社区成功创建充分就业社区。 （宋 扬）

朝阳区酒仙桥街道社区居委会一览表

表25

序 号	名 称	地 址	电 话
1	大山子社区居委会	大山子北里小5楼	64309134
2	高家园社区居委会	高家园小区118号	64370749
3	银河湾社区居委会	万红西街9号院银河湾1号楼101~102	64309141
4	中北路社区居委会	酒仙桥路甲11号院平房	64309138
5	万红路社区居委会	万红路甲1号院	84569918
6	红霞路社区居委会	六街坊8楼后平房院	64309145
7	南路社区居委会	十一街坊16楼旁平房	64318451
8	电子球场社区居委会	三街坊2楼旁二层楼	64309151
9	驼房营西里社区居委会	电子城小区9−10楼之间	84707693
10	东路社区居委会	驼房营南里兆维小区综合楼二层	64309166
11	怡思苑社区居委会	南十里居15号10号楼北侧	64309128

（姚 芳）

六里屯街道

【概况】 六里屯街道位于朝阳区中西部。东起京包铁路与东风地区（乡）、平房地区（乡）接壤；南以二道沟河为界与八里庄街道、呼家楼街道、高碑店地区相望；西至朝阳体育馆与团结湖街道相邻；北以农展南路为界与麦子店街道相接。辖区面积4.4平方千米，下辖12个社区、4个社区筹备组。2021年，辖区常住人口75229人、户籍人口24867户60270人、流动人口30825人；户籍人口中有满族人口1605人、回族人口1390人、蒙古族人口405人；新出生人口405人（含往年出生人口补报83人），死亡人口352人；有法人单位2839个，其中中央单位3家、市属单位10家、区属单位31家、其他单位2795家；有医院9家、社区卫生服务中心1个、社区卫生服务站7个；有大学1所、中学4所、国际学校1所、小学3所、幼儿园9所；有养老机构5处；有300平方米为民服务大厅、800平方米党群活动中心、700平方米地区文化中心各1处，有文化广场4处和24小时自助图书馆2处；途经辖区公交线路30余条，地铁6号线、14号线贯穿其中；辖区绿化率29.23%。六里屯街道以“学党史　办实事”主题教育为契机，确定35项街道级民生实事清单和172项社区级实事清单，办理率、完成率均为100%；完成社区两委换届和区人大代表选举工作；完成八北二小区和十里堡南区老旧小区综合整治工程；完成5个超大型社区拆分工作；创新“门前三包”治理模式，建立商户自管联盟。实现区级财政收入4.411亿元，比上年增长3.58%，完成全年任务的100.1%。市民活动中心主任姜向群获“全国群众体育先进个人”、六里屯街道办事处综合办公室副主任廖仕戎获“北京市信访工作先进个人”称号。（赵之奇）

【新冠肺炎疫苗接种】 年内，六里屯街道统筹辖区医疗卫生资源，组建应急值守、医务人员、服务保障队伍，开展新冠肺炎疫苗接种工作。按照“行业＋社区＋部门”形式，利用微信公众号、微信群、宣传栏动员，组织辖区“九类人员”（进口冷链物品的口岸一线海关检验检疫人员；口岸装卸、搬运、运输等相关人员；国际和国内交通运输从业人员；因公、因私出国工作、学习人员；面临较高境外疫情风险的边境口岸工作人员；医疗卫生人员；政府机关、公安、武警、消防、社区工作者；物品、水、电、暖、煤、气相关人员；交通、物流、养老、环卫、殡葬、通讯相关工作人员）、地区居民参与新冠肺炎疫苗接种。先后开设卫生服务中心、红领巾公园、六里屯东里卫生站、农民日报社等10个疫苗接种点位，开通60周岁以上老年群体绿色通道，开设3～11周岁儿童疫苗接种专场，启用3组移动接种车，辐射楼宇商超人员接种。全年完成疫苗接种218986剂次。其中，第一针接种82880剂次、第二针接种85237剂次、加强针接种50869剂次。（邹　萍）

【接诉即办机制落实】 年内，六里屯街道制定《六里屯街道“接诉即办”工作方案》，明确办件流程、各部门职责，形成街道主要领导亲自督、主管领导具体抓、部室社区负责人直接办的“三级督办”机制，对“单双否”案件进行“周会商”，全年会商98次，会商案件383件，解决案件152件。坚持“每月一题”集中攻坚，聚焦住房纠纷、交通出行、城市环境、违法建设、物业服务等12类主题，每月破解一类重点难点问题。开发接诉即办手机端，将网格工作与接诉即办工作有机融合，实行“热线＋网格”快速复核工作模式，建立“7×24小时”响应机制，从政策规则、办理流程、文明用语和文字书写等四个方面加强干部管理培训工作。全年办结群众诉求8198件，回访案件7505件，督办未解决案件1199件，催办超时案件396件。平均解决率88.30%、满意率91.29%。（杨　乐）

【老旧小区改造】 年内，六里屯街道投资9200万元完成八里庄北里二小区58291.51平方米和十里堡南区老旧小区48821.51平方米综合整治工程，成立老旧小区综合整治工作领导小组，建立以主管领导为组长、各职能科室负责人和社区书记为成员的整治项目专班。按照楼本体、公共区域分步施工计划，楼本体新做外墙保温、楼顶屋面保温板、楼道内保温、楼体散水。2020年至2021年度供暖季，居民室内平均温度提高5~6度。完成公共区域节能改造面积10.71万平方米、绿化补植面积1620平方米、通信架空线梳理1458延米以及公共空间整治工作，小区基础设施明显改善，小区功能明显增强，居住环境全面提升。（刘思琦）

【抗震加固改造工程竣工】 年内，六里屯街道完成十里堡北区1、2号楼抗震加固工程。实施前开展老旧小区改造宣传动员，制定《六里屯街道2020年老旧小区综合整治搬迁方案》及《十里堡北区1、2号楼抗震加固工程居民搬回方案》，通过“外套式”加固，十里堡北区1、2号楼达到八级抗震标准、每户增加居住面积6~8平方米，通过新做外立面涂层、安装密封金属窗，群众居住环境和居住条件明显改善。（王　雪）

【社区拆分】 年内，六里屯街道调整晨光家园、炫特家园、甜水园、道家园、六里屯北里5个超大规模社区。由甜水园社区、道家园社区拆分出延静寺社区，总户数2686户，面积约0.34平方千米；由炫特家园社区拆分出炫五社区，总户数2772户，面积约0.12平方千米；由六里屯北里社区拆分出嘉福园社区，总户数2729户，面积约0.15平方千米。由晨光社区拆分出晨光临铁社区，总户数2920户，面积约0.35平方千米。（徐　阳）

▲ 9 月 11 日，六里屯街道召开“门前三包”推进会向社会单位授予公示牌 （六里屯街道 供图）

【“门前三包”管理模式创新】 年内，六里屯街道建立商户自管联盟，制定自管联盟工作机制和章程，动员辖区 475 家单位自发建立 6 支自管联盟，并搭建平台推动自管联盟与第三方保洁公司签订保洁协议。与辖区商户签订“门前三包”责任书 520 余份；搭建智慧平台，在辖区主次干道重要点位安装高清摄像头和流动摄像头，覆盖辖区商户面积 5.2 万平方米，通过数字化网络管理平台，做到手机 24 小时随时查看；通过“三明确一兜底”（“三明确”指明确责任范围，重点对边界模糊和缺管失管的区域进行重新界定，以文字和示意图方式挂牌确认；明确工作标准，如保洁标准、机动车辆停放标准、小广告清理标准等，让责任主体和第三方公司有明确的工作目标；明确职责划分，包括责任主体与市政、绿化等专业部门的责任，以及街道执法部门的监管责任，各负其责。“一兜底”指街道对接第三方，兜底管理辖区内分界模糊及背街小巷区域 2.7 万平方米），将“门前三包”责任落实落细。 （于明明）

【助残帮困】 年内，六里屯街道为 641 名残疾人发放残疾人生活和护理补贴 270 万余元；为 126 户残疾人家庭购买扶残助洁家政服务项目；联合北京华德眼科医院为 161 名残疾人开展眼健康体检活动；为 12 名残疾儿童办理“儿童康复训练补助”；为 166 名残疾人提供网上申请辅具服务；为享受低保待遇家庭 444 户 761 人发放低保金 1129.2 万元；停止享受低保待遇家庭 27 户 28 人；受理临时救助 7 户 3.22 万元；入学救助 21 人 12.67 万元；医疗救助 1045 人，救助金额 164.14 万元；核发丧葬补贴 17 人 8.5 万元；申请清洁能源补贴 100 户 12.65 万元；为 8 名烈士遗属发放慰问金 0.8 万元；动员爱心企业为内蒙古自治区乌兰察布市卓资县复兴乡幸福院安装防盗门 70 扇，折合人民币 6.93 万元。 （赵之奇）

朝阳区六里屯街道社区居委会一览表

表 26

序 号	名 称	地 址	电 话
1	秀水园社区居委会	水碓子北里4号楼南侧平房	85977937
2	碧水园社区居委会	甜水园北里6号楼北侧平房	65033285
3	甜水园社区居委会	甜水园东里甲8号	65046013
4	道家园社区居委会	道家园甲4号北侧	65920781
5	八里庄南里社区居委会	八里庄南里8号楼1层南侧	85836663
6	八里庄北里社区居委会	八里庄北里212号楼一层	85918559
7	八里庄北里东社区居委会	八里庄北里301楼103~104室	85521813
8	晨光社区居委会	晨光家园b区324号楼一层	85842390
9	十里堡北里社区居委会	十里堡北里11号楼西侧	85812168
10	六里屯北里社区居委会	六里屯北里14号楼对面平房	65070871
11	炫特家园社区居委会	炫特家园1号楼南侧一层	85857787
12	甜水西园社区居委会	甜水西园甲12号楼	85972199

续表26

序　号	名　称	地　址	电　话
13	延静寺社区居委会筹备组	道家园12号楼103	65928548
14	嘉福园社区居委会筹备组	丽水嘉园1号楼地下室	65863627
15	炫五社区居委会筹备组	炫特家园3号楼底商	（暂无）
16	晨光临铁社区居委会筹备组	晨光C区201号楼1层	（暂无）

（徐　阳）

麦子店街道

【概况】　麦子店街道位于朝阳区中东部。东起东四环与东风地区（乡）接壤；西至东三环北路与左家庄街道、三里屯街道毗邻；南临朝阳公园南路、农展南路与团结湖街道、六里屯街道相接；北接机场高速与将台地区（乡）和太阳宫地区（乡）隔路相望。辖区面积6.8平方千米，下辖7个社区。2021年，辖区有常住人口39477人、户籍人口为9193户22726人、流动人口11697人、外籍人口（居民）2238人；有少数民族人口1449人；出生人口214人、死亡人口376人；有法人单位和产业活动单位8900家，其中央属单位58家、市属单位107家、其他单位8735家；有美、法、日、韩等13处外国使馆的第三使馆区，有上合组织和以中国·东盟中心为代表的国际组织等多处涉外机构；有医院1家、社区卫生服务中心1个、社区卫生服务站3个；有社区服务中心、国际社区服务中心各1个；有公立幼儿园、小学、中学各1所，各类民办学校和教育机构11所；有社区养老驿站4处、养老照料中心1处；有200平方米为民服务大厅、2900平方米地区文化中心各1处，文化广场6处和24小时自助图书馆1处；途经辖区公交线路35条，地铁10号线、14号线贯穿其中；辖区绿化覆盖率67%。麦子店街道聚焦“四个一”（谋划“区域建设发展”一张蓝图、围绕“建党一百周年”一个主题、做好“服务保障冬奥”一切准备、打赢“常态化疫情防控”一个战役），坚持做到“六要六讲”（要旗帜鲜明讲政治、要精诚合作讲团结、要敢闯能干讲担当、要锐意进取讲创新、要坚守初心讲情怀、要清正笃实讲纪律），深化“两全治理”，对接朝阳区“十四五”规划，形成麦子店地区“十四五”时期发展规划；完成社区党委和社区居委会换届选举；完成区人大代表换届选举工作，选举产生区人大代表10名；完成中国共产党成立100周年庆祝活动服务保障任务。全年实现区级收入33.28亿元，比上年增长5%，完成全年指标任务105.16%。麦子店街道获北京市信访工作（2016—2020年度）先进集体和2019—2020年度接诉即办改革工作先进集体称号。（曹荣贵）

【基层党建】　年内，麦子店街道建立“党群服务中心党委—企业社区联合党委—‘两新’组织党组织”三级管理体系。新建“霄云荟”党群服务中心，划分霄云、蓝港、凤凰3个企业社区，提升“两新”党建效能。新成立“两新”组织党组织25个，发展“两新”组织党员10人，54栋商务楼宇党组织覆盖率100%。成立麦家骑手联合党支部，建立“暖心驿站”“能量补给站”，2名骑手获评“美好朝阳骑士”。党建工作协调委员会“一会五委”充分履职，18项公益项目超额完成，新增金融、科技、互联网和物流领域6家成员单位。开展理论课堂、宣讲课堂、实践课堂和麦穗大讲堂等专题活动136场，党员领导干部讲党课152场，召开领导班子专题民主生活会1场。评选优秀共产党员100名，完成惠民实事133件，新建党建宣传阵地135个，征集群众原创作品400余件。（刘　丹　王建新）

【疫情防控】　年内，麦子店街道排查中高风险地区来京及本地涉疫人员18559人，实施管控2452人，其中使馆及境外返京外籍人士居家隔离291人，组织核酸检测5197人。先后设立固定接种点1个及农业农村部、外交办公大楼等临时接种点8个。全年完成第一针接种74194剂，接种率98%；第二针接种66369剂，加强针接种30852剂。3~11岁人群接种1217剂。（孙　涛　顾　莹）

【接诉即办机制创新】　年内，麦子店街道落实《北京市接诉即办工作条例》，成立“审核剔除材料小组”，实行“日调度、周总结、月分析”的工作机制，运用“十个一”（一个好团队、一张联系表、一份流程图、一张明细单、一套规范语、一周调度会、一套高标准、一份责任心、一笔托底费和一份约谈单）、领导包案、“二次办理”等工作机制，办结12345市民热线案件3687件。案件响应率100%、解决率73.79%、满意率78.00%。（刘玉彪）

【环境整治】 年内，麦子店街道拆除违章建筑面积6600平方米，已销账腾退土地面积5500平方米，完成计划任务的221%。社区两级河长巡河452人次，巡河里程830千米。出动巡查人员600余人次，检查工地800余家次、备案装修工程单位571家。开展周末大扫除8次，投入工作力量2500余人次，处置无主垃圾（大件垃圾）200余处、清理各类垃圾30余千克。加强辖区国控和市控子站周边环境治理，完成裸地苫盖面积7800平方米。（金哲浩　董建英）

【垃圾分类】 年内，创建麦子店街8号院、天安豪园、博雅园、亮马名居、高尔夫公寓和农展南里小区6个市级垃圾分类示范小区。通过北京市垃圾分类示范片区复查验收。召开工作部署会2次，协调会15次；开展现场宣传活动96场次，微信公众号推送60余篇，发放宣传海报、致居民一封信及宣传页等3.8万余张，入户回访1.88万户，发放垃圾袋15万个、围裙1万件，居民垃圾分类知晓率100%。（董建英）

【市场监管】 年内，麦子店街道对辖区内40个行业354户企业开展双随机抽查（其中25个行业与行业管理部门共同开展抽查活动）。辖区年报企业8900余户，年报率92.12%。出动执法人员240余人次，检查辖区学校食堂、食品经营单位及送餐企业170余户次，行政指导、约谈16次，立案5户。检查餐饮企业570余户次，立案3户。清理网络无证经营餐饮商户6户次。建成1条阳光餐饮示范街，餐饮示范店品质提升20户；检查冷链食品经营企业350余户次，行政指导、约谈18次；全年受理、解决举报、投诉7191件。（马学军）

【安全生产专项治理】 年内，麦子店街道完成137家单位的执法检查和1058家单位的日常检查，出动执法力量2400余人次，整改隐患960余处，立案23起，处罚金额23.2万元。与社会单位签订安全生产责任书600余份，A、B库安全生产责任险参保单位1073家，占企业总数93.47%。（金择东）

【服务与救助】 年内，麦子店街道开发就业岗位710个，为用人单位办理招聘登记28人；构建“1+4+1”（即1家养老中心、4家养老驿站和1所老年大学）立体化养老阵地。枣营南里社区养老驿站建成并投入使用，实现辖区养老驿站全覆盖。利用老年大学平台，开设各类课程300余课时，270名学员参与学习，完成油画、衍纸等作品414件；联合首汽约车举办“智慧出行讲堂”；受理低保及低收入审核74户；为280余名残疾人办理残疾证、康复补贴等，为156名残疾人开展康复服务；举办地区第四届“爱心汇聚　情暖麦家”慈善捐助活动，地区45家单位筹集善款7.61万元、捐物400余件。“99公益日”红十字会线上募捐筹集善款1.46万元。（余国柱　孙　涛　吴　玥）

【社区建设】 年内，麦子店街道创建朝阳公园社区市级国际化社区建设试点和亮马社区、朝阳公园社区2个服务空间开放式示范点，改造社区办公及活动区域600平方米，开辟40平方米议事空间和300平方米活动空间，搭建50平方米书架，建设“书香麦家”特色图书馆。建成农展南里、枣营北里2个社区政务服务示范站点，为群众办事提供“一门式”办理和“一站式”服务。加快亮马、枣北、枣营社区3个全景楼院建设，完成架空线梳理1807延米，楼道粉刷2458平方米，建设文化墙133平方米。（王微微）

【文体活动】 年内，麦子店街道举办“再唱山歌给党听”——庆祝中国共产党成立100周年暨第十一届国际社区文化季系列活动。征集文化作品400余件，举办“永远跟党走”优秀群众文化作品系列展览3次。围绕冬奥主题组织辖区居民100余人参加2021年朝阳区全民健身助力冬奥系列活动；组织辖区相关体育机构参加朝阳区体育局与北京市滑雪协会共同举办的“2021年朝阳区高山滑雪、越野滑雪裁判员培训班”。组织辖区居民参与线上冬奥知识讲座7次，发放《冬奥知识300问》等书籍600余册。（杨　烨　张子钦）

【法律服务】 年内，麦子店街道各级人民调解组织调解矛盾纠纷435件，调解成功431件，调解成功率

▲ 5月20日，麦子店街道第十一届国际社区文化季开幕式　（麦子店街道　供图）

99%。通过“无讼朝阳”开展司法确认2件。召开信访联席会议4次，处理重点信访事件4起，接待集体访2起10人，化解重点人上访矛盾纠纷2起，化解重大矛盾2起，办理各类信件（含网上投诉）179件，办理市、区转办件52件，处理历史积案2件。（杨　靖）

朝阳区麦子店街道社区居委会一览表

表27

序　号	名　称	地　址	电　话
1	霞光里社区居委会	霞光里30号院5号楼西侧	51302817
2	亮马社区居委会	霞光里30号院5号楼一层东侧	64660199
3	枣营北里社区居委会	枣营北里30号楼	65928551
4	枣营南里社区居委会	枣营南里19号	65089525
5	朝阳公园社区居委会	朝阳公园西路9号北小楼	65383824
6	农展南里社区居委会	农展南里3号楼	65915230
7	枣营社区居委会	枣营北里19号楼	65910427

（王微微）

潘家园街道

【概况】　潘家园街道位于朝阳区西南部。东至西大望路与南磨房地区（乡）相接；南至华威南路与十八里店地区（乡）、丰台区相邻；西至广渠门南滨河路与东城区隔河相望；北至农光路与劲松街道相连。辖区面积3.4平方千米，下辖14个社区。2021年，辖区有常住人口100272人、户籍人口31540户77249人、流动人口29916人、外籍人口319人，户籍人口中有汉族人口71678人、少数民族人口5571人；出生人口475人、死亡人口1011人；有法人单位3406个，其中央属单位15家、市属单位14家、区属单位23家、其他单位3354家；有医院7家、社区卫生服务中心3个、社区卫生服务站6个；有科研院所7家；有中学2所、小学3所、幼儿园5所；有老年公寓1处、养老照料中心5处、温馨家园1处；有762平方米为民服务大厅、1316.55平方米地区文体中心各1处、文化广场2处和24小时自助图书馆3处。途经辖区公交线路30余条，地铁10号线、14号线贯穿其中。辖区绿化率20.6%。潘家园街道坚持党建引领，践行以人民为中心的发展思想，聚焦主题推动党史学习教育走深走实，完成全区党代会和区人大代表选举以及文明城区创建等中心任务。完成地区生产总值10.73亿元，比上年增长14.9%；实现区级财政收入2.44亿元，比上年增长2.54%。潘家园街道获“2020年度北京市禁毒工作示范街道”称号。

【七一表彰系列活动】　年内，潘家园街道举办庆祝中国共产党成立100周年暨七一表彰活动。表彰优秀基层党组织95个、优秀党员和党务工作者各100名、颁发“光荣在党50年”纪念奖章1198枚；开展“老少联动”百姓宣讲活动；举办“重温强国梦，邮记党史情”红色邮票展，辖区社会组织和居民5600余人次参观；挖掘辖区“巧娘工作室”手工艺术作品资源，创作剪纸、丝绫堆绣、衍纸作品146幅并举办作品展。

▲ 6月24日，潘家园街道召开庆祝中国共产党成立100周年表彰大会　（杨凤仪　摄）

【家园骑士联盟成立】 年内，潘家园街道成立家园骑士联盟，涵盖辖区9个站点304名骑手。通过实施“五聚五心”工作法（即：聚组织守初心、聚情感换真心、聚合力献爱心、聚资源见诚心、聚服务暖人心），开放21家暖心驿站，制定家园骑士联盟服务指南，为快递员、外卖小哥提供“一揽子服务”。设置4大类23小类服务项目，包括党务服务、法律和政策咨询、健康诊疗等，为骑手们打造“第二故乡”。组织新就业群体参与文明城区创建、共享单车清理等活动，推动新就业群体融入基层治理格局。

【新冠肺炎疫情防控】 年内，潘家园街道接收、配合管控CDC（疾控中心）确定密接人员50人、次密接人员206人、境外其他口岸入境进京人员214人、中高风险转运至集中观察酒店人员55人。累计完成核酸采样23246人，辖区内保持动态“无疫情”“零感染”。成立新冠肺炎疫苗接种工作专班，调配140余人参与接种工作，设置固定和临时接种点，组织夜场、青少年专场，启用流动接种车和疫苗接种摆渡车等。完成加强针接种54644人，其中60岁及以上人群接种19574人、3~11岁人群接种3830人。

【疏解整治】 年内，潘家园街道连续五年打响朝阳区“拆违第一枪”。拆除君汇大厦、京成快捷酒店等120余处违法建设，拆除面积1.2万余平方米，完成全年拆违任务；开展占道经营执法970余次，取缔占道经营50余起，规范“门前三包”880余家次。潘家园街道规范占道经营整治工作经验在全市推广；完成普通地下室日常巡查900余次，检查整改安全隐患300余处，整治新增散租户5处，清空房间40间，清出散租住人16人。

【安全生产】 年内，潘家园街道开展“暖冬”“仗剑”“平安冰雪季”等专项整治行动，执法检查企业7076家次，检查覆盖率100%，发现并消除隐患1011个，下达责令改正通知书511份，处罚违法违规企业12家，处罚金额1.8万元；督促辖区5处大型建筑工地及18处小型装修工地进行事前备案并全覆盖检查；开展燃气安全专项执法，检查非居民燃气用户570余家次，责令整改燃气安全隐患80余起；聘请4位专家、通过5次联合执法检查、4次协调会摸排检查液化石油气使用单位31家，发现并消除隐患点265个，督促27家单位完成天然气、电力替代改造工程；完成17家单位涉及196个有限空间场所监督检查。张贴和发放各类安全宣传材料3万余份；联合海文大厦、旧货市场、松榆东里市场等单位开展应急演练；新建1个小型消防站及消防安全教育培训基地。

【城市更新行动】 年内，潘家园街道探索“加减乘除”工作法，开展老旧小区嵌入式综合改革，实现小区环境物业管理同步提升。在投资主体多元化上“做加法”，协调首开集团天岳恒公司，排查小区基础设施安全隐患，更换电梯8部；协调海文资产管理公司，改建公共区域管线，推动产权单位投资200万元用于房屋修缮；在物业管理一体化上“做减法”，整合辖区首开集团下属9家物业公司，涉及居民楼202栋，接管面积130万平方米，打破多头交叉管理局面；在物业服务精细化上“做乘法”，探索物业评比新举措，开展6轮次物业公司“红黑榜”评比，推动肿瘤医院家属区引进社会化物业管理；在“城市病”破解系统化上“做除法”，召开18次工作协调会，统筹解决房屋外墙漏雨、物业公司不作为以及物业应急接管等问题。

【社会保障与服务】 年内，潘家园街道开发就业岗位2217个，城镇登记失业人员实现就业878人，就业率63%；处理拖欠工资随机案件12起106人，解决拖欠工资122万元；发放社会保障卡7382张；办理社会化管理退休手续2017人；出具计划生育、住房保障、政审等各类证明1327份；完成低保调标404户、680人；发放低保供暖补助和电价补贴等40.17万元、低保优抚医疗救助608人次119.97万元；发放优抚对象春节慰问金和集中供暖补助12.34万元、其他城镇社会救济63人次23.90万元、无保障死亡人员丧葬费14人7万元、军退人员退休金1096人次730.03万元；以温馨家园为中心，为残疾人提供教育培训、法律服务、户外体验等基础服务229场，培训人员10566人次；开展居家康复培训，培训人员110人次；办理辅助器具申请314单。慰问残疾人556户，发放慰问金38万余元。安置残疾人就业28人；实施无障碍改造，购买爬楼机14台、制作应急坡道22条，在450处点位提供软性服务。 （范齐楠）

朝阳区潘家园街道社区居委会一览表

表28

序号	名称	地址	电话
1	松榆里社区居委会	松榆里26楼104	87379160
2	磨房南里社区居委会	磨房南里31号楼	67347090
3	松榆西里社区居委会	松榆西里61号楼西侧	67303065

续表28

序 号	名 称	地 址	电 话
4	武圣农光社区居委会	松榆北路7号院9楼2层	67327342
5	松榆东里社区居委会	松榆东里15号楼014室	67358840
6	武圣东里社区居委会	磨房南里31号楼	67321802
7	华威西里社区居委会	华威西里甲42号楼	87771754
8	华威北里社区居委会	华威北里甲32号楼	67790170
9	潘家园社区居委会	潘家园27楼104	87783342
10	华威里社区居委会	华威里翌景家园2号楼1A	87731033
11	潘家园南里社区居委会	潘家园南里11号楼北侧平房	87715076
12	潘家园东里社区居委会	潘家园东里1号楼北侧30米	67705015
13	武圣西里社区居委会	松榆北路7号院9楼2层	87379079
14	松榆西里北社区居委会	松榆西里52号楼西侧平房（警务工作站）	67312289

（范齐楠）

三里屯街道

【概况】 三里屯街道位于朝阳区中西部。东起东三环北路与团结湖街道相接；南临工体南路与朝外街道相连；西至春秀路与东城区东直门街道接壤；北濒亮马河与左家庄街道毗邻。辖区面积2.9平方千米，下辖7个社区。2021年，辖区有常住人口52447人、户籍人口13438户36207人、流动人口9632人、港澳台同胞及外籍人口1457人、少数民族人口2376人；新出生人口210人、死亡人口466人。有法人单位6860家，其中央属单位15家、区属116家、其他单位6729家；有驻华使馆、涉外机构95家；有医疗机构46个，其中医院2家、社区卫生服务中心2个、社区卫生服务站2个；有大学1所、高中1所、初中2所、小学3所、幼儿园3所、社区办园点3所、国际学校2所；有养老机构3处；有300平方米为民服务大厅、2000平方米市民活动中心各1处，文化广场1处及24小时自助图书馆1处；途经辖区公交线路40条。辖区绿化率21.25%。三里屯街道开展“我为群众办实事”实践活动，扎实推进“年度三件事”落实落细，“文化三里屯”品牌建设不断深入。全年实现区级财政收入15.93亿元，比上年增长10.38%；房地产业收入4.53亿元，比上年增长56.41%。三里屯街道获“2021年北京市全民健身示范街道”称号。

【街道商会成立】 4月26日，三里屯街道商会成立并召开第一届第一次会议。区工商联党组成员、副主席马序松，街道工委书记孙曙光、办事处主任马程浩及32家会员企业参加会议。会议审议通过《北京市朝阳区三里屯街道商会章程》《北京市朝阳区三里屯街道商会会费收取管理办法》和《北京市朝阳区三里屯街道商会会费减免的建议》。年内，街道商会举办首届“三里屯国际周”等活动。

【主题团日活动】 4月28日，三里屯街道、农业农村部、北京市职工互助保障中心及富国海底世界联合举办“唯奋斗 最青春 追逐梦想 不负韶华”五四青年节主题团日活动。地区青年干部与农业农村部、北京职工互助保障中心、富国海底世界等单位17名青年干部，结合各自工作实际交流分享保护水生野生动物的重要性，感悟初心。

【七一表彰】 6月24日，三里屯街道举行庆祝中国共产党成立100周年暨先进基层党建工作展示表彰活动。表彰优秀共产党员100人、优秀党务工作者20人、先进基层党组织15个，为545名老党员颁发“光荣在党50年”纪念章。

【“三里屯太古里北区北项目”签约】 8月2日，由朝阳区人民政府、北京公共交通控股（集团）有限公司（以下简称“北京公交集团”）、太古地产在朝阳区昆泰嘉华酒店举行签约仪式。三方协议携手改造位于三里屯太古里北区北侧、朝阳区新东路2号的北京公交集团维修场站，为更多的首店、旗舰店提供承载空间，发挥集聚辐射和引领带动作用，提振

▲ 8月2日，北京市朝阳区人民政府、北京公共交通控股（集团）有限公司、太古地产在朝阳区昆泰嘉华酒店举行合作框架协议签约仪式　　（三里屯街道　供图）

消费能级和国际影响力，助力北京国际消费中心城市建设。

【首届“三里屯国际周”举办】 10月18日，首届“三里屯国际周”开幕，通过规划三里屯辖区内五类场地空间，用“文化艺术活动”与“消费体验主题”双线并行的整体思路，举行涵盖论坛峰会、文艺演出、公共艺术、社区活动、国际文化交流等系列活动，全方位展示“三里屯”的世界多元文化属性和国际品牌价值。活动整合辖区内所有商业体、企业、文化名人、业界大咖、网红达人等资源，创新共建共享机制，共同打造“我们的三里屯”。国际周活动被人民网、《北京日报》、北京朝阳、《京报》、北青网等多家媒体报道。

【冬残奥会献礼活动】 11月23日，三里屯街道将《喜迎冬奥、共享未来》献礼画作捐赠给区残联，表达地区残疾人喜迎冬残奥会的心情和对冬残奥会的期盼。作品图案由街道残联工作人员自行设计创作，图案以2022年北京冬残奥会为主题，内容包含冬残奥会会徽、吉祥物、冬残奥六项比赛手绘图示及4枚带盲文的“勇气、决心、激励、平等”残奥价值观徽章，左右下方分别是朝阳区区徽和三里屯街道街标logo。三里屯街道50余名残疾朋友用时68天完成献礼钻石画的制作。整幅作品画面长1.6米、高1.2米，由20.71万颗、40种不同颜色的钻石贴制而成。

【协作帮扶】 11月26日，三里屯街道工委书记孙曙光、办事处主任马程浩到密云区石城镇对接协作帮扶工作，并同密云区及石城镇相关领导座谈交流石城镇发展情况，双方就石城镇资源优势、发展情况、产业定位及下一步合作意向深入研讨。年内，三里屯街道采取购买农副产品、参与扶贫项目等方式，支持协作帮扶地区发展，累计投资10.99万元。

【三里屯商圈打造】 年内，三里屯街道通过携手改造、环境提升等措施，持续提升三里屯商圈影响力和吸引力。至年末，商圈内有商户1200余家，其中国内首店54家、北京市首店101家、知名品牌旗舰店38家、知名品牌店177家、老字号品牌店2家、新零售物种或网红品牌店26家，有美术馆1家、艺术馆2家、书店和文创店4家。商圈夜间经济活跃，有夜间餐饮商家142家、24小时便利店3家、KTV2家、电影院4家、酒吧19家。商圈年客流量破5000万人次，年销售额超8.5亿元，平日客流量约12万人次，周末客流量约17万人次。

【新冠肺炎疫情防控】 年内，三里屯街道动员地区党支部、非公党组织、双报到党员等2600余人，值守“两无一开”（无物业、无保安、开放式）小区卡口1.5万人次，对辖区22座商务楼宇、79家酒吧夜店开展不间断防疫检查；对境外返京人员，做好底账，社区会同医疗机构开展“一日两询”，随时掌握居家观察人员健康状况；与中央、市、区及部队驻京单位签订疫情防控责任书58份，与企业签订疫情防控责任书977份，与企业员工签订疫情防控承诺书7583份；出动1.02万余人次，检查辖区各类场所疫情防控落实情况，累计检查1.88万余家、规范3100余家。　（赵　绮）

朝阳区三里屯街道社区居委会一览表

表29

序号	名称	地址	电话
1	幸福一村社区居委会	三里屯太平庄南里甲三号	64165638
2	幸福二村社区居委会	三里屯幸福二村甲5楼一层	84604871
3	中三里社区居委会	东三里屯中三楼院	64162902
4	东三里社区居委会	东三里屯中十一楼南侧平房	64173175
5	北三里社区居委会	北三里屯甲一号一层	64177960

续表 29

序　号	名　称	地　址	电　话
6	中纺里社区居委会	中纺里九号楼北侧平房	65929071
7	白家庄西里社区居委会	三里屯南路四号楼一层	65912776

（赵　绮）

首都机场街道

【概况】　首都机场街道位于朝阳区东北部。东邻顺义界内T3航站楼，西接顺义区天竺镇，南与天竺镇楼台村相邻，北至顺义界内空港保税区。辖区面积12.23平方千米，下辖4个社区。2021年，辖区有常住人口26100人、户籍人口6851户23337人、流动人口8888人、外籍人口21人、户籍人口中有汉族人口22112人、少数民族人口1225人（其中满族人口505人，回族人口248人，其他少数民族人口472人）；出生人口214人、死亡人口174人。有法人单位391个，其中央属单位8家、市属单位处1家、区属单位7家、其他单位375家；有医院2家、社区卫生服务站1个；有职高1所、中学1所、小学1所、幼儿园5所；有养老机构3处；有260平方米为民服务大厅、6000平方米地区文化中心各1处，文化广场2处和24小时自助图书馆2处。途经辖区公交线路13条，地铁机场快轨线贯穿其中。辖区绿化率43%。机场街道围绕“打造大国外交议事活动重要承载地，全方位增强外事承载能力”功能定位，抓重点，扬优势，补短板，强弱项，主动融入新时代首都城市治理格局，大事引领、改革转型、创新突破，统筹好疫情防控和重点工作，全力推动“忠诚、平安、美丽、幸福”国门建设。全年实现区级财政收入2.44亿元，比上年增长82.03%。首都机场街道获北京市“节约型机关”和“北京市民兵防空专业教练员暨分队集训先进单位”称号。

【新冠肺炎疫情防控】　年内，首都机场街道制定《新型冠状病毒肺炎重点疫情社区应急防控处置工作方案》，建立应急指挥部，下设指挥部办公室、后勤保障、封闭管控及外围保障、重点区域管控、密接转运等12个工作组，明确责任分工，规范工作流程。全年完成大规模核酸筛查21次，核酸检测19.28万人次，集中隔离观察人数约4000人次。建立街道统筹、民航华北局行业管理协调、首都机场集团公司地面管理、中航集团重点人员管控的“四方联动”机制。定期召开四方联动工作会，发动各单位开展疫苗接种工作。地区居民加强针接种率89.08%，社会单位加强针接种率85.64%。

【社区服务】　年内，首都机场街道完成北平里健身园环境改造、燕翔西里14号楼安全消隐、南路东里社区便民设施安装、东平里21号楼、22号楼新建车棚等民生实事项目38项；完成街道级为民办实事项目1个、社区级项目8个。实施4个楼院环境改造项目，推进“美院秀秀”环境建设项目，实施南路东里3号楼、4号楼南侧绿地改造工程，建设全要素小区。以燕翔西里14号楼、南路西里18号楼为试点，建立楼门治理示范点；健全楼门委员会组织机构、实行楼门服务人员亮身份、亮服务、亮职责制度。打造“国门空姐”志愿服务品牌，从街道、社区两个层面，成立5支志愿服务队伍，动员地区现役空乘、准空乘、退休空乘30余人发挥职业优势、特长，志愿参与为老服务、社区教育、垃圾分类等各项工作，并带动地区成立北京飞机维修服务队、链家地产青年突击队、北京求实中学志愿分队等特色志愿服务支队，累计发展20家社会单位、42支社区社会组织、900余名志愿者参加志愿服务队伍，开展志愿服务活动180余次。

【国企退休党员社会化管理】　年内，首都机场街道工委与辖区内各国企党委沟通协商，建立线上沟通群，畅通转接渠道，接收国企退休党员1800余名；根据楼门院区域划分党支部，加速国企退休党员融入社区，新建党支部52个，机场街道工委下属各社区党委直管党员数量由569名增至2511名，在地区党代表选举工作中，推选国企退休党员代表52名；加强党支部标准化、规范化建设，开展基层党组织书记及处级领导讲党课、老中青三代党员微党课等活动100余场；发动在国企退休的党员走出家门，参与社区志愿活动；以庆祝中国共产党成立100周年系列活动为契机，表彰586名在党50年老党员并颁发纪念章、《中国共产党成立100周年》纪念邮票等，为4对国企退休党员夫妻举办金婚庆典活动。累计开展各类服务活动40余场。

【文化活动创新】　年内，首都机场街道举办庆祝中国共产党成立100周年暨森林演出季专场演出活动，推选其中6个节目参加朝阳区“森林主会场”优秀作品展演，民族舞《我和我的祖国》获“北京朝阳森林演出季”优秀原创作品奖，首都机场街道获二等奖和优秀组织奖和“百年风华·百姓艺术节”创意设计作品大赛优秀奖及森林Vlog视频大赛优秀奖；参加区文联

▲ 5 月 30 日，首都机场街道炫舞蓝天交谊舞队作为优秀节目代表参加在奥森举办的 2021 年北京朝阳森林演出季闭幕式。图为舞蹈队表演舞蹈《快乐民航人》（张继臣　摄）

“艺心向党·旋舞朝阳”民族舞比赛，获优秀表演奖；参加北京市文化活动中心举办的“影像北京”书画展，获优秀作品奖；参加北京市第十六届“舞动北京”群众舞蹈大赛，获三等奖；征集 80 件作品参加区“清风扬正气　廉洁社区行”暨“铭记光辉党史传承红色基因”主题书画摄影大赛，获十佳书画作品 2 件、优秀摄影作品 1 件、优秀书画作品 5 件，首都机场街道获优秀组织奖。全年组织文艺演出、电影放映以及讲座类活动 30 余场，开展各类培训 100 余次。

【安全隐患整治】　年内，首都机场街道联合公安、消防、交通和综合行政执法等部门开展联合执法 18 次，检查整改隐患 23 处；检查生产经营单位、施工作业场所 2075 家次，对 290 处安全隐患实现闭环整改，行政处罚 14 家，罚款金额 2.8 万元；开展“扫黄打非”专项检查 10 余次，举办主题法治宣传教育活动 12 场次，为辖区企业提供现场法律服务 3 次，调处各类民间纠纷 196 件，解答地区居民各类法律咨询 695 人次，调处成功率和咨询满意度均为 100%；对辖区 17 个小区院落涉及 22 个人员出入口安装人员识别抓拍和链路汇聚系统；为地区 8 栋高层住宅楼内的 25 部电梯，安装电动自行车禁入智能检测系统；建成电动自行车集中充电设施 16 处，可供 533 辆自行车同时充电；纠治机动车乱停乱放占压消防通道 1800 余次，利用“随手拍”上传机动车违法案件 600 余件；在街道 182 栋楼 700 个单元楼道安装安全提示牌，完成辖区所有消防通道施划标识；联合机场消防救援站，以灭火基本技能培训为重点，开展“一警六员”消防演练，实操实训 1200 余人次。

【接诉即办机制优化】　年内，修订《首都机场街道关于进一步加强“接诉即办”工作的实施意见》，健全未诉先办预警研判机制，执行“7 × 24”值守制度，以“简单问题马上办、复杂问题吹哨办、疑难问题分步办”为原则，建立日报告、周分析、月总结工作机制及民生迫切问题快速处置机制，确保“办得快”；实施“两天催办、三天督办、四天查办”跟踪问效，对“单否”“双否”案件进行约谈提醒，实现“督得快”；坚持“办好每一件”，建立办事人员、部门（社区）负责人、主管领导、主要领导“三上门”长效机制，通过主动上门沟通服务，最大限度了解居民需求、提升解决时效，做到“访得快”。全年接办市民热线诉求案件 893 件，诉求案件解决率 93.54%、满意率 96.69%。

【垃圾分类】　年内，首都机场组织开展“周末守桶我参与”活动，动员居民、党员干部等 2000 余人次参与值守；设立 51 名普法监督员，宣传、指导、监督、反馈垃圾分类工作，提升居民自主投放准确率；开展垃圾分类宣传活动 25 次，设立宣传指导员 180 名。多种渠道发放各类宣传品 600 余份、宣传页 1000 余份。北平里 A 小区、南平东里小区通过 2021 年第二批、第四批北京市生活垃圾示范小区的验收；10 月 20 日，首都机场街道通过北京市第四批垃圾分类示范片区创建验收。（杨紫恒）

朝阳区首都机场街道社区居委会一览表

表 30

序　号	名　称	地　址	电　话
1	南路西里社区居委会	燕翔西里2号楼北侧服务办公用房	64571565
2	南路东里社区居委会	东平里5号楼北侧服务办公用房	64571579
3	南平里社区居委会	南平里31号楼西侧服务办公用房	64573848
4	西平街社区居委会	西平街9号楼东侧服务办公用房	64579204

（杨紫恒）

双井街道

【概况】　朝阳区双井街道位于朝阳区中西部。东起东四环路与南磨房地区（乡）相邻；南至劲松大街和广渠路与劲松街道相接；西至东二环与东城区东花市街道毗邻；北至通惠河与建外街道相望。辖区面积5.08平方千米，下辖18个社区。双井街道是北京CBD的服务保障区、居住人口高度密集区、老工业基地转型升级区、先锋文化聚集区以及连通首都功能核心区与市行政副中心的重要廊道。2021年，辖区常住人口93962人、户籍人口29351户72700人、流动人口51350人、外籍人口1853人；出生人口491人，死亡人口707人；有法人单位262家，其中央属单位16家，市属、区属单位29家，其他单位217家；有综合医院1家、卫生服务中心2个、社区卫生服务站6个；有老年大学1所、中学2所、职业高中1所、国际学校1所、小学4所、幼儿园10所、社区办园点3处；有养老机构2处、养老驿站5处；有550平方米为民服务大厅、2000平方米地区文化中心各1处、有文化广场7处；途经辖区公交线路39条，地铁10号线、7号线、14号线贯穿其中。辖区绿化率36%。双井街道按照“党建引领科学化、城市治理智慧化、区域建设国际化、公共服务品质化、平安建设常态化”的方法路径，扎实推进治理体系和治理能力现代化建设，努力探索“井井有条”的城市治理模式，持续提升居民的获得感、安全感和幸福感。发布《双井街道“十四五”时期发展规划》；完成区第十七届人民代表大会代表选举工作，选举产生区人大代表14名；以“二闸·清明踏青节——双井众享新生活　快乐迎冬奥”为主题，举办群众清明踏青活动。全年完成区级财政收入4.97亿元，比上年减少3.56亿元，比上年下降41.74%。双井街道获“北京市应急值守工作基层先进单位”和“北京市安全社区”称号。　（张博书）

【新建小型消防站】　年内，双井街道加强地区平安盾消防救援队伍力量、加快消防救援速度，在九龙社区（东临四环、南临百子湾路、西临三环、北临通惠河）建设一座小型消防站，占地面积246平方米，建筑面积390平方米。　（金佐宁）

【“慧动六方”治理模式】　年内，双井街道梳理共享单车乱停乱放问题，构建“慧动六方”治理模式，即运用“慧眼”智能平台全天候实时监测，制定共享单车“溢出指数”标准，明确街道、社区（志愿者）、共享单车运营企业、点位周边社会企业、执法部门、应急清运队伍六方责任。建立系统预警、指挥调度、现场清运、定点码放、定期研讨的闭环处置流程。对百子湾路22号院街区治理，共享单车停放量从高峰的400辆降至150辆，过夜车辆从200辆降至20辆。　（侯飏雨）

【老旧小区改造】　年内，双井街道将垂杨柳南里小区作为老旧小区更新改造重点，采取以“空间换服务”形式，通过搭平台、促合作、引资本，推动街区更新，探索“政府平台+多元主体+社会资本”的合作模式。垂杨柳南里老旧街区有机更新项目，包括有机小区、垂杨柳南里西区等2个老旧小区共7个院落。截至年底，完成8栋楼、2条街约4.26万平方米精细化更新改造任务。　（苗笛菲）

【安全隐患消除】　年内，双井街道开展消防隐患及环境整治工作。内容包括筒子楼消防隐患整治、楼体和基础设施应急维修、公共区域环境整治、房屋安全鉴定、垂杨柳中里11号楼阳台加固5部分，涉及5栋居民楼、600户居民，约4000平方米路面和2200平方米楼顶防水面。房屋安全鉴定涉及79栋居民楼、面积19万平方米。（苗笛菲）

【环境改造】　年内，双井街道通过街区提升和社区微更新，搭建“井”字形发展布局，构建多元参与社会治理体系，提高城市精细化管理水平，改善居民群众生活环境，建设环境秩序井井有条、城市建设井井有条、社会治理井井有条的众享发展新格局。街道完成东柏街和黄木厂路2条道路改造，总长度约1.24千米，节点改造6个街角、双井众享公园南园和北园、金茂府书屋等9个节点，总面积约2.25万平方米。　（高巨龙）

【综合执法模式创新】　年内，双井街道创新综合行政执法体制改革工作，形成“战区制”综合执法新模式。街道以三环路和广渠路为界线，划分为四大战区。综合行政执法队建立“三队三网”，三支队伍：环境秩序管理队负责环境秩序执法检查工作；安全生产检查队负责安全生产检查方面相关工作；协管保安队负责配合开展日常辅助性执法；在巡查管理方式上，以社区普查网、战区巡查网、全域督查网“三网覆盖”建立问题发现机制（“社区普查网”集结社区卫生主任、楼门组长、社区志愿者、群众以及战区执法队员形成多方参与、群防群治工作格局；“战区巡查网”拉网式全覆盖巡查发现问题，“1+1+1+2”日常巡查模式，即1名环境秩序管理执法人员、1名安全生产检查员、1名协管员及2名保安，确保及时发现、及时处理和及时上报；“全域督查网”是回头看的长效督查巡查机制）。全年累计拆除违法建设面积3394平方米，完成计划任务的226%。拆除各类违规广告牌匾、电子显示屏250余块、地锁800余个；取缔无照经营300余起、规范店外经营1000余家，立案496起。　（金光辉）

【就业服务】　年内，双井街道举办职业指导培训7次，354名失业人员参加培训；为567人办理灵活就业保险补贴；举办免费技能培训8场，325名失业人员参加培训；首创线上“百日招聘会”活动，吸引21家企业提供就业岗位2148个。　（陈　思）

【接诉即办工作模式创新】　年内，双井街道接诉即办工作形成“党统六网”模式。即党建统领、“六网”包括精细流程处置网、“三员双模”运行网、云端信息智慧网、政民沟通服务网、联播展示宣传网、“井”字督导监督网。全年办理案件12473件，其中直派案件8100件。平均响应率99.20%、满意率97.08%。双井街道接诉即办市考核平均排名由2020年185名提升至55名，朝阳区街乡总排名第2名。双井街道获批成为朝阳区委党校接诉即办教育培训基地。（许亚东）

朝阳区双井街道社区居委会一览表

表31

序号	名称	地址	电话
1	广和里社区居委会	广和南里二条14号楼院内平房	67747556
2	垂杨柳东里社区居委会	垂杨柳北里14楼西门4-6号	87712371
3	九龙社区居委会	百子湾32号院苹果社区南区5号楼地下一层	58264735
4	九龙南社区居委会	百子湾南二路76号院5-12	87724572
5	垂杨柳西里社区居委会	垂杨柳西里6号楼南侧平房	67764486
6	广外南社区居委会	广渠门外大街22号楼后平房	67739069
7	广泉社区居委会	广渠门外大街甲28号院15号楼206室	87753405
8	双花园社区居委会	双花园西里甲8楼	67398192
9	光环社区居委会	双花园南里二区6号楼5单元101室	87721629
10	富力社区居委会	天力街3号楼（富力城B城）一层富力社区居委会	58621732
11	大望社区居委会	西大望路19号院5号楼7单元101、202室	87755016
12	百子园社区居委会	百子湾路16号百子园小区4号楼B单元203室	87732860
13	和平村一社区居委会筹备组	广和里西路57号院	87753970
14	茂兴社区筹居委会备组	广渠金茂府23号院5号楼一层	67776770
15	东柏街社区居委会筹备组	双井东院2号楼北侧平房	67791171
16	黄木厂社区居委会筹备组	黄木厂路1号院6号楼恒润中心11层	56358082
17	九龙山社区居委会筹备组	广渠路29号院九龙山家园1号楼A座底商6号	67766778
18	富力西社区居委会筹备组	光华北一街19号院2号楼	56876088

（时 文 杨丁虹）

团结湖街道

【概况】 团结湖街道位于朝阳区西部。东起水碓子东里、水碓子东路、朝阳体育馆西侧与六里屯街道为邻；西至东三环北路与三里屯街道相连；南起呼家楼北街和二道沟北侧与呼家楼街道相接；北至农展馆南路与麦子店街道接壤。辖区面积1.23平方千米，下辖6个社区。2021年，辖区有常住人口31187人、户籍人口12990户32374人、流动人口13033人、外籍人口335人，常住人口中有汉族人口30471人，少数民族人口1903人（其中满族人口988人、回族人口742人、蒙古族人口157人、维吾尔族人口13人、藏族人口3人）；出生人口152人、死亡人口432人（含强制销户373人）。有法人单位2219个，其中中央单位有中轻国际工程有限公司、国家烟草局培训中心等12家，市属单位有北京青年报社等12家，区属单位54家，其他单位2141家；有医院2家、社区卫生服务中心1个、社区卫生服务站1个；有职业学校1所、中学1所、小学1所、幼儿园4所；有养老机构1处；有988平方米为民服务大厅、4941平方米地区文化中心各1处，文化广场1处和24小时自助图书馆2处；途经辖区公交线路37条，地铁10号线贯穿其中。辖区绿化率44%。团结湖街道以打造“五湖四海”（“五湖”指智慧团结湖、美丽团结湖、文化团结湖、宜居团结湖和畅行团结湖；“四海”指精卫填海之志、

▲ 10 月 21 日，团结湖街道开展以“守护骑手健康，助力安心工作”为主题的关心关爱新就业群体市级示范活动，市、区领导为快递、外卖小哥发放健康守护包　　（杨维鑫　摄）

八仙过海之力、排山倒海之势、名扬四海之绩）团结湖为工作目标，聚焦党建引领基层治理，统筹疫情防控和重点工作，坚持分类别具体指导、分领域统筹推进。市委书记蔡奇莅临调研新就业群体融入基层党建格局的“团结湖经验”。全年实现区级财政收入 1.73 亿元，比上年增长 25.11%。团结湖街道获“首都文明单位标兵”称号。

【团结湖街道社区矫正委员会成立】 9 月 27 日，团结湖街道成立社区矫正委员会。街道工委、办事处统一领导，司法所具体负责，相关成员部门合力协作，每个社区分别设立由社区党委书记（居委会主任）、社区民警、监护人和志愿者组成的社区矫正小组。街道矫正委员会主要职责是统筹协调和指导地区社区矫正工作，为社区矫正工作提供组织保障。

【背街小巷更新改造】 11 月 15 日，团结湖街道打造品质、畅行、有序街区，建立南里路改造诉求反馈机制、统筹调度机制和监督自查机制，实现出行便捷提升、街巷环境提升、防控能力提升。重新硬化铺装路面 4215.45 平方米，增加路段宽度，部分路段扩宽幅度 40%；重建新式车棚 1 个（面积 224.79 平方米）、加装智能感应灯 23 盏，消除电动车安全隐患；增设停车位 53 个，引入朝阳停车管理公司，实现规范停车；新建集垃圾分类、资源回收为一体的封闭式桶站 1 处，打造“阳光街巷”。该改造项目获地区居民好评并赠送锦旗，北京电视台、《北京日报》等媒体报道项目建设情况。

【团结湖街道骑士团成立】 年内，团结湖街道成立由 395 名骑手组成的“团结湖街道骑士团”和由 6 名骑手党员组成的功能型党支部，建立党支部与骑手党员联系制度，定期收集骑手诉求。街道依托党群服务中心建立骑士团中心驿站，为骑手提供“休闲 + 补给 + 赋能”的立体服务。同时，街道协调地区资源，在 6 个社区建立快递驿站，将老式自行车棚改造为“智能车库 + 快递驿站”，既能中转存放快递，又能为骑手提供换电、急救等应急服务。引入社会资本“阿凡骑”负责运营，切实解决老旧小区“中转难”问题。统筹辖区商务楼宇、餐饮企业、链家门店、我爱我家门店等社会单位，建立暖心驿站点位 15 个，提供有统一标识、有爱心驿角、有帮帮卡、有心愿箱等“四有”服务内容。选派 4 名优秀骑手担任居民楼“副楼长”，推动骑手融入楼门治理。街道推荐快递小哥代表朝阳区参加党史学习教育市委第一指导组评估座谈会。

【社区治理】 年内，团结湖街道确立“依托云存储管理、提升社区效能、延续智慧管理、分批分部完善、逐步强化数字化社区治理平台建设和应用”工作思路。完善社区治理台账，加强社区基础数据采集工作，运用互联网、大数据、人工智能等技术手段，加强数据有序共享，夯实社区数字化治理基础，形成地区初步情况简要数据；完成 6 个社区 223 栋居民楼、304 家社会单位、32091 人等基础台账梳理、汇总和数据上传，实现建筑台账和人口台账部分关联；运用大数据科技手段，定期研究分析社区治理数据，研判社区群众“五性”需求问题和态势，指导社区按照“七有”目标治理，提出针对性、精准化解决方案，为社会建设和联系服务居民提供科学支撑，落实“全能社工”和“综合窗口”要求，提升社区治理效率。

【为老服务】 年内，团结湖街道深化“爱在团结湖，有您更幸福”提升项目，打造“养老管家”品牌，拓展“无围墙养老院”服务，受益人群超过 460 人次，满意率 100%；统筹街道养老照料中心、养老驿站，为高龄、空巢、独居老人提供 6 项传统服务内容；完善区域老年助餐体系，建成老年餐桌 3 家，服务老人约 1000 人次，初步实现需求全覆盖；推进医养结合，服务覆盖地区老人 700 人次；街道投资 30 万元，为地区 200 位 80 岁以上高龄老人提供易建呼服务，为 20 名独居老人安装床垫，开展老人服务需求调查，调查老人 2400 位。通过整合养老服务资源，为老服务效能和精准度明显提高。

【老旧小区综合整治】 年内，团结湖街道成立老旧小区综合整治专班，先后召开专题会 19 次，水碓子小区综合整治项目完成涉及抗震加固及节能改造的 13 栋楼体设计立项；水碓子西里小区综合整治项目完成立项、招投标和现场勘查工作，楼本体传统式抗震加固及节能改造项目设计单位、项目管理公司、监理公司和施工单位的合同签订。推进多层居民住宅楼电梯加装工作，组织召开居民、社区、主责部门、电梯公司等多方协调会、现场会，做好前期踏勘、确定试点、居民宣讲、意愿征集等相关工作，完成地区老旧小区住宅楼140栋、554个单元的初步调研，完成其中2个单元加装外挂式电梯向建委报备手续。

【接诉即办机制落实】 年内，团结湖街道通过全模式系统平台接收各类网格案件13622件，处理网格案件8344件，结案率98.41%。通过“12345”市民热线受理各类案件4856件，其中市级直派案件3020件、区级转办案件1101件，办理退回案件735件，实际处置案件4121件，处置办结案件中，响应率100%、解决率84.65%、满意率89.72%。

【新冠肺炎疫情防控】 年内，团结湖街道落实市、区新冠肺炎管控要求，累计排查管控人员4550人，接收区级派单13328人。涉及团结湖街道3603人，其中密接人员18人、次密接人员69人、境外抵京（含港澳台）人员214人。累计核酸检测13987人次。接种疫苗125596剂（包含60岁以上人员26866剂），其中第一针接种50099剂（包含60岁以上10176剂），第二针接种48971剂（包含60岁以上9922剂），第三针接种26526剂（包含60岁以上6768剂）。（陈　慧）

朝阳区团结湖街道社区居委会一览表

表32

序　号	名　称	地　址	电　话
1	一二条社区居委会	团结湖北头条4号楼东侧	65824358
2	三四条社区居委会	团结湖北三条16号	85988529
3	中路南社区居委会	团结湖中路南一条5号楼西侧	85989270
4	中路北社区居委会	团结湖中路北一条8号	85982265
5	南北里社区居委会	团结湖路21号楼西侧平房	85989524
6	水碓子社区居委会	水碓子24号楼	85986788

（陈　慧）

望京街道

【概况】 望京街道位于朝阳区东北部。东起机场高速路与酒仙桥街道和将台地区（乡）接壤，南起北四环路与太阳宫地区（乡）为界，西至京承高速路与来广营地区（乡）、大屯街道相望，北至湖光北街、宏泰西街、宏泰东街与东湖街道相邻。辖域面积10.36平方千米，下辖25个社区（含1个坝北平房区、1个南湖渠三巷待拆迁区）。2021年，辖区有常住人口14.6万人、户籍人口36455户95883人、流动人口8.4万人、外籍人口4397人；常住人口中有汉族人口136267人、少数民族人口9733人（其中回族人口1164人、满族人口1597人、朝鲜族人口5810人、其他少数民族人口1162人）；出生人口706人、死亡人口704人。有法人单位1.1万家，规模以上单位706家，其中央属单位6家、市属单位57家、区属单位34家、其他单位609家；有医院6家、社区卫生服务中心1个、社区卫生服务站7个；有科研院所2个、有大学4所、中学7所、小学6所、幼儿园17所；有养老机构3处、养老驿站10处；有3200平方米的为民服务大厅和地区文化中心各1处、有文化广场2处、24小时自助图书馆4处；途经辖区公交线路48条，地铁13号线、14号线、15号线贯穿其中。辖区绿化率36%。年内，望京街道准确把握疫情防控形势，重点抓好“外防输入、内防反弹”和新冠疫苗接种工作，保障群众生命安全。“一五一十建望京”项目落地见效；完成区人大代表选举工作，选举产生区人大代表14名；选举杨晓昇、陈栋、李小玲、黄崴等4人为区第十三次党代会代表并出席区第十三次党代会；完成25个社区党委（总支）、纪委、社区居委会、街道妇联换届选举工作。全年实现地区财政收入50.09亿元，比上年增长29.76%；征收房产税2093.69万元，比上年下降10%。望京街道获国家级“节约型机关”称号、北京市生活垃圾分类推进工作先进集体，望京小街改造项目获“亚太城市可持续发展优秀项目”称号。（项　悦）

【救助与服务】 2月，望京街道开展“知民性、悉民意、问企业、访部队”等送温暖活动。走访辖区重点企业28家，慰问派出所、消防站、武警部队等8家；走访慰问新中国成立前老党员11名、优抚对象78名、生活困难党员12名、独居老人75名、残疾人341名、高龄老人46名，累计发放慰问金 73 万元、慰问品价值 25 万元。建成老年餐桌 10 家，为 231 名困难老年人办理养老服务补贴 34.98 万元；为 1198 名失能老人办理失能护理补贴 732.6 万元；为 3122 名高龄老年人办理高龄老年人津贴 491.48 万元；为 25 名生活完全不能自理老年人发放补贴 3 万元；为 72 名 70 岁以上特殊（特困、低保、低收入、高龄）老年人开展“五个一”活动（一份生日祝福、一份健康体检、一份节日温暖、一份养老服务、一份百岁礼包）支出费用 3 万元；为 2 名百岁老人发放补贴 1.2 万元。10 家养老驿站为老人提供助餐服务 5724 人次、助洁服务 8042 人次、助医服务 3334 人次、代办代购服务 611 人次、康复护理服务 7618 人次、助浴服务 1092 人次，对 75 名特殊老年人巡视探访 374 次，开展助行、生活照料等服务 5795 人次。（项 悦）

【望京街道商会成立】 3 月 9 日，望京街道商会成立并召开第一届第一次会员大会，37 名商会会员参加会议。区工商联副主席马序松、街道工委书记胡建东出席会议。会上，街道工委副书记张立云宣读《北京市朝阳区工商联合会关于同意担任业务主管单位的批复》和《关于北京市朝阳区望京街道商会进行筹备的告知单》。会议审议通过《北京市朝阳区望京街道商会筹备工作报告》《北京市朝阳区望京街道商会章程（草案）》《关于北京市朝阳区望京街道商会会费减免的建议》《北京市朝阳区望京街道商会选举办法（草案）》。会议选举产生望京街道商会第一届理事会和监事会成员；分别召开第一届第一次理事会会议和第一届第一次监事会会议，选举产生第一届理事会会长、副会长、秘书长和第一届监事会监事长。（项 悦）

【望京小街书馆开馆】 4 月 8 日，位于望京街道小街商业中心 B 座 5~6 层的望京小街书馆开馆。书馆由望京街道办事处、晓书馆公益基金会、万科时代中心合作共建，面积1200平方米，藏书 3 万册，是集阅读、展览、讲座、演出等于一体的公益学习型书馆，馆藏书籍供书友免费现场阅读。（项 悦）

【北服设计·迪尚创新中心投入运营】 4 月 22 日，位于望京街道望京小街万科时代中心的北服设计·迪尚创新中心（BIFT DESIGN）投入运营。该中心面积约 1000 平方米。空间功能分为北服创新设计区、时尚会客厅、高级定制中心、设计师工作室等。其中时代中心 B 座六层为北服设计迪尚创意时尚空间，望京小街商亭 13、14 号为北服设计小店，致力于聚集、遴选、培育优质原创设计产品，创新“时尚发布、即看即买”时尚消费链。推动高校应用型教育体系建设，促进地方时尚文化塑造和产业转型升级，推进北京国际时尚消费中心城市建设。区委副书记、区长文献，区委常委、区委宣传部部长黄晓伟，高等院校、专业市场、企业以及设计机构等 50 余人出席活动，为北服设计创新中心（BIFT DESIGN）开业揭牌。（项 悦）

【市委书记蔡奇信访调研】 5 月 28 日，市委书记蔡奇到望京街道信访接待室就“望京西路和阜通西大街交叉路口存在范围过大、过宽，行人通过距离较远，行人不能一次通过路口，而且路口没有行人二次过街安全岛，路口无导流标线，且机动车与非机动车混行，给过往群众出行带来安全隐患”信访事项接待信访群众。接访中，蔡奇面对面聆听 4 位居民的诉求。接访后，蔡奇强调，政府要坚持以人民为中心的发展思想，始终把群众的事放在心上，深入群众中去，面对面听取意见，扎实开展“我为群众办实事”实践活动，千方百计为群众排忧解难。蔡奇调研后，经区交通支队、区交通委、区园林绿化局和望京街道办事处等多部门联合调研并共同制定方案，9 月 11 日该路口改造工程动工，10 月底完成改造。路口面积由原 8000 平方米缩小至 3000 平方米，行人过街距离缩短 30%。行人、非动车运行轨迹进一步规范。（吴同军）

【“走进德国 | 2021 北京站”活动】 5 月 29 日至 30 日，望京街道在望京体育广场举办“走进德国 | 2021 北京站”活动，德甲联盟及德国的多特蒙德足球俱乐部、法兰克福足球俱乐部等 6 支德甲俱乐部参与，40 余家德国机构和品牌参展。中国前驻德大使史明德，中国德国商会主席、大众汽车集团（中国）首席执行官冯思翰，德国工商大会北京代表处首席代表晏思，朝阳区委常委、组织部部长迟行刚，常务副区长崔小浩等为中德友好“零距离指向标”揭幕。活动以德国家庭周末生活为主题，现场设置德国国家旅游局 2021 全球巡展官方首站、德国“跳蚤市场”、德国集市多个特色区域，从艺术文化、娱乐休闲、健康生活等方面让辖区居民体验德国原汁原味的家庭周末生活。（项 悦）

▲ 6 月 26 日，望京街道举办庆祝建党 100 周年表彰大会暨文艺展演活动（崔晓松 摄）

【庆祝中国共产党成立100周年表彰大会】 6月26日，望京街道召开“礼赞峥嵘百年 矢志砥砺奋进”庆祝中国共产党成立100周年表彰大会暨文艺展演。区委宣传部副部长、文明办主任段成钢为“光荣在党50年”的老党员颁发纪念章；街道工委副书记陈栋宣读对望京西园四区社区党委等30个先进基层党组织、张疆涛等50名优秀党务工作者、王国东等100名优秀共产党员的表彰决定，并颁发荣誉证书和奖牌。（项 悦）

【新冠肺炎疫情处置】 8月4日，望京街道国风社区确诊输入型新冠肺炎感染病例1人（涉及小区1个，24栋居民楼2446户5200余人，楼宇2处8座，企业292家5600余人）。望京街道落实小区、楼宇封控措施，成立“1办5模块16小组”指挥体系（1办即：疫情指挥部办公室；5模块即：应急响应、小区封控、服务保障、医护供给、信息宣传等模块；16小组即：后勤保障组、封控管理组、群众工作组、622楼专组、物资配送组、核酸检测组、密接转运组、环境消杀组、垃圾消纳组、物业维修组、医疗保障组、派单排查组、宣传舆情组、酒店保障组、楼宇防控组、高风险场所防控组），设立隔离酒店1处，配备工作力量659人，开展封控管理、信息发布、群众组织、医疗通道、垃圾清运、物资保供等工作。至8月23日，完成封控区全员核酸检测6次，结果均为阴性，社区环境采集样本为阴性。24日零时解除封闭管控。其间，劝导转运集中隔离121人，派单排查3.33万人，应急配送物资22.5万件；环卫集团“专人专车专点专线”全流程封闭清运垃圾95千克，每天对居民楼消杀2~4次；9名翻译志愿者提供语言服务786人次；“舒心驿站”心理咨询服务安抚居民2240人次；诉求联络群解决群众诉求4300件。（徐 昱）

【对口帮扶】 9月27日至29日，望京街道工委书记杨晓昇带队与社区代表、企业代表一行人到内蒙古自治区通辽市科左后旗开展结对帮扶考察。考察组一行与科左后旗查日苏镇政府就当地产业、品牌打造避免“同质化”等问题座谈交流并签署结对协议。社区代表和企业代表与该镇各村（嘎查）分别签署结对协议。10月，科左后旗农产品在望京小街展卖。11月，辖区企业、居民向科左后旗强降雪受灾群众捐款16.7万元，捐物1万件（价值52.9万元）。（项 悦）

【人口抽样调查】 11月，望京街道完成2021年度人口抽样调查工作。调查涉及辖区20个社区27个样本点，其中国家点3个、北京点24个。经过机构组建、人员培训、住房单元核查、登记复查等阶段，核查住房单元13707个，登记1298户3249人。（刘思宇）

【南湖渠公园南路疏堵工程竣工】 12月13日，望京街道南湖渠公园南路疏堵工程竣工。该工程打通了中央美院、花家地实验小学方舟校区附近的断头路，有效缓解宜家家居商圈的交通拥堵情况。（项 悦）

【“活力望京，冬奥有我”系列活动启动】 12月16日，望京街道在望京小街启动“活力望京，冬奥有我”系列活动。望京街道投资10万元，完成花家地西里社区北京2022年冬奥会和冬残奥会示范社区建设，增加器械项目体验区、冬奥知识宣传区和冬奥室内宣传馆等地标，打造“有冰雪特色，奥运文化彰显”的冬奥社区特色风貌；在“学冬奥”暨冬奥知识宣讲活动中，辖区主要商圈设置了冬奥倒计时景观小品、冬奥项目展板、户外LED屏循环播放冬奥知识等方式宣传展示冬奥活动；在“赛冬奥”暨线上冬奥知识竞赛活动中，开发了冬奥知识线上答题小程序，在社区、党支部和学校开展冬奥知识竞赛，普及冬奥文化和冰雪运动知识；在“讲冬奥”暨组织地区青少年参与冬奥组委官方“冬奥讲解员”活动中，通过录制“我为冬奥助力”“冬奥知识分享”“跟着冬奥来我家”主题短视频方式，讲述自己与冬奥的故事；开展“绘冬奥”暨冬奥艺术作品征集活动，面向辖区中小学生冬奥主题艺术创作征集活动，通过线上线下集中展示，入选作品将作为新春礼物赠送给各国（地区）奥委会和残奥委会代表团成员。（项 悦）

【“两新”组织党建】 年内，望京街道成立“两新”组织党支部12个、党群服务中心党支部1个。新建非公党员活动室2个，依托党群服务中心建立“骑迹港湾”“驿姐驿家”，扩大“两新”组织以及新就业群体党建阵地。组织20家“两新”组织50名党员和近百名职工参与为期三个月的“疫苗接种”志愿服务。（项 悦）

【社区议事协商】 年内，望京街道完善居民议事厅常态运行机制，建设楼（门）院微信群435个，群内常住居民45206人；召开楼（门）院级议事协商会557次，其中线上320次，解决问题426件，参加议事协商会20801人，占辖区常住人口总数的16%。指导社区建立“微信议事厅”和“网上议事厅”，召开社区级议事协商会333次（其中线上50次），形成重点热点问题提案198条，解决问题158条。花家地北里社区12号、13号楼被推荐为议事协商示范点。（项 悦）

【垃圾分类】 年内，望京街道建立生活垃圾分类驿站16处，新建国风垃圾楼1个。推进桶站标准化建设，构建望京地区资源回收体系。加强生活垃圾分类投放、分类收集、分类运输、分类处置等4个环节的执法检查，实现生活垃圾执法检查全覆盖。创建北京市第一批垃圾分类示范小区4个（宝星、金隅丽港、金隅国际和湖光壹号），望京西路社区获区垃圾分类先进集体奖，望京经验在全市推广。（项 悦）

【安全整治】 年内，望京街道开展交通安全宣传、清理僵尸车、静态交通秩序整治、共享单车清运等专项行动，张贴违法告知单3万余张，联合执法20余次，查扣摩的7辆、黑车5辆，清理僵尸车20辆、共享单车2万余辆，清理摆摊12个，收缴非法小广告0.8万余张，处理交通方面“12345”热线反映问题227起；追查6分以上违法单位70余家，检查危化品、公交、邮政寄递车辆130辆，排查、治理各种交通安全隐患20余处。望京街道投资154万元，建立花家地社区小型消防站。出动28人次摸排辖区65个居住场所电动自行车数量及充电设施情况，建立基础信息台账，登记电动自行车8714台，充电桩、充电柜接口数量2197个。出动56个检查组、240余人次连续夜查，检查社区20个、电动自行车销售点4家、餐饮单位17家、健身场所1家、“七小”单位20余家，清理违规停放电动车21辆。发现安全隐患21处，下发整改通知单21份。开展安全生产专项执法检查278家次，发现隐患22处，督促整改落实22处，其中立案11家，行政处罚金额4.1万元。全面检查7154家次，发现隐患3840处，督促整改落实3701处。完成1878家生产经营单位的风险评估。推广安全生产责任险，投保1010余份。（项　悦）

朝阳区望京街道社区居委会一览表

表33

序号	名称	地址	电话
1	望京西园四区社区居委会	望京西园四区414楼107、108室	64706915
2	南湖东园社区居委会	南湖东园210-1-101	64706917
3	南湖中园社区居委会	南湖中园215-4-101	64706923
4	南湖西里社区居委会	南湖西里5号楼东侧	64721671
5	望花路西里社区居委会	望花路西里9号楼2单元101号	84715085
6	望花路东里社区居委会	望京中环南路11号院5楼后	64735021
7	花家地社区居委会	花家地9号楼附属楼	84726244
8	花家地北里社区居委会	花家地北里停车场东北侧	64730512
9	花家地南里社区居委会	花家地南里2号楼一层	64733093
10	花家地西里社区居委会	花家地西里109号楼	64716251
11	方舟苑社区居委会	方舟苑7号楼104室	64780405
12	望京西园三区社区居委会	望京西园三区304楼二层	64716249
13	南湖西园社区居委会	银领国际122楼101、201	64704359
14	花家地西里三区社区居委会	花家地西里三区居委会平房院	64719483
15	大西洋新城社区居委会	大西洋新城529楼4层	64727607
16	圣星社区居委会	圣馨大地C座101室	64729766
17	爽秋路社区居委会	蓝色家园小区西门外	64773107-808
18	望京园社区居委会	华鼎世家304楼103室	84727640
19	望京东园五区社区居委会	望京东园503楼2层	84781519
20	南湖西园二区社区居委会	季景沁园5号底商2层	52039158
21	阜荣街社区居委会	嘉美风尚小区1号楼2单元旁	84763512
22	望京西路社区居委会	望京西路50号院7号楼一层	84784239
23	夏都雅园社区居委会	青年报社3号院101室	64720193
24	国风社区居委会	国风601-6-1层	84763124
25	宝星社区居委会	宝星华庭5号楼二层	84488826

（项　悦）

香河园街道

【概况】 香河园街道位于朝阳区西部，成立于1987年11月。东至西坝河东里社区东侧、静安西街、左家庄西街与左家庄街道相邻；南至左西街一号院与东城区东直门街道接壤；西至地铁13号线东侧与和平街街道相望；北至坝河、北三环东路与太阳宫地区（乡）交界。辖区面积2.5平方千米，下辖9个社区。2021年，辖区常住人口41476人、户籍人口13903户33285人（其中汉族人口30841人，回族人口885人，满族人口1102人，其他少数民族人口457人）、流动人口11317人、外籍人口358人；出生人口180人、死亡人口430人；有法人单位2200家、规模以上单位81家，其中有央属单位11家、市属单位16家；有医院1家、社区卫生服务中心1个、社区卫生服务站3个；有中学2所、小学3所、幼儿园9所；有养老照料中心2处、养老服务驿站3处；有584.74平方米为民服务大厅、2257平方米地区文化中心（党群服务中心）各1处、有2000平方米以上文化广场4处；途经辖区公交线路29条，地铁13号线贯穿其中。辖区绿化率32.73%。年内，香河园街道加大力度，推进西坝河中里老旧小区改造工程；确立接诉即办工作模式，形成闭环处置流程；推动法治政府建设，构建“1619N”（党建“统一”引领、6支执法队伍、1个司法所、9个社区、N家社会单位）工作体系，构筑地区安全屏障；深化文明城区创建，建立工作机制，发挥“阳光小院”品牌效应，打造基层治理“样板间”；开展为老助老行动，推进民生福祉；投资170.79万元，完成街道级共商共治项目10个、社区级共商共治项目20个；实施“平安家”“暖心家”“幸福家”三大工程，推动15项街道级、20项社区级实事项目落地见效；举办“多彩香河园 魅力西坝河”第三届坝河文化节和“我身边的擎旗手”等主题活动。全年实现区财政收入2.40亿元，比上年下降37.33%；征收房产税4667.6万元，比上年下降12.83%。（江海洁）

【新冠肺炎疫情防控】 年内，香河园街道开设5个疫苗接种点位，开通60岁以上老年群体绿色通道，开设3~11岁儿童疫苗接种专场。全年完成疫苗接种124637剂次，其中第一针51085剂次、第二针46617剂次、加强针26935剂次，组织核酸检测12350人次。（张春晓）

【接诉即办机制落实】 年内，香河园街道制定《香河园街道市民服务热线“接诉即办”工作管理和考核办法》，确立“2+3+4+10”工作模式，即承办科室2天内办结诉求件，第3天由督办组进行“三督”（单、双否件再督，易反弹解决满意件再督，剔除挂账再督），第4天再调度突破，10日跟踪成果看成效，形成闭环处置流程严防反弹疏漏，形成“及时解决、重点督办、调度突破、跟踪追效”闭环处置流程，提升为民服务工作能力。全年召开专题调度会60余次，调度案件339件，解决案件156件。受理群众诉求6160件，有效回访5168件，响应率100%，平均解决率75.35%、满意率84.25%。（王 硕）

【垃圾分类】 年内，香河园街道发放垃圾分类指引彩页2万余张，张贴垃圾分类宣传海报1100余张，置换破损垃圾桶300余个，张贴垃圾桶新国标标识2000余张，创建2处垃圾分类示范小区（新天第、英特公寓）。居民志愿者参与桶前值守8000余人次、新建3处垃圾分类驿站，提高可回收物投递量，实现垃圾减量。（秦一帆）

【“幸福家”项目】 年内，香河园街道推进“幸福家”建设，发挥“阳光小院”品牌效应，深化“街统格办”模式，推行“三微”（微更新、微治理、微行动）工作法，以和馨怡佳小区为试点，综合整治环境，带动居民参与社区建设，协调物业共享资源，打造基层治理“样板间”。推动“微更新”，重环境整治，通过拆除违建、绿植补种、道路修缮等，实现和馨怡佳小区19、20号楼小区硬件升级。组织“微治理”，重党建引领，通过“党建+”模式，完善小院治理平台、机制、队伍，建成“微生态空间”冬奥主题生态花园打卡地，完成和馨怡佳小区19楼1门和20楼2门、5门市级楼门示范点及全景楼院建设。开展“微行动”，通过“我承诺、我践行”系列活动，动员更多居民参与社区治理，开展“21天家庭垃圾分类打卡”“生活垃圾微循环”“绿植认领”等系列活动，13个家庭、56人参与活动，活动评选出街道示范家庭5个、优秀家庭5个，初步形成自治管理的良好氛围。《人民日报》《北京日报》等媒体报道自治管理经验做法11次。（赵 頔）

【“平安家”建设】 年内，香河园街道构建“1619N”工作体系，编制工作手册，建立工作网络，完成17个“基础型”智慧平安小区建设，覆盖率100%。完善“智能+”保障体系，在7个小区出入口安装人脸、车辆抓拍系统，加装人脸识别门禁29台、刷卡门禁系统13台、钢制铁艺弹开磁力门42个，对558个楼宇门禁进行日常维护，织密地区安全“防护网”。聚焦电动自行车管理，创新确立“4+”治理工作法，暨“排查+整顿”专项集中整治行动，“摸排+建设”新车棚和设施落地，“精准+提示”引进阻止系统，“线上+线下”宣传全覆盖，新装充电接口573个，新建车棚14个，改建车棚54个，试点安装电梯阻进系统，有效减少安全隐患。治理交通秩序，新增共享车位180余个。（张 杉 沈楷萱）

【“暖心家”项目】 年内，香河园街道开展“5YI”行动，切实推进“一+医+易+益+怡”养老服务和工作格局。建成西坝河东里社区养老驿

▲ 10 月 14 日，香河园街道西坝河东里社区养老驿站揭牌运营　（王博文　摄）

站，“头尾两翼”养老服务格局基本形成，建成社会心理服务中心。推进医养护联合体建设，北京光熙康复医院加盟应急总医院医联体医院；培育志愿者团队拓展志愿服务，开展为老服务活动 50 余场；完善地区养老服务机构管理，将驿站日常安全管理纳入社区治理体系统筹监管。全年发放老年人补贴津贴 866.7 万余元，惠及老年人 35857 人次。为地区老人提供“四进”服务，助餐 1495 人次、助浴 4 人次、助洁 268 人次；为地区百岁老人提供助餐服务 268 人次，助浴服务 4 人次；社区养老服务驿站提供助餐服务 27986 人次；改造公共场所无障碍设施 109 处。（高全燕）

【依法行政】 年内，香河园街道制定《香河园街道法治建设领导小组关于开展法治宣传教育的第八个五年规划（2021—2025 年）》。组织“普法大讲堂”18 场次，发放各类法治宣传材料 8000 余份，居民直接参与 1 万余人次，活动覆盖居民 4 万余人次，合同合法性审查 82 份，出具法律意见书 42 份，备案 45 份。提供法律咨询服务 1000 余人次。调解各类民事纠纷 197 件，调解成功 196 件，成功率 99.5%。主动公开政务信息 130 余条，行政处罚公示信息 66 条。（刘　颖）

【助残帮困】 年内，香河园街道针对辖区内“无障碍精品示范街区”“一刻钟无障碍便民服务圈”和“七小门店”的无障碍设施整改 109 个点位。为地区残疾人举办 4 场居家康复讲座、6 场线上培训；走访慰问地区困难残疾人 252 户，发放慰问金 15 万余元；为 42 名居民办理残疾证；为 9 名残疾儿童发放康复补助 23 余万元；安置残疾人就业 17 人；为 56 名残疾人办理自主创业保险补贴审核；为 45 名残疾人办理城乡居民养老保险缴费补贴审核；为地区 919 名残疾人进行服务问需调查；为 133 人在辅具平台上申请辅具器具；为 106 名有康复服务需求的残疾人进行线上及线下的政策培训；地区累计在册精神障碍患者 235 人，领取补贴 173 人、补贴金额 39.65 万元；发放低保金 1052 户次 229 万余元，特困供养人员医疗救助金 28.18 万元。发放超转人员、军工人员、优抚对象、孤儿优待抚恤资金 245 万余元（772 人次）。（赵　帅　王　莉）

【就业服务】 年内，香河园街道建立“一轴两翼两网”（“一轴”即：以充分就业工作为主轴，“两翼”为“街道”之翼和“社区”之翼，两网为“岗位开发”网和“职业指导”网）就业服务模式，开发就业岗位 825 个，完成城乡劳动者职业培训 35 人，326 人实现再就业。（王　晶）

朝阳区香河园街道社区居委会一览表

表 34

序　号	名　称	地　址	电　话
1	西坝河东里社区居委会	西坝河东里107楼东侧	64670151
2	西坝河南里社区居委会	西坝河南里20号楼前平房	64621516
3	西坝河西里社区居委会	西坝河西里4号楼	64296921
4	西坝河中里社区居委会	西坝河中里2号楼前平房	64663784
5	柳芳北里社区居委会	柳芳北里甲14号楼	64680342
6	柳芳南里社区居委会	柳芳南里6号楼前平房	64605008
7	光熙门北里北社区居委会	光熙门北里甲6号平房	64272821
8	光熙门北里南社区居委会	光熙门北里19号楼前（甲20号）（柳芳北街9号院内平房）	64211271
9	光熙家园社区居委会	光熙家园9号楼106室	59033942

（王　璇）

小关街道

【概况】 小关街道位于朝阳区西北部。东起育慧南路与太阳宫地区（乡）接壤；南至元大都城垣遗址公园与和平街街道交界；西邻北苑路与亚运村街道毗邻；北至北四环东路与大屯街道隔路相望。辖区面积2.58平方千米，下辖8个社区。2021年，辖区常住人口61966人、户籍人口14688户47926人、流动人口12118人、外籍人口422人、出生人口268人、死亡人口655人；辖区有法人单位2757个，其央属单位32家、市属单位28家；有医院3家、社区卫生服务站2个、养老驿站4处；有科研院所6个、有大学1所、中学3所、小学2所、幼儿园5所、社区办园点1所；有401平方米为民服务大厅、2800平方米地区文化中心各1处，文化广场1处和24小时自助图书馆3处；途经辖区公交线路20余条，地铁5号线、10号线贯穿其中。辖区绿化率38%。年内，小关街道围绕基层建设"总结巩固年"，抓实街道工委年度各项工作部署。完成区人大代表换届选举工作、2021年朝阳森林演出季小关街道分会场演出活动、新冠肺炎疫情防控工作、接诉即办、文明城区创建复查测评、"疏整促"工作、提升城市治理精细化水平、垃圾分类和物业管理、老旧小区综合整治、社区政务服务示范点建设、保障改善民生等工作。全年实现区级财政收入7.07亿元，比上年增长10.28%。小关街道获"北京市工人先锋号""首都文明街巷""首都文明单位标兵"和"北京市2019—2020年度接诉即办改革工作先进集体"等称号。（佟学艳）

【垃圾分类】 4月，小关街道为219个排放主体发放注册标签594个，登记非居民厨余单位105家。创建育慧街2号院和奥东十八2个市级垃圾分类示范小区，创建中航大厦为北京市2021年第一批垃圾分类示范商务楼宇。建设垃圾分类驿站8座，招募垃圾分类志愿者670人，统筹"双报到"在职党员334人开展垃圾分类"桶前值守"行动，全域开展垃圾分类积分兑换活动52场，参与人数3581人。辖区厨余垃圾分出率稳定在18%、居民知晓率100%。（杨常有）

【小微空间试点项目】 8月27日，小关街道完成"小空间·大生活"试点项目改造。"转过街角 会心一笑"项目位于地铁5号线惠新西街北口出入口南侧，将地铁出站口与下沉广场结合，是城市主干道路与住宅小区之间的敞开空间（面积1900余平方米），紧邻惠新西街小区（原为构件厂宿舍）。有效解决地铁公交出入口便利化、居民生活休闲空间供给的双重诉求，建成"微笑100"全龄友好公共空间。该项目获全市唯一特等奖。北京电视台、《北京日报》等媒体报道10余次。（魏　倩）

【老旧小区环境提升】 年内，小关街道对辖区18条背街小巷环境整治提升。加大保洁力度，清理积存垃圾4.35余千克。拆除7处私自占用公共空间、存在安全隐患的违法建（构）筑物；加大设施维护，修复坑洼路面40平方米，修补路面地缝20余平方米，维修井盖、箅子等设施12处，清理排水井堵塞6处。启动住总、市政南、小关北里3个小区14栋居民楼1163户老旧小区改造；启动小关东里8号院、城建七小区、京煤家园小区等精品楼院建设项目，实施"硬件改造＋软实力提升"双轮驱动，打造楼院特色名片；夯实党建引领、居民主导、社区协调、产权单位发力、社会组织助力、政府支持的楼院治理模式。（杨常有）

【接诉即办机制落实】 年内，小关街道建立接诉即办相关工作机制，紧盯问题"解决率"，坚持高位调度、高位办件，突出"快、准、实"。接诉内容涵盖环境卫生、物业管理、老旧小区治理、居民动员等方面。接诉即办案件总量5619件，解决案件5619件，群众满意率97.95%。（贾　涛）

【"疏整促"专项行动】 年内，小关街道拆除违法建设面积1105.94平方米。完成北四环路、惠新东街道路沿线整治等冬奥风貌建设整治工作，整治违法群租房59处、疏解人口237人，保持违法群租"动态清零"。建设地区养老驿站4家，规范制作养老服务标牌，完成全年"疏整促"任务。（魏　倩）

【安全生产长效治理】 年内，小关街道推进固化隐患治理长效工作机制，抓好隐患排查和源头治理。实现地区中等规模以上生产经营单位生产安全事故应急预案编制、评审和备案率3个100%；开展安全生产全覆盖检查，检查辖区企业4291家次，立案处罚18起，处罚金额10.2万元，发现隐患1509处，消除隐患1509处，隐患整改率100%；开展电动车违规进楼消防执法检查，约谈违规物业单位6家。（朱立媛）

【社区政务服务示范站点建成】 年内，小关街道作为朝阳区第一个社区政务服务示范站点建设单位，率先完成高原街、惠新里、惠新东街3个社区政务服务示范站点建设工作。通过统一工作标准，推进社区服务站点信息系统标准化，有效连通街道政务服务中心和社区服务站点，2个服务平台无缝对接、信息互通，搭建快捷便民信息平台。推动综合服务便捷化，在社区原有微信公众号上增加便民服务、政策法规、办事指南等政务服务板块，方便居民微信提交材料、预约预审。3个社区政务服务示范站点综合窗口全年办理咨询、低保、帮扶等业务120件。（周齐佳）

【门前三包】 年内，小关街道强化"门前三包"主体责任落实，坚持"硬执法"与"软服务"相结合，与辖区343家社会单位签订“门前三包”协议书并提出“门前三包”责任制管理要求。同时，开展“门前三包”星级评定工作，打造“门前三包”示范街。以“一码共治”平台为载体，发动“朝阳群众”、小巷管家等参与城市治理，畅通市民群众“随手拍”等监督举报渠道，强化主体责任落实。（李念珂）

朝阳区小关街道社区居委会一览表

表35

序号	名称	地址	电话
1	小关东街社区居委会	小关东街3号楼东侧	64304909
2	惠新里社区居委会	惠新西街18号南院罗马花园南门对面惠新里社区	64810091
3	惠新北里社区居委会	惠新北里8号楼	64810092
4	高原街社区居委会	惠新里甲10号	84626490
5	小关社区居委会	小关北里204号楼旁	64986924
6	惠新苑社区居委会	惠新西街9号院1号楼社区服务站	64810094
7	惠新东街社区居委会	惠新里2号楼北侧惠新东街社区居委会	64921182
8	惠新西街社区居委会	惠新北里8号楼（与惠新北里社区合署办公）	84872634

（佟学艳）

亚运村街道

【概况】 亚运村街道位于朝阳区西北部。东起北苑路与小关街道相接，西至京藏高速路与海淀区相邻，南至北土城公园与安贞街道为界，北抵安翔北路至炎黄艺术馆北侧路与奥运村街道、大屯街道相连。辖区面积5.13平方千米，下辖13个社区。2021年，辖区常住人口67745人、户籍人口17533户47650人、流动人口36429人；户籍人口中，男性23513人、女性24137人；汉族44597人、少数民族3053人；港澳台同胞及外籍人口226人；出生人口344人、死亡人口522人；有社会单位3318家，其中央属单位47家、市属单位20家、区属单位203家、其他单位3109家；有大学2所、中学3所、小学5所、幼儿园8所；有医院1家、社区卫生服务中心（站）3个；有养老机构2处、养老服务驿站6处；有900平方米政务服务大厅和3000平方米文体活动中心各1处、1.2万平方米的文化健身园和文化广场9处、社区文体活动室13个、24小时自助图书馆2个；途经辖区公交线路70余条，地铁8号线、10号线贯穿其中。年内，亚运村街道以庆祝中国共产党成立100周年为主线，以贯彻落实“四个条例”、推进基层改革创新“年度三件事”、加强基层建设三年行动计划为抓手，聚焦“七有”“五性”，围绕街道全年中心工作和重点任务，勇于担当，攻坚克难，扎实做好新冠肺炎疫情防控工作，有序推动地区经济社会高质量发展。完成年度人口抽样（抽中北京点及国家点8个社区、596个住房单元）的调查登记工作；建成智慧平安小区28个；安装电动自行车充电桩及换电口523个；为地区11栋高层居民楼电梯安装26部电动自行车阻车器。实现地区财政收入13.69亿元，比上年增长8%。亚运村街道获“2016—2020北京市法治宣传教育先进集体”称号。（张昌泰）

【基层党建创新】 年内，亚运村街道建立“1会+6专委会+13分会+83个网格”区域化党建工作体系，动员地区108家社会单位参与共建；推出街道党群服务中心“红街巷”品牌，打造“红心巷”“红娱巷”“红音巷”和“红络巷”等“四红”阵地，全年开展党建活动50余场，参与活动人数万余人次；“地瓜社区”被授予朝阳区委党校现场教学基地；策划党建引领“曹操网约车——领航行动”品牌，新成立非公党支部5个；建成奥体南区国际化人才社区，完成安苑里社区居委会新址建设；成功打造服务北京冬奥村家门口的“网红”社区服务中心和“双奥”核心区新名片。（李新宇）

【党政群共商共治】 年内，亚运村街道以“微提案”“问需卡”等形式，在社区居民、社会单位、人大代表、政协委员共同参与下，集中解决公共区域环境整治、破损外墙维修、老旧电梯更新等社区难题。街道投资3371.35万元，完成为民办实事项目38件，其中街道层面1项、社区层面37项。（李晓琳）

▲ 6 月 28 日，亚运村街道到祁家豁子社区开展“筑梦善行　残健共融”助残联盟团建活动
（亚运村街道　供图）

【文体活动】 年内，亚运村街道开展文化、体育、科普活动 29 场，参与群众 2.5 万人次，组织 2000 人次志愿者参与文化志愿服务。各社区开展文化活动 306 场，参与活动居民约 3 万人次。以庆祝中国共产党成立 100 周年为主题，开展红色邮票展、党史展和剪纸书画展等专题展览。举办传统节日特色文化活动 7 场、冬奥体验活动 4 场、科普进社区活动 4 场、公益性课程培训 7 场。开展党史教育影片展播活动 26 场，观影人员 1100 人次。（周慧娟）

【敬老助残】 年内，亚运村街道“幸福享老”区域养老服务联合体为辖区 170 位 60 岁以上的低保和计生特扶老年人开展家政、理发、线上健康知识讲座和生日宴等服务活动。为 70 位 95 岁以上高龄老人送重阳节慰问品；安翔里社区养老服务驿站为 3 名百岁老人提供助洁服务 112 次、助浴服务 14 次、助餐服务 44 次；救助 71 名 70 周岁以上有重大疾病、残疾的困难老人、慰问 1000 名 60 周岁以上空巢、独居老人。完成 13 个社区残疾人协会换届工作。整合 21 家企事业单位资源，开展“携手互助　与爱同行”暨 2021 年亚运村街道助残联盟启航仪式，调动助残联盟单位资源开展助残服务。完成 190 处无障碍改造，打造环宇荟精品示范街区和安慧里小区“一刻钟”无障碍精品服务圈。亚运村街道温馨家园获评市残联“冬奥示范温馨家园”和“精准助残示范阵地”。（张　静　郑宇鹏）

【接诉即办机制落实】 年内，亚运村街道按照“感情上贴近群众、行动上深入群众、利益上维护群众”要求，用心、用情、用力开展“我为群众办实事”活动，解决好群众“急难愁盼”问题。全年受理接诉即办案件 5053 件，其中市级案件 3236 件、区级案件 1817 件，平均解决率 82.97%，平均满意率 88.60%，响应率 99.94%；人民调解委员会调解矛盾纠纷 72 件，调解成功 70 件，成功率 97.2%；诉求处置中心全年接收信访案件 85 件，化解处理案件 85 件，化解率 100%，接待群众来访 4 批 5 人次，走访排查辖区居民 73 户 268 人次，排查矛盾纠纷 51 起，化解处理矛盾纠纷 44 起，化解率 86%。（赵建红　李　晶　金　晶）

【疏解整治】 年内，亚运村街道拆除违法建设 6100 平方米，整治无证无照点位 4 处；核查群租房 189 间，整改 76 户，疏解群租人员 272 人。（董　熠）

【环境监测与治理】 年内，亚运村街道成立环保精细化作业专班，做好精准治霾 4.0 版落实工作。1~12 月，亚运村街道 $PM_{2.5}$ 年累计浓度为 34 微克 / 立方米，全区排名第 10，比上年下降 2 微克 / 立方米；TSP 年累计浓度为 90 微克 / 立方米，全区排名第 2 名，比上年下降 14 微克 / 立方米。全年解决区级环保平台派发的各类案件 279 件，解决率 100%。监督检查各类工地 900 余次，处理整改各类扬尘问题 500 余起。完成 4 批次裸露土地治理任务，日常巡查督促工地苫盖施工裸地 2 万余平方米。街道河长、社区河长、河长制办公室累计巡河 180 次，巡河里程 358 千米。（邓　磊）

朝阳区亚运村街道社区居委会一览表

表 36

序　号	名　称	地　址	电　话
1	北辰东路社区居委会	安慧北里小区1号楼101室	64941921
2	安慧里社区居委会	安慧里一区甲7号楼	64980228
3	安慧里南社区居委会	安慧里三区13号楼	64932899
4	安慧里北社区居委会	安慧里二区1号楼	64929078
5	安苑里社区居委会	安苑里小区3号楼前平房	64810748

续表 36

序 号	名 称	地 址	电 话
6	安苑北里社区居委会	安苑北里12号楼维修中心1层	64913486
7	安翔里社区居委会	安翔里社区40号楼	64851918
8	丝竹园社区居委会	丝竹园7号楼11单元401	64869350
9	华严北里社区居委会	华严北里44号楼	82846457
10	华严北里西社区居委会	华严北里甲22号楼	82846462
11	京民社区居委会	华严北里2号院1号楼北侧	82070673
12	祁家豁子社区居委会	华严里16号楼前小二楼	62372962
13	民族园社区居委会	华严北里3号院1号楼后平房	62375261

（张昌泰）

左家庄街道

【概况】 左家庄街道位于朝阳区西部。东起东三环北路与麦子店街道为邻；南濒亮马河与三里屯街道隔河相望；西至左家庄西街与东城区、香河园街道接壤；北抵静安西街与太阳宫地区（乡）相接。辖区面积 4.17 平方千米，下辖 11 个社区。2021 年，辖区常住人口 71877 人、户籍人口 24775 户 63077 人、流动人口 10942 人、港澳台同胞及外籍人口 1100 人；新出生人口 375 人、死亡人口 783 人；有法人单位 3904 个，有纳税社会单位 5230 家，其中央属单位有中航工业集团、中检集团等 16 家；市属单位有北京百灵无线电厂、北京市自来水集团水源八厂等 7 家；区属单位有朝阳环卫服务中心、朝阳区经济管理办公室等 38 家，其他单位有 3873 家；有社区服务卫生中心 1 个、社区卫生服务站 4 个；有大专院校 1 所、中共朝阳区委党校 1 所、有中学 1 所、职高 1 所、小学 5 所、幼儿园 7 所；有养老照料中心 1 处、养老服务驿站 5 处；有 300 平方米为民服务大厅、2700 平方米地区文化中心各 1 处，有文化广场 7 处和 24 小时自助图书馆 3 个。途经辖区公交线路 119 条，地铁 10 号线贯穿其中。辖区绿化率 30%。年内，街道坚持“守正创新、集智发展”理念，完成全国两会、庆祝中国共产党成立 100 周年等重大活动安保维稳工作；投资 280 余万元解决小区硬件年久破损失修、拆违后空地闲置等 28 项居民诉求。全年实现区级财政收入 33.33 亿元，比上年下降 17.12%。左家庄街道获北京市“七五”普法先进集体称号。（刘　蕊）

【新冠肺炎疫情防控】 年内，左家庄街道落实“四方责任”，排查管控人员 14130 人，精准管控密接、次密接人员 228 人。科学设置核酸检测点位，核酸检测 3 万余人，实现阶段性“零”确诊和“零”感染。完成两针疫苗接种 7.57 万人、加强针接种 4.39 万人。（王　峻）

【依法行政】 年内，左家庄街道以“云直播”形式，开展宪法、民法典、疫情防控、国家安全等系列法治讲座 27 场，为疫情防控、冬奥会冬残奥会筹办提供法治保障；开展人民调解员（96 名）等级评定工作。通过人民调解化解矛盾纠纷 54 件，其中口头协议 48 件、调处房产等重大经济纠纷 7 件（其中完成司法确认 6 件）。（张　莹）

【接诉即办机制落实】 年内，左家庄街道“8890”热线接受群众诉求 1589 件。网格接案 18383 件，整体结案率 98%。通过寄信、网信、来访、来电等渠道接收各类信访事项 1221 件，其中接待群众来访 120 余次、处理朝阳区网上信访平台来信来访 94 件，办结率 100%。开展年度重点工作风险评估 1 次，申报街道级挂账项目 2 项，全部结项。（刘　畅）

【敬老助残】 年内，左家庄街道建成“1+5”养老驿站体系（1 家养老照料中心和 5 家养老驿站），辐射性服务于 11 个社区的老年群体，从日间照料、心理慰藉、医养结合、助残康复、送餐订餐等诸多方面提供全方位服务。为辖区 2 万余名老年人发放各类补助津贴 2148 万元，为 257 名残疾人发放生活补贴 201 万元，为 373 名残疾人发放护理补贴 71 万元。（符淑意）

【党政群共商共治项目】 年内，左家庄街道完成党政群共商共治项目 16 个，其中街道级 1 个，受益群众 1.39 万人；社区级 15 个，受益群众 2.367 万人。建立社区议事协商示范点 1 个、楼门治理示范点 5 个，11 个社区落实月协商制度。聚焦“共建共治共享，守望美好家园”主题，梳理形成金点子 118 个，举办提案大赛，实施大赛中标项目 38 个。（牛　顿）

【结对帮扶】 年内，左家庄街道与内蒙古自治区科左后旗的朝鲁吐镇和巴彦毛都苏木（镇），左北里社区与朝鲁吐镇朝鲁吐嘎查（村），顺源里社区与朝鲁吐镇胡四台嘎查、曙光里社区与巴彦毛都苏木巴彦毛都嘎查，曙光凤凰城社区与巴彦毛都苏木莫麦嘎查（村），华夏农田农业投资开发（北京）有限公司与朝鲁吐镇胡四台嘎查分别签署结对协议。选派1名社工到新疆建设兵团47团参与支援合作工作（区委社会工委安排）。购买政购服务项目——“美丽乡村，美丽笑脸”社会组织支持脱贫地区对口帮扶项目；为原帮扶的张家口市康保县土城子镇和哈咇嘎乡的2所小学送去“四个一”（即一个学习平台、一批学生走出家乡、一批传统文化进校园、一些“微心愿”被实现）特色服务。对口帮扶内蒙古自治区科左后旗，捐款4.26万元、捐物价值1.8万元，完成15万元消费扶贫目标。（赵瑞芳）

【环境整治】 年内，左家庄街道提升辖区内迎冬奥环境氛围，美化辖区东三环北路及北三环东路沿线的9个市政箱体和64个电线杆装饰带有冬奥元素设计；协调完成左东里社区香河园中里3号楼、6号楼铺装工程1420平方米。开展文明城区创建行动，落实绿地保洁质量，清理大件垃圾1200余千克、无主垃圾7000余千克、补植草坪1.51万平方米、黄杨绿篱4000株、清理绿地卫生25.09万平方米、清运绿化垃圾156车。（冯　晨）

【垃圾分类】 年内，左家庄街道制订《居住区生活垃圾分类工作检查表》，整合力量开展日常巡查，确保桶站设施管理达标。完成3座垃圾分类驿站、2个小型中转站的可再生资源体系；组织社区党员和“双报到”党员参与垃圾分类志愿服务，张贴、分发各类宣传折页、海报7万余份，举办线下宣传活动10余场，志愿者队伍壮大至638人，志愿者守桶7200人次。（马宏义）

【安全保障服务】 年内，左家庄街道发动治安志愿者1845人和社区在职党员、社会单位志愿者、停车管理员等群防群治力量3万余人次参与安全保障服务。全年检查各类场所9000余处、社会单位1174家，发现隐患1195余处，处罚122.65万元，临时查封17家，责令“三停”7家，下发责令改正通知书651份。安装电动自行车充电接口1732个。（高永峰）

【“一码共治”基层治理模式】 年内，左家庄街道实施“一码共治”基层治理新模式，借助“城市码”实现城市实体感知数据、线上线下渠道数据的互联互通，形成城市最小的管理单元标识，通过空间绑定构成立体网格，对空间内人、企、物进行精细化管理。在创新模式下，从商户到街区、从居民到社区，形成基层治理的“五化”（精细化、快捷化、联合化、融合化和智慧化），将左家庄打造成为数字孪生街区、智慧街区，逐步实现治理体系和治理能力的现代化。左家庄街道“一码共治”入选2021年数标指数全国典型实践50强案例。“门前三包”完成507个“一码共治”公示牌安装，处置居民上报案件579件，实现处置率100%。“社区码”初步实现数据集成、信息查询和诉求办理功能。（付庆伟）

▲ 左家庄街道“一码共治”主界面（摄于10月）
（郭志明　摄）

朝阳区左家庄街道社区居委会一览表

表37

序　号	名　称	地　址	电　话
1	新源里社区居委会	新源街19号楼	84552609
2	顺源里社区居委会	顺源里04号楼对侧	64637571
3	三源里社区居委会	三源里街10号楼临1号	64654419
4	新源西里社区居委会	新源西里东街甲11号	84551479
5	左北里社区居委会	左家庄北里甲38号楼	64683979
6	静安里社区居委会	静安里甲6号	84542961

续表37

序　号	名　称	地　址	电　话
7	左南里社区居委会	香中里9号楼北侧	64656209
8	左东里社区居委会	左东里14号楼	64656754
9	曙光里社区居委会	曙光里39号楼后小白楼	84515170
10	曙光里西社区居委会	时间国际小区4号楼底商	64610717
11	曙光凤凰城社区居委会	凤凰商街、凤凰城d座小区	58667026

（刘　蕊）

常营地区（回族乡）

【概况】　常营地区（回族乡）位于朝阳区东部。东与通州区永顺镇接壤，南与管庄地区（乡）相邻，西与平房地区（乡）相接，北与金盏地区（乡）和东坝地区（乡）毗邻。辖区面积9.3平方千米，下辖16个社区和1个北京像素治理中心。2021年，辖区常住人口214852人、户籍人口17789户39612人（其中少数民族8308人）、流动人口89684人、外籍人口432人；出生人口288人、死亡人口218人；有法人单位2749家，其中央属单位5家、市属单位15家、区属单位12家、其他单位2717家；有社区卫生服务中心1个、社区卫生服务站4个；有职业高中1所、九年一贯制学校3所、中学1所、小学2所、幼儿园13所；有社区服务中心1个、养老机构2处；有1804平方米为民服务大厅、1018平方米地区文化中心各1处，有文化广场4处和24小时自助图书馆3处；途经辖区公交线路15条，地铁6号线贯穿其中。辖区绿地面积335公顷，辖区绿化率37.41%。年内，常营地区围绕打造健康活力宜居新常营，深化体制机制改革，激发经济发展活力，提升城市管理水平，创新社会治理模式，塑造体育文化核心品牌，确保地区“十四五”发展开好局、起好步。完成社区党委和社区纪委换届选举工作；完成年度拆违任务133处，建设面积2.11万平方米，占地面积2.21万平方米。实现区级财政收入2.94亿元，比上年增长13.95%。常营回族乡获“国家级节约型机关”称号；民族家园社区获“北京市老年宜居环境示范社区”称号。

【新冠肺炎疫情防控】　1月10日，常营地区（回族乡）开展9类重点人群疫苗接种工作。1月24日，启动重点人群第二剂新冠疫苗接种工作。4月，启动常营地区（回族乡）畅心阳光社区养老服务驿站（富力阳光美园底商）疫苗接种点。12月4日，开通“疫苗接种摆渡车”服务，免费接送60周岁以上老年人及行动不便的居民前往接种点接种疫苗。全年接种第一剂111935人、第二剂103098人、加强剂67113人。

【乡八届党代会五次会议】　4月1日，中共常营回族乡第八届代表大会第五次会议召开。乡党委书记方泽作题为《推进高质量发展　创造高品质生活　奋力开启“十四五”发展新征程》的2020年度工作报告；乡纪委书记刘卉作题为《落实从严治党　担当职责使命　保障“十四五”开好局起好步》的2020年度工作报告；乡人大主席李庆芳作2020年度代表提案、提议和意见建议办理情况的报告，并部署大会提案提议工作；大会选举李庆芳、苏凯、胡唯、付长春为中共常营回族乡党委委员。

【文体活动】　5月15日，常营地区（回族乡）举办“迎建党百年　绽常营风采”2021年“活力之春”体育健身节暨乒羽比赛，辖区内18支代表队100余人参赛，10月23日，2021北京·常营半程马拉松比赛鸣枪开跑，813名爱跑选手参加比赛，10月，荟万鸿社区、住欣家园社区、万象新天社区、万象新天北社区、苹果派社区等分别开展社区邻里节活动，居民们通过开设跳蚤市场、文艺表演等形式，共享邻里欢乐时光。年内，举办第十届常营地区群众文化节、“森林演出季”常营分会场演出、书画比赛、书画展览、“书香常营”乐读季、第五届“金色常营、活力半马”摄影比赛等系列活动；推进文化服务场所建设，开设流动美术馆。

【乡十七届十次人大会议】　6月16日，常营回族乡召开第十七届人民代表大会第十次会议。61名乡人大代表出席会议，区人大代表、乡领导班子成员、乡机关各部门负责人和基层单位负责人等51人参加会议。会议审议通过乡政府工作报告、乡2020年财政预算执行情况和2021年财政预算报告、乡人大主席团工作报告、乡国民经济和社会发展第十四个五年规划和二〇三五年远景目标纲要（草案）的说明。李庆芳当（补）选乡人大主席，马洪松当（补）选乡人民政府乡长，王昱、魏凤雪当（补）选为乡人民政府副乡长。

▲ 10 月 26 日，常营地区（回族乡）第九次党代会召开　［常营地区（乡）供图］

【乡第九次党代会】 10 月 26 日至 27 日，常营回族乡召开中国共产党常营回族乡第九次党员代表大会和第九届乡党委、乡纪委第一次全体会议，95 名代表出席会议。会议审议并通过《中国共产党常营回族乡第八届委员会工作报告》和《中国共产党常营回族乡第八届纪律检查委员会工作报告和党费收缴、使用管理情况报告》，选举产生新一届乡党委委员 11 名、乡纪委委员 7 名，李兴泉任乡党委书记、刘卉任乡党纪委书记；选举产生常营回族乡出席朝阳区第十三次党代会代表 4 名。

【乡十八届一次人大会议】 11 月 18 日至 19 日，常营回族乡召开第十八届人民代表大会第一次会议，45 名乡人大代表出席会议。区人大代表、乡领导班子成员、机关各部门负责人和基层单位负责人等 28 人列席会议。会议审议通过《常营回族乡人民政府工作报告》《常营回族乡人民政府 2021 年财政预算执行情况和 2022 年财政预算草案报告》《人大主席团工作报告》。李庆芳当选常营回族乡人大主席，马洪松当选常营回族乡人民政府乡长，王昱、刘健、于涛、魏凤雪、陈国栋、郭庆、陶涌伟当选为乡人民政府副乡长。

【安全生产】 12 月 30 日，常营地区（回族乡）开展安全生产大检查，出动人员 188 人次，检查单位 269 家次，发现安全隐患 182 条，现场整改 126 条、限期整改 56 条。

【民生实事】 年内，常营地区（回族乡）发放低保、低收入等各类救助补贴资金 28.9 万元，发放优抚对象、超转人员、水库移民、丧葬补助补贴、双拥慰问等资金 56.88 万元；残疾人“两项补贴”实现线上申请，发放困难残疾人生活补贴和重度残疾人护理补贴 74.57 万元，发放事实无人抚养儿童费 2.42 万元；在常营中路、常惠路和常营北路路口安装红绿灯 16 个、摄像头 15 个；治理四大商圈、6 号线地铁站等场所周边交通秩序，张贴违法告知书 1.5 万余张，清理僵尸车 4 辆，清理乱停乱放共享单车 3 万余辆；建设居住区电动自行车集中充电设施，建成安全充电接口 1720 个；在三间房东路、常营中路（管庄路至黄渠东路路段）、常营中街施划停车位 540 个；规范设置 42 个垃圾分类投放点，完成 413 个垃圾分类桶站建设；12 个垃圾分类驿站、1 座可回收物中转站投入使用。为各社区配备电动三轮车 82 辆，四分类垃圾桶 2442 个，做到分类投放、收集、运输、处理；民族家园 CD 区、N 区、J 区、连心园西区（29-46# 楼）公共区域改造整治项目竣工并通过验收。（邹志威）

朝阳区常营地区（回族乡）社区情况一览表

表 38

序　号	名　称	地　址	电　话
1	连心园社区居委会	常新路6号院连心园社区居委会	58234691
2	常营民族家园社区居委会	常营民族家园59号楼底商	65738991-626
3	万象新天社区居委会	常营万象新天115号楼二层	65436225-805
4	鑫兆佳园社区居委会	常营乡三间房东路甲9-2号	65431083-8017
5	苹果派社区居委会	黄渠东路2号院苹果派社区13号楼1单元居委会	65466171
6	荟万鸿社区居委会	常营荟康苑3号楼西侧平房	65759200
7	常营保利社区居委会	常营中路保利嘉园3号院19-198底商（保利社区居委会）	57921984
8	常营福第社区居委会	常营朝阳北路15号楼	57923868

续表 38

序　号	名　称	地　址	电　话
9	住欣家园社区居委会	常营住欣家园西院215号楼	57914007
10	畅心阳光社区居委会	五里桥一街3号院首开畅心园1号楼1层	59396208
11	丽景园社区居委会	常营丽景园小区1号楼2单元206、207、208	57845099
12	东方华庭社区居委会	常营地区常通路4号院1号楼3层E305	65408501
13	鑫兆佳园北社区居委会	常营乡三间房东路甲9-2号（与鑫兆家园社区合署办公）	65431083
14	万象新天北社区居委会	常营万象新天115号楼一层	65436225
15	燕保常营家园社区居委会	朝阳北路20号院燕保·常营家园7#地上一层、二层	65720716
16	燕保汇鸿家园社区居委会	燕保·汇鸿家园1#一层、5#六层	65728616

（邹志威）

崔各庄地区（乡）

【概况】 崔各庄地区（乡）位于朝阳区东北部。东至东营村与金盏地区（乡）相邻；南至南皋村、草场地村与将台地区（乡）相接；西至善各庄和奶西村与来广营地区（乡）相连；北至何各庄和马泉营村与孙河乡接壤。辖区面积 30.70 平方千米，下辖 15 个建制村、7 个社区。2021 年，辖区常住人口 97566 人、户籍人口 12903 户 26069 人、流动人口 81497 人；新出生人口 189 人、死亡人口 216 人；有法人单位 2549 个，其中中央单位 1 家、市属单位 10 家、其他单位 2538 家；有医院 4 家（其中民营医院 2 家）、社区卫生服务中心 2 个、社区卫生服务站 6 个；有中学 5 所、小学 2 所、民办学校 1 所、幼儿园 13 所、涉外基础教育学校 4 所；有养老机构 3 处；有公共文化活动场所（包括村和社区文化活动室）12 个、文化广场 7 个、乡级图书馆 1 个。途经辖区公交线路 19 条，机场快轨、地铁 14 号线、15 号线贯穿其中。辖区绿化率 64.23%。年内，崔各庄地区（乡）坚持“生态立乡、文化兴乡、科技强乡”理念，紧扣“411”工作思路（夯实组织干部、制度机制、环境管理、集体挖潜基础，确保安全稳定，实现产业发展的突破），紧抓“国际创意商务走廊”发展方向，以“一主三推”（以“中国共产党成立 100 周年系列庆祝活动”为主线，全力推动集体产业项目高效运营，推动棚改安置房加快建设，推动文化与地区发展进一步融合）为重点，扎实做好“六稳”“六保”工作；统筹推进经济发展提升、地区综合治理、民生事业发展，有序推进平安、美丽、幸福崔各庄建设。完成村、社区党委、纪委换届选举工作；完成乡合作经济联合社、乡资源资产股份合作联社选举；拆除违法建设面积 12.54 万平方米，完成全年任务的 105%，腾退土地面积 10.9 万平方米，实现在册台账整体清零目标；推进 57.50 公顷平原造林工程进场施工及土地整理，做好黑桥公园、何里栖地公园的日常养护管理；奶东村完成美丽乡村建设，6 个未拆迁村全部通过人居环境大检查；南皋组团 A3 地块棚改安置房顺利交房；南皋组团 A1、A2、D2 地块棚改安置房项目取得建设工程规划许可证，即将办理施工许可；黑桥、南皋棚改项目 1、4、6 三块地已完成招拍挂，总建筑面积 25.87 万平方米，总价 121.14 亿元，已承担成本 85 亿元。全年实现经济总收入 59989.6 万元，比上年下降 29.7%；人均劳动所得 51473 元，比上年增长 6.2%。（江谋元）

【新冠肺炎疫情防控】 1 月 1 日，崔各庄地区（乡）启动应急响应机制，乡党委、乡政府连夜部署，对 1 名确诊病例活动轨迹涉及的马泉营村、何各庄村、马南里社区、赛特奥莱 30435 人进行核酸检测，结果均呈阴性。2 月 18 日，制定《崔各庄乡新冠疫苗大规模疫苗接种方案》，在崔各庄地区（乡）京旺家园五区东侧设立新冠疫苗临时接种点，全地区（乡）接种人数 59294 人。（郭剑峰）

【乡四届五次党代会】 1 月 21 日，崔各庄乡召开第四届第五次党代会。99 名党员代表及 44 名列席代表参加会议。乡党委书记吴选辉作 2020 年度党委工作报告，并就《中共北京市朝阳区崔各庄乡委员会关于制定崔各庄乡国民经济和社会发展第十四个五年规划的建议（审议稿）》做说明。审议通过《关于制定崔各庄乡国民经济和社会发展第十四个五年规划的建议》、党委 2020 年度工作报告、纪律检查委员会 2020 年度工作报告，审议班子成员述职述廉报告，审议通过崔各庄乡 2020 年度党费收缴、使用和管理情况及崔各庄乡第四届代表大会第四次会议提案提议办理情况等。（马丽丽）

【乡十七届十次人大会议】 2 月 4 日，崔各庄乡召开第十七届代表大会第十次会议，46名乡人大代表出席会议，29名代表列席会议。会上，乡长殷伟涛作《崔各庄乡2020年政府工作报告》；乡人大主席苑拓作《崔各庄乡2020年人大主席团工作报告》；会议审议通过《朝阳区崔各庄乡国民经济和社会发展第十四个五年规划纲要》《崔各庄乡2020年财政预算执行情况和2021年财政预算草案的报告》及《崔各庄乡2020年“三督三评”项目办理进展情况的报告》。会议选举山德洪、袁冰、李莱蒙为崔各庄乡人民政府副乡长。（张　峰）

▲ 6月25日，崔各庄地区举办百年风华 “崔人奋进”，庆祝中国共产党成立100周年主题活动（张　峰　摄）

【庆祝中国共产党成立100周年主题活动】 6月23日，崔各庄地区（乡）举办“高唱红歌　礼赞百年”合唱节活动，来自各村、社区的居民，地区（乡）机关、乡属企业的工作人员及来自电影博物馆、民航博物院和铁道博物馆等单位的10支合唱团参赛。25日，崔各庄地区（乡）举行永远跟党走——“百年风华‘崔’人奋进”庆祝中国共产党成立100周年主题活动。地区（乡）领导班子成员、机关全体党员、各村（社区）党组织成员、乡属企业党组织成员、非公党组织书记、“两优一先”表彰代表、“光荣在党50年”党员代表等参加活动。表彰先进基层党组织10个、优秀共产党100名、颁发“光荣在党50年”党员代表纪念牌203人。（马丽丽）

【土储地块滞留户清零】 10月20日，崔各庄乡启动土储范围内民宅房屋腾退工作，11月17日，完成崔各庄村、善各庄村、北皋村25户地上物全部拆除，滞留户清零。（张　峰）

【乡十八届一次人大会议】 11月18日至19日，崔各庄乡召开第十八届人民代表大会第一次会议。审议并通过乡政府工作报告、乡人大工作报告、乡财政预算执行情况和财政预算草案的报告，选举产生乡第十八届人民代表大会主席苑拓，乡第十八届人民政府乡长殷伟涛，副乡长山德洪、石柏林、武爽、郑福涛、赵晓铃、袁冰、熊建辉。（张　峰）

朝阳区崔各庄地区（乡）社区、建制村情况一览表

表39

序　号	名　称	地　址	电　话
1	京旺家园一社区居委会	北皋路北京旺家园二区北门	84306002
2	京旺家园二社区居委会	北皋路北京旺家园六区东侧	64363132
3	马南里社区居委会	来广营东路南马南里社区	84302139
4	东洲家园社区居委会	来广营北路东东洲家园社区	64362607
5	燕保家园社区居委会	香江北路南燕保家园社区	84790611
6	广善一社区居委会	香江北路南广善一社区	84343027
7	新锦社区居委会	来广营东路2号贝迪克办公楼	64357368
8	崔各庄村委会	北皋路北京旺家园四区南门东侧	64357032
9	善各庄村委会	北皋路北京旺家园四区南门东侧	64327634
10	何各庄村委会	顺白路南何各庄村委会	64310510
11	马泉营村委会	顺白路南马泉营村委会	64364801
12	奶东村村委会	顺白路北奶东村委会	84569998
13	奶西村村委会	北皋路北京旺家园二区北门	84564892

续表 39

序　号	名　称	地　址	电　话
14	索家村村委会	北皋路北京旺家园四区南口	64382547
15	费家村村委会	京顺路北费家村委会	84701466
16	南皋村村委会	北皋路北南皋村委会	64368319
17	北皋村村委会	北皋路北京旺家园一区北门东侧	64365895
18	望京村村委会	北皋路北京旺家园一区北门东侧	84304015
19	草场地村村委会	机场辅路南草场地村委会	64327883
20	黑桥村村委会	北皋路北京旺家园一区北口	84319989
21	东营村村委会	北皋路北京旺家园一区北口	84160338
22	东辛店村村委会	京顺路北东辛店村委会	84307378

（胡国光）

东坝地区（乡）

【概况】 东坝地区（乡）位于朝阳区东部。东至机场二通道与金盏地区相邻，南至高杨树南二街（朝阳新城三区）与平房地区（乡）、常营地区（乡）接壤，西至半截塔路（首创朗园）与将台地区（乡）相连，北至黑桥公园与崔各庄地区（乡）相接。辖区面积24.6平方千米，下辖26个社区、9个建制村。2021年，辖区常住人口134115人、户籍人口26768户63608人、流动人口69814人、港澳台同胞及外籍人口525人；新出生人口663人，死亡人口332人；有法人单位3911个，其中央属单位3家、市属单位5家、区属单位5家、其他单位3899家；有三级医院1家、二级医院1家、社区卫生服务中心1个、社区卫生服务站7个；有科研所1家、大学1所、中学4所、小学7所、幼儿园12所；有养老机构4处；有1000平方米为民服务大厅、1700平方米地区文化中心各1处，有文化广场26处（其中占地面积500平方米以上文化广场6处），有乡级图书室2个；途经辖区公交线路7条，地铁3号线、12号线（在建）贯穿其中；辖区绿化率30.8%。年内，东坝地区（乡）完成平原造林面积13.36万平方米，完成基本农田复耕平整面积76.57公顷，完成撂荒地复耕3.17公顷；实现辖区“散乱污”企业动态清零；完成23个社区居委会、乡妇联换届选举工作；成立地区新的社会阶层人士联谊会；挖掘停车资源，利用闲置空地和未实施道路规划建设临时停车场11个、新增电子收费车位1021个；巩固国家卫生城区创建成果，推进北京市卫生乡创建工作，全域消除黑臭水体，坝河、北小河、亮马河水质进一步提升；腾退棚改和土储项目区域滞留房屋34处；完成庆祝中国共产党成立100周年等多项服务保障任务。实现区级财政收入3.26亿元，比上年增长21.96%；人均劳动所得33990元，比上年增长1.34%。东坝地区（乡）获“北京市生活垃圾分类推进工作先进集体”称号。

【特色文体活动】 2月25日，东坝地区（乡）举办第十届“党群同心聚活力，彩绘花灯闹元宵”活动。地区23个社区结合各自品牌特色，设计制作色彩美观、创意新颖的彩绘花灯集中展览。10万余人参与活动，1800余人参与直播，活动获4.3万人点赞。5月29日，东坝地区（乡）在坝鑫体育公园以“红心向党庆百年，全民健身迎冬奥”为主题举办2021年朝阳农村地区中部片区空竹展示赛。东坝、平房、常营、管庄、三间房、东风和高碑店等7个乡代表队和北京市空竹运动协会11个活动站的200余名空竹运动爱好者参加活动。10月14日，区体育局冰雪进社区活动及东坝地区（乡）冰雪嘉年华开幕。活动以“畅玩冰雪、喜迎冬奥”为主题，由“忆”“学”“游”组成，线上、线下活动同步启动，约7万人（线上5万人、线下2万人）参与活动。活动期间，“动感号”冬奥大篷车游东坝（走进学校、社区和公园），传播冬奥知识文化。线下活动现场设置仿真冰球、冰壶、冰蹴球、VR虚拟滑雪场景体验以及冰雪知识宣传展示等内容。

【庆祝中国共产党成立100周年系列活动】 4月20日，东坝地区（乡）开展“建党百年、百人植树”活动，辖区党政机关、社区（村）、直属公司的100余名党员参加活动。5月23日，东坝地区工委、办事处在郎园station举办“红歌颂党恩，奋进促跨越”主题红歌赛活动。37名参赛者用歌声描绘在党的领导下居民的幸福生活。地区33个社区和企事业单位1100余人参

▲ 5月29日，在东坝地区（乡）坝鑫体育公园开展以“红心向党庆百年，全民健身迎冬奥”为主题的2021年朝阳农村地区中部片区空竹展示赛 （刘 柳 摄）

赛。6月25日，东坝地区（乡）举办“永远跟党走”百姓宣讲活动，33名宣讲员以“永远跟党走”为主题，讲述党史故事及身边典型事迹。宣读活动后，表彰地区10个基层党组织、15名优秀党务工作者、15家优秀共建单位、100名优秀共产党员、100名优秀在职党员。

【污水处理厂升级改造】 4月，东坝地区（乡）完成污水处理厂升级改造项目。该项目于2018年12月开工，2021年4月投入使用。项目位于（原东坝污水处理厂厂区内）焦庄村焦庄桥北500米处机场二高速东侧，建筑面积16247.22平方米，设计日处理污水规模2万立方米，由中铁四局集团有限公司承建，是东坝地区环境治理的重点民生工程。

【郊野公园升级改造】 5月，东坝地区（乡）投资580万元对占地面积234.2万平方米的东坝郊野公园进行升级改造。完成更换园灯、园椅、垃圾桶等基础设施，栽植3万余株彩叶植物及地被花卉，完成广场地面及周围设施更新。

【东坝地区商会成立】 7月13日，东坝地区（乡）商会在红映坊召开第一次会员大会。区工商联党组成员、副主席马序松，东坝地区（乡）党工委副书记王小宝等领导出席会议。东坝地区（乡）商会28个会员单位的负责人参加会议。会议选举产生东坝地区（乡）商会第一届理事会成员9人、监事会成员3人。第一届第一次监事会选举产生监事长1人；第一届第一次理事会选举产生第一届理事会会长1人、副会长2人、秘书长1人。周钢当选会长并做表态发言。马序松代表朝阳区工商联从党建引领，促进党建会建融合；找准定位，促进商会加强自身建设；搭建平台，推进商会融入属地发展；争取支持，营造商会发展良好环境等4个方面对东坝地区商会建设提出希望。王小宝代表东坝地区地区（乡）工委提出要把握统战性、发挥经济性、体现民间性，培育和彰显东坝地区地区（乡）商会独特优势，努力把商会建设成“会员之家”，更好发挥商会在党的统战工作和经济工作中的重要作用等要求。

【路侧停车管理】 10月18日，东坝地区（乡）开展二期路侧停车管理试点工作，在醉公村路、单店西路、东坝南一街、西环路、单店南路等5条道路新增施划规范停车位1246个。引入停车公司实行路测停车管理，通过停车入位、停车付费、违停受罚等措施，解决东坝地区（乡）车位配比不足导致的停车纠纷。

【乡第十四次党代会】 10月21日至22日，东坝乡召开第十四次党代会，96名乡党代表、38名列席人员出席会议。会议审议并通过《中国共产党东坝乡第十三届委员会2021年度工作报告》《中国共产党东坝乡第十三届纪律检查委员会工作报告》《关于东坝乡党费收缴、使用和管理情况的报告》；会议选举产生新一届乡党委委员、乡纪委委员和东坝乡出席中国共产党北京市朝阳区第十三次代表大会代表。

【乡十八届一次人大会议】 11月25日至26日，东坝乡召开第十八届人民代表大会第一次会议，63名乡人大代表和42名列席代表出席会议。会议听取和审议《东坝乡人民政府工作报告》《东坝乡人大主席团工作报告》；书面审议《东坝乡财政预算草案和预算执行情况报告》；选举产生东坝乡人大主席、东坝乡人民政府乡长和副乡长。毕宏生当选乡人大主席；于淑杰当选乡长；马海生、宋振宇、邢洁、宋凤博、韩庚、李雪松、祖钢等7人当选副乡长。

【北京安贞东方医院建设项目主体完工】 12月23日，位于东坝地区（乡）的北京安贞东方医院建设项目主体完工。北京安贞东方医院是全国首例以特许经营模式引入社会资本合作办医的试点项目，总投资约25亿元。医院设置床位800张，停车位1200个，建成后日就诊量4000人次，将惠及周边居民40余万人。项目占地面积7.3万平方米，建筑面积21万平方米，建有A、B、C、D四个区域，主楼均为地下3层、地上7层配置，区域内绿化率45%。

【就业服务】 年内，东坝地区（乡）便民服务中心开发就业岗位762个、完成9家用人单位招聘登记服务、441人求职登记和18个充分就业社区（村）申报等工作。城镇登记失业人员就业率74.41%。

【新冠肺炎疫情防控】 年内，东坝地区（乡）累计登记返京人员34316人，其中境外返京人员489人；落实居家、集中管控人员3198人，确保不漏一户、不漏一人；完成核酸检测3万余人次，确保应检尽检，愿检尽检。全年无阳性病例。 （韩舒平）

朝阳区东坝地区（乡）社区、建制村情况一览表

表 40

序号	名称	地址	电话
1	奥林匹克花园社区居委会	奥园小区723号楼底商	65494272
2	坝鑫家园社区居委会	坝鑫家园底商16号楼1层	84200292
3	常青藤社区居委会	常青藤社区单店西路15号院1号楼底商	85379265
4	朝阳新城第二社区居委会	朝新嘉园东里4区8-1-101	85095183
5	朝阳新城社区居委会	朝新嘉园东里3区1号楼	65456113
6	东坝家园社区居委会	东坝家园A区社区居委会	65415158
7	东湾社区居委会	和悦园小区5号楼南侧	65494864
8	东泽园社区居委会	红松路1号院1号楼2层	56357678
9	福润四季社区居委会	福润四季2号院8号楼1层	65415791
10	福园第二社区居委会	华瀚福园A区10号楼底商	65477577
11	福园第一社区居委会	华瀚福园C区7号楼S1一层底商	65475011
12	高杨树社区居委会	富北嘉园4号楼	65479710
13	红松园北里社区居委会	红松园北里18号院8号楼底商101	65435259
14	红松园社区居委会	东坝乡红松园社区居委会	65490321
15	汇景苑社区居委会	汇景苑2区1号楼南侧底商	65495088
16	金驹家园第二社区居委会	金驹家园F区217号楼1单元102	65732411
17	金驹家园第一社区居委会	金驹家园D区116号楼1单元203	65427941
18	景和园社区居委会	朝新嘉园东里6区6号楼东侧一层	65479712
19	康静里社区居委会	康静里小区西门外南侧平房	65734994
20	丽富嘉园社区居委会	东坝中路30号院6号楼1单元101	65479669
21	润泽社区居委会	首城东郡汇1号楼1单元南侧	65491007
22	悦和园社区居委会	悦和园小区2号楼2层	85384681
23	郑村社区居委会	畅颐园3号楼1层	65729110
24	奥林匹克花园第二社区居委会	京奥家园215号楼一层	65494272
25	景和园第二社区居委会	景和园七区4号楼一层	65872785
26	锦安家园社区居委会筹备组	锦安家园19号楼2层	65872728
27	东风村村委会	东风村综治工作中心院内	84318882
28	西北门村村委会	东坝环铁会馆1号院	84320662
29	后街村村委会	东坝环铁会馆2号院	84327363
30	单店村村委会	东坝家园A区综合楼四层	65497116
31	七棵树村村委会	东坝家园A区综合楼四层	65412566
32	三岔河村委会	东坝家园A区综合楼四层	84320564
33	驹子房村村委会	金驹家园F区217地下室	65738411

续表 40

序 号	名 称	地 址	电 话
34	焦庄村村委会	焦庄村委会	65780832
35	东晓景村村委会	东晓景村（春溢通物流对面）	85954990

（彭书锦）

东风地区（乡）

【概况】 东风地区（乡）位于朝阳区中部。东与平房地区（乡）、东坝地区（乡）接壤；南与八里庄街道、六里屯街道相接；西与六里屯街道、麦子店街道相连；北与将台地区（乡）和酒仙桥街道相邻。辖区面积 7.38 平方千米，下辖 10 个社区、4 个建制村。2021 年，有常住人口 64424 人、户籍人口 15641 户 36264 人、流动人口 30339 人、外籍人口 1524 人；户籍人口中有汉族人口 33666 人、少数民族人口 2598 人；新出生人口 287 人、死亡人口 186 人；有法人单位 1448 个，其中央属单位 1 个、市属单位 1 个、区属单位 20 余个、其他单位 1400 余个；有医院 1 家（二级医院）、社区卫生服务中心 3 个、社区卫生服务站 2 个；有中学 2 所、小学 4 所、幼儿园 11 所；有养老机构 4 处；有 350 平方米为民服务大厅和 3300 平方米地区文化中心各 1 处、文化广场 4 处、益民书屋 10 处、图书馆 1 处；有郊野公园 1 个；途经辖区公交线路 23 条。辖区绿化率 46%。年内，东风地区（乡）以建设“五个东风”为目标，发挥“123456”事业观和方法论的统领作用。“1”是一个认知（即根本在人，关键在认识，核心在思想）；“2”是“两以”理念（即以事业为己任，以勤奋者为本）；“3”是“三主”观念（即主体责任、主动参与、主人感觉）；“4”是“四同”保障（即同心、同向、同力、同步）；“5”是“五个东风”（即新东风、稳东风、美东风、福东风、暖东风）；“6”是“六包”机制（即包卫生、包整洁、包绿化、包设施、包秩序、包安全）。完成六里屯村、豆各庄村、辛庄村、将台洼村村级集体资产量化；完成东风乡第十四次党员代表大会代表选举工作；完成 2021 年度人口抽样调查工作，涉及 10 个社区（村），14 个样本块，57 个普查小区，采集信息 629 户，登记人口 1353 人（其中国家点 124 人、北京点 1229 人）。全年实现区级财政收入 1.54 亿元，比上年下降 44.67%；实现农村集体经济总收入 2.53 亿元，比上年下降 2%；人均劳动所得 50994 元，比上年增长 5.2%。

【百日安全行动】 3 月 23 日至 6 月 30 日，东风地区（乡）开展“十项行动、百日平安”专项行动，重点对危险化学品、燃气、消防、建筑施工、地下空间、人员密集场所、学校幼儿园、乡属企业、六小门店、交通安全等十个领域开展“安全大体检”。累计开展联合执法 80 余次，消除各类安全隐患 1300 余处，对 4 家隐患严重的单位实施行政处罚。地区各包片领导带队深入基层参与安全检查，各职能科室按照行业分管履行安全监管职责；各社区、村落实属地责任。

【上东10 号违建别墅清理整治】 12 月 6 日至 25 日，东风地区（乡）完成上东 10 号违建别墅面积 2.64 万平方米的拆除清整工作，历时 19 天，实现“零聚集”“零上访”目标。做到物业保安平稳接管，水电气热对接到位，实现“接”得干净；搭建围挡分隔空间，因人施策分化群体实现“隔”得干净；宣传贯彻思想扭转认识，刚柔并济入情入理，实现“转”得干净；出人出力温馨服务，周转房库房零使用，实现“搬”得干净；一丝不苟严格执行，程序完善依法合规，实现“执”得干净；现场施工安全文明，降噪降尘场清地平，实现“拆”得干净；律师指导明确路径，早诉早判理性维权，实现“诉”得干净。

▲ 11 月 20 日，东风地区（乡）上东 10 号违建别墅拆除现场 ［东风地区（乡） 供图］

【乡属物业入驻老旧小区】　年内，东风地区（乡）工委经过调研考证，协调促成乡属物业东星苑物业公司接管东风地区（乡）石佛营东里小区、东里128号院、石佛营西里小区、紫萝园小区西三楼老旧小区，制定并实施老旧小区物业管理服务方案。东星苑物业采取“先尝后买”方式为入驻的4个老旧小区业主提供物业服务，实现公共区域干净、停车方便有序、绿地花园变美、楼道变亮、小广告清除、残疾人无障碍设施增加的目标，物业服务得到居民认可。经过6个月服务期考察和业主投票，东星苑物业被正式选聘为物业服务企业。东星苑物业公司被评为“2021年北京市城乡社区共建先进集体”。

【村级产权制度改革】　年内，东风乡完善乡、村两级领导机构，落实乡级督导、村级实施工作机制，逐级压实工作责任，细化各村工作方案，严格履行民主程序，村级产权制度改革取得成果。至11月底，六里屯、豆各庄、辛庄、将台洼4个村完成清产核资审计评估、村队两级集体资产量化、股份经济合作社登记赋码，以及“全国农村集体资产监督管理平台”信息录入等工作，其中六里屯村完成有关材料的审核、认定、备案工作及财政局的结算评审工作，基本完成村级集体产权制度改革任务。

【信息化系统建设】　年内，东风地区（乡）打造“辖区居民＋辖区单位＋接诉即办＋智慧政务”四位一体的协同办公信息系统。接诉即办信息系统，是建立区、乡、社区村和科室纵向联动机制，依托“派单办理、办结回复、监督考核”工作模式，实现案件“响应及时、处置有力、回复规范、解决满意”。借助接诉即办信息系统，从“民有所呼”大数据中，梳理出高频问题和重点区域，实现未诉先办、主动治理，为提高地区社会治理能力和水平探索新路。“居民信息”系统，是以“社区—院—楼—门—户—人”为主体框架，持续收集、更新社区居民各方面信息，为精准服务辖区居民、用科技成果支撑社区治理提供创新路径。“辖区单位信息”系统，是加快联通政府部门之间的“信息孤岛”，可推动非涉密政务数据100%共享，实现降低治理成本、创新辖区社会单位管理模式、鼓励社会单位履行社会责任的目标。东风地区（乡）全年接收“12345”案件6127件，解决3316件，群众满意率86.2%。

【新冠肺炎疫情防控】　年内，东风地区（乡）录入北京疫情跟踪数据报送系统6870人，核实朝阳区小程序派单2万余人，现场核酸检测1万余人次，入户核酸检测1000余户。核实转运密接人员37人次，次密接人员141人次。全年核酸检测人员1.8万余人次，东风地区汉庭酒店全年接待集中隔离人员222人次。

【垃圾分类模式探索】　年内，东风地区（乡）探索“两网融合”（垃圾分类和再生资源体系搭建两网）分类模式，搭建“1+8+16”（1个中转站、8个再生资源回收点位、16辆再生资源回收车）再生资源回收体系，日均回收再生资源22500千克，其他垃圾由日均45000千克下降至38000千克，减量率15.6%。紫萝园小区、亮马嘉园小区获评“北京市垃圾分类示范小区”；分批分期投入智能驿站10台，覆盖3个社区6个小区3668户居民，注册居民2493户，注册使用率70%，厨余自主分出率40%以上。　　（王雅璇）

朝阳区东风地区（乡）社区、建制村情况一览表

表41

序　号	名　称	地　址	电　话
1	石佛营东里社区居委会	石佛营东里小区113号楼东侧小红楼	85821433
2	石佛营西里社区居委会	石佛营西里临乙1号	85814852
3	石佛营南里社区居委会	八里庄北里129号院2号楼3层	85835729
4	紫萝园社区居委会	石佛营东里136号院1号楼108号	85846204
5	东润枫景社区居委会	东润枫景28号院6号楼2单元	64366261
6	观湖国际社区居委会	东四环北路88号院7号楼1单元2层	59283908
7	公园大道社区居委会	朝阳公园南路6号院4号楼	65306784
8	泛海国际南社区居委会	星火西路17号泛海国际南社区服务站	85855887
9	南十里居社区居委会	南十里居41号院5号楼3单元103室	58294239
10	东风苑社区居委会	星火西路17号楼社区服务中心202室	85904182
11	豆各庄村村委会	高庙村豆各庄村委会	85811977

续表41

序号	名称	地址	电话
12	辛庄村村委会	东风乡辛庄甲1号	85846040
13	将台洼村村委会	东风乡将台洼村委会	84315469
14	六里屯村村委会	东风乡六里屯村委会	65862163

（王雅璇）

豆各庄地区（乡）

【概况】 豆各庄地区（乡）位于朝阳区东南部。南邻通州区台湖镇，西靠王四营地区（乡）和十八里店地区（乡），北接三间房地区（乡），东邻黑庄户地区（乡）。辖区面积14.16平方千米、下辖12个社区、12个建制村。2021年，有常住人口18877人、户籍人口8896户18718人，外籍人口256人、流动人口25876人；出生人口170人、死亡人口98人；有法人单位1683家，其中央属单位24家；有社区卫生服务中心1个、社区卫生服务站4个；有中小学5所、普惠性幼儿园8所；有养老机构3处；有200平方米为民服务大厅、3024平方米地区综合文化中心各1处，有文化广场4个；途经辖区公交线路10条，地铁7号线贯穿其中；辖区绿化率45.9%。年内，豆各庄地区（乡）深化“朝阳斗（豆）士”品牌，开展提升群众安全感专项行动。慎终如始抓好新冠肺炎疫情防控工作，严格落实“三防四早九严格”（即防松劲、防漏洞、防反弹；早发现、早报告、早隔离、早治疗；严格社区封闭式管理和健康监测、严格公共交通体温监测和公共场所测温验码、严格进出京管控、严格发热就诊人员等高风险人员的管控、严格医疗卫生系统防控和院感控制、严格落实应检尽检、愿检尽检的措施；严格农贸市、餐饮、食堂等重点场所防控；严格落实四方责任，坚持单位和个人健康监测报告制度；严格落实个人卫生管理，倡导勤洗手、常通风、戴口罩、不聚集等健康行为）防控要求，建立“1+6+12+N”（一个专班、6个工作组、12个片区、N个党支部）防控体系和“1+14”[1个综合协调工作办公室，社区防控工作组、市场（园区）防疫工作组、学校防控工作组、医疗救治转运工作组、核酸检测工作组、社会面秩序工作组、复工复产工作组、宣传舆论工作组、密切接触者管控工作组、爱国卫生运动工作组、疫苗接种工作组、建筑工地防疫工作组、文娱场所防疫工作组、督办督查工作组等14个工作组]运行机制，做到“六个到位”（认识到位、制度到位、组织到位、工作到位、监督到位、保障到位），首创“七个一”（一封信、告知书、承诺书、小喷壶、泡腾片、温度计、口罩）服务包经验在全区推广；开展“活力豆各庄 幸福在朝阳”品牌活动，萧太后河展览馆、乡情博物馆、区非遗传承保护中心、491电台红色文化供给能力增强，公共服务软实力提升；完成乡人大换届选举工作。实现区级收入7766.9万元，比上年增长25.4%；征收房产税10497.71万元，比上年增长9.7%。朝丰家园社区获“北京市接诉即办先进集体”称号。

【领导调研】 2月24日，副区长王志勉到豆各庄地区（乡）调研巡视萧太后河及周边水域河道治理、维护情况，并作为区级河长监督检查河长制工作，肯定豆各庄地区（乡）积极履行属地监管权，强化河道治理，推动水域生态环境及马家湾湿地公园内部环境建设持续向好发展。3月8日，区委常委、纪委书记、监委主任席成坡带队督导豆各庄地区（乡）绿丰三期农民安置房项目进展情况和巡视整改要求落实情况，席成坡在健生养老院及东村创意产业园，重点检查“一绿”试点乡建设相关工作，要求地区做好精细化管理，持续提升地区环境品质。5月25日，区政协主席陈涛一行到马家湾湿地公园专题调研大运河文化带建设工作。8月21日，区长文献一行调研指导豆各庄地区（乡）农村城市化发展工作。文献充分肯定马家湾湿地公园建设、景观设置、河流水质及居民文化活动，要求将绿色发展理念与地区发展相结合，打造更加宜居的环境。同时，了解辖区道路现状、规划实施及交通秩序管理情况。到绿丰三期农民安置房项目现场，了解安置房公建建设、房屋户型以及市政设施建设情况并听取张军茹的工作汇报。

【庆祝中国共产党成立100周年系列活动】 5月28日，豆各庄地区（乡）举办以“永远跟党走砥砺奋进守初心，风华正茂向未来”为主题的“五月鲜花暨献礼建党百年 新时代文明实践”文艺会演。6月25日，豆各庄地区举办“永远跟党走　百年征程　初心如磐　奋楫笃行启航新程”——庆祝中国共产党成立100周年暨七一表彰活动。地区工委书记张军茹宣布表彰决定，表彰优秀党务工作者10名、先进基层党组织10个，为109名老党员颁发“光荣在党50年”纪念章。

【非遗中心开放】 6月，位于豆各庄地区（乡）的朝阳区非物质文化遗产保护传承中心正式对外开放。朝阳区非物质文化遗产保护传承中心展厅为室内三层，展厅面积近2000平方米。共有非遗藏品1万余件，其中国家级非遗藏品10余件、市级非遗藏品20件、区级非遗藏品97件、其他非遗藏品9000余件。开放后，优选千余件展品、70余项非物质文化遗产及代表性传承人成果在馆内进行展示，成为朝阳区又一处文化地标。

【精准扶贫】 9月10日至11日，豆各庄乡乡长戴昌军带队到内蒙古自治区察右后旗实地考察，就旅游、电商、乡村振兴等京蒙协作重点领域工作与察右后旗对接。豆各庄地区（乡）富力又一城第一社区、第二社区，朝丰家园社区、明德园社区分别与察右后旗大六号镇南梁村、庙湾村、锡勒乡石层坝村、石窑沟村签订五年帮扶协议，豆各庄乡联社与大六号镇丰裕村签订五年帮扶协议并捐赠帮扶资金22万元。

【乡第九次党代会】 10月18日、19日，豆各庄乡召开第九次党代会，102名党代表出席会议。会议审议并通过《中国共产党豆各庄乡第八届委员会工作报告》和《中国共产党豆各庄乡第八届纪律检查委员会工作报告》，选举产生张军茹、戴昌军等11人组成的中共北京市朝阳区豆各庄乡第九届委员会委员。张军茹当选豆各庄乡党委书记，戴昌军、李强当选豆各庄乡党委副书记。王利堂等7人当选中共北京市朝阳区豆各庄乡纪律检查委员会委员。张军茹、戴昌军、刘丽等3人当选豆各庄乡出席中共北京市朝阳区第十三次代表大会。

【地区文化活动】 10月22日，豆各庄地区（乡）以“学礼君子艺，立德母亲河”为主题，在马家湾湿地公园举办第三届萧太后河民俗文化节暨社区邻里节。以“同心向党，和睦邻里；喜迎冬奥，和谐社区”为主题，开展趣味冬奥体验等系列邻里活动，打造“社区邻里节”品牌影响力。举办

▲ 12月28日，豆各庄地区（乡） 举办绿丰三期（禾丰家园）安置房回迁仪式 （李会娟 摄）

由北京市广播电视局、朝阳区委宣传部主办，豆各庄地区办事处、朝阳区融媒体中心协办的“永远跟党走——‘北京视听零距离’庆祝建党百年主题活动”，其中“庆祝中国共产党成立100周年”优秀作品展、网络视听精品创作作品展，吸引近千余人关注。

【乡十八届一次人大会议】 11月25日、26日，豆各庄乡召开十八届一次人大会，56名乡人大代表出席会议。机关各部室和事业单位负责人、各社区党组织书记及部分基层单位负责人列席会议。会议讨论并通过《豆各庄乡人民政府工作报告（草案）》《豆各庄乡人大工作报告（草案）》及《豆各庄乡财政工作报告（草案）》。经选举，吕志当选为豆各庄乡第十八届人民代表大会主席。戴昌军当选豆各庄乡人民政府乡长。陈俐、张毅、黄海东、商晓晶、毕于军、贾配龙等6人当选豆各庄乡人民政府副乡长。

【禾丰家园安置房回迁】 12月28日，豆各庄乡举行绿丰三期（禾丰家园）安置房回迁仪式，开启禾丰家园房产证发放工作。绿丰三期（禾丰家园）是北京市首个农民回迁房“交房即交证”工作试点，在市规自委朝阳分局、区农业农村局、区住建委、区税务局和豆各庄乡等多部门无缝衔接、通力协作下，全流程、全环节压缩时限，探索“并联办理”方式，蹚出一条群众利益最大化的新路子，实现绿丰三期农民安置房项目“交房即交证”工作目标。

【新冠肺炎疫情防控】 年内，豆各庄地区（乡）构建“一轴四覆盖三心两要求”的疫情防控工作格局，“一轴”是建立以地区工委为统领、12个社区党组织与N个党支部为战斗堡垒的疫情防控核心轴；“四覆盖”是四大体系［构建起社会面检查防控体系、朝阳斗（豆）士自治体系、健康监测闭环管理体系和“1+6+1”：1个固定接种点、6个社区临时接种点、1辆流动疫苗接种车］全覆盖；“三心”是全体工作人员秉承“细心、耐心、暖心”原则，精准服务；“两要求”是严格落实“三防四早九严格”的防控要求、“靠前从严全覆盖”的监督要求。秉持“快、严、全、实”理念，紧盯复工复产、防疫物资发放、核酸采样、疫苗接种等重点环节，适时调整监督重点，机关、社区、联社、单位共同筑起疫情防控铜墙铁壁。全年接种疫苗90031人次、144926剂次。免费接送1440车次、18860人次。（常子涵）

朝阳区豆各庄地区（乡）社区、建制村情况一览表

表 42

序号	名称	地址	电话
1	绿丰家园社区居委会	豆各庄乡绿丰家园东路	85309162
2	朝丰家园社区居委会	天达路8号院6号楼	67206179
3	青青家园社区居委会	豆各庄5号院131号楼	85300959
4	京城雅居社区居委会	京哈高速（京城雅居）	87391785
5	阳光家园社区居委会	黄厂路豆各庄一号院	87392814
6	文化传播社区居委会	双桥路中路甲9号	85361423
7	富力又一城第一社区居委会	豆各庄广祥街3号a	59644824
8	富力又一城第二社区居委会	马家湾村萧太后河边	67287036
9	明德园社区居委会	天达路4号院7号楼	67366769
10	青荷里社区居委会	青荷里南山园4号楼	67360687
11	御景湾社区居委会	黄厂路4号院7号楼	87301302
12	宸欣园社区居委会	豆各庄乡荣晨路1号院13号楼	65766105
13	南何家村村委会	绿丰家园小区园内	85308299
14	于北村村委会	绿丰家园小区内	85366353
15	于南村村委会	绿丰家园小区园内	85307431
16	石槽村村委会	朝丰家园8号院6号楼	67206233
17	东马各庄村委会	绿丰家园小区园内	85307047
18	西马各庄村委会	朝丰家园8号院6号楼	67206181
19	豆各庄村委会	朝丰家园8号院6号楼	67206225
20	孟家屯村委会	朝丰家园天达路6号院	87391357
21	黄厂村村委会	朝丰家园8号院6号楼	67206288
22	马家湾村村委会	朝丰家园天达路6号院	67206230
23	水牛坊村村委会	朝丰家园8号院6号楼	67373802
24	孙家坡村村委会	朝丰家园天达路6号院	67206232

（常子涵）

高碑店地区（乡）

【概况】 高碑店地区（乡）位于朝阳区东部。东与三间房、豆各庄地区（乡）相邻，南与王四营、南磨房地区（乡）接壤，西与建国门外街道和八里庄街道相接，北至朝阳路与平房地区（乡）相连。辖区面积15.08平方千米，下辖28个社区、4个建制村。2021年，辖区常住人口109631人、户籍人口25469户54870人（其中农业人口1778人）、流动人口46024人、外籍人口351人；新出生人口525人，死亡人口447人。有法人单位9165个，其中央属单位10家、市属单位10家、区属单位4家、其他单位9141家；有医院2家、社区卫生服务中心1个、社区卫生服务站7个；有中学4所、小学6所、幼儿园6所；有社区服务中心28个、养老机构3处；有400平方米为民服务大厅、3000平方米地区文化中心各1处，文化广场4处和24小时自助图书馆4处；途经辖区公交线路41条，地铁1号线、八通线贯穿其中。辖区绿化率13%。年内，高碑店地区（乡）以提高发展质量效

益为中心，以农村城市化建设为主线，以外部环境变化和内部发展创新为动力，坚定不移贯彻落实“一带四区”发展战略，立足“高站位”，聚焦“高颜值”，对标“高要求”，着眼“高品质”，实现“一增强、二突破、三提升、四见效”。完成地区28个社区第十一届社区居委会和3个村第十二届村委会换届选举工作；完成全国两会、庆祝中国共产党成立100周年、十九届六中全会等重大活动期间服务保障任务；实现区级财政收入7.72亿元，比上年增长18.68%；征收房产税1916.86万元，比上年增长16.7%。完成农村集体经济总收入6.54亿元，比上年增长39.2%；实现利润总额7347.7万元，比上年增长158%；上缴税金4216.2万元，比上年增长81.3%；人均劳动所得5.57万元，比上年增长3.7%。高碑店地区（乡）获“2016—2020北京市法治宣传教育先进集体”称号。

【乡十八届一次人大会议】 11月23日至24日，高碑店地区（乡）召开第十八届人民代表大会第一次会议，应到会代表56名、实到会代表54名。会议审议并通过高碑店乡政府五年工作报告、乡人大主席团五年工作报告、高碑店乡五年财政预算执行情况和2022年财政预算（草案）的报告。会议选举李文为高碑店乡人大主席，杜磊为高碑店乡人民政府乡长，马海滨、孙士兵、高云汉、高亚娜、高晓蒙、彭飞、薛鹏为高碑店乡人民政府副乡长。

【环境综合整治】 年内，高碑店地区（乡）完成高碑店村大尺度绿化异地腾退住宅和产业用地，拆除建筑面积17.08万平方米，腾退商户323家，疏解人口1.2万余人；完成甘一、甘二和康西3个老旧小区综合改造任务，涉及居民楼55栋、居民7700余户，总建筑面积51万平方米；创立朝阳区首个“煤改电服务”App，形成“煤改电”售后长效管理模式；建成可回收资源智能精细化驿站21座，设置可回收物交投点29个。小区日常检查合格率90%，规范并录入垃圾产出责任主体493个，实现垃圾来源全部掌握、垃圾进楼全部称重计量目标。

【新冠肺炎疫情防控】 年内，高碑店地区（乡）建立并完善“1+5+15+33”[“1”是1个疫情防控领导小组，“5”是5大战区（高井战区：高井村、兴隆家园社区、汇星苑社区、太南社区、太北社区、高井社区、大黄庄社区、太平庄社区，半壁店战区：半壁店村、半壁店社区、方家园社区、小郊亭社区、西店社区、水南庄社区，高碑店战区：高碑店村、高东社区、高西社区、古街社区、文化园社区，北花园战区：北花园村、花北东社区、花北西社区、北花园社区、花园闸社区，八里庄战区：八里庄村、八里庄社区、甘一社区、甘二社区、力源里社区、康东社区、康西社区、通惠家园社区、丽景馨园社区）；“15”是15个工作组；“33”指33个社区和村]防控体系，创新疫情防控系列举措，完成集中隔离观察任务，有序完成辖区重点人群核酸检测和新冠疫苗接种工作，实现辖区“零感染、无病例、无舆情”目标。全年集中隔离观察5批次1234人。完成第一剂接种125847人，接种率110.91%；第二剂接种118688人，接种率104.60%；第三剂（加强剂）接种45737人，接种率45.92%。

【对口帮扶】 年内，高碑店地区（乡）与新疆维吾尔自治区墨玉县普恰克其镇、阔依其乡、雅瓦乡、喀尔赛镇签订结对共建协议书，完成消费帮扶金额62984元。

【社区建设】 年内，高碑店地区（乡）与8家专业社会组织合作，投资500余万元，完成14个项目和270场公益活动，居民5万余人次参与并受益。开展社工培训工作，培训后初级和中级持证社工77人。打造“YI+空间”（“YI”一是社区事务“议”空间，通过社区议事厅建设，加强社区民主协商，建立沟通交流平台，促进居民自治；二是社区服务“益”空间，突出公益服务功能，建立社区志愿服务组织，设置公益服务项目，将公益慈善等服务向基层延伸；三是社区文化“艺”空间，突出文化艺术服务功能，加强社区文化艺术类组织建设，为居民提供文化交流，通过文化活动发挥教育引导功能；四是社区治理“意”空间，多元主体协同共治，加强社区治理体系建设，推动社会治理重心向基层下移，发挥社区社会组织作用，实现政府治理和社会调节、居民自治良性互动）社会动员平台项目，居民共享社区资源，初步形成社区管理共商共享共治格局。

【平安建设】 年内，高碑店地区（乡）整治易拥堵点位4处，清拖重点路段僵尸车76辆、处罚道路违停2600余车次，完成创建“零酒驾社区”（村）30家，“零酒驾”社会单位23家；推进智慧村庄、智慧平安社区、“雪亮工程”建设进程，实现区级重点村——八里庄村整治销账。

【信访排查】 年内，高碑店地区（乡）解决白家楼小区物业管理问题等乡级重点矛盾5件；组织常规排查2次，专项排查4次，处理国家局、市、区信访办交转来信146件，来访64批145人次，全部按期办结，群众满意率95%以上；化解乡级重点矛盾纠纷4件，领导包案1件。化解信访积案4件。对涉及群众切身利益的重大决策开展信访风险评估，全年立项并结案1件。

【特色文体活动】 年内，高碑店地区（乡）举办“首届大运河通惠河畔文化节主题活动”；举办以“奋斗百年路 启航新征程”为主题的2021年金秋艺术节线下文艺会演及线上直播；举办“铭记百年奋进路 凝心聚力再出发”庆祝中国共产党成立100周年主题活动文艺会演；在区举办的中部片区篮球邀请赛中，高碑店地区篮

▲ 4 月 10 日，高碑店地区（乡）在兴隆篮球馆举办朝阳中部地区篮球赛　（佚　名　摄）

球队获第一名；地区（乡）35 名文体骨干在兴隆公园完成冬奥主题拓展活动和《一起向未来》舞蹈宣传短视频拍摄；组织 700 人次参加区体育局、区委农工委组织的各类体育活动；举办冬奥广场舞、歌曲传唱等线下培训活动 50 余次，1000 余人参与。开展线上宣传活动 50 余次，覆盖居民 3 万余人。

【助残服务】 年内，高碑店地区（乡）新办残疾人证申请 109 人，为残疾人办理一卡通激活 437 人次，为 56 名残疾人申请办理自主创业就业社会保险补贴，为 97 名残疾人机动轮椅车主办理燃油补贴。全年动态更新入户 1365 人，入户率 96.2%。为 7 名残疾人解决就业。建成兴隆中街无障碍精品示范街区和高碑店北路 1 刻钟无障碍便民服务圈。9 月 26 日至 30 日，残疾人运动员田野、曹峙、杨永杰、谷服英参加北京市第二届“健康杯”残疾人群众体育大会，获旱地冰壶比赛听力组冠军。

【公共服务】 年内，高碑店地区（乡）政务服务中心实现87项业务“一窗通办”，建立两个基层“一窗通办”示范站点，开通工作日早晚延时办、中午不间断、周六预约办的延时办公服务。开展就业援助专项活动，走访就业困难人员 60 名，实现 26 名重点帮扶人员就业，联合 5 家兄弟街乡便民服务中心，举办招聘会 1 场。发放宣传品 8000 余份，解答咨询 600 余人次。　（刘　洋）

朝阳区高碑店地区（乡）社区、建制村情况一览表

表 43

序　号	名　称	地　址	电　话
1	力源里社区居委会	力源里北街2号院6号楼办公室	85723201
2	八里庄社区居委会	佳兆业广场南塔T4 / 302室 / 康家沟甲30号	87728002
3	通惠家园社区居委会	通惠家园惠润园4号楼3单元首层	59679522
4	甘一社区居委会	康家园23号楼1层	85751136
5	甘二社区居委会	甘露园南里二区19号楼东侧居委会	85752718
6	康家园西社区居委会	康家园小区1号楼北头西侧	85753613
7	康东社区居委会	白领家园5号楼3单元201号	51316821
8	丽景馨居社区居委会	甘露园南里3区9号楼2层	85748207
9	兴隆家园社区居委会	建国路29号兴隆家园23号楼2层	85776966
10	太平庄南社区居委会	朝阳路69号院临甲9号	51386093
11	太平庄北社区居委会	高井北街7号院2号楼	65588195转820
12	太平庄社区居委会	黄杉木店路188号阿曼寓所1号楼2单元B1	58636550
13	汇星苑社区居委会	大黄庄西路3号院6号楼3单元203	85781235
14	高井社区居委会	大黄庄南里1号高井传媒精英总部大楼东侧	85762152
15	大黄庄社区居委会	大黄庄152号	85761780
16	花北西社区居委会	大黄庄南里25号楼西侧	65791272

续表 43

序　号	名　称	地　址	电　话
17	花北东社区居委会	花园闸北里13号楼	65773806
18	花园闸社区居委会	北花园小区1号院5号楼	51077570
19	北花园社区居委会	北花园中路3号院5号楼底商D-1S	53526575
20	高碑店东社区居委会	高碑店村5区14号楼1层	85763010
21	古街社区居委会	高碑店村古典家具街五环桥西	85761701
22	文化园社区居委会	高碑店村民俗文化街1712号	87741123
23	小郊亭社区居委会	尚帝佳公寓南半壁店消防站4层东侧	87529472
24	半壁店社区居委会	尚帝佳公寓南半壁店消防站4层西侧	83050673
25	方家园社区居委会	广渠东路方家村美丽乡村指挥部后	87742811
26	高碑店西社区居委会	高碑店乡高碑店村1区32号楼	85755601
27	西店社区居委会	西店村弘胜大厦西店服务站	85791129
28	水南庄社区居委会	惠河南街1131号君天大厦	87703699
29	高碑店村村委会	高碑店村东区五期14号楼	87741570
30	高井村村委会	朝外高井甲8号	85744204
31	北花园村村委会	北花园村塔营北街	65475890
32	半壁店村村委会	高碑店乡半壁店村	87743302

（刘　洋）

管庄地区（乡）

【概况】 管庄地区（乡）位于朝阳区东部。东至通州界，与通州区永顺镇相接；南至广渠路，与豆各庄地区（乡）、黑庄户地区（乡）毗邻；西至双桥路，与三间房地区（乡）相连；北至常营中街，与常营地区（乡）接壤。属CBD—定福庄国际传媒走廊的一部分。辖区面积10.15平方千米，下辖14个社区、12个村。2021年，辖区常住人口10.8万人、户籍人口25624户64668人（其中农业户2523户2597人）、外籍人口291人；辖区人口以汉族和回族为主，其中回族人口3545人；新出生人口487人，死亡人口463人。辖区有法人单位4999家，其中央属单位21家、市属单位17家、区属单位18家；有高校2所、高中（民办）1所、九年一贯制学校1所、幼儿园14所（其中公办园6所、普惠园5所、民办园2所、社区办园点1所）；有社区卫生服务中心1个、社区卫生服务站4个；有养老机构2处；有200平方米为民服务大厅、1760平方米地区文化服务中心各1处、有3000平方米文化广场1处和24小时自助图书馆2处。途经辖区公交线路13条，地铁八通线、京秦铁路、通惠河贯穿其中。辖区绿化率22.94%。年内，管庄乡党委、乡政府以高质量发展为根本要求，坚定不移强发展，全力而为优民生，统筹推进新冠肺炎疫情防控工作常态化，确保“十三五”规划圆满收官、“十四五”规划顺利开局。完成12个村和14个社区党组织换届选举工作；完成21个村（居）委会换届选举工作；完成区、乡人大代表换届选举工作，选举产生新一届乡人大代表64名；完成地区妇联换届选举工作；完成全国两会、庆祝中国共产党成立100周年等重要会议和活动的服务保障任务；举办地区第十五届惠河文化节。实现区级财政收入5.05亿元，比上年增长24.8%；实现集体经济总收入5.12亿元，比上年增长9.74%；农民人均劳动所得52471元，比上年增长6%。管庄地区（乡）获“2021年应急值守工作先进基层单位”称号。

【乡八届六次党代会】 3月2日，管庄地区（乡）召开中共第八届代表大会第六次会议。乡党代表和列席人员120余人出席会议。会议审议并通过乡党委书记万小兵向大会作的《勇担使命　攻坚克难　坚决打赢农村城市化建设决胜战》的党委工作报告（草案）、乡纪委工作报告（草案）、党费收缴和使用情况工作报告（草

▲6月25日，管庄地区（乡）召开中国共产党成立100周年表彰志愿者之星大会　（史　蕾　摄）

案）；会议讨论并通过大会决议，代表提出提案和提议。

【乡十七届九次人大会议】 3月18日，管庄地区（乡）召开第十七届人民代表大会第九次会议，38名乡人大代表出席会议，机关处级领导班子列席会议。会议听取乡长汪宝成所作的2020年乡政府工作报告；选举刘凯、宋晓红为管庄乡副乡长。

【地区商会成立】 4月30日，管庄地区召开地区（乡）商会第一届第一次会员大会，30家会员企业负责人出席会议。会上，区工商联李晓萌宣读区工商联《关于同意担任业务主管单位的批复》，管庄地区（乡）王铁宣读《关于北京市朝阳区管庄地区商会进行筹备的告知单》。会议审议并通过《北京市朝阳区管庄地区商会章程》《北京市朝阳区管庄地区商会第一届第一次会员大会选举办法》，选举产生第一届理事会理事9名、第一届监事会监事3名；选举产生地区商会第一届会长、副会长、秘书长和监事长。

【庆祝中国共产党成立100周年系列活动】 5月24日至25日，管庄地区（乡）举办“笃学百年党史，凝聚奋进力量”党史知识竞赛决赛。地区、社区、村、企业分别组建34支代表队、102名青年干部参赛。决赛产生一、二、三等奖各1名，优秀奖2名，个人优秀奖1名。6月15日，管庄地区（乡）文联举办“庆祝建党100周年”主题书画展，入展作品48幅，获奖作品书法类、绘画类各6幅。17日，管庄地区（乡）举办2021年“永远跟党走”百姓宣讲汇讲活动，评出一、二、三等奖及优秀奖。25日，管庄地区（乡）召开“百年风华正当时　不忘初心再出发”庆祝中国共产党成立100周年表彰大会。地区（乡）领导班子成员出席会议。在党50年以上党员代表、先进基层党组织负责人、优秀党务工作者、优秀共产党员、“百时星”党员志愿者代表、地区新发展党员、各基层党组织书记以及各科室负责人等120余人参加会议。会议表彰地区优秀共产党员97名、优秀党务工作者23名、先进基层党组织20个、“百时星”党员志愿者120名，向749名老党员颁发“光荣在党50年”纪念章。

【乡十七届十次人大会议】 9月14日，管庄地区（乡）召开第十七届人民代表大会第十次会议，47名乡人大代表出席会议。会议审议并通过《管庄乡棚改项目拆迁腾退安置办法》《管庄地区国民经济和社会发展第十四个五年规划纲要》《管庄乡关于企业退休社员工退休金及相关待遇管理办法》补充修改意见和《管庄乡关于调整村级退休人员补贴标准的意见》。

【宅基地腾退“双清零”】 9月15日，管庄地区（乡）启动东会、西会、重兴寺、小寺和司辛庄5个村腾退工作。10月30日，315个宅基地院落签约率100%，腾退面积29.26万平方米。实现全乡12个村宅基地腾退全部清零目标。

【乡第九次党代会】 10月18日，管庄地区（乡）召开第九次党员代表大会。乡党委书记万小兵代表中国共产党管庄乡第八届委员会向大会作报告。会议审议并通过管庄乡第八届党委、纪委工作报告，选举产生中共管庄乡第九届委员会委员及第九届纪律检查委员会委员。

【乡十八届一次人大会议】 11月18日，管庄地区（乡）召开第十八届人民代表大会第一次会议，63名乡人大代表出席会议。会议审议并通过管庄乡人民政府工作报告、乡人大主席团工作报告、乡财政工作报告；张宝崑当选管庄乡第十八届人民代表大会主席，汪宝成当选为管庄乡人民政府乡长，王铁、杨建忠、宋晓红、刘凯、罗英和刘文杰等6名同志当选为管庄乡人民政府副乡长。

【微循环公交开通】 12月26日，管庄地区（乡）为方便辖区居民接驳地铁，开通辖区微循环公交专线211路（旺角小区至杨闸），线路长度4.4千米、设8站，受益居民4000余户。

【新冠肺炎疫情防控】 年内，管庄地区（乡）运用对重点人员实施闭环转运、核酸检测、健康监测等措施，转运人员3022人次、处理数据27257条、集中隔离管理229人、居家隔离管理1052人、健康监测管理12892人。开展安全生产和疫情防控隐患排查，检查企事业单位1838家、“七小”（即小餐馆、小网吧、小旅馆、小浴室、小歌舞厅、小理发店、小便民店）门店389家，9个楼宇和园区全部落实“双楼长”制（即由属地街乡一名干部和物业管理方一名负责人共同担任楼长，分别承担属地责任和单位责任），实现地区“零感染”。创新疫苗接种点“1+2+N”（1个固定接种点位、2个机动接种点位、N个流动接种队）模式。动员50家社会单位捐赠发放疫苗接种纪念品6.5万余份，全年接种第一针疫苗96065剂、第二针疫苗89359剂、加强针疫苗55952剂。

【环境整治】　年内，管庄地区（乡）开展环境整治专项行动。拆除管庄东里小区违法建筑975处、面积7500平方米，规划停车位1300个，安装智能充电桩32处，配套健身活动场地1500平方米，设置健身器材56处。开展地区违法建设治理，腾退占地面积5.33万平方米、建筑面积6.08万平方米；棚户区改造、城乡接合部综合整治与环境整治任务全部完成；“留白增绿”面积4.06万平方米；拆除施工围挡3处；建设老年餐桌1处；无证无照经营、群租房治理“动态清零”；1处。

【基层党建】　年内，管庄地区（乡）开展各级党组织书记讲党课及百姓宣讲活动。26个社区、村开展党课宣讲28场次，受众党员5665人次；以“我为群众办实事”为抓手，形成“五清五办”（认清为啥办、摸清该办啥、弄清谁来办、理清怎么办、结清办了啥）工作机制，聚焦水、电、汽、热、暖等民生需求，消除地区各类安全隐患，完成为民办实事项目964项；新建非公企业党支部5个、整建制转入非公企业党支部1个，成立党群服务中心党总支、新业态群体流动党支部、非公企业流动党支部各1个。

【服务民生】　年内，管庄地区（乡）开展各类“社区教育活动”38场次，惠及群众1500余人次，完成419名非京籍适龄儿童入学材料初审。城乡居民基本医疗保险新增896人，开发就业岗位1653个，实现就业932人。

【物业管理】　年内，管庄地区（乡）成立物管会38个、业委会1个，业委会（物管会）覆盖率92.86%。实施“三社一体化”“农民市民化”“微公益”等项目，提升社区治理专业化水平。　（张　伟）

朝阳区管庄地区（乡）社区、建制村情况一览表

表44

序　号	名　称	地　址	电　话
1	管庄东里社区居委会	管庄东里35号楼东侧平房	51164080
2	管庄西里社区居委会	管庄西里3楼南侧平房社区居委会	65740261
3	建东苑社区居委会	管庄建东苑小区1号楼东侧居委会	65752017
4	丽景苑社区居委会	管庄西里79号楼（尚东阁小区）底商	65796968
5	京通苑社区居委会	京通苑社区11号楼西三层	65709460
6	八里桥社区居委会	东军庄8号楼5单元103	85701262
7	瑞祥里社区居委会	管庄瑞祥里小区4号楼3单元101室	85709409
8	惠河东里社区居委会	双桥东路12号院15号楼一层居委会	65485807
9	惠河西里社区居委会	双柳北街一号院14号楼305室	65438728
10	新天地社区居委会	朝阳路5号院12号楼北门2层	59121092
11	新天地一社区居委会	朝阳路5号院12号楼北门2层	65758798
12	远洋一方嘉园社区居委会	双桥东路5号院1号楼201室	56649598
13	管庄北里社区居委会	常意路3号院4号楼一层	65727639
14	远洋一方润园社区居委会	塔营北街6号院7号楼101室	57911631
15	管庄村村委会	管庄乡管庄村	65753126
16	杨闸村村委会	管庄乡杨闸环岛东侧杨闸清真寺西侧	85708652
17	果家店村村委会	瑞祥里小区4-4-103室	85708429
18	八里桥村村委会	管庄瑞祥里小区26号楼北侧	85708932
19	东会村村委会	塔营北街甲6号楼二层	65459096
20	司辛庄村村委会	管庄乡司辛庄东路东1时区北200米	65739289
21	重兴寺村村委会	塔营北街甲6号楼二层	65739058

续表44

序　号	名　称	地　址	电　话
22	郭家场村村委会	小寺南街五号院	13581962339
23	咸宁侯村村委会	塔营北街甲6号楼二层	85365773
24	小寺村村委会	塔营北街甲6号楼二层	65703627
25	塔营村村委会	塔营北街甲6号楼二层	85709455
26	西会村村委会	塔营北街甲6号楼二层	85709631

（张　伟）

黑庄户地区（乡）

【概况】 黑庄户地区（乡）位于朝阳区东南部。东与通州区台湖镇工业园区接壤，南与光机电产业基地相邻，西至垡头边缘集团与豆各庄地区（乡）相接，北靠定福庄边缘集团与管庄地区（乡）相连。辖区面积24.1平方千米，下辖16个建制村（已拆迁3个）、7个社区。2021年，辖区常住人口14260人、户籍人口10002户21588人（其中农业人口7447人），流动人口42731人、外籍人口65人，新出生人口124人、死亡人口176人。有法人单位454家，其中央属单位7家、市属单位3家、区属单位1家、乡直属企业19家；有医院2家、社区卫生服务中心1个、社区卫生服务站9个；有中学1所、小学4所、幼儿园3所；有养老机构2处；有600平方米为民服务大厅1处、文化广场9处和24小时自助图书机3处；途经辖区公交线路7条，地铁7号线在辖区设郎辛庄站和黑庄户站。辖区绿化率65.26%。年内，黑庄户地区（乡）完成大鲁店三村、小鲁店村、万子营东村和万子营西村2019年美丽乡村建设项目市级验收；完成种植复耕复垦任务量37.84公顷；完成为民办实事项目清单23项和庆祝中国共产党成立100周年、全国两会等重大活动服务保障任务；完成北京音乐产业园核心区20万平方米建筑物改造，入驻园区企业30余家。全年实现区级财政收入8238.61万元，比上年下降34.09%；全乡经济总收入6.14亿元，比上年增长4.6%。黑庄户乡小鲁店村获“全国乡村治理示范村镇”称号。

【重大活动服务保障】 4月30日，北京国际音乐产业大会开幕式暨2021北京国际音响展活动在北京音乐产业园隆重举行；5月23日，在黑庄户地区北京音乐产业园举行2021年北京朝阳森林演出季特别活动——庆祝中国共产党成立100周年“唱支山歌给党听”主题音乐会；9月28日，北京国际电影节·第28届大学生电影节青春之夜在北京音乐产业园露天草坪举办。黑庄户地区全力保障地区社会面安全稳定，完成各项服务保障任务。

【七一表彰活动】 6月16日，黑庄户地区举办“永远跟党走——风雨兼程守初心 使命在肩踏征程”庆祝中国共产党成立100周年暨七一表彰活动。表彰先进基层党组织10个、优秀党务工作者20名、优秀共产党员60名。

【乡第九次党代会】 10月28日至29日，黑庄户乡召开中共黑庄户乡第九次党代会。104名党代表参加会议。会议审议并通过《中国共产党北京市朝阳区黑庄户乡党委工作报告》，书面审议通过《中国共产党北京市朝阳区黑庄户乡纪委工作报告》和《中国共产党北京市朝阳区黑庄户乡党费收缴、使用和管理情况报告》。经选举赵歌帆当选中国共产党北京市朝阳区黑庄户乡党委书记，韩西晨等11人当选中国共产党北京市朝阳区黑庄户乡第九届党委委员。

【乡第十八届一次人大会议】 11月25日至26日，黑庄户乡召开第十八届

▲ 11月25日、26日，黑庄户乡召开第十八届人民代表大会第一次会议，韩西晨（中）当选黑庄户乡人民政府乡长，乡长和6名副乡长宣誓就任　（杨　冬　摄）

一次人代会，59名乡人大代表参加会议。会上，地区办事处主任韩西晨作黑庄户乡人民政府工作报告、人大地区工委副主任张金生代表乡人大主席团作乡人大工作报告；会议审议并通过《乡政府工作报告（草案）》《乡人大主席团工作报告（草案）》，书面审议《乡财政预算执行情况和财政预算草案的报告》。经选举，张金生当选第十八届人民代表大会主席，韩西晨当选黑庄户乡人民政府乡长，安明新等6人当选黑庄户乡人民政府副乡长。

【新冠肺炎疫情防控】　年内，黑庄户地区（乡）完成九类重点人群和重点地区返京人员20760余人次核酸检测工作，采取集中隔离、居家隔离管控措施9104人，集中核酸检测采样35000余人次；接种疫苗160000剂次，60981人完成全程接种，24614人完成“加强针”接种。为辖区内3~11岁儿童完成第一针接种2612人；60岁以上老年人完成全程接种6473人；推行电子版出入证，构建起集人口管理系统、人脸识别系统、电子出入证系统、门岗监控为一体的门岗智能化安全出入系统。

【环境整治】　年内，黑庄户地区（乡）完成通马路沿线、萧太后河沿岸和定东、定西、苏坟、四合庄、黑庄户等村庄的环境整治工作，关停无证无照经营单位58家；拆除存量违法建设面积19.46万平方米；完成绿化领域留白增绿面积3.82万平方米；拆除么铺南区公寓楼私搭乱建、集中整治大棚房13处；完成15个村7000余户“煤改电”工作，地区实现“无煤化”；排查16个村农村房屋4905户，完成71条背街小巷治理；辖区内100座旱厕全部改造为水冲式环卫公厕；提升执法职权履行率，立案处罚4430起；自查问题整改1162处、完成市、区级整改任务367处；裸露土地整治面积117.43万平方米。查处占道经营类违法行为387余起，摸排电动车8000余辆，建设集中充电设施52处；清理无证无照食品经营单位310户，立案322件，结案率100%。

【垃圾分类】　年内，黑庄户地区（乡）开展垃圾分类宣传培训60场，点位宣传90次，发放宣传海报1200余张、《给居民的一封信》1.5万份，全年厨余垃圾分出量1524千克。

【民生保障】　年内，黑庄户地区（乡）成立残疾人帮扶性就业基地，推荐5名残疾人实现就业；为26名残疾人申请补贴，为36名有机动轮椅车的残疾人发放燃油补贴，为102名残疾人办理居家养老助残券，为困难残疾人发放节日慰问金20余万元、发放补助6万余元；开展技能培训16场，惠及残疾人300人次；开展康复活动200余次、讲座10余次；为辖区275名残疾人适配辅助器具，为50户困难残疾人提供上门服务、为400名残疾人及家属开展家庭康复培训；以“传承百年红色基因　助力慈善为民办实事”为主题，开展“共产党员献爱心”捐献活动，募捐善款17.496万元，16个村向区红十字会捐款5.6万元；辖区计划生育家庭户参保2878户，投保金额11.19万元；男、女四癌投保649人，投保金额8.76万元。

【接诉即办机制落实】　年内，黑庄户地区市民诉求处置中心收到接诉即办案件6131件，纳入考核2100件。案件响应率98.75%、解决率92.10%、满意率94.14%，综合成绩位列2021年全区农村系统第二名。　（杨　冬）

朝阳区黑庄户地区（乡）社区、建制村情况一览表

表45

序　号	名　称	地　址	电　话
1	一社区居委会	双桥农场五号井小区39号楼	85392469
2	二社区居委会	温泉东里中街	85393460
3	三社区居委会	温泉东里中街	85308661
4	康城社区居委会	双桥东路9号物业楼	85373117
5	旭园社区居委会	旭园卫生服务站	85384802
6	怡景城社区居委会	郎辛庄万通路怡景城花园	65739200
7	东旭社区居委会	么铺村（双桥东路18号院内）	65723787
8	大鲁店一村村委会	大鲁店一村	85386242
9	大鲁店二村村委会	大鲁店二村	85303735
10	大鲁店三村村委会	大鲁店三村	85383959
11	小鲁店村村委会	小鲁店村	85386256
12	郎各庄村村委会	郎各庄村	85381606

续表45

序 号	名 称	地 址	电 话
13	郎辛庄村村委会	郎辛庄村	85382273
14	万子营东村村委会	万子营东村	85387860
15	万子营西村村委会	万子营西村	85386698
16	黑庄户村村委会	黑庄户村	51235398
17	四合庄村村委会	四合庄村	85382075
18	双树南村村委会	双树南村	85373302
19	双树北村村委会	双树北村	85372084
20	么铺村村委会	么铺村	85371777
21	定辛庄东村村委会	已拆迁	
22	定辛庄西村村委会	已拆迁	
23	苏家坟村委会	已拆迁	

（杨　冬）

将台地区（乡）

【概况】 将台地区（乡）位于朝阳区中北部，横跨东四环路和东五环路，地处朝阳区丽都、燕莎商圈，毗邻电子城科技园区。东起东八间房北岗子村与东坝地区（乡）相邻；西至京顺路与望京街道、太阳宫地区（乡）相连；南起麦子店街与东风地区（乡）、麦子店街道相接；北至将府家园北窑地居民区与崔各庄地区（乡）接壤。辖区面积11.45平方千米，下辖11个社区、2个建制村。截至年底，辖区常住人口64673人、户籍人口13691户28365人、流动人口34682人、境外人口1626人；新出生人口251人，死亡人口195人。有法人单位2694个，其中央属单位7家、市属单位12家、区属单位1家；有医院、诊所及医务室18家，社区卫生服务中心2个、社区卫生服务站3个；有科研院所1个、大学2所、中学2所、小学4所、幼儿园9所、社区办园点1所；有养老机构1处；有260平方米为民服务大厅、3000平方米地区文化中心各1处，有文化广场11处和24小时自助图书馆3处。途经辖区公交线路34条，地铁14号线贯穿其中。辖区绿化率53%。年内，将台地区（乡）坚持稳中求进工作基调，聚焦主攻方向，优化营商环境，完善社区自治体系，扎实做好“六稳”（稳就业、稳金融、稳外贸、稳外资、稳投资、稳预期）“六保”（保居民就业、保基本民生、保市场主体、保粮食能源安全、保产业链供应链稳定、保基层运转）工作，持续提升将府公园品牌价值，举办2021年首届北京森林城市生活节暨第三届将府公园森林影像艺术季；实施驼房营一队棚改任务，完成天上天KTV等建筑拆迁腾退工作，腾退面积3万平方米；启动土地一级开发项目招标准备，完成铁科院（中国铁道科学研究院）、国管局（国家机关事务管理局）等回迁安置房房产证相关手续办理；成立乡属将心文化发展有限公司，试点开展集体资产运营管理工作，创新集体资产保值增值发展新模式，探索集体经济发展新路径。将台艺术馆揭牌，党建引领基层社会治理品牌——“将小爱”发布。全年实现区级财政收入11.53亿元，比上年增长10.53%。税源建设稳居朝阳区农村地区前列。（胡佳丽）

▲ 3月12日，将台地区（乡）蔡冠深文化交流艺术中心签约落户　　（李　波　摄）

【蔡冠深国际文化交流艺术中心落户】 3月12日，将台乡人民政府和蔡冠深教育基金会签订合作协议，将白云馆打造成国际文化艺术交流和教育中心。交流中心位于东八间房村白云馆，占地面积1744平方米，场馆融合古典与现代审美，系黄锐先生设计创作艺术成果。蔡冠深教育基金会的落户，白云馆将被打造成高水准的国际文化艺术交流平台和中心，开展国际文化艺术特色交流活动，成为惠民文化艺术空间，7月1日免费对公众开放。（毛　倩）

【FLC星地中心项目签约】 3月13日，由将台乡政府、星泰泓信公司、运营方福石投资集团、中央电视总台全资下属公司中视实业集团、电子城控股集团下属电子城高科五方完成星地中心项目签约。项目毗邻IT产业园高科技园区和798文化艺术园区，具有建立融合科技创新、文化创意功能性高品质园区的地理优势。以打造“国际一流品质项目”为目标，整合国际、国内的社会优势资源，争取实现产品的创新、合作的创新、产业的创新、投资的创新、制度的创新、推动贸易、投资和人才流动自由化便利化，营造国际一流营商环境，助力朝阳两区［国家服务业扩大开放综合示范区和中国（北京）自由贸易试验区国际商务服务片区］建设。（毛　倩）

【庆祝中国共产党成立100周年表彰大会】 6月19日，将台地区（乡）工委举办“礼赞华诞　将心向党”庆祝中国共产党成立100周年表彰大会，选树典型、表彰先进，表彰地区优秀共产党员95名、优秀党务工作者22名、先进基层党组织19个、410名老党员被授予“光荣在党50年”纪念章。（郑　琪）

【第二届丽都国际露天音乐电影周开幕】 9月28日，将台地区（乡）第二届北京丽都国际露天音乐电影周在丽都花园北路颐锦广场开幕，活动延续2020年首届北京丽都国际音乐电影周传统，以音乐+电影为主要亮点，以露天电影展映、非遗乐器演奏和交响乐团演奏为主要特色，集中5天时间免费为观众展现10场海内外经典影片和5场音乐会。同时，集美食文化、非遗文化、创意文化、健康文化于一体的夏季文化夜市开幕。（胡佳丽）

【对口帮扶】 10月14日，将台地区（乡）党委书记宋少伟带队到内蒙古自治区乌兰察布市卓资县，由和睦家爱心医疗团队为村民义诊并捐赠价值50万元儿童服装。10月19日，内蒙古自治区乌兰察布市卓资县委书记王大河带队一行30余人到将台地区（乡）丽都商圈考察学习，参观丽都商圈主干道——丽都花园路，在丽都会客厅进行交流座谈，介绍“1+6”丽都模式（即在党建引领下，聚焦“国际化社区、城市更新、文化赋能、营商环境、文旅消费、精细化管理”六项内容，启动丽都片区环境提升及设施更新项目，全面优化营商环境）的发展思路及丽都商圈的建设与发展情况，卓资县将发挥在交通、生态环境、特色农产品发展等方面的优势，与将台谋求合作，实现优势互补，助力乡村振兴，推动区域发展，合作共赢。（胡佳丽）

【社区邻里节】 10月24日，将台地区（乡）第三届“社区邻里节”暨“快乐将台”文化广场活动在将府公园举办，活动将文艺表演与趣味运动相结合，设有投篮机、迷你高尔夫、垃圾分类飞棋、投壶、射箭、沙包掷准、套圈等体育项目，活动有3000余人参加。（胡佳丽）

朝阳区将台地区（乡）社区、建制村情况一览表

表46

序　号	名　称	地　址	电　话
1	安家楼社区居委会	安家楼村东（林场）安家楼管委会	64372167
2	水岸家园社区居委会	酒仙桥村甲1号向西300米	64332726
3	丽都社区居委会	芳园南里西区10号楼丽都社区	64375253
4	芳园里社区居委会	芳园里19号楼对面	64356243
5	将府家园社区居委会	将府家园北里103楼2单元101室	51373060
6	梵谷水郡社区居委会	驼房营南路二号院梵谷水郡小区14号楼1层	84706491
7	瞰都嘉园社区居委会	东四环北路10号院2号楼底商	84797568
8	阳光上东社区居委会	东四环北路6号阳光上东C区1号楼底商	51303352
9	驼房营北里社区居委会	将府家园北里131楼111～115	64361852
10	将府锦苑东社区居委会	将府锦苑1号院8号楼三层	64378851
11	将府锦苑西社区居委会	驼房营路3号临驼房营村委会（与驼房营村委会合属办公）	64314688

续表 46

序 号	名 称	地 址	电 话
12	东八间房村村委会	将台乡朝开商务园（东八间房村委会）	64376137
13	驼房营村村委会	驼房营路3号临驼房营村委会	84561035

（胡佳丽）

金盏地区（乡）

【概况】 金盏地区（乡）位于朝阳区东北部温榆河畔。东部、北部以温榆河为界，与顺义区、通州区接壤；南至朝阳干渠与常营地区相邻；西至北小河与崔各庄地区、东坝地区相接。辖区面积 50.1 平方千米，下辖 4 个社区、13 个建制村。2021 年，辖区常住人口 113586 人、户籍人口 12483 户 28626 人、流动人口 106357 人、外籍人口 189 人。常住人口中，有汉族人口 103755 人、满族人口 1477 人、蒙古族人口 450 人、苗族人口 109 人、回族人口 147 人、土家族人口 98 人、朝鲜族人口 57 人、彝族人口 41 人、壮族人口 54 人、瑶族人口 15 人、侗族人口 17 人、布依族人口 15 人、东乡族人口 19 人、维吾尔族人口 10 人、达斡尔族人口 10 人，另有白族、黎族、藏族、土族、哈萨克族、锡伯族等少数民族，人口数量均不足 10 人；新出生人口 176 人，死亡人口 265 人。有法人单位 4359 家，其中央属单位 6 家、市属单位 3 家、区属单位 4 家、乡级企业 11 家、其他单位 4335 家；有社区卫生服务中心 1 个、社区卫生服务站 6 个；有中学 12 所（国际学校 1 所）、小学 7 所（民办 4 所）、幼儿园 9 所（普惠 6 所、社区办园点 2 所）；有养老机构 3 处、养老驿站 2 处；有 567 平方米政务服务中心和 25950 平方米地区文化中心各 1 处，有文化广场 15 处和 24 小时自助图书馆 4 处；途经辖区公交线路 17 条；辖区绿化率 25.77%。年内，金盏地区（乡）盘活壮大集体经济，全力保障民生，推动金盏新发展，确保“十四五”开好局、起好步。开展“疏解整治促提升”重点工作，拆除违法建设面积 63.2 万平方米，腾退土地 79.4 公顷；完成乡级重点民生实事项目 6 项、基层党组织实事项目 49 项；开展文明实践和志愿服务主题活动 300 余次；完成乡党委、乡人大换届选举工作。乡集体经济总收入 8.41 亿元，比上年下降 26.4%；实现利润 280.7 万元，比上年增长 7.4%；实现税金 5283 万元，比上年增长 31.7%；人均劳动所得 3.887 万元，比上年增长 6%。金盏地区（乡）获评“2016—2020 年度北京市信访工作先进单位”。

【基层党建】 年内，金盏地区（乡）开展“百年奋进‘盏’新时代”庆祝中国共产党成立 100 周年暨“两优一先”表彰活动。表彰优秀共产党员 106 名、优秀党务工作者 10 名、优秀基层党组织 11 个、“金盏榜样”51 名，为 228 名老党员颁发“光荣在党 50 年”纪念章。组织“庆盛世华诞‘盏’向党初心”学习交流分享会、“百年奋进‘盏’新时代”宣讲比赛、拍摄快闪短片——《不忘初心》等。开展非公企业党组织摸排工作，摸排企业 83 家，涉及党员 217 名；加强非公企业党组织建设，辖区党组织覆盖率 57.83%，党建工作覆盖率 100%；社会组织 3 个，党建工作覆盖率 100%。

【环境整治】 年内，金盏地区（乡）落实河长巡检及问题上报制度，更换河长制公示牌 33 次；完成 26 条乡管护沟渠日常清理杂草、清运垃圾等保洁工作；处理环境平台案件 4315 件；封填机井 20 眼；组织防汛演练和培训各 1 场，累计下沉一线人员 245 人次，动员 990 人次开展各类巡查，发现、整改问题隐患 65 处；整治大气污染防治点位报警任务 100 余件；完成 17 个疏解点位、13.6 万平方米拆除整治，清理腾退低级次行业地块 102 处，规范管理疏解腾退地块，清理砂石料 40 万立方米，立案查处 130 起，罚款 24 万元。

【综合行政执法】 年内，金盏地区（乡）通过重大法审程序案件 7 件，公开执法案件及相关事项 7862 件；录入执法检查单 7418 条，行政处罚单 598 条，一般程序立案 444 件，罚款 104 万元，环比上升 156.95%。开展施工扬尘、道路遗撒、违规渣土运输车等专项治理，立案处罚 218 件，罚款 3120 万元，执法量全区排名第一；液化石油气专项执法排查上账并整改隐患问题 1977 处，开具责改通知 600 余份，查扣非法气罐 450 余个，完成 573 家液化石油气非居民用户用气环境改造，整改率 100%。

【接诉即办机制创新】 年内，金盏地区（乡）健全接诉即办工作“1+13+13+N”领导体系（1 个领导工作专班、13 个联系村领导、13 个村和社区、N 个社会单位），落实全时段响应、当事人见面、包片督办、考核约谈等机制，全年点评调度 9 次，集中研判、专题研究 39 次、会商推进 17 次，解决群众诉求 4159 件。乡领导接待群体访 4 批次、180 余人次，接待个访 5 人次。发放宣传材料和信访宣传品3700份，接待咨询50余人次。办理各类信访案件310件，其中区转件301件、直访件9件。

【智慧社区（村）建设】　年内，金盏地区（乡）推进6个村（黎各庄村、皮村、东村、东窑村、小店村、西村）及4个社区（金盏一社区、金盏二社区、金泽社区、金泽北社区）智慧社区（村）建设，在区投入资金125.61万元基础上，自投资金338.79万元，安装抓拍机546台、人脸智能识别闸机（单通道）24套、智能人脸识别面板57套、人脸测温面板防雨护罩51个、人脸智能识别闸机（双通道）12套、自动门3套、400万深瞳慧目全结构化抓拍筒机83台、电源适配器39只、硬盘录像机29台、监控硬盘29套、监控立杆14套、监控设备箱29套、壁挂支架25套、交换机29台、热成像测温设备11台。

【新冠肺炎疫苗接种】　年内，金盏地区（乡）设立疫苗接种点位1处、流动接种点位8个。为社区老年人、斯普瑞斯奥特莱斯商场提供上门接种等特殊服务。辖区居民累计完成第一针接种88999剂、第二针接种80064剂，全程接种率90.0%。加强针接种46640剂，接种率82.46%。开设3~11岁小学幼儿园专场，累计接种4584剂，接种率91.97%。

【民生保障】　年内，金盏地区（乡）落实低保家庭动态管理、困境儿童生活救助、困难及重度残疾人补助补贴发放等民生保障服务。完成城乡居民养老保险参保手续1600余人；受理农业户籍劳动力外出就业奖励2068人，发放奖励资金495万元；受理退休失业人员自采暖补贴936人，发放补贴金额82.57万元；推送“线上云服务”就业招聘信息67次，提供就业岗位700余个、职业指导600余人次；为63名大学生发放助学金18.8

▲ 5月28日，外交友谊林落户金盏森林公园　（邓治远　摄）

万元；解决300余名农民工欠薪300余万元问题；化解在施工地群体性事件15起、劳资纠纷案件20起；发放失业救助金393万元；完成社区、村残协换届选举工作，提升乡、村两级温馨家园服务水平，实施服务对象102人次，参加人员1100人次。

【垃圾分类】　年内，金盏地区（乡）招募垃圾分类普法监督员159名。开展社区指导居民分类投放110余次，检查垃圾分类个人311人次；检查垃圾分类单位1455家次，立案处罚192起，罚款金额5.095万元；完成金泽家园C区示范片区创建及验收工作，推进11家示范单位创建工作。

【安全生产】　年内，金盏地区（乡）开展安全生产和新冠肺炎疫情防控检查，检查辖区工业企业23家。安全生产行政处罚立案100起，处罚金额78.3万元；综合执法队检查企业6000余家次，辖区企业覆盖率100%，发现隐患5200余处，隐患整改率100%，工业企业覆盖率100%，安责险企业投保633家单位，风险评估782家。

【文体活动】　年内，金盏地区（乡）组织“翰墨金盏颂党恩　奋斗百年启征程——金盏地区群众文化艺术节书画剪纸展”活动。设立传统书画、剪纸、扇面、清风廉政等4个展区，展出优秀作品150余幅。组织来自来广营、孙河等5个地区的骑行爱好者参加“金骑随风绿道骑行”体育品牌活动；组织来自各村和社区的40名健身操小教员，开展推广培训《向党看齐》红绸健身操和《冰在舞，雪在烧》双环健身操活动。

【金盏森林公园建设】　年内，金盏地区（乡）组织森林公园建设安全联检29次，召开监理例会20次，协调处理公园建设重要事项20余个；140余家驻华使团150余位外交官在金盏森林公园共植友谊林，累计种植乔木10万余株、灌木5.1万余株、地被种植46万余平方米、色带种植面积3.88万平方米；完成足球场混凝土基层、生物滞留池、水系开挖、河滩石、驳岸景石、水系木栈道建设；人行透水砖路面铺装面积2.14万平方米、车行透水砖路面铺装面积6.24万平方米、沥青路基层面积4.76万平方米；灌溉管线8.49万延米、给水管线1.14万延米；绿化面积264.67万平方米，完成公园建设总量的95%。　（王德铭）

朝阳区金盏地区（乡）社区、建制村情况一览表

表 47

序　号	名　称	地　址	电　话
1	金泽家园社区居委会	金泽家园A区服务站	65721071
2	金泽家园北社区居委会	金泽家园C区底商北社区服务站	65791073
3	金盏嘉园一社区居委会	金盏嘉园C区底商1号楼	64180100
4	金盏嘉园二社区居委会	金盏嘉园D区底商1号楼	64180255
5	金盏东村村委会	金盏东村内	84340592
6	金盏西村村委会	金盏西村内	84333433
7	楼梓庄村村委会	楼梓庄村	84393471
8	曹各庄村村委会	曹各庄村	84391615
9	黎各庄村村委会	黎各庄村	84317601
10	马各庄村村委会	马各庄村	65425195
11	北马房村村委会	北马房村	84311013
12	长店村村委会	长店村	64316299
13	小店村村委会	小店村	84333706
14	雷庄村村委会	雷庄村	64350110
15	皮村村委会	皮村	84331772
16	沙窝村村委会	沙窝村	84317838
17	东窑村村委会	东窑村	84316859

（王德铭）

来广营地区（乡）

【概况】 来广营地区（乡）位于朝阳区西北部。东至来广营北路，与孙河地区（乡）、崔各庄地区（乡）相邻；南至北五环，与东湖街道、大屯街道相连；西至北苑路，与奥运村街道、大屯街道接壤；北至滨河路，与昌平区东小口镇、北七家镇毗邻。辖区面积20.93平方千米，下辖29个社区、5个建制村。年内，辖区常住人口98800人、户籍人口32996户76353人（其中少数民族人口4941人）、流动人口100007人、外籍人口1012人；新出生人口819人，死亡人口338人。有规模以上法人单位441家，其中央属单位21家、市属单位25家、区属单位49家、乡属企业6家、其他单位346家；有医院1家、社区卫生服务中心1个、社区卫生服务站5个；有大学2所、中学8所、小学8所、幼儿园24所；有养老机构8处；有110平方米为民服务大厅、3100平方米地区文化中心各1处，有文化广场18处和24小时自助图书馆5处。途经辖区公交线路24条，地铁13号线、5号线、14号线贯穿其中。辖区绿化率48.7%。年内，来广营地区（乡）准确把握“科技之乡”“绿色之乡”“精治之乡”“运动之乡”发展内涵，围绕实施绿色宜居、创新引领、和谐精治、文明健康、福祉提升“五大发展行动”，聚焦“三区两带”（创新动能引领区、绿色休闲涵养区、产居融合承载区、优美靓丽示范带、和谐宜居共享带）建设，统筹推进新冠肺炎疫情防控和经济社会发展工作。完成社区、村“两委”换届选举工作；完成乡党委、乡政府班子换届选举工作；完成全国两会、庆祝中国共产党成立100周年、冬奥会测试等重大活动期间安保任务，完成北五环汽配城向龙湖集团的转型升级，龙湖集团总部正式运营。全年实现区级财政收入10.56亿元，比上年增长13.06%；实现农村集体经济总收入10.65亿元，比上年增长3%；农民人均劳动所得58193元，比上年增长6.2%。来广营地区（乡）获“中国人民解放军北京卫戍区先进基层武装部”“首都绿化美化先进单位”等称号。

【新冠肺炎疫情防控】　年内，来广营地区（乡）发挥“1+10+40”（1个领导小组、10个专项工作组和29个社区+5个村+6个直属企业）疫情防控体系作用，统筹辖区各类主体筑牢疫情防控网。全年核查管控4万余人、转运集中观察1086人次、安排核酸采样5万余人次；万世名流酒店集中隔离点累计接收集中观察人员近5000人次；开发“聚力朝来”预约平台，固定接种点、流动接种点与机动力量上门相衔接，累计接种新冠疫苗第一剂、第二剂160129人、第三剂88912人；管控居家隔离人员5922人，涉及全地区（乡）81个小区，核酸检测采样25673人次。

【龙湖集团总部落户】　年内，来广营地区（乡）完成北五环汽配城向龙湖集团的转型升级，龙湖集团总部落户来广营地区（乡）并正式运营。该项目地上面积8.3万平方米，用于办公、会议及商业配套设施；地下面积2万平方米，用于机动车库、员工餐厅等。

【垃圾分类管理创新】　年内，来广营地区（乡）建立垃圾分类积分系统，采用“两桶一袋”预约上门回收、旧货交易、积分回馈、“互联网+”等方式，并运行“书香来广营”项目，实现源头减量；建立生活垃圾分类驿站29座并投入使用，垃圾桶站减至704处，增设大件、装修垃圾投放点53处，1300余名志愿者参与桶前值守活动，值守1.9万余次，时长3.26万余小时；规范非居民厨余垃圾产生单位合同签订，向各社区发放RFID卡206个；世华泊郡小区、武警七号院小区获“北京市垃圾分类创建示范小区”称号。

【疏解整治】　年内，来广营地区（乡）坚持对新增违建零容忍，专项台账销账117处，拆除违建面积4.18万平方米，腾退土地面积4.58万平方米。清河营村、来广营村点位面积5800平方米达到场干地净标准；完成7个功能疏解点位拆迁腾退工作，清河营游泳馆拆除完毕；完成时代庄园3、4号配电室电网改造项目；规自领域卫片整改超10宗，整改面积5000平方米；完成54个点位图斑摸排、整改；完成保利集团、龙湖集团等项目进驻及周边环境提升工作；完成冬奥会环境整治提升工作。

【民生实事工程】　年内，来广营地区（乡）完成“我为群众办实事”项目374项。完成瑞普大厦周边环境整治，打通求实东街断头路，拓宽地铁13号北苑站东北口机动车道，规划共享单车停放点1处；疏通动感家园周边道路积水、解决明天第一城地库漏水等20个案例在市级媒体报道；完成北苑5号院老旧小区改造实现居民回迁；改造完成107个无障碍点位设施；新建400个停车位并投入使用；完成7个慢行系统示范点位建设工作。

▲ 5月10日，来广营地区（乡）龙湖集团全新智慧总部正式投入使用　（张　帅　摄）

【社区建设】　年内，来广营地区（乡）指导各社区开展公益金、三社、农民市民化活动671场，参与群众5.35万人次；实施“老旧小区微更新”“保障房小区公共设施提升”2个项目；推进广顺社区、清苑路第五社区、朝来家园东社区、筑华年社区、立清路第二社区等5个新建社区运行保障工作；建立社区交叉互查机制，5个检查片区开展10轮检查；建立社区月度点评机制，召开点评会5次，压茬开展调研6轮；建立社区重点工作提示机制，重要事项实行清单式管理，制发提示单8期，拓宽互相监督、互学互鉴渠道，压实社区管理责任；通过用好“爬楼图”等方式，加强智慧社区建设。

【公共服务】　年内，来广营地区（乡）开发就业岗位1100个，564名就业困难人员实现就业，就业率76.73%；城乡居民医疗保险参保人员总数9503人（其中年内新增参保人员1082人），城乡居民医疗保险档案合格率100%；调解劳资纠纷案件45件，受理劳动人事争议在线调解41件；建立辖区校外培训机构台账，检查培训机构7次；处置群众诉求4起，整治无证幼儿园4处。

【结对帮扶】　年内，来广营地区（乡）完成与内蒙古自治区通辽市科左后旗吉尔嘎朗镇和阿都沁苏木结对帮扶签约；完成乡、村、企业与内蒙古自治区对口帮扶单位结对签约；开展消费帮扶。发动辖区单位、居民采购特色农产品20.99万元，辖区单位、企业为结对地区捐款22.5万元，捐助学习用品价值1.73万元。　（郝　冉）

朝阳区来广营地区（乡）社区、建制村情况一览表

表 48

序 号	名 称	地 址	电 话
1	广达路社区居委会	广达路2号院5号楼1单元101室	84364537
2	广顺社区居委会	来广营西路2号院2号楼102室	64930624
3	北卫家园社区居委会	北苑路96号北卫家园小区15号楼西侧社区居委会	84945589
4	北苑一号院社区居委会	北苑一号院10号楼3单元1层社区居委会	66749494
5	北苑二号院社区居委会	北苑二号院北门附近社区居委会	84936317
6	北苑三号院社区居委会	北卫新园小区6号楼西侧二层社区居委会	84918952
7	北苑社区居委会	红军营东路15号院金茂悦小区6号楼2层北苑社区居委会	57628220
8	青年城社区居委会	红军营东路8号院青年城社区居委会	64933048
9	红军营社区居委会	来北家园12号楼一层	53091550
10	朝来绿色家园社区居委会	红军营东路蕴实园小区朝花幼儿园西侧朝来绿色家园社区居委会	84950615
11	朝来绿色家园东社区居委会	红军营东路蕴实园小区朝花幼儿园西侧朝来绿色家园东社区居委会	64930036
12	时代庄园社区居委会	红军营东路18号时代庄园会所三层社区居委会	84967984
13	紫绶园社区居委会	北苑家园紫绶园来广营城管大院1层紫绶园居委会	84955849
14	清友园社区居委会	北苑家园筑华年小区Q4号楼清友园社区居委会	64116601
15	筑华年社区居委会	北苑家园筑华年小区Q4号楼筑华年社区居委会	64936090
16	绣菊园社区居委会	北苑家园绣菊园居委会（5号楼北侧）	84966936
17	莲葩园社区居委会	北苑家园莲葩园小区西门二层黄楼一层	84925448
18	茉藜园社区居委会	北苑家园茉藜园小区19号楼101室居委会	84926067
19	新街坊社区居委会	双营路6号院城锦苑小区2号楼1单元新街坊社区居委会	84924841
20	黄金苑社区居委会	旭辉奥都5号楼一层黄金苑居委会	84931521
21	立城苑社区居委会	立水桥甲3号立城苑小区5号楼居委会	84813176
22	立清路第一社区居委会	立清路明天第一城5号院5号楼7单元101室	84675928
23	立清路第二社区居委会	立清路明天第一城5号院5号楼7单元101室（新建社区）	84934094
24	清河营中路社区居委会	水岸中街19号院18号楼社区居委会	84920772
25	清苑路第一社区居委会	水岸庄园2区1010号楼4层居委会办公室	84999980
26	清苑路第二社区居委会	清河营东路6号院中铁国际城16号楼	84903997
27	清苑路第三社区居委会	清河营南街9号院2号楼底商清苑路第三社区居委会	84927768
28	清苑路第四社区居委会	清河营东路3号院6号楼1层清苑路第四社区居委会	84926157
29	清苑路第五社区居委会	清河营南街9号院2号楼底商清苑路第三社区居委会	84927768
30	清河营村村委会	北苑东路清河营郊野公园北区村委会	84945372
31	来广营村村委会	来广营村委会	84904455
32	北湖渠村村委会	北湖渠村委会	84856597
33	新生村村委会	新生村委会	84913125
34	红军营村村委会	北苑小街8号红军营村委会	84921483

（郝　冉）

南磨房地区（乡）

【概况】 南磨房地区（乡）位于朝阳区东南部。东至西店记忆路与高碑店地区（乡）、王四营地区（乡）、垡头街道相邻；南至垡头路以南与十八里店地区（乡）交界；西临东三环路与双井街道、劲松街道、潘家园街道相接；北至通惠河与CBD相望。辖区面积9.434平方千米，下辖23个社区、2个建制村。2021年，辖区常住人口162910人、户籍人口27384户65364人、流动人口64507人，出生人口397人、死亡人口210人；有法人单位9692个，其中市属单位12家、区属单位24家、其他单位9656家；有医院5家、社区卫生服务中心2个、社区卫生服务站5个；有大学1所、中学6所、九年一贯制学校2所、小学1所、幼儿园12所；有养老院1处；有1000平方米为民服务大厅、3352平方米地区文化中心各1处，有文化广场（200平方米以上）9处和24小时自助图书馆3处；途经辖区公交线路13条，地铁7号线、14号线贯穿其中。辖区绿化率45%。年内，南磨房地区（乡）以推动高质量发展为主题，聚焦朝阳区“三化”（文化、国际化、大尺度绿化）主攻方向，着力固根基、锻长板、补短板、强弱项，统筹推进新冠肺炎疫情防控和经济社会发展，全力建设“新四区”（首都高质量发展示范区、文化创新引领区、国际交往中心区、绿色宜居标杆区），努力构建现代化经济体系和现代化治理体系，深入实施“五大”民生工程，乘势而上、勇于担当，奋力谱写新一轮高质量发展南磨房新华章，确保“十四五”开好局、起好步。完成13个社区、2个村的党组织换届选举工作和8个新拆分（新建）社区首次选举工作；完成21个社区居民委员会换届选举工作；完成乡第三次妇代会换届选举工作；完成老旧小区改造、“五宜社区”（宜居、宜养、宜游、宜乐、宜业）建设等重点工作。全年实现乡集体经济总收入17.95亿元。实现区级财政收入8.24亿元，比上年增长10.27%；征收房产税1377万元，比上年增长6.41%。南磨房地区（乡）获“全国群众体育先进单位”“北京市就业创业工作先进集体”称号。（王　伟）

▲ 4月26日，南磨房地区（乡）在国家广告产业园召开“磨房职工心向党 岗位建功谱新篇”表彰颁奖大会（侯　翔　摄）

【乡十三届六次党代会】 3月13日，中共南磨房乡第十三届代表大会第六次会议召开，95名代表出席会议。乡各基层党组织负责人和列席代表等140余人参加会议。会议审议并通过《乡党委2020年工作报告（审议稿）》《乡纪委工作报告（审议稿）》；审查并通过《2020年度党费收缴、使用和管理情况的报告》。（张原瑞）

【乡十七届十一次和十二次人大会议】 3月16日，南磨房地区（乡）召开第十七届人民代表大会第十一次会议，40名乡人大代表出席会议。乡机关领导班子成员、各科室负责人22人列席会议，社区书记和乡企事业单位负责人旁听会议。会议审议并通过《南磨房乡政府2020年工作报告（审议稿）》《南磨房乡人大主席团工作报告（审议稿）》《南磨房乡2020年财政预算执行情况和2021年财政预算草案报告（审议稿）》和《北京市朝阳区南磨房地区（乡）国民经济和社会发展第十四个五年规划和二〇三五年远景目标纲要（审议稿）》。8月30日，南磨房乡召开第十七届人民代表大会第十二次会议，40名乡人大代表出席会议。乡机关领导班子成员和各科室负责人41人列席会议，社区（村）书记及企事业单位负责人旁听会议。会议审议并通过《南磨房乡政府2021年半年工作情况报告（审议稿）》和《南磨房乡人大主席团2021年半年工作报告（审议稿）》。（赵晶晶）

【表彰先进】 4月26日，南磨房地区（乡）召开五一表彰大会。表彰十佳物业好管家先进集体10个、十佳物业好管家先进个人10人、十佳12345接诉即办先进个人10人、十佳城市美容师10人、十佳餐饮岗位标兵10人、百名最美劳动者100人、优秀工会工作者158人、优秀工会积极分子42人。4月29日，南磨房地区（乡）召开物业服务联盟总结表彰大会，地区办事处主任张金鑫宣读表彰决定。授予北京保利物业发展股份有限公司广华新城服务中心优秀服务企业奖；授予北京瑛达源物业管理有限责任公司、北京森和物业管理有限公司（金蝉南里小区）党建联建之星；授予北京金罗马物业管理有限公司（世纪东方嘉园一期）、北京森茂物业管理有限公司（华瀚国际项目管理处）和谐构建之星；授予北京中原华夏物业管理有限公司（御景园小区特殊贡献奖）社区共建之星；授予北京建工物业服务有限公司（百子湾家园小区）、北京金泰物业管理有限公司（金泰先锋物业服务中心）平安创建之星；授予周建平（浙江金都物业管理有限公司北京分公司）等特殊贡献奖。7月7日，南磨房地区（乡）召开庆祝中国共产党成立100周年表彰大会。表彰优秀共产党员100名、先进基层党组织92个，为525名老党员颁发“光荣在党50年”纪念章。（张　野　姬维杰　张原瑞）

【环境综合整治】　年内，南磨房地区（乡）完成道路及两侧便道面积51.81万平方米和自管绿化面积29万平方米的保洁任务。开展环境整治行动，完成百子湾社区围墙粉刷工作，粉刷面积1000平方米；广百东路南端、窑洼湖桥三角地、南三路绿化恢复面积1800平方米；完成1514户居民清洁能源取暖设备安装工作，安装取暖设备3106台；完成4.81万平方米裸地治理工作；完成规划绿地面积61万平方米、景观提升面积4万平方米；完成平原林面积18万平方米和生态林面积14.34万平方米养护工作；建立小巷管家队伍，招募“小巷管家”150名、街长8名、巷长40名；排查并处理创建无违建街乡图斑785条，拆除新增违建面积95平方米，削减存量违建面积1.68万平方米；开展大气污染防治等专项整治行动30余次，查处施工扬尘、露天烧烤等违法行为60余起；摸排地区非居民用户液化石油气使用单位63家，整改、消除隐患413项。（张　野　姬维杰　张原瑞）

【乡十四次党代会】　10月28日至29日，南磨房地区（乡）召开第十四次党员代表大会。108名乡党代表参加会议。审议通过《中国共产党北京市朝阳区南磨房乡第十三届委员会工作报告（审议稿）》《中国共产党北京市朝阳区南磨房乡第十三届纪律检查委员会工作报告（审议稿）》。选举产生新一届乡党委、乡纪委委员和出席朝阳区党代会代表。于建国等11人当选中国共产党北京市朝阳区南磨房乡第十四届委员会委员。王思访等7人当选中国共产党北京市朝阳区南磨房乡第十四届纪律检查委员会委员。于建国、贾振华等6人当选南磨房乡出席中国共产党北京市朝阳区第十四届党员代表大会代表。（张原瑞）

【乡十八届一次人大会议】　11月18日、19日，南磨房地区（乡）召开第十八届人代会一次会议，56名乡人大代表出席会议。会议审议并通过《南磨房乡政府2021年工作报告（审议稿）》《南磨房乡人大主席团2021年工作报告（审议稿）》《南磨房乡2021年财政资金收支预算执行情况和2022年财政预算情况报告（审议稿）》；会议表决通过《南磨房乡第十八届人民代表大会代表资格委员会名单（草案）》《南磨房乡第十八届人民代表大会第一次会议选举办法（草案）》和《南磨房乡第十八届人民代表大会第一次会议总监票人、监票人名单（草案）》；选举产生新一届乡人大主席，乡人民政府乡长、副乡长。金亚静当选新一届乡人大主席，张金鑫当选新一届乡人民政府乡长，于树新、傅涛等7人当选乡人民政府副乡长。（刘长庚）

【接诉即办机制创新】　年内，南磨房地区（乡）创新建立接诉即办日调度、周通报、月点评工作机制，在未诉先办上下功夫，靠前一步了解百姓所烦、所忧、所想，完善“三上门”机制，有效提高接诉即办时效。全年接办区内转派、市级直派纳入考核诉求案件5757件，群众满意率89.30%，综合成绩89.75%。（高　超）

【“充分就业社区”建设】　年内，南磨房地区（乡）开发就业岗位2023个，精准帮扶259名就业困难人员实现就业，就业率70%。组织退役军人线上、线下招聘会，提供就业岗位200余个。辖区17个社区被朝阳区评为“充分就业社区”。（王义冬　杨　果　郑　雯）

朝阳区南磨房地区（乡）社区、建制村情况一览表

表49

序号	名称	地址	电话
1	百子湾北社区居委会	东四环中路80号大成国际公寓116号	59625339
2	百子湾东社区居委会	百子湾家园小区109号楼	87956922
3	百子湾西社区居委会	百子湾西里426号楼	87715691
4	东郊社区居委会	深沟村甲168号东郊社区服务大厅	87705760
5	广百西路社区居委会	广百西路18号院3号楼101室	87152508
6	广华新城东社区居委会	朝阳区东四环大郊亭4号	87776021
7	广华新城社区居委会	广华新城二区2号楼4单元1层社区服务站	67703955
8	华侨城社区居委会	金蝉欢乐园二号院10号楼底商东01室	67381521
9	欢乐谷社区居委会	垡头路与金蝉西路交叉路口往西南约50米欢乐谷社区居委会	67387930
10	美景东方社区居委会	美景东方社区4-103	87325578

续表 49

序　号	名　称	地　址	电　话
11	南新园社区居委会	南新园小区26号楼二层	87322075
12	南新园西社区居委会	南新园中路106号南新园西社区服务站	67314065
13	平乐园社区居委会	南磨房地区窑洼村68号	87380265
14	赛洛城社区居委会	百子湾东里113-R楼	87215916
15	山水文园社区居委会	弘燕东路山水文园东园4号楼底商A25	87367539
16	石门社区居委会	百子湾南三路石门新居35号院3号楼东侧石门社区	67757966
17	世纪东方城社区居委会	南磨房紫南家园108楼商业四层	87362800
18	双龙南里社区居委会	双龙南里117楼北侧双龙南里社区服务站	87320042
19	双龙西社区居委会	双龙南里117楼北侧双龙西社区服务站	87321990
20	远景社区居委会	紫南家园108楼商业四层	87355471
21	紫南家园社区居委会	紫南家园小区207号楼	87354988
22	广泰华亭社区居委会	广泰西路1号院底商	67722359
23	广泰华苑社区居委会		67722693
24	大郊亭村村委会	窑洼村68号	67352148
25	楼梓庄村村委会	紫南家园208楼2层	87351374

（王　伟）

平房地区（乡）

【概况】 平房地区（乡）位于朝阳区中部。东与常营地区（乡）接壤，南与三间房地区（乡）、高碑店地区（乡）、八里庄街道相接，西与八里庄街道、六里屯街道、东风地区（乡）相邻，北与东坝地区（乡）相连。辖区面积15.18平方千米，下辖14个社区、4个建制村。2021年，辖区常住人口85980人、户籍人口19751户43380人、流动人口60022人、外籍人口324人；常住人口中有满族人口875人、回族人口720人、其他少数民族1744人；新出生人口695人、死亡人口144人；有法人单位4319个，其中央属单位4家、市属单位8家、区属单位12家、其他单位4295家；有科研院所2个；有中学2所、小学7所、幼儿园16所；有二级医院1家、社区卫生服务中心1个、社区卫生服务站6个；有养老机构5处；有300平方米为民服务大厅、5700平方米地区文化中心各1处、文化广场8处和24小时自助图书馆5处；有体育中心1个、郊野公园5个、在建郊野公园1个、村级公园3个；途经辖区公交线路18条，地铁6号线贯穿其中。辖区绿化率60.56%。年内，平房地区（乡）抢抓“一绿”试点建设机遇，统筹推进区域经济社会发展，乘势而上谋突破，明确城市化发展路径，推动上市地块入市，实施大尺度绿化。完成乡妇联换届工作和区、乡人大代表换届选举工作、地区个人房屋出租税款青年路代征点揭牌运营、姚家园新村H组团农民定向安置房正式开工、地区政协委员工作站挂牌、市场监督管理局平房地区（乡）所在黄杉木店路10号成立等重点工

▲ 3月31日，平房乡姚家园新村H组团农民定向安置房及配套设施项目开工　（李　岩　摄）

作。全年实现区级财政收入3.72亿元，比上年增长3.5%；集体经济总收入3.59亿元，比上年增长11.99%；人均劳动所得44470元，比上年增长2.8%。平房地区（乡）“华星知行苑”项目获北京市2021年终身学习品牌项目，平房地区（乡）获“2016—2020北京市法治宣传教育先进集体”“北京市民兵专业轮训先进单位”称号。

【乡第十三次党代会】 10月19日至20日，平房地区（乡）召开第十三次党代会。会议听取并审查乡第十二届委员会的工作报告和纪律检查委员会的工作报告，选举产生乡第十三届委员会委员：蒋东燕、张昕、吕英、秦国华、施丽立、张春玲、高学礼、刘建、高珊珊、常君、高青松等11名，乡纪律检查委员会委员张春玲、马树辉、冯杰、戴玉红、赵金、刘鸿明、崔金柱等7名和出席朝阳区第十三次党员代表大会代表蒋东燕、张昕、吴莉茹、姜宏等4名。蒋东燕当选为平房乡党委书记，张春玲当选为纪检委书记。

【乡十八届一次人大会议】 11月17日至18日，平房地区（乡）召开第十八届人民代表大会第一次会议，65名乡人大代表出席会议。会议听取并审议平房乡人民政府工作报告，书面审议乡人大主席团工作报告、乡2021年1月至9月财政预算执行情况的报告，选举吕英为乡人大主席，张昕为乡人民政府乡长，刘建、高珊珊、杨士博、张立颖、廖海征、陈先伟为乡人民政府副乡长。

【垃圾分类】 11月，平房地区（乡）建立由353人组成的垃圾分类执法监督员队伍，劝导、教育垃圾混投行为。规范桶站639组，建设规范驿站2座。国美家园驿站（80平方米）被朝阳区推荐为特色垃圾分类驿站。全年开展垃圾分类宣传活动50余场，参与“桶前值守”志愿服务5600余人次，值守时长20688小时，入户宣传13411户。创建垃圾分类市级示范小区6个，五洲家园小区被推荐为市级垃圾分类示范小区优中选优小区，代表朝阳区参与典型推广。

【乡第十次妇代会】 12月10日，平房地区（乡）召开第十次妇女代表大会，乡党委书记蒋东燕等乡领导出席会议，地区98名妇女代表参加会议。会议审议并通过《平房乡第九届妇联执委会工作报告》，选举产生新一届平房地区（乡）妇联主席、专职副主席、兼职副主席及执行委员会委员。施丽立当选平房地区（乡）妇联主席，张恪菲当选专职副主席，王立芬、王雪梅、张磊、张雪红、张雅彬当选兼职副主席。选举产生21名新一届平房地区（乡）妇联执委会委员。

【社区社会组织联合会第二届会员大会】 12月28日，平房地区（乡）社区社会组织联合会召开第二届会员大会，选举产生新一届理事会、监事会成员。陈丽芳当选理事长，王士岩当选副理事长，周艳华当选秘书长，宋亚宁当选监事长。新一届联合会有会员53个（个人会员18个、单位会员35个）。

【庆祝中国共产党成立100周年表彰活动】 年内，平房地区（乡）开展庆祝中国共产党成立100周年“两优一先”（优秀共产党员、优秀党务工作者、先进基层党组织）“平房榜样”表彰活动。表彰“平房榜样”优秀志愿者77名、优秀社会组织20个、优秀共建单位10个、“两优一先”先进基层党组织10个、优秀共产党员100名、优秀党务工作者20名。

【助残帮困】 年内，平房地区（乡）走访慰问地区困难残疾人467余户，发放慰问金28.95万余元；为地区12名残疾儿童发放康复补助30.8万元；安置残疾人就业5人；为地区2名残疾人学生申请“扶残助学”补贴1.4万元；为114名残疾人办理城乡居民养老保险缴费补贴审核。为享受低保待遇家庭95户150人发放低保金220万元，停止享受低保待遇家庭2户4人；受理临时救助3户0.9万元，慈善助学救助14人2.4万元；慈善医疗卡11人，救助金额0.4796万元；核发丧葬补贴25人12.5万元；申请清洁能源补贴150户25.43万元；向贫困地区捐赠衣物等3074件，募集善款3万余元；发放优抚对象医疗减免费用3.2万元，发放伤残军人抚恤金49.76万元、定补资金20.73万元。

【新冠肺炎疫情防控】 年内，平房地区（乡）落实属地责任，制定《平房乡全员核酸检测工作预案》，设立15个采样点，储备防疫物资帐篷100顶、防护服、隔离衣828套、N95口罩2300只及桌椅、手消、电暖气等防疫物资，储备现场工作人员430余人。累计转运隔离人员1533人次，核查重点管控人员23786人次，完成核酸采样57722人次。累计设置疫苗接种点位34个，第三针疫苗接种41978剂次。新增疫苗接种点位19个，第三针疫苗接种33816剂次。严格追踪密接者、境外人员、在管人员，持续跟进隔离人员，将疫情防控做严做实。 （陈　兰）

朝阳区平房地区（乡）社区、建制村情况一览表

表50

序　号	名　称	地　址	电　话
1	雅成里社区居委会	雅成一里14号楼2层	85512305
2	富华家园社区居委会	黄杉木店路186号院富华家园社区2层	85750295

续表 50

序 号	名 称	地 址	电 话
3	华纺易城社区居委会	青年路29号院华纺易城1号楼4单元一层	85799621
4	国美家园社区居委会	青年路西里国美第一城2号院6号楼底商	85561615
5	姚家园西社区居委会	姚家园西里1号院1号楼4层	85529268
6	平房社区居委会	平房村1780号	85575248
7	定福家园南社区居委会	三间房西路1号院1号楼1单元B1	65761506
8	星河湾社区居委会	星河湾小区西门（126路公交车总站对面）	85560820
9	姚家园东社区居委会	姚家园东里8号院5号楼3单元103	85798985
10	青年路社区居委会	青年路西里5号院润枫水尚5号楼底商	85563188
11	逸翠园社区居委会	姚家园东里中路14号院1号楼2层	85798550
12	天鹅湾社区居委会	雅成二里20号楼103底商	65565910
13	泓鑫家园社区居委会	东坝中路40号院11号楼物业3层	65713688
14	国美家园第二社区居委会	青年路西里2号院6号楼底商	85561661
15	平房村村委会	平房村386号	85575574
16	姚家园村村委会	青年路北口东侧	85576803
17	黄渠村村委会	幺家店路与定福庄路交叉口向南100米路东	65754870
18	石各庄村村委会	定福庄路西侧	65489395

（陈 兰）

三间房地区（乡）

【概况】 三间房地区（乡）位于朝阳区东部。东起双桥路与管庄地区（乡）接壤；西至东五环与高碑店地区（乡）相连；南至广渠路以南与豆各庄地区（乡）相接；北至幺家店路与平房地区（乡）、常营地区（回族乡）相邻。辖区面积8.75平方千米，下辖15个社区、11个建制村。2021年，辖区常住人口142922人、户籍人口24241户66991人、流动人口75931人、外籍人口328人、新出生人口444人、死亡人口523人；有法人单位6121家，其中中央属单位16家、市属单位14家、区属单位18家；有社区卫生服务中心1个、社区卫生服务站7个；有大学2所、中学1所、中等专业学校1所、小学3所、幼儿园15所；有养老机构3处、养老驿站3处；有900平方米为民服务大厅、3000平方米市民活动中心各1处，有文化广场4处和城市书屋2座；途经辖区公交线路16条，地铁八通线贯穿其中。辖区绿化率33.69%。年内，三间房地区（乡）坚持稳中求进工作总基调，以提高发展质量为主题，以加强基层治理为主线，聚焦农村城市化主攻方向，扎实做好“六稳”“六保”工作，落实新冠肺炎疫情防控要求，持续改善人居环境，提高群众幸福感，统筹发展和安全，确保“十四五”规划开好局、起

▲ 6月18日，三间房地区（乡）文学艺术界联合会成立 ［三间房地区（乡） 供图］

好步。完成地区 11 个村委会、15 个社区居委会和地区妇联换届选举工作；召开地区第九次党代会、地区十八届一次人代会、成立地区文联。全年实现区级财政收入 2.9 亿元，比上年增长 4.3%；实现农村集体经济总收入 3.03 亿元，比上年增长 13.9%；人均劳动所得 37616 元，比上年增长 4.5%；征收大房产税 5191.37 万元。三间房地区（乡）获"北京市体育特色乡镇"和"首都文明村镇"称号。

【疏解整治】 年内，三间房地区（乡）创建无违建地区。完成棚户区改造 5 处，拆除违法建设面积 2.98 万平方米（点位任务涉及建筑面积 2 万平方米），治理临时建筑 1 处、城乡接合部村庄环境整治 1 处、新建老年餐桌 3 处、整治无证无照经营 1 处、图斑材料收集、举证 900 多处。申请 2021 年功能疏解专项资金 4691.3 万元、申请 2020 年功能疏解点位集体收益补偿 3 万元，拨付 2021 年功能疏解专项资金预拨款和 2020 年功能疏解专项资金尾款共计 1516.35 万元，拨付 2019 年功能疏解点位集体收益补偿 20.66 万元。

【垃圾分类】 年内，三间房地区（乡）开展垃圾分类文明实践活动 663 场（其中桶前值守活动 37 场、垃圾分类宣传教育活动 626 场），志愿者桶前值守 8679 小时，为垃圾分类志愿者发放棉服 1300 余套；建设垃圾分类桶站 535 个，制作垃圾分类公示牌、指引牌等 3000 余张；建设垃圾分类驿站 15 个，印制、发放"致居民一封信"逾 9 万封，垃圾分类四折页 8 万张，张贴宣传海报 6500 余张、条幅 150 条、垃圾分类标识贴纸 5000 余张。创建市级垃圾分类示范小区 6 个。

【环境提升】 年内，三间房地区（乡）新一轮百万亩造林任务完成造林绿化主题建设，3 个地块总面积 23280 平方米，其中北双桥地块面积 7786.71 平方米、绿化公司地块面积 4353.36 平方米、通惠河南侧地块面积 11140.06 平方米。对三间房地区南部 3%~5% 项目周边环境提升改造，绿化面积 16768 平方米，移植杜仲树 555 株、银杏 104 株。

【"双向'圾'分e起行"】 年内，三间房地区（乡）创建"党建引领促分类 双向'圾'分 e 起行——关于桶前值守积分制促进生活垃圾源头分类的探索"党建项目，选取 3 个试点社区，推广桶前值守双向"圾"分机制，在"3e 通"智慧民情平台上线"垃圾分类"功能板块，依据试点社区垃圾桶站情况，搭建"垃圾分类数据图"功能，完善党建引领下全民参与的垃圾分类工作体系，落实志愿者桶前值守工作。项目组建垃圾分类文明引导员队伍 3 支 282 人，设立垃圾分类试点桶站 19 个，居民、志愿者累计积分 100 万余分，参与垃圾分类的志愿者和居民在"3e 通"商城使用积分兑换相应反哺资源，以点带面推动全地区垃圾分类知晓率、参与率和正确投放率"三率"提升。

【助残帮困】 年内，三间房地区（乡）审核发放各类救助资金 245 万元余。受理审核残疾人两项补贴 457 人次，核发补贴 174.47 万元；审核水库移民补贴申请 24 人；审核市管征地超转人员 57 名、区管征地超转人员 880 名、政策性转居人员 11 名生活补贴，月核发补贴金额 246.61 万元；为 546 名超转人员报销清洁能源自采暖补贴 89 万元；核发地退遗属补助 0.64 万元（2 名）；入学救助 2 人，核发救助金 1.02 万元；慈善救助大病人员 1 户，核发救助金 0.4 万元；核发"两节"慰问金 79 人（慰问不够低保资格又确实生活困难人员）3.55 万元；协助 1 名特困人员入住医养机构；为 8 名孤儿和困境儿童核发生活费 14.75 万元；核发 270 名严重精神障碍患者监护人看护补贴 58 万元；为 172 名困难老年人发放养老服务补贴 24.35 万元；为 1203 名失能老年人发放护理补贴 694 万元；为 2714 名高龄老年人发放津贴 475.55 万元；为 4089 名享受养老、失能、高龄补助人员发放补贴 1193.9 万元。

【新冠肺炎疫情防控】 年内，三间房地区（乡）成立由社区（村）干部、物业、志愿者组成的 26 个社区防控组。排查进返京重点人员 14862 人；接送密接人员 51 人、次密接人员 314 人；接送酒店集中隔离人员 120 人次；管控境外返京人员 394 人、居家人员 2344 人；指导社区（村）健康监测管理风险区域返京人员 8759 人次；各类重点人群采集核酸样本 24093 人次，环境涂抹采样 1141 件；开展各年龄段人群接种新冠疫苗 217701 剂次，其中第一针接种 91438 人、第二针接种 83714 人、加强针接种 42549 人。全年未发生疑似及确诊病例，实现新冠肺炎"零"目标。（王玉卿）

朝阳区三间房地区（乡）社区、建制村情况一览表

表 51

序 号	名 称	地 址	电 话
1	美然动力社区居委会	朝阳北路50号院东侧社区居委会	65767336
2	福怡苑社区居委会	三间房地区福怡苑小区一期北门东侧社区居委会	65406809
3	定北里社区居委会	定福庄北街23号院东领鉴筑4号楼一层社区居委会	65407714

续表 51

序　号	名　称	地　址	电　话
4	定南里社区居委会	定北里1号院社区居委会	65757725
5	定西北里社区居委会	定福庄西里1号院定西北里社区居委会	65715419
6	定西南里社区居委会	定福庄西街定福园小区定西南里社区居委会	65769657
7	泰福苑社区居委会	泰福苑一区2号楼一层底商泰福苑社区服务站	65407599
8	聚福苑社区居委会	朝阳路59号院聚福苑小区北门一号楼底商	65407399
9	三南里社区居委会	三间房南里4号院社区居委会	65756922
10	绿洲家园社区居委会	建国路18号院1号楼107室	65403552
11	艺水芳园社区居委会	北花园街8号院西侧社区居委会	65400351
12	双惠苑社区居委会	水郡长安1号院三号楼二层社区居委会	65427426
13	双柳社区居委会	双桥路双柳巷1号楼北侧社区居委会	65426384
14	双桥路社区居委会	双桥街西大院12号社区居委会	85366803
15	双桥铁路社区居委会	双桥街东柳西里北一区14号楼北侧社区居委会	65758180
16	三东村村委会	泰福苑三区5号楼底商三东村村委会	65755102
17	三西村村委会	泰福苑三区5号楼底商三西村村委会	65762562
18	定福庄东村村委会	朝阳路59号院聚福苑小区北门一号楼底商	65763494
19	定福庄西村村委会	朝阳路59号院聚福苑小区北门一号楼底商	65765938
20	褡裢坡村村委会	泰福苑三区5号楼底商褡裢坡村村委会	65752388
21	白家楼村村委会	朝阳路59号院聚福苑小区北门一号楼底商	65758178
22	东柳村村委会	三间房乡金卫路东柳村村委会	65420301
23	西柳村村委会	三间房乡金卫路杜仲公园北门对面（杜仲公园管理中心院内）	65400756
24	北双桥村村委会	三间房乡北花园街6号院天泰北双苑小区10号楼底商1002室	65400913
25	金家村村委会	三间房乡水泥构件厂底商3~4号楼	85361288
26	新房村村委会	三间房乡新房村商业街5号	65758174

（王玉卿）

十八里店地区（乡）

【概况】 十八里店地区（乡）位于朝阳区东南部。东南至西直河村与通州区为邻；南至横街子村，与亦庄经济开发区毗邻；西南至吕家营村，与小红门地区（乡）相接；西北至十里河村，与东城区接壤；北至小武基村，分别与南磨房地区（乡）、王四营地区（乡）、垡头街道相连。辖域面积25.23平方千米，下辖8个社区、8个建制村。2021年，辖区常住人口178177人、户籍人口19288户44593人（其中农村居民21320人），流动人口180547人、新出生人口290人、死亡人口365人；有法人单位7541家，其中央属单位11家、市属单位3家、其他单位7527家；乡属大洋致诚投资管理集团有限公司统筹管理29家乡属企业，乡联社统筹负责乡级和8个村集体资产的监督管理。有卫生服务中心1个、社区卫生服务站8个；有中学2所（其中民办1所）、小学9所（其中民办2所）、幼儿园8所（其中社区办园点2所）；有养老院4处、照料中心

1处；有社区、村综合文化室15处、文化广场17处、图书室13处和乡级图书馆1个；途经公交线路23条，地铁10号线、14号线和17号线贯穿其中；辖区绿化率32%。年内，十八里店乡以强服务、稳增长、调结构、保稳定、惠民生等工作为重点，统筹推动经济社会发展各项，加快农村城市化建设步伐，确保“十四五”规划开好局、起好步。完成乡党委、乡人大换届选举工作；完成社区、村“两委”换届选举工作；集体土地租赁房社区项目封顶，集体土地租赁房社区品牌——首创繁星品牌发布；拆除非宅建筑面积约17万平方米（包括十八里店村土储项目腾退拆除面积约14万平方米、财政专项资金疏解拆除面积约3万平方米），新增平原造林面积89.17万平方米。全年实现区级财政收入3.09亿元，比上年增长3.62%；集体经济总收入1.82亿元，比上年增长37.5%，集体税金总额0.88亿元，比上年增长13.1%；农民人均所得46451元，比上年增长4.3%。十八里店乡获首都精神文明建设委员会办公室、北京市生态环境局、北京市志愿服务联合会、北京广播电视台“优秀环保公益组织”称号；北京市“禁毒工作示范街道（乡镇）”称号。

【新冠肺炎疫情防控】 1月1日，十八里店社区卫生服务中心启动9类重点人群新冠疫苗接种工作，同时启动6处、60条核酸检测通道。1月，完成平房区吕家营、西直河、小武基、横街子、老君堂5个村共计12万人核酸检测任务。5月，十八里店地区（乡）新冠疫苗第一针接种151403人，接种率80%。10月，在大洋路市场增添疫苗临时接种点，完成市场从业人员4300余人加强针接种工作。11月初，启动3~11岁人群新冠疫苗接种工作，接种第一针7473人、第二针6347人。年内，开展食品快速检测8232批次，检出异常2批次，均第一时间采取禁止入场措施，消除风险隐患。

【群众文化活动】 1月8日，十八里店地区（乡）举办“丹青敷彩迎新春”主题书画展，以线上展览的方式在“今日十八里店”公众号展出书画作品41幅。5月28日，“恰是百年风华”2021年第四届北京朝阳森林演出季十八里店分会场在周家庄村党群活动中心上演，十八里店地区（乡）创作优秀作品13个参加展演，获专场演出三等奖和优秀组织奖、创意作品二等奖。6月23日，展演13个原创获奖节目向中国共产党成立100周年献礼，全地区（乡）400余名群众演员参演。10月，选取不同行业代表，录制“朗读者”，分3期在公众号上发布，宣传展示辖区干部群众为十八里店（乡）甘于奉献和努力奋斗的故事。4月至11月，十八里店地区（乡）组织11场“一村一品、一社区一亮点”群众体育系列活动，扩大全民健身参与范围，为2022北京冬奥助力。

【乡十七届九次人大会议】 3月18日至19日，十八里店地区（乡）召开第十七届九次人大会议，52名乡人大代表出席会议。会议听取并审议乡政府工作报告、乡人大工作报告、乡2020年财政预算执行情况和2021年财政预算报告（草案）；选举林森为十八里店乡人民政府副乡长。

【民生保障】 5月，十八里店地区（乡）以“保障残疾人合法权益，促进残疾人融合发展”为主题，以线上、线下相结合的方式开展扶残助残活动，辖区近200名残疾人参与活动。25日，十里河村泰和惠民便民服务中心开业。该中心位于十里河桥东三环肿瘤医院南门卡口右侧（原京豫宾馆），占地面积330平方米，经营商品近百种。6月18日，十八里店地区（乡）联合区人力资源公共服务中心，共同举办“暖心送岗，成就梦想”专场招聘会，45家用人单位提供就业岗位2000余个，130余人达成就业意向。7月，十八里店社区卫生服务中心改造升级为弘善家园社区医院。对居住小区、商超、“七小门店”等133个点位进行无障碍环境改造，打造西大望南路无障碍示范街区。10月，十八里店地区（乡）在弘善家园开展电动车专项整治行动。建成弘善一社区充电车棚2处，弘善二社区充电车棚3处、充电柜31组，弘善三社区充电车棚4处、充电柜12组。12月3日，签订电动车治理专项行动承诺书4527份，发放致居民一封信12310张，张贴宣传海报200余张，强制搬离楼道内停放车辆300余辆。

【庆祝中国共产党成立100周年主题活动】 6月，十八里店地区（乡）开展“庆建党百年华诞 展首都最美风采”主题宣讲活动，举办庆祝中国共产党成立100周年暨地区第九届群众文化

▲5月28日，朝阳森林演出季“恰是百年风华”十八里店地区（乡）分会场演出　（周　震　摄）

节文艺演出，表彰先进基层党组织 2 个、区级优秀党务工作者 1 名，为 278 名老党员颁发“光荣在党 50 年”纪念章。

【土地复垦项目】 7 月，十八里店乡十八里店村土地复垦项目实现土地平整。项目地处十八里店村与横街子村交界处，北至东方大学、南至原十八里店村锦绣玻璃厂、西至原和众物流公司、东至大羊坊沟，总建筑规模 22.30 万平方米，项目总投资预算金额 3647.59 万元。通过合理规划项目区域，对田、水、路、林等实行统一综合规划布局，改善地区农业自然景观和生态环境，提高土地利用率，增加耕地面积。10 月，十八里店乡组织耕种越冬作物。

【朝阳港一期土地拍卖】 10 月 12 日，十八里店地区（乡）朝阳港一期土地一级开发项目 1303-693 地块 R2 二类居住用地，地处东南四环和五环之间，土地面积约 2.7 万平方米，建筑规模约 6.8 万平方米。土地由北京金隅地产开发集团有限公司和北京昆泰控股集团有限公司联合体以 37.6 亿元竞得。

【乡第十三次党代会】 10 月 25 日至 26 日，十八里店地区（乡）召开第十三次党代会，105 名党代表出席会议。会议审议并通过中国共产党十八里店乡第十二届委员会工作报告，书面审查十八里店乡第十二届纪律检查委员会工作报告和十八里店乡党费收缴、使用和管理情况报告；选举产生中国共产党十八里店乡第十三届委员会、纪律检查委员会以及出席朝阳区第十三届党代会代表。刘涛代表中国共产党十八里店乡第十二届委员会作《凝心聚力 拼搏进取 为全面打赢十八里店城市化攻坚战而努力奋斗》的工作报告。经选举，刘涛、陈婕等 11 人当选中国共产党北京市朝阳区十八里店乡第十三届委员会委员，张平、王楠等 7 人当选第十三届纪律检查委员会委员。刘涛、刘玉妹等 4 人当选出席朝阳区第十三次党员代表大会代表。

【乡十八届一次人大会议】 11 月 25 日至 26 日，十八里店地区（乡）召开乡人大第十八届一次会议，73 名乡人大代表出席会议。10 名特邀人员和 34 名列席人员参加会议。会议审议并通过乡政府工作报告、乡人大工作报告、乡 2021 年财政预算执行情况和 2022 年财政预算报告；选举杨为民为乡第十八届人大主席，马康伟为乡人民政府乡长，王德金、穆宇等 7 人为乡人民政府副乡长。 （孙畅旋）

朝阳区十八里店地区（乡）社区、建制村情况一览表

表 52

序号	名称	地址	电话
1	弘善家园第一社区居委会	弘善家园409底商	67049613
2	弘善家园第二社区居委会	弘善家园315楼东侧底商	67049145
3	弘善家园第三社区居委会	弘善家园205号楼底商西侧第三社区服务站	87688292
4	弘善寺社区居委会	新坐标小区北侧小公园橘色弘善寺社区居委会	67049168
5	老君堂社区居委会	君堂好园6号楼	87308590
6	祁庄社区居委会	吕家营村829号	87691516
7	十八里店第一社区居委会	周庄嘉园6号院北门东侧底商十八里店第一社区服务站	67278267
8	周庄嘉园第一社区居委会	西大望南路周家庄中路19号院11号楼一层	67311910
9	十里河村村委会	十里河村委会	67325661
10	西直河村村委会	西直河村	67388090
11	周家庄村村委会	周家庄村113号	67330483
12	十八里店村村委会	十八里店村村民委员会2000号	67476189
13	吕家营村村委会	吕家营村委会	87692485
14	横街子村村委会	横街子村委会	87301229
15	老君堂村村委会	老君堂村委会	87307508
16	小武基村村委会	小武基村委会	67477844

（孙畅旋）

孙河地区（乡）

【概况】 孙河地区（乡）位于朝阳区东北部。东至温榆河，与顺义区天竺镇相邻；南至蟹岛（来广营东路），与金盏地区（乡）和崔各庄地区（乡）接壤；西至清河，与昌平区隔河相望；北至高白路，与顺义天竺空港工业区相连。辖区面积34.54平方千米，下辖5个社区、14个建制村（均已拆迁腾退，其中9个建制村完成回迁安置）。2021年，辖区有常住人口31288人、户籍人口10051户22252人（其中少数民族人口1369人）、流动人口11351人、外籍人口948人，新出生人口139人、死亡人口162人；有规模以上法人单位71家，其中央属及地方单位14家、其他单位57家；有医院1家、社区卫生服务中心1个、社区卫生服务站1个；有小学3所、幼儿园4所；有养老机构2处；有500平方米为民服务大厅、3000平方米地区文化中心、1000平方米党群服务中心各1处、文化广场8处；途经辖区公交线路20条，地铁15号线贯穿其中。辖区绿化率50%。年内，孙河地区（乡）围绕重大活动服务保障和常态化新冠肺炎疫情防控“两条主线”，夯实党建引领基层治理“一个根基”，突出温榆河公园建设、回迁房建设“两大工程”，扎实开展党史学习教育和为民办实事，有效提升城市管理和民生服务水平；完成全国两会、中国共产党成立100周年、冬奥测试赛等重大活动服务保障任务，完成社区（村）党组织、社区居委会、妇联执委会换届选举工作；召开乡第五次党员代表大会、第十八届人民代表大会第一次会议；建立乡消防救援站、卫生服务站、党群服务中心；成立地区文联、筹办地区商会、开展文明城区创建等重点工作。实现地区财政收入3.49亿元，比上年下降56.5%；集体经济总收入6.3亿元，比上年下降60.8%；人均劳动所得26034元，比上年增长4.99%。孙河乡人民政府获“首都劳动奖状”，孙河乡党委获“北京市先进基层党组织”称号，孙河地区办事处获“2016—2020北京市法治宣传教育先进集体”称号。

【地区文联成立】 5月28日，孙河地区（乡）文学艺术界联合会（简称“地区文联”）成立。地区文联成立后，不断丰富组织结构，先后增设下属协会8个；打造地区文联活动品牌，开展“温榆河民俗文化节”“森林演出季孙河地区分会场”文体活动；结合重要时间节点，参加“建党百年红歌比赛”主题党日活动等6次。

【新冠肺炎疫情防控】 年内，孙河地区（乡）召开工作调度会、政策培训会30余场；联合多部门开展核酸检测现场演练、处理确诊病例应急演练、桌面推演10余次；累计完成集中隔离、居家观察人员1257人；开展疫苗接种工作，接种总数113581剂，60岁以上人员接种4823剂，3~11岁人员接种2184剂，完成率均位居全区农村系统前三名。

【都市农业】 年内，孙河地区郎枣园国家数字农业创新应用基地建设项目获市级审批。孙河地区（乡）成立北京盛泰嘉禾农业科技公司，探索基本农田治理模式，加强复耕复垦和永久基本农田保护，不断优化土地结构，根据季节及蔬果性质优化品种布局，在康营家园23区设置产地直销便利店，实现稳产保供。

【开设“办不成事”反映窗口】 年内，孙河地区（乡）设立“办不成事”问题反映窗口，为特殊群体提供一对一咨询引导、帮办代办服务，对“办不成的事”的群众一帮到底。全年通过协调各方，解决涉及群众利益的“办不成的事”5件。

【垃圾分类】 年内，孙河地区（乡）健全管理制度，成立垃圾分类小组、建立日常垃圾分类管理台账并签订收运合同；厨余垃圾平均分出率18%以上，建立分类驿站5座，完成4个市级垃圾分类示范小区的创建工作。组织党员、志愿者开展生活垃圾分类宣传和桶前值守，累计值守时长15.5万小时；签订生活垃圾分类承诺书，表彰社区垃圾分类达人、优秀志愿者等百余人。

【接诉即办机制创新】 年内，孙河地区（乡）深化“党委统筹、支部包园、党员包楼、力量下沉”工作模式，将48个党支部、210名党员干部、83名社区人员常态化下沉到27个园区，确保问题在一线排查、民意在一线收集、纠纷在一线化解；探索“双主办”（即针对诉求内容涉及两个部门职权以上的案件进行派前研判，确定两个单位共同主办，共同考核。双主办的形式能够加强承办单位之间协作能力，由点及面为案件提供多维度的思考方式，全力推动案件解决）派件方式，回件形成“双审核”（即在承办单位4天结案后，承办单位的主管领导全面审核案件办理情况，对于未办理到位、办理结果不理想的案件，进行再次督办、调度、上门，为第一道审核。第二道审核为诉求中心同时对各承办单位的回复内容、办理结果进行监督）模式，降低出错率。全年受理诉求5653件，平均响应率98.7%、解决率88.24%、满意率90.6%。

【对口帮扶】 年内，孙河地区（乡）党委书记张晓宁、乡长李兴泉带队到密云区溪翁庄镇开展对口帮扶调研。孙河乡14个基层党支部约190人前往溪翁庄镇参观交流。动员地区总工会、机关食堂等单位参与消费帮扶，销售密云溪翁庄镇农特产品价值23.4万元、新疆生产建设兵团47团大枣价值2.3万元、内蒙古自治区德青源鸡蛋价值1760元、与新疆维吾尔自治区墨玉县扎瓦镇、阿克萨拉依乡、加罕巴格乡和萨依巴格乡签订共建协议；援助河南省淅川县金河镇救灾指挥车1台（价值19.6万元）。

【乡党委、乡人大换届】 年内，孙河乡完成乡党委、乡纪委和乡人大换届选举工作，选举产生新一届乡党委委员11名、乡纪委委员7名。贾哲当选孙河乡人大主席，常放当选孙河乡人民政府乡长，朱小疆、刘喆等6人当选孙河乡人民政府副乡长。　（申　展）

朝阳区孙河地区（乡）社区、建制村情况一览表

表53

序　号	名　称	地　址	电　话
1	康营家园一社区居委会	康营家园D区	64353011
2	康营家园二社区居委会	康营家园B区	64382639
3	康营家园三社区居委会	康营家园24区	84384635
4	康营家园四社区居委会	康营家园14区	84354330
5	景润苑社区居委会	孙河组团	64318589
6	前苇沟村村委会	已拆迁处于周转期	84312790
7	上辛堡村村委会	已拆迁处于周转期	84790898
8	下辛堡村村委会	已拆迁处于周转期	84790966
9	黄港村村委会	已拆迁处于周转期	84595785
10	沙子营村村委会	已拆迁处于周转期	84918621

（申　展）

太阳宫地区（乡）

【概况】 太阳宫地区（乡）位于朝阳区中西部。东北至北四环东路、霄云路与望京街道、将台地区接壤；东南至亮马桥北小街、霄云里南街与麦子店街道、第三使馆区、燕莎商业区毗邻；南至尚家楼48号院与左家庄街道接壤；西南至樱花园东街、北三环东路与和平街街道、香河园街道相邻；西北至育慧南路、北四环东路，与小关街道、大屯街道接壤。辖区面积5.9平方千米，下辖12个社区、3个建制村。年内，辖区常住人口8.9万人、户籍人口25423户68714人、流动人口2.48万人；新出生人口609人、死亡人口411人。有企业法人单位3709个，其中事业单位41个、民营非营利组织32个、其他单位3636个；有中学2所、小学3所、幼儿园7所；有医院1家、社区卫生服务中心1个、社区卫生服务站3个；有1860平方米为民服务大厅、3450平方米地区文化中心各1处，有文化广场3处、24小时自助图书馆2处、文化活动室10处；途经辖区公交线路20余条，地铁10号线、13号线贯穿其中。辖区绿化率43.4%。年内，太阳宫地区（乡）以抓产业、调结构、优环境、重治理、抗疫情、惠民生、提效能、促稳定为思路，完成地区12家物业公司服务合同变更备案，组建物业管理委员会44个、业主委员会4个；启动银丝筑巢为老服务项目。全年实现地区经济总收入89337.3万元，比上年增

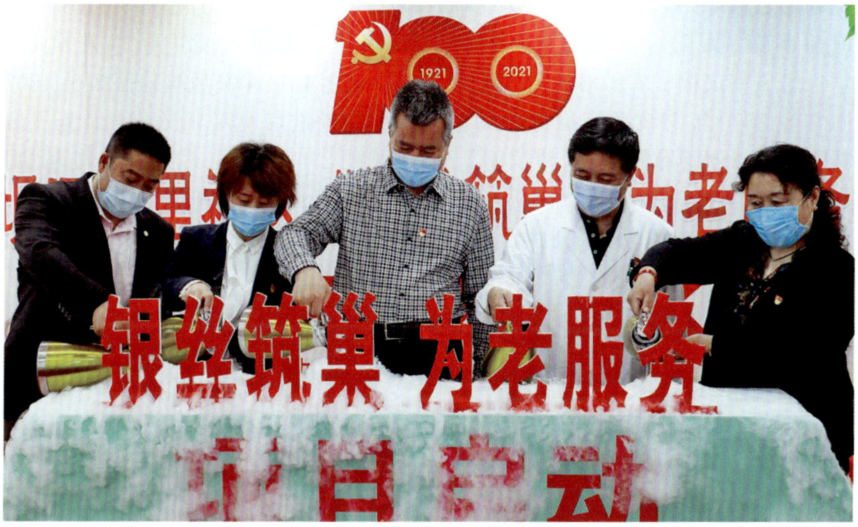

▲ 5月13日，太阳宫地区西坝河北里社区为老服务项目启动　（王广军　摄）

长 3.53%；实现代征个人房屋出租税 332.74 万元，比上年下降 23.9%；实现集体经济总收入 19304.6 万元，比上年增长 62.54%；实现税金 3962.2 万元，比上年增长 63.89%。太阳宫乡获“国家节约型机关”称号。

【乡十三届五次党代会】 2月25日，太阳宫地区（乡）召开第十三届党代会第四次会议，全体党代表、列席代表 91 人参加会议。会议听取和审议乡党委书记李华所作的《乡党委工作报告》；讨论和审议《乡纪委工作报告》；讨论和审查《党费收缴、使用情况的报告》；提案审查委员会主任陶学丽向大会作《关于党代表提案提议情况的报告》；与会党代表表决通过大会各项决议（草案）。

【对口帮扶】 2月，太阳宫地区（乡）与密云区冯家峪镇建立农业产业对口帮扶关系。9月，太阳宫地区（乡）与内蒙古自治区通辽市科尔沁左翼后旗签订《结对共建协议书》。11月，科尔沁左翼后旗遭遇严重暴雪灾害，太阳宫乡党委、乡政府为科尔沁左翼后旗茂道吐苏木（镇）、阿拉古镇捐献赈灾款 14 万元。

【乡十七届十次人大会议】 3月25日至26日，太阳宫乡召开第十七届人民代表大会第十次会议，乡人大代表及列席代表 73 人参加会议。会议听取并审议《太阳宫乡 2020 年政府工作报告（审议稿）》；书面审议《太阳宫乡 2020 年财政预算执行情况和 2021 年财政预算草案报告（审议稿）》和《太阳宫乡 2020 年人大主席团工作报告（审议稿）》；表决通过大会各项决议（草案）；补选太阳宫乡人民政府副乡长 2 名。

【植树活动】 4月17日，朝阳区委宣传部 70 余人到太阳宫公园“互联网 + 全民义务植树”基地开展义务植树活动，种植樱桃树 100 棵；28 日，中央国家机关绿化办、中共中央直属机关绿化办、宋庆龄基金会以及地区驻区单位等 200 余人参加植树活动，种植楸树 100 株、白皮松 100 株。

【“两优一先”表彰】 6月20日，太阳宫地区（乡）举办“奋斗百年路 启航新征程”庆祝中国共产党成立 100 周年大会暨文艺会演活动。表彰地区优秀共产党员 100 名、优秀党务工作者 15 名、先进基层党组织 27 个和先进共建单位 19 个。

【“孝星”表彰】 10月10日，太阳宫地区（乡）开展 2021 年太阳宫地区“孝顺之星”表彰大会暨第六届慈善义卖大集主题宣传活动。表彰地区 24 名“孝顺之星”。辖区 40 余家社会单位、130 个义卖家庭参与慈善大集，捐赠善款 2.5 万余元。

【就业服务】 年内，太阳宫地区（乡）举办援企稳岗政策宣传培训 2 场，52 人参加培训；举办失业人员招聘会 2 场，30 家社会单位提供就业岗位 600 余个，28 人达成就业意向。全年开发就业岗位 1327 个，4052 人实现灵活就业。

【新冠肺炎疫情防控】 年内，太阳宫地区（乡）132 名机关干部下沉社区，180 名社区工作者坚守岗位，动员在职党员、志愿者 16 万人次，筑牢防疫堡垒。开展重点人群数据核查、分流管控，转运入境进返京人员 493 人。管控辖区中高风险地区人员 4607 人、境外进京人员 55 人。累计开展核酸检测 23584 人次，检测结果均为“阴性”，完成疫苗接种 20.6 万人次。

【助残帮困】 年内，太阳宫地区（乡）为 91 名残疾人机动轮椅车车主发放燃油补贴 2.34 万元；为 29 名残疾儿童发放儿童节慰问金 2.32 万元；为 13 名年龄不满 16 周岁的残疾儿童报销康复补助费用 24.37 万元；为 274 人次残疾人审批（1~9 月）个体保险补贴 28.09 万元；办理失独家庭一次性经济帮助申报 3 万元（3 个家庭）；“助残日”期间，走访慰问残疾人 1157 人，发放慰问金 33.93 万元；为 1469 人次发放生活补贴 68.01 万元；为 2655 人次发放护理补贴 39.95 万元；为 418 人次发放助残券 4.18 万元；开展红十字会“99 公益日”线上募捐活动，募集善款 0.82 万元。

【安全生产】 年内，太阳宫地区（乡）开展常态化安全生产检查，累计检查生产经营单位 2639 家次，下达执法文书 2639 份；组织地区 331 家规模以下单位开展隐患排查治理申报。出动检查人员 665 人次，检查各类生产经营单位 1760 家次，报告各类隐患问题 276 处，消除隐患 276 处；全年举办普法知识讲座 30 余场、宣传活动 200 余场，参与居民 5000 余人次，张贴宣传海报 800 余张，发放宣传材料 3 万余份，为 1400 余人次提供法律咨询服务。

【乡十八届一次人大会议】 11月23日至25日，太阳宫地区（乡）人大第十八届一次会议召开，乡人大代表、列席人员及旁听人员等 89 人参加会议。会议听取和审议《太阳宫乡人民政府五年工作报告》；书面审议《太阳宫乡五年财政预算执行情况和 2022 年财政预算草案的报告》《太阳宫乡人大主席团工作报告》；选举产生新一届人民代表大会主席及太阳宫乡人民政府领导班子，表决通过大会决议。陈彤、刘伟栋、文艳评、任平丽 4 人当选太阳宫乡人民政府副乡长。

【税源建设】 年内，太阳宫地区（乡）审议完成 40 家街乡级服务包企业的扩容工作，走访联系企业 90 余次。为辖区索尼（中国）有限公司、北京太阳宫燃气热电有限公司等 5 家重点企业申请企业高管个税奖励，涉及人数 76 人。向中融信托广场和冠捷大厦两座辖区重点商务楼宇拨付促进农村地区产业空间高端高效发展资金 1310.4 万元。加强异地纳税企业规范管理，实现7家跨区企业属地纳税，实现区级收入157万元。

【环境整治】 年内，太阳宫地区（乡）拆除账内违法建设面积1863平方米，整治无证无照经营1处，拆除违法群租房20套，实现动态清零；完成西坝河北里15号院老旧小区改造项目和芍药居10号楼电梯更换及验收工作；集中整治环境脏乱区域450余处，清运堆物堆料、各类垃圾800吨；清理楼道涂鸦、户外小广告1500余平方米；清理车棚、地下室、楼道乱堆乱放500余处；组织辖区10家单位完成市级挂账混接错接管线整改工作；协调辖区18家单位和小区，完成雨水和污水管线整改工作；处理入河排污突发事件5起，组织河长巡河85次；全年开展周末清洁日活动35次、专题环境清洁日12次，机关和社区工作人员4000人次、社区志愿者4500余人次参与清洁日活动。

【交通治理】 年内，太阳宫地区（乡）利用人防工程新建停车位200个，新增有偿错时停车位300个。在太阳宫卫生服务中心建设立体停车楼，增加停车位54个。新增临时停车位184个。北土城东路、文学馆路为周边居民办理停车认证355个。全年处罚违停车辆10451辆、清理及码放共享单车3.5万余辆。张贴告知单并清拖僵尸车12辆、废弃电动三轮车15辆。 （孔祥一）

朝阳区太阳宫地区（乡）社区、建制村情况一览表

表54

序　号	名　称	地　址	电　话
1	芍药居一社区居委会	芍药居北里219楼5层	84627464
2	芍药居二社区居委会	芍药居北里203号楼	84628158
3	芍药居三社区居委会	芍药居11号楼北侧	84615524
4	芍药居四社区居委会	芍药居2号院5号楼北侧	84612696
5	太阳宫社区居委会	太阳宫南街7号院6号楼西侧2层	64220891
6	夏家园社区居委会	新纪家园小区8号楼东侧服务中心楼内	84629921
7	十字口社区居委会	火星园8号楼8单元9号	64287853
8	牛王庙社区居委会	太阳宫东坝河1号	64385869
9	尚家楼社区居委会	尚家楼社区48号院内	52087718
10	惠忠庵社区居委会	太阳宫1街1号院10号楼底商	64205711
11	芍药居五社区居委会	芍药居北里317号楼地下一层	84362580
12	西坝河北里社区居委会	西坝河北里168号L座	84495934
13	太阳宫村村委会	西坝河168号	64460858
14	十字口村村委会	太阳宫北街甲1号	64625662
15	牛王庙村村委会	东坝河1号	64385869

（孔祥一）

王四营地区（乡）

【概况】 王四营地区（乡）位于朝阳区东南部。东与豆各庄地区（乡）相接，南与十八里店地区（乡）相邻，西与南磨房地区（乡）相连，北与高碑店地区（乡）接壤。辖区面积15.58平方千米，下辖5个社区、6个建制村。2021年，辖区常住人口54251人、户籍人口16253户20455人、流动人口48125人、外籍人口68人；常住人口中有汉族人口52561人、少数民族人口1690人；新出生人口112人、死亡人口182人；有法人单位4200个，其中中央属单位2家、市属单位2家、其他单位4196家；有社区卫生服务中心1个、社区卫生服务站4个；有小学5所、幼儿园5所；有养老机构3处；有200平方米为民服务大厅、5400平方米地区文化中心各1处，有文化

广场12处（各村共6处，官庄公园6处）和24小时自助图书馆2处；途经辖区公交线路17条，地铁7号线贯穿其中；辖区绿化率67%。年内，王四营地区（乡）紧抓机遇，克服新冠肺炎疫情影响，聚集文化、国际化和大尺度绿化主攻方向，开展环境卫生集中整治、文明实践所（站）规范化建设、公益广告景观小品普及、无障碍设施建设、非机动车有序停放、文明交通专项治理、“文明养犬在行动”、志愿服务站点提升、乡政府周边整治和文明城区创建“三率”（即知晓率、参与率和满意率）提升等十大行动。完成建党百年庆祝活动等各项服务保障和老旧小区改造等年度重点任务，辖区经济社会各项事业持续健康发展。全年实现区级财政收入4.08亿元、集体经济总收入7.75亿元，集体经济总收入比上年增长9.3%；利润总额4934.5万元，比上年增长258.7%；税金5114.8万元，比上年下降3.6%；人均劳动所得3.94万元，比上年增长2.6%。

【社区（村）妇联换届】 4月25日至28日，王四营地区（乡）5个社区、2个村先后召开妇女代表大会，选举产生新一届社区（村）妇联执委105人、妇联主席7人、专兼职副主席21人，完成社区（村）妇联换届选举工作。

【“规自领域”整改】 5月6日，王四营地区（乡）综合行政执法队启动安德鲁斯庄园别墅区整改恢复工作。地区（乡）综合行政执法队联合区相关部门对接村委会、小区物业及物管会，现场勘察违法情况，细化工作方案，约谈相关业主，向区城管执法局汇报工作进展情况12期，向乡长办公会报送议题12期。分批次约谈存量违建当事人，要求其配合执法工作，推进拆除程序，自行拆除违法建设。争取小区物业配合，提升约谈工作效果。至年底，“规自领域”挂账问题整改23处，剩余69处已冻结房屋产权36处，33处已致函区规自分局认定后冻结。

【防灾减灾宣传进校园】 5月12日，王四营地区（乡）综合行政执法队联合太平洋常春藤应急救援队，以“防范化解灾害风险，筑牢安全发展基础”为主题到垂杨柳中心小学景园分校开展应急救援宣传培训，现场演示判断、呼救、检查、按压、呼吸、除颤等6个急救步骤。1000余名师生学习自救互救知识并参与疏散演练。

【庆祝中国共产党成立100周年主题活动】 6月25日，王四营地区（乡）举办庆祝中国共产党成立100周年主题活动暨第六届古塔文化节文艺演出。乡党委表彰新冠肺炎疫情防控先进个人60名、优秀共产党员20名、优秀党务工作者10名、先进基层党组织10个，为138名老党员颁发“光荣在党50年”纪念章。

【老旧小区改造】 8月23日，王四营地区（乡）完成柏阳景园A区1~6号楼外立面及屋面保温防水、墙面粉刷、外窗更换等外部工程；完成1~23号住宅楼节能改造和公共区域环境整治工程。改造总建筑面积10万余平方米，涉及居民1210户。项目于2021年3月27日开工，至年度已完成1~19号楼楼本体施工。柏阳景园A区始建于2003年，是王四营地区（乡）最早一批实现村民上楼的小区。

【私搭乱建专项治理】 8月，王四营地区（乡）启动官庄村大柳树加油站东侧的临街私建房专项治理行动，王四营地区（乡）综合执法队执法人员入户走访了解房屋现状，倾听周边居民意愿，翔实分析风险隐患，宣传告知相关法律法规以及拟提升整治计划。9月，拆除违法建设房屋8间，面积90余平方米，解救被围困其中的生长期40余年的槐树10棵，做到“还路于民”“还绿于民”。

【法官工作站揭牌】 9月20日，王四营地区（乡）举行法官工作站成立揭牌仪式暨王四营地区（乡）机关工作人员集体学法活动。年内，利用法官工作站开展业务培训和业务指导4次。

【官庄公园开园】 9月26日，王四营地区（乡）官庄公园开园。公园东靠百子湾火车站，南至化工路，北抵劲松东延路，西邻广化大街，占地面积63.2公顷，以东郊干渠为界分为南北两园。公园以“建设和抚育完整的森林生态系统”为目标，坚持“生态、生活、生机”的设计理念，突出“家文化”亲子生态公园主题，在公园亭廊花架、景墙、置石等设施中融入“家”文化、“家国文化”，倡导人们对幸福生活的珍惜和追求。园内植物以银杏、海棠、丁香三大树种为主，有乔灌草各类植物百余种，形成“三季有花、四季有彩、银杏千株、海棠万枝”的植物景观。

【观音堂村集租房奠基】 11月8日，位于观音堂村的集体土地租赁房项目开工建设。该项目临近广渠路等多条城

▲ 6月25日，王四营乡党委书记为“光荣在党50年”以上的老党员颁发纪念章并合影
（杨　琦　摄）

市主干道，周边聚集大量文创、传媒、影视、设计等产业链企业。规划建设集体土地租赁住房，社会福利用房、社区卫生服务、公交场站，将建设15万余平方米的集租房，包括4019套公寓型集租房和相关服务配套设施（含3000平方米的社区卫生服务中心），满足周边居民和临近区域上班族的租房及生活需求。该项目在规划布局、建筑形态、功能配套、户型设计、活力植入等方面精雕细琢，力争打造一个符合未来发展形势、满足市场需求、先进设计理念的国际化青年社区。在方案定位上，传承北京四合院的胡同文化，创造出密集便利的青年生活社区，提供高品质的居住和社交空间，打造出北京全新的复合功能型社区，最终形成“城中之城”的设计理念。在规划布局上，展现中西方文化的结合，用既围合又开放的建筑形态打造全新生活方式。在建筑形态上，兼顾居住者对视野和阳光的需求，使建筑布局与周边环境交相呼应。在户型设计上，提升居住品质，突出产品差异性，打造舒适宜居的生活微空间。在配套服务设置上，弥补周边商业设施欠缺的现状，合理配置配套设施。在精神属性上，安排大量共享空间，运动和艺术元素穿插交汇于整个社区，使建筑风格与整体环境更好地融合，以满足青年居住者的文化需求，获得更大的精神享受。

【消防救援站成立】 12月9日，王四营地区（乡）消防救援站挂牌成立。消防救援站设队长2名、队员6名，配备消防车辆2台、消防服10套、健身器材5套，有宿舍3间。年内，消防站接警45次（发生火情27起，其中成灾火情8起），出动消防车辆50台次，消防员200人次，疏散被困群众1人。未发生亡人火灾事故。（张羽健）

朝阳区王四营地区（乡）社区、建制村情况一览表

表55

序号	名称	地址	电话
1	观音堂社区居委会	观音堂村（社区居委会与观音堂村委会合署办公）	87741050
2	观音堂二社区居委会	观音堂村（社区居委会与观音堂村委会合署办公）	87741050
3	白鹿社区居委会	道口村（社区居委会与道口村委会合署办公）	87390769
4	海棠社区居委会	道口村（社区居委会与道口村委会合署办公）	87390769
5	官悦欣园社区居委会	官庄村（社区居委会与官庄村委会合署办公）	67366137
6	官庄村村委会	官庄村委会	67366137
7	观音堂村村委会	观音堂村委会	87741050
8	王四营村村委会	王四营村委会	87390168
9	南花园村委会	南花园村委会	67366973
10	道口村村委会	道口村委会	87390769
11	孛罗营村村委会	孛罗营村委会	87514553

（张羽健）

小红门地区（乡）

【概况】 小红门地区（乡）位于朝阳区南部。东至京津塘高速公路与十八里店地区（乡）为邻；南至牌坊、三台山、隔东马路与北京经济技术开发区相接；西至肖村，分别与丰台区和大兴区接壤；北至龙爪树村与丰台区东铁匠营街道分钟寺社区相连。辖区面积12.07平方千米，下辖10个社区、4个建制村。2021年，辖区常住人口86251人、户籍人口14063户31373人（其中少数民族人口2206人），流动人口52513人、外籍人口74人、新出生人口209人、死亡人口230人；辖区有法人单位3265家，其中区属单位3家、其他单位3262家；有中学2所、小学2所、幼儿园5所；有社区卫生服务中心1个，社区卫生服务站2个；有养老机构3处；有150平方米为民服务大厅1处、文化广场2处、3126平方米市民活动中心（党群服务中心）1处、篮球场4个、足球场3个、地秧歌文化大院1个、图书馆1个（藏书近2万册）；途经辖区公交线路12条，地铁10号线、亦庄线贯穿其中；辖区绿化率31%。编制《小红门地区“十四五”时期国民经济和社会发展规划》，乡党委、政府贯彻新发展理念，构建新发展格局，推动经济平稳健康运行、社会和谐稳定。完成年度城乡建设用地减量14.5万平方米，实现腾退纳入造林范围。全年实

▲ 6 月 17 日，小红门地区（乡）镇海寺公园二期建成　（李艺萌　摄）

现区级财政收入 1.41 亿元，比上年下降 46.6%；实现集体经济总收入 9.32 亿元，比上年下降 26%；人均劳动所得 36459 元，比上年增长 6.1%。小红门地区（乡）获“首都全民义务植树先进单位”称号；小红门村被司法部、民政部命名为第八批“全国民主法治示范村”。

【乡第十四次党代会】 10 月 28 日至 29 日，小红门地区（乡）召开第十四次党员代表大会，应到会代表 110 人，实到会代表 106 人。乡党委书记王小红作乡党委五年工作报告。全体代表通过关于党委工作报告、乡纪委工作报告的决议。会议选举产生新一届乡党委委员 11 名、乡纪委委员 7 名和出席朝阳区党代会的代表王小红、刘岚、李华、徐永利等 4 名。王小红当选为乡党委书记，周广军当选为纪委书记。

【乡十八届一次人大会议】 11 月 24 日至 26 日，小红门地区（乡）第十八届人民代表大会第一次会议召开，应到会代表 66 人，实到会代表 66 人。会议审议并通过《小红门乡人民政府五年工作报告（草案）》《小红门乡人大主席团工作报告（草案）》和《小红门地区国民经济与社会发展第十四个五年规划（草案）》。张春江当选乡人大主席，闫博当选小红门乡人民政府乡长，王征、晁美玉等 5 人当选小红门乡人民政府副乡长。

【垃圾分类】 年内，小红门地区（乡）为提升居民垃圾自主分类投放准确率，成立由 180 人组成的普法监督员队伍。建成垃圾分类驿站 1 座、配发分类垃圾桶 2 万余个。创建北京市垃圾分类示范小区 4 个，升级改造小型密闭式清洁站 6 座、大型密闭式清洁站 1 座。推进非居民厨余垃圾计量收费及垃圾收运去向管理工作，签订运输服务和垃圾收运合同 76 份。全年举办垃圾分类宣传活动 100 余场，动员社区志愿者 600 余人和 10 余个社会单位参与垃圾分类工作。

【环境整治】 年内，小红门地区（乡）加大人居环境整治力度，强化环境卫生管理，推进大尺度绿化，镇海寺公园二期建成（占地面积 17.20 万平方米）。实施“清管行动”，改善水环境，2 个河长制考核断面均达标；全面控制扬尘污染，完成地区（乡）240 处裸露土地治理，治理面积约 23 万平方米。

【集体资产管理】 年内，小红门地区（乡）聘请北京高商利信税务师事务所有限责任公司，协助乡属 14 家清查单位，完成 2020 年度农村集体资产清查工作；完成 4 个村集体产权制度改革工作。清理债权债务，乡资产负债率 96.2%。

【产业项目】 年内，小红门地区（乡）推进城环城国际电子商务中心等产业项目手续办理工作，6 个楼座取得乡村建设规划许可证，1 个楼座取得施工许可证。20 号集租房项目完成用地范围内地上物腾退和立项批复、规划条件、占地批复等建设手续。40 号集租房项目已封顶，3 个配套设施完成主体结构和二次结构施工。重点项目总体进展顺利。

【安全生产】 年内，小红门地区（乡）持续加强辖区平安建设。改造社区、村出入口并安装带测温的人脸识别门禁，逐步建成“智慧社区”。小红门村被司法部、民政部命名为第八批“全国民主法治示范村”。开展专项检查，检查单位 380 余家，签订消防安全责任书 375 份，消除安全隐患问题。鸿博小型消防站建成并投入使用，地区消防力量增强。

【民生保障】 年内，小红门地区（乡）新增城镇失业人员 906 人，城镇失业人员就业率 63.29%；开发就业岗位 1025 个，实现就业 758 人，签订日常服务协议 16 家、招聘单位 17 家；为退役军人和其他优抚对象提供服务，为 63 位残疾军人办理残疾军人证，组织退役军人参加各类主题活动 6 次；为 356 人次申请医疗救助，发放救助金 104 万元；为 2225 人申领住宅清洁能源分户自采暖补贴，发放补贴金额 262 万元。

【疫苗接种】 年内，小红门地区（乡）严格落实市、区新冠肺炎疫情防控措施及要求，组织地区群众参与疫苗接种，完成第一针接种 76977 人，第二针接种 75874 人，加强针接种 50872

人，3~11 岁人群第一针接种 4121 人。接种完成率 92.43%。

【社区建设】 年内，小红门地区（乡）以“三社一体化”（社区、社区社会组织、社工服务站三位一体）“农民市民化”项目为依托，加快推动农村城市化进程。完善居民议事厅常态运行机制，指导社区（村）常态化开展民主协商工作；梳理完善居（村）民公约，发挥居（村）民公约在社区治理中的作用；实地勘察现有车棚布局，协调增设充电点位 618 个，从源头上解决电动车进楼充电和飞线充电等安全隐患问题。　（张瑞瑶）

朝阳区小红门地区（乡）社区、建制村情况一览表

表 56

序号	名称	地址	电话
1	鸿博家园第一社区居委会	鸿博家园一区9号楼1单元底商	87554601
2	鸿博家园第二社区居委会	鸿博家园二期B区8号楼底商	67698893
3	鸿博家园第三社区居委会	鸿博家园二期C区2号楼1单元底商	67909972
4	鸿博家园第四社区居委会	鸿博家园二期D区1号楼底商	67678366
5	鸿博家园第五社区居委会	鸿博家园二期F区15号楼2层	67678895
6	中海城社区居委会	少角中街8号院5号楼底商	87656427
7	恋日绿岛社区居委会	鸿博家园一区9号楼3单元底商	67698799
8	三台山社区居委会	小红门乡三台山甲1号	87601375
9	四道口社区居委会	小红门乡四道口水站	67609221
10	玉器厂社区居委会	小红门乡龙爪树街734号	87693193
11	牌坊村村委会	小红门乡牌坊村村委会	87602958
12	肖村村委会	小红门肖村村委会	67680412
13	小红门村村委会	小红门乡小红门村委会	87602560
14	龙爪树村村委会	小红门乡龙爪树村委会	87698014

（张瑞瑶）

人物　荣誉

先进集体

全国先进集体

全国五一劳动奖状

北京市朝阳区人民政府安贞街道办事处

全国工人先锋号

北京五洲妇儿医院妇科

全国脱贫攻坚先进集体

北京市垂杨柳医院

全国科学素质工作先进集体

北京市朝阳区科学技术协会

平安中国建设示范区

北京市朝阳区

全国未成年人检察工作社会支持体系示范建设单位

北京市朝阳区青少年社会工作协会

全国模范司法所

北京市朝外司法所

公安部集体一等功

北京市公安局朝阳分局

北京市公安局朝阳分局看守所六中队

北京市公安局朝阳分局朝外大街派出所

全国乡村治理示范村镇

北京市朝阳区黑庄户乡小鲁店村

全国节约型机关

北京市朝阳区首都机场街道办事处

北京市朝阳区望京街道办事处

北京市先进集体

首都劳动奖状

北京市朝阳区地方志编纂委员会办公室

北京市朝阳区孙河乡政府

北京市朝阳区司法局

北京市朝阳区卫生健康委员会

北京市朝阳区中小学卫生保健所

北京朝阳家园物业管理有限公司

北京链家置地房地产经纪有限公司

安东石油技术（集团）有限公司

北京市工人先锋号

北京市朝阳区市场监督管理局登记注册科（行政审批科）

国家税务总局北京市朝阳区税务局十八里店税务所

中共北京市朝阳区委社会工作委员会、北京市朝阳区民政局养老工作科

北京市朝阳区人民政府小关街道办事处城市管理办公室

北京市朝阳区王四营乡人民政府综合行政执法队

北京市朝阳区人民检察院第二检察部

北京宝嘉恒基础设施投资有限公司项目管理部

北京市朝阳区第二少儿业余体校北京市朝阳区射击队

北京朝阳急诊抢救中心创伤骨科

中国人民大学附属中学朝阳学校语文教研组

北京市劲松职业高中美容美发与形象设计专业组

北京红星美凯龙世博家具广场有限公司北京至尊Mall商场运营管理团队

北京朗昆文化产业发展有限公司运营管理部

北京中宏基建筑工程有限责任公司设备物资部

北京市朝阳区消防救援支队奥林匹克公园特勤站

北京市先进基层党组织

北京市朝阳区社会保险基金管理中心党总支

北京市朝阳区八里庄街道华贸中心社区党委
北京市朝阳区垡头街道双合家园社区党委
北京首佳物业管理有限公司党委
北京市朝阳区南磨房地区欢乐谷社区党委
北京市朝阳区孙河乡党委
北京市朝阳区通惠河畔文化创意产业园党委
北京市朝阳区双桥医院党总支
北京市朝阳区第二少儿业余体校党支部
北京市朝阳区垂杨柳中心小学党总支
北京市公安局朝阳分局小红门派出所党支部
北京市朝阳区律师行业党委
北京市朝阳城市建设综合开发有限责任公司项目联合党支部
北京链家房地产经纪有限公司党委
北京思必锐翻译有限责任公司党支部
北京时代凌宇科技股份有限公司党总支
北京市朝阳区朝外街道吉庆里社区党委

北京市扫黑除恶专项斗争先进集体

北京市公安局朝阳分局扫黑除恶专项斗争领导小组办公室
北京市公安局朝阳分局治安支队行动队

北京市五四红旗团委

北京市公安局朝阳分局团委
东北师范大学附属中学朝阳学校团委
北京市朝阳区律师协会团委
北京市朝阳区望京街道团工委

北京市青年文明号

北京市朝阳区青少年社会工作协会

首都文明单位

北京市朝阳区循环经济产业园

首都绿化美化先进单位

北京市朝阳区来广营乡政府
北京市朝阳区大屯街道办事处
北京市朝阳区崔各庄地区（乡）社会公共服务中心
北京朝来森林公园管理有限公司
北京市朝阳区十八里店地区（乡）社会公共服务中心

首都全民义务植树先进单位

北京市朝阳区孙河乡政府
北京市朝阳区东风乡政府
北京市朝阳区金盏乡政府
北京市朝阳区黑庄户乡政府
北京市朝阳区小红门乡政府

首都绿化美化花园式社区

北京市朝阳区东湖街道办事处望京西园社区
北京市朝阳区望京街道办事处望京西园四社区
北京市朝阳区八里庄街道办事处罗马嘉园社区
北京市朝阳区大屯街道办事处育慧西里社区
北京市朝阳区太阳宫地区办事处尚家楼社区
北京市朝阳区常营地区办事处万象新天社区
北京市朝阳区来广营地区办事处清友园社区
北京市朝阳区小红门地区办事处中海城社区

首都森林城镇

北京市朝阳区孙河乡

首都森林村庄

北京市朝阳区来广营乡清河营村
北京市朝阳区黑庄户乡幺铺村

2021年北京市体育特色乡镇

北京市朝阳区三间房乡

先进个人

全国先进个人

全国五一劳动奖章

马新建　北京市朝阳区疾控中心流行病与地方病控制科科长

全国脱贫攻坚先进个人

张　钧　东北师范大学附属中学朝阳学校副校长

全国优秀党务工作者

殷金凤　北京市朝阳区呼家楼街道办事处呼北社区书记

全国税务系统精神文明建设先进工作者

曾　航　国家税务总局北京市朝阳区税务局第一税务所所长

公安部一级英模

徐　旸　北京市公安局朝阳分局

全国军休工作先进个人

李纪恩　北京市朝阳区军队离休退休干部第七休养所所长

全国先进军休干部

吴其生　北京市朝阳军休十三所军休干部

第七次全国人口普查先进个人

果　雪　北京市朝阳区奥运村街道双泉社区居委会副主任

全国群众体育先进个人

姜向群　北京市朝阳区六里屯街道办事处市民活动中心主任

北京市先进个人

首都劳动奖章

云　飞（回族）　北京市公安局朝阳分局警务支援大队副大队长

卢长海　北京潘家园旧货市场有限公司总经理，二级企业人力资源管理师、艺术品鉴定师、艺术品评估师
付彦青（女）　北京市朝阳区麦子店街道枣营社区党委书记兼居委会主任，社会工作师
刘　涛　北京市朝阳区管庄地区办事处市民诉求处置中心职员兼任管庄乡司辛庄村党支部书记
刘政华（女）　北京市朝阳区卫生健康委员会卫生工会主席
江　鹏（女）　北京市朝阳区首都机场街道西平街社区党委书记兼居委会主任
许振友（满族）　北京市朝阳区黑庄户乡万子营东村经济合作社社长
李升华（女）　北京市陈经纶中学嘉铭分校党总支书记兼校长，正高级教师
李建斌　北京市朝阳区建设工程质量监督站站长，高级工程师
李春明（女）　北京市朝阳区建外街道永安里东社区党委书记
李海竞（女）　北京京客隆商业集团股份有限公司生鲜食品配送中心蔬果车间主任
李新星　北京市朝阳区双井街道广泉社区党委书记兼居委会主任，社会工作师
杨　迪（女）　北京市朝阳区文化和旅游局产业发展科科长
杨晶晶（女）　北京市朝阳区立城苑小金星幼儿园副园长
何海军　北京市朝阳区人民政府劲松街道办事处武装部部长
张久红　北京市朝阳区市场监督管理局党委委员、副局长，助理经济师
张中华　中共北京市朝阳区委组织部分管日常工作的副部长
张永胜　北京市保安服务总公司朝阳分公司驻三里屯派出所辅警队队长
张艳芬（女）　北京市朝阳区垡头幼儿园教科研主任，高级教师
陈　扬（女）　北京市朝阳区人民法院民事审判一庭副庭长，一级法官
陈　焜　北京市朝阳区紧急医疗救援中心主任，副主任医师
陈春红（女）　北京工业大学附属中学十八里店分校校长，高级教师
陈继龙　北京朝阳公园开发经营有限责任公司工程维修主管，中级工
陈思妍（女）　眉州东坡餐饮管理（北京）有限公司全国城市运营中心总经理，服务师、中级工
金　莹（女，满族）　北京市朝阳区人力资源和社会保障局社会保险基金管理中心养老保险行政事务受理中心主任
赵加炎　中共北京市朝阳区委网络安全和信息化委员会办公室网络舆情科副科长
姜　军（蒙古族）　北京市朝阳区文学艺术界联合会办公室主任，政工师
姜丽平（女）　北京市朝阳区金色摇篮全程实验学校班主任、语文教师
姜建莉（女）　北京市朝阳区太阳宫地区办事处夏家园社区党委书记
高富军　北京国际商务中心区开发建设集团有限公司一分公司经理，工程师
曹永芹（女）　北京市第十七中学高中教学副主任，高级教师
曹国炳　北京市朝阳区环境卫生服务中心第四清洁车辆场党支部书记
彭文新　北京市朝阳区融媒体中心记者、编辑
沈文杰　北京蓝城兄弟信息技术有限公司技术运营主任
谢丽娜（女）　北京市兰台律师事务所律师
杨元祖　北京猿力教育科技有限公司产品研发技术人员
张　晞（女）　北京超图软件股份有限公司行政中心副总经理
周君玉（女）　北京世纪互联宽带数据中心有限公司行政事务中心负责人
郑丽红（女）　北京金罗马物业管理有限公司项目负责人

北京市优秀共产党员

曹为镜　北京市朝阳区纪委区监委第八审查调查室副主任
李　锋　北京市朝阳区委组织部干部教育培训科副科长
左向军　北京市朝阳区委宣传部综合科科长
赵　江　北京市朝阳区委政法委办公室主任
董　刚　北京市朝阳区三里屯街道平安建设办公室科长
陈　永　北京市朝阳区奥运村街道市民活动中心主任
文　杨　北京市朝阳区和平街街道城市管理办公室科长
李振龙　北京维拓时代建筑设计股份有限公司党委书记
宋至锋　北京市朝阳区将台地区梵谷水郡社区党委书记、居委会主任、服务站站长
姜伟和　北京市朝阳区王四营乡观音堂村党总支书记
赵　伟（女）　北京市朝阳区疾病预防控制中心主任
王　静（女）　北京市朝阳区委网信办网络舆情科科长
王　伟　北京市朝阳区融媒体中心舆情数据应急科副科长
陈立华（女）　北京市 朝阳区实验小学党总支副书记、校长
张跃强（女）　北京教育学院朝阳分院教师
杨清海（女）　北京市朝阳区小金星幼儿园党支部书记
陈　扬（女）　北京市朝阳区人民法院民事审判一庭副庭长、审判员
胡胜利　北京市朝阳区司法局党组成员、副局长、机关党委书记
敖治效　北京宝嘉恒基础设施投资有限公司党总支书记、董事长、总经理
王进宏　北京叶氏企业集团有限公司总裁助理，叶青大厦新社会阶层联谊会党支部书记
李长征　华熙国际投资集团有限公司党总支书记、副总裁
王　强　阿里巴巴（北京）软件服务有限公司战略发展部总监

北京市优秀党务工作者

郭　艳（女）　北京市朝阳区委区直机关工委副书记
黄　静（女）　北京市朝阳区双井街道党群工作办公室副主任

夏　非　北京市朝阳区酒仙桥街道党群工作办公室副主任
孙博磊　北京市朝阳区东风乡东润枫景社区党委副书记
麦青青（女）　北京市朝阳区卫生健康委党群工作科科长
时芝玫（女）　北京市第八十中学党总支纪检委员、副校长
罗　熙　北京市国家安全局朝阳分局干部
王丽梅（女）　北京潘家园旧货市场党支部纪检委员，北京潘家园拍卖有限公司总经理
何　鑫（女）　北京市朝阳区首都机场街道党群工作办公室副主任

北京市优秀基层党组织书记

陈亚萍（女）　北京市朝阳区委党校第五党支部书记、科研办公室副主任
付彦青（女）　北京市朝阳区麦子店街道枣营社区党委书记、居委会主任
李　博（女）　北京市朝阳区东坝乡东泽园社区党委书记、居委会主任、服务站站长
王京红（女）　北京工业大学附属中学党总支书记
金英梅（女）　北京市朝阳区检察院第七检察部党支部书记
韦　平　北京昆泰房地产开发集团有限公司党委书记、董事长
刘海晨　北京万东医疗科技股份有限公司党委书记、高级副总裁
韩卫勃（女）　北京市朝阳区图书馆党支部书记
马俊东　北京市朝阳区香河园街道柳芳南里社区党委书记、居委会主任

北京市优秀共青团员

郑旭阳　北京市朝阳区审计局一级科员
陈　琦　北京市朝阳区环境卫生服务中心三队宣传干事
董汉卿　首都医科大学基础医学院学生

北京市优秀共青团干部

徐娟娟　北京市朝阳区金盏地区团委书记
孟媛媛　北京市朝阳团区委全媒体宣传部负责人
秦文柏　北京市朝阳区人民法院机关团委书记
梁　爽　北京市朝阳区酒仙桥街道团工委负责人

北京青年榜样

靳永强　北京华信医院（清华大学第一附属医院）副主任医师
刘禹皓　北京市朝阳区青少年社会工作协会 发展研究部部长
董建勇　中国舞蹈家协会街舞委员会副秘书长

首都绿化美化先进个人

汪　虎　北京市朝阳区司法局 科长
高　洁　北京市朝阳区东湖街道办事处
刘　刚　北京市朝阳区望京街道办事处副主任
余雪梅　北京市朝阳区财政局 绩效考评中心主任

逝世人物

张连久　男，汉族，中共党员，1936年6月出生，北京市人。1954年9月参加工作，1973年1月加入中国共产党。历任北京市朝阳区供销社会计，朝阳区煤炭管理处会计，朝阳区来广营基层社副主任、主任，朝阳区供销社主任、党委副书记，朝阳区人民政府副区长，中共朝阳区委常委、副区长。中共北京市朝阳区第十一届人民代表大会代表。1981年、1985年、1989年被评为“北京市劳动模范”，1982年、1983年被评为“北京市财贸系统六好职工”，1987年被评为“北京市商业系统先进个人”，1988年被评为“北京市商业优秀企业家”“全国商业优秀企业家”，1989年被评为“全国商业特级劳动模范”。1999年4月退休。2021年8月12日在北京逝世，享年85岁。

潘永祯　男，汉族，中共党员，1941年11月出生，北京市人。1961年9月在北京政治学院参加工作，1962年任北京公安学校干事，1963年8月到北京市公安局西城分局展览路派出所工作，历任西城分局派出所指导员、所长，西城分局政治处主任、副局长、局长，1997年8月至2002年2月任北京市公安局朝阳分局局长。曾荣获北京市公安局“优秀共产党员”称号，2002年2月退休。2021年 12月11日因病逝世，享年80岁。

统计资料

2021年朝阳区地区生产总值

表57　　　　单位：万元

项　目	2021年	构　成（%）
地区生产总值	76178061	100.00
按产业分		
第一产业	27811	0.04
第二产业	5225450	6.86
第三产业	70924800	93.10
按国民经济行业分		
农、林、牧、渔业	27827	0.0
工业	3009168	4.0
建筑业	2225208	2.9
批发和零售业	12679492	16.6
交通运输、仓储和邮政业	1173009	1.5
住宿和餐饮业	1152585	1.5
信息传输、软件和信息技术服务业	9712694	12.7
金融业	14166575	18.6
房地产业	5715753	7.5
租赁和商务服务业	10270805	13.5
科学研究和技术服务业	6287030	8.3
水利、环境和公共设施管理业	585371	0.8
居民服务、修理和其他服务业	455172	0.6
教育	3144714	4.1
卫生和社会工作	2305033	3.0
文化、体育和娱乐业	1145728	1.5
公共管理、社会保障和社会组织	2121897	2.8

注：1.产业划分依据国家统计局2018年修订的《三次产业划分规定（2012）》，行业划分依据《国民经济行业分类》（GB/T 4754—2017）；
2.2021年地区生产总值数据为1~4季度初步核算数据。

2021 年朝阳区常住人口情况

表 58

项 目	单 位	2021 年
常住人口	万人	344.9
# 常住外来人口	万人	126.1
按性别分		
男性人口	万人	169.8
女性人口	万人	175.1
按年龄分		
#60 岁及以上人口	万人	72.8
0–14 岁人口	万人	40.5
15–64 岁人口	万人	252.7
65 岁及以上人口	万人	51.7
出生人数	人	20035
出生率	‰	5.81
死亡人数	人	16104
死亡率	‰	4.67

注：本表数据为北京市统计局反馈的 2021 年度人口抽样调查推算数据。

2021 年朝阳区第三产业主要经济指标

表 59

项 目	单位数（个）	资产总计（千元）	收入合计（千元）	利润总额（千元）	从业人员平均人数（人）
合计	12351	24491686392	4175343741	498386082	1542256
按国民经济行业门类分					
批发和零售业	2893	1773854060	2230163436	89673573	199020
交通运输、仓储和邮政业	194	954807637	106608744	36307102	50067
住宿和餐饮业	998	59816395	30469475	–449774	74681
信息传输、软件和信息技术服务业	1120	798510803	322042240	16489757	221980
金融业	622	13898374039	501645558	226965687	178011
房地产业	1140	1783816876	172399486	10468278	149158
租赁和商务服务业	2636	4353011366	436394044	101356397	307249
科学研究和技术服务业	1071	452670032	179567684	16236593	132364
水利、环境和公共设施管理业	86	62088875	13027104	1554798	20289
居民服务、修理和其他服务业	247	8585930	7365570	–223857	27987
教育	230	75627393	52073221	–2937931	61887

续表 59

项　目	单位数（个）	资产总计（千元）	收入合计（千元）	利润总额（千元）	从业人员平均人数（人）
卫生和社会工作	205	73523526	61785711	-127841	64411
文化、体育和娱乐业	909	196999460	61801468	3073300	55152
公共管理、社会保障和社会组织					
按隶属关系分	676	9773483036	1317287311	182903533	
中央	11675	14718203356	2858056430	315482549	180085
地方					1362171
按登记注册类型分	10533	18450334596	2855961190	308895994	
内资	448	336543680	134133541	6030815	1158928
国有	101	73729390	5777281	509123	144833
集体	29	3589869	3222788	37341	8312
股份合作	2	304525	57040	-4416	2086
国有联营	1	***	***	***	14
集体联营	1	***	***	***	65
国有与集体联营	1	***	***	***	44
其他联营	307	2212053845	628608636	50051381	18
国有独资公司	3607	4873562951	1111244371	49254067	44355
其他有限责任公司	202	10344456360	441000405	196329488	467624
股份有限公司	29	717780	584149	36761	128528
私营独资	147	19514720	21432692	5265119	1045
私营合伙	5384	463197994	441595035	-1466612	24690
私营有限责任公司	188	91733642	54751479	1444034	283787
私营股份有限公司	86	30835037	13443437	1413073	38954
其他	756	2265361299	355680103	27781988	14573
港澳台商投资	134	123861171	52019729	3382610	167796
与港澳台商合资经营	26	32365092	2745118	14043	28268
与港澳台商合作经营	580	2071211631	252266381	25319830	2821
港澳台商独资	8	24341281	48295331	-830801	133519
港澳台商投资股份有限公司	8	13582124	353544	-103694	2548
其他港澳台商投资	1062	3775990497	963702448	161708100	640
外商投资	178	580583942	76151609	22272895	215532
中外合资经营	18	59574353	3574586	-238660	32130
中外合作经营	848	3079968885	879628090	139131684	2932
外资企业	14	54884296	3820716	480065	175052
外商投资股份有限公司	4	979021	527447	62116	5016
其他外商投资					402

续表 59

项　目	单位数（个）	资产总计（千元）	收入合计（千元）	利润总额（千元）	从业人员平均人数（人）
按地域分					
街道小计	8414	22841934026	3503036159	470299913	1142878
建　外	1190	7093950332	591099311	156487943	211715
朝　外	434	4453200769	776781361	78143701	98904
呼家楼	705	2636069872	241697838	50923964	86096
三里屯	383	165371794	56320499	1813275	33568
左家庄	375	585710899	176960432	24380187	35829
香河园	73	99695073	11176035	2921499	8684
和平街	244	956750402	82424292	29586835	45272
安　贞	169	412238570	56265743	12486643	23298
亚运村	303	582945755	60672233	8047083	35870
小　关	221	150943033	121025547	547867	25172
酒仙桥	541	495568975	162995327	15285061	91014
麦子店	558	608388621	228008647	12223382	51778
团结湖	84	18827389	7040656	159045	6942
六里屯	124	158207001	15146979	1683330	9647
八里庄	482	1447740138	109452219	7802094	51256
双　井	278	272716299	73413939	−4542545	23974
劲　松	271	326727256	30174455	1755294	18498
潘家园	110	45290174	17807369	409315	13908
垡　头	47	34568827	6851851	655030	4497
大　屯	410	763969417	102293527	12824096	46234
望　京	657	662720820	344562116	42252081	100701
奥运村	337	131965328	47092600	1959875	38604
首都机场	19	6556767	4401383	133089	4124
东　湖	399	731810515	179371800	12361769	77293
乡小计	3937	1649752366	672307582	28086169	399378
南磨房	413	103901325	74376475	2208128	62037
高碑店	661	88365031	71111234	1857951	52320
将　台	238	175431667	45553150	2174828	33530
太阳宫	207	435525142	154891988	20694712	26057
小红门	62	18820083	7879869	137542	4640
十八里店	262	52223825	22458153	351687	20512
平　房	212	56828302	23590921	−735244	25964
东　风	113	94125055	9543470	−236993	19965

续表 59

项　目	单位数（个）	资产总计（千元）	收入合计（千元）	利润总额（千元）	从业人员平均人数（人）
来广营	448	149500492	79306690	1059725	50265
常　营	239	40477939	24712721	377308	12672
三间房	200	54817805	21492017	626064	16835
管　庄	133	28331024	23363252	666101	9195
金　盏	119	54409020	17019313	-14996	7190
孙　河	59	56328081	19936704	-331783	7536
崔各庄	129	79496266	16758009	-273663	14587
东　坝	102	61080376	16401061	-2457830	5004
黑庄户	71	27187711	5771992	-212462	8625
豆各庄	90	25284211	10879999	86241	3209
王四营	179	47619011	27260564	2108853	19235

注：1. 本表为限额以上第三产业主要经济指标数据；
2. 房地产业中的房地产开发经营业只包括重点房地产开发经营业法人单位数据；
3. 从业人员人数为北京市统计局反馈数据，其中服务业企业根据期末用工人数汇总，服务业行政事业单位及民间非营利组织根据平均用工人数汇总，其余行业根据从业人员平均人数汇总。

2021 年朝阳区城乡个体工商业基本情况

表 60

项　目	户　数（户）	注册资金（万元）
合计	39308	146693
农、林、牧、渔业	81	575
制造业	262	1149
建筑业	77	205
批发和零售业	29956	110663
交通运输、仓储和邮政业	259	2092
住宿和餐饮业	3335	14478
信息传输、软件和信息技术服务业	27	65
房地产业	11	225
租赁和商务服务业	1408	3517
科学研究和技术服务业	466	2363
水利、环境和公共设施管理业	4	21
居民服务、修理和其他服务业	2906	8423
教育	56	184
卫生和社会工作	15	112
文化、体育和娱乐业	442	2621
其他	3	2

数据来源：北京市朝阳区市场监督管理局。

2021 年朝阳区对外经济基本情况

表 61　　单位：亿美元

项　目	2021 年	增长速度 (%)
新设外商投资企业（个）	721	45.7
合同外资金额	184.4	200.6
实际利用外资额	51.1	10.5
外贸出口额	177.7	16.9

数据来源：北京市朝阳区商务局。

2020—2021 年朝阳区外商投资企业新设立情况

表 62　　单位：个

项　目	企业数	
	2021 年	2020 年
合计	**721**	**495**
按登记注册类型分		
合资经营	273	137
合作经营	14	6
独资经营	434	344
其他		8
按三次产业分		
第一产业		
第二产业	4	3
第三产业	717	492
按客商国别（地区）分		
日本	18	7
美国	44	31
中国香港	319	196
澳大利亚	10	7
法国	10	7
新加坡	30	16
加拿大	10	14
德国	8	12
西班牙	4	1
中国台湾	50	28
瑞典	4	2
泰国	1	1
比利时	2	
丹麦		1
韩国	27	19
俄罗斯	7	3
其他	177	150

数据来源：北京市朝阳区商务局。

2021 年朝阳区中资银行人民币月末存款余额

表 63　　单位：万元

月　份	各项存款			
		单位存款	个人存款	
				储蓄存款
1 月	294015303	138909694	89862443	66400561
2 月	294684766	134160414	91321195	67432522
3 月	310821924	145114875	93052727	68857166
4 月	309151806	143003664	92672931	68860063
5 月	313662975	144579581	93213251	69632776
6 月	312364725	151544231	94350974	70597057
7 月	310417723	146096727	93623592	70268385
8 月	312435185	146362994	93658814	70350201
9 月	308534970	147383859	94838784	70789967
10 月	310063903	145218880	94275766	70653890
11 月	313714088	149529282	95446654	71536749
12 月	317272627	152531809	97733365	73571625

数据来源：中国人民银行营业管理部。

2021 年朝阳区中资银行人民币月末贷款余额

表 64　　单位：万元

月　份	各项贷款		
		境内短期贷款	境内中长期贷款
1月	117136976	41681792	72339593
2月	118947887	42639494	73118832
3月	125150066	44392090	77744189
4月	126042037	44039835	79321435
5月	127350717	44794937	79818249
6月	126521119	43915256	80338816
7月	125288989	42188354	80828931
8月	124999573	41155595	81721258
9月	125368589	40178497	82278846
10月	127211067	40961739	82976258
11月	128095453	40539088	84136204
12月	125450748	38391359	82982191

数据来源：中国人民银行营业管理部。

主要统计指标解释

一、地区生产总值

是按市场价格计算的地区生产总值的简称。它是一个地区所有常住单位在一定时期内生产活动的最终成果。地区生产总值有三种表现形式，即价值形态、收入形态和产品形态。

二、社会消费品零售总额

指企业（单位、个体户）通过交易直接售给个人、社会集团非生产、非经营用的实物商品金额，以及提供餐饮服务所取得的收入金额。个人包括城乡居民和入境人员，社会集团包括机关、社会团体、部队、学校、企事业单位、居委会或村委会等。

三、对外经济贸易

实际利用外资额：指批准的合同外资金额的实际执行数，外国投资者根据批准外商投资企业的合同（章程）的规定实际缴付的出资额和企业投资总额内外国投资者以自己的境外自有资金实际直接向企业提供的贷款。

合同外资金额：指批准外商投资企业的合同、章程中规定的外国投资者认缴的出资额和企业投资总额内的应由外方投资者以自己的境外自有资金直接向企业提供的贷款，包括新批准企业合同外资和原有企业的增资减资。增资减资不对企业（项目）个数进行调整。

四、存款、贷款

存款：企业、机关、团体或居民根据可以收回的原则，把货币资金存入银行或其他信用机构保管并取得一定利息的一种信用活动形式。根据存款对象的不同可划分为企业存款、财政性存款、机关团体存款、住户存款、非银行金融机构存款等科目。它是银行信贷资金的主要来源。

贷款：银行或其他信用机构根据必须归还的原则，按一定利率，为企业、个人等提供资金的一种信用活动形式。我国银行贷款分为短期贷款、中长期贷款、委托及信托类贷款、其他类贷款等。

附　　录

文件目录

中共朝阳区委主要文件目录

京朝发〔2021〕1号：中共北京市朝阳区委关于制定朝阳区国民经济和社会发展第十四个五年规划和二〇三五年远景目标的建议

京朝发〔2021〕2号：中共北京市朝阳区委北京市朝阳区人民政府关于印发《2022年冬奥会和冬残奥会朝阳区运行保障指挥部工作方案》的通知

京朝发〔2021〕3号：中共北京市朝阳区委印发《关于开展政法队伍教育整顿的实施方案》的通知

京朝发〔2021〕4号：中共北京市朝阳区委关于印发《中共北京市朝阳区委常委会2021年工作要点》的通知

京朝发〔2021〕9号：中共北京市朝阳区委关于命名表彰朝阳区优秀共产党员优秀党务工作者和先进基层党组织的决定

京朝发〔2021〕11号：中共北京市朝阳区委北京市朝阳区人民政府关于印发《朝阳区“十四五”时期加强全国文化中心建设规划》的通知

京朝发〔2021〕12号：中共北京市朝阳区委北京市朝阳区人民政府关于印发《朝阳区新时代爱国主义教育实施方案》的通知

京朝发〔2021〕13号：中共北京市朝阳区委北京市朝阳区人民政府转发《区委宣传部、区司法局关于在全区开展法治宣传教育的第八个五年规划（2021—2025）》的通知

京朝发〔2021〕14号：中共北京市朝阳区委关于印发朝阳区第十三次党代会报告和区纪委工作报告的通知

京朝发〔2021〕15号：中共北京市朝阳区委北京市朝阳区人民政府关于印发《2022年冬奥会和冬残奥会朝阳区运行保障指挥部工作方案》的通知

中共朝阳区委办公室主要文件目录

京朝办发〔2021〕1号：中共北京市朝阳区委办公室北京市朝阳区人民政府办公室关于印发《中共北京市委北京市人民政府安全生产第五督察组对朝阳区安全生产工作督察反馈意见整改方案》的通知

京朝办发〔2021〕2号：中共北京市朝阳区委办公室北京市朝阳区人民政府办公室关于印发《朝阳区强化知识产权保护工作方案》的通知

京朝办发〔2021〕4号：关于印发《朝阳区党政主要负责人履行推进法治建设第一责任人职责实施细则》的通知

京朝办发〔2021〕5号：关于印发《区政协2021年度协商议题》的通知

京朝办发〔2021〕6号：关于做好2021年全国“两会”期间有关工作的通知

京朝办发〔2021〕7号：关于印发《朝阳区委常委班子2020年度民主生活会情况的通报》的通知

京朝办发〔2021〕8号：中共北京市朝阳区委办公室关于调整区委巡视整改落实工作领导小组及工作机构的通知

京朝办发〔2021〕9号：中共北京市朝阳区委办公室关于印发《中共北京市朝阳区委常委会2020年度民主生活会查摆问题整改方案》的通知

京朝办发〔2021〕10号：中共北京市朝阳区委办公室关于进一步严明纪律、强化落实重大事项请示报告制度的通知

京朝办发〔2021〕11号：中共北京市朝阳区委办公室关于转发《中共北京市朝阳区委党的建设工作领导小组2021年工作要点》的通知

京朝办发〔2021〕12号：中共北京市朝阳区委办公室关于印发《区委常委会2021年议题计划》的通知

京朝办发〔2021〕14号：中共北京市朝阳区委办公室北京市朝阳区人民政府办公室关于做好2021年五一期间有关工作的通知

京朝办发〔2021〕15号：中共北京市朝阳区委办公室北京市朝阳区人民政府办公室关于印发《区委区政府2021年工作重点任务书》的通知

京朝办发〔2021〕16号：中共北京市朝阳区委办公室北京市朝阳区人民政府办公室关于印发《朝阳区“十四五”时期推进“双五”工程实施方案》的通知

京朝办发〔2021〕18号：中共北京市朝阳区委办公室北京市朝阳区人民政府办公室关于印发《北京市朝阳区议事协调机构管理办法》的通知

京朝办发〔2021〕22号：中共北京市朝阳区委办公室印发《关于巩固深化“不忘初心、牢记使命”主题教育成果的工作措施》的通知

京朝办发〔2021〕23号：中共北京市朝阳区委办公室中共北京市朝阳区人民政府办公室关于印发《2021年朝阳区深化全国文明城区创建迎检工作方案》的通知

京朝办发〔2021〕24号：中共北京市朝阳区委办公室中共北京市朝阳区人民政府办公室关于印发《朝阳区国企改革三年行动实施细则（2020—2022年）》的通知

京朝办发〔2021〕25号：中共北京市朝阳区委办公室北京市朝阳区人民政府办公室印发《关于全面加强和改进新时代学校体育工作的实施方案》的通知

京朝办发〔2021〕26号：中共北京市朝阳区委办公室北京市朝阳区人民政府办公室关于做好2021年中秋、国庆和冬奥会测试赛期间有关工作的通知

京朝办发〔2021〕27号：中共北京市朝阳区委办公室北京市朝阳区人民政府办公室关于印发《朝阳区贯彻落实第二轮中央生态环境保护督察报告反馈问题细化整改方案》的通知

京朝办发〔2021〕28号：中共北京市朝阳区委办公室北京市朝阳区人民政府办公室关于印发《朝阳区打造国际消费中心城市主承载区行动计划（2021—2025年）》的通知

京朝办发〔2021〕29号：中共北京市朝阳区委办公室关于印发《朝阳区第十三次党代会筹备工作方案》的通知

京朝办发〔2021〕30号：关于印发《区政协2022年度协商议题》的通知

京朝办发〔2021〕31号：中共北京市朝阳区委办公室北京市朝阳区人民政府办公室关于做好2022年元旦春节期间有关工作的通知

朝阳区政府主要文件目录

朝政发〔2021〕1号：关于印发行政规范性文件清理结果的通知

朝政发〔2021〕2号：关于朝阳区促进人力资源市场发展的意见

朝政发〔2021〕4号：关于本行政区域内禁止燃放烟花爆竹的通告

朝政发〔2021〕5号：关于公布征收农用地区片综合地价比例的通知

朝阳区政府办公室
主要文件目录

朝政办发〔2021〕1号：关于开展第一次全国自然灾害综合风险普查的通知

朝政办发〔2021〕2号：关于印发《2021年区政府工作报告重点工作分工方案》的通知

朝政办发〔2021〕3号：关于印发《北京市朝阳区深入打好污染防治攻坚战2021年行动计划》的通知

朝政办发〔2021〕4号：印发《朝阳区关于2021年义务教育阶段入学工作的意见》的通知

朝政办发〔2021〕5号：关于印发《北京市朝阳区2021年办好重要民生实事项目分工方案》的通知

朝政办发〔2021〕6号：印发《关于加快促进养老服务健康发展的实施方案》的通知

勘　误

《北京朝阳年鉴（2021）》发现1处错误，特此更正，并向读者致歉。

1. 第28页目录左栏“残疾人就业保障金审核”页码改为“313”。

索　引

说　明

（1）本索引以地名、机构名称、活动名称、事件（事物）名称为主题词。主要选自本年鉴正文部分，特载、专文、大事记、区情概览、人物荣誉、统计资料附录以及图片不在索引范围内。

（2）本索引按主题词汉语拼音字母顺序排列，主题词后面的数字和字母分别表示所在页码和分栏位置（abc 表示本页码左中右三栏）。

汉语拼音索引

A

B

C

D

E

F

G

H

J

M

N

P

Q

R

S

X

Y

Z

数字索引

字母索引